TAXNET
세무/회계 전문 재경비즈니스 포털 서비스

2024 실무자를 위해 엄선한 세액공제감면 서식작성실무의 정석

세액공제감면 서식작성실무

제 1 판

김수종 저

조세통람

PREFACE

실무에 강한 책을 만들자!

"에센스 조세특례제한법 실무" 출간 이후 수강생들의 질문과 독자들의 요구에 적합한 교재를 고민하는 시간이 많아졌고 고민도 깊어졌다. "에센스 조세특례제한법 실무"를 저술할 때는 조세특례제한법상의 세액공제, 세액감면 규정을 충실히 설명하는 것에 중점을 두었는데 강의를 하면서 규정의 내용을 설명하는 것에서 더 나아가 이에 대한 정확한 이해의 필요성을 느꼈고, 규정의 설명만으로는 끝나지 않는 묘한 아쉬움이 가시지 않았다. 이는 저자만의 느낌이 아닌 수강생들의 바람이기도 하였고 독자들의 바람이기도 하였기에 작년에 욕심을 내어 시작한 원고 작업에 들어갔다. 수강생과 독자에게 하루라도 더 빨리 다가가고 싶은 마음에 무리를 하면서까지 작업하였지만 완성도를 올리는 것이 제일 중요한 과제였기에 출간을 6개월여 정도 미루어 올해 처음으로 출간하게 되었다. 앞서 출간한 "에센스 조세특례제한법 실무"는 규정의 내용을 충실히 설명하는 것에 초점을 맞춘 것이라면 본서는 규정의 충분한 이해를 도모하기 위해 다양한 사례를 분석하고 신고서 작성에 도움이 되고자 서식작성에 초점을 맞추어 서술하였다.

특히, 고용관련 세액공제 규정 중 제29조의7【고용을 증대시킨 기업에 대한 세액공제】, 제30조의4【중소기업 사회보험료 세액공제】, 제29조의8【통합고용세액공제】 규정은 대부분의 회사에서 적용하는 세액공제 규정인데 이 규정을 처음 접하는 경우 이해가 난해하고 신고서 작성 시에도 어려움이 많아 본서가 이에 대한 해설과 서식작성을 예시하는 교재가 될 수 있도록 최초 적용 과세연도부터 사후관리 기간이 종료하는 과세연도까지 다양한 사례로 사후관리까지 이해에 도움이 될 수 있도록 각 사례별로 관련 주요 서식을 제시하였다.

공제감면 규정을 학습하고자 하는 독자에게 다음과 같이 학습해보길 권한다.

첫째, 공제감면 규정의 내용을 정확히 이해하는 것이 우선이다.

이를 위해서는 법 규정의 내용을 충실히 학습하여야 한다. 조세특례제한법상의 공제감면 규정은 모두 요건을 나열하고 있으며 요건 충족 시 적용가능하므로 이 요건의 충족여부를 검토하여야 한다. 이는 저자의 “에센스 조세특례제한법 실무”를 활용하면 도움이 될 것으로 생각된다.

둘째, 학습내용의 완벽한 이해를 위해서는 다양한 사례를 다루어 보아야 한다.

우리가 수학을 공부할 때 처음에는 공식의 도출과정을 논리적으로 이해한 다음 여러 연습 문제를 풀어보면서 자신이 학습한 내용을 정확히 이해하였는지 확인하고 이해의 깊이를 더하는 것처럼, 공제감면 규정을 학습한 다음 이에 대한 완벽한 이해를 위해서는 학습한 공제감면 규정을 다양한 사례에 적용하고 서식을 작성하는 과정에서 이해의 깊이를 더하는 것이 필요하다.

본서를 처음 계획할 때는 앞서 출간한 “에센스 조세특례제한법 실무”와 합본으로 단권화하는 것을 생각하였지만 다수의 수강생과 독자의 이원화 의견을 반영하여 별도의 교재로 출간하게 되었다. 책을 출간할 때마다 늘 설레고 설레는 만큼 걱정도 앞선다. 독자의 눈높이에 맞추어 설명을 하였는지, 사례분석을 좀 더 쉽게 할 수 있는 방법은 없는지… 이는 저자가 앞으로 계속해서 풀어나갈 숙제이고 독자 여러분의 다양한 의견을 수렴하여 완성도를 높일 수 있도록 노력하고자 한다.

본서가 출간되기까지 많은 관심을 가져주신 ㈜조세통람 서원진 대표님과 류현수 본부장님, 방영미 차장님께도 감사의 마음을 전하며, 늘 아낌없는 사랑과 관심으로 응원해주시는 어머니 최진숙 님께도 감사의 마음을 전한다.

2024년 6월 21일 늦은 밤 사무실에서

저자 김 수 종

CONTENTS

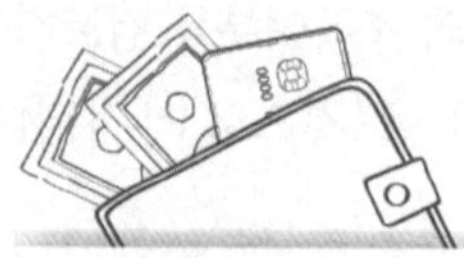

PART 01 조세특례제한법 기초

CONTENTS

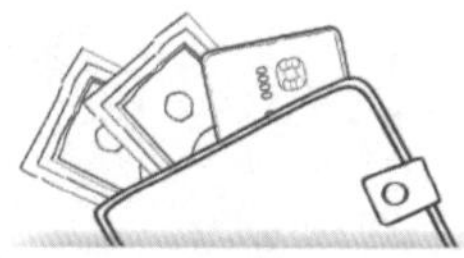

PART

02

중소기업에 대한 조세특례

PART
03
연구 및 인력개발에 대한 조세특례

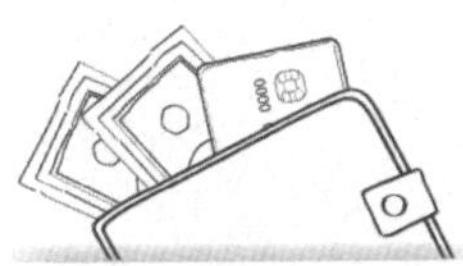

PART
04
투자촉진을 위한 조세특례

CONTENTS

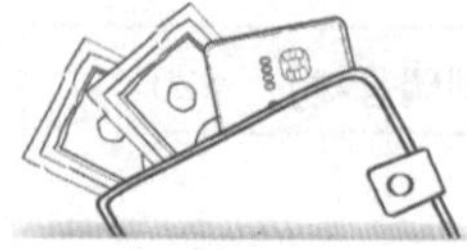

PART

05

고용지원을 위한 조세특례

CONTENTS

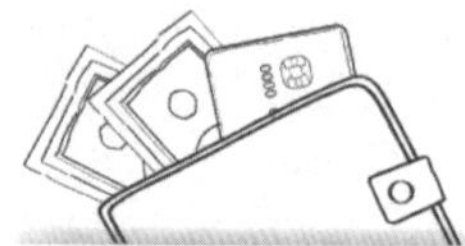

PART
06
지역 간의 균형발전을 위한 조세특례

PART 01

조세특례제한법 기초

SECTION 01 조세특례제한법 용어의 이해
SECTION 02 업종의 구분
SECTION 03 중소기업과 중견기업
SECTION 04 농어촌특별세
SECTION 05 제143조 【구분경리】

SECTION 01 조세특례제한법 용어의 이해

조세특례제한법에서 사용하는 용어에 대해서는 철저한 이해가 선행되어야 한다. 조세특례제한법은 개인과 법인 모두 규정하고 있는 내용과 개인 또는 법인만 적용되는 규정들이 있는데 이를 정확하게 해석하고 적용하기 위해서는 용어의 이해는 필수이다.

조세특례제한법 제2조【정의】에서 규정하고 있는 용어의 의미는 다음과 같다.

1 내국인

「소득세법」에 따른 거주자 및 「법인세법」에 따른 내국법인을 말한다(조특법 제2조 제1항 제1호).

내국인	
(1) 소득세법상 거주자 (소득세법 제1조의2, 시행령 제2조 제1항 제2항)	(2) 법인세법상 내국법인 (법인세법 제2조)
① "거주자"란 국내에 주소를 두거나 183일 이상의 거소(居所)를 둔 개인을 말한다. ② 주소는 국내에서 생계를 같이 하는 가족 및 국내에 소재하는 자산의 유무 등 생활관계의 객관적 사실에 따라 판정한다. ③ 거소는 주소지 외의 장소 중 상당기간에 걸쳐 거주하는 장소로서 주소와 같이 밀접한 일반적 생활관계가 형성되지 아니한 장소로 한다.	① "내국법인"이란 본점, 주사무소 또는 사업의 실질적 관리장소가 국내에 있는 법인을 말한다. ② 비영리법인도 포함하지만 외국법인과 외국법인의 국내사업장은 제외된다.

2 과세연도

「소득세법」에 따른 과세기간 또는 「법인세법」에 따른 사업연도를 말한다(조특법 제2조 제1항 제2호).

과세연도	
(1) 소득세법상 과세기간 (소득세법 제5조)	(2) 법인세법상 사업연도 (법인세법 제6조 제1항, 제5항)
① 소득세의 과세기간은 1월 1일부터 12월 31일까지 1년으로 한다. ② 거주자가 사망한 경우의 과세기간은 1월 1일부터 사망한 날까지로 한다. ③ 거주자가 주소 또는 거소를 국외로 이전(이하 "출국"이라 한다)하여 비거주자가 되는 경우의 과세기간은 1월 1일부터 출국한 날까지로 한다.	① 사업연도는 법령이나 법인의 정관(定款) 등에서 정하는 1회계기간으로 한다. 다만, 그 기간은 1년을 초과하지 못한다. ② 법인이 그 신고를 하지 아니하는 경우에는 매년 1월 1일부터 12월 31일까지를 그 법인의 사업연도로 한다.

3 과세표준신고

「소득세법」 제70조, 제71조, 제74조 및 제110조에 따른 과세표준확정신고 및 「법인세법」 제60조에 따른 과세표준의 신고를 말한다(조특법 제2조 제1항 제3호).

(1) 소득세법상 과세표준신고

① **종합소득세과세표준확정신고**(소득세법 제70조 제1항)

해당 과세기간의 종합소득금액이 있는 거주자(종합소득과세표준이 없거나 결손금이 있는 거주자를 포함한다)는 그 종합소득 과세표준을 그 과세기간의 다음 연도 5월 1일부터 5월 31일까지 납세지 관할 세무서장에게 신고하여야 한다.

② **퇴직소득과세표준확정신고**(소득세법 제71조 제1항)

해당 과세기간의 퇴직소득금액이 있는 거주자는 그 퇴직소득과세표준을 그 과세기간의 다음 연도 5월 1일부터 5월 31일까지 납세지 관할 세무서장에게 신고하여야 한다.

③ **과세표준확정신고의 특례**(소득세법 제74조)

㉠ 거주자가 사망한 경우 그 상속인은 그 상속 개시일이 속하는 달의 말일부터 6개월이 되는 날(이 기간 중 상속인이 출국하는 경우에는 출국일 전날)까지 사망일이 속하는 과세기간에 대한 그 거주자의 과세표준을 신고하여야 한다.

㉡ 과세표준확정신고를 하여야 할 거주자가 출국하는 경우에는 출국일이 속하는 과세기간의 과세표준을 출국일 전날까지 신고하여야 한다.

(2) 「법인세법」상 과세표준신고(법인세법 제60조 제1항)

납세의무가 있는 내국법인은 각 사업연도의 종료일이 속하는 달의 말일부터 3개월(제60조의2 제1항 본문에 따라 내국법인이 성실신고확인서를 제출하는 경우에는 4개월로 한다) 이내에 그 사업연도의 소득에 대한 법인세의 과세표준과 세액을 납세지 관할 세무서장에게 신고하여야 한다.

4 익금(益金)

「소득세법」 제24조에 따른 총수입금액 또는 「법인세법」 제14조에 따른 익금을 말한다(조특법 제2조 제1항 제4호).

(1) 「소득세법」상 총수입금액(소득세법 제24조 제1항 제2항)

① 거주자의 각 소득에 대한 총수입금액(총급여액과 총연금액을 포함)은 해당 과세기간에 수입하였거나 수입할 금액의 합계액으로 한다.

② 금전 외의 것을 수입할 때에는 그 수입금액을 그 거래 당시의 가액에 의하여 계산한다.

(2) 「법인세법」상 익금(법인세법 제14조 제1항)

내국법인의 각 사업연도의 소득은 그 사업연도에 속하는 익금(益金)의 총액에서 그 사업연도에 속하는 손금(損金)의 총액을 뺀 금액으로 한다.

5 손금(損金)

「소득세법」 제27조에 따른 필요경비 또는 「법인세법」 제14조에 따른 손금을 말한다(조특법 제2조 제1항 제5호).

(1) 「소득세법」상 필요경비(소득세법 제27조)

① 사업소득금액을 계산할 때 필요경비에 산입할 금액은 해당 과세기간의 총수입금액

에 대응하는 비용으로서 일반적으로 용인되는 통상적인 것의 합계액으로 한다.

② 해당 과세기간 전의 총수입금액에 대응하는 비용으로서 그 과세기간에 확정된 것에 대해서는 그 과세기간 전에 필요경비로 계상하지 아니한 것만 그 과세기간의 필요경비로 본다.

(2) 「법인세법」상 손금(법인세법 제14조)

내국법인의 각 사업연도의 소득은 그 사업연도에 속하는 익금(益金)의 총액에서 그 사업연도에 속하는 손금(損金)의 총액을 뺀 금액으로 한다.

6 이월과세(移越課稅)

개인이 해당 사업에 사용되는 사업용고정자산 등(이하 "종전사업용고정자산 등"이라 한다)을 현물출자(現物出資) 등을 통하여 법인에 양도하는 경우 이를 양도하는 개인에 대해서는 「소득세법」 제94조에 따른 양도소득에 대한 소득세(이하 "양도소득세"라 한다)를 과세하지 아니하고, 그 대신 이를 양수한 법인이 그 사업용고정자산 등을 양도하는 경우 개인이 종전사업용고정자산 등을 그 법인에 양도한 날이 속하는 과세기간에 다른 양도자산이 없다고 보아 계산한 같은 법 제104조에 따른 양도소득 산출세액 상당액을 법인세로 납부하는 것을 말한다(조특법 제2조 제1항 제6호).

7 과세이연(課稅移延)

공장의 이전 등을 위하여 개인이 해당 사업에 사용되는 사업용고정자산 등(이하 "종전사업용고정자산 등"이라 한다)을 양도하고 그 양도가액(讓渡價額)으로 다른 사업용고정자산 등(이하 "신사업용고정자산 등"이라 한다)을 대체 취득한 경우 종전사업용고정자산 등의 양도에 따른 양도차익(讓渡差益) 중 다음의 계산식에 따라 계산한 금액(신사업용고정자산 등의 취득가액이 종전사업용고정자산 등의 양도가액을 초과하는 경우에는 종전사업용고정자산 등의 양도에 따른 양도차익을 한도로 한다. 이하 "과세이연금액"이라 한다)에 대해서는 양도소득세를 과세하지 아니하되, 신사업용고정자산 등을 양도할 때 신사업용고정자산 등의 취득가액에서 과세이연금액을 뺀 금액을 취득가액으로 보고 양도소득세를 과세하는 것을 말한다(조특법 제2조 제1항 제7호).

$$\text{과세이연금액} = \text{종전사업용고정자산 양도차익} \times \frac{\text{신사업용고정자산 등의 취득가액}}{\text{종전사업용고정자산 등의 양도가액}}$$

8 조세특례

일정한 요건에 해당하는 경우의 특례세율 적용, 세액감면, 세액공제, 소득공제, 준비금의 손금산입(損金算入) 등의 조세감면과 특정 목적을 위한 익금산입, 손금불산입(損金不算入) 등의 중과세(重課稅)를 말한다(조특법 제2조 제1항 제8호).

9 수도권

수도권이란 수도권정비계획법 제2조 제1호에 따른 수도권을 말한다(조특법 제2조 제1항 제9호).

수도권 = 서울특별시 + 인천광역시 + 경기도

10 수도권과밀억제권역

「수도권정비계획법」 제6조 제1항 제1호에 따른 과밀억제권역을 말한다(조특법 제2조 제1항 제10호).

수도권정비계획법 제6조 【권역의 구분과 지정】

① 수도권의 인구와 산업을 적정하게 배치하기 위하여 수도권을 다음과 같이 구분한다.

1. 과밀억제권역 : 인구와 산업이 지나치게 집중되었거나 집중될 우려가 있어 이전하거나 정비할 필요가 있는 지역
2. 성장관리권역 : 과밀억제권역으로부터 이전하는 인구와 산업을 계획적으로 유치하고 산업의 입지와 도시의 개발을 적정하게 관리할 필요가 있는 지역
3. 자연보전권역 : 한강 수계의 수질과 녹지 등 자연환경을 보전할 필요가 있는 지역

② 과밀억제권역, 성장관리권역 및 자연보전권역의 범위는 대통령령으로 정한다.

수도권정비계획법 시행령 제9조 【권역의 범위】

법 제6조에 따른 과밀억제권역, 성장관리권역 및 자연보전권역의 범위는 별표 1과 같다.

[별표 1] 〈개정 2017.6.20.〉

▌과밀억제권역, 성장관리권역 및 자연보전권역의 범위(제9조 관련) ▌

과밀억제권역	성장관리권역	자연보전권역
1. 서울특별시 2. 인천광역시[강화군, 옹진군, 서구 대곡동 · 불로동 · 마전동 · 금곡동 · 오류동 · 왕길동 · 당하동 · 원당동, 인천경제자유구역(경제자유구역에서 해제된 지역을 포함한다) 및 남동 국가산업단지는 제외한다] 3. 의정부시 4. 구리시 5. 남양주시(호평동, 평내동, 금곡동, 일패동, 이패동, 삼패동, 가운동, 수석동, 지금동 및 도농동만 해당한다) 6. 하남시 7. 고양시 8. 수원시 9. 성남시 10. 안양시 11. 부천시 12. 광명시 13. 과천시 14. 의왕시 15. 군포시 16. 시흥시[반월특수지역(반월특수지역에서 해제된 지역을 포함한다)은 제외한다]	1. 인천광역시[강화군, 옹진군, 서구 대곡동 · 불로동 · 마전동 · 금곡동 · 오류동 · 왕길동 · 당하동 · 원당동, 인천경제자유구역(경제자유구역에서 해제된 지역을 포함한다) 및 남동 국가산업단지만 해당한다] 2. 동두천시 3. 안산시 4. 오산시 5. 평택시 6. 파주시 7. 남양주시(별내동, 와부읍, 진전읍, 별내면, 퇴계원면, 진건읍 및 오남읍만 해당한다) 8. 용인시(신갈동, 하갈동, 영덕동, 구갈동, 상갈동, 보라동, 지곡동, 공세동, 고매동, 농서동, 서천동, 언남동, 청덕동, 마북동, 동백동, 중동, 상하동, 보정동, 풍덕천동, 신봉동, 죽전동, 동천동, 고기동, 상현동, 성복동, 남사면, 이동면 및 원삼면 목신리 · 죽릉리 · 학일리 · 독성리 · 고당리 · 문촌리만 해당한다) 9. 연천군 10. 포천시 11. 양주시 12. 김포시 13. 화성시 14. 안성시(가사동, 가현동, 명륜동, 숭인동, 봉남동, 구포동, 동본동, 영동, 봉산동, 성남동, 창전동, 낙원동, 옥천동, 현수동, 발화동, 옥산동, 석정동, 서인동, 인지동, 아양동, 신흥동, 도기동, 계동, 중리동, 사곡동, 금석동, 당왕동, 신모산동, 신소현동, 신건지동, 금산동, 연지동, 대천동, 대덕면, 미양	1. 이천시 2. 남양주시(화도읍, 수동면 및 조안면만 해당한다) 3. 용인시(김량장동, 남동, 역북동, 삼가동, 유방동, 고림동, 마평동, 운학동, 호동, 해곡동, 포곡읍, 모현면, 백암면, 양지면 및 원삼면 가재월리 · 사암리 · 미평리 · 좌항리 · 맹리 · 두창리만 해당한다) 4. 가평군 5. 양평군 6. 여주시 7. 광주시 8. 안성시(일죽면, 죽산면 죽산리 · 용설리 · 장계리 · 매산리 · 장릉리 · 장원리 · 두현리 및 삼죽면 용월리 · 덕산리 · 율곡리 · 내장리 · 배태리만 해당한다)

	면, 공도읍, 원곡면, 보개면, 금광면, 서운면, 양성면, 고삼면, 죽산면 두교리 · 당목리 · 칠장리 및 삼죽면 마전리 · 미장리 · 진촌리 · 기솔리 · 내강리만 해당한다) 15. 시흥시 중 반월특수지역(반월특수지역에서 해제된 지역을 포함한다)	

▌수도권현황[1] ▌

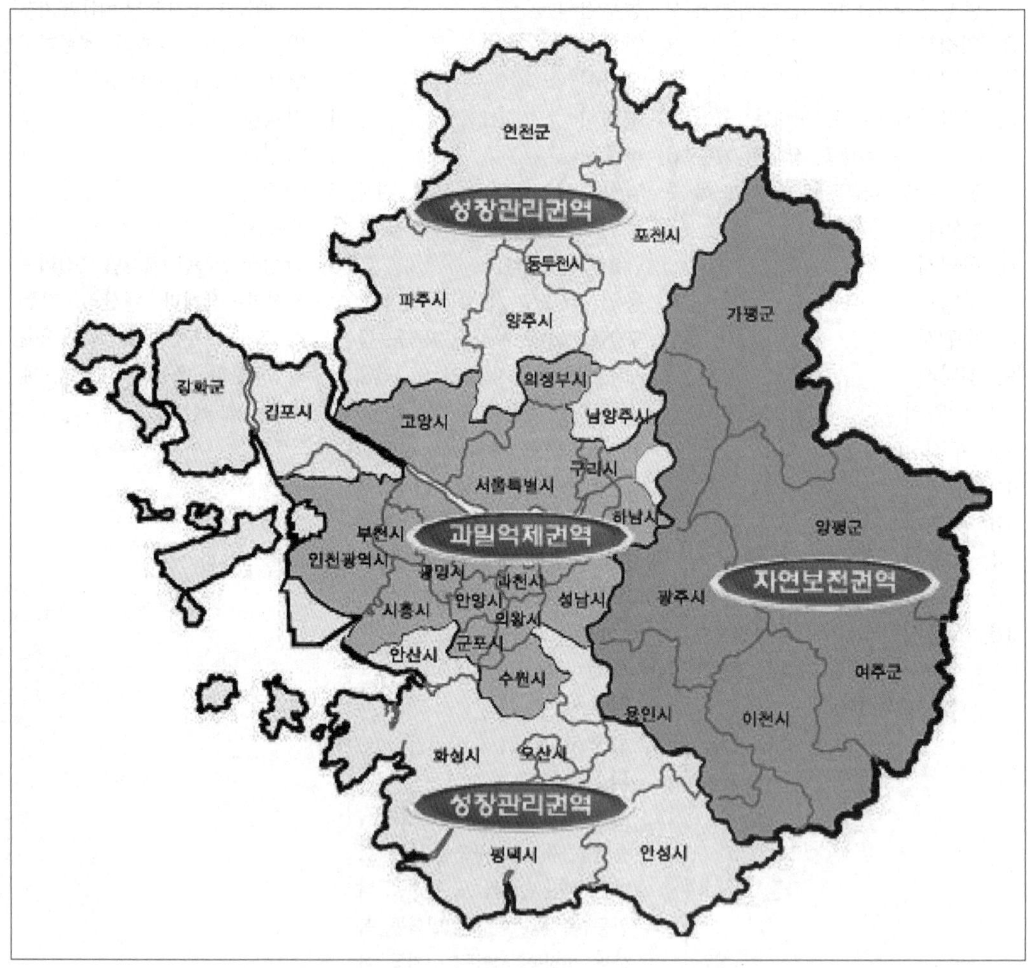

1) 국토교통부 홈페이지 www.molit.go.kr → 국민참여 → 전문가제언 → e국토교통모니터단 → 자유게시판 → 국토교통상식 수도권권역제도

11 연구개발

과학적 또는 기술적 진전을 이루기 위한 활동과 새로운 서비스 및 서비스전달체계를 개발하기 위한 활동을 말하며, 다음의 활동을 제외한다(조특법 제2조 제1항 제11호, 조특령 제1조의2).

연구개발에서 제외되는 활동
① 일반적인 관리 및 지원활동
② 시장조사, 판촉활동 및 일상적인 품질시험
③ 반복적인 정보수집 활동
④ 경영이나 사업의 효율성을 조사 · 분석하는 활동
⑤ 특허권의 신청 · 보호 등 법률 및 행정 업무
⑥ 광물 등 자원 매장량 확인, 위치 확인 등 조사 · 탐사 활동
⑦ 위탁받아 수행하는 연구활동
⑧ 이미 기획된 콘텐츠를 단순 제작하는 활동
⑨ 기존에 상품화 또는 서비스화된 소프트웨어 등을 복제하여 반복적으로 제작하는 활동

12 인력개발

내국인이 고용하고 있는 임원 또는 사용인을 교육 · 훈련시키는 활동을 말한다(조특법 제2조 제1항 제12호).

SECTION 02

업종의 구분

1 업종 판단의 중요성

(1) 조세특례제한법상 업종의 구분기준

조세특례제한법 세액감면 및 세액공제 규정 적용 시 해당업종에 한해서 감면 및 공제를 적용하는 경우가 대부분이다. 실무자는 조세특례제한법상 세액감면 및 세액공제 규정 적용 시 기업의 업종이 해당업종 여부를 반드시 확인하여야 한다. 이러한 업종의 구분기준은 조세특례제한법에서 엄격히 규정하고 있다.

조특법 제2조 제3항

이 법에서 사용되는 업종의 분류는 이 법에 특별한 규정이 있는 경우를 제외하고는 「통계법」 제22조에 따라 통계청장이 고시하는 한국표준산업분류에 따른다. 다만, 한국표준산업분류가 변경되어 이 법에 따른 조세특례를 적용받지 못하게 되는 업종에 대해서는 한국표준산업분류가 변경된 과세연도와 그 다음 과세연도까지는 변경 전의 한국표준산업분류에 따른 업종에 따라 조세특례를 적용한다.

2 한국표준산업분류(KSIC)

한국표준산업분류는 산업관련 통계자료 정확성 · 비교성을 확보하기 위하여 작성된 것으로 현행 10차 개정분류를 통해 2017년 7월 1일부터 시행하고 있다.[2)]

(1) 한국표준산업분류코드체계

한국표준산업분류는 조세특례제한법상 업종의 판단기준이 되며 한국표준산업분류 코드체계를 이해하여야 한다. 코드체계는 다음과 같다.

---

2) 통계청 제10차 기준 한국표준산업분류 실무 적용 가이드북 p.2. 2022년

① 코드분류는 대분류, 중분류, 소분류, 세분류, 세세분류로 구분된다.

분류체계	대분류	중분류	소분류	세분류	세세분류
코드	영문자	숫자			
	1자리	2자리	1자리	1자리	1자리
예시	C	14	1	1	2
	제조업	의복, 의복 엑세서리 및 모피제조업	봉제의복 제조업	겉옷 제조업	여자용 겉옷 제조업

위에서 보는 바와 같이 실무에서 여자용 겉옷 제조업의 한국표준산업분류코는 'C14112'인 것을 확인할 수 있다.

② 한국표준산업분류의 조회

한국표준산업분류는 통계청 통계분류포털(http://kssc.kostat.go.kr)에서 조회할 수 있다.

예시 한국표준산업분류 검색 예시

→ 통계분류포털에 접속

→ 통계분류포털에 접속하면 첫 화면이 위와 같이 나타나는데 '경제분류'에서 '분류검색'을 클릭한다.

➜ 보조창에서 다음과 같이 업종분류별로 상세내역을 조회하면 최종적으로 업종분류코드를 확인할 수 있다.

➜ '분류내용보기(해설서)' 클릭 후 보조창 화면

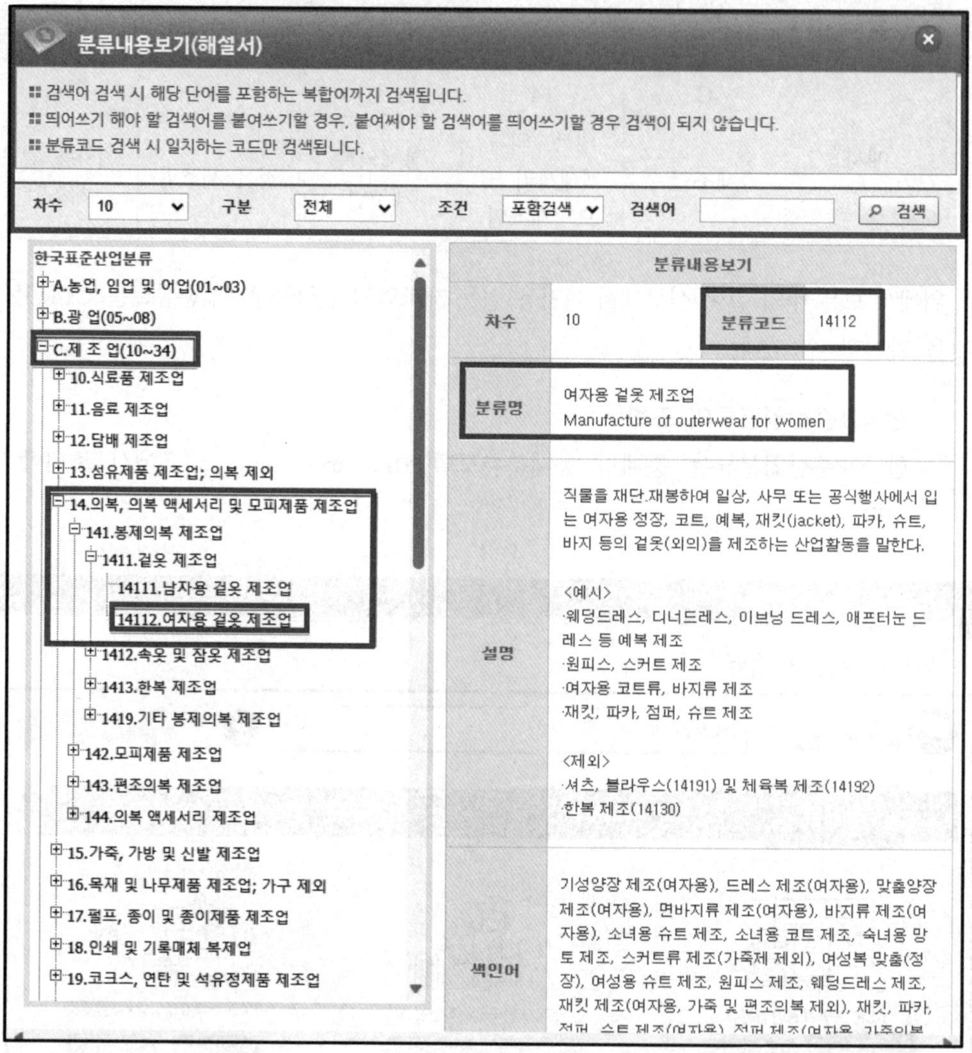

분류내용보기(해설서)

- 검색어 검색 시 해당 단어를 포함하는 복합어까지 검색됩니다.
- 띄어쓰기 해야 할 검색어를 붙여쓰기할 경우, 붙여써야 할 검색어를 띄어쓰기할 경우 검색이 되지 않습니다.
- 분류코드 검색 시 일치하는 코드만 검색됩니다.

차수 10 | 구분 전체 | 조건 포함검색 | 검색어 | 검색

한국표준산업분류
- A.농업, 임업 및 어업(01~03)
- B.광 업(05~08)
- C.제 조 업(10~34)
  - 10.식료품 제조업
  - 11.음료 제조업
  - 12.담배 제조업
  - 13.섬유제품 제조업; 의복 제외
  - 14.의복, 의복 액세서리 및 모피제품 제조업
    - 141.봉제의복 제조업
      - 1411.겉옷 제조업
        - 14111.남자용 겉옷 제조업
        - 14112.여자용 겉옷 제조업
      - 1412.속옷 및 잠옷 제조업
      - 1413.한복 제조업
      - 1419.기타 봉제의복 제조업
    - 142.모피제품 제조업
    - 143.편조의복 제조업
    - 144.의복 액세서리 제조업
  - 15.가죽, 가방 및 신발 제조업
  - 16.목재 및 나무제품 제조업; 가구 제외
  - 17.펄프, 종이 및 종이제품 제조업
  - 18.인쇄 및 기록매체 복제업
  - 19.코크스, 연탄 및 석유정제품 제조업

분류내용보기			
차수	10	분류코드	14112
분류명	여자용 겉옷 제조업 Manufacture of outerwear for women		
설명	직물을 재단.재봉하여 일상, 사무 또는 공식행사에서 입는 여자용 정장, 코트, 예복, 재킷(jacket), 파카, 슈트, 바지 등의 겉옷(외의)를 제조하는 산업활동을 말한다. <예시> ·웨딩드레스, 디너드레스, 이브닝 드레스, 애프터눈 드레스 등 예복 제조 ·원피스, 스커트 제조 ·여자용 코트류, 바지류 제조 ·재킷, 파카, 점퍼, 슈트 제조 <제외> ·셔츠, 블라우스(14191) 및 체육복 제조(14192) ·한복 제조(14130)		
색인어	기성양장 제조(여자용), 드레스 제조(여자용), 맞춤양장 제조(여자용), 면바지류 제조(여자용), 바지류 제조(여자용), 소녀용 슈트 제조, 소녀용 코트 제조, 숙녀용 망토 제조, 스커트류 제조(가죽제 제외), 여성복 맞춤(정장), 여성용 슈트 제조, 원피스 제조, 웨딩드레스 제조, 재킷 제조(여자용, 가죽 및 편조의복 제외), 재킷, 파카, 점퍼, 슈트 제조(여자용), 점퍼 제조(여자용, 가죽의복		

3 국세청 업종코드

국세청에서 매년 발표하는 기준경비율 및 단순경비율은 소득세법 제80조 제3항 단서에 따른 소득금액 추계결정 또는 경정을 하거나 법인세법 제66조 제3항 단서에 따른 추계결정 또는 경정을 하는 경우에 적용한다. 기준경비율 또는 단순경비율은 종합소득 중 사업소득의 종목구분(코드번호)별로 적용하는데 이는 부가가치세 신고서 1면 좌측 하단의 과세표준명세,

종합소득세 신고서상 사업소득 명세서, 법인세 과세표준 및 세액신고서에 주업종코드로 기재된다.

(1) 주업종코드의 중요성

사업자등록 신청 또는 정정 시 주업태와 주종목을 결정하여 납세자가 신청하면 세무관서에서 이에 부합되는 업종코드를 부여한다. 세무서에 제출하는 각종 신고서에는 대부분 업종코드가 기재되는데 이를 기준으로 여러 분석과 관리가 이루어진다. 그러므로 납세자는 자신의 사업체의 주업태와 주종목이 실질 내용을 올바르게 반영하고 있는지를 확인하여야 한다.

(2) 주업종코드의 확인

홈택스에서 사업자 기본사항 조회를 실행하면 상호, 대표자명, 사업장소재지 외에 주업태와 주종목 및 주업종코드를 확인할 수 있다.

4 한국표준산업분류와 국세청 업종코드의 관계

(1) 한국표준산업분류와 국세청 업종코드 비교

국세청의 업종코드는 한국표준산업분류 체계와 유사하게 결정된다. 한국표준사업분류와 업종코드의 체계를 비교해보면 다음과 같다.

한국표준산업분류	대분류	중분류	소분류	세분류	세세분류
	C	26	3	2	2
업종 및 사업의 세부내용	제조업	전자부품, 컴퓨터, 영상, 음향 및 통신장비제조	컴퓨터 및 주변장치 제조업	기억장치 및 주변기기 제조업	컴퓨터 모니터 제조업
국세청 업종코드	C	30	0	1	03

저자주 위의 구분은 독자의 이해를 돕기 위해 국세청에서 발표한 '업종코드-표준산업분류연계표'를 참조하여 저자가 구분한 것임에 주의할 것

(2) 한국표준산업분류와 주업종코드 일치여부 확인

실무자는 조세특례제한법의 세액감면 및 세액공제 규정을 적용할 때 한국표준산업분류를 확인하고 국세청의 사업자등록 현황에서 주업종코드가 한국표준산업분류의 내용과 동

일한지를 확인하여야 한다. 한국표준산업분류와 주업종코드가 상이하다면 사업자등록 정정을 통해서 이를 일치시키도록 하여야 한다.

(3) 업종코드 – 표준산업분류 연계표

국세청 홈페이지 메인화면에서 "산업분류"를 검색하면 하단에서 '업종코드 – 표준산업분류연계표' 첨부파일을 확인할 수 있다.

예시 컴퓨터 모니터제조업의 업종코드(300103)와 한국표준산업분류(C26322) 비교확인

① 메인화면에서 검색

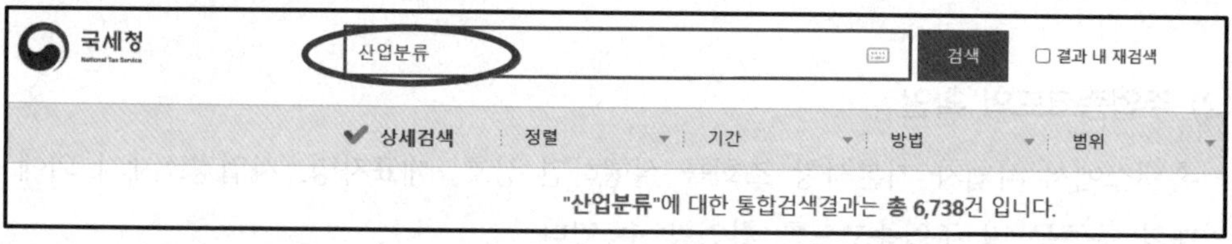

국세청 National Tax Service | 산업분류 | 검색 | ☐ 결과 내 재검색

✔ 상세검색 | 정렬 | 기간 | 방법 | 범위

"**산업분류**"에 대한 통합검색결과는 총 **6,738**건 입니다.

② '업종코드–표준산업분류연계표' 확인

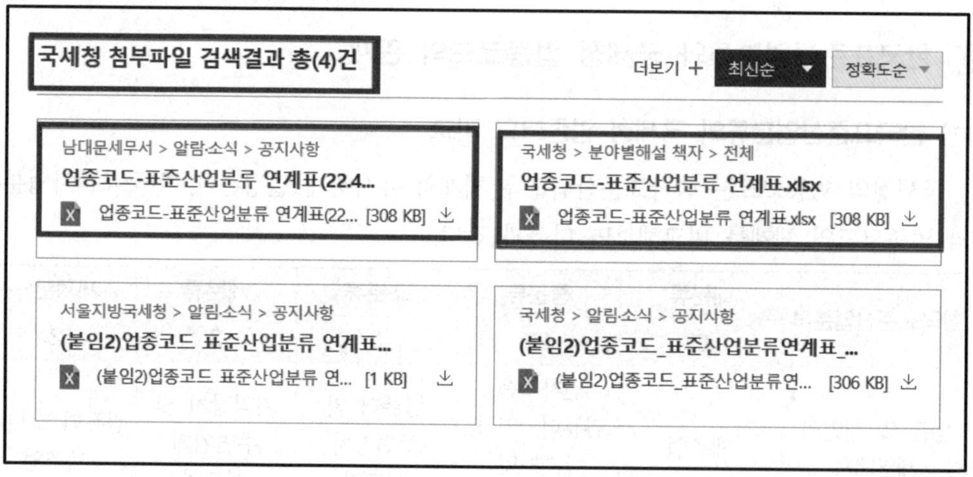

국세청 첨부파일 검색결과 총(4)건 더보기 + 최신순 정확도순

남대문세무서 > 알림·소식 > 공지사항
업종코드-표준산업분류 연계표(22.4...
업종코드-표준산업분류 연계표(22... [308 KB]

국세청 > 분야별해설 책자 > 전체
업종코드-표준산업분류 연계표.xlsx
업종코드-표준산업분류 연계표.xlsx [308 KB]

서울지방국세청 > 알림·소식 > 공지사항
(붙임2)업종코드 표준산업분류 연계표...
(붙임2)업종코드 표준산업분류 연... [1 KB]

국세청 > 알림·소식 > 공지사항
(붙임2)업종코드_표준산업분류연계표_...
(붙임2)업종코드_표준산업분류연... [306 KB]

• 위의 첨부된 엑셀파일을 내려받아 내용을 확인하면 회사의 사업자등록 시 부여된 주업종코드와 연계된 한국표준산업분류를 확인할 수 있다.

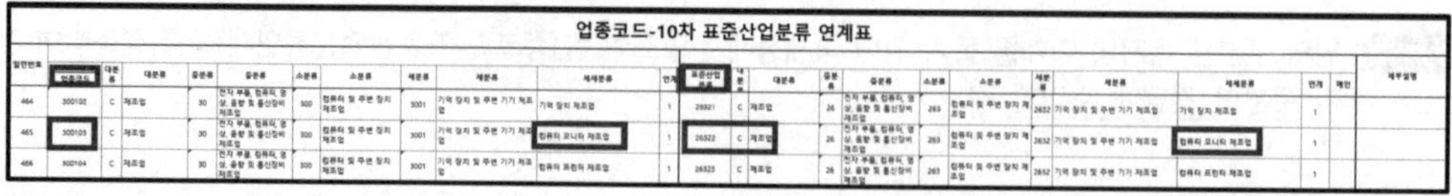

업종코드-10차 표준산업분류 연계표

일련번호	업종코드	대분류	대분류	중분류	중분류	소분류	소분류	세분류	세분류	세세분류	연계	표준산업분류	대분류	대분류	중분류	중분류	소분류	소분류	세분류	세분류	세세분류	연계	확인	세부설명
464	300102	C	제조업	30	전자 부품, 컴퓨터, 영상, 음향 및 통신장비 제조업	300	컴퓨터 및 주변 장치 제조업	3001	기억 장치 및 주변 기기 제조업	기억 장치 제조업	1	26321	C	제조업	26	전자 부품, 컴퓨터, 영상, 음향 및 통신장비 제조업	263	컴퓨터 및 주변 장치 제조업	2632	기억 장치 및 주변 기기 제조업	기억 장치 제조업	1		
465	300103	C	제조업	30	전자 부품, 컴퓨터, 영상, 음향 및 통신장비 제조업	300	컴퓨터 및 주변 장치 제조업	3001	기억 장치 및 주변 기기 제조업	컴퓨터 모니터 제조업	1	26322	C	제조업	26	전자 부품, 컴퓨터, 영상, 음향 및 통신장비 제조업	263	컴퓨터 및 주변 장치 제조업	2632	기억 장치 및 주변 기기 제조업	컴퓨터 모니터 제조업	1		
466	300104	C	제조업	30	전자 부품, 컴퓨터, 영상, 음향 및 통신장비 제조업	300	컴퓨터 및 주변 장치 제조업	3001	기억 장치 및 주변 기기 제조업	컴퓨터 프린터 제조업	1	26323	C	제조업	26	전자 부품, 컴퓨터, 영상, 음향 및 통신장비 제조업	263	컴퓨터 및 주변 장치 제조업	2632	기억 장치 및 주변 기기 제조업	컴퓨터 프린터 제조업	1		

• 엑셀파일을 확인하면 좌측에는 주업종코드가 나열되어 있고 우측에는 한국표준산업분류가 비교 표시되어 있다.

(4) 주의사항

주업종코드와 한국표준산업분류가 상이할 경우 실무자는 반드시 이를 확인하고 수정하여야 한다. 세무신고 시 상이한 내용을 수정하지 않고 조세특례제한법상 세액감면 및 세액공제 규정을 적용하지 않도록 주의한다. 즉, 납세자가 임의로 한국표준산업분류와 주업종코드가 상이한 것을 임의로 수정할 수 없다는 것이다. 다음의 국세청 질의회신자료를 요약하지 않고 원문의 내용을 인용하니 참고하기 바란다.

국세청 질의회신(조특, 법인세과-941, 2009.08.27.)

제 목	중소기업 업종판단 시 한국표준산업분류의 업종에 따라 분류 여부
요 지	「조세특례제한법」상 업종의 분류는 이 법에 특별한 규정이 있는 경우를 제외하고는 「통계법」 제22조의 규정에 의하여 통계청장이 고시하는 한국표준산업분류에 의하는 것임
회 신	「조세특례제한법」상 업종의 분류는 이 법에 특별한 규정이 있는 경우를 제외하고는 「통계법」 제22조의 규정에 의하여 통계청장이 고시하는 한국표준산업분류에 의하는 것이며, 한국표준산업분류상 상품종합중개업(분류코드 51103, 신코드 46105)은 「조세특례제한법 시행령」 제2조 제1항의 규정에 의한 도매업에 포함되는 것입니다. 관할 세무서장이 발급한 사업자등록증상 업종코드는 한국표준산업분류와 코드체계가 다르고, 세무서장의 정정교부 없이 한국표준산업분류상의 도·소매 업종코드로 수정할 수 없는 것입니다.
관련법령	조세특례제한법 제2조【정의】

SECTION 03

중소기업과 중견기업

조세특례제한법 규정을 적용할 때 중소기업과 중견기업 그리고 그 외 기업으로 구분하는 것은 매우 중요하다. 조세특례제한법에서는 세액감면 및 세액공제 규정 등을 적용할 때 중소기업 또는 중소기업과 중견기업에만 한정하여 적용하는 규정이 다수 있기 때문이다. 이하에서는 조세특례제한법상의 중소기업과 중견기업 및 중소기업기본법상의 중소기업 개념을 살펴보기로 한다.

1 조세특례제한법상 중소기업

「조세특례제한법」상의 중소기업은 다음 '①~④'의 요건을 모두 충족한 기업을 말한다(조특령 제2조 제1항).

요 건	내 용
① 업종요건	소비성서비스업을 제외한 모든 업종
② 규모요건	업종별 당해 과세연도 매출액 규모 이내 회사만 인정
③ 독립성요건	실질적으로 법인이 타법인 등에 지배종속되지 않을 것을 규정
④ 졸업요건	업종요건, 규모요건, 독립성요건을 충족하더라도 자산총액이 일정액 이상인 경우 중소기업에서 제외

(1) 업종요건(조특령 제29조 제3항)

소비성서비스업을 제외한 다른 업종을 주된 사업으로 영위하는 경우 업종요건을 충족한다. 소비성서비스업이란 다음의 업종을 말하며 2 이상의 서로 다른 사업을 영위하는 경우에는 사업별 사업수입금액이 큰 사업을 주된 사업으로 본다(조특령 제2조 제3항, 조특칙 제17조).

① 호텔업 및 여관업(「관광진흥법」에 따른 관광숙박업은 제외한다)

② 주점업(일반유흥주점업, 무도유흥주점업 및 「식품위생법 시행령」 제21조에 따른 단란주점 영업만 해당하되, 「관광진흥법」에 따른 외국인전용유흥음식점업 및 관광유흥음식점업은 제외한다)

③ 무도장 운영업

④ 기타 사행시설 관리 및 운영업(「관광진흥법」 제5조 또는 「폐광지역 개발 지원에 관한 특별법」 제11조에 따라 허가를 받은 카지노업은 제외)

⑤ 유사 의료업 중 안마를 시술하는 업

⑥ 마사지업

❙ 소비성서비스업 업종코드 및 한국표준산업분류 ❙

국세청 업종코드		통계청 한국표준산업분류	
업종코드	종목명	표준산업분류	세세분류, 세부설명
551001	호텔업	I55101	호텔업
551002	여관업	I55102	여관업
551009	여관업		여관업(여인숙)
552201	일반 유흥 주점업	I56211	일반유흥주점업[고급주점(독립된 객실)]
552202	일반 유흥 주점업		빠, 비어홀, 극장식식당
552206	일반 유흥 주점업		기타유흥주점
552203	무도 유흥 주점업	I56212	무도유흥주점업
552207	기타 주점업	I56219	단란주점
921904	무도장 운영업	R91291	무도장 운영업
924917	기타 사행시설 관리 및 운영업	R91249	기타 사행시설 관리 및 운영업
851908	유사의료업(안마시술소 운영)	Q86902	유사 의료업
930208	마사지업	S96122	마사지업

주의사항 한국표준산업분류상으로는 여관업, 여관업(여인숙)을 동일한 분류코드를 적용하지만 국세청 업종코드는 구분하여 사용하고 있음

❙ 관광음식점 및 외국인 전용 유흥음식점업의 경우(소비성 서비스업에서 제외) ❙

국세청 업종코드		통계청 한국표준산업분류	
업종코드	종목명	표준산업분류(Ⅰ)	세세분류, 세부설명
552204	일반 유흥 주점업	I56211	일반 유흥 주점업(관광음식점, 외국인 전용 유흥음식점)

(2) 규모요건(중소기업기준)(조특령 제2조 제1항 제1호 · 제3항, 조특칙 제2조 제4항)

① 매출액이 업종별로 「중소기업기본법 시행령」 [별표 1]에 따른 규모 기준("평균매출액 등"은 "매출액"으로 본다) 이내여야 한다.

② 2 이상의 서로 다른 사업을 영위하는 경우에는 사업별 사업수입금액이 큰 사업을 주된 사업으로 본다.

③ 매출액은 과세연도 종료일 현재 기업회계기준에 따라 작성한 해당 과세연도 손익계산서상의 매출액으로 한다. 다만, 창업 · 분할 · 합병의 경우 그 등기일의 다음날(창업의 경우에는 창업일)이 속하는 과세연도의 매출액을 연간 매출액으로 환산한 금액을 말한다.

「중소기업기본법 시행령」 [별표 1] (개정 2017.10.17.)

▌주된 업종별 평균매출액등의 중소기업 규모 기준(제3조 제1항 제1호 가목 관련)▐

해당 기업의 주된 업종	분류기호	규모 기준
1. 의복, 의복액세서리 및 모피제품 제조업	C14	평균매출액등 1,500억원 이하
2. 가죽, 가방 및 신발 제조업	C15	
3. 펄프, 종이 및 종이제품 제조업	C17	
4. 1차 금속 제조업	C24	
5. 전기장비 제조업	C28	
6. 가구 제조업	C32	
7. 농업, 임업 및 어업	A	평균매출액등 1,000억원 이하
8. 광업	B	
9. 식료품 제조업	C10	
10. 담배 제조업	C12	
11. 섬유제품 제조업(의복 제조업은 제외한다)	C13	
12. 목재 및 나무제품 제조업(가구 제조업은 제외한다)	C16	
13. 코크스, 연탄 및 석유정제품 제조업	C19	
14. 화학물질 및 화학제품 제조업(의약품 제조업은 제외한다)	C20	
15. 고무제품 및 플라스틱제품 제조업	C22	
16. 금속가공제품 제조업(기계 및 가구 제조업은 제외한다)	C25	
17. 전자부품, 컴퓨터, 영상, 음향 및 통신장비 제조업	C26	
18. 그 밖의 기계 및 장비 제조업	C29	
19. 자동차 및 트레일러 제조업	C30	
20. 그 밖의 운송장비 제조업	C31	
21. 전기, 가스, 증기 및 공기조절 공급업	D	
22. 수도업	E36	
23. 건설업	F	
24. 도매 및 소매업	G	
25. 음료 제조업	C11	평균매출액등 800억원 이하
26. 인쇄 및 기록매체 복제업	C18	
27. 의료용 물질 및 의약품 제조업	C21	
28. 비금속 광물제품 제조업	C23	
29. 의료, 정밀, 광학기기 및 시계 제조업	C27	
30. 그 밖의 제품 제조업	C33	

해당 기업의 주된 업종	분류기호	규모 기준
31. 수도, 하수 및 폐기물 처리, 원료재생업(수도업은 제외한다)	E (E36 제외)	
32. 운수 및 창고업	H	
33. 정보통신업	J	
34. 산업용 기계 및 장비 수리업	C34	평균매출액등 600억원 이하
35. 전문, 과학 및 기술 서비스업	M	
36. 사업시설관리, 사업지원 및 임대 서비스업(임대업은 제외한다)	N (N76 제외)	
37. 보건업 및 사회복지 서비스업	Q	
38. 예술, 스포츠 및 여가 관련 서비스업	R	
39. 수리(修理) 및 기타 개인 서비스업	S	
40. 숙박 및 음식점업	I	평균매출액등 400억원 이하
41. 금융 및 보험업	K	
42. 부동산업	L	
43. 임대업	N76	
44. 교육 서비스업	P	

[비고]

1. 해당 기업의 주된 업종의 분류 및 분류기호는 「통계법」 제22조에 따라 통계청장이 고시한 한국표준산업분류에 따른다.
2. 위 표 제19호 및 제20호에도 불구하고 자동차용 신품 의자 제조업(C30393), 철도 차량 부품 및 관련 장치물 제조업(C31202) 중 철도 차량용 의자 제조업, 항공기용 부품 제조업(C31322) 중 항공기용 의자 제조업의 규모 기준은 평균매출액등 1,500억원 이하로 한다.

(3) 독립성요건(조특령 제2조 제1항 제3호)

「독점규제 및 공정거래에 관한 법률」 제31조 제1항에 따른 공시대상기업집단에 속하는 회사 또는 같은 법 제33조에 따라 공시대상기업집단의 국내 계열회사로 편입·통지된 것으로 보는 회사에 해당하지 않으며, 실질적인 독립성이 「중소기업기본법 시행령」 제3조 제1항 제2호에 적합할 것. 이 경우 「중소기업기본법 시행령」 제3조 제1항 제2호 나목의 주식등의 간접소유 비율을 계산할 때 「자본시장과 금융투자업에 관한 법률」에 따른 집합투자기구를 통하여 간접소유한 경우는 제외하며, 「중소기업기본법 시행령」 제3조 제1항 제2호 다목을 적용할 때 "평균매출액등이 별표 1의 기준에 맞지 아니하는 기업"은 "매출액이 「조세특례제한법 시행령」 제2조 제1항 제1호에 따른 중소기업기준에 맞지 않는 기업"으로 본다.

「중소기업기본법 시행령」 제3조 제1항 제2호

2. 소유와 경영의 실질적인 독립성이 다음 각 목의 어느 하나에 해당하지 아니하는 기업일 것
   가. (삭제)
   나. 자산총액이 5천억원 이상인 법인(외국법인을 포함하되, 비영리법인 및 제3조의2 제3항 각 호의 어느 하나에 해당하는 자는 제외한다)이 주식등의 100분의 30 이상을 직접적 또는 간접적으로 소유한 경우로서 최다출자자인 기업. 이 경우 최다출자자는 해당 기업의 주식등을 소유한 법인 또는 개인으로서 단독으로 또는 다음의 어느 하나에 해당하는 자와 합산하여 해당 기업의 주식등을 가장 많이 소유한 자를 말하며, 주식등의 간접소유 비율에 관하여는 「국제조세조정에 관한 법률 시행령」 제2조 제3항을 준용한다.
      1) 주식등을 소유한 자가 법인인 경우: 그 법인의 임원
      2) 주식등을 소유한 자가 1)에 해당하지 아니하는 개인인 경우: 그 개인의 친족
   다. 관계기업에 속하는 기업의 경우에는 제7조의 4에 따라 산정한 평균매출액등이 별표 1의 기준에 맞지 아니하는 기업
   라. (삭제)

위의 규정은 단일회사의 매출액 등의 요건으로는 중소기업으로 분류될 수 있지만 상호출자제한기업집단에 속해 있는 기업 등의 경우 계열회사 간의 매출액까지 고려하면 중소기업의 규모를 초과함에도 불구하고 중소기업으로 분류되어 여러 세제상의 혜택을 누리는 것을 방지하기 위한 것이고 이를 요약하여 정리하면 다음과 같다.

현행 독립성 요건은 아래의 3가지가 있으며, 이 중 어느 하나에 해당하는 경우에는 중소기업에 해당하지 않는다.[3)]

① **「독점규제 및 공정거래에 관한 법률」에 따른 공시대상기업집단에 속하는 회사**

공정거래위원회는 대기업의 경제력 집중 · 시장지배력 남용 등을 방지하기 위해 「독점규제 및 공정거래에 관한 법률」 제14조에 따라 자산총액이 5조원 이상인 기업집단을 공시대상기업집단으로 지정하고, 지정된 공시대상기업집단 중 자산 10조원 이상의 기업집단을 상호출자제한기업집단으로 지정하고 있으며, '①'에 해당하는 경우 독립성 요건이 충족되지 않은 것으로 보아 중소기업으로 보지 않는다.

☞ 공시대상기업집단에 속하는 계열회사의 변동사항은 매월 1일자 기준으로 공정거래위원회 홈페이지(www.ftc.go.kr) 보도자료를 통해 발표함.

---

3) 2022 중소기업범위해설, 중소벤처기업부, pp.31~41

② **자산총액 5,000억원 이상인 법인**(외국법인 포함, 비영리법인 등 제외)**이 30% 이상 지분을 직·간접적으로 소유하면서 최다출자자인 기업**

공시대상기업집단으로 지정된 기업집단은 아니더라도 이와 비슷한 규모의 거대 기업집단이 있을 수 있고, 이러한 규모의 기업집단은 다수의 자회사를 보유하는 경우가 많은데 공시대상기업집단이 이러한 형태의 자회사를 모두 포함하지 못하는 한계점을 보완하기 위해 '②'에 해당하는 경우 독립성 요건이 충족되지 않은 것으로 보아 중소기업으로 보지 않는다.

③ **관계기업에 속하는 기업의 경우에는 출자 비율에 해당하는 평균매출액을 합산하여 업종별 규모기준을 충족하지 못하는 기업**

각 개별기업의 크기로 보면 중소기업 규모이지만 계열사와 규모를 합하면 대기업 규모의 기업이 될 수도 있는데 이러한 기업이 중소기업에 포함되는 문제점을 보완하기 위해 관계기업제도를 적용한다. 관계기업 제도는 어떤 기업이 다른 기업의 주식등을 소유하여 중요한 지배력을 행사할 수 있는 요건을 갖춘 경우 이를 지배·종속관계로 규정하고, 이들 기업을 서로 독립된 기업이 아닌 하나의 기업으로 간주하여 매출액을 주식등의 소유비율만큼 합산하여 중소기업여부를 판정하고 당해기업의 매출액과 관계기업의 매출액 중 주식소유비율에 해당하는 매출액을 합산하여 업종별 규모요건을 충족하지 못할 경우 중소기업으로 보지 않는다.

- 관계기업이란 「중소기업기본법 시행령」 제3조의2에 따른 지배·종속의 관계가 성립하는 기업들의 집단을 말한다. 이 경우 지배기업은 「주식회사의 외부감사에 관한 법률」 제4조에 따른 외부감사대상기업이며, 종속기업은 국내기업에 한하여 적용한다.
- 지배종속관계는 지배기업이 종속기업의 주식등을 30% 이상 소유하면서 최다출자자인 경우에 성립하며, 주식지분의 계산은 직접소유뿐만 아니라 간접소유의 경우에도 고려대상이 되며, 주식 등의 간접소유비율의 산정방식은 「국제조세 조정에 관한 법률 시행령」 제2조 제3항을 준용한다.

관계기업에 속하는 기업인지의 판단은 과세연도 종료일 현재를 기준으로 한다(조특칙 제2조 제8항).

☞ **독립성요건**은 주식등의 출자관계로 인해 발생하므로 개인사업자가 아닌 **법인인 기업만 적용대상**이 된다.

(4) 졸업요건(조특령 제2조 제1항)

업종요건, 규모요건, 독립성요건을 갖추더라도 자산총액이 5천억원 이상인 기업은 중소기업으로 보지 않는다. 자산총액은 과세연도 종료일 현재 기업회계기준에 따라 작성한 재무상태표상의 자산총액으로 한다(조특칙 제2조 제5항).

(5) 유예제도(조특령 제2조 제2항)

중소기업이 자산총액이 5천억원 이상이 되거나 규모요건 또는 독립성요건 중 관계기업요건을 초과하여 중소기업에 해당하지 아니하게 된 때에는 최초로 그 사유가 발생한 날이 속하는 과세연도와 그 다음 3개 과세연도까지는 이를 중소기업으로 본다. 유예기간이 경과한 후에는 과세연도별로 매년 중소기업 해당여부를 판정하여야 한다. 다만, 중소기업이 다음 어느 하나의 사유로 중소기업에 해당하지 아니하게 된 경우에는 유예기간을 적용하지 아니하고, 유예기간 중에 있는 기업에 대해서는 해당 사유가 발생한 날(제2호에 따른 유예기간 중에 있는 기업이 중소기업과 합병하는 경우에는 합병일로 한다)이 속하는 과세연도부터 유예기간을 적용하지 아니한다.

① 「중소기업기본법」의 규정에 의한 중소기업 외의 기업과 합병하는 경우
② 유예기간 중에 있는 기업과 합병하는 경우
③ 실질적 독립성요건을 충족하지 못하는 경우[「중소기업기본법 시행령」 제3조 제1항 제2호 다목의 규정(관계기업 매출액 합산)은 제외한다]
④ 창업일이 속하는 과세연도종료일부터 2년 이내의 과세연도종료일 현재 규모요건(중소기업기준)을 초과하는 경우

▌중소기업 졸업유예제도 적용예시▐

연도	2022년	2023년	2024년	2025년	2026년	2027년	2028년	2029년
매출액 규모	규모요건 매출액 이하	규모요건 매출액 초과	규모요건 검토 필요없음 (유예제도 적용으로 중소기업 의제)			규모요건 매출액 초과	규모요건 매출액 이하	규모요건 매출액 초과
중소기업 여부	여	여(유예제도 적용)				부	여	부

- 위의 사례에서 2023년 사업연도에 매출액이 규모요건을 초과한 경우 졸업유예제도를 적용하여 중소기업으로 인정하며, 향후 3개 사업연도(2023년 사업연도~2026년 사업연도)에는 규모요건 충족여부와 상관없이 중소기업으로 의제한다.
- 2027년 사엽연도는 졸업유예기간이 경과한 사업연도이며, 규모요건을 초과하였으므로 중소기업이 될 수 없다.
- 2028년 사업연도에 매출액이 규모요건을 충족하였으므로 중소기업으로 인정한다.
- 2029년 사업연도에 매출액이 규모요건을 초과하였으며, 졸업유예제도는 적용하지 않는다. 졸업유예제도는 1회만 적용할 수 있고 향후 사업연도부터는 사업연도별로 중소기업여부를 판정한다.

2 조세특례제한법과 중소기업기본법 비교

조세특례제한법과 중소기업기본법의 중소기업 규정은 유사한 부분도 있고 차이가 있는 부분이 있다. 실무자의 경우 조세특례제한법 조문상 중소기업을 언급할 때는 대개의 경우 앞서 살펴본 조세특례제한법 규정에 따른 중소기업으로 판정하면 되지만 일부 규정의 경우 중소기업기본법에 따른 중소기업을 언급하고 있으므로 주의를 요한다.

이하에서는 간략히 중소기업기본법과 조세특례제한법의 중소기업 기준을 비교해본다.

구 분	중소기업기본법 시행령 제3조	조세특례제한법 시행령 제2조
업 종	• 업종 제한 없음	• 소비성 서비스업을 제외한 모든 업종
주업종결정	• 평균매출액이 큰 업종	• 사업별 수입금액이 큰 업종
규모요건	• 중소기업기본법 시행령 별표 1의 업종별 규모 기준에 따른 평균매출액 • 자산총액 5천억원	• 중소기업기본법 시행령 별표 1의 업종별 규모 기준에 따른 평균매출액 • 자산총액 5천억원
독립성요건	• 공시대상기업제한기업집단 제외 • 자산총액 5천억원 이상인 회사가 30% 이상의 지분을 직·간접적으로 소유하면서 최다출자자인 회사 제외 • 관계기업 간에 합산한 평균매출액이 업종별 규모요건을 초과하면 제외	• 중소기업기본법과 동일 (조특법 시행령 제2조 제1항 제3호)
유예기간	• 사유 발생연도의 다음 연도부터 3년간 중소기업으로 의제(최초 1회에 한함) • 유예기간 제외 사유 – 중소기업 이외의 기업과 합병 – 공시대상기업집단 편입 – 이미 유예를 적용받은 경우	• 사유발생 과세연도와 그 다음 3개 과세연도까지 중소기업으로 의제(최초 1회에 한함) • 유예기간 제외 사유 – 중소기업 이외의 기업과 합병 – 유예기간 중인 기업과 합병 – 독립성요건 미충족(관계기업은 허용) – 창업일이 속하는 과세연도 종료 후 2년 이내 규모요건 초과

3 소기업

소기업이란 중소기업 중 매출액이 업종별로 「중소기업기본법 시행령」 [별표 3]을 준용하여 산정한 규모 기준 이내인 기업을 말한다. 이 경우 "평균매출액등"은 "매출액"으로 본다(조특령 제6조 제5항).

[별표 3] 〈개정 2017.10.17.〉

▌주된 업종별 평균매출액등의 소기업 규모 기준(제8조 제1항 관련)▐

해당 기업의 주된 업종	분류기호	규모 기준
1. 식료품 제조업	C10	평균매출액등 120억원 이하
2. 음료 제조업	C11	
3. 의복, 의복액세서리 및 모피제품 제조업	C14	
4. 가죽, 가방 및 신발 제조업	C15	
5. 코크스, 연탄 및 석유정제품 제조업	C19	
6. 화학물질 및 화학제품 제조업(의약품 제조업은 제외한다)	C20	
7. 의료용 물질 및 의약품 제조업	C21	
8. 비금속 광물제품 제조업	C23	
9. 1차 금속 제조업	C24	
10. 금속가공제품 제조업(기계 및 가구 제조업은 제외한다)	C25	
11. 전자부품, 컴퓨터, 영상, 음향 및 통신장비 제조업	C26	
12. 전기장비 제조업	C28	
13. 그 밖의 기계 및 장비 제조업	C29	
14. 자동차 및 트레일러 제조업	C30	
15. 가구 제조업	C32	
16. 전기, 가스, 증기 및 공기조절 공급업	D	
17. 수도업	E36	
18. 농업,임업 및 어업	A	평균매출액등 80억원 이하
19. 광업	B	
20. 담배 제조업	C12	
21. 섬유제품 제조업(의복 제조업은 제외한다)	C13	
22. 목재 및 나무제품 제조업(가구 제조업은 제외한다)	C16	
23. 펄프, 종이 및 종이제품 제조업	C17	
24. 인쇄 및 기록매체 복제업	C18	
25. 고무제품, 및 플라스틱제품 제조업	C22	
26. 의료, 정밀, 광학기기 및 시계 제조업	C27	
27. 그 밖의 운송장비 제조업	C31	
28. 그 밖의 제품 제조업	C33	
29. 건설업	F	

해당 기업의 주된 업종	분류기호	규모 기준
30. 운수 및 창고업	H	평균매출액등 50억원 이하
31. 금융 및 보험업	K	
32. 도매 및 소매업	G	
33. 정보통신업	J	
34. 수도, 하수 및 폐기물 처리, 원료재생업(수도업은 제외한다)	E (E36 제외)	평균매출액등 30억원 이하
35. 부동산업	L	
36. 전문·과학 및 기술 서비스업	M	
37. 사업시설관리, 사업지원 및 임대 서비스업	N	
38. 예술, 스포츠 및 여가 관련 서비스업	R	
39. 산업용 기계 및 장비 수리업	C34	평균매출액등 10억원 이하
40. 숙박 및 음식점업	I	
41. 교육 서비스업	P	
42. 보건업 및 사회복지 서비스업	Q	
43. 수리(修理) 및 기타 개인 서비스업	S	

[비고]

1. 해당 기업의 주된 업종의 분류 및 분류기호는 「통계법」 제22조에 따라 통계청장이 고시한 한국표준산업분류에 따른다.
2. 위 표 제27호에도 불구하고 철도 차량 부품 및 관련 장치물 제조업(C31202) 중 철도 차량용 의자 제조업, 항공기용 부품 제조업(C31322) 중 항공기용 의자 제조업의 규모 기준은 평균매출액등 120억원 이하로 한다.

4 중견기업

"중견기업"이란 다음 요건을 모두 갖춘 기업을 말한다(조특령 제6조의4 제1항).

① 중소기업이 아닐 것

② 중견기업 성장촉진 및 경쟁력 강화에 관한 특별법 시행령」 제2조 제1항 제1호 또는 제2호에 해당하는 기관이 아닐 것

> 「중견기업 성장촉진 및 경쟁력 강화에 관한 특별법 시행령」 제2조 제1항 제1호 또는 제2호에 해당하는 기관은 「공공기관의 운영에 관한 법률」 제4조에 따른 공공기관과 「지방공기업법」에 따른 지방공기업을 말한다.

③ 다음 어느 하나에 해당하는 업종을 주된 사업으로 경영하지 아니할 것. 이 경우 둘 이상의 서로 다른 사업을 경영하는 경우에는 사업별 사업수입금액이 큰 사업을 주

된 사업으로 본다.

> ㉠ 호텔업, 여관업, 일반유흥주점업, 무도유흥주점업, 단란주점업, 무도장운영업, 기타 사행시설 관리 및 운영업(「관광진흥법」 제5조 또는 「폐광지역 개발 지원에 관한 특별법」 제11조에 따라 허가를 받은 카지노업은 제외), 유사 의료업 중 안마를 시술하는 업, 마사지업
> ㉡ 「중견기업 성장촉진 및 경쟁력 강화에 관한 특별법 시행령」 제2조 제2항 제2호 각 목의 업종 → 금융업, 보험 및 연금업, 금융 및 보험 관련 서비스업

④ 소유와 경영의 실질적인 독립성이 「중견기업 성장촉진 및 경쟁력 강화에 관한 특별법 시행령」 제2조 제2항 제1호에 적합할 것

> 실질적 독립성이 다음의 요건에 해당하지 않아야 한다.
> ㉠ 상호출자제한기업집단에 속하는 기업
> ㉡ 자산총액이 10조원 이상인 기업 또는 법인이 해당 기업의 주식 또는 출자지분의 30% 이상을 직·간접적으로 소유하면서 최다출자자인 기업

⑤ 직전 3개 과세연도의 매출액(매출액은 제2조 제4항에 따른 계산방법으로 산출하며, 과세연도가 1년 미만인 과세연도의 매출액은 1년으로 환산한 매출액을 말한다)의 평균금액이 3천억원 미만인 기업일 것

> 매출액의 평균금액은 3천억원으로 규정하고 있지만, 연구인력개발비 세액공제 적용 시 중견기업의 매출액의 평균금액은 5천억원이다(조특령 제9조 제3항 제4호).

5 서식작성

㈜나라의 자료를 활용하여 중소기업여부를 확인하고 중소기업에 해당하는 경우 중소기업 검토표를 작성하시오

① ㈜나라는 LCD 모니터 제조업과 데스크톱 PC 도소매업을 영위하는 법인 사업자이다. 회사 설립일은 1997.01.07.이다. 본점은 경기도 고양시 일산서구 대화로에 소재하고 있다. 본점 소재지에는 제1공장과 사무실이 소재하고 있고, 충청남도 천안시 서북구 성환읍에 2003.09.27. 지점 사업장을 설치하고 지점 사업자등록 후 사업장을 운영하고 있으며 지점에서도 본점과 동일한 사업을 영위하고 있다.

② 사업연도는 매년 1.1~12.31.이며, 2024년 사업연도의 법인의 재무상태표상 자산총액은 3,565,918,921원, 매출액은 제품매출 7,628,403,721원, 상품매출 1,839,786,400원이다.

③ 당해 법인은 다른 회사의 계열사 등은 아니다.

④ ㈜나라의 업종코드와 한국표준산업분류 코드는 다음과 같다.

구 분	업종코드	한국표준산업분류코드
LCD 모니터 제조업	300103	C26322
데스크톱 PC 도소매업	515050	G46510

⑤ 공제시한 내 이월결손금은 없으며, 2024년 사업연도에 비과세소득, 소득공제항목은 발생하지 않았다.

사례 풀이

조세특례제한법 중소기업 요건 충족여부를 확인하면 다음과 같다.

(1) 업종요건

㈜나라의 사업 업종은 제조업과 도소매업을 영위하고 있으며, 사업별 수입금액은 제조업 수입금액이 도소매업 수입금액을 초과하므로 주된 사업은 제조업이며 소비성 서비스업을 경영하지 않으므로 업종요건은 충족한다.

(2) 규모요건

㈜나라의 주된 사업은 제조업이며 〈중소기업기본법 시행령 별표 1〉의 주된 업종별 평균매출액등의 중소기업 규모 기준 이내이므로 규모요건을 충족한다.

(3) 독립성요건

㈜나라는 상호출자제한기업집단에 속하지 않으며 다른 회사의 계열사 등이 아니므로 독립성 요건을 충족한다.

(4) 졸업요건

2024년 사업연도 종료일 현재 자산총액은 3,565,918,921원이므로 졸업요건을 충족한다.

이상의 요건을 모두 충족하므로 ㈜나라는 2024년 사업연도에 중소기업에 해당한다.

저자주 요건을 엄밀히 적용하면 소기업에 해당하지만 사례에서는 중소기업 여부를 검토하는 것이 목적이므로 중소기업으로 판정한다.

[별지 제51호 서식] (2022.3.18. 개정)

※ 제3쪽의 작성방법을 읽고 작성해 주시기 바랍니다. (4쪽 중 제1쪽)

<table>
<tr><td rowspan="2">사 업
연 도</td><td rowspan="2">2024.01.01
~
2024.12.31.</td><td rowspan="2">중소기업 등 기준검토표</td><td>법 인 명</td><td>㈜나라</td></tr>
<tr><td>사업자등록번호</td><td>203-81-63108</td></tr>
</table>

<table>
<tr><th>구 분</th><th colspan="2">① 요 건</th><th>② 검 토 내 용</th><th>③
적합
여부</th><th>④
적정
여부</th></tr>
<tr><td rowspan="4">중
기
업</td><td>⑩
사업
요건</td><td>ㅇ 「조세특례제한법 시행령」 제29조제3항에 따른 소비성 서비스업에 해당하지 않는 사업</td><td><table>
<tr><td>구분
업태별</td><td>기준경비율 코드</td><td>사 업
수입금액</td></tr>
<tr><td>(01)
(제조)업</td><td>(04)
300103</td><td>(07)
7,628,403,721</td></tr>
<tr><td>(02)
(도소매)업</td><td>(05)
515050</td><td>(08)
1,839,786,400</td></tr>
<tr><td>(03)
그 밖의 사업</td><td>(06)</td><td>(09)</td></tr>
<tr><td>계</td><td></td><td>9,468,190,121</td></tr>
</table></td><td>(17)
적 합
(Y)
부적합
(N)</td><td>(26)</td></tr>
<tr><td>⑩
규모
요건</td><td>ㅇ 아래 요건 ①, ②를 동시에 충족할 것
① 매출액이 업종별로 「중소기업기본법 시행령」 별표 1의 규모기준("평균매출액등"은 "매출액"으로 봄) 이내일 것
② 졸업제도
- 자산총액 5천억원 미만</td><td>가. 매 출 액
- 당 회사(10) (95.0억원)
- 「중소기업기본법 시행령」 별표 1의 규모기준(11) (1,000억원) 이하
나. 자산총액(12) (36.0억원)</td><td>(18)
적 합
(Y)
부적합
(N)</td><td rowspan="3">적
(Y)

부
(N)</td></tr>
<tr><td>⑩
독립성
요건</td><td>ㅇ 「조세특례제한법 시행령」 제2조제1항제3호에 적합한 기업일 것</td><td>· 「독점규제 및 공정거래에 관한 법률」 제31조 제1항에 따른 공시대상기업집단에 속하는 회사 또는 같은 법 제33조에 따라 공시대상기업집단의 국내 계열회사로 편입·통지된 것으로 보는 회사에 해당하지 않을 것
· 자산총액 5천억원 이상인 법인이 주식등의 30퍼센트 이상을 직·간접적으로 소유한 경우로서 최다출자자인 기업이 아닐 것
· 「중소기업기본법 시행령」 제2조 제3호에 따른 관계기업에 속하는 기업으로서 같은 영 제7조의4에 따라 산정한 매출액이 「조세특례제한법 시행령」 제2조 제1항 제1호에 따른 중소기업기준(⑩의① 기준) 이내일 것</td><td>(19)
적 합
(Y)
부적합
(N)</td></tr>
<tr><td>⑩
유예
기간</td><td>① 중소기업이 규모의 확대 등으로 ⑩의 기준을 초과하는 경우 최초 그 사유가 발생한 사업연도와 그 다음 3개 사업연도까지 중소기업으로 보고 그 후에는 매년마다 판단
② 「중소기업기본법 시행령」 제3조제1항제2호, 별표 1 및 별표 2의 개정으로 중소기업에 해당하지 아니하게 되는 때에는 그 사유가 발생한 날이 속하는 사업연도와 그 다음 3개 사업연도까지 중소기업으로 봄</td><td>ㅇ 사유발생 연도(13) (년)</td><td>(20)
적 합
(Y)
부적합
(N)</td></tr>
<tr><td rowspan="2">소
기
업</td><td colspan="2">⑩ 사업요건 및 독립성요건을 충족할 것</td><td>중소기업 업종(⑩)을 주된사업으로 영위하고, 독립성요건(⑩)을 충족하는지 여부</td><td>(21)
(Y), (N)</td><td rowspan="2">(27)
적
(Y)
부
(N)</td></tr>
<tr><td colspan="2">⑩ 자산총액이 5천억원 미만으로서 매출액이 업종별로 「중소기업기본법 시행령」 별표 3의 규모기준("평균매출액등"은 "매출액"으로 본다) 이내일 것</td><td>ㅇ 매 출 액
- 당 회사(14) (억원)
- 「중소기업기본법 시행령」 별표 3의 규모기준(15) (억원) 이하</td><td>(22)
(Y), (N)</td></tr>
</table>

210mm×297mm[백상지 80g/㎡ 또는 중질지 80g/㎡]

(4쪽 중 제2쪽)

<table>
<tr><th>구 분</th><th>① 요 건</th><th colspan="4">② 검 토 내 용</th><th>③ 적합 여부</th><th>④ 적정 여부</th></tr>
<tr><td rowspan="4">중
견
기
업</td><td>⑩⑦ 「조세특례제한법」상 중소기업 업종을 주된 사업으로 영위할 것</td><td colspan="4">중소기업이 아니고,
중소기업 업종(⑩①)을 주된 사업으로 영위하는지 여부</td><td>(23)
(Y), (N)</td><td rowspan="4">(28)
적
(Y)
부
(N)</td></tr>
<tr><td>⑩⑧ 소유와 경영의 실질적인 독립성이 「중견기업 성장촉진 및 경쟁력 강화에 관한 특별법 시행령」 제2조 제2항제1호에 적합할 것</td><td colspan="4">· 「독점규제 및 공정거래에 관한 법률」 제31조 제1항에 따른 상호출자제한기업집단에 속하는 회사에 해당하지 않을 것
· 「독점규제 및 공정거래에 관한 법률 시행령」 제38조 제2항에 따른 상호출자제한기업집단 지정기준인 자산총액 이상인 법인이 주식등의 30% 이상을 직·간접적으로 소유한 경우로서 최다출자자인 기업이 아닐 것(「중견기업 성장촉진 및 경쟁력 강화에 관한 특별법 시행령」 제2조 제3항에 해당하는 기업은 제외)</td><td>(24)
(Y), (N)</td></tr>
<tr><td rowspan="2">⑩⑨ 직전 3년 평균 매출액이 다음의 중견기업 대상 세액공제 요건을 충족할 것
① 중소기업 등 투자세액공제[구 「조세특례제한법」 제5조제1항(2020.12.29. 법률 제17759호로 개정되기 전의 것)]: 1천5백억원 미만(신규상장 중견기업에 한함)
② 연구·인력개발비에 대한 세액공제(「조세특례제한법」 제10조제1항제1호가목2)): 5천억원 미만
③ 기타 중견기업 대상 세액공제 : 3천원억 미만</td><td colspan="4">직전 3년 과세연도 매출액의 평균금액</td><td rowspan="2">(25)
(Y), (N)</td></tr>
<tr><td>직전 3년

(억원)</td><td>직전 2년

(억원)</td><td>직전 1년

(억원)</td><td>평균

(억원)</td></tr>
</table>

중소기업 요건 검토 서식

<table>
<tr><th></th><th>검 토 사 항</th><th>적합 여부</th></tr>
<tr><td>업종기준</td><td>「조세특례제한법 시행령」 제29조 제3항에 규정된 소비성서비스업*을 주된 사업으로 영위하지 않는지 여부
* ① 호텔업 및 여관업(「관광진흥법」에 따른 관광숙박업 제외)
② 주점업(일반유흥주점업, 무도유흥주점업 및 「식품위생법 시행령」 제21조에 따른 단란주점 영업만 해당하되, 「관광진흥법」에 따른 외국인전용 유흥음식점업 및 관광유흥음식점업 제외)</td><td>예 아니오</td></tr>
<tr><td>업종별 규모기준</td><td>매출액 요건이 업종별 규모기준에 적합한지 여부
<table><tr><td rowspan="2">주된 업종</td><td>업종코드</td><td>300103</td></tr><tr><td>업종명</td><td>재조업</td></tr></table><table><tr><td>매 출 액</td><td>9,500백만원</td></tr></table>* 중소기업기본법 시행령 [별표 1]의 규모기준
* 중소기업기본법 시행령 [별표 1]의 개정으로, 새로이
① 중소기업 해당 → 사유발생 사업연도부터 중소기업
② 중소기업 미해당 → 사유발생 사업연도와 그 다음 3개 사업연도까지 중소기업으로 봄</td><td>예 아니오</td></tr>
<tr><td>졸업기준</td><td>자산총액 기준에 적합한지 여부
<table><tr><td>자산총액(5,000억원 미만)</td><td>3,600백만원</td></tr></table></td><td>예 아니오</td></tr>
<tr><td rowspan="3">독립성기준</td><td>「독점규제 및 공정거래에 관한 법률」에 따른 공시대상기업집단에 속하는 회사 또는 공시대상기업집단의 소속회사로 편입·통지된 것으로 보는 회사에 해당하지 않는지 여부</td><td>예 아니오</td></tr>
<tr><td>자산총액 5천억원 이상인 법인(외국법인 포함)이 지분의 30% 이상을 직접적 또는 간접적으로 소유하면서 최다출자자에 해당하지 않는지 여부</td><td>예 아니오</td></tr>
<tr><td>★ 관계기업 충족여부
다른 법인과 출자 관계에 있는 경우, 관계기업 간 합산한 전체 매출액이 위 규모기준의 매출액 이내인지 여부</td><td>예 아니오</td></tr>
</table>

농어촌특별세

농어촌특별세는 농어업의 경쟁력 강화와 농어촌산업기반시설의 확충 및 농어촌지역 개발사업을 위하여 필요한 재원을 확보함을 목적으로 과세하며(농어촌특별세법 제1조), 이를 구체적으로 살펴보면 다음과 같다.

저자주 농어촌특별세는 조세특례제한법상 세액감면, 세액공제 등을 적용받는 경우 과세하므로 각 개별조항별로 과세 또는 비과세 여부를 확인하여야 한다. 개별조항에 대한 구체적 검토에 앞서 농어촌특별세 규정을 살펴보기로 한다.

1 납세의무자(농특법 제3조)

다음 어느 하나에 해당하는 자는 농어촌특별세를 납부할 의무를 진다.

(1) 제2조 제1항 각 호 외의 부분에 규정된 법률에 따라 소득세 · 법인세 · 관세 · 취득세 또는 등록에 대한 등록면허세의 감면을 받는 자

(2) 「개별소비세법」 제1조【과세대상과 세율】 제2항의 물품 중 같은 항 제1호 가목 · 나목, 같은 항 제2호 나목 1) · 2)의 물품 또는 같은 조 제3항 제4호의 입장행위에 대한 개별소비세 납세의무자

(3) 「증권거래세법」 제3조【납세의무자】 제1호에 규정된 증권거래세 납세의무자

(4) 「지방세법」 제7조【납세의무자 등】에 따른 취득세 또는 「지방세법」 제41조【납세의무자】에 따른 레저세의 납세의무자

(5) 「종합부동산세법」 제7조【납세의무자】에 따른 종합부동산세의 납세의무자

2 감면과 본세(농특법 제2조)

(1) 감면이란 「조세특례제한법」 · 「관세법」 · 「지방세법」 또는 「지방세특례제한법」에 따라 소득세 · 법인세 · 관세 · 취득세 또는 등록에 대한 등록면허세가 부과되지 아니하거나 경감되는 경우로서 다음 어느 하나에 해당하는 것을 말한다.

① 비과세 · 세액면제 · 세액감면 · 세액공제 또는 소득공제
② 「조세특례제한법」 제72조【조합법인 등에 대한 법인세과세특례】 제1항에 따른 조합법인 등에 대한 법인세 특례세율의 적용 또는 같은 법 제89조【세금우대종합저축에 대한 과세특례】 제1항 및 제89조의3【조합등예탁금에 대한 저율과세 등】에 따른 이자소득 · 배당소득 · 금융투자소득에 대한 소득세 특례세율의 적용
③ 「지방세법」 제15조【세율의 특례】 제1항에 따른 취득세 특례세율의 적용

(2) "본세"란 다음의 것을 말한다.

① 「조세특례제한법」 · 「관세법」 · 「지방세법」 및 「지방세특례제한법」에 따라 감면을 받는 소득세 · 법인세 · 관세 · 취득세 또는 등록에 대한 등록면허세의 감면세액(아래 '②'의 경우는 제외한다)에 따른 농어촌특별세의 경우에는 감면을 받는 해당 소득세 · 법인세 · 관세 · 취득세 또는 등록에 대한 등록면허세
② 「조세특례제한법」에 따라 감면받은 이자소득 · 배당소득 · 금융투자소득에 대한 소득세의 감면세액에 따른 농어촌특별세의 경우에는 소득세
③ 「개별소비세법」에 따라 납부하여야 할 개별소비세액 중 「개별소비세법」 제1조 제3항 제4호의 경우와 이 외의 경우에 따른 농어촌특별세의 경우에는 개별소비세
④ 「자본시장과 금융투자업에 관한 법률」에 따른 증권시장으로서 대통령령으로 정하는 증권시장에서 거래된 증권의 양도가액에 따른 농어촌특별세의 경우에는 증권거래세
⑤ 「지방세법」 제11조 및 제12조의 표준세율을 100분의 2로 적용하여 「지방세법」, 「지방세특례제한법」 및 「조세특례제한법」에 따라 산출한 취득세액에 따른 농어촌특별세의 경우에는 취득세
⑥ 「지방세법」에 따라 납부하여야 할 레저세액에 따른 농어촌특별세의 경우에는 레저세
⑦ 「종합부동산세법」에 따라 납부하여야 할 종합부동산세액에 따른 농어촌특별세의 경우에는 종합부동산세

3 비과세(농특법 제4조)

다음 어느 하나에 해당하는 경우에는 농어촌특별세를 부과하지 아니한다.

저자주 농특법 제4조 비과세 규정은 조세특례제한법에 의한 감면 외에도 지방세특례제한법에 따른 감면에 대한 비과세도 규정하고 있지만 이하에서는 조세특례제한법에 의한 감면에 대한 비과세만 살펴보기로 한다.

(1) 국가(외국정부를 포함한다) · 지방자치단체 또는 지방자치단체조합에 대한 감면

(2) 농어업인(「농업 · 농촌 및 식품산업 기본법」 제3조【정의】 제2호의 농업인과 「수산업 · 어촌 발전 기본법」 제3조【정의】 제3호의 어업인을 말한다. 이하 같다) 또는 농어업인을 조합원으로 하는 단체(「농어업경영체 육성 및 지원에 관한 법률」에 따른 영농조합법인, 농업회사법인 및 영어조합법인를 포함한다)에 대한 감면으로서 다음의 것

① 조특법 제66조【영농조합법인 등에 대한 법인세의 면제 등】

② 조특법 제67조【영어조합법인 등에 대한 법인세의 면제 등】

③ 조특법 제68조【농업회사법인에 대한 법인세의 면제 등】

④ 조특법 제69조【자경농지에 대한 양도소득세의 감면】

⑤ 조특법 제69조의2【축사용지에 대한 양도소득세의 감면】

⑥ 조특법 제69조의3【어업용 토지등에 대한 양도소득세의 감면】

⑦ 조특법 제69조의4【자경산지에 대한 양도소득세의 감면】

⑧ 조특법 제70조【농지대토에 대한 양도소득세 감면】

⑨ 조특법 제72조【조합법인 등에 대한 법인세과세특례】 제1항(제1호, 제5호 및 제8호의 법인은 제외한다),

⑩ 조특법 제77조【공익사업용 토지 등에 대한 양도소득세의 감면】[「조세특례제한법」 제69조【자경농지에 대한 양도소득세의 감면】 제1항 본문에 따른 거주자가 직접 경작한 토지(8년 이상 경작할 것의 요건은 적용하지 아니한다)로 한정한다]

⑪ 조특법 제102조【산림개발소득에 대한 세액감면】,

⑫ 조특법 제104조의2【어업협정에 따른 어업인에 대한 지원】

(3) 조특법 제6조【창업중소기업 등에 대한 세액감면】 · 제7조【중소기업에 대한 특별세액감면】에 따른 중소기업에 대한 세액감면 · 특별세액감면

(4) 조특법 제40조【주주 등의 자산양도에 관한 법인세 등 과세특례】에 따른 양도소득세 또는 금융투자소득세의 감면

(5) 조특법 제16조【벤처투자조합 출자 등에 대한 소득공제】의 소득공제에 따른 감면

(6) 다음의 소득공제 및 감면 등

다음에 따른 저축이나 이자소득, 배당소득 및 금융투자소득에 대한 감면

① 조특법 제86조의3【소기업 · 소상공인 공제부금에 대한 소득공제 등】

② 조특법 제86조의4【연금계좌세액공제 등】

③ 조특법 제87조【주택청약종합저축 등에 대한 소득공제 등】

④ 조특법 제87조의2【농어가목돈마련저축에 대한 비과세】
⑤ 조특법 제87조의5【선박투자회사의 주주에 대한 과세특례】
⑥ 조특법 제88조의2【비과세종합저축에 대한 과세특례】
⑦ 조특법 제88조의4【우리사주조합원 등에 대한 과세특례】
⑧ 조특법 제88조의5【조합 등 출자금 등에 대한 과세특례】
⑨ 조특법 제91조의14【재형저축에 대한 비과세】
⑩ 조특법 제91조의16【장기집합투자증권저축에 대한 소득공제】
⑪ 조특법 제91조의17【해외주식투자전용집합투자기구에 대한 과세특례】
⑫ 조특법 제91조의18【개인종합자산관리계좌에 대한 과세특례】
⑬ 조특법 제91조의19【장병내일준비적금에 대한 비과세】
⑭ 조특법 제91조의20【청년형 장기집합투자증권저축에 대한 소득공제】
⑮ 조특법 제91조의21【청년희망적금에 대한 비과세】
⑯ 조특법 제91조의22【청년도약계좌에 대한 비과세】

(7) 조특법 제21조【국제금융거래에 따른 이자소득 등에 대한 법인세 등의 면제】에 따른 이자소득 등에 대한 감면 중 비거주자 또는 외국법인에 대한 감면

(8) 조특법 제117조【증권거래세의 면제】 제1항 및 제2항에 해당하는 경우

(9) 「조세특례제한법」 제20조【공공차관 도입에 따른 과세특례】· 제100조【근로자의 주거안정 지원을 위한 과세특례】· 제140조【해저광물자원개발을 위한 과세특례】 및 제141조【부동산실권리자 명의등기에 대한 조세부과의 특례】에 따른 감면

(10) 「조세특례제한법」 제30조의2【정규직 근로자로의 전환에 따른 세액공제】 및 제30조의4【중소기업 사회보험료 세액공제】에 따른 감면

(11) 「조세특례제한법」 제121조의24【공적자금 회수를 위한 합병 및 분할 등에 대한 과세특례】에 따른 감면

(12) 기술 및 인력개발, 저소득자의 재산형성, 공익사업 등 국가경쟁력의 확보 또는 국민경제의 효율적 운영을 위하여 농어촌특별세를 비과세할 필요가 있다고 인정되는 경우로서 다음의 것(농특령 제4조 제7항)

1) 다음의 조특법상 공제 및 감면 등

① 제10조【연구 · 인력개발비에 대한 세액공제】

② 제10조의2【연구개발 관련 출연금 등의 과세특례】

③ 제12조【기술이전 및 기술취득 등에 대한 과세특례】

④ 제12조의2【연구개발특구에 입주하는 첨단기술기업 등에 대한 법인세 등의 감면】

⑤ 제13조【벤처투자회사 등의 주식양도차익 등에 대한 비과세】

⑥ 제14조【창업기업 등에의 출자에 대한 과세특례】

⑦ 제16조의2【벤처기업 주식매수선택권 행사이익 비과세 특례】

⑧ 제18조【외국인기술자에 대한 소득세의 감면】

⑨ 제18조의2【외국인근로자에 대한 과세특례】

⑩ 제18조의3【내국인 우수 인력의 국내복귀에 대한 소득세 감면】

⑪ 제19조【성과공유 중소기업의 경영성과급에 대한 세액공제 등】 제2항

⑫ 제29조의6【중소기업 청년근로자 및 핵심인력 성과보상기금 수령액에 대한 소득세 감면 등】

⑬ 제30조【중소기업 취업자에 대한 소득세 감면】

⑭ 제30조의3【고용유지중소기업 등에 대한 과세특례】

⑮ 제33조【사업전환 통상변화대응지원기업에 대한 과세특례】

⑯ 제63조【수도권 밖으로 공장을 이전하는 기업에 대한 세액감면 등】

⑰ 제63조의2【수도권 밖으로 본사를 이전하는 법인에 대한 세액감면 등】

⑱ 제64조【농공단지 입주기업 등에 대한 세액감면】

⑲ 제76조【정치자금의 손금산입특례 등】 제1항

⑳ 제95조의2【월세액에 대한 세액공제】

㉑ 제98조의3【미분양주택의 취득자에 대한 양도소득세의 과세특례】

㉒ 제98조의5【수도권 밖의 지역에 있는 미분양주택의 취득자에 대한 양도소득세의 과세특례】

㉓ 제99조의9【위기지역 창업기업에 대한 법인세 등의 감면】

㉔ 제99조의11【감염병 피해에 따른 특별재난지역의 중소기업에 대한 법인세 등의 감면】

㉕ 제104조의8【전자신고 등에 대한 세액공제】 제1항 · 제3항

㉖ 제104조의21【대한주택공사 및 한국토지공사의 합병에 대한 법인세 과세특례】

㉗ 제104조의24【해외진출기업의 국내복귀에 대한 세액감면】

㉘ 제104조의28【2018 평창 동계올림픽대회 및 동계패럴림픽대회에 대한 과세특례】

㉙ 제104조의31【프로젝트금융투자회사에 대한 소득공제】
㉚ 제118조의2【해외진출기업의 국내복귀에 대한 관세감면】
㉛ 제121조의2【외국인투자에 대한 조세 감면】
㉜ 제121조의3【관세 등의 면제】
㉝ 제121조의4【증자의 조세감면】
㉞ 제121조의13【제주도여행객 면세점에 대한 간접세 등의 특례】
㉟ 제126조의2【신용카드 등 사용금액에 대한 소득공제】
㊱ 제126조의6【성실신고 확인비용에 대한 세액공제】
㊲ 제126조의7【금 현물시장에서 거래되는 금지금에 대한 과세특례】 제9항에 따른 감면

2)「조세특례제한법」 제89조의3【조합등예탁금에 대한 저율과세 등】에 따른 조합등예탁금의 이자소득의 소득세에 대한 감면 중 다음 어느 하나에 해당하는 사람에 대한 감면

① 「농어가 목돈마련저축에 관한 법률 시행령」 제2조 제1항에 따른 농어민
② 「산림조합법 시행령」 제2조에 따른 임업인. 다만, 5헥타르 이상의 산림을 소유한 사람은 제외한다.
③ 「한국주택금융공사법 시행령」 제2조 제1항 제1호 및 제2호에 따른 근로자

제143조 【구분경리】

I 구분경리

1 구분경리의 의의와 필요성

(1) 의의

구분경리란 구분하여야 할 사업 또는 재산별로 자산·부채 및 손익을 각각 독립된 계정과목에 의하여 구분하여 기장하는 것을 말한다(법령 제156조 제1항).

(2) 필요성

「법인세법」과 「조세특례제한법」에서는 소득 또는 사업별로 과세의 차등을 두고 있는데 이를 위해서는 소득 또는 사업별로 납세자의 과세소득 등이 구분되어야 가능한 것이므로 이를 위해 「법인세법」과 「조세특례제한법」에서는 구분경리를 규정하고 있다.

2 구분경리의 대상과 방법

「법인세법」과 「조세특례제한법」에서는 구분경리의 대상을 다수 규정하고 있으나, 이하에서는 「조세특례제한법」상의 구분경리 대상만을 살펴본다.

(1) 감면사업과 그 밖의 사업을 겸영하는 경우(조특법 제143조 제1항)

내국인은 「조세특례제한법」에 따라 세액감면을 적용받는 사업(감면비율이 2개 이상인 경우 각각의 사업을 말하며, 이하 "감면대상사업")과 그 밖의 사업을 겸영하는 경우에는 「법인세법」 제113조【구분경리】 규정과 「소득세법」 제19조【사업소득】 규정을 준용하여 구분경리한다.

(2) 소비성서비스업과 그 밖의 사업을 겸영하는 경우(조특법 제143조 제2항)

소비성서비스업과 그 밖의 사업을 함께 하는 내국인은 「법인세법」 제113조【구분경리】

규정과 「소득세법」 제19조【사업소득】 규정을 준용하여 자산·부채 및 손익을 각각의 사업별로 구분하여 경리하여야 한다.

(3) 구분경리 방법

① 구분경리는 「법인세법」 제113조【구분경리】 규정과 「소득세법」 제19조【사업소득】 규정을 준용한다(조특령 제136조 제1항 제2항).

② 감면사업과 그 밖의 사업을 겸영하는 경우 구분하여야 할 사업 또는 재산별로 자산·부채 및 손익을 각각 독립된 계정과목에 의하여 구분기장하고, 공통익금과 공통손금은 「법인세법」 시행규칙 제76조【비영리법인의 구분경리】 제6항과 제7항을 준용하여 기장한다.

3 결손금이 있는 경우의 통산방법

(1) 당해 과세연도에 결손금이 발생한 경우

감면대상 사업과 그 밖의 사업을 구분하여 경리한 사업 중 결손금이 발생한 경우에는 해당 결손금의 합계액에서 소득금액이 발생한 사업의 소득금액에 비례하여 안분계산한 금액을 공제한 금액으로 한다(조특법 제143조 제3항).

$$\text{제조업 등 소득} = \frac{\text{제조업등의}}{\text{각 사업연도소득}} - \text{결손금} \times \frac{\text{제조업등 각 사업연도 소득}}{\text{각 사업연도 소득}}$$

(2) 이월결손금의 경우

감면사업과 기타의 사업을 겸영하는 경우 감면사업과 과세사업의 소득구분 시 이월결손금은 이월된 당해 결손금의 범위 내에서 이월결손금이 발생한 사업의 소득에서 공제한다(제도46012-11176, 2001.05.18.).

4 개별익금·손금 및 공통익금·손금의 구분

개별익금, 개별손금, 공통익금, 공통손금의 구분은 다음과 같이 구분한다(법기통 113-156…6).

구 분	익 금	손 금
개별	(1) 매출액 또는 수입금액은 소득구분계산의 기준으로서 이는 개별익금으로 구분한다. (2) 감면사업 또는 과세사업에 직접 관련하여 발생하는 부수수익은 개별익금으로 구분한다. 〈예시〉 ① 부산물 · 작업폐물의 매출액 ② 채무면제익 ③ 원가차익 ④ 상각채권추심익 ⑤ 지출된 손금 중 환입된 금액 ⑥ 준비금 및 충당금의 환입액 (3) 영업외수익과 특별이익 중 과세사업의 개별익금으로 구분하는 것을 예시하면 다음과 같다. 〈예시〉 ① 수입배당금 ② 수입이자 ③ 유가증권처분익 ④ 수입임대료 ⑤ 가지급금인정이자 ⑥ 고정자산처분익 ⑦ 수증익	(1) 감면사업 또는 과세사업에 직접 관련하여 발생한 비용은 당해 사업의 개별손금으로 구분한다. 〈예시〉 ① 매출원가 ② 특정사업에 전용되는 고정자산에 대한 제비용 ③ 특정사업에 관련하여 손금산입하는 준비금 · 충당금전입액 ④ 기타 귀속이 분명한 제비용 (2) 영업외비용과 특별손실 중 과세사업의 개별손금으로 구분하는 것을 예시하면 다음과 같다. 〈예시〉 ① 유가증권 처분손 ② 고정자산 처분손
공통	감면사업과 과세사업에 공통으로 발생되는 수익이나 귀속이 불분명한 부수수익은 공통익금으로 구분한다. 〈예시〉 ① 귀속이 불분명한 부산물 · 작업폐물의 매출액 ② 귀속이 불분명한 원가차익, 채무면제익 ③ 공통손금의 환입액 ④ 기타 개별익금으로 구분하는 것이 불합리한 수익	감면사업과 과세사업에 공통으로 발생되는 비용이나 귀속이 불분명한 비용은 공통손금으로 구분한다. 〈예시〉 ① 사채발행비 상각 ② 사채할인발행차금 상각 ③ 기타 개별손금으로 구분하는 것이 불합리한 비용
지급 이자	차입금에 대한 지급이자는 그 이자의 발생장소에 따라 구분하거나 그 이자전액을 공통손금으로 구분할 수 없으며, 차입한 자금의 실제 사용용도를 기준으로 사실판단하여 과세 및 감면사업의 개별 또는 공통손금으로 구분한다.	

<table>
<tr><th>구 분</th><th>익 금</th><th>손 금</th></tr>
<tr><td>외환
차손익</td><td colspan="2">① 감면사업 또는 과세사업에 직접 관련되는 외환차손익은 당해 사업의 개별손익으로 구분한다.
② 외상매출채권의 회수와 관련된 외환차손익(공사수입의 본사 송금거래로 인한 외환차손익 포함)은 외국환은행에 당해 외화를 매각할 수 있는 시점까지는 당해 외상매출채권이 발생된 사업의 개별손익으로 하고 그 이후에 발생되는 외환차손익은 과세사업의 개별손익으로 구분한다.
③ 외상매출채권을 제외한 기타 외화채권과 관련하여 발생하는 외환차손익은 과세사업의 개별손익으로 구분한다.
④ 외상매입채무의 변제와 관련된 외환차손익은 당해 외상매입 채무와 관련된 사업의 개별손익으로 구분한다.
⑤ 외상매입채무를 제외한 기타 외화채무와 관련하여 발생하는 외환차손익은 외화채무의 용도에 따라 감면사업 또는 과세사업의 개별손익으로 구분하고, 용도가 불분명한 경우에는 공통손익으로 구분한다.
⑥ 외환증서, 외화표시예금, 외화표시유가증권등과 관련하여 발생하는 외환차손익은 과세사업의 개별손익으로 구분한다.
⑦ 감면사업의 손익수정에 따른 외환차손익은 감면사업의 개별손익으로 구분한다.</td></tr>
</table>

5 공통익금 및 공통손금 안분계산

(1) 안분계산기준

공통되는 익금과 손금은 다음 각 호의 규정에 의하여 구분계산하여야 하며, 공통되는 익금은 과세표준이 되는 것에 한하며, 공통되는 손금은 익금에 대응하는 것에 한한다. 다만, 공통익금 또는 손금의 구분계산에 있어서 개별손금(공통손금 외의 손금의 합계액)이 없는 경우나 기타의 사유로 다음 각 호의 규정을 적용할 수 없거나 적용하는 것이 불합리한 경우에는 공통익금의 수입항목 또는 공통손금의 비용항목에 따라 국세청장이 정하는 작업시간 · 사용시간 · 사용면적 등의 기준에 의하여 안분계산한다(법칙 제76조 제6항 · 제7항).

① 수익사업과 기타의 사업의 공통익금은 수익사업과 기타의 사업의 수입금액 또는 매출액에 비례하여 안분계산

② 수익사업과 기타의 사업의 업종이 동일한 경우의 공통손금은 수익사업과 기타의 사업의 수입금액 또는 매출액에 비례하여 안분계산

③ 수익사업과 기타의 사업의 업종이 다른 경우의 공통손금은 수익사업과 기타의 사업의 개별 손금액에 비례하여 안분계산

구 분	안분계산방법(기준)	
공통익금	수입금액 비례 안분	
공통손금	업종이 동일한 경우	수입금액 비례 안분
	업종이 다른 경우	개별손금액 비례 안분

④ 개별손금액의 의미

위 '①~③'에서 개별손금은 매출원가와 판매관리비 및 영업외비용 등 모든 개별손금의 합계액을 말한다(법인22601-798, 1988.03.21.).

⑤ 여러 업종을 겸영하는 법인의 안분계산

수개의 업종을 겸영하고 있는 법인의 공통손익은 먼저 업종별로 안분계산하고 다음의 동일업종 내의 공통손익을 안분계산하고, 서로 다른 업종에 대한 공통손금은 업종별 개별 손금액에 비례하여 안분계산한다(서이46012-11261, 2003.07.04.).

Ⅱ 주요 질의회신 통칙 등 요약

1 집행기준 및 통칙

(1) 조세특례제한법 집행기준 143-136-1【구분경리】

저자주 집행기준의 내용은 본문의 설명내용과 동일하므로 본문을 참고할 것.

(2) 조세특례제한법 기본통칙 6-0…2【감면대상소득의 범위】

다음의 감면 적용을 하는 경우 감면대상 소득계산 시 이자수익 · 유가증권처분이익 · 유가증권처분손실 등은 포함하지 아니한다.

① 제6조【창업중소기업 등에 대한 세액감면】제1항 및 제2항

② 제7조【중소기업에 대한 특별세액감면】제1항

③ 제63조【수도권 밖으로 공장을 이전하는 기업에 대한 세액감면 등】제1항

④ 제64조【농공단지 입주기업 등에 대한 세액감면】제1항

⑤ 제66조【영농조합법인 등에 대한 법인세의 면제 등】제1항

⑥ 제67조【영어조합법인 등에 대한 법인세의 면제 등】제1항

⑦ 제68조【농업회사법인에 대한 법인세의 면제 등】제1항

2 질의회신 예규 등

제 목	내 용
(1) 기부금이 감면사업과 기타의 사업의 공통손금에 해당하는지 여부 (서면2팀-614, 2007.04.09.)	• 「조세특례제한법」 제7조(중소기업에 대한 특별세액감면)의 규정에 의한 감면사업과 기타의 사업을 겸영하는 법인이 같은 법 제143조의 규정에 의하여 구분경리하는 경우 당해 법인의 사업과 직접 관련 없이 지출한 기부금은 감면사업과 기타의 사업의 공통손금에 해당하는 것임.
(2) 경정으로 감면세액 재계산 시 부정과소신고금액의 감면대상 소득 포함 여부(서면2팀-2133, 2004.10.22.)	• 과세관청이 경정 시 감면세액을 재계산하는 경우에 법인세법 시행령 제118조의 규정에 의한 부당과소신고 금액에 대하여는 조세특례제한법 제128조 제3항의 규정에 의하여 당해 감면대상 소득에서 제외되는 것임.
(3) 법인이 여러 가지 감면사업을 영위하고 있고 감면사업 내에서도 감면사업의 종류별로 구분하여 소득을 계산하여야 한다면 동종의 감면사업과 이종의 감면사업으로 구분하는 기준(서이46017-10725, 2003.04.07.)	• 법인세가 감면되는 사업과 기타의 사업(비감면사업)을 겸업하고 있는 경우에는 조세특례제한법 제143조 및 법인세법 제113조의 규정에 의하여 감면사업에 속하는 것과 감면사업이 아닌 기타의 사업에 속하는 것을 각각 별개의 회계로 구분하여 경리하여야 한다고 규정되어 있는 바, 동일법인 내에 두개 이상의 사업부가 있다 하더라도 각 사업부별로 구분 경리하는 것이 아니라 법인세가 감면되는 사업과 기타의 사업으로 구분하여 계산하는 것임.
(4) 감면대상이 되는 소득의 의미 (대법원2003두0773, 2004.11.12.)	저자주 대법원 판결문 전체 중 해당 상고이유에 대해서 요약 • 원심판결 이유에 의하면, 원심은, 구 조감법 제7조 제1항 소정의 법인세 감면대상인 '당해 사업에서 발생한 소득'이라 함은 감면대상사업의 주된 영업활동에서 직접 발생한 소득만을 의미하고 그 소득을 은행에 일시 보관하여 생기는 자연적 법정과실인 수입이자나 당해 사업을 타에 양도함으로써 얻게 된 특별이익 등은 이에 해당하지 아니하고, 법인이 지출하는 지급이자는 차입한 자금의 실제 사용용도가 밝혀진 경우에는 개별손금으로 인정될 여지가 있지만 그렇지 않은 경우에는 공통손금으로 보아 감면대상사업과 기타 사업(과세사업)의 매출액에 비례하여 안분 계산할 수밖에 없으므로, 이와 같은 방법으로 감면소득을 산정한 피고의 조치는 정당하다고 판단하였다. 원심판결 이유를 관계 법령의 규정 및 기록에 비추어 살펴보면, 원심의 위와 같은 인정과 판단은 정당한 것으로 수긍이 가고, 거기에 상고이유에서 주장하는 바와 같은 감면소득의 범위에 관한 법리 등을 오해한 위법이 있다고 할 수 없다.

제 목	내 용
(5) 해외의 자회사에게 기술제공을 하고 그 대가로 수령한 로열티의 제조업소득(감면대상소득)여부(국심 2002서0779, 2002.06.19.)	저자주 심판례 주요부분 요약 • 종합하건대, 청구법인은 제조업을 주업으로 하고 있고, 1991.8.1. 이후 해외자회사에 청구법인의 사업과 관련한 노하우를 제공하고 로열티수입이 발생하였으며, 한국표준산업분류에 관한 질의·회신에서 제품제조와 관련된 전문적인 기술을 해외사업체에 제공하고 일정수수료를 받는 경우 동 제조활동과 같은 산업활동으로 분류하고 있으므로, 쟁점수입액은 제조업 등에서 발생한 사업소득으로 보아 중소제조업에 대한 특별세액 감면대상에 해당한다고 봄이 타당한 것으로 판단된다.
(6) 외투기업이 외국법인으로부터 받는 연구개발용역수입의 감면여부(기획재정부 국제조세-227, 2011.05.23.)	• 외국인투자기업이 외국법인으로부터 받는 연구개발용역수입은 해당 수입에 대응되는 용역이 해당 외국인투자기업이 조세특례제한법 제121조의2 제1항에 따라 고도기술수반사업으로 감면승인을 받은 사업에 해당하는 경우에는 법인세법 시행령 제69조 제1항에 따른 용역제공 등에 의한 손익의 귀속사업연도에 조세특례제한법 제121조의2 제2항에 따른 감면사업의 익금으로 계산하는 것임.
(7) 건설업 법인이 공사계약 파기에 따른 배상금으로 하도급업체에 지급한 배상금의 감면사업(건설업)의 개별손금 여부(서이46012-10400, 2003.03.03.)	• 조세특례제한법 제7조의 중소기업에 대한 특별세액감면 규정을 적용함에 있어서 건설업 영위법인이 공사계약 파기에 따른 배상금으로 하도급업체에 지급한 금액은 감면사업(건설업)의 개별손금으로 구분하여 감면소득을 계산하는 것임.
(8) 지급받는 판매장려금의 중소기업에 대한 특별세액감면이 적용되는 감면소득에 해당 여부(서면1팀-1398, 2007.10.11.)	• 「조세특례제한법」 제7조 제1항의 규정을 적용함에 있어 레미콘제조업을 영위하는 거주자가 원재료 매입처인 시멘트 제조업체로부터 지급받는 판매장려금은 동 규정에 따른 감면소득에 해당하는 것임.
(9) 제조업에 사용하는 자산에 대한 금융리스료 연체에 따라 원금을 일시 상환하는 조건으로 금융리스 원금의 일부를 채무면제받은 경우 감면소득 해당 여부(서면2팀-745, 2005.05.31.)	• 법인이 「조세특례제한법」 제7조에 규정된 중소기업에 대한 특별세액감면을 적용받기 위하여 당해 감면사업에서 발생한 소득을 구분경리하는 경우 감면사업과 직접 관련되어 발생한 채무면제이익은 당해 감면사업의 개별손금에 해당하는 것임.
(10) 감면대상 사업에 사용하기 위하여 차입하여 감면사업에 사용한 후 동 차입금을 출자전환한 경우 동 전환으로 발생한 채무면제이익의 감면대상 소득 여부(서면2팀-948, 2007.05.16.)	• 「조세특례제한법」 제121조의2 제1항 규정에 의한 감면사업을 영위하는 외국인투자기업이 감면대상 사업에 사용하기 위해 차입하여 감면사업에 사용한 후, 동 차입금을 사업의 원활한 추진을 위하여 출자전환하는 경우 동 전환으로 발생한 채무면제이익은 감면대상 소득에 해당하는 것이나, 귀 질의가 이에 해당하는지는 사실판단할 사항임.

제 목	내 용
(11) 공사대금을 어음으로 수령함에 있어 어음할인 등에 따른 손실보상 차원에서 공사대금에 가산하여 받는 금액과 동 어음 할인비용의 감면사업 직접 관련 여부(법인세과-200, 2010.03.08.)	• 건설업을 영위하는 중소기업이 건설용역 대가로 수령한 공사대금을 어음으로 수령함에 있어 어음할인 등에 따른 손실보상 차원에서 공사대금에 가산하여 받는 금액과 동 어음 할인비용은 감면사업에 직접 관련하여 발생하는 부수수익 및 비용이므로 「조세특례제한법」 제7조의 중소기업 특별세액 감면대상 소득계산 시 이를 가감하는 것임.
(12) 중소제조업 등에 대한 특별세액감면대상 소득금액 계산 시, 수입이자 · 고정자산 및 유가증권처분손실의 소득구분 방법(국심2002서0317, 2002.03.22.)	• 중소제조업 등에 대한 특별세액감면제도에 있어 감면소득의 범위는 엄격히 해석하여야 할 것인바, 제조업 등에서 발생한 소득이라 함은 그 제조업 자체의 고유사업으로 인하여 정상적으로 발생한 소득만을 의미한다고 보아야 할 것이고, 제조업 등을 영위하는 법인이 그 사업에서 발생한 소득을 금융기관에 예치하여 발생한 소득은 운영자금의 일시적인 보관에 따른 자연적 법정과실이라 하더라도 그것이 제조업 등을 목적으로 정상적인 업무에서 발생한 소득이 아니라 영업활동과는 독립된 별도의 요소소득으로 보아야 할 것이므로 수입이자 자체는 모두 과세대상 소득임. 고정자산과 유가증권처분손은 감면사업이든 기타사업이든 어떠한 사업부분에서 발생된 것인지를 따지지 아니하고 기타사업의 개별손익으로 구분하는 것이고 이는 감면사업에 사용하던 고정자산을 처분한 경우에도 동 고정자산의 처분손은 감면사업이 아닌 기타사업(과세사업)의 손금으로 구분하는 것임.
(13) 농업회사법인이 농업소득에서 발생한 매출채권 지연회수 시 받는 연체이자 상당액의 소득구분(서면인터넷방문상담2팀-839, 2005.06.17.)	• 「조세특례제한법」 제68조 규정에 의한 농업회사법인이 농업소득에서 발생한 매출채권 지연회수 시 받는 연체이자 상당액은 수입이자로서 농업소득구분 경리 시 농업 외 소득의 개별익금에 해당하는 것임.
(14) 외국인투자기업이 정기예금 또는 외화정기예금에서 발생한 수입이자 또는 외화환산손익과 감면대상 사업에 사용한 기계장치처분손익의 감면대상소득 해당여부(재국조46017-44, 2003.03.31.)	• 외국인투자기업이 자금을 정기예금 또는 외화정기예금에 예치하여 수입이자 또는 외화환산손익이 발생한 경우 동 소득이 감면대상소득에 해당하는지 여부는 자금의 원천이 인가사업과 직 · 간접으로 관련되거나 인가사업목적 수행과정에서 발생하였는지 여부에 따라 판단하여야 하는 것임 • 감면대상 사업에 사용한 기계장치를 매각하여 고정자산처분손익이 발생한 경우 고정자산처분손익이 감면대상이 되는 인가사업과 연관을 갖고 정상적인 업무수행과정에서 발생하였거나 당초 인가사업의 원활한 추진을 위하여 매각함에 따른 것임이 인정되는 경우에는 감면대상소득에 해당하는 것임.

제 목	내 용
(15) 감면소득 구분계산 시 '지급이자'가 개별손금인지 공통손금인지 여부(심사법인2002-0029, 2003.03.28.)	저자주 주요 사실관계 및 판단 내용 요약 • 세액감면제도에 있어 감면소득의 범위는 엄격히 해석하여야 할 것인바, 차입금에 대한 지급이자는 그 이자의 발생장소에 따라 구분하거나 그 이자전액을 공통손금으로 구분할 수 없으며, 차입한 자금의 실제 사용용도를 기준으로 사실판단하여 과세하는 것(같은 뜻, 법인세법기본통칙 2-1-14…8)이므로, 위의 차입금이 감면사업에 직접 사용되었는지 여부를 살펴보면, 시설기금 794,725천원은 시설투자에 직접 사용된 것이므로 이는 감면사업과 관련된 차입금으로 볼 것이나, 다른 차입금들 중 산업기술자금 12억원은 은행의 대출관리자료(6y라는 코드로서 이는 운전자금을 관리하는 코드임)와 청구법인의 제예금 장부에서 즉시 전액이 인출되지 않고 수시로 소액으로 나누어 인출된 사실에서 감면사업과 기타사업에 공통으로 사용된 것으로 판단되고, 나머지 차입금 역시 직접 감면사업에 사용되었다는 것을 처분청이 입증하지 못하고 있는 점으로 보아 감면사업과 기타사업에 공통으로 사용된 운전자금으로 판단된다. 따라서 시설기금 등 시설목적의 차입금을 제외한 나머지 차입금의 지급이자 335,138,533원(1997.1.1~12.31 사업연도 127,284,689원, 1998. 1.1~12.31 사업연도 207,853,844원, 별지 참조)을 감면사업과 기타사업에 공통으로 사용된 것으로 안분계산하여야 할 것으로 판단된다. • 고정자산처분익 및 고정자산처분손은 감면사업이든 기타 사업이든 어떠한 사업부분에서 발생된 것인지를 따지지 아니하고 기타사업의 개별손익으로 구분하는 것이 타당하며(같은 뜻, 법인세법 기본통칙 2-1-14…8), 이는 감면사업에 사용하던 고정자산을 처분한 경우에도 동고정자산의 처분손은 감면사업이 아닌 기타사업(과세사업)의 손금으로 구분(같은 뜻 국심 2000부 1828, 2000.10.16, 같은 뜻임)하는 것이므로, 고정자산처분손익은 이를 과세사업의 개별손금과 익금으로 구분계산하여야 할 것이다.
(16) 중소기업특별세액감면 적용 시 당해 처분차익이 제조업 감면대상소득에 해당하는지 여부(법인세과-945, 2011.11.28.; 법규과-1540, 2011.11.22.)	• 제조업을 영위하는 내국법인이 특정거래처 주문제품을 별도로 제작하기 위하여 구입한 금형을 그 주문제품 판매와 동시에 사전계약에 따라 발주처에 처분하는 경우 해당 금형의 처분이익은 「조세특례제한법」 제7조의 중소기업특별세액감면을 적용함에 있어서 감면대상소득에 포함하지 아니하는 것임.

제 목	내 용
(17) 건설을 위한 사업부지 일부를 양도함으로써 발생된 소득이 조세특례제한법 제7조 제1항에서 규정한 "당해사업장"에서 발생된 소득으로 법인세를 감면받을 수 있는지 여부(법인세과-1190, 2009.10.26.)	• 주택건설업을 영위하는 내국법인이 보유 중인 토지를 해당사업에 직접 사용하지 아니하고 양도함에 따라 발생한 소득은 「조세특례제한법」 제7조에서 규정한 '중소기업에 대한 특별세액감면' 적용대상 사업소득에 해당하지 않는 것임.
(18) 택시 운송업 영위 내국법인이 영업용으로 사용하던 택시와 함께 영업권을 양도하면서 발생한 무형자산처분이익이 중소기업에 대한 특별세액감면 대상 소득에 해당하는지 여부(기준-2018-법령해석법인-0183, 2018.09.03.)	• 여객운송업을 영위하는 내국법인이 영업용으로 사용하던 택시 전부와 함께 영업권을 양도함에 따라 발생한 무형자산처분이익은 「조세특례제한법」 제7조의 중소기업에 대한 특별세액감면을 적용할 때 감면대상소득에 해당하지 않는 것임.
(19) 영업용으로 사용하던 택시 전부와 함께 영업권을 양도하는 경우 감면대상 소득 구분(광주고등법원2020누12635, 2021.05.13./광주지방법원2020구합12148, 2020.10.22./조심2019광0461, 2020.03.25.)	저자주 주요내용 요약(아래 내용 : 조심2019광0461, 2020.03.25.) • 청구법인은 조특법 제7조의 해당 사업장에서 발생한 소득이란 감면사업과 직·간접적으로 관련되는 소득을 말하는 것이고 이 건 영업권도 청구법인의 사업과 간접적으로 관련되어 있어 쟁점무형자산처분이익도 중소기업특별세액 감면대상이라고 주장하나, 조세법률주의의 원칙상 과세요건이나 비과세요건 또는 조세감면요건을 막론하고 조세법규의 해석은 특별한 사정이 없는 한 법문대로 해석할 것이고 합리적 이유 없이 확장해석하거나 유추해석하는 것은 허용되지 아니하며, 특히 **감면요건 규정 가운데에 명백히 특혜규정이라고 볼 수 있는 것은 엄격하게 해석하는 것이 조세공평주의 원칙**에도 부합한다 할 것인 점(OOO 참조), 법인세법 기본통칙이나 기획재정부 예규 등에서 조특법 제7조 제1항의 '해당사업장에서 발생한 소득'에는 고정자산처분이익, 이자수익 등이 포함되지 않는 것으로 해석하고 있음을 감안할 때 이 건의 경우도 **'사업장에서 발생한 소득'이란 여객운송업의 영업활동에서 직접 발생한 소득만을 의미한다**고 보이는 점 등에 비추어 쟁점무형자산처분이익을 중소기업특별세액감면 적용 시 감면대상소득에 해당하지 않는다고 보아 이 건 법인세를 과세한 처분은 달리 잘못이 없는 것으로 판단된다.

제 목	내 용
(20) 당사가 사업목적에 사용한 고정자산이 아닌 상용화 전 단계에서 자체 개발 중에 있던 게임소프트웨어 및 관련 지적재산권 일체를 외부에 판매하면서 발생한 무형자산처분이익이 조세특례제한법 제6조 제2항의 창업벤처중소기업세액감면 대상소득에 해당하는지 여부(서면인터넷방문상담2팀-2243, 2007.12.11.)	• 「조세특례제한법」 제6조 제2항을 적용함에 있어 업종의 분류는 같은 법에 특별한 규정이 있는 경우를 제외하고는 「통계법」 제17조의 규정에 의하여 통계청장이 고시하는 한국표준산업분류에 의하는 것이고, 한국표준산업분류상 정보처리 및 컴퓨터운영관련업(세세분류; 게임소프트웨어 제작업)을 영위하는 법인이 상용화 전 단계에서 자체 재발 중에 있던 게임소프트웨어 및 지적재산권 전부를 판매하면서 발생한 무형자산처분이익은 동 규정에 따른 감면소득에 해당하는 것임.
(21) 청구법인이 지방자치단체로부터 항만사업자의 사업비 지원목적으로 지급받은 쟁점보조금을 영업외수익 중 수증익으로 보아 중소기업에 대한 특별세액감면을 적용 배제하여 법인세를 과세한 처분의 당부(조심2013전1389, 2013.12.12.)	**저자주** 기각 이유를 구분하여 서술함 • 청구법인은 유가보조금에 대한 질의회신문 등을 근거로 보조금이 법인의 목적사업과 직 · 간접적인 인과관계가 있으면 감면대상 소득으로 보아야 하고, 청구법인이 2010사업연도에 서산시로부터 수령한 **쟁점보조금**(**항만사업 지원금**, 지자체에서 항만사업자를 지원할 목적으로 지급함)이 청구법인의 항만용역 사업과 관련된 부수수익 또는 판매장려금에 해당한다는 주장이나, ① 「여객자동차 운수사업법」 제52조에 근거하여 정부로부터 손실보전 목적으로 지원받아 여객운송업에서 발생한 수익의 일부를 구성하는 유가보조금과 쟁점보조금을 동일하게 보기는 어렵고, ② 법인세법 기본통칙 113-156…6(개별손익 · 공통손익 등의 계산)에서는 감면사업 또는 과세사업에 직접 관련하여 발생하는 부수수익으로 부산물 · 작업폐물의 매출액과 채무면제익, 원가차익 등이 예시되어 있으나 국가로부터 받는 지원금은 별도 예시되어 있지 않아 쟁점보조금을 청구법인의 사업과 직접적인 인과관계에 의하여 발생된 부수수익으로 보기는 어려우며, ③ 지방자치단체인 서산시에서 대산항 육성을 위해 무상으로 지급한 쟁점보조금을 거래처와의 사전약정에 의해서 받는 판매장려금으로 보기도 어렵다 할 것이다. 따라서, 처분청이 **쟁점보조금**(**항만사업 지원금**)을 중소기업에 대한 특별세액감면 대상소득에 해당하지 아니하는 것으로 보아 법인세를 과세한 처분은 잘못이 없는 것으로 판단된다.

제 목	내 용
(22) 외국인투자기업 甲이 수령하는 국비 및 시비(보조금)가 감면대상 사업에 해당하지 않을 경우, 甲이 사용한 운영비 등의 경비를 비감면사업에 대한 개별손금으로 인정할 수 있는지 여부(국제세원관리담당관실-5, 2010.01.07.)	• 외국인투자기업이 경제자유구역위원회 등의 의결을 거쳐 특정 사용용도를 지정하여 지급받는 보조금을 비감면사업의 개별익금으로 계상한 이후 그 특정된 용도에 부합하게 지출하고 계상한 손금은 비감면사업의 개별손금에 해당하는 것임.
(23) 제조업 등 영위 중소기업이 정부와 협약에 의해 기술개발사업을 수행하면서 지급받는 정부출연금의 감면소득 해당여부(법인세과 46220-170, 2003.03.11.)	저자주 회신 내용을 구분하여 서술함 ① 조세특례제한법 제6조 및 제7조를 적용함에 있어 제조업 등을 영위하는 중소기업이 관계법령에 따라 정부와 협약을 체결하여 기술개발용역사업을 수행하면서 사업비로 지급받는 정부출연금은 당해법인의 제조업 등에서 발생한 소득에 해당하지 아니하는 것이나 당해법인의 기술개발사업을 수행한 용역이 한국표준산업분류상 연구 및 개발업(분류코드 73)에 해당하는 경우에는 감면소득에 해당하는 것이며(서이 46012-11731호 및 서이 46012-10150호) ② 동법 제6조 제1항 및 제2항의 <u>당해 사업에서 발생한 소득이라 함은 동조 제3항의 사업을 영위함으로써 발생되는 소득으로 동법 제143조 규정에 따라 구분경리하여야 하는 것</u>임(서이46012-11731호).
(24) 당사의 버스운수사업과 관련하여 지방자치단체에서 지원받는 환승할인보조금과 유가할인보조금이 중소기업 특별세액감면 대상소득에 포함되는지 여부(법인세과-31, 2013.01.14.)	• 「여객자동차운수사업법」에 따른 시내버스 운송사업자가 지급받은 환승할인보조금과 유가보조금이 중소기업에 대한 특별세액감면 적용대상소득에 해당하는지 여부는 기존 회신사례(법인-339, 2010.4.7. ; 재조세-642, 2006.9.20.)를 참고하기 바람. ◈ 법인-339, 2010.4.7. 운수업 중 여객운송업을 영위하는 마을버스 운송사업자가 서울시로부터 여객 환승에 따라 받는 "환승할인 보조금"과 대중교통 이용을 촉진하기 위해 고객이 무임승차하고 그에 대한 대가를 서울시로부터 받는 "차 없는 날 보조금"은 「조세특례제한법」 제7조의 중소기업에 대한 특별세액 감면을 적용함에 있어서 감면대상소득에 해당하는 것임. ◈ 재조세-642, 2006.9.20. 여객자동차운수사업법에 따른 일반택시 운송사업자가 「조세특례제한법」 제106조의4의 규정을 적용받아 발생하는 부가가치세 납부세액 경감액과 「여객자동차운수사업법」에 따라 지급받는 유가보조금은 동법 제7조의 중소기업에 대한 특별세액감면을 적용함에 있어서 감면대상소득에 해당하는 것임.

제 목	내 용
(25) 창업벤처중소기업 세액감면 시, 수입금액중 상품매출액으로 계상한 분 및 영업외수익인 수입이자 · 유가증권평가익 · **국고보조금(정부의 고용안정대책과 관련하여 정부지원 『인턴제』 시행에 따른 인턴직원에 대한 정부지원금) 등의 감면대상 소득 여부**(국심2003중0870, 2003.07.19.)	저자주 사유를 분리하여 서술함 ① 청구법인은 2001사업연도의 매출액에 대하여 회계프로그램상 문제점 및 업무편의를 감안하여 관리업체의 전산기계실 종합운영관리수입은 제품매출로, 전산상황실 하드웨어 및 소프트웨어 설치공사대 등은 상품매출로 구분 기장한 사실을 알 수 있는 바, 동 전산상황실 하드웨어 및 소프트웨어 설치공사대 등의 용역매출액은 한국표준산업분류표상 정보처리 및 컴퓨터운용관련업의 범위에 포함되고 있는 점을 감안하면 동 사업의 용역매출은 감면사업소득으로 보아야 하므로 처분청이 이 건 상품매출(2001사업연도 774,933,952원)을 감면 제외사업으로 보아 과세한 처분은 사실관계를 오해한 잘못된 처분으로 판단된다. ② 조세특례제한법 제143조 제1항, 제136조 제1항 등은 조세특례제한법 제6조의 규정을 적용받는 사업과 기타사업을 겸영하는 경우에는 당해 감면사업에 속하는 것과 감면사업이 아닌 기타의 사업에 속하는 것을 각각 별개의 회계로 구분경리하도록 규정하고 있고, 창업벤처중소기업에 대한 세액감면제도에 있어 감면소득의 범위는 엄격히 해석하여야 할 것인바, 청구법인의 감면사업인 정보처리 및 컴퓨터운용관련업 등에서 발생한 소득이라 함은 동 정보처리 및 컴퓨터운용관련업 자체로 인하여 정상적으로 발생한 소득만을 의미한다고 보아야 할 것이므로 그 사업에서 발생한 소득을 금융기관에 예치하여 발생한 이자소득이나 투자유가증권에 대한 평가익 등은 그것이 감면사업 등을 목적으로 한 정상적인 업무에서 발생한 소득이 아니라 영업활동과는 독립된 별도의 요소 소득으로 보아야 할 것(국심 2001부30, 2001.7.23. 외 다수 같은 뜻)이므로, 처분청이 영업외수익으로 계상된 수입이자(2000사업연도 28,185,422원, 2001사업연도 65,269,954원) 및 유가증권평가익(2001사업연도 3,985,579원)을 감면제외소득으로 보아 이 건 과세함은 달리 잘못이 없는 것으로 판단되며, ③ **다만, 청구법인이 영업외수익으로 계상한 국고보조금 47,983,720원**(2000사업연도 16,398,400원, 2001사업연도 31,585,320원)**은 정부의 고용안정대책과 관련하여 정부지원 『인턴제』 시행에 따른 인턴직원에 대한 정부지원금**(인턴직원 1인당 월 50만원씩 지급)**을 회계처리한 것으로 인턴직원이 감면사업에 종사하고, 정부지원금이 청구법인의 인건비로 귀속됨을 알 수 있으므로 처분청이 이 건 국고보조금을 감면제외소득으로 보아 감면배제하여 과세함은 잘못된 처분으로 판단된다.**

제 목	내 용
(26) 「학원의 설립 · 운영 및 과외교습에 관한 법률」에 의한 조리 · 제과 · 제빵학원이 직업기술교육학원에 해당하여 「조세특례제한법」 제7조에 따른 중소기업특별세액감면을 적용 여부 및 본 학원이 위의 감면업종에 해당하는 경우, 노동부가 시행하는 직업능력개발계좌제도를 통해 교육 신청한 구직자(비정규직 근로자), 실업자에 대한 정부지원금이 학원수입금액을 구성하는 경우에도 동 감면적용 가능 여부 (법규소득 2010-159, 2010.05.31.)	• 「학원의 설립 · 운영 및 과외교습에 관한 법률」에 따른 직업기술(산업응용기술) 분야에 해당하는 조리 · 제과 · 제빵을 교육하는 학원은 「조세특례제한법」 제7조에 따른 중소기업에 대한 특별세액감면 대상 업종에 해당함. 이 경우, 해당 학원의 사업소득 총수입금액에 노동부장관으로부터 지원되는 실업자 및 구직자의 교육훈련비가 포함되어 있는 경우에도 해당 사업에서 발생하는 소득에 대해 동 감면을 적용받을 수 있는 것임.
(27) 감면사업에 사용되는 제조시설의 사고로 제조활동이 중단되어 손실헤지 목적으로 가입한 보험상품을 통해 영업손실보상금 및 시설 수리비실비금액을 보험금으로 수취하고 거래처 납품지연에 따른 보상금을 지급한 경우 영업손실보상보험금이 감면사업의 익금 해당여부, 제조시설 수리비실비보험금이 감면사업의 익금 해당여부, 거래처에 지급한 납품지연보상금이 감면사업의 손금 해당여부(서면법규과-880, 2013.08.01.)	• 「조세특례제한법」 제121조의2에 따라 외국인투자에 대한 감면을 적용받고 있는 법인이 감면대상사업에 사용되는 제조시설의 사고로 제조활동이 일시 중단되어 감면대상사업의 원활한 추진을 위하여 제조시설의 사고위험 및 그로 인한 영업 손실위험의 헤지 목적으로 가입한 보험상품을 통해 제조활동과 관련된 영업손실에 대한 보상금 및 제조시설의 수리비실비를 보험금으로 수령하였으며 이를 감면대상사업에 사용하는 경우, 해당 보험금수익은 감면대상사업의 익금에 해당되는 것이며, 해당 제조 시설 사고로 인한 제조활동 중단으로 거래처에 지급한 납품지연보상금은 감면대상 사업의 손금에 해당되는 것임.
(28) 여객운송업 영위 내국법인이 지방자치단체로부터 「택시운송사업의 발전에 관한 법률」 제11조에 따라 지급받는 감차보상금의 중소기업에 대한 특별세액감면 대상소득 해당 여부(서면-2015-법령해석법인-1305, 2015.10.15.)	• 여객운송업을 영위하는 내국법인이 지방자치단체로부터 「택시운송사업의 발전에 관한 법률」 제11조에 따라 지급받는 감차보상금은 「조세특례제한법」 제7조의 중소기업에 대한 특별세액감면을 적용할 때 감면대상소득에 해당하는 것임.
(29) 전력산업기반기금으로부터 지원받는 "발전차액지원금"이 「조세특례제한법」 제7조에 따른 감면대상 소득에 해당하는지 여부(서면-2017-법령해석법인-1386, 2017.12.22.)	• 「신에너지 및 재생에너지 개발 · 이용 · 보급 촉진법」에 따른 신 · 재생에너지 발전사업을 영위하는 사업자가 같은 법 제17조 제2항에 따라 발전차액을 「전기사업법」 제48조에 따른 전력산업기반기금에서 지원받는 경우 해당 발전차액은 「조세특례제한법」 제7조에 따른 감면대상 소득에 해당하는 것임.

제 목	내 용
(30) 한국장애인고용촉진공단으로부터 받는 국고보조금과 이와 유사한 성격으로 장애인을 고용함으로써 받는 관리비용, 노동청의 종합고용지원센터에서 받는 휴업수당지원금의 중소기업 특별세액 감면대상 소득 여부(법인세과-1257, 2009.11.09.)	• 중소기업 중 제조업을 영위하는 법인이 한국장애인고용촉진공단으로부터 받는 국고보조금과 이와 유사한 성격으로 장애인을 고용함으로써 받는 관리비용, 노동청의 종합고용지원센터에서 받는 휴업수당지원금은 조세특례제한법 제7조의 중소기업 특별세액 감면대상 소득에 해당하지 아니하는 것임.
(31) 조세특례제한법 제85조의6【사회적기업 및 장애인 표준사업장에 대한 법인세 등의 감면】을 적용함에 있어 장애인고용촉진 및 직업재활법 등에 따른 장려금을 받는 경우 동 장려금을 해당사업에서 발생한 소득으로 볼 수 있는지 여부(서면-2015-법인-22434, 2015.09.29.)	• 장애인표준사업장으로 인증받은 내국법인이 국가 등으로부터 지원받은 사업개발비, 시설장비비, 일자리창출 인건비, 전문인력 지원비 등은 「조세특례제한법」 제85조의6 제2항의 법인세가 감면되는 "해당사업에서 발생한 소득"에 해당되지 아니하는 것임.
(32) 부가가치세법상 '신용카드사용 세액공제액'이 '중소기업특별세액감면'대상 소득인지 여부(서일46011-11427, 2003.10.09.)	• 부가가치세법 제32조의2(현행 제46조)의 규정에 의한 신용카드의 사용에 따른 세액공제액(신용카드로 결제받은 거래대금에 대한 세액공제액)은 당해 사업에서 발생한 소득이 아니므로 조세특례제한법 제7조의 규정에 의한 감면대상소득에 해당하지 아니하는 것임.
(33) 고용유지지원금이 조특법 제7조에 따른 중소기업에 대한 특별세액감면이 적용되는 소득에 해당하는지 여부(사전-2021-법령해석소득-0767, 2021.09.29.)	• 사업자가 「고용보험법」 제21조 제1항 및 동법 시행령 제19조 제1항에 따라 지급받은 고용유지지원금은 「조세특례제한법」 제7조 제1항의 소득세가 감면되는 "해당 사업장에서 발생한 소득"에 해당하지 아니하는 것임.
(34) 건설업을 영위하는 법인이 하도급업체와 하도급공사계약을 체결하였으나, 새로운 하도급업체와 더 낮은 공사도급금액으로 계약을 체결하기 위하여 당초 계약을 파기하고 계약파기에 따른 배상금을 지급한 경우, 동 배상금이 조세특례제한법 제7조의 규정에 의한 중소기업에 대한 특별세액감면의 적용과 관련하여 감면사업의 개별손금에 해당되는지 여부(서이46012-10400, 2003.03.03.)	• 조세특례제한법 제7조의 중소기업에 대한 특별세액감면 규정을 적용함에 있어서 건설업 영위법인이 공사계약 파기에 따른 배상금으로 하도급업체에 지급한 금액은 감면사업(건설업)의 개별손금으로 구분하여 감면소득을 계산하는 것임.

제 목	내 용
(35) 감면대상사업 관련 공장건물 신축 및 기계장치 취득에 사용된 신주인수권부사채와 관련한 사채할인발행차금 상각액 및 신주인수권조정 상각액의 구분경리 방법(서면-2014-법령해석법인-21193, 2015.10.06.)	• 귀 서면질의의 경우, 기획재정부의 해석(재법인-853, 2015.10.2.)을 참조하기 바람. ◈ 기획재정부 법인세제과-853, 2015.10.2. 「조세특례제한법」 제121조의17(기업도시개발구역 등의 창업기업 등에 대한 법인세 등의 감면)에 의한 감면사업과 기타의 사업을 겸영하는 법인이 같은 법 제143조에 따라 구분경리하고 신주인수권부사채를 발행하여 감면사업 관련 공장건물 신축 및 기계장치 취득에 사용한 경우, 당해 신주인수권부사채의 사채할인발행차금 상각액 및 신주인수권조정 상각액 등 관련비용은 감면사업의 개별손금에 해당하는 것임.
(36) 감면사업과 비감면사업을 겸영 및 구분경리하는 외국인투자기업이 원재료인 금속가격의 변동위험 및 환위험, 이자율변동 위험 등을 헤지하기 위해 제품판매계약, 원재료매입, 제조, 판매 등 사업행위 전 과정에 걸쳐 여러 종류의 파생상품을 거래하고 있는 바, 동 파생상품 거래에 의한 거래손익 및 기타손익(외화장기차입금으로부터 발생되는 이자비용과 외환차손익)이 감면사업소득에 해당하는지 여부(법규국조 2009-374, 2009.11.24.)	저자주 회신을 구분하여 서술함 ① 「조세특례제한법」 제121조의2 제1항 제1호 규정에 따른 고도기술을 수반하는 제조업(이하 "감면대상 사업")을 영위하여 외국인투자에 대한 법인세 등의 감면을 적용받고 있는 외국인투자기업으로서 비감면사업을 겸영하는 내국법인이 감면대상소득을 계산함에 있어 감면대상 사업의 영위 과정에서 동 사업을 효율적·안정적으로 운영하기 위하여 투기 목적이 아닌 사업상 위험을 회피하기 위한 헤지(Hedge) 목적으로 수행한 파생상품거래에 따른 손익은 감면대상 사업의 손익에 해당하는 것이며, ② 동 외국인투자기업의 외화장기차입금으로부터 발생하는 이자비용 및 외환차손익 중 감면사업부로 배분된 손익은 그 구분경리 및 공통손익의 구분계산이 「법인세법」 제113조 등에 따라 적절하게 이루어진 경우 감면대상 사업의 손익에 해당하는 것임.

Ⅲ 사례 및 서식작성

1 사례분석

㈜나라의 2024년 손익계산서 및 세무조정사항과 추가자료를 활용하여 2024년 귀속 사업연도 소득구분계산서를 작성하시오.

(1) 손익계산서

손 익 계 산 서

제 21(당)기 2024년 1월 1일부터 2024년 12월 31일까지
제 20(전)기 2023년 1월 1일부터 2023년 12월 31일까지

회사명 : (주)나라-통합 (단위 : 원)

과 목	제 21 (당)기		제 20 (전)기	
	금 액		금 액	
Ⅰ. 매 출 액		10,397,802,820		9,600,174,000
상 품 매 출	1,537,481,200		2,359,212,000	
제 품 매 출	8,860,321,620		7,240,962,000	
Ⅱ. 매 출 원 가		9,465,331,816		8,797,573,727
상 품 매 출 원 가		1,212,002,120		2,138,269,200
기 초 상 품 재 고 액	134,562,000		93,000,000	
당 기 상 품 매 입 액	1,333,640,120		2,179,831,200	
기 말 상 품 재 고 액	256,200,000		134,562,000	
제 품 매 출 원 가		8,253,329,696		6,659,304,527
기 초 제 품 재 고 액	65,482,000		45,000,000	
당 기 제 품 제조원가	8,452,967,696		6,679,786,527	
기 말 제 품 재 고 액	265,120,000		65,482,000	
Ⅲ. 매 출 총 이 익		932,471,004		802,600,273
Ⅳ. 판 매 비 와 관 리 비		538,537,887		474,403,236
직 원 급 여	292,044,000		251,544,000	
상 여 금	0		30,680,000	
퇴 직 급 여	982,365		18,951,600	
복 리 후 생 비	12,522,430		5,409,280	
여 비 교 통 비	4,526,000		1,482,220	
접 대 비	81,132,600		69,981,000	
통 신 비	2,165,000		1,560,000	
전 력 비	3,169,000		2,956,800	
세 금 과 공 과 금	19,569,920		9,476,850	
감 가 상 각 비	6,718,572		12,237,835	
지 급 임 차 료	10,500,000		9,420,000	
보 험 료	1,652,000		1,578,900	
차 량 유 지 비	16,985,000		13,680,000	
운 반 비	3,980,000		4,500,000	
사 무 용 품 비	3,150,000		2,785,600	
소 모 품 비	3,789,000		3,520,000	
지 급 수 수 료	1,652,000		1,500,000	
대 손 상 각 비	74,000,000		33,139,151	
Ⅴ. 영 업 이 익		393,933,117		328,197,037
Ⅵ. 영 업 외 수 익		16,275,296		14,986,779
이 자 수 익	1,500,000		2,656,100	
유 형 자 산 처분이익	14,775,295		12,330,679	
잡 이 익	1		0	
Ⅶ. 영 업 외 비 용		38,467,650		40,967,293
이 자 비 용	8,967,650		5,686,093	
기 부 금	29,500,000		31,500,000	
매 출 채 권 처분손실	0		3,781,200	
Ⅷ. 법 인 세 차 감 전 이 익		371,740,763		302,216,523
Ⅸ. 법 인 세 등		53,036,480		7,324,680
법 인 세 등	53,036,480		7,324,680	
Ⅹ. 당 기 순 이 익		318,704,283		294,891,843

(2) 손익계산서 특이사항

① 판매비와관리비는 회사의 근무인원 형편상 상품판매와 제품판매를 별도로 구분하지 않고 통합부서에서 관리하면서 공통적으로 발생하고 있다.

② 영업외수익의 유형자산처분이익은 전년도에 기계장치를 취득하여 사용하여 오다가 운용의 효율성 측면에서 당해 사업연도에 매각하고 대체할 기계장치를 취득하였다.

③ 영업외비용의 이자비용은 제조업 부문에서 운용에 필요한 자금을 차입하여 사용한 것으로 차입금 전액이 제조부문에서만 사용되었다.

④ 영업외비용의 기부금은 매년 지출하고 있는데 연말에 일부는 보통예금 이체를 통해서 지급하고 일부는 어음을 발행하여 지급하고 있으며 이에 대한 세무조정은 적절히 이루어졌다.

(3) 소득금액조정합계표

[별지 제15호 서식](2022.3.18. 개정) (앞쪽)

사 업 연 도	2024.01.01. ~ 2024.12.31.	소득금액조정합계표	법인명	㈜ 나라
			사업자등록번호	203-81-63108

익금산입 및 손금불산입				손금산입 및 익금불산입			
①과목	②금액	③소득처분		④과목	⑤금액	⑥소득처분	
		처분	코드			처분	코드
법인세등	52 805 480	기타사외유출	500	퇴직연금 손금계상	982 365	유 보	100
퇴직급여충당금 한도초과	982 365	유 보	400	대손충당 과다환입	76 793 363	유 보	100
대손상각비 부인액	55 332 330	유 보	400	선급보험료	572 189	유 보	100
대송충당금 한도초과	61 412 858	유 보	400	어음기부금	4 500 000	유 보	100
접대비 신용카드 미사용	1 101 000	기타사외유출	500				
접대비 사적사용	350 000	상 여	100				
접대비 한도초과	12 885 995	기타사외유출	500				
선급보험료	3 588 961	유 보	400				
가지급금 인정이자	11 325 019	상 여	100				
업무무관 지급이자	8 967 650	기타사외유출	500				
어음기부금	6 500 000	유 보	400				
과태료 납부액	6 090 000	기타사외유출	500				
합계	221 341 658			합계	82 847 917		

210mm×297mm[백상지 80g/㎡ 또는 중질지 80g/㎡]

사례 풀이

1. 감면분과 기타분(과세)의 구분

(1) 손익계산서 구성항목의 구분

① 매출액과 매출원가의 구분

실지 내용 그대로 매출액과 매출원가는 모두 감면분으로 구분한다.

② 판매비와관리비의 구분

판매비와관리비는 법인세 감면대상인 '당해 사업에서 발생한 소득'이라 함은 감면대상 사업의 주된 영업활동에서 직접 발생한 소득만을 의미하는 바 회사가 제조업 부문과 도소매업 부문을 구분기장하지 않았지만 판매비와관리비 전액 감면사업에서 발생한 것으로 구분하고 제조업 부문과 도소매업 부문의 안분계산은 개별손금비례로 안분한다.

③ 영업외수익의 구분

㉠ 이자수익

이자수익은 과세사업의 개별익금으로 구분한다.

㉡ 유형자산처분이익

유형자산처분이익은 과세사업의 개별익금으로 구분한다.

㉢ 잡이익

잡이익은 과세사업의 개별익금으로 구분한다.

④ 영업외비용의 구분

㉠ 이자비용

이자비용은 제조업 부문에서 차입한 자금의 지급이자이므로 전액 감면사업(제조업 부문)의 개별손금으로 구분한다.

㉡ 기부금

기부금은 감면분과 기타분(과세분)의 공통손금으로 구분한다.

(2) 세무조정사항의 반영

① 판매비와관리비 항목으로 구분할 세무조정사항

익금산입 및 손금불산입	손금산입 및 익금불산입
퇴직급여충당금 한도초과액, 대손상각비 부인액, 대손충당금 한도초과액, 접대비 신용카드 미사용분, 접대비 사적사용분, 접대비 한도초과분, 선급보험료, 과태료 납부액	퇴직연금 손금계상액, 대손충당금 과다환입액, 선급보험료

② 영업외수익 항목으로 구분할 세무조정사항

가지급금인정이자는 영업외수익 항목의 기타분 개별익금으로 구분한다.

③ 영업외비용 항목으로 구분할 세무조정사항

㉠ 업무무관 지급이자는 영업외비용 항목의 감면분(제조업) 개별손금으로 구분한다.

㉡ 어음기부금은 영업외비용 항목의 감면분 공통손금으로 구분한다.

2. 감면분과 기타분의 안분 적용

손익계산서 계정금액과 세무조정사항을 반영하여 안분하면 다음과 같다.

구 분		합계	구분	감면사업				기타분 (과세)
				제조업		도소매업		
				금액	비율	금액	비율	
매출액	**손익계산서**	**10,397,802,820**	**감면개별**	**8,860,321,620**	**85.22%**	**1,537,481,200**	**14.78%**	-
매출원가	**손익계산서**	**9,465,331,816**	**감면개별**	**8,253,329,696**	**87.20%**	**1,212,002,120**	**12.80%**	-
매출총손익		**932,471,004**		**606,991,924**		**325,479,080**		-
판매비와 관리비	손익계산서	538,537,887	감면공통	469,605,038	87.20%	68,932,849	12.80%	-
	세무조정	-		-		-		
	퇴직급여충당금한도초과액	-982,365	감면공통	-856,622	87.20%	-125,743	12.80%	-
	대손상각비 부인액	-55,332,330	감면공통	-48,249,792	87.20%	-7,082,538	12.80%	-
	대손충당금 한도초과액	-61,412,858	감면공통	-53,552,012	87.20%	-7,860,846	12.80%	-
	접대비 신용카드 미사용분	-1,101,000	감면공통	-960,072	87.20%	-140,928	12.80%	-
	접대비 사적사용분	-350,000	감면공통	-305,200	87.20%	-44,800	12.80%	-
	접대비 한도초과분	-12,885,995	감면공통	-11,236,588	87.20%	-1,649,407	12.80%	-
	선급보험료	-3,588,961	감면공통	-3,129,574	87.20%	-459,387	12.80%	-
	과태료납부액	-6,090,000	감면공통	-5,310,480	87.20%	-779,520	12.80%	-
	퇴직연금 손금계상액	982,365	감면공통	856,622	87.20%	125,743	12.80%	-
	대손충당금 과다환입액	76,793,363	감면공통	66,963,813	87.20%	9,829,550	12.80%	-
	선급보험료	572,189	감면공통	498,949	87.20%	73,240	12.80%	-
	소계	475,142,295		414,324,082		60,818,213		-
영업손익		**457,328,709**		**192,667,842**		**264,660,867**		-
영업외 수익	손익계산서			-		-		
	이자수익	1,500,000	기타개별	-		-		1,500,000
	유형자산처분이익	14,775,295	기타개별	-		-		14,775,295
	잡이익	1	기타개별	-		-		1
	세무조정							
	가지급금인정이자	11,325,019	기타개별	-		-		11,325,019
영업외 비용	손익계산서							
	이자비용	8,967,650	감면개별	8,967,650		-		-
	기부금	29,500,000	감면공통	25,724,000	87.20%	3,776,000	12.80%	-
	세무조정							
	비업무용부동산등 지급이자	-8,967,650	감면개별	-8,967,650		-		-
	어음기부금	-6,500,000	감면공통	-5,668,000	87.20%	-832,000	12.80%	-
	어음기부금	4,500,000	감면공통	3,924,000	87.20%	576,000	12.80%	-
각사업연도소득		**457,429,024**		**168,687,842**		**261,140,867**		**27,600,315**

3. 소득구분계산서

[별지 제48호 서식] (2021.10.28. 개정) (앞 쪽)

사 업 연 도	2024.01.01. ~ 2024.12.31.	소 득 구 분 계 산 서	법 인 명	㈜나라
			사업자등록번호	203-81-63108

① 과 목	②구 분	코드	③합 계	감면분 또는 합병 승계사업해당분등						기 타 분		비 고
				중소기업특별세액 감면(제조)		중소기업특별세액 감면(도소매)						
				④ 금액	⑤ 비율	④ 금액	⑤ 비율	④ 금액	⑤ 비율	⑥ 금액	⑦ 비율	
(1) 매 출 액		01	10,397,802,820	8,860,321,620	85.22	1,537,481,200	14.78					
(2) 매 출 원 가		02	9,465,331,816	8,253,329,696	87.20	1,212,002,120	12.80					
(3) 매 출 총 손 익 {(1)-(2)}		03	932,471,004	606,991,924		325,479,080						
(4) 판매비와 관 리 비	개별분	04										
	공통분	05	475,142,295	414,324,081	87.20	60,818,214	12.80					개별손금 비례
	계	06	475,142,295	414,324,082		60,818,423						
(5) 영 업 손 익 {(3)-(4)}		07	457,328,709	192,667,842		264,660,867						
(6) 영 업 외 수 익	개별분	08	27,600,315							27,600,315		
	공통분	09										매출액 비례
	계	10	27,600,315							27,600,315		
(7) 영 업 외 비 용	개별분	11										
	공통분	12	272,500,000	23,980,000	87.20	3,520,000	12.80					개별손금 비례
	계	13	27,500,000	23,980,000		3,520,000						
(8) 각 사업연도 소득 또는 설정전 소득 {(5)+(6)-(7)}		21	457,429,024	168,687,842		261,140,867				27,600,315		
(9) 이월 결손금		22										
(10) 비과세 소득		23										
(11) 소득 공제액		24										
(12) 과 세 표 준 {(8)-(9)-(10)-11)}		25	457,429,024	168,687,842		261,140,867				27,600,315		

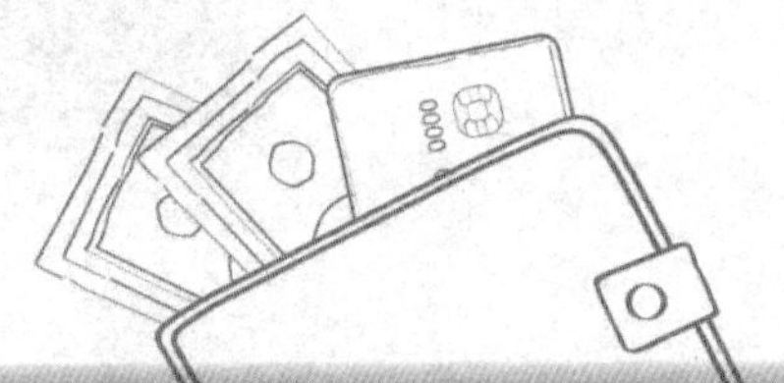

세액공제감면 서식작성실무

PART 02

중소기업에 대한 조세특례

SECTION 01

제6조【창업중소기업 등에 대한 세액감면】

I 기본검토사항

구 분		검토요건 또는 확인사항
적용 여부 검토	① 당해 법인의 중소기업요건 충족 확인	4가지(업종, 규모, 독립성, 졸업)요건 충족 중소기업 및 창업보육센터사업자 등
	② 각 조항별 적용 시한 확인	㉠ 2024.12.31. 이전 창업 ㉡ 창업 후 3년 이내 2024.12.31.까지 벤처기업확인 ㉢ 2024.12.31까지 에너지신기술중소기업에 해당
	③ 각 조항별 규정 업종의 요건 충족 확인	광업, 제조업 등 한정적 열거 업종
	④ 본점 및 사업장 소재지 등 확인	수도권과밀억제권역 내의 창업과 수도권과밀억제권역 외의 지역 창업에 조세특례 차등 적용
	⑤ 감면/공제 적용의 배제	과세표준 무신고 시, 기한 후 신고 시 등의 경우
적용 시 검토	⑥ 감면/공제 중복적용 확인	㉠ 세액감면 간 중복적용 배제 ㉡ 세액공제와 중복적용 배제
	⑦ 최저한세 적용대상 확인	최저한세 적용 대상
	⑧ 이월적용 여부 확인	세액감면은 당해 과세연도에 적용받지 아니할 경우 다음 과세연도에 이월하여 적용하지 아니한다.
	⑨ 농어촌특별세 비과세 확인	농어촌특별세 비과세
사후 관리	⑩ 공제감면 후 사후관리 규정	별도의 사후관리 규정 없음

Ⅱ 주요 질의회신 통칙 등

1 질의회신 예규 등

제 목	내 용
(1) 집행기준 6-0-1 【창업중소기업의 범위】	① 창업중소기업이 독립성요건을 갖추지 못하게 된 경우(조세특례제한법 집행기준 6-2-1 제3항 제3호의 기업은 제외)에는 그 사유가 발생한 날이 속하는 과세연도부터 세액감면을 적용받을 수 없는 것이나, 잔존감면기간 중에 실질적인 독립성요건을 갖추게 된 경우에는 그 사유가 발생한 날이 속하는 과세연도부터 잔존감면기간 동안 세액감면을 적용받을 수 있다. 이 경우, 잔존감면기간은 당해 사업에서 최초로 소득이 발생한 날이 속하는 과세연도부터 기산하여 계산한다. ② 창업중소기업 감면을 적용할 때, 수도권과밀억제권역 외의 지역에서 창업한 창업중소기업이 창업 이후 다음 각 호의 어느 하나에 해당하는 사유가 발생한 경우에는 해당 사유가 발생한 날이 속하는 과세연도부터 남은 감면기간 동안 해당 창업중소기업은 수도권과밀억제권역에서 창업한 창업중소기업으로 본다. 1. 창업중소기업이 사업장을 수도권과밀억제권역으로 이전한 경우 2. 창업중소기업이 수도권과밀억제권역에 지점 또는 사업장을 설치(합병 · 분할 · 현물출자 또는 사업의 양수를 포함한다)한 경우 ③ 창업중소기업 등에 대한 세액감면 적용대상 업종 「조세특례제한법」 제6조 제3항에 열거된 업종
(2) 집행기준 6-0-2 【창업의 범위】	① 창업이라 함은 중소기업을 새로이 설립하는 것을 말하는 것으로서 법인의 경우 창업일은 법인설립등기일이고 개인사업자의 경우 「소득세법」 또는 「부가가치세법」에 따른 사업자등록을 한 날이 된다. ② 벤처기업으로 확인받은 날은 「벤처기업육성에 관한 특별조치법」 제25조의 규정에 의하여 중소기업청장 또는 지방중소기업청장으로부터 벤처기업으로 확인받은 날(해당 규정에 의하여 발급받은 벤처기업확인서의 유효기간의 초일)을 기준으로 판단한다. ③ 다음 각 호의 어느 하나에 해당하는 경우 창업으로 보지 아니한다. 1. 합병 · 분할 · 현물출자 또는 사업의 양수를 통하여 종전의 사업을 승계하거나 종전의 사업에 사용되던 자산을 인수 또는 매입하여 같은 종류의 사업을 하는 경우. 다만, 인수 또는 매입한 자산이 창업 당시 토지와 사업용자산 총액의 30% 이하

제 목	내 용
	인 경우 및 사업의 일부를 분리하여 해당 기업의 임직원이 사업을 개시하는 경우로서 「조세특례제한법 시행령」 제5조 제21항 각 호의 요건을 모두 갖춘 경우에는 창업으로 본다. $$\text{창업으로 인정되는 자산인수비율} = \frac{\text{인수 또는 매입한 자산가액}}{\text{창업 당시(토지+감가상각자산)의 가액}} \leq 30\%$$ 2. 거주자가 하던 사업을 법인으로 전환하여 새로운 법인을 설립하는 경우 3. 폐업 후 사업을 다시 개시하여 폐업 전의 사업과 같은 종류의 사업을 하는 경우 4. 사업을 확장하거나 다른 업종을 추가하는 경우 등 새로운 사업을 최초로 개시하는 것으로 보기 곤란한 경우 ④ 타인의 사업 승계 시 종전 사업자가 생산하는 제품과 동일한 제품을 생산하는 동종의 사업을 영위하는 경우 창업에 해당하지 아니하는 것이다. ⑤ 부동산임대업을 영위하는 개인사업자가 기존사업장과 다른 사업장에서 제조업을 새로이 개시하는 경우에는 창업에 해당한다. ⑥ 법인이 다른 사업자(이하 '폐업자'라 함)가 폐업한 사업장의 건물을 그 소유주로부터 임차하고 기계장치 등 사업용 자산을 새로이 취득하여 폐업자가 영위하던 사업과 동종의 사업을 개시하는 경우에는 「조세특례제한법」 제6조 규정에 의한 창업중소기업세액감면을 적용받을 수 있는 것이다. ⑦ 개인이 제조업 등을 창업하고 법인전환요건에 따라 중소기업법인으로 전환하여 개인사업의 창업일로부터 3년 이내에 벤처기업으로 확인받은 경우, 창업벤처중소기업 세액감면이 가능하다.
(3) 집행기준 6-0-4 【창업중소기업의 합병 시 세액감면 승계】	• 창업중소기업에 대한 세액감면을 적용받고 있는 법인이 감면기간이 경과되기 전에 합병으로 소멸하는 경우 합병으로 존속하는 법인이 중소기업에 해당하는 때(조세특례제한법 집행기준 6-2-1【중소기업의 범위】④에 따른 유예기간을 포함한다)에는 소멸한 창업중소기업에서 발생하는 소득에 한하여 잔존기간에 대한 세액감면을 승계하여 적용받을 수 있다.
(4) 청년창업중소기업 세액감면 적용방법(조특, 기획재정부 조세특례제도과-941, 2023.09.08.)	• 「조세특례제한법」 제6조 제1항 제1호 가목의 청년창업중소기업은 해당 기업을 창업한 대표자가 동법 시행령 제5조 제1항의 요건을 충족하는 기업을 의미하고, 내국법인이 「조세특례제한법」 제6조 제1항 제1호 가목에 따른 창업중소기업을 적용받던 중 대표자가 변경된 경우 대표자가 변경된 날이 속하는 사업연도부터 같은 법 제6조 제1항 제1호 가목에 따른 감면을 적용하지 않는 것임.

제 목	내 용
(5) 다른 회사로부터 사업시행권을 양수한 경우 창업에 해당하는지 여부(법인세과-1517, 2008.07.10.)	• 사업의 양수를 통하여 종전의 사업을 승계하거나 종전의 사업에 사용되던 자산을 인수 또는 매입하여 동종의 사업을 영위하는 경우에는 조세특례제한법 제6조에 따른 창업으로 보지 않는 것임.
(6) 건설 중인 공장을 인수하여 사업을 하는 경우 창업에 해당하는지 여부(서면인터넷방문상담2팀-2567, 2004.12.08.)	• 법인이 법인세법 시행령 제87조의 규정에 의한 특수관계있는 법인으로부터 건설 중인 공장을 인수하여 종전에 영위하던 동종의 사업을 계속적으로 영위하는 경우, 이는 모기업에서 분사한 형태와 유사한 것으로서 조세특례제한법 제6조의 창업중소기업 등에 대한 세액감면을 적용받을 수 없는 것임
(7) 신설법인이 다른 사업자에게서 종업원, 거래처, 공장용지, 기계장치 등 모든 시설을 인수하는 경우 창업에 해당하는지 여부(서면인터넷방문상담2팀-169, 2005.01.25.)	• 법인이 조세특례제한법 제6조 및 제26조의 규정을 적용함에 있어 창업으로 보는 요건은 타인의 사업을 승계 시, 기존 개인사업자가 생산하는 제품과 완전히 다른 제품을 생산하는 등 이종 업종을 영위하는 경우에 창업으로 보는 것으로, 이에 따른 창업중소기업에 대한 세액감면 적용여부는 사실판단할 사항임.
(8) 기존 사업장 임차 후 기계장치 등 사업용자산을 새로이 취득하여 종전사업자가 영위하던 사업과 동종의 사업을 개시하는 경우 창업에 해당하는지 여부(법인세과-1041, 2011.12.28.)	• 내국법인이 종전사업자의 이전으로 미사용 중인 사업장을 임차하고 기계장치 등 사업용자산을 새로이 취득하여 종전사업자가 영위하던 사업과 동종의 사업을 개시하는 경우에는 「조세특례제한법」 제6조에 따른 '창업'에 해당하는 것임.
(9) 창업중소기업 등에 대한 세액감면 여부(서면-2016-법인-6031, 2017.05.01.)	• 수도권과밀억제권역 내에서 도 · 소매업을 영위하는 법인이 해산 후 질의법인의 대표이사가 수도권과밀억제권역 외의 지역에 제조업을 영위하는 법인을 종전사업의 승계 또는 종전 자산의 인수에 의하지 않고 새로이 설립하는 경우 신설 법인은 「조세특례제한법」 제6조에 따라 '창업중소기업 등에 대한 세액감면'을 적용받을 수 있는 것임. 다만, 신설 법인이 같은 법 제6조에 따라 세액감면이 적용되지 아니하는 합병 · 분할 · 현물출자 또는 사업의 양수를 통하여 종전의 사업을 승계하거나 종전의 사업에 사용되던 자산을 인수 또는 매입하여 동종의 사업을 영위하는 경우에 해당하는지 여부는 창업의 경위, 정황 등을 감안하여 실질내용에 따라 사실판단할 사항임.
(10) 벤처기업확인서 유효기간 만료 후 재발급 받은 경우(서이46012-11723, 2003.10.01.)	• 「벤처기업육성에 관한 특별조치법」 제25조의 규정에 의하여 벤처기업으로 확인받은 기업이 조세특례제한법 제6조 제2항의 규정에 의한 세액감면을 적용받는 감면기간 중에 벤처기업확인서의 유효기간이 만료되어 벤처기업에 해당하지 않는 경우에는 그 사유가 발생한 날이 속하는 사업연도부터 같은 법에 의한 세액감면을 적용받을 수 없는 것이나, 잔존감면기간 중에 벤처기업확인서를 재발급받은 경우에는 그 사유가 발생한 날이 속하는 사업연도부터 잔존감면기간 동안 창업벤처중소기업에 대한 세액감면을 적용받을 수 있는 것으로, 이 경우 잔존감면기간은 당해 사업에서 최초로 소득이 발생한 날이 속하는 사업연도부터 기산하여 적용하는 것임.

Ⅲ 사례분석 및 서식작성

1 사례분석 및 서식작성

(1) 회사 사업내용, 설립일 및 소재지 등

① ㈜나라는 LCD 모니터 제조업을 영위하는 법인 사업자이다. 회사 설립일은 2022.01.07.이다. 창업 당시 경기도 파주시 문발산업단지에서 본점 사업장을 설치한 이후 계속하여 동일 소재지에서 사업을 영위하고 있으며, 본점 소재지에는 공장과 사무실이 소재하고 있다. 창업일 이후 파주시에서 사업을 영위하던 중 2024년 과세연도에 경기도 고양시 일산서구로 사업장 소재지를 이전하였다.

② 사업연도는 매년 1.1~12.31이며, 2024년 사업연도의 법인의 재무상태표상 자산총액은 3,565,918,921원, 제품매출액은 9,468,190,121원이다.

③ 당해 법인은 다른 회사의 계열사 등은 아니다.

④ ㈜나라의 업종코드와 한국표준산업분류 코드는 다음과 같다.

구분	업종코드	한국표준산업분류코드
LCD 모니터 제조업	300103	C26322

⑤ 공제시한 내 이월결손금은 없으며, 2024년 사업연도에 비과세소득, 소득공제항목은 발생하지 않았다.

(2) 근무자 현황

㈜나라의 2022년도 및 2024년도 근무자 현황은 다음과 같다. 2022년 사업연도 이후 2024년 사업연도 신규 입사자 외에 근무자의 중도입사나 중도퇴사는 발생하지 않았다.

성 명	생년월일	입사일	성 명	생년월일	입사일
김유민	1992.06.03.	2022.01.07.	이용은	1972.10.19.	2022.01.07.
강나라	1990.06.11.	2022.01.07.	한동진	1958.10.11.	2022.01.07.
장미리	1981.03.12.	2022.01.07.	Jack Smith	1968.11.13.	2022.10.08.
김형신	1963.12.01.	2022.01.07.	Tom Smith	1982.11.16.	2022.11.01.
김정운	1975.12.15.	2022.01.07.	한마음	1995.12.02.	2024.04.01.
고민해	1969.08.12.	2022.01.07.	김재연	1981.05.07.	2024.07.01.

김유민은 대표이사, 강나라는 이사이며 김유민의 배우자이고, 한동진은 감사이다.

(3) 임원구성 및 주주지분

① 대표이사 김유민, 이사 강나라, 감사 한동진 모두 법인등기사항증명서상 등기 임원이다.

② 주주지분 구성

다음의 주주지분은 창업 당시부터 2024년 사업연도 종료일까지 변동 없다.

주주명	생년월일	주식수	지분율	최대주주와의 관계
김유민	1992.06.03.	9,000	90%	본인
강나라	1990.06.11.	500	5%	배우자
김정운	1958.10.11.	500	5%	기타
소 계		10,000	100%	

(4) 2024년 사업연도 사업장별 업종별 소득금액

㈜나라의 2024년 사업연도 소득금액은 다음과 같다.

구 분	본점 사업장	지점 사업장	합 계
LCD 모니터 제조업	204,475,686	115,253,580	319,729,266

위의 자료를 바탕으로 2024년 과세연도에 제6조【창업중소기업 등에 대한 세액감면】 적용여부를 결정하고 감면세액과 농어촌특별세 과세대상인 경우 부담할 농어촌특별세액을 계산하시오. 최저한세 규정 또한 고려하여 결정하기로 한다.

사례 풀이

1. 기본검토사항

구 분		검토요건 또는 확인사항
적용 여부 검토	① 당해 법인의 중소기업요건 충족 확인	• 업종요건 : 제조업 도소매업 영위 요건충족 • 규모요건 : 제조업 매출액 7,628,403,721원, 도소매업 매출 1,839,786,400원이므로 주된 사업은 제조업으로 판단. 중소기업기본법 시행령 별표 1의 한국표준산업분류코드 C26에 따른 매출액 1,000억원 이하 요건 충족

구 분		검토요건 또는 확인사항
		• 독립성요건 : 다른 기업의 계열사 등이 아니므로 요건 충족 • 졸업요건 : 당해 사업연도 자산총액 3,565,918,921원이므로 요건충족 ∴ 조세특례제한법의 중소기업에 해당함
	② 각 조항별 적용시한 확인	2022.01.07. 창업이므로 요건충족
	③ 각 조항별 규정 업종의 요건 충족 확인	제조업을 영위하므로 요건충족
	④ 본점 및 사업장 소재지 등 확인	• 수도권과밀억제권역 외의 지역에서 청년 창업이므로 요건 충족 • 당해과세연도에 수도권과밀억제권역 안으로 이전하였으므로 감면율 적용 시 50% 적용
	⑤ 감면/공제 적용의 배제	과세표준 무신고 시, 기한 후 신고 시 등의 경우
적용 시 검토	⑥ 감면/공제 중복적용 확인	중소기업특별세액감면 또는 통합투자세액공제 등과 중복적용 불가
	⑦ 최저한세 적용대상 확인	최저한세 적용 대상
	⑧ 이월적용 여부 확인	세액감면은 당해 과세연도에 적용받지 아니할 경우 다음 과세연도에 이월하여 적용하지 아니한다.
	⑨ 농어촌특별세 비과세 확인	농어촌특별세 비과세
사후관리	⑩ 공제감면후 사후관리 규정	별도의 사후관리 규정 없음

2. 감면세액의 계산

(1) 산출세액의 계산

㈜나라의 2024년 사업연도 법인세 산출세액

= 200,000,000 × 9% + (319,729,266 − 200,000,000) × 0%

= 18,000,000원 + 119,729,266 × 19%

= 18,000,000원 + 22,748,560원

= 40,748,560원

(2) 감면율의 결정

① 창업지역은 창업 시에는 수도권과밀억제권역 외의 지역(경기도 파주시, 성장관리권역)이었지만 당해 과세연도에 경기도 고양시 일산서구 지역으로 이전하였으므로 수도권과밀억제권역 내에 소재한다.

② 대표이사 김유민이 창업 당시 청년창업의 연령요건을 충족하였고, 최대주주 지분을 갖추고 있다.

③ 감면율은 수도권과밀억제권역 내의 지역 청년창업에 해당하는 50%이다.

④ 2024년 사업연도에 고용인원이 증가하였지만 최소고용인원 미달이므로 고용인원 증가에 따른 추가감면은 고려대상이 아니다.

(3) 감면세액의 계산

(기본)감면세액 = 40,748,560 × 319,729,266 / 319,729,266 × 50%
= 20,374,280원

(4) 최저한세 검증

① 최저한세 = 319,729,266 × 7% = 22,381,048원

② 차감세액 = 40,748,560원 − 20,374,280원 = 20,374,280원

③ 적용배제세액 = 22,381,048원 − 20,374,280원
= 2,006,768원

(5) 농어촌특별세

농어촌특별세 바과세 대상이므로 농어촌특별세 부담액은 없다.

PART 02

중소기업에 대한 조세특례

[별지 제2호의2 서식] (2024.3.22. 개정)

창업 중소기업 등에 대한 감면세액계산서

제출법인	① 법인명 : ㈜나라	② 사업자등록번호 : 203-81-63108
	③ 대표자 성명 : 김 유 민	④ 생년월일 : 1992년 06월 03일
	⑤ 주소 또는 본점 소재지 : 경기도 고양시 일산서구 대화로37번길 102-30(법곳동) (전화번호 : 031-2231-7027)	
	⑥ 과세연도 : 2024년 01월 01일부터 2024년 12월 31일까지	⑦창업일 : 2022년 01월 07일

구분			
창업 중소기업 등의 구분	⑧ 창업중소기업 [ ] ⑨ **청년창업중소기업 [✓]**	⑩ 창업보육센터사업자 [ ] ⑪ 창업벤처중소기업 [ ]	⑫ 에너지신기술중소기업 [ ] ⑬ 신성장서비스 중소기업 [ ] ⑭ 재창업자금 지원 중소기업 [ ]
창업 지역	⑮ 수도권과밀억제권역 [✓]	⑯ 수도권과밀억제권역 외의 지역 [ ]	
수입금액	⑰ 8,000만원 이하 [ ]	⑱ 8,000만원 초과 [✓]	
최초 소득발생 과세연도	2022년 01월 07일부터 2022년 12월 31일까지		

감면세액계산내용

구분						
기본 감면 (최저한세 적용)	⑲ 감면대상 산출세액	**40,748,560**	⑳ 감면비율	50%	[✓]	
				75%	[ ]	
				100%	[ ]	
	㉑ 기본 감면세액(⑲ × ⑳)				**20,374,280**	
추가 감면 (최저한세 배제)	1. 공제요건 : 해당 과세연도 상시 근로자수가 최소고용인원 이상인지 여부 [ ]여 **[✓]부** 가. 광업, 제조업, 건설업, 물류산업 : 10명 나. 그밖의 업종 : 5명					
	2. 고용증가 인원 계산					
	㉒ 해당 과세연도 상시근로자 수		㉓ 직전 과세연도 상시근로자 수		㉔ 증가한 상시근로자 수 (㉒-㉓)	
	명		명		명	
	㉕ 감면대상 산출세액 (=⑲)		㉖ 감면비율 (=㉙)	㉗ 고용증가율 × 50/100 (㉔/㉓× 50/100)	%	
				㉘ 한도율	50%(25%)	
				㉙ 추가감면율 Min(㉗,㉘)	%	
	㉚ 추가 감면세액(㉕ × ㉖)					
㉛ 총 감면세액(㉑+㉚)					**20,374,280**	

「조세특례제한법 시행령」 제5조 제26항에 따라 창업 중소기업 등에 대한 감면세액계산서를 제출합니다.

2025년 03월 31일

신청인 ㈜나라 김유민 (서명 또는 인)

고양 세무서장 귀하

작 성 방 법

1. ⑰, ⑱의 연간 수입금액 기준은 2022년 1월 1일 이후 개시하는 과세연도부터 적용합니다.
2. 직전 과세연도의 상시근로자 수가 업종별 최소고용인원에 미달하는 경우에는 "㉓ 직전 과세연도 상시근로자 수"에 업종별 최소고용인원을 적습니다.
3. 「조세특례제한법」 제6조 제1항, 제2항, 제4항, 제5항 또는 제6항에 따른 세액감면은 최저한세가 적용되고, 같은 조 제1항(100% 감면받는 경우만 해당), 제6항(100% 감면받는 경우만 해당) 또는 제7항에 따른 세액감면은 최저한세가 적용되지 않습니다.

210mm×297mm[백상지 80g/㎡ 또는 중질지 80g/㎡]

창업중소기업 등에 대한 세액감면 검토 서식

<table>
<tr><th colspan="4">검 토 사 항</th><th>적합 여부</th></tr>
<tr><td rowspan="4">대상 요건</td><td colspan="3">① 수도권과밀억제권역 외 지역에서 창업한 중소기업(18.5.29. 이후 수도권과밀억제권역에서 창업한 청년창업기업과 수입금액 4,800만원 이하 기업 포함)</td><td rowspan="4">예 아니오
(감면대상 ①～④ 중 어느 하나에 해당 시 "예")</td></tr>
<tr><td colspan="3">②「중소기업창업 지원법」 제6조 제1항에 따라 창업보육센터 사업자로 지정받은 기업</td></tr>
<tr><td colspan="3">③「벤처기업육성에 관한 특별조치법」 제2조 제1항에 따른 벤처기업 중 같은 법 제2조의2 요건(같은 조 제1항 제2호 나목은 제외)을 갖추거나 연구개발비가 당해 과세연도 수입금액의 5% 이상인 법인으로, 창업 후 3년 이내 벤처기업으로 확인받은 기업</td></tr>
<tr><td colspan="3">④ 창업일이 속하는 과세연도와 그 다음 3개 과세연도가 종료 전 에너지신기술 중소기업으로 인증받은 기업</td></tr>
<tr><td>창업 요건</td><td colspan="3">창업에 해당하는지 여부
합병 · 분할 · 현물출자 또는 사업의 양수, 법인 전환, 폐업 후 재개업, 사업 확장 및 다른 업종을 추가하는 경우는 창업에 해당하지 않음(조특령 §6 ⑥)</td><td>예 아니오</td></tr>
<tr><td>업종 요건</td><td colspan="3">(감면대상 ① 또는 ③ 기업의 경우) 조특법 §6 ③에 열거된 업종에 해당하는지
광업, 제조업, 건설업, 음식점업, 출판업, 방송업, 전기통신업, 연구개발업, 광고업, 전문디자인업 등 열거된 업종에 한정</td><td>예 아니오</td></tr>
<tr><td rowspan="11">감면율</td><td rowspan="3">감면대상 ①</td><td>가. '18.5.29. 이후 수도권과밀억제권역 외 지역에서 창업한 청년창업기업(조특령 §5 ①)</td><td>감면율 100%</td><td rowspan="10">예 아니오</td></tr>
<tr><td>나. '18.5.28. 이전 수도권 외 지역에서 창업한 청년창업기업(조특령 §5 ①)의 최초 소득발생 과세연도와 그 다음 과세연도 개시일부터 2년간의 과세연도</td><td>감면율 75%</td></tr>
<tr><td>다. 청년창업기업의 "나" 적용 후 그 다음 과세연도 개시일부터 2년간의 과세연도</td><td>감면율 50%</td></tr>
<tr><td rowspan="3">감면대상 ①, ②</td><td>라. '18.5.29 이후 수도권과밀억제권역 외 지역에서 창업한 수입금액 4천800만원 이하 기업</td><td>감면율 100%</td></tr>
<tr><td>마. 최초 소득발생 과세연도와 그 다음 과세연도 개시일로부터 4년간의 과세연도</td><td rowspan="3">감면율 50%</td></tr>
<tr><td>바. '18.5.29 이후 수도권과밀억제권역에서 창업한 수입금액 4천800만원 이하 기업</td></tr>
<tr><td>감면대상 ③, ④</td><td>사. 벤처기업 확인일(에너지신기술중소기업 해당일) 이후 최초 소득발생 과세연도와 그 다음 과세연도 개시일로부터 4년간의 과세연도</td></tr>
<tr><td rowspan="2">감면 대상 ①～④</td><td>아. '18.1.1. 이후 창업한 ①～④ 기업으로서 신성장 서비스업(조특령 §5 ⑪)을 영위하는 기업의 최초 세액감면 과세연도와 그 다음 과세연도 개시일부터 2년간의 과세연도</td><td>감면율 75%</td></tr>
<tr><td>자. "아" 적용 후 그 다음 과세연도 개시일부터 2년간의 과세연도</td><td>감면율 50%</td></tr>
<tr><td>추가 감면</td><td>차. 위 "나", "다", "마", "사", "아", "자"의 감면율에 더하여 전년 대비 고용증가율×1/2 감면(업종별 최소고용인원 충족)</td><td>감면율 25～50%</td></tr>
<tr><td colspan="4">* 감면대상, 창업, 업종 요건을 모두 충족한 사업에서 발생한 소득에 대한 법인세 세액감면 적용
* 2012.12.31. 이전 창업 등의 경우 "마, 사"의 4년을 3년으로 적용
* 전체 감면율은 100%를 초과할 수 없음</td></tr>
</table>

[별지 제4호 서식] (2019.3.20. 개정) (앞쪽)

사 업 연 도	2024.01.01. ~ 2024.12.31.	최저한세조정계산서	법 인 명	㈜나라
			사업자등록번호	203-81-63108

1. 최저한세 조정 계산 명세

① 구 분		코드	② 감면 후 세액	③ 최저한세	④ 조정감	⑤ 조정 후 세액
⑩ 결 산 서 상 당 기 순 이 익		01	319,729,266			
소 득 조 정 금 액	⑫ 익 금 산 입	02				
	⑬ 손 금 산 입	03				
⑭ 조 정 후 소 득 금 액 (⑩+⑫-⑬)		04	319,729,266	319,729,266		319,729,266
최 저 한 세 적 용 대 상 특 별 비 용	⑮ 준 비 금	05				
	⑯ 특별상각 및 특례 자산 감가상각비	06				
⑰ 특별비용 손금산입 전 소득금액 (⑭ + ⑮ + ⑯)		07	319,729,266	319,729,266		319,729,266
⑱ 기 부 금 한 도 초 과 액		08				
⑲ 기부금 한도초과 이월액 손금산입		09				
⑳ 각 사 업 연 도 소 득 금 액 (⑰ + ⑱ - ⑲)		10	319,729,266	319,729,266		319,729,266
⑪ 이 월 결 손 금		11				
⑫ 비 과 세 소 득		12				
⑬ 최 저 한 세 적 용 대 상 비 과 세 소 득		13				
⑭ 최 저 한 세 적 용 대 상 익 금 불 산 입 · 손 금 산 입		14				
⑮ 차 가 감 소 득 금 액 (⑩ - ⑪ - ⑫ + ⑬ + ⑭)		15	319,729,266	319,729,266		319,729,266
⑯ 소 득 공 제		16				
⑰ 최 저 한 세 적 용 대 상 소 득 공 제		17				
⑱ 과 세 표 준 금 액 (⑮ - ⑯ + ⑰)		18	319,729,266	319,729,266		319,729,266
⑲ 선 박 표 준 이 익		24				
⑳ 과 세 표 준 금 액 (⑱ + ⑲)		25	319,729,266	319,729,266		319,729,266
㉑ 세 율		19	19	7		19
㉒ 산 출 세 액		20	40,748,560	22,381,048		40,748,560
㉓ 감 면 세 액		21	20,374,280		2,006,768	18,367,512
㉔ 세 액 공 제		22				
㉕ 차 감 세 액 (㉒ - ㉓ - ㉔)		23	20,374,280			22,381,048

2. 최저한세 세율 적용을 위한 구분 항목

㉖ 중소기업 유예기간 종료연월		㉗ 유예기간 종료 후 연차			

210mm×297mm[백상지 80g/㎡ 또는 중질지 80g/㎡]

[별지 제8호 서식 부표 2] (2021.3.16. 개정) (앞쪽)

사 업 연 도	2024.01.01. ~ 2024.12.31.	공제감면세액계산서(2)	법인명	㈜나라
			사업자등록번호	203-81-63108

	① 구 분	근거법 조 항	② 계산명세	③ 감면대상 세액	④ 최저한세 적용감면 배제금액	⑤ 감면세액 (③-④)	⑥ 적용사유 발생일
조세특례제한법	창업중소기업등세액 감면(최저한세적용 대상 (111))	법 제6조	40,748,560 × 319,729,266 / 319,729,266 × 50/100	20,374,280	2,006,768	18,367,512	2024-12-31
합 계				20,374,280	※ 2,006,768	18,367,512	

210mm×297mm[백상지 80g/㎡ 또는 중질지 80g/㎡]

[별지 제8호 서식(갑)] (2024.3.22. 개정) (4쪽 중 제1쪽)

사 업 연 도	2024.01.01. ~ 2024.12.31.	공제감면세액 및 추가납부세액합계표(갑)	법 인 명	㈜나라
			사업자등록번호	203-81-63108

1. 최저한세 적용제외 공제감면세액

	① 구 분	② 근 거 법 조 항	코드	③ 대상세액	④ 감면(공제) 세액
세액감면	(101) 창업중소기업에 대한 세액감면(최저한세 적용제외)	「조세특례제한법」 제6조 제7항 외	11O		
	(102) 해외자원개발투자배당 감면	「조세특례제한법」 제22조	103		
	(103) 수도권과밀억제권역 밖으로 이전하는 중소기업 세액감면(수도권 밖으로 이전)	구 「조세특례제한법」 제63조	169		
	(104) 공장의 수도권 밖 이전에 대한 세액감면	「조세특례제한법」 제63조	108		
	(105) 본사의 수도권 밖 이전에 대한 세액감면	「조세특례제한법」 제63조의2	109		
	(106) 영농조합법인 감면	「조세특례제한법」 제66조	104		
	(107) 영어조합법인 감면	「조세특례제한법」 제67조	107		
	(108) 농업회사법인 감면(농업소득)	「조세특례제한법」 제68조	11B		
	(109) 행정중심복합도시 등 공장이전에 대한 조세감면	「조세특례제한법」 제85조의2 제3항 (2019.12.31. 법률 제16835호로 개정되기 전의 것)	11A		
	(110) 위기지역 내 창업기업 세액감면(최저한세 적용제외)	「조세특례제한법」 제99조의9	11N		
	(111) 해외진출기업의 국내복귀에 대한 세액감면(철수방식)	「조세특례제한법」 제104조의24 제1항 제1호	11F		
	(112) 해외진출기업의 국내복귀에 대한 세액감면(유지방식)	「조세특례제한법」 제104조의24 제1항 제2호	11H		
	(113) 고도기술수반사업 외국인투자 세액감면	「조세특례제한법」 제121조의2 제1항 제1호	186		
	(114) 외국인투자지역내 외국인투자 세액감면	「조세특례제한법」 제121조의2 제1항 제2호 또는 제2호의5	187		
	(115) 경제자유구역내 외국인투자 세액감면	「조세특례제한법」 제121조의2제1항제2호의2	188		
	(116) 경제자유구역 개발사업시행자 세액감면	「조세특례제한법」 제121조의2제1항제2호의3	157		
	(117) 제주투자진흥기구의 개발사업시행자 세액감면	「조세특례제한법」 제121조의2 제1항 제2호의4	158		
	(118) 기업도시 개발구역내 외국인투자 세액감면	「조세특례제한법」 제121조의2 제1항 제2호의6	159		
	(119) 기업도시 개발사업의 시행자 세액감면	「조세특례제한법」 제121조의2제1항제2호의7	160		
	(120) 새만금사업지역내 외국인투자 세액감면	「조세특례제한법」 제121조의2제1항제2호의8	11J		
	(121) 새만금사업 시행자 세액감면	「조세특례제한법」 제121조의2제1항제2호의9	11K		
	(122) 기타 외국인투자유치를 위한 조세감면	「조세특례제한법」 제121조의2 제1항 제3호	167		
	(123) 외국인투자기업의 증자의 조세감면	「조세특례제한법」 제121조의4	172		
	(124) 기술도입대가에 대한 조세면제(국내지점 등)	법률 제9921호 조세특례제한법 일부개정법률 부칙 제77조	173		
	(125) 제주첨단과학기술단지 입주기업 조세감면(최저한세 적용제외)	「조세특례제한법」 제121조의8	181		
	(126) 제주투자진흥지구등 입주기업 조세감면(최저한세 적용제외)	「조세특례제한법」 제121조의9	182		
	(127) 기업도시개발구역 등 입주기업 감면(최저한세 적용제외)	「조세특례제한법」 제121조의17 제1항 제1·3·5호	197		
	(128) 기업도시개발사업 등 시행자 감면	「조세특례제한법」 제121조의17 제1항 제2·4·6·7호	198		
	(129) 아시아문화중심도시 투자진흥지구 입주기업 감면(최저한세 적용제외)	「조세특례제한법」 제121조의20 제1항	11C		
	(130) 금융중심지 창업기업에 대한 감면(최저한세 적용제외)	「조세특례제한법」 제121조의2 1제1항	11G		
	(131) 동업기업 세액감면 배분액(최저한세 적용제외)	「조세특례제한법」 제100조의18 제4항	11D		
	(132) 사회적기업에 대한 감면	「조세특례제한법」 제85조의6	11L		
	(133) 장애인 표준사업장에 대한 감면	「조세특례제한법」 제85조의6	11M		
	(134) 첨단의료복합단지 입주기업에 대한 감면(최저한세 적용제외)	「조세특례제한법」 제121조의22 제1항 제1호	17A		
	(135) 국가식품클러스터 입주기업에 대한 감면(최저한세 적용제외)	「조세특례제한법」 제121조의22 제1항 제2호	17B		
	(136) 연구개발특구 입주기업에 대한 감면(최저한세 적용제외)	「조세특례제한법」 제12조의2	17C		
	(137) 감염병 피해에 따른 특별재난지역의 중소기업에 대한 감면	「조세특례제한법」 제99조의11	17D		
	(138) 기회발전특구 창업기업 등에 대한 법인세 등의 감면(최저한세 적용제외)	「조세특례제한법」 제121조의33	1D1		
	(139) **소 계**		170		
세액공제	(140) 외국납부세액공제	「법인세법」 제57조	101		
	(141) 재해손실세액공제	「법인세법」 제58조	102		
	(142) 신성장·원천기술 연구개발비세액공제(최저한세 적용제외)	「조세특례제한법」 제10조 제1항 제1호	16A		
	(143) 국가전략기술 연구개발비세액공제(최저한세 적용제외)	「조세특례제한법」 제10조 제1항 제2호	10D		
	(144) 일반 연구·인력개발비세액공제(최저한세 적용제외)	「조세특례제한법」 제10조 제1항 제3호	16B		
	(145) 동업기업 세액공제 배분액(최저한세 적용제외)	「조세특례제한법」 제100조의18 제4항	12D		
	(146) 성실신고 확인비용에 대한 세액공제	「조세특례제한법」 제126조의6	10A		
	(147) 상가임대료를 인하한 임대사업자에 대한 세액공제	「조세특례제한법」 제96조의3	10B		
	(148) 용역제공자에 관한 과세자료의 제출에 대한 세액공제	「조세특례제한법」 제104조의32	10C		
	(149) **소 계**		180		
	(150) 합 계((139) + (149))		110		

210mm×297mm[백상지 80g/㎡ 또는 중질지 80g/㎡]

(4쪽 중 제2쪽)

2. 최저한세 적용대상 공제감면세액

	① 구 분	② 근 거 법 조 항	코드	③ 대상세액	④ 감면세액
세액감면	⑮ 창업중소기업에 대한 세액감면(최저한세 적용대상)	「조세특례제한법」 제6조 제1항 · 제5항 · 제6항	111	20,374,280	18,367,512
	⑫ 창업벤처중소기업 세액감면	「조세특례제한법」 제6조 제2항	174		
	⑬ 에너지신기술 중소기업 세액감면	「조세특례제한법」 제6조 제4항	13E		
	⑭ 중소기업에 대한 특별세액감면	「조세특례제한법」 제7조	112		
	⑮ 연구개발특구 입주기업에 대한 세액감면(최저한세 적용대상)	「조세특례제한법」 제12조의2	179		
	⑯ 국제금융거래이자소득 면제	「조세특례제한법」 제21조	123		
	⑰ 사업전환 중소기업에 대한 세액감면	구 「조세특례제한법」 제33조의2	192		
	⑱ 무역조정지원기업의 사업전환 세액감면	구 「조세특례제한법」 제33조의2	13A		
	⑲ 기업구조조정 전문회사 주식양도차익 세액감면	법률 제9272호 조세특례제한법 일부개정법률 부칙 제10조 · 제40조	13B		
	⑳ 혁신도시 이전 등 공공기관 세액감면	「조세특례제한법」 제62조 제4항	13F		
	㉑ 공장의 지방이전에 대한 세액감면(중소기업의 수도권 안으로 이전)	「조세특례제한법」 제63조	116		
	㉒ 농공단지입주기업 등 감면	「조세특례제한법」 제64조	117		
	㉓ 농업회사법인 감면(농업소득 외의 소득)	「조세특례제한법」 제68조	119		
	㉔ 소형주택 임대사업자에 대한 세액감면	「조세특례제한법」 제96조	13I		
	㉕ 상가건물 장기임대사업자에 대한 세액감면	「조세특례제한법」 제96조의2	13N		
	㉖ 산림개발소득 감면	「조세특례제한법」 제102조	124		
	㉗ 동업기업 세액감면 배분액(최저한세 적용대상)	「조세특례제한법」 제100조의18 제4항	13D		
	㉘ 첨단의료복합단지 입주기업에 대한 감면(최저한세 적용대상)	「조세특례제한법」 제121조의22 제1항 제1호	13H		
	㉙ 기술이전에 대한 세액감면	「조세특례제한법」 제12조제1항	13J		
	㉚ 기술대여에 대한 세액감면	「조세특례제한법」 제12조제3항	13K		
	㉛ 제주첨단과학기술단지 입주기업 감면(최저한세 적용대상)	「조세특례제한법」 제121조의8	13P		
	㉜ 제주투자진흥지구등 입주기업 감면(최저한세 적용대상)	「조세특례제한법」 제121조의9	13Q		
	㉝ 기업도시개발구역 등 입주기업 감면(최저한세 적용대상)	「조세특례제한법」 제121조의17 제1항 제1호 · 제3호 · 5호	13R		
	㉞ 위기지역 내 창업기업 세액감면(최저한세 적용대상)	「조세특례제한법」 제99조의9	13S		
	㉟ 아시아문화중심도시 투자진흥지구 입주기업 감면(최저한세 적용대상)	「조세특례제한법」 제121조의20 제1항	13T		
	㊱ 금융중심지 창업기업에 대한 감면(최저한세 적용대상)	「조세특례제한법」 제121조의21 제1항	13U		
	㊲ 국가식품클러스터 입주기업에 대한 감면(최저한세 적용대상)	「조세특례제한법」 제121조의22 제1항 제2호	13V		
	㊳ 기회발전특구 창업기업 등에 대한 법인세 등의 감면(최저한세 적용대상)	「조세특례제한법」 제121조의33	1C1		
	㊴ 소 계		130	20,374,280	18,367,512

210mm×297mm[백상지 80g/㎡ 또는 중질지 80g/㎡]

(4쪽 중 제3쪽)

① 구 분		② 근 거 법 조 항	코드	⑤ 전기 이월액	⑥ 당기 발생액	⑦ 공제 세액
세액공제	(180) 중소기업 등 투자세액공제	구「조세특례제한법」 제5조	131			
	(181) 상생결제 지급금액에 대한 세액공제	「조세특례제한법」 제7조의4	14Z			
	(182) 대·중소기업 상생협력을 위한 기금출연 세액공제	「조세특례제한법」 제8조의3 제1항	14M			
	(183) 협력중소기업에 대한 유형고정자산 무상임대 세액공제	「조세특례제한법」 제8조의3 제2항	18D			
	(184) 수탁기업에 설치하는 시설에 대한 세액공제	「조세특례제한법」 제8조의3 제3항	18L			
	(185) 교육기관에 무상 기증하는 중고자산에 대한 세액공제	「조세특례제한법」 제8조의3 제4항	18R			
	(186) 신성장·원천기술 연구개발비세액공제(최저한세 적용대상)	「조세특례제한법」 제10조 제1항 제1호	13L			
	(187) 국가전략기술 연구개발비세액공제(최저한세 적용대상)	「조세특례제한법」 제10조 제1항 제2호	10E			
	(188) 일반 연구·인력개발비세액공제(최저한세 적용대상)	「조세특례제한법」 제10조 제1항 제3호	13M			
	(189) 기술취득에 대한 세액공제	「조세특례제한법」 제12조 제2항	176			
	(190) 기술혁신형 합병에 대한 세액공제	「조세특례제한법」 제12조의3	14T			
	(191) 기술혁신형 주식취득에 대한 세액공제	「조세특례제한법」 제12조의4	14U			
	(192) 벤처기업등 출자에 대한 세액공제	「조세특례제한법」 제13조의2	18E			
	(193) 성과공유 중소기업 경영성과급 세액공제	「조세특례제한법」 제19조	18H			
	(194) 연구·인력개발설비투자 세액공제	구「조세특례제한법」 제25조 제1항 제1호	134			
	(195) 에너지절약시설투자 세액공제	구「조세특례제한법」 제25조 제1항 제2호	177			
	(196) 환경보전시설 투자 세액공제	구「조세특례제한법」 제25조 제1항 제3호	14A			
	(197) 근로자복지증진시설투자 세액공제	구「조세특례제한법」 제25조 제1항 제4호	142			
	(198) 안전시설투자 세액공제	구「조세특례제한법」 제25조 제1항 제5호	136			
	(199) 생산성향상시설투자세액공제	구「조세특례제한법」 제25조 제1항 제6호	135			
	(200) 의약품 품질관리시설투자 세액공제	구「조세특례제한법」 제25조의4	14B			
	(201) 신성장기술 사업화를 위한 시설투자 세액공제	구「조세특례제한법」 제25조의5	18B			
	(202) 영상콘텐츠 제작비용에 대한 세액공제(기본공제)	「조세특례제한법」 제25조의6	18C			
	(203) 영상콘텐츠 제작비용에 대한 세액공제(추가공제)	「조세특례제한법」 제25조의6	1B8			
	(204) 초연결 네트워크 시설투자에 대한 세액공제	구「조세특례제한법」 제25조의7	18I			
	(205) 고용창출투자세액공제	「조세특례제한법」 제26조	14N			
	(206) 산업수요맞춤형고등학교등 졸업자를 병역이행 후 복직시킨 중소기업에 대한 세액공제	「조세특례제한법」 제29조의2	14S			
	(207) 경력단절 여성 고용 기업 등에 대한 세액공제	「조세특례제한법」 제29조의3 제1항	14X			
	(208) 육아휴직 후 고용유지 기업에 대한 인건비 세액공제	「조세특례제한법」 제29조의3 제2항	18J			
	(209) 근로소득을 증대시킨 기업에 대한 세액공제	「조세특례제한법」 제29조의4	14Y			
	(210) 청년고용을 증대시킨 기업에 대한 세액공제	「조세특례제한법」 제29조의5	18A			
	(211) 고용을 증대시킨 기업에 대한 세액공제	「조세특례제한법」 제29조의7	18F			
	(212) 통합고용세액공제	「조세특례제한법」 제29조의8	18S			
	(213) 통합고용세액공제(정규직 전환)	「조세특례제한법」 제29조의8	1B4			
	(214) 통합고용세액공제(육아휴직 복귀)	「조세특례제한법」 제29조의8	1B5			
	(215) 정규직근로자 전환 세액공제	「조세특례제한법」 제30조의2	14H			
	(216) 고용유지중소기업에 대한 세액공제	「조세특례제한법」 제30조의3	18K			
	(217) 중소기업 고용증가 인원에 대한 사회보험료 세액공제	「조세특례제한법」 제30조의4 제1항	14Q			
	(218) 중소기업 사회보험 신규가입에 대한 사회보험료 세액공제	「조세특례제한법」 제30조의4 제3항	18G			
	(219) 전자신고에 대한 세액공제(납세의무자)	「조세특례제한법」 제104조의8 제1항	184			
	(220) 전자신고에 대한 세액공제(세무법인 등)	「조세특례제한법」 제104조의8 제3항	14J			
	(221) 제3자 물류비용 세액공제	「조세특례제한법」 제104조의14	14E			
	(222) 대학 맞춤형 교육비용 등 세액공제	구「조세특례제한법」 제104조의18 제1항	14I			
	(223) 대학등 기부설비에 대한 세액공제	구「조세특례제한법」 제104조의18 제2항	14K			
	(224) 기업의 경기부 설치운영비용 세액공제	「조세특례제한법」 제104조의22	14O			
	(225) 동업기업 세액공제 배분액(최저한세 적용대상)	「조세특례제한법」 제100조의18 제4항	14L			
	(226) 산업수요맞춤형 고등학교 등 재학생에 대한 현장훈련수당 등 세액공제	구「조세특례제한법」 제104조의18 제4항	14R			
	(227) 석유제품 전자상거래에 대한 세액공제	「조세특례제한법」 제104조의25	14P			
	(228) 금 현물시장에서 거래되는 금지금에 대한 과세특례	「조세특례제한법」 제126조의7 제8항	14V			
	(229) 금사업자와 스크랩등사업자의 수입금액의 증가 등에 대한 세액공제	「조세특례제한법」 제122조의4	14W			
	(230) 우수 선화주 인증 국제물류주선업자 세액공제	「조세특례제한법」 제104조의30	18M			
	(231) 소재·부품·장비 수요기업 공동출자 세액공제	「조세특례제한법」 제13조의3 제1항	18N			
	(232) 소재·부품·장비 외국법인 인수세액 공제	「조세특례제한법」 제13조의3 제3항	18P			
	(233) 선결제 금액에 대한 세액공제	「조세특례제한법」 제99조의12	18Q			
	(234) 해외자원개발투자에 대한 과세특례	「조세특례제한법」 제104조의15	1B6			
	(235) 통합투자세액공제(일반)	「조세특례제한법」 제24조	13W			
	(236) 통합투자세액공제(신성장·원천기술)	「조세특례제한법」 제24조	13X			
	(237) 통합투자세액공제(국가전략기술)	「조세특례제한법」 제24조	13Y			
	(238) 임시통합투자세액공제(일반)	「조세특례제한법」 제24조	1B1			
	(239) 임시통합투자세액공제(신성장·원천기술)	「조세특례제한법」 제24조	1B2			
	(240) 임시통합투자세액공제(국가전략기술)	「조세특례제한법」 제24조	1B3			
	(241) 문화산업전문회사 출자에 대한 세액공제	「조세특례제한법」 제25조의7	1B7			
	(242) 소 계		149			
(243) 합 계((179) + (242))			150			18,367,512
(244) 공제감면세액 총계((150) + (243))			151			18,367,512

210mm×297mm[백상지 80g/㎡ 또는 중질지 80g/㎡]

(4쪽 중 제4쪽)

㉔ 기술도입대가에 대한 조세면제	법률 제9921호 조세특례제한법 일부개정법률 부칙 제77조	183			
㉔ 간주 · 간접 외국납부세액공제	「법인세법」 제57조 제3항 · 제4항 · 제6항	189			

작성방법

1. ③ 대상세액란: 「법인세법」, 「조세특례제한법」 등에 따른 공제감면대상금액이 있는 경우 공제감면세액계산서(별지 제8호서식 부표 1, 2, 3, 4, 5)에 따라 감면구분별로 적습니다.
2. ④ · ⑦ 공제세액란: 「법인세법」, 「조세특례제한법」 등에 따른 공제감면세액은 공제감면세액계산서(별지 제8호서식 부표 1, 2, 3, 4, 5)에 따라 계산된 공제세액 중 당기에 공제될 세액의 범위에서 「법인세법」 제59조제1항에 따른 공제순서에 따라 감면 구분별로 적습니다.
3. ⑮란 중 ④ 감면세액란: 법인세 과세표준 및 세액조정계산서(별지 제3호서식)의 ⑫ 최저한세 적용제외 공제감면세액란에 옮겨 적습니다.
4. ㉔란 중 ⑦ 공제세액란: 법인세 과세표준 및 세액조정계산서(별지 제3호서식)의 ⑫ 최저한세 적용대상 공제감면세액란에 옮겨 적습니다.
5. ㉔ 기술도입대가에 대한 조세면제란의 공제세액란: 기술도입대가를 지급하는 내국법인이 별지 제8호서식 부표 9 기술도입대가에 대한 조세면제명세서의 면제세액 합계액을 적습니다(국내사업장이 있고 해당 기술이 국내사업장에 실질적으로 관련되거나 귀속되는 경우에는 기술을 제공하는 외국법인이 ㉔ 기술도입대가에 대한 조세면제란의 감면세액란에 적습니다).
6. ⑭ 외국납부세액공제란: 외국납부세액과 ㉔ 간주 · 간접 외국납부세액공제액을 합하여 적고, 간주 · 간접 외국납부세액공제액은 ㉔란에 별도로 적습니다.
7. 「조세특례제한법」 제10조의 연구 · 인력개발비세액공제 중 최저한세가 적용되는 공제세액은 ⑱, ⑱ 또는 ⑱란에 적고, 최저한세 적용이 제외되는 공제세액은 ⑭, ⑭ 또는 ⑭란에 각각 구분하여 적습니다.
8. ⑱, ⑱ 또는 ⑱란 중 ⑤ 전기이월액란: 「조세특례제한법」 제144조제1항에 따라 이월된 미공제 금액 중 해당 과세연도에 공제할 일반연구 · 인력개발비, 신성장 · 원천기술연구개발비 또는 국가전략기술연구개발비를 각각 구분하여 적습니다(구 공제감면코드: 132).
9. 법령의 개정에 따라 종전의 규정 또는 개정규정에 따라 공제감면 받는 경우에는 비어 있는 란 등에 해당 법령의 조문순서에 따라 별도로 적습니다.
10. ② 근거법조항 중 "구"는 「조세특례제한법」(2020.12.29. 법률 제17759호로 개정되기 전의 것)에 따른 조항을 의미합니다.

210mm×297mm[백상지 80g/㎡ 또는 중질지 80g/㎡]

[별지 제2호 서식] (2024.3.22. 개정)

세액감면(면제)신청서

※ 제4쪽의 작성방법을 읽고 작성해 주시기 바랍니다. (4쪽 중 제1쪽)

접수번호	접수일	처리기간 즉시

구분	내용	
❶ 신청인	① 상호 또는 법인명 : ㈜나라	② 사업자등록번호 : 203-81-63108
	③ 대표자 성명 : 김 유 민	④ 생년월일 : 1992년 6월 3일
	⑤ 주소 또는 본점 소재지 : 경기도 고양시 일산서구 대화로37번길 102-30(법곳동) (전화번호 : 044-2231-7027)	
❷ 과세연도	2024년 1월 1일부터 2024년 12월 31일까지	

❸ 신청 내용

구 분	근거법령	코드	⑥ 감면율	⑦ 대상 세액	⑧ 감면 세액	⑨ 한도충족 감면세액
⑩ 창업중소기업에 대한 감면(최저한세 적용제외)	영 제5조 제26항	110				
⑩ 창업중소기업에 대한 감면(최저한세 적용대상)	영 제5조 제26항	111	50%	20,374,280	18,367,512	
⑩ 창업벤처중소기업에 대한 감면	영 제5조 제26항	174				
⑩ 에너지신기술중소기업에 대한 감면	영 제5조 제26항	13E				
⑩ 중소기업에 대한 특별세액감면	영 제6조 제8항	112				
⑩ 기술이전에 대한 감면	영 제11조 제6항	13J				
⑩ 기술대여에 대한 감면	영 제11조 제6항	13K				
⑩ 연구개발특구 입주기업에 대한 감면(최저한세 적용제외)	영 제11조의2 제10항	17C				
⑩ 연구개발특구 입주기업에 대한 감면(최저한세 적용대상)	영 제11조의2 제10항	179				
⑩ 고용창출형창업기업에 대한 감면	영 제27조의2 제4항 (2007.2.28. 대통령령 제19888호로 개정되기 전의 것)	190				
⑪ 사업전환 중소기업에 대한 감면	구 영 제30조의2 제7항	192				
⑫ 무역조정지원기업의 사업 전환에 대한 감면	구 영 제30조의2 제7항	13A				
⑬ 혁신도시 등 이전 공공기관에 대한 감면	영 제58조 제11항	13F				
⑭ 공장의 지방이전에 대한 세액감면(중소기업의 수도권 안으로 이전)	영 제60조 제8항 (구 영 제60조 제5항 포함)	116				
⑮ 수도권과밀억제권역 밖으로 이전하는 중소기업 세액감면(수도권 밖으로 이전)	구 영 제60조 제5항	169				
⑯ 공장의 지방이전에 대한 세액감면(수도권 밖으로 이전)	영 제60조 제8항 (구 영 제60조의2 제13항 포함)	108				
⑰ 본사의 수도권 밖 이전에 대한 세액감면	영 제60조의2 제16항 (구 영 제60조의2 제13항 포함)	109				
⑱ 농공단지입주기업 등에 대한 감면	영 제61조 제8항	117				
⑲ 영농조합법인에 대한 면제	영 제63조 제7항	104				
⑳ 영어조합법인에 대한 면제	영 제64조 제8항	107				
㉑ 농업회사법인에 대한 감면(농업소득)	영 제65조 제5항	11B				
㉒ 농업회사법인에 대한 감면(농업소득 외의 소득)	영 제65조 제5항	119				
㉓ 사회적기업에 대한 감면	영 제79조의7 제2항	11L				

210mm×297mm[백상지 80g/㎡ 또는 중질지 80g/㎡]

(4쪽 중 제2쪽)

구 분	근거법령	코드	⑥ 감면율	⑦ 대상 세액	⑧ 감면 세액	⑨ 한도충족 감면세액
⑫④ 장애인표준사업장에 대한 감면	영 제79조의7 제2항	11M				
⑫⑤ 행정중심복합도시 · 혁신도시 공장이전에 대한 감면	법 제85조의2 제6항 (2019.12.31.법률 제16835호로 개정되기 전의 것)	11A				
⑫⑥ 소형주택 임대사업자에 대한 감면	영 제96조 제8항	13I				
⑫⑦ 상가건물 장기 임대사업자에 대한 감면	영 제96조의2 제5항	13N				
⑫⑧ 위기지역 내 창업기업 세액감면(최저한세 적용제외)	영 제99의8 제7항	11N				
⑫⑨ 위기지역 내 창업기업 세액감면(최저한세 적용대상)	영 제99의8 제7항	13S				
⑬⓪ 감염병 피해에 따른 특별재난지역의 중소기업에 대한 감면	영 제99조의10 제5항	17D				
⑬① 산림개발소득에 대한 감면	영 제102조	124				
⑬② 해외진출기업의 국내복귀에 대한 감면(철수방식)	영 제104조의21 제13항	11F				
⑬③ 해외진출기업의 국내복귀에 대한 감면(유지방식)	영 제104조의21 제13항	11H				
⑬④ 제주첨단과학기술단지입주기업에 대한 감면(최저한세 적용제외)	영 제116조의14 제5항	181				
⑬⑤ 제주첨단과학기술단지입주기업에 대한 감면(최저한세 적용대상)	영 제116조의14 제5항	13P				
⑬⑥ 제주투자진흥지구 · 제주자유무역지역 입주기업에 대한 감면(최저한세 적용제외)	영 제116조의15 제8항	182				
⑬⑦ 제주투자진흥지구 · 제주자유무역지역 입주기업에 대한 감면(최저한세 적용대상)	영 제116조의15 제8항	13Q				
⑬⑧ 제주투자진흥지구 개발사업시행자에 대한 감면	영 제116조의15 제8항	158				
⑬⑨ 기업도시 · 지역개발사업구역 등 창업 · 사업장신설 기업에 대한 감면(최저한세 적용제외)	영 제116조의21 제7항	197				
⑭⓪ 기업도시 · 지역개발사업구역 등 창업 · 사업장신설 기업에 대한 감면(최저한세 적용대상)	영 제116조의21 제7항	13R				
⑭① 기업도시 · 지역개발사업구역 등 개발사업시행자에 대한 감면	영 제116조의21 제7항	198				
⑭② 아시아문화중심도시 입주기업에 대한 감면(최저한세 적용제외)	영 제116조의25 제8항	11C				
⑭③ 아시아문화중심도시 입주기업에 대한 감면(최저한세 적용대상)	영 제116조의25 제8항	13T				
⑭④ 금융중심지 창업 · 사업장신설기업에 대한 감면(최저한세 적용제외)	영 제116조의26 제11항	11G				
⑭⑤ 금융중심지 창업 · 사업장신설기업 대한 감면(최저한세 적용대상)	영 제116조의26 제11항	13U				
⑭⑥ 첨단의료복합단지 입주 의료연구개발기관 등에 대한 감면(최저한세 적용제외)	영 제116조의27 제8항	17A				
⑭⑦ 첨단의료복합단지 입주 의료연구개발기관 등에 대한 감면(최저한세 적용대상)	영 제116조의27 제8항	13H				
⑭⑧ 국가식품클러스터 입주기업에 대한 감면(최저한세 적용제외)	영 제116조의27 제8항	17B				
⑭⑨ 국가식품클러스터 입주기업에 대한 감면(최저한세 적용대상)	영 제116조의27 제8항	13V				
⑮⓪ 기회발전특구의 창업기업 등에 대한 법인세 등의 감면(최저한세 적용제외)	영 제116조의36 제8항	1D1				
⑮① 기회발전특구의 창업기업 등에 대한 법인세 등의 감면(최저한세 적용대상)	영 제116조의3 6제8항	1C1				
⑮② 기타		164				
⑮③ 세액감면 합계		1A4		20,374,280	18,367,512	

210mm×297mm[백상지 80g/㎡ 또는 중질지 80g/㎡]

(4쪽 중 제3쪽)

❹ 지역특구 입주기업 감면한도 계산내용((108), (109), (118), (128), (129), (134) ~ (150)에 대해 적용)
- (118)은 2019.1.1. 이후 개시하는 과세연도부터 적용하되, 2019.1.1. 전 입주기업은 제외함 (A방식)
  (128), (129)는 2018.1.1. 이후 지정 또는 선포된 위기지역의 지정일 또는 선포일이 속하는 과세연도의 과세표준을 2019.1.1. 이후 신고하는 경우부터 적용함(A방식)
- (108), (109), (134) ~ (150)의 경우 2019.1.1. 이후 개시하는 과세연도분부터는 A 방식에 의해 한도를 계산하되, 2019.1.1. 전에 해당 지역에 입주한 기업은 B 방식(종전규정)에 의해 한도를 계산함

<table>
<tr><td colspan="4">⑩ 직전 과세연도까지의 감면세액 누계
* 감면받은 과세연도 / 감면세액: (/), (/), (/), (/), (/)</td><td></td></tr>
<tr><td colspan="5">전체 감면한도 계산</td></tr>
<tr><td rowspan="4">A</td><td colspan="3">⑪ 해당 과세연도까지의 사업용고정자산 투자누계액</td><td></td></tr>
<tr><td colspan="3">⑫ 투자기준 감면한도 (⑪ × 50%)</td><td></td></tr>
<tr><td colspan="3">⑬ 고용기준 감면한도
[해당 과세연도의 감면대상사업장의 상시근로자 수 × 1,500만원(청년 상시근로자와 서비스업을 하는 감면대상사업자의 상시근로자의 경우에는 2,000만원)]</td><td></td></tr>
<tr><td colspan="3">⑭ 해당 과세연도까지의 총감면한도 (⑫ + ⑬)</td><td></td></tr>
<tr><td rowspan="5">B</td><td colspan="2">일반기업</td><td colspan="2">서비스업</td></tr>
<tr><td>⑮ 해당 과세연도까지의 사업용고정자산 투자누계액</td><td></td><td>⑲ 일반감면한도 (=⑱)</td><td></td></tr>
<tr><td>⑯ 투자기준 감면한도 (⑪ × 50%)</td><td></td><td rowspan="2">⑳ 고용기준 감면한도 (Min [ⓐ, ⓑ])
ⓐ 상시근로자 수 × 2,000만원
ⓑ 투자누계액(⑮ × 100%)</td><td rowspan="2"></td></tr>
<tr><td>⑰ 고용기준 감면한도 (Min [ⓐ, ⓑ])
ⓐ 상시근로자 수 × 1,000만원
ⓑ 투자누계액(⑮ × 20%)</td><td></td></tr>
<tr><td>⑱ 해당 과세연도까지의 총감면한도 (⑯+⑰)</td><td></td><td>㉑ 해당 과세연도까지의 총감면한도
(Max [⑲, ⑳])</td><td></td></tr>
<tr><td colspan="4">㉒ 해당 과세연도의 감면한도 (⑭ − ⑩) 또는 (⑱ − ⑩) 또는 (㉑ − ⑩)</td><td></td></tr>
</table>

❺ 중소기업특별세액감면 감면한도 계산

<table>
<tr><td rowspan="2">구 분</td><td colspan="12">해당(직전) 과세연도의 매월 말 현재 상시근로자 수</td><td rowspan="2">㉓
합계</td><td rowspan="2">㉔
개월
수</td><td rowspan="2">㉕ 상시
근로자수
(=㉓÷㉔)</td></tr>
<tr><td>1월</td><td>2월</td><td>3월</td><td>4월</td><td>5월</td><td>6월</td><td>7월</td><td>8월</td><td>9월</td><td>10월</td><td>11월</td><td>12월</td></tr>
<tr><td>해당 과세연도</td><td></td><td></td><td></td><td></td><td></td><td></td><td></td><td></td><td></td><td></td><td></td><td></td><td></td><td></td><td>㉖</td></tr>
<tr><td>직전 과세연도</td><td></td><td></td><td></td><td></td><td></td><td></td><td></td><td></td><td></td><td></td><td></td><td></td><td></td><td></td><td>㉗</td></tr>
</table>

감면한도계산 : 1억원 − 500만원 × 상시근로자 수 감소인원

감면한도 (상시근로자 감소 적용전)	상시근로자 수 감소인원당 차감액	㉘ 상시근로자 수 감소인원(㉖−㉗)	㉙ 감면한도 (1억원 − 500만원 × ㉘)
1억원	500만원		

❻ 사회적기업 · 장애인 표준사업장에 대한 감면한도 계산

<table>
<tr><td rowspan="2">구 분</td><td colspan="14">해당 과세연도의 매월 말 현재 상시근로자 수</td><td rowspan="2">㉚
합계</td><td rowspan="2">㉛
개월수</td><td rowspan="2">㉜ 상시
근로자수
(=㉚÷㉛)</td></tr>
<tr><td>월</td><td>월</td><td>월</td><td>월</td><td>월</td><td>월</td><td>월</td><td>월</td><td>월</td><td>월</td><td>월</td><td>월</td><td>월</td><td>월</td></tr>
<tr><td>해당 과세연도</td><td></td><td></td><td></td><td></td><td></td><td></td><td></td><td></td><td></td><td></td><td></td><td></td><td></td><td></td><td></td><td></td><td>㉝</td></tr>
</table>

감면한도계산 : 1억원 + 2000만원 × (취약계층 또는 장애인)의 상시근로자 수

감면한도 (상시근로자 적용전)	상시근로자 수 인원당 증가액	㉜ 상시근로자 수	㉝ 감면한도 (1억원 + 2000만원 × ㉜)
1억원	2000만원		

210mm×297mm[백상지 80g/㎡ 또는 중질지 80g/㎡]

「조세특례제한법」 및 같은 법 시행령에 따라 위와 같이 세액감면(면제)을 신청합니다.

2025년 3월 31일

신청인 ㈜나라 김 유 민 (서명 또는 인)

고양 세무서장 귀하

작 성 방 법

1. 신청 내용별로 "⑥ 감면율"란, "⑦ 대상세액"란과 "⑧ 감면세액"란을 적습니다.
2. "⑥ 감면율"란을 작성할 때 법령의 개정에 따라 종전의 규정 또는 개정규정을 적용받는 경우 등에는 해당 감면율을 적습니다.
3. "⑦ 대상세액"란: 최저한세액 적용 전의 감면세액을 적습니다.
4. "⑧ 감면세액"란: "⑦ 대상세액"에서 최저한세액 적용에 따른 감면 배제세액을 뺀 금액을 적습니다.
5. "⑨ 한도충족 감면세액"란: "⑧ 감면세액"과 "㉒ 해당 과세연도의 감면한도" 중 적은 금액을 적습니다.
5. 법령에 따른 첨부서류는 세액감면(면제)신청서를 제출할 때 함께 제출해야 합니다.
6. 법령의 개정으로 종전의 규정 또는 개정규정에 따라 세액감면(면제)을 받는 경우에는 해당 법령의 조문순서에 따라 빈칸 등에 별도로 적습니다.
7. ❹ 지역특구 입주기업 감면한도 계산 시 서비스업이란 「조세특례제한법 시행령」 제23조제4항에 따른 서비스업을 의미합니다.
8. 근거법령란에서 "법"은 「조세특례제한법」, "영"은 「조세특례제한법 시행령」을 뜻하며, "구 영"은 2021. 2. 17. 대통령령 제31444호로 개정되기 전의 것을 말합니다.

210mm×297mm[백상지 80g/㎡ 또는 중질지 80g/㎡]

[별지 제3호 서식] (2024.3.22. 개정) (앞쪽)

사업연도	2024.01.01 ~ 2024.12.31	법인세 과세표준 및 세액조정계산서	법인명	㈜나라
			사업자등록번호	203-81-63108

구분	항목	코드					
① 각 사업연도 소득계산	(101) 결산서상 당기순손익	01			319	729	266
	소득조정금액 (102) 익금산입	02					
	소득조정금액 (103) 손금산입	03					
	(104) 차가감소득금액((101)+(102)-(103))	04			319	729	266
	(105) 기부금한도초과액	05					
	(106) 기부금한도초과이월액 손금산입	54					
	(107) 각 사업연도소득금액((104)+(105)-(106))	06			319	729	266
② 과세표준 계산	(108) 각 사업연도소득금액((108)=(107))				319	729	266
	(109) 이월결손금	07					
	(110) 비과세소득	08					
	(111) 소득공제	09					
	(112) 과세표준((108)-(109)-(110)-(111))	10			319	729	266
	(159) 선박표준이익	55					
③ 산출세액 계산	(113) 과세표준((112)+(159))	56			319	729	266
	(114) 세율	11					19
	(115) 산출세액	12			40	748	560
	(116) 지점유보소득(「법인세법」 제96조)	13					
	(117) 세율	14					
	(118) 산출세액	15					
	(119) 합계((115)+(118))	16			40	748	560
④ 납부할 세액 계산	(120) 산출세액((120)=(119))				40	748	560
	(121) 최저한세 적용대상 공제감면세액	17			18	367	512
	(122) 차감세액	18			22	381	048
	(123) 최저한세 적용제외 공제감면세액	19					
	(124) 가산세액	20					
	(125) 가감계((122)-(123)+(124))	21			22	381	048
	기납부세액 / 기한내납부세액 (126) 중간예납세액	22					
	기납부세액 / 기한내납부세액 (127) 수시부과세액	23					
	기납부세액 / 기한내납부세액 (128) 원천납부세액	24					
	기납부세액 / 기한내납부세액 (129) 간접투자회사등의 외국납부세액	25					
	기납부세액 / 기한내납부세액 (130) 소계((126)+(127)+(128)+(129))	26					
	기납부세액 (131) 신고납부전가산세액	27					
	기납부세액 (132) 합계((130)+(131))	28					
	(133) 감면분추가납부세액	29					
	(134) 차감납부할세액((125)-(132)+(133))	30			22	381	048
⑤ 토지등양도소득에 대한 법인세 계산	양도차익 (135) 등기자산	31					
	양도차익 (136) 미등기자산	32					
	(137) 비과세소득	33					
	(138) 과세표준((135)+(136)-(137))	34					
	(139) 세율	35					
	(140) 산출세액	36					
	(141) 감면세액	37					
	(142) 차감세액((140)-(141))	38					
	(143) 공제세액	39					
	(144) 동업기업 법인세 배분액(가산세 제외)	58					
	(145) 가산세액(동업기업 배분액 포함)	40					
	(146) 가감계((142)-(143)+(144)+(145))	41					
	기납부세액 (147) 수시부과세액	42					
	기납부세액 (148) ( ) 세액	43					
	기납부세액 (149) 계((147)+(148))	44					
	(150) 차감납부할세액((146)-(149))	45					
⑥ 미환류소득법인세	(161) 과세대상 미환류소득	59					
	(162) 세율	60					
	(163) 산출세액	61					
	(164) 가산세액	62					
	(165) 이자상당액	63					
	(166) 납부할세액((163)+(164)+(165))	64					
⑦ 세액계	(151) 차감납부할 세액계((134)+(150)+(166))	46			22	381	048
	(152) 사실과 다른 회계처리 경정세액공제	57					
	(153) 분납세액계산범위액 ((151)-(124)-(133)-(145)-(152)+(131))	47			22	381	048
	(154) 분납할세액	48			11	190	524
	(155) 차감납부세액((151)-(152)-(154))	49			11	190	524

210mm×297mm[백상지 80g/㎡ 또는 중질지 80g/㎡]

제7조 【중소기업에 대한 특별세액감면】

I 기본검토사항

구 분		검토요건 또는 확인사항
적용 여부 검토	① 당해 법인의 중소기업요건 충족 확인	업종요건, 규모요건, 독립성기준, 졸업기준
	② 각 조항별 적용 시한 확인	2025년 12월 31일 이전에 끝나는 과세연도까지 적용
	③ 각 조항별 규정 업종의 요건 충족 확인	한정적 열거된 업종에 대해서만 적용
	④ 본점 및 사업장 소재지 등 확인	본점 소재지에 따라 지점 등 타 사업장의 감면율도 본점 소재지에 해당하는 감면율 적용
	⑤ 감면/공제 적용의 배제	과세표준 무신고 시, 기한 후 신고 시 등의 경우
적용 시 검토	⑥ 감면/공제 중복적용 확인	㉠ 세액감면 간 중복적용 배제 ㉡ 세액공제와 중복적용 배제
	⑦ 최저한세 적용대상 확인	최저한세 적용대상
	⑧ 이월적용 여부 확인	세액감면의 경우 당해 과세연도에 적용받지 못한 감면세액은 다음 과세연도로 이월적용하지 않음
	⑨ 농어촌특별세 비과세 확인	농어촌특별세 비과세 대상
사후관리	⑩ 공제감면 후 사후관리 규정	별도의 사후관리 규정 없음

Ⅱ 주요 질의회신 통칙 등

1 집행기준

(1) 7-0-4【감면세액의 계산방법】

감면세액은 다음과 같이 계산한다.

$$감면세액 = 산출세액 \times \frac{감면대상소득}{과세표준} \times 감면율$$

감면한도 = Min[① 1억원, ② 상시근로자 수 감소 : 1억원 - (5백만원 × 감소 인원수)]

과세표준금액에 공제금액(이월결손금, 비과세소득, 소득공제)이 반영되어 있는 경우에 감면대상 소득은 다음 각 호의 금액을 공제한 금액으로 한다.

① 공제액이 감면대상소득에서 직접 발생한 경우에는 공제액 전액

감면대상 소득 = 감면대상 사업의 각 사업연도 소득금액 - 공제액

② 공제액이 감면대상소득에서 발생한 여부가 불분명한 경우에는 소득금액에 비례하여 안분계산한 금액

$$감면대상\ 소득 = 감면대상\ 사업의\ 각\ 사업연도소득 - 공제액 \times \frac{감면대상\ 사업의\ 각\ 사업연도\ 소득금액}{각\ 사업연도\ 소득금액}$$

(2) 7-0-5【감면대상소득의 계산사례】

① 건설업을 영위하는 중소기업이 건설용역을 대가로 수령한 공사대금을 어음으로 수령함에 있어 어음할인 등에 따른 손실보상 차원에서 공사대금에 가산하여 받는 금액과 동 어음 할인비용은 감면사업에 직접 관련하여 발생하는 부수수익 및 비용이므로 중소기업 특별세액 감면대상 소득계산 시 이를 가감한다.

② 잡이익과 잡손실은 직접 관련 여부에 따라 제조업 및 기타사업의 개별익금 또는 개별손금으로, 지급이자는 차입한 자금의 실제 사용용도를 기준으로 제조업 및 기타사업의 개별 또는 공통손금으로 구분하여 계산한다.

③ 제조업 등을 영위하는 중소기업이 관계법령에 따라 정부와 협약을 체결하여 기술개

발용역사업을 수행하면서 사업비로 지급받는 정부출연금은 당해 법인의 제조업 등에서 발생한 소득에 해당하지 아니하는 것이나, 당해 법인의 기술개발사업을 수행한 용역이 한국표준산업분류상 연구 및 개발업(분류코드 73)에 해당하는 경우에는 감면소득에 해당한다.

④ 「부가가치세법」 제32조의2에 따른 신용카드의 사용에 따른 세액공제액은 당해 사업에서 발생한 소득이 아니므로 중소기업에 대한 특별세액감면 대상소득에 해당하지 아니한다.

⑤ 건설업 영위 법인이 공사계약 파기에 따른 배상금으로 하도급업체에 지급한 금액은 감면사업(건설업)의 개별손금으로 구분하여 중소기업에 대한 특별세액감면 규정을 적용할 때 감면소득을 계산한다.

⑥ 중소기업에 대한 특별세액감면 적용대상 사업인 제조업과 기타의 사업을 겸영하는 법인이 구분경리하는 경우 외화를 차입하여 감면사업인 제조업에 사용하는 기계를 수입한 경우에는 당해 외화차입금의 환율변동에 따른 환율조정차상각액은 감면사업의 개별손금에 해당하나, 당해 법인의 사업과 직접 관련없이 지출한 기부금은 감면사업과 기타의 사업의 공통손금에 해당한다.

⑦ 조세특례제한법 제7조의 규정을 적용받는 사업과 기타의 사업을 겸영하는 경우 감면사업과 과세사업의 소득구분 시 이월결손금은 이월된 당해 결손금의 범위 내에서 이월결손금이 발생한 사업의 소득에서 공제한다.

⑧ 각 사업연도소득에 대한 법인세 과세표준과 세액을 납세지 관할 세무서장에게 신고한 법인이, 중소기업 등에 대한 특별세액감면 대상소득이 있는 경우에, 경정 등의 청구의 방법으로 동 감면을 적용받을 수 있다.

⑨ 「법인세법」 제66조 제2항에 의하여 경정하는 경우 감면세액은 경정 후의 산출세액, 과세표준, 감면대상소득을 기준으로 「법인세법」 제59조의 규정에 따라 재계산한다.

2 질의회신 예규 등

제 목	내 용
(1) 승강기 설치 및 수리 · 유지보수업을 영위하는 업체가 중소기업에 대한 특별세액감면을 적용받을 수 있는지 여부(사전-2022-법규법인-0355, 2022.03.31.)	• 「조세특례제한법」 제7조 중소기업에 대한 특별세액감면 적용을 위한 업종 분류는 같은 법에 특별한 규정이 있는 경우를 제외하고는 「통계법」 제22조의 규정에 의하여 통계청장이 고시하는 한국표준산업분류에 의하는 것이며, 승강기 설치 및 수리 ·

제 목	내 용
	유지보수업은 한국표준산업분류에 따를 경우 건물용 기계·장비 설치 공사업(분류코드 : 42202)으로 건설업에 해당하며, 귀 법인의 사업이 여기에 해당하는지 여부는 사실 판단할 사항임.
(2) 내국법인이 중소기업에 대한 특별세액감면을 적용함에 있어 소기업 여부 판정 시 공동사업장의 매출액이 포함되는지 여부(서면-2022-법규법인-3374, 2023.05.04.)	• 내국법인이 개인과 공동사업장(개인사업자)을 운영하는 경우, 「조세특례제한법 시행령」 제6조 제5항에 따른 소기업 여부를 판정함에 있어 매출액에는 공동사업장의 매출액 중 공동사업계약에 따른 지분비율에 의하여 안분한 금액이 포함되는 것임.
(3) 소기업 판정 시 관계기업의 매출액을 합산하는지 여부(서면-2016-법인-5783, 2016.12.09.)	• 소기업 판정 시 「조세특례제한법」 제6조 제5항의 매출액에 관계기업의 매출액은 합산하지 아니하는 것임.
(4) 고용유지지원금이 조특법 제7조에 따른 중소기업에 대한 특별세액감면이 적용되는 소득에 해당하는지 여부(사전-2021-법령해석소득-0767, 2021.09.29.)	• 사업자가 「고용보험법」 제21조 제1항 및 동법 시행령 제19조 제1항에 따라 지급받은 고용유지지원금은 「조세특례제한법」 제7조 제1항의 소득세가 감면되는 "해당 사업장에서 발생한 소득"에 해당하지 아니하는 것임.
(5) 법인이 본사를 지방으로 이전한 후 업종을 추가하여 각각 구분경리를 하는 경우 조세특례제한법 제63조의2에 따른 본사의 지방이전감면과 조세특례제한법 제7조에 따른 중소기업특별세액감면을 각각 적용할 수 있는지 여부(서면-2020-법인-2686, 2020.07.10.)	• 수도권과밀권역에 본사를 두고 3년 이상 도매업을 영위하던 법인이 본사를 지방으로 이전한 후 제조업을 추가 영위하며 업종별로 구분경리를 하는 경우, 도매업에서 발생하는 소득에 대해서는 「조세특례제한법」 제63조의2에 의한 법인의 공장 및 본사를 수도권 밖으로 이전하는 경우 법인세 등 감면을 적용하고, 이전 후 추가한 제조업에서 발생하는 소득에 대해서는 「조세특례제한법」 제7조 중소기업특별세액감면을 각각 적용받을 수 있는 것임.
(6) 택시 운송업 영위 내국법인이 영업용으로 사용하던 택시와 함께 영업권을 양도하면서 발생한 무형자산처분이익이 중소기업에 대한 특별세액감면 대상 소득에 해당하는지 여부(기준-2018-법령해석법인-0183, 2018.09.03.)	• 여객운송업을 영위하는 내국법인이 영업용으로 사용하던 택시 전부와 함께 영업권을 양도함에 따라 발생한 무형자산처분이익은 「조세특례제한법」 제7조의 중소기업에 대한 특별세액감면을 적용할 때 감면대상소득에 해당하지 않는 것임.
(7) 택배업이 「조세특례제한법」 제7조에서 규정하는 중소기업에 대한 특별세액감면을 적용받을 수 있는 '물류산업'에 해당하는지 여부(서면-2017-법령해석소득-1510, 2017.06.30.)	• 한국표준산업분류상의 택배업(49401)은 「조세특례제한법」 제7조의 중소기업특별세액감면이 적용되는 물류산업에 해당하는 것임.
(8) 수도권 외의 지역에서 건설업을 영위 중인 소기업인 법인이 사업연도 중 수도권 안으로 이전한	• 조세특례제한법 제7조 제1항(2001.12.29. 법률 제6538호로 개정된 것)의 규정을 적용함에 있어서 감면

제 목	내 용
경우 조세특례제한법 제7조의 규정에 의한 중소기업에 대한 특별세액감면 적용 시 이전 전 소득에 대하여는 30%, 이전 후 소득에 대하여는 100/20을 적용하는지, 아니면 전액 20%을 적용하는지 여부(서이46012-10159, 2003.01.22.)	대상 여부 및 감면율은 사업연도 종료일 현재 본점 소재지를 기준으로 적용하는 것이며, 귀 질의와 같이 사업연도 중 본점을 수도권 안으로 이전하는 경우 이전일이 속하는 사업연도의 개시일부터 수도권 안의 지역에서 소기업을 영위하는 내국인에게 적용되는 감면율 100분의 20을 적용하는 것임.
(9) 수도권 안에서 제조업 및 소매업을 겸영하고 있는 중소기업인 법인으로서 주된 사업은 제조업이며 상시 사용하는 종업원수는 15명인 경우, 제조업 및 소매업 소득 모두에 대하여 조세특례제한법 제7조의 중소기업에 대한 특별세액감면규정을 적용받을 수 있는지 여부(서면인터넷방문상담2팀-1546, 2004.07.21.)	• 수도권정비계획법 제2조 제1호의 규정에 의한 수도권 안에서 제조업을 주된 사업으로 하고 소매업을 겸영하는 중소기업인 법인이 조세특례제한법시행령 제6조 제3항 규정에 의한 '소기업'에 해당하는 경우, 조세특례제한법 제7조의 규정에 따라 각각의 감면소득에 대하여 중소기업특별세액감면의 감면율을 적용하는 것임.
(10) 동일사업장에서 제조업과 도매업을 겸영하는 법인이 제조업에서 발생한 소득에 대하여 조세특례제한법 제6조의 창업중소기업세액감면을 적용받고, 도매업에서 발생한 소득에 대하여는 같은 법 제7조의 중소기업특별세액감면 규정을 적용받을 수 있는지 여부(기획재정부 조세지출예산과-17, 2005.01.07.)	• 내국법인이 동일한 사업장에서 제조업으로 창업한 후 도매업을 추가하여 겸영하면서 명확히 구분경리하는 경우 제조업에서 발생한 소득에 대하여는 조세특례제한법 제6조에서 규정하는 창업중소기업세액감면을 적용받고 도매업에서 발생한 소득에 대하여는 조세특례제한법 제7조에서 규정하는 중소기업특별세액감면을 적용받을 수 있는 것임.
(11) 당 중소기업은 경기도 시흥시 논곡동에서 1980.3.25.부터 제조업을 하다가 2002.10.2.에 경기도 시흥시 정왕동 시화공단으로 이전하였음. 이 경우 2002.1~9월까지의 소득과, 2002.10~12월까지의 소득을 구분 기장하여, 1~9월 해당분은 조세특례제한법 제7조에 의한 중소기업특별 세액감면을 받고, 10~12월까지는 동법 제63조에 의한 수도권과밀억제권역 외의 지역으로 이전하는 세액감면을 받아 최저한세를 적용하여 신고 납부를 하였음. 이러한 경우 다음과 같은 양설이 있어 질의함(기획재정부 조세지출예산과-241, 2006.04.24.).	<1설> 조특법 제127조 제5항에 의하여 동일한 사업장에 동일한 과세연도에 동법 제7조 중소기업특별세액감면과 동법 제63조 수도권과밀억제권역외 지역이전에 대한 세액감면을 중복지원의 배제에 해당하여 이중 하나만을 적용하여야 함. <2설> 위의 경우 사업장을 이전한 중소기업으로 이전 전과 이전 후를 구분하여 소득금액을 산정하여 합산한 경우로서 사업장을 이전한 경우로, 동일한 사업장으로 볼 수 없으며 이전 전에는 중소기업특별세액 감면을, 이전 후에는 수도권과밀억제권역 외의 지역으로 이전한 세액감면을 적용하여 최저한세를 적용한 것은 적법함. 1. **중소기업이 과세연도 중에 수도권과밀억제권역 외 지역으로 공장을 이전한 경우 이전 전 소득에 대하여는 중소기업특별세액감면을 적용하고, 이전 후 소득에 대하여는 수도권과밀억제권역 외 지역이전 세액감면을 각각 적용할 수 있는 것임.**

제 목	내 용
	2. 이 해석은 시행일 이후에 소득세 또는 법인세를 결정(경정)하거나 신고하는 분부터 적용함.
(12) 조세특례제한법 시행령 제2조의 규정에 의한 중소기업이 같은 법 제7조에 열거된 사업(주된 사업이 아닌 경우도 포함)을 하는 경우 당해 사업의 소득금액에 대하여 중소기업에 대한 특별세액감면을 하는 것이며, 건설업에 해당하는 아파트분양사업은 당해 사업에 대하여 법인세법 제40조에 규정된 손익의 귀속사업연도에 의하여 계산된 당해 과세연도의 소득금액에 대하여 중소기업에 대한 특별세액감면을 하는 것임(서이46012-10184, 2002.01.31.)	
(13) 「조세특례제한법 시행령」 제6조 제5항 단서 규정상 매출액이 100억원 이상인 경우 소기업을 배제하도록 규정하고 있는 바, 소기업 배제 매출액 기준에 해당하는 소기업에 대하여 같은 법 시행령 제2조 제2항에 따른 유예기간 적용 대상인지 여부(서면법규과-217, 2013.02.27.)	• 「조세특례제한법」 제7조에 따른 중소기업에 대한 특별세액감면을 적용함에 있어 같은 법 시행령 제6조 제5항에 따른 소기업이 매출액 100억원 이상이 된 경우에는 같은 영 제2조 제2항에 따른 유예기간을 적용하지 않는 것임.
(14) 사업연도 중 사업장 이전 시 감면율 적용(서면인터넷방문상담2팀-2499, 2006.12.07.)	• 「조세특례제한법」 제7조 제1항의 규정을 적용함에 있어서 감면대상 여부 및 감면율은 사업연도 종료일 현재 본점 소재지를 기준으로 적용하는 것임.

Ⅲ 사례분석 및 서식작성

1 사례분석 및 서식작성

(1) 회사 사업내용, 설립일 및 소재지 등

① ㈜나라는 LCD 모니터 제조업과 데스크톱 PC 도소매업을 영위하는 법인 사업자이다. 회사 설립일은 1997.01.07.이다. 본점은 충청남도 천안시 서북구 성환읍에 소재하고 있다. 본점 소재지에는 제1공장과 사무실이 소재하고 있고, 충청남도 공주시 정안면 사현리 소재 농공단지에 2003.09.27. 지점 사업장을 설치하고 지점 사업자등록 후 사업장을 운영하고 있으며 지점에서도 본점과 동일한 사업을 영위하고 있다.

② 사업연도는 매년 1.1~12.31.이며, 2024년 사업연도의 법인의 재무상태표상 자산총액은 3,565,918,921원, 매출액은 제품매출 10,628,403,721원, 상품매출 3,839,786,400원이다.

③ 당해 법인은 다른 회사의 계열사 등은 아니다.

④ ㈜나라의 업종코드와 한국표준산업분류 코드는 다음과 같다.

구 분	업종코드	한국표준산업분류코드
LCD 모니터 제조업	300103	C26322
데스크톱 PC 도소매업	515050	G46510

⑤ 공제시한 내 이월결손금은 없으며, 2024년 사업연도에 비과세소득, 소득공제항목은 발생하지 않았다.

⑥ 2024년 사업연도 사업장별 업종별 소득금액

㈜나라의 2024년 사업연도 소득금액은 다음과 같다.

구 분	본점 사업장	지점 사업장	합 계
LCD 모니터 제조업	158,335,479	96,128,520	254,463,999
데스크톱 PC 도소매업	96,140,207	59,125,060	155,265,267
소 계	254,475,686	155,253,580	409,729,266

⑦ 2023년 사업연도 상시근로자는 7명, 2024년 사업연도 상시근로자는 8명이다.

구 분	해당(직전) 과세연도의 매월 말 현재 상시근로자 수												합계
	1월	2월	3월	4월	5월	6월	7월	8월	9월	10월	11월	12월	
2024년	8	8	8	8	8	8	8	8	8	8	8	8	96
2023년	7	7	7	7	7	7	7	7	7	7	7	7	84

위의 자료를 바탕으로 2024년 과세연도에 제7조【중소기업에 대한 특별세액감면】 적용 여부를 결정하고 감면세액과 농어촌특별세 과세대상인 경우 부담할 농어촌특별세액을 계산하시오. 최저한세 규정 또한 고려하여 결정하기로 한다.

사례 풀이

1. 기본검토사항

구 분		검토요건 또는 확인사항
적용 여부 검토	① 당해 법인의 중소기업요건 충족 확인	• 업종요건 : 제조업 도소매업 영위 요건충족 • 규모요건 : 제조업 매출액 10,628,403,721원, 도소매업 매출 3,839,786,400원이므로 주된 사업은 제조업으로 판단. 중소기업기본법 시행령 별표 1의 한국표준산업분류코드 C26의 매출액 1,000억원 이하 요건 충족 • 독립성요건 : 다른 기업의 계열사 등이 아니므로 요건충족 • 졸업요건 : 당해 사업연도 자산총액 3,565,918,921원이므로 요건충족 ∴ 조세특례제한법의 중소기업에 해당함
	② 각 조항별 적용시한 확인	2025.12.31. 이전에 끝나는 과세연도까지 적용하므로 충족
	③ 각 조항별 규정 업종의 요건 충족 확인	주된 사업 제조업을 영위하므로 요건충족
	④ 본점 및 사업장 소재지 등 확인	본점이 수도권 밖에 소재하므로 감면율 적용 시 수도권 외 업종별 감면율을 선택 적용한다.
	⑤ 감면/공제 적용의 배제	과세표준 무신고 시, 기한 후 신고 시 등의 경우
적용 시 검토	⑥ 감면/공제 중복적용 확인	창업중소기업 등에 대한 세액감면 또는 통합투자세액공제 등과 중복적용 불가.
	⑦ 최저한세 적용대상 확인	최저한세 적용 대상
	⑧ 이월적용 여부 확인	세액감면은 당해 과세연도에 적용받지 아니할 경우 다음 과세연도에 이월하여 적용하지 아니한다.
	⑨ 농어촌특별세 비과세 확인	농어촌특별세 비과세
사후관리	⑩ 공제감면 후 자산의 보유 또는 인원의 고용유지	별도의 사후관리 규정 없음

2. 감면세액의 계산

(1) 산출세액의 계산

㈜나라의 2024년 사업연도 법인세 산출세액

= 200,000,000 × 9% + (409,729,266 − 200,000,000) × 19%

= 18,000,000원 + 209,729,266 × 19%

= 18,000,000원 + 39,848,560원
= 57,848,560원

(2) 감면율의 결정

본점 소재지는 충청남도 천안시 서북구 성환읍에 소재하고 지점은 충청남도 공주시 정안면 사현리에 소재한다. 모든 사업장이 수도권 외 지역에 소재하므로 감면율 적용 시 수도권 외, 업종별 감면율을 적용한다.

(3) 감면세액의 계산

① 사업별 산출세액의 안분

㉠ 제조업 산출세액 = 57,848,560 × 254,463,999 / 409,729,266 = 35,927,079

㉡ 도소매업 산출세액 = 57,848,560 × 155,265,267 / 409,729,266
= 21,921,480

② 감면세액의 계산

㉠ 제조업 감면세액 = 35,927,079 × 15% = 5,389,061

㉡ 도소매업 감면세액 = 21,921,480 × 5% = 1,096,074

㉢ 감면세액 합계 = 6,485,135

③ 감면한도 검증

감면한도 = Min(1억원, 감소 인원수 × 5,000,000원)
= Min(1억원, 0명 × 5,000,000원)
= 1억원

∴ 감면세액이 한도액을 초과하지 않으므로 감면세액 전액 대상세액이 된다.

(4) 최저한세 검증

① 최저한세 = 409,729,266 × 7% = 28,681,048원

② 차감세액 = 57,848,560원 − 6,485,135원 = 51,363,425원

∴ 차감세액이 최저한세액을 초과하므로 최저한세로 인한 적용배제세액은 없다.

(5) 농어촌특별세

농어촌특별세 바과세 대상이므로 농어촌특별세 부담액은 없다.

[별지 제8호 서식 부표 2] (2021.3.16. 개정) (앞쪽)

사 업 연 도	2024.01.01. ~ 2024.12.31.	공제감면세액계산서(2)	법인명	㈜나라
			사업자등록번호	203-81-63108

	① 구 분	근거법 조 항	② 계산명세	③ 감면대상 세액	④ 최저한세 적용감면 배제금액	⑤ 감면세액 (③-④)	⑥ 적용사유 발생일
조세특례제한법	중소기업에 대한특별세액감면	법 제7조	57,848,560 × 254,463,999 / 409,729,266 × 15/100	5,389,061		5,389,061	2024-12-31
	중소기업에 대한특별세액감면	법 제7조	57,848,560 × 155,265,267 / 409,729,266 × 5/100	1,096,074		1,096,074	2024-12-31
합		계		6,485,135	※	6,485,135	

210mm×297mm[백상지 80g/㎡ 또는 중질지 80g/㎡]

중소기업에 대한 특별세액감면 검토 서식

검토사항			적합 여부
중소기업 기준	[서식 5] 중소기업 여부 검토표를 충족하는지 여부		**예** 아니오
업종 기준	조특법 §7 ① 1호에 열거된 업종을 영위하는지 여부 작물재배업, 축산업, 어업, 광업, 제조업, 건설업, 도소매업, 출판업, 방송업, 전기통신업, 연구개발업, 광고업, 전문디자인업 등 열거된 업종에 한정		**예** 아니오
소기업 기준	매출액이 업종별로 「중소기업기본법 시행령」 [별표 3] 규모기준 이내인지 여부		예 1번 이동 **아니오 2번 이동**
감면율	1. 소기업	도매 및 소매업, 의료업(도매업 등)을 경영하는 사업장	10%
		수도권에서 도매업 등을 제외한 업종을 경영하는 사업장	20%
		수도권 외의 지역에서 도매업을 제외한 업종을 경영하는 사업장	30%
	2. 중기업	**수도권 외의 지역에서 도매업 등을 경영하는 사업장**	**5%**
		수도권에서 지식기반사업을 경영하는 사업장 〈지식기반산업〉 엔지니어링산업, 전기통신업, 연구개발업, 컴퓨터프로그래밍 · 시스템통합 및 관리업, 영화 · 비디오물 및 방송프로그램제작업, 전문디자인업, 오디오물 출판 및 원판녹음업, 광고물작성업, 소프트웨어 개발 및 공급업, 방송업, 정보서비스업, 서적 · 잡지 및 기타 인쇄물출판업, 창작 및 예술관련 서비스업(자영예술가는 제외), 보안시스템 서비스업	10%
		수도권 외의 지역에서 도매업 등을 제외한 업종을 경영하는 사업장	**15%**
한도액	감면한도액을 초과하여 적용하지 않았는지 여부 ① 해당 과세연도의 상시근로자 수가 직전 과세연도의 상시근로자 수보다 감소한 경우 ⇒ 1억원 − 감소한 상시근로자 수 × 5백만원 ② 그 밖의 경우 : 1억원		부

저자주 감면율에서 중기업의 경우 수도권에서 감면을 적용할 수 있는 업종은 알뜰주유소뿐이지만 서식이 개정되지 아니하였으므로 그대로 이용하였다.

[별지 제4호 서식] (2019.3.20. 개정) (앞쪽)

사업연도	2024.01.01. ~ 2024.12.31.	**최저한세조정계산서**	법인명	㈜나라
			사업자등록번호	203-81-63108

1. 최저한세 조정 계산 명세

① 구분		코드	② 감면 후 세액	③ 최저한세	④ 조정감	⑤ 조정 후 세액
⑩ 결산서상 당기순이익		01	409,729,266			
소득 조정금액	⑩ 익금산입	02				
	⑩ 손금산입	03				
⑩ 조정 후 소득금액(⑩ + ⑩ - ⑩)		04	409,729,266	409,729,266		
최저한세 적용대상 특별비용	⑩ 준비금	05				
	⑩ 특별상각 및 특례자산 감가상각비	06				
⑩ 특별비용 손금산입 전 소득금액 (⑩ + ⑩ + ⑩)		07	409,729,266	409,729,266		
⑩ 기부금 한도 초과액		08				
⑩ 기부금 한도초과 이월액 손금산입		09				
⑪ 각 사업연도 소득금액 (⑩ + ⑩ - ⑩)		10	409,729,266	409,729,266		
⑪ 이월결손금		11				
⑪ 비과세소득		12				
⑪ 최저한세 적용대상 비과세소득		13				
⑪ 최저한세 적용대상 익금불산입·손금산입		14				
⑪ 차가감 소득금액 (⑪ - ⑪ - ⑪ + ⑪ + ⑪)		15	409,729,266	409,729,266		
⑪ 소득공제		16				
⑪ 최저한세 적용대상 소득공제		17				
⑪ 과세표준금액(⑪ - ⑪ + ⑪)		18	409,729,266	409,729,266		
⑪ 선박표준이익		24				
⑫ 과세표준금액(⑪ + ⑪)		25	409,729,266	409,729,266		
⑫ 세율		19	19	7		
⑫ 산출세액		20	57,848,560	28,681,048		
⑫ 감면세액		21	6,485,135			
⑫ 세액공제		22				
⑫ 차감세액(⑫ - ⑫ - ⑫)		23	51,363,425			

2. 최저한세 세율 적용을 위한 구분 항목

⑫ 중소기업 유예기간 종료연월		⑫ 유예기간 종료 후 연차			

210mm×297mm[백상지 80g/㎡ 또는 중질지 80g/㎡]

[별지 제8호 서식(갑)] (2024.3.22. 개정) (4쪽 중 제1쪽)

사 업 연 도	2024.01.01. ~ 2024.12.31.	공제감면세액 및 추가납부세액합계표(갑)	법 인 명	㈜나라
			사업자등록번호	203-81-63108

1. 최저한세 적용제외 공제감면세액

① 구	분	② 근 거 법 조 항	코드	③ 대상세액	④ 감면 (공제)세액
세액감면	(101) 창업중소기업에 대한 세액감면(최저한세 적용제외)	「조세특례제한법」제6조 제7항 외	110		
	(102) 해외자원개발투자배당 감면	「조세특례제한법」 제22조	103		
	(103) 수도권과밀억제권역 밖으로 이전하는 중소기업 세액감면(수도권 밖으로 이전)	구 「조세특례제한법」 제63조	169		
	(104) 공장의 수도권 밖 이전에 대한 세액감면	「조세특례제한법」 제63조	108		
	(105) 본사의 수도권 밖 이전에 대한 세액감면	「조세특례제한법」 제63조의2	109		
	(106) 영농조합법인 감면	「조세특례제한법」 제66조	104		
	(107) 영어조합법인 감면	「조세특례제한법」 제67조	107		
	(108) 농업회사법인 감면(농업소득)	「조세특례제한법」 제68조	11B		
	(109) 행정중심복합도시 등 공장이전에 대한 조세감면	「조세특례제한법」 제85조의2 제3항(2019.12.31. 법률 제16835호로 개정되기 전의 것)	11A		
	(110) 위기지역 내 창업기업 세액감면(최저한세 적용제외)	「조세특례제한법」 제99조의9	11N		
	(111) 해외진출기업의 국내복귀에 대한 세액감면(철수방식)	「조세특례제한법」 제104조의24 제1항 제1호	11F		
	(112) 해외진출기업의 국내복귀에 대한 세액감면(유지방식)	「조세특례제한법」 제104조의24 제1항 제2호	11H		
	(113) 고도기술수반사업 외국인투자 세액감면	「조세특례제한법」 제121조의2 제1항 제1호	186		
	(114) 외국인투자지역내 외국인투자 세액감면	「조세특례제한법」 제121조의2 제1항 제2호 또는 제2호의5	187		
	(115) 경제자유구역내 외국인투자 세액감면	「조세특례제한법」 제121조의2 제1항 제2호의2	188		
	(116) 경제자유구역 개발사업시행자 세액감면	「조세특례제한법」 제121조의2 제1항 제2호의3	157		
	(117) 제주투자진흥기구의 개발사업시행자 세액감면	「조세특례제한법」 제121조의2 제1항 제2호의4	158		
	(118) 기업도시 개발구역내 외국인투자 세액감면	「조세특례제한법」 제121조의2 제1항 제2호의6	159		
	(119) 기업도시 개발사업의 시행자 세액감면	「조세특례제한법」 제121조의2 제1항 제2호의7	160		
	(120) 새만금사업지역내 외국인투자 세액감면	「조세특례제한법」 제121조의2 제1항 제2호의8	11J		
	(121) 새만금사업 시행자 세액감면	「조세특례제한법」 제121조의2 제1항 제2호의9	11K		
	(122) 기타 외국인투자유치를 위한 조세감면	「조세특례제한법」 제121조의2 제1항 제3호	167		
	(123) 외국인투자기업의 증자의 조세감면	「조세특례제한법」 제121조의4	172		
	(124) 기술도입대가에 대한 조세면제(국내지점 등)	법률 제9921호 조세특례제한법 일부개정법률 부칙 제77조	173		
	(125) 제주첨단과학기술단지 입주기업 조세감면(최저한세 적용제외)	「조세특례제한법」 제121조의8	181		
	(126) 제주투자진흥지구등 입주기업 조세감면(최저한세 적용제외)	「조세특례제한법」 제121조의9	182		
	(127) 기업도시개발구역 등 입주기업 감면(최저한세 적용제외)	「조세특례제한법」 제121조의17 제1항 제1·3·5호	197		
	(128) 기업도시개발사업 등 시행자 감면	「조세특례제한법」 제121조의17 제1항 제2·4·6·7호	198		
	(129) 아시아문화중심도시 투자진흥지구 입주기업 감면(최저한세 적용제외)	「조세특례제한법」 제121조의20 제1항	11C		
	(130) 금융중심지 창업기업에 대한 감면(최저한세 적용제외)	「조세특례제한법」 제121조의21 제1항	11G		
	(131) 동업기업 세액감면 배분액(최저한세 적용제외)	「조세특례제한법」 제100조의18 제4항	11D		
	(132) 사회적기업에 대한 감면	「조세특례제한법」 제85조의6	11L		
	(133) 장애인 표준사업장에 대한 감면	「조세특례제한법」 제85조의6	11M		
	(134) 첨단의료복합단지 입주기업에 대한 감면(최저한세 적용제외)	「조세특례제한법」 제121조의22 제1항1호	17A		
	(135) 국가식품클러스터 입주기업에 대한 감면(최저한세 적용제외)	「조세특례제한법」 제121조의22 제1항2호	17B		
	(136) 연구개발특구 입주기업에 대한 감면(최저한세 적용제외)	「조세특례제한법」 제12조의2	17C		
	(137) 감염병 피해에 따른 특별재난지역의 중소기업에 대한 감면	「조세특례제한법」 제99조의11	17D		
	(138) 기회발전특구 창업기업 등에 대한 법인세 등의 감면(최저한세 적용제외)	「조세특례제한법」 제121조의33	1D1		
	(139) 소 계		170		
세액공제	(140) 외국납부세액공제	「법인세법」 제57조	101		
	(141) 재해손실세액공제	「법인세법」 제58조	102		
	(142) 신성장·원천기술 연구개발비세액공제(최저한세 적용제외)	「조세특례제한법」 제10조 제1항 제1호	16A		
	(143) 국가전략기술 연구개발비세액공제(최저한세 적용제외)	「조세특례제한법」 제10조 제1항 제2호	10D		
	(144) 일반 연구·인력개발비세액공제(최저한세 적용제외)	「조세특례제한법」 제10조 제1항 제3호	16B		
	(145) 동업기업 세액공제 배분액(최저한세 적용제외)	「조세특례제한법」 제100조의18 제4항	12D		
	(146) 성실신고 확인비용에 대한 세액공제	「조세특례제한법」 제126조의6	10A		
	(147) 상가임대료를 인하한 임대사업자에 대한 세액공제	「조세특례제한법」 제96조의3	10B		
	(148) 용역제공자에 관한 과세자료의 제출에 대한 세액공제	「조세특례제한법」 제104조의32	10C		
	(149) 소 계		180		
(150) 합 계((139) + (149))			110		

210mm×297mm[백상지 80g/㎡ 또는 중질지 80g/㎡]

PART 02 중소기업에 대한 조세특례

(4쪽 중 제2쪽)

2. 최저한세 적용대상 공제감면세액

	① 구 분	② 근 거 법 조 항	코드	③ 대상세액	④ 감면세액
세액감면	⑮ 창업중소기업에 대한 세액감면(최저한세 적용대상)	「조세특례제한법」 제6조 제1항 · 제5항 · 제6항	111		
	⑯ 창업벤처중소기업 세액감면	「조세특례제한법」 제6조 제2항	174		
	⑰ 에너지신기술 중소기업 세액감면	「조세특례제한법」 제6조 제4항	13E		
	⑱ 중소기업에 대한 특별세액감면	「조세특례제한법」 제7조	112	6,485,135	6,485,135
	⑲ 연구개발특구 입주기업에 대한 세액감면(최저한세 적용대상)	「조세특례제한법」 제12조의2	179		
	⑳ 국제금융거래이자소득 면제	「조세특례제한법」 제21조	123		
	⑳ 사업전환 중소기업에 대한 세액감면	구 「조세특례제한법」 제33조의2	192		
	⑳ 무역조정지원기업의 사업전환 세액감면	구 「조세특례제한법」 제33조의2	13A		
	⑳ 기업구조조정 전문회사 주식양도차익 세액감면	법률 제9272호 조세특례제한법 일부개정법률 부칙 제10조 · 제40조	13B		
	⑳ 혁신도시 이전 등 공공기관 세액감면	「조세특례제한법」 제62조 제4항	13F		
	⑳ 공장의 지방이전에 대한 세액감면(중소기업의 수도권 안으로 이전)	「조세특례제한법」 제63조	116		
	⑳ 농공단지입주기업 등 감면	「조세특례제한법」 제64조	117		
	⑳ 농업회사법인 감면(농업소득 외의 소득)	「조세특례제한법」 제68조	119		
	⑳ 소형주택 임대사업자에 대한 세액감면	「조세특례제한법」 제96조	13I		
	⑳ 상가건물 장기임대사업자에 대한 세액감면	「조세특례제한법」 제96조의2	13N		
	⑳ 산림개발소득 감면	「조세특례제한법」 제102조	124		
	⑳ 동업기업 세액감면 배분액(최저한세 적용대상)	「조세특례제한법」 제100조의18 제4항	13D		
	⑳ 첨단의료복합단지 입주기업에 대한 감면(최저한세 적용대상)	「조세특례제한법」 제121조의22 제1항 제1호	13H		
	⑳ 기술이전에 대한 세액감면	「조세특례제한법」 제12조 제1항	13J		
	⑳ 기술대여에 대한 세액감면	「조세특례제한법」 제12조 제3항	13K		
	⑳ 제주첨단과학기술단지 입주기업 감면(최저한세 적용대상)	「조세특례제한법」 제121조의8	13P		
	⑳ 제주투자진흥지구등 입주기업 감면(최저한세 적용대상)	「조세특례제한법」 제121조의9	13Q		
	⑳ 기업도시개발구역 등 입주기업 감면(최저한세 적용대상)	「조세특례제한법」 제121조의17 제1항 제1호 · 제3호 · 5호	13R		
	⑳ 위기지역 내 창업기업 세액감면(최저한세 적용대상)	「조세특례제한법」 제99조의9	13S		
	⑳ 아시아문화중심도시 투자진흥지구 입주기업 감면(최저한세 적용대상)	「조세특례제한법」 제121조의20 제1항	13T		
	⑳ 금융중심지 창업기업에 대한 감면(최저한세 적용대상)	「조세특례제한법」 제121조의21 제1항	13U		
	⑳ 국가식품클러스터 입주기업에 대한 감면(최저한세 적용대상)	「조세특례제한법」 제121조의22 제1항 제2호	13V		
	⑳ 기회발전특구 창업기업 등에 대한 법인세 등의 감면(최저한세 적용대상)	「조세특례제한법」 제121조의33	1C1		
	⑳ 소 계		130	6,485,135	6,485,135

210mm×297mm[백상지 80g/㎡ 또는 중질지 80g/㎡]

	① 구 분	② 근 거 법 조 항	코드	⑤ 전기 이월액	⑥ 당기 발생액	⑦ 공제세액
세액공제	(180) 중소기업 등 투자세액공제	구「조세특례제한법」 제5조	131			
	(181) 상생결제 지급금액에 대한 세액공제	「조세특례제한법」 제7조의4	14Z			
	(182) 대·중소기업 상생협력을 위한 기금출연 세액공제	「조세특례제한법」 제8조의3 제1항	14M			
	(183) 협력중소기업에 대한 유형고정자산 무상임대 세액공제	「조세특례제한법」 제8조의3 제2항	18D			
	(184) 수탁기업에 설치하는 시설에 대한 세액공제	「조세특례제한법」 제8조의3 제3항	18L			
	(185) 교육기관에 무상 기증하는 중고자산에 대한 세액공제	「조세특례제한법」 제8조의3 제4항	18R			
	(186) 신성장·원천기술 연구개발비세액공제(최저한세 적용대상)	「조세특례제한법」 제10조 제1항 제1호	13L			
	(187) 국가전략기술 연구개발비세액공제(최저한세 적용대상)	「조세특례제한법」 제10조 제1항 제2호	10E			
	(188) 일반 연구·인력개발비세액공제(최저한세 적용대상)	「조세특례제한법」 제10조 제1항 제3호	13M			
	(189) 기술취득에 대한 세액공제	「조세특례제한법」 제12조 제2항	176			
	(190) 기술혁신형 합병에 대한 세액공제	「조세특례제한법」 제12조의3	14T			
	(191) 기술혁신형 주식취득에 대한 세액공제	「조세특례제한법」 제12조의4	14U			
	(192) 벤처기업등 출자에 대한 세액공제	「조세특례제한법」 제13조의2	18E			
	(193) 성과공유 중소기업 경영성과급 세액공제	「조세특례제한법」 제19조	18H			
	(194) 연구·인력개발설비투자 세액공제	구「조세특례제한법」 제25조 제1항 제1호	134			
	(195) 에너지절약시설투자 세액공제	구「조세특례제한법」 제25조 제1항 제2호	177			
	(196) 환경보전시설 투자 세액공제	구「조세특례제한법」 제25조 제1항 제3호	14A			
	(197) 근로자복지증진시설투자 세액공제	구「조세특례제한법」 제25조 제1항 제4호	142			
	(198) 안전시설투자 세액공제	구「조세특례제한법」 제25조 제1항 제5호	136			
	(199) 생산성향상시설투자세액공제	구「조세특례제한법」 제25조 제1항 제6호	135			
	(200) 의약품 품질관리시설투자 세액공제	구「조세특례제한법」 제25조의4	14B			
	(201) 신성장기술 사업화를 위한 시설투자 세액공제	구「조세특례제한법」 제25조의5	18B			
	(202) 영상콘텐츠 제작비용에 대한 세액공제(기본공제)	「조세특례제한법」 제25조의6	18C			
	(203) 영상콘텐츠 제작비용에 대한 세액공제(추가공제)	「조세특례제한법」 제25조의6	1B8			
	(204) 초연결 네트워크 시설투자에 대한 세액공제	구「조세특례제한법」 제25조의7	18I			
	(205) 고용창출투자세액공제	「조세특례제한법」 제26조	14N			
	(206) 산업수요맞춤형고등학교등 졸업자를 병역이행 후 복직시킨 중소기업에 대한 세액공제	「조세특례제한법」 제29조의2	14S			
	(207) 경력단절 여성 고용 기업 등에 대한 세액공제	「조세특례제한법」 제29조의3 제1항	14X			
	(208) 육아휴직 후 고용유지 기업에 대한 인건비 세액공제	「조세특례제한법」 제29조의3 제2항	18J			
	(209) 근로소득을 증대시킨 기업에 대한 세액공제	「조세특례제한법」 제29조의4	14Y			
	(210) 청년고용을 증대시킨 기업에 대한 세액공제	「조세특례제한법」 제29조의5	18A			
	(211) 고용을 증대시킨 기업에 대한 세액공제	「조세특례제한법」 제29조의7	18F			
	(212) 통합고용세액공제	「조세특례제한법」 제29조의8	18S			
	(213) 통합고용세액공제(정규직 전환)	「조세특례제한법」 제29조의8	1B4			
	(214) 통합고용세액공제(육아휴직 복귀)	「조세특례제한법」 제29조의8	1B5			
	(215) 정규직근로자 전환 세액공제	「조세특례제한법」 제30조의2	14H			
	(216) 고용유지중소기업에 대한 세액공제	「조세특례제한법」 제30조의3	18K			
	(217) 중소기업 고용증가 인원에 대한 사회보험료 세액공제	「조세특례제한법」 제30조의4 제1항	14Q			
	(218) 중소기업 사회보험 신규가입에 대한 사회보험료 세액공제	「조세특례제한법」 제30조의4 제3항	18G			
	(219) 전자신고에 대한 세액공제(납세의무자)	「조세특례제한법」 제104조의8 제1항	184			
	(220) 전자신고에 대한 세액공제(세무법인 등)	「조세특례제한법」 제104조의8 제3항	14J			
	(221) 제3자 물류비용 세액공제	「조세특례제한법」 제104조의14	14E			
	(222) 대학 맞춤형 교육비용 등 세액공제	구「조세특례제한법」 제104조의18 제1항	14I			
	(223) 대학등 기부설비에 대한 세액공제	구「조세특례제한법」 제104조의18 제2항	14K			
	(224) 기업의 경기부 설치운영비용 세액공제	「조세특례제한법」 제104조의22	14O			
	(225) 동업기업 세액공제 배분액(최저한세 적용대상)	「조세특례제한법」 제100조의18 제4항	14L			
	(226) 산업수요맞춤형 고등학교 등 재학생에 대한 현장훈련수당 등 세액공제	구「조세특례제한법」 제104조의18 제4항	14R			
	(227) 석유제품 전자상거래에 대한 세액공제	「조세특례제한법」 제104조의25	14P			
	(228) 금 현물시장에서 거래되는 금지금에 대한 과세특례	「조세특례제한법」 제126조의7 제8항	14V			
	(229) 금사업자와 스크랩등사업자의 수입금액의 증가 등에 대한 세액공제	「조세특례제한법」 제122조의4	14W			
	(230) 우수 선화주 인증 국제물류주선업자 세액공제	「조세특례제한법」 제104조의30	18M			
	(231) 소재·부품·장비 수요기업 공동출자 세액공제	「조세특례제한법」 제13조의3 제1항	18N			
	(232) 소재·부품·장비 외국법인 인수세액 공제	「조세특례제한법」 제13조의3 제3항	18P			
	(233) 선결제 금액에 대한 세액공제	「조세특례제한법」 제99조의12	18Q			
	(234) 해외자원개발투자에 대한 과세특례	「조세특례제한법」 제104조의15	1B6			
	(235) 통합투자세액공제(일반)	「조세특례제한법」 제24조	13W			
	(236) 통합투자세액공제(신성장·원천기술)	「조세특례제한법」 제24조	13X			
	(237) 통합투자세액공제(국가전략기술)	「조세특례제한법」 제24조	13Y			
	(238) 임시통합투자세액공제(일반)	「조세특례제한법」 제24조	1B1			
	(239) 임시통합투자세액공제(신성장·원천기술)	「조세특례제한법」 제24조	1B2			
	(240) 임시통합투자세액공제(국가전략기술)	「조세특례제한법」 제24조	1B3			
	(241) 문화산업전문회사 출자에 대한 세액공제	「조세특례제한법」 제25조의7	1B7			
	(242) 소 계		149			
(243) 합 계((179) + (242))			150			6,485,135
(244) 공제감면세액 총계((150) + (243))			151			6,485,135

210mm×297mm[백상지 80g/㎡ 또는 중질지 80g/㎡]

(4쪽 중 제4쪽)

(245) 기술도입대가에 대한 조세면제	법률 제9921호 조세특례제한법 일부개정법률 부칙 제77조	183			
(246) 간주 · 간접 외국납부세액공제	「법인세법」 제57조 제3항 · 제4항 · 제6항	189			

작성방법

1. ③ 대상세액란: 「법인세법」, 「조세특례제한법」 등에 따른 공제감면대상금액이 있는 경우 공제감면세액계산서(별지 제8호서식 부표 1, 2, 3, 4, 5)에 따라 감면구분별로 적습니다.
2. ④ · ⑦ 공제세액란: 「법인세법」, 「조세특례제한법」 등에 따른 공제감면세액은 공제감면세액계산서(별지 제8호서식 부표 1, 2, 3, 4, 5)에 따라 계산된 공제세액 중 당기에 공제될 세액의 범위에서 「법인세법」 제59조제1항에 따른 공제순서에 따라 감면 구분별로 적습니다.
3. (150)란 중 ④ 감면세액란: 법인세 과세표준 및 세액조정계산서(별지 제3호서식)의 (123) 최저한세 적용제외 공제감면세액란에 옮겨 적습니다.
4. (242)란 중 ⑦ 공제세액란: 법인세 과세표준 및 세액조정계산서(별지 제3호서식)의 (121) 최저한세 적용대상 공제감면세액란에 옮겨 적습니다.
5. (245) 기술도입대가에 대한 조세면제란의 공제세액란: 기술도입대가를 지급하는 내국법인이 별지 제8호서식 부표 9 기술도입대가에 대한 조세면제명세서의 면제세액 합계액을 적습니다(국내사업장이 있고 해당 기술이 국내사업장에 실질적으로 관련되거나 귀속되는 경우에는 기술을 제공하는 외국법인이 (245) 기술도입대가에 대한 조세면제란의 감면세액란에 적습니다).
6. (140) 외국납부세액공제란: 외국납부세액과 (246) 간주 · 간접 외국납부세액공제액을 합하여 적고, 간주 · 간접 외국납부세액공제액은 (246)란에 별도로 적습니다.
7. 「조세특례제한법」 제10조의 연구 · 인력개발비세액공제 중 최저한세가 적용되는 공제세액은 (186), (187) 또는 (188)란에 적고, 최저한세 적용이 제외되는 공제세액은 (142), (143) 또는 (144)란에 각각 구분하여 적습니다.
8. (186), (187) 또는 (188)란 중 ⑤ 전기이월액란:「조세특례제한법」 제144조제1항에 따라 이월된 미공제 금액 중 해당 과세연도에 공제할 일반연구 · 인력개발비, 신성장 · 원천기술연구개발비 또는 국가전략기술연구개발비를 각각 구분하여 적습니다(구 공제감면코드: 132).
9. 법령의 개정에 따라 종전의 규정 또는 개정규정에 따라 공제감면 받는 경우에는 비어 있는 란 등에 해당 법령의 조문순서에 따라 별도로 적습니다.
10. ② 근거법조항 중 "구"는 「조세특례제한법」(2020.12.29. 법률 제17759호로 개정되기 전의 것)에 따른 조항을 의미합니다.

210mm×297mm[백상지 80g/㎡ 또는 중질지 80g/㎡]

[별지 제2호 서식] (2024.3.22. 개정)

세액감면(면제)신청서

※ 제4쪽의 작성방법을 읽고 작성해 주시기 바랍니다. (4쪽 중 제1쪽)

접수번호	접수일	처리기간 즉시

❶ 신청인	① 상호 또는 법인명 : ㈜나라	② 사업자등록번호 : 203-81-63108
	③ 대표자 성명 : 김 유 민	④ 생년월일 : 1973.04.03.
	⑤ 주소 또는 본점 소재지 : 충청남도 천안시 서북구 성환읍(전화번호 : 044-2231-7027)	

❷ 과세연도	2024년 1월 1일부터 2024년 12월 31일까지

❸ 신청 내용

구 분	근거법령	코드	⑥ 감면율	⑦ 대상세액	⑧ 감면세액	⑨ 한도충족 감면세액
⑩ 창업중소기업에 대한 감면 (최저한세 적용제외)	영 제5조 제26항	110				
⑫ 창업중소기업에 대한 감면 (최저한세 적용대상)	영 제5조 제26항	111				
⑬ 창업벤처중소기업에 대한 감면	영 제5조 제26항	174				
⑭ 에너지신기술중소기업에 대한 감면	영 제5조 제26항	13E				
⑮ 중소기업에 대한 특별세액감면	영 제6조 제8항	112	15%	6,485,135	6,485,135	6,485,135
⑯ 기술이전에 대한 감면	영 제11조 제6항	13J				
⑰ 기술대여에 대한 감면	영 제11조 제6항	13K				
⑱ 연구개발특구 입주기업에 대한 감면(최저한세 적용제외)	영 제11조의2 제10항	17C				
⑲ 연구개발특구 입주기업에 대한 감면(최저한세 적용대상)	영 제11조의2 제10항	179				
⑩ 고용창출형창업기업에 대한 감면	영 제27조의2 제4항 (2007.2.28. 대통령령 제19888호로 개정되기 전의 것)	190				
⑪ 사업전환 중소기업에 대한 감면	구 영 제30조의2 제7항	192				
⑫ 무역조정지원기업의 사업전환에 대한 감면	구 영 제30조의2 제7항	13A				
⑬ 혁신도시 등 이전 공공기관에 대한 감면	영 제58조 제11항	13F				
⑭ 공장의 지방이전에 대한 세액감면(중소기업의 수도권 안으로 이전)	영 제60조 제8항 (구 영 제60조 제5항 포함)	116				
⑮ 수도권과밀억제권역 밖으로 이전하는 중소기업 세액감면(수도권 밖으로 이전)	구 영 제60조 제5항	169				
⑯ 공장의 지방이전에 대한 세액감면(수도권 밖으로 이전)	영 제60조 제8항 (구 영 제60조의2 제13항 포함)	108				
⑰ 본사의 수도권 밖 이전에 대한 세액감면	영 제60조의2 제16항 (구 영 제60조의2 제13항 포함)	109				
⑱ 농공단지입주기업 등에 대한 감면	영 제61조 제8항	117				
⑲ 영농조합법인에 대한 면제	영 제63조 제7항	104				
⑳ 영어조합법인에 대한 면제	영 제64조 제8항	107				
㉑ 농업회사법인에 대한 감면(농업소득)	영 제65조 제5항	11B				
㉒ 농업회사법인에 대한 감면(농업소득 외의 소득)	영 제65조 제5항	119				
㉓ 사회적기업에 대한 감면	영 제79조의7 제2항	11L				

210mm×297mm[백상지 80g/㎡ 또는 중질지 80g/㎡]

(4쪽 중 제2쪽)

구 분	근거법령	코드	⑥ 감면율	⑦ 대상세액	⑧ 감면세액	⑨ 한도충족 감면세액
⑫④ 장애인표준사업장에 대한 감면	영 제79조의7 제2항	11M				
⑫⑤ 행정중심복합도시 · 혁신도시 공장이전에 대한 감면	법 제85조의2 제6항 (2019.12.31.법률 제16835호로 개정되기 전의 것)	11A				
⑫⑥ 소형주택 임대사업자에 대한 감면	영 제96조 제8항	13I				
⑫⑦ 상가건물 장기 임대사업자에 대한 감면	영 제96조의2 제5항	13N				
⑫⑧ 위기지역 내 창업기업 세액감면 (최저한세 적용제외)	영 제99의8 제7항	11N				
⑫⑨ 위기지역 내 창업기업 세액감면 (최저한세 적용대상)	영 제99의8 제7항	13S				
⑬⓪ 감염병 피해에 따른 특별재난지역의 중소기업에 대한 감면	영 제99조의10 제5항	17D				
⑬① 산림개발소득에 대한 감면	영 제102조	124				
⑬② 해외진출기업의 국내복귀에 대한 감면(철수방식)	영 제104조의21 제13항	11F				
⑬③ 해외진출기업의 국내복귀에 대한 감면(유지방식)	영 제104조의21 제13항	11H				
⑬④ 제주첨단과학기술단지입주기업에 대한 감면(최저한세 적용제외)	영 제116조의14 제5항	181				
⑬⑤ 제주첨단과학기술단지입주기업에 대한 감면(최저한세 적용대상)	영 제116조의14 제5항	13P				
⑬⑥ 제주투자진흥지구 · 제주자유무역지역 입주기업에 대한 감면(최저한세 적용제외)	영 제116조의15 제8항	182				
⑬⑦ 제주투자진흥지구 · 제주자유무역지역 입주기업에 대한 감면(최저한세 적용대상)	영 제116조의15 제8항	13Q				
⑬⑧ 제주투자진흥지구 개발사업시행자에 대한 감면	영 제116조의15 제8항	158				
⑬⑨ 기업도시 · 지역개발사업구역 등 창업 · 사업장 신설기업에 대한 감면 (최저한세 적용제외)	영 제116조의21 제7항	197				
⑭⓪ 기업도시 · 지역개발사업구역 등 창업 · 사업장 신설기업에 대한 감면(최저한세 적용대상)	영 제116조의21 제7항	13R				
⑭① 기업도시 · 지역개발사업구역 등 개발사업 시행자에 대한 감면	영 제116조의21 제7항	198				
⑭② 아시아문화중심도시 입주기업에 대한 감면 (최저한세 적용제외)	영 제116조의25 제8항	11C				
⑭③ 아시아문화중심도시 입주기업에 대한 감면 (최저한세 적용대상)	영 제116조의25 제8항	13T				
⑭④ 금융중심지 창업 · 사업장신설기업에 대한 감면(최저한세 적용제외)	영 제116조의26 제11항	11G				
⑭⑤ 금융중심지 창업 · 사업장신설기업 대한 감면(최저한세 적용대상)	영 제116조의26 제11항	13U				
⑭⑥ 첨단의료복합단지 입주 의료연구개발기관 등에 대한 감면(최저한세 적용제외)	영 제116조의27 제8항	17A				
⑭⑦ 첨단의료복합단지 입주 의료연구개발기관 등에 대한 감면(최저한세 적용대상)	영 제116조의27 제8항	13H				
⑭⑧ 국가식품클러스터 입주기업에 대한 감면 (최저한세 적용제외)	영 제116조의27 제8항	17B				
⑭⑨ 국가식품클러스터 입주기업에 대한 감면 (최저한세 적용대상)	영 제116조의27 제8항	13V				
⑮⓪ 기회발전특구의 창업기업 등에 대한 법인세 등의 감면(최저한세 적용제외)	영 제116조의36 제8항	1D1				
⑮① 기회발전특구의 창업기업 등에 대한 법인세 등의 감면(최저한세 적용대상)	영 제116조의36 제8항	1C1				
⑮② 기타		164				
⑮③ 세액감면 합계		1A4		6,485,135	6,485,135	6,485,135

210mm×297mm[백상지 80g/㎡ 또는 중질지 80g/㎡]

❹ 지역특구 입주기업 감면한도 계산내용(⑱, ⑲, ⑱, ⑱, ⑲, ⑭ ~ ⑮에 대해 적용)

– ⑱은 2019.1.1. 이후 개시하는 과세연도부터 적용하되, 2019.1.1. 전 입주기업은 제외함(A방식)
⑱, ⑲는 2018.1.1. 이후 지정 또는 선포된 위기지역의 지정일 또는 선포일이 속하는 과세연도의 과세표준을 2019.1.1. 이후 신고하는 경우부터 적용함(A방식)

– ⑱, ⑲, ⑭ ~ ⑮의 경우 2019.1.1. 이후 개시하는 과세연도분부터는 A 방식에 의해 한도를 계산하되, 2019.1.1. 전에 해당 지역에 입주한 기업은 B 방식(종전규정)에 의해 한도를 계산함

⑩ 직전 과세연도까지의 감면세액 누계 * 감면받은 과세연도 / 감면세액: (　/　), (　/　), (　/　), (　/　), (　/　)	

전체 감면한도 계산

A	⑪ 해당 과세연도까지의 사업용고정자산 투자누계액	
	⑫ 투자기준 감면한도 (⑪ × 50%)	
	⑬ 고용기준 감면한도 [해당 과세연도의 감면대상사업장의 상시근로자 수 × 1,500만원(청년 상시근로자와 서비스업을 하는 감면대상사업자의 상시근로자의 경우에는 2,000만원)]	
	⑭ 해당 과세연도까지의 총감면한도 (⑫ + ⑬)	

	일반기업		서비스업	
B	⑮ 해당 과세연도까지의 사업용고정자산 투자누계액		⑲ 일반감면한도 (=⑱)	
	⑯ 투자기준 감면한도 (⑪ × 50%)		⑳ 고용기준 감면한도 (Min [ⓐ, ⓑ]) ⓐ 상시근로자 수 × 2,000만원 ⓑ 투자누계액(⑮ × 100%)	
	⑰ 고용기준 감면한도 (Min [ⓐ, ⓑ]) ⓐ 상시근로자 수 × 1,000만원 ⓑ 투자누계액(⑮ × 20%)			
	⑱ 해당 과세연도까지의 총감면한도 (⑯+⑰)		㉑ 해당 과세연도까지의 총감면한도 (Max [⑲, ⑳])	

㉒ 해당 과세연도의 감면한도 (⑭ – ⑩) 또는 (⑱ – ⑩) 또는 (㉑ – ⑩)	

❺ 중소기업특별세액감면 감면한도 계산

구 분	해당(직전) 과세연도의 매월 말 현재 상시근로자 수												㉓ 합계	㉔ 개월수	㉕ 상시근로자수 (=㉓÷㉔)
	1월	2월	3월	4월	5월	6월	7월	8월	9월	10월	11월	12월			
해당 과세연도	8	8	8	8	8	8	8	8	8	8	8	8	96	12	㉖ 8
직전 과세연도	7	7	7	7	7	7	7	7	7	7	7	7	84	12	㉗ 7

감면한도계산 : 1억원 – 500만원 × 상시근로자 수 감소인원

감면한도 (상시근로자 감소 적용전)	상시근로자 수 감소인원당 차감액	㉘ 상시근로자 수 감소인원(㉖–㉗)	㉙ 감면한도 (1억원 – 500만원 × ㉘)
1억원	500만원		100,000,000

❻ 사회적기업 · 장애인 표준사업장에 대한 감면한도 계산

구 분	해당 과세연도의 매월 말 현재 상시근로자 수												㉚ 합계	㉛ 개월수	㉜ 상시근로자수 (=㉚÷㉛)
	월	월	월	월	월	월	월	월	월	월	월	월			
해당 과세연도															㉝

감면한도계산 : 1억원 + 2000만원 × (취약계층 또는 장애인)의 상시근로자 수

감면한도 (상시근로자 적용전)	상시근로자 수 인원당 증가액	㉜ 상시근로자 수	㉝ 감면한도 (1억원 + 2000만원 × ㉜)
1억원	2000만원		

210mm×297mm[백상지 80g/㎡ 또는 중질지 80g/㎡]

PART 02 중소기업에 대한 조세특례

(4쪽 중 제4쪽)

「조세특례제한법」 및 같은 법 시행령에 따라 위와 같이 세액감면(면제)을 신청합니다.

2025년 3월 31일

신청인 ㈜나라 김 유 민 (서명 또는 인)

천안 세무서장 귀하

작 성 방 법

1. 신청 내용별로 "⑥ 감면율"란, "⑦ 대상세액"란과 "⑧ 감면세액"란을 적습니다.
2. "⑥ 감면율"란을 작성할 때 법령의 개정에 따라 종전의 규정 또는 개정규정을 적용받는 경우 등에는 해당 감면율을 적습니다.
3. "⑦ 대상세액"란: 최저한세액 적용 전의 감면세액을 적습니다.
4. "⑧ 감면세액"란: "⑦ 대상세액"에서 최저한세액 적용에 따른 감면 배제세액을 뺀 금액을 적습니다.
5. "⑨ 한도충족 감면세액"란: "⑧ 감면세액"과 "㉒ 해당 과세연도의 감면한도" 중 적은 금액을 적습니다.
5. 법령에 따른 첨부서류는 세액감면(면제)신청서를 제출할 때 함께 제출해야 합니다.
6. 법령의 개정으로 종전의 규정 또는 개정규정에 따라 세액감면(면제)을 받는 경우에는 해당 법령의 조문순서에 따라 빈칸 등에 별도로 적습니다.
7. ❹ 지역특구 입주기업 감면한도 계산 시 서비스업이란 「조세특례제한법 시행령」 제23조제4항에 따른 서비스업을 의미합니다.
8. 근거법령란에서 "법"은 「조세특례제한법」, "영"은 「조세특례제한법 시행령」을 뜻하며, "구 영"은 2021.2.17. 대통령령 제31444호로 개정되기 전의 것을 말합니다.

210mm×297mm[백상지 80g/㎡ 또는 중질지 80g/㎡]

[별지 제3호 서식] (2024.3.22. 개정) (앞쪽)

사업연도	2024.01.01. ~ 2024.12.31.	법인세 과세표준 및 세액조정계산서	법인명	㈜나라
			사업자등록번호	203-81-63108

구분		항목	코드	금액
① 각 사업연도 소득계산		(101) 결산서상당기순손익	01	409 729 266
	소득조정금액	(102) 익금산입	02	
		(103) 손금산입	03	
		(104) 차가감소득금액 (101+102-103)	04	409 729 266
		(105) 기부금한도초과액	05	
		(106) 기부금한도초과이월액 손금산입	54	
		(107) 각사업연도소득금액 (104+105-106)	06	409 729 266
② 과세표준 계산		(108) 각사업연도소득금액 (108=107)		409 729 266
		(109) 이월결손금	07	
		(110) 비과세소득	08	
		(111) 소득공제	09	
		(112) 과세표준 (108-109-110-111)	10	
		(159) 선박표준이익	55	
③ 산출세액 계산		(113) 과세표준(112+159)	56	409 729 266
		(114) 세율	11	19
		(115) 산출세액	12	57 848 560
		(116) 지점유보소득 (「법인세법」 제96조)	13	
		(117) 세율	14	
		(118) 산출세액	15	
		(119) 합계(115+118)	16	57 848 560
④ 납부할 세액 계산		(120) 산출세액(120=119)		57 848 560
		(121) 최저한세 적용대상 공제감면세액	17	6 485 135
		(122) 차감세액	18	51 363 425
		(123) 최저한세 적용제외 공제감면세액	19	
		(124) 가산세액	20	
		(125) 가감계(122-123+124)	21	51 363 425
	기납부세액 / 기한내납부세액	(126) 중간예납세액	22	
		(127) 수시부과세액	23	
		(128) 원천납부세액	24	
		(129) 간접투자회사등의 외국납부세액	25	
		(130) 소계 (126+127+128+129)	26	
	기납부세액	(131) 신고납부전가산세액	27	
		(132) 합계(130+131)	28	
		(133) 감면분추가납부세액	29	
		(134) 차감납부할세액 (125-132+133)	30	51 363 425
⑤ 토지등양도소득에 대한 법인세 계산	양도차익	(135) 등기자산	31	
		(136) 미등기자산	32	
		(137) 비과세소득	33	
		(138) 과세표준 (135+136-137)	34	
		(139) 세율	35	
		(140) 산출세액	36	
		(141) 감면세액	37	
		(142) 차감세액(140-141)	38	
		(143) 공제세액	39	
		(144) 동업기업 법인세 배분액 (가산세 제외)	58	
		(145) 가산세액 (동업기업 배분액 포함)	40	
		(146) 가감계(142-143+144+145)	41	
	기납부세액	(147) 수시부과세액	42	
		(148) ( ) 세액	43	
		(149) 계(147+148)	44	
		(150) 차감납부할세액(146-149)	45	
⑥ 미환류소득법인세		(161) 과세대상 미환류소득	59	
		(162) 세율	60	
		(163) 산출세액	61	
		(164) 가산세액	62	
		(165) 이자상당액	63	
		(166) 납부할세액(163+164+165)	64	
⑦ 세액계		(151) 차감납부할세액계 (134+150+166)	46	51 363 425
		(152) 사실과 다른 회계처리 경정세액공제	57	
		(153) 분납세액계산범위액 (151-124-133-145-152+131)	47	51 363 425
		(154) 분납할세액	48	25 681 712
		(155) 차감납부세액 (151-152-154)	49	25 681 713

210mm×297mm[백상지 80g/㎡ 또는 중질지 80g/㎡]

PART 03

연구 및 인력개발에 대한 조세특례

제10조【연구 · 인력개발비에 대한 세액공제】

I 기본검토사항

구 분		검토요건 또는 확인사항
적용 여부 검토	① 당해 법인의 중소기업요건 충족 확인	업종, 규모, 독립성, 졸업요건을 충족한 중소기업과 중견기업과 그 외 기업에 대한 공제율에 차이 있음
	② 각 조항별 적용 시한 확인	일반연구인력개발비는 적용 시한에 별도로 제한을 두고 있지 않지만 신성장원천기술 연구개발비와 국가전략기술 연구개발비의 경우 2024년 12월 31일까지 발생분에 대해서만 적용
	③ 각 조항별 규정 업종의 요건 충족 확인	–
	④ 본점 및 사업장 소재지 등 확인	본점 소재지에 따른 공제율 차등 적용 없음
	⑤ 감면/공제 적용의 배제	추계과세 시 배제
적용 시 검토	⑥ 감면/공제 중복적용 확인	다른 세액감면 세액공제와 중복적용 가능
	⑦ 최저한세 적용대상 확인	중소기업의 연구인력개발비는 적용배제
	⑧ 이월적용 여부 확인	10년간 이월공제
	⑨ 농어촌특별세 비과세 확인	농어촌특별세 비과세
사후 관리	⑩ 공제감면 후 사후관리 규정	별도의 사후관리 없음

Ⅱ 주요 질의회신 통칙 등

1 질의회신 예규 등

제 목	내 용
(1) 기업부설 연구소 신고 전 발생 연구개발비의 공제 가능여부(법인세과-323, 2009.03.24.)	• 과학기술부장관에게 연구개발전담부서로 적법하게 신고하기 전에 동 전담부서에서 발생한 비용은 「조세특례제한법」 제10조의 연구 및 인력개발비에 대한 세액공제를 적용받을 수 없는 것임.
(2) 기업창작전담부서에서 근무하는 보조원의 인건비가 「조세특례제한법」 제10조에 따른 연구 · 인력개발비 세액공제 대상 비용에 해당하는지 여부(서면-2023-법인-1004, 2023.06.14.)	• 기업창작전담부서에서 근무하면서 다른 업무를 겸하지 아니하고 창작개발 업무만을 전담하여 수행하는 보조원의 인건비는 「조세특례제한법」 제10조에 따른 연구 · 인력개발비 세액공제 대상 비용에 해당함(다만, 주주인 임원으로서 「조세특례제한법 시행규칙」 제7조 제3항 제1호~제3호에 해당하는 자는 제외).
(3) 「산업재해보상보험법」상 산재보험료가 연구 · 인력개발비 세액공제 대상 인건비에 포함되는지 여부(기획재정부 조세정책과-695, 2023.03.20.)	• 「고용보험 및 산업재해보상보험의 보험료징수 등에 관한 법률」 제13조 제1항 제2호에 따른 산재보험료는 「조세특례제한법」 제10조에 따른 연구 및 인력개발비에 대한 세액공제 대상이 되는 "인건비"에 해당하지 않는 것임. 주의사항 **조특법 시행령 별표 6 신설규정**(2024.2.29.) 연구소 또는 전담부서에 근무하는 직원 및 연구개발서비스업에 종사하는 전담요원이 가입한 제30조의4 제4항 제1호부터 제4호까지의 사회보험에 대해 사용자가 부담하는 사회보험료 상당액(국민연금, 건강보험, 장기요양보험, 고용보험 및 산재보험의 회사부담금)은 2024년 2월 29일이 속하는 과세연도부터 세액공제대상 인건비에 포함된다.
(4) 과세연도의 월중에 연구개발 전담부서로 인정받은 경우 연구 · 인력개발비 세액공제 대상 연구전담요원의 인건비를 일할 계산하는지 여부 및 연구개발 전담부서로 인정받기 전에 구입한 연구전용 기계장치의 연구 · 인력개발비 세액공제 대상 여부(서면-2021-법인-7893, 2022.04.22.)	• 과세연도의 월중에 「기초연구진흥 및 기술개발지원에 관한 법률」 제14조의2에 따라 연구개발 전담부서로 인정을 받은 경우 연구개발 전담부서로 인정을 신청한 날 이후 발생하는 연구전담요원의 인건비가 조세특례제한법 시행령 별표 6에 해당하는 경우 해당 인건비는 조세특례제한법 제10조에 따라 연구 · 인력개발비 세액공제를 적용받을 수 있는 것이며, 이 경우 해당 월의 인건비 중 인정을 신청한 날 이후 발생한 인건비 해당 금액을 구분하기 어려운 경우에는 인정을 신청한 날 이후 연구업무에 종사한 일수에 따라 일할 계산하는 것임. • 연구에 사용할 목적으로 구입한 기계장치의 구입비용은 조세

제 목	내 용
	특례제한법 시행령 제9조 제1항 및 [별표 6]의 연구·인력개발비 세액공제를 적용받는 비용에 해당하지 아니하는 것임.
(5) 고용창출을 목적으로 하는 장려금을 지급받아 연구원의 급여를 지급하는 경우,「조세특례제한법」 제10조의2에서 규정한 출연금 등에 해당하여 지급받은 지원금을 연구·인력개발비 세액공제 대상에서 제외하여야 하는지 여부(서면-2020-법인-4161, 2021.05.13.)	• 시차출퇴근제 시행에 따른 고용안정장려금은 「조세특례제한법」 제10조의2와 동법 시행령 제9조의2 및 동법 시행규칙 제7조의3에서 열거하고 있는 법률에 해당하지 아니하므로 「조세특례제한법 시행령」 제9조 제1항 제1호에 해당하지 않는 것임.
(6) 연구원을 파견 받고 파견 연구기관에 지급하는 기업부담금이 연구·인력개발비 세액공제 대상 인건비에 해당하는지 여부(사전-2021-법령해석법인-0363, 2021.07.14.)	• 내국법인이 중소벤처기업부에서 실시하는 중소기업 연구인력지원사업과 관련하여 공공연구기관의 소속 연구원을 지원받고 「조세특례제한법 시행규칙」 제7조에서 규정하는 전담부서등에서 연구개발 과제를 전업적으로 수행하는 해당 연구원의 인건비 중 50%에 상당하는 금액을 기업부담금으로 지출하는 경우 해당 금액은 「조세특례제한법 시행령」 별표 6의 제1호 가목 1)의 인건비에 해당하는 것임.
(7) 내국법인이 국가로부터 연구개발 또는 인력개발이 아닌 고용창출 등을 목적으로 지급받은 각종 지원금을 사용하여 지출하는 연구·인력개발비에 대하여도 연구·인력개발비 세액공제 적용이 가능한지 여부(서면-2020-법령해석법인-3626, 2021.01.07.)	• 내국법인이 국가로부터 연구개발 또는 인력개발이 아닌 고용창출 등을 목적으로 지급받은 각종 지원금을 사용하여 연구개발비 또는 인력개발비로 지출하는 경우, 해당 연구·인력개발비 지출액은 「조세특례제한법 시행령」 제9조 제1항 제2호가 적용되지 않는 것임(=국가로부터 연구개발 또는 인력개발이 아닌 목적으로 지급받은 지원금을 사용하여 지출하는 연구·인력개발비는 세액공제 배제 대상에 해당하지 않음).
(8) 연구용 금형 제작비용이 연구·인력개발비 세액공제 대상에 해당하는지 여부(기획재정부 조세특례제도과-245, 2021.03.24.)	• 시제품 제조에 사용되는 연구용 금형을 제작하기 위해 지출한 외주가공비는 「조세특례제한법 시행령」 별표 6(2020.2.11. 대통령령 제30390호로 개정되기 전) 제1호 가목 2)의 '시범제작에 소요되는 외주가공비'에 포함되는 것이며, 회신일 이후 신고분(결정·경정 포함)부터 적용하는 것임.
(9) 「국민연금법」에 따라 사용자가 부담하는 부담금이 「조세특례제한법」 제10조에 따른 연구·인력개발비 세액공제 대상 인건비에 포함되는지 여부(기준법령법인-20, 2018.06.15.)	• 「조세특례제한법」 제10조에 따른 연구·인력개발비 세액공제 대상 인건비는 명칭여하에 불구하고 근로의 제공으로 인하여 지급하는 비용을 말하는 것으로 내국법인이 「국민연금법」에 따라 2013.1.1. 이후 납입·적립하는 사용자부담금도 「조세특례제한법」 제10조에 따른 연구·인력개발비 세액공제 대상 인건비에 포함되는 것임(=국민연금 사용자부담금은 소득세법상 비과세소득에서 삭제된 것에 불구하고 사용자의 입장에서 근로의 제공으로 인하여 지급하는 비용에 변동이 없으므로 연구인력개발비 세액공제 대상에 해당함).

제 목	내 용
(10) 국민건강보험 사용부담금의 세액공제대상 인건비 여부(법인세과-11, 2012.01.06.)	• 「조세특례제한법 시행령」 제8조 제1항과 관련한 별표 6의 제1호 사목란의 "고유디자인의 개발을 위한 비용"에는 디자인부서에 소속되어 고유디자인 개발에 직접적으로 참여한 게임소프트웨어 그래픽디자이너의 인건비를 포함하는 것이며, "고유디자인의 개발을 위한 비용"에 해당하는 그래픽디자이너의 인건비에는 「국민건강보험법」·「국민연금법」에 따라 사용자가 부담하는 부담금은 포함되는 것이나, 「소득세법」 제22조의 퇴직소득에 해당하는 금액, 복리후생비, 여비 교통비 등은 포함되지 않는 것임.

Ⅲ 사례분석 및 서식작성

1 사례분석 및 서식작성

(1) 회사 사업내용, 설립일 및 소재지 등

① ㈜나라는 LCD 모니터 제조업과 데스크톱 PC 도소매업을 영위하는 법인 사업자이다. 회사 설립일은 1997.01.07.이다. 본점은 경기도 고양시 일산서구 대화로에 소재하고 있다. 본점 소재지에는 제1공장과 사무실이 소재하고 있고, 충청남도 천안시 서북구 성환읍에 2003.09.27. 지점 사업장을 설치하고 지점 사업자등록 후 사업장을 운영하고 있으며 지점에서도 본점과 동일한 사업을 영위하고 있다.

② 2024년 사업연도의 법인의 재무상태표상 자산총액은 3,565,918,921원, 매출액은 제품매출 7,628,403,721원, 상품매출 1,839,786,400원이다.

③ 당해 법인은 다른 회사의 계열사 등은 아니다.

④ ㈜나라의 업종코드와 한국표준산업분류 코드는 다음과 같다.

구 분	업종코드	한국표준산업분류코드
LCD 모니터 제조업	300103	C26322
데스크톱 PC 도소매업	515050	G46510

⑤ 공제시한 내 이월결손금은 없으며, 2024년 사업연도에 비과세소득, 소득공제항목은 발생하지 않았다.

⑥ 2024년 사업연도 사업장별 업종별 소득금액

㈜나라의 2024년 사업연도 소득금액은 다음과 같다.

구 분	본점 사업장	지점 사업장	합 계
LCD 모니터 제조업	158,335,479	96,128,520	254,463,999
데스크톱 PC 도소매업	96,140,207	59,125,060	155,265,267
소 계	254,475,686	155,253,580	409,729,266

(2) 임원구성 및 주주지분

① 대표이사 김유민, 이사 강나라, 감사 한동진 모두 법인등기사항증명서상 등기 임원이다.

② 주주지분 구성내용

주주명	생년월일	주식수	지분율	최대주주와의 관계
김유민	1976.06.03.	9,000	90%	본인
강나라	1980.06.11.	500	5%	배우자
김정운	1958.10.11.	500	5%	기타
소 계		10,000	100%	

(3) 근무자 현황

㈜나라의 2023년도 및 2024년도 근무자 현황은 다음과 같다.

성 명	생년월일	입사일	성 명	생년월일	입사일
김유민	1976.06.03.	2008.10.08.	이용은	1972.10.19.	2005.10.03.
강나라	1980.06.11.	2010.02.01.	한동진	1958.10.11.	2004.01.05.
장미리	1981.03.12.	2010.03.01.	Jack Smith	1968.11.13.	2008.10.08.
김형신	1963.12.01.	2004.04.04.	Tom Smith	1982.11.16.	2018.10.01.
김정운	1975.12.15.	2007.01.05.	한마음	1995.12.02.	2024.04.01.
고민해	1969.08.12.	2006.05.01.	김재연	1981.05.07.	2024.07.01.

2024년 사업연도 입사자 중 한마음, 김재연 모두 고양시 소재 본점 사업장에 입사하여 근무하고 있으며, 김재연 근무자는 종전의 회사에서 2019년 1월부터 근무하다가 출산 및 육아를 사유로 2021년 7월 31일 퇴사 후 2024년 7월에 ㈜나라에 입사하였다. 종전 근무지는 ㈜나라와 같은 단지 내에서 동일 품목을 생산 판매하는 법인이다.

2 연구인력개발비 현황

(1) ㈜나라의 연구전담부서 현황

㈜나라는 연구전담부서를 설치하여 모니터 제조에 관한 기술을 지속적으로 연구 중이며, 연구전담부서 인정일은 2010년 2월 21일이다. 등록연구원 현황은 다음과 같다.

연구원	생년월일	연구전담구분
강나라	1980.06.11.	연구전담요원
장미리	1981.03.12.	연구전담요원
김형신	1963.12.01.	연구전담요원

(2) 각 연구원의 급여내역은 다음과 같다.

① 연구원 인적사항 및 급여 등 내역

연구원	생년월일	총급여	식대	소계
강나라	1980-06-11	85,500,000	1,200,000	86,700,000
장미리	1981-03-12	34,200,000	1,200,000	35,400,000
김형신	1963-12-01	62,680,000	1,200,000	63,880,000
소계		182,380,000	3,600,000	185,980,000

② 연구원 국민연금 등 회사부담액

연구원	국민연금	건강보험	장기요양보험	고용보험	산재보험	소계
강나라	2,424,600	1,652,400	108,120	–	–	4,185,120
장미리	1,539,000	1,046,520	68,520	155568	66672	2,876,280
김형신	2,100,600	1,428,360	93,480	306040	131160	4,059,640
소계	6,064,200	4,127,280	270,120	461,608	197,832	11,121,040

(3) 직전 4년간 연구인력개발비 발생현황

직전 4년간 연구인력개발비 발생현황은 다음과 같으며, 일반연구인력개발비만 발생하였다.

구 분	2023년	2022년	2021년	2020년	소 계
발생액	82,353,840	54,125,820	95,800,000	174,526,000	406,805,660

위의 자료를 바탕으로 ㈜나라의 2023년 사업연도 연구인력개발비세액공제 규정 적용 여부를 판단하고 최저한세 규정을 반영하여 공제세액과 농어촌특별세 과세대상인 경우 부담할 농어촌특별세액을 계산하시오.

사례 풀이

1. 기본검토사항

구 분		검토요건 또는 확인사항
적용 여부 검토	① 당해 법인의 중소기업요건 충족 확인	• 업종요건 : 제조업 도소매업 영위 요건충족 • 규모요건 : 제조업 매출액 10,628,403,721원, 도소매업 매출 3,839,786,400원이므로 주된 사업은 제조업으로 판단. 중소기업기본법 시행령 별표1의 한국표준산업분류코드 C26의 매출액 1,000억원 이하 요건 충족 • 독립성요건 : 다른 기업의 계열사 등이 아니므로 요건 충족 • 졸업요건 : 당해 사업연도 자산총액 3,565,918,921원이므로 요건충족 ∴ 조세특례제한법의 중소기업에 해당함
	② 각 조항별 적용시한 확인	2025.12.31. 이전에 끝나는 과세연도까지 적용하므로 충족
	③ 각 조항별 규정 업종의 요건 충족 확인	주된 사업 제조업을 영위하므로 요건충족
	④ 본점 및 사업장 소재지 등 확인	본점 또는 사업장 소재지에 따른 차등적용은 없음
	⑤ 감면/공제 적용의 배제	추계과세 시 적용을 배제하나, ㈜나라의 경우 장부의 작성과 정기신고를 하므로 공제규정 적용
적용 시 검토	⑥ 감면/공제 중복적용 확인	다른 세액감면 및 세액공제와 중복적용 가능
	⑦ 최저한세 적용대상 확인	중소기업이므로 최저한세 적용 대상 아님
	⑧ 이월적용 여부 확인	당해 연도에 공제받지 못한 공제세액은 다음 사업연도부터 10년간 이월하여 공제가능
	⑨ 농어촌특별세 비과세 확인	농어촌특별세 비과세
사후 관리	⑩ 공제감면 후 자산의 보유 또는 인원의 고용유지	별도의 사후관리 규정 없음

2. 공제세액의 계산

(1) 적용대상 연구원의 적격검토

등록연구원 강나라, 장미리, 김형신 3명이 대상이지만 강나라는 대표이사 김유민의 배우자로서 특수관계인에 해당하고 김유민은 ㈜나라의 주주지분 중 90%를 보유하고 있으므로 강나라는 공제대상 연구인력개발비 등을 산정할 때 제외하여야 한다.

(2) 공제대상 연구인력개발비 명세

공제대상 연구인력개발비를 산정하면 다음과 같다.

구 분	총급여	식대	국민연금 등 회사부담액	소 계
장미리	34,200,000	1,200,000	2,876,280	38,276,280
김형신	62,680,000	1,200,000	4,059,640	67,939,640
소 계	96,880,000	2,400,000	6,935,920	106,215,920

조특법 시행령 별표 6 신설규정(2024.2.29.)

연구소 또는 전담부서에 근무하는 직원 및 연구개발서비스업에 종사하는 전담요원이 가입한 제30조의4 제4항 제1호부터 제4호까지의 사회보험에 대해 사용자가 부담하는 사회보험료 상당액(국민연금, 건강보험, 장기요양보험, 고용보험 및 산재보험의 회사부담금)은 2024년 2월 29일이 속하는 과세연도부터 세액공제대상 인건비에 포함된다.

(3) 직전 4개연도 발생연구 인력개발비 평균액

$$\text{4년간 평균 발생액} = \frac{82,353,840 + 54,125,820 + 95,800,000 + 174,526,000}{4}$$

$$= 101,701,415$$

(4) 공제세액의 계산

$= 106,215,920 \times 25\%$

$= 26,553,980$

※ 직전 4개연도 동안 매년 연구인력개발비가 발생하고 직전 과세연도 발생액이 4개년 발생액의 평균액보다 적은 경우에는 당해연도 발생액 기준에 의하여 공제액을 산출한다.

(5) 법인세 산출세액 및 차감세액

산출세액 = 200,000,000 × 9% + (409,729,266 − 200,000,000) × 19%
= 18,000,000 + 209,729,266 × 19%
= 18,000,000 + 39,848,560
= 57,848,560

∴ 중소기업의 연구인력개발세액공제액은 최저한세 적용대상이 아니며 산출세액보다 세액공제액이 적으므로 전액 공제된다. 또한 연구인력개발비 세액공제에 대해서 농어촌특별세는 비과세이므로 부담할 농어촌특별세액은 없다.

[별지 제3호 서식(1)] (2024.3.22. 개정)

일반연구 및 인력개발비 명세서

(앞쪽)

❶ 신청인	① 상호 또는 법인명 : ㈜나라	② 사업자등록번호 : 203-81-63108
	③ 대표자 성명 : 김 유 민	④ 생년월일 : 1976.06.03.
	⑤ 주소 또는 본점 소재지 : 경기도 고양시 일산서구 대화로37번길 102-30(법곳동) (전화번호 : 031-2231-7027)	
❷ 과세연도	2024년 01월 01일부터 2024년 12월 31일까지	

❸ 해당 연도의 연구 및 인력개발비 발생 명세

구 분 / 계정과목	자체 연구개발비					
	인건비		재료비 등		기 타	
	인원	⑥ 금액	건수	⑦ 금액	건수	⑧ 금액
급여	2	106,215,920				
합 계						

구 분 / 계정과목	위탁 및 공동 연구개발비		인력개발비		⑪ 총 계 (⑥+⑦+⑧+⑨+⑩)
	건수	⑨ 금액	건수	⑩ 금액	
급여					106,215,920
합 계					106,215,920

연구 및 인력개발비의 증가발생액의 계산

⑫ 해당 과세연도 발생액(=⑪)	⑬ 직전 4년 발생액 계 (⑭+⑮+⑯+⑰)	2023.01.01.~2023.12.31. ⑭ (직전 1년)	2022.01.01.~2022.12.31. ⑮ (직전 2년)	2021.01.01.~2021.12.31. ⑯ (직전 3년)	2020.01.01.~2020.12.31. ⑰ (직전 4년)
106,215,920	406,805,660	82,353,840	54,125,820	95,800,000	68,239,830
⑱ 직전 4년간 연평균발생액(⑬/4)	101,701,415	⑲ 직전 3년간 연평균발생액 [(⑭+⑮+⑯)/3]	72,426,553	⑳ 직전 2년간 연평균발생액 [(⑭+⑮)/2]	68,239,830
㉑ 증가발생액(⑫－⑭)					

❹ 공제세액

해당 연도 총발생 금액 공제	중소기업	㉒ 대상금액(＝⑪)	㉓ 공 제 율			㉔ 공제세액 (㉒×㉓)
		106,215,920	25%			26,553,980
	중소기업 유예기간 종료 이후 5년 내 기업	㉕ 대상금액(＝⑪)	㉖ 유예기간 종료연도	㉗ 유예기간 종료 이후 년차	㉘ 공 제 율	㉙ 공제세액 (㉕×㉘)
					종료 이후 1~3년차 15% 종료 이후 4~5년차 10%	
	중견기업	㉚ 대상금액(＝⑪)	㉛ 공제율			㉜ 공제세액 (㉚×㉛)
			8%			
	일반기업	㉝ 대상금액(＝⑪)	공제율: ㉞ 기본율	㉟ 추가	㊱ 계 (㉞+㉟)	㊲ 공제세액 (㉝×㊱)
			0%			
증가발생금액 공제 (직전 4년간 연구 · 인력개발비가 발생하지 않은 경우 또는 ⑭<⑱ 경우 공제 제외)		㊳ 대상금액(＝㉑)	㊴ 공제율	㊵ 공제세액 (㊳×㊴)		*공제율 －중소기업: 50% －중견기업: 40% －대기업: 25%
			50%			
㊶ 해당 연도에 공제받을 세액		중소기업 (㉔와 ㊵ 중 선택)		26,553,980		
		중소기업 유예기간 종료 이후 5년 내 기업 (㉙와 ㊵ 중 선택)				
		중견기업(㉜와 ㊵ 중 선택)				
		일반기업(㊲과 ㊵ 중 선택)				

210mm×297mm[백상지 80g/㎡ 또는 중질지 80g/㎡]

(뒤쪽)

❺ 출연금 등 수령명세 (「조세특례제한법 시행령」 제9조제1항 단서 관련)
= 연구 · 인력개발비용에서 제외되는 비용

구분	출연금 교부처	관련 법령	수령일	수령금액	연구개발비로 지출하는 금액

❻ 연구소/전담부서/연구개발서비스업자 현황

구분	인정일 (고시일)	취소일	연구개발 인력							
			계		연구전담요원		연구보조원		기 타	
			인원	금액	인원	금액	인원	금액	인원	금액
㈜나라 연구전담부서	2010-02-21		2	106,215,920						
			2	106,215,920						

「조세특례제한법 시행령」 제9조제14항에 따라 위와 같이 일반연구 및 인력개발비 명세서를 제출합니다.

2025년 3월 31일

신청인 ㈜나라 김 유 민 (서명 또는 인)

고양 세무서장 귀하

작 성 방 법

※ 「조세특례제한법」 제10조제1항제3호에 따른 '일반연구 · 인력개발비'세액공제를 신청하는 경우에는 반드시 이 서식을 작성하여야 합니다.

1. "중소기업"이란 「조세특례제한법 시행령」 제2조에 따른 중소기업을 말합니다.
2. 재료비 등의 "⑦ 금액"란은 「조세특례제한법 시행령」 별표 6에 따른 자체연구개발비용 중 견본품 · 부품 · 원재료와 시약류 구입비 및 소프트웨어(문화상품제작에 한함) · 서체 · 음원 · 이미지의 대여 · 구입비를 적습니다.[별표6 제1호가목2) 항목]
3. 기타의 "⑧ 금액"란은 「조세특례제한법 시행령」 별표 6에 따른 자체연구개발비용 중 연구 · 시험용 시설 임차(이용)비용을 적습니다.[별표6 제1호가목3) 항목]
4. 인력개발비의 "⑩ 금액"란은 「조세특례제한법 시행령」 별표 6 제2호에 따른 위탁훈련비, 직업능력개발훈련 비용 등을 적습니다.
5. 공제율의 "㉟ 추가"란은 해당 과세연도의 수입금액에서 연구 · 인력개발비가 차지하는 비율에 2분의 1을 곱한 비율과 100분의 2 중 낮은 비율을 적습니다.
6. ❺, ❻의 "구분"란은 연구소 · 전담부서 또는 연구개발서비스업자를 적습니다.(연구소와 전담부서가 2개 이상인 경우 각각 구분하여 작성합니다)
7. "❺ 출연금 등 수령명세"란은 「조세특례제한법 시행령」 제9조 제1항 각 호에 따른 출연금 등의 수령명세와 연구개발비로 지출하는 금액을 적습니다.
8. "❻ 연구소/전담부서/연구개발서비스업자 현황"은 「조세특례제한법 시행규칙」 제7조 제1항에 따른 연구소 · 전담부서 또는 연구개발서비스업자의 현황과 연구 · 인력개발비 세액공제를 적용받는 인건비를 구분하여 적습니다.

210mm×297mm[백상지 80g/㎡ 또는 중질지 80g/㎡]

[별지 제3호 서식 부표(1)] (2022.3.18. 개정)

(앞쪽)

과 세 연 도	2024.01.01. ~ 2024.12.31.	해당 연도의 일반 연구 · 인력개발비 발생 명세	법 인 명	㈜나라
			사업자등록번호	203-81-63108

1. 인건비 발생 명세

(단위: 원)

① 연구과제명	② 연구개발 인력 인건비			
	성명	생년월일	인건비지급액	연구전담 등 구분
합 계			106,215,920	
모니터제조기술상향화	장미리	1981-03-12	38,276,280	[V]전담, [ ]보조, [ ]기타
모니터제조기술상향화	김형신	1963-12-01	67,939,640	[V]전담, [ ]보조, [ ]기타
				[ ]전담, [ ]보조, [ ]기타
				[ ]전담, [ ]보조, [ ]기타
				[ ]전담, [ ]보조, [ ]기타

2. 재료비 등 발생 명세

(단위: 원)

③ 연구 과제명	④ 재료비 등				
	계	견본품 등 (별표 6 1.가.2))	임차료 등 (별표 6 1.가.3))	위탁 · 공동연구비 (별표 6 1.나)	기타 (별표 6 1.다~사)
합 계					

3. 위탁 및 공동 연구개발비 발생 명세

(단위: 원)

⑤ 연구 과제명	⑥ 연구개발비				⑦ 금액	⑧ 수탁기업 전담부서등 수행 여부
	상호 또는 성명	사업자번호 또는 생년월일	연구착수일	연구종료일		
합 계						

210mm×297mm[백상지 80g/㎡ 또는 중질지 80g/㎡]

[별지 제3호 서식 부표(3)] 〈개정 2022.3.18.〉

과 세 연 도	2024.01.01. ~ 2024.12.31.	연구과제 총괄표	법 인 명	㈜나라
			사업자등록번호	203-81-63108

① 연번	② 기술 구분코드	③ 연구과제명	④ 기술명 (신성장 · 원천기술, 국가전략기술의 경우에만 작성)
1	03	모니터제조기술상향화	

작 성 방 법

※ 각 과세연도에 「조세특례제한법 시행령」 제9조제14항에 따라 일반연구 및 인력개발비 명세서[별지 제3호서식(1)], 신성장 · 원천기술 연구개발비 명세서[별지 제3호서식(2)], 국가전략기술 연구개발비 명세서[별지 제3호서식(3)]를 제출해야 하는 경우 반드시 이 서식을 작성해야 합니다.

※ 연구과제별로 별지 제3호의2서식에 따른 연구개발계획서, 연구개발보고서를 작성하고 보관해야 합니다.

※ 신성장 · 원천기술과 국가전략기술에 해당하는 연구과제는 연구노트를 작성하고 보관해야 합니다.

※ 작성한 연구과제는 ①과학적 또는 기술적 진전을 이루기 위한 활동 또는 ②새로운 서비스, 서비스전달체계의 개발을 위한 활동에 해당하여야 합니다.

1. "① 연번"란에는 1부터 시작하는 숫자를 순서대로 적습니다.
2. "② 기술구분 코드"란에는 다음에 해당하는 숫자를 적습니다.

연구개발세액공제 종류	신성장 · 원천기술 연구개발비	국가전략기술 연구개발비	일반 연구 · 인력개발비
코드번호	01	02	03

3. "③ 연구과제명"란은 기업에서 구분하여 관리하는 연구과제별 명칭을 적습니다. 연구과제의 구분은 기업에서 자율적으로 선택할 수 있으나, 해당 과제별로 연구개발계획서, 연구개발보고서, 연구노트(신성장 · 원천기술 연구개발비, 국가전략기술 연구개발비만 해당), 투입 인력 등을 구분할 수 있어야 합니다.
4. "④ 기술명"란은 신성장 · 원천기술 또는 국가전략기술 연구개발비에 해당하는 경우 해당 기술명을 적습니다. 일반 연구 및 인력개발비에 해당하는 연구과제는 동 란을 빈칸으로 남겨둡니다.

210mm×297mm[백상지 80g/㎡ 또는 중질지 80g/㎡]

연구 · 인력개발비세액공제 검토 서식

<table>
<tr><th></th><th>검 토 사 항</th><th>적합 여부</th></tr>
<tr><td>대상자</td><td>신고 또는 인정받은 연구소나 연구전담부서가 설치되어 있는지 여부

연구소	연구전담부서	해당 없음
	○	

* 기초연구진흥및기술개발지원에관한법률 §14의2 ①에 따라 인정받은 연구소 등, 문화산업진흥기본법 §17의3 ①에 따른 연구소등</td><td>예 | 아니오</td></tr>
<tr><td>공제대상 비용</td><td>아래의 연구 · 인력개발비 공제대상 비용*을 지출했는지 여부

분 류	해당 여부
1) 신성장 · 원천기술 연구개발비**	부
2) 국가전략기술 연구개발비	부
3) 일반 연구 · 인력개발비	**여**

* 조세특례제한법 시행령 별표 6의 공제대상 연구 · 인력개발비
** 조세특례제한법 시행령 별표 7의 신성장 · 원천기술 분야별 기준

(유의사항)
① 연구소 또는 연구전담부서에서 근무하는 직원에 대한 인력개발비로 한정(연구관리직원 인건비는 제외)
② 다른 업무를 겸직하는 연구원 인건비는 제외
③ 정부 출연금 등을 받아 지출한 R&D비용은 제외
④ 연구전담부서의 연구용 견본품 · 부품 · 원재료와 시약류구입비는 포함되나 소모품비, 복리후생비는 제외
⑤ 연구전담부서에서 직접 사용하기 위한 컴퓨터하드웨어 또는 소프트웨어 등 연구 · 시험용 시설의 구입비용은 제외되나 해당 시설의 임차비용은 포함</td><td>예 | 아니오</td></tr>
<tr><td>공제율</td><td>일반 연구 · 인력개발비 세액공제율이 적정한지 여부
1. 신성장 · 원천기술 연구개발비

중소기업	코스닥상장 중견기업	일반기업
최대 40%(30%+α)	최대 40%(25%+α)	최대 30%(20%+α)

* α : 수입금액 대비 신성장 R&D 비중 × 3배

2. 국가전략기술 연구개발비

중소기업	중견 · 대기업
최대 50%(40%+α)	최대 40%(30%+α)

* α : 수입금액 대비 국가전략기술 R&D 비중 × 3배

3. 일반 연구 · 인력개발비(①, ② 중 큰 것)
① 증가분 방식*

중소기업(유예기간 포함)	일반기업
50%	25%(중견기업 40%)

* 직전연도 연구개발비 : ('15년 이후) 직전년도

③ 당기분 방식

중소기업 (유예기간 포함)	중견기업 1~3년차	중견기업 4~5년차	중견기업	일반기업
25%	15%	10%	8%	0~2*%

* '0% + 최대 2%{(R&D비용/수입금액) × 1/2}</td><td>예 | 아니오</td></tr>
</table>

연구 · 인력개발비세액공제 대상 인건비 검토 서식

	검 토 사 항	적합 여부
연구업무에 종사하는지 여부	세액공제를 신청한 연구전담요원, 연구보조요원 등이 연구소 또는 전담부서(이하 '연구소 등')에서 연구업무에 종사하는 연구요원 및 이들의 연구업무를 직접적으로 지원하는 자 또는 연구개발서비스업에 종사하는 전담요원에 해당하는지 여부 (연구개발과제를 직접 수행하거나 보조하지 않고 행정사무를 담당하는 자를 제외하였는지 여부)	예 아니오 예 아니오
	주주인 임원으로서 다음의 어느 하나에 해당하는 자를 제외하였는지 여부 ① 부여받은 주식매수선택권을 모두 행사하는 경우 당해 법인의 총발행 주식의 100분의 10을 초과하여 소유하게 되는 자 ② 당해 법인의 주주로서 「법인세법 시행령」 제43조 제7항에 따른 지배주주등 및 당해 법인의 총발행주식의 100분의 10을 초과하여 소유하는 주주 ③ 위 ②에 해당하는 자(법인을 포함한다)와 특수관계인 이 경우 「법인세법 시행령」 제2조 제5항 제7호에 해당하는 자가 당해 법인의 임원인 경우를 제외한다.	예 아니오
겸업 여부	세액공제를 신청한 연구전담요원, 연구보조요원 등이 연구소등의 업무만을 수행하는지 여부 (회사의 수익사업 프로젝트 등과 관련하여 기술영업 등의 일반 매출활동 등을 수행하는 등 연구개발 업무 외 다른 업무를 전혀 수행하지 않는지 여부)	예 아니오
연구소등에서 상시근무 여부	세액공제를 신청한 연구전담요원, 연구보조요원 등이 연구소 등에 상시적으로 근무하는 것이 – 조직도(연구소 조직도), 인사발령서류(근무부서, 발령일), 연구소 내부 도면 등을 통해 확인되는지 여부	예 아니오
인건비 해당 여부	세액공제를 신청한 연구전담요원, 연구보조요원 등에게 지급한 금액이 근로의 대가로서 지급되는 인건비에 해당하는지 여부	예 아니오
	다음의 인건비 등을 제외하였는지 여부 ① 「소득세법」 제22조에 따른 퇴직소득에 해당하는 금액 ② 「소득세법」 제29조 및 「법인세법」 제33조에 따른 퇴직급여충당금 ③ 「법인세법 시행령」 제44조의2 제2항에 따른 퇴직연금등의 부담금 및 「소득세법 시행령」 제40조의2 제1항 제2호에 따른 퇴직연금계좌에 납부한 부담금	예 아니오

[별지 제8호 서식 부표 3] (2024.3.22. 개정) (앞쪽)

사 업 연 도	2024.01.01. ~ 2024.12.31.	세액공제조정명세서(3)	법인명	㈜나라
			사업자등록번호	203-81-63108

1. 공제세액계산(「조세특례제한법」)

	(101) 구 분	근거법 조 항	(102) 계 산 기 준	코드	(103) 계산명세	(104) 공제대상 세 액
조세특례제한법	중소기업 등 투자세액공제	구 제5조	투자금액 × 1(2,3,5,10)/100	131		
	상생결제 지급금액에 대한 세액공제	제7조의4	지급기한 15일 이내 : 지급 금액의 0.5% 지급기한 15일 ~ 30일 : 지급 금액의 0.3% 지급기한 30일 ~ 60일 : 지급 금액의 0.015%	14Z		
	대·중소기업 상생협력을 위한 기금출연 세액공제	제8조의3 제1항	출연금 × 10/100	14M		
	협력중소기업에 대한 유형고정자산 무상임대 세액공제	제8조의3 제2항	장부가액 × 3/100	18D		
	수탁기업에 설치하는 시설에 대한 세액공제	제8조의3 제3항	투자금액 × 1(3,7)/100	18L		
	교육기관에 무상 기증하는 중고자산에 대한 세액공제	제8조의3 제4항	기증자산 시가 × 10/100	18R		
	신성장·원천기술 연구개발비세액공제(최저한세 적용제외)	제10조 제1항 제1호	(일반 연구·인력개발비) '14.1.1.~'14.12.31.: 발생액 × 3~4(8,10,15,20,25,30)/100 또는 2년간 연평균 발생액의 초과액 × 40(50)/100 '15.1.1. 이후: 발생액 × 2~3(8,10,15,20,25,30)/100 또는 직전 발생액의 초과액 × 40(50)/100 '17.1.1. 이후: 발생액 × 1~3(8,10,15,20,25,30)/100 또는 직전 발생액의 초과액 × 30(40,50)/100 '18. 1. 1. 이후: 발생액 × 0~2(8,10,15,20,25,30)/100 또는 직전 발생액의 초과액 × 25(40,50)/100 (신성장·원천기술 연구개발비) '17. 1. 1. 이후: 발생액 × 20(30)/100 (국가전략기술 연구개발비) '21. 7. 1. 이후: 발생액 ×30(40)/100	16A		
	국가전략기술 연구개발비세액공제 (최저한세 적용제외)	제10조 제1항 제2호		10D		
	일반 연구·인력개발비세액공제(최저한세 적용제외)	제10조 제1항 제3호		16B	106,215,920×25/100	26,553,980
	신성장·원천기술 연구개발비세액공제(최저한세 적용대상)	제10조 제1항 제1호		13L		
	국가전략기술 연구개발비세액공제(최저한세 적용대상)	제10조 제1항 제2호		10E		
	일반 연구·인력개발비세액공제(최저한세 적용대상)	제10조 제1항 제3호		13M		
	기술취득에 대한 세액공제	제12조 제2항	특허권 등 취득금액 × 5(10)/100 *법인세의 10% 한도	176		
	기술혁신형 합병에 대한 세액공제	제12조의3	기술가치금액 × 10/100	14T		
	기술혁신형 주식취득에 대한 세액공제	제12조의4	기술가치금액 × 10/100	14U		
	벤처기업등 출자에 대한 세액공제	제13조의2	주식등 취득가액 × 5/100	18E		
	성과공유 중소기업 경영성과급 세액공제	제19조	'22.1.1. 이전 지급분 : 근로자에 지급하는 경영성과급 × 10/100 '22.1.1. 이후 지급분 : 근로자에 지급하는 경영성과급 × 15/100	18H		
	연구·인력개발설비투자세액공제	구 제25조 제1항 제1호	'14.1.1.~'15.12.31. 투자분 : 투자금액 × 3(5,10)/100 '16.1.1. 이후 투자분 : 투자금액 × 1(3,6)/100 '19.1.1. 이후 투자분 : 투자금액 × 1(3,7)/100	134		
	에너지절약시설투자세액공제	구 제25조 제1항 제2호	'14.1.1.~'15.12.31. 투자분 : 투자금액 × 3(5,10)/100 ('16.1.1. 현재 투자진행 중인 경우 '16.12.31.까지 종전율 적용) '16.1.1. 이후 투자개시분 : 투자금액 × 1(3,10)/100 '19.1.1. 이후 투자분 : 투자금액 × 1(3,7)/100	177		
	환경보전시설 투자세액공제	구 제25조 제1항 제3호	투자금액 × 3(5,10)/100 '19.1.1. 이후 투자분 : 투자금액 × 3(5,10)/100	14A		
	근로자복지증진시설투자세액공제	구 제25조 제1항 제4호	투자금액 × 7(10)/100 '19.1.1. 이후 취득분 : 취득금액 × 3(5,10)/100	142		
	안전시설투자세액공제	구 제25조 제1항 제5호	'13.1.1.~'14.12.31. 투자분 : 투자금액 × 3(7)/100 '15.1.1. 이후 투자분 : 투자금액 × 1(3,7)/100 '19.1.1. 이후 투자분 : 투자금액 × 1(5,10)/100	136		
	생산성향상시설투자세액공제	구 제25조 제1항 제6호	'13.1.1.~'14.12.31. 투자분 : 투자금액 × 3(7)/100 '15.1.1. 이후 투자분 : 투자금액 × 1(3,7)/100 '20.1.1.~'20.12.31. 투자분 : 투자금액 × 2(5,10)/100 '21.1.1.~'21.12.31. 투자분 : 투자금액 × 1(5,10)/100 '21.1.1.~이후. 투자분 : 투자금액 × 1(3,7)/100	135		
	의약품 품질관리시설투자세액공제	구 제25조의4	'14.1.1.~'16.12.31. 투자분 : 투자금액 × 3(5,7)/100 '17.1.1. 이후 투자분 : 투자금액 × 1(3,6)/100	14B		
	신성장기술 사업화를 위한 시설투자 세액공제	구 제25조의5	투자금액 × 5(7,10)/100	18B		
	영상콘텐츠 제작비용에 대한 세액공제	제25조의6	제작비용 × 3(7,10)/100	18C		
	초연결 네트워크 시설투자에 대한 세액공제	구 제25조의7	투자금액 × 2(3)/100	18I		
	고용창출투자세액공제	제26조	'12.1.1.~12.31.:투자금액 × {기본공제(3~4%) + 추가공제(2~3%)} '13.1.1.~12.31.:투자금액 × {기본공제(2~4%) + 추가공제(3%)} '14.1.1. 이후: 투자금액 × {기본공제(1~4%) + 추가공제(3%)} (한도 : 상시근로자 증가분 × 1,000만원, 1,500만원, 2,000만원) '15.1.1. 이후: 투자금액 × {기본공제(0~3%) + 추가공제(3~7%)} '17.1.1. 이후: (한도 : 상시근로자 증가분 × 1,000(1,500)만원, 1,500(2,000)만원, 2,000(2,500)만원)	14N		
	산업수요맞춤형고등학교등 졸업자를 병역이행 후 복직시킨 중소기업에 대한 세액공제	제29조의2	복직자에게 지급한 인건비 × 중소30(중견15)/100	14S		
	경력단절 여성 고용 기업 등에 대한 세액공제	제29조의3 제1항	경력단절 여성 재고용 인건비 × 중소30(중견15)/100	14X		
	육아휴직 후 고용유지 기업에 대한 인건비 세액공제	제29조의3 제2항	육아휴직 복귀자 인건비 × 중소30(중견15)/100	18J		
	근로소득을 증대시킨 기업에 대한 세액공제	제29조의4	평균 초과 임금증가분 × 5(중견10, 중소20)/100 정규직 전환 근로자의 임금 증가분 × 5(10,20)/100	14Y		
	청년고용을 증대시킨 기업에 대한 세액공제	제29조의5	청년정규직근로자 증가인원수 × 3백만원(7백만원, 1천만원)	18A		
	고용을 증대시킨 기업에 대한 세액공제	제29조의7	직전연도 대비 상시근로자 증가수 × 4백만원(1천2백만원) '21.12.31~'22.12.31 : 직전연도 대비 상시근로자 증가수 × 5백만원(1천3백만원)	18F		
	통합고용세액공제	제29조의8	직전연도 대비 상시근로자 증가수 × 4백만원(1천4백5십만원)	18S		
	정규직 근로자 전환 세액공제	제30조의2	전환인원수 × 중소1천만원(중견7백만원)	14H		
	고용유지중소기업에 대한 세액공제	제30조의3	연간 임금감소 총액× 10/100 + 시간당 임금상승에 따른 보전액 × 15/100	18K		
	중소기업 고용증가 인원에 대한 사회보험료 세액공제	제30조의4 제1항	청년(만15~29세)근로자 등 순증인원의 사회보험료(증가분의 100%) 청년 및 경력단절 여성 외 근로자 순증인원의 사회보험료(증가분의 50%,75%)	14Q		

(뒤쪽)

(101) 구 분	근거법 조 항	(102) 계 산 기 준	코드	(103) 계산명세	(104) 공제대상 세 액
중소기업 사회보험 신규가입에 대한 사회보험료 세액공제	제30조의4 제3항	'20.12.31.까지 사회보험 신규가입에 따른 사용자 부담액 × 50%	18G		
전자신고에 대한 세액공제(법인)	제104조의8 제1항	법인세 전자신고시 2만원	184		
전자신고에 대한 세액공제(세무법인 등)	제104조의8 제3항	법인 · 소득세 전자신고 대리건수 × 2만원 *한도: 연300만원(세무 · 회계법인 연750만원) 한도액계산시 부가가치세 대리신고에 따른 세액공제액 포함	14J		
제3자 물류비용 세액공제	제104조의14	(전년대비 위탁물류비용 증가액)×3/100(중소기업은 5/100) * 직전 위탁물류비 30% 미만 : (당기 위탁물류비 – 당기 전체물류비 × 30%) ×3/100(중소기업은 5/100) * 법인세 10% 한도	14E		
대학 맞춤형 교육비용 세액공제	구 제104조의18 제1항	법 제10조 연구 · 인력개발비세액공제 준용 *수도권 소재대학의 발생액은 50%만 인정	14I		
대학등 기부설비에 대한 세액공제	구 제104조의18 제2항	법 제11조 연구 · 인력개발설비투자세액공제 준용 *수도권 소재대학의 기부금액은 50%만 인정	14K		
기업의 운동경비부 설치운영 세액공제	제104조의22	설치운영비용 × 10(20)/100	14O		
산업수요맞춤형 고등학교 등 재학생에 대한 현장훈련수당 등 세액공제	구 제104조의18 제4항	일반 연구 · 인력개발비 세액공제 준용	14R		
석유제품 전자상거래에 대한 세액공제	제104조의25	'13.1.1.~12.31.: 공급가액의 0.5%(산출세액의 10% 한도) '14.1.1.~'16.12.31.: 공급가액의 0.3%(산출세액의 10% 한도) '17.1.1.~'19.12.31.:공급자는 공급가액의0.1%,수요자0.2%, (산출세액의 10% 한도) '20.1.1.~'22.12.31.:수요자만 공급가액의 0.2%(산출세액의 10% 한도)	14P		
금 현물시장에서 거래되는 금지금에 대한 과세특례	제126조의7 제8항	산출세액×[(금 현물시장 이용금액 – 직전 과세연도의 금 현물시장 이용금액)/매출액] 또는 산출세액×[(금 현물시장 이용금액×5/100)/매출액]	14V		
금사업자와 스크랩등 사업자의 수입금액증가등 세액공제	제122조의4	산출세액×[(매입자납부익금및손금합계금액 – 직전 과세연도의 매입자납부익금및손금합계금액)×50/100]/익금및손금합계금액 또는 산출세액×[(매입자납부익금및손금합계금액×5/100]/익금및손금합계금액 *한도: 해당 과세연도 산출세액–직전 과세연도 산출세액	14W		
성실신고 확인비용에 대한 세액공제	제126조의6	확인비용 × 60/100 (150만원 한도)	10A		
우수 선화주 인증받은 국제물류주선업자에 대한 세액공제	제104조의30	운송비용의 1% + 직전과세연도 대비 증가분의 3%(산출세액의 10%한도)	18M		
용역제공자에 관한 과세자료의 제출에 대한 세액공제	제104조의32	과세자료에 기재된 용역제공자 인원수×300원(200만원 한도)	10C		
소재 · 부품 · 장비 수요기업 공동출자세액공제	제13조의3 제1항	주식 또는 출자지분 취득가액 5%	18N		
소재 · 부품 · 장비 외국법인 인수세액 공제	제13조의3 제3항	주식 또는 출자지분 취득가액 5% (중견7%, 중소10%)	18P		
상가임대료를 인하한 임대사업자에 대한 세액공제	제96조의3	임대료 인하액의 70%	10B		
선결제 금액에 대한 세액공제	제99조의12	선결제금액 × 1%	18Q		
통합투자세액공제(일반)	제24조	기본공제 : 투자금액 × 1(중견5, 중소10)/100, 신성장 · 원천기술 투자금액 × 3(중견6,중소12)/100 국가전략기술 투자금액 × 8(중견8,중소16)/100 추가공제 : 직전 3년 연평균 투자금액 초과액 × 3/100(국가전략기술 4/100)(기본공제 200% 한도)	13W		
통합투자세액공제(신성장 · 원천기술)	제24조		13X		
통합투자세액공제(국가전략기술)	제24조		13Y		
합		계	1A1		26,553,980

2. 당기공제세액 및 이월액계산

(105) 구분	(106) 사업연도	요공제세액		당기 공제대상세액						(120)계	(121)최저한세 적용에 따른 미공제액	(122) 그 밖의 사유로 인한 미공제액	(123) 공제세액 ((120)-(121)-(122))	(124) 소멸	(125) 이월액 ((107)+(108)-(123)-(124))
		(107) 당기분	(108) 이월분	(109) 당기분	(110)1차연도 / (115)6차연도	(111)2차연도 / (116)7차연도	(112)3차연도 / (117)8차연도	(113)4차연도 / (118)9차연도	(114)5차연도 / (119)10차연도						
일반연구인력개발비세액공제(최저한세제외)	2024.12	26,553,980		26,553,980						26,553,980			26,553,980		
	소계	26,553,980		26,553,980											
	소계														
합 계		26,553,980		26,553,980						26,553,980			26,553,980		

작성방법

1. (105) 구분란에는 1. 공제세액계산(「조세특례제한법」)의 코드를 적습니다.
2. (106) 사업연도란에는 이월된 공제대상세액이 발생한 사업연도와 종료월을 적습니다.
3. (107) 당기분란에는 (104) 공제대상세액을 적습니다.
4. (108) 이월분란에는 (105) 구분별, 사업연도별로 전기의 (125) 이월액을 적습니다.
5. (109) 당기분란에는 당기분 세액을 적고, (110)란~(119)란의 해당 연도란에는 (108) 이월분 세액을 각각 적습니다.
6. (121)최저한세 적용에 따른 미공제액란의 합계(※표란)에는 "최저한세조정계산서(별지 제4호서식)"의 ④란 중 ⑭ 세액공제란의 금액을 옮겨 적고, 「조세특례제한법」 제144조제2항에 규정된 순서에 따라 (121)란의 최저한세 적용에 따른 미공제액의 각 란에 조정하여 적습니다.
7. 근거법조항 중 "구"는 「조세특례제한법」(2020.12.29. 법률 제17759호로 개정되기 전의 것)에 따른 조항을 의미합니다.

[별지 제8호 서식(갑)] (2024.3.22. 개정)　　　　(4쪽 중 제1쪽)

사업연도	2024.01.01. ~ 2024.12.31.	공제감면세액 및 추가납부세액합계표(갑)	법 인 명	㈜나라
			사업자등록번호	203-81-63108

1. 최저한세 적용제외 공제감면세액

① 구	분	② 근 거 법 조 항	코드	③ 대상세액	④ 감면(공제)세액
세액감면	(101) 창업중소기업에 대한 세액감면(최저한세 적용제외)	「조세특례제한법」제6조 제7항 외	110		
	(102) 해외자원개발투자배당 감면	「조세특례제한법」 제22조	103		
	(103) 수도권과밀억제권역 밖으로 이전하는 중소기업 세액감면(수도권 밖으로 이전)	구 「조세특례제한법」 제63조	169		
	(104) 공장의 수도권 밖 이전에 대한 세액감면	「조세특례제한법」 제63조	108		
	(105) 본사의 수도권 밖 이전에 대한 세액감면	「조세특례제한법」 제63조의2	109		
	(106) 영농조합법인 감면	「조세특례제한법」 제66조	104		
	(107) 영어조합법인 감면	「조세특례제한법」 제67조	107		
	(108) 농업회사법인 감면(농업소득)	「조세특례제한법」 제68조	11B		
	(109) 행정중심복합도시 등 공장이전에 대한 조세감면	「조세특례제한법」 제85조의2 제3항 (2019.12.31. 법률 제16835호로 개정되기 전의 것)	11A		
	(110) 위기지역 내 창업기업 세액감면(최저한세 적용제외)	「조세특례제한법」 제99조의9	11N		
	(111) 해외진출기업의 국내복귀에 대한 세액감면(철수방식)	「조세특례제한법」 제104조의24 제1항 제1호	11F		
	(112) 해외진출기업의 국내복귀에 대한 세액감면(유지방식)	「조세특례제한법」 제104조의24 제1항 제2호	11H		
	(113) 고도기술수반사업 외국인투자 세액감면	「조세특례제한법」 제121조의2 제1항 제1호	186		
	(114) 외국인투자지역내 외국인투자 세액감면	「조세특례제한법」 제121조의2제1항 제2호 또는 제2호의5	187		
	(115) 경제자유구역내 외국인투자 세액감면	「조세특례제한법」 제121조의2 제1항 제2호의2	188		
	(116) 경제자유구역 개발사업시행자 세액감면	「조세특례제한법」 제121조의2 제1항 제2호의3	157		
	(117) 제주투자진흥기구의 개발사업시행자 세액감면	「조세특례제한법」 제121조의2 제1항 제2호의4	158		
	(118) 기업도시 개발구역내 외국인투자 세액감면	「조세특례제한법」 제121조의2 제1항 제2호의6	159		
	(119) 기업도시 개발사업의 시행자 세액감면	「조세특례제한법」 제121조의2 제1항 제2호의7	160		
	(120) 새만금사업지역내 외국인투자 세액감면	「조세특례제한법」 제121조의2 제1항 제2호의8	11J		
	(121) 새만금사업 시행자 세액감면	「조세특례제한법」 제121조의2 제1항 제2호의9	11K		
	(122) 기타 외국인투자유치를 위한 조세감면	「조세특례제한법」 제121조의2 제1항 제3호	167		
	(123) 외국인투자기업의 증자의 조세감면	「조세특례제한법」 제121조의4	172		
	(124) 기술도입대가에 대한 조세면제(국내지점 등)	법률 제9921호 조세특례제한법 일부개정법률 부칙 제77조	173		
	(125) 제주첨단과학기술단지 입주기업 조세감면(최저한세 적용제외)	「조세특례제한법」 제121조의8	181		
	(126) 제주투자진흥지구등 입주기업 조세감면(최저한세 적용제외)	「조세특례제한법」 제121조의9	182		
	(127) 기업도시개발구역 등 입주기업 감면(최저한세 적용제외)	「조세특례제한법」 제121조의17 제1항 제1·3·5호	197		
	(128) 기업도시개발사업 등 시행자 감면	「조세특례제한법」 제121조의17 제1항 제2·4·6·7호	198		
	(129) 아시아문화중심도시 투자진흥지구 입주기업 감면(최저한세 적용제외)	「조세특례제한법」 제121조의20 제1항	11C		
	(130) 금융중심지 창업기업에 대한 감면(최저한세 적용제외)	「조세특례제한법」 제121조의21 제1항	11G		
	(131) 동업기업 세액감면 배분액(최저한세 적용제외)	「조세특례제한법」 제100조의18 제4항	11D		
	(132) 사회적기업에 대한 감면	「조세특례제한법」 제85조의6	11L		
	(133) 장애인 표준사업장에 대한 감면	「조세특례제한법」 제85조의6	11M		
	(134) 첨단의료복합단지 입주기업에 대한 감면(최저한세 적용제외)	「조세특례제한법」 제121조의22 제1항 제1호	17A		
	(135) 국가식품클러스터 입주기업에 대한 감면(최저한세 적용제외)	「조세특례제한법」 제121조의22 제1항 제2호	17B		
	(136) 연구개발특구 입주기업에 대한 감면(최저한세 적용제외)	「조세특례제한법」 제12조의2	17C		
	(137) 감염병 피해에 따른 특별재난지역의 중소기업에 대한 감면	「조세특례제한법」 제99조의11	17D		
	(138) 기회발전특구 창업기업 등에 대한 법인세 등의 감면(최저한세 적용제외)	「조세특례제한법」 제121조의33	1D1		
	(139) 소　계		170		
세액공제	(140) 외국납부세액공제	「법인세법」 제57조	101		
	(141) 재해손실세액공제	「법인세법」 제58조	102		
	(142) 신성장·원천기술 연구개발비세액공제(최저한세 적용제외)	「조세특례제한법」 제10조 제1항 제1호	16A		
	(143) 국가전략기술 연구개발비세액공제(최저한세 적용제외)	「조세특례제한법」 제10조 제1항 제2호	10D		
	(144) 일반 연구·인력개발비세액공제(최저한세 적용제외)	「조세특례제한법」 제10조 제1항 제3호	16B	26,553,980	26,553,980
	(145) 동업기업 세액공제 배분액(최저한세 적용제외)	「조세특례제한법」 제100조의18 제4항	12D		
	(146) 성실신고 확인비용에 대한 세액공제	「조세특례제한법」 제126조의6	10A		
	(147) 상가임대료를 인하한 임대사업자에 대한 세액공제	「조세특례제한법」 제96조의3	10B		
	(148) 용역제공자에 관한 과세자료의 제출에 대한 세액공제	「조세특례제한법」 제104조의32	10C		
	(149) 소　계		180	26,553,980	26,553,980
	(150) 합　계((139) + (149))		110	26,553,980	26,553,980

210mm×297mm[백상지 80g/㎡ 또는 중질지 80g/㎡]

(4쪽 중 제2쪽)

2. 최저한세 적용대상 공제감면세액

	① 구 분	② 근 거 법 조 항	코드	③ 대상세액	④ 감면세액
세액감면	⑮ 창업중소기업에 대한 세액감면(최저한세 적용대상)	「조세특례제한법」 제6조 제1항 · 제5항 · 제6항	111		
	⑫ 창업벤처중소기업 세액감면	「조세특례제한법」 제6조 제2항	174		
	⑬ 에너지신기술 중소기업 세액감면	「조세특례제한법」 제6조 제4항	13E		
	⑭ 중소기업에 대한 특별세액감면	「조세특례제한법」 제7조	112		
	⑮ 연구개발특구 입주기업에 대한 세액감면(최저한세 적용대상)	「조세특례제한법」 제12조의2	179		
	⑯ 국제금융거래이자소득 면제	「조세특례제한법」 제21조	123		
	⑰ 사업전환 중소기업에 대한 세액감면	구 「조세특례제한법」 제33조의2	192		
	⑱ 무역조정지원기업의 사업전환 세액감면	구 「조세특례제한법」 제33조의2	13A		
	⑲ 기업구조조정 전문회사 주식양도차익 세액감면	법률 제9272호 조세특례제한법 일부개정법률 부칙 제10조 · 제40조	13B		
	⑳ 혁신도시 이전 등 공공기관 세액감면	「조세특례제한법」 제62조 제4항	13F		
	㉑ 공장의 지방이전에 대한 세액감면(중소기업의 수도권 안으로 이전)	「조세특례제한법」 제63조	116		
	㉒ 농공단지입주기업 등 감면	「조세특례제한법」 제64조	117		
	㉓ 농업회사법인 감면(농업소득 외의 소득)	「조세특례제한법」 제68조	119		
	㉔ 소형주택 임대사업자에 대한 세액감면	「조세특례제한법」 제96조	13I		
	㉕ 상가건물 장기임대사업자에 대한 세액감면	「조세특례제한법」 제96조의2	13N		
	㉖ 산림개발소득 감면	「조세특례제한법」 제102조	124		
	㉗ 동업기업 세액감면 배분액(최저한세 적용대상)	「조세특례제한법」 제100조의18 제4항	13D		
	㉘ 첨단의료복합단지 입주기업에 대한 감면(최저한세 적용대상)	「조세특례제한법」 제121조의22 제1항 제1호	13H		
	㉙ 기술이전에 대한 세액감면	「조세특례제한법」 제12조 제1항	13J		
	㉚ 기술대여에 대한 세액감면	「조세특례제한법」 제12조 제3항	13K		
	㉛ 제주첨단과학기술단지 입주기업 감면(최저한세 적용대상)	「조세특례제한법」 제121조의8	13P		
	㉜ 제주투자진흥지구등 입주기업 감면(최저한세 적용대상)	「조세특례제한법」 제121조의9	13Q		
	㉝ 기업도시개발구역 등 입주기업 감면(최저한세 적용대상)	「조세특례제한법」 제121조의17 제1항 제1호 · 제3호 · 5호	13R		
	㉞ 위기지역 내 창업기업 세액감면(최저한세 적용대상)	「조세특례제한법」 제99조의9	13S		
	㉟ 아시아문화중심도시 투자진흥지구 입주기업 감면(최저한세 적용대상)	「조세특례제한법」 제121조의20 제1항	13T		
	㊱ 금융중심지 창업기업에 대한 감면(최저한세 적용대상)	「조세특례제한법」 제121조의21 제1항	13U		
	㊲ 국가식품클러스터 입주기업에 대한 감면(최저한세 적용대상)	「조세특례제한법」 제121조의22 제1항 제2호	13V		
	㊳ 기회발전특구 창업기업 등에 대한 법인세 등의 감면(최저한세 적용대상)	「조세특례제한법」 제121조의33	1C1		
	㊴ 소 계		130		

210mm×297mm[백상지 80g/㎡ 또는 중질지 80g/㎡]

(4쪽 중 제3쪽)

	① 구 분	② 근 거 법 조 항	코드	⑤ 전기 이월액	⑥ 당기 발생액	⑦ 공제세액
	⑱⓪ 중소기업 등 투자세액공제	구「조세특례제한법」 제5조	131			
	⑱① 상생결제 지급금액에 대한 세액공제	「조세특례제한법」 제7조의4	14Z			
	⑱② 대·중소기업 상생협력을 위한 기금출연 세액공제	「조세특례제한법」 제8조의3 제1항	14M			
	⑱③ 협력중소기업에 대한 유형고정자산 무상임대 세액공제	「조세특례제한법」 제8조의3 제2항	18D			
	⑱④ 수탁기업에 설치하는 시설에 대한 세액공제	「조세특례제한법」 제8조의3 제3항	18L			
	⑱⑤ 교육기관에 무상 기증하는 중고자산에 대한 세액공제	「조세특례제한법」 제8조의3 제4항	18R			
	⑱⑥ 신성장·원천기술 연구개발비세액공제(최저한세 적용대상)	「조세특례제한법」 제10조 제1항 제1호	13L			
	⑱⑦ 국가전략기술 연구개발비세액공제(최저한세 적용대상)	「조세특례제한법」 제10조 제1항 제2호	10E			
	⑱⑧ 일반 연구·인력개발비세액공제(최저한세 적용대상)	「조세특례제한법」 제10조 제1항 제3호	13M			
	⑱⑨ 기술취득에 대한 세액공제	「조세특례제한법」 제12조 제2항	176			
	⑲⓪ 기술혁신형 합병에 대한 세액공제	「조세특례제한법」 제12조의3	14T			
	⑲① 기술혁신형 주식취득에 대한 세액공제	「조세특례제한법」 제12조의4	14U			
	⑲② 벤처기업등 출자에 대한 세액공제	「조세특례제한법」 제13조의2	18E			
	⑲③ 성과공유 중소기업 경영성과급 세액공제	「조세특례제한법」 제19조	18H			
	⑲④ 연구·인력개발설비투자 세액공제	구「조세특례제한법」 제25조 제1항 제1호	134			
	⑲⑤ 에너지절약시설투자 세액공제	구「조세특례제한법」 제25조 제1항 제2호	177			
	⑲⑥ 환경보전시설 투자 세액공제	구「조세특례제한법」 제25조 제1항 제3호	14A			
	⑲⑦ 근로자복지증진시설투자 세액공제	구「조세특례제한법」 제25조 제1항 제4호	142			
	⑲⑧ 안전시설투자 세액공제	구「조세특례제한법」 제25조 제1항 제5호	136			
	⑲⑨ 생산성향상시설투자세액공제	구「조세특례제한법」 제25조 제1항 제6호	135			
	⑳⓪ 의약품 품질관리시설투자 세액공제	구「조세특례제한법」 제25조의4	14B			
	⑳① 신성장기술 사업화를 위한 시설투자 세액공제	구「조세특례제한법」 제25조의5	18B			
	⑳② 영상콘텐츠 제작비용에 대한 세액공제(기본공제)	「조세특례제한법」 제25조의6	18C			
	⑳③ 영상콘텐츠 제작비용에 대한 세액공제(추가공제)	「조세특례제한법」 제25조의6	1B8			
	⑳④ 초연결 네트워크 시설투자에 대한 세액공제	구「조세특례제한법」 제25조의7	18I			
	⑳⑤ 고용창출투자세액공제	「조세특례제한법」 제26조	14N			
	⑳⑥ 산업수요맞춤형고등학교등 졸업자를 병역이행 후 복직시킨 중소기업에 대한 세액공제	「조세특례제한법」 제29조의2	14S			
	⑳⑦ 경력단절 여성 고용 기업 등에 대한 세액공제	「조세특례제한법」 제29조의3 제1항	14X			
세	⑳⑧ 육아휴직 후 고용유지 기업에 대한 인건비 세액공제	「조세특례제한법」 제29조의3 제2항	18J			
	⑳⑨ 근로소득을 증대시킨 기업에 대한 세액공제	「조세특례제한법」 제29조의4	14Y			
액	㉑⓪ 청년고용을 증대시킨 기업에 대한 세액공제	「조세특례제한법」 제29조의5	18A			
	㉑① 고용을 증대시킨 기업에 대한 세액공제	「조세특례제한법」 제29조의7	18F			
공	㉑② 통합고용세액공제	「조세특례제한법」 제29조의8	18S			
	㉑③ 통합고용세액공제(정규직 전환)	「조세특례제한법」 제29조의8	1B4			
제	㉑④ 통합고용세액공제(육아휴직 복귀)	「조세특례제한법」 제29조의8	1B5			
	㉑⑤ 정규직근로자 전환 세액공제	「조세특례제한법」 제30조의2	14H			
	㉑⑥ 고용유지중소기업에 대한 세액공제	「조세특례제한법」 제30조의3	18K			
	㉑⑦ 중소기업 고용증가 인원에 대한 사회보험료 세액공제	「조세특례제한법」 제30조의4 제1항	14Q			
	㉑⑧ 중소기업 사회보험 신규가입에 대한 사회보험료 세액공제	「조세특례제한법」 제30조의4 제3항	18G			
	㉑⑨ 전자신고에 대한 세액공제(납세의무자)	「조세특례제한법」 제104조의8 제1항	184			
	㉒⓪ 전자신고에 대한 세액공제(세무법인 등)	「조세특례제한법」 제104조의8 제3항	14J			
	㉒① 제3자 물류비용 세액공제	「조세특례제한법」 제104조의14	14E			
	㉒② 대학 맞춤형 교육비용 등 세액공제	구「조세특례제한법」 제104조의18 제1항	14I			
	㉒③ 대학등 기부설비에 대한 세액공제	구「조세특례제한법」 제104조의18 제2항	14K			
	㉒④ 기업의 경기부 설치운영비용 세액공제	「조세특례제한법」 제104조의22	14O			
	㉒⑤ 동업기업 세액공제 배분액(최저한세 적용대상)	「조세특례제한법」 제100조의18 제4항	14L			
	㉒⑥ 산업수요맞춤형 고등학교 등 재학생에 대한 현장훈련수당 등 세액공제	구「조세특례제한법」 제104조의18 제4항	14R			
	㉒⑦ 석유제품 전자상거래에 대한 세액공제	「조세특례제한법」 제104조의25	14P			
	㉒⑧ 금 현물시장에서 거래되는 금지금에 대한 과세특례	「조세특례제한법」 제126조의7 제8항	14V			
	㉒⑨ 금사업자와 스크랩등사업자의 수입금액의 증가 등에 대한 세액공제	「조세특례제한법」 제122조의4	14W			
	㉓⓪ 우수 선화주 인증 국제물류주선업자 세액공제	「조세특례제한법」 제104조의30	18M			
	㉓① 소재·부품·장비 수요기업 공동출자 세액공제	「조세특례제한법」 제13조의3 제1항	18N			
	㉓② 소재·부품·장비 외국법인 인수세액 공제	「조세특례제한법」 제13조의3 제3항	18P			
	㉓③ 선결제 금액에 대한 세액공제	「조세특례제한법」 제99조의12	18Q			
	㉓④ 해외자원개발투자에 대한 과세특례	「조세특례제한법」 제104조의15	1B6			
	㉓⑤ 통합투자세액공제(일반)	「조세특례제한법」 제24조	13W			
	㉓⑥ 통합투자세액공제(신성장·원천기술)	「조세특례제한법」 제24조	13X			
	㉓⑦ 통합투자세액공제(국가전략기술)	「조세특례제한법」 제24조	13Y			
	㉓⑧ 임시통합투자세액공제(일반)	「조세특례제한법」 제24조	1B1			
	㉓⑨ 임시통합투자세액공제(신성장·원천기술)	「조세특례제한법」 제24조	1B2			
	㉔⓪ 임시통합투자세액공제(국가전략기술)	「조세특례제한법」 제24조	1B3			
	㉔① 문화산업전문회사 출자에 대한 세액공제	「조세특례제한법」 제25조의7	1B7			
	㉔② 소 계		149			
㉔③ 합 계(⑰⑨ + ㉔②)			150			26,553,980
㉔④ 공제감면세액 총계(⑮⓪ + ㉔③)			151			26,553,980

210mm×297mm[백상지 80g/㎡ 또는 중질지 80g/㎡]

(4쪽 중 제4쪽)

(245) 기술도입대가에 대한 조세면제	법률 제9921호 조세특례제한법 일부개정법률 부칙 제77조	183				
(246) 간주 · 간접 외국납부세액공제	「법인세법」 제57조 제3항 · 제4항 · 제6항	189				

작성방법

1. ③ 대상세액란: 「법인세법」, 「조세특례제한법」 등에 따른 공제감면대상금액이 있는 경우 공제감면세액계산서(별지 제8호서식 부표 1, 2, 3, 4, 5)에 따라 감면구분별로 적습니다.
2. ④ · ⑦ 공제세액란: 「법인세법」, 「조세특례제한법」 등에 따른 공제감면세액은 공제감면세액계산서(별지 제8호서식 부표 1, 2, 3, 4, 5)에 따라 계산된 공제세액 중 당기에 공제될 세액의 범위에서 「법인세법」 제59조제1항에 따른 공제순서에 따라 감면 구분별로 적습니다.
3. (150)란 중 ④ 감면세액란: 법인세 과세표준 및 세액조정계산서(별지 제3호서식)의 (123) 최저한세 적용제외 공제감면세액란에 옮겨 적습니다.
4. (242)란 중 ⑦ 공제세액란: 법인세 과세표준 및 세액조정계산서(별지 제3호서식)의 (121) 최저한세 적용대상 공제감면세액란에 옮겨 적습니다.
5. (245) 기술도입대가에 대한 조세면제란의 공제세액란: 기술도입대가를 지급하는 내국법인이 별지 제8호서식 부표 9 기술도입대가에 대한 조세면제명세서의 면제세액 합계액을 적습니다(국내사업장이 있고 해당 기술이 국내사업장에 실질적으로 관련되거나 귀속되는 경우에는 기술을 제공하는 외국법인이 (245) 기술도입대가에 대한 조세면제란의 감면세액란에 적습니다).
6. (140) 외국납부세액공제란: 외국납부세액과 (246) 간주 · 간접 외국납부세액공제액을 합하여 적고, 간주 · 간접 외국납부세액공제액은 (246)란에 별도로 적습니다.
7. 「조세특례제한법」 제10조의 연구 · 인력개발비세액공제 중 최저한세가 적용되는 공제세액은 (186), (187) 또는 (188)란에 적고, 최저한세 적용이 제외되는 공제세액은 (142), (143) 또는 (144)란에 각각 구분하여 적습니다.
8. (186), (187) 또는 (188)란 중 ⑤ 전기이월액란:「조세특례제한법」 제144조제1항에 따라 이월된 미공제 금액 중 해당 과세연도에 공제할 일반연구 · 인력개발비, 신성장 · 원천기술연구개발비 또는 국가전략기술연구개발비를 각각 구분하여 적습니다(구 공제감면코드: 132).
9. 법령의 개정에 따라 종전의 규정 또는 개정규정에 따라 공제감면 받는 경우에는 비어 있는 란 등에 해당 법령의 조문순서에 따라 별도로 적습니다.
10. ② 근거법조항 중 "구"는 「조세특례제한법」(2020.12.29. 법률 제17759호로 개정되기 전의 것)에 따른 조항을 의미합니다.

210mm×297mm[백상지 80g/㎡ 또는 중질지 80g/㎡]

[별지 제3호 서식] (2024.3.22. 개정) (앞쪽)

사업연도	2024.01.01. ~ 2024.12.31.	법인세 과세표준 및 세액조정계산서	법인명	㈜나라
			사업자등록번호	203-81-63108

구분	항목	코드	금액
① 각 사업연도 소득계산	(101) 결산서상 당기순손익	01	409 729 266
	소득조정금액 (102) 익금산입	02	
	소득조정금액 (103) 손금산입	03	
	(104) 차가감소득금액 (101+102-103)	04	409 729 266
	(105) 기부금한도초과액	05	
	(106) 기부금한도초과이월액 손금산입	54	
	(107) 각사업연도소득금액 (104+105-106)	06	409 729 266
② 과세표준 계산	(108) 각사업연도소득금액 (108=107)		409 729 266
	(109) 이월결손금	07	
	(110) 비과세소득	08	
	(111) 소득공제	09	
	(112) 과세표준 (108-109-110-111)	10	409 729 266
	(159) 선박표준이익	55	
③ 산출세액 계산	(113) 과세표준 (112+159)	56	409 729 266
	(114) 세율	11	20
	(115) 산출세액	12	57 848 560
	(116) 지점유보소득 (「법인세법」 제96조)	13	
	(117) 세율	14	
	(118) 산출세액	15	
	(119) 합계 (115+118)	16	57 848 560
④ 납부할 세액 계산	(120) 산출세액 (120=119)		57 848 560
	(121) 최저한세 적용대상 공제감면세액	17	
	(122) 차감세액	18	57 848 560
	(123) 최저한세 적용제외 공제감면세액	19	26 553 980
	(124) 가산세액	20	
	(125) 가감계 (122-123+124)	21	31 294 580
	기납부세액 / 기한내납부세액 (126) 중간예납세액	22	
	기납부세액 / 기한내납부세액 (127) 수시부과세액	23	
	기납부세액 / 기한내납부세액 (128) 원천납부세액	24	
	기납부세액 / 기한내납부세액 (129) 간접투자회사등의 외국납부세액	25	
	기납부세액 / 기한내납부세액 (130) 소계 (126+127+128+129)	26	
	기납부세액 (131) 신고납부전가산세액	27	
	기납부세액 (132) 합계 (130+131)	28	
	(133) 감면분추가납부세액	29	
	(134) 차감납부할세액 (125-132+133)	30	31 294 580
⑤ 토지등양도소득에 대한 법인세 계산	양도차익 (135) 등기자산	31	
	양도차익 (136) 미등기자산	32	
	(137) 비과세소득	33	
	(138) 과세표준 (135+136-137)	34	
	(139) 세율	35	
	(140) 산출세액	36	
	(141) 감면세액	37	
	(142) 차감세액 (140-141)	38	
	(143) 공제세액	39	
	(144) 동업기업 법인세 배분액 (가산세 제외)	58	
	(145) 가산세액 (동업기업 배분액 포함)	40	
	(146) 가감계 (142-143+144+145)	41	
	기납부세액 (147) 수시부과세액	42	
	기납부세액 (148) (　　　) 세액	43	
	기납부세액 (149) 계 (147+148)	44	
	(150) 차감납부할세액 (146-149)	45	
⑥ 미환류소득법인세	(160) 과세대상 미환류소득	59	
	(161) 세율	60	
	(162) 산출세액	61	
	(163) 가산세액	62	
	(164) 이자상당액	63	
	(165) 납부할세액 (162+163+164)	64	
⑦ 세액계	(151) 차감납부할세액계 (134+150+165)	46	31 294 580
	(152) 사실과 다른 회계처리 경정세액공제	57	
	(153) 분납세액계산범위액 (151-124-133-145-152+131)	47	31 294 580
	(154) 분납할세액	48	15 647 290
	(155) 차감납부세액 (151-152-154)	49	15 647 290

210mm×297mm[백상지 80g/㎡ 또는 중질지 80g/㎡]

PART 03 연구 및 인력개발에 대한 조세특례

PART 04

투자촉진을 위한 조세특례

SECTION 01 제24조【통합투자세액공제】

SECTION 01 제24조 【통합투자세액공제】

I 기본검토사항

구 분		검토요건 또는 확인사항
적용 여부 검토	① 당해 법인의 중소기업요건 충족 확인	중소기업, 중견기업 해당 내국인
	② 각 조항별 적용 시한 확인	일반투자, 신성장사업화시설 투자 : 적용 시한 없음
		국가전략기술사업화시설 투자 : 2024.12.31.까지
	③ 각 조항별 규정 업종의 요건 충족 확인	소비성서비스업과 부동산임대 및 공급업 경영 시 적용배제
	④ 본점 및 사업장 소재지 등 확인	㉠ 본점 및 사업장 소재지에 대한 차등적용 없음 ㉡ 수도권 과밀억제권역 내 증설투자 등에 대해서는 투자세액공제 배제
	⑤ 감면/공제 적용의 배제	소득금액 추계결정 시 적용배제
적용 시 검토	⑥ 감면/공제 중복적용 확인	㉠ 투자자금의 국가 등 지원액 적용배제 ㉡ 투자자금 이자비용의 국가 등 지원액 적용배제 ㉢ 투자세액공제 간 중복적용 배제 ㉣ 감면과 공제 간 중복적용 배제
	⑦ 최저한세 적용대상 확인	최저한세 규정 적용
	⑧ 이월적용 여부 확인	10년간 이월공제
	⑨ 농어촌특별세 비과세 확인	농어촌특별세 과세
사후 관리	⑩ 공제감면 후 사후관리규정	세액공제 받은 자산에 대해서는 투자완료일부터 5년 이내 기간 중 2년(소정의 건물과 구축물은 5년)이 지나기 전에 다른 목적으로 전용하는 경우 추징

Ⅱ 주요 질의회신 통칙 등

1 기본통칙 및 집행기준

(1) 기본통칙

제 목	내 용
5-0…1 【투자금액의 범위】	법 제5조, 법 제25조 내지 제26조의 투자금액에는 해당 투자에 따른 건설자금이자를 포함한다.
5-0…2 【투자완료일의 기준】	법 제5조 제1항 및 제11조 제1항에서 "그 투자를 완료한 날"이라 함은 당해 시설을 그 목적에 실제로 사용한 날을 말한다.
5-0…3 【투자세액공제대상자산의 범위】	이 법의 투자세액공제 적용대상이 되는 투자에는 다음 각 호의 금액을 포함하지 아니한다. 1. (삭제) 2. 기존설비에 대한 보수 3. 기존설비에 대한 자본적지출 다만, 통칙 60-56…6(증설의 범위)에서 규정하는 증설은 제외한다. 4. (삭제)
60-56…6 【증설의 범위】	영 제56조 제3항 제3호에 따른 증설에는 기존설비를 생산능력이 큰 설비로 개체하거나 생산능력이 현저히 증가되도록 기존설비를 확장하는 것을 포함하고 원상의 회복을 위한 부품의 개체는 제외한다.
5-0…4 【투자자산의 사용】	이 법의 투자세액공제는 시설에 투자한 내국인이 당해 시설의 사용자인 경우에 한하여 적용한다. 다만, 법 제25조 제1항 제4호에 해당하는 경우와 자기가 제품을 직접 제조하지 아니하고 투자세액공제 적용 시설을 수탁가공업체의 사업장에 설치하고 그 시설에 대한 유지 · 관리비용을 부담하면서 생산한 제품을 전량 인수하여 자기 책임하에 직접 판매하는 경우에는 당해 시설을 설치한 자가 사용한 것으로 본다.
5-4…1 【투자금액의 계산】	영 제4조 제3항 제2호에서 "지출한 금액"이라 함은 당해 과세연도 중 실제로 지출된 현금(어음지급분으로서 당해과세연도 중에 결제된 것을 포함한다) 지급분(선급금을 제외한다)만을 말한다.

(2) 집행기준

제 목	내 용
5-0-1 【투자금액의 범위와 투자완료일의 기준】	① 투자금액에는 해당 투자에 따른 건설자금이자를 포함한다. ② 내국법인이 2개 이상의 과세연도에 걸쳐서 투자를 하는 경우 투자금액 계산 시 당해 과세연도까지 실제로 지출한 금액은 계약 후에 당해 과세연도까지 현금(어음지급분으로서 해당 과세연도 중에 결제한 것을 포함한다)으로 지출한 계약금 및 중도금(선급금은 제외한다)을 합한 금액을 말한다. ③ 투자를 완료한 날은 해당 시설을 그 목적에 실제로 사용한 날을 말한다.
5-0-2 【투자세액공제대상자산의 범위】	이 법의 투자세액공제의 적용대상이 되는 투자에는 다음 각 호의 금액을 포함하지 아니한다. 1. 기존 설비에 대한 보수 2. 기존 설비에 대한 자본적지출. 다만, 기존설비를 생산능력이 큰 설비로 개체하거나 생산능력이 현저히 증가되도록 기존설비를 확장하는 증설은 제외한다.
5-0-3 【투자자산의 사용】	조세특례제한법에 따른 투자세액공제는 시설에 투자한 내국인이 당해 시설의 사용자인 경우에 한하여 적용한다. 다만, 「대·중소기업 상생협력 촉진에 관한 법률」에 따라 위탁기업체가 수탁기업체에 설치하는 시설과 자기가 제품을 직접 제조하지 아니하고 투자세액공제 적용시설을 수탁가공업체의 사업장에 설치하고 그 시설에 대한 유지·관리비용을 부담하면서 생산한 제품을 전량 인수하여 자기 책임하에 직접 판매하는 경우에는 당해 시설을 설치한 자가 사용한 것으로 본다.

2 질의회신 예규 등

제 목	내 용
(1) 폐기물 수집·운반·처리업체가 구입한 덤프트럭이 사업용자산에 해당하는지 여부(법인세과-862, 2011.10.31.)	• 폐기물 처리업을 주된 사업으로 영위하는 중소기업의 폐기물운반용 덤프트럭은 「조세특례제한법」 제5조 제1항 제1호의 규정에 의한 사업용자산에 해당하지 않는 것임.
(2) 음식점업을 영위하는 중소기업이 사업에 직접 사용하기 위하여 투자하는 스무디 제조머신, 커피머신, 제빙기 등 주방장비와 테이블, 의자 등 비품의 중소기업 등 투자세액공제 대상 사업용자산 해당 여부(사전-2016-법령해석법인-0150, 2017.01.12.)	• 음식점업을 영위하는 「조세특례제한법 시행령」 제2조의 중소기업이 해당 사업에 직접 사용하기 위하여 투자하는 스무디 제조머신, 커피머신 및 제빙기는 「조세특례제한법」 제5조에 따른 중소기업 등 투자세액공제 대상 사업용자산에 해당하는 것이

제 목	내 용
	나, 테이블 및 의자는 사업용자산에 해당하지 아니하는 것임.
(3) 전기공급업을 영위하는 내국법인이 투자한 전선(전력선, 통신선)이 통합투자세액공제 적용 대상 자산인 기계장치에 해당하는지 여부(서면-2021-법령해석법인-4608, 2021.11.29.)	• 전기공급업을 영위하는 내국법인이 투자한 전선(전력선 및 통신선)은 「조세특례제한법 시행규칙」 별표 1 제3호에 따른 구축물에 해당하는 것임.
(4) 내국법인이 전기료 절감을 목적으로 태양광 발전설비에 투자하는 경우 통합투자세액공제 적용 여부(사전-2021-법령해석법인-1785, 2021.12.29.)	• 내국법인이 전기료 절감을 목적으로 태양광 발전설비에 투자하는 경우 「조세특례제한법」 제24에 따른 통합투자세액공제를 적용받을 수 없는 것임.
(5) 다른 기업이 연구개발한 신성장 · 원천기술을 사업화하는 시설에 대한 투자가 「조세특례제한법」 제24조(통합투자세액공제)에 따른 신성장사업화시설에 대한 투자에 해당하는지 여부 및 바이오의약품 생산 시 이물질 혼입 방지 기능을 하는 클린룸 설비에 대한 투자금액에 대해 통합투자세액공제를 적용받을 수 있는지 여부(서면-2022-법규법인-1037, 2022.03.30.)	• 다른 기업에서 연구개발한 신성장 · 원천기술을 사업화하기 위한 시설로서 해당 시설이 「조세특례제한법 시행령」(2022.2.15. 대통령령 제32413호로 개정되기 전의 것) 제21조 제4항 제1호 및 같은 법 시행규칙(2022.3.18. 기획재정부령 제904호로 개정되기 전의 것) 제12조의2에 따른 시설의 요건을 충족하는 경우 해당 시설에 대한 투자는 같은 법(2021.12.28. 법률 제18634호로 개정되기 전의 것) 제24조에 따른 신성장사업화시설에 대한 투자에 해당하는 것이며, 바이오의약품 생산 시 이물질 혼입 방지 기능을 하는 클린룸 설비에 대한 투자금액도 같은 법 제24조에 따른 통합투자세액공제 대상에 해당하는 것임.
(6) 조특법 제24조 제1항 제1호의 공제대상자산을 공급한 자도 통합투자세액공제를 적용받을 수 있는지 여부(사전-2021-법규소득-1898, 2022.02.23.)	• 「조세특례제한법」 제24조에 규정된 통합투자세액공제는 같은 조 제1항의 공제대상자산(이하 '공제대상자산')에 투자한 내국인이 해당 시설의 사용자인 경우에 한하여 적용되는 것이므로, 공제대상자산을 제3자에게 공급한 자는 위 통합투자세액공제를 적용받을 수 없는 것임.
(7) 수탁가공업체에 임대형식으로 설치한 자산의 감면세액 추징배제(조특통 146-0…2)	• 법 제26조의 임시투자세액공제 적용자산을 수탁가공업체의 사업장에 임대형식으로 설치한 경우에도 투자기업이 시설의 유지 · 관리비용을 부담하거나 그 비용을 임대료 또는 가공료 등에 반영하고, 수탁가공업체는 동 자산을 투자기업의 제품생산에만 사용하여 그 제품을 투자기업에 전량 납품하는 경우에는 법 제146조에 따른 감면세액 추징사유에 해당되지 않는다.
(8) 투자세액공제 받은 자산을 사후관리 경과 전에 철거한 경우(서면인터넷방문상담2팀-35, 2004.01.16.)	• 조세특례제한법상의 투자세액공제를 적용받은 법인이 투자를 완료한 날이 속하는 사업연도의 종료

제 목	내 용
	일부터 3년이 경과되기 전에 영업환경의 악화 등으로 인하여 제품 생산을 중단하고 생산라인을 철거한 후 당해 생산라인을 매각 또는 폐기하지 아니하고 창고 등에 보관하는 경우에는 같은 법 제146조의 규정에 의한 자산의 처분으로 보지 아니하는 것으로, 이 경우 처분이라 함은 무상 또는 유상으로 소유권이 이전되거나 폐기처분하는 것을 말하는 것임.
(9) 경제적 내용연수의 경과 또는 기술진부화로 인해 용해로설비를 투자완료일로부터 2년 이내에 폐기하고 새로운 용해로설비를 대체투자하는 경우에도 조세특례제한법 제146조에 의거 감면세액의 추징사유에 해당하는지 여부(서면인터넷방문상담2팀-1660, 2006.08.30.)	• 유리기판을 제조하는 법인이 임시투자세액공제 적용을 받은 용해로설비로 기술수명주기가 매우 짧은 당해 산업의 특성상 실질적인 경제적 내용연수가 경과되면 정상적인 가동이 불가능하게 되어 대체투자를 위해 폐기하는 경우에는 조세특례제한법 제146조에 규정한 "처분"으로 보지 아니하는 것이며, 귀 질의의 경우 용해로설비가 실질적인 경제적 내용연수가 경과하면 정상적인 가동이 불가능하게 되어 대체투자를 하는 것인지 여부는 사실판단할 사항임.
(10) 부동산임대업과 산업용기계장비 임대업을 겸영하는 경우 2020년 쟁점 기계장치 투자에 대해 「조세특례제한법」 제24조에 따른 통합투자세액공제를 적용받을 수 있는지 여부(서면-2021-법인-3474, 2021.07.05.)	• 「조세특례제한법」 제24조에 따른 통합투자세액공제는 시설에 투자한 내국인이 해당 시설의 사용자인 경우에 한하여 적용되는 것이며, 같은 법 시행규칙 제12조 제2항 제4호에 해당하는 경우와 자기가 제품을 직접 제조하지 아니하고 투자세액공제 적용 시설을 수탁가공 업체의 사업장에 설치하고 그 시설에 대한 유지 · 관리비용을 부담하면서 생산한 제품을 전량 인수하여 자기 책임하에 직접 판매하는 경우에는 해당 시설을 설치한 자가 사용한 것으로 보는 것임.
(11) 휴양 콘도미니엄업을 영위하는 법인('질의법인')이 신탁회사와 관리형 토지신탁계약을 체결하고 토지 소유권 및 관광숙박업 사업권을 신탁회사에 이전한 후 신탁회사 명의로 개발사업을 진행하는 경우 신탁회사 명의로 신축된 건축물 및 시설물에 대해 질의법인('위탁자 겸 수익자')이 통합투자세액공제를 적용받을 수 있는지 여부 및 휴양 콘도미니엄업을 영위하는 법인이 사업용 유형자산인 건축물('콘도')을 공유제 계약에 따라 일반인에게 분양	1. 「관광진흥법」에 따른 휴양 콘도미니엄업을 영위하는 법인(위탁자 겸 수익자)이 신탁회사와 관리형 토지신탁계약을 체결하고 해당 사업을 영위하기 위해 「조세특례제한법 시행규칙」 제12조 제3항 제5호에 따른 사업용자산에 투자하는 경우 「조세특례제한법」 제24에 따라 통합투자세액공제를 적용할 수 있는 것임. 2. 「관광진흥법」에 따른 휴양 콘도미니엄업을 영위하는 법인이 사업용 자산(건축물)을 공유제 계약에 따라 분양한 경우 「조세특례제한법」 제146조

제 목	내 용
한 경우 투자자산의 처분으로 보아 사후관리 규정이 적용되는지 여부(사전-2022-법규법인-0832, 2023.03.08.)	의 규정이 적용되는지 여부에 대해서는 기존 해석사례(재조특-90, 2010.02.09.)를 참고하기 바람. ◈ 기획재정부 조세특례제도과-90, 2010.02.09. 「관광진흥법」에 따른 휴양 콘도미니엄업을 영위하는 자가 당해 사업에 직접 사용하는 사업용자산(건축물)에 투자하여 「조세특례제한법」 제26조에 따른 임시투자세액공제를 적용받은 후, 해당 사업용자산을 「관광진흥법」에 따른 공유제 방식으로 분양한 경우에는 「조세특례제한법」 제146조(감면세액의 추징)의 규정을 적용하지 아니함.
(12) 신문, 출판업을 영위하는 법인이 사업에 직접 사용하기 위하여 투자한 카메라가 통합투자세액공제 대상인 사업용 자산에 해당하는지 여부(사전-2022-법규법인-0913, 2022.11.28.)	• 신문, 잡지 및 정기 간행물 출판업을 영위하는 법인이 취득한 취재용 카메라는 「조세특례제한법」 제24조에 따른 통합투자세액공제를 적용받을 수 있는 사업용 유형자산에 해당하는 것임.
(13) 의약품 품질관리 개선시설인 냉동창고 투자가 통합투자세액공제 대상인지 여부(기획재정부 조세특례제도과-585, 2022.08.24.)	• 의약품 품질관리 개선시설인 냉동창고가 「조세특례제한법 시행규칙」 별표 1의 '건축물 등 사업용 유형자산' 등에 해당하는 경우 「조세특례제한법」 제24조의 통합투자세액공제 대상에서 제외됨. 다만, 질의하신 냉동창고가 이에 해당하는지 여부는 투자하는 개별 자산별로 사실판단할 사항임.
(14) 통합투자세액공제 대상에서 제외되는 공구의 범위에 금형이 포함되는지 여부(서면-2022-법규법인-0355, 2022.04.07.)	• 금형은 「조세특례제한법」 제24조 제1호 가목 단서 및 같은 법 시행규칙 별표 1 제1호에 따른 공구에 포함되지 않는 것임.
(15) 연구개발전담부서 인정 전에 취득한 기계장치가 연구인력개발비 세액공제 적용 대상에 해당하지 않는 경우 통합투자세액공제 적용 여부 및 범위(서면-2022-법인-1038, 2022.03.16.)	• 화장품 제조업을 영위하는 내국법인이 화장품 제품 개발을 위해 「조세특례제한법」 제24조 제1항 제1호 가목에 해당하는 사업용 기계장치에 투자하는 경우에는 같은 항 제2호 각 목에 따라 통합투자세액공제를 적용받을 수 있는 것임.
(16) 무주택종업원에게 상시 주거용으로 임대하기 위해 국민주택규모 이하의 오피스텔을 취득하는 경우 통합투자세액공제 대상에 해당하는지 여부(서면-2021-법령해석법인-7339, 2021.12.30.)	• 내국법인이 무주택 종업원(출자임원 제외)에게 상시 주거용으로 임대하기 위해 「주택법」에서 규정하는 국민주택 규모의 오피스텔을 취득하는 경우 「조세특례제한법」 제24조에 따른 세액공제가 가능한 자산에 해당하는 것이며, 해당 오피스텔이 무주택 종업원에게 상시 주거용으로 임대되는지 여부는 사실판단할 사항임.

제 목	내 용
(17) 중소기업이 투자하는 전사적 자원관리 시스템(ERP) 소프트웨어의 용도가 인사 · 재무 등 지원업무와 물류 · 가맹 등 영업업무로 구분되는 경우, 별도로 구분되는 영업업무에 사용되는 소프트웨어가 중소기업투자세액공제 대상에 해당하는지 여부(서면-2014-법령해석법인-21121, 2015.04.22.)	• 「조세특례제한법 시행령」 제2조에 따른 중소기업에 해당하는 내국법인이 인사, 급여, 회계 및 재무 등 지원업무에 사용하는 소프트웨어와 물류, 인테리어, 개발, 가맹 등 영업업무에 사용하는 소프트웨어를 포함한 전사적 자원관리 시스템(ERP)(이하 "해당 시스템"이라 함)에 투자하는 경우로서 해당 시스템의 사용용도 및 구축비용(투자금액)이 지원업무에 사용하는 소프트웨어와 영업업무에 사용하는 소프트웨어가 별도로 구분되는 경우, 영업업무에 사용하는 소프트웨어에 대한 투자금액에 대하여는 같은 법 시행규칙 제3조 제1항 제4호에 따라 같은 법 제5조의 중소기업 등 투자세액공제를 적용받을 수 있는 것임.
(18) 사업양수도 방법으로 사업을 양수한 법인이 「조세특례제한법」 제24조에 따라 통합투자 세액공제 금액을 계산함에 있어 같은 법 제1항 제2호의 추가공제금액 산정 시 해당 과세연도의 직전 3년간 연평균 투자금액에 대한 산정방법(기획재정부 조세특례제도과-467, 2022.06.30.)	• 사업양수법인이 통합투자세액공제의 추가공제를 적용하는 경우 해당 과세연도의 직전 3년간 연평균 투자금액을 산정함에 있어 사업양도를 하기 전 사업양도법인이 투자한 금액은 사업양수법인이 투자한 것으로 보는 것임

Ⅲ 사례분석 및 서식작성

1 회사 사업내용, 설립일 및 소재지 등

① ㈜나라는 LCD 모니터 제조업과 데스크톱 PC 도소매업을 영위하는 법인 사업자이다. 회사 설립일은 1997.1.7.이다. 본점은 경기도 고양시 일산서구 대화로에 소재하고 있다. 본점 소재지에는 제1공장과 사무실이 소재하고 있고, 충청남도 천안시 서북구 성환읍에 2003.9.27. 지점 사업장을 설치하고 지점 사업자등록 후 사업장을 운영하고 있으며 지점에서도 본점과 동일한 사업을 영위하고 있다.

② 사업연도는 매년 1.1~12.31이며, 2024년 사업연도의 법인의 재무상태표상 자산총액은 3,565,918,921원, 매출액은 제품매출 7,628,403,721원, 상품매출 1,839,786,400원이다.

③ 당해 법인은 다른 회사의 계열사 등은 아니다.

④ ㈜나라의 업종코드와 한국표준산업분류 코드는 다음과 같다.

구 분	업종코드	한국표준산업분류코드
LCD 모니터 제조업	300103	C26322
데스크톱 PC 도소매업	515050	G46510

⑤ 2024년 사업연도 소득금액은 319,729,266원이며, 공제시한 내 이월결손금은 없으며, 2024년 사업연도에 비과세소득, 소득공제항목은 발생하지 않았다.

2 2024년 사업연도 사업장별 투자현황

(1) ㈜나라의 2024년 사업연도 자산의 취득 및 투자현황은 다음과 같다.

구 분	본점 사업장	지점 사업장	합 계
LCD 모니터 제조장비	895,000,000	260,128,520	1,155,128,520
시내 출장용 차량	26,125,000	19,500,000	45,625,000
소 계	921,125,000	279,628,520	1,200,753,520

본점 사업장 LCD 모니터 제조장비는 고양시의 투자지원을 받아 취득한 것으로 고양시의 투자지원액은 150,000,000원이며, 전체 투자금액 895,000,000원에 포함되어 있고, 지점 사업장은 중고 제조장비를 취득한 것이다. 또한 직원들의 업무편의를 위하여 본점사업장과 지점 사업장 각각 1대씩 승용차를 구매하였으며, 모두 중고자동차를 구매한 것이다.

(2) 직전 3개년 투자현황

㈜나라는 수년간 기존 장비의 수선 · 유지보수 외에 별도의 투자는 하지 않았으며, 기존 LCD 모니터 제조장비는 취득 후 10년간 유지 보수 등을 하였으나 생산효율성 측면에서 처분하는 것이 비용절감 측면에서 유리한 것으로 판단되어 철거하여 처분하고 2024년도에 새로이 LCD 모니터 제조장비를 취득, 설치한 것으로 기존 장비를 철거한 라인에 설치하였다.

사례 풀이

1. 기본검토사항

구 분		검토요건 또는 확인사항
적용여부 검토	① 당해 법인의 중소기업요건 충족 확인	• 업종요건 : 제조업 도소매업 영위 요건충족 • 규모요건 : 제조업 매출액 7,628,403,721원, 도소매업 매출 1,839,786,400원이므로 주된 사업은 제조업으로 판단. 중소기업기본법 시행령 별표 1의 한국표준산업분류코드 C26에 따른 매출액 1,000억원 이하 요건 충족 • 독립성요건 : 다른 기업의 계열사 등이 아니므로 요건 충족 • 졸업요건 : 당해 사업연도 자산총액 3,565,918,921원이므로 요건충족 ∴ 조세특례제한법의 중소기업에 해당함
	② 각 조항별 적용 시한 확인	• 통합투자세액공제(일반투자)는 적용 시한에 별도로 제한을 두고 있지 않으므로 요건 충족
	③ 각 조항별 규정 업종의 요건 충족 확인	• 소비성서비스업과 부동산임대업 및 공급업의 경우 통합투자세액공제를 적용배제하나 ㈜나라의 경우 제조업과 도소매업을 영위하므로 요건 충족
	④ 본점 및 사업장 소재지 등 확인	• 본점 소재지에 따른 공제율 차등 적용 없음
	⑤ 감면/공제 적용의 배제	• 추계과세 시 적용을 배제하나, ㈜나라의 경우 장부의 작성과 정기신고를 하므로 공제규정 적용
		• 고양시 본점 소재지의 LCD 모니터 제조장비 취득의 경우 수도권과밀억제권역 내의 투자이지만 사업장이 공장이고 1990.01.01. 이후 설립하여 사업을 개시한 중소기업으로서 대체투자에 해당하므로 제130조【수도권과밀억제권역의 투자에 대한 조세감면 배제】 규정은 적용하지 않음
적용 시 검토	⑥ 감면/공제 중복적용 확인	• 본점의 투자액 중 지자체에서 투자액을 일부 지원하였으므로 지원받은 금액은 투자액에서 제외함
	⑦ 최저한세 적용대상 확인	• 최저한세 규정을 적용함
	⑧ 이월적용 여부 확인	• 10년간 이월공제
	⑨ 농어촌특별세 비과세 확인	• 통합투자세액공제액에 대해서는 농어촌특별세를 과세한다.
사후 관리	⑩ 공제감면 후 사후관리규정	• 세액공제 받은 자산에 대해서는 투자완료일부터 5년 이내 기간 중 2년(소정의 건물과 구축물은 5년)이 지나기 전에 다른 목적으로 전용하는 경우 추징하나 기존 장비 처분은 취득 후 10년이 경과하여 처분하였으므로 추징사유에 해당하지 않음

2. 공제세액의 계산

(1) 투자세액 공제대상 투자액의 계산

① 본점 사업장

㉠ 제조장비 취득액 중 고양시 지원액을 제외한 금액을 공제대상 투자액으로 한다.
공제대상 투자액 = 895,000,000 − 150,000,000 = 745,000,000

㉡ 승용차는 공제대상 자산에서 제외한다.

② 지점 사업장

㉠ 제조장비 취득액은 중고품에 대한 투자이므로 공제대상에서 제외한다.

㉡ 승용차는 공제대상 자산에서 제외한다.

(2) 공제세액의 계산

① 공제대상세액 = 745,000,000 × 10% = 74,500,000원

② ㈜나라의 2024년 사업연도 법인세 산출세액
= 200,000,000 × 9% + (319,729,266 − 200,000,000) × 19%
= 40,748,560원

③ 최저한세 적용 전 차감세액
= 40,748,560 − 74,500,000
= −33,751,440
∴ 0원

④ 최저한세
= 319,729,266 × 7%
= 22,381,048원

⑤ 공제세액
= 40,748,560 − 22,381,048
= 18,367,512원

⑥ 세액공제 이월액
= 74,500,000 − 18,367,512
= 56,132,488원

(3) 농어촌특별세액의 계산

① 부담액
= 18,367,512 × 20%
= 3,673,502원

[별지 제8호의9 서식] (2024.3.22. 개정)

통합투자세액공제신청서

※ 뒤쪽의 작성방법을 읽고 작성해 주시기 바랍니다. (앞쪽)

접수번호	접수일	처리기간 즉시

① 신청인	① 상호 또는 법인명 : ㈜나라	② 사업자등록번호 : 203-81-63108
	③ 대표자 성명 : 김 유 민	④ 생년월일 : 1973년 04월 12일
	⑤ 주소 또는 본점소재지 : 경기도 고양시 일산서구 대화로37번길 102-30 (031-2231-7027)	

② 과세연도	2024년 01월 01일부터 2024년 12월 31일까지

③ 신성장사업화시설, 국가전략기술사업화시설 인정 신청 여부	여[ ], 부[✓]	미신청 투자금액 합계	
④ 신성장사업화시설, 국가전략기술사업화시설 인정 여부	여[ ], 부[✓]	미인정 투자금액 합계	
⑤ 임시 투자 세액공제율 적용 여부			여[ ], 부[✓]
⑥ 해당 과세연도 투자분에 대한 공제세액 (=㉑ + ㉖)			745,000,000

가. 2개 이상의 과세연도에 걸쳐서 이루어지는 투자금액(=⑰)

⑦ 투자 종류	⑧ 해당기술 사용 제품 외의 제품 생산에 사용되는 여부	⑨ 총 투자 예정 금액	⑩ 해당 과세연도 말까지 실제 지출한 금액	작업진행률에 의한 투자금액 계산				⑮누적투자 대상금액 (⑩와⑭ 중 큰 금액)	⑯ 해당 과세연도 이전 과세연도까지의 누적투자 대상금액	⑰ 투자 금액 (⑮-⑯)
				⑪ 해당 과세연도말 총투자 누적액	⑫ 총 투자 예정비	⑬ 진행률 (⑪/⑫)	⑭ 진행률에 의한 투자금액 (⑨×⑬)			
계										

나. 그 외 투자금액(=⑱)

투자종류		⑱ 투자금액
일반시설		745,000,000
신성장사업화시설	⑧이 '여'인 시설	
	⑧이 '부'인 시설	
국가전략기술사업화시설	⑧이 '여'인 시설	
	⑧이 '부'인 시설	
계		745,000,000

다. 기본공제금액(=㉑)

투자종류		⑲ 공제대상 투자금액 (=⑰+⑱)	⑳ 공제율	㉑ 기본공제금액 (=⑲×⑳)
일반시설		745,000,000	10%	74,500,000
신성장 사업화시설	⑧이 '여'인 시설		3%, 6%, 12% (6%, 10%, 18%)	
	⑧이 '부'인 시설			
국가전략기술 사업화시설	⑧이 '여'인 시설		8%, 8%, 16% (15%, 15%, 25%)	
	⑧이 '부'인 시설			
합계				74,500,000

210mm× 297mm[백상지 80g/㎡ 또는 중질지 80g/㎡]

(뒤쪽)

라. 추가공제금액(=㉖)

투자종류		㉒ 공제대상 투자금액 (=⑲)	㉓ 직전 3년 연 평균 투자 또는 취득금액	㉔ 초과액 (=㉒-㉓)	㉕ 공제율	㉖ 추가공제금액 Min[(㉔×㉕),(㉑×2)]
일반시설					3%(10%)	
신성장 사업화시설	⑧이 '여'인 시설				3%(10%)	
	⑧이 '부'인 시설					
국가전략기술 사업화시설	⑧이 '여'인 시설				4%(10%)	
	⑧이 '부'인 시설					
합계						

「조세특례제한법 시행령」 제21조 제13항에 따라 위와 같이 세액공제신청서를 제출합니다.

2025년 03월 31일

신청인 ㈜나라 김 유 민 (서명 또는 인)

고양 세무서장 귀하

작 성 방 법

※ 「조세특례제한법」 제24조에 따른 통합투자세액공제는 2021.1.1. 이후 과세표준을 신고하는 분부터 적용 가능하며 해당 세액공제를 신청한 경우 구「조세특례제한법」(2021.1.1. 법률 제17759호로 개정되기 전의 것) 제5조, 제25조, 제25조의4, 제25조의5 및 제25조의7(이하 "종전세액공제규정"이라 한다)은 중복으로 적용받을 수 없습니다.

1. ⑤ 임시 투자 세액공제율 적용 여부란: 「조세특례제한법」 제24조 제1항3호를 적용받는 경우에는 "여", 그렇지 않은 경우에는 "부"를 적습니다.
2. "⑦ 투자종류란": 일반시설 투자금액, 신성장사업화시설 투자금액과 국가전략기술사업화시설 투자금액으로 구분하여 작성하며, 신성장사업화시설은 「조세특례제한법 시행규칙」 별표 6에 따른 신성장 · 원천기술을 사업화하는 시설로서 연구개발세액공제기술심의위원회의 심의를 거쳐 기획재정부장관과 산업통상자원부장관이 공동으로 인정하는 공제대상 자산을 말하고, 국가전략기술사업화시설은 「조세특례제한법 시행규칙」 별표 6의2에 따른 국가전략기술을 사업화하는 시설로서 연구개발세액공제기술심의위원회 심의를 거쳐 기획재정부 · 산업통상자원부장관이 공동으로 인정하는 공제대상 자산을 말합니다.
3. "⑧ 해당기술 사용 제품 외의 제품생산에 사용되는 여부"란: 해당시설이 해당기술을 사용하여 생산하는 제품 외에 다른 제품의 생산에도 사용되는 시설인 경우에는 "여", 그렇지 않은 경우에는 "부"를 적습니다.
4. "⑬ 진행률란"은 「법인세법 시행령」 제69조 제1항에 따라 해당 과세연도말까지 발생한 총투자누적액이 총투자예정비에서 차지하는 비율로 계산합니다.
5. "⑮ 누적투자 대상금액"란: ⑩란의 해당 과세연도말까지 실제 지출한 금액과 ⑭란의 진행률에 의한 투자금액 중 큰 금액을 적고, ⑯ 해당 과세연도 이전 과세연도까지의 누적투자 대상금액란은 해당 과세연도 이전 과세연도까지의 실제지출한 금액과 해당 과세연도 이전 과세연도까지의 작업진행률에 따라 계산한 투자금액 중 큰 금액을 적습니다.
6. "⑲ 공제대상 투자금액"란 ⑰ 2개 이상의 과세연도에 걸쳐서 이루어지는 투자금액과 ⑱ 그 외 투자금액의 합계액을 적습니다.
7. ⑳ 공제율란 중 일반시설란 및 신성장사업화시설란의 괄호 안의 공제율은 2023년 12월 31일이 속하는 과세연도에 투자한 금액에 대하여 적용되는 공제율을 말하며, ⑳ 공제율란 중 국가전략기술사업화시설란의 괄호 안의 공제율은 2023년 1월 1일 이후 국가전략기술사업화시설에 투자한 금액에 대하여 적용되는 공제율을 말합니다.
8. "㉒ 공제대상 투자금액"란: ⑲ 공제대상 투자금액란을 그대로 옮겨 적습니다.
9. "㉓ 직전 3년 연 평균 투자 또는 취득금액"란: [(해당 과세연도 개시일부터 소급하여 3년간 투자한 급액의 합계÷3) × (해당 과세연도의 개월 수÷12)]로 계산하며 투자금액이 최초로 발생한 과세연도 개시일부터 해당 과세연도 개시일까지의 기간이 36개월 미만인 경우 그 기간에 투자한 금액의 합계액을 36개월로 환산하여 계산한 금액을 적습니다.
10. ㉕ 공제율란의 괄호 안의 공제율은 2023년 12월 31일이 속하는 과세연도에 투자한 금액에 대하여 적용되는 공제율을 말합니다.
11. ㉖ 추가공제금액란의 추가공제금액은 ㉔의 초과액의 합계액에 대해 적용하며 ㉑ 기본공제금액의 2배를 초과할 수 없습니다.

210mm× 297mm[백상지 80g/㎡ 또는 중질지 80g/㎡]

[별지 제4호 서식] (2019.3.20. 개정) (앞쪽)

사 업 연 도	2024.01.01. ~ 2024.12.31.	최저한세조정계산서	법 인 명	㈜나라
			사업자등록번호	203-81-63108

1. 최저한세 조정 계산 명세

① 구 분		코드	② 감면 후 세액	③ 최저한세	④ 조정감	⑤ 조정 후 세액
⑩ 결산서상 당기순이익		01	319,729,266			
소득 조정금액	⑫ 익금산입	02				
	⑬ 손금산입	03				
⑭ 조정 후 소득금액(⑩+⑫-⑬)		04	319,729,266	319,729,266		319,729,266
최저한세 적용대상 특별비용	⑮ 준비금	05				
	⑯ 특별상각 및 특례자산 감가상각비	06				
⑰ 특별비용 손금산입 전 소득금액 (⑭+⑮+⑯)		07	319,729,266	319,729,266		319,729,266
⑱ 기부금한도초과액		08				
⑲ 기부금 한도초과 이월액 손금산입		09				
⑳ 각 사업연도 소득금액 (⑰+⑱-⑲)		10	319,729,266	319,729,266		319,729,266
⑪ 이월결손금		11				
⑫ 비과세소득		12				
⑬ 최저한세 적용대상 비과세소득		13				
⑭ 최저한세 적용대상 익금불산입·손금산입		14				
⑮ 차가감소득금액 (⑩-⑪-⑫+⑬+⑭)		15	319,729,266	319,729,266		319,729,266
⑯ 소득공제		16				
⑰ 최저한세 적용대상 소득공제		17				
⑱ 과세표준금액 (⑮-⑯+⑰)		18	319,729,266	319,729,266		319,729,266
⑲ 선박표준이익		24				
⑳ 과세표준금액(⑱+⑲)		25	319,729,266	319,729,266		319,729,266
㉑ 세율		19	19	7		19
㉒ 산출세액		20	40,748,560	22,381,048		40,748,560
㉓ 감면세액		21				
㉔ 세액공제		22	74,500,000		56,132,488	18,367,512
㉕ 차감세액(㉒-㉓-㉔)		23				22,381,048

2. 최저한세 세율 적용을 위한 구분 항목

㉖ 중소기업 유예기간 종료연월		㉗ 유예기간 종료 후 연차			

210mm×297mm[백상지 80g/㎡ 또는 중질지 80g/㎡]

[별지 제8호 서식 부표 3] (2024.3.22. 개정) (앞쪽)

사 업 연 도	2024.01.01. ~ 2024.12.31.	세액공제조정명세서(3)	법인명	㈜나라
			사업자등록번호	203-81-63108

1. 공제세액계산(「조세특례제한법」)

	⑩ 구 분	근거법 조항	⑩ 계 산 기 준	코드	⑩ 계산 명 세	⑩ 공제대상 세 액
조세특례제한법	중소기업 등 투자세액공제	구 제5조	투자금액 × 1(2,3,5,10)/100	131		
	상생결제 지급금액에 대한 세액공제	제7조의4	지급기한 15일 이내: 지급 금액의 0.5% 지급기한 15일 ~ 30일: 지급 금액의 0.3% 지급기한 30일 ~ 60일: 지급 금액의 0.015%	14Z		
	대·중소기업 상생협력을 위한 기금출연 세액공제	제8조의3 제1항	출연금 × 10/100	14M		
	협력중소기업에 대한 유형고정자산 무상임대 세액공제	제8조의3 제2항	장부가액 × 3/100	18D		
	수탁기업에 설치하는 시설에 대한 세액공제	제8조의3 제3항	투자금액 × 1(3,7)/100	18L		
	교육기관에 무상 기증하는 중고자산에 대한 세액공제	제8조의3 제4항	기증자산 시가 × 10/100	18R		
	신성장·원천기술 연구개발비세액공제(최저한세 적용제외)	제10조제1항 제1호	(일반 연구·인력개발비) '14.1.1.~'14.12.31.: 발생액 × 3~4(8,10,15,20,25,30)/100 또는 2년간 연평균 발생액의 초과액 × 40(50)/100 '15.1.1. 이후: 발생액 × 2~3(8,10,15,20,25,30)/100 또는 직전 발생액의 초과액 × 40(50)/100 '17.1.1. 이후: 발생액 × 1~3(8,10,15,20,25,30)/100 또는 직전 발생액의 초과액 × 30(40,50)/100 '18. 1. 1. 이후: 발생액 × 0~2(8,10,15,20,25,30)/100 또는 직전 발생액의 초과액 × 25(40,50)/100 (신성장·원천기술 연구개발비) '17. 1. 1. 이후: 발생액 × 20(30)/100 (국가전략기술 연구개발비) '21. 7. 1. 이후: 발생액 ×30(40)/100	16A		
	국가전략기술 연구개발비세액공제(최저한세 적용제외)	제10조제1항 제2호		10D		
	일반 연구·인력개발비세액공제(최저한세 적용제외)	제10조제1항 제3호		16B		
	신성장·원천기술 연구개발비세액공제(최저한세 적용대상)	제10조제1항 제1호		13L		
	국가전략기술 연구개발비세액공제(최저한세 적용대상)	제10조제1항 제2호		10E		
	일반 연구·인력개발비세액공제(최저한세 적용대상)	제10조제1항 제3호		13M		
	기술취득에 대한 세액공제	제12조제2항	특허권 등 취득금액 × 5(10)/100 *법인세의 10% 한도	176		
	기술혁신형 합병에 대한 세액공제	제12조의3	기술가치금액 × 10/100	14T		
	기술혁신형 주식취득에 대한 세액공제	제12조의4	기술가치금액 × 10/100	14U		
	벤처기업등 출자에 대한 세액공제	제13조의2	주식등 취득가액 × 5/100	18E		
	성과공유 중소기업 경영성과급 세액공제	제19조	'22.1.1. 이전 지급분: 근로자에 지급하는 경영성과급 × 10/100 '22.1.1. 이후 지급분: 근로자에 지급하는 경영성과급× 15/100	18H		
	연구·인력개발설비투자세액공제	구 제25조 제1항 제1호	'14.1.1.~'15.12.31. 투자분: 투자금액 × 3(5,10)/100 '16.1.1. 이후 투자분: 투자금액 × 1(3,6)/100 '19.1.1. 이후 투자분: 투자금액 × 1(3,7)/100	134		
	에너지절약시설투자세액공제	구 제25조 제1항 제2호	'14.1.1.~'15.12.31. 투자분: 투자금액 × 3(5,10)/100 ('16.1.1. 현재 투자진행 중인 경우 '16.12.31.까지 종전율 적용) '16.1.1. 이후 투자개시분: 투자금액 × 1(3,10)/100 '19.1.1. 이후 투자분: 투자금액 × 1(3,7)/100	177		
	환경보전시설 투자세액공제	구 제25조 제1항 제3호	투자금액 × 3(5,10)/100 '19.1.1. 이후 투자분: 투자금액 × 3(5,10)/100	14A		
	근로자복지증진시설투자세액공제	구 제25조 제1항 제4호	투자금액 × 7(10)/100 '19.1.1. 이후 취득분: 취득금액 × 3(5,10)/100	142		
	안전시설투자세액공제	구 제25조 제1항 제5호	'13.1.1.~'14.12.31. 투자분: 투자금액 × 3(7)/100 '15.1.1. 이후 투자분: 투자금액 × 1(3,7)/100 '19.1.1. 이후 투자분: 투자금액 × 1(5,10)/100	136		
	생산성향상시설투자세액공제	구 제25조 제1항 제6호	'13.1.1.~'14.12.31. 투자분: 투자금액 × 3(7)/100 '15.1.1. 이후 투자분: 투자금액 × 1(3,7)/100 '20.1.1.~'20.12.31. 투자분: 투자금액 × 2(5,10))/100 '21.1.1.~'21.12.31. 투자분: 투자금액 × 1(5,10))/100 '21.1.1.~이후. 투자분: 투자금액 × 1(3,7))/100	135		
	의약품 품질관리시설투자세액공제	구 제25조의4	'14.1.1.~'16.12.31. 투자분: 투자금액 × 3(5,7)/100 '17.1.1. 이후 투자분: 투자금액 × 1(3,6)/100	14B		
	신성장기술 사업화를 위한 시설투자 세액공제	구 제25조의5	투자금액 × 5(7,10)/100	18B		
	영상콘텐츠 제작비용에 대한 세액공제(기본공제)	제25조의6	제작비용 × 5(10,15)/100	18C		
	영상콘텐츠 제작비용에 대한 세액공제(추가공제)	제25조의6	제작비용 × 10(15)/100	1B8		
	초연결 네트워크 시설투자에 대한 세액공제	구 제25조의7	투자금액 × 2(3)/100	18I		
	고용창출투자세액공제	제26조	'12.1.1.~12.31.: 투자금액 × {기본공제(3~4%)+추가공제(2~3%)} '13.1.1.~12.31.: 투자금액 × {기본공제(2~4%)+추가공제(3%)} '14.1.1. 이후: 투자금액 × {기본공제(1~4%)+추가공제(3%)} (한도: 상시근로자 증가분 × 1,000만원, 1,500만원, 2,000만원) '15.1.1. 이후: 투자금액 × {기본공제(0~3%)+추가공제(3~7%)} '17.1.1. 이후: (한도 : 상시근로자 증가분 × 1,000(1,500)만원, 1,500(2,000)만원, 2,000(2,500)만원)	14N		
	산업수요맞춤형고등학교등 졸업자를 병역이행 후 복직시킨 중소기업에 대한 세액공제	제29조의2	복직자에게 지급한 인건비 × 중소30(중견15)/100	14S		
	경력단절 여성 고용 기업 등에 대한 세액공제	제29조의3 제1항	경력단절 여성 재고용 인건비 × 중소30(중견15)/100	14X		
	육아휴직 후 고용유지 기업에 대한 인건비 세액공제	제29조의3 제2항	육아휴직 복귀자 인건비 × 중소30(중견15)/100	18J		
	근로소득을 증대시킨 기업에 대한 세액공제	제29조의4	평균 초과 임금증가분 × 5(중견10, 중소20)/100 정규직 전환 근로자의 임금 증가분 × 5(10,20)/100	14Y		
	청년고용을 증대시킨 기업에 대한 세액공제	제29조의5	청년정규직근로자 증가인원수 × 3백만원(7백만원, 1천만원)	18A		
	고용을 증대시킨 기업에 대한 세액공제	제29조의7	직전연도 대비 상시근로자 증가수 × 4백만원(1천2백만원) '21.12.31~'22.12.31.: 직전연도 대비 상시근로자 증가수 × 5백만원(1천3백만원)	18F		
	통합고용세액공제	제29조의8	직전연도 대비 상시근로자 증가수 × 4백만원(1천4백5십만원)	18S		
	통합고용세액공제(정규직전환)	제29조의8		1B4		
	통합고용세액공제(육아휴직복귀)	제29조의8		1B5		
	정규직 근로자 전환 세액공제	제30조의2	전환인원수 × 중소1천만원(중견7백만원)	14H		
	고용유지중소기업에 대한 세액공제	제30조의3	연간 임금감소 총액× 10/100 + 시간당 임금상승에 따른 보전액 × 15/100	18K		
	중소기업 고용증가 인원에 대한 사회보험료 세액공제	제30조의4 제1항	청년(만15~29세)근로자 등 순증인원의 사회보험료(증가분의 100%) 청년 및 경력단절 여성 외 근로자 순증인원의 사회보험료(증가분의 50%,75%)	14Q		

210mm×297mm[백상지 80g/㎡ 또는 중질지 80g/㎡]

(뒤쪽)

(101) 구 분	근거법 조 항	(102) 계 산 기 준	코드	(103) 계산 명세	(104) 공제대상 세 액
중소기업 사회보험 신규가입에 대한 사회보험료 세액공제	제30조의4 제3항	'20.12.31.까지 사회보험 신규가입에 따 른 사용자 부담액× 50%	18G		
전자신고에 대한 세액공제(법인)	제104조의8 제1항	법인세 전자신고시 2만원	184		
전자신고에 대한 세액공제(세무법인 등)	제104조의8 제3항	법인 · 소득세 전자신고 대리건수 × 2만원 *한도: 연300만원(세무 · 회계법인 연750만원) 한도액계산시 부가가치세 대리신고에 따른 세액공제액 포함	14J		
제3자 물류비용 세액공제	제104조의14	(전년대비 위탁물류비용 증가액)×3/100(중소기업은 5/100) * 직전 위탁물류비 30% 미만 : (당기 위탁물류비 – 당기 전체물류비 × 30%) ×3/100(중소기업은 5/100) *법인세 10% 한도	14E		
대학 맞춤형 교육비용 세액공제	구 제104조의18 제1항	법 제10조 연구 · 인력개발비세액공제 준용 *수도권 소재대학의 발생액은 50%만 인정	14I		
대학등 기부설비에 대한 세액공제	구 제104조의18 제2항	법 제11조 연구 · 인력개발설비투자세액공제 준용 *수도권 소재대학의 기부금액은 50%만 인정	14K		
기업의 운동경비부 설치운영 세액공제	제104조의22	설치운영비용 × 10(20)/100	14O		
산업수요맞춤형 고등학교 등 재학생에 대한 현장훈련수당 등 세액공제	구 제104조의18 제4항	일반 연구 · 인력개발비 세액공제 준용	14R		
석유제품 전자상거래에 대한 세액공제	제104조의25	'13.1.1.~12.31.: 공급가액의 0.5%(산출세액의 10% 한도) '14.1.1.~'16.12.31.: 공급가액의 0.3%(산출세액의 10% 한도) '17.1.1.~'19.12.31.: 공급자는 공급가액의0.1%,수요자0.2%,(산출세액의 10% 한도) '20.1.1.~'22.12.31.: 수요자만 공급가액의 0.2%(산출세액의 10% 한도)	14P		
금 현물시장에서 거래되는 금지금에 대한 과세특례	제126조의7 제8항	산출세액×[(금 현물시장 이용금액 – 직전 과세연도의 금 현물시장 이용금액)/매출액] 또는 산출세액×[(금 현물시장 이용금액×5/100)/매출액]	14V		
금사업자와 스크랩등사업자의 수입금액증가등 세액공제	제122조의4	산출세액×[(매입자납부익금및손금합계금액 – 직전 과세연도의 매입자납부익금및손금합계금액)×50/100]/익금및손금합계금액 또는 산출세액×[(매입자납부익금및손금합계금액×5/100]/익금및손금합계금액 *한도: 해당 과세연도 산출세액–직전 과세연도 산출세액	14W		
성실신고 확인비용에 대한 세액공제	제126조의6	확인비용 × 60/100 (150만원 한도)	10A		
우수 선화주 인증받은 국제물류주선업자에 대한 세액공제	제104조의30	운송비용의 1% + 직전과세연도 대비 증가분의 3%(산출세액의 10%한도)	18M		
용역제공자에 관한 과세자료의 제출에 대한 세액공제	제104조의32	과세자료에 기재된 용역제공자 인원수×300원(200만원 한도)	10C		
소재 · 부품 · 장비 수요기업 공동출자세액공제	제13조의3 제1항	주식 또는 출자지분 취득가액 5%	18N		
소재 · 부품 · 장비 외국법인 인수세액 공제	제13조의3 제3항	주식 또는 출자지분 취득가액 5% (중견7%, 중소10%)	18P		
상가임대료를 인하한 임대사업자에 대한 세액공제	제96조의3	임대료 인하액의 70%	10B		
문화산업전문회사 출자에 대한 세액공제	제25조의 7	출자금액 중 영상콘텐츠제작비용의 3%	1B7		
선결제 금액에 대한 세액공제	제99조의12	선결제금액 × 1%	18Q		
통합투자세액공제(일반)	제24조	기본공제: 투자금액 × 1(중견5, 중소10)/100, 신성장 · 원천기술 투자금액 × 3(중견6,중소12)/100 국가전략기술 투자금액 × 8(중견8,중소16)/100 추가공제: 직전 3년 연평균 투자금액 초과액 × 3/100(국가전략기술 4/100)(기본공제 200% 한도)	13W	745,000,000×10/100	74,500,000
임시통합투자세액공제(일반)			1B1		
통합투자세액공제(신성장 · 원천기술)	제24조		13X		
임시통합투자세액공제(신성장 · 원천기술)			1B2		
통합투자세액공제(국가전략기술)	제24조		13Y		
임시통합투자세액공제(국가전략기술)			1B3		
해외자원개발투자에 대한 과세특례	제104조의15	투자금액×3%	1B6		
합		계	1A1		74,500,000

2. 당기공제세액 및 이월액계산

(105) 구분	(106) 사업연도	요공제세액		당기 공제대상세액								(121)최저한세 적용에 따른 미공제액	(122) 그 밖의 사유로 인한 미공제액	(123) 공제세액 ((120)–(121)–(122))	(124) 소멸	(125) 이월액 ((107)+(108)–(123)–(124))
		(107) 당기분	(108) 이월분	(109) 당기분	(110)1차연도	(111)2차연도	(112)3차연도	(113)4차연도	(114)5차연도	(120)계						
					(115)6차연도	(116)7차연도	(117)8차연도	(118)9차연도	(119)10차연도							
통합투자세액공재(일반)	2024.12	74,500,000		74,500,000						74,500,000		56,132,488		18,367,512		56,132,488
	소계															
	소계															
합 계										74,500,000		※56,132,488		18,367,512		56,132,488

작성방법

1. (105) 구분란: 1. 공제세액계산(「조세특례제한법」)의 코드를 적습니다.
2. (106) 사업연도란: 이월된 공제대상세액이 발생한 사업연도와 종료월을 적습니다.
3. (107) 당기분란: (104) 공제대상세액을 적습니다.
4. (108) 이월분란: (101) 구분별, 사업연도별로 전기의 (125) 이월액을 적습니다.
5. (109) 당기분란: 당기분 세액을 적고, (110)란~(119)란의 해당 연도란에는 (108) 이월분 세액을 각각 적습니다.
6. (121) 최저한세 적용에 따른 미공제액란의 합계(※표란): "최저한세조정계산서(별지 제4호서식)"의 ④란 중 ⑭ 세액공제란의 금액을 옮겨 적고, 「조세특례제한법」 제144조제2항에 규정된 순서에 따라 (121)란의 최저한세 적용에 따른 미공제액의 각 란에 조정하여 적습니다.
7. 근거법조항 중 "구"는 「조세특례제한법」(2020.12.29. 법률 제17759호로 개정되기 전의 것)에 따른 조항을 의미합니다.

210mm×297mm[백상지 80g/㎡ 또는 중질지 80g/㎡]

[별지 제8호 서식(갑)] (2024.3.22. 개정) (4쪽 중 제1쪽)

사 업 연 도	2024.01.01. ~ 2024.12.31.	공제감면세액 및 추가납부세액합계표(갑)	법 인 명	㈜나라
			사업자등록번호	203-81-63108

1. 최저한세 적용제외 공제감면세액

	① 구 분	② 근 거 법 조 항	코드	③ 대상세액	④ 감면(공제) 세액
세액감면	101 창업중소기업에 대한 세액감면(최저한세 적용제외)	「조세특례제한법」제6조 제7항 외	110		
	102 해외자원개발투자배당 감면	「조세특례제한법」 제22조	103		
	103 수도권과밀억제권역 밖으로 이전하는 중소기업 세액감면(수도권 밖으로 이전)	구 「조세특례제한법」 제63조	169		
	104 공장의 수도권 밖 이전에 대한 세액감면	「조세특례제한법」 제63조	108		
	105 본사의 수도권 밖 이전에 대한 세액감면	「조세특례제한법」 제63조의2	109		
	106 영농조합법인 감면	「조세특례제한법」 제66조	104		
	107 영어조합법인 감면	「조세특례제한법」 제67조	107		
	108 농업회사법인 감면(농업소득)	「조세특례제한법」 제68조	11B		
	109 행정중심복합도시 등 공장이전에 대한 조세감면	「조세특례제한법」 제85조의2 제3항 (2019.12.31. 법률 제16835호로 개정되기 전의 것)	11A		
	110 위기지역 내 창업기업 세액감면(최저한세 적용제외)	「조세특례제한법」 제99조의9	11N		
	111 해외진출기업의 국내복귀에 대한 세액감면(철수방식)	「조세특례제한법」 제104조의24 제1항 제1호	11F		
	112 해외진출기업의 국내복귀에 대한 세액감면(유지방식)	「조세특례제한법」 제104조의24 제1항 제2호	11H		
	113 고도기술수반사업 외국인투자 세액감면	「조세특례제한법」 제121조의2 제1항 제1호	186		
	114 외국인투자지역내 외국인투자 세액감면	「조세특례제한법」 제121조의2 제1항 제2호 또는 제2호의5	187		
	115 경제자유구역내 외국인투자 세액감면	「조세특례제한법」 제121조의2 제1항 제2호의2	188		
	116 경제자유구역 개발사업시행자 세액감면	「조세특례제한법」 제121조의2 제1항 제2호의3	157		
	117 제주투자진흥기구의 개발사업시행자 세액감면	「조세특례제한법」 제121조의2 제1항 제2호의4	158		
	118 기업도시 개발구역내 외국인투자 세액감면	「조세특례제한법」 제121조의2 제1항 제2호의6	159		
	119 기업도시 개발사업의 시행자 세액감면	「조세특례제한법」 제121조의2 제1항 제2호의7	160		
	120 새만금사업지역내 외국인투자 세액감면	「조세특례제한법」 제121조의2 제1항 제2호의8	11J		
	121 새만금사업 시행자 세액감면	「조세특례제한법」 제121조의2 제1항 제2호의9	11K		
	122 기타 외국인투자유치를 위한 조세감면	「조세특례제한법」 제121조의2 제1항 제3호	167		
	123 외국인투자기업의 증자의 조세감면	「조세특례제한법」 제121조의4	172		
	124 기술도입대가에 대한 조세면제(국내지점 등)	법률 제9921호 조세특례제한법 일부개정법률 부칙 제77조	173		
	125 제주첨단과학기술단지 입주기업 조세감면(최저한세 적용제외)	「조세특례제한법」 제121조의8	181		
	126 제주투자진흥지구등 입주기업 조세감면(최저한세 적용제외)	「조세특례제한법」 제121조의9	182		
	127 기업도시개발구역 등 입주기업 감면(최저한세 적용제외)	「조세특례제한법」 제121조의17 제1항 제1·3·5호	197		
	128 기업도시개발사업 등 시행자 감면	「조세특례제한법」 제121조의17 제1항 제2·4·6·7호	198		
	129 아시아문화중심도시 투자진흥지구 입주기업 감면(최저한세 적용제외)	「조세특례제한법」 제121조의20 제1항	11C		
	130 금융중심지 창업기업에 대한 감면(최저한세 적용제외)	「조세특례제한법」 제121조의21 제1항	11G		
	131 동업기업 세액감면 배분액(최저한세 적용제외)	「조세특례제한법」 제100조의18 제4항	11D		
	132 사회적기업에 대한 감면	「조세특례제한법」 제85조의6	11L		
	133 장애인 표준사업장에 대한 감면	「조세특례제한법」 제85조의6	11M		
	134 첨단의료복합단지 입주기업에 대한 감면(최저한세 적용제외)	「조세특례제한법」 제121조의22 제1항 제1호	17A		
	135 국가식품클러스터 입주기업에 대한 감면(최저한세 적용제외)	「조세특례제한법」 제121조의22 제1항 제2호	17B		
	136 연구개발특구 입주기업에 대한 감면(최저한세 적용제외)	「조세특례제한법」 제12조의2	17C		
	137 감염병 피해에 따른 특별재난지역의 중소기업에 대한 감면	「조세특례제한법」 제99조의11	17D		
	138 기회발전특구 창업기업 등에 대한 법인세 등의 감면(최저한세 적용제외)	「조세특례제한법」 제121조의33	1D1		
	139 소 계		170		
세액공제	140 외국납부세액공제	「법인세법」 제57조	101		
	141 재해손실세액공제	「법인세법」 제58조	102		
	142 신성장·원천기술 연구개발비세액공제(최저한세 적용제외)	「조세특례제한법」 제10조제1항제1호	16A		
	143 국가전략기술 연구개발비세액공제(최저한세 적용제외)	「조세특례제한법」 제10조제1항 제2호	10D		
	144 일반 연구·인력개발비세액공제(최저한세 적용제외)	「조세특례제한법」 제10조제1항 제3호	16B		
	145 동업기업 세액공제 배분액(최저한세 적용제외)	「조세특례제한법」 제100조의18 제4항	12D		
	146 성실신고 확인비용에 대한 세액공제	「조세특례제한법」 제126조의6	10A		
	147 상가임대료를 인하한 임대사업자에 대한 세액공제	「조세특례제한법」 제96조의3	10B		
	148 용역제공자에 관한 과세자료의 제출에 대한 세액공제	「조세특례제한법」 제104조의32	10C		
	149 소 계		180		
	150 합 계(139 + 149)		110		

210mm×297mm[백상지 80g/㎡ 또는 중질지 80g/㎡]

(4쪽 중 제2쪽)

2. 최저한세 적용대상 공제감면세액

	① 구 분	② 근 거 법 조 항	코드	③ 대상세액	④ 감면세액
세액감면	⑮1 창업중소기업에 대한 세액감면(최저한세 적용대상)	「조세특례제한법」 제6조 제1항 · 제5항 · 제6항	111		
	⑮2 창업벤처중소기업 세액감면	「조세특례제한법」 제6조 제2항	174		
	⑮3 에너지신기술 중소기업 세액감면	「조세특례제한법」 제6조 제4항	13E		
	⑮4 중소기업에 대한 특별세액감면	「조세특례제한법」 제7조	112		
	⑮5 연구개발특구 입주기업에 대한 세액감면(최저한세 적용대상)	「조세특례제한법」 제12조의2	179		
	⑮6 국제금융거래이자소득 면제	「조세특례제한법」 제21조	123		
	⑮7 사업전환 중소기업에 대한 세액감면	구 「조세특례제한법」 제33조의2	192		
	⑮8 무역조정지원기업의 사업전환 세액감면	구 「조세특례제한법」 제33조의2	13A		
	⑮9 기업구조조정 전문회사 주식양도차익 세액감면	법률 제9272호 조세특례제한법 일부개정법률 부칙 제10조 · 제40조	13B		
	⑯0 혁신도시 이전 등 공공기관 세액감면	「조세특례제한법」 제62조 제4항	13F		
	⑯1 공장의 지방이전에 대한 세액감면(중소기업의 수도권 안으로 이전)	「조세특례제한법」 제63조	116		
	⑯2 농공단지입주기업 등 감면	「조세특례제한법」 제64조	117		
	⑯3 농업회사법인 감면(농업소득 외의 소득)	「조세특례제한법」 제68조	119		
	⑯4 소형주택 임대사업자에 대한 세액감면	「조세특례제한법」 제96조	13I		
	⑯5 상가건물 장기임대사업자에 대한 세액감면	「조세특례제한법」 제96조의2	13N		
	⑯6 산림개발소득 감면	「조세특례제한법」 제102조	124		
	⑯7 동업기업 세액감면 배분액(최저한세 적용대상)	「조세특례제한법」 제100조의18 제4항	13D		
	⑯8 첨단의료복합단지 입주기업에 대한 감면(최저한세 적용대상)	「조세특례제한법」 제121조의22 제1항 제1호	13H		
	⑯9 기술이전에 대한 세액감면	「조세특례제한법」 제12조 제1항	13J		
	⑰0 기술대여에 대한 세액감면	「조세특례제한법」 제12조 제3항	13K		
	⑰1 제주첨단과학기술단지 입주기업 감면(최저한세 적용대상)	「조세특례제한법」 제121조의8	13P		
	⑰2 제주투자진흥지구등 입주기업 감면(최저한세 적용대상)	「조세특례제한법」 제121조의9	13Q		
	⑰3 기업도시개발구역 등 입주기업 감면(최저한세 적용대상)	「조세특례제한법」 제121조의17 제1항 제1호 · 제3호 · 5호	13R		
	⑰4 위기지역 내 창업기업 세액감면(최저한세 적용대상)	「조세특례제한법」 제99조의9	13S		
	⑰5 아시아문화중심도시 투자진흥지구 입주기업 감면(최저한세 적용대상)	「조세특례제한법」 제121조의20 제1항	13T		
	⑰6 금융중심지 창업기업에 대한 감면(최저한세 적용대상)	「조세특례제한법」 제121조의21 제1항	13U		
	⑰7 국가식품클러스터 입주기업에 대한 감면(최저한세 적용대상)	「조세특례제한법」 제121조의22 제1항 제2호	13V		
	⑰8 기회발전특구 창업기업 등에 대한 법인세 등의 감면(최저한세 적용대상)	「조세특례제한법」 제121조의33	1C1		
	⑰9 소 계		130		

210mm×297mm[백상지 80g/㎡ 또는 중질지 80g/㎡]

(4쪽 중 제3쪽)

	① 구 분	② 근 거 법 조 항	코드	⑤ 전기 이월액	⑥ 당기 발생액	⑦ 공제세액
세액공제	(180) 중소기업 등 투자세액공제	구 「조세특례제한법」 제5조	131			
	(181) 상생결제 지급금액에 대한 세액공제	「조세특례제한법」 제7조의4	14Z			
	(182) 대·중소기업 상생협력을 위한 기금출연 세액공제	「조세특례제한법」 제8조의3 제1항	14M			
	(183) 협력중소기업에 대한 유형고정자산 무상임대 세액공제	「조세특례제한법」 제8조의3 제2항	18D			
	(184) 수탁기업에 설치하는 시설에 대한 세액공제	「조세특례제한법」 제8조의3 제3항	18L			
	(185) 교육기관에 무상 기증하는 중고자산에 대한 세액공제	「조세특례제한법」 제8조의3 제4항	18R			
	(186) 신성장·원천기술 연구개발비세액공제(최저한세 적용대상)	「조세특례제한법」 제10조 제1항 제1호	13L			
	(187) 국가전략기술 연구개발비세액공제(최저한세 적용대상)	「조세특례제한법」 제10조 제1항 제2호	10E			
	(188) 일반 연구·인력개발비세액공제(최저한세 적용대상)	「조세특례제한법」 제10조 제1항 제3호	13M			
	(189) 기술취득에 대한 세액공제	「조세특례제한법」 제12조 제2항	176			
	(190) 기술혁신형 합병에 대한 세액공제	「조세특례제한법」 제12조의3	14T			
	(191) 기술혁신형 주식취득에 대한 세액공제	「조세특례제한법」 제12조의4	14U			
	(192) 벤처기업등 출자에 대한 세액공제	「조세특례제한법」 제13조의2	18E			
	(193) 성과공유 중소기업 경영성과급 세액공제	「조세특례제한법」 제19조	18H			
	(194) 연구·인력개발설비투자 세액공제	구 「조세특례제한법」 제25조 제1항 제1호	134			
	(195) 에너지절약시설투자 세액공제	구 「조세특례제한법」 제25조 제1항 제2호	177			
	(196) 환경보전시설 투자 세액공제	구 「조세특례제한법」 제25조 제1항 제3호	14A			
	(197) 근로자복지증진시설투자 세액공제	구 「조세특례제한법」 제25조 제1항 제4호	142			
	(198) 안전시설투자 세액공제	구 「조세특례제한법」 제25조 제1항 제5호	136			
	(199) 생산성향상시설투자세액공제	구 「조세특례제한법」 제25조 제1항 제6호	135			
	(200) 의약품 품질관리시설투자 세액공제	구 「조세특례제한법」 제25조의4	14B			
	(201) 신성장기술 사업화를 위한 시설투자 세액공제	구 「조세특례제한법」 제25조의5	18B			
	(202) 영상콘텐츠 제작비용에 대한 세액공제(기본공제)	「조세특례제한법」 제25조의6	18C			
	(203) 영상콘텐츠 제작비용에 대한 세액공제(추가공제)	「조세특례제한법」 제25조의6	1B8			
	(204) 초연결 네트워크 시설투자에 대한 세액공제	구 「조세특례제한법」 제25조의7	18I			
	(205) 고용창출투자세액공제	「조세특례제한법」 제26조	14N			
	(206) 산업수요맞춤형고등학교등 졸업자를 병역이행 후 복직시킨 중소기업에 대한 세액공제	「조세특례제한법」 제29조의2	14S			
	(207) 경력단절 여성 고용 기업 등에 대한 세액공제	「조세특례제한법」 제29조의3 제1항	14X			
	(208) 육아휴직 후 고용유지 기업에 대한 인건비 세액공제	「조세특례제한법」 제29조의3 제2항	18J			
	(209) 근로소득을 증대시킨 기업에 대한 세액공제	「조세특례제한법」 제29조의4	14Y			
	(210) 청년고용을 증대시킨 기업에 대한 세액공제	「조세특례제한법」 제29조의5	18A			
	(211) 고용을 증대시킨 기업에 대한 세액공제	「조세특례제한법」 제29조의7	18F			
	(212) 통합고용세액공제	「조세특례제한법」 제29조의8	18S			
	(213) 통합고용세액공제(정규직 전환)	「조세특례제한법」 제29조의8	1B4			
	(214) 통합고용세액공제(육아휴직 복귀)	「조세특례제한법」 제29조의8	1B5			
	(215) 정규직근로자 전환 세액공제	「조세특례제한법」 제30조의2	14H			
	(216) 고용유지중소기업에 대한 세액공제	「조세특례제한법」 제30조의3	18K			
	(217) 중소기업 고용증가 인원에 대한 사회보험료 세액공제	「조세특례제한법」 제30조의4 제1항	14Q			
	(218) 중소기업 사회보험 신규가입에 대한 사회보험료 세액공제	「조세특례제한법」 제30조의4 제3항	18G			
	(219) 전자신고에 대한 세액공제(납세의무자)	「조세특례제한법」 제104조의8 제1항	184			
	(220) 전자신고에 대한 세액공제(세무법인 등)	「조세특례제한법」 제104조의8 제3항	14J			
	(221) 제3자 물류비용 세액공제	「조세특례제한법」 제104조의14	14E			
	(222) 대학 맞춤형 교육비용 등 세액공제	구 「조세특례제한법」 제104조의18 제1항	14I			
	(223) 대학등 기부설비에 대한 세액공제	구 「조세특례제한법」 제104조의18 제2항	14K			
	(224) 기업의 경기부 설치운영비용 세액공제	「조세특례제한법」 제104조의22	14O			
	(225) 동업기업 세액공제 배분액(최저한세 적용대상)	「조세특례제한법」 제100조의18 제4항	14L			
	(226) 산업수요맞춤형 고등학교 등 재학생에 대한 현장훈련수당 등 세액공제	구 「조세특례제한법」 제104조의18 제4항	14R			
	(227) 석유제품 전자상거래에 대한 세액공제	「조세특례제한법」 제104조의25	14P			
	(228) 금 현물시장에서 거래되는 금지금에 대한 과세특례	「조세특례제한법」 제126조의7 제8항	14V			
	(229) 금사업자와 스크랩등사업자의 수입금액의 증가 등에 대한 세액공제	「조세특례제한법」 제122조의4	14W			
	(230) 우수 선화주 인증 국제물류주선업자 세액공제	「조세특례제한법」 제104조의30	18M			
	(231) 소재·부품·장비 수요기업 공동출자 세액공제	「조세특례제한법」 제13조의3 제1항	18N			
	(232) 소재·부품·장비 외국법인 인수세액 공제	「조세특례제한법」 제13조의3 제3항	18P			
	(233) 선결제 금액에 대한 세액공제	「조세특례제한법」 제99조의12	18Q			
	(234) 해외자원개발투자에 대한 과세특례	「조세특례제한법」 제104조의15	1B6			
	(235) 통합투자세액공제(일반)	「조세특례제한법」 제24조	13W		74,500,000	18,367,512
	(236) 통합투자세액공제(신성장·원천기술)	「조세특례제한법」 제24조	13X			
	(237) 통합투자세액공제(국가전략기술)	「조세특례제한법」 제24조	13Y			
	(238) 임시통합투자세액공제(일반)	「조세특례제한법」 제24조	1B1			
	(239) 임시통합투자세액공제(신성장·원천기술)	「조세특례제한법」 제24조	1B2			
	(240) 임시통합투자세액공제(국가전략기술)	「조세특례제한법」 제24조	1B3			
	(241) 문화산업전문회사 출자에 대한 세액공제	「조세특례제한법」 제25조의7	1B7			
	(242) 소 계		149		74,500,000	18,367,512
(243) 합 계((179) + (242))			150			18,367,512
(244) 공제감면세액 총계((150) + (243))			151			18,367,512

210mm×297mm[백상지 80g/㎡ 또는 중질지 80g/㎡]

㉟ 기술도입대가에 대한 조세면제	법률 제9921호 조세특례제한법 일부개정법률 부칙 제77조	183				
㊱ 간주 · 간접 외국납부세액공제	「법인세법」 제57조제3항 · 제4항 · 제6항	189				

작성방법

1. ③ 대상세액란: 「법인세법」, 「조세특례제한법」 등에 따른 공제감면대상금액이 있는 경우 공제감면세액계산서(별지 제8호서식 부표 1, 2, 3, 4, 5)에 따라 감면구분별로 적습니다.
2. ④ · ⑦ 공제세액란: 「법인세법」, 「조세특례제한법」 등에 따른 공제감면세액은 공제감면세액계산서(별지 제8호서식 부표 1, 2, 3, 4, 5)에 따라 계산된 공제세액 중 당기에 공제될 세액의 범위에서 「법인세법」 제59조 제1항에 따른 공제순서에 따라 감면 구분별로 적습니다.
3. ⑮⓪란 중 ④ 감면세액란: 법인세 과세표준 및 세액조정계산서(별지 제3호서식)의 ⑫③ 최저한세 적용제외 공제감면세액란에 옮겨 적습니다.
4. ㉔⓪란 중 ⑦ 공제세액란: 법인세 과세표준 및 세액조정계산서(별지 제3호서식)의 ⑫① 최저한세 적용대상 공제감면세액란에 옮겨 적습니다.
5. ㉔⑤ 기술도입대가에 대한 조세면제란의 공제세액란: 기술도입대가를 지급하는 내국법인이 별지 제8호서식 부표 9 기술도입대가에 대한 조세면제명세서의 면제세액 합계액을 적습니다(국내사업장이 있고 해당 기술이 국내사업장에 실질적으로 관련되거나 귀속되는 경우에는 기술을 제공하는 외국법인이 ㉔⑤ 기술도입대가에 대한 조세면제란의 감면세액란에 적습니다).
6. ⑭ 외국납부세액공제란: 외국납부세액과 ㉔⑥ 간주 · 간접 외국납부세액공제액을 합하여 적고, 간주 · 간접 외국납부세액공제액은 ㉔⑥란에 별도로 적습니다.
7. 「조세특례제한법」 제10조의 연구 · 인력개발비세액공제 중 최저한세가 적용되는 공제세액은 ⑱⑥, ⑱⑦ 또는 ⑱⑧란에 적고, 최저한세 적용이 제외되는 공제세액은 ⑭, ⑭③ 또는 ⑭④란에 각각 구분하여 적습니다.
8. ⑱⑥, ⑱⑦ 또는 ⑱⑧란 중 ⑤ 전기이월액란:「조세특례제한법」 제144조 제1항에 따라 이월된 미공제 금액 중 해당 과세연도에 공제할 일반연구 · 인력개발비, 신성장 · 원천기술연구개발비 또는 국가전략기술연구개발비를 각각 구분하여 적습니다(구 공제감면코드: 132).
9. 법령의 개정에 따라 종전의 규정 또는 개정규정에 따라 공제감면 받는 경우에는 비어 있는 란 등에 해당 법령의 조문순서에 따라 별도로 적습니다.
10. ② 근거법조항 중 "구"는 「조세특례제한법」(2020.12.29. 법률 제17759호로 개정되기 전의 것)에 따른 조항을 의미합니다.

210mm×297mm[백상지 80g/㎡ 또는 중질지 80g/㎡]

[별지 제3호 서식] (2024.3.22. 개정) (앞쪽)

사업연도	2024.01.01. ~ 2024.12.31.	법인세 과세표준 및 세액조정계산서	법인명	㈜나라
			사업자등록번호	203-81-63108

구분	항목	코드	금액
① 각 사업연도 소득계산	101 결산서상당기순손익	01	319 729 266
	소득조정금액 102 익금산입	02	
	소득조정금액 103 손금산입	03	
	104 차가감소득금액 (101+102-103)	04	319 729 266
	105 기부금한도초과액	05	
	106 기부금한도초과이월액 손금산입	54	
	107 각사업연도소득금액 (104+105-106)	06	319 729 266
② 과세표준 계산	108 각사업연도소득금액 (108=107)		319 729 266
	109 이월결손금	07	
	110 비과세소득	08	
	111 소득공제	09	
	112 과세표준 (108-109-110-111)	10	319 729 266
	159 선박표준이익	55	
③ 산출세액 계산	113 과세표준(112+159)	56	319 729 266
	114 세율	11	19
	115 산출세액	12	40 748 560
	116 지점유보소득 (「법인세법」 제96조)	13	
	117 세율	14	
	118 산출세액	15	
	119 합계(115+118)	16	40 748 560
④ 납부할 세액 계산	120 산출세액(120=119)		40 748 560
	121 최저한세적용대상공제감면세액	17	18 367 512
	122 차감세액	18	22 381 048
	123 최저한세적용제외공제감면세액	19	
	124 가산세액	20	
	125 가감계(122-123+124)	21	22 381 048
	기납부세액 / 기한내납부세액 126 중간예납세액	22	
	기납부세액 / 기한내납부세액 127 수시부과세액	23	
	기납부세액 / 기한내납부세액 128 원천납부세액	24	
	기납부세액 / 기한내납부세액 129 간접투자회사등의 외국납부세액	25	
	기납부세액 / 기한내납부세액 130 소계 (126+127+128+129)	26	
	기납부세액 131 신고납부전가산세액	27	
	기납부세액 132 합계 (130+131)	28	

구분	항목	코드	금액
	133 감면분추가납부세액	29	
	134 차감납부할세액 (125-132+133)	30	22 381 048
⑤ 토지등양도소득에 대한 법인세 계산	양도차익 135 등기자산	31	
	양도차익 136 미등기자산	32	
	137 비과세소득	33	
	138 과세표준 (135+136-137)	34	
	139 세율	35	
	140 산출세액	36	
	141 감면세액	37	
	142 차감세액 (140-141)	38	
	143 공제세액	39	
	144 동업기업 법인세 배분액 (가산세 제외)	58	
	145 가산세액 (동업기업 배분액 포함)	40	
	146 가감계(142-143+144+145)	41	
	기납부세액 147 수시부과세액	42	
	기납부세액 148 (　　　) 세액	43	
	기납부세액 149 계 (147+148)	44	
	150 차감납부할세액(146-149)	45	
⑥ 미환류소득 법인세	160 과세대상 미환류소득	59	
	161 세율	60	
	162 산출세액	61	
	163 가산세액	62	
	164 이자상당액	63	
	165 납부할세액(162+163+164)	64	
⑦ 세액계	151 차감납부할세액계 (134+150+165)	46	22 381 048
	152 사실과 다른 회계처리 경정세액공제	57	
	153 분납세액계산범위액 (151-124-133-145-152+131)	47	22 381 048
	154 분납할세액	48	11 190 524
	155 차감납부세액 (151-152-154)	49	11 180 524

210mm×297mm[백상지 80g/㎡ 또는 중질지 80g/㎡]

[별지 제13호 서식] (2024.3.22. 개정) (3쪽 중 제1쪽)

사 업 연 도	2024.01.01. ~ 2024.12.31.	농어촌특별세 과세대상 감면세액 합계표	법인명	㈜나라
			사업자등록번호	203-81-63108

1. 일반법인의 감면세액

① 구 분	② 감 면 내 용	③ 「조세특례제한법」근거 조항	코 드	④ 감 면 세 액 (소득금액)	비 고
⑤ 비과세	⑩ 기업구조조정전문회사의 양도차익 비과세	법률 제9272호 부칙 제10조 · 제40조	604	( )	「법인세법 시행규칙」 별지 제6호서식의 ⑩란 해당 금액
	⑫ 중소기업창업투자회사 등의 소재 · 부품 · 장비전문기업 주식양도차익 등에 대한 비과세	제13조의4	62Q	( )	
	⑬		606		
⑥ 소득공제	⑭ 국민주택임대소득공제	제55조의2 제4항	460	( )	「법인세법 시행규칙」 별지 제7호서식의 ⑧란 해당 금액
	⑮ 주택임대소득공제(연면적 149㎡ 이하)	제55조의2 제5항	463	( )	
	⑯			( )	
	⑰		458		
⑦ 비과세 · 소득공제분 감면세액			6A1		(과세표준+소득금액)×세율－산출세액
⑧ 세액감면	⑱ 국제금융거래이자소득 면제	제21조	123		「법인세법 시행규칙」 별지 제8호서식(갑)의 ④란 해당 금액
	⑲ 해외자원개발배당 감면	제22조	103		
	⑪ 사업전환 중소기업에 대한 세액감면	구 제33조의2	192		
	⑪ 무역조정지원기업의 사업전환 세액감면	구 제33조의2	13A		
	⑫ 기업구조조정전문회사의 주식양도차익 감면	법률 제9272호 부칙 제10조 · 제40조	13B		
	⑬ 혁신도시 이전 공공기관 세액감면	제62조제4항	13F		
	⑭ 행정중심복합도시 등 공장이전 조세감면	제85조의2(19.12.31. 법률 제16835호로 개정되기 전의 것)	11A		
	⑮ 사회적 기업에 대한 감면	제85조의6	11L		
	⑯ 장애인 표준사업장에 대한 감면	제85조의6	11M		
	⑰ 소형주택 임대사업자에 대한 세액감면	제96조	13I		
	⑱ 상가건물 장기 임대사업자에 대한 감면	제96조의2	13N		
	⑲ 제주첨단과학기술단지입주기업 조세감면(최저한세적용제외)	제121조의8	181		
	⑳ 제주투자진흥지구 등 입주기업 조세감면(최저한세적용제외)	제121조의9	182		
	㉑ 기업도시개발구역 등 입주기업 감면(최저한세적용제외)	제121조의17제1항제1호 · 제3호 · 제5호	197		
	㉒ 기업도시개발사업 등 시행자 감면	제121조의17 제1항 제2호 · 제4호 · 제6호 · 제7호	198		
	㉓ 아시아문화중심도시 투자진흥지구 입주기업 감면(최저한세적용제외)	제121조의20 제1항	11C		
	㉔ 금융중심지 창업기업에 대한 감면(최저한세적용제외)	제121조의21 제1항	11G		
	㉕ 첨단의료복합단지 입주기업에 대한 감면(최저한세적용제외)	제121조의22	17A		
	㉖ 국가식품클러스터 입주기업에 대한 감면(최저한세적용제외)	제121조의22	17B		
	㉗ 첨단의료복합단지 입주기업에 대한 감면(최저한세적용대상)	제121조의22	13H		
	㉘ 국가식품클러스터 입주기업에 대한 감면(최저한세적용대상)	제121조의22	13V		
	㉙ 제주첨단과학기술단지입주기업 조세감면(최저한세적용대상)	제121조의8	13P		
	㉚ 제주투자진흥지구 등 입주기업 조세감면(최저한세적용대상)	제121조의9	13Q		
	㉛ 기업도시개발구역 등 입주기업 감면(최저한세적용대상)	제121조의17 제1항 제1호 · 제3호 · 제5호	13R		
	㉜ 금융중심지 창업기업에 대한 감면(최저한세적용대상)	제121조의21 제1항	13U		
	㉝ 아시아문화중심도시 투자진흥지구 입주기업 감면(최저한세적용대상)	제121조의20 제1항	13T		
	㉞ 기회발전특구 창업기업 등에 대한 법인세 등의 감면(최저한세적용제외)	제121조의33	1D1		
	㉟ 기회발전특구 창업기업 등에 대한 법인세 등의 감면(최저한세적용대상)	제121조의33	1C1		
	㊱		164		

210mm×297mm[백상지 80g/㎡ 또는 중질지 80g/㎡]

(3쪽 중 제2쪽)

① 구 분	② 감 면 내 용	③ 「조세특례제한법」 근거 조항	코드	④ 감 면 세 액 (소득금액)	비 고
	(137) 중소기업투자세액공제	구 제5조	131		
	(138) 상생결제 지급금액에 대한 세액공제	제7조의4	14Z		
	(139) 대중소기업 상생협력을 위한 기금출연 세액공제	제8조의3 제1항	14M		
	(140) 협력중소기업에 대한 유형고정자산 무상임대 세액공제	제8조의3 제2항	18D		
	(141) 수탁기업에 설치하는 시설에 대한 세액공제	제8조의3 제3항	18L		
	(142) 교육기관에 무상 기증하는 중고자산에 대한 세액공제	제8조의3 제4항	18R		
	(143) 기술혁신형 합병에 대한 세액공제	제12조의3	14T		
	(144) 기술혁신형 주식취득에 대한 세액공제	제12조의4	14U		
	(145) 벤처기업 등 출자에 대한 세액공제	제13조의2	18E		
	(146) 성과공유 중소기업 경영성과급 세액공제	제19조	18H		
	(147) 에너지절약시설투자 세액공제	구 제25조 제1항 제2호	177		
	(148) 환경보전시설투자 세액공제	구 제25조 제1항 제3호	14A		
	(149) 근로자복지증진시설투자 세액공제	구 제25조 제1항 제4호	142		
	(150) 안전시설투자 세액공제	구 제25조 제1항 제5호	136		
	(151) 생산성향상시설투자세액공제	구 제25조 제1항 제6호	135		
	(152) 의약품 품질관리시설투자 세액공제	구 제25조의4	14B		
	(153) 신성장기술 사업화를 위한 시설투자 세액공제	구 제25조의5	18B		
	(154) 영상콘텐츠 제작비용에 대한 세액공제(기본공제)	제25조의6	18C		
	(155) 영상콘텐츠 제작비용에 대한 세액공제(추가공제)	제25조의6	1B8		
	(156) 초연결 네크워크 시설투자에 대한 세액공제	구 제25조의7	18I		
	(157) 고용창출투자세액공제	제26조	14N		
	(158) 산업수요맞춤형고등학교등 졸업자 복직 중소기업 세액공제	제29조의2	14S		
	(159) 경력단절 여성 고용 기업 등에 대한 세액공제	제29조의3 제1항	14X		
	(160) 육아휴직 후 고용유지 기업에 대한 인건비 세액공제	제29조의3 제2항	18J		
⑨ 세액공제	(161) 근로소득을 증대시킨 기업에 대한 세액공제	제29조의4	14Y		
	(162) 청년고용을 증대시킨 기업에 대한 세액공제	제29조의5	18A		「법인세법 시행규칙」 별지 제8호서식(갑)의 ④ · ⑦란 세액공제 해당 금액
	(163) 고용을 증대시킨 기업에 대한 세액공제	제29조의7	18F		
	(164) 통합고용세액공제	제29조의8	18S		
	(165) 통합고용세액공제(정규직 전환)	제29조의8	1B4		
	(166) 통합고용세액공제(육아휴직복귀)	제29조의8	1B5		
	(167) 제3자 물류비용 세액공제	제104조의14	14E		
	(168) 대학 맞춤형 교육비용 등 세액공제	구 제104조의18 제1항	14I		
	(169) 대학등 기부설비에 대한 세액공제	구 제104조의18 제2항	14K		
	(170) 산업수요맞춤형 고등학교 등 재학생에 대한 현장훈련수당 등 세액공제	구 제104조의18 제4항	14R		
	(171) 기업의 경기부 설치운영비용 세액공제	제104조의22	14O		
	(172) 석유제품 전자상거래에 대한 세액공제	제104조의25	14P		
	(173) 금 현물시장에서 거래되는 금지금에 대한 과세특례	제126조의7제8항	14V		
	(174) 금사업자와 스크랩등사업자의 수입금액의 증가 등에 대한 세액공제	제122조의4	14W		
	(175) 우수 선화주 인증 국제물류주선업자 세액공제	제104조의30	18M		
	(176) 용역제공자에 관한 과세자료의 제출에 대한 세액공제	제104조의32	10C		
	(177) 소재 · 부품 · 장비 수요기업 공동출자 세액공제	제13조의3 제1항	18N		
	(178) 소재 · 부품 · 장비 외국법인 인수세액 공제	제13조의3 제3항	18P		
	(179) 상가임대료를 인하한 임대사업자에 대한 세액공제	제96조의3	10B		
	(180) 선결제 금액에 대한 세액공제	제99조의12	18Q		
	(181) 통합투자세액공제(일반)	제24조	13W	18,367,512	
	(182) 임시통합투자세액공제(일반)	제24조	1B1		
	(183) 통합투자세액공제(신성장 · 원천기술)	제24조	13X		
	(184) 임시통합투자세액공제(신성장 · 원천기술)	제24조	1B2		
	(185) 통합투자세액공제(국가전략기술)	제24조	13Y		
	(186) 임시통합투자세액공제(국가전략기술)	제24조	1B3		
	(187) 해외자원개발투자에 대한 과세특례	제104조의15	1B6		
	(188) 문화산업전문회사 출자에 대한 세액공제	제25조의7	1B7		
	(189)		165		
⑩ 감 면 세 액 합 계				18,367,512	

2. 조합법인 등의 감면세액

① 법인세 과세표준	② 「조세특례제한법」 제72조 세율	③ 산출세액 (①×②)	④ 과세표준		⑤ 「법인세법」 제55조의 세율	⑥ 산출세액	⑦ 감면세액 (⑥-③)
			구 분	금 액			
			2억원 이하 200억원 이하 3천억원 이하 3천억원 초과				
합 계			합 계				

210mm×297mm[백상지 80g/㎡ 또는 중질지 80g/㎡]

(3쪽 중 제3쪽)

3. 조합법인에 대한 공제세액

⑧ 공제내용	코드	⑨ 공제세액	비 고
청년고용을 증대시킨 기업에 대한 세액공제	18A		「법인세법 시행규칙」 별지 제8호서식(갑)의 ⑦란 공제세액 해당 금액
고용을 증대시킨 기업에 대한 세액공제	18F		「법인세법 시행규칙」 별지 제8호서식(갑)의 ⑦란 공제세액 해당 금액
기업의 경기부 설치운영비용 세액공제	140		「법인세법 시행규칙」 별지 제8호서식(갑)의 ⑦란 공제세액 해당 금액
상가임대료를 인하한 임대사업자에 대한 세액공제	10B		「법인세법 시행규칙」 별지 제8호서식(갑)의 ④란 감면(공제)세액 해당 금액
선결제금액에 대한 세액공제	18Q		「법인세법 시행규칙」 별지 제8호서식(갑)의 ⑦란 공제세액 해당 금액
통합고용세액공제	18S		「조세특례제한법 시행규칙」 별지 제10호의9서식의 ④란 공제세액 해당 금액
합 계			

작 성 방 법

1. 일반법인의 감면세액 계산
   가. ⑦란 중 ④ 감면세액(소득금액)란의 금액은 각 사업연도 소득에 대한 법인세 과세표준[법인세 과세표준 및 세액조정계산서(별지 제3호서식)의 ⑬란의 금액을 말합니다]에 ⑤란의 비과세 소득금액과 ⑥란의 소득공제금액을 합산한 조정과세표준에 대한 산출세액에서 법인세 과세표준 및 세액조정계산서(별지 제3호서식)의 ⑮란의 산출세액의 금액을 빼서 적습니다.
   나. 그 밖에 ⑤ 비과세, ⑥ 소득공제, ⑧ 세액감면, ⑨ 세액공제의 빈 란에는 「조세특례제한법」의 개정으로 추가하여 감면세액이 발생되거나 개정 전 규정의 부칙에 따라 적용되는 감면세액이 농어촌특별세 과세대상에 해당하는 경우에 해당 감면세액을 각각 적습니다.

2. 조합법인 등의 감면세액 계산: ⑤ 「법인세법」 제55조의 세율은 다음과 같이 적용합니다.
   가. 2012년 1월 1일 이후 개시하는 사업연도

과세표준	세 율
2억원 이하	과세표준의 100분의 10
2억원 초과 200억원 이하	2천만원 + (2억원 초과 200억원 이하 금액의 100분의 20)
200억원 초과	39억 8천만원 + (200억원을 초과하는 금액의 100분의 22)

   나. 2018년 1월 1일 이후 개시하는 사업연도

과세표준	세 율
2억원 이하	과세표준의 100분의 10
2억원 초과 200억원 이하	2천만원 + (2억원 초과 200억원 이하 금액의 100분의 20)
200억원 초과 3천억원 이하	39억8천만원 + (200억원을 초과하는 금액의 100분의 22)
3천억원 초과	655억8천만원 + (3천억원을 초과하는 금액의 100분의 25)

   다. 2023년 1월 1일 이후 개시하는 사업연도

과세표준	세 율
2억원 이하	과세표준의 100분의 9
2억원 초과 200억원 이하	1천8백만원 + (2억원 초과 200억원 이하 금액의 100분의 19)
200억원 초과 3천억원 이하	37억8천만원 + (200억원을 초과하는 금액의 100분의 21)
3천억원 초과	625억8천만원 + (3천억원을 초과하는 금액의 100분의 24)

3. 조합법인 등의 공제세액 계산: 「조세특례제한법」의 개정으로 조합법인 등에 추가로 공제되는 공제세액이 농어촌특별세 과세대상에 해당하는 공제세액을 적습니다.

※ 근거법조항 중 "구"는 「조세특례제한법」(2020.12.29. 법률 제17759호로 개정되기 전의 것)에 따른 조항을 의미합니다.

210mm×297mm[백상지 80g/㎡ 또는 중질지 80g/㎡]

[별지 제12호 서식] (2017.3.10. 개정) (앞 쪽)

사 업 연 도	2024.01.01. ~ 2024.12.31.	농어촌특별세과세표준 및 세액조정계산서	법인명	㈜나라
			사업자등록번호	203-81-63108

농어촌특별세 과세표준 및 세액 조정내역

①법 인 유 형	②과 세 표 준		세 율	③세 액
	구 분	금 액		
④일 반 법 인	⑤법 인 세 감 면 세 액	18,367,512	20%	3,673,502
	⑥			
	⑦			
	⑧소 계	18,367,512		3,673,502
⑨조 합 법 인 등	⑩법 인 세 공제 · 감 면 세 액		20%	
	⑫소 계			

작 성 방 법

1. ②란 중 ⑤법인세감면세액란에는 농어촌특별세과세대상감면세액합계표[별지 제13호서식]상의 ⑩감면세액합계란의 금액을 옮겨 적습니다.
2. ②란 중 ⑩법인세공제 · 감면세액란에는 농어촌특별세과세대상감면세액합계표[별지 제13호서식] 2. 조합법인 등 감면세액중 ⑦감면세액란의 합계금액과 3. 조합법인 등 공제세액중 ⑨ 공제세액란 합계금액을 더하여 기입합니다.

210mm×297mm[백상지 80g/㎡ 또는 중질지 80g/㎡]

[별지 제2호 서식] (2024.3.22. 개정) (앞쪽)

농어촌특별세 과세표준 및 세액신고서

※ 뒤쪽의 신고안내 및 작성방법을 읽고 작성하여 주시기 바랍니다.

1. 신고인 인적사항

① 소 재 지	경기도 고양시 일산구 대화로37번길 102-30(법곳동)				
② 법 인 명	㈜나라		③대 표 자 성 명	김 유 민	
④ 사 업 자 등 록 번 호	203-81-63108	⑤사 업 연 도	2024.01.01. ~2024.12.31.	⑥전 화 번 호	02-2231-7027

2. 농어촌특별세 과세표준 및 세액 조정내역

⑦과 세 표 준			18,367,512
⑧산 출 세 액			3,673,502
(미납세액, 미납일수, 세율) ⑨가 산 세 액			(, , 2.2/10,000)
⑩총 부 담 세 액			3,673,502
⑪기 납 부 세 액			
⑫환 급 예 정 세 액			
⑬차 감 납 부 할 세 액			3,673,502
⑭분 납 할 세 액			
⑮차 감 납 부 세 액			3,673,502
⑯충 당 후 납 부 세 액			3,673,502
⑰국 세 환 급 금 충 당 신 청	환 급 법 인 세		
	충 당 할 농 어 촌 특 별 세		

신고인은 「농어촌특별세법」 제7조에 따라 위의 내용을 신고하며, 위 내용을 충분히 검토하였고 **신고인이 알고 있는 사실 그대로를 정확하게 적었음을 확인합니다.**

2025년 03월 31일

신고인(대표자) **㈜나라 김 유 민 (서명 또는 인)**

세무대리인은 조세전문자격자로서 위 신고서를 성실하고 공정하게 작성하였음을 확인합니다.

세무대리인 (서명 또는 인)

고양 세무서장 귀하

210mm×297mm[백상지 80g/㎡ 또는 중질지 80g/㎡]

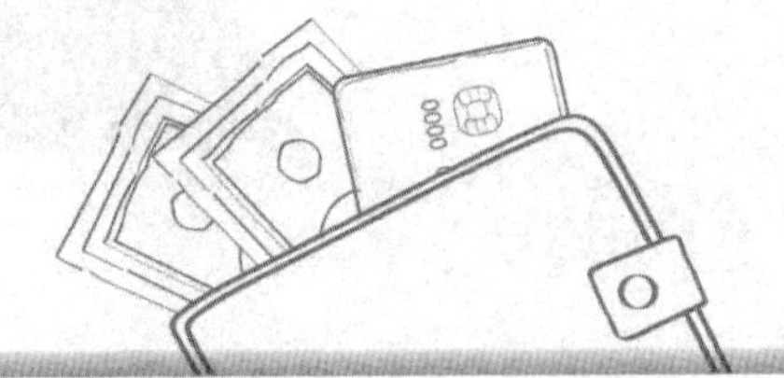

세액공제감면 서식작성실무

PART 05

고용지원을 위한 조세특례

상시근로자·단시간근로자·청년·경력단절 여성·장애인·60세 이상 근로자의 개념

조세특례제한법에서는 일자리 창출을 장려하기 위해 고용인원을 증가시키는 기업에 대해서는 감면세액 계산 시 추가감면과 각종 세액공제를 적용하고 반대로 일자리 감소에 대하여는 세액감면한도의 축소, 적용하였던 공제세액의 추징을 규정하고 있다. 이를 이해하기 위해서는 상시근로자 개념을 정확히 이해하여야 하고 상시근로자는 개별조항마다 약간의 차이가 있지만 대개 청년 근로자, 장애인 근로자, 60세 이상 근로자, 경력단절여성 근로자로 세분화하여 공제세액 계산 시 차등적용하고 있으므로 이에 대한 이해 또한 필요하다. 이하에서는 이에 대해 구체적으로 살펴보고자 한다.

1 상시근로자

조세특례제한법에는 고용인원 증가에 대하여 각종 세액공제 또는 세액감면에 관한 다수의 규정이 있는데 고용인원 증가여부 판단 및 증가인원의 수를 판정할 때 상시근로자의 개념이 적용된다. 상시근로자의 범위와 상시근로자 수 결정은 세액공제 또는 세액감면 규정을 적용할 때 반드시 이해하여야 하는 개념인데 조세특례제한법 각 개별조항에 규정된 범위가 모든 조항에서 동일하게 적용되지 않고 일부 차이가 있으므로 주의를 하여야 한다.

(1) 상시근로자

① 상시근로자의 개념

상시근로자란 「근로기준법」에 따라 근로계약을 체결한 '내국인 근로자'로 한다. 주의할 점은 '내국인 근로자'는 한국 국적을 가진 근로자를 말하는 것이 아닌 조세특례제한법의 '내국인' 정의에 부합되는 자를 말하는 것으로 소득세법상 '국내에 주소를 두고 있거나 183일 이상의 거소를 둔 개인'인 근로자로 이해하여야 한다.

근로기준법 제2조【정의】

① 이 법에서 사용하는 용어의 뜻은 다음과 같다.

1. "근로자"란 직업의 종류와 관계없이 임금을 목적으로 사업이나 사업장에 근로를 제공하는 사람을 말한다.

2. "사용자"란 사업주 또는 사업 경영 담당자, 그 밖에 근로자에 관한 사항에 대하여 사업주를 위하여 행위하는 자를 말한다.
3. "근로"란 정신노동과 육체노동을 말한다.
4. "근로계약"이란 근로자가 사용자에게 근로를 제공하고 사용자는 이에 대하여 임금을 지급하는 것을 목적으로 체결된 계약을 말한다.
5. "임금"이란 사용자가 근로의 대가로 근로자에게 임금, 봉급, 그 밖에 어떠한 명칭으로든지 지급하는 모든 금품을 말한다.
6. "평균임금"이란 이를 산정하여야 할 사유가 발생한 날 이전 3개월 동안에 그 근로자에게 지급된 임금의 총액을 그 기간의 총일수로 나눈 금액을 말한다. 근로자가 취업한 후 3개월 미만인 경우도 이에 준한다.
7. "1주"란 휴일을 포함한 7일을 말한다.
8. "소정(所定)근로시간"이란 제50조, 제69조 본문 또는 「산업안전보건법」 제139조 제1항에 따른 근로시간의 범위에서 근로자와 사용자 사이에 정한 근로시간을 말한다.
9. "단시간근로자"란 1주 동안의 소정근로시간이 그 사업장에서 같은 종류의 업무에 종사하는 통상 근로자의 1주 동안의 소정근로시간에 비하여 짧은 근로자를 말한다.

② 제1항 제6호에 따라 산출된 금액이 그 근로자의 통상임금보다 적으면 그 통상임금액을 평균임금으로 한다.

② 상시근로자 관련 조세특례제한법 개별규정

조세특례제한법 개별조항 중 상시근로자와 관련된 조문을 정리해보면 다음과 같다 (총26개).

- 제6조【창업중소기업 등에 대한 세액감면】
- 제7조【중소기업에 대한 특별세액감면】
- 제12조의2【연구개발특구에 입주하는 첨단기술기업 등에 대한 법인세 등의 감면】
- 제19조【성과공유 중소기업의 경영성과급에 대한 세액공제 등】
- 제26조【고용창출투자세액공제】
- 제29조의3【경력단절 여성 고용 기업 등에 대한 세액공제】
- 제29조의4【근로소득을 증대시킨 기업에 대한 세액공제】
- 제29조의5【청년고용을 증대시킨 기업에 대한 세액공제】
- 제29조의7【고용을 증대시킨 기업에 대한 세액공제】
- 제29조의8【통합고용세액공제】
- 제30조의2【정규직 근로자로의 전환에 따른 세액공제】(2022.12.31. 삭제)
- 제30조의3【고용유지중소기업 등에 대한 과세특례】

- 제30조의4【중소기업 사회보험료 세액공제】
- 제64조【농공단지 입주기업 등에 대한 세액감면】
- 제85조의6【사회적기업 및 장애인 표준사업장에 대한 법인세 등의 감면】
- 제99조의9【위기지역 창업기업에 대한 법인세 등의 감면】
- 제99조의11【감염병 피해에 따른 특별재난지역의 중소기업에 대한 법인세 등의 감면】
- 제100조의32【투자 · 상생협력 촉진을 위한 과세특례】
- 제121조의2【외국인투자에 대한 조세 감면】
- 제121조의4【증자의 조세감면】
- 제121조의8【제주첨단과학기술단지 입주기업에 대한 법인세 등의 감면】
- 제121조의9【제주투자진흥지구 또는 제주자유무역지역 입주기업에 대한 법인세 등의 감면】
- 제121조의17【기업도시개발구역 등의 창업기업 등에 대한 법인세 등의 감면】
- 제121조의20【아시아문화중심도시 투자진흥지구 입주기업 등에 대한 법인세 등의 감면 등】
- 제121조의21【금융중심지 창업기업 등에 대한 법인세 등의 감면 등】
- 제121조의22【첨단의료복합단지 및 국가식품클러스터 입주기업에 대한 법인세 등의 감면】

(2) 상시근로자에서 제외되는 자

개별조항에서 상시근로자를 범위를 달리 규정하고 있는 경우가 있으므로 실무자의 경우 각 개별조항 적용 시 상시근로자에서 제외되는 근로자를 구분하여야 하는데 개별조항에서 규정하고 있는 상시근로자 제외규정을 구분하여 보면 다음과 같이 5가지 유형으로 나누어볼 수 있다.

구 분	제외유형 Ⅰ	제외유형 Ⅱ	제외유형 Ⅲ	제외유형 Ⅳ	제외유형 Ⅴ
계약기간 1년 미만	적용	적용	적용	적용	적용
단시간근로자	적용	적용	적용	적용	적용
임원	적용	적용	적용	적용	적용
최대주주 등 (=최대주주 + 배우자)	적용	적용	적용	적용	적용

구 분	제외유형 Ⅰ	제외유형 Ⅱ	제외유형 Ⅲ	제외유형 Ⅳ	제외유형 Ⅴ
최대주주 등의 직계존비속 및 친족	적용	적용	적용	최대주주 등의 직계존비속과 그 배우자로 한정	적용
원천징수 미확인	적용	적용	적용	적용	적용
4대보험 미확인	적용	적용	미적용	적용	적용
총급여	미적용	7천만원 초과자 제외	미적용	미적용	미적용
근로소득의 금액	미적용	미적용	7천(8천)만원 이상인 자 제외	미적용	미적용

1) 상시근로자에서 제외되는 근로자 – 유형 Ⅰ

① 근로계약기간이 1년 미만인 근로자(근로계약의 연속된 갱신으로 인하여 그 근로계약의 총 기간이 1년 이상인 근로자는 제외한다)

☞ 근로계약의 연속된 갱신으로 근로계약의 총 기간이 1년 이상인 경우 갱신일이 속하는 월부터 상시근로자에 포함 - 조특, 서면-2022-법인-2176[법인세과-1583], 2022.10.31.

② 「근로기준법」 제2조 제1항 제9호에 따른 단시간근로자. 다만, 1개월간의 소정근로시간이 60시간 이상인 근로자는 상시근로자로 본다.

③ 「법인세법 시행령」 제40조 제1항 각 호의 어느 하나에 해당하는 임원

제40조【기업업무추진비의 범위】

① 주주 또는 출자자(이하 "주주등"이라 한다)나 다음 각 호의 어느 하나에 해당하는 직무에 종사하는 자(이하 "임원"이라 한다) 또는 직원이 부담하여야 할 성질의 기업업무추진비를 법인이 지출한 것은 이를 기업업무추진비로 보지 아니한다.

1. 법인의 회장, 사장, 부사장, 이사장, 대표이사, 전무이사 및 상무이사 등 이사회의 구성원 전원과 청산인
2. 합명회사, 합자회사 및 유한회사의 업무집행사원 또는 이사
3. 유한책임회사의 업무집행자
4. 감사
5. 그 밖에 제1호부터 제4호까지의 규정에 준하는 직무에 종사하는 자

④ 해당 기업의 최대주주 또는 최대출자자(개인사업자의 경우에는 대표자를 말한다)와 그 배우자

⑤ '④'에 해당하는 자의 직계존비속(그 배우자를 포함한다) 및 「국세기본법 시행령」 제1조의2 제1항에 따른 친족관계인 사람

국기령 제1조의2【특수관계인의 범위】

① 법 제2조 제20호 가목에서 "혈족·인척 등 대통령령으로 정하는 친족관계"란 다음 각 호의 어느 하나에 해당하는 관계(이하 "친족관계"라 한다)를 말한다.

1. 4촌 이내의 혈족
2. 3촌 이내의 인척
3. 배우자(사실상의 혼인관계에 있는 자를 포함한다)
4. 친생자로서 다른 사람에게 친양자 입양된 자 및 그 배우자·직계비속
5. 본인이 「민법」에 따라 인지한 혼인 외 출생자의 생부나 생모(본인의 금전이나 그밖의 재산으로 생계를 유지하는 사람 또는 생계를 함께하는 사람으로 한정한다)

⑥ 「소득세법 시행령」 제196조에 따른 근로소득원천징수부에 의하여 근로소득세를 원천징수한 사실이 확인되지 아니하고, 어느 하나에 해당하는 금액의 납부사실도 확인되지 아니하는 자

㉠ 「국민연금법」 제3조 제1항 제11호 및 제12호에 따른 부담금 및 기여금

㉡ 「국민건강보험법」 제69조에 따른 직장가입자의 보험료

위 '유형 Ⅰ'의 상시근로자에서 제외되는 근로자 규정이 적용되는 조세특례제한법 개별 조항은 다음과 같다.

① 제6조【창업중소기업 등에 대한 세액감면】

② 제7조【중소기업에 대한 특별세액감면】

③ 제12조의2【연구개발특구에 입주하는 첨단기술기업 등에 대한 법인세 등의 감면】

④ 제26조【고용창출투자세액공제】

⑤ 제29조의3【경력단절 여성 고용 기업 등에 대한 세액공제】

⑥ 제29조의5【청년고용을 증대시킨 기업에 대한 세액공제】

⑦ 제29조의7【고용을 증대시킨 기업에 대한 세액공제】

⑧ 제29조의8【통합고용세액공제】

⑨ 제30조의2【정규직 근로자로의 전환에 따른 세액공제】(2022.12.31. 삭제)

⑩ 제64조【농공단지 입주기업 등에 대한 세액감면】

⑪ 제85조의6【사회적기업 및 장애인 표준사업장에 대한 법인세 등의 감면】

⑫ 제99조의9【위기지역 창업기업에 대한 법인세 등의 감면】

⑬ 제99조의11【감염병 피해에 따른 특별재난지역의 중소기업에 대한 법인세 등의 감면】

⑭ 제121조의2【외국인투자에 대한 조세 감면】

⑮ 제121조의4【증자의 조세감면】

⑯ 제121조의8【제주첨단과학기술단지 입주기업에 대한 법인세 등의 감면】

⑰ 제121조의9【제주투자진흥지구 또는 제주자유무역지역 입주기업에 대한 법인세 등의 감면】

⑱ 제121조의17【기업도시개발구역 등의 창업기업 등에 대한 법인세 등의 감면】

⑲ 제121조의20【아시아문화중심도시 투자진흥지구 입주기업 등에 대한 법인세 등의 감면 등】

⑳ 제121조의21【금융중심지 창업기업 등에 대한 법인세 등의 감면 등】

㉑ 제121조의22【첨단의료복합단지 및 국가식품클러스터 입주기업에 대한 법인세 등의 감면】

2) 상시근로자에서 제외되는 근로자 - 유형 II

① 근로계약기간이 1년 미만인 근로자(근로계약의 연속된 갱신으로 인하여 그 근로계약의 총 기간이 1년 이상인 근로자는 제외한다)

☞ 근로계약의 연속된 갱신으로 근로계약의 총 기간이 1년 이상인 경우 갱신일이 속하는 월부터 상시근로자에 포함 - 조특, 서면-2022-법인-2176[법인세과-1583], 2022.10.31.

② 「근로기준법」 제2조 제1항 제9호에 따른 단시간근로자. 다만, 1개월간의 소정근로시간이 60시간 이상인 근로자는 상시근로자로 본다.

③ 「법인세법 시행령」 제40조 제1항 각 호의 어느 하나에 해당하는 임원

> **제40조【기업업무추진비의 범위】**
>
> ① 주주 또는 출자자(이하 "주주등"이라 한다)나 다음 각 호의 어느 하나에 해당하는 직무에 종사하는 자(이하 "임원"이라 한다) 또는 직원이 부담하여야 할 성질의 기업업무추진비를 법인이 지출한 것은 이를 기업업무추진비로 보지 아니한다.
>
> 1. 법인의 회장, 사장, 부사장, 이사장, 대표이사, 전무이사 및 상무이사 등 이사회의 구성원 전원과 청산인
> 2. 합명회사, 합자회사 및 유한회사의 업무집행사원 또는 이사
> 3. 유한책임회사의 업무집행자
> 4. 감사
> 5. 그 밖에 제1호부터 제4호까지의 규정에 준하는 직무에 종사하는 자

④ 해당 기업의 최대주주 또는 최대출자자(개인사업자의 경우에는 대표자를 말한다)와 그 배우자

⑤ '④'에 해당하는 자의 직계존비속(그 배우자를 포함한다) 및 「국세기본법 시행령」 제1조의2 제1항에 따른 친족관계인 사람

국기령 제1조의2【특수관계인의 범위】

① 법 제2조 제20호 가목에서 "혈족·인척 등 대통령령으로 정하는 친족관계"란 다음 각 호의 어느 하나에 해당하는 관계(이하 "친족관계"라 한다)를 말한다.
1. 4촌 이내의 혈족
2. 3촌 이내의 인척
3. 배우자(사실상의 혼인관계에 있는 자를 포함한다)
4. 친생자로서 다른 사람에게 친양자 입양된 자 및 그 배우자·직계비속
5. 본인이 「민법」에 따라 인지한 혼인 외 출생자의 생부나 생모(본인의 금전이나 그 밖의 재산으로 생계를 유지하는 사람 또는 생계를 함께하는 사람으로 한정한다)

⑥ 「소득세법 시행령」 제196조에 따른 근로소득원천징수부에 의하여 근로소득세를 원천징수한 사실이 확인되지 않고, 다음 각 목의 어느 하나에 해당하는 금액의 납부사실도 확인되지 않은 자
㉠ 「국민연금법」 제3조 제1항 제11호 및 제12호에 따른 부담금 및 기여금
㉡ 「국민건강보험법」 제69조에 따른 직장가입자의 보험료

⑦ 해당 과세기간의 총급여액이 7천만원을 초과하는 근로자

위 '유형 Ⅱ'의 상시근로자에서 제외되는 근로자 규정이 적용되는 조세특례제한법 개별조항은 다음과 같다.

① 제19조【성과공유 중소기업의 경영성과급에 대한 세액공제 등】

3) 상시근로자에서 제외되는 근로자 – 유형 Ⅲ

① 「법인세법 시행령」 제40조 제1항 각 호의 어느 하나에 해당하는 임원

제40조【기업업무추진비의 범위】

① 주주 또는 출자자(이하 "주주등"이라 한다)나 다음 각 호의 어느 하나에 해당하는 직무에 종사하는 자(이하 "임원"이라 한다) 또는 직원이 부담하여야 할 성질의 기업업무추진비를 법인이 지출한 것은 이를 기업업무추진비로 보지 아니한다.
1. 법인의 회장, 사장, 부사장, 이사장, 대표이사, 전무이사 및 상무이사 등 이사회의 구성원 전원과 청산인
2. 합명회사, 합자회사 및 유한회사의 업무집행사원 또는 이사
3. 유한책임회사의 업무집행자
4. 감사
5. 그 밖에 제1호부터 제4호까지의 규정에 준하는 직무에 종사하는 자

② 「소득세법」 제20조 제1항 제1호 및 제2호에 따른 근로소득의 금액의 합계액(비과세 소득의 금액은 제외한다)이 7천만원 이상인 근로자

제20조 【근로소득】

① 근로소득은 해당 과세기간에 발생한 다음 각 호의 소득으로 한다.

1. 근로를 제공함으로써 받는 봉급 · 급료 · 보수 · 세비 · 임금 · 상여 · 수당과 이와 유사한 성질의 급여
2. 법인의 주주총회 · 사원총회 또는 이에 준하는 의결기관의 결의에 따라 상여로 받는 소득
3. 「법인세법」에 따라 상여로 처분된 금액
4. 퇴직함으로써 받는 소득으로서 퇴직소득에 속하지 아니하는 소득
5. 종업원등 또는 대학의 교직원이 지급받는 직무발명보상금(제21조 제1항 제22호의2에 따른 직무발명보상금은 제외한다)

③ 기획재정부령으로 정하는 해당 기업의 최대주주 또는 최대출자자(개인사업자의 경우에는 대표자를 말한다) 및 그와 「국세기본법 시행령」 제1조의2 제1항에 따른 친족관계인 근로자

조특칙 제14조의2 【근로소득을 증대시킨 기업에 대한 세액공제】

① 영 제26조의4 제2항 제3호에서 "기획재정부령으로 정하는 해당 기업의 최대주주 또는 최대출자자"란 다음 각 호의 어느 하나에 해당하는 자를 말한다.

1. 해당 법인에 대한 직접보유비율[보유하고 있는 법인의 주식 또는 출자지분(이하 이 조에서 "주식등"이라 한다)을 그 법인의 발행주식총수 또는 출자총액(자기주식과 자기출자지분은 제외한다)으로 나눈 비율을 말한다. 이하 같다]이 가장 높은 자가 개인인 경우에는 그 개인
2. 해당 법인에 대한 직접보유비율이 가장 높은 자가 법인인 경우에는 해당 법인에 대한 직접보유비율과 「국제조세조정에 관한 법률 시행령」 제2조 제3항을 준용하여 계산한 간접소유비율을 합하여 계산한 비율이 가장 높은 개인

국기령 제1조의2 【특수관계인의 범위】

① 법 제2조 제20호 가목에서 "혈족 · 인척 등 대통령령으로 정하는 친족관계"란 다음 각 호의 어느 하나에 해당하는 관계(이하 "친족관계"라 한다)를 말한다.

1. 4촌 이내의 혈족
2. 3촌 이내의 인척
3. 배우자(사실상의 혼인관계에 있는 자를 포함한다)
4. 친생자로서 다른 사람에게 친양자 입양된 자 및 그 배우자 · 직계비속
5. 본인이 「민법」에 따라 인지한 혼인 외 출생자의 생부나 생모(본인의 금전이나 그 밖의 재산으로 생계를 유지하는 사람 또는 생계를 함께하는 사람으로 한정한다)

④ 「소득세법 시행령」 제196조에 따른 근로소득원천징수부에 의하여 근로소득세를 원천징수한 사실이 확인되지 아니하는 근로자

⑤ 근로계약기간이 1년 미만인 근로자(근로계약의 연속된 갱신으로 인하여 그 근로계약의 총기간이 1년 이상인 근로자는 제외한다)

☞ 근로계약의 연속된 갱신으로 근로계약의 총 기간이 1년 이상인 경우 갱신일이 속하는 월부터 상시근로자에 포함 - 조특, 서면-2022-법인-2176[법인세과-1583], 2022.10.31.

⑥ 「근로기준법」 제2조 제1항 제9호에 따른 단시간근로자

위 '유형 Ⅲ'의 상시근로자에서 제외되는 근로자 규정이 적용되는 조세특례제한법 개별 조항은 다음과 같다.

① 제29조의4 【근로소득을 증대시킨 기업에 대한 세액공제】(7천만원 이상)

② 제100조의32 【투자 · 상생협력 촉진을 위한 과세특례】(8천만원 이상)

4) 상시근로자에서 제외되는 근로자 – 유형 Ⅳ

① 근로계약기간이 1년 미만인 자. 다만, 법 제30조의3 제3항을 적용할 때 근로계약의 연속된 갱신으로 인하여 그 근로계약의 총기간이 1년 이상인 근로자는 상시근로자로 본다.

☞ 근로계약의 연속된 갱신으로 근로계약의 총 기간이 1년 이상인 경우 갱신일이 속하는 월부터 상시근로자에 포함 - 조특, 서면-2022-법인-2176[법인세과-1583], 2022.10.31.

② 「법인세법 시행령」 제40조 제1항 각 호의 어느 하나에 해당하는 임원

제40조 【기업업무추진비의 범위】

① 주주 또는 출자자(이하 "주주등"이라 한다)나 다음 각 호의 어느 하나에 해당하는 직무에 종사하는 자(이하 "임원"이라 한다) 또는 직원이 부담하여야 할 성질의 기업업무추진비를 법인이 지출한 것은 이를 기업업무추진비로 보지 아니한다.

1. 법인의 회장, 사장, 부사장, 이사장, 대표이사, 전무이사 및 상무이사 등 이사회의 구성원 전원과 청산인
2. 합명회사, 합자회사 및 유한회사의 업무집행사원 또는 이사
3. 유한책임회사의 업무집행자
4. 감사
5. 그 밖에 제1호부터 제4호까지의 규정에 준하는 직무에 종사하는 자

③ 해당 기업의 최대주주 또는 최대출자자(개인사업자의 경우에는 대표자를 말한다)와 그 배우자

④ '③'에 해당하는 자의 직계존속 · 비속과 그 배우자

⑤ 「소득세법 시행령」 제196조에 따른 근로소득원천징수부에 의하여 근로소득세를 원천징수한 사실이 확인되지 아니하고, 다음 각 목의 어느 하나에 해당하는 보험료 등의 납부사실도 확인되지 아니하는 사람

㉠ 「국민연금법」 제3조 제1항 제11호 및 제12호에 따른 부담금 및 기여금

㉡ 「국민건강보험법」 제69조에 따른 직장가입자의 보험료

⑥ 「근로기준법」 제2조 제1항 제9호에 따른 단시간근로자. 다만, 1개월간의 소정근로시간이 60시간 이상인 근로자는 상시근로자로 본다.

위 '유형 Ⅳ'의 상시근로자에서 제외되는 근로자 규정이 적용되는 조세특례제한법 개별 조항은 다음과 같다.

① 제30조의3【고용유지중소기업 등에 대한 과세특례】

5) 상시근로자에서 제외되는 근로자 – 유형 Ⅴ

① 근로계약기간이 1년 미만인 근로자(근로계약의 연속된 갱신으로 인하여 그 근로계약의 총 기간이 1년 이상인 근로자는 제외한다)

☞ 근로계약의 연속된 갱신으로 근로계약의 총 기간이 1년 이상인 경우 갱신일이 속하는 월부터 상시근로자에 포함 - 조특, 서면-2022-법인-2176[법인세과-1583], 2022.10.31.

② 「근로기준법」 제2조 제1항 제9호에 따른 단시간근로자. 다만, 1개월간의 소정근로시간이 60시간 이상인 근로자는 상시근로자로 본다.

③ 「법인세법 시행령」 제40조 제1항 각 호의 어느 하나에 해당하는 임원

제40조【기업업무추진비의 범위】

① 주주 또는 출자자(이하 "주주등"이라 한다)나 다음 각 호의 어느 하나에 해당하는 직무에 종사하는 자(이하 "임원"이라 한다) 또는 직원이 부담하여야 할 성질의 기업업무추진비를 법인이 지출한 것은 이를 기업업무추진비로 보지 아니한다.

1. 법인의 회장, 사장, 부사장, 이사장, 대표이사, 전무이사 및 상무이사 등 이사회의 구성원 전원과 청산인
2. 합명회사, 합자회사 및 유한회사의 업무집행사원 또는 이사
3. 유한책임회사의 업무집행자
4. 감사
5. 그 밖에 제1호부터 제4호까지의 규정에 준하는 직무에 종사하는 자

④ 해당 기업의 최대주주 또는 최대출자자(개인사업자의 경우에는 대표자를 말한다)와 그 배우자

⑤ '④'에 해당하는 자의 직계존비속(그 배우자를 포함한다) 및 「국세기본법 시행령」 제1조의2 제1항에 따른 친족관계인 사람

국기령 제1조의2【특수관계인의 범위】

① 법 제2조 제20호 가목에서 "혈족 · 인척 등 대통령령으로 정하는 친족관계"란 다음 각 호의 어느 하나에 해당하는 관계(이하 "친족관계"라 한다)를 말한다.

1. 4촌 이내의 혈족
2. 3촌 이내의 인척
3. 배우자(사실상의 혼인관계에 있는 자를 포함한다)
4. 친생자로서 다른 사람에게 친양자 입양된 자 및 그 배우자 · 직계비속
5. 본인이 「민법」에 따라 인지한 혼인 외 출생자의 생부나 생모(본인의 금전이나 그 밖의 재산으로 생계를 유지하는 사람 또는 생계를 함께하는 사람으로 한정한다)

⑥ 「소득세법 시행령」 제196조에 따른 근로소득원천징수부에 의하여 근로소득세를 원천징수한 사실이 확인되지 아니하는 사람

⑦ 법 제30조의4 제4항에 따른 사회보험에 대하여 사용자가 부담하여야 하는 부담금 또는 보험료의 납부 사실이 확인되지 아니하는 근로자

위 '유형 Ⅴ'의 상시근로자에서 제외되는 근로자 규정이 적용되는 조세특례제한법 개별 조항은 다음과 같다.

① 제30조의4【중소기업 사회보험료 세액공제】

2 단시간근로자

「근로기준법」 제2조 제1항 제9호에 따른 단시간근로자는 다음의 근로자이다.

"단시간근로자"란 1주 동안의 소정근로시간이 그 사업장에서 같은 종류의 업무에 종사하는 통상 근로자의 1주 동안의 소정근로시간에 비하여 짧은 근로자를 말한다.

예시

甲법인의 근로자 구성이 다음과 같고 법인의 업무종류는 1가지로 동일한 것으로 가정한다.

근무자	소정근로시간
A, B, C	1일 8시간 주5일 근무
D	1일 4시간 주4일 근무
E	1일 2시간 주4일 근무

위의 사례에서 통상 근로자는 A, B, C이며, 소정근로시간은 주40시간이다.

근무자 D의 경우 소정근로시간은 주16시간, E의 경우 주8시간이다. D, E의 경우 소정근로시간이 통상 근로자 A, B, C에 비하여 짧기 때문에 단시간근로자에 해당한다. 한편 D의 경우 1개월 소정근로시간은 60시간 이상이므로 단시간근로자이기는 하지만 상시근로자에 포함되는 것이며, E의 경우 1개월 소정근로시간이 60시간 이하이므로 상시근로자에 포함되지 않는다. 상시근로자 수 산정 시 A, B, C는 각 1명으로 계산하고 D는 0.5명으로 계산하며 지원요건을 갖춘 경우 0.75명으로 계산한다.

※ 지원요건(조특령 제23조 제11항 제2호)

가. 해당 과세연도의 상시근로자 수(제10항 제2호 단서에 따른 근로자는 제외한다)가 직전 과세연도의 상시근로자 수(제10항 제2호 단서에 따른 근로자는 제외한다)보다 감소하지 아니하였을 것

나. 기간의 정함이 없는 근로계약을 체결하였을 것

다. 상시근로자와 시간당 임금(「근로기준법」 제2조 제1항 제5호에 따른 임금, 정기상여금 · 명절상여금 등 정기적으로 지급되는 상여금과 경영성과에 따른 성과금을 포함한다), 그밖에 근로조건과 복리후생 등에 관한 사항에서 「기간제 및 단시간근로자 보호 등에 관한 법률」 제2조 제3호에 따른 차별적 처우가 없을 것

라. 시간당 임금이 「최저임금법」 제5조에 따른 최저임금액의 100분의 130(중소기업의 경우에는 100분의 120) 이상일 것

사례 상시근로자 판정 사례[4)]

다음의 근무자 현황은 ㈜나라의 2024년도 근무자 현황이다. 이를 참고하여 ㈜나라의 2024년도 상시근로자에 해당하는 근로자를 구분하고 상시근로자 수를 계산하시오.

▌㈜나라의 2024년도 근무자 현황▐

근무자명	생년월일	입사연월	특이사항		
			직책 등	국 적	주소지
김우리	1989.03.15.	2020.01.03.	대표이사	대한민국	서울 강남
한마음	1978.11.12.	2020.02.06.	최대주주	대한민국	서울 강남
정다운	1983.05.06.	2020.03.07.	감사	대한민국	경기 고양
노다지	1992.01.03.	2021.09.06.	직원	대한민국	경기 성남
홍길동	1979.12.15.	2022.08.08.	직원	대한민국	서울 종로
나도해	1985.07.05.	2022.02.01.	과장	대한민국	서울 강남
강바울	1984.02.25.	2022.11.15.	대리	대한민국	서울 동작
박하나	1982.09.13.	2024.02.11.	직원	대한민국	서울 서초
이초롱	1991.08.11.	2024.04.21.	직원	대한민국	서울 송파
최미리	1991.02.21.	2024.06.03.	직원	대한민국	경기 하남
장연지	1975.06.13.	2024.06.07.	직원	대한민국	서울 종로
Jack Smith	1985.08.09.	2024.06.21.	직원	미국	경기 김포

• 특이사항

위의 근무자는 모두 근로기준법에 따라 근로계약을 체결하였고 서면으로 근로계약서를 작성하였다. 근무자 중 홍길동 근무자의 소정근로시간은 주3일 근무, 1일 4시간 근무조건이며 나도해 근무자의 소정근로시간은 주4일 근무, 1일 5시간 근무조건으로 근로계약을 체결하였으며, 그 외 근무자는 주5일 근무, 1일 8시간 근무조건으로 근로계약을 체결하였다.

(1) 상시근로자 해당여부 판정

① 김우리

㈜나라의 대표이사로서 임원에 해당하므로 상시근로자에서 제외한다.

② 한마음

㈜나라의 최대주주에 해당하므로 상시근로자에서 제외한다.

4) 상시근로자 제외유형 Ⅰ의 경우를 예시로 살펴본 것이며, 제외유형 Ⅱ~Ⅴ 경우에는 이에 따른 조건들을 개별조항을 적용할 때마다 검토하여야 한다.

③ 정다운

㈜나라의 감사로서 임원에 해당하므로 상시근로자에서 제외한다.

④ 노다지

근로계약을 체결하였고 다른 특이사항이 없으므로 상시근로자에 해당한다.

⑤ 홍길동

근로계약을 체결하였지만 단시간근로이므로 상시근로자에서 제외한다.

⑥ 나도해

근로계약을 체결하였고 단시간근로자이다. 다만, 월 소정근로시간이 60시간이므로 상시근로자에 포함한다.

⑦ 강바울

근로계약을 체결하였고 다른 특이사항이 없으므로 상시근로자에 해당한다.

⑧ 박하나

근로계약을 체결하였고 다른 특이사항이 없으므로 상시근로자에 해당한다.

⑨ 이초롱

근로계약을 체결하였고 다른 특이사항이 없으므로 상시근로자에 해당한다.

⑩ 최미리

근로계약을 체결하였고 다른 특이사항이 없으므로 상시근로자에 해당한다.

⑪ 장연지

근로계약을 체결하였고 다른 특이사항이 없으므로 상시근로자에 해당한다.

⑫ Jack Smith

국적은 미국인이지만 한국에 주소를 두고 있으므로 내국인에 해당하고 근로계약을 체결하였으므로 상시근로자에 해당한다.

(2) 2024년도 상시근로자 수 계산

상시근로자에 해당하는 근로자를 월별로 정리하여 2024년도 상시근로자 수를 계산하면 다음과 같다.

2024년	상시근로자 포함 근로자	상시근로자 수
1월	노다지, 나도해, 강바울	2.5
2월	노다지, 나도해, 강바울, 박하나	3.5
3월	노다지, 나도해, 강바울, 박하나	3.5
4월	노다지, 나도해, 강바울, 박하나, 이초롱	4.5

2024년	상시근로자 포함 근로자	상시근로자 수
5월	노다지, 나도해, 강바울, 박하나, 이초롱	4.5
6월	노다지, 나도해, 강바울, 박하나, 이초롱, 최미리, 장연지, Jack Smith	7.5
7월	노다지, 나도해, 강바울, 박하나, 이초롱, 최미리, 장연지, Jack Smith	7.5
8월	노다지, 나도해, 강바울, 박하나, 이초롱, 최미리, 장연지, Jack Smith	7.5
9월	노다지, 나도해, 강바울, 박하나, 이초롱, 최미리, 장연지, Jack Smith	7.5
10월	노다지, 나도해, 강바울, 박하나, 이초롱, 최미리, 장연지, Jack Smith	7.5
11월	노다지, 나도해, 강바울, 박하나, 이초롱, 최미리, 장연지, Jack Smith	7.5
12월	노다지, 나도해, 강바울, 박하나, 이초롱, 최미리, 장연지, Jack Smith	7.5
매월 말 상시근로자 합계		71.00
상시근로자 수 계산	매월 상시근로자 수 합계 / 사업연도 월수	5.91666666666
		5.91명

※ 상시근로자 수 계산 시 소수점 둘째 자리까지 반영하고 셋째 자리 이하는 버림이므로 주의할 것.

3 청년 근로자

조세특례제한법 개별조항의 청년을 판정하는 연령의 기준이 동일하지 않으므로 실무자는 이에 대한 주의를 요한다. 병역이행기간이 있는 경우 29세 이하 또는 34세 이하 판정 시 6년을 한도로 차감하여 계산하고, 해당연령의 판정은 창업일 또는 근로계약 체결일 등 현재 기준으로 판정한다.

각 개별조항에서 청년의 나이를 규정하고 있는데 이를 분류하여 보면 다음과 같다.[5)]

(1) 15세 이상 34세 이하로 판정하는 개별조항	(2) 15세 이상 29세 이하로 판정하는 개별조항	(3) 19세 이상 34세 이하로 판정하는 개별조항
① 제6조【창업중소기업 등에 대한 세액감면】 ② 제12조의2【연구개발특구에 입주하는 첨단기술기업 등에 대한 법인세 등의 감면】 ③ 제29조의6【중소기업 청년근로자 및 핵심인력 성과보상기금 수령액에 대한 소득세	① 제29조의5【청년고용을 증대시킨 기업에 대한 세액공제】 ② 제29조의7【고용을 증대시킨 기업에 대한 세액공제】 ③ 제30조의4【중소기업 사회보험료 세액공제】 ④ 제91조의14【재형저축에 대한 비과세】	① 제87조【주택청약종합저축 등에 대한 소득공제 등】 ② 제91조의20【청년형 장기집합투자증권저축에 대한 소득공제】 ③ 제91조의21【청년희망적금에 대한 비과세】 ④ 제91조의22【청년도약계좌에

5) 2022년 귀속분까지 15세 이상 29세 이하로 판정하던 청년의 나이가 세법개정으로 2023년 귀속분부터는 상당수 15세 이상 34세 이하로 확대되었다.

(1) 15세 이상 34세 이하로 판정하는 개별조항	(2) 15세 이상 29세 이하로 판정하는 개별조항	(3) 19세 이상 34세 이하로 판정하는 개별조항
감면 등】 ④ 제29조의8【통합고용세액공제】 ⑤ 제30조【중소기업 취업자에 대한 소득세 감면】 ⑥ 제64조【농공단지 입주기업 등에 대한 세액감면】 ⑦ 제99조의9【위기지역 창업기업에 대한 법인세 등의 감면】 ⑧ 제100조의32【투자·상생협력 촉진을 위한 과세특례】 ⑨ 제121조의8【제주첨단과학기술단지 입주기업에 대한 법인세 등의 감면】 ⑩ 제121조의9【제주투자진흥지구 또는 제주자유무역지역 입주기업에 대한 법인세 등의 감면】 ⑪ 제121조의17【기업도시개발구역 등의 창업기업 등에 대한 법인세 등의 감면】 ⑫ 제121조의20【아시아문화중심도시 투자진흥지구 입주기업 등에 대한 법인세 등의 감면 등】 ⑬ 제121조의21【금융중심지 창업기업 등에 대한 법인세 등의 감면 등】 ⑭ 제121조의22【첨단의료복합단지 및 국가식품클러스터 입주기업에 대한 법인세 등의 감면】		대한 비과세】

4 경력단절여성 근로자

(1) 경력단절여성

다음의 요건을 모두 충족하는 여성을 말한다(조특법 제29조의3 제1항).

① 해당 기업 또는 해당 기업과 한국표준산업분류상의 중분류를 기준으로 동일한 업종의 기업에서 1년 이상 근무(근로소득원천징수부를 통하여 경력단절 여성의 근로소득세가 원

천징수되었던 사실이 확인되는 경우로 한정한다)한 후 다음의 결혼·임신·출산·육아 및 자녀교육의 사유로 퇴직하였을 것(조특령 제26조의3 제4항)

㉠ **퇴직한 날부터 1년 이내에 혼인한 경우**(가족관계기록사항에 관한 증명서를 통하여 확인되는 경우로 한정한다)

㉡ **퇴직한 날부터 2년 이내에 임신하거나 「모자보건법」에 따른 보조생식술**(체내·체외인공수정을 포함)을 받은 경우(의료기관의 진단서 또는 확인서를 통하여 확인되는 경우에 한정한다)

㉢ **퇴직일 당시 임신한 상태인 경우**(의료기관의 진단서를 통하여 확인되는 경우로 한정한다)

㉣ **퇴직일 당시 8세 이하의 자녀가 있는 경우**

㉤ **퇴직일 당시 「초·중등교육법」 제2조에 따른 학교에 재학 중인 자녀가 있는 경우**

② '①'의 사유로 퇴직한 날부터 2년 이상 15년 미만의 기간이 지났을 것

③ 해당 기업의 최대주주 또는 최대출자자(개인사업자의 경우에는 대표자를 말한다)나 그와 「국세기본법 시행령」 제1조의2 제1항에 따른 친족관계인 사람이 아닐 것(조특령 제26조의3 제5항)

> **국기령 제1조의2【특수관계인의 범위】**
> ① 법 제2조 제20호 가목에서 "혈족·인척 등 대통령령으로 정하는 친족관계"란 다음 각 호의 어느 하나에 해당하는 관계(이하 "친족관계"라 한다)를 말한다.
> 1. 4촌 이내의 혈족
> 2. 3촌 이내의 인척
> 3. 배우자(사실상의 혼인관계에 있는 자를 포함한다)
> 4. 친생자로서 다른 사람에게 친양자 입양된 자 및 그 배우자·직계비속
> 5. 본인이 「민법」에 따라 인지한 혼인 외 출생자의 생부나 생모(본인의 금전이나 그 밖의 재산으로 생계를 유지하는 사람 또는 생계를 함께하는 사람으로 한정한다)

(2) 경력단절여성 관련 개별조항

① 제29조의3【경력단절 여성 고용 기업 등에 대한 세액공제】

② 제30조【중소기업 취업자에 대한 소득세 감면】

③ 제30조의4【중소기업 사회보험료 세액공제】

5 장애인 근로자

조세특례제한법 규정 중 장애인의 범위에 관하여 개별조항에서 동일하게 적용되지 않고

일부 차이가 있으므로 판정 시 주의를 요한다. 이를 유형별로 분류하면 다음과 같다.

구 분	유형 I	유형 II
장애인의 범위	① 「장애인복지법」의 적용을 받는 장애인 ② 「국가유공자 등 예우 및 지원에 관한 법률」에 따른 상이자 ③ 「5 · 18 민주유공자예우 및 단체설립에 관한 법률」 제4조 제2호에 따른 5 · 18 민주화운동부상자 ④ 「고엽제후유의증 등 환자지원 및 단체설립에 관한 법률」 제2조 제3호에 따른 고엽제후유의증환자로서 장애등급 판정을 받은 사람	① 근로계약 체결일 현재 「장애인복지법」의 적용을 받는 장애인 ② 근로계약 체결일 현재 「국가유공자 등 예우 및 지원에 관한 법률」에 따른 상이자
개별조항	① 제29조의7【고용을 증대시킨 기업에 대한 세액공제】 ② 제29조의8【통합고용세액공제】 ③ 제30조【중소기업 취업자에 대한 소득세 감면】	① 제26조【고용창출투자세액공제】 ② 제121조의2【외국인투자에 대한 조세감면】

6 60세 이상 근로자

(1) 60세 이상의 판정

조세특례제한법 개별조항 중 고용관련 조항에서 60세 이상을 판정하는 경우 근로계약 체결일 현재를 기준으로 판정하므로 주의를 요한다.

(2) 60세 이상 관련 개별조항

① 제26조【고용창출투자세액공제】

② 제29조의7【고용을 증대시킨 기업에 대한 세액공제】

③ 제29조의8【통합고용세액공제】

④ 제30조【중소기업 취업자에 대한 소득세 감면】

⑤ 제121조의2【외국인투자에 대한 조세 감면】

제29조의7【고용을 증대시킨 기업에 대한 세액공제】

I 기본검토사항

구 분		검토요건 또는 확인사항
적용 여부 검토	① 당해 기업의 요건 충족 확인	내국인에 대하여 적용
	② 각 조항별 적용시한 확인	2024년 12월 31일이 속하는 과세연도까지 적용
	③ 각 조항별 규정 업종의 요건 충족 확인	소비성 서비스업 경영 시 적용배제
	④ 본점 및 사업장 소재지 등 확인	중소기업의 경우 수도권 내와 수도권 외 지역 증가인원에 대한 1인당 공제액 차등적용
	⑤ 감면/공제 적용의 배제	소득금액추계결정 시 적용배제
적용 시 검토	⑥ 감면/공제 중복적용 확인	• 제6조(창업중소기업 등에 대한 세액감면) 제7항(고용증가 추가감면)을 적용받는 경우에는 중복적용 불가 • 제29조의8(통합고용세액공제) 제1항과 중복 불가 • 제121조의2(외국인투자에 대한 조세감면) 및 제121조의4(증자의 조세감면) 적용 시 외국인 지분율에 대한 해당하는 부분과 중복적용 불가
	⑦ 최저한세 적용대상 확인	최저한세 규정 적용
	⑧ 이월적용 여부 확인	10년간 이월공제 적용
	⑨ 농어촌특별세 비과세 확인	농어촌특별세 과세
사후 관리	⑩ 공제감면 후 사후관리규정	최초 공제 적용 후 2년 이내 고용인원 감소 시 공제세액을 납부. 이자상당액 추가 납부 규정은 없음

Ⅱ 주요 질의회신 통칙 등

1 질의회신 예규 등

제 목	내 용
(1) 입사한 월의 월 근로소득에 대한 원천징수한 사실이 확인되지 아니하는 경우 상시근로자 포함여부(사전-2021-법령해석소득-0341, 2021.06.30.)	•「근로기준법」에 따라 근로계약을 체결한 내국인 신규근로자가 입사한 월의 근무일수가 적어 당해 월 근로소득에 대한 원천징수한 사실이 확인되지 아니하는 경우, 입사한 월에 대한 「국민연금법」 제3조 제1항 제11호 및 제12호에 따른 부담금 및 기여금 또는 「국민건강보험법」 제69조에 따른 직장가입자의 보험료 중 하나의 납부사실이 확인되는 경우에는 「조세특례제한법 시행령」 제26조의7 제7항을 적용함에 있어서 입사한 월말 현재 상시근로자 수에 포함하는 것이며, 해당 근로자가 이에 해당하는지 여부는 사실판단할 사항임.
(2) 휴직근로자의 상시근로자 포함여부(사전-2020-법령해석법인-0272, 2020.06.22.)	•「조세특례제한법」 제29조의7에 따라 고용을 증대시킨 기업에 대한 세액공제 적용 시 상시근로자는 「근로기준법」에 따라 근로계약을 체결한 내국인 근로자로서 「조세특례제한법 시행령」 제23조 제10항 각 호의 어느 하나에 해당하지 않는 사람을 말하는 것이며, 「근로기준법」에 따라 1년 이상의 근로계약을 체결하고 근무하다가 육아휴직을 한 근로자가 이에 해당하는지 여부는 사실 판단할 사항임.
(3) 상시근로자 수 감소로 인해 추가납부한 후 다음 연도에 상시근로자 수가 증가한 경우 세액공제 적용여부(서면-2020-법인-5510, 2021.01.18.)	• 조세특례제한법 제29조의7 제1항에 따른 '고용을 증대시킨 기업에 대한 세액공제' 대상인지 여부는 매 과세기간별로 판단하는 것임. 따라서 조세특례제한법 제29조의7 제1항을 적용받던 중 전체 상시근로자의 수가 최초로 공제받은 과세연도에 비하여 감소하여 직전 과세연도 제2항에 의해 공제받은 세액에 상당하는 금액을 납부하였더라도, 당해 과세연도의 상시근로자의 수가 직전 과세연도보다 증가한 경우 제29조의7 제1항에 따라 별도로 공제가 가능한 것임.
(4) 상시근로자의 판단 등(서면-2022-법인-2176, 2022.10.31.)	① 청년의 연령요건을 갖춘 근로자이나 정규직 근로자가 아닌 경우

제 목	내 용
	– 「근로기준법」에 따라 근로계약을 체결한 내국인 근로자의 근로계약기간이 1년 이상인 경우로서 「조세특례제한법 시행령」 제23조 제10항 각 호에 해당하지 않으면 상시근로자로 보는 것이며, 청년 정규직 근로자는 「조세특례제한법 시행령」 제26조의7 제3항 제1호에 해당하는 근로자로 기간제근로자는 제외되는 것임(청년 등외 상시근로자로 분류함). ② 근로계약의 연속된 갱신으로 인하여 상시근로자 범위에 포함되는 시점 – 「근로기준법」에 따라 근로계약을 체결한 내국인 근로자의 당초 근로계약기간이 1년 미만인 경우 상시근로자에 해당하지 않으며, 근로계약의 연속된 갱신으로 근로계약의 총 기간이 1년 이상인 경우 갱신일이 속하는 월부터 상시근로자에 포함하는 것임. 다만, 「조세특례제한법 시행령」 제23조 제10항 각 호에 해당하는 경우에는 상시근로자에서 제외됨.
(5) 기업 규모의 확대 등으로 중견기업에 해당하지 않는 경우 세액공제 적용여부(서면-2020-법령해석법인-0487, 2020.09.28.)	• 「조세특례제한법 시행령」 제4조 제1항에 따른 중견기업에 해당하는 내국법인이 해당 과세연도의 상시근로자의 수가 직전 과세연도의 상시근로자의 수보다 증가하여 같은 법 제29조의7 제1항 각 호에 따른 세액공제를 적용받은 후 다음 과세연도 이후에 규모의 확대 등으로 중견기업에 해당하지 않더라도 같은 법 같은 조 제2항에 따른 공제세액 추징사유에 해당하지 않는 경우 해당 과세연도의 법인세에서 공제받은 금액을 해당 과세연도의 종료일로부터 2년이 되는 날이 속하는 과세연도까지의 법인세에서 공제하는 것임.
(6) 기업 규모의 확대 등으로 중소기업에 해당하지 않는 경우 세액공제 적용여부(서면-2020-법령해석법인-1283, 2020.09.28.)	• 「조세특례제한법 시행령」 제2조에 따른 중소기업에 해당하는 내국법인이 해당 과세연도의 상시근로자의 수가 직전 과세연도의 상시근로자의 수보다 증가하여 같은 법 제29조의7 제1항 각 호에 따른 세액공제를 적용받은 후 다음 과세연도 이후에 규모의 확대 등으로 중소기업에 해당하지 않더라도 같은 법 같은 조 제2항에 따른 공제세액 추징사유에 해당하지 않는 경우 해당 과세연도의 법인세에서 공제받은 금액을 해당 과세연도의 종료일로

제 목	내 용
	부터 2년이 되는 날이 속하는 과세연도까지의 법인세에서 공제하는 것임.
(7) 세액공제 적용을 받는 중소기업이 공제기간 중 중소기업 유예기간이 종료한 경우 적용여부 (사전-2019-법령해석법인-0635, 2019.11.08.)	• 직전 사업연도 말까지 중소기업 유예기간을 적용받던 내국법인이 당해 사업연도 말 현재 유예기간이 종료되고 중견기업에 해당하는 경우, 해당 내국법인은 「조세특례제한법」 제29조의7에 따른 고용을 증대시킨 기업에 대한 세액공제를 적용함에 있어 중견기업 기준으로 세액공제를 적용받을 수 있으며, 같은 법 제30조의4에 따른 중소기업 사회보험료 세액공제는 적용받을 수 없는 것임.
(8) 수도권 내 · 외 다수의 사업장을 가지고 있는 중소기업의 세액공제 적용(서면-2020-법령해석법인-4043, 2020.12.14.)	• 수도권 내 · 외에 위치한 다수의 사업장을 가지고 있는 내국법인의 전체 상시근로자 수가 직전 과세연도 대비 증가(수도권 내 · 외 모두 증가)한 경우로서 수도권 내 · 외를 포함한 전체 청년등 상시근로자 수는 감소하였으나, 수도권 외의 지역에서 청년등 상시근로자 수가 증가한 경우, 해당 내국법인은 수도권 내 · 외를 구분하여 증가한 상시근로자의 인원수 한도를 적용하되, 수도권 외 청년등 상시근로자 수 증가분에 대하여는 청년등 상시근로자 외 상시근로자 수가 증가한 것으로 보아 「조세특례제한법」 제29조의7 제1항에 따라 고용증대세액공제액을 계산하는 것임.
(9) 본점과 지점이 있는 법인의 세액공제 적용 (서면-2019-법인-3754, 2020.07.10.)	• 본점 및 지점을 운영하는 법인의 경우 「조세특례제한법」 제29조의7 제1항 및 제2항을 적용함에 있어 상시근로자의 수는 본점 및 지점을 합산하여 계산하는 것임.
(10) 최초세액공제 적용 후 다음 과세연도에 전체 상시근로자 수는 유지 또는 증가하였으나 청년등 상시근로자 수가 감소한 경우 (기획재정부 조세특례제도과-214, 2023.03.06.)	• 내국인이 해당 과세연도의 청년 등 상시근로자 증가인원에 대해 「조세특례제한법」 제29조의7 제1항 제1호에 따른 세액공제를 적용받은 후 다음 과세연도에 청년 등 상시근로자의 수는 감소(최초 과세연도에는 29세 이하였으나, 이후 과세연도에 30세 이상이 되어 청년 수가 감소하는 경우를 포함)하였으나 전체 상시근로자의 수는 유지되는 경우, 잔여 공제연도에 대해서는 제29조의7 제1항 제2호의 공제액을 적용하여 공제가 가능함. 저자주 종전의 국세청 유권해석(사전-2022-법규법인-0343, 2022.10.13.)은 2023.05.10. 기준으로 폐지되었음.

PART 05

고용지원을 위한 조세특례

제 목	내 용
(11) 고용증대세액공제를 적용받던 개인사업자가 사업체를 법인전환 시 세액공제 승계적용 가능여부(사전-2021-법령해석법인-0432, 2021.05.11.)	•「조세특례제한법」 제29조의7 제1항 제1호에 따른 '고용을 증대시킨 기업에 대한 세액공제'(이하 "고용증대 세액공제")를 적용받던 거주자가 영위하던 사업을 같은 법 제32조 제1항에 따라 법인으로 전환하면서 새로이 설립되는 법인(이하 "전환법인")과 사업의 포괄양수도 계약을 체결하고 그 사업에 관한 일체의 권리와 의무를 포괄적으로 양도 및 양수한 경우로서 거주자가 고용증대 세액공제를 받은 과세연도의 종료일부터 2년이 되는 날이 속하는 과세연도의 종료일까지의 기간 중 청년 등 상시근로자의 수가 공제를 받은 직전 과세연도에 비하여 감소하지 아니한 경우 전환법인은 거주자로부터 승계받은 고용증대 세액공제를 적용 받을 수 있는 것임.
(12) 청년 등 상시근로자와 청년등외 상시근로자 구분하지 않고 전원 청년등외 상시근로자로 보아 세액공제 적용 가능여부(기획재정부 조세특례제도과-906, 2023.08.28.)	① 「조세특례제한법」 제29조의7 제1항 제1호의 공제(우대공제) 대상인 청년등 상시근로자 고용증대 기업이 동법 동조항 제2호의 공제(일반공제)를 선택하여 적용할 수 있는지 여부 – 일반공제를 선택 적용 가능함 ② 사후관리 기간 중 청년 근로자 수는 감소하고, 그 외 근로자의 수는 증가하여 전체 근로자의 수는 증가 또는 유지한 경우, 잔여 공제기간에 대해 우대공제액이 아닌 일반공제액이 적용되는지 여부 – 잔여 기간에 대해 일반공제액 적용함 ③ 일반공제만 신청하여 적용받은 후 '청년등 상시근로자 수'와 '청년등 상시근로자 외 상시근로자 수'가 모두 감소한 경우 추가납부세액 계산방법 – 청년등 상시근로자 감소인원에 대해서도 일반공제액 추가납부함 ④ 2018년 고용증대세액공제 적용 후 2020년 고용감소로 특례규정(「조세특례제한법」 제29조의7 제5항)에 따라 사후관리를 유예받았으나, 2021년에 2020년보다 고용이 감소한 경우 추가납부세액 계산방법 – 2020년에 납부하였어야 할 세액을 한도로 추가납부세액 계산
(13) 고용증대세액공제 적용 후 사후관리에 따른 추가납부세액 납부방법	•「조세특례제한법」 제29조의7에 따른 고용을 증대시킨 기업에 대한 세액공제를 신청한 내국인이 그 세액공제액 중 법인세 최저한세액에 미달하여 공제받지 못한 부분에 상당하는 금액을 이월한 후 최

제 목	내 용
	초로 공제를 받은 과세연도의 종료일부터 1년이 되는 날이 속하는 과세연도의 종료일까지의 기간 중 상시근로자 수가 최초로 공제를 받은 과세연도에 비하여 감소한 경우 「조세특례제한법 시행령」 제26조의7 제5항 제1호에 따라 계산한 금액을 같은 법 제29조의7 제1항에 따라 공제받은 세액을 한도로 법인세를 납부하고 나머지 금액은 이월된 세액공제액에서 차감하는 것임.

Ⅲ 사례분석 및 서식작성

1 사후관리 규정의 집중분석

(1) 상시근로자 감소 시 추가공제의 배제와 추가납부

① 소득세 또는 법인세를 공제받은 내국인이 최초로 공제를 받은 과세연도의 종료일부터 2년이 되는 날이 속하는 과세연도의 종료일까지의 기간 중 상시근로자 수가 감소할 경우 다음과 같이 처리한다(조특법 제29조의7 제2항 전단).

전체 상시근로자의 수가 최초로 공제를 받은 과세연도에 비하여 감소한 경우	전체 상시근로자 수는 감소하지 않으면서 청년등 상시근로자 수가 최초로 공제받은 과세연도에 비하여 감소한 경우
감소한 과세연도부터 세액공제 **전체**를 적용하지 않음	**감소한 과세연도부터 청년 등 상시근로자 증가분** 세액공제를 적용하지 않음

이에 대한 사례는 다음과 같다.

사례 1 전체 상시근로자 수 증감여부에 따른 공제적용 및 추가공제 적용 또는 중단 및 추가납부

2021년	2022년		2023년		2024년	
상시근로자 수	상시근로자 수	직전연도 대비 증감	상시근로자 수	직전연도 대비 증감	상시근로자 수	직전연도 대비 증감
전체 9명 청년 5명 청년외 4명	전체 13명 청년 7명 청년외 6명	4명 증가 2명 증가 2명 증가	전체 13명 청년 7명 청년외 6명	증감 없음 증감 없음 증감 없음	전체 11명 청년 6명 청년외 5명	감소 2명 감소 1명 감소 1명
1차연도공제	① 상황분석 직전연도(2021년) 대비 전체 상시근로자 수 증가하였으며, 청년 및 청년외 상시근로자 수 증가하였으므로 공제를 적용함		① 상황분석 직전연도(2022년) 대비 전체 상시근로자 수가 증가하지 않았으므로 공제를 적용하지 않음		① 상황분석 직전연도(2023년) 대비 전체 상시근로자 수가 증가하지 않았으므로(청년 및 청년외 상시근로자 수 모두 감소) 공제를 적용하지 않음	
2차연도공제			① 상황분석 최초공제연도(2022년) 대비 전체 상시근로자 수가 감소하지 않았으며, 청년 및 청년외 상시근로자 모두 감소하지 않았으므로 추가공제를 적용함		① 상황분석 1차연도(최초연도)에 공제를 적용하지 않았으므로 이후 과세연도에 추가공제 또는 추가납부를 고려하지 않음	
3차연도공제					① 상황분석 최초공제연도(2022년) 대비 전체 상시근로자 수가 감소하였으며, 청년 및 청년외 상시근로자 수가 감소하였으므로 추가공제 중단하고 추가납부를 적용함	

사례 2 전체 상시근로자 수 증감여부에 따른 공제적용 및 추가공제 적용 또는 중단 및 추가납부

2021년	2022년		2023년		2024년	
상시근로자 수	상시근로자 수	직전연도 대비 증감	상시근로자 수	직전연도 대비 증감	상시근로자 수	직전연도 대비 증감
전체 9명 청년 5명 청년외 4명	전체 13명 청년 7명 청년외 6명	4명 증가 2명 증가 2명 증가	전체 13명 청년 6명 청년외 7명	증감 없음 1명 감소 1명 증가	전체 11명 청년 6명 청년외 5명	감소 2명 증감 없음 감소 2명
1차연도공제	① 상황분석 직전연도(2021년) 대비 전체 상시근로자 수 증가하였으며, 청년 및 청년외 상시근로자 수 증가하였으므로 공제를 적용함		① 상황분석 직전연도(2022년) 대비 전체 상시근로자 수가 증가하지 않았으므로 공제를 적용하지 않음		① 상황분석 직전연도(2023년) 대비 전체 상시근로자 수가 증가하지 않았고, 청년 등 상시근로자 수는 증감 변동 없고, 청년외 상시근로자 수가 감소하였으므로(증가하지 않았으므로) 공제를 적용하지 않음	
2차연도공제			① 상황분석 최초공제연도(2022년) 대비 전체 상시근로자 수가 감소하지 않았지만, 청년 상시근로자 수가 감소하였으므로 청년등에 대한 세액공제는 중단 및 추가납부를 적용하고 청년외 상시근로자 수는 감소하지 않았으므로 추가공제를 적용함		① 상황분석 1차연도(최초연도=2023년)에 공제를 적용하지 않았으므로 이후 과세연도에 추가공제 또는 추가납부를 고려하지 않음	
3차연도공제					① 상황분석 최초공제연도(2022년) 대비 전체 상시근로자 수가 감소하였으며, 청년 등 상시근로자 수는 감소한 상황이지만 2차연도(2023년)에 추가공제를 중단하였으므로 3차연도(2024년)에 추가납부 여부만 고려하면 되며, 청년외 상시근로자 수가 최초공제연도(2022년) 대비 감소하였으므로 추가공제를 중단하고 추가납부를 적용함	

사례 3 전체 상시근로자 수 증감여부에 따른 공제적용 및 추가공제 적용 또는 중단 및 추가납부

2021년	2022년		2023년		2024년	
상시근로자 수	상시근로자 수	직전연도 대비 증감	상시근로자 수	직전연도 대비 증감	상시근로자 수	직전연도 대비 증감
전체 9명 청년 5명 청년외 4명	전체 13명 청년 7명 청년외 6명	4명 증가 2명 증가 2명 증가	전체 11명 청년 6명 청년외 5명	2명 감소 1명 감소 1명 감소	전체 14명 청년 7명 청년외 7명	증가 3명 증가 1명 증가 2명
1차연도공제	① 상황분석 직전연도(2021년) 대비 전체 상시근로자 수 증가하였으며, 청년 및 청년외 상시근로자 수 증가하였으므로 공제를 적용함		① 상황분석 직전연도(2022년) 대비 전체 상시근로자 수가 증가하지 않았으므로(감소하였으므로) 공제를 적용하지 않음		① 상황분석 직전연도(2023년) 대비 전체 상시근로자 수가 증가하였고 청년 등 상시근로자 수와 청년 등외 상시근로자 수 모두 증가하였으므로 청년 등 상시근로자와 청년 등외 상시근로자에 대한 공제를 모두 적용함	
2차연도공제			① 상황분석 최초공제연도(2022년) 대비 전체 상시근로자 수가 감소하였으며, 청년등 상시근로자 수 및 청년등 외 상시근로자 수가 감소하였으므로 청년등 상시근로자 및 청년 등외 상시근로자에 대한 추가공제를 모두 중단하고 추가납부를 적용함		① 상황분석 1차연도(최초연도 2023년)에 공제를 적용하지 않았으므로 이후 과세연도에 추가공제 또는 추가납부를 고려하지 않음	
3차연도공제					① 상황분석 최초공제연도(2022년) 대비 전체 상시근로자 수가 감소하지 않고 증가하였지만 최초공제연도(2022년) 대비 감소한 과세연도(2023년)부터 추가공제를 중단하였으므로 전체 상시근로자 수가 증가하여도 추가공제는 적용하지 않음	

최초공제 이후 상시근로자 수 감소로 인하여 추가공제를 중단한 경우에는 그 이후 과세연도에 상시근로자 수가 증가하더라도 추가공제를 재개하지 않는 점에 주의하여야 한다.

제29조의7【고용을 증대시킨 기업에 대한 세액공제】

② 제1항에 따라 소득세 또는 법인세를 공제받은 내국인이 최초로 공제를 받은 과세연도의 종료일부터 2년이 되는 날이 속하는 과세연도의 종료일까지의 기간 중 전체 상시근로자의 수가 **최초로 공제를 받은 과세연도에 비하여 감소한 경우에는 감소한 과세연도부터 제1항을 적용하지 아니하고**, 청년등 상시근로자의 수가 최초로 공제를 받은 과세연도에 비하여 **감소한 경우에는 감소한 과세연도부터** 제1항 제1호를 **적용하지 아니한다.** 이 경우 대통령령으로 정하는 바에 따라 공제받은 세액에 상당하는 금액을 소득세 또는 법인세로 납부하여야 한다.

(2) 추가납부액 계산

세액공제 적용 후 2차연도 및 3차연도에 상시근로자 수 또는 청년등 상시근로자 수가 감소하는 경우 다음과 같이 추가납부세액을 계산한다.

서술 편의상 공제 1차연도와 공제 2차연도 및 공제 3차연도의 의미는 다음과 같다.

구분	의미
공제 1차연도	최초로 공제받는 연도
공제 2차연도	최초로 공제받은 과세연도의 종료일부터 1년이 되는 날이 속하는 과세연도의 종료일까지의 기간
공제 3차연도	최초로 공제받은 과세연도의 종료일부터 2년이 되는 날이 속하는 과세연도의 종료일까지의 기간

▌공제 2차연도 및 공제 3차연도 추가납부 상황▐

<table>
<tr><th colspan="4">추가납부의 경우</th></tr>
<tr><td colspan="2">공제 2차연도 : 최초로 공제받은 과세연도 대비 상시근로자 또는 청년 등 상시근로자 수가 감소한 경우</td><td colspan="2">공제 3차연도 : 최초로 공제받은 과세연도 대비 상시근로자 또는 청년 등 상시근로자 수가 감소한 경우</td></tr>
<tr><td rowspan="2">상시근로자 수가 감소한 경우</td><td>① 청년 등 상시근로자의 감소한 인원수가 상시근로자의 감소한 인원수 이상인 경우</td><td rowspan="2">상시근로자 수가 감소한 경우</td><td>④ 청년 등 상시근로자의 감소한 인원수가 상시근로자의 감소한 인원수 이상인 경우</td></tr>
<tr><td>② 그 밖의 경우</td><td>⑤ 그 밖의 경우</td></tr>
</table>

추가납부의 경우			
③ 상시근로자 수는 감소하지 않으면서 청년 등 상시근로자 수가 감소한 경우	–	⑥ 상시근로자 수는 감소하지 않으면서 청년 등 상시근로자 수가 감소한 경우	–

다음 산식에 따라 추가로 납부할 세액을 계산할 때 최초로 공제받은 과세연도에 청년 등 상시근로자에 해당한 자는 이후 과세연도에도 청년 등 상시근로자로 보아 청년 등 상시근로자 수를 계산한다(조특령 제26조의7 제6항).

※ 추가납부세액의 한도(조특령 제26조의7 제5항 제1호 · 제2호).

공제 2차연도 '①, ②, ③'의 경우	공제 3차연도 '④, ⑤, ⑥'의 경우
해당 과세연도의 직전 1년 이내의 과세연도에 공제받은 세액을 한도로 한다(조특령 제26조의7 제5항 제1호).	'공제 2차연도 ①, ②, ③'에 따라 계산한 금액이 있는 경우 그 금액을 제외하며, 해당 과세연도의 직전 2년 이내의 과세연도에 공제받은 세액의 합계액을 한도로 한다(조특령 제26조의7 제5항 제2호).

① 공제 2차연도 → 최초로 공제받은 과세연도 대비 상시근로자 수 감소 → 청년 등 상시근로자의 감소한 인원수가 상시근로자의 감소한 인원수 이상인 경우

[최초로 공제받은 과세연도 대비 청년 등 상시근로자의 감소한 인원수(최초로 공제받은 과세연도에 청년 등 상시근로자의 증가한 인원수를 한도로 한다) − 상시근로자의 감소한 인원수] × (청년 등 상시근로자 1인당 공제액 − 상시근로자 1인당 공제액) + (상시근로자의 감소한 인원수 × 청년 등 상시근로자 1인당 공제액)	
위의 산식을 간단히 정리	[최초공제연도 대비 청년 감소 수(최초공제연도 청년 증가 인원수 한도) − 전체 감소 인원수] × (청년 1인당 공제액 − 청년외 1인당 공제액) + (전체 감소 인원수 × 청년 1인당 공제액)

이 상황은 다음과 같이 분석할 수 있다.

▌2차연도 현황 : 최초공제연도 대비
청년등 상시근로자 감소 인원수 ≥ 전체 상시근로자 감소 인원수▐

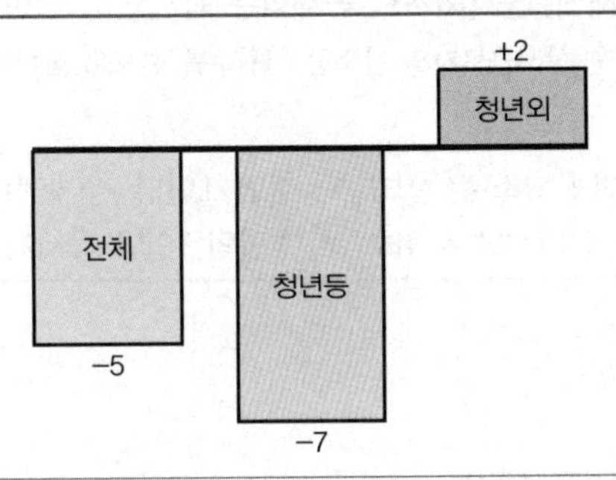

상시근로자 증감분석

구 분	2022년	2023년			2024년		
전체	7명	16명	9명	증가	11명	5명	감소
청년	2명	10명	8명	증가	3명	7명	감소
청년외	5명	6명	1명	증가	8명	2명	증가

상황분석

① 최초공제연도(2023년) 대비 2차연도(2024년)에 전체 상시근로자 수가 감소하고 청년등 상시근로자 수 또한 감소하였는데 청년등 상시근로자의 감소 인원수가 전체 상시근로자 감소 인원수보다 많아 청년등 상시근로자의 변동방향(증가 또는 감소)과 청년등외 상시근로자의 변동방향(증가 또는 감소)이 역방향이어서 증가와 감소 상쇄효과를 유발하게 된다.

② 청년등 상시근로자의 감소 수 중 전체 상시근로자 감소 수를 초과하는 부분에 대해서는 청년등 1인당 공제액과 청년등외 1인당이 공제액이 차액을 반영하여 추가납부세액을 계산하고 청년등 상시근로자 감소 수 중 전체 상시근로자 감소 수에 해당하는 부분은 순수하게 청년등 상시근로자 수가 감소한 것으로 보아 청년등 1인당 공제액을 반영하여 추가납부세액을 계산한다.

① 2023년도(최초공제연도 1차공제연도)에 직전 과세연도인 2022년도 대비 전체 상시근로자는 9명 증가, 청년등 상시근로자는 8명 증가, 청년등외 상시근로자는 1명 증가함

② 2024년도(2차공제연도)에는 최초공제연도(2023년) 대비 전체 상시근로자는 5명 감소, 청년등 상시근로자는 7명 감소, 청년등외 상시근로자는 2명 증가함. 청년등 감소 인원수 7명 중 청년등외 증가 인원수 2명과 상쇄되어 전체 상시근로자 수는 5명 감소로 나타남.

▶ <u>감소한 과세연도부터</u> 추가공제를 적용하지 않으므로 2024년도에는 2023년도분의 2차연도 추가공제를 배제하고 추가납부를 적용함. 이때 청년등 감소 인원수 7명 중 청년등외 증가 인원수 2명과 상쇄되는 부분의 추가납부세액은 청년등과 청년등외 1인당 공제액의 차액만 추가납부세액으로 계산하고 상쇄 후 5명 감소분에 대한 부분은 순수하게 청년등 1인당 공제액을 반영하여 추가납부세액을 산정함

▶ 수도권 소재 중소기업을 가정할 경우 추가납부세액 계산
(7명 − 5명) × (11,000,000원 − 7,000,000원)
+ (5명 × 11,000,000원)
= 8,000,000원 + 55,000,000원
= 63,000,000원

② 공제 2차연도 → 최초로 공제받은 과세연도 대비 상시근로자 수 감소 → 그 밖의 경우

[최초로 공제받은 과세연도 대비 청년 등 상시근로자의 감소한 인원수(상시근로자의 감소한 인원수를 한도로 한다) × 청년 등 상시근로자 1인당 공제액] + [최초로 공제받은 과세연도 대비 청년 등 상시근로자 외 상시근로자의 감소한 인원수(상시근로자의 감소한 인원수를 한도로 한다) × 상시근로자 1인당 공제액	
위의 산식을 간단히 정리	[최초공제연도 대비 청년 감소 수(전체 감소 수 한도) × 청년 1인당 공제액] + [최초공제연도 대비 청년외 감소 수(전체 감소 수 한도) × 청년외 1인당 공제액

이 상황은 다음과 같이 분석할 수 있다.

▌2차연도 현황 : 최초공제연도 대비 청년등 상시근로자 감소 인원수 < 전체 상시근로자 감소 인원 수▐

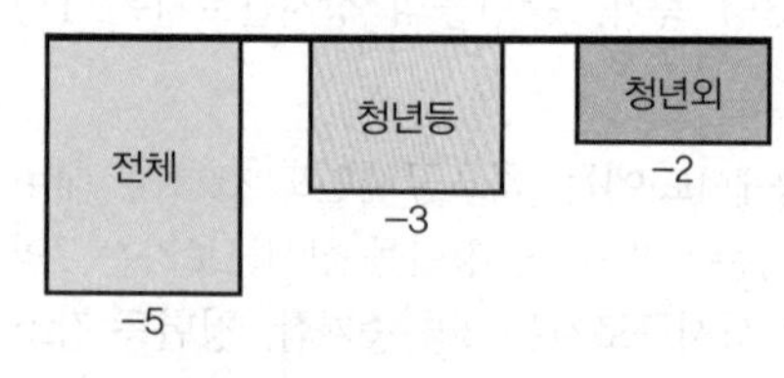

상시근로자 증감분석

구 분	2022년	2023년			2024년		
전체	7명	16명	9명	증가	11명	5명	감소
청년	4명	10명	6명	증가	7명	3명	감소
청년외	3명	6명	3명	증가	4명	2명	감소

상황분석

최초공제연도(2023년) 대비 2차연도(2024년)에 청년등 상시근로자와 청년등외 상시근로자 모두 감소하여 전체 상시근로자 수가 감소하는 상황이다. 위 '①'의 경우와 달리 청년등 상시근로자의 변동방향(증가 또는 감소)과 청년등외 상시근로자의 변동방향(증가 또는 감소)이 모두 동일한 순방향으로 변동하기 때문에 상쇄효과는 발생하지 않는다. 그러므로 청년등 상시근로자 감소 수에 대해서는 청년등 1인당 공제액을, 청년등외 상시근로자 감소 수에 대해서는 청년등외 1인당 공제액을 적용하여 추가납부 세액을 계산한다.

① 2023년도(최초공제연도 1차공제연도)에 직전 과세연도인 2022년도 대비 전체 상시근로자는 9명 증가, 청년등 상시근로자는 6명 증가, 청년등외 상시근로자는 3명 증가함.

② 2024년도(2차공제연도)에는 최초공제연도(2023년) 대비 청년등 상시근로자는 3명 감소, 청년등외 상시근로자는 2명 감소함. 전체 상시근로자 수는 5명 감소로 나타남.

▶ <u>감소한 과세연도부터</u> 추가공제를 적용하지 않으므로 2024년도에는 2023년도분의 2차연도 추가공제를 배제하고 추가납부를 적용함. 청년등 상시근로자와 청년등외 상시근로자 모두 감소한 형태이므로 청년등 상시근로자 감소 인원수에는 청년등 1인당 공제액을 적용하고 청년 등외 감소 인원수에는 청년 등외 1인당 공제액을 적용하여 추가납부세액을 계산함.

▶ 수도권 소재 중소기업을 가정할 경우 추가납부세액 계산
3명 × 11,000,000원 + 2명 × 7,000,000원
= 33,000,000원 + 14,000,000원
= 47,000,000원

③ 공제 2차연도 → 최초로 공제받은 과세연도 대비 상시근로자 수는 감소하지 않으면서 청년 등 상시근로자 수가 감소한 경우

최초로 공제받은 과세연도 대비 청년 등 상시근로자의 감소한 인원수(최초로 공제받은 과세연도에 청년등 상시근로자의 증가한 인원수를 한도로 한다) × (청년 등 상시근로자 1인당 공제액 − 상시근로자 1인당 공제액)	
위의 산식을 간단히 정리	최초공제연도 대비 청년 감소 수(최초공제연도 청년 증가 인원수 한도) × (청년등 1인당 공제액 − 청년외 1인당 공제액)

이 상황은 다음과 같이 분석할 수 있다.

▌2차연도 현황 : 최초공제연도 대비
전체 상시근로자 수 ≥ 0, 청년등 상시근로자 감소 인원수 > 0▐

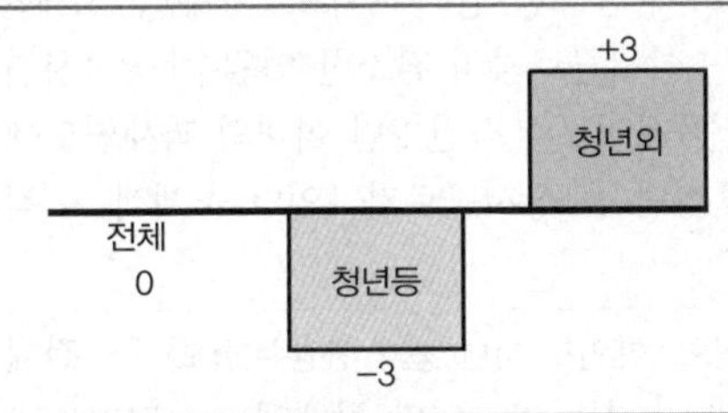

상시근로자 증감분석

구 분	2022년	2023년	2024년
전체	7명	16명 9명 증가	16명 증감 없음
청년	4명	10명 6명 증가	7명 3명 감소
청년외	3명	6명 3명 증가	9명 3명 증가

상황분석

① 최초공제연도(1차연도 2023년) 대비 2차연도(2024년)에 전체 상시근로자 수는 증감 변동 없이 유지되었지만 이는 청년 등 상시근로자 수가 감소한 수만큼 청년등외 상시근로자 수 증가와 상쇄되어 전체 상시근로자 수는 증감 변동 없이 유지되는 것이다.

② 이 경우 전체 상시근로자 수가 최초공제연도 대비 감소하지 아니하였으므로 2차연도(2024년) 추가공제를 적용하지만 청년등 상시근로자 수가 감소하였으므로 <u>2차연도(감소한 과세연도)부터</u> 청년등 상시근로자에 대한 추가공제를 배제하고 추가납부하여야 한다.

③ 물론 청년등외 상시근로자 수는 감소하지 아니하였고 전체 상시근로자 수도 감소하지 아니하였으므로 청년등외 상시근로자에 대하여는 2차연도 추가공제를 적용한다.

① 2023년도(최초공제연도 1차공제연도)에 직전 과세연도인 2022년도 대비 전체 상시근로자는 9명 증가, 청년등 상시근로자는 6명 증가, 청년등외 상시근로자는 3명 증가함.

② 2024년도(2차공제연도)에는 최초공제연도(2023년) 대비 청년등 상시근로자는 3명 감소, 청년등외 상시근로자는 3명 증가함. 전체 상시근로자 수는 증감 변동 없이 최초공제연도(1차연도 2023년)의 전체 상시근로자 수가 유지됨.

▶ 전체 상시근로자 수는 감소하지 않고 유지하였지만 청년 등 상시근로자 수는 감소하였으므로 감소한 과세연도인 2023년부터 청년등 상시근로자에 대한 추가공제는 중단하고 추가납부하여야 하며, 청년등외 상시근로자 수는 유지하고 있으므로 청년등외 상시근로자에 대한 추가공제를 적용한다.

▶ 청년 등 상시근로자에 대한 추가납부세액
3명 × (11,000,000원 − 7,000,000원)
= 12,000,000원

④ 아울러 2차연도에 청년등 상시근로자 수는 감소하였으나 청년등외 상시근로자 수가 증가하여 전체 상시근로자 수가 유지(또는 증가)되는 경우 최초공제 적용 시 청년등 상시근로자 수를 청년등외 상시근로자 수로 보아 추가 공제에 반영하여야 한다(기획재정부 조세특례제도과-214 2023.03.06.).	▶ 청년등외 상시근로자에 대한 추가공제세액 당초분 : 3명 × 7,000,000원 = 21,000,000원 청년등 감소분 : 6명 × 7,000,000원 = 42,000,000원 합계 : 21,000,000원 + 42,000,000원 = 63,000,000원

④ 공제 3차연도 → 최초로 공제받은 과세연도 대비 상시근로자 수 감소 → 청년 등 상시근로자의 감소한 인원수가 상시근로자의 감소한 인원수 이상인 경우

[최초로 공제받은 과세연도 대비 청년 등 상시근로자의 감소한 인원수(최초로 공제받은 과세연도에 청년등 상시근로자의 증가한 인원수를 한도로 한다) − 상시근로자의 감소한 인원수] × (청년 등 상시근로자 1인당 공제액 − 상시근로자 1인당 공제액) × 직전 2년 이내의 과세연도에 공제받은 횟수 + (상시근로자의 감소한 인원수 × 청년 등 상시근로자 1인당 공제액 × 직전 2년 이내의 과세연도에 공제받은 횟수)

위의 산식을 간단히 정리	[최초공제연도 대비 청년 감소 수(최초공제연도 청년 증가 인원수 한도) − 전체 감소 인원수] × (청년 1인당 공제액 − 청년외 1인당 공제액) × 직전 2년 이내 공제 횟수 + (전체 감소 인원 수 × 청년 1인당 공제액 × 직전 2년 이내 공제 횟수)

이 상황은 다음과 같이 분석할 수 있다.

▌3차연도 현황 : 최초공제연도 대비 청년등 상시근로자 감소 인원수 ≥ 전체 상시근로자 감소 인원수▐

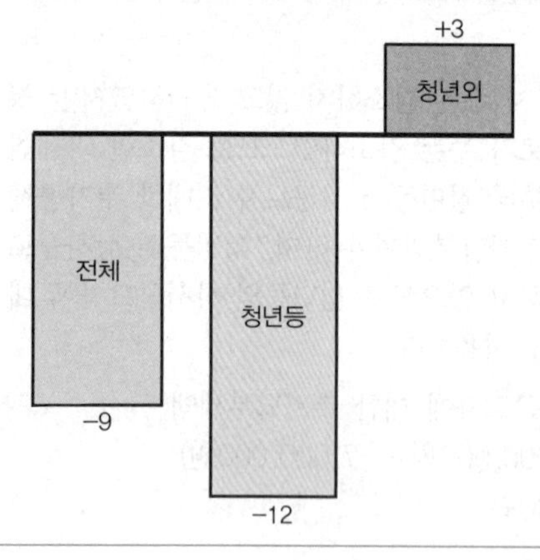

상시근로자 증감분석

구 분	2021년	2022년		2023년		2024년	
전체	18명	42명	24명 증가	42명	증감 없음	33명	9명 감소
청년	8명	20명	12명 증가	20명	증감 없음	8명	12명 감소
청년외	10명	22명	12명 증가	22명	증감 없음	25명	3명 증가

상황분석 ※ 분석의 기본적인 틀은 앞서 설명한 공제2차연도분석 '①'과 동일하다. ① 최초공제연도(2022년)에 전체 상시근로자 수 증가, 청년등 상시근로자 수 증가, 청년등외 상시근로자 수 증가하여 세액공제를 적용한다. ② 2차연도(2023년)에 최초공제연도(2022년) 대비 전체 상시근로자 유지, 청년등 상시근로자 수 유지, 청년등외 상시근로자 수 유지되어 추가공제를 적용한다. ③ 3차연도(2024년)에 최초공제연도(2022년) 대비 전체 상시근로자 수 감소, 청년등 상시근로자 수 감소, 청년등외 상시근로자 수 감소하여 추가공제를 중단하고 추가납부한다.	① 직전과세연도(2021년) 대비 공제1차연도(2022년)에 전체 상시근로자 수 24명 증가, 청년등 상시근로자 수 12명 증가, 청년등외 상시근로자 수 12명 증가하여 다음과 같이 세액공제를 적용함. ▶ 청년등 : 12명 × 11,000,000원 = 132,000,000원 ▶ 청년등외 : 12명 × 7,000,000원 = 84,000,000원 ② 공제2차연도(2023년)에 최초공제연도(2022년) 대비 전체 상시근로자 수 감소하지 않고, 청년등 상시근로자 수 감소하지 않고, 청년등외 상시근로자 수 감소하지 아니하였으며 다음과 같이 추가공제를 적용함. ▶ 청년 등 : 132,000,000원 ▶ 청년등외 : 84,000,000원 ③ 공제3차연도(2024년)에 최초공제연도(2022년) 대비 전체 상시근로자 수 감소, 청년등 상시근로자 수 감소, 청년등외 상시근로자 수는 증가하여 추가공제를 중단하고 추가납부를 적용함. ▶ 추가납부세액 = (12명 − 9명) × (11,000,000원 − 7,000,000원) × 2회 + 9명 × 11,000,000원 × 2회 = 222,000,000원 ※ 추가납부세액한도 검증 216,000,000원 + 216,000,000원 = 432,000,000원

⑤ 공제 3차연도 → 최초로 공제받은 과세연도 대비 상시근로자 수 감소 → 그 밖의 경우

> 최초로 공제받은 과세연도 대비 청년 등 상시근로자 및 청년 등 상시근로자 외 상시근로자의 감소한 인원수(상시근로자의 감소한 인원수를 한도로 한다)에 대해 직전 2년 이내의 과세연도에 공제받은 세액의 합계액

이 상황은 다음과 같이 분석할 수 있다.

❙3차연도 현황 : 최초공제연도 대비
청년등 상시근로자 감소 인원수 < 전체 상시근로자 감소 인원수❙

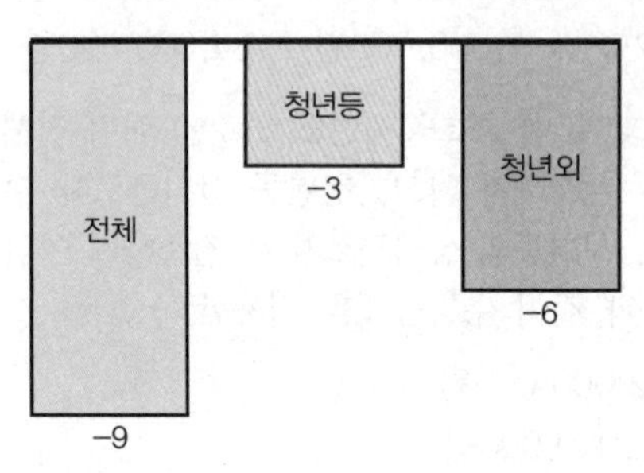

상시근로자 증감분석

구 분	2021년	2022년		2023년		2024년	
전체	18명	42명	24명 증가	42명	증감 없음	33명	9명 감소
청년	8명	20명	12명 증가	20명	증감 없음	17명	3명 감소
청년외	10명	22명	12명 증가	22명	증감 없음	16명	6명 감소

상황분석

※ 분석의 기본적인 틀은 앞서 설명한 공제 2차연도분석 '②'와 동일하다.

① 최초공제연도(2022년)에 전체 상시근로자 수 증가, 청년등 상시근로자 수 증가, 청년등외 상시근로자 수 증가하여 세액공제를 적용한다.

② 2차연도(2023년)에 최초공제연도(2022년) 대비 전체 상시근로자 유지, 청년등 상시근로자 수 유지, 청년등외 상시근로자 수 유지되어 추가공제를 적용한다.

③ 3차연도(2024년)에 최초공제연도(2022년) 대비 전체 상시근로자 수 감소, 청년등 상시근로자 수 감소, 청년등외 상시근로자 수 증가하여 추가공제를 중단하고 추가납부한다.

① 직전과세연도(2021년) 대비 공제1차연도(2022년)에 전체 상시근로자 수 24명 증가, 청년등 상시근로자 수 12명 증가, 청년등외 상시근로자 수 12명 증가하여 다음과 같이 세액공제를 적용함.

▶ 청년등 : 12명 × 11,000,000원 = 132,000,000원
▶ 청년등외 : 12명 × 7,000,000원 = 84,000,000원

② 공제2차연도(2023년)에 최초공제연도(2022년) 대비 전체 상시근로자 수 감소하지 않고, 청년등 상시근로자 수 감소하지 않고, 청년등외 상시근로자 수 감소하지 아니하였으며 다음과 같이 추가공제를 적용함.

▶ 청년 등 : 132,000,000원
▶ 청년등외 : 84,000,000원

③ 공제3차연도(2024년)에 최초공제연도(2022년) 대비 전체 상시근로자 수 감소, 청년등 상시근로자 수 감소, 청년등외 상시근로자 수 감소하여 추가공제를 중단하고 추가납부를 적용함.

▶ 추가납부세액
= 3명×11,000,000원×2회
+ 6명×7,000,000×2회
= 150,000,000원

※ 추가납부세액한도 검증
216,000,000원 + 216,000,000원 = 432,000,000원

⑥ 공제 3차연도 → 최초로 공제받은 과세연도 대비 상시근로자 수는 감소하지 않으면서 청년 등 상시근로자 수가 감소한 경우

> 최초로 공제받은 과세연도 대비 청년등 상시근로자의 감소한 인원수(최초로 공제받은 과세연도에 청년등 상시근로자의 증가한 인원수를 한도로 한다) × (청년 등 상시근로자 1인당 공제액 − 상시근로자 1인당 공제액) × 직전 2년 이내의 과세연도에 공제받은 횟수

이 상황은 다음과 같이 분석할 수 있다.

❚ 3차연도 현황 : 최초공제연도 대비 전체 상시근로자 수≥ 0, 청년등 상시근로자 감소 인원수 ＞ 0 ❚

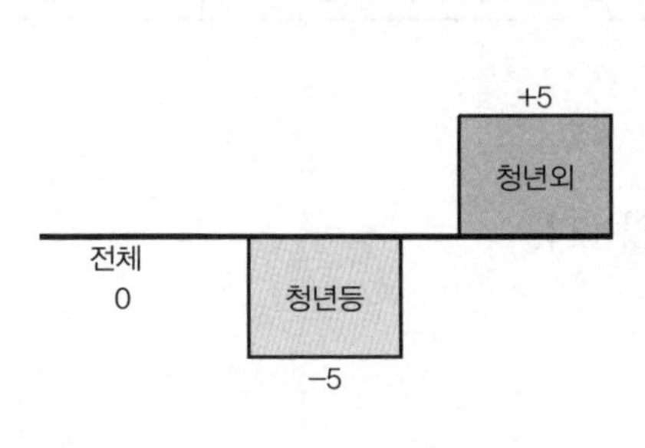

상시근로자 증감분석

구 분	2021년	2022년		2023년		2024년	
전체	18명	42명	24명 증가	42명	증감 없음	42명	증감 없음
청년	8명	20명	12명 증가	20명	증감 없음	15명	5명 감소
청년외	10명	22명	12명 증가	22명	증감 없음	27명	5명 증가

상황분석

※ 분석의 기본적인 틀은 앞서 설명한 공제 2차연도분석 '③'과 동일하다.

① 최초공제연도(2022년)에 전체 상시근로자 수 증가, 청년등 상시근로자 수 증가, 청년등외 상시근로자 수 증가하여 세액공제를 적용한다.

② 2차연도(2023년)에 최초공제연도(2022년) 대비 전체 상시근로자 유지, 청년등 상시근로자 수 유지, 청년등외 상시근로자 수 유지되어 추가공제를 적용한다.

③ 3차연도(2024년)에 최초공제연도(2022년) 대비 전체 상시근로자 수는 감소하지 않았지만, 청년등 상시근로자 수가 감소하고, 청년등외 상시근로자 수가 증가하여 전체 상시근로자 수는 유지(또는 증가)하는 경우 청년등 상시근로

① 직전과세연도(2021년) 대비 공제1차연도(2022년)에 전체 상시근로자 수 24명 증가, 청년등 상시근로자 수 12명 증가, 청년등외 상시근로자 수 12명 증가하여 다음과 같이 세액공제를 적용함.

▶ 청년등 : 12명 × 11,000,000원 = 132,000,000원

▶ 청년등외 : 12명 × 7,000,000원 = 84,000,000원

② 공제2차연도(2023년)에 최초공제연도(2022년) 대비 전체 상시근로자 수 감소하지 않고, 청년등 상시근로자 수 감소하지 않고, 청년등외 상시근로자 수 감소하지 아니하였으며 다음과 같이 추가공제를 적용함.

▶ 청년 등 : 132,000,000원

▶ 청년등외 : 84,000,000원

③ 공제3차연도(2024년)에 최초공제연도(2022년) 대비 전체 상시근로자 수 유지, 청년등 상시근로자 수 감소, 청년등외 상시근로자 수 증가하여 청년등 상시근로자에 대하여는 추가공제를 중단하고 추가납부를 적용하며, 청년등외 상시근로자에 대하여는 추가공제를 적용함과 동시에 청년등 상시근로자 감소 수에 대하여 청년등외

<table>
<tr>
<td>자에 대하여는 추가공제를 중단하고 추가납부하고 청년등외 상시근로자는 감소하지 않았으므로 추가공제를 적용한다(이 경우 최초공제 적용 시 청년등 상시근로자 수를 청년등외 상시근로자 수로 보아 추가공제에 반영하여야 한다)(기획재정부조세특례제도과-214 2023.03.06.).</td>
<td>상시근로자 추가공제 시 추가로 반영함.
▶ 추가납부세액
= 5명 × (11,000,000원 − 7,000,000원) × 2회
= 40,000,000원
▶ 추가공제세액
당초분 : 84,000,000원
청년등 감소분 : 12명 × 7,000,000원
= 84,000,000원
합계 : 84,000,000원 + 84,000,000원
= 168,000,000원
※ 추가납부세액한도 검증
216,000,000원 + 216,000,000원 = 432,000,000원</td>
</tr>
</table>

(3) 추가납부 시 이자상당액

추가납부하는 경우에도 이자상당액은 납부하지 않는다.

2 사례분석 및 서식작성

(1) ㈜나라는 LCD 모니터 제조업과 데스크톱 PC 도소매업을 영위하는 법인 사업자이며. 조세특례제한법상 중소기업요건을 충족하는 회사이다. 회사 설립일은 1997.01.07.이다. 본점은 경기도 고양시 일산서구 대화로에 소재하고 있다. 본점 소재지에는 제1공장과 사무실이 소재하고 있고, 충청남도 천안시 서북구 성환읍에 2003.09.27. 지점 사업장을 설치하고 지점 사업자등록 후 사업장을 운영하고 있으며 지점에서도 본점과 동일한 사업을 영위하고 있다.

(2) 각 사례별로 공제세액 또는 추가납부세액을 계산하시오. 단, 관련서식은 〈사례 1〉부터 〈사례 3-10〉까지는 공제세액계산서만 작성하고 〈사례 4-1〉의 경우에는 관련서식을 모두 작성하기로 한다.

사례 1 적용 증가가 증가함

<table>
<tr><th>2021년</th><th colspan="2">2022년</th><th colspan="2">2023년</th><th colspan="2">2024년</th></tr>
<tr><td>근무인원현황</td><td>근무인원현황</td><td>증감현황</td><td>근무인원현황</td><td>증감현황</td><td>근무인원현황</td><td>증감현황</td></tr>
<tr><td>전체 18명
청년 8명
청년외 10명</td><td>전체 33명
청년 16명
청년외 17명</td><td>15명 증가
8명 증가
7명 증가</td><td>전체 38명
청년 18명
청년외 20명</td><td>5명 증가
2명 증가
3명 증가</td><td>전체 42명
청년 20명
청년외 22명</td><td>4명 증가
2명 증가
2명 증가</td></tr>
<tr><td rowspan="4">1차연도공제</td><td colspan="2">① 상황분석</td><td colspan="2">① 상황분석</td><td colspan="2">① 상황분석</td></tr>
<tr><td colspan="2">직전과세연도(2021년) 대비 전체 상시근로자 수 증가 (청년 증가, 청년외 증가)
≫ 세액공제적용</td><td colspan="2">직전과세연도(2022년) 대비 전체 상시근로자 수 증가 (청년 증가, 청년외 증가)
≫ 세액공제적용</td><td colspan="2">직전과세연도(2023년) 대비 전체 상시근로자 수 증가 (청년 증가, 청년외 증가)
≫ 세액공제적용</td></tr>
<tr><td colspan="2">② 세액계산</td><td colspan="2">② 세액계산</td><td colspan="2">② 세액계산</td></tr>
<tr><td colspan="2">청년 : 8명×11,000,000원/명
= 88,000,000원
청년외 : 7명×7,000,000원/명
= 49,000,000원
합계 : 137,000,000원</td><td colspan="2">청년 : 2명×11,000,000원/명
= 22,000,000원
청년외 : 3명×7,000,000원/명
= 21,000,000원
합계 : 43,000,000원</td><td colspan="2">청년 : 2명×11,000,000원/명
= 22,000,000원
청년외 : 2명×7,000,000원/명
= 14,000,000원
합계 : 36,000,000원</td></tr>
<tr><td rowspan="4">2차연도공제</td><td colspan="2" rowspan="4"></td><td colspan="2">① 상황분석</td><td colspan="2">① 상황분석</td></tr>
<tr><td colspan="2">최초공제연도(2022년) 대비 전체 상시근로자 수 감소하지 아니하였고, 청년 감소하지 않음
≫ 2차연도 추가공제 적용</td><td colspan="2">최초공제연도(2023년) 대비 전체 상시근로자 수 감소하지 아니하였고, 청년 감소하지 않음
≫ 2차연도 추가공제 적용</td></tr>
<tr><td colspan="2">② 세액계산</td><td colspan="2">② 세액계산</td></tr>
<tr><td colspan="2">청년 : 88,000,000원
청년외 : 49,000,000원
추가공제합계 : 137,000,000원</td><td colspan="2">청년 : 22,000,000원
청년외 : 21,000,000원
합계 : 43,000,000원</td></tr>
<tr><td rowspan="4">3차연도공제</td><td colspan="4" rowspan="4"></td><td colspan="2">① 상황분석</td></tr>
<tr><td colspan="2">최초공제연도(2022년) 대비 전체 상시근로자 수 감소하지 아니하였고, 청년 감소하지 않음
≫ 3차연도 추가공제 적용</td></tr>
<tr><td colspan="2">② 세액계산</td></tr>
<tr><td colspan="2">청년 : 88,000,000원
청년외 : 49,000,000원
추가공제합계 : 137,000,000원</td></tr>
</table>

사례 풀이

각 귀속연도별로 분석하면 다음과 같다.

1. 2022년 귀속분 신고 시

(1) 1차연도공제(최초공제)

직전과세연도(2021년) 대비 전체 상시근로자 수가 증가(청년 증가, 청년외 증가)하였으므로 세액공제를 적용한다.

2. 2023년 귀속분 신고 시

(1) 1차연도공제(최초공제)

직전과세연도(2022년) 대비 전체 상시근로자 수가 증가(청년 증가, 청년외 증가)하였으므로 세액공제를 적용한다.

(2) 2차연도공제

최초공제연도(2022년) 대비 전체 상시근로자 수가 감소하지 않았으므로(청년 증가, 청년외 증가) 2차연도(2022년)에 추가공제를 적용한다.

3. 2024년 귀속분 신고 시

(1) 1차연도공제(최초공제)

직전과세연도(2023년) 대비 전체 상시근로자 수가 증가(청년 증가, 청년외 증가)하였으므로 세액공제를 적용한다.

(2) 2차연도공제

최초공제연도(2023년) 대비 전체 상시근로자 수가 감소하지 않았으므로(청년 증가, 청년외 증가) 2차연도(2024년)에 추가공제를 적용한다.

(3) 3차연도공제

최초공제연도(2022년) 대비 전체 상시근로자 수가 감소하지 않았으므로(청년 증가, 청년외 증가) 3차연도(2024년)에 추가공제를 적용한다.

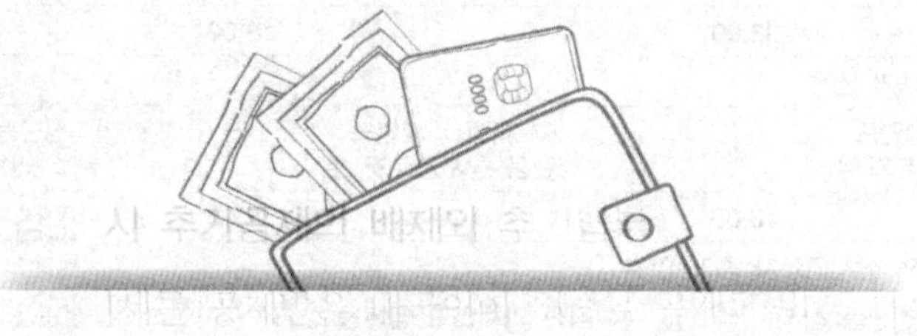

세액공제감면 서식작성실무

사례 1 2022년 귀속 신고 시 작성

[별지 제10호의8 서식] (2023.3.20. 개정)

고용 증대 기업에 대한 공제세액계산서

(3쪽 중 제1쪽)

❶ 신청인	① 상호 또는 법인명 : ㈜나라	② 사업자등록번호 : 203-81-63108
	③ 대표자 성명 : 김 유 민	④ 생년월일 : 1973년 04월 12일
	⑤ 주소 또는 본점소재지 : 경기도 고양시 일산서구 대화로37번길 102-30(법곳동) (전화번호 : 031-2231-7027)	

❷ 과세연도	2022년 01월 01일부터 2022년 12월 31일까지

❸ 공제세액 계산내용

가. 1차년도 세제지원 요건 : ⑧ > 0

1. 상시근로자 증가 인원

⑥ 해당 과세연도 상시근로자 수	⑦ 직전 과세연도 상시근로자 수	⑧ 상시근로자 증가 인원 수 (⑥-⑦)
33.00	18.00	15.00

2. 청년등 상시근로자 증가 인원

⑨ 해당 과세연도 청년등 상시근로자 수	⑩ 직전 과세연도 청년등 상시근로자 수	⑪ 청년등 상시근로자 증가 인원 수(⑨-⑩)
16.00	8.00	8.00

3. 청년등 상시근로자 외 상시근로자 증가 인원

⑫ 해당 과세연도 청년등 상시 근로자 외 상시근로자 수	⑬ 직전 과세연도 청년등 상시 근로자 외 상시근로자 수	⑭ 청년등 상시근로자 외 상시 근로자 증가 인원 수(⑫-⑬)
17.00	10.00	7.00

4. 1차년도 세액공제액 계산

구분	구분		직전 과세연도 대비 상시근로자 증가 인원 수 (⑧ 상시근로자 증가 인원 수를 한도)	1인당 공제금액	⑮ 1차년도 세액공제액
중소 기업	수도권 내	청년등	8.00	1천1백만원	88,000,000
		청년등 외	7.00	7백만원	49,000,000
	수도권 밖	청년등		1천3백만원	
		청년등 외		7백7십만원	
	계		15.00		137,000,000
중견 기업	수도권 내	청년등		8백만원	
		청년등 외		4백5십만원	
	수도권 밖	청년등		9백만원	
		청년등 외		4백5십만원	
	계				
일반 기업	수도권 내	청년등		4백만원	
		청년등 외			
	수도권 밖	청년등		5백만원	
		청년등 외			
	계				

210mm×297mm[백상지 80g/㎡ 또는 중질지 80g/㎡]

나. 2차년도 세제지원 요건 : ⑱ ≥ 0

1. 상시근로자 증가 인원

⑯ 2차년도(해당 과세연도) 상시근로자 수	⑰ 1차년도(직전 과세연도) 상시근로자 수	⑱ 상시근로자 증가 인원 수(⑯-⑰)

2. 2차년도 세액공제액 계산(상시근로자 감소여부)

1차년도(직전 과세연도) 대비 상시근로자 감소여부	1차년도(직전 과세연도) 대비 청년 등 상시근로자 수 감소여부	⑲ 1차년도 (직전과세연도) 청년 등 상시근로자 증가 세액공제액	⑳ 1차년도(직전 과세연도) 청년 등 외 상시 근로자 증가 세액공제액	㉑ 2차년도 세액공제액
부	부			
	여			
여				

다. 3차년도 세제지원 요건(중소·중견기업만 해당) : ㉔ ≥ 0

1. 상시근로자 증가 인원

㉒ 3차년도(해당 과세연도) 상시근로자 수	㉓ 1차년도(직전전 과세연도) 상시근로자 수	㉔ 상시근로자 증가 인원 수(㉒-㉓)

2. 3차년도 세액공제액 계산(상시근로자 감소여부)

1차년도 (직전전 과세연도) 대비 상시근로자 감소여부	1차년도 (직전전 과세연도) 대비 청년 등 상시근로자 수 감소여부	㉕ 1차년도 (직전전 과세연도) 청년 등 상시근로자 증가 세액공제액	㉖ 1차년도 (직전전 과세연도) 청년 등 외 상시 근로자 증가 세액공제액	㉗ 3차년도 세액공제액
부	부			
	여			
여				

라. 최초로 공제받은 과세연도 대비 2020년 12월 31일이 속하는 과세연도에 상시근로자 수 등이 감소하여 2020년 12월 31일이 속하는 과세연도에 2차년도 세액공제가 유예된 경우 세제지원 요건 : ㉚ ≥ 0

1. 상시근로자 수 증가인원

최초 공제받은 과세연도	㉘ 최초 공제받은 과세연도 상시근로자 수	㉙ 해당 과세연도 상시근로자 수(2022년)	㉚ 상시근로자 증가 인원 수
2018.12.31일이 속하는 과세연도			
2019.12.31일이 속하는 과세연도			

2. 유예세액 계산

최초 공제받은 과세연도	최초 공제받은 과세연도 대비 청년 등 상시근로자 수 감소여부	㉛ 해당 과세연도 청년 등 상시근로자 증가 세액공제액	㉜ 해당 과세연도 청년 등 외 상시 근로자 증가 세액공제액	㉝ 세액공제액 (유예 적용분)
2018.12.31일이 속하는 과세연도	부			
	여			
2019.12.31일이 속하는 과세연도	부			
	여			
❹ 세액공제액 [⑮ 1차년도 세액공제액 + ㉑ 2차년도 세액공제액 + ㉗ 3차년도 세액공제액 + ㉝ 세액공제액(유예 적용분)]				137,000,000

「조세특례제한법 시행령」 제26조의7 제10항에 따라 위와 같이 공제세액계산서를 제출합니다.

2023년 03월 31일

신청인 ㈜나라 김유민 (서명 또는 인)

고양 세무서장 귀하

210mm×297mm[백상지 80g/㎡ 또는 중질지 80g/㎡]

사례 1 2023년 귀속 신고 시 작성

[별지 제10호의8 서식] (2024.3.22. 개정)

고용 증대 기업에 대한 공제세액계산서

(3쪽 중 제1쪽)

❶ 신청인	① 상호 또는 법인명 : ㈜나라	② 사업자등록번호 : 203-81-63108
	③ 대표자 성명 : 김 유 민	④ 생년월일 : 1973년 04월 12일
	⑤ 주소 또는 본점소재지 : 경기도 고양시 일산서구 대화로37번길 102-30(법곳동) (전화번호 : 031-2231-7027)	

❷ 과세연도	2023년 01월 01일부터 2023년 12월 31일까지

❸ 공제세액 계산내용

가. 1차년도 세제지원 요건 : ⑧ > 0

1. 상시근로자 증가 인원

⑥ 해당 과세연도 상시근로자 수	⑦ 직전 과세연도 상시근로자 수	⑧ 상시근로자 증가 인원 수 (⑥-⑦)
38.00	33.00	5.00

2. 청년등 상시근로자 증가 인원

⑨ 해당 과세연도 청년등 상시근로자 수	⑩ 직전 과세연도 청년등 상시근로자 수	⑪ 청년등 상시근로자 증가 인원 수(⑨-⑩)
18.00	16.00	2.00

3. 청년등 상시근로자 외 상시근로자 증가 인원

⑫ 해당 과세연도 청년등 상시 근로자 외 상시근로자 수	⑬ 직전 과세연도 청년등 상시 근로자 외 상시근로자 수	⑭ 청년등 상시근로자 외 상시 근로자 증가 인원 수(⑫-⑬)
20.00	17.00	3.00

4. 1차년도 세액공제액 계산

구분	구분		직전 과세연도 대비 상시근로자 증가 인원 수 (⑧ 상시근로자 증가 인원 수를 한도)	1인당 공제금액	⑮ 1차년도 세액공제액
중소기업	수도권 내	청년등	2.00	1천1백만원	22,000,000
		청년등 외	3.00	7백만원	21,000,000
	수도권 밖	청년등		1천3백만원	
		청년등 외		7백7십만원	
	계		5.00		43,000,000
중견기업	수도권 내	청년등		8백만원	
		청년등 외		4백5십만원	
	수도권 밖	청년등		9백만원	
		청년등 외		4백5십만원	
	계				
일반기업	수도권 내	청년등		4백만원	
		청년등 외			
	수도권 밖	청년등		5백만원	
		청년등 외			
	계				

210mm×297mm[백상지 80g/㎡ 또는 중질지 80g/㎡]

나. 2차년도 세제지원 요건 : ⑱ ≥ 0		
1. 상시근로자 증가 인원		
⑯ 2차년도(해당 과세연도) 상시근로자 수	⑰ 1차년도(직전 과세연도) 상시근로자 수	⑱ 상시근로자 증가 인원 수(⑯–⑰)
38.00	33.00	5.00

2. 2차년도 세액공제액 계산(상시근로자 감소여부)

1차년도 (직전 과세연도) 대비 상시근로자 감소여부	1차년도 (직전 과세연도) 대비 청년 등 상시근로자 수 감소여부	⑲ 1차년도 (직전과세연도) 청년 등 상시근로자 증가 세액공제액	⑳ 1차년도 (직전 과세연도) 청년 등 외 상시근로자 증가 세액공제액	㉑ 2차년도 세액공제액
부	부	88,000,000	49,000,000	137,000,000
	여			
여				

다. 3차년도 세제지원 요건(중소 · 중견기업만 해당) : ㉔ ≥ 0		
1. 상시근로자 증가 인원		
㉒ 3차년도(해당 과세연도) 상시근로자 수	㉓ 1차년도(직전전 과세연도) 상시근로자 수	㉔ 상시근로자 증가 인원 수(㉒–㉓)

2. 3차년도 세액공제액 계산(상시근로자 감소여부)

1차년도 (직전전 과세연도) 대비 상시근로자 감소여부	1차년도 (직전전 과세연도) 대비 청년 등 상시근로자 수 감소여부	㉕ 1차년도 (직전전 과세연도) 청년 등 상시근로자 증가 세액공제액	㉖ 1차년도 (직전전 과세연도) 청년 등 외 상시근로자 증가 세액공제액	㉗ 3차년도 세액공제액
부	부			
	여			
여				
❹ 세액공제액 [⑮ 1차년도 세액공제액 + ㉑ 2차년도 세액공제액 + ㉗ 3차년도 세액공제액]				180,000,000

「조세특례제한법 시행령」 제26조의7 제10항에 따라 위와 같이 공제세액계산서를 제출합니다.

2024년 03월 31일

신청인 ㈜나라 김유민 (서명 또는 인)

고양 세무서장 귀하

210mm×297mm[백상지 80g/㎡ 또는 중질지 80g/㎡]

사례 1 2024년 귀속 신고 시 작성

[별지 제10호의8 서식] (2024.3.22. 개정)

고용 증대 기업에 대한 공제세액계산서

(3쪽 중 제1쪽)

❶ 신청인	① 상호 또는 법인명 : ㈜나라	② 사업자등록번호 : 203-81-63108
	③ 대표자 성명 : 김 유 민	④ 생년월일 : 1973년 04월 12일
	⑤ 주소 또는 본점소재지 : 경기도 고양시 일산서구 대화로37번길 102-30(법곳동) (전화번호 : 031-2231-7027)	
❷ 과세연도	2024년 01월 01일부터 2024년 12월 31일까지	

❸ 공제세액 계산내용

가. 1차년도 세제지원 요건 : ⑧ > 0

1. 상시근로자 증가 인원

⑥ 해당 과세연도 상시근로자 수	⑦ 직전 과세연도 상시근로자 수	⑧ 상시근로자 증가 인원 수 (⑥-⑦)
42.00	38.00	4.00

2. 청년등 상시근로자 증가 인원

⑨ 해당 과세연도 청년등 상시근로자 수	⑩ 직전 과세연도 청년등 상시근로자 수	⑪ 청년등 상시근로자 증가 인원 수(⑨-⑩)
20.00	18.00	2.00

3. 청년등 상시근로자 외 상시근로자 증가 인원

⑫ 해당 과세연도 청년등 상시근로자 외 상시근로자 수	⑬ 직전 과세연도 청년등 상시근로자 외 상시근로자 수	⑭ 청년등 상시근로자 외 상시근로자 증가 인원 수(⑫-⑬)
22.00	20.00	2.00

4. 1차년도 세액공제액 계산

구분	구분		직전 과세연도 대비 상시근로자 증가 인원 수 (⑧ 상시근로자 증가 인원 수를 한도)	1인당 공제금액	⑮ 1차년도 세액공제액
중소기업	수도권 내	청년등	2.00	1천1백만원	22,000,000
		청년등 외	2.00	7백만원	14,000,000
	수도권 밖	청년등		1천3백만원	
		청년등 외		7백7십만원	
	계		4.00		36,000,000
중견기업	수도권 내	청년등		8백만원	
		청년등 외		4백5십만원	
	수도권 밖	청년등		9백만원	
		청년등 외		4백5십만원	
	계				
일반기업	수도권 내	청년등		4백만원	
		청년등 외			
	수도권 밖	청년등		5백만원	
		청년등 외			
	계				

210mm×297mm[백상지 80g/㎡ 또는 중질지 80g/㎡]

나. 2차년도 세제지원 요건 : ⑱ ≥ 0

1. 상시근로자 증가 인원

⑯ 2차년도(해당 과세연도) 상시근로자 수	⑰ 1차년도(직전 과세연도) 상시근로자 수	⑱ 상시근로자 증가 인원 수(⑯-⑰)
42.00	38.00	4.00

2. 2차년도 세액공제액 계산(상시근로자 감소여부)

1차년도 (직전 과세연도) 대비 상시근로자 감소여부	1차년도 (직전 과세연도) 대비 청년 등 상시근로자 수 감소여부	⑲ 1차년도 (직전과세연도) 청년 등 상시근로자 증가 세액공제액	⑳ 1차년도 (직전 과세연도) 청년 등 외 상시근로자 증가 세액공제액	㉑ 2차년도 세액공제액
부	부	22,000,000	21,000,000	43,000,000
	여			
여				

다. 3차년도 세제지원 요건(중소 · 중견기업만 해당) : ㉔ ≥ 0

1. 상시근로자 증가 인원

㉒ 3차년도(해당 과세연도) 상시근로자 수	㉓ 1차년도(직전전 과세연도) 상시근로자 수	㉔ 상시근로자 증가 인원 수(㉒-㉓)
42.00	33.00	9.00

2. 3차년도 세액공제액 계산(상시근로자 감소여부)

1차년도 (직전전 과세연도) 대비 상시근로자 감소여부	1차년도 (직전전 과세연도) 대비 청년 등 상시근로자 수 감소여부	㉕ 1차년도 (직전전 과세연도) 청년 등 상시근로자 증가 세액공제액	㉖ 1차년도 (직전전 과세연도) 청년 등 외 상시근로자 증가 세액공제액	㉗ 3차년도 세액공제액
부	부	88,000,000	49,000,000	137,000,000
	여			
여				

❹ 세액공제액 [⑮ 1차년도 세액공제액 + ㉑ 2차년도 세액공제액 + ㉗ 3차년도 세액공제액]	216,000,000

「조세특례제한법 시행령」 제26조의7 제10항에 따라 위와 같이 공제세액계산서를 제출합니다.

2025년 03월 31일

신청인 ㈜나라 김유민 (서명 또는 인)

고양 세무서장 귀하

210mm×297mm[백상지 80g/㎡ 또는 중질지 80g/㎡]

사례 2-1 적용 증가가 감소함(청년 감소 수 ≥ 전체 감소 수)

<table>
<tr><th>2021년</th><th colspan="2">2022년</th><th colspan="2">2023년</th><th colspan="2">2024년</th></tr>
<tr><td>근무인원현황</td><td>근무인원현황</td><td>증감현황</td><td>근무인원현황</td><td>증감현황</td><td>근무인원현황</td><td>증감현황</td></tr>
<tr><td>전체 18명
청년 8명
청년외 10명</td><td>전체 33명
청년 16명
청년외 17명</td><td>15명 증가
8명 증가
7명 증가</td><td>전체 40명
청년 20명
청년외 20명</td><td>7명 증가
4명 증가
3명 증가</td><td>전체 38명
청년 17명
청년외 21명</td><td>2명 감소
3명 감소
1명 증가</td></tr>
<tr><td rowspan="4">1차연도공제</td><td colspan="2">① 상황분석</td><td colspan="2">① 상황분석</td><td colspan="2">① 상황분석</td></tr>
<tr><td colspan="2">직전과세연도(2021년) 대비 전체 상시근로자 수 증가(청년 증가, 청년외 증가)
≫ 공제적용</td><td colspan="2">직전과세연도(2022년) 대비 전체 상시근로자 수 증가(청년 증가, 청년외 증가)
≫ 공제적용</td><td colspan="2">직전과세연도(2023년) 대비 전체 상시근로자 수 증가하지 않음(청년 감소, 청년외 증가)
≫ 공제적용불가</td></tr>
<tr><td colspan="2">② 공제세액계산</td><td colspan="2">② 공제세액계산</td><td colspan="2">② 공제세액계산</td></tr>
<tr><td colspan="2">청년 : 8명×11,000,000원/명
= 88,000,000원
청년외 : 7명×7,000,000원/명
= 49,000,000원
합계 : 137,000,000원</td><td colspan="2">청년 : 4명×11,000,000원/명
= 44,000,000원
청년외 : 3명×7,000,000원/명
= 21,000,000원
합계 : 65,000,000원</td><td colspan="2">청년 : 0명×11,000,000원/명
= 0원
청년외 : 0명×7,000,000원/명
= 0원
합계 : 0원</td></tr>
<tr><td rowspan="4">2차연도공제</td><td colspan="2" rowspan="4"></td><td colspan="2">① 상황분석</td><td colspan="2">① 상황분석</td></tr>
<tr><td colspan="2">최초공제연도(2022년) 대비 전체 상시근로자 수 감소하지 않음(청년 감소하지 않음, 청년외 감소하지 않음)
≫ 2차연도 추가공제적용</td><td colspan="2">최초공제연도(2023년) 대비 전체 상시근로자 수 감소(청년 감소 수 ≥ 전체 감소 수)
≫ 추가공제 중단, 추가납부</td></tr>
<tr><td colspan="2">② 추가공제세액계산</td><td colspan="2">② 추가납부세액계산</td></tr>
<tr><td colspan="2">청년 : 88,000,000원
청년외 : 49,000,000원
합계 : 137,000,000원</td><td colspan="2">(3−2)×(11,000,000−7,000,000)
+ 2×11,000,000
= 4,000,000 + 22,000,000
= 26,000,000원</td></tr>
<tr><td rowspan="4">3차연도공제</td><td colspan="4" rowspan="4"></td><td colspan="2">① 상황분석</td></tr>
<tr><td colspan="2">최초공제연도(2022년) 대비 전체 상시근로자 수 감소하지 않음(청년 감소하지 않음, 청년외 감소하지 않음)
≫ 3차연도 추가공제적용</td></tr>
<tr><td colspan="2">② 세액계산</td></tr>
<tr><td colspan="2">청년 : 88,000,000원
청년외 : 49,000,000원
합계 : 137,000,000원</td></tr>
</table>

사례 풀이

각 귀속연도별로 분석하면 다음과 같다.

1. 2022년 귀속분 신고 시

(1) 1차연도공제(최초공제)

직전과세연도(2021년) **대비 전체 상시근로자 수가 증가**(청년 증가, 청년외 증가)**하였으므로** 세액공제를 적용한다.

2. 2023년 귀속분 신고 시

(1) 1차연도공제(최초공제)

직전과세연도(2022년) **대비 전체 상시근로자 수가 증가**(청년 증가, 청년외 증가)**하였으므로** 세액공제를 적용한다.

(2) 2차연도공제

최초공제연도(2022년) **대비 전체 상시근로자 수가 감소하지 않았으므로**(청년 감소하지 않음, 청년외 감소하지 않음) 2차연도(2023년)에 추가공제를 적용한다.

3. 2024년 귀속분 신고 시

(1) 1차연도공제(최초공제)

직전과세연도(2023년) **대비 전체 상시근로자 수가 증가하지 않았으므로**(청년 감소, 청년외 증가) 세액공제를 적용하지 않는다.

(2) 2차연도공제

최초공제연도(2023년) **대비 전체 상시근로자 수가 감소하였으므로**(청년 감소, 전체 감소) 추가공제를 중단하고 추가납부한다.

(3) 3차연도공제

최초공제연도(2022년) **대비 전체 상시근로자 수 감소하지 않았으므로**(청년 감소하지 않음, 청년외 감소하지 않음) 3차연도(2024년)에 추가공제를 적용한다.

사례 2-1 2022년 귀속 신고 시 작성

[별지 제10호의8 서식] (2023.3.20. 개정)

고용 증대 기업에 대한 공제세액계산서

(3쪽 중 제1쪽)

❶ 신청인	① 상호 또는 법인명 : ㈜나라	② 사업자등록번호 : 203-81-63108
	③ 대표자 성명 : 김 유 민	④ 생년월일 : 1973년 04월 12일
	⑤ 주소 또는 본점소재지 : 경기도 고양시 일산서구 대화로37번길 102-30(법곶동) (전화번호 : 031-2231-7027)	

❷ 과세연도	2022년 01월 01일부터 2022년 12월 31일까지

❸ 공제세액 계산내용

가. 1차년도 세제지원 요건 : ⑧ > 0

1. 상시근로자 증가 인원

⑥ 해당 과세연도 상시근로자 수	⑦ 직전 과세연도 상시근로자 수	⑧ 상시근로자 증가 인원 수 (⑥-⑦)
33.00	18.00	15.00

2. 청년등 상시근로자 증가 인원

⑨ 해당 과세연도 청년등 상시근로자 수	⑩ 직전 과세연도 청년등 상시근로자 수	⑪ 청년등 상시근로자 증가 인원 수(⑨-⑩)
16.00	8.00	8.00

3. 청년등 상시근로자 외 상시근로자 증가 인원

⑫ 해당 과세연도 청년등 상시 근로자 외 상시근로자 수	⑬ 직전 과세연도 청년등 상시 근로자 외 상시근로자 수	⑭ 청년등 상시근로자 외 상시 근로자 증가 인원 수(⑫-⑬)
17.00	10.00	7.00

4. 1차년도 세액공제액 계산

구분	구분		직전 과세연도 대비 상시근로자 증가 인원 수 (⑧ 상시근로자 증가 인원 수를 한도)	1인당 공제금액	⑮ 1차년도 세액공제액
중소기업	수도권 내	청년등	8.00	1천1백만원	88,000,000
		청년등 외	7.00	7백만원	49,000,000
	수도권 밖	청년등		1천3백만원	
		청년등 외		7백7십만원	
	계		15.00		137,000,000
중견기업	수도권 내	청년등		8백만원	
		청년등 외		4백5십만원	
	수도권 밖	청년등		9백만원	
		청년등 외		4백5십만원	
	계				
일반기업	수도권 내	청년등		4백만원	
		청년등 외			
	수도권 밖	청년등		5백만원	
		청년등 외			
	계				

210mm×297mm[백상지 80g/㎡ 또는 중질지 80g/㎡]

나. 2차년도 세제지원 요건 : ⑱ ≥ 0

1. 상시근로자 증가 인원

⑯ 2차년도(해당 과세연도) 상시근로자 수	⑰ 1차년도(직전 과세연도) 상시근로자 수	⑱ 상시근로자 증가 인원 수(⑯-⑰)

2. 2차년도 세액공제액 계산(상시근로자 감소여부)

1차년도 (직전 과세연도) 대비 상시근로자 감소여부	1차년도 (직전 과세연도) 대비 청년 등 상시근로자 수 감소여부	⑲ 1차년도 (직전과세연도) 청년 등 상시근로자 증가 세액공제액	⑳ 1차년도 (직전 과세연도) 청년 등 외 상시근로자 증가 세액공제액	㉑ 2차년도 세액공제액
부	부			
	여			
여				

다. 3차년도 세제지원 요건(중소 · 중견기업만 해당) : ㉔ ≥ 0

1. 상시근로자 증가 인원

㉒ 3차년도(해당 과세연도) 상시근로자 수	㉓ 1차년도(직전전 과세연도) 상시근로자 수	㉔ 상시근로자 증가 인원 수(㉒-㉓)

2. 3차년도 세액공제액 계산(상시근로자 감소여부)

1차년도 (직전전 과세연도) 대비 상시근로자 감소여부	1차년도 (직전전 과세연도) 대비 청년 등 상시근로자 수 감소여부	㉕ 1차년도 (직전전 과세연도) 청년 등 상시근로자 증가 세액공제액	㉖ 1차년도 (직전전 과세연도) 청년 등 외 상시근로자 증가 세액공제액	㉗ 3차년도 세액공제액
부	부			
	여			
여				

라. 최초로 공제받은 과세연도 대비 2020년 12월 31일이 속하는 과세연도에 상시근로자 수 등이 감소하여 2020년 12월 31일이 속하는 과세연도에 2차년도 세액공제가 유예된 경우 세제지원 요건 : ㉚ ≥ 0

1. 상시근로자 수 증가인원

최초 공제받은 과세연도	㉘ 최초 공제받은 과세연도 상시근로자 수	㉙ 해당 과세연도 상시근로자 수(2022년)	㉚ 상시근로자 증가 인원 수
2018.12.31일이 속하는 과세연도			
2019.12.31일이 속하는 과세연도			

2. 유예세액 계산

최초 공제받은 과세연도	최초 공제받은 과세연도 대비 청년 등 상시근로자 수 감소여부	㉛ 해당 과세연도 청년 등 상시근로자 증가 세액공제액	㉜ 해당 과세연도 청년 등 외 상시근로자 증가 세액공제액	㉝ 세액공제액 (유예 적용분)
2018.12.31일이 속하는 과세연도	부			
	여			
2019.12.31일이 속하는 과세연도	부			
	여			

❹ 세액공제액 [⑮ 1차년도 세액공제액 + ㉑ 2차년도 세액공제액 + ㉗ 3차년도 세액공제액 + ㉝ 세액공제액(유예 적용분)]	137,000,000

「조세특례제한법 시행령」 제26조의7 제10항에 따라 위와 같이 공제세액계산서를 제출합니다.

2023년 03월 31일

신청인 ㈜나라 김유민 (서명 또는 인)

고양 세무서장 귀하

210mm×297mm[백상지 80g/㎡ 또는 중질지 80g/㎡]

사례 2-1 2023년 귀속 신고 시 작성

[별지 제10호의8 서식] (2024.3.22. 개정)

고용 증대 기업에 대한 공제세액계산서

(3쪽 중 제1쪽)

❶ 신청인	① 상호 또는 법인명 : ㈜나라	② 사업자등록번호 : 203-81-63108
	③ 대표자 성명 : 김 유 민	④ 생년월일 : 1973년 04월 12일
	⑤ 주소 또는 본점소재지 : 경기도 고양시 일산서구 대화로37번길 102-30(법곳동) (전화번호 : 031-2231-7027)	

❷ 과세연도	2023년 01월 01일부터 2023년 12월 31일까지

❸ 공제세액 계산내용

가. 1차년도 세제지원 요건 : ⑧ > 0

1. 상시근로자 증가 인원

⑥ 해당 과세연도 상시근로자 수	⑦ 직전 과세연도 상시근로자 수	⑧ 상시근로자 증가 인원 수 (⑥-⑦)
40.00	33.00	7.00

2. 청년등 상시근로자 증가 인원

⑨ 해당 과세연도 청년등 상시근로자 수	⑩ 직전 과세연도 청년등 상시근로자 수	⑪ 청년등 상시근로자 증가 인원 수(⑨-⑩)
20.00	16.00	4.00

3. 청년등 상시근로자 외 상시근로자 증가 인원

⑫ 해당 과세연도 청년등 상시 근로자 외 상시근로자 수	⑬ 직전 과세연도 청년등 상시 근로자 외 상시근로자 수	⑭ 청년등 상시근로자 외 상시 근로자 증가 인원 수(⑫-⑬)
20.00	17.00	3.00

4. 1차년도 세액공제액 계산

구분	구분		직전 과세연도 대비 상시근로자 증가 인원 수 (⑧ 상시근로자 증가 인원 수를 한도)	1인당 공제금액	⑮ 1차년도 세액공제액
중소기업	수도권 내	청년등	4.00	1천1백만원	44,000,000
		청년등 외	3.00	7백만원	21,000,000
	수도권 밖	청년등		1천3백만원	
		청년등 외		7백7십만원	
	계		7.00		65,000,000
중견기업	수도권 내	청년등		8백만원	
		청년등 외		4백5십만원	
	수도권 밖	청년등		9백만원	
		청년등 외		4백5십만원	
	계				
일반기업	수도권 내	청년등		4백만원	
		청년등 외			
	수도권 밖	청년등		5백만원	
		청년등 외			
	계				

210mm×297mm[백상지 80g/㎡ 또는 중질지 80g/㎡]

(3쪽 중 제2쪽)

나. 2차년도 세제지원 요건 : ⑱ ≥ 0

1. 상시근로자 증가 인원

⑯ 2차년도(해당 과세연도) 상시근로자 수	⑰ 1차년도(직전 과세연도) 상시근로자 수	⑱ 상시근로자 증가 인원 수(⑯-⑰)
40.00	33.00	7.00

2. 2차년도 세액공제액 계산(상시근로자 감소여부)

1차년도 (직전 과세연도) 대비 상시근로자 감소여부	1차년도 (직전 과세연도) 대비 청년 등 상시근로자 수 감소여부	⑲ 1차년도 (직전과세연도) 청년 등 상시근로자 증가 세액공제액	⑳ 1차년도 (직전 과세연도) 청년 등 외 상시근로자 증가 세액공제액	㉑ 2차년도 세액공제액
부	부	88,000,000	49,000,000	137,000,000
	여			
여				

다. 3차년도 세제지원 요건(중소 · 중견기업만 해당) : ㉔ ≥ 0

1. 상시근로자 증가 인원

㉒ 3차년도(해당 과세연도) 상시근로자 수	㉓ 1차년도(직전전 과세연도) 상시근로자 수	㉔ 상시근로자 증가 인원 수(㉒-㉓)

2. 3차년도 세액공제액 계산(상시근로자 감소여부)

1차년도 (직전전 과세연도) 대비 상시근로자 감소여부	1차년도 (직전전 과세연도) 대비 청년 등 상시근로자 수 감소여부	㉕ 1차년도 (직전전 과세연도) 청년 등 상시근로자 증가 세액공제액	㉖ 1차년도 (직전전 과세연도) 청년 등 외 상시근로자 증가 세액공제액	㉗ 3차년도 세액공제액
부	부			
	여			
여				

❹ 세액공제액 [⑮ 1차년도 세액공제액 + ㉑ 2차년도 세액공제액 + ㉗ 3차년도 세액공제액]	202,000,000

「조세특례제한법 시행령」 제26조의7 제10항에 따라 위와 같이 공제세액계산서를 제출합니다.

2024년 03월 31일

신청인 ㈜나라 김유민 (서명 또는 인)

고양 세무서장 귀하

210mm×297mm[백상지 80g/㎡ 또는 중질지 80g/㎡]

사례 2-1 2024년 귀속 신고 시 작성

[별지 제10호의8 서식] (2024.3.22. 개정)

고용 증대 기업에 대한 공제세액계산서

(3쪽 중 제1쪽)

❶ 신청인	① 상호 또는 법인명 : ㈜나라	② 사업자등록번호 : 203-81-63108
	③ 대표자 성명 : 김 유 민	④ 생년월일 : 1973년 04월 12일
	⑤ 주소 또는 본점소재지 : 경기도 고양시 일산서구 대화로37번길 102-30(법곳동) (전화번호 : 031-2231-7027)	

❷ 과세연도	2024년 01월 01일부터 2024년 12월 31일까지

❸ 공제세액 계산내용

가. 1차년도 세제지원 요건 : ⑧ > 0

1. 상시근로자 증가 인원

⑥ 해당 과세연도 상시근로자 수	⑦ 직전 과세연도 상시근로자 수	⑧ 상시근로자 증가 인원 수 (⑥-⑦)
38.00	40.00	-2.00

2. 청년등 상시근로자 증가 인원

⑨ 해당 과세연도 청년등 상시근로자 수	⑩ 직전 과세연도 청년등 상시근로자 수	⑪ 청년등 상시근로자 증가 인원 수(⑨-⑩)
17.00	20.00	-3.00

3. 청년등 상시근로자 외 상시근로자 증가 인원

⑫ 해당 과세연도 청년등 상시 근로자 외 상시근로자 수	⑬ 직전 과세연도 청년등 상시 근로자 외 상시근로자 수	⑭ 청년등 상시근로자 외 상시 근로자 증가 인원 수(⑫-⑬)
21.00	20.00	1.00

4. 1차년도 세액공제액 계산

구분	구분		직전 과세연도 대비 상시근로자 증가 인원 수 (⑧ 상시근로자 증가 인원 수를 한도)	1인당 공제금액	⑮ 1차년도 세액공제액
중소 기업	수도권 내	청년등		1천1백만원	
		청년등 외		7백만원	
	수도권 밖	청년등		1천3백만원	
		청년등 외		7백7십만원	
	계				
중견 기업	수도권 내	청년등		8백만원	
		청년등 외		4백5십만원	
	수도권 밖	청년등		9백만원	
		청년등 외		4백5십만원	
	계				
일반 기업	수도권 내	청년등		4백만원	
		청년등 외			
	수도권 밖	청년등		5백만원	
		청년등 외			
	계				

210mm×297mm[백상지 80g/㎡ 또는 중질지 80g/㎡]

나. 2차년도 세제지원 요건 : ⑱ ≥ 0		
1. 상시근로자 증가 인원		
⑯ 2차년도(해당 과세연도) 상시근로자 수	⑰ 1차년도(직전 과세연도) 상시근로자 수	⑱ 상시근로자 증가 인원 수(⑯-⑰)
38.00	40.00	-2.00

2. 2차년도 세액공제액 계산(상시근로자 감소여부)				
1차년도 (직전 과세연도) 대비 상시근로자 감소여부	1차년도 (직전 과세연도) 대비 청년 등 상시근로자 수 감소여부	⑲ 1차년도 (직전과세연도) 청년 등 상시근로자 증가 세액공제액	⑳ 1차년도 (직전 과세연도) 청년 등 외 상시근로자 증가 세액공제액	㉑ 2차년도 세액공제액
부	부			
	여			
여				

다. 3차년도 세제지원 요건(중소 · 중견기업만 해당) : ㉔ ≥ 0		
1. 상시근로자 증가 인원		
㉒ 3차년도(해당 과세연도) 상시근로자 수	㉓ 1차년도(직전전 과세연도) 상시근로자 수	㉔ 상시근로자 증가 인원 수(㉒-㉓)
38.00	33.00	5.00

2. 3차년도 세액공제액 계산(상시근로자 감소여부)				
1차년도 (직전전 과세연도) 대비 상시근로자 감소여부	1차년도 (직전전 과세연도) 대비 청년 등 상시근로자 수 감소여부	㉕ 1차년도 (직전전 과세연도) 청년 등 상시근로자 증가 세액공제액	㉖ 1차년도 (직전전 과세연도) 청년 등 외 상시근로자 증가 세액공제액	㉗ 3차년도 세액공제액
부	부	88,000,000	49,000,000	137,000,000
	여			
여				

❹ 세액공제액 [⑮ 1차년도 세액공제액 + ㉑ 2차년도 세액공제액 + ㉗ 3차년도 세액공제액]	137,000,000

「조세특례제한법 시행령」제26조의7 제10항에 따라 위와 같이 공제세액계산서를 제출합니다.

2025년 03월 31일

신청인 ㈜나라 김유민 (서명 또는 인)

고양 세무서장 귀하

210mm×297mm[백상지 80g/㎡ 또는 중질지 80g/㎡]

사례 2-2 적용 증가는 감소함(청년 감소 수 < 전체 감소 수)

<table>
<tr><th>2021년</th><th colspan="2">2022년</th><th colspan="2">2023년</th><th colspan="2">2024년</th></tr>
<tr><td>근무인원현황</td><td>근무인원현황</td><td>증감현황</td><td>근무인원현황</td><td>증감현황</td><td>근무인원현황</td><td>증감현황</td></tr>
<tr><td>전체 18명
청년 8명
청년외 10명</td><td>전체 33명
청년 16명
청년외 17명</td><td>15명 증가
8명 증가
7명 증가</td><td>전체 40명
청년 20명
청년외 20명</td><td>7명 증가
4명 증가
3명 증가</td><td>전체 35명
청년 18명
청년외 17명</td><td>5명 감소
2명 감소
3명 감소</td></tr>
<tr><td rowspan="4">1차연도공제</td><td colspan="2">① 상황분석</td><td colspan="2">① 상황분석</td><td colspan="2">① 상황분석</td></tr>
<tr><td colspan="2">직전과세연도(2021년) 대비 전체 상시근로자 수 증가(청년 증가, 청년외 증가)
≫ 공제적용</td><td colspan="2">직전과세연도(2022년) 대비 전체 상시근로자 수 증가(청년 증가, 청년외 증가)
≫ 공제적용</td><td colspan="2">직전과세연도(2023년) 대비 전체 상시근로자 수 증가하지 않음(청년 감소, 청년외 감소)
≫ 공제적용불가</td></tr>
<tr><td colspan="2">② 공제세액계산</td><td colspan="2">② 공제세액계산</td><td colspan="2">② 공제세액계산</td></tr>
<tr><td colspan="2">청년 : 8명×11,000,000원/명
= 88,000,000원
청년외 : 7명×7,000,000원/명
= 49,000,000원
합계 : 137,000,000원</td><td colspan="2">청년 : 4명×11,000,000원/명
= 44,000,000원
청년외 : 3명×7,000,000원/명
= 21,000,000원
합계 : 65,000,000원</td><td colspan="2">청년 : 0명×11,000,000원/명
= 0원
청년외 : 0명×7,000,000원/명
= 0원
합계 : 0원</td></tr>
<tr><td rowspan="4">2차연도공제</td><td colspan="2" rowspan="4"></td><td colspan="2">① 상황분석</td><td colspan="2">① 상황분석</td></tr>
<tr><td colspan="2">최초공제연도(2022년) 대비 전체 상시근로자 수 감소하지 않음(청년 감소하지 않음, 청년외 감소하지 않음)
≫ 2차연도 추가공제적용</td><td colspan="2">최초공제연도(2023년) 대비 전체 상시근로자 수 감소(청년 감소 수 < 전체 감소 수)
≫ 추가공제 중단, 추가납부</td></tr>
<tr><td colspan="2">② 추가공제세액계산</td><td colspan="2">② 추가납부세액계산</td></tr>
<tr><td colspan="2">청년 : 88,000,000원
청년외 : 49,000,000원
합계 : 137,000,000원</td><td colspan="2">2명×11,000,000
+ 3명×7,000,000
= 22,000,000 + 21,000,000
= 43,000,000원</td></tr>
<tr><td rowspan="4">3차연도공제</td><td colspan="4" rowspan="4"></td><td colspan="2">① 상황분석</td></tr>
<tr><td colspan="2">최초공제연도(2022년) 대비 전체 상시근로자 수 감소하지 않음(청년 감소하지 않음, 청년외 감소하지 않음)
≫ 3차연도 추가공제적용</td></tr>
<tr><td colspan="2">② 세액계산</td></tr>
<tr><td colspan="2">청년 : 88,000,000원
청년외 : 49,000,000원
합계 : 137,000,000원</td></tr>
</table>

사례 풀이

각 귀속연도별로 분석하면 다음과 같다.

1. 2022년 귀속분 신고 시

(1) 1차연도공제(최초공제)

직전과세연도(2021년) 대비 전체 상시근로자 수가 증가하였으므로(청년 증가, 청년외 증가) 세액공제를 적용한다.

2. 2023년 귀속분 신고 시

(1) 1차연도공제(최초공제)

직전과세연도(2022년) 대비 전체 상시근로자 수가 증가하였으므로(청년 증가, 청년외 증가) 세액공제를 적용한다.

(2) 2차연도공제

최초공제연도(2022년) 대비 전체 상시근로자 수가 감소하지 않았으므로(청년 감소하지 않음, 청년외 감소하지 않음) 2차연도(2023년)에 추가공제를 적용한다.

3. 2024년 귀속분 신고 시

(1) 1차연도공제(최초공제)

직전과세연도(2023년) 대비 전체 상시근로자 수가 증가하지 않았으므로(청년 감소, 청년외 감소) 세액공제를 적용하지 않는다.

(2) 2차연도공제

최초공제연도(2023년) 대비 전체 상시근로자 수가 감소하였으므로(청년 감소 수 < 청년외 감소 수) 2차연도(2024년)에 추가공제를 중단하고 추가납부한다.

(3) 3차연도공제

최초공제연도(2022년) 대비 전체 상시근로자 수가 감소하지 않았으므로(청년 감소하지 않음, 청년외 감소하지 않음) 3차연도(2024년)에 추가공제를 적용한다.

사례 2-2 2022년 귀속 신고 시 작성

[별지 제10호의8 서식] (2023.3.20. 개정)

고용 증대 기업에 대한 공제세액계산서

(3쪽 중 제1쪽)

❶ 신청인	① 상호 또는 법인명 : ㈜나라	② 사업자등록번호 : 203-81-63108
	③ 대표자 성명 : 김 유 민	④ 생년월일 : 1973년 04월 12일
	⑤ 주소 또는 본점소재지 : 경기도 고양시 일산서구 대화로37번길 102-30(법곳동) (전화번호 : 031-2231-7027)	
❷ 과세연도	2022년 01월 01일부터 2022년 12월 31일까지	

❸ 공제세액 계산내용

가. 1차년도 세제지원 요건 : ⑧ > 0

1. 상시근로자 증가 인원

⑥ 해당 과세연도 상시근로자 수	⑦ 직전 과세연도 상시근로자 수	⑧ 상시근로자 증가 인원 수 (⑥-⑦)
33.00	18.00	15.00

2. 청년등 상시근로자 증가 인원

⑨ 해당 과세연도 청년등 상시근로자 수	⑩ 직전 과세연도 청년등 상시근로자 수	⑪ 청년등 상시근로자 증가 인원 수(⑨-⑩)
16.00	8.00	8.00

3. 청년등 상시근로자 외 상시근로자 증가 인원

⑫ 해당 과세연도 청년등 상시 근로자 외 상시근로자 수	⑬ 직전 과세연도 청년등 상시 근로자 외 상시근로자 수	⑭ 청년등 상시근로자 외 상시 근로자 증가 인원 수(⑫-⑬)
17.00	10.00	7.00

4. 1차년도 세액공제액 계산

구분	구분		직전 과세연도 대비 상시근로자 증가 인원 수 (⑧ 상시근로자 증가 인원 수를 한도)	1인당 공제금액	⑮ 1차년도 세액공제액
중소기업	수도권 내	청년등	8.00	1천1백만원	88,000,000
		청년등 외	7.00	7백만원	49,000,000
	수도권 밖	청년등		1천3백만원	
		청년등 외		7백7십만원	
	계		15.00		137,000,000
중견기업	수도권 내	청년등		8백만원	
		청년등 외		4백5십만원	
	수도권 밖	청년등		9백만원	
		청년등 외		4백5십만원	
	계				
일반기업	수도권 내	청년등		4백만원	
		청년등 외			
	수도권 밖	청년등		5백만원	
		청년등 외			
	계				

210mm×297mm[백상지 80g/㎡ 또는 중질지 80g/㎡]

(3쪽 중 제2쪽)

나. 2차년도 세제지원 요건 : ⑱ ≥ 0

1. 상시근로자 증가 인원

⑯ 2차년도(해당 과세연도) 상시근로자 수	⑰ 1차년도(직전 과세연도) 상시근로자 수	⑱ 상시근로자 증가 인원 수(⑯-⑰)

2. 2차년도 세액공제액 계산(상시근로자 감소여부)

1차년도 (직전 과세연도) 대비 상시근로자 감소여부	1차년도 (직전 과세연도) 대비 청년 등 상시근로자 수 감소여부	⑲ 1차년도 (직전과세연도) 청년 등 상시근로자 증가 세액공제액	⑳ 1차년도 (직전 과세연도) 청년 등 외 상시근로자 증가 세액공제액	㉑ 2차년도 세액공제액
부	부			
	여			
여				

다. 3차년도 세제지원 요건(중소·중견기업만 해당) : ㉔ ≥ 0

1. 상시근로자 증가 인원

㉒ 3차년도(해당 과세연도) 상시근로자 수	㉓ 1차년도(직전전 과세연도) 상시근로자 수	㉔ 상시근로자 증가 인원 수(㉒-㉓)

2. 3차년도 세액공제액 계산(상시근로자 감소여부)

1차년도 (직전전 과세연도) 대비 상시근로자 감소여부	1차년도 (직전전 과세연도) 대비 청년 등 상시근로자 수 감소여부	㉕ 1차년도 (직전전 과세연도) 청년 등 상시근로자 증가 세액공제액	㉖ 1차년도 (직전전 과세연도) 청년 등 외 상시근로자 증가 세액공제액	㉗ 3차년도 세액공제액
부	부			
	여			
여				

라. 최초로 공제받은 과세연도 대비 2020년 12월 31일이 속하는 과세연도에 상시근로자 수 등이 감소하여 2020년 12월 31일이 속하는 과세연도에 2차년도 세액공제가 유예된 경우 세제지원 요건 : ㉚ ≥ 0

1. 상시근로자 수 증가인원

최초 공제받은 과세연도	㉘ 최초 공제받은 과세연도 상시근로자 수	㉙ 해당 과세연도 상시근로자 수(2022년)	㉚ 상시근로자 증가 인원 수
2018.12.31일이 속하는 과세연도			
2019.12.31일이 속하는 과세연도			

2. 유예세액 계산

최초 공제받은 과세연도	최초 공제받은 과세연도 대비 청년 등 상시근로자 수 감소여부	㉛ 해당 과세연도 청년 등 상시근로자 증가 세액공제액	㉜ 해당 과세연도 청년 등 외 상시근로자 증가 세액공제액	㉝ 세액공제액 (유예 적용분)
2018.12.31일이 속하는 과세연도	부			
	여			
2019.12.31일이 속하는 과세연도	부			
	여			

❹ 세액공제액 [⑯ 1차년도 세액공제액 + ㉑ 2차년도 세액공제액 + ㉗ 3차년도 세액공제액 + ㉝ 세액공제액(유예 적용분)]	137,000,000

「조세특례제한법 시행령」 제26조의7 제10항에 따라 위와 같이 공제세액계산서를 제출합니다.

2023년 3월 31일

신청인 ㈜나라 김유민 (서명 또는 인)

고양 세무서장 귀하

210mm×297mm[백상지 80g/㎡ 또는 중질지 80g/㎡]

사례 2-2 2023년 귀속 신고 시 작성

[별지 제10호의8 서식] (2024.3.22. 개정)

고용 증대 기업에 대한 공제세액계산서

(3쪽 중 제1쪽)

❶ 신청인	① 상호 또는 법인명 : ㈜나라	② 사업자등록번호 : 203-81-63108
	③ 대표자 성명 : 김 유 민	④ 생년월일 : 1973년 04월 12일
	⑤ 주소 또는 본점소재지 : 경기도 고양시 일산서구 대화로37번길 102-30(법곳동) (전화번호 : 031-2231-7027)	

❷ 과세연도	2023년 01월 01일부터 2023년 12월 31일까지

❸ 공제세액 계산내용

가. 1차년도 세제지원 요건 : ⑧ > 0

1. 상시근로자 증가 인원

⑥ 해당 과세연도 상시근로자 수	⑦ 직전 과세연도 상시근로자 수	⑧ 상시근로자 증가 인원 수 (⑥-⑦)
40.00	33.00	7.00

2. 청년등 상시근로자 증가 인원

⑨ 해당 과세연도 청년등 상시근로자 수	⑩ 직전 과세연도 청년등 상시근로자 수	⑪ 청년등 상시근로자 증가 인원 수(⑨-⑩)
20.00	16.00	4.00

3. 청년등 상시근로자 외 상시근로자 증가 인원

⑫ 해당 과세연도 청년등 상시근로자 외 상시근로자 수	⑬ 직전 과세연도 청년등 상시근로자 외 상시근로자 수	⑭ 청년등 상시근로자 외 상시근로자 증가 인원 수(⑫-⑬)
20.00	17.00	3.00

4. 1차년도 세액공제액 계산

구분	구분		직전 과세연도 대비 상시근로자 증가 인원 수 (⑧ 상시근로자 증가 인원 수를 한도)	1인당 공제금액	⑮ 1차년도 세액공제액
중소기업	수도권 내	청년등	4.00	1천1백만원	44,000,000
		청년등 외	3.00	7백만원	21,000,000
	수도권 밖	청년등		1천3백만원	
		청년등 외		7백7십만원	
	계		7.00		65,000,000
중견기업	수도권 내	청년등		8백만원	
		청년등 외		4백5십만원	
	수도권 밖	청년등		9백만원	
		청년등 외		4백5십만원	
	계				
일반기업	수도권 내	청년등		4백만원	
		청년등 외			
	수도권 밖	청년등		5백만원	
		청년등 외			
	계				

210mm×297mm[백상지 80g/㎡ 또는 중질지 80g/㎡]

(3쪽 중 제2쪽)

나. 2차년도 세제지원 요건 : ⑱ ≥ 0		
1. 상시근로자 증가 인원		
⑯ 2차년도(해당 과세연도) 상시근로자 수	⑰ 1차년도(직전 과세연도) 상시근로자 수	⑱ 상시근로자 증가 인원 수(⑯-⑰)
40.00	33.00	7.00

2. 2차년도 세액공제액 계산(상시근로자 감소여부)

1차년도 (직전 과세연도) 대비 상시근로자 감소여부	1차년도 (직전 과세연도) 대비 청년 등 상시근로자 수 감소여부	⑲ 1차년도 (직전과세연도) 청년 등 상시근로자 증가 세액공제액	⑳ 1차년도 (직전 과세연도) 청년 등 외 상시근로자 증가 세액공제액	㉑ 2차년도 세액공제액
부	부	88,000,000	49,000,000	137,000,000
	여			
여				

다. 3차년도 세제지원 요건(중소 · 중견기업만 해당) : ㉔ ≥ 0		
1. 상시근로자 증가 인원		
㉒ 3차년도(해당 과세연도) 상시근로자 수	㉓ 1차년도(직전전 과세연도) 상시근로자 수	㉔ 상시근로자 증가 인원 수(㉒-㉓)

2. 3차년도 세액공제액 계산(상시근로자 감소여부)

1차년도 (직전전 과세연도) 대비 상시근로자 감소여부	1차년도 (직전전 과세연도) 대비 청년 등 상시근로자 수 감소여부	㉕ 1차년도 (직전전 과세연도) 청년 등 상시근로자 증가 세액공제액	㉖ 1차년도 (직전전 과세연도) 청년 등 외 상시근로자 증가 세액공제액	㉗ 3차년도 세액공제액
부	부			
	여			
여				

❹ 세액공제액 [⑮ 1차년도 세액공제액 + ㉑ 2차년도 세액공제액 + ㉗ 3차년도 세액공제액]	202,000,000

「조세특례제한법 시행령」 제26조의7 제10항에 따라 위와 같이 공제세액계산서를 제출합니다.

2024년 3월 31일

신청인 ㈜나라 김유민 (서명 또는 인)

고양 세무서장 귀하

210mm×297mm[백상지 80g/㎡ 또는 중질지 80g/㎡]

사례 2-2 2024년 귀속 신고 시 작성

[별지 제10호의8 서식] (2024.3.22. 개정)

고용 증대 기업에 대한 공제세액계산서

(3쪽 중 제1쪽)

❶ 신청인	① 상호 또는 법인명 : ㈜나라	② 사업자등록번호 : 203-81-63108
	③ 대표자 성명 : 김 유 민	④ 생년월일 : 1973년 04월 12일
	⑤ 주소 또는 본점소재지 : 경기도 고양시 일산서구 대화로37번길 102-30(법곶동) (전화번호 : 031-2231-7027)	

❷ 과세연도	2024년 01월 01일부터 2024년 12월 31일까지

❸ 공제세액 계산내용

가. 1차년도 세제지원 요건 : ⑧ > 0

1. 상시근로자 증가 인원

⑥ 해당 과세연도 상시근로자 수	⑦ 직전 과세연도 상시근로자 수	⑧ 상시근로자 증가 인원 수 (⑥-⑦)
35.00	40.00	-5.00

2. 청년등 상시근로자 증가 인원

⑨ 해당 과세연도 청년등 상시근로자 수	⑩ 직전 과세연도 청년등 상시근로자 수	⑪ 청년등 상시근로자 증가 인원 수(⑨-⑩)
18.00	20.00	-2.00

3. 청년등 상시근로자 외 상시근로자 증가 인원

⑫ 해당 과세연도 청년등 상시 근로자 외 상시근로자 수	⑬ 직전 과세연도 청년등 상시 근로자 외 상시근로자 수	⑭ 청년등 상시근로자 외 상시 근로자 증가 인원 수(⑫-⑬)
17.00	20.00	-3.00

4. 1차년도 세액공제액 계산

구분	구분		직전 과세연도 대비 상시근로자 증가 인원 수 (⑧ 상시근로자 증가 인원 수를 한도)	1인당 공제금액	⑮ 1차년도 세액공제액
중소기업	수도권 내	청년등		1천1백만원	
		청년등 외		7백만원	
	수도권 밖	청년등		1천3백만원	
		청년등 외		7백7십만원	
	계				
중견기업	수도권 내	청년등		8백만원	
		청년등 외		4백5십만원	
	수도권 밖	청년등		9백만원	
		청년등 외		4백5십만원	
	계				
일반기업	수도권 내	청년등		4백만원	
		청년등 외			
	수도권 밖	청년등		5백만원	
		청년등 외			
	계				

210mm×297mm[백상지 80g/㎡ 또는 중질지 80g/㎡]

(3쪽 중 제2쪽)

나. 2차년도 세제지원 요건 : ⑱ ≥ 0		
1. 상시근로자 증가 인원		
⑯ 2차년도(해당 과세연도) 상시근로자 수	⑰ 1차년도(직전 과세연도) 상시근로자 수	⑱ 상시근로자 증가 인원 수(⑯-⑰)
35.00	40.00	-5.00

2. 2차년도 세액공제액 계산(상시근로자 감소여부)

1차년도 (직전 과세연도) 대비 상시근로자 감소여부	1차년도 (직전 과세연도) 대비 청년 등 상시근로자 수 감소여부	⑲ 1차년도 (직전과세연도) 청년 등 상시근로자 증가 세액공제액	⑳ 1차년도 (직전 과세연도) 청년 등 외 상시근로자 증가 세액공제액	㉑ 2차년도 세액공제액
부	부			
	여			
여				

다. 3차년도 세제지원 요건(중소 · 중견기업만 해당) : ㉔ ≥ 0		
1. 상시근로자 증가 인원		
㉒ 3차년도(해당 과세연도) 상시근로자 수	㉓ 1차년도(직전전 과세연도) 상시근로자 수	㉔ 상시근로자 증가 인원 수(㉒-㉓)
35.00	33.00	2.00

2. 3차년도 세액공제액 계산(상시근로자 감소여부)

1차년도 (직전전 과세연도) 대비 상시근로자 감소여부	1차년도 (직전전 과세연도) 대비 청년 등 상시근로자 수 감소여부	㉕ 1차년도 (직전전 과세연도) 청년 등 상시근로자 증가 세액공제액	㉖ 1차년도 (직전전 과세연도) 청년 등 외 상시근로자 증가 세액공제액	㉗ 3차년도 세액공제액
부	부	88,000,000	49,000,000	137,000,000
	여			
여				

❹ 세액공제액 [⑮ 1차년도 세액공제액 + ㉑ 2차년도 세액공제액 + ㉗ 3차년도 세액공제액]	137,000,000

「조세특례제한법 시행령」 제26조의7 제10항에 따라 위와 같이 공제세액계산서를 제출합니다.

2025년 3월 31일

신청인 ㈜나라 김유민 (서명 또는 인)

고양 세무서장 귀하

210mm×297mm[백상지 80g/㎡ 또는 중질지 80g/㎡]

사례 2-3 적용 증가가 유지됨(청년 감소)

<table>
<tr><th>2021년</th><th colspan="2">2022년</th><th colspan="2">2023년</th><th colspan="2">2024년</th></tr>
<tr><td>근무인원현황</td><td>근무인원현황</td><td>증감현황</td><td>근무인원현황</td><td>증감현황</td><td>근무인원현황</td><td>증감현황</td></tr>
<tr><td>전체 18명
청년 8명
청년외 10명</td><td>전체 33명
청년 16명
청년외 17명</td><td>15명 증가
8명 증가
7명 증가</td><td>전체 40명
청년 20명
청년외 20명</td><td>7명 증가
4명 증가
3명 증가</td><td>전체 40명
청년 18명
청년외 22명</td><td>증감 없음
2명 감소
2명 증가</td></tr>
<tr><td rowspan="4">1차연도공제</td><td colspan="2">① 상황분석</td><td colspan="2">① 상황분석</td><td colspan="2">① 상황분석</td></tr>
<tr><td colspan="2">직전과세연도(2021년) 대비 전체 상시근로자 수 증가(청년 증가, 청년외 증가)
≫ 공제적용</td><td colspan="2">직전과세연도(2022년) 대비 전체 상시근로자 수 증가(청년 증가, 청년외 증가)
≫ 공제적용</td><td colspan="2">직전과세연도(2023년) 대비 전체 상시근로자 수 증가하지 않음(청년 감소, 청년외 증가)
≫ 공제적용불가</td></tr>
<tr><td colspan="2">② 공제세액계산</td><td colspan="2">② 공제세액계산</td><td colspan="2">② 공제세액계산</td></tr>
<tr><td colspan="2">청년 : 8명×11,000,000원/명
= 88,000,000원
청년외 : 7명×7,000,000원/명
= 49,000,000원
합계 : 137,000,000원</td><td colspan="2">청년 : 4명×11,000,000원/명
= 44,000,000원
청년외 : 3명×7,000,000원/명
= 21,000,000원
합계 : 65,000,000원</td><td colspan="2">청년 : 0명×11,000,000원/명
= 0원
청년외 : 0명×7,000,000원/명
= 0원
합계 : 0원</td></tr>
<tr><td rowspan="6">2차연도공제</td><td colspan="2" rowspan="6"></td><td colspan="2">① 상황분석</td><td colspan="2">① 상황분석</td></tr>
<tr><td colspan="2">최초공제연도(2022년) 대비 전체 상시근로자 수 감소하지 않음(청년 감소하지 않음, 청년외 감소하지 않음)
≫ 2차연도 추가공제적용</td><td colspan="2">최초공제연도(2023년) 대비 전체 상시근로자 수 감소하지 않음(청년 감소, 청년외 증가)
≫ 청년 추가공제 중단, 추가납부 ≫ 청년외 2차연도 추가공제적용, 청년 감소분 청년외 공제로 추가반영</td></tr>
<tr><td colspan="2">② 추가공제세액계산</td><td colspan="2">② 추가납부세액계산</td></tr>
<tr><td colspan="2" rowspan="3">청년 : 88,000,000원
청년외 : 49,000,000원
합계 : 137,000,000원</td><td colspan="2">2명×(11,000,000−7,000,000)
= 8,000,000원</td></tr>
<tr><td colspan="2">③ 추가공제세액계산</td></tr>
<tr><td colspan="2">당초 : 21,000,000원
청년 감소분 : 4명×7,000,000원
= 28,000,000원
합계 : 49,000,000원</td></tr>
<tr><td rowspan="4">3차연도공제</td><td colspan="4" rowspan="4"></td><td colspan="2">① 상황분석</td></tr>
<tr><td colspan="2">최초공제연도(2022년) 대비 전체 상시근로자 수 감소하지 않음(청년 감소하지 않음, 청년외 감소하지 않음)
≫ 3차연도 추가공제적용</td></tr>
<tr><td colspan="2">② 세액계산</td></tr>
<tr><td colspan="2">청년 : 88,000,000원
청년외 : 49,000,000원
합계 : 137,000,000원</td></tr>
</table>

각 귀속연도별로 분석하면 다음과 같다.

1. 2022년 귀속분 신고 시

(1) 1차연도공제(최초공제)

직전과세연도(2021년) 대비 전체 상시근로자 수가 증가하였으므로(청년 증가, 청년외 증가) 세액공제를 적용한다.

2. 2023년 귀속분 신고 시

(1) 1차연도공제(최초공제)

직전과세연도(2022년) 대비 전체 상시근로자 수가 증가하였으므로(청년 증가, 청년외 증가) 세액공제를 적용한다.

(2) 2차연도공제

최초공제연도(2022년) 대비 전체 상시근로자 수가 감소하지 않았으므로(청년 감소하지 않음, 청년외 감소하지 않음) 2차연도(2023년)에 추가공제를 적용한다.

3. 2024년 귀속분 신고 시

(1) 1차연도공제(최초공제)

직전과세연도(2023년) 대비 전체 상시근로자 수가 증가하지 않았으므로(청년 감소, 청년외 증가) 세액공제를 적용하지 않는다.

(2) 2차연도공제

최초공제연도(2023년) 대비 전체 상시근로자 수가 감소하지 않았으므로(청년 감소, 청년외 증가) 2차연도(2024년)에 다음과 같이 적용한다.

청년등 상시근로자	청년등외 상시근로자
최초공제연도(2022년) 대비 전체 상시근로자 수가 감소하지 않았지만 청년 등 상시근로자가 감소한 인원만큼 청년등외 상시근로자 인원이 증가하여 전체 상시근로자는 최초공제연도와 동일한 인원이 유지된 것이다. 청년등 상시근로자 수는 감소하였으므로 2차연도(2023년)부터 청년등 상시근로자에 대한 추가공	최초공제연도(2022년) 대비 전체 상시근로자 수가 감소하지 않았으므로 청년등외 상시근로자에 대한 추가공제를 적용한다. 여기서 주의할 점은 최초공제연도(2022년)에 당초 적용받은 청년외 상시근로자에 대한 세액공제를 적용함과 동시에 당해과세연도(2023년)에 청년등 상시근로자 감소분만큼 청년등외 상시근로자 증가하여 전체 상시 근

<table>
<tr><th>청년등 상시근로자</th><th>청년등외 상시근로자</th></tr>
<tr><td>제를 중단하고 추가납부한다.

※ 근거규정
조특법 제29조의7 제2항
전체 상시근로자의 수가 최초로 공제를 받은 과세연도에 비하여 감소한 경우에는 감소한 과세연도부터 제1항을 적용하지 아니하고, 청년등 상시근로자의 수가 최초로 공제를 받은 과세연도에 비하여 감소한 경우에는 감소한 과세연도부터 제1항 제1호를 적용하지 아니한다.</td><td>로자 수가 유지된 경우 최초공제 적용 시 청년등 상시근로자 수 증가분에 청년외 1인당 공제액을 적용하여 청년외 추가공제액을 적용하여야 한다는 점이다.

※ 근거규정
내국인이 해당 과세연도의 청년 등 상시근로자 증가인원에 대해 「조세특례제한법」 제29조의7 제1항 제1호에 따른 세액공제를 적용받은 후 다음 과세연도에 청년 등 상시근로자의 수는 감소(최초 과세연도에는 29세 이하였으나, 이후 과세연도에 30세 이상이 되어 청년 수가 감소하는 경우를 포함)하였으나 전체 상시근로자의 수는 유지되는 경우, 잔여 공제연도에 대해서는 제29조의7 제1항 제2호의 공제액을 적용하여 공제가 가능함(기획재정부 조세특례제도과-214, 2023.03.06.)</td></tr>
</table>

(3) 3차연도공제

최초공제연도(2022년) **대비 전체 상시근로자 수가 감소하지 않았으므로**(**청년 감소하지 않음, 청년외 감소하지 않음**) 3차연도(2024년)에 추가공제를 적용한다.

사례 2-3 2022년 귀속 신고 시 작성

[별지 제10호의8 서식] (2023.3.20. 개정)

고용 증대 기업에 대한 공제세액계산서

(3쪽 중 제1쪽)

❶ 신청인	① 상호 또는 법인명 : ㈜나라	② 사업자등록번호 : 203-81-63108
	③ 대표자 성명 : 김 유 민	④ 생년월일 : 1973년 04월 12일
	⑤ 주소 또는 본점소재지 : 경기도 고양시 일산서구 대화로37번길 102-30(법곳동) (전화번호 : 031-2231-7027)	

❷ 과세연도	2022년 01월 01일부터 2022년 12월 31일까지

❸ 공제세액 계산내용

가. 1차년도 세제지원 요건 : ⑧ > 0

1. 상시근로자 증가 인원

⑥ 해당 과세연도 상시근로자 수	⑦ 직전 과세연도 상시근로자 수	⑧ 상시근로자 증가 인원 수 (⑥-⑦)
33.00	18.00	15.00

2. 청년등 상시근로자 증가 인원

⑨ 해당 과세연도 청년등 상시근로자 수	⑩ 직전 과세연도 청년등 상시근로자 수	⑪ 청년등 상시근로자 증가 인원 수(⑨-⑩)
16.00	8.00	8.00

3. 청년등 상시근로자 외 상시근로자 증가 인원

⑫ 해당 과세연도 청년등 상시 근로자 외 상시근로자 수	⑬ 직전 과세연도 청년등 상시 근로자 외 상시근로자 수	⑭ 청년등 상시근로자 외 상시 근로자 증가 인원 수(⑫-⑬)
17.00	10.00	7.00

4. 1차년도 세액공제액 계산

구분	구분		직전 과세연도 대비 상시근로자 증가 인원 수 (⑧ 상시근로자 증가 인원 수를 한도)	1인당 공제금액	⑮ 1차년도 세액공제액
중소 기업	수도권 내	청년등	8.00	1천1백만원	88,000,000
		청년등 외	7.00	7백만원	49,000,000
	수도권 밖	청년등		1천3백만원	
		청년등 외		7백7십만원	
	계		15.00		137,000,000
중견 기업	수도권 내	청년등		8백만원	
		청년등 외		4백5십만원	
	수도권 밖	청년등		9백만원	
		청년등 외		4백5십만원	
	계				
일반 기업	수도권 내	청년등		4백만원	
		청년등 외			
	수도권 밖	청년등		5백만원	
		청년등 외			
	계				

210mm×297mm[백상지 80g/㎡ 또는 중질지 80g/㎡]

(3쪽 중 제2쪽)

나. 2차년도 세제지원 요건 : ⑱ ≥ 0

1. 상시근로자 증가 인원

⑯ 2차년도(해당 과세연도) 상시근로자 수	⑰ 1차년도(직전 과세연도) 상시근로자 수	⑱ 상시근로자 증가 인원 수(⑯-⑰)

2. 2차년도 세액공제액 계산(상시근로자 감소여부)

1차년도 (직전 과세연도) 대비 상시근로자 감소여부	1차년도 (직전 과세연도) 대비 청년 등 상시근로자 수 감소여부	⑲ 1차년도 (직전과세연도) 청년 등 상시근로자 증가 세액공제액	⑳ 1차년도 (직전 과세연도) 청년 등 외 상시근로자 증가 세액공제액	㉑ 2차년도 세액공제액
부	부			
	여			
여				

다. 3차년도 세제지원 요건(중소 · 중견기업만 해당) : ㉔ ≥ 0

1. 상시근로자 증가 인원

㉒ 3차년도(해당 과세연도) 상시근로자 수	㉓ 1차년도(직전전 과세연도) 상시근로자 수	㉔ 상시근로자 증가 인원 수(㉒-㉓)

2. 3차년도 세액공제액 계산(상시근로자 감소여부)

1차년도 (직전전 과세연도) 대비 상시근로자 감소여부	1차년도 (직전전 과세연도) 대비 청년 등 상시근로자 수 감소여부	㉕ 1차년도 (직전전 과세연도) 청년 등 상시근로자 증가 세액공제액	㉖ 1차년도 (직전전 과세연도) 청년 등 외 상시근로자 증가 세액공제액	㉗ 3차년도 세액공제액
부	부			
	여			
여				

라. 최초로 공제받은 과세연도 대비 2020년 12월 31일이 속하는 과세연도에 상시근로자 수 등이 감소하여 2020년 12월 31일이 속하는 과세연도에 2차년도 세액공제가 유예된 경우 세제지원 요건 : ㉚ ≥ 0

1. 상시근로자 수 증가인원

최초 공제받은 과세연도	㉘ 최초 공제받은 과세연도 상시근로자 수	㉙ 해당 과세연도 상시근로자 수(2022년)	㉚ 상시근로자 증가 인원 수
2018.12.31일이 속하는 과세연도			
2019.12.31일이 속하는 과세연도			

2. 유예세액 계산

최초 공제받은 과세연도	최초 공제받은 과세연도 대비 청년 등 상시근로자 수 감소여부	㉛ 해당 과세연도 청년 등 상시근로자 증가 세액공제액	㉜ 해당 과세연도 청년 등 외 상시근로자 증가 세액공제액	㉝ 세액공제액 (유예 적용분)
2018.12.31일이 속하는 과세연도	부			
	여			
2019.12.31일이 속하는 과세연도	부			
	여			

❹ 세액공제액 [⑮ 1차년도 세액공제액 + ㉑ 2차년도 세액공제액 + ㉗ 3차년도 세액공제액 + ㉝ 세액공제액(유예 적용분)]	137,000,000

「조세특례제한법 시행령」 제26조의7 제10항에 따라 위와 같이 공제세액계산서를 제출합니다.

2023년 3월 31일

신청인 ㈜나라 김유민 (서명 또는 인)

고양 세무서장 귀하

210mm×297mm[백상지 80g/㎡ 또는 중질지 80g/㎡]

사례 2-3 2023년 귀속 신고 시 작성

[별지 제10호의8 서식] (2024.3.22. 개정)

고용 증대 기업에 대한 공제세액계산서

(3쪽 중 제1쪽)

❶ 신청인	① 상호 또는 법인명 : ㈜나라	② 사업자등록번호 : 203-81-63108
	③ 대표자 성명 : 김 유 민	④ 생년월일 : 1973년 04월 12일
	⑤ 주소 또는 본점소재지 : 경기도 고양시 일산서구 대화로37번길 102-30(법곳동) (전화번호 : 031-2231-7027)	

❷ 과세연도	2023년 01월 01일부터 2023년 12월 31일까지

❸ 공제세액 계산내용

가. 1차년도 세제지원 요건 : ⑧ > 0

1. 상시근로자 증가 인원

⑥ 해당 과세연도 상시근로자 수	⑦ 직전 과세연도 상시근로자 수	⑧ 상시근로자 증가 인원 수 (⑥-⑦)
40.00	33.00	7.00

2. 청년등 상시근로자 증가 인원

⑨ 해당 과세연도 청년등 상시근로자 수	⑩ 직전 과세연도 청년등 상시근로자 수	⑪ 청년등 상시근로자 증가 인원 수(⑨-⑩)
20.00	16.00	4.00

3. 청년등 상시근로자 외 상시근로자 증가 인원

⑫ 해당 과세연도 청년등 상시 근로자 외 상시근로자 수	⑬ 직전 과세연도 청년등 상시 근로자 외 상시근로자 수	⑭ 청년등 상시근로자 외 상시 근로자 증가 인원 수(⑫-⑬)
20.00	17.00	3.00

4. 1차년도 세액공제액 계산

구분	구분		직전 과세연도 대비 상시근로자 증가 인원 수 (⑧ 상시근로자 증가 인원 수를 한도)	1인당 공제금액	⑮ 1차년도 세액공제액
중소 기업	수도권 내	청년등	4.00	1천1백만원	44,000,000
		청년등 외	3.00	7백만원	21,000,000
	수도권 밖	청년등		1천3백만원	
		청년등 외		7백7십만원	
	계		7.00		65,000,000
중견 기업	수도권 내	청년등		8백만원	
		청년등 외		4백5십만원	
	수도권 밖	청년등		9백만원	
		청년등 외		4백5십만원	
	계				
일반 기업	수도권 내	청년등		4백만원	
		청년등 외			
	수도권 밖	청년등		5백만원	
		청년등 외			
	계				

210mm×297mm[백상지 80g/㎡ 또는 중질지 80g/㎡]

PART 05 고용지원을 위한 조세특례

(3쪽 중 제2쪽)

나. 2차년도 세제지원 요건 : ⑱ ≥ 0

1. 상시근로자 증가 인원

⑯ 2차년도(해당 과세연도) 상시근로자 수	⑰ 1차년도(직전 과세연도) 상시근로자 수	⑱ 상시근로자 증가 인원 수(⑯-⑰)
40.00	33.00	7.00

2. 2차년도 세액공제액 계산(상시근로자 감소여부)

1차년도 (직전 과세연도) 대비 상시근로자 감소여부	1차년도 (직전 과세연도) 대비 청년 등 상시근로자 수 감소여부	⑲ 1차년도 (직전과세연도) 청년 등 상시근로자 증가 세액공제액	⑳ 1차년도 (직전 과세연도) 청년 등 외 상시근로자 증가 세액공제액	㉑ 2차년도 세액공제액
부	부	88,000,000	49,000,000	137,000,000
	여			
여				

다. 3차년도 세제지원 요건(중소 · 중견기업만 해당) : ㉔ ≥ 0

1. 상시근로자 증가 인원

㉒ 3차년도(해당 과세연도) 상시근로자 수	㉓ 1차년도(직전전 과세연도) 상시근로자 수	㉔ 상시근로자 증가 인원 수(㉒-㉓)

2. 3차년도 세액공제액 계산(상시근로자 감소여부)

1차년도 (직전전 과세연도) 대비 상시근로자 감소여부	1차년도 (직전전 과세연도) 대비 청년 등 상시근로자 수 감소여부	㉕ 1차년도 (직전전 과세연도) 청년 등 상시근로자 증가 세액공제액	㉖ 1차년도 (직전전 과세연도) 청년 등 외 상시근로자 증가 세액공제액	㉗ 3차년도 세액공제액
부	부			
	여			
여				

❹ 세액공제액 [⑮ 1차년도 세액공제액 + ㉑ 2차년도 세액공제액 + ㉗ 3차년도 세액공제액]	202,000,000

「조세특례제한법 시행령」 제26조의7 제10항에 따라 위와 같이 공제세액계산서를 제출합니다.

2024년 3월 31일

신청인 ㈜나라 김유민 (서명 또는 인)

세무서장 귀하

210mm×297mm[백상지 80g/㎡ 또는 중질지 80g/㎡]

사례 2-3 2024년 귀속 신고 시 작성

[별지 제10호의8 서식] (2024.3.22. 개정)

고용 증대 기업에 대한 공제세액계산서

(3쪽 중 제1쪽)

❶ 신청인	① 상호 또는 법인명 : ㈜나라	② 사업자등록번호 : 203-81-63108
	③ 대표자 성명 : 김 유 민	④ 생년월일 : 1973년 04월 12일
	⑤ 주소 또는 본점소재지 : 경기도 고양시 일산서구 대화로37번길 102-30(법곳동) (전화번호 : 031-2231-7027)	

❷ 과세연도	2024년 1월 1일부터 2024년 12월 31일까지

❸ 공제세액 계산내용

가. 1차년도 세제지원 요건 : ⑧ > 0

1. 상시근로자 증가 인원

⑥ 해당 과세연도 상시근로자 수	⑦ 직전 과세연도 상시근로자 수	⑧ 상시근로자 증가 인원 수 (⑥-⑦)
40.00	40.00	0.00

2. 청년등 상시근로자 증가 인원

⑨ 해당 과세연도 청년등 상시근로자 수	⑩ 직전 과세연도 청년등 상시근로자 수	⑪ 청년등 상시근로자 증가 인원 수(⑨-⑩)
18.00	20.00	-2.00

3. 청년등 상시근로자 외 상시근로자 증가 인원

⑫ 해당 과세연도 청년등 상시 근로자 외 상시근로자 수	⑬ 직전 과세연도 청년등 상시 근로자 외 상시근로자 수	⑭ 청년등 상시근로자 외 상시 근로자 증가 인원 수(⑫-⑬)
22.00	20.00	2.00

4. 1차년도 세액공제액 계산

구분	구분		직전 과세연도 대비 상시근로자 증가 인원 수 (⑧ 상시근로자 증가 인원 수를 한도)	1인당 공제금액	⑮ 1차년도 세액공제액
중소기업	수도권 내	청년등		1천1백만원	
		청년등 외		7백만원	
	수도권 밖	청년등		1천3백만원	
		청년등 외		7백7십만원	
	계				
중견기업	수도권 내	청년등		8백만원	
		청년등 외		4백5십만원	
	수도권 밖	청년등		9백만원	
		청년등 외		4백5십만원	
	계				
일반기업	수도권 내	청년등		4백만원	
		청년등 외			
	수도권 밖	청년등		5백만원	
		청년등 외			
	계				

210mm×297mm[백상지 80g/㎡ 또는 중질지 80g/㎡]

(3쪽 중 제2쪽)

나. 2차년도 세제지원 요건 : ⑱ ≥ 0		
1. 상시근로자 증가 인원		
⑯ 2차년도(해당 과세연도) 상시근로자 수	⑰ 1차년도(직전 과세연도) 상시근로자 수	⑱ 상시근로자 증가 인원 수(⑯-⑰)
40.00	40.00	0.00

2. 2차년도 세액공제액 계산(상시근로자 감소여부)				
1차년도 (직전 과세연도) 대비 상시근로자 감소여부	1차년도 (직전 과세연도) 대비 청년 등 상시근로자 수 감소여부	⑲ 1차년도 (직전과세연도) 청년 등 상시근로자 증가 세액공제액	⑳ 1차년도 (직전 과세연도) 청년 등 외 상시근로자 증가 세액공제액	㉑ 2차년도 세액공제액
부	부			
	여		49,000,000	49,000,000
여				

다. 3차년도 세제지원 요건(중소 · 중견기업만 해당) : ㉔ ≥ 0		
1. 상시근로자 증가 인원		
㉒ 3차년도(해당 과세연도) 상시근로자 수	㉓ 1차년도(직전전 과세연도) 상시근로자 수	㉔ 상시근로자 증가 인원 수(㉒-㉓)
40.00	33.00	7.00

2. 3차년도 세액공제액 계산(상시근로자 감소여부)				
1차년도 (직전전 과세연도) 대비 상시근로자 감소여부	1차년도 (직전전 과세연도) 대비 청년 등 상시근로자 수 감소여부	㉕ 1차년도 (직전전 과세연도) 청년 등 상시근로자 증가 세액공제액	㉖ 1차년도 (직전전 과세연도) 청년 등 외 상시근로자 증가 세액공제액	㉗ 3차년도 세액공제액
부	**부**	88,000,000	49,000,000	137,000,000
	여			
여				

❹ 세액공제액 [⑮ 1차년도 세액공제액 + ㉑ 2차년도 세액공제액 + ㉗ 3차년도 세액공제액]	186,000,000

「조세특례제한법 시행령」 제26조의7 제10항에 따라 위와 같이 공제세액계산서를 제출합니다.

2025년 3월 31일

신청인 ㈜나라 김유민 (서명 또는 인)

고양 세무서장 귀하

210mm×297mm[백상지 80g/㎡ 또는 중질지 80g/㎡]

사례 3-1 적용 감소는 증가함

<table>
<tr><th>2021년</th><th colspan="2">2022년</th><th colspan="2">2023년</th><th colspan="2">2024년</th></tr>
<tr><td>근무인원현황</td><td>근무인원현황</td><td>증감현황</td><td>근무인원현황</td><td>증감현황</td><td>근무인원현황</td><td>증감현황</td></tr>
<tr><td>전체 18명
청년 8명
청년외 10명</td><td>전체 33명
청년 16명
청년외 17명</td><td>15명 증가
8명 증가
7명 증가</td><td>전체 30명
청년 15명
청년외 15명</td><td>3명 감소
1명 감소
2명 감소</td><td>전체 34명
청년 17명
청년외 17명</td><td>4명 증가
2명 증가
2명 증가</td></tr>
<tr><td rowspan="4">1차연도공제</td><td colspan="2">① 상황분석</td><td colspan="2">① 상황분석</td><td colspan="2">① 상황분석</td></tr>
<tr><td colspan="2">직전과세연도(2021년) 대비 전체 상시근로자 수 증가 (청년 증가, 청년외 증가) ≫ 공제적용</td><td colspan="2">직전과세연도(2022년) 대비 전체 상시근로자 수 증가하지 않음(청년 감소, 청년외 감소) ≫ 공제적용불가</td><td colspan="2">직전과세연도(2023년) 대비 전체 상시근로자 수 증가 (청년 증가, 청년외 증가) ≫ 공제적용</td></tr>
<tr><td colspan="2">② 공제세액계산</td><td colspan="2">② 공제세액계산</td><td colspan="2">② 공제세액계산</td></tr>
<tr><td colspan="2">청년 : 8명×11,000,000원/명
= 88,000,000원
청년외 : 7명×7,000,000원/명
= 49,000,000원
합계 : 137,000,000원</td><td colspan="2">청년 : 0명×11,000,000원/명
= 0원
청년외 : 0명×7,000,000원/명
= 0원
합계 : 0원</td><td colspan="2">청년 : 2명×11,000,000원/명
= 22,000,000원
청년외 : 2명×7,000,000원/명
= 14,000,000원
합계 : 36,000,000원</td></tr>
<tr><td rowspan="4">2차연도공제</td><td colspan="2" rowspan="4"></td><td colspan="2">① 상황분석</td><td colspan="2">① 상황분석</td></tr>
<tr><td colspan="2">최초공제연도(2022년) 대비 전체 상시근로자 수 감소 (청년 감소, 청년외 감소) (청년 감소 수 < 전체 감소 수) ≫ 추가공제중단, 추가납부</td><td colspan="2">1차연도에 공제적용하지 아니하였으므로 2차연도 추가공제 또는 추가납부는 적용하지 않음</td></tr>
<tr><td colspan="2">② 추가납부세액계산</td><td colspan="2">② 추가공제, 추가납부세액계산</td></tr>
<tr><td colspan="2">1명×11,000,000원/명
+2명×7,000,000원/명
= 11,000,000+14,000,000
= 25,000,000원</td><td colspan="2">적용 없음</td></tr>
<tr><td rowspan="4">3차연도공제</td><td colspan="4" rowspan="4"></td><td colspan="2">① 상황분석</td></tr>
<tr><td colspan="2">최초공제연도(2022년) 대비 전체 상시근로자 수 감소하지 아니하였으나 직전연도(2차연도 2023년)에 추가공제를 중단하였으므로 추가공제를 적용하지 않음</td></tr>
<tr><td colspan="2">② 세액계산</td></tr>
<tr><td colspan="2">적용 없음</td></tr>
</table>

사례 풀이

각 귀속연도별로 분석하면 다음과 같다.

1. 2022년 귀속분 신고 시

(1) 1차연도공제(최초공제)

직전과세연도(2021년) 대비 전체 상시근로자 수가 증가하였으므로(청년 증가, 청년외 증가) 세액공제를 적용한다.

2. 2023년 귀속분 신고 시

(1) 1차연도공제(최초공제)

직전과세연도(2022년) 대비 전체 상시근로자 수가 증가하지 않았으므로(청년 감소, 청년외 감소) 세액공제를 적용하지 않는다.

(2) 2차연도공제

최초공제연도(2022년) 대비 전체 상시근로자 수가 감소하였으므로(청년 감소, 청년외 감소) 2차연도(2023년)에 추가공제를 중단하고 추가납부한다.

3. 2024년 귀속분 신고 시

(1) 1차연도공제(최초공제)

직전과세연도(2023년) 대비 전체 상시근로자 수가 증가하였으므로(청년 증가, 청년외 증가) 세액공제를 적용한다.

(2) 2차연도공제

1차연도(2023년도)에 세액공제를 적용하지 않았으므로 2차연도(2024년)에 추가공제 또는 추가납부를 적용하지 않는다.

(3) 3차연도공제

최초공제연도(2022년) 대비 전체 상시근로자 수가 감소하지 않았으나(청년 감소하지 않음, 청년외 감소하지 않음) 2차연도(2023년)에 추가공제를 중단하였으므로 추가공제를 적용하지 않는다.

> ※ 근거규정
>
> **제29조의7 제2항** : 전체 상시근로자의 수가 최초로 공제를 받은 과세연도에 비하여 감소한 경우에는 **감소한 과세연도부터** 제1항을 **적용하지 아니하고**, 청년등 상시근로자의 수가 최초로 공제를 받은 과세연도에 비하여 감소한 경우에는 감소한 과세연도부터 제1항 제1호를 적용하지 아니한다.

사례 3-1 2022년 귀속 신고 시 작성

[별지 제10호의8 서식] (2023.3.20. 개정)

고용 증대 기업에 대한 공제세액계산서

(3쪽 중 제1쪽)

❶ 신청인	① 상호 또는 법인명 : ㈜나라	② 사업자등록번호 : 203-81-63108
	③ 대표자 성명 : 김 유 민	④ 생년월일 : 1973년 04월 12일
	⑤ 주소 또는 본점소재지 : 경기도 고양시 일산서구 대화로37번길 102-30(법곳동) (전화번호 : 031-2231-7027)	

❷ 과세연도	2022년 01월 01일부터 2022년 12월 31일까지

❸ 공제세액 계산내용

가. 1차년도 세제지원 요건 : ⑧ > 0

1. 상시근로자 증가 인원

⑥ 해당 과세연도 상시근로자 수	⑦ 직전 과세연도 상시근로자 수	⑧ 상시근로자 증가 인원 수 (⑥-⑦)
33.00	18.00	15.00

2. 청년등 상시근로자 증가 인원

⑨ 해당 과세연도 청년등 상시근로자 수	⑩ 직전 과세연도 청년등 상시근로자 수	⑪ 청년등 상시근로자 증가 인원 수(⑨-⑩)
16.00	8.00	8.00

3. 청년등 상시근로자 외 상시근로자 증가 인원

⑫ 해당 과세연도 청년등 상시 근로자 외 상시근로자 수	⑬ 직전 과세연도 청년등 상시 근로자 외 상시근로자 수	⑭ 청년등 상시근로자 외 상시 근로자 증가 인원 수(⑫-⑬)
17.00	10.00	7.00

4. 1차년도 세액공제액 계산

구분	구분		직전 과세연도 대비 상시근로자 증가 인원 수 (⑧ 상시근로자 증가 인원 수를 한도)	1인당 공제금액	⑮ 1차년도 세액공제액
중소기업	수도권 내	청년등	8.00	1천1백만원	88,000,000
		청년등 외	7.00	7백만원	49,000,000
	수도권 밖	청년등		1천3백만원	
		청년등 외		7백7십만원	
	계		15.00		137,000,000
중견기업	수도권 내	청년등		8백만원	
		청년등 외		4백5십만원	
	수도권 밖	청년등		9백만원	
		청년등 외		4백5십만원	
	계				
일반기업	수도권 내	청년등		4백만원	
		청년등 외			
	수도권 밖	청년등		5백만원	
		청년등 외			
	계				

210mm×297mm[백상지 80g/㎡ 또는 중질지 80g/㎡]

(3쪽 중 제2쪽)

나. 2차년도 세제지원 요건 : ⑱ ≥ 0

1. 상시근로자 증가 인원

⑯ 2차년도(해당 과세연도) 상시근로자 수	⑰ 1차년도(직전 과세연도) 상시근로자 수	⑱ 상시근로자 증가 인원 수(⑯-⑰)

2. 2차년도 세액공제액 계산(상시근로자 감소여부)

1차년도 (직전 과세연도) 대비 상시근로자 감소여부	1차년도 (직전 과세연도) 대비 청년 등 상시근로자 수 감소여부	⑲ 1차년도 (직전과세연도) 청년 등 상시근로자 증가 세액공제액	⑳ 1차년도 (직전 과세연도) 청년 등 외 상시근로자 증가 세액공제액	㉑ 2차년도 세액공제액
부	부			
	여			
여				

다. 3차년도 세제지원 요건(중소 · 중견기업만 해당) : ㉔ ≥ 0

1. 상시근로자 증가 인원

㉒ 3차년도(해당 과세연도) 상시근로자 수	㉓ 1차년도(직전전 과세연도) 상시근로자 수	㉔ 상시근로자 증가 인원 수(㉒-㉓)

2. 3차년도 세액공제액 계산(상시근로자 감소여부)

1차년도 (직전전 과세연도) 대비 상시근로자 감소여부	1차년도 (직전전 과세연도) 대비 청년 등 상시근로자 수 감소여부	㉕ 1차년도 (직전전 과세연도) 청년 등 상시근로자 증가 세액공제액	㉖ 1차년도 (직전전 과세연도) 청년 등 외 상시근로자 증가 세액공제액	㉗ 3차년도 세액공제액
부	부			
	여			
여				

라. 최초로 공제받은 과세연도 대비 2020년 12월 31일이 속하는 과세연도에 상시근로자 수 등이 감소하여 2020년 12월 31일이 속하는 과세연도에 2차년도 세액공제가 유예된 경우 세제지원 요건 : ㉚ ≥ 0

1. 상시근로자 수 증가인원

최초 공제받은 과세연도	㉘ 최초 공제받은 과세연도 상시근로자 수	㉙ 해당 과세연도 상시근로자 수(2022년)	㉚ 상시근로자 증가 인원 수
2018.12.31일이 속하는 과세연도			
2019.12.31일이 속하는 과세연도			

2. 유예세액 계산

최초 공제받은 과세연도	최초 공제받은 과세연도 대비 청년 등 상시근로자 수 감소여부	㉛ 해당 과세연도 청년 등 상시근로자 증가 세액공제액	㉜ 해당 과세연도 청년 등 외 상시근로자 증가 세액공제액	㉝ 세액공제액 (유예 적용분)
2018.12.31일이 속하는 과세연도	부			
	여			
2019.12.31일이 속하는 과세연도	부			
	여			

❹ 세액공제액 [⑮ 1차년도 세액공제액 + ㉑ 2차년도 세액공제액 + ㉗ 3차년도 세액공제액 + ㉝ 세액공제액(유예 적용분)]	137,000,000

「조세특례제한법 시행령」 제26조의7 제10항에 따라 위와 같이 공제세액계산서를 제출합니다.

2023년 3월 31일

신청인 ㈜나라 김유민 (서명 또는 인)

고양 세무서장 귀하

210mm×297mm[백상지 80g/㎡ 또는 중질지 80g/㎡]

사례 3-1 2023년 귀속 신고 시 작성

[별지 제10호의8 서식] (2024.3.22. 개정)

고용 증대 기업에 대한 공제세액계산서

(3쪽 중 제1쪽)

❶ 신청인	① 상호 또는 법인명 : ㈜나라	② 사업자등록번호 : 203-81-63108
	③ 대표자 성명 : 김 유 민	④ 생년월일 : 1973년 04월 12일
	⑤ 주소 또는 본점소재지 : 경기도 고양시 일산서구 대화로37번길 102-30(법곳동) (전화번호 : 031-2231-7027)	

❷ 과세연도	2023년 1월 1일부터 2023년 12월 31일까지

❸ 공제세액 계산내용

가. 1차년도 세제지원 요건 : ⑧ > 0

1. 상시근로자 증가 인원

⑥ 해당 과세연도 상시근로자 수	⑦ 직전 과세연도 상시근로자 수	⑧ 상시근로자 증가 인원 수 (⑥-⑦)
30.00	33.00	-3.00

2. 청년등 상시근로자 증가 인원

⑨ 해당 과세연도 청년등 상시근로자 수	⑩ 직전 과세연도 청년등 상시근로자 수	⑪ 청년등 상시근로자 증가 인원 수(⑨-⑩)
15.00	16.00	-1.00

3. 청년등 상시근로자 외 상시근로자 증가 인원

⑫ 해당 과세연도 청년등 상시근로자 외 상시근로자 수	⑬ 직전 과세연도 청년등 상시근로자 외 상시근로자 수	⑭ 청년등 상시근로자 외 상시근로자 증가 인원 수(⑫-⑬)
15.00	17.00	-2.00

4. 1차년도 세액공제액 계산

구분	구분		직전 과세연도 대비 상시근로자 증가 인원 수 (⑧ 상시근로자 증가 인원 수를 한도)	1인당 공제금액	⑮ 1차년도 세액공제액
중소기업	수도권 내	청년등		1천1백만원	
		청년등 외		7백만원	
	수도권 밖	청년등		1천3백만원	
		청년등 외		7백7십만원	
	계				
중견기업	수도권 내	청년등		8백만원	
		청년등 외		4백5십만원	
	수도권 밖	청년등		9백만원	
		청년등 외		4백5십만원	
	계				
일반기업	수도권 내	청년등		4백만원	
		청년등 외			
	수도권 밖	청년등		5백만원	
		청년등 외			
	계				

210mm×297mm[백상지 80g/㎡ 또는 중질지 80g/㎡]

(3쪽 중 제2쪽)

나. 2차년도 세제지원 요건 : ⑱ ≥ 0

1. 상시근로자 증가 인원

⑯ 2차년도(해당 과세연도) 상시근로자 수	⑰ 1차년도(직전 과세연도) 상시근로자 수	⑱ 상시근로자 증가 인원 수(⑯-⑰)
30.00	33.00	-3.00

2. 2차년도 세액공제액 계산(상시근로자 감소여부)

1차년도 (직전 과세연도) 대비 상시근로자 감소여부	1차년도 (직전 과세연도) 대비 청년 등 상시근로자 수 감소여부	⑲ 1차년도 (직전과세연도) 청년 등 상시근로자 증가 세액공제액	⑳ 1차년도 (직전 과세연도) 청년 등 외 상시근로자 증가 세액공제액	㉑ 2차년도 세액공제액
부	부			
	여		-	-
여				

다. 3차년도 세제지원 요건(중소 · 중견기업만 해당) : ㉔ ≥ 0

1. 상시근로자 증가 인원

㉒ 3차년도(해당 과세연도) 상시근로자 수	㉓ 1차년도(직전전 과세연도) 상시근로자 수	㉔ 상시근로자 증가 인원 수(㉒-㉓)

2. 3차년도 세액공제액 계산(상시근로자 감소여부)

1차년도 (직전전 과세연도) 대비 상시근로자 감소여부	1차년도 (직전전 과세연도) 대비 청년 등 상시근로자 수 감소여부	㉕ 1차년도 (직전전 과세연도) 청년 등 상시근로자 증가 세액공제액	㉖ 1차년도 (직전전 과세연도) 청년 등 외 상시근로자 증가 세액공제액	㉗ 3차년도 세액공제액
부	부			
	여			
여				

❹ 세액공제액 [⑮ 1차년도 세액공제액 + ㉑ 2차년도 세액공제액 + ㉗ 3차년도 세액공제액]	

「조세특례제한법 시행령」 제26조의7 제10항에 따라 위와 같이 공제세액계산서를 제출합니다.

2024년 3월 31일

신청인 ㈜나라 김유민 (서명 또는 인)

고양 세무서장 귀하

210mm×297mm[백상지 80g/㎡ 또는 중질지 80g/㎡]

사례 3-1 2024년 귀속 신고 시 작성

[별지 제10호의8 서식] (2024.3.22. 개정)

고용 증대 기업에 대한 공제세액계산서

(3쪽 중 제1쪽)

❶ 신청인	① 상호 또는 법인명 : ㈜나라	② 사업자등록번호 : 203-81-63108
	③ 대표자 성명 : 김 유 민	④ 생년월일 : 1973년 04월 12일
	⑤ 주소 또는 본점소재지 : 경기도 고양시 일산서구 대화로37번길 102-30(법곳동) (전화번호 : 031-2231-7027)	

❷ 과세연도	2024년 1월 1일부터 2024년 12월 31일까지

❸ 공제세액 계산내용

가. 1차년도 세제지원 요건 : ⑧ > 0

1. 상시근로자 증가 인원

⑥ 해당 과세연도 상시근로자 수	⑦ 직전 과세연도 상시근로자 수	⑧ 상시근로자 증가 인원 수 (⑥-⑦)
34.00	30.00	4.00

2. 청년등 상시근로자 증가 인원

⑨ 해당 과세연도 청년등 상시근로자 수	⑩ 직전 과세연도 청년등 상시근로자 수	⑪ 청년등 상시근로자 증가 인원 수(⑨-⑩)
17.00	15.00	2.00

3. 청년등 상시근로자 외 상시근로자 증가 인원

⑫ 해당 과세연도 청년등 상시근로자 외 상시근로자 수	⑬ 직전 과세연도 청년등 상시근로자 외 상시근로자 수	⑭ 청년등 상시근로자 외 상시근로자 증가 인원 수(⑫-⑬)
17.00	15.00	2.00

4. 1차년도 세액공제액 계산

구분	구분		직전 과세연도 대비 상시근로자 증가 인원 수 (⑧ 상시근로자 증가 인원 수를 한도)	1인당 공제금액	⑮ 1차년도 세액공제액
중소기업	수도권 내	청년등	2.00	1천1백만원	22,000,000
		청년등 외	2.00	7백만원	14,000,000
	수도권 밖	청년등		1천3백만원	
		청년등 외		7백7십만원	
	계		4.00		36,000,000
중견기업	수도권 내	청년등		8백만원	
		청년등 외		4백5십만원	
	수도권 밖	청년등		9백만원	
		청년등 외		4백5십만원	
	계				
일반기업	수도권 내	청년등		4백만원	
		청년등 외			
	수도권 밖	청년등		5백만원	
		청년등 외			
	계				

210mm×297mm[백상지 80g/㎡ 또는 중질지 80g/㎡]

(3쪽 중 제2쪽)

나. 2차년도 세제지원 요건 : ⑱ ≥ 0

1. 상시근로자 증가 인원

⑯ 2차년도(해당 과세연도) 상시근로자 수	⑰ 1차년도(직전 과세연도) 상시근로자 수	⑱ 상시근로자 증가 인원 수(⑯−⑰)
34.00	30.00	4.00

2. 2차년도 세액공제액 계산(상시근로자 감소여부)

1차년도 (직전 과세연도) 대비 상시근로자 감소여부	1차년도 (직전 과세연도) 대비 청년 등 상시근로자 수 감소여부	⑲ 1차년도 (직전과세연도) 청년 등 상시근로자 증가 세액공제액	⑳ 1차년도 (직전 과세연도) 청년 등 외 상시근로자 증가 세액공제액	㉑ 2차년도 세액공제액
부	부	–	–	–
	여			
여				

다. 3차년도 세제지원 요건(중소 · 중견기업만 해당) : ㉔ ≥ 0

1. 상시근로자 증가 인원

㉒ 3차년도(해당 과세연도) 상시근로자 수	㉓ 1차년도(직전전 과세연도) 상시근로자 수	㉔ 상시근로자 증가 인원 수(㉒−㉓)
34.00	33.00	1.00

2. 3차년도 세액공제액 계산(상시근로자 감소여부)

1차년도 (직전전 과세연도) 대비 상시근로자 감소여부	1차년도 (직전전 과세연도) 대비 청년 등 상시근로자 수 감소여부	㉕ 1차년도 (직전전 과세연도) 청년 등 상시근로자 증가 세액공제액	㉖ 1차년도 (직전전 과세연도) 청년 등 외 상시근로자 증가 세액공제액	㉗ 3차년도 세액공제액
부	부	–	–	–
	여			
여				

❹ 세액공제액 [⑮ 1차년도 세액공제액 + ㉑ 2차년도 세액공제액 + ㉗ 3차년도 세액공제액]	36,000,000

「조세특례제한법 시행령」 제26조의7 제10항에 따라 위와 같이 공제세액계산서를 제출합니다.

2025년 3월 31일

신청인 ㈜나라 김유민 (서명 또는 인)

고양 세무서장 귀하

210mm×297mm[백상지 80g/㎡ 또는 중질지 80g/㎡]

사례 3-2 적용 감소가 감소함(청년 감소 수 ≥ 전체 감소 수)

<table>
<tr><th>2021년</th><th colspan="2">2022년</th><th colspan="2">2023년</th><th colspan="2">2024년</th></tr>
<tr><td>근무인원현황</td><td>근무인원현황</td><td>증감현황</td><td>근무인원현황</td><td>증감현황</td><td>근무인원현황</td><td>증감현황</td></tr>
<tr><td>전체 18명
청년 8명
청년외 10명</td><td>전체 42명
청년 20명
청년외 22명</td><td>24명 증가
12명 증가
12명 증가</td><td>전체 37명
청년 13명
청년외 24명</td><td>5명 감소
7명 감소
2명 증가</td><td>전체 33명
청년 8명
청년외 25명</td><td>4명 감소
5명 감소
1명 증가</td></tr>
<tr><td rowspan="4">1차연도공제</td><td colspan="2">① 상황분석</td><td colspan="2">① 상황분석</td><td colspan="2">① 상황분석</td></tr>
<tr><td colspan="2">직전과세연도(2021년) 대비 전체 상시근로자 수 증가 (청년 증가, 청년외 증가)
≫ 공제적용</td><td colspan="2">직전과세연도(2022년) 대비 전체 상시근로자 수 증가하지 않음(청년 감소, 청년외 증가)
≫ 공제적용불가</td><td colspan="2">직전과세연도(2023년) 대비 전체 상시근로자 수 증가하지 않음(청년 감소, 청년외 증가)
≫ 공제적용불가</td></tr>
<tr><td colspan="2">② 공제세액계산</td><td colspan="2">② 공제세액계산</td><td colspan="2">② 공제세액계산</td></tr>
<tr><td colspan="2">청년 : 12명×11,000,000원/명
= 132,000,000원
청년외 : 12명×7,000,000원/명
= 84,000,000원
합계 : 216,000,000원</td><td colspan="2">청년 : 0명×11,000,000원/명
= 0원
청년외 : 0명×7,000,000원/명
= 0원
합계 : 0원</td><td colspan="2">청년 : 0명×11,000,000원/명
= 0원
청년외 : 0명×7,000,000원/명
= 0원
합계 : 0원</td></tr>
<tr><td rowspan="4">2차연도공제</td><td colspan="2" rowspan="4"></td><td colspan="2">① 상황분석</td><td colspan="2">① 상황분석</td></tr>
<tr><td colspan="2">최초공제연도(2022년) 대비 전체 상시근로자 수 감소 (청년 감소, 청년외 증가) (청년 감소 수 ≥ 전체 감소 수)
≫ 추가공제중단, 추가납부</td><td colspan="2">1차연도에 공제적용하지 아니하였으므로 2차연도 추가공제 또는 추가납부는 적용하지 않음</td></tr>
<tr><td colspan="2">② 추가납부세액계산</td><td colspan="2">② 추가공제, 추가납부세액계산</td></tr>
<tr><td colspan="2">(7−5)×(11,000,000−7,000,000)
+5×11,000,000
= 8,000,000+55,000,000
= 63,000,000원</td><td colspan="2">적용 없음</td></tr>
<tr><td rowspan="4">3차연도공제</td><td colspan="4" rowspan="4"></td><td colspan="2">① 상황분석</td></tr>
<tr><td colspan="2">최초공제연도(2022년) 대비 전체 상시근로자 수 감소(청년 감소, 청년외 증가) (청년 감소 수 ≥ 전체 감소 수) ≫ 직전과세연도(2차연도 2022년)에 추가공제 중단, 추가납부적용
≫ 추가납부적용</td></tr>
<tr><td colspan="2">② 세액계산</td></tr>
<tr><td colspan="2">(12−9)×(11,000,000−7,000,000)
+9×11,000,000−63,000,000
= 111,000,000−63,000,000
= 48,000,000원</td></tr>
</table>

사례 풀이

각 귀속연도별로 분석하면 다음과 같다.

1. 2022년 귀속분 신고 시

(1) 1차연도공제(최초공제)

직전과세연도(2021년) 대비 전체 상시근로자 수가 증가하였으므로(청년 증가, 청년외 증가) 세액공제를 적용한다.

2. 2023년 귀속분 신고 시

(1) 1차연도공제(최초공제)

직전과세연도(2022년) 대비 전체 상시근로자 수가 증가하지 않았으므로(청년 감소, 청년외 감소) 세액공제를 적용하지 않는다.

(2) 2차연도공제

최초공제연도(2022년) 대비 전체 상시근로자 수가 감소하였으므로(청년 감소, 청년외 감소) 2차연도(2023년)에 추가공제를 중단하고 추가납부한다.

3. 2024년 귀속분 신고 시

(1) 1차연도공제(최초공제)

직전과세연도(2023년) 대비 전체 상시근로자 수가 증가하지 않았으므로(청년 감소, 청년외 증가) 세액공제를 적용하지 않는다.

(2) 2차연도공제

1차연도(2023년도)에 세액공제를 적용하지 않았으므로 2차연도(2024년)에 추가공제 또는 추가납부를 적용하지 않는다.

(3) 3차연도공제

최초공제연도(2022년) 대비 전체 상시근로자 수가 감소하였으므로(청년 감소, 청년외 증가) 3차연도(2024년)에 추가납부한다.

이미 2차연도(2023년)부터 1차연도(2022년) 대비 전체 상시근로자 감소로 인하여 추가공제는 중단한 상태이며 전체 상시근로자 수가 2차연도(2023년) 일부 감소한 이후 추가로 감소하였기 때문에 3차연도(2024년)에 전체 기간(1차연도 공제 이후 3차연도까지 기간) 중에 전체 상시근로자 수 감소인원에 대한 추가납부세액(=111,000,0000원)을 산정하고 2차연도(2022년)에 추가납부한 세액(=63,000,000원)을 차감하여 최종적으로 3차연도(2024년)에 추가납부할 세액을 산정한다.

3차연도 추가납부세액
= 1차연도 공제 이후 3차연도까지 감소한 상시근로자에 대한 추가납부세액 − 2차연도 추가납부세액
= 111,000,000원 − 63,000,000원
= 48,000,000원

※ 근거규정

조특법 제29조의7 제2항 : 전체 상시근로자의 수가 최초로 공제를 받은 과세연도에 비하여 감소한 경우에는 **감소한 과세연도부터** 제1항을 **적용하지 아니하고**, 청년등 상시근로자의 수가 최초로 공제를 받은 과세연도에 비하여 감소한 경우에는 감소한 과세연도부터 제1항 제1호를 적용하지 아니한다.

조특령 제26조의7 제5항 제2호 : 최초로 공제받은 과세연도의 종료일부터 2년이 되는 날이 속하는 과세연도의 종료일까지의 기간 중 최초로 공제받은 과세연도보다 상시근로자 수 또는 청년등 상시근로자 수가 감소하는 경우: 다음 각 목의 구분에 따라 계산한 금액[제1호에 따라 계산한 금액이 있는 경우 그 금액(=2차연도 추가납부세액)을 제외하며, 해당 과세연도의 직전 2년 이내의 과세연도에 법 제29조의7 제1항에 따라 공제받은 세액의 합계액을 한도로 한다]

사례 3-2 2022년 귀속 신고 시 작성

[별지 제10호의8 서식] (2023.3.20. 개정)

고용 증대 기업에 대한 공제세액계산서

(3쪽 중 제1쪽)

❶ 신청인	① 상호 또는 법인명 : ㈜나라	② 사업자등록번호 : 203-81-63108
	③ 대표자 성명 : 김 유 민	④ 생년월일 : 1973년 04월 12일
	⑤ 주소 또는 본점소재지 : 경기도 고양시 일산서구 대화로37번길 102-30(법곶동) (전화번호 : 031-2231-7027)	

❷ 과세연도	2022년 01월 01일부터 2022년 12월 31일까지

❸ 공제세액 계산내용

가. 1차년도 세제지원 요건 : ⑧ > 0

1. 상시근로자 증가 인원

⑥ 해당 과세연도 상시근로자 수	⑦ 직전 과세연도 상시근로자 수	⑧ 상시근로자 증가 인원 수 (⑥-⑦)
42.00	18.00	24.00

2. 청년등 상시근로자 증가 인원

⑨ 해당 과세연도 청년등 상시근로자 수	⑩ 직전 과세연도 청년등 상시근로자 수	⑪ 청년등 상시근로자 증가 인원 수(⑨-⑩)
20.00	8.00	12.00

3. 청년등 상시근로자 외 상시근로자 증가 인원

⑫ 해당 과세연도 청년등 상시근로자 외 상시근로자 수	⑬ 직전 과세연도 청년등 상시근로자 외 상시근로자 수	⑭ 청년등 상시근로자 외 상시근로자 증가 인원 수(⑫-⑬)
22.00	10.00	12.00

4. 1차년도 세액공제액 계산

구분	구분		직전 과세연도 대비 상시근로자 증가 인원 수 (⑧ 상시근로자 증가 인원 수를 한도)	1인당 공제금액	⑮ 1차년도 세액공제액
중소기업	수도권 내	청년등	12.00	1천1백만원	132,000,000
		청년등 외	12.00	7백만원	84,000,000
	수도권 밖	청년등		1천3백만원	
		청년등 외		7백7십만원	
	계		24.00		216,000,000
중견기업	수도권 내	청년등		8백만원	
		청년등 외		4백5십만원	
	수도권 밖	청년등		9백만원	
		청년등 외		4백5십만원	
	계				
일반기업	수도권 내	청년등		4백만원	
		청년등 외			
	수도권 밖	청년등		5백만원	
		청년등 외			
	계				

210mm×297mm[백상지 80g/㎡ 또는 중질지 80g/㎡]

나. 2차년도 세제지원 요건 : ⑱ ≥ 0

1. 상시근로자 증가 인원

⑯ 2차년도(해당 과세연도) 상시근로자 수	⑰ 1차년도(직전 과세연도) 상시근로자 수	⑱ 상시근로자 증가 인원 수(⑯-⑰)

2. 2차년도 세액공제액 계산(상시근로자 감소여부)

1차년도 (직전 과세연도) 대비 상시근로자 감소여부	1차년도 (직전 과세연도) 대비 청년 등 상시근로자 수 감소여부	⑲ 1차년도 (직전과세연도) 청년 등 상시근로자 증가 세액공제액	⑳ 1차년도 (직전 과세연도) 청년 등 외 상시근로자 증가 세액공제액	㉑ 2차년도 세액공제액
부	부			
	여			
여				

다. 3차년도 세제지원 요건(중소 · 중견기업만 해당) : ㉔ ≥ 0

1. 상시근로자 증가 인원

㉒ 3차년도(해당 과세연도) 상시근로자 수	㉓ 1차년도(직전전 과세연도) 상시근로자 수	㉔ 상시근로자 증가 인원 수(㉒-㉓)

2. 3차년도 세액공제액 계산(상시근로자 감소여부)

1차년도 (직전전 과세연도) 대비 상시근로자 감소여부	1차년도 (직전전 과세연도) 대비 청년 등 상시근로자 수 감소여부	㉕ 1차년도 (직전전 과세연도) 청년 등 상시근로자 증가 세액공제액	㉖ 1차년도 (직전전 과세연도) 청년 등 외 상시근로자 증가 세액공제액	㉗ 3차년도 세액공제액
부	부			
	여			
여				

라. 최초로 공제받은 과세연도 대비 2020년 12월 31일이 속하는 과세연도에 상시근로자 수 등이 감소하여 2020년 12월 31일이 속하는 과세연도에 2차년도 세액공제가 유예된 경우 세제지원 요건 : ㉚ ≥ 0

1. 상시근로자 수 증가인원

최초 공제받은 과세연도	㉘ 최초 공제받은 과세연도 상시근로자 수	㉙ 해당 과세연도 상시근로자 수(2022년)	㉚ 상시근로자 증가 인원 수
2018.12.31일이 속하는 과세연도			
2019.12.31일이 속하는 과세연도			

2. 유예세액 계산

최초 공제받은 과세연도	최초 공제받은 과세연도 대비 청년 등 상시근로자 수 감소여부	㉛ 해당 과세연도 청년 등 상시근로자 증가 세액공제액	㉜ 해당 과세연도 청년 등 외 상시근로자 증가 세액공제액	㉝ 세액공제액 (유예 적용분)
2018.12.31일이 속하는 과세연도	부			
	여			
2019.12.31일이 속하는 과세연도	부			
	여			

❹ 세액공제액 [⑮ 1차년도 세액공제액 + ㉑ 2차년도 세액공제액 + ㉗ 3차년도 세액공제액 + ㉝ 세액공제액(유예 적용분)]	216,000,000

「조세특례제한법 시행령」 제26조의7 제10항에 따라 위와 같이 공제세액계산서를 제출합니다.

2023년 3월 31일

신청인 ㈜나라 김유민 (서명 또는 인)

고양 세무서장 귀하

210mm×297mm[백상지 80g/㎡ 또는 중질지 80g/㎡]

사례 3-2 2023년 귀속 신고 시 작성

[별지 제10호의8 서식] (2023.3.20. 개정)

고용 증대 기업에 대한 공제세액계산서

(3쪽 중 제1쪽)

❶ 신청인	① 상호 또는 법인명 : ㈜나라	② 사업자등록번호 : 203-81-63108
	③ 대표자 성명 : 김 유 민	④ 생년월일 : 1973년 04월 12일
	⑤ 주소 또는 본점소재지 : 경기도 고양시 일산서구 대화로37번길 102-30(법곳동) (전화번호 : 031-2231-7027)	

❷ 과세연도	2023년 1월 1일부터 2023년 12월 31일까지

❸ 공제세액 계산내용

가. 1차년도 세제지원 요건 : ⑧ > 0

1. 상시근로자 증가 인원

⑥ 해당 과세연도 상시근로자 수	⑦ 직전 과세연도 상시근로자 수	⑧ 상시근로자 증가 인원 수 (⑥-⑦)
37.00	42.00	-5.00

2. 청년등 상시근로자 증가 인원

⑨ 해당 과세연도 청년등 상시근로자 수	⑩ 직전 과세연도 청년등 상시근로자 수	⑪ 청년등 상시근로자 증가 인원 수(⑨-⑩)
13.00	20.00	-7.00

3. 청년등 상시근로자 외 상시근로자 증가 인원

⑫ 해당 과세연도 청년등 상시 근로자 외 상시근로자 수	⑬ 직전 과세연도 청년등 상시 근로자 외 상시근로자 수	⑭ 청년등 상시근로자 외 상시 근로자 증가 인원 수(⑫-⑬)
24.00	22.00	2.00

4. 1차년도 세액공제액 계산

구분	구분		직전 과세연도 대비 상시근로자 증가 인원 수 (⑧ 상시근로자 증가 인원 수를 한도)	1인당 공제금액	⑮ 1차년도 세액공제액
중소기업	수도권 내	청년등		1천1백만원	
		청년등 외		7백만원	
	수도권 밖	청년등		1천3백만원	
		청년등 외		7백7십만원	
	계				
중견기업	수도권 내	청년등		8백만원	
		청년등 외		4백5십만원	
	수도권 밖	청년등		9백만원	
		청년등 외		4백5십만원	
	계				
일반기업	수도권 내	청년등		4백만원	
		청년등 외			
	수도권 밖	청년등		5백만원	
		청년등 외			
	계				

210mm×297mm[백상지 80g/㎡ 또는 중질지 80g/㎡]

나. 2차년도 세제지원 요건 : ⑱ ≥ 0

1. 상시근로자 증가 인원

⑯ 2차년도(해당 과세연도) 상시근로자 수	⑰ 1차년도(직전 과세연도) 상시근로자 수	⑱ 상시근로자 증가 인원 수(⑯-⑰)
37.00	42.00	-5.00

2. 2차년도 세액공제액 계산(상시근로자 감소여부)

1차년도 (직전 과세연도) 대비 상시근로자 감소여부	1차년도 (직전 과세연도) 대비 청년 등 상시근로자 수 감소여부	⑲ 1차년도 (직전과세연도) 청년 등 상시근로자 증가 세액공제액	⑳ 1차년도 (직전 과세연도) 청년 등 외 상시근로자 증가 세액공제액	㉑ 2차년도 세액공제액
부	부			
	여		-	-
여				

다. 3차년도 세제지원 요건(중소 · 중견기업만 해당) : ㉔ ≥ 0

1. 상시근로자 증가 인원

㉒ 3차년도(해당 과세연도) 상시근로자 수	㉓ 1차년도(직전전 과세연도) 상시근로자 수	㉔ 상시근로자 증가 인원 수(㉒-㉓)

2. 3차년도 세액공제액 계산(상시근로자 감소여부)

1차년도 (직전전 과세연도) 대비 상시근로자 감소여부	1차년도 (직전전 과세연도) 대비 청년 등 상시근로자 수 감소여부	㉕ 1차년도 (직전전 과세연도) 청년 등 상시근로자 증가 세액공제액	㉖ 1차년도 (직전전 과세연도) 청년 등 외 상시근로자 증가 세액공제액	㉗ 3차년도 세액공제액
부	부			
	여			
여				

❹ 세액공제액 [⑮ 1차년도 세액공제액 + ㉑ 2차년도 세액공제액 + ㉗ 3차년도 세액공제액]	

「조세특례제한법 시행령」 제26조의7 제10항에 따라 위와 같이 공제세액계산서를 제출합니다.

2024년 3월 31일

신청인 ㈜나라 김유민 (서명 또는 인)

고양 세무서장 귀하

210mm×297mm[백상지 80g/㎡ 또는 중질지 80g/㎡]

사례 3-2 2024년 귀속 신고 시 작성

[별지 제10호의8 서식] (2023.3.20. 개정)

고용 증대 기업에 대한 공제세액계산서

(3쪽 중 제1쪽)

❶ 신청인	① 상호 또는 법인명 : ㈜나라	② 사업자등록번호 : 203-81-63108
	③ 대표자 성명 : 김 유 민	④ 생년월일 : 1973년 04월 12일
	⑤ 주소 또는 본점소재지 : 경기도 고양시 일산서구 대화로37번길 102-30(법곳동) (전화번호 : 031-2231-7027)	

❷ 과세연도	2024년 1월 1일부터 2024년 12월 31일까지

❸ 공제세액 계산내용

가. 1차년도 세제지원 요건 : ⑧ > 0

1. 상시근로자 증가 인원

⑥ 해당 과세연도 상시근로자 수	⑦ 직전 과세연도 상시근로자 수	⑧ 상시근로자 증가 인원 수 (⑥-⑦)
33.00	37.00	-4.00

2. 청년등 상시근로자 증가 인원

⑨ 해당 과세연도 청년등 상시근로자 수	⑩ 직전 과세연도 청년등 상시근로자 수	⑪ 청년등 상시근로자 증가 인원 수(⑨-⑩)
8.00	13.00	-5.00

3. 청년등 상시근로자 외 상시근로자 증가 인원

⑫ 해당 과세연도 청년등 상시 근로자 외 상시근로자 수	⑬ 직전 과세연도 청년등 상시 근로자 외 상시근로자 수	⑭ 청년등 상시근로자 외 상시 근로자 증가 인원 수(⑫-⑬)
25.00	24.00	1.00

4. 1차년도 세액공제액 계산

구분	구분		직전 과세연도 대비 상시근로자 증가 인원 수 (⑧ 상시근로자 증가 인원 수를 한도)	1인당 공제금액	⑮ 1차년도 세액공제액
중소기업	수도권 내	청년등		1천1백만원	
		청년등 외		7백만원	
	수도권 밖	청년등		1천3백만원	
		청년등 외		7백7십만원	
	계				
중견기업	수도권 내	청년등		8백만원	
		청년등 외		4백5십만원	
	수도권 밖	청년등		9백만원	
		청년등 외		4백5십만원	
	계				
일반기업	수도권 내	청년등		4백만원	
		청년등 외			
	수도권 밖	청년등		5백만원	
		청년등 외			
	계				

210mm×297mm[백상지 80g/㎡ 또는 중질지 80g/㎡]

나. 2차년도 세제지원 요건 : ⑱ ≥ 0		
1. 상시근로자 증가 인원		
⑯ 2차년도(해당 과세연도) 상시근로자 수	⑰ 1차년도(직전 과세연도) 상시근로자 수	⑱ 상시근로자 증가 인원 수(⑯-⑰)
33.00	37.00	-4.00

2. 2차년도 세액공제액 계산(상시근로자 감소여부)				
1차년도 (직전 과세연도) 대비 상시근로자 감소여부	1차년도 (직전 과세연도) 대비 청년 등 상시근로자 수 감소여부	⑲ 1차년도 (직전과세연도) 청년 등 상시근로자 증가 세액공제액	⑳ 1차년도 (직전 과세연도) 청년 등 외 상시근로자 증가 세액공제액	㉑ 2차년도 세액공제액
부	부			
	여		-	-
여				

다. 3차년도 세제지원 요건(중소 · 중견기업만 해당) : ㉔ ≥ 0		
1. 상시근로자 증가 인원		
㉒ 3차년도(해당 과세연도) 상시근로자 수	㉓ 1차년도(직전전 과세연도) 상시근로자 수	㉔ 상시근로자 증가 인원 수(㉒-㉓)
33.00	42.00	-9.00

2. 3차년도 세액공제액 계산(상시근로자 감소여부)				
1차년도 (직전전 과세연도) 대비 상시근로자 감소여부	1차년도 (직전전 과세연도) 대비 청년 등 상시근로자 수 감소여부	㉕ 1차년도 (직전전 과세연도) 청년 등 상시근로자 증가 세액공제액	㉖ 1차년도 (직전전 과세연도) 청년 등 외 상시근로자 증가 세액공제액	㉗ 3차년도 세액공제액
부	부			
	여			
여				
❹ 세액공제액 [⑮ 1차년도 세액공제액 + ㉑ 2차년도 세액공제액 + ㉗ 3차년도 세액공제액]				

「조세특례제한법 시행령」 제26조의7 제10항에 따라 위와 같이 공제세액계산서를 제출합니다.

2025년 3월 31일

신청인 ㈜나라 김유민 (서명 또는 인)

고양 세무서장 귀하

210mm×297mm[백상지 80g/㎡ 또는 중질지 80g/㎡]

사례 3-3 적용 감소는 감소함(청년 감소 수 < 전체 감소 수)

구분	2021년	2022년		2023년		2024년	
	근무인원현황	근무인원현황	증감현황	근무인원현황	증감현황	근무인원현황	증감현황
	전체 18명 청년 8명 청년외 10명	전체 42명 청년 20명 청년외 22명	24명 증가 12명 증가 12명 증가	전체 37명 청년 17명 청년외 20명	5명 감소 3명 감소 2명 감소	전체 33명 청년 16명 청년외 17명	4명 감소 1명 감소 3명 감소
1차연도공제		① 상황분석 직전과세연도(2021년) 대비 전체 상시근로자 수 증가(청년 증가, 청년외 증가) ≫ 공제적용 ② 공제세액계산 청년 : 12명×11,000,000원/명 = 132,000,000원 청년외 : 12명×7,000,000원/명 = 84,000,000원 합계 : 216,000,000원		① 상황분석 직전과세연도(2022년) 대비 전체 상시근로자 수 증가하지 않음(청년 감소, 청년외 감소) ≫ 공제적용불가 ② 공제세액계산 청년 : 0명×11,000,000원/명 = 0원 청년외 : 0명×7,000,000원/명 = 0원 합계 : 0원		① 상황분석 직전과세연도(2023년) 대비 전체 상시근로자 수 증가하지 않음(청년 감소, 청년외 감소) ≫ 공제적용불가 ② 공제세액계산 청년 : 0명×11,000,000원/명 = 0원 청년외 : 0명×7,000,000원/명 = 0원 합계 : 0원	
2차연도공제				① 상황분석 최초공제연도(2022년) 대비 전체 상시근로자 수 감소(청년 감소, 청년외 감소)(청년 감소수 < 전체 감소 수) ≫ 추가공제중단, 추가납부 ② 추가납부세액계산 3명×11,000,000원/명 + 2명×7,000,000원/명 = 33,000,000 + 14,000,000 = 47,000,000원		① 상황분석 1차연도에 공제적용하지 아니하였으므로 2차연도 추가공제 또는 추가납부는 적용하지 않음 ② 추가공제, 추가납부세액계산 적용 없음	
3차연도공제						① 상황분석 최초공제연도(2022년) 대비 전체 상시근로자 수 감소(청년 감소, 청년외 감소)(청년 감소 수 < 전체 감소 수) ≫ 직전연도(2차연도 2023년)에 추가공제 중단, 추가납부 적용 ≫ 추가납부적용 ② 세액계산 4명×11,000,000원/명 + 5명×7,000,000 − 47,000,000 = 44,000,000 + 35,000,000 − 47,000,000 = 79,000,000 − 47,000,000 = 32,000,000원	

사례 풀이

각 귀속연도별로 분석하면 다음과 같다.

1. 2022년 귀속분 신고 시

(1) 1차연도공제(최초공제)

직전과세연도(2020년) 대비 전체 상시근로자 수가 증가하였으므로(청년 증가, 청년외 증가) 세액공제를 적용한다.

2. 2023년 귀속분 신고 시

(1) 1차연도공제(최초공제)

직전과세연도(2022년) 대비 전체 상시근로자 수가 증가하지 않았으므로(청년 감소, 청년외 감소) 세액공제를 적용하지 않는다.

(2) 2차연도공제

최초공제연도(2022년) 대비 전체 상시근로자 수가 감소하였으므로(청년 감소, 청년외 감소) 2차연도(2023년)에 추가공제를 중단하고 추가납부한다.

3. 2024년 귀속분 신고 시

(1) 1차연도공제(최초공제)

직전과세연도(2023년) 대비 전체 상시근로자 수가 증가하지 않았으므로(청년 감소, 청년외 감소) 세액공제를 적용하지 않는다.

(2) 2차연도공제

1차연도(2023년도)에 세액공제를 적용하지 않았으므로 2차연도(2024년)에 추가공제 또는 추가납부를 적용하지 않는다.

(3) 3차연도공제

최초공제연도(2022년) 대비 전체 상시근로자 수가 감소하였으므로(청년 감소, 청년외 증가) 3차연도(2024년)에 추가납부한다.

이미 2차연도(2023년)부터 1차연도(2022년) 대비 전체 상시근로자 감소로 인하여 추가공제는 중단한 상태이며 전체 상시근로자 수가 2차연도(2023년) 일부 감소한 이후 추가로 감소하였기 때문에 3차연도(2024년)에 전체기간(1차연도 공제 이후 3차연도까지 기간) 중에 전체 상시근로자 수 감소인원에 대한 추가납부세액(= 79,000,000원)을 산정하고 2차연도(2023년)에 추가납부한 세액(= 47,000,000원)을 차감하여 최종적으로 3차연도(2024년)에 추가납부할 세액을 산정한다.

3차연도 추가납부세액
= 1차연도 공제 이후 3차연도까지 감소한 상시근로자에 대한 추가납부세액 - 2차연도 추가납부세액
= 79,000,000원 - 47,000,000원
= 32,000,000원

※ 근거규정

조특법 제29조의7 제2항 : 전체 상시근로자의 수가 최초로 공제를 받은 과세연도에 비하여 감소한 경우에는 **감소한 과세연도부터** 제1항을 **적용하지 아니하고**, 청년등 상시근로자의 수가 최초로 공제를 받은 과세연도에 비하여 감소한 경우에는 감소한 과세연도부터 제1항 제1호를 적용하지 아니한다.

조특령 제26조의7 제5항 제2호 : 최초로 공제받은 과세연도의 종료일부터 2년이 되는 날이 속하는 과세연도의 종료일까지의 기간 중 최초로 공제받은 과세연도보다 상시근로자 수 또는 청년등 상시근로자 수가 감소하는 경우 : 다음 각 목의 구분에 따라 계산한 금액[제1호에 따라 계산한 금액이 있는 경우 그 금액(=2차연도 추가납부세액)을 제외하며, 해당 과세연도의 직전 2년 이내의 과세연도에 법 제29조의7 제1항에 따라 공제받은 세액의 합계액을 한도로 한다]

사례 3-3 2022년 귀속 신고 시 작성

[별지 제10호의8 서식] (2023.3.20. 개정)

고용 증대 기업에 대한 공제세액계산서

(3쪽 중 제1쪽)

❶ 신청인	① 상호 또는 법인명 : ㈜나라	② 사업자등록번호 : 203-81-63108
	③ 대표자 성명 : 김 유 민	④ 생년월일 : 1973년 04월 12일
	⑤ 주소 또는 본점소재지 : 경기도 고양시 일산서구 대화로37번길 102-30(법곳동) (전화번호 : 031-2231-7027)	

❷ 과세연도	2022년 1월 1일부터 2022년 12월 31일까지

❸ 공제세액 계산내용

가. 1차년도 세제지원 요건 : ⑧ > 0

1. 상시근로자 증가 인원

⑥ 해당 과세연도 상시근로자 수	⑦ 직전 과세연도 상시근로자 수	⑧ 상시근로자 증가 인원 수 (⑥-⑦)
42.00	18.00	24.00

2. 청년등 상시근로자 증가 인원

⑨ 해당 과세연도 청년등 상시근로자 수	⑩ 직전 과세연도 청년등 상시근로자 수	⑪ 청년등 상시근로자 증가 인원 수(⑨-⑩)
20.00	8.00	12.00

3. 청년등 상시근로자 외 상시근로자 증가 인원

⑫ 해당 과세연도 청년등 상시 근로자 외 상시근로자 수	⑬ 직전 과세연도 청년등 상시 근로자 외 상시근로자 수	⑭ 청년등 상시근로자 외 상시 근로자 증가 인원 수(⑫-⑬)
22.00	10.00	12.00

4. 1차년도 세액공제액 계산

구분	구분		직전 과세연도 대비 상시근로자 증가 인원 수 (⑧ 상시근로자 증가 인원 수를 한도)	1인당 공제금액	⑮ 1차년도 세액공제액
중소기업	수도권 내	청년등	12.00	1천1백만원	132,000,000
		청년등 외	12.00	7백만원	84,000,000
	수도권 밖	청년등		1천3백만원	
		청년등 외		7백7십만원	
	계		24.00		216,000,000
중견기업	수도권 내	청년등		8백만원	
		청년등 외		4백5십만원	
	수도권 밖	청년등		9백만원	
		청년등 외		4백5십만원	
	계				
일반기업	수도권 내	청년등		4백만원	
		청년등 외			
	수도권 밖	청년등		5백만원	
		청년등 외			
	계				

210mm×297mm[백상지 80g/㎡ 또는 중질지 80g/㎡]

(3쪽 중 제2쪽)

나. 2차년도 세제지원 요건 : ⑱ ≥ 0

1. 상시근로자 증가 인원

⑯ 2차년도(해당 과세연도) 상시근로자 수	⑰ 1차년도(직전 과세연도) 상시근로자 수	⑱ 상시근로자 증가 인원 수(⑯-⑰)

2. 2차년도 세액공제액 계산(상시근로자 감소여부)

1차년도 (직전 과세연도) 대비 상시근로자 감소여부	1차년도 (직전 과세연도) 대비 청년 등 상시근로자 수 감소여부	⑲ 1차년도 (직전과세연도) 청년 등 상시근로자 증가 세액공제액	⑳ 1차년도 (직전 과세연도) 청년 등 외 상시근로자 증가 세액공제액	㉑ 2차년도 세액공제액
부	부			
	여			
여				

다. 3차년도 세제지원 요건(중소 · 중견기업만 해당) : ㉔ ≥ 0

1. 상시근로자 증가 인원

㉒ 3차년도(해당 과세연도) 상시근로자 수	㉓ 1차년도(직전전 과세연도) 상시근로자 수	㉔ 상시근로자 증가 인원 수(㉒-㉓)

2. 3차년도 세액공제액 계산(상시근로자 감소여부)

1차년도 (직전전 과세연도) 대비 상시근로자 감소여부	1차년도 (직전전 과세연도) 대비 청년 등 상시근로자 수 감소여부	㉕ 1차년도 (직전전 과세연도) 청년 등 상시근로자 증가 세액공제액	㉖ 1차년도 (직전전 과세연도) 청년 등 외 상시근로자 증가 세액공제액	㉗ 3차년도 세액공제액
부	부			
	여			
여				

라. 최초로 공제받은 과세연도 대비 2020년 12월 31일이 속하는 과세연도에 상시근로자 수 등이 감소하여 2020년 12월 31일이 속하는 과세연도에 2차년도 세액공제가 유예된 경우 세제지원 요건 : ㉚ ≥ 0

1. 상시근로자 수 증가인원

최초 공제받은 과세연도	㉘ 최초 공제받은 과세연도 상시근로자 수	㉙ 해당 과세연도 상시근로자 수(2022년)	㉚ 상시근로자 증가 인원 수
2018.12.31일이 속하는 과세연도			
2019.12.31일이 속하는 과세연도			

2. 유예세액 계산

최초 공제받은 과세연도	최초 공제받은 과세연도 대비 청년 등 상시근로자 수 감소여부	㉛ 해당 과세연도 청년 등 상시근로자 증가 세액공제액	㉜ 해당 과세연도 청년 등 외 상시근로자 증가 세액공제액	㉝ 세액공제액 (유예 적용분)
2018.12.31일이 속하는 과세연도	부			
	여			
2019.12.31일이 속하는 과세연도	부			
	여			

❹ 세액공제액 [⑮ 1차년도 세액공제액 + ㉑ 2차년도 세액공제액 + ㉗ 3차년도 세액공제액 + ㉝ 세액공제액(유예 적용분)]	216,000,000

「조세특례제한법 시행령」 제26조의7 제10항에 따라 위와 같이 공제세액계산서를 제출합니다.

2023년 3월 31일

신청인 ㈜나라 김유민 (서명 또는 인)

고양 세무서장 귀하

210mm×297mm[백상지 80g/㎡ 또는 중질지 80g/㎡]

사례 3-3 2023년 귀속 신고 시 작성

[별지 제10호의8 서식] (2024.3.22. 개정)

고용 증대 기업에 대한 공제세액계산서

(3쪽 중 제1쪽)

❶ 신청인	① 상호 또는 법인명 : ㈜나라	② 사업자등록번호 : 203-81-63108
	③ 대표자 성명 : 김 유 민	④ 생년월일 : 1973년 04월 12일
	⑤ 주소 또는 본점소재지 : 경기도 고양시 일산서구 대화로37번길 102-30(법곶동) (전화번호 : 031-2231-7027)	

❷ 과세연도	2023년 1월 1일부터 2023년 12월 31일까지

❸ 공제세액 계산내용

가. 1차년도 세제지원 요건 : ⑧ > 0

1. 상시근로자 증가 인원

⑥ 해당 과세연도 상시근로자 수	⑦ 직전 과세연도 상시근로자 수	⑧ 상시근로자 증가 인원 수 (⑥-⑦)
37.00	42.00	-5.00

2. 청년등 상시근로자 증가 인원

⑨ 해당 과세연도 청년등 상시근로자 수	⑩ 직전 과세연도 청년등 상시근로자 수	⑪ 청년등 상시근로자 증가 인원 수(⑨-⑩)
17.00	20.00	-3.00

3. 청년등 상시근로자 외 상시근로자 증가 인원

⑫ 해당 과세연도 청년등 상시 근로자 외 상시근로자 수	⑬ 직전 과세연도 청년등 상시 근로자 외 상시근로자 수	⑭ 청년등 상시근로자 외 상시 근로자 증가 인원 수(⑫-⑬)
20.00	22.00	-2.00

4. 1차년도 세액공제액 계산

구분	구분		직전 과세연도 대비 상시근로자 증가 인원 수 (⑧ 상시근로자 증가 인원 수를 한도)	1인당 공제금액	⑮ 1차년도 세액공제액
중소기업	수도권 내	청년등		1천1백만원	
		청년등 외		7백만원	
	수도권 밖	청년등		1천3백만원	
		청년등 외		7백7십만원	
	계				
중견기업	수도권 내	청년등		8백만원	
		청년등 외		4백5십만원	
	수도권 밖	청년등		9백만원	
		청년등 외		4백5십만원	
	계				
일반기업	수도권 내	청년등		4백만원	
		청년등 외			
	수도권 밖	청년등		5백만원	
		청년등 외			
	계				

210mm×297mm[백상지 80g/㎡ 또는 중질지 80g/㎡]

(3쪽 중 제2쪽)

나. 2차년도 세제지원 요건 : ⑱ ≥ 0

1. 상시근로자 증가 인원

⑯ 2차년도(해당 과세연도) 상시근로자 수	⑰ 1차년도(직전 과세연도) 상시근로자 수	⑱ 상시근로자 증가 인원 수(⑯-⑰)
37.00	42.00	-5.00

2. 2차년도 세액공제액 계산(상시근로자 감소여부)

1차년도 (직전 과세연도) 대비 상시근로자 감소여부	1차년도 (직전 과세연도) 대비 청년 등 상시근로자 수 감소여부	⑲ 1차년도 (직전과세연도) 청년 등 상시근로자 증가 세액공제액	⑳ 1차년도 (직전 과세연도) 청년 등 외 상시근로자 증가 세액공제액	㉑ 2차년도 세액공제액
부	부			
	여		-	-
여				

다. 3차년도 세제지원 요건(중소 · 중견기업만 해당) : ㉔ ≥ 0

1. 상시근로자 증가 인원

㉒ 3차년도(해당 과세연도) 상시근로자 수	㉓ 1차년도(직전전 과세연도) 상시근로자 수	㉔ 상시근로자 증가 인원 수(㉒-㉓)

2. 3차년도 세액공제액 계산(상시근로자 감소여부)

1차년도 (직전전 과세연도) 대비 상시근로자 감소여부	1차년도 (직전전 과세연도) 대비 청년 등 상시근로자 수 감소여부	㉕ 1차년도 (직전전 과세연도) 청년 등 상시근로자 증가 세액공제액	㉖ 1차년도 (직전전 과세연도) 청년 등 외 상시근로자 증가 세액공제액	㉗ 3차년도 세액공제액
부	부			
	여			
여				

❹ 세액공제액 [⑮ 1차년도 세액공제액 + ㉑ 2차년도 세액공제액 + ㉗ 3차년도 세액공제액]	

「조세특례제한법 시행령」 제26조의7 제10항에 따라 위와 같이 공제세액계산서를 제출합니다.

2024년 3월 31일

신청인 ㈜나라 김유민 (서명 또는 인)

고양 세무서장 귀하

210mm×297mm[백상지 80g/㎡ 또는 중질지 80g/㎡]

사례 3-3 2024년 귀속 신고 시 작성

[별지 제10호의8 서식] (2024.3.22. 개정)

고용 증대 기업에 대한 공제세액계산서

(3쪽 중 제1쪽)

❶ 신청인	① 상호 또는 법인명 : ㈜나라	② 사업자등록번호 : 203-81-63108
	③ 대표자 성명 : 김 유 민	④ 생년월일 : 1973년 04월 12일
	⑤ 주소 또는 본점소재지 : 경기도 고양시 일산서구 대화로37번길 102-30(법곳동) (전화번호 : 031-2231-7027)	

❷ 과세연도	2024년 1월 1일부터 2024년 12월 31일까지

❸ 공제세액 계산내용

가. 1차년도 세제지원 요건 : ⑧ > 0

1. 상시근로자 증가 인원

⑥ 해당 과세연도 상시근로자 수	⑦ 직전 과세연도 상시근로자 수	⑧ 상시근로자 증가 인원 수 (⑥-⑦)
33.00	37.00	-4.00

2. 청년등 상시근로자 증가 인원

⑨ 해당 과세연도 청년등 상시근로자 수	⑩ 직전 과세연도 청년등 상시근로자 수	⑪ 청년등 상시근로자 증가 인원 수(⑨-⑩)
16.00	17.00	-1.00

3. 청년등 상시근로자 외 상시근로자 증가 인원

⑫ 해당 과세연도 청년등 상시 근로자 외 상시근로자 수	⑬ 직전 과세연도 청년등 상시 근로자 외 상시근로자 수	⑭ 청년등 상시근로자 외 상시 근로자 증가 인원 수(⑫-⑬)
17.00	20.00	-3.00

4. 1차년도 세액공제액 계산

구분	구분		직전 과세연도 대비 상시근로자 증가 인원 수 (⑧ 상시근로자 증가 인원 수를 한도)	1인당 공제금액	⑮ 1차년도 세액공제액
중소기업	수도권 내	청년등		1천1백만원	
		청년등 외		7백만원	
	수도권 밖	청년등		1천3백만원	
		청년등 외		7백7십만원	
	계				
중견기업	수도권 내	청년등		8백만원	
		청년등 외		4백5십만원	
	수도권 밖	청년등		9백만원	
		청년등 외		4백5십만원	
	계				
일반기업	수도권 내	청년등		4백만원	
		청년등 외			
	수도권 밖	청년등		5백만원	
		청년등 외			
	계				

210mm×297mm[백상지 80g/㎡ 또는 중질지 80g/㎡]

(3쪽 중 제2쪽)

나. 2차년도 세제지원 요건 : ⑱ ≥ 0		
1. 상시근로자 증가 인원		
⑯ 2차년도(해당 과세연도) 상시근로자 수	⑰ 1차년도(직전 과세연도) 상시근로자 수	⑱ 상시근로자 증가 인원 수(⑯−⑰)
33.00	37.00	−4.00

2. 2차년도 세액공제액 계산(상시근로자 감소여부)

1차년도 (직전 과세연도) 대비 상시근로자 감소여부	1차년도 (직전 과세연도) 대비 청년 등 상시근로자 수 감소여부	⑲ 1차년도 (직전과세연도) 청년 등 상시근로자 증가 세액공제액	⑳ 1차년도 (직전 과세연도) 청년 등 외 상시근로자 증가 세액공제액	㉑ 2차년도 세액공제액
부	부			
	여		−	−
여				

다. 3차년도 세제지원 요건(중소 · 중견기업만 해당) : ㉔ ≥ 0		
1. 상시근로자 증가 인원		
㉒ 3차년도(해당 과세연도) 상시근로자 수	㉓ 1차년도(직전전 과세연도) 상시근로자 수	㉔ 상시근로자 증가 인원 수(㉒−㉓)
33.00	42.00	−9.00

2. 3차년도 세액공제액 계산(상시근로자 감소여부)

1차년도 (직전전 과세연도) 대비 상시근로자 감소여부	1차년도 (직전전 과세연도) 대비 청년 등 상시근로자 수 감소여부	㉕ 1차년도 (직전전 과세연도) 청년 등 상시근로자 증가 세액공제액	㉖ 1차년도 (직전전 과세연도) 청년 등 외 상시근로자 증가 세액공제액	㉗ 3차년도 세액공제액
부	부			
	여			
여				

❹ 세액공제액 [⑮ 1차년도 세액공제액 + ㉑ 2차년도 세액공제액 + ㉗ 3차년도 세액공제액]	

「조세특례제한법 시행령」 제26조의7 제10항에 따라 위와 같이 공제세액계산서를 제출합니다.

2025년 3월 31일

신청인 ㈜나라 김유민 (서명 또는 인)

고양 세무서장 귀하

210mm×297mm[백상지 80g/㎡ 또는 중질지 80g/㎡]

사례 3-4 적용 유지(청년 감소)가 유지됨(청년 감소)

<table>
<tr><th>2021년</th><th colspan="2">2022년</th><th colspan="2">2023년</th><th colspan="2">2024년</th></tr>
<tr><td>근무인원현황</td><td>근무인원현황</td><td>증감현황</td><td>근무인원현황</td><td>증감현황</td><td>근무인원현황</td><td>증감현황</td></tr>
<tr><td>전체 18명
청년 8명
청년외 10명</td><td>전체 42명
청년 20명
청년외 22명</td><td>24명 증가
12명 증가
12명 증가</td><td>전체 42명
청년 17명
청년외 25명</td><td>증감 없음
3명 감소
3명 증가</td><td>전체 42명
청년 15명
청년외 27명</td><td>증감 없음
2명 감소
2명 증가</td></tr>
<tr><td rowspan="4">1차연도공제</td><td colspan="2">① 상황분석</td><td colspan="2">① 상황분석</td><td colspan="2">① 상황분석</td></tr>
<tr><td colspan="2">직전과세연도(2021년) 대비 전체 상시근로자 수 증가(청년 증가, 청년외 증가)
≫ 공제적용</td><td colspan="2">직전과세연도(2022년) 대비 전체 상시근로자 수 증가하지 않음(청년 감소, 청년외 증가)
≫ 공제적용불가</td><td colspan="2">직전과세연도(2023년) 대비 전체 상시근로자 수 증가하지 않음(청년 감소, 청년외 증가)
≫ 공제적용불가</td></tr>
<tr><td colspan="2">② 공제세액계산</td><td colspan="2">② 공제세액계산</td><td colspan="2">② 공제세액계산</td></tr>
<tr><td colspan="2">청년 : 12명×11,000,000원/명
= 132,000,000원
청년외 : 12명×7,000,000원/명
= 84,000,000원
합계 : 216,000,000원</td><td colspan="2">청년 : 0명×11,000,000원/명
= 0원
청년외 : 0명×7,000,000원/명
= 0원
합계 : 0원</td><td colspan="2">청년 : 0명×11,000,000원/명
= 0원
청년외 : 0명×7,000,000원/명
= 0원
합계 : 0원</td></tr>
<tr><td rowspan="6">2차연도공제</td><td colspan="2" rowspan="6"></td><td colspan="2">① 상황분석</td><td colspan="2">① 상황분석</td></tr>
<tr><td colspan="2">최초공제연도(2022년) 대비 전체 상시근로자 수 감소하지 않음(청년 감소, 청년외 증가)
(청년 감소 수 = 청년외 증가 수)
≫ 청년 : 추가공제중단, 추가납부
≫ 청년외 : 추가공제적용, 청년 감소분 추가공제 적용</td><td colspan="2">1차연도에 공제적용하지 아니하였으므로 2차연도 추가공제 또는 추가납부는 적용하지 않음</td></tr>
<tr><td colspan="2">② 추가납부세액계산</td><td colspan="2">② 추가공제, 추가납부세액계산</td></tr>
<tr><td colspan="2">3명×(11,000,000－7,000,000)
= 12,000,000원</td><td colspan="2" rowspan="3">적용 없음</td></tr>
<tr><td colspan="2">③ 추가공제세액계산</td></tr>
<tr><td colspan="2">당초 : 84,000,000원
청년 감소분
: 12명×7,000,000원/명
= 84,000,000원
합계 : 168,000,000원</td></tr>
</table>

2021년	2022년	2023년	2024년
3차연도공제			① 상황분석 최초공제연도(2022년) 대비 전체 상시근로자 수 감소하지 않음(청년 감소, 청년외 증가)(청년 감소 수 = 청년외 증가 수) ≫ 청년 : 직전연도 추가공제 중단, 추가납부적용 3차연도에 추가납부 적용 ≫ 청년외 : 추가공제 적용, 청년 감소분 추가공제적용 ② 추가납부세액 5×(11,000,000 − 7,000,000) − 12,000,000 = 8,000,000원 ③ 추가공제세액 당초 : 84,000,000원 청년 감소분 : 12×7,000,000원 = 84,000,000원 합계 : 168,000,000원

사례 풀이

각 귀속연도별로 분석하면 다음과 같다.

1. 2022년 귀속분 신고 시

(1) 1차연도공제(최초공제)

직전과세연도(2021년) 대비 전체 상시근로자 수가 증가하였으므로(청년 증가, 청년외 증가) 세액공제를 적용한다.

2. 2023년 귀속분 신고 시

(1) 1차연도공제(최초공제)

직전과세연도(2022년) 대비 전체 상시근로자 수가 증가하지 않았으므로(청년 감소, 청년외 증가) 세액공제를 적용하지 않는다.

(2) 2차연도공제

① **최초공제연도(2022년) 대비 전체 상시근로자 수가 감소하지 않고 유지되었지만**(청년 감소 수 = 청년외 증가 수) **청년등** 상시근로자 수가 감소하였으므로 2차연도(2022년)에 청년등 상시근로자에 대한 추가공제를 중단하고 추가납부한다(청년 감소 수 = 청년외 증가 수).

> 2차연도 청년등 상시근로자 추가납부세액
> = 3명×(11,000,000원 − 7,000,000원)
> = 3명×4,000,000원
> = 12,000,000원

② **최초공제연도(2022년) 대비 전체 상시근로자 수가 감소하지 않고 유지되었으므로 청년등 외** 상시근로자에 대한 추가공제를 적용한다. 아울러 2차연도에 청년등 상시근로자는 감소하였으나 청년외 상시근로자가 감소한 만큼 증가하여 전체 상시근로자 수는 감소하지 않았으며 청년외 추가공제액 계산 시 당초 적용한 청년외 공제액뿐만 아니라 최초공제 적용 시 증가한 청년등 상시근로자 수에 청년외 1인당 공제액을 적용하여 계산한다.

> ※ 근거규정
> 내국인이 해당 과세연도의 청년 등 상시근로자 증가인원에 대해 「조세특례제한법」 제29조의7 제1항 제1호에 따른 세액공제를 적용받은 후 다음 과세연도에 청년 등 상시근로자의 수는 감소(최초 과세연도에는 29세 이하였으나, 이후 과세연도에 30세 이상이 되어 청년 수가 감소하는 경우를 포함)하였으나 전체 상시근로자의 수는 유지되는 경우, 잔여 공제연도에 대해서는 제29조의7 제1항 제2호의 공제액을 적용하여 공제가 가능함(기획재정부 조세특례제도과-214, 2023.03.06.)

2차연도 청년등외 상시근로자 추가공제액
= 당초(1차연도) 적용한 청년등외 상시근로자에 대한 공제액
  + 최초공제 적용 시 증가한 청년등 상시근로자 수 × 청년외 1인당 공제액
= 84,000,000원 + 12명 × 7,000,000원
= 84,000,000원 + 84,000,000원
= 168,000,000원

3. 2024년 귀속분 신고 시

(1) 1차연도공제(최초공제)

직전과세연도(2023년) 대비 전체 상시근로자 수가 증가하지 않았으므로(청년 감소, 청년외 증가) 세액공제를 적용하지 않는다.

(2) 2차연도공제

1차연도(2023년도)에 세액공제를 적용하지 않았으므로 2차연도(2024년)에 추가공제 또는 추가납부를 적용하지 않는다.

(3) 3차연도공제

① **최초공제연도(2022년) 대비 전체 상시근로자 수가 감소하지 않고 유지되었지만(청년 감소 수 = 청년외 증가 수)** 청년등 상시근로자 수가 감소하였으므로 3차연도(2024년)에 청년등 상시근로자에 대하여 추가납부한다. 이미 2차연도(2023년)에 청년등 상시근로자에 대한 추가공제를 중단한 상태이며 청년등 상시근로자의 수가 2차연도(2023년)에 일부 감소한 이후 추가로 감소하였기 때문에 3차연도(2024년)에 전체기간(1차연도 공제 이후 3차연도까지 기간) 중에 청년등 상시근로자 수 감소인원에 대한 추가납부세액(=20,000,000원)을 산정하고 2차연도(2022년)에 추가납부한세액(=12,000,000원)을 차감하여 최종적으로 3차연도(2023년)에 추가납부할 세액을 산정한다.

3차연도 추가납부세액
= 1차연도 공제 이후 3차연도까지 감소한 청년등 상시근로자에 대한 추가납부세액
  − 2차연도 추가납부세액
= 5명×(11,000,000원 − 7,000,000원) − 12,000,000원
= 20,000,000원 − 12,000,000원
= 8,000,000원

② **최초공제연도(2022년) 대비 전체 상시근로자 수가 감소하지 않고 유지되었으므로 청년등외** 상시근로자에 대한 추가공제를 적용한다. 아울러 2차연도에 청년등 상시근로자

는 감소하였으나 청년외 상시근로자가 감소한 만큼 증가하여 전체 상시근로자 수는 감소하지 않았으며 청년외 추가공제액 계산 시 당초 적용한 청년외 공제액뿐만 아니라 최초 공제 적용 시 증가한 청년등 상시근로자 수에 청년외 1인당 공제액을 적용하여 계산한다.

3차연도 청년등외 상시근로자 추가공제액
= 당초(1차연도) 적용한 청년등외 상시근로자에 대한 공제액
  + 최초공제 적용 시 증가한 청년등 상시근로자 수 × 청년외 1인당 공제액
= 84,000,000원 + 12명 × 7,000,000원
= 84,000,000원 + 84,000,000원
= 168,000,000원

※ 근거규정

① **조특법 제29조의7 제2항** : 전체 상시근로자의 수가 최초로 공제를 받은 과세연도에 비하여 감소한 경우에는 감소한 과세연도부터 제1항을 적용하지 아니하고, 청년등 상시근로자의 수가 최초로 공제를 받은 과세연도에 비하여 감소한 경우에는 **감소한 과세연도부터** 제1항 제1호를 **적용하지 아니한다.**

② **조특령 제26조의7 제5항 제2호** : 최초로 공제받은 과세연도의 종료일부터 2년이 되는 날이 속하는 과세연도의 종료일까지의 기간 중 최초로 공제받은 과세연도보다 상시근로자 수 또는 청년등 상시근로자 수가 감소하는 경우: 다음 각 목의 구분에 따라 계산한 금액[제1호에 따라 계산한 금액이 있는 경우 그 금액(=2차연도 추가납부세액)을 제외하며, 해당 과세연도의 직전 2년 이내의 과세연도에 법 제29조의7 제1항에 따라 공제받은 세액의 합계액을 한도로 한다]

③ 내국인이 해당 과세연도의 청년 등 상시근로자 증가인원에 대해 「조세특례제한법」 제29조의7 제1항 제1호에 따른 세액공제를 적용받은 후 다음 과세연도에 청년 등 상시근로자의 수는 감소(최초 과세연도에는 29세 이하였으나, 이후 과세연도에 30세 이상이 되어 청년 수가 감소하는 경우를 포함)하였으나 전체 상시근로자의 수는 유지되는 경우, 잔여 공제연도에 대해서는 제29조의7 제1항 제2호의 공제액을 적용하여 공제가 가능함(기획재정부 조세특례제도과-214, 2023.03.06.)

사례 3-4 2022년 귀속 신고 시 작성

[별지 제10호의8 서식] (2023.3.20. 개정)

고용 증대 기업에 대한 공제세액계산서

(3쪽 중 제1쪽)

❶ 신청인	① 상호 또는 법인명 : ㈜나라	② 사업자등록번호 : 203-81-63108
	③ 대표자 성명 : 김 유 민	④ 생년월일 : 1973년 04월 12일
	⑤ 주소 또는 본점소재지 : 경기도 고양시 일산서구 대화로37번길 102-30(법곶동) (전화번호 : 031-2231-7027)	

❷ 과세연도	2022년 1월 1일부터 2022년 12월 31일까지

❸ 공제세액 계산내용

가. 1차년도 세제지원 요건 : ⑧ > 0

1. 상시근로자 증가 인원

⑥ 해당 과세연도 상시근로자 수	⑦ 직전 과세연도 상시근로자 수	⑧ 상시근로자 증가 인원 수 (⑥-⑦)
42.00	18.00	24.00

2. 청년등 상시근로자 증가 인원

⑨ 해당 과세연도 청년등 상시근로자 수	⑩ 직전 과세연도 청년등 상시근로자 수	⑪ 청년등 상시근로자 증가 인원 수(⑨-⑩)
20.00	8.00	12.00

3. 청년등 상시근로자 외 상시근로자 증가 인원

⑫ 해당 과세연도 청년등 상시근로자 외 상시근로자 수	⑬ 직전 과세연도 청년등 상시근로자 외 상시근로자 수	⑭ 청년등 상시근로자 외 상시근로자 증가 인원 수(⑫-⑬)
22.00	10.00	12.00

4. 1차년도 세액공제액 계산

구분	구분		직전 과세연도 대비 상시근로자 증가 인원 수 (⑧ 상시근로자 증가 인원 수를 한도)	1인당 공제금액	⑮ 1차년도 세액공제액
중소기업	수도권 내	청년등	12.00	1천1백만원	132,000,000
		청년등 외	12.00	7백만원	84,000,000
	수도권 밖	청년등		1천3백만원	
		청년등 외		7백7십만원	
	계		24.00		216,000,000
중견기업	수도권 내	청년등		8백만원	
		청년등 외		4백5십만원	
	수도권 밖	청년등		9백만원	
		청년등 외		4백5십만원	
	계				
일반기업	수도권 내	청년등		4백만원	
		청년등 외			
	수도권 밖	청년등		5백만원	
		청년등 외			
	계				

210mm×297mm[백상지 80g/㎡ 또는 중질지 80g/㎡]

(3쪽 중 제2쪽)

나. 2차년도 세제지원 요건 : ⑱ ≥ 0

1. 상시근로자 증가 인원

⑯ 2차년도(해당 과세연도) 상시근로자 수	⑰ 1차년도(직전 과세연도) 상시근로자 수	⑱ 상시근로자 증가 인원 수(⑯-⑰)

2. 2차년도 세액공제액 계산(상시근로자 감소여부)

1차년도 (직전 과세연도) 대비 상시근로자 감소여부	1차년도 (직전 과세연도) 대비 청년 등 상시근로자 수 감소여부	⑲ 1차년도 (직전과세연도) 청년 등 상시근로자 증가 세액공제액	⑳ 1차년도 (직전 과세연도) 청년 등 외 상시 근로자 증가 세액공제액	㉑ 2차년도 세액공제액
부	부			
	여			
여				

다. 3차년도 세제지원 요건(중소 · 중견기업만 해당) : ㉔ ≥ 0

1. 상시근로자 증가 인원

㉒ 3차년도(해당 과세연도) 상시근로자 수	㉓ 1차년도(직전전 과세연도) 상시근로자 수	㉔ 상시근로자 증가 인원 수(㉒-㉓)

2. 3차년도 세액공제액 계산(상시근로자 감소여부)

1차년도 (직전전 과세연도) 대비 상시근로자 감소여부	1차년도 (직전전 과세연도) 대비 청년 등 상시근로자 수 감소여부	㉕ 1차년도 (직전전 과세연도) 청년 등 상시근로자 증가 세액공제액	㉖ 1차년도 (직전전 과세연도) 청년 등 외 상시 근로자 증가 세액공제액	㉗ 3차년도 세액공제액
부	부			
	여			
여				

라. 최초로 공제받은 과세연도 대비 2020년 12월 31일이 속하는 과세연도에 상시근로자 수 등이 감소하여 2020년 12월 31일이 속하는 과세연도에 2차년도 세액공제가 유예된 경우 세제지원 요건 : ㉚ ≥ 0

1. 상시근로자 수 증가인원

최초 공제받은 과세연도	㉘ 최초 공제받은 과세 연도 상시근로자 수	㉙ 해당 과세연도 상시근로자 수(2022년)	㉚ 상시근로자 증가 인원 수
2018.12.31일이 속하는 과세연도			
2019.12.31일이 속하는 과세연도			

2. 유예세액 계산

최초 공제받은 과세연도	최초 공제받은 과세연도 대비 청년 등 상시근로자 수 감소여부	㉛ 해당 과세연도 청년 등 상시근로자 증가 세액공제액	㉜ 해당 과세연도 청년 등 외 상시근로자 증가 세액공제액	㉝ 세액공제액 (유예 적용분)
2018.12.31일이 속하는 과세연도	부			
	여			
2019.12.31일이 속하는 과세연도	부			
	여			

❹ 세액공제액 [⑮ 1차년도 세액공제액 + ㉑ 2차년도 세액공제액 + ㉗ 3차년도 세액공제액 + ㉝ 세액공제액(유예 적용분)]	216,000,000

「조세특례제한법 시행령」 제26조의7 제10항에 따라 위와 같이 공제세액계산서를 제출합니다.

2023년 3월 31일

신청인 ㈜나라 김유민 (서명 또는 인)

고양 세무서장 귀하

210mm×297mm[백상지 80g/㎡ 또는 중질지 80g/㎡]

사례 3-4 2023년 귀속 신고 시 작성

[별지 제10호의8 서식] (2024.3.22. 개정)

고용 증대 기업에 대한 공제세액계산서

(3쪽 중 제1쪽)

❶ 신청인	① 상호 또는 법인명 : ㈜나라	② 사업자등록번호 : 203-81-63108
	③ 대표자 성명 : 김 유 민	④ 생년월일 : 1973년 04월 12일
	⑤ 주소 또는 본점소재지 : 경기도 고양시 일산서구 대화로37번길 102-30(법곳동) (전화번호 : 031-2231-7027)	

❷ 과세연도	2023년 1월 1일부터 2023년 12월 31일까지

❸ 공제세액 계산내용

가. 1차년도 세제지원 요건 : ⑧ > 0

1. 상시근로자 증가 인원

⑥ 해당 과세연도 상시근로자 수	⑦ 직전 과세연도 상시근로자 수	⑧ 상시근로자 증가 인원 수 (⑥-⑦)
42.00	42.00	0.00

2. 청년등 상시근로자 증가 인원

⑨ 해당 과세연도 청년등 상시근로자 수	⑩ 직전 과세연도 청년등 상시근로자 수	⑪ 청년등 상시근로자 증가 인원 수(⑨-⑩)
17.00	20.00	-3.00

3. 청년등 상시근로자 외 상시근로자 증가 인원

⑫ 해당 과세연도 청년등 상시근로자 외 상시근로자 수	⑬ 직전 과세연도 청년등 상시근로자 외 상시근로자 수	⑭ 청년등 상시근로자 외 상시근로자 증가 인원 수(⑫-⑬)
25.00	22.00	3.00

4. 1차년도 세액공제액 계산

구분	구분		직전 과세연도 대비 상시근로자 증가 인원 수 (⑧ 상시근로자 증가 인원 수를 한도)	1인당 공제금액	⑮ 1차년도 세액공제액
중소기업	수도권 내	청년등		1천1백만원	
		청년등 외		7백만원	
	수도권 밖	청년등		1천3백만원	
		청년등 외		7백7십만원	
	계				
중견기업	수도권 내	청년등		8백만원	
		청년등 외		4백5십만원	
	수도권 밖	청년등		9백만원	
		청년등 외		4백5십만원	
	계				
일반기업	수도권 내	청년등		4백만원	
		청년등 외			
	수도권 밖	청년등		5백만원	
		청년등 외			
	계				

210mm×297mm[백상지 80g/㎡ 또는 중질지 80g/㎡]

(3쪽 중 제2쪽)

나. 2차년도 세제지원 요건 : ⑱ ≥ 0		
1. 상시근로자 증가 인원		
⑯ 2차년도(해당 과세연도) 상시근로자 수	⑰ 1차년도(직전 과세연도) 상시근로자 수	⑱ 상시근로자 증가 인원 수(⑯-⑰)
42.00	42.00	0.00

2. 2차년도 세액공제액 계산(상시근로자 감소여부)

1차년도 (직전 과세연도) 대비 상시근로자 감소여부	1차년도 (직전 과세연도) 대비 청년 등 상시근로자 수 감소여부	⑲ 1차년도 (직전과세연도) 청년 등 상시근로자 증가 세액공제액	⑳ 1차년도 (직전 과세연도) 청년 등 외 상시근로자 증가 세액공제액	㉑ 2차년도 세액공제액
부	부			
	여		168,000,000	168,000,000
여				

다. 3차년도 세제지원 요건(중소·중견기업만 해당) : ㉔ ≥ 0

1. 상시근로자 증가 인원

㉒ 3차년도(해당 과세연도) 상시근로자 수	㉓ 1차년도(직전전 과세연도) 상시근로자 수	㉔ 상시근로자 증가 인원 수(㉒-㉓)

2. 3차년도 세액공제액 계산(상시근로자 감소여부)

1차년도 (직전전 과세연도) 대비 상시근로자 감소여부	1차년도 (직전전 과세연도) 대비 청년 등 상시근로자 수 감소여부	㉕ 1차년도 (직전전 과세연도) 청년 등 상시근로자 증가 세액공제액	㉖ 1차년도 (직전전 과세연도) 청년 등 외 상시근로자 증가 세액공제액	㉗ 3차년도 세액공제액
부	부			
	여			
여				

❹ 세액공제액 [⑮ 1차년도 세액공제액 + ㉑ 2차년도 세액공제액 + ㉗ 3차년도 세액공제액]	168,000,000

「조세특례제한법 시행령」 제26조의7 제10항에 따라 위와 같이 공제세액계산서를 제출합니다.

2024년 3월 31일

신청인 ㈜나라 김유민 (서명 또는 인)

고양 세무서장 귀하

210mm×297mm[백상지 80g/㎡ 또는 중질지 80g/㎡]

사례 3-4 2024년 귀속 신고 시 작성

[별지 제10호의8 서식] (2024.3.22. 개정)

고용 증대 기업에 대한 공제세액계산서

(3쪽 중 제1쪽)

❶ 신청인	① 상호 또는 법인명 : ㈜나라	② 사업자등록번호 : 203-81-63108
	③ 대표자 성명 : 김 유 민	④ 생년월일 : 1973년 04월 12일
	⑤ 주소 또는 본점소재지 : 경기도 고양시 일산서구 대화로37번길 102-30(법곶동) (전화번호 : 031-2231-7027)	

❷ 과세연도	2024년 1월 1일부터 2024년 12월 31일까지

❸ 공제세액 계산내용

가. 1차년도 세제지원 요건 : ⑧ > 0

1. 상시근로자 증가 인원

⑥ 해당 과세연도 상시근로자 수	⑦ 직전 과세연도 상시근로자 수	⑧ 상시근로자 증가 인원 수 (⑥-⑦)
42.00	42.00	0.00

2. 청년등 상시근로자 증가 인원

⑨ 해당 과세연도 청년등 상시근로자 수	⑩ 직전 과세연도 청년등 상시근로자 수	⑪ 청년등 상시근로자 증가 인원 수(⑨-⑩)
15.00	17.00	-2.00

3. 청년등 상시근로자 외 상시근로자 증가 인원

⑫ 해당 과세연도 청년등 상시근로자 외 상시근로자 수	⑬ 직전 과세연도 청년등 상시근로자 외 상시근로자 수	⑭ 청년등 상시근로자 외 상시근로자 증가 인원 수(⑫-⑬)
27.00	25.00	2.00

4. 1차년도 세액공제액 계산

구분	구분		직전 과세연도 대비 상시근로자 증가 인원 수 (⑧ 상시근로자 증가 인원 수를 한도)	1인당 공제금액	⑮ 1차년도 세액공제액
중소기업	수도권 내	청년등		1천1백만원	
		청년등 외		7백만원	
	수도권 밖	청년등		1천3백만원	
		청년등 외		7백7십만원	
	계				
중견기업	수도권 내	청년등		8백만원	
		청년등 외		4백5십만원	
	수도권 밖	청년등		9백만원	
		청년등 외		4백5십만원	
	계				
일반기업	수도권 내	청년등		4백만원	
		청년등 외			
	수도권 밖	청년등		5백만원	
		청년등 외			
	계				

210mm×297mm[백상지 80g/㎡ 또는 중질지 80g/㎡]

(3쪽 중 제2쪽)

나. 2차년도 세제지원 요건 : ⑱ ≥ 0		
1. 상시근로자 증가 인원		
⑯ 2차년도(해당 과세연도) 상시근로자 수	⑰ 1차년도(직전 과세연도) 상시근로자 수	⑱ 상시근로자 증가 인원 수(⑯–⑰)
42.00	42.00	0.00

2. 2차년도 세액공제액 계산(상시근로자 감소여부)

1차년도 (직전 과세연도) 대비 상시근로자 감소여부	1차년도 (직전 과세연도) 대비 청년 등 상시근로자 수 감소여부	⑲ 1차년도 (직전과세연도) 청년 등 상시근로자 증가 세액공제액	⑳ 1차년도 (직전 과세연도) 청년 등 외 상시근로자 증가 세액공제액	㉑ 2차년도 세액공제액
부	부			
	여		–	–
여				

다. 3차년도 세제지원 요건(중소 · 중견기업만 해당) : ㉔ ≥ 0		
1. 상시근로자 증가 인원		
㉒ 3차년도(해당 과세연도) 상시근로자 수	㉓ 1차년도(직전전 과세연도) 상시근로자 수	㉔ 상시근로자 증가 인원 수(㉒–㉓)
42.00	42.00	0.00

2. 3차년도 세액공제액 계산(상시근로자 감소여부)

1차년도 (직전전 과세연도) 대비 상시근로자 감소여부	1차년도 (직전전 과세연도) 대비 청년 등 상시근로자 수 감소여부	㉕ 1차년도 (직전전 과세연도) 청년 등 상시근로자 증가 세액공제액	㉖ 1차년도 (직전전 과세연도) 청년 등 외 상시근로자 증가 세액공제액	㉗ 3차년도 세액공제액
부	부			
	여		**168,000,000**	**168,000,000**
여				

❹ 세액공제액 [⑮ 1차년도 세액공제액 + ㉑ 2차년도 세액공제액 + ㉗ 3차년도 세액공제액]	168,00,000

「조세특례제한법 시행령」 제26조의7 제10항에 따라 위와 같이 공제세액계산서를 제출합니다.

2025년 3월 31일

신청인 ㈜나라 김유민 (서명 또는 인)

고양 세무서장 귀하

210mm×297mm[백상지 80g/㎡ 또는 중질지 80g/㎡]

사례 3-5 적용 유지는 감소함(청년 감소 수 ≥ 전체 감소 수)

<table>
<tr><th>2021년</th><th colspan="2">2022년</th><th colspan="2">2023년</th><th colspan="2">2024년</th></tr>
<tr><th>근무인원현황</th><th>근무인원현황</th><th>증감현황</th><th>근무인원현황</th><th>증감현황</th><th>근무인원현황</th><th>증감현황</th></tr>
<tr><td>전체 18명
청년 8명
청년외 10명</td><td>전체 42명
청년 20명
청년외 22명</td><td>24명 증가
12명 증가
12명 증가</td><td>전체 42명
청년 20명
청년외 22명</td><td>증감 없음
증감 없음
증감 없음</td><td>전체 33명
청년 8명
청년외 25명</td><td>9명 감소
12명 감소
3명 증가</td></tr>
<tr><td rowspan="4">1차연도공제</td><td colspan="2">① 상황분석</td><td colspan="2">① 상황분석</td><td colspan="2">① 상황분석</td></tr>
<tr><td colspan="2">직전과세연도(2021년) 대비 전체 상시근로자 수 증가
(청년 증가, 청년외 증가)
≫ 공제적용</td><td colspan="2">직전과세연도(2022년) 대비 전체 상시근로자 수 증가하지 않음(청년 증감 없음, 청년외 증감 없음)
≫ 공제적용불가</td><td colspan="2">직전과세연도(2023년) 대비 전체 상시근로자 수 증가하지 않음(청년 감소, 청년외 증가)
≫ 공제적용불가</td></tr>
<tr><td colspan="2">② 공제세액계산</td><td colspan="2">② 공제세액계산</td><td colspan="2">② 공제세액계산</td></tr>
<tr><td colspan="2">청년 : 12명×11,000,000원/명
= 132,000,000원
청년외 : 12명×7,000,000원/명
= 84,000,000원
합계 : 216,000,000원</td><td colspan="2">청년 : 0명×11,000,000원/명
= 0원
청년외 : 0명×7,000,000원/명
= 0원
합계 : 0원</td><td colspan="2">청년 : 0명×11,000,000원/명
= 0원
청년외 : 0명×7,000,000원/명
= 0원
합계 : 0원</td></tr>
<tr><td rowspan="4">2차연도공제</td><td colspan="2" rowspan="4"></td><td colspan="2">① 상황분석</td><td colspan="2">① 상황분석</td></tr>
<tr><td colspan="2">최초공제연도(2022년) 대비 전체 상시근로자 수 감소하지 않음(청년 감소하지 않음, 청년외 감소하지 않음) ≫ 추가공제 적용</td><td colspan="2">1차연도에 공제적용하지 아니하였으므로 2차연도 추가공제 또는 추가납부는 적용하지 않음</td></tr>
<tr><td colspan="2">② 추가공제세액계산</td><td colspan="2">② 추가공제, 추가납부세액계산</td></tr>
<tr><td colspan="2">청년 : 132,000,000원
청년외 : 84,000,000원
합계 : 216,000,000원</td><td colspan="2">적용 없음</td></tr>
<tr><td rowspan="4">3차연도공제</td><td colspan="4" rowspan="4"></td><td colspan="2">① 상황분석</td></tr>
<tr><td colspan="2">최초공제연도(2022년) 대비 전체 상시근로자 수 감소
(청년 감소, 청년외 감소)
(청년 감소 수 ≥ 전체 감소 수)
≫ 추가공제 중단, 추가납부 적용</td></tr>
<tr><td colspan="2">② 추가납부세액</td></tr>
<tr><td colspan="2">(12 − 9)×(11,000,000 − 7,000,000)
×2회 + 9×11,000,000×2회
= 3×4,000,000×2회
+ 9×11,000,000×2회
= 222,000,000
★ 추가납부세액한도검증
216,000,000 + 216,000,000
= 432,000,000원</td></tr>
</table>

사례 풀이

각 귀속연도별로 분석하면 다음과 같다.

1. 2022년 귀속분 신고 시

(1) 1차연도공제(최초공제)

직전과세연도(2021년) **대비 전체 상시근로자 수가 증가하였으므로**(청년 증가, 청년외 증가) 세액공제를 적용한다.

2. 2023년 귀속분 신고 시

(1) 1차연도공제(최초공제)

직전과세연도(2022년) **대비 전체 상시근로자 수가 증가하지 않았으므로**(청년 증감 없음, 청년외 증감 없음) 세액공제를 적용하지 않는다.

(2) 2차연도공제

최초공제연도(2022년) **대비 전체 상시근로자 수가 감소하지 않았으므로**(청년 증감 없음, 청년외 증감 없음) 2차연도(2023년) 추가공제를 적용한다.

3. 2024년 귀속분 신고 시

(1) 1차연도공제(최초공제)

직전과세연도(2022년) **대비 전체 상시근로자 수가 증가하지 않았으므로**(청년 감소, 청년외 증가) 세액공제를 적용하지 않는다.

(2) 2차연도공제

1차연도(2023년도)**에 세액공제를 적용하지 않았으므로** 2차연도(2024년)에 추가공제 또는 추가납부를 적용하지 않는다.

(3) 3차연도공제

최초공제연도(2022년) **대비 전체 상시근로자 수가 감소하였으므로**(청년 감소, 청년외 증가) 추가공제를 중단하고 추가납부한다. 1차연도공제와 2차연도 공제를 적용하였으므로 추가납세액 계산 시 공제횟수는 2회를 적용한다(청년 감소 수 ≥ 전체 감소 수).

3차연도 추가납부세액
= (12명 − 9명)×(11,000,000원 − 7,000,000원)×2회 + 9명×11,000,000원×2회
= 3명×4,000,000원×2회 + 9명×11,000,000원×2회
= 24,000,000원 + 198,000,000원
= 222,000,000원

★ 추가납부세액한도 검증(직전 2년 이내 공제받은 세액을 한도 추가납부)
Min(①, ②) = 222,000,000원
① 222,000,000원 ② 216,000,000 + 216,000,000 = 432,000,000원

※ 근거규정

① **조특법 제29조의7 제2항** : 전체 상시근로자의 수가 최초로 공제를 받은 과세연도에 비하여 감소한 경우에는 **감소한 과세연도부터** 제1항을 **적용하지 아니하고**, 청년등 상시근로자의 수가 최초로 공제를 받은 과세연도에 비하여 감소한 경우에는 감소한 과세연도부터 제1항 제1호를 적용하지 아니한다.

② **조특령 제26조의7 제5항 제2호** : 최초로 공제받은 과세연도의 종료일부터 2년이 되는 날이 속하는 과세연도의 종료일까지의 기간 중 최초로 공제받은 과세연도보다 상시근로자 수 또는 청년등 상시근로자 수가 감소하는 경우: 다음 각 목의 구분에 따라 계산한 금액[제1호에 따라 계산한 금액이 있는 경우 그 금액(= 2차연도 추가납부세액)을 제외하며, 해당 과세연도의 직전 2년 이내의 과세연도에 법 제29조의7 제1항에 따라 공제받은 세액의 합계액을 한도로 한다]

세액공제감면 서식작성실무

사례 3-5 2022년 귀속 신고 시 작성

[별지 제10호의8 서식] (2023.3.20. 개정)

고용 증대 기업에 대한 공제세액계산서

(3쪽 중 제1쪽)

❶ 신청인	① 상호 또는 법인명 : ㈜나라	② 사업자등록번호 : 203-81-63108
	③ 대표자 성명 : 김 유 민	④ 생년월일 : 1973년 04월 12일
	⑤ 주소 또는 본점소재지 : 경기도 고양시 일산서구 대화로37번길 102-30(법곳동) (전화번호 : 031-2231-7027)	
❷ 과세연도	2022년 1월 1일부터 2022년 12월 31일까지	

❸ 공제세액 계산내용

가. 1차년도 세제지원 요건 : ⑧ > 0

1. 상시근로자 증가 인원

⑥ 해당 과세연도 상시근로자 수	⑦ 직전 과세연도 상시근로자 수	⑧ 상시근로자 증가 인원 수 (⑥-⑦)
42.00	18.00	24.00

2. 청년등 상시근로자 증가 인원

⑨ 해당 과세연도 청년등 상시근로자 수	⑩ 직전 과세연도 청년등 상시근로자 수	⑪ 청년등 상시근로자 증가 인원 수(⑨-⑩)
20.00	8.00	12.00

3. 청년등 상시근로자 외 상시근로자 증가 인원

⑫ 해당 과세연도 청년등 상시 근로자 외 상시근로자 수	⑬ 직전 과세연도 청년등 상시 근로자 외 상시근로자 수	⑭ 청년등 상시근로자 외 상시 근로자 증가 인원 수(⑫-⑬)
22.00	10.00	12.00

4. 1차년도 세액공제액 계산

구분	구분		직전 과세연도 대비 상시근로자 증가 인원 수 (⑧ 상시근로자 증가 인원 수를 한도)	1인당 공제금액	⑮ 1차년도 세액공제액
중소기업	수도권 내	청년등	12.00	1천1백만원	132,000,000
		청년등 외	12.00	7백만원	84,000,000
	수도권 밖	청년등		1천3백만원	
		청년등 외		7백7십만원	
	계		24.00		216,000,000
중견기업	수도권 내	청년등		8백만원	
		청년등 외		4백5십만원	
	수도권 밖	청년등		9백만원	
		청년등 외		4백5십만원	
	계				
일반기업	수도권 내	청년등		4백만원	
		청년등 외			
	수도권 밖	청년등		5백만원	
		청년등 외			
	계				

210mm×297mm[백상지 80g/㎡ 또는 중질지 80g/㎡]

나. 2차년도 세제지원 요건 : ⑱ ≥ 0

1. 상시근로자 증가 인원

⑯ 2차년도(해당 과세연도) 상시근로자 수	⑰ 1차년도(직전 과세연도) 상시근로자 수	⑱ 상시근로자 증가 인원 수(⑯-⑰)

2. 2차년도 세액공제액 계산(상시근로자 감소여부)

1차년도 (직전 과세연도) 대비 상시근로자 감소여부	1차년도 (직전 과세연도) 대비 청년 등 상시근로자 수 감소여부	⑲ 1차년도 (직전과세연도) 청년 등 상시근로자 증가 세액공제액	⑳ 1차년도 (직전 과세연도) 청년 등 외 상시근로자 증가 세액공제액	㉑ 2차년도 세액공제액
부	부			
	여			
여				

다. 3차년도 세제지원 요건(중소 · 중견기업만 해당) : ㉔ ≥ 0

1. 상시근로자 증가 인원

㉒ 3차년도(해당 과세연도) 상시근로자 수	㉓ 1차년도(직전전 과세연도) 상시근로자 수	㉔ 상시근로자 증가 인원 수(㉒-㉓)

2. 3차년도 세액공제액 계산(상시근로자 감소여부)

1차년도 (직전전 과세연도) 대비 상시근로자 감소여부	1차년도 (직전전 과세연도) 대비 청년 등 상시근로자 수 감소여부	㉕ 1차년도 (직전전 과세연도) 청년 등 상시근로자 증가 세액공제액	㉖ 1차년도 (직전전 과세연도) 청년 등 외 상시근로자 증가 세액공제액	㉗ 3차년도 세액공제액
부	부			
	여			
여				

라. 최초로 공제받은 과세연도 대비 2020년 12월 31일이 속하는 과세연도에 상시근로자 수 등이 감소하여 2020년 12월 31일이 속하는 과세연도에 2차년도 세액공제가 유예된 경우 세제지원 요건 : ㉚ ≥ 0

1. 상시근로자 수 증가인원

최초 공제받은 과세연도	㉘ 최초 공제받은 과세연도 상시근로자 수	㉙ 해당 과세연도 상시근로자 수(2022년)	㉚ 상시근로자 증가 인원 수
2018.12.31일이 속하는 과세연도			
2019.12.31일이 속하는 과세연도			

2. 유예세액 계산

최초 공제받은 과세연도	최초 공제받은 과세연도 대비 청년 등 상시근로자 수 감소여부	㉛ 해당 과세연도 청년 등 상시근로자 증가 세액공제액	㉜ 해당 과세연도 청년 등 외 상시근로자 증가 세액공제액	㉝ 세액공제액 (유예 적용분)
2018.12.31일이 속하는 과세연도	부			
	여			
2019.12.31일이 속하는 과세연도	부			
	여			

❹ 세액공제액 [⑮ 1차년도 세액공제액 + ㉑ 2차년도 세액공제액 + ㉗ 3차년도 세액공제액 + ㉝ 세액공제액(유예 적용분)]	216,000,000

「조세특례제한법 시행령」 제26조의7 제10항에 따라 위와 같이 공제세액계산서를 제출합니다.

2023년 3월 31일

신청인 ㈜나라 김유민 (서명 또는 인)

고양 세무서장 귀하

210mm×297mm[백상지 80g/㎡ 또는 중질지 80g/㎡]

사례 3-5 2023년 귀속 신고 시 작성

[별지 제10호의8 서식] (2024.3.22. 개정)

고용 증대 기업에 대한 공제세액계산서

(3쪽 중 제1쪽)

❶ 신청인	① 상호 또는 법인명 : ㈜나라	② 사업자등록번호 : 203-81-63108
	③ 대표자 성명 : 김 유 민	④ 생년월일 : 1973년 04월 12일
	⑤ 주소 또는 본점소재지 : 경기도 고양시 일산서구 대화로37번길 102-30(법곶동) (전화번호 : 031-2231-7027)	

❷ 과세연도	2023년 1월 1일부터 2023년 12월 31일까지

❸ 공제세액 계산내용

가. 1차년도 세제지원 요건 : ⑧ > 0

1. 상시근로자 증가 인원

⑥ 해당 과세연도 상시근로자 수	⑦ 직전 과세연도 상시근로자 수	⑧ 상시근로자 증가 인원 수 (⑥-⑦)
42.00	42.00	0.00

2. 청년등 상시근로자 증가 인원

⑨ 해당 과세연도 청년등 상시근로자 수	⑩ 직전 과세연도 청년등 상시근로자 수	⑪ 청년등 상시근로자 증가 인원 수(⑨-⑩)
20.00	20.00	0.00

3. 청년등 상시근로자 외 상시근로자 증가 인원

⑫ 해당 과세연도 청년등 상시근로자 외 상시근로자 수	⑬ 직전 과세연도 청년등 상시근로자 외 상시근로자 수	⑭ 청년등 상시근로자 외 상시근로자 증가 인원 수(⑫-⑬)
22.00	22.00	0.00

4. 1차년도 세액공제액 계산

구분	구분		직전 과세연도 대비 상시근로자 증가 인원 수 (⑧ 상시근로자 증가 인원 수를 한도)	1인당 공제금액	⑮ 1차년도 세액공제액
중소기업	수도권 내	청년등		1천1백만원	
		청년등 외		7백만원	
	수도권 밖	청년등		1천3백만원	
		청년등 외		7백7십만원	
	계				
중견기업	수도권 내	청년등		8백만원	
		청년등 외		4백5십만원	
	수도권 밖	청년등		9백만원	
		청년등 외		4백5십만원	
	계				
일반기업	수도권 내	청년등		4백만원	
		청년등 외			
	수도권 밖	청년등		5백만원	
		청년등 외			
	계				

210mm×297mm[백상지 80g/㎡ 또는 중질지 80g/㎡]

나. 2차년도 세제지원 요건 : ⑱ ≥ 0		
1. 상시근로자 증가 인원		
⑯ 2차년도(해당 과세연도) 상시근로자 수	⑰ 1차년도(직전 과세연도) 상시근로자 수	⑱ 상시근로자 증가 인원 수(⑯-⑰)
42.00	42.00	0.00

2. 2차년도 세액공제액 계산(상시근로자 감소여부)

1차년도 (직전 과세연도) 대비 상시근로자 감소여부	1차년도 (직전 과세연도) 대비 청년 등 상시근로자 수 감소여부	⑲ 1차년도 (직전과세연도) 청년 등 상시근로자 증가 세액공제액	⑳ 1차년도 (직전 과세연도) 청년 등 외 상시근로자 증가 세액공제액	㉑ 2차년도 세액공제액
부	부	132,000,000	84,000,000	216,000,000
	여			
여				

다. 3차년도 세제지원 요건(중소 · 중견기업만 해당) : ㉔ ≥ 0

1. 상시근로자 증가 인원

㉒ 3차년도(해당 과세연도) 상시근로자 수	㉓ 1차년도(직전전 과세연도) 상시근로자 수	㉔ 상시근로자 증가 인원 수(㉒-㉓)

2. 3차년도 세액공제액 계산(상시근로자 감소여부)

1차년도 (직전전 과세연도) 대비 상시근로자 감소여부	1차년도 (직전전 과세연도) 대비 청년 등 상시근로자 수 감소여부	㉕ 1차년도 (직전전 과세연도) 청년 등 상시근로자 증가 세액공제액	㉖ 1차년도 (직전전 과세연도) 청년 등 외 상시근로자 증가 세액공제액	㉗ 3차년도 세액공제액
부	부			
	여			
여				

❹ 세액공제액 [⑮ 1차년도 세액공제액 + ㉑ 2차년도 세액공제액 + ㉗ 3차년도 세액공제액]	216,000,000

「조세특례제한법 시행령」 제26조의7 제10항에 따라 위와 같이 공제세액계산서를 제출합니다.

2024년 3월 31일

신청인 ㈜나라 김유민 (서명 또는 인)

고양 세무서장 귀하

210mm×297mm[백상지 80g/㎡ 또는 중질지 80g/㎡]

사례 3-5 2024년 귀속 신고 시 작성

[별지 제10호의8 서식] (2024.3.22. 개정)

고용 증대 기업에 대한 공제세액계산서

(3쪽 중 제1쪽)

❶ 신청인	① 상호 또는 법인명 : ㈜나라	② 사업자등록번호 : 203-81-63108
	③ 대표자 성명 : 김 유 민	④ 생년월일 : 1973년 04월 12일
	⑤ 주소 또는 본점소재지 : 경기도 고양시 일산서구 대화로37번길 102-30(법곳동) (전화번호 : 031-2231-7027)	

❷ 과세연도	2024년 1월 1일부터 2024년 12월 31일까지

❸ 공제세액 계산내용

가. 1차년도 세제지원 요건 : ⑧ > 0

1. 상시근로자 증가 인원

⑥ 해당 과세연도 상시근로자 수	⑦ 직전 과세연도 상시근로자 수	⑧ 상시근로자 증가 인원 수 (⑥-⑦)
33.00	42.00	-9.00

2. 청년등 상시근로자 증가 인원

⑨ 해당 과세연도 청년등 상시근로자 수	⑩ 직전 과세연도 청년등 상시근로자 수	⑪ 청년등 상시근로자 증가 인원 수(⑨-⑩)
8.00	20.00	-12.00

3. 청년등 상시근로자 외 상시근로자 증가 인원

⑫ 해당 과세연도 청년등 상시 근로자 외 상시근로자 수	⑬ 직전 과세연도 청년등 상시 근로자 외 상시근로자 수	⑭ 청년등 상시근로자 외 상시 근로자 증가 인원 수(⑫-⑬)
25.00	22.00	3.00

4. 1차년도 세액공제액 계산

구분	구분		직전 과세연도 대비 상시근로자 증가 인원 수 (⑧ 상시근로자 증가 인원 수를 한도)	1인당 공제금액	⑮ 1차년도 세액공제액
중소기업	수도권 내	청년등		1천1백만원	
		청년등 외		7백만원	
	수도권 밖	청년등		1천3백만원	
		청년등 외		7백7십만원	
	계				
중견기업	수도권 내	청년등		8백만원	
		청년등 외		4백5십만원	
	수도권 밖	청년등		9백만원	
		청년등 외		4백5십만원	
	계				
일반기업	수도권 내	청년등		4백만원	
		청년등 외			
	수도권 밖	청년등		5백만원	
		청년등 외			
	계				

210mm×297mm[백상지 80g/㎡ 또는 중질지 80g/㎡]

나. 2차년도 세제지원 요건 : ⑱ ≥ 0		
1. 상시근로자 증가 인원		
⑯ 2차년도(해당 과세연도) 상시근로자 수	⑰ 1차년도(직전 과세연도) 상시근로자 수	⑱ 상시근로자 증가 인원 수(⑯-⑰)
33.00	42.00	-9.00

2. 2차년도 세액공제액 계산(상시근로자 감소여부)				
1차년도 (직전 과세연도) 대비 상시근로자 감소여부	1차년도 (직전 과세연도) 대비 청년 등 상시근로자 수 감소여부	⑲ 1차년도 (직전과세연도) 청년 등 상시근로자 증가 세액공제액	⑳ 1차년도 (직전 과세연도) 청년 등 외 상시근로자 증가 세액공제액	㉑ 2차년도 세액공제액
부	부			
	여		-	-
여				

다. 3차년도 세제지원 요건(중소 · 중견기업만 해당) : ㉔ ≥ 0		
1. 상시근로자 증가 인원		
㉒ 3차년도(해당 과세연도) 상시근로자 수	㉓ 1차년도(직전전 과세연도) 상시근로자 수	㉔ 상시근로자 증가 인원 수(㉒-㉓)
33.00	42.00	-9.00

2. 3차년도 세액공제액 계산(상시근로자 감소여부)				
1차년도 (직전전 과세연도) 대비 상시근로자 감소여부	1차년도 (직전전 과세연도) 대비 청년 등 상시근로자 수 감소여부	㉕ 1차년도 (직전전 과세연도) 청년 등 상시근로자 증가 세액공제액	㉖ 1차년도 (직전전 과세연도) 청년 등 외 상시근로자 증가 세액공제액	㉗ 3차년도 세액공제액
부	부			
	여		-	-
여				
❹ 세액공제액 [⑮ 1차년도 세액공제액 + ㉑ 2차년도 세액공제액 + ㉗ 3차년도 세액공제액]				

「조세특례제한법 시행령」 제26조의7 제10항에 따라 위와 같이 공제세액계산서를 제출합니다.

2025년 3월 31일

신청인 ㈜나라 김유민 (서명 또는 인)

고양 세무서장 귀하

210mm×297mm[백상지 80g/㎡ 또는 중질지 80g/㎡]

사례 3-6 적용 유지가 감소함(청년 감소 수 < 전체 감소 수)

2021년	2022년		2023년		2024년	
근무인원현황	근무인원현황	증감현황	근무인원현황	증감현황	근무인원현황	증감현황
전체 18명 청년 8명 청년외 10명	전체 42명 청년 20명 청년외 22명	24명 증가 12명 증가 12명 증가	전체 42명 청년 20명 청년외 20명	증감 없음 증감 없음 증감 없음	전체 33명 청년 17명 청년외 16명	9명 감소 3명 감소 6명 감소
1차연도공제	① 상황분석 직전과세연도(2021년) 대비 전체 상시근로자 수 증가(청년 증가, 청년외 증가) ≫ 공제적용		① 상황분석 직전과세연도(2022년) 대비 전체 상시근로자 수 증가하지 않음(청년 증감 없음, 청년외 증감 없음) ≫ 공제적용불가		① 상황분석 직전과세연도(2023년) 대비 전체 상시근로자 수 증가하지 않음(청년 감소, 청년외 감소) ≫ 공제적용불가	
	② 공제세액계산 청년 : 12명×11,000,000원/명 = 132,000,000원 청년외 : 12명×7,000,000원/명 = 84,000,000원 합계 : 216,000,000원		② 공제세액계산 청년 : 0명×11,000,000원/명 = 0원 청년외 : 0명×7,000,000원/명 = 0원 합계 : 0원		② 공제세액계산 청년 : 0명×11,000,000원/명 = 0원 청년외 : 0명×7,000,000원/명 = 0원 합계 : 0원	
2차연도공제			① 상황분석 최초공제연도(2022년) 대비 전체 상시근로자 수 감소하지 않음(청년 감소하지 않음, 청년외 감소하지 않음) ≫ 추가공제 적용		① 상황분석 1차연도에 공제적용하지 아니하였으므로 2차연도 추가공제 또는 추가납부는 적용하지 않음	
			② 추가공제세액계산 청년 : 132,000,000원 청년외 : 84,000,000원 합계 : 216,000,000원		② 추가공제, 추가납부세액계산 적용 없음	
3차연도공제					① 상황분석 최초공제연도(2022년) 대비 전체 상시근로자 수 감소(청년 감소, 청년외 감소) (청년 감소 수 < 전체 감소 수) ≫ 추가공제 중단, 추가납부 적용	
					② 추가납부세액 3×11,000,000×2 + 6×7,000,000×2 = 66,000,000 + 84,000,000 = 150,000,000원 ★ 추가납부세액한도검증 216,000,000 + 216,000,000 = 432,000,000원	

사례 풀이

각 귀속연도별로 분석하면 다음과 같다.

1. 2022년 귀속분 신고 시

(1) 1차연도공제(최초공제)

직전과세연도(2021년) 대비 전체 상시근로자 수가 증가하였으므로(청년 증가, 청년외 증가) 세액공제를 적용한다.

2. 2023년 귀속분 신고 시

(1) 1차연도공제(최초공제)

직전과세연도(2022년) 대비 전체 상시근로자 수가 증가하지 않았으므로(청년 증감 없음, 청년외 증감 없음) 세액공제를 적용하지 않는다.

(2) 2차연도공제

최초공제연도(2022년) 대비 전체 상시근로자 수가 감소하지 않았으므로(청년 증감 없음, 청년외 증감 없음) 2차연도(2023년) 추가공제를 적용한다.

3. 2024년 귀속분 신고 시

(1) 1차연도공제(최초공제)

직전과세연도(2023년) 대비 전체 상시근로자 수가 증가하지 않았으므로(청년 감소, 청년외 감소) 세액공제를 적용하지 않는다.

(2) 2차연도공제

1차연도(2023년도)에 세액공제를 적용하지 않았으므로 2차연도(2024년)에 추가공제 또는 추가납부를 적용하지 않는다.

(3) 3차연도공제

최초공제연도(2022년) 대비 전체 상시근로자 수가 감소하였으므로(청년 감소, 청년외 감소) 추가공제를 중단하고 추가납부한다. 1차연도(2022년)공제와 2차연도(2023년)공제를 적용하였으므로 추가납세액 계산 시 공제횟수는 2회를 적용한다(청년 감소 수 < 전체 감소 수).

3차연도 추가납부세액
= 3명×11,000,000원×2회 + 6명×7,000,000원×2회
= 66,000,000원 + 84,000,000원
= 150,000,000원
★ 추가납부세액한도 검증(직전 2년 이내 공제받은 세액을 한도 추가납부)
Min(①, ②) = 222,000,000원
① 150,000,000원 ② 216,000,000 + 216,000,000 = 432,000,000원

※ 근거규정

① **조특법 제29조의7 제2항** : 전체 상시근로자의 수가 최초로 공제를 받은 과세연도에 비하여 감소한 경우에는 **감소한 과세연도부터** 제1항을 **적용하지 아니하고**, 청년등 상시근로자의 수가 최초로 공제를 받은 과세연도에 비하여 감소한 경우에는 감소한 과세연도부터 제1항 제1호를 적용하지 아니한다.

② **조특령 제26조의7 제5항 제2호** : 최초로 공제받은 과세연도의 종료일부터 2년이 되는 날이 속하는 과세연도의 종료일까지의 기간 중 최초로 공제받은 과세연도보다 상시근로자 수 또는 청년등 상시근로자 수가 감소하는 경우: 다음 각 목의 구분에 따라 계산한 금액[제1호에 따라 계산한 금액이 있는 경우 그 금액(=2차연도 추가납부세액)을 제외하며, 해당 과세연도의 직전 2년 이내의 과세연도에 법 제29조의7 제1항에 따라 공제받은 세액의 합계액을 한도로 한다]

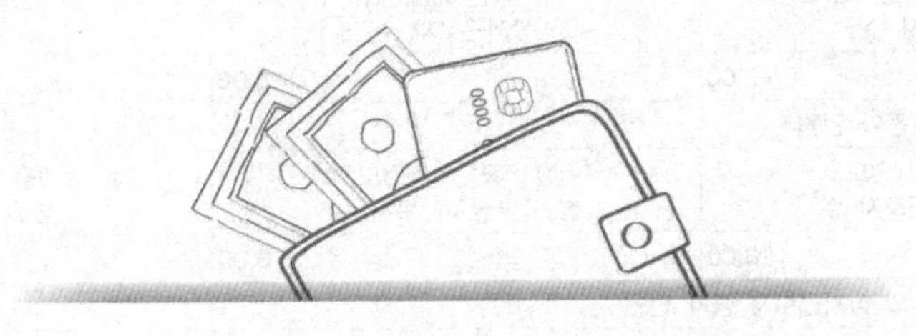

세액공제감면 서식작성실무

사례 3-6 2022년 귀속 신고 시 작성

[별지 제10호의8 서식] (2023.3.20. 개정)

고용 증대 기업에 대한 공제세액계산서

(3쪽 중 제1쪽)

❶ 신청인	① 상호 또는 법인명 : ㈜나라	② 사업자등록번호 : 203-81-63108
	③ 대표자 성명 : 김 유 민	④ 생년월일 : 1973년 04월 12일
	⑤ 주소 또는 본점소재지 : 경기도 고양시 일산서구 대화로37번길 102-30(법곳동) (전화번호 : 031-2231-7027)	
❷ 과세연도	2022년 1월 1일부터 2022년 12월 31일까지	

❸ 공제세액 계산내용

가. 1차년도 세제지원 요건 : ⑧ > 0

1. 상시근로자 증가 인원

⑥ 해당 과세연도 상시근로자 수	⑦ 직전 과세연도 상시근로자 수	⑧ 상시근로자 증가 인원 수 (⑥-⑦)
42.00	18.00	24.00

2. 청년등 상시근로자 증가 인원

⑨ 해당 과세연도 청년등 상시근로자 수	⑩ 직전 과세연도 청년등 상시근로자 수	⑪ 청년등 상시근로자 증가 인원 수(⑨-⑩)
20.00	8.00	12.00

3. 청년등 상시근로자 외 상시근로자 증가 인원

⑫ 해당 과세연도 청년등 상시근로자 외 상시근로자 수	⑬ 직전 과세연도 청년등 상시근로자 외 상시근로자 수	⑭ 청년등 상시근로자 외 상시근로자 증가 인원 수(⑫-⑬)
22.00	10.00	12.00

4. 1차년도 세액공제액 계산

구분	구분		직전 과세연도 대비 상시근로자 증가 인원 수 (⑧ 상시근로자 증가 인원 수를 한도)	1인당 공제금액	⑮ 1차년도 세액공제액
중소기업	수도권 내	청년등	12.00	1천1백만원	132,000,000
		청년등 외	12.00	7백만원	84,000,000
	수도권 밖	청년등		1천3백만원	
		청년등 외		7백7십만원	
	계		24.00		216,000,000
중견기업	수도권 내	청년등		8백만원	
		청년등 외		4백5십만원	
	수도권 밖	청년등		9백만원	
		청년등 외		4백5십만원	
	계				
일반기업	수도권 내	청년등		4백만원	
		청년등 외			
	수도권 밖	청년등		5백만원	
		청년등 외			
	계				

210mm×297mm[백상지 80g/㎡ 또는 중질지 80g/㎡]

(3쪽 중 제2쪽)

나. 2차년도 세제지원 요건 : ⑱ ≥ 0

1. 상시근로자 증가 인원

⑯ 2차년도(해당 과세연도) 상시근로자 수	⑰ 1차년도(직전 과세연도) 상시근로자 수	⑱ 상시근로자 증가 인원 수(⑯-⑰)

2. 2차년도 세액공제액 계산(상시근로자 감소여부)

1차년도 (직전 과세연도) 대비 상시근로자 감소여부	1차년도 (직전 과세연도) 대비 청년 등 상시근로자 수 감소여부	⑲ 1차년도 (직전과세연도) 청년 등 상시근로자 증가 세액공제액	⑳ 1차년도 (직전 과세연도) 청년 등 외 상시근로자 증가 세액공제액	㉑ 2차년도 세액공제액
부	부			
	여			
여				

다. 3차년도 세제지원 요건(중소 · 중견기업만 해당) : ㉔ ≥ 0

1. 상시근로자 증가 인원

㉒ 3차년도(해당 과세연도) 상시근로자 수	㉓ 1차년도(직전전 과세연도) 상시근로자 수	㉔ 상시근로자 증가 인원 수(㉒-㉓)

2. 3차년도 세액공제액 계산(상시근로자 감소여부)

1차년도 (직전전 과세연도) 대비 상시근로자 감소여부	1차년도 (직전전 과세연도) 대비 청년 등 상시근로자 수 감소여부	㉕ 1차년도 (직전전 과세연도) 청년 등 상시근로자 증가 세액공제액	㉖ 1차년도 (직전전 과세연도) 청년 등 외 상시근로자 증가 세액공제액	㉗ 3차년도 세액공제액
부	부			
	여			
여				

라. 최초로 공제받은 과세연도 대비 2020년 12월 31일이 속하는 과세연도에 상시근로자 수 등이 감소하여 2020년 12월 31일이 속하는 과세연도에 2차년도 세액공제가 유예된 경우 세제지원 요건 : ㉚ ≥ 0

1. 상시근로자 수 증가인원

최초 공제받은 과세연도	㉘ 최초 공제받은 과세연도 상시근로자 수	㉙ 해당 과세연도 상시근로자 수(2022년)	㉚ 상시근로자 증가 인원 수
2018.12.31일이 속하는 과세연도			
2019.12.31일이 속하는 과세연도			

2. 유예세액 계산

최초 공제받은 과세연도	최초 공제받은 과세연도 대비 청년 등 상시근로자 수 감소여부	㉛ 해당 과세연도 청년 등 상시근로자 증가 세액공제액	㉜ 해당 과세연도 청년 등 외 상시 근로자 증가 세액공제액	㉝ 세액공제액 (유예 적용분)
2018.12.31일이 속하는 과세연도	부			
	여			
2019.12.31일이 속하는 과세연도	부			
	여			

❹ 세액공제액 [⑮ 1차년도 세액공제액 + ㉑ 2차년도 세액공제액 + ㉗ 3차년도 세액공제액 + ㉝ 세액공제액(유예 적용분)]	216,000,000

「조세특례제한법 시행령」 제26조의7 제10항에 따라 위와 같이 공제세액계산서를 제출합니다.

2023년 3월 31일

신청인 ㈜나라 김유민 (서명 또는 인)

세무서장 귀하

210mm×297mm[백상지 80g/㎡ 또는 중질지 80g/㎡]

사례 3-6 2023년 귀속 신고 시 작성

[별지 제10호의8 서식] (2024.3.22. 개정)

고용 증대 기업에 대한 공제세액계산서

(3쪽 중 제1쪽)

❶ 신청인	① 상호 또는 법인명 : ㈜나라	② 사업자등록번호 : 203-81-63108
	③ 대표자 성명 : 김 유 민	④ 생년월일 : 1973년 04월 12일
	⑤ 주소 또는 본점소재지 : 경기도 고양시 일산서구 대화로37번길 102-30(법곳동) (전화번호 : 031-2231-7027)	

❷ 과세연도	2023년 1월 1일부터 2023년 12월 31일까지

❸ 공제세액 계산내용

가. 1차년도 세제지원 요건 : ⑧ > 0

1. 상시근로자 증가 인원

⑥ 해당 과세연도 상시근로자 수	⑦ 직전 과세연도 상시근로자 수	⑧ 상시근로자 증가 인원 수 (⑥-⑦)
42.00	42.00	0.00

2. 청년등 상시근로자 증가 인원

⑨ 해당 과세연도 청년등 상시근로자 수	⑩ 직전 과세연도 청년등 상시근로자 수	⑪ 청년등 상시근로자 증가 인원 수(⑨-⑩)
20.00	20.00	0.00

3. 청년등 상시근로자 외 상시근로자 증가 인원

⑫ 해당 과세연도 청년등 상시근로자 외 상시근로자 수	⑬ 직전 과세연도 청년등 상시근로자 외 상시근로자 수	⑭ 청년등 상시근로자 외 상시근로자 증가 인원 수(⑫-⑬)
22.00	22.00	0.00

4. 1차년도 세액공제액 계산

구분	구분		직전 과세연도 대비 상시근로자 증가 인원 수 (⑧ 상시근로자 증가 인원 수를 한도)	1인당 공제금액	⑮ 1차년도 세액공제액
중소기업	수도권 내	청년등		1천1백만원	
		청년등 외		7백만원	
	수도권 밖	청년등		1천3백만원	
		청년등 외		7백7십만원	
	계				
중견기업	수도권 내	청년등		8백만원	
		청년등 외		4백5십만원	
	수도권 밖	청년등		9백만원	
		청년등 외		4백5십만원	
	계				
일반기업	수도권 내	청년등		4백만원	
		청년등 외			
	수도권 밖	청년등		5백만원	
		청년등 외			
	계				

210mm×297mm[백상지 80g/㎡ 또는 중질지 80g/㎡]

(3쪽 중 제2쪽)

나. 2차년도 세제지원 요건 : ⑱ ≥ 0		
1. 상시근로자 증가 인원		
⑯ 2차년도(해당 과세연도) 상시근로자 수	⑰ 1차년도(직전 과세연도) 상시근로자 수	⑱ 상시근로자 증가 인원 수(⑯-⑰)
42.00	42.00	0.00

2. 2차년도 세액공제액 계산(상시근로자 감소여부)

1차년도 (직전 과세연도) 대비 상시근로자 감소여부	1차년도 (직전 과세연도) 대비 청년 등 상시근로자 수 감소여부	⑲ 1차년도 (직전과세연도) 청년 등 상시근로자 증가 세액공제액	⑳ 1차년도 (직전 과세연도) 청년 등 외 상시근로자 증가 세액공제액	㉑ 2차년도 세액공제액
부	부	132,000,000	84,000,000	216,000,000
	여			
여				

다. 3차년도 세제지원 요건(중소 · 중견기업만 해당) : ㉔ ≥ 0

1. 상시근로자 증가 인원

㉒ 3차년도(해당 과세연도) 상시근로자 수	㉓ 1차년도(직전전 과세연도) 상시근로자 수	㉔ 상시근로자 증가 인원 수(㉒-㉓)

2. 3차년도 세액공제액 계산(상시근로자 감소여부)

1차년도 (직전전 과세연도) 대비 상시근로자 감소여부	1차년도 (직전전 과세연도) 대비 청년 등 상시근로자 수 감소여부	㉕ 1차년도 (직전전 과세연도) 청년 등 상시근로자 증가 세액공제액	㉖ 1차년도 (직전전 과세연도) 청년 등 외 상시근로자 증가 세액공제액	㉗ 3차년도 세액공제액
부	부			
	여			
여				

❹ 세액공제액 [⑮ 1차년도 세액공제액 + ㉑ 2차년도 세액공제액 + ㉗ 3차년도 세액공제액]	216,000,000

「조세특례제한법 시행령」 제26조의7 제10항에 따라 위와 같이 공제세액계산서를 제출합니다.

2024년 3월 31일

신청인 ㈜나라 김유민 (서명 또는 인)

고양 세무서장 귀하

210mm×297mm[백상지 80g/㎡ 또는 중질지 80g/㎡]

사례 3-6 2024년 귀속 신고 시 작성

[별지 제10호의8 서식] (2024.3.22. 개정)

고용 증대 기업에 대한 공제세액계산서

(3쪽 중 제1쪽)

❶ 신청인	① 상호 또는 법인명 : ㈜나라	② 사업자등록번호 : 203-81-63108
	③ 대표자 성명 : 김 유 민	④ 생년월일 : 1973년 04월 12일
	⑤ 주소 또는 본점소재지 : 경기도 고양시 일산서구 대화로37번길 102-30(법곳동) (전화번호 : 031-2231-7027)	
❷ 과세연도	2024년 1월 1일부터 2024년 12월 31일까지	

❸ 공제세액 계산내용

가. 1차년도 세제지원 요건 : ⑧ > 0

1. 상시근로자 증가 인원

⑥ 해당 과세연도 상시근로자 수	⑦ 직전 과세연도 상시근로자 수	⑧ 상시근로자 증가 인원 수 (⑥-⑦)
33.00	42.00	-9.00

2. 청년등 상시근로자 증가 인원

⑨ 해당 과세연도 청년등 상시근로자 수	⑩ 직전 과세연도 청년등 상시근로자 수	⑪ 청년등 상시근로자 증가 인원 수(⑨-⑩)
17.00	20.00	-3.00

3. 청년등 상시근로자 외 상시근로자 증가 인원

⑫ 해당 과세연도 청년등 상시근로자 외 상시근로자 수	⑬ 직전 과세연도 청년등 상시근로자 외 상시근로자 수	⑭ 청년등 상시근로자 외 상시근로자 증가 인원 수(⑫-⑬)
16.00	22.00	-6.00

4. 1차년도 세액공제액 계산

구분	구분		직전 과세연도 대비 상시근로자 증가 인원 수 (⑧ 상시근로자 증가 인원 수를 한도)	1인당 공제금액	⑮ 1차년도 세액공제액
중소기업	수도권 내	청년등		1천1백만원	
		청년등 외		7백만원	
	수도권 밖	청년등		1천3백만원	
		청년등 외		7백7십만원	
	계				
중견기업	수도권 내	청년등		8백만원	
		청년등 외		4백5십만원	
	수도권 밖	청년등		9백만원	
		청년등 외		4백5십만원	
	계				
일반기업	수도권 내	청년등		4백만원	
		청년등 외			
	수도권 밖	청년등		5백만원	
		청년등 외			
	계				

210mm×297mm[백상지 80g/㎡ 또는 중질지 80g/㎡]

(3쪽 중 제2쪽)

나. 2차년도 세제지원 요건 : ⑱ ≥ 0		
1. 상시근로자 증가 인원		
⑯ 2차년도(해당 과세연도) 상시근로자 수	⑰ 1차년도(직전 과세연도) 상시근로자 수	⑱ 상시근로자 증가 인원 수(⑯-⑰)
33.00	42.00	-9.00

2. 2차년도 세액공제액 계산(상시근로자 감소여부)				
1차년도 (직전 과세연도) 대비 상시근로자 감소여부	1차년도 (직전 과세연도) 대비 청년 등 상시근로자 수 감소여부	⑲ 1차년도 (직전과세연도) 청년 등 상시근로자 증가 세액공제액	⑳ 1차년도 (직전 과세연도) 청년 등 외 상시근로자 증가 세액공제액	㉑ 2차년도 세액공제액
부	부			
	여		-	-
여				

다. 3차년도 세제지원 요건(중소 · 중견기업만 해당) : ㉔ ≥ 0		
1. 상시근로자 증가 인원		
㉒ 3차년도(해당 과세연도) 상시근로자 수	㉓ 1차년도(직전전 과세연도) 상시근로자 수	㉔ 상시근로자 증가 인원 수(㉒-㉓)
33.00	42.00	-9.00

2. 3차년도 세액공제액 계산(상시근로자 감소여부)				
1차년도 (직전전 과세연도) 대비 상시근로자 감소여부	1차년도 (직전전 과세연도) 대비 청년 등 상시근로자 수 감소여부	㉕ 1차년도 (직전전 과세연도) 청년 등 상시근로자 증가 세액공제액	㉖ 1차년도 (직전전 과세연도) 청년 등 외 상시근로자 증가 세액공제액	㉗ 3차년도 세액공제액
부	부			
	여		-	-
여				

❹ 세액공제액 [⑮ 1차년도 세액공제액 + ㉑ 2차년도 세액공제액 + ㉗ 3차년도 세액공제액]	

「조세특례제한법 시행령」 제26조의7 제10항에 따라 위와 같이 공제세액계산서를 제출합니다.

2025년 3월 31일

신청인 ㈜나라 김유민 (서명 또는 인)

고양 세무서장 귀하

210mm×297mm[백상지 80g/㎡ 또는 중질지 80g/㎡]

PART 05 고용지원을 위한 조세특례

사례 3-7 적용 유지는 유지됨(청년 감소, 청년외 증가)

2021년	2022년		2023년		2024년	
근무인원현황	근무인원현황	증감현황	근무인원현황	증감현황	근무인원현황	증감현황
전체 18명 청년 8명 청년외 10명	전체 42명 청년 20명 청년외 22명	24명 증가 12명 증가 12명 증가	전체 42명 청년 20명 청년외 20명	증감 없음 증감 없음 증감 없음	전체 42명 청년 15명 청년외 27명	증감 없음 5명 감소 5명 증가
1차연도공제	① 상황분석 직전과세연도(2021년) 대비 전체 상시근로자 수 증가(청년 증가, 청년외 증가) ≫ 공제적용		① 상황분석 직전과세연도(2022년) 대비 전체 상시근로자 수 증가하지 않음(청년 증감 없음, 청년외 증감 없음) ≫ 공제적용불가		① 상황분석 직전과세연도(2023년) 대비 전체 상시근로자 수 증가하지 않음(청년 감소, 청년외 증가) ≫ 공제적용불가	
	② 공제세액계산 청년 : 12명×11,000,000원/명 = 132,000,000원 청년외 : 12명×7,000,000원/명 = 84,000,000원 합계 : 216,000,000원		② 공제세액계산 청년 : 0명×11,000,000원/명 = 0원 청년외 : 0명×7,000,000원/명 = 0원 합계 : 0원		② 공제세액계산 청년 : 0명×11,000,000원/명 = 0원 청년외 : 0명×7,000,000원/명 = 0원 합계 : 0원	
2차연도공제			① 상황분석 최초공제연도(2022년) 대비 전체 상시근로자 수 감소하지 않음(청년 감소하지 않음, 청년외 감소하지 않음) ≫ 추가공제 적용		① 상황분석 1차연도에 공제적용하지 아니하였으므로 2차연도 추가공제 또는 추가납부는 적용하지 않음	
			② 추가공제세액계산 청년 : 132,000,000원 청년외 : 84,000,000원 합계 : 216,000,000원		② 추가공제, 추가납부세액계산 적용 없음	
3차연도공제					① 상황분석 최초공제연도(2022년) 대비 전체 상시근로자 수 감소하지 않음(청년 감소, 청년외 증가) (청년 감소 수 = 청년외 증가 수) ≫ 청년 : 추가공제 중단, 추가납부 적용 ≫ 청년외 : 추가공제적용	
					② 추가납부세액 5×(11,000,000−7,000,000)×2 = 40,000,000원	
					③ 추가공제세액 당초 : 84,000,000원 청년 감소분 : 12×7,000,000 = 84,000,000원 합계 : 168,000,000원	

사례 풀이

각 귀속연도별로 분석하면 다음과 같다.

1. 2022년 귀속분 신고 시

(1) 1차연도공제(최초공제)

직전과세연도(2021년) 대비 전체 상시근로자 수가 증가하였으므로(청년 증가, 청년외 증가) 세액공제를 적용한다.

2. 2023년 귀속분 신고 시

(1) 1차연도공제(최초공제)

직전과세연도(2022년) 대비 전체 상시근로자 수가 증가하지 않았으므로(청년 증감 없음, 청년외 증감 없음) 세액공제를 적용하지 않는다.

(2) 2차연도공제

최초공제연도(2022년) 대비 전체 상시근로자 수가 감소하지 않았으므로(청년 증감 없음, 청년외 증감 없음) 2차연도(2023년)에 추가공제를 적용한다.

3. 2024년 귀속분 신고 시

(1) 1차연도공제(최초공제)

직전과세연도(2023년) 대비 전체 상시근로자 수가 증가하지 않았으므로(청년 감소, 청년외 증가) 세액공제를 적용하지 않는다.

(2) 2차연도공제

1차연도(2023년도)에 세액공제를 적용하지 않았으므로 2차연도(2024년)에 추가공제 또는 추가납부를 적용하지 않는다.

(3) 3차연도공제

① **최초공제연도(2022년) 대비 전체 상시근로자 수가 감소하지 않고 유지되었지만**(청년 감소 수 = 청년외 증가 수) **청년등 상시근로자 수가 감소**하였으므로 3차연도(2024년)에 청년등 상시근로자에 대하여 추가공제를 중단하고 추가납부한다. 청년등 상시근로자에 대하여 1차연도(2022년)공제와 2차연도(2023년)공제를 적용하였으므로 추가납세액 계산 시 공제횟수는 2회를 적용한다(청년 감소 수 = 청년외 증가 수).

3차연도 추가납부세액
= 5명×(11,000,000원 - 7,000,000원)×2회
= 5명×4,000,000원×2회
= 40,000,000원

② **최초공제연도**(2022년) **대비 전체 상시근로자 수가 감소하지 않고 유지되었으므로 청년등외** 상시근로자에 대한 추가공제를 적용한다. 아울러 3차연도에 청년등 상시근로자 수는 감소하였지만 청년외 상시근로자 수가 증가하여 전체 상시근로자 수는 유지하고 있으며 당초 청년외 공제분뿐만 아니라 최초공제 적용 시 증가한 청년등 상시근로자 수에 청년외 1인당 공제액을 적용하여 추가공제액을 계산한다.

3차연도 청년등외 상시근로자 추가공제액
= 당초(1차연도) 적용한 청년등외 상시근로자에 대한 공제액
　+ 최초 공제 시 증가한 청년등 상시근로자 수 × 청년외 1인당 공제액
= 84,000,000원 + 12명 × 7,000,000원
= 84,000,000원 + 84,000,000원
= 168,000,000원

※ 근거규정

① **조특법 제29조의7 제2항** : 전체 상시근로자의 수가 최초로 공제를 받은 과세연도에 비하여 감소한 경우에는 감소한 과세연도부터 제1항을 적용하지 아니하고, 청년등 상시근로자의 수가 최초로 공제를 받은 과세연도에 비하여 감소한 경우에는 **감소한 과세연도부터** 제1항 제1호를 **적용하지 아니한다.**

② **조특령 제26조의7 제5항 제2호** : 최초로 공제받은 과세연도의 종료일부터 2년이 되는 날이 속하는 과세연도의 종료일까지의 기간 중 최초로 공제받은 과세연도보다 상시근로자 수 또는 청년등 상시근로자 수가 감소하는 경우: 다음 각 목의 구분에 따라 계산한 금액[제1호에 따라 계산한 금액이 있는 경우 그 금액(=2차연도 추가납부세액)을 제외하며, 해당 과세연도의 직전 2년 이내의 과세연도에 법 제29조의7 제1항에 따라 공제받은 세액의 합계액을 한도로 한다]

③ 내국인이 해당 과세연도의 청년 등 상시근로자 증가인원에 대해 「조세특례제한법」 제29조의7 제1항 제1호에 따른 세액공제를 적용받은 후 다음 과세연도에 청년 등 상시근로자의 수는 감소(최초 과세연도에는 29세 이하였으나, 이후 과세연도에 30세 이상이 되어 청년 수가 감소하는 경우를 포함)하였으나 전체 상시근로자의 수는 유지되는 경우, 잔여 공제연도에 대해서는 제29조의7 제1항 제2호의 공제액을 적용하여 공제가 가능함(기획재정부 조세특례제도과-214, 2023.03.06.)

세액공제감면 서식작성실무

사례 3-7 2022년 귀속 신고 시 작성

[별지 제10호의8 서식] (2023.3.20. 개정)

고용 증대 기업에 대한 공제세액계산서

(3쪽 중 제1쪽)

❶ 신청인	① 상호 또는 법인명 : ㈜나라	② 사업자등록번호 : 203-81-63108
	③ 대표자 성명 : 김 유 민	④ 생년월일 : 1973년 04월 12일
	⑤ 주소 또는 본점소재지 : 경기도 고양시 일산서구 대화로37번길 102-30(법곶동) (전화번호 : 031-2231-7027)	
❷ 과세연도	2022년 1월 1일부터 2022년 12월 31일까지	

❸ 공제세액 계산내용

가. 1차년도 세제지원 요건 : ⑧ > 0

1. 상시근로자 증가 인원

⑥ 해당 과세연도 상시근로자 수	⑦ 직전 과세연도 상시근로자 수	⑧ 상시근로자 증가 인원 수 (⑥-⑦)
42.00	18.00	24.00

2. 청년등 상시근로자 증가 인원

⑨ 해당 과세연도 청년등 상시근로자 수	⑩ 직전 과세연도 청년등 상시근로자 수	⑪ 청년등 상시근로자 증가 인원 수(⑨-⑩)
20.00	8.00	12.00

3. 청년등 상시근로자 외 상시근로자 증가 인원

⑫ 해당 과세연도 청년등 상시근로자 외 상시근로자 수	⑬ 직전 과세연도 청년등 상시근로자 외 상시근로자 수	⑭ 청년등 상시근로자 외 상시근로자 증가 인원 수(⑫-⑬)
22.00	10.00	12.00

4. 1차년도 세액공제액 계산

구분	구분		직전 과세연도 대비 상시근로자 증가 인원 수 (⑧ 상시근로자 증가 인원 수를 한도)	1인당 공제금액	⑮ 1차년도 세액공제액
중소기업	수도권 내	청년등	12.00	1천1백만원	132,000,000
		청년등 외	12.00	7백만원	84,000,000
	수도권 밖	청년등		1천3백만원	
		청년등 외		7백7십만원	
	계		24.00		216,000,000
중견기업	수도권 내	청년등		8백만원	
		청년등 외		4백5십만원	
	수도권 밖	청년등		9백만원	
		청년등 외		4백5십만원	
	계				
일반기업	수도권 내	청년등		4백만원	
		청년등 외			
	수도권 밖	청년등		5백만원	
		청년등 외			
	계				

210mm×297mm[백상지 80g/㎡ 또는 중질지 80g/㎡]

나. 2차년도 세제지원 요건 : ⑱ ≥ 0

1. 상시근로자 증가 인원

⑯ 2차년도(해당 과세연도) 상시근로자 수	⑰ 1차년도(직전 과세연도) 상시근로자 수	⑱ 상시근로자 증가 인원 수(⑯-⑰)

2. 2차년도 세액공제액 계산(상시근로자 감소여부)

1차년도 (직전 과세연도) 대비 상시근로자 감소여부	1차년도 (직전 과세연도) 대비 청년 등 상시근로자 수 감소여부	⑲ 1차년도 (직전과세연도) 청년 등 상시근로자 증가 세액공제액	⑳ 1차년도 (직전 과세연도) 청년 등 외 상시근로자 증가 세액공제액	㉑ 2차년도 세액공제액
부	부			
	여			
여				

다. 3차년도 세제지원 요건(중소 · 중견기업만 해당) : ㉔ ≥ 0

1. 상시근로자 증가 인원

㉒ 3차년도(해당 과세연도) 상시근로자 수	㉓ 1차년도(직전전 과세연도) 상시근로자 수	㉔ 상시근로자 증가 인원 수(㉒-㉓)

2. 3차년도 세액공제액 계산(상시근로자 감소여부)

1차년도 (직전전 과세연도) 대비 상시근로자 감소여부	1차년도 (직전전 과세연도) 대비 청년 등 상시근로자 수 감소여부	㉕ 1차년도 (직전전 과세연도) 청년 등 상시근로자 증가 세액공제액	㉖ 1차년도 (직전전 과세연도) 청년 등 외 상시근로자 증가 세액공제액	㉗ 3차년도 세액공제액
부	부			
	여			
여				

라. 최초로 공제받은 과세연도 대비 2020년 12월 31일이 속하는 과세연도에 상시근로자 수 등이 감소하여 2020년 12월 31일이 속하는 과세연도에 2차년도 세액공제가 유예된 경우 세제지원 요건 : ㉚ ≥ 0

1. 상시근로자 수 증가인원

최초 공제받은 과세연도	㉘ 최초 공제받은 과세연도 상시근로자 수	㉙ 해당 과세연도 상시근로자 수(2022년)	㉚ 상시근로자 증가 인원 수
2018.12.31일이 속하는 과세연도			
2019.12.31일이 속하는 과세연도			

2. 유예세액 계산

최초 공제받은 과세연도	최초 공제받은 과세연도 대비 청년 등 상시근로자 수 감소여부	㉛ 해당 과세연도 청년 등 상시근로자 증가 세액공제액	㉜ 해당 과세연도 청년 등 외 상시근로자 증가 세액공제액	㉝ 세액공제액 (유예 적용분)
2018.12.31일이 속하는 과세연도	부			
	여			
2019.12.31일이 속하는 과세연도	부			
	여			

❹ 세액공제액 [⑮ 1차년도 세액공제액 + ㉑ 2차년도 세액공제액 + ㉗ 3차년도 세액공제액 + ㉝ 세액공제액(유예 적용분)]	216,000,000

「조세특례제한법 시행령」 제26조의7 제10항에 따라 위와 같이 공제세액계산서를 제출합니다.

2023년 3월 31일

신청인 ㈜나라 김유민 (서명 또는 인)

고양 세무서장 귀하

210mm×297mm[백상지 80g/㎡ 또는 중질지 80g/㎡]

사례 3-7 2023년 귀속 신고 시 작성

[별지 제10호의8 서식] (2024.3.22. 개정)

고용 증대 기업에 대한 공제세액계산서

(3쪽 중 제1쪽)

❶ 신청인	① 상호 또는 법인명 : ㈜나라	② 사업자등록번호 : 203-81-63108
	③ 대표자 성명 : 김 유 민	④ 생년월일 : 1973년 04월 12일
	⑤ 주소 또는 본점소재지 : 경기도 고양시 일산서구 대화로37번길 102-30(법곳동) (전화번호 : 031-2231-7027)	

❷ 과세연도	2023년 1월 1일부터 2023년 12월 31일까지

❸ 공제세액 계산내용

가. 1차년도 세제지원 요건 : ⑧ > 0

1. 상시근로자 증가 인원

⑥ 해당 과세연도 상시근로자 수	⑦ 직전 과세연도 상시근로자 수	⑧ 상시근로자 증가 인원 수 (⑥-⑦)
42.00	42.00	0.00

2. 청년등 상시근로자 증가 인원

⑨ 해당 과세연도 청년등 상시근로자 수	⑩ 직전 과세연도 청년등 상시근로자 수	⑪ 청년등 상시근로자 증가 인원 수(⑨-⑩)
20.00	20.00	0.00

3. 청년등 상시근로자 외 상시근로자 증가 인원

⑫ 해당 과세연도 청년등 상시근로자 외 상시근로자 수	⑬ 직전 과세연도 청년등 상시근로자 외 상시근로자 수	⑭ 청년등 상시근로자 외 상시근로자 증가 인원 수(⑫-⑬)
22.00	22.00	0.00

4. 1차년도 세액공제액 계산

구분	구분		직전 과세연도 대비 상시근로자 증가 인원 수 (⑧ 상시근로자 증가 인원 수를 한도)	1인당 공제금액	⑮ 1차년도 세액공제액
중소기업	수도권 내	청년등		1천1백만원	
		청년등 외		7백만원	
	수도권 밖	청년등		1천3백만원	
		청년등 외		7백7십만원	
	계				
중견기업	수도권 내	청년등		8백만원	
		청년등 외		4백5십만원	
	수도권 밖	청년등		9백만원	
		청년등 외		4백5십만원	
	계				
일반기업	수도권 내	청년등		4백만원	
		청년등 외			
	수도권 밖	청년등		5백만원	
		청년등 외			
	계				

210mm×297mm[백상지 80g/㎡ 또는 중질지 80g/㎡]

나. 2차년도 세제지원 요건 : ⑱ ≥ 0

1. 상시근로자 증가 인원

⑯ 2차년도(해당 과세연도) 상시근로자 수	⑰ 1차년도(직전 과세연도) 상시근로자 수	⑱ 상시근로자 증가 인원 수(⑯-⑰)
42.00	42.00	0.00

2. 2차년도 세액공제액 계산(상시근로자 감소여부)

1차년도 (직전 과세연도) 대비 상시근로자 감소여부	1차년도 (직전 과세연도) 대비 청년 등 상시근로자 수 감소여부	⑲ 1차년도 (직전과세연도) 청년 등 상시근로자 증가 세액공제액	⑳ 1차년도 (직전 과세연도) 청년 등 외 상시근로자 증가 세액공제액	㉑ 2차년도 세액공제액
부	부	132,000,000	84,000,000	216,000,000
	여			
여				

다. 3차년도 세제지원 요건(중소 · 중견기업만 해당) : ㉔ ≥ 0

1. 상시근로자 증가 인원

㉒ 3차년도(해당 과세연도) 상시근로자 수	㉓ 1차년도(직전전 과세연도) 상시근로자 수	㉔ 상시근로자 증가 인원 수(㉒-㉓)

2. 3차년도 세액공제액 계산(상시근로자 감소여부)

1차년도 (직전전 과세연도) 대비 상시근로자 감소여부	1차년도 (직전전 과세연도) 대비 청년 등 상시근로자 수 감소여부	㉕ 1차년도 (직전전 과세연도) 청년 등 상시근로자 증가 세액공제액	㉖ 1차년도 (직전전 과세연도) 청년 등 외 상시근로자 증가 세액공제액	㉗ 3차년도 세액공제액
부	부			
	여			
여				

❹ 세액공제액 [⑮ 1차년도 세액공제액 + ㉑ 2차년도 세액공제액 + ㉗ 3차년도 세액공제액]	216,000,000

「조세특례제한법 시행령」 제26조의7 제10항에 따라 위와 같이 공제세액계산서를 제출합니다.

2024년 3월 31일

신청인 ㈜나라 김유민 (서명 또는 인)

세무서장 귀하

210mm×297mm[백상지 80g/㎡ 또는 중질지 80g/㎡]

PART 05 고용지원을 위한 조세특례

사례 3-7 2024년 귀속 신고 시 작성

[별지 제10호의8 서식] (2024.3.22. 개정)

고용 증대 기업에 대한 공제세액계산서

(3쪽 중 제1쪽)

❶ 신청인	① 상호 또는 법인명 : ㈜나라	② 사업자등록번호 : 203-81-63108
	③ 대표자 성명 : 김 유 민	④ 생년월일 : 1973년 04월 12일
	⑤ 주소 또는 본점소재지 : 경기도 고양시 일산서구 대화로37번길 102-30(법곳동) (전화번호 : 031-2231-7027)	

❷ 과세연도	2024년 1월 1일부터 2024년 12월 31일까지

❸ 공제세액 계산내용

가. 1차년도 세제지원 요건 : ⑧ > 0

1. 상시근로자 증가 인원

⑥ 해당 과세연도 상시근로자 수	⑦ 직전 과세연도 상시근로자 수	⑧ 상시근로자 증가 인원 수 (⑥-⑦)
42.00	42.00	0.00

2. 청년등 상시근로자 증가 인원

⑨ 해당 과세연도 청년등 상시근로자 수	⑩ 직전 과세연도 청년등 상시근로자 수	⑪ 청년등 상시근로자 증가 인원 수(⑨-⑩)
15.00	20.00	-5.00

3. 청년등 상시근로자 외 상시근로자 증가 인원

⑫ 해당 과세연도 청년등 상시 근로자 외 상시근로자 수	⑬ 직전 과세연도 청년등 상시 근로자 외 상시근로자 수	⑭ 청년등 상시근로자 외 상시 근로자 증가 인원 수(⑫-⑬)
27.00	22.00	5.00

4. 1차년도 세액공제액 계산

구분	구분		직전 과세연도 대비 상시근로자 증가 인원 수 (⑧ 상시근로자 증가 인원 수를 한도)	1인당 공제금액	⑮ 1차년도 세액공제액
중소기업	수도권 내	청년등		1천1백만원	
		청년등 외		7백만원	
	수도권 밖	청년등		1천3백만원	
		청년등 외		7백7십만원	
	계				
중견기업	수도권 내	청년등		8백만원	
		청년등 외		4백5십만원	
	수도권 밖	청년등		9백만원	
		청년등 외		4백5십만원	
	계				
일반기업	수도권 내	청년등		4백만원	
		청년등 외			
	수도권 밖	청년등		5백만원	
		청년등 외			
	계				

210mm×297mm[백상지 80g/㎡ 또는 중질지 80g/㎡]

(3쪽 중 제2쪽)

나. 2차년도 세제지원 요건 : ⑱ ≥ 0		
1. 상시근로자 증가 인원		
⑯ 2차년도(해당 과세연도) 상시근로자 수	⑰ 1차년도(직전 과세연도) 상시근로자 수	⑱ 상시근로자 증가 인원 수(⑯-⑰)
42.00	42.00	0.00

2. 2차년도 세액공제액 계산(상시근로자 감소여부)				
1차년도 (직전 과세연도) 대비 상시근로자 감소여부	1차년도 (직전 과세연도) 대비 청년 등 상시근로자 수 감소여부	⑲ 1차년도 (직전과세연도) 청년 등 상시근로자 증가 세액공제액	⑳ 1차년도 (직전 과세연도) 청년 등 외 상시근로자 증가 세액공제액	㉑ 2차년도 세액공제액
부	부			
	여		-	-
여				

다. 3차년도 세제지원 요건(중소 · 중견기업만 해당) : ㉔ ≥ 0		
1. 상시근로자 증가 인원		
㉒ 3차년도(해당 과세연도) 상시근로자 수	㉓ 1차년도(직전전 과세연도) 상시근로자 수	㉔ 상시근로자 증가 인원 수(㉒-㉓)
42.00	42.00	0.00

2. 3차년도 세액공제액 계산(상시근로자 감소여부)				
1차년도 (직전전 과세연도) 대비 상시근로자 감소여부	1차년도 (직전전 과세연도) 대비 청년 등 상시근로자 수 감소여부	㉕ 1차년도 (직전전 과세연도) 청년 등 상시근로자 증가 세액공제액	㉖ 1차년도 (직전전 과세연도) 청년 등 외 상시근로자 증가 세액공제액	㉗ 3차년도 세액공제액
부	부			
	여		168,000,000	168,000,000
여				

❹ 세액공제액 [⑮ 1차년도 세액공제액 + ㉑ 2차년도 세액공제액 + ㉗ 3차년도 세액공제액 + ㉝ 세액공제액(유예 적용분)]	168,000,000

「조세특례제한법 시행령」 제26조의7 제10항에 따라 위와 같이 공제세액계산서를 제출합니다.

2025년 3월 31일

신청인 ㈜나라 김유민 (서명 또는 인)

고양 세무서장 귀하

210mm×297mm[백상지 80g/㎡ 또는 중질지 80g/㎡]

사례 3-8 적용 유지가 감소함(청년 감소 수 ≥ 전체 감소 수) 감소 인원 수 한도검증

<table>
<tr><th>2021년</th><th colspan="2">2022년</th><th colspan="2">2023년</th><th colspan="2">2024년</th></tr>
<tr><td>근무인원현황</td><td>근무인원현황</td><td>증감현황</td><td>근무인원현황</td><td>증감현황</td><td>근무인원현황</td><td>증감현황</td></tr>
<tr><td>전체 18명
청년 8명
청년외 10명</td><td>전체 29명
청년 12명
청년외 17명</td><td>11명 증가
4명 증가
7명 증가</td><td>전체 29명
청년 12명
청년외 17명</td><td>증감 없음
증감 없음
증감 없음</td><td>전체 25명
청년 6명
청년외 19명</td><td>4명 감소
6명 감소
2명 증가</td></tr>
<tr><td rowspan="4">1차연도공제</td><td colspan="2">① 상황분석</td><td colspan="2">① 상황분석</td><td colspan="2">① 상황분석</td></tr>
<tr><td colspan="2">직전과세연도(2021년) 대비 전체 상시근로자 수 증가(청년 증가, 청년외 증가)
≫ 공제적용</td><td colspan="2">직전과세연도(2022년) 대비 전체 상시근로자 수 증가하지 않음(청년 증감 없음, 청년외 증감 없음)
≫ 공제적용불가</td><td colspan="2">직전과세연도(2023년) 대비 전체 상시근로자 수 증가하지 않음(청년 감소, 청년외 증가)
≫ 공제적용불가</td></tr>
<tr><td colspan="2">② 공제세액계산</td><td colspan="2">② 공제세액계산</td><td colspan="2">② 공제세액계산</td></tr>
<tr><td colspan="2">청년 : 4명×11,000,000원/명
= 44,000,000원
청년외 : 7명×7,000,000원/명
= 49,000,000원
합계 : 93,000,000원</td><td colspan="2">청년 : 0명×11,000,000원/명
= 0원
청년외 : 0명×7,000,000원/명
= 0원
합계 : 0원</td><td colspan="2">청년 : 0명×11,000,000원/명
= 0원
청년외 : 0명×7,000,000원/명
= 0원
합계 : 0원</td></tr>
<tr><td rowspan="4">2차연도공제</td><td colspan="2" rowspan="4"></td><td colspan="2">① 상황분석</td><td colspan="2">① 상황분석</td></tr>
<tr><td colspan="2">최초공제연도(2022년) 대비 전체 상시근로자 수 감소하지 않음(청년 감소하지 않음, 청년외 감소하지 않음)
≫ 추가공제 적용</td><td colspan="2">1차연도(2023년)에 공제적용하지 아니하였으므로 2차연도 추가공제 또는 추가납부는 적용하지 않음</td></tr>
<tr><td colspan="2">② 추가공제세액계산</td><td colspan="2">② 추가공제, 추가납부세액계산</td></tr>
<tr><td colspan="2">청년 : 44,000,000원
청년외 : 49,000,000원
합계 : 93,000,000원</td><td colspan="2">적용 없음</td></tr>
<tr><td rowspan="4">3차연도공제</td><td colspan="4" rowspan="4"></td><td colspan="2">① 상황분석</td></tr>
<tr><td colspan="2">최초공제연도(2022년) 대비 전체 상시근로자 수 감소(청년 감소, 청년외 증가)(청년 감소 수 ≥ 전체 감소 수)
≫ 추가공제 중단, 추가납부 적용</td></tr>
<tr><td colspan="2">② 추가납부세액</td></tr>
<tr><td colspan="2">(4 − 4)×(11,000,000 − 7,000,000)×2 + 4×11,000,000×2
= 88,000,000원
★ 추가납부세액 한도검증
93,000,000 + 93,000,000
= 186,000,000</td></tr>
</table>

사례 풀이

각 귀속연도별로 분석하면 다음과 같다.

1. 2022년 귀속분 신고 시

(1) 1차연도공제(최초공제)

직전과세연도(2021년) 대비 전체 상시근로자 수가 증가하였으므로(청년 증가, 청년외 증가) 세액공제를 적용한다.

2. 2023년 귀속분 신고 시

(1) 1차연도공제(최초공제)

직전과세연도(2022년) 대비 전체 상시근로자 수가 증가하지 않았으므로(청년 증감 없음, 청년외 증감 없음) 세액공제를 적용하지 않는다.

(2) 2차연도공제

최초공제연도(2022년) 대비 전체 상시근로자 수가 감소하지 않았으므로(청년 증감 없음, 청년외 증감 없음) 2차연도(2023년)에 추가공제를 적용한다.

3. 2024년 귀속분 신고 시

(1) 1차연도공제(최초공제)

직전과세연도(2023년) 대비 전체 상시근로자 수가 증가하지 않았으므로(청년 감소, 청년외 증가) 세액공제를 적용하지 않는다.

(2) 2차연도공제

1차연도(2023년도)에 세액공제를 적용하지 않았으므로 2차연도(2024년)에 추가공제 또는 추가납부를 적용하지 않는다.

(3) 3차연도공제

① **최초공제연도(2022년) 대비 전체 상시근로자 수가 감소하였으므로(청년 감소, 청년외 증가)** 3차연도(2024년)에 추가공제를 중단하고 추가납부한다. 1차연도공제와 2차연도 공제를 적용하였으므로 추가납세액 계산 시 공제횟수는 2회를 적용한다.

② 청년등 상시근로자 감소 수 계산 시 실제는 최초공제연도(2022년) 대비 6명이 감소하였지만(2024년 6명, 2022년 12명) 최초공제연도에 증가한 청년등 상시근로자 수를 한도로 하므로(2022년 12명, 2021년 8명, 증가한 청년등 상시근로자 수 4명) 청년등 상시근로자 감소 수

계산 시 6명이 아닌 4명을 적용하는 점을 주의하여야 한다(청년 감소 수 ≥ 전체 감소 수).

3차연도 추가납부세액
= (4명 − 4명)×(11,000,000원 − 7,000,000원)×2회 + 4명×11,000,000원×2회
= 0명×4,000,000원×2회 + 4명×11,000,000원×2회
= 0원 + 88,000,000원
= 88,000,000원

★ 청년등 상시근로자 감소 수 계산 시 한도 검증
Min(①, ②) = 4명
① 실제 감소 수 6명 ② 최초공제 적용 시 증가한 청년등 상시근로자 증가 수 4명

★ 추가납부세액한도 검증(직전 2년 이내 공제받은 세액을 한도 추가납부)
Min(①, ②) = 88,000,000원
① 88,000,000원 ② 93,000,000 + 93,000,000 = 186,000,000원

세액공제감면 서식작성실무

사례 3-8 2022년 귀속 신고 시 작성

[별지 제10호의8 서식] (2023.3.20. 개정)

고용 증대 기업에 대한 공제세액계산서

(3쪽 중 제1쪽)

❶ 신청인	① 상호 또는 법인명 : ㈜나라	② 사업자등록번호 : 203-81-63108
	③ 대표자 성명 : 김 유 민	④ 생년월일 : 1973년 04월 12일
	⑤ 주소 또는 본점소재지 : 경기도 고양시 일산서구 대화로37번길 102-30(법곳동) (전화번호 : 031-2231-7027)	

❷ 과세연도	2022년 1월 1일부터 2022년 12월 31일까지

❸ 공제세액 계산내용

가. 1차년도 세제지원 요건 : ⑧ > 0

1. 상시근로자 증가 인원

⑥ 해당 과세연도 상시근로자 수	⑦ 직전 과세연도 상시근로자 수	⑧ 상시근로자 증가 인원 수 (⑥-⑦)
29.00	18.00	11.00

2. 청년등 상시근로자 증가 인원

⑨ 해당 과세연도 청년등 상시근로자 수	⑩ 직전 과세연도 청년등 상시근로자 수	⑪ 청년등 상시근로자 증가 인원 수(⑨-⑩)
12.00	8.00	4.00

3. 청년등 상시근로자 외 상시근로자 증가 인원

⑫ 해당 과세연도 청년등 상시 근로자 외 상시근로자 수	⑬ 직전 과세연도 청년등 상시 근로자 외 상시근로자 수	⑭ 청년등 상시근로자 외 상시 근로자 증가 인원 수(⑫-⑬)
17.00	10.00	7.00

4. 1차년도 세액공제액 계산

구분	구분		직전 과세연도 대비 상시근로자 증가 인원 수 (⑧ 상시근로자 증가 인원 수를 한도)	1인당 공제금액	⑮ 1차년도 세액공제액
중소기업	수도권 내	청년등	4.00	1천1백만원	44,000,000
		청년등 외	7.00	7백만원	49,000,000
	수도권 밖	청년등		1천3백만원	
		청년등 외		7백7십만원	
	계		11.00		93,000,000
중견기업	수도권 내	청년등		8백만원	
		청년등 외		4백5십만원	
	수도권 밖	청년등		9백만원	
		청년등 외		4백5십만원	
	계				
일반기업	수도권 내	청년등		4백만원	
		청년등 외			
	수도권 밖	청년등		5백만원	
		청년등 외			
	계				

210mm×297mm[백상지 80g/㎡ 또는 중질지 80g/㎡]

나. 2차년도 세제지원 요건 : ⑱ ≥ 0

1. 상시근로자 증가 인원

⑯ 2차년도(해당 과세연도) 상시근로자 수	⑰ 1차년도(직전 과세연도) 상시근로자 수	⑱ 상시근로자 증가 인원 수(⑯-⑰)

2. 2차년도 세액공제액 계산(상시근로자 감소여부)

1차년도 (직전 과세연도) 대비 상시근로자 감소여부	1차년도 (직전 과세연도) 대비 청년 등 상시근로자 수 감소여부	⑲ 1차년도 (직전과세연도) 청년 등 상시근로자 증가 세액공제액	⑳ 1차년도 (직전 과세연도) 청년 등 외 상시근로자 증가 세액공제액	㉑ 2차년도 세액공제액
부	부			
	여			
여				

다. 3차년도 세제지원 요건(중소 · 중견기업만 해당) : ㉔ ≥ 0

1. 상시근로자 증가 인원

㉒ 3차년도(해당 과세연도) 상시근로자 수	㉓ 1차년도(직전전 과세연도) 상시근로자 수	㉔ 상시근로자 증가 인원 수(㉒-㉓)

2. 3차년도 세액공제액 계산(상시근로자 감소여부)

1차년도 (직전전 과세연도) 대비 상시근로자 감소여부	1차년도 (직전전 과세연도) 대비 청년 등 상시근로자 수 감소여부	㉕ 1차년도 (직전전 과세연도) 청년 등 상시근로자 증가 세액공제액	㉖ 1차년도 (직전전 과세연도) 청년 등 외 상시근로자 증가 세액공제액	㉗ 3차년도 세액공제액
부	부			
	여			
여				

라. 최초로 공제받은 과세연도 대비 2020년 12월 31일이 속하는 과세연도에 상시근로자 수 등이 감소하여 2020년 12월 31일이 속하는 과세연도에 2차년도 세액공제가 유예된 경우 세제지원 요건 : ㉚ ≥ 0

1. 상시근로자 수 증가인원

최초 공제받은 과세연도	㉘ 최초 공제받은 과세연도 상시근로자 수	㉙ 해당 과세연도 상시근로자 수(2022년)	㉚ 상시근로자 증가 인원 수
2018.12.31일이 속하는 과세연도			
2019.12.31일이 속하는 과세연도			

2. 유예세액 계산

최초 공제받은 과세연도	최초 공제받은 과세연도 대비 청년 등 상시근로자 수 감소여부	㉛ 해당 과세연도 청년 등 상시근로자 증가 세액공제액	㉜ 해당 과세연도 청년 등 외 상시근로자 증가 세액공제액	㉝ 세액공제액 (유예 적용분)
2018.12.31일이 속하는 과세연도	부			
	여			
2019.12.31일이 속하는 과세연도	부			
	여			
❹ 세액공제액 [⑮ 1차년도 세액공제액 + ㉑ 2차년도 세액공제액 + ㉗ 3차년도 세액공제액 + ㉝ 세액공제액(유예 적용분)]				93,000,000

「조세특례제한법 시행령」 제26조의7 제10항에 따라 위와 같이 공제세액계산서를 제출합니다.

2023년 3월 31일

신청인 ㈜나라 김유민 (서명 또는 인)

고양 세무서장 귀하

210mm×297mm[백상지 80g/㎡ 또는 중질지 80g/㎡]

사례 3-8 2023년 귀속 신고 시 작성

[별지 제10호의8 서식] (2024.3.22. 개정)

고용 증대 기업에 대한 공제세액계산서

(3쪽 중 제1쪽)

❶ 신청인	① 상호 또는 법인명 : ㈜나라	② 사업자등록번호 : 203-81-63108
	③ 대표자 성명 : 김 유 민	④ 생년월일 : 1973년 04월 12일
	⑤ 주소 또는 본점소재지 : 경기도 고양시 일산서구 대화로37번길 102-30(법곳동) (전화번호 : 031-2231-7027)	

❷ 과세연도	2023년 1월 1일부터 2023년 12월 31일까지

❸ 공제세액 계산내용

가. 1차년도 세제지원 요건 : ⑧ > 0

1. 상시근로자 증가 인원

⑥ 해당 과세연도 상시근로자 수	⑦ 직전 과세연도 상시근로자 수	⑧ 상시근로자 증가 인원 수 (⑥-⑦)
29.00	29.00	0.00

2. 청년등 상시근로자 증가 인원

⑨ 해당 과세연도 청년등 상시근로자 수	⑩ 직전 과세연도 청년등 상시근로자 수	⑪ 청년등 상시근로자 증가 인원 수(⑨-⑩)
12.00	12.00	0.00

3. 청년등 상시근로자 외 상시근로자 증가 인원

⑫ 해당 과세연도 청년등 상시 근로자 외 상시근로자 수	⑬ 직전 과세연도 청년등 상시 근로자 외 상시근로자 수	⑭ 청년등 상시근로자 외 상시 근로자 증가 인원 수(⑫-⑬)
17.00	17.00	0.00

4. 1차년도 세액공제액 계산

구분	구분		직전 과세연도 대비 상시근로자 증가 인원 수 (⑧ 상시근로자 증가 인원 수를 한도)	1인당 공제금액	⑮ 1차년도 세액공제액
중소기업	수도권 내	청년등		1천1백만원	
		청년등 외		7백만원	
	수도권 밖	청년등		1천3백만원	
		청년등 외		7백7십만원	
	계				
중견기업	수도권 내	청년등		8백만원	
		청년등 외		4백5십만원	
	수도권 밖	청년등		9백만원	
		청년등 외		4백5십만원	
	계				
일반기업	수도권 내	청년등		4백만원	
		청년등 외			
	수도권 밖	청년등		5백만원	
		청년등 외			
	계				

210mm×297mm[백상지 80g/㎡ 또는 중질지 80g/㎡]

(3쪽 중 제2쪽)

나. 2차년도 세제지원 요건 : ⑱ ≥ 0		
1. 상시근로자 증가 인원		
⑯ 2차년도(해당 과세연도) 상시근로자 수	⑰ 1차년도(직전 과세연도) 상시근로자 수	⑱ 상시근로자 증가 인원 수(⑯-⑰)
29.00	29.00	0.00

2. 2차년도 세액공제액 계산(상시근로자 감소여부)

1차년도 (직전 과세연도) 대비 상시근로자 감소여부	1차년도 (직전 과세연도) 대비 청년 등 상시근로자 수 감소여부	⑲ 1차년도 (직전과세연도) 청년 등 상시근로자 증가 세액공제액	⑳ 1차년도 (직전 과세연도) 청년 등 외 상시근로자 증가 세액공제액	㉑ 2차년도 세액공제액
부	부	44,000,000	49,000,000	93,000,000
	여			
여				

다. 3차년도 세제지원 요건(중소 · 중견기업만 해당) : ㉔ ≥ 0

1. 상시근로자 증가 인원

㉒ 3차년도(해당 과세연도) 상시근로자 수	㉓ 1차년도(직전전 과세연도) 상시근로자 수	㉔ 상시근로자 증가 인원 수(㉒-㉓)

2. 3차년도 세액공제액 계산(상시근로자 감소여부)

1차년도 (직전전 과세연도) 대비 상시근로자 감소여부	1차년도 (직전전 과세연도) 대비 청년 등 상시근로자 수 감소여부	㉕ 1차년도 (직전전 과세연도) 청년 등 상시근로자 증가 세액공제액	㉖ 1차년도 (직전전 과세연도) 청년 등 외 상시근로자 증가 세액공제액	㉗ 3차년도 세액공제액
부	부			
	여			
여				

❹ 세액공제액 [⑮ 1차년도 세액공제액 + ㉑ 2차년도 세액공제액 + ㉗ 3차년도 세액공제액]	93,000,000

「조세특례제한법 시행령」 제26조의7 제10항에 따라 위와 같이 공제세액계산서를 제출합니다.

2024년 3월 31일

신청인 ㈜나라 김유민 (서명 또는 인)

고양 세무서장 귀하

210mm×297mm[백상지 80g/㎡ 또는 중질지 80g/㎡]

사례 3-8 2024년 귀속 신고 시 작성

[별지 제10호의8 서식] (2024.3.22. 개정)

고용 증대 기업에 대한 공제세액계산서

(3쪽 중 제1쪽)

❶ 신청인	① 상호 또는 법인명 : ㈜나라	② 사업자등록번호 : 203-81-63108
	③ 대표자 성명 : 김 유 민	④ 생년월일 : 1973년 04월 12일
	⑤ 주소 또는 본점소재지 : 경기도 고양시 일산서구 대화로37번길 102-30(법곳동) (전화번호 : 031-2231-7027)	

❷ 과세연도	2024년 1월 1일부터 2024년 12월 31일까지

❸ 공제세액 계산내용

가. 1차년도 세제지원 요건 : ⑧ > 0

1. 상시근로자 증가 인원

⑥ 해당 과세연도 상시근로자 수	⑦ 직전 과세연도 상시근로자 수	⑧ 상시근로자 증가 인원 수 (⑥-⑦)
25.00	29.00	-4.00

2. 청년등 상시근로자 증가 인원

⑨ 해당 과세연도 청년등 상시근로자 수	⑩ 직전 과세연도 청년등 상시근로자 수	⑪ 청년등 상시근로자 증가 인원 수(⑨-⑩)
6.00	12.00	-6.00

3. 청년등 상시근로자 외 상시근로자 증가 인원

⑫ 해당 과세연도 청년등 상시 근로자 외 상시근로자 수	⑬ 직전 과세연도 청년등 상시 근로자 외 상시근로자 수	⑭ 청년등 상시근로자 외 상시 근로자 증가 인원 수(⑫-⑬)
19.00	17.00	2.00

4. 1차년도 세액공제액 계산

구분	구분		직전 과세연도 대비 상시근로자 증가 인원 수 (⑧ 상시근로자 증가 인원 수를 한도)	1인당 공제금액	⑮ 1차년도 세액공제액
중소기업	수도권 내	청년등		1천1백만원	
		청년등 외		7백만원	
	수도권 밖	청년등		1천3백만원	
		청년등 외		7백7십만원	
	계				
중견기업	수도권 내	청년등		8백만원	
		청년등 외		4백5십만원	
	수도권 밖	청년등		9백만원	
		청년등 외		4백5십만원	
	계				
일반기업	수도권 내	청년등		4백만원	
		청년등 외			
	수도권 밖	청년등		5백만원	
		청년등 외			
	계				

210mm×297mm[백상지 80g/㎡ 또는 중질지 80g/㎡]

나. 2차년도 세제지원 요건 : ⑱ ≥ 0		
1. 상시근로자 증가 인원		
⑯ 2차년도(해당 과세연도) 상시근로자 수	⑰ 1차년도(직전 과세연도) 상시근로자 수	⑱ 상시근로자 증가 인원 수(⑯-⑰)
25.00	29.00	-4.00

2. 2차년도 세액공제액 계산(상시근로자 감소여부)				
1차년도 (직전 과세연도) 대비 상시근로자 감소여부	1차년도 (직전 과세연도) 대비 청년 등 상시근로자 수 감소여부	⑲ 1차년도 (직전과세연도) 청년 등 상시근로자 증가 세액공제액	⑳ 1차년도 (직전 과세연도) 청년 등 외 상시근로자 증가 세액공제액	㉑ 2차년도 세액공제액
부	부			
	여		-	-
여				

다. 3차년도 세제지원 요건(중소 · 중견기업만 해당) : ㉔ ≥ 0		
1. 상시근로자 증가 인원		
㉒ 3차년도(해당 과세연도) 상시근로자 수	㉓ 1차년도(직전전 과세연도) 상시근로자 수	㉔ 상시근로자 증가 인원 수(㉒-㉓)
25.00	29.00	-4.00

2. 3차년도 세액공제액 계산(상시근로자 감소여부)				
1차년도 (직전전 과세연도) 대비 상시근로자 감소여부	1차년도 (직전전 과세연도) 대비 청년 등 상시근로자 수 감소여부	㉕ 1차년도 (직전전 과세연도) 청년 등 상시근로자 증가 세액공제액	㉖ 1차년도 (직전전 과세연도) 청년 등 외 상시근로자 증가 세액공제액	㉗ 3차년도 세액공제액
부	부			
	여		-	-
여				

❹ 세액공제액 [⑮ 1차년도 세액공제액 + ㉑ 2차년도 세액공제액 + ㉗ 3차년도 세액공제액]	

「조세특례제한법 시행령」 제26조의7 제10항에 따라 위와 같이 공제세액계산서를 제출합니다.

2025년 3월 31일

신청인 ㈜나라 김유민 (서명 또는 인)

고양 세무서장 귀하

210mm×297mm[백상지 80g/㎡ 또는 중질지 80g/㎡]

사례 3-9 적용 유지가 감소함(청년 감소 수 < 전체 감소 수), 감소 인원 수 한도검증

<table>
<tr><th>2021년</th><th colspan="2">2022년</th><th colspan="2">2023년</th><th colspan="2">2024년</th></tr>
<tr><td>근무인원현황</td><td>근무인원현황</td><td>증감현황</td><td>근무인원현황</td><td>증감현황</td><td>근무인원현황</td><td>증감현황</td></tr>
<tr><td>전체 18명
청년 8명
청년외 10명</td><td>전체 29명
청년 12명
청년외 17명</td><td>11명 증가
4명 증가
7명 증가</td><td>전체 29명
청년 12명
청년외 17명</td><td>증감 없음
증감 없음
증감 없음</td><td>전체 15명
청년 6명
청년외 9명</td><td>14명 감소
6명 감소
8명 감소</td></tr>
<tr><td rowspan="4">1차연도공제</td><td colspan="2">① 상황분석</td><td colspan="2">① 상황분석</td><td colspan="2">① 상황분석</td></tr>
<tr><td colspan="2">직전과세연도(2021년) 대비 전체 상시근로자 수 증가(청년 증가, 청년외 증가)
≫ 공제적용</td><td colspan="2">직전과세연도(2022년) 대비 전체 상시근로자 수 증가하지 않음(청년 증감 없음, 청년외 증감 없음)
≫ 공제적용불가</td><td colspan="2">직전과세연도(2023년) 대비 전체 상시근로자 수 증가하지 않음(청년 감소, 청년외 감소)
≫ 공제적용불가</td></tr>
<tr><td colspan="2">② 공제세액계산</td><td colspan="2">② 공제세액계산</td><td colspan="2">② 공제세액계산</td></tr>
<tr><td colspan="2">청년 : 4명×11,000,000원/명 = 44,000,000원
청년외 : 7명×7,000,000원/명 = 49,000,000원
합계 : 93,000,000원</td><td colspan="2">청년 : 0명×11,000,000원/명 = 0원
청년외 : 0명×7,000,000원/명 = 0원
합계 : 0원</td><td colspan="2">청년 : 0명×11,000,000원/명 = 0원
청년외 : 0명×7,000,000원/명 = 0원
합계 : 0원</td></tr>
<tr><td rowspan="4">2차연도공제</td><td colspan="2" rowspan="4"></td><td colspan="2">① 상황분석</td><td colspan="2">① 상황분석</td></tr>
<tr><td colspan="2">최초공제연도(2022년) 대비 전체 상시근로자 수 감소하지 않음(청년 감소하지 않음, 청년외 감소하지 않음)
≫ 추가공제 적용</td><td colspan="2">1차연도(2023년)에 공제적용하지 아니하였으므로 2차연도 추가공제 또는 추가납부는 적용하지 않음</td></tr>
<tr><td colspan="2">② 추가공제세액계산</td><td colspan="2">② 추가공제, 추가납부세액계산</td></tr>
<tr><td colspan="2">청년 : 44,000,000원
청년외 : 49,000,000원
합계 : 93,000,000원</td><td colspan="2">적용 없음</td></tr>
<tr><td rowspan="2">3차연도공제</td><td colspan="4" rowspan="2"></td><td colspan="2">① 상황분석</td></tr>
<tr><td colspan="2">최초공제연도(2022년) 대비 전체 상시근로자 수 감소(청년 감소, 청년외 감소)
(청년 감소 수 < 전체 감소 수)
≫ 추가공제 중단, 추가납부 적용</td></tr>
</table>

2021년	2022년	2023년	2024년
			② 추가납부세액
			4명×11,000,000원/명×2회 + 7명×7,000,000원/명×2회 = 44,000,000원×2회 + 49,000,000원×2회 = 88,000,000원 + 98,000,000원 = 186,000,000원 ★ 추가납부세액 한도검증 93,000,000 + 93,000,000 = 186,000,000원 최종 추가납부세액 = 186,000,000원

PART 05 고용지원을 위한 조세특례

사례 풀이

각 귀속연도별로 분석하면 다음과 같다.

1. 2022년 귀속분 신고 시

(1) 1차연도공제(최초공제)

직전과세연도(2021년) 대비 전체 상시근로자 수가 증가하였으므로(청년 증가, 청년외 증가) 세액공제를 적용한다.

2. 2023년 귀속분 신고 시

(1) 1차연도공제(최초공제)

직전과세연도(2022년) 대비 전체 상시근로자 수가 증가하지 않았으므로(청년 증감 없음, 청년외 증감 없음) 세액공제를 적용하지 않는다.

(2) 2차연도공제

최초공제연도(2022년) 대비 전체 상시근로자 수가 감소하지 않았으므로(청년 증감 없음, 청년외 증감 없음) 2차연도(2023년) 추가공제를 적용한다.

3. 2024년 귀속분 신고 시

(1) 1차연도공제(최초공제)

직전과세연도(2023년) 대비 전체 상시근로자 수가 증가하지 않았으므로(청년 감소, 청년외 감소) 세액공제를 적용하지 않는다.

(2) 2차연도공제

1차연도(2023년)에 세액공제를 적용하지 않았으므로 2차연도(2024년)에 추가공제 또는 추가납부를 적용하지 않는다.

(3) 3차연도공제

① **최초공제연도(2022년) 대비 전체 상시근로자 수가 감소하였으므로(청년 감소, 청년외 감소)** 추가공제를 중단하고 추가납부한다. 1차연도(2022년)공제와 2차연도(2023년)공제를 적용하였으므로 추가납세액 계산 시 공제횟수는 2회를 적용한다(청년 감소 수 < 전체 감소 수).

3차연도 추가납부세액
= 6명×11,000,000원×2회 + 8명×7,000,000원×2회
= 66,000,000원×2회 + 56,000,000원×2회
= 132,000,000원 + 112,000,000원
= 244,000,000원

★ 추가납부세액한도 검증(직전 2년 이내 공제받은 세액을 한도 추가납부)
Min(①, ②) = 186,000,000원
① 244,000,000원 ② 93,000,000+93,000,000 = 186,000,000원

※ 근거규정

① **조특법 제29조의7 제2항** : 전체 상시근로자의 수가 최초로 공제를 받은 과세연도에 비하여 감소한 경우에는 **감소한 과세연도부터** 제1항을 **적용하지 아니하고**, 청년등 상시근로자의 수가 최초로 공제를 받은 과세연도에 비하여 감소한 경우에는 감소한 과세연도부터 제1항 제1호를 적용하지 아니한다.

② **조특령 제26조의7 제5항 제2호** : 최초로 공제받은 과세연도의 종료일부터 2년이 되는 날이 속하는 과세연도의 종료일까지의 기간 중 최초로 공제받은 과세연도보다 상시근로자 수 또는 청년등 상시근로자 수가 감소하는 경우: 다음 각 목의 구분에 따라 계산한 금액[제1호에 따라 계산한 금액이 있는 경우 그 금액(=2차연도 추가납부세액)을 제외하며, 해당 과세연도의 직전 2년 이내의 과세연도에 법 제29조의7 제1항에 따라 공제받은 세액의 합계액을 한도로 한다]

사례 3-9 2022년 귀속 신고 시 작성

[별지 제10호의8 서식] (2023.3.20. 개정)

고용 증대 기업에 대한 공제세액계산서

(3쪽 중 제1쪽)

❶ 신청인	① 상호 또는 법인명 : ㈜나라	② 사업자등록번호 : 203-81-63108
	③ 대표자 성명 : 김 유 민	④ 생년월일 : 1973년 04월 12일
	⑤ 주소 또는 본점소재지 : 경기도 고양시 일산서구 대화로37번길 102-30(법곳동) (전화번호 : 031-2231-7027)	

❷ 과세연도	2022년 1월 1일부터 2022년 12월 31일까지

❸ 공제세액 계산내용

가. 1차년도 세제지원 요건 : ⑧ > 0

1. 상시근로자 증가 인원

⑥ 해당 과세연도 상시근로자 수	⑦ 직전 과세연도 상시근로자 수	⑧ 상시근로자 증가 인원 수 (⑥-⑦)
29.00	18.00	11.00

2. 청년등 상시근로자 증가 인원

⑨ 해당 과세연도 청년등 상시근로자 수	⑩ 직전 과세연도 청년등 상시근로자 수	⑪ 청년등 상시근로자 증가 인원 수(⑨-⑩)
12.00	8.00	4.00

3. 청년등 상시근로자 외 상시근로자 증가 인원

⑫ 해당 과세연도 청년등 상시 근로자 외 상시근로자 수	⑬ 직전 과세연도 청년등 상시 근로자 외 상시근로자 수	⑭ 청년등 상시근로자 외 상시 근로자 증가 인원 수(⑫-⑬)
17.00	10.00	7.00

4. 1차년도 세액공제액 계산

구분	구분		직전 과세연도 대비 상시근로자 증가 인원 수 (⑧ 상시근로자 증가 인원 수를 한도)	1인당 공제금액	⑮ 1차년도 세액공제액
중소기업	수도권 내	청년등	4.00	1천1백만원	44,000,000
		청년등 외	7.00	7백만원	49,000,000
	수도권 밖	청년등		1천3백만원	
		청년등 외		7백7십만원	
	계		11.00		93,000,000
중견기업	수도권 내	청년등		8백만원	
		청년등 외		4백5십만원	
	수도권 밖	청년등		9백만원	
		청년등 외		4백5십만원	
	계				
일반기업	수도권 내	청년등		4백만원	
		청년등 외			
	수도권 밖	청년등		5백만원	
		청년등 외			
	계				

210mm×297mm[백상지 80g/㎡ 또는 중질지 80g/㎡]

나. 2차년도 세제지원 요건 : ⑱ ≥ 0

1. 상시근로자 증가 인원

⑯ 2차년도(해당 과세연도) 상시근로자 수	⑰ 1차년도(직전 과세연도) 상시근로자 수	⑱ 상시근로자 증가 인원 수(⑯-⑰)

2. 2차년도 세액공제액 계산(상시근로자 감소여부)

1차년도 (직전 과세연도) 대비 상시근로자 감소여부	1차년도 (직전 과세연도) 대비 청년 등 상시근로자 수 감소여부	⑲ 1차년도 (직전과세연도) 청년 등 상시근로자 증가 세액공제액	⑳ 1차년도 (직전 과세연도) 청년 등 외 상시근로자 증가 세액공제액	㉑ 2차년도 세액공제액
부	부			
	여			
여				

다. 3차년도 세제지원 요건(중소 · 중견기업만 해당) : ㉔ ≥ 0

1. 상시근로자 증가 인원

㉒ 3차년도(해당 과세연도) 상시근로자 수	㉓ 1차년도(직전전 과세연도) 상시근로자 수	㉔ 상시근로자 증가 인원 수(㉒-㉓)

2. 3차년도 세액공제액 계산(상시근로자 감소여부)

1차년도 (직전전 과세연도) 대비 상시근로자 감소여부	1차년도 (직전전 과세연도) 대비 청년 등 상시근로자 수 감소여부	㉕ 1차년도 (직전전 과세연도) 청년 등 상시근로자 증가 세액공제액	㉖ 1차년도 (직전전 과세연도) 청년 등 외 상시근로자 증가 세액공제액	㉗ 3차년도 세액공제액
부	부			
	여			
여				

라. 최초로 공제받은 과세연도 대비 2020년 12월 31일이 속하는 과세연도에 상시근로자 수 등이 감소하여 2020년 12월 31일이 속하는 과세연도에 2차년도 세액공제가 유예된 경우 세제지원 요건 : ㉚ ≥ 0

1. 상시근로자 수 증가인원

최초 공제받은 과세연도	㉘ 최초 공제받은 과세연도 상시근로자 수	㉙ 해당 과세연도 상시근로자 수(2022년)	㉚ 상시근로자 증가 인원 수
2018.12.31일이 속하는 과세연도			
2019.12.31일이 속하는 과세연도			

2. 유예세액 계산

최초 공제받은 과세연도	최초 공제받은 과세연도 대비 청년 등 상시근로자 수 감소여부	㉛ 해당 과세연도 청년 등 상시근로자 증가 세액공제액	㉜ 해당 과세연도 청년 등 외 상시근로자 증가 세액공제액	㉝ 세액공제액 (유예 적용분)
2018.12.31일이 속하는 과세연도	부			
	여			
2019.12.31일이 속하는 과세연도	부			
	여			

❹ 세액공제액 [⑮ 1차년도 세액공제액 + ㉑ 2차년도 세액공제액 + ㉗ 3차년도 세액공제액 + ㉝ 세액공제액(유예 적용분)]	93,000,000

「조세특례제한법 시행령」제26조의7 제10항에 따라 위와 같이 공제세액계산서를 제출합니다.

2023년 3월 31일

신청인 ㈜나라 김유민 (서명 또는 인)

고양 세무서장 귀하

210mm×297mm[백상지 80g/㎡ 또는 중질지 80g/㎡]

사례 3-9 2023년 귀속 신고 시 작성

[별지 제10호의8 서식] (2024.3.22. 개정)

고용 증대 기업에 대한 공제세액계산서

(3쪽 중 제1쪽)

❶ 신청인	① 상호 또는 법인명 : ㈜나라	② 사업자등록번호 : 203-81-63108
	③ 대표자 성명 : 김 유 민	④ 생년월일 : 1973년 04월 12일
	⑤ 주소 또는 본점소재지 : 경기도 고양시 일산서구 대화로37번길 102-30(법곶동) (전화번호 : 031-2231-7027)	

❷ 과세연도	2023년 1월 1일부터 2023년 12월 31일까지

❸ 공제세액 계산내용

가. 1차년도 세제지원 요건 : ⑧ > 0

1. 상시근로자 증가 인원

⑥ 해당 과세연도 상시근로자 수	⑦ 직전 과세연도 상시근로자 수	⑧ 상시근로자 증가 인원 수 (⑥-⑦)
29.00	29.00	0.00

2. 청년등 상시근로자 증가 인원

⑨ 해당 과세연도 청년등 상시근로자 수	⑩ 직전 과세연도 청년등 상시근로자 수	⑪ 청년등 상시근로자 증가 인원 수(⑨-⑩)
12.00	12.00	0.00

3. 청년등 상시근로자 외 상시근로자 증가 인원

⑫ 해당 과세연도 청년등 상시 근로자 외 상시근로자 수	⑬ 직전 과세연도 청년등 상시 근로자 외 상시근로자 수	⑭ 청년등 상시근로자 외 상시 근로자 증가 인원 수(⑫-⑬)
17.00	17.00	0.00

4. 1차년도 세액공제액 계산

구분	구분		직전 과세연도 대비 상시근로자 증가 인원 수 (⑧ 상시근로자 증가 인원 수를 한도)	1인당 공제금액	⑮ 1차년도 세액공제액
중소기업	수도권 내	청년등		1천1백만원	
		청년등 외		7백만원	
	수도권 밖	청년등		1천3백만원	
		청년등 외		7백7십만원	
	계				
중견기업	수도권 내	청년등		8백만원	
		청년등 외		4백5십만원	
	수도권 밖	청년등		9백만원	
		청년등 외		4백5십만원	
	계				
일반기업	수도권 내	청년등		4백만원	
		청년등 외			
	수도권 밖	청년등		5백만원	
		청년등 외			
	계				

210mm×297mm[백상지 80g/㎡ 또는 중질지 80g/㎡]

(3쪽 중 제2쪽)

나. 2차년도 세제지원 요건 : ⑱ ≥ 0

1. 상시근로자 증가 인원

⑯ 2차년도(해당 과세연도) 상시근로자 수	⑰ 1차년도(직전 과세연도) 상시근로자 수	⑱ 상시근로자 증가 인원 수(⑯-⑰)
29.00	29.00	0.00

2. 2차년도 세액공제액 계산(상시근로자 감소여부)

1차년도 (직전 과세연도) 대비 상시근로자 감소여부	1차년도 (직전 과세연도) 대비 청년 등 상시근로자 수 감소여부	⑲ 1차년도 (직전과세연도) 청년 등 상시근로자 증가 세액공제액	⑳ 1차년도 (직전 과세연도) 청년 등 외 상시근로자 증가 세액공제액	㉑ 2차년도 세액공제액
부	**부**	44,000,000	49,000,000	93,000,000
	여			
여				

다. 3차년도 세제지원 요건(중소 · 중견기업만 해당) : ㉔ ≥ 0

1. 상시근로자 증가 인원

㉒ 3차년도(해당 과세연도) 상시근로자 수	㉓ 1차년도(직전전 과세연도) 상시근로자 수	㉔ 상시근로자 증가 인원 수(㉒-㉓)

2. 3차년도 세액공제액 계산(상시근로자 감소여부)

1차년도 (직전전 과세연도) 대비 상시근로자 감소여부	1차년도 (직전전 과세연도) 대비 청년 등 상시근로자 수 감소여부	㉕ 1차년도 (직전전 과세연도) 청년 등 상시근로자 증가 세액공제액	㉖ 1차년도 (직전전 과세연도) 청년 등 외 상시근로자 증가 세액공제액	㉗ 3차년도 세액공제액
부	부			
	여			
여				

❹ 세액공제액 [⑮ 1차년도 세액공제액 + ㉑ 2차년도 세액공제액 + ㉗ 3차년도 세액공제액]	93,000,000

「조세특례제한법 시행령」 제26조의7 제10항에 따라 위와 같이 공제세액계산서를 제출합니다.

2024년 3월 31일

신청인 ㈜나라 김유민 (서명 또는 인)

고양 세무서장 귀하

210mm×297mm[백상지 80g/㎡ 또는 중질지 80g/㎡]

사례 3-9 2024년 귀속 신고 시 작성

[별지 제10호의8 서식] (2024.3.22. 개정)

고용 증대 기업에 대한 공제세액계산서

(3쪽 중 제1쪽)

❶ 신청인	① 상호 또는 법인명 : ㈜나라	② 사업자등록번호 : 203-81-63108
	③ 대표자 성명 : 김 유 민	④ 생년월일 : 1973년 04월 12일
	⑤ 주소 또는 본점소재지 : 경기도 고양시 일산서구 대화로37번길 102-30(법곳동) (전화번호 : 031-2231-7027)	

❷ 과세연도	2024년 1월 1일부터 2024년 12월 31일까지

❸ 공제세액 계산내용

가. 1차년도 세제지원 요건 : ⑧ > 0

1. 상시근로자 증가 인원

⑥ 해당 과세연도 상시근로자 수	⑦ 직전 과세연도 상시근로자 수	⑧ 상시근로자 증가 인원 수 (⑥-⑦)
15.00	29.00	-14.00

2. 청년등 상시근로자 증가 인원

⑨ 해당 과세연도 청년등 상시근로자 수	⑩ 직전 과세연도 청년등 상시근로자 수	⑪ 청년등 상시근로자 증가 인원 수(⑨-⑩)
6.00	12.00	-6.00

3. 청년등 상시근로자 외 상시근로자 증가 인원

⑫ 해당 과세연도 청년등 상시 근로자 외 상시근로자 수	⑬ 직전 과세연도 청년등 상시 근로자 외 상시근로자 수	⑭ 청년등 상시근로자 외 상시 근로자 증가 인원 수(⑫-⑬)
9.00	17.00	-8.00

4. 1차년도 세액공제액 계산

<table>
<tr><th>구분</th><th colspan="2">구분</th><th>직전 과세연도 대비 상시근로자 증가 인원 수 (⑧ 상시근로자 증가 인원 수를 한도)</th><th>1인당 공제금액</th><th>⑮ 1차년도 세액공제액</th></tr>
<tr><td rowspan="5">중소기업</td><td rowspan="2">수도권 내</td><td>청년등</td><td></td><td>1천1백만원</td><td></td></tr>
<tr><td>청년등 외</td><td></td><td>7백만원</td><td></td></tr>
<tr><td rowspan="2">수도권 밖</td><td>청년등</td><td></td><td>1천3백만원</td><td></td></tr>
<tr><td>청년등 외</td><td></td><td>7백7십만원</td><td></td></tr>
<tr><td colspan="2">계</td><td></td><td></td><td></td></tr>
<tr><td rowspan="5">중견기업</td><td rowspan="2">수도권 내</td><td>청년등</td><td></td><td>8백만원</td><td></td></tr>
<tr><td>청년등 외</td><td></td><td>4백5십만원</td><td></td></tr>
<tr><td rowspan="2">수도권 밖</td><td>청년등</td><td></td><td>9백만원</td><td></td></tr>
<tr><td>청년등 외</td><td></td><td>4백5십만원</td><td></td></tr>
<tr><td colspan="2">계</td><td></td><td></td><td></td></tr>
<tr><td rowspan="5">일반기업</td><td rowspan="2">수도권 내</td><td>청년등</td><td></td><td>4백만원</td><td></td></tr>
<tr><td>청년등 외</td><td></td><td></td><td></td></tr>
<tr><td rowspan="2">수도권 밖</td><td>청년등</td><td></td><td>5백만원</td><td></td></tr>
<tr><td>청년등 외</td><td></td><td></td><td></td></tr>
<tr><td colspan="2">계</td><td></td><td></td><td></td></tr>
</table>

210mm×297mm[백상지 80g/㎡ 또는 중질지 80g/㎡]

나. 2차년도 세제지원 요건 : ⑱ ≥ 0		
1. 상시근로자 증가 인원		
⑯ 2차년도(해당 과세연도) 상시근로자 수	⑰ 1차년도(직전 과세연도) 상시근로자 수	⑱ 상시근로자 증가 인원 수(⑯-⑰)
15.00	29.00	-14.00

2. 2차년도 세액공제액 계산(상시근로자 감소여부)				
1차년도 (직전 과세연도) 대비 상시근로자 감소여부	1차년도 (직전 과세연도) 대비 청년 등 상시근로자 수 감소여부	⑲ 1차년도 (직전과세연도) 청년 등 상시근로자 증가 세액공제액	⑳ 1차년도 (직전 과세연도) 청년 등 외 상시근로자 증가 세액공제액	㉑ 2차년도 세액공제액
부	부			
	여		-	-
여				

다. 3차년도 세제지원 요건(중소 · 중견기업만 해당) : ㉔ ≥ 0		
1. 상시근로자 증가 인원		
㉒ 3차년도(해당 과세연도) 상시근로자 수	㉓ 1차년도(직전전 과세연도) 상시근로자 수	㉔ 상시근로자 증가 인원 수(㉒-㉓)
15.00	29.00	-14.00

2. 3차년도 세액공제액 계산(상시근로자 감소여부)				
1차년도 (직전전 과세연도) 대비 상시근로자 감소여부	1차년도 (직전전 과세연도) 대비 청년 등 상시근로자 수 감소여부	㉕ 1차년도 (직전전 과세연도) 청년 등 상시근로자 증가 세액공제액	㉖ 1차년도 (직전전 과세연도) 청년 등 외 상시근로자 증가 세액공제액	㉗ 3차년도 세액공제액
부	부			
	여		-	-
여				

❹ 세액공제액 [⑮ 1차년도 세액공제액 + ㉑ 2차년도 세액공제액 + ㉗ 3차년도 세액공제액]	

「조세특례제한법 시행령 」제26조의7 제10항에 따라 위와 같이 공제세액계산서를 제출합니다.

2025년 3월 31일

신청인 ㈜나라 김유민 (서명 또는 인)

고양 세무서장 귀하

210mm×297mm[백상지 80g/㎡ 또는 중질지 80g/㎡]

사례 3-10 적용 유지가 유지됨(청년 감소, 청년외 증가), 감소 인원 수 한도검증

2021년	2022년		2023년		2024년	
근무인원현황	근무인원현황	증감현황	근무인원현황	증감현황	근무인원현황	증감현황
전체 18명 청년 8명 청년외 10명	전체 29명 청년 12명 청년외 17명	11명 증가 4명 증가 7명 증가	전체 29명 청년 12명 청년외 17명	증감 없음 증감 없음 증감 없음	전체 29명 청년 7명 청년외 22명	증감 없음 5명 감소 5명 증가
1차연도공제	① 상황분석 직전과세연도(2021년) 대비 전체 상시근로자 수 증가(청년 증가, 청년외 증가) ≫ 공제적용		① 상황분석 직전과세연도(2022년) 대비 전체 상시근로자 수 증가하지 않음(청년 증감 없음, 청년외 증감 없음) ≫ 공제적용불가		① 상황분석 직전과세연도(2023년) 대비 전체 상시근로자 수 증가하지 않음(청년 감소, 청년외 증가) (청년 감소 수 = 청년외 증가 수) ≫ 공제적용불가	
	② 공제세액계산 청년 : 4명×11,000,000원/명 = 44,000,000원 청년외 : 7명×7,000,000원/명 = 49,000,000원 합계 : 93,000,000원		② 공제세액계산 청년 : 0명×11,000,000원/명 = 0원 청년외 : 0명×7,000,000원/명 = 0원 합계 : 0원		② 공제세액계산 청년 : 0명×11,000,000원/명 = 0원 청년외 : 0명×7,000,000원/명 = 0원 합계 : 0원	
2차연도공제			① 상황분석 최초공제연도(2022년) 대비 전체 상시근로자 수 감소하지 않음(청년 감소하지 않음, 청년외 감소하지 않음) ≫ 추가공제 적용		① 상황분석 1차연도(2023년)에 공제적용하지 아니하였으므로 2차연도 추가공제 또는 추가납부는 적용하지 않음	
			② 추가공제세액계산 청년 : 44,000,000원 청년외 : 49,000,000원 합계 : 93,000,000원		② 추가공제, 추가납부세액계산 적용 없음	
3차연도공제					① 상황분석 최초공제연도(2022년) 대비 전체 상시근로자 수 감소하지 않음(청년 감소, 청년외 증가) (청년 감소 수 = 청년외 증가 수) ≫ 청년 : 추가공제 중단, 추가납부 적용 ≫ 청년외 : 추가공제적용	

2021년	2022년	2023년	2024년
			② 추가납부세액
			4명×(11,000,000−7,000,000)×2회 = 32,000,000원
			③ 추가공제세액
			당초 : 49,000,000원 청년 감소분 : 4명×7,000,000원/명 = 28,000,000원 합계 : 77,000,000원

사례 풀이

각 귀속연도별로 분석하면 다음과 같다.

1. 2022년 귀속분 신고 시

(1) 1차연도공제(최초공제)

직전과세연도(2021년) 대비 전체 상시근로자 수가 증가하였으므로(청년 증가, 청년외 증가) 세액공제를 적용한다.

2. 2023년 귀속분 신고 시

(1) 1차연도공제(최초공제)

직전과세연도(2022년) 대비 전체 상시근로자 수가 증가하지 않았으므로(청년 증감 없음, 청년외 증감 없음) 세액공제를 적용하지 않는다.

(2) 2차연도공제

최초공제연도(2022년) 대비 전체 상시근로자 수가 감소하지 않았으므로(청년 증감 없음, 청년외 증감 없음) 2차연도(2023년) 추가공제를 적용한다.

3. 2024년 귀속분 신고 시

(1) 1차연도공제(최초공제)

직전과세연도(2023년) 대비 전체 상시근로자 수가 증가하지 않았으므로(청년 증감 없음, 청년외 증감 없음) 세액공제를 적용하지 않는다.

(2) 2차연도공제

1차연도(2023년도)에 세액공제를 적용하지 않았으므로 2차연도(2024년)에 추가공제 또는 추가납부를 적용하지 않는다.

(3) 3차연도공제

① **최초공제연도(2022년) 대비 전체 상시근로자 수가 감소하지 않고 유지되었지만(청년 감소 수 = 청년외 증가 수) 청년등 상시근로자 수가 감소**하였으므로 3차연도(2024년)에 청년등 상시근로자에 대하여 추가공제를 중단하고 추가납부한다. 청년등 상시근로자에 대하여 1차연도(2022년)공제와 2차연도(2023년)공제를 적용하였으므로 추가납세액 계산 시 공제횟수는 2회를 적용한다.

② 청년등 상시근로자 감소 수 계산 시 실제는 최초공제연도(2022년) 대비 5명이 감소하였지만(2024년 7명, 2022년 12명) 최초공제연도에 증가한 청년등 상시근로자 수를 한도로 하므로(2022년 12명, 2021년 8명, 증가한 청년등 상시근로자 수 4명) 청년등 상시근로자 감소 수 계산 시 5명이 아닌 4명을 적용하는 점을 주의하여야 한다(청년 감소 수 = 청년외 증가 수).

> 3차연도 추가납부세액
> = 4명×(11,000,000원 − 7,000,000원)
> = 4명×4,000,000원×2회
> = 32,000,000원
>
> ★ 청년등 상시근로자 감소 수 계산 시 한도 검증
> Min(①, ②) = 4명
> ① 실제 감소 수 5명 ② 최초공제 적용 시 증가한 청년등 상시근로자 증가 수 4명

③ 최초공제연도(2022년) 대비 전체 상시근로자 수가 감소하지 않고 유지되었으므로 청년등외 상시근로자에 대한 추가공제를 적용한다. 아울러 3차연도에 청년등 상시근로자 수는 감소하였으나 청년외 상시근로자 수가 증가하여 전체 상시근로자 수는 유지되고 있으며 당초 청년외 공제분뿐만 아니라 최초공제 적용 시 증가한 청년등 상시근로자 수에 청년외 1인당 공제액을 적용하여 청년외 추가공제액을 계산한다.

> 3차연도 청년등외 상시근로자 추가공제액
> = 당초(1차연도) 적용한 청년등외 상시근로자에 대한 공제액
> + 최초 공제 시 증가한 청년등 상시근로자 수 × 청년외 1인당 공제액
> = 49,000,000원 + 4명×7,000,000원
> = 49,000,000원 + 28,000,000원
> = 77,000,000원

※ 근거규정

① **조특법 제29조의7 제2항** : 전체 상시근로자의 수가 최초로 공제를 받은 과세연도에 비하여 감소한 경우에는 감소한 과세연도부터 제1항을 적용하지 아니하고, 청년등상시근로자의 수가 최초로 공제를 받은 과세연도에 비하여 감소한 경우에는 **감소한 과세연도부터** 제1항 제1호를 **적용하지 아니한다.**

② **조특령 제26조의7 제5항 제2호** : 최초로 공제받은 과세연도의 종료일부터 2년이 되는 날이 속하는 과세연도의 종료일까지의 기간 중 최초로 공제받은 과세연도보다 상시근로자 수 또는 청년등 상시근로자 수가 감소하는 경우: 다음 각 목의 구분에 따라 계산한 금액[제1호에 따라 계산한 금액이 있는 경우 그 금액(=2차연도 추가납부세액)을 제외하며, 해당 과세연도의 직전 2년 이내의 과세연도에 법 제29조의7 제1항에 따라 공제받은 세액의 합계액을 한도로 한다]

③ 내국인이 해당 과세연도의 청년 등 상시근로자 증가인원에 대해 「조세특례제한법」 제29조의7 제1항 제1호에 따른 세액공제를 적용받은 후 다음 과세연도에 청년 등 상시근로자의 수는 감소(최초 과세연도에는 29세 이하였으나, 이후 과세연도에 30세 이상이 되어 청년 수가 감소하는 경우를 포함)하였으나 전체 상시근로자의 수는 유지되는 경우, 잔여 공제연도에 대해서는 제29조의7 제1항 제2호의 공제액을 적용하여 공제가 가능함(기획재정부 조세특례제도과-214, 2023.03.06.)

사례 3-10 2022년 귀속 신고 시 작성

[별지 제10호의8 서식] (2023.3.20. 개정)

고용 증대 기업에 대한 공제세액계산서

(3쪽 중 제1쪽)

❶ 신청인	① 상호 또는 법인명 : ㈜나라	② 사업자등록번호 : 203-81-63108
	③ 대표자 성명 : 김 유 민	④ 생년월일 : 1973년 04월 12일
	⑤ 주소 또는 본점소재지 : 경기도 고양시 일산서구 대화로37번길 102-30(법곳동) (전화번호 : 031-2231-7027)	

❷ 과세연도	2022년 1월 1일부터 2022년 12월 31일까지

❸ 공제세액 계산내용

가. 1차년도 세제지원 요건 : ⑧ > 0

1. 상시근로자 증가 인원

⑥ 해당 과세연도 상시근로자 수	⑦ 직전 과세연도 상시근로자 수	⑧ 상시근로자 증가 인원 수 (⑥-⑦)
29.00	18.00	11.00

2. 청년등 상시근로자 증가 인원

⑨ 해당 과세연도 청년등 상시근로자 수	⑩ 직전 과세연도 청년등 상시근로자 수	⑪ 청년등 상시근로자 증가 인원 수(⑨-⑩)
12.00	8.00	4.00

3. 청년등 상시근로자 외 상시근로자 증가 인원

⑫ 해당 과세연도 청년등 상시근로자 외 상시근로자 수	⑬ 직전 과세연도 청년등 상시근로자 외 상시근로자 수	⑭ 청년등 상시근로자 외 상시근로자 증가 인원 수(⑫-⑬)
17.00	10.00	7.00

4. 1차년도 세액공제액 계산

구분	구분		직전 과세연도 대비 상시근로자 증가 인원 수 (⑧ 상시근로자 증가 인원 수를 한도)	1인당 공제금액	⑮ 1차년도 세액공제액
중소기업	수도권 내	청년등	4.00	1천1백만원	44,000,000
		청년등 외	7.00	7백만원	49,000,000
	수도권 밖	청년등		1천3백만원	
		청년등 외		7백7십만원	
	계		11.00		93,000,000
중견기업	수도권 내	청년등		8백만원	
		청년등 외		4백5십만원	
	수도권 밖	청년등		9백만원	
		청년등 외		4백5십만원	
	계				
일반기업	수도권 내	청년등		4백만원	
		청년등 외			
	수도권 밖	청년등		5백만원	
		청년등 외			
	계				

210mm×297mm[백상지 80g/㎡ 또는 중질지 80g/㎡]

(3쪽 중 제2쪽)

나. 2차년도 세제지원 요건 : ⑱ ≥ 0

1. 상시근로자 증가 인원

⑯ 2차년도(해당 과세연도) 상시근로자 수	⑰ 1차년도(직전 과세연도) 상시근로자 수	⑱ 상시근로자 증가 인원 수(⑯-⑰)

2. 2차년도 세액공제액 계산(상시근로자 감소여부)

1차년도 (직전 과세연도) 대비 상시근로자 감소여부	1차년도 (직전 과세연도) 대비 청년 등 상시근로자 수 감소여부	⑲ 1차년도 (직전과세연도) 청년 등 상시근로자 증가 세액공제액	⑳ 1차년도 (직전 과세연도) 청년 등 외 상시근로자 증가 세액공제액	㉑ 2차년도 세액공제액
부	부			
	여			
여				

다. 3차년도 세제지원 요건(중소 · 중견기업만 해당) : ㉔ ≥ 0

1. 상시근로자 증가 인원

㉒ 3차년도(해당 과세연도) 상시근로자 수	㉓ 1차년도(직전전 과세연도) 상시근로자 수	㉔ 상시근로자 증가 인원 수(㉒-㉓)

2. 3차년도 세액공제액 계산(상시근로자 감소여부)

1차년도 (직전전 과세연도) 대비 상시근로자 감소여부	1차년도 (직전전 과세연도) 대비 청년 등 상시근로자 수 감소여부	㉕ 1차년도 (직전전 과세연도) 청년 등 상시근로자 증가 세액공제액	㉖ 1차년도 (직전전 과세연도) 청년 등 외 상시근로자 증가 세액공제액	㉗ 3차년도 세액공제액
부	부			
	여			
여				

라. 최초로 공제받은 과세연도 대비 2020년 12월 31일이 속하는 과세연도에 상시근로자 수 등이 감소하여 2020년 12월 31일이 속하는 과세연도에 2차년도 세액공제가 유예된 경우 세제지원 요건 : ㉚ ≥ 0

상시근로자 수 증가인원

최초 공제받은 과세연도	㉘ 최초 공제받은 과세 연도 상시근로자 수	㉙ 해당 과세연도 상시근로자 수(2022년)	㉚ 상시근로자 증가 인원 수
2018.12.31일이 속하는 과세연도			
2019.12.31일이 속하는 과세연도			

2. 유예세액 계산

최초 공제받은 과세연도	최초 공제받은 과세연도 대비 청년 등 상시근로자 수 감소여부	㉛ 해당 과세연도 청년 등 상시근로자 증가 세액공제액	㉜ 해당 과세연도 청년 등 외 상시근로자 증가 세액공제액	㉝ 세액공제액 (유예 적용분)
2018.12.31일이 속하는 과세연도	부			
	여			
2019.12.31일이 속하는 과세연도	부			
	여			

❹ 세액공제액 [⑮ 1차년도 세액공제액 + ㉑ 2차년도 세액공제액 + ㉗ 3차년도 세액공제액 + ㉝ 세액공제액(유예 적용분)]	93,000,000

「조세특례제한법 시행령」 제26조의7 제10항에 따라 위와 같이 공제세액계산서를 제출합니다.

2023년 3월 31일

신청인 ㈜나라 김유민 (서명 또는 인)

고양 세무서장 귀하

210mm×297mm[백상지 80g/㎡ 또는 중질지 80g/㎡]

사례 3-10 2023년 귀속 신고 시 작성

[별지 제10호의8 서식] (2024.3.22. 개정)

고용 증대 기업에 대한 공제세액계산서

(3쪽 중 제1쪽)

❶ 신청인	① 상호 또는 법인명 : ㈜나라	② 사업자등록번호 : 203-81-63108
	③ 대표자 성명 : 김 유 민	④ 생년월일 : 1973년 04월 12일
	⑤ 주소 또는 본점소재지 : 경기도 고양시 일산서구 대화로37번길 102-30(법곳동) (전화번호 : 031-2231-7027)	

❷ 과세연도	2023년 1월 1일부터 2023년 12월 31일까지

❸ 공제세액 계산내용

가. 1차년도 세제지원 요건 : ⑧ > 0

1. 상시근로자 증가 인원

⑥ 해당 과세연도 상시근로자 수	⑦ 직전 과세연도 상시근로자 수	⑧ 상시근로자 증가 인원 수 (⑥-⑦)
29.00	29.00	0.00

2. 청년등 상시근로자 증가 인원

⑨ 해당 과세연도 청년등 상시근로자 수	⑩ 직전 과세연도 청년등 상시근로자 수	⑪ 청년등 상시근로자 증가 인원 수(⑨-⑩)
12.00	12.00	0.00

3. 청년등 상시근로자 외 상시근로자 증가 인원

⑫ 해당 과세연도 청년등 상시 근로자 외 상시근로자 수	⑬ 직전 과세연도 청년등 상시 근로자 외 상시근로자 수	⑭ 청년등 상시근로자 외 상시 근로자 증가 인원 수(⑫-⑬)
17.00	17.00	0.00

4. 1차년도 세액공제액 계산

구분	구분		직전 과세연도 대비 상시근로자 증가 인원 수 (⑧ 상시근로자 증가 인원 수를 한도)	1인당 공제금액	⑮ 1차년도 세액공제액
중소기업	수도권 내	청년등		1천1백만원	
		청년등 외		7백만원	
	수도권 밖	청년등		1천3백만원	
		청년등 외		7백7십만원	
	계				
중견기업	수도권 내	청년등		8백만원	
		청년등 외		4백5십만원	
	수도권 밖	청년등		9백만원	
		청년등 외		4백5십만원	
	계				
일반기업	수도권 내	청년등		4백만원	
		청년등 외			
	수도권 밖	청년등		5백만원	
		청년등 외			
	계				

210mm×297mm[백상지 80g/㎡ 또는 중질지 80g/㎡]

나. 2차년도 세제지원 요건 : ⑱ ≥ 0		
1. 상시근로자 증가 인원		
⑯ 2차년도(해당 과세연도) 상시근로자 수	⑰ 1차년도(직전 과세연도) 상시근로자 수	⑱ 상시근로자 증가 인원 수(⑯-⑰)
29.00	29.00	0.00

2. 2차년도 세액공제액 계산(상시근로자 감소여부)

1차년도 (직전 과세연도) 대비 상시근로자 감소여부	1차년도 (직전 과세연도) 대비 청년 등 상시근로자 수 감소여부	⑲ 1차년도 (직전과세연도) 청년 등 상시근로자 증가 세액공제액	⑳ 1차년도 (직전 과세연도) 청년 등 외 상시근로자 증가 세액공제액	㉑ 2차년도 세액공제액
부	부	44,000,000	49,000,000	93,000,000
	여			
여				

다. 3차년도 세제지원 요건(중소 · 중견기업만 해당) : ㉔ ≥ 0		
1. 상시근로자 증가 인원		
㉒ 3차년도(해당 과세연도) 상시근로자 수	㉓ 1차년도(직전전 과세연도) 상시근로자 수	㉔ 상시근로자 증가 인원 수(㉒-㉓)

2. 3차년도 세액공제액 계산(상시근로자 감소여부)

1차년도 (직전전 과세연도) 대비 상시근로자 감소여부	1차년도 (직전전 과세연도) 대비 청년 등 상시근로자 수 감소여부	㉕ 1차년도 (직전전 과세연도) 청년 등 상시근로자 증가 세액공제액	㉖ 1차년도 (직전전 과세연도) 청년 등 외 상시근로자 증가 세액공제액	㉗ 3차년도 세액공제액
부	부			
	여			
여				

❹ 세액공제액 [⑮ 1차년도 세액공제액 + ㉑ 2차년도 세액공제액 + ㉗ 3차년도 세액공제액]	93,000,000

「조세특례제한법 시행령」 제26조의7 제10항에 따라 위와 같이 공제세액계산서를 제출합니다.

2024년 3월 31일

신청인 ㈜나라 김유민 (서명 또는 인)

고양 세무서장 귀하

210mm×297mm[백상지 80g/㎡ 또는 중질지 80g/㎡]

사례 3-10 2024년 귀속 신고 시 작성

[별지 제10호의8 서식] (2024.3.22. 개정)

고용 증대 기업에 대한 공제세액계산서

(3쪽 중 제1쪽)

❶ 신청인	① 상호 또는 법인명 : ㈜나라	② 사업자등록번호 : 203-81-63108
	③ 대표자 성명 : 김 유 민	④ 생년월일 : 1973년 04월 12일
	⑤ 주소 또는 본점소재지 : 경기도 고양시 일산서구 대화로37번길 102-30(법곳동) (전화번호 : 031-2231-7027)	
❷ 과세연도	2024년 1월 1일부터 2024년 12월 31일까지	

❸ 공제세액 계산내용

가. 1차년도 세제지원 요건 : ⑧ > 0

1. 상시근로자 증가 인원

⑥ 해당 과세연도 상시근로자 수	⑦ 직전 과세연도 상시근로자 수	⑧ 상시근로자 증가 인원 수 (⑥-⑦)
29.00	29.00	0.00

2. 청년등 상시근로자 증가 인원

⑨ 해당 과세연도 청년등 상시근로자 수	⑩ 직전 과세연도 청년등 상시근로자 수	⑪ 청년등 상시근로자 증가 인원 수(⑨-⑩)
7.00	12.00	-5.00

3. 청년등 상시근로자 외 상시근로자 증가 인원

⑫ 해당 과세연도 청년등 상시근로자 외 상시근로자 수	⑬ 직전 과세연도 청년등 상시근로자 외 상시근로자 수	⑭ 청년등 상시근로자 외 상시근로자 증가 인원 수(⑫-⑬)
22.00	17.00	5.00

4. 1차년도 세액공제액 계산

구분	구분		직전 과세연도 대비 상시근로자 증가 인원 수 (⑧ 상시근로자 증가 인원 수를 한도)	1인당 공제금액	⑮ 1차년도 세액공제액
중소기업	수도권 내	청년등		1천1백만원	
		청년등 외		7백만원	
	수도권 밖	청년등		1천3백만원	
		청년등 외		7백7십만원	
	계				
중견기업	수도권 내	청년등		8백만원	
		청년등 외		4백5십만원	
	수도권 밖	청년등		9백만원	
		청년등 외		4백5십만원	
	계				
일반기업	수도권 내	청년등		4백만원	
		청년등 외			
	수도권 밖	청년등		5백만원	
		청년등 외			
	계				

210mm×297mm[백상지 80g/㎡ 또는 중질지 80g/㎡]

(3쪽 중 제2쪽)

나. 2차년도 세제지원 요건 : ⑱ ≥ 0		
1. 상시근로자 증가 인원		
⑯ 2차년도(해당 과세연도) 상시근로자 수	⑰ 1차년도(직전 과세연도) 상시근로자 수	⑱ 상시근로자 증가 인원 수(⑯-⑰)
29.00	29.00	0.00

2. 2차년도 세액공제액 계산(상시근로자 감소여부)				
1차년도 (직전 과세연도) 대비 상시근로자 감소여부	1차년도 (직전 과세연도) 대비 청년 등 상시근로자 수 감소여부	⑲ 1차년도 (직전과세연도) 청년 등 상시근로자 증가 세액공제액	⑳ 1차년도 (직전 과세연도) 청년 등 외 상시근로자 증가 세액공제액	㉑ 2차년도 세액공제액
부	부			
	여		-	-
여				

다. 3차년도 세제지원 요건(중소 · 중견기업만 해당) : ㉔ ≥ 0		
1. 상시근로자 증가 인원		
㉒ 3차년도(해당 과세연도) 상시근로자 수	㉓ 1차년도(직전전 과세연도) 상시근로자 수	㉔ 상시근로자 증가 인원 수(㉒-㉓)
29.00	29.00	0.00

2. 3차년도 세액공제액 계산(상시근로자 감소여부)				
1차년도 (직전전 과세연도) 대비 상시근로자 감소여부	1차년도 (직전전 과세연도) 대비 청년 등 상시근로자 수 감소여부	㉕ 1차년도 (직전전 과세연도) 청년 등 상시근로자 증가 세액공제액	㉖ 1차년도 (직전전 과세연도) 청년 등 외 상시근로자 증가 세액공제액	㉗ 3차년도 세액공제액
부	부			
	여		**77,000,000**	**77,000,000**
여				
❹ 세액공제액 [⑮ 1차년도 세액공제액 + ㉑ 2차년도 세액공제액 + ㉗ 3차년도 세액공제액 + ㉝ 세액공제액(유예 적용분)]				77,000,000

「조세특례제한법 시행령」 제26조의7 제10항에 따라 위와 같이 공제세액계산서를 제출합니다.

2025년 3월 31일

신청인 ㈜나라 김유민 (서명 또는 인)

고양 세무서장 귀하

210mm×297mm[백상지 80g/㎡ 또는 중질지 80g/㎡]

사례 4-1 3개년 전체 서식 작성검토

(1) 2022년~2024년 법인세 과세표준 현황

구 분	2022년	2023년	2024년
과세표준	456,200,000	495,200,000	425,650,000

※ 공제감면 적용은 제29조의7【고용을 증대시킨 기업에 대한 세액공제】외에 다른 규정은 적용하지 않는 것으로 가정한다.

(2) 2022년~2024년 상시근로자 현황

<table>
<tr><th>2021년</th><th colspan="2">2022년</th><th colspan="2">2023년</th><th colspan="2">2024년</th></tr>
<tr><th>근무인원현황</th><th>근무인원현황</th><th>증감현황</th><th>근무인원현황</th><th>증감현황</th><th>근무인원현황</th><th>증감현황</th></tr>
<tr><td>전체 8명
청년 3명
청년외 5명</td><td>전체 15명
청년 8명
청년외 7명</td><td>7명 증가
5명 증가
2명 증가</td><td>전체 10명
청년 4명
청년외 6명</td><td>5명 감소
4명 감소
1명 감소</td><td>전체 15명
청년 7명
청년외 8명</td><td>5명 증가
3명 증가
2명 증가</td></tr>
<tr><td rowspan="4">1차연도공제</td><td colspan="2">① 상황분석</td><td colspan="2">① 상황분석</td><td colspan="2">① 상황분석</td></tr>
<tr><td colspan="2">직전과세연도(2021년) 대비 전체 상시근로자 수 증가
(청년 증가, 청년외 증가)
≫ 공제적용</td><td colspan="2">직전과세연도(2022년) 대비 전체 상시근로자 수 증가하지 않음(청년 감소, 청년외 감소)
≫ 공제적용불가</td><td colspan="2">직전과세연도(2023년) 대비 전체 상시근로자 수 증가
(청년 증가, 청년외 증가)
≫ 공제적용</td></tr>
<tr><td colspan="2">② 공제세액계산</td><td colspan="2">② 공제세액계산</td><td colspan="2">② 공제세액계산</td></tr>
<tr><td colspan="2">청년 : 5명×11,000,000원/명
= 55,000,000원
청년외 : 2명×7,000,000원/명
= 14,000,000원
합계 : 69,000,000원</td><td colspan="2">청년 : 0명×11,000,000원/명
= 0원
청년외 : 0명×7,000,000원/명
= 0원
합계 : 0원</td><td colspan="2">청년 : 3명×11,000,000원/명
= 33,000,000원
청년외 : 2명×7,000,000원/명
= 14,00,000원
합계 : 47,000,000원</td></tr>
<tr><td rowspan="4">2차연도공제</td><td colspan="2" rowspan="4"></td><td colspan="2">① 상황분석</td><td colspan="2">① 상황분석</td></tr>
<tr><td colspan="2">최초공제연도(2022년) 대비 전체 상시근로자 수 감소
(청년 감소, 청년외 감소)
(청년 감소 수 < 전체 감소 수)
≫ 추가공제중단, 추가납부</td><td colspan="2">1차연도에 공제적용하지 아니하였으므로 2차연도 추가공제 또는 추가납부는 적용하지 않음</td></tr>
<tr><td colspan="2">② 추가납부세액계산</td><td colspan="2">② 추가공제, 추가납부세액계산</td></tr>
<tr><td colspan="2">4명×11,000,000원/명
+ 1명×7,000,000원/명
= 44,000,000 + 7,000,000
= 51,000,000원</td><td colspan="2">적용 없음</td></tr>
</table>

2021년	2022년	2023년	2024년
3차연도공제			① 상황분석 최초공제연도(2022년) 대비 전체 상시근로자 수 감소하여 직전연도(2차연도 2023년)에 추가공제 중단하였으므로 추가공제를 적용하지 않음 ② 세액계산 적용 없음

사례 풀이

각 귀속연도별로 분석하면 다음과 같다.

1. 2022년 귀속분 신고 시

(1) 1차연도공제(최초공제)

직전과세연도(2021년) 대비 전체 상시근로자 수가 증가하였으므로(청년 증가, 청년외 증가) 세액공제를 적용한다.

2. 2023년 귀속분 신고 시

(1) 1차연도공제(최초공제)

직전과세연도(2022년) 대비 전체 상시근로자 수가 증가하지 않았으므로(청년 감소, 청년외 감소) 세액공제를 적용하지 않는다.

(2) 2차연도공제

최초공제연도(2022년) 대비 전체 상시근로자 수가 감소하였으므로(청년 감소, 청년외 감소) 2차연도(2023년)에 추가공제를 중단하고 추가납부한다.

3. 2024년 귀속분 신고 시

(1) 1차연도공제(최초공제)

직전과세연도(2023년) 대비 전체 상시근로자 수가 증가하였으므로(청년 증가, 청년외 증가) 세액공제를 적용한다.

(2) 2차연도공제

1차연도(2023년도)에 세액공제를 적용하지 않았으므로 2차연도(2024년)에 추가공제 또는 추가납부를 적용하지 않는다.

(3) 3차연도공제

최초공제연도(2022년) 대비 직전연도(2023년)에 전체 상시근로자 수가 감소하여(청년 감소, 청년외 감소) 2차연도(2023년)에 추가공제를 중단하였으므로 3차연도 추가공제를 적용하지 않는다.

※ 근거규정

제29조의7 제2항 : 전체 상시근로자의 수가 최초로 공제를 받은 과세연도에 비하여 감소한 경우에는 **감소한 과세연도부터** 제1항을 **적용하지 아니하고**, 청년등 상시근로자의 수가 최초로 공제를 받은 과세연도에 비하여 감소한 경우에는 감소한 과세연도부터 제1항 제1호를 적용하지 아니한다.

1차연도(2022년) 서식 작성

2022년에는 직전과세연도(2021년) 대비 전체 상시근로자 수가 증가하여(청년 증가, 청년외 증가) 처음으로 세액공제를 적용하는 사업연도이다.

1. 2022년도 산출세액 및 공제세액 등 확인

1차연도의 관련 자료를 정리하여 보면 다음과 같다.

구 분	2022년
과세표준	456,200,000
산출세액	71,240,000
공제대상세액	69,000,000
차감세액	2,240,000
최저한세액	31,934,000
공제배제액	29,694,000
공제적용	39,306,000
이월액	29,694,000
농어촌특별세 납부액	7,861,200

(1) 공제세액의 계산

1차연도(2022년)에 전체 상시근로자 수가 직전연도(2021년) 대비 증가하였으므로(청년 증가, 청년외 증가) 세액공제를 적용한다.

① 공제세액

청년 : 5명×11,000,000원 = 55,000,000원

청년외 : 2명×7,000,000원 = 14,000,000원

합계 : 69,000,000원

② 고용증대기업에 대한 공제세액계산서 1차연도란에 해당과세연도(2022년)와 직전과세연도(2021년)의 전체 상시근로자 수, 청년등 상시근로자 수, 청년등외 상시근로자 수를 기재하고 이에 따른 공제세액을 반영한다.

(2) 최저한세의 검토

제29조의7【고용을 증대시킨 기업에 대한 세액공제】규정은 최저한세 검토대상이므로 최저한세조정계산서를 작성하여 최저한세 검증을 하여야 한다. 위의 요약자료에서 보는바와 같이 산출세액에서 세액공제를 적용하면 차감세액 2,240,000원이 산정되는데 이는 최저한세에 미달하므로 1차연도(2022년) 공제대상세액 69,000,000원 중 29,694,000원은 공제배제되고 다음 사업연도로 이월하여 공제하게 된다.

(3) 세액공제조정명세서(3) 및 공제감면세액 및 추가납부세액합계표(갑) 작성

요약자료에서 보는바와 같이 전체 공제대상세액 중 이월되는 공제세액과 당해 사업연도에 공제를 적용받는 세액을 각각 기재한다.

(4) 법인세 과세표준 및 세액조정계산서 반영

검토를 마친 세액공제액은 법인 과세표준 및 세액조정계산서에 반영하고 납부할 법인세액이 2천만원을 초과하므로 50%를 분납 적용할 수 있다.

(5) 농어촌특별세의 검토

세액공제대상액 69,000,000원 중 2022년 사업연도에 실제로 공제되는 39,306,000원에 대하여 20%의 세율을 적용하여 농어촌특별세를 산정한다.

사례 4-1 2022년 귀속 신고 시 작성

[별지 제10호의8 서식] (2023.3.20. 개정)

고용 증대 기업에 대한 공제세액계산서

(3쪽 중 제1쪽)

❶ 신청인	① 상호 또는 법인명 : ㈜나라	② 사업자등록번호 : 203-81-63108
	③ 대표자 성명 : 김 유 민	④ 생년월일 : 1973년 04월 12일
	⑤ 주소 또는 본점소재지 : 경기도 고양시 일산서구 대화로37번길 102-30(법곶동) (전화번호 : 031-2231-7027)	

❷ 과세연도	2022년 1월 1일부터 2022년 12월 31일까지

❸ 공제세액 계산내용

가. 1차년도 세제지원 요건 : ⑧ > 0

1. 상시근로자 증가 인원

⑥ 해당 과세연도 상시근로자 수	⑦ 직전 과세연도 상시근로자 수	⑧ 상시근로자 증가 인원 수 (⑥-⑦)
15.00	8.00	7.00

2. 청년등 상시근로자 증가 인원

⑨ 해당 과세연도 청년등 상시근로자 수	⑩ 직전 과세연도 청년등 상시근로자 수	⑪ 청년등 상시근로자 증가 인원 수(⑨-⑩)
8.00	3.00	5.00

3. 청년등 상시근로자 외 상시근로자 증가 인원

⑫ 해당 과세연도 청년등 상시 근로자 외 상시근로자 수	⑬ 직전 과세연도 청년등 상시 근로자 외 상시근로자 수	⑭ 청년등 상시근로자 외 상시 근로자 증가 인원 수(⑫-⑬)
7.00	5.00	2.00

4. 1차년도 세액공제액 계산

구분	구분		직전 과세연도 대비 상시근로자 증가 인원 수 (⑧ 상시근로자 증가 인원 수를 한도)	1인당 공제금액	⑮ 1차년도 세액공제액
중소기업	수도권 내	청년등	5.00	1천1백만원	55,000,000
		청년등 외	2.00	7백만원	14,000,000
	수도권 밖	청년등		1천3백만원	
		청년등 외		7백7십만원	
	계		7.00		69,000,000
중견기업	수도권 내	청년등		8백만원	
		청년등 외		4백5십만원	
	수도권 밖	청년등		9백만원	
		청년등 외		4백5십만원	
	계				
일반기업	수도권 내	청년등		4백만원	
		청년등 외			
	수도권 밖	청년등		5백만원	
		청년등 외			
	계				

210mm×297mm[백상지 80g/㎡ 또는 중질지 80g/㎡]

(3쪽 중 제2쪽)

나. 2차년도 세제지원 요건 : ⑱ ≥ 0

1. 상시근로자 증가 인원

⑯ 2차년도(해당 과세연도) 상시근로자 수	⑰ 1차년도(직전 과세연도) 상시근로자 수	⑱ 상시근로자 증가 인원 수(⑯-⑰)

2. 2차년도 세액공제액 계산(상시근로자 감소여부)

1차년도 (직전 과세연도) 대비 상시근로자 감소여부	1차년도 (직전 과세연도) 대비 청년 등 상시근로자 수 감소여부	⑲ 1차년도 (직전과세연도) 청년 등 상시근로자 증가 세액공제액	⑳ 1차년도 (직전 과세연도) 청년 등 외 상시근로자 증가 세액공제액	㉑ 2차년도 세액공제액
부	부			
	여			
여				

다. 3차년도 세제지원 요건(중소 · 중견기업만 해당) : ㉔ ≥ 0

1. 상시근로자 증가 인원

㉒ 3차년도(해당 과세연도) 상시근로자 수	㉓ 1차년도(직전전 과세연도) 상시근로자 수	㉔ 상시근로자 증가 인원 수(㉒-㉓)

2. 3차년도 세액공제액 계산(상시근로자 감소여부)

1차년도 (직전전 과세연도) 대비 상시근로자 감소여부	1차년도 (직전전 과세연도) 대비 청년 등 상시근로자 수 감소여부	㉕ 1차년도 (직전전 과세연도) 청년 등 상시근로자 증가 세액공제액	㉖ 1차년도 (직전전 과세연도) 청년 등 외 상시근로자 증가 세액공제액	㉗ 3차년도 세액공제액
부	부			
	여			
여				

라. 최초로 공제받은 과세연도 대비 2020년 12월 31일이 속하는 과세연도에 상시근로자 수 등이 감소하여 2020년 12월 31일이 속하는 과세연도에 2차년도 세액공제가 유예된 경우 세제지원 요건 : ㉚ ≥ 0

1. 상시근로자 수 증가인원

최초 공제받은 과세연도	㉘ 최초 공제받은 과세연도 상시근로자 수	㉙ 해당 과세연도 상시근로자 수(2022년)	㉚ 상시근로자 증가 인원 수
2018.12.31일이 속하는 과세연도			
2019.12.31일이 속하는 과세연도			

2. 유예세액 계산

최초 공제받은 과세연도	최초 공제받은 과세연도 대비 청년 등 상시근로자 수 감소여부	㉛ 해당 과세연도 청년 등 상시근로자 증가 세액공제액	㉜ 해당 과세연도 청년 등 외 상시근로자 증가 세액공제액	㉝ 세액공제액 (유예 적용분)
2018.12.31일이 속하는 과세연도	부			
	여			
2019.12.31일이 속하는 과세연도	부			
	여			
❹ 세액공제액 [⑮ 1차년도 세액공제액 + ㉑ 2차년도 세액공제액 + ㉗ 3차년도 세액공제액 + ㉝ 세액공제액(유예 적용분)]				69,000,000

「조세특례제한법 시행령」 제26조의7 제10항에 따라 위와 같이 공제세액계산서를 제출합니다.

2023년 3월 31일

신청인 ㈜나라 김유민 (서명 또는 인)

고양 세무서장 귀하

210mm×297mm[백상지 80g/㎡ 또는 중질지 80g/㎡]

사례 4-1 2022년 귀속 신고 시 작성

[별지 제4호 서식] (2019.3.20. 개정) (앞쪽)

사업연도	2022.01.01. ~ 2022.12.31.	최저한세조정계산서	법인명	㈜나라
			사업자등록번호	203-81-63108

1. 최저한세 조정 계산 명세

① 구분		코드	② 감면 후 세액	③ 최저한세	④ 조정감	⑤ 조정 후 세액
⑩ 결산서상 당기순이익		01	456,200,000			
소득조정금액	⑩ 익금산입	02				
	⑩ 손금산입	03				
⑩ 조정 후 소득금액(⑩ + ⑩ − ⑩)		04	456,200,000	456,200,000		456,200,000
최저한세 적용대상 특별비용	⑩ 준비금	05				
	⑩ 특별상각 및 특례자산 감가상각비	06				
⑩ 특별비용 손금산입 전 소득금액 (⑩ + ⑩ + ⑩)		07	456,200,000	456,200,000		456,200,000
⑩ 기부금 한도초과액		08				
⑩ 기부금 한도초과 이월액 손금산입		09				
⑩ 각 사업연도 소득금액 (⑩ + ⑩ − ⑩)		10	456,200,000	456,200,000		456,200,000
⑪ 이월결손금		11				
⑫ 비과세소득		12				
⑬ 최저한세 적용대상 비과세소득		13				
⑭ 최저한세 적용대상 익금불산입·손금산입		14				
⑮ 차가감소득금액 (⑩ − ⑪ − ⑫ + ⑬ + ⑭)		15	456,200,000	456,200,000		456,200,000
⑯ 소득공제		16				
⑰ 최저한세 적용대상 소득공제		17				
⑱ 과세표준금액 (⑮ − ⑯ + ⑰)		18	456,200,000	456,200,000		456,200,000
⑲ 선박표준이익		24				
⑳ 과세표준금액 (⑱ + ⑲)		25	456,200,000	456,200,000		456,200,000
㉑ 세율		19	20	7		20
㉒ 산출세액		20	71,240,000	31,934,000		71,240,000
㉓ 감면세액		21				
㉔ 세액공제		22	69,000,000		29,694,000	39,306,000
㉕ 차감세액 (㉒ − ㉓ − ㉔)		23	2,240,000			31,934,000

2. 최저한세 세율 적용을 위한 구분 항목

㉖ 중소기업 유예기간 종료연월		㉗ 유예기간 종료 후 연차			

210mm×297mm[백상지 80g/㎡ 또는 중질지 80g/㎡]

사례 4-1 2022년 귀속 신고 시 작성

[별지 제8호 서식 부표 3] (2023.3.20. 개정) (앞쪽)

사 업 연 도	2022.01.01. ~ 2022.12.31.	세액공제조정명세서(3)	법인명	㈜나라
			사업자등록번호	203-81-63108

1. 공제세액계산(「조세특례제한법」)

	⑩ 구 분	근거법 조항	⑩ 계 산 기 준	코드	⑩ 계산명세	⑩ 공제대상 세 액
조세특례제한법	중소기업 등 투자세액공제	구 제5조	투자금액 × 1(2,3,5,10)/100	131		
	상생결제 지급금액에 대한 세액공제	제7조의4	지급기한 15일 이내 : 지급 금액의 0.5% 지급기한 15일 ~ 30일 : 지급 금액의 0.3% 지급기한 30일 ~ 60일 : 지급 금액의 0.015%	14Z		
	대·중소기업 상생협력을 위한 기금출연 세액공제	제8조의3 제1항	출연금 × 10/100	14M		
	협력중소기업에 대한 유형고정자산 무상임대 세액공제	제8조의3 제2항	장부가액 × 3/100	18D		
	수탁기업에 설치하는 시설에 대한 세액공제	제8조의3 제3항	투자금액 × 1(3,7)/100	18L		
	교육기관에 무상 기증하는 중고자산에 대한 세액공제	제8조의3 제4항	기증자산 시가 × 10/100	18R		
	신성장·원천기술 연구개발비세액공제(최저한세 적용제외)	제10조 제1항 제1호	(일반 연구·인력개발비) '14.1.1.~'14.12.31.: 발생액 × 3~4(8,10,15,20,25,30)/100 또는 2년간 연평균 발생액의 초과액 × 40(50)/100 '15.1.1. 이후: 발생액 × 2~3(8,10,15,20,25,30)/100 또는 직전 발생액의 초과액 × 40(50)/100 '17.1.1. 이후: 발생액 × 1~3(8,10,15,20,25,30)/100 또는 직전 발생액의 초과액 × 30(40,50)/100 '18. 1. 1. 이후: 발생액 × 0~2(8,10,15,20,25,30)/100 또는 직전 발생액의 초과액 × 25(40,50)/100 (신성장·원천기술 연구개발비) '17. 1. 1. 이후: 발생액 × 20(30)/100 (국가전략기술 연구개발비) '21. 7. 1. 이후: 발생액 ×30(40)/100	16A		
	국가전략기술 연구개발비세액공제(최저한세 적용제외)	제10조 제1항 제2호		10D		
	일반 연구·인력개발비세액공제(최저한세 적용제외)	제10조 제1항 제3호		16B		
	신성장·원천기술 연구개발비세액공제 (최저한세 적용대상)	제10조 제1항 제1호		13L		
	국가전략기술 연구개발비세액공제(최저한세 적용대상)	제10조 제1항 제2호		10E		
	일반 연구·인력개발비세액공제(최저한세 적용대상)	제10조 제1항 제3호		13M		
	기술취득에 대한 세액공제	제12조 제2항	특허권 등 취득금액 × 5(10)/100 *법인세의 10% 한도	176		
	기술혁신형 합병에 대한 세액공제	제12조의3	기술가치금액 × 10/100	14T		
	기술혁신형 주식취득에 대한 세액공제	제12조의4	기술가치금액 × 10/100	14U		
	벤처기업등 출자에 대한 세액공제	제13조의2	주식등 취득가액 × 5/100	18E		
	성과공유 중소기업 경영성과급 세액공제	제19조	'22.1.1. 이전 지급분 : 근로자에 지급하는 경영성과급 × 10/100 '22.1.1. 이후 지급분 : 근로자에 지급하는 경영성과급× 15/100	18H		
	연구·인력개발설비투자세액공제	구 제25조 제1항 제1호	'14.1.1.~'15.12.31. 투자분 : 투자금액 × 3(5,10)/100 '16.1.1. 이후 투자분 : 투자금액 × 1(3,6)/100 '19.1.1. 이후 투자분 : 투자금액 × 1(3,7)/100	134		
	에너지절약시설투자세액공제	구 제25조 제1항 제2호	'14.1.1.~'15.12.31. 투자분 : 투자금액 × 3(5,10)/100 ('16.1.1. 현재 투자진행 중인 경우 '16.12.31.까지 종전율 적용) '16.1.1. 이후 투자개시분 : 투자금액 × 1(3,10)/100 '19.1.1. 이후 투자분 : 투자금액 × 1(3,7)/100	177		
	환경보전시설 투자세액공제	구 제25조 제1항 제3호	투자금액 × 3(5,10)/100 '19.1.1. 이후 투자분 : 투자금액 × 3(5,10)/100	14A		
	근로자복지증진시설투자세액공제	구 제25조 제1항 제4호	투자금액 × 7(10)/100 '19.1.1. 이후 취득분 : 취득금액 × 3(5,10)/100	142		
	안전시설투자세액공제	구 제25조 제1항 제5호	'13.1.1.~'14.12.31. 투자분 : 투자금액 × 3(7)/100 '15.1.1. 이후 투자분 : 투자금액 × 1(3,7)/100 '19.1.1. 이후 투자분 : 투자금액 × 1(5,10)/100	136		
	생산성향상시설투자세액공제	구 제25조 제1항 제6호	'13.1.1.~'14.12.31. 투자분 : 투자금액 × 3(7)/100 '15.1.1. 이후 투자분 : 투자금액 × 1(3,7)/100 '20.1.1.~'20.12.31. 투자분 : 투자금액 × 2(5,10))/100 '21.1.1.~'21.12.31. 투자분 : 투자금액 × 1(5,10))/100 '21.1.1.~이후. 투자분 : 투자금액 × 1(3,7))/100	135		
	의약품 품질관리시설투자세액공제	구 제25조의4	'14.1.1.~'16.12.31. 투자분 : 투자금액 × 3(5,7)/100 '17.1.1. 이후 투자분 : 투자금액 × 1(3,6)/100	14B		
	신성장기술 사업화를 위한 시설투자 세액공제	구 제25조의5	투자금액 × 5(7,10)/100	18B		
	영상콘텐츠 제작비용에 대한 세액공제	제25조의6	제작비용 × 3(7,10)/100	18C		
	초연결 네트워크 시설투자에 대한 세액공제	구 제25조의7	투자금액 × 2(3)/100	18I		
	고용창출투자세액공제	제26조	'12.1.1.~12.31.:투자금액 × {기본공제(3~4%)+추가공제(2~3%)} '13.1.1.~12.31.:투자금액 × {기본공제(2~4%)+추가공제(3%)} '14.1.1. 이후: 투자금액 × {기본공제(1~4%)+추가공제(3%)} (한도 : 상시근로자 증가분 × 1,000만원, 1,500만원, 2,000만원) '15.1.1. 이후: 투자금액 × {기본공제(0~3%)+추가공제(3~7%)} '17.1.1. 이후: (한도 : 상시근로자 증가분 × 1,000(1,500)만원, 1,500(2,000)만원, 2,000(2,500)만원)	14N		
	산업수요맞춤형고등학교등 졸업자를 병역이행 후 복직시킨 중소기업에 대한 세액공제	제29조의2	복직자에게 지급한 인건비 × 중소30(중견15)/100	14S		
	경력단절 여성 고용 기업 등에 대한 세액공제	제29조의3 제1항	경력단절 여성 재고용 인건비 × 중소30(중견15)/100	14X		
	육아휴직 후 고용유지 기업에 대한 인건비 세액공제	제29조의3 제2항	육아휴직 복귀자 인건비 × 중소30(중견15)/100	18J		
	근로소득을 증대시킨 기업에 대한 세액공제	제29조의4	평균 초과 임금증가분 × 5(중견10, 중소20)/100 정규직 전환 근로자의 임금 증가분 × 5(10,20)/100	14Y		
	청년고용을 증대시킨 기업에 대한 세액공제	제29조의5	청년정규직근로자 증가인원수 × 3백만원(7백만원, 1천만원)	18A		
	고용을 증대시킨 기업에 대한 세액공제	제29조의7	직전연도 대비 상시근로자 증가수 × 4백만원(1천2백만원) '21.12.31~'22.12.31 : 직전연도 대비 상시근로자 증가수 × 5백만원(1천3백만원)	18F	69,000,000+0+0	69,000,000
	통합고용세액공제	제29조의8	직전연도 대비 상시근로자 증가수 × 4백만원(1천4백5십만원)	18S		
	정규직 근로자 전환 세액공제	제30조의2	전환인원수 × 중소1천만원(중견7백만원)	14H		
	고용유지중소기업에 대한 세액공제	제30조의3	연간 임금감소 총액× 10/100 + 시간당 임금상승에 따른 보전액 × 15/100	18K		
	중소기업 고용증가 인원에 대한 사회보험료 세액공제	제30조의4 제1항	청년(만15~29세)근로자 등 순증인원의 사회보험료(증가분의 100%) 청년 및 경력단절 여성 외 근로자 순증인원의 사회보험료(증가분의 50%,75%)	14Q		

(뒤쪽)

(101) 구 분	근거법 조 항	(102) 계 산 기 준	코드	(103) 계산 명세	(104) 공제대상 세 액
중소기업 사회보험 신규가입에 대한 사회보험료 세액공제	제30조의4 제3항	'20.12.31.까지 사회보험 신규가입에 따 른 사용자 부담액× 50%	18G		
전자신고에 대한 세액공제(법인)	제104조의8 제1항	법인세 전자신고시 2만원	184		
전자신고에 대한 세액공제(세무법인 등)	제104조의8 제3항	법인 · 소득세 전자신고 대리건수 × 2만원 *한도: 연300만원(세무 · 회계법인 연750만원) 한도액계산시 부가가치세 대리신고에 따른 세액공제액 포함	14J		
제3자 물류비용 세액공제	제104조의14	(전년대비 위탁물류비용 증가액)×3/100(중소기업은 5/100) * 직전 위탁물류비 30% 미만 : (당기 위탁물류비 – 당기 전체물류비 × 30%) ×3/100(중소기업은 5/100) * 법인세 10% 한도	14E		
대학 맞춤형 교육비용 세액공제	구 제104조의18 제1항	법 제10조 연구 · 인력개발비세액공제 준용 *수도권 소재대학의 발생액은 50%만 인정	14I		
대학등 기부설비에 대한 세액공제	구 제104조의18 제2항	법 제11조 연구 · 인력개발설비투자세액공제 준용 *수도권 소재대학의 기부금액은 50%만 인정	14K		
기업의 운동경비부 설치운영 세액공제	제104조의22	설치운영비용 × 10(20)/100	14O		
산업수요맞춤형 고등학교 등 재학생에 대한 현장훈련수당 등 세액공제	구 제104조의18 제4항	일반 연구 · 인력개발비 세액공제 준용	14R		
석유제품 전자상거래에 대한 세액공제	제104조의25	'13.1.1.~12.31.: 공급가액의 0.5%(산출세액의 10% 한도) '14.1.1.~'16.12.31.: 공급가액의 0.3%(산출세액의 10% 한도) '17.1.1.~'19.12.31.:공급자는 공급가액의0.1%,수요자0.2%,(산출세액의 10% 한도) '20.1.1.~'22.12.31.:수요자만 공급가액의 0.2%(산출세액의 10% 한도)	14P		
금 현물시장에서 거래되는 금지금에 대한 과세특례	제126조의7 제8항	산출세액×[(금 현물시장 이용금액 – 직전 과세연도의 금 현물시장 이용금액)/매출액] 또는 산출세액×[(금 현물시장 이용금액×5/100)/매출액]	14V		
금사업자와 스크랩등 사업자의 수입금액증가등 세액공제	제122조의4	산출세액×[(매입자납부익금및손금합계금액 – 직전 과세연도의 매입자납부익금및손금합계금액)×50/100]/익금및손금합계금액 또는 산출세액×[(매입자납부익금및손금합계금액×5/100]/익금및손금합계금액 *한도: 해당 과세연도 산출세액–직전 과세연도 산출세액	14W		
성실신고 확인비용에 대한 세액공제	제126조의6	확인비용 × 60/100 (150만원 한도)	10A		
우수 선화주 인증받은 국제물류주선업자에 대한 세액공제	제104조의30	운송비용의 1% + 직전과세연도 대비 증가분의 3%(산출세액의 10%한도)	18M		
용역제공자에 관한 과세자료의 제출에 대한 세액공제	제104조의32	과세자료에 기재된 용역제공자 인원수×300원(200만원 한도)	10C		
소재 · 부품 · 장비 수요기업 공동출자세액공제	제13조의3 제1항	주식 또는 출자지분 취득가액 5%	18N		
소재 · 부품 · 장비 외국법인 인수세액 공제	제13조의3 제3항	주식 또는 출자지분 취득가액 5% (중견7%, 중소10%)	18P		
상가임대료를 인하한 임대사업자에 대한 세액공제	제96조의3	임대료 인하액의 70%	10B		
선결제 금액에 대한 세액공제	제99조의12	선결제금액 × 1%	18Q		
통합투자세액공제(일반)	제24조	기본공제 : 투자금액 × 1(중견5, 중소10)/100, 신성장 · 원천기술 투자금액 × 3(중견6,중소12)/100 국가전략기술 투자금액 × 8(중견8,중소16)/100 추가공제 : 직전 3년 연평균 투자금액 초과액 × 3/100(국가전략기술 4/100)(기본공제 200% 한도)	13W		
통합투자세액공제(신성장 · 원천기술)	제24조		13X		
통합투자세액공제(국가전략기술)	제24조		13Y		
합		계	1A1		69,000,000

2. 당기공제세액 및 이월액계산

(105) 구분	(106) 사업 연도	요공제세액 (107) 당기분	요공제세액 (108) 이월분	당기 공제대상세액 (109) 당기분	(110)1차 연도 (115)6차 연도	(111)2차 연도 (116)7차 연도	(112)3차 연도 (117)8차 연도	(113)4차 연도 (118)9차 연도	(114)5차 연도 (119)10차 연도	(120)계	(121)최저한세 적용에 따른 미공제액	(122) 그 밖의 사유로 인한 미공제액	(123) 공제세액 ((120)–(121)–(122))	(124) 소멸	(125) 이월액 ((107)+(108) –(123)–(124))
고용을 증대시킨 기업에 대한 세액공제	2022.12.	69,000,000		69,000,000						69,000,000	29,694,000		39,306,000		29,694,000
	소계	69,000,000		69,000,000											
	소계														
합 계		69,000,000		69,000,000						69,000,000	※ 29,694,000		39,306,000		29,694,000

작성방법

1. (105) 구분란에는 1. 공제세액계산(「조세특례제한법」)의 코드를 적습니다.
2. (106) 사업연도란에는 이월된 공제대상세액이 발생한 사업연도와 종료월을 적습니다.
3. (107) 당기분란에는 (104) 공제대상세액을 적습니다.
4. (108) 이월분란에는 (101) 구분별, 사업연도별로 전기의 (125) 이월액을 적습니다.
5. (109) 당기분란에는 당기분 세액을 적고, (110)란~(119)란의 해당 연도란에는 (108) 이월분 세액을 각각 적습니다.
6. (121)최저한세 적용에 따른 미공제액란의 합계(※표란)에는 "최저한세조정계산서(별지 제4호서식)"의 ④란 중 (124) 세액공제란의 금액을 옮겨 적고, 「조세특례제한법」 제144조제2항에 규정된 순서에 따라 (121)란의 최저한세 적용에 따른 미공제액의 각 란에 조정하여 적습니다.
7. 근거법조항 중 "구"는 「조세특례제한법」(2020.12.29. 법률 제17759호로 개정되기 전의 것)에 따른 조항을 의미합니다.

사례 4-1 2022년 귀속 신고 시 작성

[별지 제8호 서식(갑)] (2023.3.20. 개정) (4쪽 중 제1쪽)

사업연도	2022.01.01. ~ 2022.12.31.	공제감면세액 및 추가납부세액합계표(갑)	법 인 명	㈜나라
			사업자등록번호	203-81-63108

1. 최저한세 적용제외 공제감면세액

① 구 분		② 근 거 법 조 항	코드	③ 대상세액	④ 감면(공제) 세액
세액감면	(101) 창업중소기업에 대한 세액감면(최저한세 적용제외)	「조세특례제한법」제6조 제7항 외	110		
	(102) 해외자원개발투자배당 감면	「조세특례제한법」 제22조	103		
	(103) 수도권과밀억제권역 밖으로 이전하는 중소기업 세액감면(수도권 밖으로 이전)	구 「조세특례제한법」 제63조	169		
	(104) 공장의 수도권 밖 이전에 대한 세액감면	「조세특례제한법」 제63조	108		
	(105) 본사의 수도권 밖 이전에 대한 세액감면	「조세특례제한법」 제63조의2	109		
	(106) 영농조합법인 감면	「조세특례제한법」 제66조	104		
	(107) 영어조합법인 감면	「조세특례제한법」 제67조	107		
	(108) 농업회사법인 감면(농업소득)	「조세특례제한법」 제68조	11B		
	(109) 행정중심복합도시 등 공장이전에 대한 조세감면	「조세특례제한법」 제85조의2 제3항 (2019.12.31. 법률 제16835호로 개정되기 전의 것)	11A		
	(110) 위기지역 내 창업기업 세액감면(최저한세 적용제외)	「조세특례제한법」 제99조의9	11N		
	(111) 해외진출기업의 국내복귀에 대한 세액감면(철수방식)	「조세특례제한법」 제104조의24 제1항 제1호	11F		
	(112) 해외진출기업의 국내복귀에 대한 세액감면(유지방식)	「조세특례제한법」 제104조의24 제1항 제2호	11H		
	(113) 고도기술수반사업 외국인투자 세액감면	「조세특례제한법」 제121조의2 제1항 제1호	186		
	(114) 외국인투자지역내 외국인투자 세액감면	「조세특례제한법」 제121조의2제1항 제2호 또는 제2호의5	187		
	(115) 경제자유구역내 외국인투자 세액감면	「조세특례제한법」 제121조의2 제1항 제2호의2	188		
	(116) 경제자유구역 개발사업시행자 세액감면	「조세특례제한법」 제121조의2 제1항 제2호의3	157		
	(117) 제주투자진흥기구의 개발사업시행자 세액감면	「조세특례제한법」 제121조의2 제1항 제2호의4	158		
	(118) 기업도시 개발구역내 외국인투자 세액감면	「조세특례제한법」 제121조의2 제1항 제2호의6	159		
	(119) 기업도시 개발사업의 시행자 세액감면	「조세특례제한법」 제121조의2 제1항 제2호의7	160		
	(120) 새만금사업지역내 외국인투자 세액감면	「조세특례제한법」 제121조의2 제1항 제2호의8	11J		
	(121) 새만금사업 시행자 세액감면	「조세특례제한법」 제121조의2 제1항 제2호의9	11K		
	(122) 기타 외국인투자유치를 위한 조세감면	「조세특례제한법」 제121조의2 제1항 제3호	167		
	(123) 외국인투자기업의 증자의 조세감면	「조세특례제한법」 제121조의4	172		
	(124) 기술도입대가에 대한 조세면제(국내지점 등)	법률 제9921호 조세특례제한법 일부개정법률 부칙 제77조	173		
	(125) 제주첨단과학기술단지 입주기업 조세감면(최저한세 적용제외)	「조세특례제한법」 제121조의8	181		
	(126) 제주투자진흥지구등 입주기업 조세감면(최저한세 적용제외)	「조세특례제한법」 제121조의9	182		
	(127) 기업도시개발구역 등 입주기업 감면(최저한세 적용제외)	「조세특례제한법」 제121조의17 제1항 제1·3·5호	197		
	(128) 기업도시개발사업 등 시행자 감면	「조세특례제한법」 제121조의17 제1항 제2·4·6·7호	198		
	(129) 아시아문화중심도시 투자진흥지구 입주기업 감면(최저한세 적용제외)	「조세특례제한법」 제121조의20 제1항	11C		
	(130) 금융중심지 창업기업에 대한 감면(최저한세 적용제외)	「조세특례제한법」 제121조의21 제1항	11G		
	(131) 동업기업 세액감면 배분액(최저한세 적용제외)	「조세특례제한법」 제100조의18 제4항	11D		
	(132) 사회적기업에 대한 감면	「조세특례제한법」 제85조의6	11L		
	(133) 장애인 표준사업장에 대한 감면	「조세특례제한법」 제85조의6	11M		
	(134) 첨단의료복합단지 입주기업에 대한 감면(최저한세 적용제외)	「조세특례제한법」 제121조의22 제1항 제1호	17A		
	(135) 국가식품클러스터 입주기업에 대한 감면(최저한세 적용제외)	「조세특례제한법」 제121조의22 제1항 제2호	17B		
	(136) 연구개발특구 입주기업에 대한 감면(최저한세 적용제외)	「조세특례제한법」 제12조의2	17C		
	(137) 감염병 피해에 따른 특별재난지역의 중소기업에 대한 감면	「조세특례제한법」 제99조의11	17D		
	(138) **소 계**		170		
세액공제	(139) 외국납부세액공제	「법인세법」 제57조	101		
	(140) 재해손실세액공제	「법인세법」 제58조	102		
	(141) 신성장·원천기술 연구개발비세액공제(최저한세 적용제외)	「조세특례제한법」 제10조 제1항 제1호	16A		
	(142) 국가전략기술 연구개발비세액공제(최저한세 적용제외)	「조세특례제한법」 제10조 제1항 제2호	10D		
	(143) 일반 연구·인력개발비세액공제(최저한세 적용제외)	「조세특례제한법」 제10조 제1항 제3호	16B		
	(144) 동업기업 세액공제 배분액(최저한세 적용제외)	「조세특례제한법」 제100조의18 제4항	12D		
	(145) 성실신고 확인비용에 대한 세액공제	「조세특례제한법」 제126조의6	10A		
	(146) 상가임대료를 인하한 임대사업자에 대한 세액공제	「조세특례제한법」 제96조의3	10B		
	(147) 용역제공자에 관한 과세자료의 제출에 대한 세액공제	「조세특례제한법」 제104조의32	10C		
	(149) **소 계**		180		
(150) **합 계**((138) + (149))			110		

210mm×297mm[백상지 80g/㎡ 또는 중질지 80g/㎡]

(4쪽 중 제2쪽)

2. 최저한세 적용대상 공제감면세액

	① 구 분	② 근 거 법 조 항	코드	③ 대상세액	④ 감면세액
세액감면	⑮ 창업중소기업에 대한 세액감면(최저한세 적용대상)	「조세특례제한법」 제6조 제1항 · 제5항 · 제6항	111		
	⑫ 창업벤처중소기업 세액감면	「조세특례제한법」 제6조 제2항	174		
	⑬ 에너지신기술 중소기업 세액감면	「조세특례제한법」 제6조 제4항	13E		
	⑭ 중소기업에 대한 특별세액감면	「조세특례제한법」 제7조	112		
	⑮ 연구개발특구 입주기업에 대한 세액감면(최저한세 적용대상)	「조세특례제한법」 제12조의 2	179		
	⑯ 국제금융거래이자소득 면제	「조세특례제한법」 제21조	123		
	⑰ 사업전환 중소기업에 대한 세액감면	구 「조세특례제한법」 제33조의 2	192		
	⑱ 무역조정지원기업의 사업전환 세액감면	구 「조세특례제한법」 제33조의 2	13A		
	⑲ 기업구조조정 전문회사 주식양도차익 세액감면	법률 제9272호 조세특례제한법 일부개정법률 부칙 제10조 · 제40조	13B		
	⑳ 혁신도시 이전 등 공공기관 세액감면	「조세특례제한법」 제62조 제4항	13F		
	⑪ 공장의 지방이전에 대한 세액감면(중소기업의 수도권 안으로 이전)	「조세특례제한법」 제63조	116		
	⑫ 농공단지입주기업 등 감면	「조세특례제한법」 제64조	117		
	⑬ 농업회사법인 감면(농업소득 외의 소득)	「조세특례제한법」 제68조	119		
	⑭ 소형주택 임대사업자에 대한 세액감면	「조세특례제한법」 제96조	13I		
	⑮ 상가건물 장기임대사업자에 대한 세액감면	「조세특례제한법」 제96조의 2	13N		
	⑯ 산림개발소득 감면	「조세특례제한법」 제102조	124		
	⑰ 동업기업 세액감면 배분액(최저한세 적용대상)	「조세특례제한법」 제100조의 18 제4항	13D		
	⑱ 첨단의료복합단지 입주기업에 대한 감면(최저한세 적용대상)	「조세특례제한법」 제121조의 22 제1항 제1호	13H		
	⑲ 기술이전에 대한 세액감면	「조세특례제한법」 제12조 제1항	13J		
	⑳ 기술대여에 대한 세액감면	「조세특례제한법」 제12조 제3항	13K		
	⑪ 제주첨단과학기술단지 입주기업 감면(최저한세 적용대상)	「조세특례제한법」 제121조의 8	13P		
	⑫ 제주투자진흥지구등 입주기업 감면(최저한세 적용대상)	「조세특례제한법」 제121조의 9	13Q		
	⑬ 기업도시개발구역 등 입주기업 감면(최저한세 적용대상)	「조세특례제한법」 제121조의 17 제1항 제1호 · 제3호 · 5호	13R		
	⑭ 위기지역 내 창업기업 세액감면(최저한세 적용대상)	「조세특례제한법」 제99조의 9	13S		
	⑮ 아시아문화중심도시 투자진흥지구 입주기업 감면(최저한세 적용대상)	「조세특례제한법」 제121조의 20 제1항	13T		
	⑯ 금융중심지 창업기업에 대한 감면(최저한세 적용대상)	「조세특례제한법」 제121조의 21 제1항	13U		
	⑰ 국가식품클러스터 입주기업에 대한 감면(최저한세 적용대상)	「조세특례제한법」 제121조의 22 제1항 제2호	13V		
	⑱ 소 계		130		

210mm×297mm[백상지 80g/㎡ 또는 중질지 80g/㎡]

(4쪽 중 제3쪽)

① 구 분		② 근 거 법 조 항	코드	⑤ 전기 이월액	⑥ 당기 발생액	⑦ 공제 세액
세액공제	(180) 중소기업 등 투자세액공제	구 「조세특례제한법」 제5조	131			
	(181) 상생결제 지급금액에 대한 세액공제	「조세특례제한법」 제7조의4	14Z			
	(182) 대 · 중소기업 상생협력을 위한 기금출연 세액공제	「조세특례제한법」 제8조의3 제1항	14M			
	(183) 협력중소기업에 대한 유형고정자산 무상임대 세액공제	「조세특례제한법」 제8조의3 제2항	18D			
	(184) 수탁기업에 설치하는 시설에 대한 세액공제	「조세특례제한법」 제8조의3 제3항	18L			
	(185) 교육기관에 무상 기증하는 중고자산에 대한 세액공제	「조세특례제한법」 제8조의3 제4항	18R			
	(186) 신성장 · 원천기술 연구개발비세액공제(최저한세 적용대상)	「조세특례제한법」 제10조 제1항 제1호	13L			
	(187) 국가전략기술 연구개발비세액공제(최저한세 적용대상)	「조세특례제한법」 제10조 제1항 제2호	10E			
	(188) 일반 연구 · 인력개발비세액공제(최저한세 적용대상)	「조세특례제한법」 제10조 제1항 제3호	13M			
	(189) 기술취득에 대한 세액공제	「조세특례제한법」 제12조 제2항	176			
	(190) 기술혁신형 합병에 대한 세액공제	「조세특례제한법」 제12조의3	14T			
	(191) 기술혁신형 주식취득에 대한 세액공제	「조세특례제한법」 제12조의4	14U			
	(192) 벤처기업등 출자에 대한 세액공제	「조세특례제한법」 제13조의2	18E			
	(193) 성과공유 중소기업 경영성과급 세액공제	「조세특례제한법」 제19조	18H			
	(194) 연구 · 인력개발설비투자 세액공제	구 「조세특례제한법」 제25조 제1항 제1호	134			
	(195) 에너지절약시설투자 세액공제	구 「조세특례제한법」 제25조 제1항 제2호	177			
	(196) 환경보전시설 투자 세액공제	구 「조세특례제한법」 제25조 제1항 제3호	14A			
	(197) 근로자복지증진시설투자 세액공제	구 「조세특례제한법」 제25조 제1항 제4호	142			
	(198) 안전시설투자 세액공제	구 「조세특례제한법」 제25조 제1항 제5호	136			
	(199) 생산성향상시설투자세액공제	구 「조세특례제한법」 제25조 제1항 제6호	135			
	(200) 의약품 품질관리시설투자 세액공제	구 「조세특례제한법」 제25조의4	14B			
	(201) 신성장기술 사업화를 위한 시설투자 세액공제	구 「조세특례제한법」 제25조의5	18B			
	(202) 영상콘텐츠 제작비용에 대한 세액공제	「조세특례제한법」 제25조의6	18C			
	(203) 초연결 네트워크 시설투자에 대한 세액공제	구 「조세특례제한법」 제25조의7	18I			
	(204) 고용창출투자세액공제	「조세특례제한법」 제26조	14N			
	(205) 산업수요맞춤형고등학교등 졸업자를 병역이행 후 복직시킨 중소기업에 대한 세액공제	「조세특례제한법」 제29조의2	14S			
	(206) 경력단절 여성 고용 기업 등에 대한 세액공제	「조세특례제한법」 제29조의3 제1항	14X			
	(207) 육아휴직 후 고용유지 기업에 대한 인건비 세액공제	「조세특례제한법」 제29조의3 제2항	18J			
	(208) 근로소득을 증대시킨 기업에 대한 세액공제	「조세특례제한법」 제29조의4	14Y			
	(209) 청년고용을 증대시킨 기업에 대한 세액공제	「조세특례제한법」 제29조의5	18A			
	(210) 고용을 증대시킨 기업에 대한 세액공제	「조세특례제한법」 제29조의7	18F		69,000,000	39,306,000
	(211) 통합고용세액공제	「조세특례제한법」 제29조의8	18S			
	(212) 정규직근로자 전환 세액공제	「조세특례제한법」 제30조의2	14H			
	(213) 고용유지중소기업에 대한 세액공제	「조세특례제한법」 제30조의3	18K			
	(214) 중소기업 고용증가 인원에 대한 사회보험료 세액공제	「조세특례제한법」 제30조의 4 제1항	14Q			
	(215) 중소기업 사회보험 신규가입에 대한 사회보험료 세액공제	「조세특례제한법」 제30조의 4 제3항	18G			
	(216) 전자신고에 대한 세액공제(납세의무자)	「조세특례제한법」 제104조의 8 제1항	184			
	(217) 전자신고에 대한 세액공제(세무법인 등)	「조세특례제한법」 제104조의 8 제3항	14J			
	(218) 제3자 물류비용 세액공제	「조세특례제한법」 제104조의 14	14E			
	(219) 대학 맞춤형 교육비용 등 세액공제	구 「조세특례제한법」 제104조의 18 제1항	14I			
	(220) 대학등 기부설비에 대한 세액공제	구 「조세특례제한법」 제104조의 18 제2항	14K			
	(221) 기업의 경기부 설치운영비용 세액공제	「조세특례제한법」 제104조의 22	14O			
	(222) 동업기업 세액공제 배분액(최저한세 적용대상)	「조세특례제한법」 제100조의 18 제4항	14L			
	(223) 산업수요맞춤형 고등학교 등 재학생에 대한 현장훈련수당 등 세액공제	구 「조세특례제한법」 제104조의 18 제4항	14R			
	(224) 석유제품 전자상거래에 대한 세액공제	「조세특례제한법」 제104조의 25	14P			
	(225) 금 현물시장에서 거래되는 금지금에 대한 과세특례	「조세특례제한법」 제126조의 7 제8항	14V			
	(226) 금사업자와 스크랩등사업자의 수입금액의 증가 등에 대한 세액공제	「조세특례제한법」 제122조의 4	14W			
	(227) 우수 선화주 인증 국제물류주선업자 세액공제	「조세특례제한법」 제104조의 30	18M			
	(228) 소재 · 부품 · 장비 수요기업 공동출자 세액공제	「조세특례제한법」 제13조의 3 제1항	18N			
	(229) 소재 · 부품 · 장비 외국법인 인수세액 공제	「조세특례제한법」 제13조의 3 제3항	18P			
	(230) 선결제 금액에 대한 세액공제	「조세특례제한법」 제99조의 12	18Q			
	(231) 통합투자세액공제(일반)	「조세특례제한법」 제24조	13W			
	(232) 통합투자세액공제(신성장 · 원천기술)	「조세특례제한법」 제24조	13X			
	(233) 통합투자세액공제(국가전략기술)	「조세특례제한법」 제24조	13Y			
	(234) 소 계		149		69,000,000	39,306,000
(235) 합 계((178) + (234))			150			39,306,000
(236) 공제감면세액 총계((150) + (235))			151			39,306,000

(237) 기술도입대가에 대한 조세면제	법률 제9921호 조세특례제한법 일부개정법률 부칙 제77조	183			
(238) 간주 · 간접 외국납부세액공제	「법인세법」 제57조 제3항 · 제4항 · 제6항	189			

210mm×297mm[백상지 80g/㎡ 또는 중질지 80g/㎡]

사례 4-1 2022년 귀속 신고 시 작성

[별지 제3호 서식] (2023.3.20. 개정) (앞쪽)

사업연도	2022.01.01. ~ 2022.12.31.	법인세 과세표준 및 세액조정계산서	법인명	㈜나라
			사업자등록번호	203-81-63108

구분	항목	코드	금액
① 각 사업연도 소득계산	(101) 결산서상당기순손익	01	456,200,000
	소득조정금액 (102) 익금산입	02	
	소득조정금액 (103) 손금산입	03	
	(104) 차가감소득금액 (101+102-103)	04	456,200,000
	(105) 기부금한도초과액	05	
	(106) 기부금한도초과이월액 손금산입	54	
	(107) 각사업연도소득금액 (104+105-106)	06	456,200,000
② 과세표준 계산	(108) 각사업연도소득금액 (108=107)		456,200,000
	(109) 이월결손금	07	
	(110) 비과세소득	08	
	(111) 소득공제	09	
	(112) 과세표준 (108-109-110-111)	10	456,200,000
	(159) 선박표준이익	55	
③ 산출세액 계산	(113) 과세표준 (112+159)	56	456,200,000
	(114) 세율	11	20
	(115) 산출세액	12	71,240,000
	(116) 지점유보소득 (「법인세법」 제96조)	13	
	(117) 세율	14	
	(118) 산출세액	15	71,240,000
	(119) 합계 (115+118)	16	71,240,000
④ 납부할 세액 계산	(120) 산출세액 (120=119)		71,240,000
	(121) 최저한세적용대상공제감면세액	17	39,306,000
	(122) 차감세액	18	31,934,000
	(123) 최저한세적용제외공제감면세액	19	
	(124) 가산세액	20	
	(125) 가감계 (122-123+124)	21	31,934,000
	기납부세액 - 기한내납부세액 (126) 중간예납세액	22	
	기납부세액 - 기한내납부세액 (127) 수시부과세액	23	
	기납부세액 - 기한내납부세액 (128) 원천납부세액	24	
	기납부세액 - 기한내납부세액 (129) 간접투자회사등의 외국납부세액	25	
	기납부세액 - 기한내납부세액 (130) 소계 (126+127+128+129)	26	
	기납부세액 (131) 신고납부전가산세액	27	
	기납부세액 (132) 합계 (130+131)	28	
	(133) 감면분추가납부세액	29	
	(134) 차감납부할세액 (125-132+133)	30	31,934,000
⑤ 토지등양도소득에 대한 법인세 계산	양도차익 (135) 등기자산	31	
	양도차익 (136) 미등기자산	32	
	(137) 비과세소득	33	
	(138) 과세표준 (135+136-137)	34	
	(139) 세율	35	
	(140) 산출세액	36	
	(141) 감면세액	37	
	(142) 차감세액 (140-141)	38	
	(143) 공제세액	39	
	(144) 동업기업 법인세 배분액 (가산세 제외)	58	
	(145) 가산세액 (동업기업 배분액 포함)	40	
	(146) 가감계 (142-143+144+145)	41	
	기납부세액 (147) 수시부과세액	42	
	기납부세액 (148) ( ) 세액	43	
	기납부세액 (149) 계 (147+148)	44	
	(150) 차감납부할세액 (146-149)	45	
⑥ 미환류소득법인세	(160) 과세대상 미환류소득	59	
	(161) 세율	60	
	(162) 산출세액	61	
	(163) 가산세액	62	
	(164) 이자상당액	63	
	(165) 납부할세액 (162+163+164)	64	
⑦ 세액계	(151) 차감납부할세액계 (134+150+165)	46	31,934,000
	(152) 사실과 다른 회계처리 경정 세액공제	57	
	(153) 분납세액계산범위액 (151-124-133-145-152+131)	47	31,934,000
	(154) 분납할세액	48	15,967,000
	(155) 차감납부세액 (151-152-154)	49	15,967,000

210mm×297mm[백상지 80g/㎡ 또는 중질지 80g/㎡]

사례 4-1 2022년 귀속 신고 시 작성

[별지 제13호 서식] (2023.3.20. 개정) (3쪽 중 제1쪽)

사 업 연 도	2022.01.01. ~ 2022.12.31.	농어촌특별세 과세대상 감면세액 합계표	법인명	㈜나라
			사업자등록번호	203-81-63108

1. 일반법인의 감면세액

① 구 분	② 감 면 내 용	③ 「조세특례제한법」 근거 조항	코드	④ 감 면 세 액 (소 득 금 액)	비 고
⑤ 비과세	⑩ 기업구조조정전문회사의 양도차익 비과세	법률 제9272호 부칙 제10조 · 제40조	604	(　　)	별지 제6호 서식 ⑩란 해당 금액
	⑩ 중소기업창업투자회사 등의 소재 · 부품 · 장비전문기업 주식양도차익 등에 대한 비과세	제13조의 4	62Q	(　　)	
	⑩		606		
⑥ 소득공제	⑩ 국민주택임대소득공제	제55조의 2 제4항	460	(　　)	별지 제7호 서식 ⑧란 해당 금액
	⑩ 주택임대소득공제(연면적 149㎡ 이하)	제55조의 2 제5항	463	(　　)	
	⑩			(　　)	
	⑩		458		
⑦ 비과세 · 소득공제분 감면세액			6A1		(과세표준+소득금액)×세율-산출세액
⑧ 세액감면	⑩ 국제금융거래이자소득 면제	제21조	123		별지 제8호서식(갑)의 ④란 해당 금액
	⑩ 해외자원개발배당 감면	제22조	103		
	⑩ 사업전환 중소기업에 대한 세액감면	구 제33조의 2	192		
	⑪ 무역조정지원기업의 사업전환 세액감면	구 제33조의 2	13A		
	⑫ 기업구조조정전문회사의 주식양도차익 감면	법률 제9272호 부칙 제10조 · 제40조	13B		
	⑬ 혁신도시 이전 공공기관 세액감면	제62조 제4항	13F		
	⑭ 행정중심복합도시 등 공장이전 조세감면	제85조의 2(19. 12.31. 법률 제16835호로 개정되기 전의 것)	11A		
	⑮ 사회적 기업에 대한 감면	제85조의 6	11L		
	⑯ 장애인 표준사업장에 대한 감면	제85조의 6	11M		
	⑰ 소형주택 임대사업자에 대한 세액감면	제96조	13I		
	⑱ 상가건물 장기 임대사업자에 대한 감면	제96조의 2	13N		
	⑲ 제주첨단과학기술단지입주기업 조세감면(최저한세적용제외)	제121조의 8	181		
	⑳ 제주투자진흥지구 등 입주기업 조세감면(최저한세적용제외)	제121조의 9	182		
	㉑ 기업도시개발구역 등 입주기업 감면(최저한세적용제외)	제121조의 17 제1항 제1호 · 제3호 · 제5호	197		
	㉒ 기업도시개발사업 등 시행자 감면	제121조의 17 제1항 제2호 · 제4호 · 제6호 · 제7호	198		
	㉓ 아시아문화중심도시 투자진흥지구 입주기업 감면(최저한세적용제외)	제121조의 20 제1항	11C		
	㉔ 금융중심지 창업기업에 대한 감면(최저한세적용제외)	제121조의 21 제1항	11G		
	㉕ 첨단의료복합단지 입주기업에 대한 감면(최저한세적용제외)	제121조의 22	17A		
	㉖ 국가식품클러스터 입주기업에 대한 감면(최저한세적용제외)	제121조의 22	17B		
	㉗ 첨단의료복합단지 입주기업에 대한 감면(최저한세적용대상)	제121조의 22	13H		
	㉘ 국가식품클러스터 입주기업에 대한 감면(최저한세적용대상)	제121조의 22	13V		
	㉙ 제주첨단과학기술단지입주기업 조세감면(최저한세적용대상)	제121조의 8	13P		
	㉚ 제주투자진흥지구 등 입주기업 조세감면(최저한세적용대상)	제121조의 9	13Q		
	㉛ 기업도시개발구역 등 입주기업 감면(최저한세적용대상)	제121조의 17 제1항 제1호 · 제3호 · 제5호	13R		
	㉜ 금융중심지 창업기업에 대한 감면(최저한세적용대상)	제121조의 21 제1항	13U		
	㉝ 아시아문화중심도시 투자진흥지구 입주기업 감면(최저한세적용대상)	제121조의 20 제1항	13T		
	㉞		164		

210mm×297mm[백상지 80g/㎡ 또는 중질지 80g/㎡]

(3쪽 중 제2쪽)

① 구 분	② 감 면 내 용	③ 「조세특례제한법」 근거 조항	코드	④ 감 면 세 액 (소득금액)	비 고
	(135) 중소기업투자세액공제	구 제5조	131		
	(136) 상생결제 지급금액에 대한 세액공제	제7조의4	14Z		
	(137) 대중소기업 상생협력을 위한 기금출연 세액공제	제8조의3 제1항	14M		
	(138) 협력중소기업에 대한 유형고정자산 무상임대 세액공제	제8조의3 제2항	18D		
	(139) 수탁기업에 설치하는 시설에 대한 세액공제	제8조의3 제3항	18L		
	(140) 교육기관에 무상 기증하는 중고자산에 대한 세액공제	제8조의3 제4항	18R		
	(141) 기술혁신형 합병에 대한 세액공제	제12조의3	14T		
	(142) 기술혁신형 주식취득에 대한 세액공제	제12조의4	14U		
	(143) 벤처기업 등 출자에 대한 세액공제	제13조의2	18E		
	(144) 성과공유 중소기업 경영성과급 세액공제	제19조	18H		
	(145) 에너지절약시설투자 세액공제	구 제25조 제1항 제2호	177		
	(146) 환경보전시설투자 세액공제	구 제25조 제1항 제3호	14A		
	(147) 근로자복지증진시설투자 세액공제	구 제25조 제1항 제4호	142		
	(148) 안전시설투자 세액공제	구 제25조 제1항 제5호	136		
	(149) 생산성향상시설투자세액공제	구 제25조 제1항 제6호	135		
	(150) 의약품 품질관리시설투자 세액공제	구 제25조의4	14B		
	(151) 신성장기술 사업화를 위한 시설투자 세액공제	구 제25조의5	18B		
	(152) 영상콘텐츠 제작비용에 대한 세액공제	제25조의6	18C		
	(153) 초연결 네크워크 시설투자에 대한 세액공제	구 제25조의7	18I		
	(154) 고용창출투자세액공제	제26조	14N		
	(155) 산업수요맞춤형고등학교등 졸업자 복직 중소기업 세액공제	제29조의2	14S		
⑨	(156) 경력단절 여성 고용 기업 등에 대한 세액공제	제29조의3 제1항	14X		
세 액	(157) 육아휴직 후 고용유지 기업에 대한 인건비 세액공제	제29조의3 제2항	18J		별지 제8호서식(갑)의
공 제	(158) 근로소득을 증대시킨 기업에 대한 세액공제	제29조의4	14Y		④·⑦란 세액공제
	(159) 청년고용을 증대시킨 기업에 대한 세액공제	제29조의5	18A		해당 금액
	(160) 고용을 증대시킨 기업에 대한 세액공제	**제29조의7**	**18F**	**39,306,000**	
	(161) 통합고용세액공제	제29조의8	18S		
	(162) 제3자 물류비용 세액공제	제104조의14	14E		
	(163) 대학 맞춤형 교육비용 등 세액공제	구 제104조의18 제1항	14I		
	(164) 대학등 기부설비에 대한 세액공제	구 제104조의18 제2항	14K		
	(165) 산업수요맞춤형 고등학교 등 재학생에 대한 현장훈련수당 등 세액공제	구 제104조의18 제4항	14R		
	(166) 기업의 경기부 설치운영비용 세액공제	제104조의22	14O		
	(167) 석유제품 전자상거래에 대한 세액공제	제104조의25	14P		
	(168) 금 현물시장에서 거래되는 금지금에 대한 과세특례	제126조의7 제8항	14V		
	(169) 금사업자와 스크랩등사업자의 수입금액의 증가 등에 대한 세액공제	제122조의4	14W		
	(170) 우수 선화주 인증 국제물류주선업자 세액공제	제104조의30	18M		
	(171) 용역제공자에 관한 과세자료의 제출에 대한 세액공제	제104조의32	10C		
	(172) 소재·부품·장비 수요기업 공동출자 세액공제	제13조의3 제1항	18N		
	(173) 소재·부품·장비 외국법인 인수세액 공제	제13조의3 제3항	18P		
	(174) 상가임대료를 인하한 임대사업자에 대한 세액공제	제96조의3	10B		
	(175) 선결제 금액에 대한 세액공제	제99조의12	18Q		
	(176) 통합투자세액공제(일반)	제24조	13W		
	(177) 통합투자세액공제(신성장·원천기술)	제24조	13X		
	(178) 통합투자세액공제(국가전략기술)	제24조	13Y		
	(179)		165		
	⑩ 감 면 세 액 합 계			39,306,000	

2. 조합법인 등의 감면세액

① 법인세 과세표준	② 「조세특례제한법」 제72조 세율	③ 산출세액(①×②)	④ 과세표준		⑤ 「법인세법」 제55조의 세율	⑥ 산출세액	⑦ 감면세액 (⑥-③)
			구 분	금 액			
			2억원 이하 200억원 이하 3천억원 이하 3천억원 초과				
합 계			합 계				

210mm×297mm[백상지 80g/㎡ 또는 중질지 80g/㎡]

사례 4-1 2022년 귀속 신고 시 작성

[별지 제12호 서식] (2017.3.10. 개정) (앞 쪽)

사 업 연 도	2022.01.01. ~ 2022.12.31.	농어촌특별세과세표준 및 세액조정계산서	법인명	㈜나라
			사업자등록번호	203-81-63108

농어촌특별세 과세표준 및 세액 조정내역

① 법 인 유 형	②과 세 표 준		세 율	③세 액
	구 분	금 액		
④ 일 반 법 인	⑤법 인 세 감 면 세 액	39,306,000	20%	7,861,200
	⑥			
	⑦			
	⑧ 소 계	39,306,000		7,861,200
⑨조 합 법 인 등	⑩법 인 세 공제 · 감 면 세 액		20%	
	⑫ 소 계			

작 성 방 법

1. ②란 중 ⑤법인세감면세액란에는 농어촌특별세과세대상감면세액합계표[별지 제13호서식]상의 ⑩감면세액합계란의 금액을 옮겨 적습니다.
2. ②란 중 ⑩법인세공제 · 감면세액란에는 농어촌특별세과세대상감면세액합계표[별지 제13호서식] 2. 조합법인 등 감면세액 중 ⑦감면세액란의 합계금액과 3. 조합법인 등 공제세액중 ⑨ 공제세액란 합계금액을 더하여 기입합니다.

210mm×297mm[백상지 80g/㎡ 또는 중질지 80g/㎡]

사례 4-1 2022년 귀속 신고 시 작성

[별지 제2호 서식] (2022.3.18. 개정)

농어촌특별세 과세표준 및 세액신고서

※ 뒤쪽의 신고안내 및 작성방법을 읽고 작성하여 주시기 바랍니다. (앞쪽)

1. 신고인 인적사항

① 소 재 지	경기도 고양시 일산서구 대화로37번길 102-30(법곳동)				
② 법 인 명	㈜나라		③ 대 표 자 성 명	김 유 민	
④ 사 업 자 등 록 번 호	203-81-63108	⑤사 업 연 도	2022.01.01. ~2022.12.31.	⑥전 화 번 호	031-2231-7027

2. 농어촌특별세 과세표준 및 세액 조정내역

⑦과 세 표 준			39,306,000
⑧산 출 세 액			7,861,200
⑨가 산 세 액 (미납세액, 미납일수, 세율)			(, , 2.2/10,000)
⑩총 부 담 세 액			7,861,200
⑪기 납 부 세 액			
⑫차 감 납 부 할 세 액			**7,861,200**
⑬분 납 할 세 액			
⑭차 감 납 부 세 액			**7,861,200**
⑮충 당 후 납 부 세 액			**7,861,200**
⑯국 세 환 급 금 충 당 신 청	환 급 법 인 세		
	충당할 농어촌특별세		

신고인은 「농어촌특별세법」 제7조에 따라 위의 내용을 신고하며, 위 내용을 충분히 검토하였고 **신고인이 알고 있는 사실 그대로를 정확하게 적었음을 확인합니다.**

2023년 3월 31일

신고인(대표자) 김 유 민 (서명 또는 인)

세무대리인은 조세전문자격자로서 위 신고서를 성실하고 공정하게 작성하였음을 확인합니다.

세무대리인 (서명 또는 인)

고양 세무서장 귀하

210mm×297mm[백상지 80g/㎡ 또는 중질지 80g/㎡]

⊙ 2차연도(2023년) 서식 작성

2023년 사업연도의 전체 상황을 분석해보면 2022년 귀속분 법인세 신고 시 세액공제를 적용받았으나 2023년 사업연도에 상시근로자 수 감소로 인하여 공제받은 세액 중 일부를 추가납부하여야 하는 상황이다.

1. 연도별 공제세액 및 추가납부세액의 확인

구 분	2022년	2023년
과세표준	456,200,000	495,200,000
산출세액	71,240,000	74,088,000
공제대상세액	69,000,000	18,000,000
차감세액	2,240,000	60,950,000
최저한세액	31,934,000	34,664,000
공제배제액	29,694,000	-
공제적용	39,306,000	18,090,000
이월액	29,694,000	-
농어촌특별세 납부액	7,861,200	3,618,000
농어촌특별세 환급액	-	7,861,200

(1) 추가납부세액의 반영

① 2차연도에 추가로 납부할 세액은 51,000,000원이다.

추가납부세액 = 4명×11,000,000원 + 1명×7,000,000원 = 44,000,000원 + 7,000,000원
= 51,000,000원

② 추가로 납부할 세액은 직전 연도에 실제로 공제받은 세액을 한도로 납부하고 초과액은 이월된 공제세액에서 차감한다.

※ 근거규정 : 서면-2020-법인-5929, 2021.07.29.
「조세특례제한법」 제29조의7에 따른 고용을 증대시킨 기업에 대한 세액공제를 신청한 내국인이 그 세액공제액 중 법인세 최저한세액에 미달하여 공제받지 못한 부분에 상당하는 금액을 이월한 후 최초로 공제를 받은 과세연도의 종료일부터 1년이 되는 날이 속하는 과세연도의 종료일까지의 기간 중 상시근로자 수가 최초로 공제를 받은 과세연도에 비하여 감소한 경우 「조세특례제한법 시행령」 제26조의7 제5항 제1호에 따라 계산한 금액을 같은 법 제29조의7 제1항에 따라 공제받은 세액을 한도로 법인세를 납부하고 나머지 금액은 이월된 세액공제액에서 차감하는 것임.

이월공제액에서 차감할 금액 = 추가납부세액 − 직전연도에 실제로 공제받은 금액
= 51,000,000원 − 39,306,000원 = 11,694,000원

(2) 추가로 납부에 따른 전년도 농어촌특별세 납부액의 환급

① 세액공제액을 추가납부할 경우 세액공제 적용 시 납부한 농어촌특별세액은 환급된다.
② 환급액은 전년도에 실제로 세액공제를 적용받고 납부한 7,861,200원이다.

(3) 세액공제 이월액 중 추가납부세액 차감 후 잔액

① 전년도(2022년)에 세액공제대상액 69,000,000원 중 최저한세 규정으로 인해 39,306,000원을 공제 적용받고 29,694,000원은 공제배제되어 이월되었다.
② 이월된 공제액 중 11,694,000원을 차감한다.
③ 이월된 금액 중 18,000,000원(=29,694,000원−11,694,000원)은 2차연도에 공제를 적용할 수 있다.

(4) 추가납부세액 차감 후 이월액의 세액공제 적용

① 2차연도(2023년)의 법인세 산출세액은 74,088,000원이다.
② 2차연도(2023년)에 적용할 수 있는 세액공제액은 전년도에 이월된 세액공제액 중 추가납부세액을 차감한 후 잔액 18,000,000원이다.

(5) 2차연도(2023년) 최저한세 검토 및 공제액 확인

① 2차연도(2023년) 최저한세액은 34,664,000원이다.
② 2차연도(2023년)의 차감세액은 56,088,000원(=74,088,000원−18,000,000원)으로 최저한세 이상이므로 공제배제되지 않고 전액 공제받을 수 있다.
③ 1차연도(2022년)에 공제배제되어 이월된 금액 29,694,000원 중 11,694,000원은 추가납부세액과 상계소멸되고 상계후 잔액 18,000,000원은 2차연도(2023년)에 전액 공제받아 이월잔액은 0원이 된다.

(6) 2차연도(2023년) 농어촌특별세 납부액 확인

① 2차연도(2023년)에 납부할 농어촌특별세액은 3,600,000원(=18,000,000원×20%)
② 1차연도(2023년) 농어촌특별세 환급액 7,861,200원과 상계(충당) 후 4,261,200원은 법인세 신고 시 법인세 납부액에 충당한다[국세기본법 시행규칙 별지 제19호의2 서식 국세환급금 충당청구(동의)서 작성].

(7) 2023년 사업연도 납부할 법인세액의 확정

2022년 사업연도에 차감납부할 법인세액은 95,394,000원이지만 이 금액에는 감면분 추가납부세액 39,306,000원이 포함되어 있으므로 분납세액 계산범위액 산정 시 39,306,000원을 제외한 금액인 56,088,000원에 대하여 50% 분납을 적용할 수 있다.

사례 4-1 2023년 귀속 신고 시 작성

[별지 제10호의8 서식] (2024.3.22. 개정)

고용 증대 기업에 대한 공제세액계산서

(3쪽 중 제1쪽)

❶ 신청인	① 상호 또는 법인명 : ㈜나라	② 사업자등록번호 : 203-81-63108
	③ 대표자 성명 : 김 유 민	④ 생년월일 : 1973년 04월 12일
	⑤ 주소 또는 본점소재지 : 경기도 고양시 일산서구 대화로37번길 102-30(법곶동) (전화번호 : 031-2231-7027)	

❷ 과세연도	2023년 1월 1일부터 2023년 12월 31일까지

❸ 공제세액 계산내용

가. 1차년도 세제지원 요건 : ⑧ > 0

1. 상시근로자 증가 인원

⑥ 해당 과세연도 상시근로자 수	⑦ 직전 과세연도 상시근로자 수	⑧ 상시근로자 증가 인원 수 (⑥-⑦)
10.00	15.00	-5.00

2. 청년등 상시근로자 증가 인원

⑨ 해당 과세연도 청년등 상시근로자 수	⑩ 직전 과세연도 청년등 상시근로자 수	⑪ 청년등 상시근로자 증가 인원 수(⑨-⑩)
4.00	8.00	-4.00

3. 청년등 상시근로자 외 상시근로자 증가 인원

⑫ 해당 과세연도 청년등 상시근로자 외 상시근로자 수	⑬ 직전 과세연도 청년등 상시근로자 외 상시근로자 수	⑭ 청년등 상시근로자 외 상시근로자 증가 인원 수(⑫-⑬)
6.00	7.00	-1.00

4. 1차년도 세액공제액 계산

구분	구분		직전 과세연도 대비 상시근로자 증가 인원 수 (⑧ 상시근로자 증가 인원 수를 한도)	1인당 공제금액	⑮ 1차년도 세액공제액
중소기업	수도권 내	청년등		1천1백만원	
		청년등 외		7백만원	
	수도권 밖	청년등		1천3백만원	
		청년등 외		7백7십만원	
	계				
중견기업	수도권 내	청년등		8백만원	
		청년등 외		4백5십만원	
	수도권 밖	청년등		9백만원	
		청년등 외		4백5십만원	
	계				
일반기업	수도권 내	청년등		4백만원	
		청년등 외			
	수도권 밖	청년등		5백만원	
		청년등 외			
	계				

210mm×297mm[백상지 80g/㎡ 또는 중질지 80g/㎡]

PART 05 고용지원을 위한 조세특례

(3쪽 중 제2쪽)

나. 2차년도 세제지원 요건 : ⑱ ≥ 0

1. 상시근로자 증가 인원

⑯ 2차년도(해당 과세연도) 상시근로자 수	⑰ 1차년도(직전 과세연도) 상시근로자 수	⑱ 상시근로자 증가 인원 수(⑯−⑰)
10.00	15.00	−5.00

2. 2차년도 세액공제액 계산(상시근로자 감소여부)

1차년도 (직전 과세연도) 대비 상시근로자 감소여부	1차년도 (직전 과세연도) 대비 청년 등 상시근로자 수 감소여부	⑲ 1차년도 (직전과세연도) 청년 등 상시근로자 증가 세액공제액	⑳ 1차년도 (직전 과세연도) 청년 등 외 상시근로자 증가 세액공제액	㉑ 2차년도 세액공제액
부	부			
	여		−	−
여				

다. 3차년도 세제지원 요건(중소 · 중견기업만 해당) : ㉔ ≥ 0

1. 상시근로자 증가 인원

㉒ 3차년도(해당 과세연도) 상시근로자 수	㉓ 1차년도(직전전 과세연도) 상시근로자 수	㉔ 상시근로자 증가 인원 수(㉒−㉓)

2. 3차년도 세액공제액 계산(상시근로자 감소여부)

1차년도 (직전전 과세연도) 대비 상시근로자 감소여부	1차년도 (직전전 과세연도) 대비 청년 등 상시근로자 수 감소여부	㉕ 1차년도 (직전전 과세연도) 청년 등 상시근로자 증가 세액공제액	㉖ 1차년도 (직전전 과세연도) 청년 등 외 상시근로자 증가 세액공제액	㉗ 3차년도 세액공제액
부	부			
	여			
여				

❹ 세액공제액 [⑮ 1차년도 세액공제액 + ㉑ 2차년도 세액공제액 + ㉗ 3차년도 세액공제액]	

「조세특례제한법 시행령」 제26조의7 제10항에 따라 위와 같이 공제세액계산서를 제출합니다.

2024년 3월 31일

신청인 ㈜나라 김유민 (서명 또는 인)

고양 세무서장 귀하

210mm×297mm[백상지 80g/㎡ 또는 중질지 80g/㎡]

사례 4-1 2023년 귀속 신고 시 작성

[별지 제8호 서식 부표 6] (2024.3.22. 개정) (앞쪽)

사업연도	2023.01.01. ~ 2023.12.31.	추가납부세액계산서(6)	법인명	㈜나라
			사업자등록번호	203-81-63108

1. 준비금환입에 대한 법인세 추가납부액

① 구분		② 손금산입연도	③ 추가납부대상 준비금환입액	④ 공제액	⑤ 차감계 (③-④)	⑥ 법인세상당액	⑦ 이율 (일변)	⑧ 기간	⑨법인세추가납부액 (⑥×⑦×⑧)
코드	내용								
계									

2. 소득공제액에 대한 법인세 추가납부액

⑩ 구분		⑪ 소득공제연도	⑫ 추가납부사유	⑬ 공제받은 소득금액	⑭ 법인세 상당액	가산액			⑱법 인 세 추가납부액 (⑭+⑰)
코드	내용					⑮이율 (일변)	⑯기간	⑰금액 (⑭×⑮×⑯)	
계									

3. 공제감면세액에 대한 법인세 추가납부액

⑲ 구분		⑳ 공제감면받은 연도	㉑ 추가납부 사유	㉒ 공제감면 세액	가 산 액			㉖법 인 세 추가납부액 (㉒+㉕)
코드	내용				㉓이율 (일변)	㉔기간	㉕금액 (㉒×㉓×㉔)	
18F	고용증대 세액공제	2022	상시근로자 수 감소	39,306,000				39,306,000
계								39,306,000

4. 법인세 추가납부세액 합계 ㉗(⑨+⑱+㉖)	39,306,000

210mm×297mm[백상지 80g/㎡ 또는 중질지 80g/㎡]

사례 4-1 2023년 귀속 신고 시 작성

[별지 제8호 서식(을)] (2021.3.16. 개정) (3쪽 중 제1쪽)

사업연도	2023.01.01. ~ 2023.12.31.	공제감면세액 및 추가납부세액합계표(을)	법인명	㈜나라
			사업자등록번호	203-81-63108

1. 비과세등(「조세특례제한법」)

① 구 분		② 「조세특례제한법」의 근거 조항	코드	③ 금 액
비과세·면제·소득공제	⑩ 중소기업창업투자회사등의 주식양도차익등 비과세	제13조	601	
	⑩ 해외자원개발투자 배당소득에 대한 면제	제22조	61A	
	⑩ 기업구조조정전문회사등의 양도차익 감면	법률 제9272호 「조세특례제한법」부칙 제10조 · 제40조	604	
	⑭ 어업협정에 따른 어업인에 대한 지원금 비과세	제104조의 2 제1항	605	
	⑮ 중소기업창업투자회사 등의 소재 · 부품 · 장비전문기업 주식양도차익 등에 대한 비과세	제13조의 4	62Q	
	⑯ 프로젝트금융투자회사에 대한 소득공제	제104조의 31	62R	
	⑰		606	
	⑱ 합 계		610	

2. 익금불산입(「조세특례제한법」)

④ 구 분		⑤ 「조세특례제한법」의 근거 조항	코드	⑥ 결산 조정액	⑦ 세무 조정액	⑧ 합계 (⑥+⑦)
익금불산입	⑩ 상생협력 중소기업 수입배당금 익금불산입	제8조의 2	62D			
	⑪ 출연금 등의 과세특례	제10조의 2	627			
	⑪ 사업전환 중소기업의 양도차익 과세특례	법률 제9272호 「조세특례제한법」 부칙 제33조	622			
	⑫ 사업전환 무역조정기업 양도차익 과세특례	제33조	62A			
	⑬ 기업의 금융채무상환 자산매각 양도차익 과세특례	제34조	62F			
	⑭ 내국법인의 외국자회사 주식등 현물출자양도차익 과세특례	제38조의 3	611			
	⑮ 재무구조개선을 위한 채무감소액 과세특례	제39조 제2항	62G			
	⑯ 주주등의 자산양도소득에 대한 과세특례	제40조	62J			
	⑰ 재무구조 개선을 위한 법인의 채무면제익 과세특례	제44조	613			
	⑱ 재무구조개선 무상감자 수증 주식가액 과세특례	제45조 제1항	62H			
	⑲ 공공기관의 구조개편에 따른 양도차익 과세특례	제45조의 2	62K			
	⑳ 기업 간 주식등의 교환에 따른 양도차익 과세특례	제46조	62I			
	㉑ 자가물류시설 양도차익 과세특례	제46조의 4	628			
	㉒ 합병에 따른 중복자산 양도차익 과세특례	제47조의 4	625			
	㉓ 공장 대도시 밖 이전 양도차익 과세특례	제60조 제2항	615			
	㉔ 본사 지방이전 양도차익 과세특례	제61조 제3항	616			
	㉕ 혁신도시 이전 공공기관 양도차익 과세특례	제62조 제1항	62P			
	㉖ 지방이전법인 수도권과밀억제권역 내 공장 양도차익 과세특례	제63조	617			
	㉗ 지방이전법인 수도권과밀억제권역 내 본사 양도차익 과세특례	제63조의 2 제5항	618			
	㉘ 행정중심복합도시 등 내 공장의 지방이전에 대한 양도차익 과세특례	제85조의 2	629			
	㉙ 보육시설 양도차익 과세특례	제85조의 5	631			
	㉚ 공익사업목적 공장수용 양도차익 과세특례	제85조의 7	62B			
	㉛ 중소기업 과밀억제권역외 공장이전 과세특례	제85조의 8	62E			
	㉜ 공익사업목적 물류시설이전 과세특례	제85조의 9	62L			
	㉝ 자본확충목적회사에 대한 손실보전준비금 과세특례	제104조의 3	62M			
	㉞ 어업협정에 따른 어업인에 대한 보조금 과세특례	제104조의 2 제2항	620			
	㉟ 대학재정 건전화를 위한 양도차익 과세특례	제104조의 16	62C			
	㊱ 대한주택공사 및 한국토지공사 배당금에 대한 과세특례	제104조의 21 제2항	62N			
	㊲ 국제회계기준 적용 내국법인에 대한 대손충당금 환입액 익금불산입	제104조의 23	62O			
	㊳ 내국법인의 금융채무 상환을 위한 자산매각에 대한 과세특례	제121조의 26	681			
	㊴ 채무의 인수 · 변제에 대한 과세특례	제121조의 27	682			
	㊵ 주주등의 자산양도에 관한 법인세 등 과세특례	제121조의 28	683			
	㊶ 사업재편계획에 따른 기업의 채무면제익에 대한 과세특례	제121조의 29	684			
	㊷ 기업간 주식등의 교환에 대한 과세특례	제121조의 30	685			
	㊸ 합병에 따른 중복자산의 양도에 대한 과세특례	제121조의 31	686			
	㊹		621			
	㊺ 합 계		640			

210mm×297mm[백상지 80g/㎡ 또는 중질지 80g/㎡]

3. 손금산입

	④ 구 분	⑤ 근거 조항	코드	⑥ 결산 조정액	⑦ 세무 조정액	⑧ 합계 ((⑥+⑦)
손금산입	⑭5 중소기업지원설비 손금산입(무상기증)	「조세특례제한법」 제8조 제1항 제1호	659			
	⑭6 중소기업지원설비 손금산입(저가양도)	「조세특례제한법」 제8조 제2항 제2호	63B			
	⑭7 연구인력개발준비금 손금산입	「조세특례제한법」 제9조 (2019.12.31. 법률 제16835호로 개정되기 전의 것)	63J			
	⑭8 감가상각비의 손금산입 특례	법률 제10068호 「조세특례제한법」 부칙 제4조 및 「조세특례제한법」 제28조	657			
	⑭9 자산의 포괄적양도에 따른 과세특례	「조세특례제한법」 제37조 (2017.12.19. 법률 제15227호로 개정되기 전의 것)	63L			
	⑮0 주식의 포괄적 교환 · 이전에 대한 과세특례	「조세특례제한법」 제38조	63M			
	⑮1 현물출자에 따른 자산의 양도차익 손금산입	「법인세법」 제47조의 2	644			
	⑮2 지주회사의 설립 등 주식양도차익 손금산입	「조세특례제한법」 제38조의 2	645			
	⑮3 채무의 인수 · 변제금액 손금산입	「조세특례제한법」 제39조 제1항	63E			
	⑮4 재무구조개선을 위해 채무면제한 금융회사의 손금산입	「조세특례제한법」 제44조 제4항	647			
	⑮5 재무구조개선 무상감자 증여주식가액 손금산입	「조세특례제한법」 제45조 제2항	63F			
	⑮6 물류산업 분할평가차익 손금산입	「조세특례제한법」 제46조의 5	664			
	⑮7 구조개선적립금의 손금산입	「조세특례제한법」 제48조	63G			
	⑮8 금융기관의 자산 · 부채인수에 따른 손금산입	「조세특례제한법」 제52조	650			
	⑮9 기부금의 손금산입	「조세특례제한법」 제73조 (2010.12.27. 법률 제10406호로 개정되기 전의 것)	651			
	⑯0 경제자유구역개발사업 토지 현물출자 양도차익 손금산입	「조세특례제한법」 제85조의 4	666			
	⑯1 무주택근로자에 대한 주택보조금 손금산입	「조세특례제한법」 제100조	654			
	⑯2 여수세계박람회 참가 준비금 손금산입	「조세특례제한법」 제104조의 9	63N			
	⑯3 금융기관 부실채권정리기금 반환출자시 손금산입	「조세특례제한법」 제104조의 11	63H			
	⑯4 신용회복목적회사의 손금산입	「조세특례제한법」 제104조의 12	63O			
	⑯5 정비사업조합 설립인가등의 취소에 따른 채권 손금산입	「조세특례제한법」 제104조의 26	63Q			
	⑯6 해외자원개발사업자의 사업용자산 취득 보조금 손금산입	「조세특례제한법」 제104조의 15 제4항	63I			
	⑯7 학교법인 출연금액 손금산입	「조세특례제한법」 제104조의 16	63A			
	⑯8 휴면예금 출연금액 손금산입	「조세특례제한법」 제104조의 17	63C			
	⑯9 대한주택공사 및 한국토지공사의 합병 손금산입	「조세특례제한법」 제104조의 21 제1항	63P			
	⑰0		656			
	⑰5 합 계		670			

4. 이월과세(「조세특례제한법」)

⑨ 구 분	⑩ 근거 조항	코드	⑪ 이월과세 납부세액
⑰6 중소기업 통합에 대한 양도소득세 이월과세	제31조	661	
⑰7 법인전환에 대한 양도소득세 이월과세	제32조	662	
⑰8 영농조합법인에 현물출자시 양도소득세 이월과세	제66조 제7항	66A	
⑰9 농업회사법인에 현물출자시 양도소득세 이월과세	제68조 제3항	66B	
⑱0 합 계		667	

5. 추가납부세액

	⑫ 구 분	⑬ 근거법 조항	코드	⑭ 대상금액	⑮ 세 액
조세특례제한법	⑱1 준비금환입에 대한 법인세 추가납부		771		
	⑱2 소득공제액에 대한 법인세 추가납부		772		
	⑱3 공제감면세액에 대한 법인세 추가납부 * 제5조 · 제11조 · 제24조 · 제25조 · 제25조의2 · 제26조 · 제94조 · 제96조		773		
	⑱4 기 타	조특법 제29조의 7	775		39,306,000
	⑱5 소 계		780		39,306,000
법인세법 등	⑱6 기공제 원천납부세액 추가납부	「법인세법 시행령」 제113조 제6항	781		
	⑱7 업무무관부동산 지급이자 손금부인에 따른 증가세액	「법인세법 시행규칙」 제27조	782		
	⑱8 외국법인의 신고기한 연장에 따른 이자상당액	「법인세법」 제97조 제3항	783		
	⑱9 내국법인의 신고기한 연장에 따른 이자상당액	「법인세법」 제60조 제8항	786		
	⑲0 혼성금융상품 관련 추가 손금불산입 이자상당액	「국제조세조정에 관한 법률」 제25조 제2항	787		
	⑲1 기 타		785		
	⑲2 소 계		784		
⑲5 추가납부세액 합계(⑱5 + ⑲2)			790		39,306,000

210mm×297mm[백상지 80g/㎡ 또는 중질지 80g/㎡]

사례 4-1 2023년 귀속 신고 시 작성

[별지 제4호 서식] (2019.3.20. 개정) (앞쪽)

사 업 연 도	2023.01.01. ~ 2023.12.31.	최저한세조정계산서	법 인 명	㈜나라
			사업자등록번호	203-81-63108

1. 최저한세 조정 계산 명세

① 구 분		코드	② 감면 후 세액	③ 최저한세	④ 조정감	⑤ 조정 후 세액
⑩ 결산서상 당기순이익		01	495,200,000			
소득 조정금액	⑩ 익금산입	02				
	⑩ 손금산입	03				
⑩ 조정 후 소득금액 (⑩ + ⑩ − ⑩)		04	495,200,000	495,200,000		
최저한세 적용대상 특별비용	⑩ 준비금	05				
	⑩ 특별상각 및 특례자산 감가상각비	06				
⑩ 특별비용 손금산입 전 소득금액 (⑩ + ⑩ + ⑩)		07	495,000,000	495,000,000		
⑩ 기부금 한도초과액		08				
⑩ 기부금 한도초과 이월액 손금산입		09				
⑩ 각 사업연도 소득금액 (⑩ + ⑩ − ⑩)		10	495,200,000	495,200,000		
⑪ 이월결손금		11				
⑫ 비과세소득		12				
⑬ 최저한세 적용대상 비과세소득		13				
⑭ 최저한세 적용대상 익금불산입·손금산입		14				
⑮ 차가감소득금액 (⑩ − ⑪ − ⑫ + ⑬ + ⑭)		15	495,200,000	495,200,000		
⑯ 소득공제		16				
⑰ 최저한세 적용대상 소득공제		17				
⑱ 과세표준금액 (⑮ − ⑯ + ⑰)		18	495,200,000	495,200,000		
⑲ 선박표준이익		24				
⑳ 과세표준금액 (⑱ + ⑲)		25	495,200,000	495,200,000		
㉑ 세율		19	19	7		
㉒ 산출세액		20	74,088,000	34,664,000		
㉓ 감면세액		21				
㉔ 세액공제		22	18,000,000			
㉕ 차감세액 (㉒ − ㉓ − ㉔)		23	56,088,000			

2. 최저한세 세율 적용을 위한 구분 항목

㉖ 중소기업 유예기간 종료연월		㉗ 유예기간 종료 후 연차			

210mm×297mm[백상지 80g/㎡ 또는 중질지 80g/㎡]

사례 4-1 2023년 귀속 신고 시 작성

[별지 제8호 서식 부표 3] (2024.3.22. 개정) (앞쪽)

사업연도	2023.01.01. ~ 2023.12.31.	세액공제조정명세서(3)	법인명	㈜나라
			사업자등록번호	203-81-63108

1. 공제세액계산(「조세특례제한법」)

	⑩ 구 분	근거법 조항	⑩ 계 산 기 준	코드	⑩ 계산명세	⑩ 공제대상 세액
조세특례제한법	중소기업 등 투자세액공제	구 제5조	투자금액 × 1(2,3,5,10)/100	131		
	상생결제 지급금액에 대한 세액공제	제7조의4	지급기한 15일 이내 : 지급 금액의 0.5% 지급기한 15일 ~ 30일 : 지급 금액의 0.3% 지급기한 30일 ~ 60일 : 지급 금액의 0.015%	14Z		
	대·중소기업 상생협력을 위한 기금출연 세액공제	제8조의3 제1항	출연금 × 10/100	14M		
	협력중소기업에 대한 유형고정자산 무상임대 세액공제	제8조의3 제2항	장부가액 × 3/100	18D		
	수탁기업에 설치하는 시설에 대한 세액공제	제8조의3 제3항	투자금액 × 1(3,7)/100	18L		
	교육기관에 무상 기증하는 중고자산에 대한 세액공제	제8조의3 제4항	기증자산 시가 × 10/100	18R		
	신성장·원천기술 연구개발비세액공제 최저한세 적용제외)	제10조 제1항 제1호	(일반 연구·인력개발비) '14.1.1.~'14.12.31.: 발생액 × 3~4(8,10,15,20,25,30)/100 또는 2년간 연평균 발생액의 초과액 × 40(50)/100 '15.1.1. 이후: 발생액 × 2~3(8,10,15,20,25,30)/100 또는 직전 발생액의 초과액 × 40(50)/100 '17.1.1. 이후: 발생액 × 1~3(8,10,15,20,25,30)/100 또는 직전 발생액의 초과액 × 30(40,50)/100 '18. 1. 1. 이후: 발생액 × 0~2(8,10,15,20,25,30)/100 또는 직전 발생액의 초과액 × 25(40,50)/100 (신성장·원천기술 연구개발비) '17. 1. 1. 이후: 발생액 × 20(30)/100 (국가전략기술 연구개발비) '21. 7. 1. 이후: 발생액 ×30(40)/100	16A		
	국가전략기술 연구개발비세액공제(최저한세 적용제외)	제10조 제1항 제2호		10D		
	일반 연구·인력개발비세액공제(최저한세 적용제외)	제10조 제1항 제3호		16B		
	신성장·원천기술 연구개발비세액공제(최저한세 적용대상)	제10조 제1항 제1호		13L		
	국가전략기술 연구개발비세액공제(최저한세 적용대상)	제10조 제1항 제2호		10E		
	일반 연구·인력개발비세액공제(최저한세 적용대상)	제10조 제1항제3호		13M		
	기술취득에 대한 세액공제	제12조 제2항	특허권 등 취득금액 × 5(10)/100 *법인세의 10% 한도	176		
	기술혁신형 합병에 대한 세액공제	제12조의3	기술가치금액 × 10/100	14T		
	기술혁신형 주식취득에 대한 세액공제	제12조의4	기술가치금액 × 10/100	14U		
	벤처기업등 출자에 대한 세액공제	제13조의2	주식등 취득가액 × 5/100	18E		
	성과공유 중소기업 경영성과급 세액공제	제19조	'22.1.1. 이전 지급분 : 근로자에 지급하는 경영성과급 × 10/100 '22.1.1. 이후 지급분 : 근로자에 지급하는 경영성과급× 15/100	18H		
	연구·인력개발설비투자세액공제	구 제25조 제1항 제1호	'14.1.1.~'15.12.31. 투자분 : 투자금액 × 3(5,10)/100 '16.1.1. 이후 투자분 : 투자금액 × 1(3,6)/100 '19.1.1. 이후 투자분 : 투자금액 × 1(3,7)/100	134		
	에너지절약시설투자세액공제	구 제25조 제1항 제2호	'14.1.1.~'15.12.31. 투자분 : 투자금액 × 3(5,10)/100 ('16.1.1. 현재 투자진행 중인 경우 '16.12.31.까지 종전율 적용) '16.1.1. 이후 투자개시분 : 투자금액 × 1(3,10)/100 '19.1.1. 이후 투자분 : 투자금액 × 1(3,7)/100	177		
	환경보전시설 투자세액공제	구 제25조 제1항 제3호	투자금액 × 3(5,10)/100 '19.1.1. 이후 투자분 : 투자금액 × 3(5,10)/100	14A		
	근로자복지증진시설투자세액공제	구 제25조 제1항 제4호	투자금액 × 7(10)/100 '19.1.1. 이후 취득분 : 취득금액 × 3(5,10)/100	142		
	안전시설투자세액공제	구 제25조 제1항 제5호	'13.1.1.~'14.12.31. 투자분 : 투자금액 × 3(7)/100 '15.1.1. 이후 투자분 : 투자금액 × 1(3,7)/100 '19.1.1. 이후 투자분 : 투자금액 × 1(5,10)/100	136		
	생산성향상시설투자세액공제	구 제25조 제1항 제6호	'13.1.1.~'14.12.31. 투자분 : 투자금액 × 3(7)/100 '15.1.1. 이후 투자분 : 투자금액 × 1(3,7)/100 '20.1.1.~'20.12.31. 투자분 : 투자금액 × 2(5,10))/100 '21.1.1.~'21.12.31. 투자분 : 투자금액 × 1(5,10))/100 '21.1.1.~이후. 투자분 : 투자금액 × 1(3,7))/100	135		
	의약품 품질관리시설투자세액공제	구 제25조의4	'14.1.1.~'16.12.31. 투자분 : 투자금액 × 3(5,7)/100 '17.1.1. 이후 투자분 : 투자금액 × 1(3,6)/100	14B		
	신성장기술 사업화를 위한 시설투자 세액공제	구 제25조의5	투자금액 × 5(7,10)/100	18B		
	영상콘텐츠 제작비용에 대한 세액공제	제25조의6	제작비용 × 3(7,10)/100	18C		
	초연결 네트워크 시설투자에 대한 세액공제	구 제25조의7	투자금액 × 2(3)/100	18I		
	고용창출투자세액공제	제26조	'12.1.1.~12.31.:투자금액 × {기본공제(3~4%)+추가공제(2~3%)} '13.1.1.~12.31.:투자금액 × {기본공제(2~4%)+추가공제(3%)} '14.1.1. 이후: 투자금액 × {기본공제(1~4%)+추가공제(3%)} (한도 : 상시근로자 증가분 × 1,000만원, 1,500만원, 2,000만원) '15.1.1. 이후: 투자금액 × {기본공제(0~3%)+추가공제(3~7%)} '17.1.1. 이후: (한도 : 상시근로자 증가분 × 1,000(1,500)만원, 1,500(2,000)만원, 2,000(2,500)만원)	14N		
	산업수요맞춤형고등학교등 졸업자를 병역이행 후 복직시킨 중소기업에 대한 세액공제	제29조의2	복직자에게 지급한 인건비 × 중소30(중견15)/100	14S		
	경력단절 여성 고용 기업 등에 대한 세액공제	제29조의3 제1항	경력단절 여성 재고용 인건비 × 중소30(중견15)/100	14X		
	육아휴직 후 고용유지 기업에 대한 인건비 세액공제	제29조의3 제2항	육아휴직 복귀자 인건비 × 중소30(중견15)/100	18J		
	근로소득을 증대시킨 기업에 대한 세액공제	제29조의4	평균 초과 임금증가분 × 5(중견10, 중소20)/100 정규직 전환 근로자의 임금 증가분 × 5(10,20)/100	14Y		
	청년고용을 증대시킨 기업에 대한 세액공제	제29조의5	청년정규직근로자 증가인원수 × 3백만원(7백만원, 1천만원)	18A		
	고용을 증대시킨 기업에 대한 세액공제	제29조의7	직전연도 대비 상시근로자 증가수 × 4백만원(1천2백만원) '21.12.31~'22.12.31 : 직전연도 대비 상시근로자 증가수 × 5백만원(1천3백만원)	18F		
	통합고용세액공제	제29조의8	직전연도 대비 상시근로자 증가수 × 4백만원(1천4백5십만원)	18S		
	정규직 근로자 전환 세액공제	제30조의2	전환인원수 × 중소1천만원(중견7백만원)	14H		
	고용유지중소기업에 대한 세액공제	제30조의3	연간 임금감소 총액× 10/100 + 시간당 임금상승에 따른 보전액 × 15/100	18K		
	중소기업 고용증가 인원에 대한 사회보험료 세액공제	제30조의4 제1항	청년(만15~29세)근로자 등 순증인원의 사회보험료(증가분의 100%) 청년 및 경력단절 여성 외 근로자 순증인원의 사회보험료(증가분의 50%,75%)	14Q		

(뒤쪽)

(101) 구 분	근거법 조 항	(102) 계 산 기 준	코드	(103) 계산 명세	(104) 공제대상 세 액
중소기업 사회보험 신규가입에 대한 사회보험료 세액공제	제30조의4 제3항	'20.12.31.까지 사회보험 신규가입에 따 른 사용자 부담액× 50%	18G		
전자신고에 대한 세액공제(법인)	제104조의8 제1항	법인세 전자신고시 2만원	184		
전자신고에 대한 세액공제(세무법인 등)	제104조의8 제3항	법인 · 소득세 전자신고 대리건수 × 2만원 *한도: 연300만원(세무 · 회계법인 연750만원) 한도액계산시 부가가치세 대리신고에 따른 세액공제액 포함	14J		
제3자 물류비용 세액공제	제104조의14	(전년대비 위탁물류비용 증가액)×3/100(중소기업은 5/100) * 직전 위탁물류비 30% 미만 : (당기 위탁물류비 – 당기 전체물류비 × 30%) ×3/100(중소기업은 5/100) * 법인세 10% 한도	14E		
대학 맞춤형 교육비용 세액공제	구 제104조의18 제1항	법 제10조 연구 · 인력개발비세액공제 준용 *수도권 소재대학의 발생액은 50%만 인정	14I		
대학등 기부설비에 대한 세액공제	구 제104조의18 제2항	법 제11조 연구 · 인력개발설비투자세액공제 준용 *수도권 소재대학의 기부금액은 50%만 인정	14K		
기업의 운동경비부 설치운영 세액공제	제104조의22	설치운영비용 × 10(20)/100	14O		
산업수요맞춤형 고등학교 등 재학생에 대한 현장훈련수당 등 세액공제	구 제104조의18 제4항	일반 연구 · 인력개발비 세액공제 준용	14R		
석유제품 전자상거래에 대한 세액공제	제104조의25	'13.1.1.~12.31.: 공급가액의 0.5%(산출세액의 10% 한도) '14.1.1.~'16.12.31.: 공급가액의 0.3%(산출세액의 10% 한도) '17.1.1.~'19.12.31.:공급자는 공급가액의0.1%,수요자0.2%,(산출세액의 10% 한도) '20.1.1.~'22.12.31.:수요자만 공급가액의 0.2%(산출세액의 10% 한도)	14P		
금 현물시장에서 거래되는 금지금에 대한 과세특례	제126조의7 제8항	산출세액×[(금 현물시장 이용금액 – 직전 과세연도의 금 현물시장 이용금액)/매출액] 또는 산출세액×[(금 현물시장 이용금액×5/100)/매출액]	14V		
금사업자와 스크랩등 사업자의 수입금액증가등 세액공제	제122조의4	산출세액×[(매입자납부익금및손금합계금액 – 직전 과세연도의 매입자납부익금및손금합계금액)×50/100]/익금및손금합계금액 또는 산출세액×[(매입자납부익금및손금합계금액×5/100]/익금및손금합계금액 *한도: 해당 과세연도 산출세액–직전 과세연도 산출세액	14W		
성실신고 확인비용에 대한 세액공제	제126조의6	확인비용 × 60/100 (150만원 한도)	10A		
우수 선화주 인증받은 국제물류주선업자에 대한 세액공제	제104조의30	운송비용의 1% + 직전과세연도 대비 증가분의 3%(산출세액의 10%한도)	18M		
용역제공자에 관한 과세자료의 제출에 대한 세액공제	제104조의32	과세자료에 기재된 용역제공자 인원수×300원(200만원 한도)	10C		
소재 · 부품 · 장비 수요기업 공동출자세액공제	제13조의3 제1항	주식 또는 출자지분 취득가액 5%	18N		
소재 · 부품 · 장비 외국법인 인수세액 공제	제13조의3 제3항	주식 또는 출자지분 취득가액 5% (중견7%, 중소10%)	18P		
상가임대료를 인하한 임대사업자에 대한 세액공제	제96조의3	임대료 인하액의 70%	10B		
선결제 금액에 대한 세액공제	제99조의12	선결제금액 × 1%	18Q		
통합투자세액공제(일반)	제24조	기본공제 : 투자금액 × 1(중견5, 중소10)/100, 신성장 · 원천기술 투자금액 × 3(중견6,중소12)/100 국가전략기술 투자금액 × 8(중견8,중소16)/100 추가공제 : 직전 3년 연평균 투자금액 초과액 × 3/100(국가전략기술 4/100)(기본공제 200% 한도)	13W		
통합투자세액공제(신성장 · 원천기술)	제24조		13X		
통합투자세액공제(국가전략기술)	제24조		13Y		
합		계	1A1		

2. 당기공제세액 및 이월액계산

(105) 구분	(106) 사업연도	요공제세액 (107) 당기분	요공제세액 (108) 이월분	당기 공제대상세액 (109) 당기분	(110)1차 연도 / (115)6차 연도	(111)2차 연도 / (116)7차 연도	(112)3차 연도 / (117)8차 연도	(113)4차 연도 / (118)9차 연도	(114)5차 연도 / (119)10차 연도	(120)계	(121)최저한세 적용에 따른 미공제액	(122) 그 밖의 사유로 인한 미공제액	(123) 공제세액 ((120)-(121)-(122))	(124) 소멸	(125) 이월액 ((107)+(108)-(123)-(124))
고용을 증대시킨 기업에 대한 세액공제	2022. 12		29,694,000		18,000,000					18,000,000			18,000,000	11,694,000	
	소계		29,694,000												
	소계														
합 계			29,694,000		18,000,000					18,000,000	※ 0		18,000,000	11,694,000	

작성방법

1. (105) 구분란에는 1. 공제세액계산(「조세특례제한법」)의 코드를 적습니다.
2. (106) 사업연도란에는 이월된 공제대상세액이 발생한 사업연도와 종료월을 적습니다.
3. (107) 당기분란에는 (104) 공제대상세액을 적습니다.
4. (108) 이월분란에는 (101) 구분별, 사업연도별로 전기의 (125) 이월액을 적습니다.
5. (109) 당기분란에는 당기분 세액을 적고, (110)란~(119)란의 해당 연도란에는 (108) 이월분 세액을 각각 적습니다.
6. (121)최저한세 적용에 따른 미공제액란의 합계(※표란)에는 "최저한세조정계산서(별지 제4호서식)"의 ④란 중 (123) 세액공제란의 금액을 옮겨 적고, 「조세특례제한법」 제144조제2항에 규정된 순서에 따라 (121)란의 최저한세 적용에 따른 미공제액의 각 란에 조정하여 적습니다.
7. 근거법조항 중 "구"는 「조세특례제한법」(2020.12.29. 법률 제17759호로 개정되기 전의 것)에 따른 조항을 의미합니다.

사례 4-1 2023년 귀속 신고 시 작성

[별지 제8호 서식(갑)] (2024.3.22. 개정) (4쪽 중 제1쪽)

사 업 연 도	2023.01.01. ~ 2023.12.31.	공제감면세액 및 추가납부세액합계표(갑)	법 인 명	㈜나라
			사업자등록번호	203-81-63108

1. 최저한세 적용제외 공제감면세액

	① 구 분	② 근 거 법 조 항	코드	③ 대상 세액	④ 감면(공제) 세액
세액감면	⑩ 창업중소기업에 대한 세액감면(최저한세 적용제외)	「조세특례제한법」제6조 제7항 외	110		
	⑫ 해외자원개발투자배당 감면	「조세특례제한법」 제22조	103		
	⑬ 수도권과밀억제권역 밖으로 이전하는 중소기업 세액감면(수도권 밖으로 이전)	구 「조세특례제한법」 제63조	169		
	⑭ 공장의 수도권 밖 이전에 대한 세액감면	「조세특례제한법」 제63조	108		
	⑮ 본사의 수도권 밖 이전에 대한 세액감면	「조세특례제한법」 제63조의 2	109		
	⑯ 영농조합법인 감면	「조세특례제한법」 제66조	104		
	⑰ 영어조합법인 감면	「조세특례제한법」 제67조	107		
	⑱ 농업회사법인 감면(농업소득)	「조세특례제한법」 제68조	11B		
	⑲ 행정중심복합도시 등 공장이전에 대한 조세감면	「조세특례제한법」 제85조의 2 제3항 (2019.12.31. 법률 제16835호로 개정되기 전의 것)	11A		
	⑩ 위기지역 내 창업기업 세액감면(최저한세 적용제외)	「조세특례제한법」 제99조의 9	11N		
	⑪ 해외진출기업의 국내복귀에 대한 세액감면(철수방식)	「조세특례제한법」 제104조의 24 제1항 제1호	11F		
	⑫ 해외진출기업의 국내복귀에 대한 세액감면(유지방식)	「조세특례제한법」 제104조의 24 제1항 제2호	11H		
	⑬ 고도기술수반사업 외국인투자 세액감면	「조세특례제한법」 제121조의 2 제1항 제1호	186		
	⑭ 외국인투자지역내 외국인투자 세액감면	「조세특례제한법」 제121조의 2 제1항 제2호 또는 제2호의 5	187		
	⑮ 경제자유구역내 외국인투자 세액감면	「조세특례제한법」 제121조의 2제1항 제2호의 2	188		
	⑯ 경제자유구역 개발사업시행자 세액감면	「조세특례제한법」 제121조의 2 제1항 제2호의 3	157		
	⑰ 제주투자진흥기구의 개발사업시행자 세액감면	「조세특례제한법」 제121조의 2 제1항 제2호의 4	158		
	⑱ 기업도시 개발구역내 외국인투자 세액감면	「조세특례제한법」 제121조의 2 제1항 제2호의 6	159		
	⑲ 기업도시 개발사업의 시행자 세액감면	「조세특례제한법」 제121조의 2 제1항 제2호의 7	160		
	⑳ 새만금사업지역내 외국인투자 세액감면	「조세특례제한법」 제121조의 2 제1항 제2호의 8	11J		
	㉑ 새만금사업 시행자 세액감면	「조세특례제한법」 제121조의 2 제1항 제2호의 9	11K		
	㉒ 기타 외국인투자유치를 위한 조세감면	「조세특례제한법」 제121조의 2 제1항 제3호	167		
	㉓ 외국인투자기업의 증자의 조세감면	「조세특례제한법」 제121조의 4	172		
	㉔ 기술도입대가에 대한 조세면제(국내지점 등)	법률 제9921호 조세특례제한법 일부개정법률 부칙 제77조	173		
	㉕ 제주첨단과학기술단지 입주기업 조세감면(최저한세 적용제외)	「조세특례제한법」 제121조의 8	181		
	㉖ 제주투자진흥지구등 입주기업 조세감면(최저한세 적용제외)	「조세특례제한법」 제121조의 9	182		
	㉗ 기업도시개발구역 등 입주기업 감면(최저한세 적용제외)	「조세특례제한법」 제121조의 17 제1항 제1·3·5호	197		
	㉘ 기업도시개발사업 등 시행자 감면	「조세특례제한법」 제121조의 17 제1항 제2·4·6·7호	198		
	㉙ 아시아문화중심도시 투자진흥지구 입주기업 감면(최저한세 적용제외)	「조세특례제한법」 제121조의 20 제1항	11C		
	㉚ 금융중심지 창업기업에 대한 감면(최저한세 적용제외)	「조세특례제한법」 제121조의 21 제1항	11G		
	㉛ 동업기업 세액감면 배분액(최저한세 적용제외)	「조세특례제한법」 제100조의 18 제4항	11D		
	㉜ 사회적기업에 대한 감면	「조세특례제한법」 제85조의 6	11L		
	㉝ 장애인 표준사업장에 대한 감면	「조세특례제한법」 제85조의 6	11M		
	㉞ 첨단의료복합단지 입주기업에 대한 감면(최저한세 적용제외)	「조세특례제한법」 제121조의 22 제1항 제1호	17A		
	㉟ 국가식품클러스터 입주기업에 대한 감면(최저한세 적용제외)	「조세특례제한법」 제121조의 22 제1항 제2호	17B		
	㊱ 연구개발특구 입주기업에 대한 감면(최저한세 적용제외)	「조세특례제한법」 제12조의 2	17C		
	㊲ 감염병 피해에 따른 특별재난지역의 중소기업에 대한 감면	「조세특례제한법」 제99조의 11	17D		
	㊳ 기회발전특구 창업기업 등에 대한 법인세 등의 감면(최저한세 적용제외)	「조세특례제한법」 제121조의 33	1D1		
	㊴ 소 계		170		
세액공제	㊵ 외국납부세액공제	「법인세법」 제57조	101		
	㊶ 재해손실세액공제	「법인세법」 제58조	102		
	㊷ 신성장·원천기술 연구개발비세액공제(최저한세 적용제외)	「조세특례제한법」 제10조 제1항 제1호	16A		
	㊸ 국가전략기술 연구개발비세액공제(최저한세 적용제외)	「조세특례제한법」 제10조 제1항 제2호	10D		
	㊹ 일반 연구·인력개발비세액공제(최저한세 적용제외)	「조세특례제한법」 제10조 제1항 제3호	16B		
	㊺ 동업기업 세액공제 배분액(최저한세 적용제외)	「조세특례제한법」 제100조의 18 제4항	12D		
	㊻ 성실신고 확인비용에 대한 세액공제	「조세특례제한법」 제126조의 6	10A		
	㊼ 상가임대료를 인하한 임대사업자에 대한 세액공제	「조세특례제한법」 제96조의 3	10B		
	㊽ 용역제공자에 관한 과세자료의 제출에 대한 세액공제	「조세특례제한법」 제104조의 32	10C		
	㊾ **소 계**		180		
㊿ **합 계**(㊴ + ㊾)			110		

210mm×297mm[백상지 80g/㎡ 또는 중질지 80g/㎡]

(4쪽 중 제2쪽)

2. 최저한세 적용대상 공제감면세액

	① 구 분	② 근 거 법 조 항	코드	③ 대상세액	④ 감면세액
세액감면	⑮① 창업중소기업에 대한 세액감면(최저한세 적용대상)	「조세특례제한법」 제6조 제1항 · 제5항 · 제6항	111		
	⑮② 창업벤처중소기업 세액감면	「조세특례제한법」 제6조 제2항	174		
	⑮③ 에너지신기술 중소기업 세액감면	「조세특례제한법」 제6조 제4항	13E		
	⑮④ 중소기업에 대한 특별세액감면	「조세특례제한법」 제7조	112		
	⑮⑤ 연구개발특구 입주기업에 대한 세액감면(최저한세 적용대상)	「조세특례제한법」 제12조의 2	179		
	⑮⑥ 국제금융거래이자소득 면제	「조세특례제한법」 제21조	123		
	⑮⑦ 사업전환 중소기업에 대한 세액감면	구 「조세특례제한법」 제33조의 2	192		
	⑮⑧ 무역조정지원기업의 사업전환 세액감면	구 「조세특례제한법」 제33조의 2	13A		
	⑮⑨ 기업구조조정 전문회사 주식양도차익 세액감면	법률 제9272호 조세특례제한법 일부개정법률 부칙 제10조 · 제40조	13B		
	⑯⓪ 혁신도시 이전 등 공공기관 세액감면	「조세특례제한법」 제62조 제4항	13F		
	⑯① 공장의 지방이전에 대한 세액감면(중소기업의 수도권 안으로 이전)	「조세특례제한법」 제63조	116		
	⑯② 농공단지입주기업 등 감면	「조세특례제한법」 제64조	117		
	⑯③ 농업회사법인 감면(농업소득 외의 소득)	「조세특례제한법」 제68조	119		
	⑯④ 소형주택 임대사업자에 대한 세액감면	「조세특례제한법」 제96조	13I		
	⑯⑤ 상가건물 장기임대사업자에 대한 세액감면	「조세특례제한법」 제96조의 2	13N		
	⑯⑥ 산림개발소득 감면	「조세특례제한법」 제102조	124		
	⑯⑦ 동업기업 세액감면 배분액(최저한세 적용대상)	「조세특례제한법」 제100조의 18 제4항	13D		
	⑯⑧ 첨단의료복합단지 입주기업에 대한 감면(최저한세 적용대상)	「조세특례제한법」 제121조의 22 제1항 제1호	13H		
	⑯⑨ 기술이전에 대한 세액감면	「조세특례제한법」 제12조 제1항	13J		
	⑰⓪ 기술대여에 대한 세액감면	「조세특례제한법」 제12조 제3항	13K		
	⑰① 제주첨단과학기술단지 입주기업 감면(최저한세 적용대상)	「조세특례제한법」 제121조의 8	13P		
	⑰② 제주투자진흥지구등 입주기업 감면(최저한세 적용대상)	「조세특례제한법」 제121조의 9	13Q		
	⑰③ 기업도시개발구역 등 입주기업 감면(최저한세 적용대상)	「조세특례제한법」 제121조의 17제1항제1호 · 제3호 · 5호	13R		
	⑰④ 위기지역 내 창업기업 세액감면(최저한세 적용대상)	「조세특례제한법」 제99조의 9	13S		
	⑰⑤ 아시아문화중심도시 투자진흥지구 입주기업 감면(최저한세 적용대상)	「조세특례제한법」 제121조의 20 제1항	13T		
	⑰⑥ 금융중심지 창업기업에 대한 감면(최저한세 적용대상)	「조세특례제한법」 제121조의 21 제1항	13U		
	⑰⑦ 국가식품클러스터 입주기업에 대한 감면(최저한세 적용대상)	「조세특례제한법」 제121조의 22 제1항 제2호	13V		
	⑰⑧ 기회발전특구 창업기업 등에 대한 법인세 등의 감면(최저한세 적용대상)	「조세특례제한법」 제121조의 33	1C1		
	⑰⑨ 소 계		130		

210mm×297mm[백상지 80g/㎡ 또는 중질지 80g/㎡]

(4쪽 중 제3쪽)

① 구 분		② 근 거 법 조 항	코드	⑤ 전기 이월액	⑥ 당기 발생액	⑦ 공제 세액
세액공제	180 중소기업 등 투자세액공제	구「조세특례제한법」 제5조	131			
	181 상생결제 지급금액에 대한 세액공제	「조세특례제한법」 제7조의 4	14Z			
	182 대·중소기업 상생협력을 위한 기금출연 세액공제	「조세특례제한법」 제8조의 3 제1항	14M			
	183 협력중소기업에 대한 유형고정자산 무상임대 세액공제	「조세특례제한법」 제8조의 3 제2항	18D			
	184 수탁기업에 설치하는 시설에 대한 세액공제	「조세특례제한법」 제8조의 3 제3항	18L			
	185 교육기관에 무상 기증하는 중고자산에 대한 세액공제	「조세특례제한법」 제8조의 3 제4항	18R			
	186 신성장·원천기술 연구개발비세액공제(최저한세 적용대상)	「조세특례제한법」 제10조 제1항 제1호	13L			
	187 국가전략기술 연구개발비세액공제(최저한세 적용대상)	「조세특례제한법」 제10조 제1항 제2호	10E			
	188 일반 연구·인력개발비세액공제(최저한세 적용대상)	「조세특례제한법」 제10조 제1항 제3호	13M			
	189 기술취득에 대한 세액공제	「조세특례제한법」 제12조 제2항	176			
	190 기술혁신형 합병에 대한 세액공제	「조세특례제한법」 제12조의 3	14T			
	191 기술혁신형 주식취득에 대한 세액공제	「조세특례제한법」 제12조의 4	14U			
	192 벤처기업등 출자에 대한 세액공제	「조세특례제한법」 제13조의 2	18E			
	193 성과공유 중소기업 경영성과급 세액공제	「조세특례제한법」 제19조	18H			
	194 연구·인력개발설비투자 세액공제	구「조세특례제한법」 제25조 제1항 제1호	134			
	195 에너지절약시설투자 세액공제	구「조세특례제한법」 제25조 제1항 제2호	177			
	196 환경보전시설 투자 세액공제	구「조세특례제한법」 제25조 제1항 제3호	14A			
	197 근로자복지증진시설투자 세액공제	구「조세특례제한법」 제25조 제1항 제4호	142			
	198 안전시설투자 세액공제	구「조세특례제한법」 제25조 제1항 제5호	136			
	199 생산성향상시설투자세액공제	구「조세특례제한법」 제25조 제1항 제6호	135			
	200 의약품 품질관리시설투자 세액공제	구「조세특례제한법」 제25조의 4	14B			
	201 신성장기술 사업화를 위한 시설투자 세액공제	구「조세특례제한법」 제25조의 5	18B			
	202 영상콘텐츠 제작비용에 대한 세액공제(기본공제)	「조세특례제한법」 제25조의 6	18C			
	203 영상콘텐츠 제작비용에 대한 세액공제(추가공제)	「조세특례제한법」 제25조의 6	1B8			
	204 초연결 네트워크 시설투자에 대한 세액공제	구「조세특례제한법」 제25조의 7	18I			
	205 고용창출투자세액공제	「조세특례제한법」 제26조	14N			
	206 산업수요맞춤형고등학교등 졸업자를 병역이행 후 복직시킨 중소기업에 대한 세액공제	「조세특례제한법」 제29조의 2	14S			
	207 경력단절 여성 고용 기업 등에 대한 세액공제	「조세특례제한법」 제29조의 3 제1항	14X			
	208 육아휴직 후 고용유지 기업에 대한 인건비 세액공제	「조세특례제한법」 제29조의 3 제2항	18J			
	209 근로소득을 증대시킨 기업에 대한 세액공제	「조세특례제한법」 제29조의 4	14Y			
	210 청년고용을 증대시킨 기업에 대한 세액공제	「조세특례제한법」 제29조의 5	18A			
	211 고용을 증대시킨 기업에 대한 세액공제	**「조세특례제한법」 제29조의7**	18F	29,694,000		18,000,000
	212 통합고용세액공제	「조세특례제한법」 제29조의 8	18S			
	213 통합고용세액공제(정규직 전환)	「조세특례제한법」 제29조의 8	1B4			
	214 통합고용세액공제(육아휴직 복귀)	「조세특례제한법」 제29조의 8	1B5			
	215 정규직근로자 전환 세액공제	「조세특례제한법」 제30조의 2	14H			
	216 고용유지중소기업에 대한 세액공제	「조세특례제한법」 제30조의 3	18K			
	217 중소기업 고용증가 인원에 대한 사회보험료 세액공제	「조세특례제한법」 제30조의 4 제1항	14Q			
	218 중소기업 사회보험 신규가입에 대한 사회보험료 세액공제	「조세특례제한법」 제30조의 4 제3항	18G			
	219 전자신고에 대한 세액공제(납세의무자)	「조세특례제한법」 제104조의 8 제1항	184			
	220 전자신고에 대한 세액공제(세무법인 등)	「조세특례제한법」 제104조의 8 제3항	14J			
	221 제3자 물류비용 세액공제	「조세특례제한법」 제104조의 14	14E			
	222 대학 맞춤형 교육비용 등 세액공제	구「조세특례제한법」 제104조의18 제1항	14I			
	223 대학등 기부설비에 대한 세액공제	구「조세특례제한법」 제104조의18 제2항	14K			
	224 기업의 경기부 설치운영비용 세액공제	「조세특례제한법」 제104조의 22	14O			
	225 동업기업 세액공제 배분액(최저한세 적용대상)	「조세특례제한법」 제100조의 18 제4항	14L			
	226 산업수요맞춤형 고등학교 등 재학생에 대한 현장훈련수당 등 세액공제	구「조세특례제한법」 제104조의 18 제4항	14R			
	227 석유제품 전자상거래에 대한 세액공제	「조세특례제한법」 제104조의 25	14P			
	228 금 현물시장에서 거래되는 금지금에 대한 과세특례	「조세특례제한법」 제126조의 7 제8항	14V			
	229 금사업자와 스크랩등사업자의 수입금액의 증가 등에 대한 세액공제	「조세특례제한법」 제122조의 4	14W			
	230 우수 선화주 인증 국제물류주선업자 세액공제	「조세특례제한법」 제104조의 30	18M			
	231 소재·부품·장비 수요기업 공동출자 세액공제	「조세특례제한법」 제13조의 3 제1항	18N			
	232 소재·부품·장비 외국법인 인수세액 공제	「조세특례제한법」 제13조의 3 제3항	18P			
	233 선결제 금액에 대한 세액공제	「조세특례제한법」 제99조의 12	18Q			
	234 해외자원개발투자에 대한 과세특례	「조세특례제한법」 제104조의 15	1B6			
	235 통합투자세액공제(일반)	「조세특례제한법」 제24조	13W			
	236 통합투자세액공제(신성장·원천기술)	「조세특례제한법」 제24조	13X			
	237 통합투자세액공제(국가전략기술)	「조세특례제한법」 제24조	13Y			
	238 임시통합투자세액공제(일반)	「조세특례제한법」 제24조	1B1			
	239 임시통합투자세액공제(신성장·원천기술)	「조세특례제한법」 제24조	1B2			
	240 임시통합투자세액공제(국가전략기술)	「조세특례제한법」 제24조	1B3			
	241 문화산업전문회사 출자에 대한 세액공제	「조세특례제한법」 제25조의 7	1B7			
	242 소 계		149	29,694,000		18,000,000
243 합 계(179 + 242)			150			18,000,000
244 공제감면세액 총계(155 + 243)			151			18,000,000

210mm×297mm[백상지 80g/㎡ 또는 중질지 80g/㎡]

(4쪽 중 제4쪽)

㉕ 기술도입대가에 대한 조세면제	법률 제9921호 조세특례제한법 일부개정법률 부칙 제77조	183				
㉖ 간주 · 간접 외국납부세액공제	「법인세법」 제57조 제3항 · 제4항 · 제6항	189				

작성방법

1. ③ 대상세액란: 「법인세법」, 「조세특례제한법」 등에 따른 공제감면대상금액이 있는 경우 공제감면세액계산서(별지 제8호서식 부표 1, 2, 3, 4, 5)에 따라 감면구분별로 적습니다.
2. ④ · ⑦ 공제세액란: 「법인세법」, 「조세특례제한법」 등에 따른 공제감면세액은 공제감면세액계산서(별지 제8호서식 부표 1, 2, 3, 4, 5)에 따라 계산된 공제세액 중 당기에 공제될 세액의 범위에서 「법인세법」 제59조제1항에 따른 공제순서에 따라 감면 구분별로 적습니다.
3. ⑮란 중 ④ 감면세액란: 법인세 과세표준 및 세액조정계산서(별지 제3호서식)의 ⑫ 최저한세 적용제외 공제감면세액란에 옮겨 적습니다.
4. ㉔란 중 ⑦ 공제세액란: 법인세 과세표준 및 세액조정계산서(별지 제3호서식)의 ⑫ 최저한세 적용대상 공제감면세액란에 옮겨 적습니다.
5. ㉕ 기술도입대가에 대한 조세면제란의 공제세액란: 기술도입대가를 지급하는 내국법인이 별지 제8호서식 부표 9 기술도입대가에 대한 조세면제명세서의 면제세액 합계액을 적습니다(국내사업장이 있고 해당 기술이 국내사업장에 실질적으로 관련되거나 귀속되는 경우에는 기술을 제공하는 외국법인이 ㉕ 기술도입대가에 대한 조세면제란의 감면세액란에 적습니다).
6. ⑭ 외국납부세액공제란: 외국납부세액과 ㉖ 간주 · 간접 외국납부세액공제액을 합하여 적고, 간주 · 간접 외국납부세액공제액은 ㉖란에 별도로 적습니다.
7. 「조세특례제한법」 제10조의 연구 · 인력개발비세액공제 중 최저한세가 적용되는 공제세액은 ⑱, ⑱ 또는 ⑱란에 적고, 최저한세 적용이 제외되는 공제세액은 ⑭, ⑭ 또는 ⑭란에 각각 구분하여 적습니다.
8. ⑱, ⑱ 또는 ⑱란 중 ⑤ 전기이월액란: 「조세특례제한법」 제144조제1항에 따라 이월된 미공제 금액 중 해당 과세연도에 공제할 일반연구 · 인력개발비, 신성장 · 원천기술연구개발비 또는 국가전략기술연구개발비를 각각 구분하여 적습니다(구 공제감면코드: 132).
9. 법령의 개정에 따라 종전의 규정 또는 개정규정에 따라 공제감면 받는 경우에는 비어 있는 란 등에 해당 법령의 조문순서에 따라 별도로 적습니다.
10. ② 근거법조항 중 "구"는 「조세특례제한법」(2020.12.29. 법률 제17759호로 개정되기 전의 것)에 따른 조항을 의미합니다.

210mm×297mm[백상지 80g/㎡ 또는 중질지 80g/㎡]

사례 4-1 2023년 귀속 신고 시 작성

[별지 제3호 서식] (2023.3.20. 개정) (앞쪽)

사업연도	2023.01.01. ~ 2023.12.31.	법인세 과세표준 및 세액조정계산서	법인명	㈜나라
			사업자등록번호	203-81-63108

구분		항목	코드	금액
① 각 사업연도 소득계산		(101) 결산서상 당기순손익	01	495 200 000
	소득조정금액	(102) 익금산입	02	
	소득조정금액	(103) 손금산입	03	
		(104) 차가감소득금액 (101+102-103)	04	495 200 000
		(105) 기부금한도초과액	05	
		(106) 기부금한도초과이월액 손금산입	54	
		(107) 각사업연도소득금액 (104+105-106)	06	495 200 000
② 과세표준 계산		(108) 각사업연도소득금액 (108=107)		495 200 000
		(109) 이월결손금	07	
		(110) 비과세소득	08	
		(111) 소득공제	09	
		(112) 과세표준 (108-109-110-111)	10	495 200 000
		(159) 선박표준이익	55	
③ 산출세액 계산		(113) 과세표준 (112+159)	56	495 200 000
		(114) 세율	11	19
		(115) 산출세액	12	74 088 000
		(116) 지점유보소득 (「법인세법」 제96조)	13	
		(117) 세율	14	
		(118) 산출세액	15	
		(119) 합계 (115+118)	16	74 088 000
④ 납부할 세액 계산		(120) 산출세액 (120=119)		74 088 000
		(121) 최저한세 적용대상 공제감면세액	17	18 000 000
		(122) 차감세액	18	56 088 000
		(123) 최저한세 적용제외 공제감면세액	19	
		(124) 가산세액	20	
		(125) 가감계 (122-123+124)	21	56 088 000
	기납부세액 / 기한내납부세액	(126) 중간예납세액	22	
	기납부세액 / 기한내납부세액	(127) 수시부과세액	23	
	기납부세액 / 기한내납부세액	(128) 원천납부세액	24	
	기납부세액 / 기한내납부세액	(129) 간접투자회사등의 외국납부세액	25	
	기납부세액 / 기한내납부세액	(130) 소계 (126+127+128+129)	26	
	기납부세액	(131) 신고납부전가산세액	27	
	기납부세액	(132) 합계 (130+131)	28	
		(133) 감면분추가납부세액	29	39 306 000
		(134) 차감납부할세액 (125-132+133)	30	95 394 000
⑤ 토지등양도소득에 대한 법인세 계산	양도차익	(135) 등기자산	31	
	양도차익	(136) 미등기자산	32	
		(137) 비과세소득	33	
		(138) 과세표준 (135+136-137)	34	
		(139) 세율	35	
		(140) 산출세액	36	
		(141) 감면세액	37	
		(142) 차감세액 (140-141)	38	
		(143) 공제세액	39	
		(144) 동업기업 법인세 배분액 (가산세 제외)	58	
		(145) 가산세액 (동업기업 배분액 포함)	40	
		(146) 가감계 (142-143+144+145)	41	
	기납부세액	(147) 수시부과세액	42	
	기납부세액	(148) (　　　) 세액	43	
	기납부세액	(149) 계 (147+148)	44	
		(150) 차감납부할세액 (146-149)	45	
⑥ 미환류소득법인세		(160) 과세대상 미환류소득	59	
		(161) 세율	60	
		(162) 산출세액	61	
		(163) 가산세액	62	
		(164) 이자상당액	63	
		(165) 납부할세액 (162+163+164)	64	
⑦ 세액계		(151) 차감납부할세액계 (134+150+165)	46	95 394 000
		(152) 사실과 다른 회계처리 경정 세액공제	57	
		(153) 분납세액계산범위액 (151-124-133-145-152+131)	47	56 088 000
		(154) 분납할세액	48	28 044 000
		(155) 차감납부세액 (151-152-154)	49	67 350 000

210mm×297mm[백상지 80g/㎡ 또는 중질지 80g/㎡]

사례 4-1 2023년 귀속 신고 시 작성

[별지 제13호 서식] (2024.3.22. 개정)　　　　(3쪽 중 제1쪽)

사 업 연 도	2023.01.01. ~ 2023.12.31.	농어촌특별세 과세대상 감면세액 합계표	법인명	㈜나라
			사업자등록번호	203-81-63108

1. 일반법인의 감면세액

① 구 분	② 감 면 내 용	③ 「조세특례제한법」근거 조항	코드	④ 감 면 세 액 (소 득 금 액)	비 고
⑤ 비과세	(101) 기업구조조정전문회사의 양도차익 비과세	법률 제9272호 부칙 제10조 · 제40조	604	(　　)	「법인세법 시행규칙」 별지 제6호서식의 ⑩란 해당 금액
	(102) 중소기업창업투자회사 등의 소재 · 부품 · 장비전문기업 주식양도차익 등에 대한 비과세	제13조의 4	62Q	(　　)	
	(103)		606		
⑥ 소득공제	(104) 국민주택임대소득공제	제55조의 2 제4항	460	(　　)	「법인세법 시행규칙」 별지 제7호서식의 ⑧란 해당 금액
	(105) 주택임대소득공제(연면적 149㎡ 이하)	제55조의 2 제5항	463	(　　)	
	(106)			(　　)	
	(107)		458		
⑦ 비과세 · 소득공제분 감면세액			6A1		(과세표준+소득금액)×세율-산출세액
⑧ 세액감면	(108) 국제금융거래이자소득 면제	제21조	123		「법인세법 시행규칙」 별지 제8호서식(갑)의 ④란 해당 금액
	(109) 해외자원개발배당 감면	제22조	103		
	(110) 사업전환 중소기업에 대한 세액감면	구 제33조의 2	192		
	(111) 무역조정지원기업의 사업전환 세액감면	구 제33조의 2	13A		
	(112) 기업구조조정전문회사의 주식양도차익 감면	법률 제9272호 부칙 제10조 · 제40조	13B		
	(113) 혁신도시 이전 공공기관 세액감면	제62조 제4항	13F		
	(114) 행정중심복합도시 등 공장이전 조세감면	제85조의 2(19.12.31. 법률 제16835호로 개정되기 전의 것)	11A		
	(115) 사회적 기업에 대한 감면	제85조의 6	11L		
	(116) 장애인 표준사업장에 대한 감면	제85조의 6	11M		
	(117) 소형주택 임대사업자에 대한 세액감면	제96조	13I		
	(118) 상가건물 장기 임대사업자에 대한 감면	제96조의 2	13N		
	(119) 제주첨단과학기술단지입주기업 조세감면(최저한세적용제외)	제121조의 8	181		
	(120) 제주투자진흥지구 등 입주기업 조세감면(최저한세적용제외)	제121조의 9	182		
	(121) 기업도시개발구역 등 입주기업 감면(최저한세적용제외)	제121조의 17 제1항 제1호 · 제3호 · 제5호	197		
	(122) 기업도시개발사업 등 시행자 감면	제121조의 17 제1항 제2호 · 제4호 · 제6호 · 제7호	198		
	(123) 아시아문화중심도시 투자진흥지구 입주기업 감면(최저한세적용제외)	제121조의 20 제1항	11C		
	(124) 금융중심지 창업기업에 대한 감면(최저한세적용제외)	제121조의 21 제1항	11G		
	(125) 첨단의료복합단지 입주기업에 대한 감면(최저한세적용제외)	제121조의 22	17A		
	(126) 국가식품클러스터 입주기업에 대한 감면(최저한세적용제외)	제121조의 22	17B		
	(127) 첨단의료복합단지 입주기업에 대한 감면(최저한세적용대상)	제121조의 22	13H		
	(128) 국가식품클러스터 입주기업에 대한 감면(최저한세적용대상)	제121조의 22	13V		
	(129) 제주첨단과학기술단지입주기업 조세감면(최저한세적용대상)	제121조의 8	13P		
	(130) 제주투자진흥지구 등 입주기업 조세감면(최저한세적용대상)	제121조의 9	13Q		
	(131) 기업도시개발구역 등 입주기업 감면(최저한세적용대상)	제121조의 17 제1항 제1호 · 제3호 · 제5호	13R		
	(132) 금융중심지 창업기업에 대한 감면(최저한세적용대상)	제121조의 21 제1항	13U		
	(133) 아시아문화중심도시 투자진흥지구 입주기업 감면(최저한세적용대상)	제121조의 20 제1항	13T		
	(134) 기회발전특구 창업기업 등에 대한 법인세 등의 감면(최저한세적용제외)	제121조의 33	1D1		
	(135) 기회발전특구 창업기업 등에 대한 법인세 등의 감면(최저한세적용대상)	제121조의 33	1C1		
	(136)		164		

210mm×297mm[백상지 80g/㎡ 또는 중질지 80g/㎡]

(3쪽 중 제2쪽)

① 구 분	② 감 면 내 용	③ 「조세특례제한법」 근거 조항	코드	④ 감 면 세 액 (소득금액)	비 고
	(137) 중소기업투자세액공제	구 제5조	131		
	(138) 상생결제 지급금액에 대한 세액공제	제7조의 4	14Z		
	(139) 대중소기업 상생협력을 위한 기금출연 세액공제	제8조의 3 제1항	14M		
	(140) 협력중소기업에 대한 유형고정자산 무상임대 세액공제	제8조의 3 제2항	18D		
	(141) 수탁기업에 설치하는 시설에 대한 세액공제	제8조의 3 제3항	18L		
	(142) 교육기관에 무상 기증하는 중고자산에 대한 세액공제	제8조의 3 제4항	18R		
	(143) 기술혁신형 합병에 대한 세액공제	제12조의 3	14T		
	(144) 기술혁신형 주식취득에 대한 세액공제	제12조의 4	14U		
	(145) 벤처기업 등 출자에 대한 세액공제	제13조의 2	18E		
	(146) 성과공유 중소기업 경영성과급 세액공제	제19조	18H		
	(147) 에너지절약시설투자 세액공제	구 제25조 제1항 제2호	177		
	(148) 환경보전시설투자 세액공제	구 제25조 제1항 제3호	14A		
	(149) 근로자복지증진시설투자 세액공제	구 제25조 제1항 제4호	142		
	(150) 안전시설투자 세액공제	구 제25조 제1항 제5호	136		
	(151) 생산성향상시설투자세액공제	구 제25조 제1항 제6호	135		
	(152) 의약품 품질관리시설투자 세액공제	구 제25조의 4	14B		
	(153) 신성장기술 사업화를 위한 시설투자 세액공제	구 제25조의 5	18B		
	(154) 영상콘텐츠 제작비용에 대한 세액공제(기본공제)	제25조의 6	18C		
	(155) 영상콘텐츠 제작비용에 대한 세액공제(추가공제)	제25조의 6	1B8		
	(156) 초연결 네크워크 시설투자에 대한 세액공제	구 제25조의 7	18I		
	(157) 고용창출투자세액공제	제26조	14N		
	(158) 산업수요맞춤형고등학교등 졸업자 복직 중소기업 세액공제	제29조의 2	14S		
	(159) 경력단절 여성 고용 기업 등에 대한 세액공제	제29조의 3 제1항	14X		
	(160) 육아휴직 후 고용유지 기업에 대한 인건비 세액공제	제29조의 3 제2항	18J		
⑨ 세액공제	(161) 근로소득을 증대시킨 기업에 대한 세액공제	제29조의 4	14Y		
	(162) 청년고용을 증대시킨 기업에 대한 세액공제	제29조의 5	18A		「법인세법 시행규칙」 별지 제8호서식(갑)의 ④·⑦란 세액공제 해당 금액
	(163) 고용을 증대시킨 기업에 대한 세액공제	제29조의 7	18F	18,000,000	
	(164) 통합고용세액공제	제29조의 8	18S		
	(165) 통합고용세액공제(정규직 전환)	제29조의 8	1B4		
	(166) 통합고용세액공제(육아휴직복귀)	제29조의 8	1B5		
	(167) 제3자 물류비용 세액공제	제104조의 14	14E		
	(168) 대학 맞춤형 교육비용 등 세액공제	구 제104조의 18 제1항	14I		
	(169) 대학등 기부설비에 대한 세액공제	구 제104조의 18 제2항	14K		
	(170) 산업수요맞춤형 고등학교 등 재학생에 대한 현장훈련수당 등 세액공제	구 제104조의 18 제4항	14R		
	(171) 기업의 경기부 설치운영비용 세액공제	제104조의 22	14O		
	(172) 석유제품 전자상거래에 대한 세액공제	제104조의 25	14P		
	(173) 금 현물시장에서 거래되는 금지금에 대한 과세특례	제126조의 7 제8항	14V		
	(174) 금사업자와 스크랩등사업자의 수입금액의 증가 등에 대한 세액공제	제122조의 4	14W		
	(175) 우수 선화주 인증 국제물류주선업자 세액공제	제104조의 30	18M		
	(176) 용역제공자에 관한 과세자료의 제출에 대한 세액공제	제104조의 32	10C		
	(177) 소재·부품·장비 수요기업 공동출자 세액공제	제13조의 3 제1항	18N		
	(178) 소재·부품·장비 외국법인 인수세액 공제	제13조의 3 제3항	18P		
	(179) 상가임대료를 인하한 임대사업자에 대한 세액공제	제96조의 3	10B		
	(180) 선결제 금액에 대한 세액공제	제99조의 12	18Q		
	(181) 통합투자세액공제(일반)	제24조	13W		
	(182) 임시통합투자세액공제(일반)	제24조	1B1		
	(183) 통합투자세액공제(신성장·원천기술)	제24조	13X		
	(184) 임시통합투자세액공제(신성장·원천기술)	제24조	1B2		
	(185) 통합투자세액공제(국가전략기술)	제24조	13Y		
	(186) 임시통합투자세액공제(국가전략기술)	제24조	1B3		
	(187) 해외자원개발투자에 대한 과세특례	제104조의 15	1B6		
	(188) 문화산업전문회사 출자에 대한 세액공제	제25조의7	1B7		
	(189)		165		
	⑩ 감 면 세 액 합 계			**18,000,000**	

2. 조합법인 등의 감면세액

① 법인세 과세표준	② 「조세특례제한법」 제72조 세율	③ 산출세액 (①×②)	④ 과세표준		⑤ 「법인세법」 제55조의 세율	⑥ 산출세액	⑦ 감면세액 (⑥-③)
			구 분	금 액			
			2억원 이하 200억원 이하 3천억원 이하 3천억원 초과				
합 계			합 계				

210mm×297mm[백상지 80g/㎡ 또는 중질지 80g/㎡]

(3쪽 중 제3쪽)

3. 조합법인에 대한 공제세액

⑧ 공제내용	코드	⑨ 공제세액	비 고
청년고용을 증대시킨 기업에 대한 세액공제	18A		「법인세법 시행규칙」 별지 제8호 서식(갑)의 ⑦란 공제세액 해당 금액
고용을 증대시킨 기업에 대한 세액공제	18F		「법인세법 시행규칙」 별지 제8호 서식(갑)의 ⑦란 공제세액 해당 금액
기업의 경기부 설치운영비용 세액공제	14O		「법인세법 시행규칙」 별지 제8호 서식(갑)의 ⑦란 공제세액 해당 금액
상가임대료를 인하한 임대사업자에 대한 세액공제	10B		「법인세법 시행규칙」 별지 제8호 서식(갑)의 ④란 감면(공제)세액 해당 금액
선결제금액에 대한 세액공제	18Q		「법인세법 시행규칙」 별지 제8호 서식(갑)의 ⑦란 공제세액 해당 금액
통합고용세액공제	18S		「조세특례제한법 시행규칙」 별지 제10호의 9 서식의 ④란 공제세액 해당 금액
합 계			

작 성 방 법

1. 일반법인의 감면세액 계산
   가. ⑦란 중 ④ 감면세액(소득금액)란의 금액은 각 사업연도 소득에 대한 법인세 과세표준[법인세 과세표준 및 세액조정계산서(별지 제3호서식)의 ⑬란의 금액을 말합니다]에 ⑤란의 비과세 소득금액과 ⑥란의 소득공제금액을 합산한 조정과세표준에 대한 산출세액에서 법인세 과세표준 및 세액조정계산서(별지 제3호서식)의 ⑮란의 산출세액의 금액을 빼서 적습니다.
   나. 그 밖에 ⑤ 비과세, ⑥ 소득공제, ⑧ 세액감면, ⑨ 세액공제의 빈 란에는 「조세특례제한법」의 개정으로 추가하여 감면세액이 발생되거나 개정 전 규정의 부칙에 따라 적용되는 감면세액이 농어촌특별세 과세대상에 해당하는 경우에 해당 감면세액을 각각 적습니다.

2. 조합법인 등의 감면세액 계산: ⑤ 「법인세법」 제55조의 세율은 다음과 같이 적용합니다.
   가. 2012년 1월 1일 이후 개시하는 사업연도

과세표준	세 율
2억원 이하	과세표준의 100분의 10
2억원 초과 200억원 이하	2천만원 + (2억원 초과 200억원 이하 금액의 100분의 20)
200억원 초과	39억 8천만원 + (200억원을 초과하는 금액의 100분의 22)

   나. 2018년 1월 1일 이후 개시하는 사업연도

과세표준	세 율
2억원 이하	과세표준의 100분의 10
2억원 초과 200억원 이하	2천만원 + (2억원 초과 200억원 이하 금액의 100분의 20)
200억원 초과 3천억원 이하	39억8천만원 + (200억원을 초과하는 금액의 100분의 22)
3천억원 초과	655억8천만원 + (3천억원을 초과하는 금액의 100분의 25)

   다. 2023년 1월 1일 이후 개시하는 사업연도

과세표준	세 율
2억원 이하	과세표준의 100분의 9
2억원 초과 200억원 이하	1천8백만원 + (2억원 초과 200억원 이하 금액의 100분의 19)
200억원 초과 3천억원 이하	37억8천만원 + (200억원을 초과하는 금액의 100분의 21)
3천억원 초과	625억8천만원 + (3천억원을 초과하는 금액의 100분의 24)

3. 조합법인 등의 공제세액 계산: 「조세특례제한법」의 개정으로 조합법인 등에 추가로 공제되는 공제세액이 농어촌특별세 과세대상에 해당하는 공제세액을 적습니다.

※ 근거법조항 중 "구"는 「조세특례제한법」(2020.12.29. 법률 제17759호로 개정되기 전의 것)에 따른 조항을 의미합니다.

210mm×297mm[백상지 80g/㎡ 또는 중질지 80g/㎡]

사례 4-1 2023년 귀속 신고 시 작성

[별지 제12호 서식] (2017.3.10. 개정) (앞 쪽)

사업연도	2023.01.01. ~ 2023.12.31.	농어촌특별세과세표준 및 세액조정계산서	법인명	㈜나라
			사업자등록번호	203-81-63108

농어촌특별세 과세표준 및 세액 조정내역

① 법 인 유 형	②과 세 표 준		세 율	③세 액
	구 분	금 액		
④ 일 반 법 인	⑤법 인 세 감 면 세 액	18,000,000	20%	3,600,000
	⑥			
	⑦			
	⑧ 소 계	18,000,000		3,600,000
⑨조 합 법 인 등	⑩법 인 세 공제 · 감 면 세 액		20%	
	⑫ 소 계			

작 성 방 법

1. ②란 중 ⑤법인세감면세액란에는 농어촌특별세과세대상감면세액합계표[별지 제13호서식]상의 ⑩감면세액합계란의 금액을 옮겨 적습니다.
2. ②란 중 ⑩법인세공제 · 감면세액란에는 농어촌특별세과세대상감면세액합계표[별지 제13호서식] 2. 조합법인 등 감면세액중 ⑦감면세액란의 합계금액과 3. 조합법인 등 공제세액중 ⑨ 공제세액란 합계금액을 더하여 기입합니다.

210mm×297mm[백상지 80g/㎡ 또는 중질지 80g/㎡]

사례 4-1 2023년 귀속 신고 시 작성

[별지 제2호 서식] (2024.3.22. 개정)

농어촌특별세 과세표준 및 세액신고서

※ 뒤쪽의 신고안내 및 작성방법을 읽고 작성하여 주시기 바랍니다. (앞쪽)

1. 신고인 인적사항

① 소 재 지	경기도 고양시 일산서구 대화로37번길 102-30(법곳동)				
② 법 인 명	㈜나라		③대 표 자 성 명	김 유 민	
④사업자등록번호	203-81-63108	⑤사 업 연 도	2023.01.01. ~2023.12.31.	⑥전 화 번 호	031-2231-7027

2. 농어촌특별세 과세표준 및 세액 조정내역

⑦과 세 표 준	18,000,000	
⑧산 출 세 액	3,600,000	
(미납세액, 미납일수, 세율) ⑨가 산 세 액	(, , 2.2/10,000)	
⑩총 부 담 세 액	3,600,000	
⑪기 납 부 세 액		
⑫환 급 예 정 세 액	7,861,200	
⑬차 감 납 부 할 세 액	-4,261,200	
⑭분 납 할 세 액		
⑮차 감 납 부 세 액	-4,261,200	
⑯충 당 후 납 부 세 액	-4,261,200	
⑰국 세 환 급 금 충 당 신 청	환 급 법 인 세	
	충당할 농어촌특별세	

신고인은 「농어촌특별세법」 제7조에 따라 위의 내용을 신고하며, 위 내용을 충분히 검토하였고 **신고인이 알고 있는 사실 그대로를 정확하게 적었음을 확인합니다.**

2024년 3월 31일

신고인(대표자) 김 유 민 (서명 또는 인)

세무대리인은 조세전문자격자로서 위 신고서를 성실하고 공정하게 작성하였음을 확인합니다.

세무대리인 (서명 또는 인)

고양 세무서장 귀하

210mm×297mm[백상지 80g/㎡ 또는 중질지 80g/㎡]

⊙ 3차연도(2024년) 서식 작성

2024년 사업연도는 2022년 사업연도와 2023년 사업연도 사이에 세액공제와 추가세액납부가 반영되면서 2022년 사업연도에 이월된 공제액이 모두 공제되고, 2024년 사업연도에는 세액공제를 새롭게 적용하지 않았으므로 2024년 사업연도에 1차연도 공제 적용만을 검토하게 된다. 직전 과세연도(2023년) 대비 전체 상시근로자 수가 증가하여(청년 증가, 청년외 증가) 처음으로 세액공제를 적용하는 사업연도이다.

1. 2022년 ~ 2024년 산출세액 및 공제세액 등 확인

1차연도의 관련 자료를 정리하여 보면 다음과 같다.

구 분	2022년	2023년	2024년
과세표준	456,200,000	495,200,000	425,650,000
산출세액	71,240,000	74,088,000	60,873,500
공제대상세액	69,000,000	18,000,000	47,000,000
차감세액	2,240,000	56,088,000	13,873,500
최저한세액	31,934,000	34,664,000	29,795,500
공제배제액	29,694,000	–	15,922,000
공제적용	39,306,000	18,000,000	31,078,000
이월액	29,694,000	–	15,922,000
농어촌특별세 납부액	7,861,200	3,600,000	6,215,600
농어촌특별세 환급액	–	7,861,200	–

(1) 공제세액의 계산

1차연도(2024년)에 전체 상시근로자 수가 직전연도(2023년) 대비 증가하였으므로(청년 증가, 청년외 증가) 세액공제를 적용한다.

① 공제세액

청년 : 3명×11,000,000원 = 33,000,000원

청년외 : 2명×7,000,000원 = 14,000,000원

합계 : 47,000,000원

② 고용증대기업에 대한 공제세액계산서 1차연도란에 해당과세연도(2024년)와 직전과세연도(2023년)의 전체 상시근로자 수, 청년등 상시근로자 수, 청년등외 상시근로자 수를 기재하고 이에 따른 공제세액을 반영한다.

(2) 최저한세의 검토

제29조의7【고용을 증대시킨 기업에 대한 세액공제】규정은 최저한세 검토대상이므로 최저한세조정계산서를 작성하여 최저한세 검증을 하여야 한다. 위의 요약자료에서 보는바와 같이 산출세액에서 세액공제를 적용하면 차감세액 13,873,500원이 산정되는데 이는 최저한세에 미달하므로 1차연도(2023년) 공제대상세액 47,000,000원 중 15,922,000원은 공제배제되고 다음 사업연도로 이월하여 공제하게 된다.

(3) 세액공제조정명세서(3) 및 공제감면세액 및 추가납부세액합계표(갑) 작성

요약자료에서 보는바와 같이 전체 공제대상세액 중 이월되는 공제세액과 당해 사업연도에 공제를 적용받는 세액을 각각 기재한다.

(4) 법인세 과세표준 및 세액조정계산서 반영

검토를 마친 세액공제액은 법인 과세표준 및 세액조정계산서에 반영하고 납부할 법인세액이 2천만원을 초과하므로 50%를 분납 적용할 수 있다.

(5) 농어촌특별세의 검토

세액공제대상액 47,000,000원 중 2024년 사업연도에 실제로 공제되는 31,078,000원에 대하여 20%의 세율을 적용하여 농어촌특별세를 산정한다.

사례 4-1 2024년 귀속 신고 시 작성

[별지 제10호의8 서식] (2024.3.22. 개정)

고용 증대 기업에 대한 공제세액계산서

(3쪽 중 제1쪽)

❶ 신청인	① 상호 또는 법인명 : ㈜나라	② 사업자등록번호 : 203-81-63108
	③ 대표자 성명 : 김 유 민	④ 생년월일 : 1973년 04월 12일
	⑤ 주소 또는 본점소재지 : 경기도 고양시 일산서구 대화로37번길 102-30(법곳동) (전화번호 : 031-2231-7027)	

❷ 과세연도	2024년 1월 1일부터 2024년 12월 31일까지

❸ 공제세액 계산내용

가. 1차년도 세제지원 요건 : ⑧ > 0

1. 상시근로자 증가 인원

⑥ 해당 과세연도 상시근로자 수	⑦ 직전 과세연도 상시근로자 수	⑧ 상시근로자 증가 인원 수 (⑥-⑦)
15.00	10.00	5.00

2. 청년등 상시근로자 증가 인원

⑨ 해당 과세연도 청년등 상시근로자 수	⑩ 직전 과세연도 청년등 상시근로자 수	⑪ 청년등 상시근로자 증가 인원 수(⑨-⑩)
7.00	4.00	3.00

3. 청년등 상시근로자 외 상시근로자 증가 인원

⑫ 해당 과세연도 청년등 상시 근로자 외 상시근로자 수	⑬ 직전 과세연도 청년등 상시 근로자 외 상시근로자 수	⑭ 청년등 상시근로자 외 상시 근로자 증가 인원 수(⑫-⑬)
8.00	6.00	2.00

4. 1차년도 세액공제액 계산

구분	구분		직전 과세연도 대비 상시근로자 증가 인원 수 (⑧ 상시근로자 증가 인원 수를 한도)	1인당 공제금액	⑮ 1차년도 세액공제액
중소기업	수도권 내	청년등	3.00	1천1백만원	33,000,000
		청년등 외	2.00	7백만원	14,000,000
	수도권 밖	청년등		1천3백만원	
		청년등 외		7백7십만원	
	계		5.00		47,000,000
중견기업	수도권 내	청년등		8백만원	
		청년등 외		4백5십만원	
	수도권 밖	청년등		9백만원	
		청년등 외		4백5십만원	
	계				
일반기업	수도권 내	청년등		4백만원	
		청년등 외			
	수도권 밖	청년등		5백만원	
		청년등 외			
	계				

210mm×297mm[백상지 80g/㎡ 또는 중질지 80g/㎡]

PART 05 고용지원을 위한 조세특례

(3쪽 중 제2쪽)

나. 2차년도 세제지원 요건 : ⑱ ≥ 0		
1. 상시근로자 증가 인원		
⑯ 2차년도(해당 과세연도) 상시근로자 수	⑰ 1차년도(직전 과세연도) 상시근로자 수	⑱ 상시근로자 증가 인원 수(⑯-⑰)
15.00	10.00	5.00

2. 2차년도 세액공제액 계산(상시근로자 감소여부)

1차년도 (직전 과세연도) 대비 상시근로자 감소여부	1차년도 (직전 과세연도) 대비 청년 등 상시근로자 수 감소여부	⑲ 1차년도 (직전과세연도) 청년 등 상시근로자 증가 세액공제액	⑳ 1차년도 (직전 과세연도) 청년 등 외 상시근로자 증가 세액공제액	㉑ 2차년도 세액공제액
부	부			
	여		-	-
여				

다. 3차년도 세제지원 요건(중소·중견기업만 해당) : ㉔ ≥ 0		
1. 상시근로자 증가 인원		
㉒ 3차년도(해당 과세연도) 상시근로자 수	㉓ 1차년도(직전전 과세연도) 상시근로자 수	㉔ 상시근로자 증가 인원 수(㉒-㉓)

2. 3차년도 세액공제액 계산(상시근로자 감소여부)

1차년도 (직전전 과세연도) 대비 상시근로자 감소여부	1차년도 (직전전 과세연도) 대비 청년 등 상시근로자 수 감소여부	㉕ 1차년도 (직전전 과세연도) 청년 등 상시근로자 증가 세액공제액	㉖ 1차년도 (직전전 과세연도) 청년 등 외 상시근로자 증가 세액공제액	㉗ 3차년도 세액공제액
부	부			
	여		-	-
여				

❹ 세액공제액 [⑮ 1차년도 세액공제액 + ㉑ 2차년도 세액공제액 + ㉗ 3차년도 세액공제액]	47,000,000

「조세특례제한법 시행령」 제26조의7 제10항에 따라 위와 같이 공제세액계산서를 제출합니다.

2025년 3월 31일

신청인 ㈜나라 김유민 (서명 또는 인)

고양 세무서장 귀하

210mm×297mm[백상지 80g/㎡ 또는 중질지 80g/㎡]

사례 4-1 2024년 귀속 신고 시 작성

[별지 제4호 서식] (2019.3.20. 개정) (앞쪽)

사업연도	2024.01.01. ~ 2024.12.31.	최저한세조정계산서	법 인 명	㈜나라
			사업자등록번호	203-81-63108

1. 최저한세 조정 계산 명세

① 구 분		코드	② 감면 후 세액	③ 최저한세	④ 조정감	⑤ 조정 후 세액
⑩ 결산서상 당기순이익		01	425,650,000			
소득 조정금액	⑩ 익금산입	02				
	⑩ 손금산입	03				
⑩ 조정 후 소득금액(⑩+⑩-⑩)		04	425,650,000	425,650,000		425,650,000
최저한세 적용대상 특별비용	⑩ 준비금	05				
	⑩ 특별상각 및 특례자산 감가상각비	06				
⑩ 특별비용 손금산입 전 소득금액 (⑩+⑩+⑩)		07	425,650,000	425,650,000		425,650,000
⑩ 기부금한도초과액		08				
⑩ 기부금 한도초과 이월액 손금산입		09				
⑩ 각사업연도소득금액 (⑩+⑩-⑩)		10	425,650,000	425,650,000		425,650,000
⑪ 이월결손금		11				
⑫ 비과세소득		12				
⑬ 최저한세 적용대상 비과세소득		13				
⑭ 최저한세 적용대상 익금불산입·손금산입		14				
⑮ 차가감소득금액 (⑩-⑪-⑫+⑬+⑭)		15	425,650,000	425,650,000		425,650,000
⑯ 소득공제		16				
⑰ 최저한세 적용대상 소득공제		17				
⑱ 과세표준금액 (⑮-⑯+⑰)		18	425,650,000	425,650,000		425,650,000
⑲ 선박표준이익		24				
⑳ 과세표준금액(⑱+⑲)		25	425,650,000	425,650,000		425,650,000
㉑ 세율		19	19	7		19
㉒ 산출세액		20	60,873,500	29,795,500		60,873,500
㉓ 감면세액		21				
㉔ 세액공제		22	47,000,000		15,922,000	31,078,000
㉕ 차감세액(㉒-㉓-㉔)		23	13,873,500			29,795,500

2. 최저한세 세율 적용을 위한 구분 항목

⑯ 중소기업 유예기간 종료연월		⑰ 유예기간 종료 후 연차		

210mm×297mm[백상지 80g/㎡ 또는 중질지 80g/㎡]

PART 05 고용지원을 위한 조세특례

사례 4-1 2024년 귀속 신고 시 작성

[별지 제8호 서식 부표 3] (2023.3.20. 개정) (앞쪽)

사업연도	2024.01.01. ~ 2024.12.31.	세액공제조정명세서(3)	법인명	㈜나라
			사업자등록번호	203-81-63108

1. 공제세액계산(「조세특례제한법」)

	101 구 분	근거법 조항	102 계 산 기 준	코드	103 계산 명세	104 공제대상 세액
조세특례제한법	중소기업 등 투자세액공제	구 제5조	투자금액 × 1(2,3,5,10)/100	131		
	상생결제 지급금액에 대한 세액공제	제7조의 4	지급기한 15일 이내 : 지급 금액의 0.5% 지급기한 15일 ~ 30일 : 지급 금액의 0.3% 지급기한 30일 ~ 60일 : 지급 금액의 0.015%	14Z		
	대·중소기업 상생협력을 위한 기금출연 세액공제	제8조의 3 제1항	출연금 × 10/100	14M		
	협력중소기업에 대한 유형고정자산 무상임대 세액공제	제8조의 3 제2항	장부가액 × 3/100	18D		
	수탁기업에 설치하는 시설에 대한 세액공제	제8조의 3 제3항	투자금액 × 1(3,7)/100	18L		
	교육기관에 무상 기증하는 중고자산에 대한 세액공제	제8조의 3 제4항	기증자산 시가 × 10/100	18R		
	신성장·원천기술 연구개발비세액공제 (최저한세 적용제외)	제10조 제1항 제1호	(일반 연구·인력개발비) '14.1.1.~'14.12.31.: 발생액 × 3~4(8,10,15,20,25,30)/100 또는 2년간 연평균 발생액의 초과액 × 40(50)/100 '15.1.1. 이후: 발생액 × 2~3(8,10,15,20,25,30)/100 또는 직전 발생액의 초과액 × 40(50)/100 '17.1.1. 이후: 발생액 × 1~3(8,10,15,20,25,30)/100 또는 직전 발생액의 초과액 × 30(40,50)/100 '18. 1. 1. 이후: 발생액 × 0~2(8,10,15,20,25,30)/100 또는 직전 발생액의 초과액 × 25(40,50)/100 (신성장·원천기술 연구개발비) '17. 1. 1. 이후: 발생액 × 20(30)/100 (국가전략기술 연구개발비) '21. 7. 1. 이후: 발생액 ×30(40)/100	16A		
	국가전략기술 연구개발비세액공제 (최저한세 적용제외)	제10조 제1항 제2호		10D		
	일반 연구·인력개발비세액공제 (최저한세 적용제외)	제10조 제1항 제3호		16B		
	신성장·원천기술 연구개발비세액공제 (최저한세 적용대상)	제10조 제1항 제1호		13L		
	국가전략기술 연구개발비세액공제 (최저한세 적용대상)	제10조 제1항 제2호		10E		
	일반 연구·인력개발비세액공제 (최저한세 적용대상)	제10조 제1항 제3호		13M		
	기술취득에 대한 세액공제	제12조 제2항	특허권 등 취득금액 × 5(10)/100 *법인세의 10% 한도	176		
	기술혁신형 합병에 대한 세액공제	제12조의 3	기술가치금액 × 10/100	14T		
	기술혁신형 주식취득에 대한 세액공제	제12조의 4	기술가치금액 × 10/100	14U		
	벤처기업등 출자에 대한 세액공제	제13조의 2	주식등 취득가액 × 5/100	18E		
	성과공유 중소기업 경영성과급 세액공제	제19조	'22.1.1. 이전 지급분 : 근로자에 지급하는 경영성과급 × 10/100 '22.1.1. 이후 지급분 : 근로자에 지급하는 경영성과급× 15/100	18H		
	연구·인력개발설비투자세액공제	구 제25조 제1항 제1호	'14.1.1.~'15.12.31. 투자분 : 투자금액 × 3(5,10)/100 '16.1.1. 이후 투자분 : 투자금액 × 1(3,6)/100 '19.1.1. 이후 투자분 : 투자금액 × 1(3,7)/100	134		
	에너지절약시설투자세액공제	구 제25조 제1항 제2호	'14.1.1.~'15.12.31. 투자분 : 투자금액 × 3(5,10)/100 ('16.1.1. 현재 투자진행 중인 경우 '16.12.31.까지 종전율 적용) '16.1.1. 이후 투자개시분 : 투자금액 × 1(3,10)/100 '19.1.1. 이후 투자분 : 투자금액 × 1(3,7)/100	177		
	환경보전시설 투자세액공제	구 제25조 제1항 제3호	투자금액 × 3(5,10)/100 '19.1.1. 이후 투자분 : 투자금액 × 3(5,10)/100	14A		
	근로자복지증진시설투자세액공제	구 제25조 제1항 제4호	투자금액 × 7(10)/100 '19.1.1. 이후 취득분 : 취득금액 × 3(5,10)/100	142		
	안전시설투자세액공제	구 제25조 제1항 제5호	'13.1.1.~'14.12.31. 투자분 : 투자금액 × 3(7)/100 '15.1.1. 이후 투자분 : 투자금액 × 1(3,7)/100 '19.1.1. 이후 투자분 : 투자금액 × 1(5,10)/100	136		
	생산성향상시설투자세액공제	구 제25조 제1항 제6호	'13.1.1.~'14.12.31. 투자분 : 투자금액 × 3(7)/100 '15.1.1. 이후 투자분 : 투자금액 × 1(3,7)/100 '20.1.1.~'20.12.31. 투자분 : 투자금액 × 2(5,10))/100 '21.1.1.~'21.12.31. 투자분 : 투자금액 × 1(5,10))/100 '21.1.1.~이후. 투자분 : 투자금액 × 1(3,7))/100	135		
	의약품 품질관리시설투자세액공제	구 제25조의 4	'14.1.1.~'16.12.31. 투자분 : 투자금액 × 3(5,7)/100 '17.1.1. 이후 투자분 : 투자금액 × 1(3,6)/100	14B		
	신성장기술 사업화를 위한 시설투자 세액공제	구 제25조의 5	투자금액 × 5(7,10)/100	18B		
	영상콘텐츠 제작비용에 대한 세액공제	제25조의 6	제작비용 × 3(7,10)/100	18C		
	초연결 네트워크 시설투자에 대한 세액공제	구 제25조의 7	투자금액 × 2(3)/100	18I		
	고용창출투자세액공제	제26조	'12.1.1.~12.31.:투자금액 × {기본공제(3~4%)+추가공제(2~3%)} '13.1.1.~12.31.:투자금액 × {기본공제(2~4%)+추가공제(3%)} '14.1.1. 이후: 투자금액 × {기본공제(1~4%)+추가공제(3%)} (한도 : 상시근로자 증가분 × 1,000만원, 1,500만원, 2,000만원) '15.1.1. 이후: 투자금액 × {기본공제(0~3%)+추가공제(3~7%)} '17.1.1. 이후: (한도 : 상시근로자 증가분 × 1,000(1,500)만원, 1,500(2,000)만원, 2,000(2,500)만원)	14N		
	산업수요맞춤형고등학교등 졸업자를 병역이행 후 복직시킨 중소기업에 대한 세액공제	제29조의 2	복직자에게 지급한 인건비 × 중소30(중견15)/100	14S		
	경력단절 여성 고용 기업 등에 대한 세액공제	제29조의 3 제1항	경력단절 여성 재고용 인건비 × 중소30(중견15)/100	14X		
	육아휴직 후 고용유지 기업에 대한 인건비 세액공제	제29조의 3 제2항	육아휴직 복귀자 인건비 × 중소30(중견15)/100	18J		
	근로소득을 증대시킨 기업에 대한 세액공제	제29조의 4	평균 초과 임금증가분 × 5(중견10, 중소20)/100 정규직 전환 근로자의 임금 증가분 × 5(10,20)/100	14Y		
	청년고용을 증대시킨 기업에 대한 세액공제	제29조의 5	청년정규직근로자 증가인원수 × 3백만원(7백만원, 1천만원)	18A		
	고용을 증대시킨 기업에 대한 세액공제	**제29조의 7**	**직전연도 대비 상시근로자 증가수 × 4백만원(1천2백만원) '21.12.31~'22.12.31 : 직전연도 대비 상시근로자 증가수 × 5백만원(1천3백만원)**	**18F**	**47,000,000 +0+0+0**	**47,000,000**
	통합고용세액공제	제29조의 8	직전연도 대비 상시근로자 증가수 × 4백만원(1천4백5십만원)	18S		
	정규직 근로자 전환 세액공제	제30조의 2	전환인원수 × 중소1천만원(중견7백만원)	14H		
	고용유지중소기업에 대한 세액공제	제30조의 3	연간 임금감소 총액× 10/100 + 시간당 임금상승에 따른 보전액 × 15/100	18K		
	중소기업 고용증가 인원에 대한 사회보험료 세액공제	제30조의 4 제1항	청년(만15~29세)근로자 등 순증인원의 사회보험료(증가분의 100%) 청년 및 경력단절 여성 외 근로자 순증인원의 사회보험료(증가분의 50%,75%)	14Q		

(뒤쪽)

(101) 구 분	근거법 조 항	(102) 계 산 기 준	코드	(103) 계산 명세	(104) 공제대상 세 액
중소기업 사회보험 신규가입에 대한 사회보험료 세액공제	제30조의 4 제3항	'20.12.31.까지 사회보험 신규가입에 따 른 사용자 부담액× 50%	18G		
전자신고에 대한 세액공제(법인)	제104조의 8 제1항	법인세 전자신고시 2만원	184		
전자신고에 대한 세액공제(세무법인 등)	제104조의 8 제3항	법인 · 소득세 전자신고 대리건수 × 2만원 *한도: 연300만원(세무 · 회계법인 연750만원) 한도액계산시 부가가치세 대리신고에 따른 세액공제액 포함	14J		
제3자 물류비용 세액공제	제104조의 14	(전년대비 위탁물류비용 증가액)×3/100(중소기업은 5/100) * 직전 위탁물류비 30% 미만 : (당기 위탁물류비－당기 전체물류비 × 30%) ×3/100(중소기업은 5/100) *법인세 10% 한도	14E		
대학 맞춤형 교육비용 세액공제	구 제104조의 18 제1항	법 제10조 연구 · 인력개발비세액공제 준용 *수도권 소재대학의 발생액은 50%만 인정	14I		
대학등 기부설비에 대한 세액공제	구 제104조의18 제2항	법 제11조 연구 · 인력개발설비투자세액공제 준용 *수도권 소재대학의 기부금액은 50%만 인정	14K		
기업의 운동경비부 설치운영 세액공제	제104조의22	설치운영비용 × 10(20)/100	14O		
산업수요맞춤형 고등학교 등 재학생에 대한 현장훈련수당 등 세액공제	구 제104조의18 제4항	일반 연구 · 인력개발비 세액공제 준용	14R		
석유제품 전자상거래에 대한 세액공제	제104조의25	'13.1.1.~12.31.: 공급가액의 0.5%(산출세액의 10% 한도) '14.1.1.~'16.12.31.: 공급가액의 0.3%(산출세액의 10% 한도) '17.1.1.~'19.12.31.:공급자는 공급가액의0.1%,수요자0.2%,(산출세액의 10% 한도) '20.1.1.~'22.12.31.:수요자만 공급가액의 0.2%(산출세액의 10% 한도)	14P		
금 현물시장에서 거래되는 금지금에 대한 과세특례	제126조의7 제8항	산출세액×[(금 현물시장 이용금액 － 직전 과세연도의 금 현물시장 이용금액)/매출액] 또는 산출세액×[(금 현물시장 이용금액×5/100)/매출액]	14V		
금사업자와 스크랩등 사업자의 수입금액증가등 세액공제	제122조의4	산출세액×[(매입자납부익금및손금합계금액 － 직전 과세연도의 매입자납부익금및손금합계금액)×50/100]/익금및손금합계금액 또는 산출세액×[(매입자납부익금및손금합계금액×5/100]/익금및손금합계금액 *한도: 해당 과세연도 산출세액－직전 과세연도 산출세액	14W		
성실신고 확인비용에 대한 세액공제	제126조의6	확인비용 × 60/100 (150만원 한도)	10A		
우수 선화주 인증받은 국제물류주선업자에 대한 세액공제	제104조의30	운송비용의 1% + 직전과세연도 대비 증가분의 3%(산출세액의 10%한도)	18M		
용역제공자에 관한 과세자료의 제출에 대한 세액공제	제104조의32	과세자료에 기재된 용역제공자 인원수×300원(200만원 한도)	10C		
소재 · 부품 · 장비 수요기업 공동출자세액공제	제13조의3 제1항	주식 또는 출자지분 취득가액 5%	18N		
소재 · 부품 · 장비 외국법인 인수세액 공제	제13조의3 제3항	주식 또는 출자지분 취득가액 5% (중견7%, 중소10%)	18P		
상가임대료를 인하한 임대사업자에 대한 세액공제	제96조의3	임대료 인하액의 70%	10B		
선결제 금액에 대한 세액공제	제99조의12	선결제금액 × 1%	18Q		
통합투자세액공제(일반)	제24조	기본공제 : 투자금액 × 1(중견5, 중소10)/100, 신성장 · 원천기술 투자금액 × 3(중견6,중소12)/100 국가전략기술 투자금액 × 8(중견8,중소16)/100 추가공제 : 직전 3년 연평균 투자금액 초과액 × 3/100(국가전략기술 4/100)(기본공제 200% 한도)	13W		
통합투자세액공제(신성장 · 원천기술)	제24조		13X		
통합투자세액공제(국가전략기술)	제24조		13Y		
합		계	1A1		47,000,000

2. 당기공제세액 및 이월액계산

(105) 구분	(106) 사업 연도	요공제세액 (107) 당기분	요공제세액 (108) 이월분	당기 공제대상세액 (109) 당기분	(110) 1차 연도	(111) 2차 연도	(112) 3차 연도	(113) 4차 연도	(114) 5차 연도	(115) 6차 연도	(116) 7차 연도	(117) 8차 연도	(118) 9차 연도	(119) 10차 연도	(120) 계	(121) 최저한세 적용에 따른 미공제액	(122) 그 밖의 사유로 인한 미공제액	(123) 공제세액 ((120)-(121)-(122))	(124) 소멸	(125) 이월액 ((107)+(108)-(123)-(124))
고용을 증대시킨 기업에 대한 세액공제	2024.12	47,000,000		47,000,000											47,000,000	15,922,000		31,078,000		15,922,000
	소계	47,000,000		47,000,000																
	소계																			
합 계		47,000,000		47,000,000											47,000,000	※15,922,000		31,078,000		15,922,000

작성방법

1. (105) 구분란에는 1. 공제세액계산(「조세특례제한법」)의 코드를 적습니다.
2. (106) 사업연도란에는 이월된 공제대상세액이 발생한 사업연도와 종료월을 적습니다.
3. (107) 당기분란에는 (104) 공제대상세액을 적습니다.
4. (108) 이월분란에는 (105) 구분별, 사업연도별로 전기의 (125) 이월액을 적습니다.
5. (109) 당기분란에는 당기분 세액을 적고, (110)란~(119)란의 해당 연도란에는 (108) 이월분 세액을 각각 적습니다.
6. (121)최저한세 적용에 따른 미공제액란의 합계(※표란)에는 "최저한세조정계산서(별지 제4호서식)"의 ④란 중 (124) 세액공제란의 금액을 옮겨 적고, 「조세특례제한법」 제144조제2항에 규정된 순서에 따라 (121)란의 최저한세 적용에 따른 미공제액의 각 란에 조정하여 적습니다.
7. 근거법조항 중 "구"는 「조세특례제한법」(2020.12.29. 법률 제17759호로 개정되기 전의 것)에 따른 조항을 의미합니다.

사례 4-1 2024년 귀속 신고 시 작성

[별지 제8호 서식(갑)] (2024.3.22. 개정) (4쪽 중 제1쪽)

사 업 연 도	2024.01.01. ~ 2024.12.31.	공제감면세액 및 추가납부세액합계표(갑)	법 인 명	㈜나라
			사업자등록번호	203-81-63108

1. 최저한세 적용제외 공제감면세액

	① 구 분	② 근 거 법 조 항	코드	③ 대상세액	④ 감면(공제) 세액
세액감면	⑩ 창업중소기업에 대한 세액감면(최저한세 적용제외)	「조세특례제한법」제6조제7항 외	110		
	⑩ 해외자원개발투자배당 감면	「조세특례제한법」 제22조	103		
	⑩ 수도권과밀억제권역 밖으로 이전하는 중소기업 세액감면(수도권 밖으로 이전)	구 「조세특례제한법」 제63조	169		
	⑭ 공장의 수도권 밖 이전에 대한 세액감면	「조세특례제한법」 제63조	108		
	⑮ 본사의 수도권 밖 이전에 대한 세액감면	「조세특례제한법」 제63조의2	109		
	⑯ 영농조합법인 감면	「조세특례제한법」 제66조	104		
	⑰ 영어조합법인 감면	「조세특례제한법」 제67조	107		
	⑱ 농업회사법인 감면(농업소득)	「조세특례제한법」 제68조	11B		
	⑲ 행정중심복합도시 등 공장이전에 대한 조세감면	「조세특례제한법」 제85조의2 제3항 (2019.12.31. 법률 제16835호로 개정되기 전의 것)	11A		
	⑪ 위기지역 내 창업기업 세액감면(최저한세 적용제외)	「조세특례제한법」 제99조의9	11N		
	⑪ 해외진출기업의 국내복귀에 대한 세액감면(철수방식)	「조세특례제한법」 제104조의24 제1항 제1호	11F		
	⑪ 해외진출기업의 국내복귀에 대한 세액감면(유지방식)	「조세특례제한법」 제104조의24 제1항 제2호	11H		
	⑪ 고도기술수반사업 외국인투자 세액감면	「조세특례제한법」 제121조의2 제1항 제1호	186		
	⑪ 외국인투자지역내 외국인투자 세액감면	「조세특례제한법」 제121조의2제1항 제2호 또는 제2호의5	187		
	⑪ 경제자유구역내 외국인투자 세액감면	「조세특례제한법」 제121조의2 제1항 제2호의2	188		
	⑪ 경제자유구역 개발사업시행자 세액감면	「조세특례제한법」 제121조의2 제1항 제2호의3	157		
	⑪ 제주투자진흥기구의 개발사업시행자 세액감면	「조세특례제한법」 제121조의2 제1항 제2호의4	158		
	⑪ 기업도시 개발구역내 외국인투자 세액감면	「조세특례제한법」 제121조의2 제1항 제2호의6	159		
	⑪ 기업도시 개발사업의 시행자 세액감면	「조세특례제한법」 제121조의2 제1항 제2호의7	160		
	⑫ 새만금사업지역내 외국인투자 세액감면	「조세특례제한법」 제121조의2 제1항 제2호의8	11J		
	⑫ 새만금사업 시행자 세액감면	「조세특례제한법」 제121조의2 제1항 제2호의9	11K		
	⑫ 기타 외국인투자유치를 위한 조세감면	「조세특례제한법」 제121조의2 제1항 제3호	167		
	⑫ 외국인투자기업의 증자의 조세감면	「조세특례제한법」 제121조의4	172		
	⑫ 기술도입대가에 대한 조세면제(국내지점 등)	법률 제9921호 조세특례제한법 일부개정법률 부칙 제77조	173		
	⑫ 제주첨단과학기술단지 입주기업 조세감면(최저한세 적용제외)	「조세특례제한법」 제121조의8	181		
	⑫ 제주투자진흥지구등 입주기업 조세감면(최저한세 적용제외)	「조세특례제한법」 제121조의9	182		
	⑫ 기업도시개발구역 등 입주기업 감면(최저한세 적용제외)	「조세특례제한법」 제121조의17 제1항 제1·3·5호	197		
	⑫ 기업도시개발사업 등 시행자 감면	「조세특례제한법」 제121조의17 제1항 제2·4·6·7호	198		
	⑫ 아시아문화중심도시 투자진흥지구 입주기업 감면(최저한세 적용제외)	「조세특례제한법」 제121조의20 제1항	11C		
	⑬ 금융중심지 창업기업에 대한 감면(최저한세 적용제외)	「조세특례제한법」 제121조의21 제1항	11G		
	⑬ 동업기업 세액감면 배분액(최저한세 적용제외)	「조세특례제한법」 제100조의18 제4항	11D		
	⑬ 사회적기업에 대한 감면	「조세특례제한법」 제85조의6	11L		
	⑬ 장애인 표준사업장에 대한 감면	「조세특례제한법」 제85조의6	11M		
	⑬ 첨단의료복합단지 입주기업에 대한 감면(최저한세 적용제외)	「조세특례제한법」 제121조의22 제1항 제1호	17A		
	⑬ 국가식품클러스터 입주기업에 대한 감면(최저한세 적용제외)	「조세특례제한법」 제121조의22 제1항 제2호	17B		
	⑬ 연구개발특구 입주기업에 대한 감면(최저한세 적용제외)	「조세특례제한법」 제12조의2	17C		
	⑬ 감염병 피해에 따른 특별재난지역의 중소기업에 대한 감면	「조세특례제한법」 제99조의11	17D		
	⑬ 기회발전특구 창업기업 등에 대한 법인세 등의 감면(최저한세 적용제외)	「조세특례제한법」 제121조의33	1D1		
	⑬ 소 계		170		
세액공제	⑭ 외국납부세액공제	「법인세법」 제57조	101		
	⑭ 재해손실세액공제	「법인세법」 제58조	102		
	⑭ 신성장·원천기술 연구개발비세액공제(최저한세 적용제외)	「조세특례제한법」 제10조 제1항 제1호	16A		
	⑭ 국가전략기술 연구개발비세액공제(최저한세 적용제외)	「조세특례제한법」 제10조 제1항 제2호	10D		
	⑭ 일반 연구·인력개발비세액공제(최저한세 적용제외)	「조세특례제한법」 제10조 제1항 제3호	16B		
	⑭ 동업기업 세액공제 배분액(최저한세 적용제외)	「조세특례제한법」 제100조의18 제4항	12D		
	⑭ 성실신고 확인비용에 대한 세액공제	「조세특례제한법」 제126조의6	10A		
	⑭ 상가임대료를 인하한 임대사업자에 대한 세액공제	「조세특례제한법」 제96조의3	10B		
	⑭ 용역제공자에 관한 과세자료의 제출에 대한 세액공제	「조세특례제한법」 제104조의32	10C		
	⑭ **소 계**		**180**		
⑮ **합 계(⑬ + ⑭)**			**110**		

210mm×297mm[백상지 80g/㎡ 또는 중질지 80g/㎡]

(4쪽 중 제2쪽)

2. 최저한세 적용대상 공제감면세액

① 구	분	② 근 거 법 조 항	코드	③ 대상 세액	④ 감면 세액
세액감면	⑮ 창업중소기업에 대한 세액감면(최저한세 적용대상)	「조세특례제한법」 제6조 제1항 · 제5항 · 제6항	111		
	⑯ 창업벤처중소기업 세액감면	「조세특례제한법」 제6조 제2항	174		
	⑰ 에너지신기술 중소기업 세액감면	「조세특례제한법」 제6조 제4항	13E		
	⑱ 중소기업에 대한 특별세액감면	「조세특례제한법」 제7조	112		
	⑲ 연구개발특구 입주기업에 대한 세액감면(최저한세 적용대상)	「조세특례제한법」 제12조의2	179		
	⑳ 국제금융거래이자소득 면제	「조세특례제한법」 제21조	123		
	㉑ 사업전환 중소기업에 대한 세액감면	구 「조세특례제한법」 제33조의2	192		
	㉒ 무역조정지원기업의 사업전환 세액감면	구 「조세특례제한법」 제33조의2	13A		
	㉓ 기업구조조정 전문회사 주식양도차익 세액감면	법률 제9272호 조세특례제한법 일부개정법률 부칙 제10조 · 제40조	13B		
	㉔ 혁신도시 이전 등 공공기관 세액감면	「조세특례제한법」 제62조 제4항	13F		
	㉕ 공장의 지방이전에 대한 세액감면(중소기업의 수도권 안으로 이전)	「조세특례제한법」 제63조	116		
	㉖ 농공단지입주기업 등 감면	「조세특례제한법」 제64조	117		
	㉗ 농업회사법인 감면(농업소득 외의 소득)	「조세특례제한법」 제68조	119		
	㉘ 소형주택 임대사업자에 대한 세액감면	「조세특례제한법」 제96조	13I		
	㉙ 상가건물 장기임대사업자에 대한 세액감면	「조세특례제한법」 제96조의2	13N		
	㉚ 산림개발소득 감면	「조세특례제한법」 제102조	124		
	㉛ 동업기업 세액감면 배분액(최저한세 적용대상)	「조세특례제한법」 제100조의18 제4항	13D		
	㉜ 첨단의료복합단지 입주기업에 대한 감면(최저한세 적용대상)	「조세특례제한법」 제121조의22 제1항 제1호	13H		
	㉝ 기술이전에 대한 세액감면	「조세특례제한법」 제12조 제1항	13J		
	㉞ 기술대여에 대한 세액감면	「조세특례제한법」 제12조 제3항	13K		
	㉟ 제주첨단과학기술단지 입주기업 감면(최저한세 적용대상)	「조세특례제한법」 제121조의8	13P		
	㊱ 제주투자진흥지구등 입주기업 감면(최저한세 적용대상)	「조세특례제한법」 제121조의9	13Q		
	㊲ 기업도시개발구역 등 입주기업 감면(최저한세 적용대상)	「조세특례제한법」 제121조의17 제1항 제1호 · 제3호 · 5호	13R		
	㊳ 위기지역 내 창업기업 세액감면(최저한세 적용대상)	「조세특례제한법」 제99조의9	13S		
	㊴ 아시아문화중심도시 투자진흥지구 입주기업 감면(최저한세 적용대상)	「조세특례제한법」 제121조의20 제1항	13T		
	㊵ 금융중심지 창업기업에 대한 감면(최저한세 적용대상)	「조세특례제한법」 제121조의21 제1항	13U		
	㊶ 국가식품클러스터 입주기업에 대한 감면(최저한세 적용대상)	「조세특례제한법」 제121조의22 제1항 제2호	13V		
	㊷ 기회발전특구 창업기업 등에 대한 법인세 등의 감면(최저한세 적용대상)	「조세특례제한법」 제121조의33	1C1		
	㊸ 소 계		130		

210mm×297mm[백상지 80g/㎡ 또는 중질지 80g/㎡]

(4쪽 중 제3쪽)

① 구 분		② 근 거 법 조 항	코드	⑤ 전기 이월액	⑥ 당기 발생액	⑦ 공제 세액
세액공제	⑱ 중소기업 등 투자세액공제	구 「조세특례제한법」 제5조	131			
	⑱ 상생결제 지급금액에 대한 세액공제	「조세특례제한법」 제7조의4	14Z			
	⑱ 대 · 중소기업 상생협력을 위한 기금출연 세액공제	「조세특례제한법」 제8조의3제1항	14M			
	⑱ 협력중소기업에 대한 유형고정자산 무상임대 세액공제	「조세특례제한법」 제8조의3제2항	18D			
	⑱ 수탁기업에 설치하는 시설에 대한 세액공제	「조세특례제한법」 제8조의3제3항	18L			
	⑱ 교육기관에 무상 기증하는 중고자산에 대한 세액공제	「조세특례제한법」 제8조의3제4항	18R			
	⑱ 신성장 · 원천기술 연구개발비세액공제(최저한세 적용대상)	「조세특례제한법」 제10조제1항제1호	13L			
	⑱ 국가전략기술 연구개발비세액공제(최저한세 적용대상)	「조세특례제한법」 제10조제1항제2호	10E			
	⑱ 일반 연구 · 인력개발비세액공제(최저한세 적용대상)	「조세특례제한법」 제10조제1항제3호	13M			
	⑱ 기술취득에 대한 세액공제	「조세특례제한법」 제12조제2항	176			
	⑲ 기술혁신형 합병에 대한 세액공제	「조세특례제한법」 제12조의3	14T			
	⑲ 기술혁신형 주식취득에 대한 세액공제	「조세특례제한법」 제12조의4	14U			
	⑲ 벤처기업등 출자에 대한 세액공제	「조세특례제한법」 제13조의2	18E			
	⑲ 성과공유 중소기업 경영성과급 세액공제	「조세특례제한법」 제19조	18H			
	⑲ 연구 · 인력개발설비투자 세액공제	구 「조세특례제한법」 제25조제1항제1호	134			
	⑲ 에너지절약시설투자 세액공제	구 「조세특례제한법」 제25조제1항제2호	177			
	⑲ 환경보전시설 투자 세액공제	구 「조세특례제한법」 제25조제1항제3호	14A			
	⑲ 근로자복지증진시설투자 세액공제	구 「조세특례제한법」 제25조제1항제4호	142			
	⑲ 안전시설투자 세액공제	구 「조세특례제한법」 제25조제1항제5호	136			
	⑲ 생산성향상시설투자세액공제	구 「조세특례제한법」 제25조제1항제6호	135			
	⑳ 의약품 품질관리시설투자 세액공제	구 「조세특례제한법」 제25조의4	14B			
	⑳ 신성장기술 사업화를 위한 시설투자 세액공제	구 「조세특례제한법」 제25조의5	18B			
	⑳ 영상콘텐츠 제작비용에 대한 세액공제(기본공제)	「조세특례제한법」 제25조의6	18C			
	⑳ 영상콘텐츠 제작비용에 대한 세액공제(추가공제)	「조세특례제한법」 제25조의6	1B8			
	⑳ 초연결 네트워크 시설투자에 대한 세액공제	구 「조세특례제한법」 제25조의7	18I			
	⑳ 고용창출투자세액공제	「조세특례제한법」 제26조	14N			
	⑳ 산업수요맞춤형고등학교등 졸업자를 병역이행 후 복직시킨 중소기업에 대한 세액공제	「조세특례제한법」 제29조의2	14S			
	⑳ 경력단절 여성 고용 기업 등에 대한 세액공제	「조세특례제한법」 제29조의3제1항	14X			
	⑳ 육아휴직 후 고용유지 기업에 대한 인건비 세액공제	「조세특례제한법」 제29조의3제2항	18J			
	⑳ 근로소득을 증대시킨 기업에 대한 세액공제	「조세특례제한법」 제29조의4	14Y			
	㉑ 청년고용을 증대시킨 기업에 대한 세액공제	「조세특례제한법」 제29조의5	18A			
	㉑ 고용을 증대시킨 기업에 대한 세액공제	**「조세특례제한법」 제29조의7**	**18F**		**47,000,000**	**31,078,000**
	㉑ 통합고용세액공제	「조세특례제한법」 제29조의8	18S			
	㉑ 통합고용세액공제(정규직 전환)	「조세특례제한법」 제29조의8	1B4			
	㉑ 통합고용세액공제(육아휴직 복귀)	「조세특례제한법」 제29조의8	1B5			
	㉑ 정규직근로자 전환 세액공제	「조세특례제한법」 제30조의2	14H			
	㉑ 고용유지중소기업에 대한 세액공제	「조세특례제한법」 제30조의3	18K			
	㉑ 중소기업 고용증가 인원에 대한 사회보험료 세액공제	「조세특례제한법」 제30조의4 제1항	14Q			
	㉑ 중소기업 사회보험 신규가입에 대한 사회보험료 세액공제	「조세특례제한법」 제30조의4 제3항	18G			
	㉑ 전자신고에 대한 세액공제(납세의무자)	「조세특례제한법」 제104조의8 제1항	184			
	㉒ 전자신고에 대한 세액공제(세무법인 등)	「조세특례제한법」 제104조의8 제3항	14J			
	㉒ 제3자 물류비용 세액공제	「조세특례제한법」 제104조의14	14E			
	㉒ 대학 맞춤형 교육비용 등 세액공제	구 「조세특례제한법」 제104조의18제1항	14I			
	㉒ 대학등 기부설비에 대한 세액공제	구 「조세특례제한법」 제104조의18제2항	14K			
	㉒ 기업의 경기부 설치운영비용 세액공제	「조세특례제한법」 제104조의22	14O			
	㉒ 동업기업 세액공제 배분액(최저한세 적용대상)	「조세특례제한법」 제100조의18제4항	14L			
	㉒ 산업수요맞춤형 고등학교 등 재학생에 대한 현장훈련수당 등 세액공제	구 「조세특례제한법」 제104조의18제4항	14R			
	㉒ 석유제품 전자상거래에 대한 세액공제	「조세특례제한법」 제104조의25	14P			
	㉒ 금 현물시장에서 거래되는 금지금에 대한 과세특례	「조세특례제한법」 제126조의7제8항	14V			
	㉒ 금사업자와 스크랩등사업자의 수입금액의 증가 등에 대한 세액공제	「조세특례제한법」 제122조의4	14W			
	㉓ 우수 선화주 인증 국제물류주선업자 세액공제	「조세특례제한법」 제104조의30	18M			
	㉓ 소재 · 부품 · 장비 수요기업 공동출자 세액공제	「조세특례제한법」 제13조의3제1항	18N			
	㉓ 소재 · 부품 · 장비 외국법인 인수세액 공제	「조세특례제한법」 제13조의3제3항	18P			
	㉓ 선결제 금액에 대한 세액공제	「조세특례제한법」 제99조의12	18Q			
	㉓ 해외자원개발투자에 대한 과세특례	「조세특례제한법」 제104조의15	1B6			
	㉓ 통합투자세액공제(일반)	「조세특례제한법」 제24조	13W			
	㉓ 통합투자세액공제(신성장 · 원천기술)	「조세특례제한법」 제24조	13X			
	㉓ 통합투자세액공제(국가전략기술)	「조세특례제한법」 제24조	13Y			
	㉓ 임시통합투자세액공제(일반)	「조세특례제한법」 제24조	1B1			
	㉓ 임시통합투자세액공제(신성장 · 원천기술)	「조세특례제한법」 제24조	1B2			
	㉔ 임시통합투자세액공제(국가전략기술)	「조세특례제한법」 제24조	1B3			
	㉔ 문화산업전문회사 출자에 대한 세액공제	「조세특례제한법」 제25조의7	1B7			
	㉔ 소 계		149		**47,000,000**	**31,078,000**
㉔ 합 계(⑲ + ㉔)			150			**31,078,000**
㉔ 공제감면세액 총계(⑮ + ㉔)			151			**31,078,000**

210mm×297mm[백상지 80g/㎡ 또는 중질지 80g/㎡]

(245) 기술도입대가에 대한 조세면제	법률 제9921호 조세특례제한법 일부개정법률 부칙 제77조	183			
(246) 간주 · 간접 외국납부세액공제	「법인세법」 제57조제3항 · 제4항 · 제6항	189			

작성방법

1. ③ 대상세액란: 「법인세법」, 「조세특례제한법」 등에 따른 공제감면대상금액이 있는 경우 공제감면세액계산서(별지 제8호서식 부표 1, 2, 3, 4, 5)에 따라 감면구분별로 적습니다.
2. ④ · ⑦ 공제세액란: 「법인세법」, 「조세특례제한법」 등에 따른 공제감면세액은 공제감면세액계산서(별지 제8호서식 부표 1, 2, 3, 4, 5)에 따라 계산된 공제세액 중 당기에 공제될 세액의 범위에서 「법인세법」 제59조제1항에 따른 공제순서에 따라 감면 구분별로 적습니다.
3. (150)란 중 ④ 감면세액란: 법인세 과세표준 및 세액조정계산서(별지 제3호서식)의 (123) 최저한세 적용제외 공제감면세액란에 옮겨 적습니다.
4. (242)란 중 ⑦ 공제세액란: 법인세 과세표준 및 세액조정계산서(별지 제3호서식)의 (121) 최저한세 적용대상 공제감면세액란에 옮겨 적습니다.
5. (245) 기술도입대가에 대한 조세면제란의 공제세액란: 기술도입대가를 지급하는 내국법인이 별지 제8호서식 부표 9 기술도입대가에 대한 조세면제명세서의 면제세액 합계액을 적습니다(국내사업장이 있고 해당 기술이 국내사업장에 실질적으로 관련되거나 귀속되는 경우에는 기술을 제공하는 외국법인이 (245) 기술도입대가에 대한 조세면제란의 감면세액란에 적습니다).
6. (140) 외국납부세액공제란: 외국납부세액과 (246) 간주 · 간접 외국납부세액공제액을 합하여 적고, 간주 · 간접 외국납부세액공제액은 (246)란에 별도로 적습니다.
7. 「조세특례제한법」 제10조의 연구 · 인력개발비세액공제 중 최저한세가 적용되는 공제세액은 (186), (187) 또는 (188)란에 적고, 최저한세 적용이 제외되는 공제세액은 (142), (143) 또는 (144)란에 각각 구분하여 적습니다.
8. (186), (187) 또는 (188)란 중 ⑤ 전기이월액란:「조세특례제한법」 제144조제1항에 따라 이월된 미공제 금액 중 해당 과세연도에 공제할 일반연구 · 인력개발비, 신성장 · 원천기술연구개발비 또는 국가전략기술연구개발비를 각각 구분하여 적습니다(구 공제감면코드: 132).
9. 법령의 개정에 따라 종전의 규정 또는 개정규정에 따라 공제감면 받는 경우에는 비어 있는 란 등에 해당 법령의 조문순서에 따라 별도로 적습니다.
10. ② 근거법조항 중 "구"는 「조세특례제한법」(2020.12.29. 법률 제17759호로 개정되기 전의 것)에 따른 조항을 의미합니다.

210mm×297mm[백상지 80g/㎡ 또는 중질지 80g/㎡]

사례 4-1 2024년 귀속 신고 시 작성

[별지 제3호 서식] (2023.3.20. 개정) (앞쪽)

사업연도	2024.01.01. ~ 2024.12.31.	법인세 과세표준 및 세액조정계산서	법인명	㈜나라
			사업자등록번호	203-81-63108

구분	항목	코드	금액
① 각 사업연도 소득계산	(101) 결산서상 당기순손익	01	425 650 000
	소득조정금액 (102) 익금산입	02	
	소득조정금액 (103) 손금산입	03	
	(104) 차가감소득금액 (101+102-103)	04	425 650 000
	(105) 기부금한도초과액	05	
	(106) 기부금한도초과이월액 손금산입	54	
	(107) 각사업연도소득금액 (104+105-106)	06	425 650 000
② 과세표준 계산	(108) 각사업연도소득금액 (108=107)		425 650 000
	(109) 이월결손금	07	
	(110) 비과세소득	08	
	(111) 소득공제	09	
	(112) 과세표준 (108-109-110-111)	10	425 650 000
	(159) 선박표준이익	55	
③ 산출세액 계산	(113) 과세표준 (112+159)	56	425 650 000
	(114) 세율	11	19
	(115) 산출세액	12	60 873 500
	(116) 지점유보소득 (「법인세법」 제96조)	13	
	(117) 세율	14	
	(118) 산출세액	15	
	(119) 합계 (115+118)	16	60 873 500
④ 납부할 세액 계산	(120) 산출세액 (120=119)		60 873 500
	(121) 최저한세 적용대상 공제감면세액	17	31 078 000
	(122) 차감세액	18	29 795 500
	(123) 최저한세 적용제외 공제감면세액	19	
	(124) 가산세액	20	
	(125) 가감계 (122-123+124)	21	29 795 500
	기납부세액 - 기한내납부세액 (126) 중간예납세액	22	
	기납부세액 - 기한내납부세액 (127) 수시부과세액	23	
	기납부세액 - 기한내납부세액 (128) 원천납부세액	24	
	기납부세액 - 기한내납부세액 (129) 간접투자회사등의 외국납부세액	25	
	기납부세액 - 기한내납부세액 (130) 소계 (126+127+128+129)	26	
	기납부세액 (131) 신고납부전가산세액	27	
	기납부세액 (132) 합계 (130+131)	28	
	(133) 감면분추가납부세액	29	
	(134) 차가감납부할세액 (125-132+133)	30	29 795 500
⑤ 토지등양도소득에 대한 법인세 계산	양도차익 (135) 등기자산	31	
	양도차익 (136) 미등기자산	32	
	(137) 비과세소득	33	
	(138) 과세표준 (135+136-137)	34	
	(139) 세율	35	
	(140) 산출세액	36	
	(141) 감면세액	37	
	(142) 차감세액 (140-141)	38	
	(143) 공제세액	39	
	(144) 동업기업 법인세 배분액 (가산세 제외)	58	
	(145) 가산세액 (동업기업 배분액 포함)	40	
	(146) 가감계 (142-143+144+145)	41	
	기납부세액 (147) 수시부과세액	42	
	기납부세액 (148) ( ) 세액	43	
	기납부세액 (149) 계 (147+148)	44	
	(150) 차감납부할세액 (146-149)	45	
⑥ 미환류소득 법인세	(160) 과세대상 미환류소득	59	
	(161) 세율	60	
	(162) 산출세액	61	
	(163) 가산세액	62	
	(164) 이자상당액	63	
	(165) 납부할세액 (162+163+164)	64	
⑦ 세액계	(151) 차감납부할세액계 (134+150+165)	46	29 795 500
	(152) 사실과 다른 회계처리 경정세액공제	57	
	(153) 분납세액계산범위액 (151-124-133-145-152+131)	47	29 795 500
	(154) 분납할세액	48	14 897 750
	(155) 차감납부세액 (151-152-154)	49	14 897 750

210mm×297mm[백상지 80g/㎡ 또는 중질지 80g/㎡]

사례 4-1 2024년 귀속 신고 시 작성

[별지 제13호 서식](2024.3.22. 개정) (3쪽 중 제1쪽)

사업연도	2024.01.01. ~ 2024.12.31.	농어촌특별세 과세대상 감면세액 합계표	법인명	㈜나라
			사업자등록번호	203-81-63108

1. 일반법인의 감면세액

① 구 분	② 감 면 내 용	③ 「조세특례제한법」근거 조항	코드	④ 감 면 세 액 (소 득 금 액)	비 고
⑤ 비과세	(101) 기업구조조정전문회사의 양도차익 비과세	법률 제9272호 부칙 제10조 · 제40조	604	( )	「법인세법 시행규칙」 별지 제6호서식의 ⑩란 해당 금액
	(102) 중소기업창업투자회사 등의 소재 · 부품 · 장비전문기업 주식양도차익 등에 대한 비과세	제13조의4	62Q	( )	
	(103)		606		
⑥ 소득공제	(104) 국민주택임대소득공제	제55조의2제4항	460	( )	「법인세법 시행규칙」 별지 제7호서식의 ⑧란 해당 금액
	(105) 주택임대소득공제(연면적 149㎡ 이하)	제55조의2제5항	463	( )	
	(106)			( )	
	(107)		458		
⑦ 비과세 · 소득공제분 감면세액			6A1		(과세표준+소득금액)×세율－산출세액
⑧ 세액감면	(108) 국제금융거래이자소득 면제	제21조	123		「법인세법 시행규칙」 별지 제8호서식(갑)의 ④란 해당 금액
	(109) 해외자원개발배당 감면	제22조	103		
	(110) 사업전환 중소기업에 대한 세액감면	구 제33조의2	192		
	(111) 무역조정지원기업의 사업전환 세액감면	구 제33조의2	13A		
	(112) 기업구조조정전문회사의 주식양도차익 감면	법률 제9272호 부칙 제10조 · 제40조	13B		
	(113) 혁신도시 이전 공공기관 세액감면	제62조제4항	13F		
	(114) 행정중심복합도시 등 공장이전 조세감면	제85조의2(19.12.31. 법률 제16835호로 개정되기 전의 것)	11A		
	(115) 사회적 기업에 대한 감면	제85조의6	11L		
	(116) 장애인 표준사업장에 대한 감면	제85조의6	11M		
	(117) 소형주택 임대사업자에 대한 세액감면	제96조	13I		
	(118) 상가건물 장기 임대사업자에 대한 감면	제96조의2	13N		
	(119) 제주첨단과학기술단지입주기업 조세감면(최저한세적용제외)	제121조의8	181		
	(120) 제주투자진흥지구 등 입주기업 조세감면(최저한세적용제외)	제121조의9	182		
	(121) 기업도시개발구역 등 입주기업 감면(최저한세적용제외)	제121조의17제1항제1호 · 제3호 · 제5호	197		
	(122) 기업도시개발사업 등 시행자 감면	제121조의17제1항제2호 · 제4호 · 제6호 · 제7호	198		
	(123) 아시아문화중심도시 투자진흥지구 입주기업 감면(최저한세적용제외)	제121조의20제1항	11C		
	(124) 금융중심지 창업기업에 대한 감면(최저한세적용제외)	제121조의21제1항	11G		
	(125) 첨단의료복합단지 입주기업에 대한 감면(최저한세적용제외)	제121조의22	17A		
	(126) 국가식품클러스터 입주기업에 대한 감면(최저한세적용제외)	제121조의22	17B		
	(127) 첨단의료복합단지 입주기업에 대한 감면(최저한세적용대상)	제121조의22	13H		
	(128) 국가식품클러스터 입주기업에 대한 감면(최저한세적용대상)	제121조의22	13V		
	(129) 제주첨단과학기술단지입주기업 조세감면(최저한세적용대상)	제121조의8	13P		
	(130) 제주투자진흥지구 등 입주기업 조세감면(최저한세적용대상)	제121조의9	13Q		
	(131) 기업도시개발구역 등 입주기업 감면(최저한세적용대상)	제121조의17제1항제1호 · 제3호 · 제5호	13R		
	(132) 금융중심지 창업기업에 대한 감면(최저한세적용대상)	제121조의21제1항	13U		
	(133) 아시아문화중심도시 투자진흥지구 입주기업 감면(최저한세적용대상)	제121조의20제1항	13T		
	(134) 기회발전특구 창업기업 등에 대한 법인세 등의 감면(최저한세적용제외)	제121조의33	1D1		
	(135) 기회발전특구 창업기업 등에 대한 법인세 등의 감면(최저한세적용대상)	제121조의33	1C1		
	(136)		164		

210mm×297mm[백상지 80g/㎡ 또는 중질지 80g/㎡]

(3쪽 중 제2쪽)

① 구 분	② 감 면 내 용	③ 「조세특례제한법」 근거 조항	코드	④ 감 면 세 액 (소득금액)	비 고
	(137) 중소기업투자세액공제	구 제5조	131		
	(138) 상생결제 지급금액에 대한 세액공제	제7조의4	14Z		
	(139) 대중소기업 상생협력을 위한 기금출연 세액공제	제8조의3 제1항	14M		
	(140) 협력중소기업에 대한 유형고정자산 무상임대 세액공제	제8조의3 제2항	18D		
	(141) 수탁기업에 설치하는 시설에 대한 세액공제	제8조의3 제3항	18L		
	(142) 교육기관에 무상 기증하는 중고자산에 대한 세액공제	제8조의3 제4항	18R		
	(143) 기술혁신형 합병에 대한 세액공제	제12조의3	14T		
	(144) 기술혁신형 주식취득에 대한 세액공제	제12조의4	14U		
	(145) 벤처기업 등 출자에 대한 세액공제	제13조의2	18E		
	(146) 성과공유 중소기업 경영성과급 세액공제	제19조	18H		
	(147) 에너지절약시설투자 세액공제	구 제25조 제1항 제2호	177		
	(148) 환경보전시설투자 세액공제	구 제25조 제1항 제3호	14A		
	(149) 근로자복지증진시설투자 세액공제	구 제25조 제1항 제4호	142		
	(150) 안전시설투자 세액공제	구 제25조 제1항 제5호	136		
	(151) 생산성향상시설투자세액공제	구 제25조 제1항 제6호	135		
	(152) 의약품 품질관리시설투자 세액공제	구 제25조의4	14B		
	(153) 신성장기술 사업화를 위한 시설투자 세액공제	구 제25조의5	18B		
	(154) 영상콘텐츠 제작비용에 대한 세액공제(기본공제)	제25조의6	18C		
	(155) 영상콘텐츠 제작비용에 대한 세액공제(추가공제)	제25조의6	1B8		
	(156) 초연결 네크워크 시설투자에 대한 세액공제	구 제25조의7	18I		
	(157) 고용창출투자세액공제	제26조	14N		
	(158) 산업수요맞춤형고등학교등 졸업자 복직 중소기업 세액공제	제29조의2	14S		
	(159) 경력단절 여성 고용 기업 등에 대한 세액공제	제29조의3 제1항	14X		
	(160) 육아휴직 후 고용유지 기업에 대한 인건비 세액공제	제29조의3 제2항	18J		
	(161) 근로소득을 증대시킨 기업에 대한 세액공제	제29조의4	14Y		
	(162) 청년고용을 증대시킨 기업에 대한 세액공제	제29조의5	18A		
⑨ 세액공제	**(163) 고용을 증대시킨 기업에 대한 세액공제**	**제29조의7**	18F	31,078,000	「법인세법 시행규칙」 별지 제8호서식(갑)의 ④·⑦란 세액공제 해당 금액
	(164) 통합고용세액공제	제29조의8	18S		
	(165) 통합고용세액공제(정규직 전환)	제29조의8	1B4		
	(166) 통합고용세액공제(육아휴직복귀)	제29조의8	1B5		
	(167) 제3자 물류비용 세액공제	제104조의14	14E		
	(168) 대학 맞춤형 교육비용 등 세액공제	구 제104조의18 제1항	14I		
	(169) 대학등 기부설비에 대한 세액공제	구 제104조의18 제2항	14K		
	(170) 산업수요맞춤형 고등학교 등 재학생에 대한 현장훈련수당 등 세액공제	구 제104조의18 제4항	14R		
	(171) 기업의 경기부 설치운영비용 세액공제	제104조의22	14O		
	(172) 석유제품 전자상거래에 대한 세액공제	제104조의25	14P		
	(173) 금 현물시장에서 거래되는 금지금에 대한 과세특례	제126조의7 제8항	14V		
	(174) 금사업자와 스크랩등사업자의 수입금액의 증가 등에 대한 세액공제	제122조의4	14W		
	(175) 우수 선화주 인증 국제물류주선업자 세액공제	제104조의30	18M		
	(176) 용역제공자에 관한 과세자료의 제출에 대한 세액공제	제104조의32	10C		
	(177) 소재·부품·장비 수요기업 공동출자 세액공제	제13조의3 제1항	18N		
	(178) 소재·부품·장비 외국법인 인수세액 공제	제13조의3 제3항	18P		
	(179) 상가임대료를 인하한 임대사업자에 대한 세액공제	제96조의3	10B		
	(180) 선결제 금액에 대한 세액공제	제99조의12	18Q		
	(181) 통합투자세액공제(일반)	제24조	13W		
	(182) 임시통합투자세액공제(일반)	제24조	1B1		
	(183) 통합투자세액공제(신성장·원천기술)	제24조	13X		
	(184) 임시통합투자세액공제(신성장·원천기술)	제24조	1B2		
	(185) 통합투자세액공제(국가전략기술)	제24조	13Y		
	(186) 임시통합투자세액공제(국가전략기술)	제24조	1B3		
	(187) 해외자원개발투자에 대한 과세특례	제104조의15	1B6		
	(188) 문화산업전문회사 출자에 대한 세액공제	제25조의7	1B7		
	(189)		165		
	⑩ 감 면 세 액 합 계			31,078,000	

2. 조합법인 등의 감면세액

① 법인세 과세표준	② 「조세특례제한법」 제72조 세율	③ 산출세액 (①×②)	④ 과세표준 구 분	④ 과세표준 금 액	⑤ 「법인세법」 제55조의 세율	⑥ 산출세액	⑦ 감면세액 (⑥－③)
			2억원 이하				
			200억원 이하				
			3천억원 이하				
			3천억원 초과				
합 계			합 계				

210mm×297mm[백상지 80g/㎡ 또는 중질지 80g/㎡]

(3쪽 중 제3쪽)

3. 조합법인에 대한 공제세액

⑧ 공제내용	코드	⑨ 공제세액	비 고
청년고용을 증대시킨 기업에 대한 세액공제	18A		「법인세법 시행규칙」 별지 제8호서식(갑)의 ⑦란 공제세액 해당 금액
고용을 증대시킨 기업에 대한 세액공제	18F		「법인세법 시행규칙」 별지 제8호서식(갑)의 ⑦란 공제세액 해당 금액
기업의 경기부 설치운영비용 세액공제	14O		「법인세법 시행규칙」 별지 제8호서식(갑)의 ⑦란 공제세액 해당 금액
상가임대료를 인하한 임대사업자에 대한 세액공제	10B		「법인세법 시행규칙」 별지 제8호서식(갑)의 ④란 감면(공제)세액 해당 금액
선결제금액에 대한 세액공제	18Q		「법인세법 시행규칙」 별지 제8호서식(갑)의 ⑦란 공제세액 해당 금액
통합고용세액공제	18S		「조세특례제한법 시행규칙」 별지 제10호의9서식의 ④란 공제세액 해당 금액
합 계			

작 성 방 법

1. 일반법인의 감면세액 계산
   가. ⑦란 중 ④ 감면세액(소득금액)란의 금액은 각 사업연도 소득에 대한 법인세 과세표준[법인세 과세표준 및 세액조정계산서(별지 제3호서식)의 ⑬란의 금액을 말합니다]에 ⑤란의 비과세 소득금액과 ⑥란의 소득공제금액을 합산한 조정과세표준에 대한 산출세액에서 법인세 과세표준 및 세액조정계산서(별지 제3호서식)의 ⑮란의 산출세액의 금액을 빼서 적습니다.
   나. 그 밖에 ⑤ 비과세, ⑥ 소득공제, ⑧ 세액감면, ⑨ 세액공제의 빈 란에는 「조세특례제한법」의 개정으로 추가하여 감면세액이 발생되거나 개정 전 규정의 부칙에 따라 적용되는 감면세액이 농어촌특별세 과세대상에 해당하는 경우에 해당 감면세액을 각각 적습니다.

2. 조합법인 등의 감면세액 계산: ⑤ 「법인세법」 제55조의 세율은 다음과 같이 적용합니다.
   가. 2012년 1월 1일 이후 개시하는 사업연도

과세표준	세 율
2억원 이하	과세표준의 100분의 10
2억원 초과 200억원 이하	2천만원 + (2억원 초과 200억원 이하 금액의 100분의 20)
200억원 초과	39억 8천만원 + (200억원을 초과하는 금액의 100분의 22)

   나. 2018년 1월 1일 이후 개시하는 사업연도

과세표준	세 율
2억원 이하	과세표준의 100분의 10
2억원 초과 200억원 이하	2천만원 + (2억원 초과 200억원 이하 금액의 100분의 20)
200억원 초과 3천억원 이하	39억8천만원 + (200억원을 초과하는 금액의 100분의 22)
3천억원 초과	655억8천만원 + (3천억원을 초과하는 금액의 100분의 25)

   다. 2023년 1월 1일 이후 개시하는 사업연도

과세표준	세 율
2억원 이하	과세표준의 100분의 9
2억원 초과 200억원 이하	1천8백만원 + (2억원 초과 200억원 이하 금액의 100분의 19)
200억원 초과 3천억원 이하	37억8천만원 + (200억원을 초과하는 금액의 100분의 21)
3천억원 초과	625억8천만원 + (3천억원을 초과하는 금액의 100분의 24)

3. 조합법인 등의 공제세액 계산: 「조세특례제한법」의 개정으로 조합법인 등에 추가로 공제되는 공제세액이 농어촌특별세 과세대상에 해당하는 공제세액을 적습니다.

※ 근거법조항 중 "구"는 「조세특례제한법」(2020.12.29. 법률 제17759호로 개정되기 전의 것)에 따른 조항을 의미합니다.

210mm×297mm[백상지 80g/㎡ 또는 중질지 80g/㎡]

PART 05 고용지원을 위한 조세특례

사례 4-1 2024년 귀속 신고 시 작성

[별지 제12호 서식] (2017.3.10. 개정) (앞 쪽)

사 업 연 도	2024.01.01. ~ 2024.12.31.	농어촌특별세과세표준 및 세액조정계산서	법인명	㈜나라
			사업자등록번호	203-81-63108

농어촌특별세 과세표준 및 세액 조정내역

① 법 인 유 형	②과 세 표 준		세 율	③세 액
	구 분	금 액		
④ 일 반 법 인	⑤법 인 세 감 면 세 액	31,078,000	20%	6,215,600
	⑥			
	⑦			
	⑧ 소 계	31,078,000		6,215,600
⑨조 합 법 인 등	⑩ 법 인 세 공제 · 감 면 세 액		20%	
	⑫ 소 계			

작 성 방 법

1. ②란 중 ⑤법인세감면세액란에는 농어촌특별세과세대상감면세액합계표[별지 제13호서식]상의 ⑩감면세액합계란의 금액을 옮겨 적습니다.
2. ②란 중 ⑩법인세공제 · 감면세액란에는 농어촌특별세과세대상감면세액합계표[별지 제13호서식] 2. 조합법인 등 감면세액중 ⑦감면세액란의 합계금액과 3. 조합법인 등 공제세액중 ⑨ 공제세액란 합계금액을 더하여 기입합니다.

210mm×297mm[백상지 80g/㎡ 또는 중질지 80g/㎡]

사례 4-1 2024년 귀속 신고 시 작성

[별지 제2호 서식] (2024.3.22. 개정)

농어촌특별세 과세표준 및 세액신고서

※ 뒤쪽의 신고안내 및 작성방법을 읽고 작성하여 주시기 바랍니다. (앞쪽)

1. 신고인 인적사항

① 소 재 지	경기도 고양시 일산서구 대화로37번길 102-30(법곳동)				
② 법 인 명	㈜나라		③대 표 자 성 명	김 유 민	
④사업자등록번호	203-81-63108	⑤사 업 연 도	2024.01.01. ~2024.12.31.	⑥전 화 번 호	031-2231-7027

2. 농어촌특별세 과세표준 및 세액 조정내역

⑦과 세 표 준		31,078,000
⑧산 출 세 액		6,215,600
⑨가 산 세 액 (미납세액, 미납일수, 세율)		(, , 2.2/10,000)
⑩총 부 담 세 액		6,215,600
⑪기 납 부 세 액		
⑫환 급 예 정 세 액		
⑬차 감 납 부 할 세 액		6,215,600
⑭분 납 할 세 액		
⑮차 감 납 부 세 액		6,215,600
⑯충 당 후 납 부 세 액		
⑰국 세 환 급 금 충 당 신 청	환 급 법 인 세	
	충당할 농어촌특별세	

신고인은 「농어촌특별세법」 제7조에 따라 위의 내용을 신고하며, 위 내용을 충분히 검토하였고 **신고인이 알고 있는 사실 그대로를 정확하게 적었음을 확인합니다.**

2025년 3월 31일

신고인(대표자) 김 유 민 (서명 또는 인)

세무대리인은 조세전문자격자로서 위 신고서를 성실하고 공정하게 작성하였음을 확인합니다.

세무대리인 (서명 또는 인)

고양 세무서장 귀하

210mm×297mm[백상지 80g/㎡ 또는 중질지 80g/㎡]

SECTION 03

제30조의4 【중소기업 사회보험료 세액공제】

I 기본검토사항

구 분		검토요건 또는 확인사항
적용여부 검토	① 당해 법인의 중소기업요건 충족 확인	업종요건, 규모요건, 독립성요건, 졸업요건 충족
	② 각 조항별 적용시한 확인	고용인원증가 : 2024.12.31.이 속하는 과세연도까지
		신규가입 : 2020.12.31.까지 신규가입
	③ 각 조항별 규정 업종의 요건 충족 확인	청년등외 상시근로자 증가 공제율 적용 시 신성장서비스업의 경우 75% 공제
	④ 본점 및 사업장 소재지 등 확인	본점 및 사업장소지지에 따른 차등적용 및 적용배제 규정 없음
	⑤ 감면/공제 적용의 배제	소득금액 추계결정 시 적용배제
적용 시 검토	⑥ 감면/공제 중복적용 확인	• 제29조의8【통합고용세액공제】제1항과 중복적용 불가 • 제121조의2【외국인투자에 대한 조세감면】 및 제121조의4【증자의 조세감면】 적용 시 외국인 지분율에 대한 해당하는 부분과 중복적용 불가 • 세액감면과 중복지원배제(제7조의 경우 중복적용 가능)
	⑦ 최저한세 적용대상 확인	최저한세 적용대상
	⑧ 이월적용 여부 확인	10년간 이월공제 적용
	⑨ 농어촌특별세 비과세 확인	농어촌특별세 비과세
사후 관리	⑩ 공제감면 후 사후관리규정	최초 공제 후 1년 이내 고용인원 감소 시 공제세액 납부, 이자상당액 추가납부 규정은 없음

Ⅱ 주요 질의회신 통칙 등

1 질의회신 예규 등

제 목	내 용
(1) 외국인근로자와 1년 이상 계약을 체결하였으며 해당 외국인 근로자는 고용 · 산재보험료를 납부하고 있으며, 국민연금은 납부하지 않은 경우 조특법 제30조의4 중소기업 사회보험료 세액공제 대상 상시근로자에 외국인 근로자가 포함되는지 여부(사전-2020-법령해석소득-0239, 2020.06.24.)	• 「조세특례제한법」 제30조의4에 따른 중소기업 사회보험료 세액공제를 적용함에 있어 상시근로자는 「근로기준법」에 따라 근로계약을 체결한 내국인근로자로서, 외국인 근로자가 「소득세법」에 따른 거주자에 해당하는 경우 상시근로자에 포함되는 것이나, 「조세특례제한법 시행령」 제27조의4 제1항 각 호의 어느 하나에 해당하는 사람은 제외하는 것임.
(2) 근로자 채용 시, 사회보험(국민연금 등 5개보험)에 가입하여야 하나 고령으로 국민연금 가입제외 또는 의료비 국가전액지원자 등의 건강보험 가입대상 제외 등의 사유로 일부 보험에 가입하지 못하는 근로자가 발생한 경우 중소기업 고용증가 인원에 대한 사회보험료 세액공제와 관련 상시근로자 수 계산 시 5개의 사회보험 중 일부를 가입하지 아니한 근로자의 경우에도 상시근로자 수에 포함되는지 여부(서면-2020-법령해석소득-5976, 2021.06.17.)	• 내국법인이 고용하고 있는 만 60세 이상 내국인 근로자 및 「국민건강보험법」 제5조 제1항에 따라 국민건강보험 가입자에서 제외되는 내국인 근로자에 대하여 「국민연금법」 제88조 제3항 및 「국민건강보험법」 제77조 제1항에 따른 사용자 부담금 납부사실이 확인되지 않으나, 국민연금 또는 국민건강보험료 외 「조세특례제한법」 제30조의4 제4항 각 호에 따른 사회보험에 대하여 사용자가 부담하여야 하는 부담금 또는 보험료의 납부 사실이 확인되는 경우, 동 근로자는 「조세특례제한법 시행령」 제27조의4 제1항 제7호에 해당하지 않는 것임. **저자주** 사회보험(국민연금, 고용보험, 산업재해보상보험, 국민건강보험, 장기요양보험) 중 모두 가입한 경우에 공제 가능한 것으로 해석하되, 각 사회보험의 가입 제외 사유 등에 해당하여 일부 사회보험에 가입 · 납부하지 않은 경우에는 적용 가능한 것으로 해석함이 무방할 것으로 판단된다.

Ⅲ 사례분석 및 서식작성

1 사후관리 규정의 집중분석

(1) 공제적용 후 근로자 수 감소 시

소득세 또는 법인세를 공제받은 중소기업이 최초로 공제를 받은 과세연도의 종료일부터 1년이 되는 날이 속하는 과세연도의 종료일까지의 기간 중 고용 인원수가 감소할 경우 다음과 같이 처리한다(조특법 제30조의4 제2항 전단).

▌추가공제적용여부▐

① 전체 상시근로자의 수가 최초로 공제를 받은 과세연도에 비하여 감소한 경우	② 청년 등 상시근로자의 수가 최초로 공제를 받은 과세연도에 비하여 감소한 경우
세액공제 전체를 적용하지 않음	청년 등 상시근로자 증가분 세액공제 적용하지 않음

(2) 공제세액의 추가납부

상시근로자 수 감소로 세액공제 적용이 중단되는 경우에는 공제받은 세액을 납부하여야 하며, 추가로 납부할 세액은 다음과 같이 계산한다(조특법 제30조의4 제2항 후단).

1) 전체 상시근로자 감소의 경우(조특령 제27조의4 제11항 제1호 가목 · 나목)

① 감소한 청년 등 상시근로자의 수가 감소한 상시근로자 수 이상인 경우(가목)

<table>
<tr><td colspan="2">추가납부할 세액 = A − B + C</td></tr>
<tr><td rowspan="3">A</td><td>차감인원수 × 청년 등 1인당 공제액</td></tr>
<tr><td>차감인원수
= 최초공제연도 대비 감소한 청년등 상시근로자 수 − 최초공제연도 대비 감소한 상시근로자 수</td></tr>
<tr><td>최초공제연도 대비 감소한 청년등 상시근로자 수는 최초공제연도에 청년등 상시근로자가 증가한 수를 한도로 함</td></tr>
<tr><td>B</td><td>차감인원수 × 청년외 1인당 공제액</td></tr>
<tr><td>C</td><td>최초공제연도에 비해 감소한 상시근로자 수 × 청년 등 1인당 공제액</td></tr>
</table>

청년 및 청년외 1인당 공제액은 다음과 같이 적용하며 이하 같다.

청년 1인당 공제액	$\frac{\text{해당 과세연도에 청년등 상시근로자에게 지급하는 「소득세법」 제20조 제1항에 따른 총급여액}}{\text{해당 과세연도의 청년등 상시근로자 수}}$ × 사회보험료율×100%

청년외 1인당 공제액	$\dfrac{\text{해당 과세연도에 청년등 외 상시근로자에게 지급하는 「소득세법」 제20조 제1항에 따른 총급여액}}{\text{해당 과세연도의 상시근로자 수} - \text{해당 과세연도의 청년등 상시근로자 수}}$ × 사회보험료율×50%(75%)

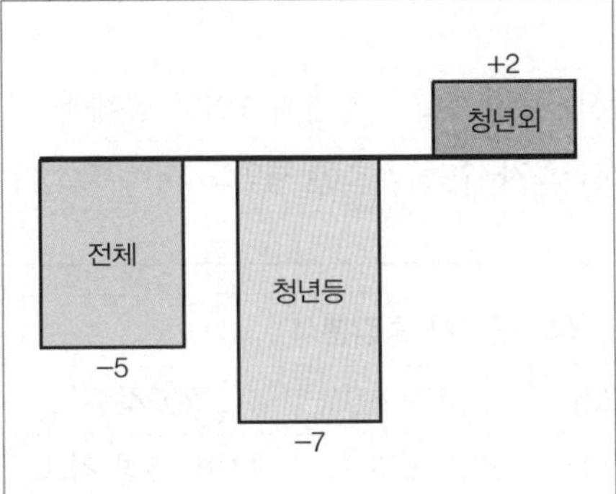

상시근로자 증감분석

구 분	2022년	2023년		2024년	
전체	7명	16명	9명 증가	11명	5명 감소
청년	2명	10명	8명 증가	3명	7명 감소
청년외	5명	6명	1명 증가	8명	2명 증가

2023년 1인당 사회보험료 부담금(분석을 위한 가정치임)	
청년등 2,141,615원	청년등외 2,348,652원

상황분석

① 최초공제연도(2022년) 대비 2차연도(2023년)에 전체 상시근로자 수 감소하고 청년등 상시근로자 수 또한 감소하였는데 청년등 상시근로자의 감소 인원수가 전체 상시근로자 감소 인원수보다 많다는 것은 청년등 상시근로자의 변동방향(증가 또는 감소)과 청년등외 상시근로자의 변동방향(증가 또는 감소)이 역방향이어서 증가와 감소 상쇄효과를 유발하게 된다

② 청년등 상시근로자의 감소 수 중 전체 상시근로자 감소 수를 초과하는 부분에 대해서는 청년등 1인당 공제액과 청년등외 1인당이 공제액의 차액을 반영하여 추가납부세액을 계산하고 청년등 상시근로자 감소 수 중 전체 상시근로자 감소 수에 해당하는 부분은 순수하게 청년등 상시근로자 수가 감소한 것으로 보아 청년등 1인당 공제액을 반영하여 추가납부세액을 계산한다.

① 2023년도(최초공제연도 1차공제연도)에 직전 과세연도인 2022년도 대비 전체 상시근로자는 9명 증가, 청년등 상시근로자는 8명 증가, 청년등외 상시근로자는 1명 증가함

② 2024년도(2차공제연도)에는 최초공제연도(2023년) 대비 전체 상시근로자는 5명 감소, 청년등 상시근로자는 7명 감소 청년등외 상시근로자는 2명 증가. 청년등 감소 인원수 7명 중 청년등외 증가 인원수 2명과 상쇄되어 전체 상시근로자 수는 5명 감소로 나타남.

▶ 공제 적용 다음 과세연도에 상시근로자 수 감소의 경우 추가공제를 적용하지 않으므로 2024년도에는 2023년도분의 추가공제를 중단하고 추가납부를 적용함. 이때 청년등 감소 인원수 7명 중 청년등외 증가 인원수 2명과 상쇄되는 부분의 추가납부세액은 청년등과 청년등외 1인당 공제액의 차액만 추가납부세액으로 계산하고 상쇄 후 5명 감소분에 대한 부분은 순수하게 청년등 1인당 공제액을 반영하여 추가납부세액을 산정함

▶ 추가납부세액 계산

(7명 − 5명)×(2,141,615원×100% − 2,348,652원×50%) + (5명×2,141,615원×100%)
= 2명×(2,141,615원 − 1,174,326원) + (5명×2,141,615원×100%)
= 2명×967,289원 + 5명×2,141,615원
= 1,934,578원 + 10,708,075원
= 12,642,653원

② 그밖의 경우(나목)

추가납부할 세액 = A + B	
A	최초공제연도 대비 감소한 청년등 상시근로자 수 × 청년 1인당 공제액
	최초공제연도 대비 감소한 청년등 상시근로자 수는 최초공제연도에 청년등 상시근로자가 증가한 수를 한도로 함
B	최초공제연도 대비 감소한 청년 등외 상시근로자 수 × 청년외 1인당 공제액
	최초공제연도 대비 감소한 청년 등외 상시근로자 수는 최초 공제연도 대비 감소한 상시근로자 수를 한도로 함

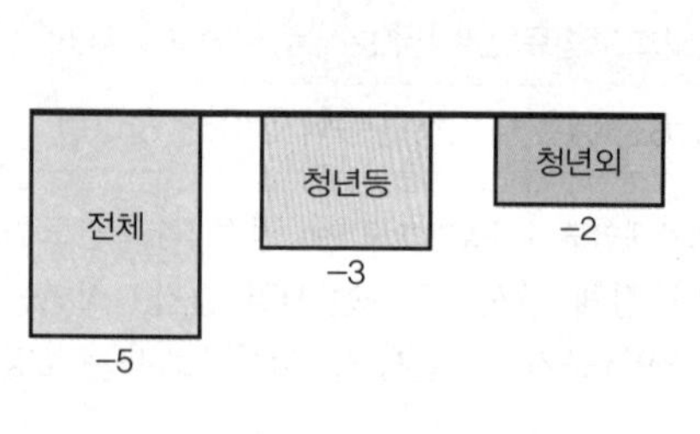

상시근로자 증감분석

구 분	2022년	2023년		2024년	
전체	7명	16명	9명 증가	11명	5명 감소
청년	4명	10명	6명 증가	7명	3명 감소
청년외	3명	6명	3명 증가	4명	2명 감소

2023년 1인당 사회보험료 부담금(분석을 위한 가정치임)	
청년등 2,141,615원	청년등외 2,348,652원

상황분석

최초공제연도(2023년) 대비 2차연도(2024년)에 청년등 상시근로자와 청년등외 상시근로자 모두 감소하여 전체 상시근로자 수가 감소하는 상황이다. 위 '①'의 경우와 달리 청년등 상시근로자의 변동방향(증가 또는 감소)이 청년등외 상시근로자의 변동방향(증가 또는 감소)과 모두 동일한 순방향으로 변동하기 때문에 상쇄효과는 발생하지 않는다. 그러므로 청년등 상시근로자 감소 수에 대해서는 청년등 1인당 공제액을, 청년등외 상시근로자 감소수에 대해서는 청년등외 1인당 공제액을 적용하여 추가납부 세액을 계산한다.

① 2023년도(최초공제연도 1차공제연도)에 직전 과세연도인 2022년도 대비 전체 상시근로자는 9명 증가, 청년등 상시근로자는 6명 증가, 청년등외 상시근로자는 3명 증가함

② 2024년도(2차공제연도)에는 최초공제연도(2023년) 대비 청년등 상시근로자는 3명 감소, 청년등외 상시근로자는 2명 감소함. 전체 상시근로자 수는 5명 감소로 나타남.

▶ 공제 적용 다음 과세연도에 상시근로자 수 감소의 경우 추가공제를 적용하지 않으므로 2024년도에는 2023년도분의 추가공제를 중단하고 추가납부를 적용함. 청년등 상시근로자와 청년등외 상시근로자 모두 감소한 형태이므로 청년등 상시근로자 감소 인원수에는 청년등 1인당 공제액을 적용하고 청년 등외 감소 인원수에는 청년등외 1인당 공제액을 적용하여 추가납부세액을 계산함.

▶ 추가납부세액 계산
3명×2,141,615원×100%+2명×2,348,652원×50%
= 6,424,845원+2명×1,174,326원
= 6,424,845원+2,348,652원
= 8,773,497원

2) 상시근로자 수는 감소하지 않으면서 청년등 상시근로자 수가 감소한 경우(조특령 제27조의4 제11항 제2호)

추가납부할 세액 = A − B	
A	최초공제연도 대비 청년 감소 인원수 × 청년 1인당 공제액
	청년 감소 인원수란 최초공제연도 대비 감소한 청년등 상시근로자 수를 말하며, 최초공제연도 대비 청년등 상시근로자가 증가한 수를 한도로 함
B	청년 감소 인원수 × 청년외 1인당 공제액

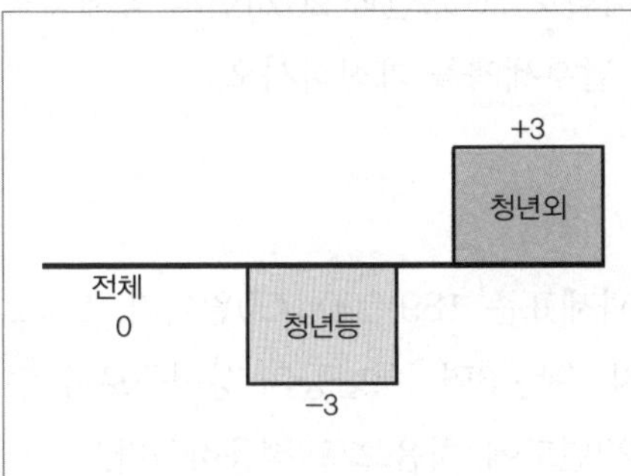

상시근로자 증감분석

구 분	2022년	2023년	2024년
전체	7명	16명 9명 증가	16명 증감 없음
청년	4명	10명 6명 증가	7명 3명 감소
청년외	3명	6명 3명 증가	9명 3명 증가

2023년 1인당 사회보험료 부담금(분석을 위한 가정치임)	
청년등 2,141,615원	청년등외 2,348,652원

상황분석

① 최초공제연도(1차연도 2023년) 대비 2차연도(2024년)에 전체 상시근로자 수는 증감 변동없이 유지되었지만 이는 청년 등 상시근로자 수가 감소한 수만큼 청년등외 상시근로자 수 증가와 상쇄되어 전체 상시근로자 수는 증감 변동없이 유지되는 것이다.

② 이 경우 전체 상시근로자 수가 최초공제연도 대비 감소하지 아니하였으므로 2차연도(2024년) 추가공제를 적용하지만 청년등 상시근로자 수가 감소하였으므로 2차연도(감소한 과세연도)부터 청년등 상시근로자에 대한 추가공제를 배제하고 추가납부하여야 한다.

③ 물론 청년등외 상시근로자 수는 감소하지 아니하였고 전체 상시근로자 수도 감소하지 아니하였으므로 청년등외 상시근로자에 대하여는 2차연도 추가공제를 적용한다.

① 2023년도(최초공제연도 1차공제연도)에 직전 과세연도인 2022년도 대비 전체 상시근로자는 9명 증가, 청년등 상시근로자는 6명 증가, 청년등외 상시근로자는 3명 증가함

② 2024년도(2차공제연도)에는 최초공제연도(2023년) 대비 청년등 상시근로자는 3명 감소, 청년등외 상시근로자는 3명 증가함. 전체 상시근로자 수는 증감 변동 없이 최초공제연도(1차연도 2023년)의 전체 상시근로자 수 유지됨.

▶ 전체 상시근로자 수는 감소하지 않고 유지하였지만 청년 등 상시근로자 수는 감소하였으므로 청년등 상시근로자에 대한 추가공제는 중단하고 추가납부하여야 하며, 청년등외 상시근로자 수는 유지하고 있으므로 청년등외 상시근로자에 대한 추가공제를 적용한다.

▶ 청년 등 상시근로자에 대한 추가납부세액
3명×2,141,615원×100% − 3명×2,348,652원×50%
= 2,901,867원

▶ 청년등외 상시근로자에 대한 추가공제세액
3명×2,348,652원×50%
= 3,522,978원

저자주 제29조의7 규정의 경우에는 청년외 추가공제액 계산 시 최초공제연도 청년 상시근로자 증가 수에 청년외 1인당 공제액을 반영하지만 이는 제29조의7에 관한 질의회신이며, 이에 따라 적용할 경우 청년 등 1인당 공제액과 청년외 1인당 공제액이 변동하게 되므로 제29조의7과 달리 2차연도에 청년 감소 수에 대한 추가공제 적용을 하지 않았다.

2 사례분석 및 서식작성

중소기업 사회보험료 세액공제를 적용하기 위한 ㈜나라의 2023년 및 2024년의 상시근로자 및 총급여 현황은 각 사례별로 다음과 같다. 각 사례별로 2023년과 2024년의 공제세액 또는 추가납부세액 및 최저한세 검토하여 해당연도별 납부세액을 계산하시오.

(1) 사례 1

2023년도 과세표준 115,000,000원, 2024년도 과세표준 189,000,000원이며, 2022년도 전체 상시근로자 수는 17명, 청년등 상시근로자 수는 6명, 청년등외 상시근로자 수는 11명이며, 중소기업 사회보험료 세액공제는 2023년도에 처음으로 적용하였다.

① 연도별 사회보험료율

구 분	건강 보험료율	노인장기 요양보험료	국민연금 보험료율	고용 보험료율	산재 보험료율	보험료율 소계
2023년	3.545%	0.0321956%	4.5000000%	1.1500000%	0.6000000%	9.8271956%
2024년	3.545%	0.0325501%	4.5000000%	1.1500000%	0.6000000%	9.8275501%

② 총급여 및 사회보험료부담금

구 분	근로자	인원수(명)	총급여(원)	사회 보험료율	사회보험료 부담금	1인당 부담금
2023년	전체 상시근로자	22	489,560,000			
	청년등 상시근로자	9	189,452,000	9.8271956%	18,617,819	2,068,646
	청년외 상시근로자	13	300,108,000	9.8271956%	29,492,200	2,268,630
2024년	전체 상시근로자	24	533,695,000			
	청년등 상시근로자	10	210,502,000	9.8275501%	20,687,190	2,068,718
	청년외 상시근로자	14	323,193,000	9.8275501%	31,761,954	2,268,710

사례 풀이

<table>
<tr><th>2022년</th><th colspan="2">2023년</th><th colspan="2">2024년</th></tr>
<tr><th>근무인원현황</th><th>근무인원현황</th><th>증감현황</th><th>근무인원현황</th><th>증감현황</th></tr>
<tr><td>전체 17명
청년 6명
청년외 11명</td><td>전체 22명
청년 9명
청년외 13명</td><td>5명 증가
3명 증가
2명 증가</td><td>전체 24명
청년 10명
청년외 14명</td><td>2명 증가
1명 증가
1명 증가</td></tr>
<tr><td rowspan="4">1차연도공제</td><td colspan="2">① 상황분석</td><td colspan="2">① 상황분석</td></tr>
<tr><td colspan="2">직전과세연도(2022년) 대비 전체 상시근로자 수 증가(청년 증가, 청년외 증가)
≫ 공제적용</td><td colspan="2">직전과세연도(2023년) 대비 전체 상시근로자 수 증가(청년 증가, 청년외 증가)
≫ 공제적용</td></tr>
<tr><td colspan="2">② 공제세액계산</td><td colspan="2">② 공제세액계산</td></tr>
<tr><td colspan="2">청년 : 3명×2,068,646원×100%
= 6,205,938원
청년외 : 2명×2,268,630원×50%
= 2,268,630원
합계 : 6,205,938원+2,268,630원
= 8,474,568원</td><td colspan="2">청년 : 1명×2,068,718원×100%
= 2,068,718원
청년외 : 1명×2,268,710원×50%
= 1,134,355원
합계 : 2,068,718원+1,134,355원
= 3,203,073원</td></tr>
<tr><td rowspan="4">2차연도공제</td><td colspan="2" rowspan="4"></td><td colspan="2">① 상황분석</td></tr>
<tr><td colspan="2">직전공제연도(2022년) 대비 전체 상시근로자 수 감소하지 않음(청년 증가, 청년외 증가)
≫ 추가공제적용</td></tr>
<tr><td colspan="2">② 추가공제세액계산</td></tr>
<tr><td colspan="2">청년 : 6,205,938원
청년외 : 2,268,630원
합계 : 8,474,568원</td></tr>
</table>

1. 2023년 공제액 계산

세액공제를 처음으로 적용하는 사업연도이다. 직전과세연도(2022년) 대비 전체 상시근로자 수가 증가하였으므로 공제적용 가능하며, 청년등 상시근로자의 1인당 사회보험료 부담금의 100%와 청년등외 상시근로자의 1인당 사회보험료 부담금의 50%를 세액공제한다.

2. 2024년 공제액 계산

① 직전과세연(2023년) 대비 전체 상시근로자 수가 증가하였으므로 공제적용 가능하며, 청년등 상시근로자의 1인당 사회보험료 부담금의 100%와 청년등외 상시근로자의 1인당 사회보험료 부담금의 50%를 세액공제한다.

② 직전공제연도(2023년) 대비 전체 상시근로자 수가 감소하지 않았으므로(청년 증가, 청년외 증가) 추가공제를 적용한다. 추가공제금액은 직전공제연도 공제액이다.

사례 1 2023년 귀속 신고 시 작성

[별지 제11호의5 서식] (2022.3.18. 개정) (3쪽 중 제1쪽)

중소기업 고용증가 인원에 대한 사회보험료 세액공제 공제세액계산서

❶ 신청인	① 상호 또는 법인명 : ㈜나라	② 사업자등록번호 : 203-81-63108
	③ 대표자 성명 : 김 유 민	④ 생년월일 : 1973년 04월 12일
	⑤ 주소 또는 본점소재지 : 경기도 고양시 일산서구 대화로37번길 102-30(법곳동) (전화번호 : 031-2231-7027)	

❷ 과세연도	2023년 1월 1일부터 2023년 12월 31일까지

❸ 공제세액 계산내용

⑥ 해당년도 공제세액 합계(⑦+㉒)	8,474,568

1. 청년 및 경력단절 여성 상시근로자 고용증가 인원의 사회보험료 부담증가 상당액에 대한 공제세액계산

⑦ 공제세액(⑩×⑮)	6,205,938

가. 고용증가 인원 계산

⑧ 해당 과세연도 청년등 상시근로자 수	⑨ 직전 과세연도 청년등 상시근로자 수	⑩ 증가한 청년등 상시근로자 수 [(⑧-⑨), ⑩≤㉕]
9.00	6.00	3.00

나. 고용증가 인원 1인당 사용자의 사회보험료 부담금액

⑪ 해당 과세연도에 청년등 상시근로자에게 지급하는 「소득세법」 제20조제1항에 따른 총급여액	⑫ 해당 과세연도 청년등 상시근로자 수(=⑧)	⑬ 사회보험료율 (=㉑)	⑭국가 등이 지급한 보조금 및 감면액의 1인당 금액	⑮ 사회보험료 부담금 (⑪/⑫×⑬-⑭)
189,452,000	9.00	9.8271956(%)		2,068,646

다. 사회보험료율

⑯ 국민건강보험	⑰ 장기요양보험	⑱ 국민 연금	⑲ 고용 보험	⑳ 산업재해 보상보험	㉑계 (⑯+⑰+⑱+⑲+⑳)
3.5450000(%)	0.0321956(%)	4.5000000(%)	1.1500000(%)	0.6000000(%)	9.8271956(%)

2. 청년 및 경력단절 여성 외 상시근로자 고용증가 인원의 사회보험료 부담증가 상당액에 대한 공제세액계산

㉒ 공제세액(㉗×㉜×0.5, 신성장 서비스업을 영위하는 중소기업의 경우에는 ㉗×㉜×0.75)	2,268,630

가. 고용증가 인원 계산

㉓ 해당 과세연도 상시근로자 수	㉔ 직전 과세연도 상시근로자 수	㉕ 증가한 상시근로자 수 (㉓-㉔)	㉖ 증가한 청년등 상시근로자 수 (=⑩)	㉗ 증가한 청년등 외 상시근로자 수 (㉕-㉖)
22.00	17.00	5.00	3.00	2.00

210mm×297mm[백상지 80g/㎡ 또는 중질지 80g/㎡]

(3쪽 중 제2쪽)

나. 고용증가 인원 1인당 사용자의 사회보험료 부담금액

㉘ 해당 과세연도에 청년등 외 상시근로자에게 지급하는 「소득세법」 제20조 제1항에 따른 총급여액	㉙ 해당 과세연도 상시근로자 수 – 해당 과세연도 청년등 상시근로자 수 (㉓–⑧)	㉚ 사회보험료율 (=㉑)	㉛ 국가 등이 지급한 보조금 및 감면액의 1인당 금액	㉜ 사회보험료 부담금 (㉘/㉙×㉚–㉛)
300,108,000	13	9.8271956(%)		2,268,630

3. 2차년도 세제지원 요건 : ㉟ ≧ 0

가. 상시근로자 증가 인원

㉝ 2차년도(해당 과세연도) 상시근로자 수	㉞ 1차년도(직전 과세연도) 상시근로자 수	㉟ 상시근로자 증가 인원 수(㉞–㉝)

나. 2차년도 세액공제액 계산(상시근로자 감소여부)

직전 과세연도 대비 상시근로자 감소여부	직전 과세연도 대비 청년등 상시근로자 수 감소여부	㉠ 직전 과세연도 청년등 상시근로자 증가에 대한 사회보험료 세액공제액	㉡ 직전 과세연도 청년등 외 상시 근로자 증가에 대한 사회보험료 세액공제액	㊱ 2차년도 세액공제액 (㉠+㉡)
부	부			
	여			
여				
㊲ 세액공제액 : ⑥ 해당년도 세액공제액 + ㊱ 2차년도 세액공제액				8,474,568

「조세특례제한법」 제30조의4 제5항에 따라 공제세액계산서를 제출합니다.

2024년 3월 31일

신청인 ㈜나라 김 유 민(서명 또는 인)

고양 세무서장 귀하

첨부서류	없음	수수료 없음

210mm×297mm[백상지 80g/㎡ 또는 중질지 80g/㎡]

사례 1 2023년 귀속 신고 시 작성

중소기업 고용증가 인원 사회보험료 세액공제 검토 서식

<table>
<tr><th colspan="3">검 토 사 항</th><th>적합 여부</th></tr>
<tr><td>중소기업 기준</td><td colspan="2">[서식 5] 중소기업 여부 검토표를 충족하는지 여부</td><td>예 아니오</td></tr>
<tr><td>고용요건</td><td colspan="2">상시근로자 수가 증가하였는지 여부

상시근로자 수 = 해당 기간의 매월 말 현재 상시근로자 수의 합 / 해당 기간의 개월 수

① 상시근로자* 수 | 22.00명
② 직전 과세연도 상시근로자 수 | 17.00명
③ 증 감(①-②) | 5.00명

* 상시근로자는 근로기준법에 따라 근로계약을 체결한 근로자로 다음 각 호의 어느 하나에 해당하는 사람은 제외

① 근로계약기간이 1년 미만인 근로자
② 근로기준법 제2조 제1항 제8호에 따른 단시간근로자
③ 법인세법 시행령 제42조 제1항 각 호의 어느 하나에 해당하는 임원
④ 해당 기업의 최대주주 또는 최대출자자와 그 배우자
⑤ 제4호에 해당하는 자의 직계존비속(배우자 포함) 및 국세기본법 시행령 제1조의2 제1항에 따른 친족관계인 사람
⑥ 소득세법 시행령 제196조에 따른 근로소득원천징수부에 의하여 근로소득세를 원천징수한 사실이 확인되지 아니하는 사람
⑦ 국민연금, 고용보험, 산업재해보상보험, 국민건강보험, 장기요양보험에 대하여 사용자가 부담하여야 할 부담금 또는 부담료의 납부사실이 확인되지 아니하는 근로자</td><td>예 아니오</td></tr>
<tr><td rowspan="4">감면율</td><td>① 청년</td><td>15세 이상 29세* 이하인 상시근로자인 경우
* 병역 이행 시 현재 연령에서 복무기간(6년 한도)을 차감하여 계산한 연령이 29세 이하인 경우 포함 | 감면율 100%</td><td rowspan="4">예 아니오</td></tr>
<tr><td>② 경력단절 여성</td><td>해당 기업 또는 해당기업과 동일한 업종의 기업에서 1년 이상 근무한 여성이 결혼 · 임신 · 출산 · 육아 · 자녀교육 사유로 퇴직한 후, 퇴직한 날부터 3년 이상 15년 이내에 동종업종기업과 1년 이상 근로계약을 체결한 경우 | 감면율 100%</td></tr>
<tr><td>③ 신성장 서비스업</td><td>조특령 §27의4 ⑤에 따른 신성장서비스업을 주된 사업으로 영위하는 경우 | 감면율 75%</td></tr>
<tr><td>④ 이 외 상시근로자</td><td>①, ②, ③ 외 상시근로자인 경우 | 감면율 50%</td></tr>
</table>

사례 1 2023년 귀속 신고 시 작성

[별지 제4호 서식] (2019.3.20. 개정) (앞쪽)

사업연도	2023.01.01. ~ 2023.12.31.	최저한세조정계산서	법인명	㈜나라
			사업자등록번호	203-81-63108

1. 최저한세 조정 계산 명세

① 구분		코드	② 감면 후 세액	③ 최저한세	④ 조정감	⑤ 조정 후 세액
⑩ 결산서상 당기순이익		01	115,000,000			
소득조정금액	⑩ 익금산입	02				
	⑩ 손금산입	03				
⑩ 조정 후 소득금액(⑩+⑩-⑩)		04	115,000,000	115,000,000		115,000,000
최저한세 적용대상 특별비용	⑩ 준비금	05				
	⑩ 특별상각 및 특례자산 감가상각비	06				
⑩ 특별비용 손금산입 전 소득금액 (⑩+⑩+⑩)		07	115,000,000	115,000,000		115,000,000
⑩ 기부금 한도초과액		08				
⑩ 기부금 한도초과 이월액 손금산입		09				
⑪ 각 사업연도소득금액 (⑩+⑩-⑩)		10	115,000,000	115,000,000		115,000,000
⑪ 이월결손금		11				
⑫ 비과세소득		12				
⑬ 최저한세 적용대상 비과세소득		13				
⑭ 최저한세 적용대상 익금불산입·손금산입		14				
⑮ 차가감소득금액 (⑪-⑪-⑫+⑬+⑭)		15	115,000,000	115,000,000		115,000,000
⑯ 소득공제		16				
⑰ 최저한세 적용대상 소득공제		17				
⑱ 과세표준금액 (⑮-⑯+⑰)		18	115,000,000	115,000,000		115,000,000
⑲ 선박표준이익		24				
⑳ 과세표준금액(⑱+⑲)		25	115,000,000	115,000,000		115,000,000
㉑ 세율		19	9	7		9
㉒ 산출세액		20	10,350,000	8,050,000		10,350,000
㉓ 감면세액		21				
㉔ 세액공제		22	8,474,568		6,174,568	2,300,000
㉕ 차감세액(㉒-㉓-㉔)		23	1,875,432			8,050,000

2. 최저한세 세율 적용을 위한 구분 항목

㉖ 중소기업 유예기간 종료연월		㉗ 유예기간 종료 후 연차			

210mm×297mm[백상지 80g/㎡ 또는 중질지 80g/㎡]

사례 1 2023년 귀속 신고 시 작성

[별지 제8호 서식 부표 3] (2024.3.22. 개정) (앞쪽)

사 업 연 도	2023.01.01. ~ 2023.12.31.	세액공제조정명세서(3)	법인명	㈜나라
			사업자등록번호	203-81-63108

1. 공제세액계산(「조세특례제한법」)

	(101) 구 분	근거법 조 항	(102) 계 산 기 준	코드	(103) 계산 명세	(104) 공제대상 세 액
조세특례제한법	중소기업 등 투자세액공제	구 제5조	투자금액 × 1(2,3,5,10)/100	131		
	상생결제 지급금액에 대한 세액공제	제7조의4	지급기한 15일 이내 : 지급 금액의 0.5% 지급기한 15일 ~ 30일 : 지급 금액의 0.3% 지급기한 30일 ~ 60일 : 지급 금액의 0.015%	14Z		
	대·중소기업 상생협력을 위한 기금출연 세액공제	제8조의3제1항	출연금 × 10/100	14M		
	협력중소기업에 대한 유형고정자산 무상임대 세액공제	제8조의3제2항	장부가액 × 3/100	18D		
	수탁기업에 설치하는 시설에 대한 세액공제	제8조의3제3항	투자금액 × 1(3,7)/100	18L		
	교육기관에 무상 기증하는 중고자산에 대한 세액공제	제8조의3제4항	기증자산 시가 × 10/100	18R		
	신성장·원천기술 연구개발비세액공제(최저한세 적용제외)	제10조제1항제1호	(일반 연구·인력개발비) '14.1.1.~'14.12.31.: 발생액 × 3~4(8,10,15,20,25,30)/100 또는 2년간 연평균 발생액의 초과액 × 40(50)/100 '15.1.1. 이후: 발생액 × 2~3(8,10,15,20,25,30)/100 또는 직전 발생액의 초과액 × 40(50)/100 '17.1.1. 이후: 발생액 × 1~3(8,10,15,20,25,30)/100 또는 직전 발생액의 초과액 × 30(40,50)/100 '18. 1. 1. 이후: 발생액 × 0~2(8,10,15,20,25,30)/100 또는 직전 발생액의 초과액 × 25(40,50)/100 (신성장·원천기술 연구개발비) '17. 1. 1. 이후: 발생액 × 20(30)/100 (국가전략기술 연구개발비) '21. 7. 1. 이후: 발생액 ×30(40)/100	16A		
	국가전략기술 연구개발비세액공제(최저한세 적용제외)	제10조제1항제2호		10D		
	일반 연구·인력개발비세액공제(최저한세 적용제외)	제10조제1항제3호		16B		
	신성장·원천기술 연구개발비세액공제(최저한세 적용대상)	제10조제1항제1호		13L		
	국가전략기술 연구개발비세액공제(최저한세 적용대상)	제10조제1항제2호		10E		
	일반 연구·인력개발비세액공제(최저한세 적용대상)	제10조제1항제3호		13M		
	기술취득에 대한 세액공제	제12조제2항	특허권 등 취득금액 × 5(10)/100 *법인세의 10% 한도	176		
	기술혁신형 합병에 대한 세액공제	제12조의3	기술가치금액 × 10/100	14T		
	기술혁신형 주식취득에 대한 세액공제	제12조의4	기술가치금액 × 10/100	14U		
	벤처기업등 출자에 대한 세액공제	제13조의2	주식등 취득가액 × 5/100	18E		
	성과공유 중소기업 경영성과급 세액공제	제19조	'22.1.1. 이전 지급분 : 근로자에 지급하는 경영성과급 × 10/100 '22.1.1. 이후 지급분 : 근로자에 지급하는 경영성과급× 15/100	18H		
	연구·인력개발설비투자세액공제	구 제25조제1항제1호	'14.1.1.~'15.12.31. 투자분 : 투자금액 × 3(5,10)/100 '16.1.1. 이후 투자분 : 투자금액 × 1(3,6)/100 '19.1.1. 이후 투자분 : 투자금액 × 1(3,7)/100	134		
	에너지절약시설투자세액공제	구 제25조제1항제2호	'14.1.1.~'15.12.31. 투자분 : 투자금액 × 3(5,10)/100 ('16.1.1. 현재 투자진행 중인 경우 '16.12.31.까지 종전율 적용) '16.1.1. 이후 투자개시분 : 투자금액 × 1(3,10)/100 '19.1.1. 이후 투자분 : 투자금액 × 1(3,7)/100	177		
	환경보전시설 투자세액공제	구 제25조제1항제3호	투자금액 × 3(5,10)/100 '19.1.1. 이후 투자분 : 투자금액 × 3(5,10)/100	14A		
	근로자복지증진시설투자세액공제	구 제25조제1항제4호	투자금액 × 7(10)/100 '19.1.1. 이후 취득분 : 취득금액 × 3(5,10)/100	142		
	안전시설투자세액공제	구 제25조제1항제5호	'13.1.1.~'14.12.31. 투자분 : 투자금액 × 3(7)/100 '15.1.1. 이후 투자분 : 투자금액 × 1(3,7)/100 '19.1.1. 이후 투자분 : 투자금액 × 1(5,10)/100	136		
	생산성향상시설투자세액공제	구 제25조제1항제6호	'13.1.1.~'14.12.31. 투자분 : 투자금액 × 3(7)/100 '15.1.1. 이후 투자분 : 투자금액 × 1(3,7)/100 '20.1.1.~'20.12.31. 투자분 : 투자금액 × 2(5,10))/100 '21.1.1.~'21.12.31. 투자분 : 투자금액 × 1(5,10))/100 '21.1.1.~이후. 투자분 : 투자금액 × 1(3,7))/100	135		
	의약품 품질관리시설투자세액공제	구 제25조의4	'14.1.1.~'16.12.31. 투자분 : 투자금액 × 3(5,7)/100 '17.1.1. 이후 투자분 : 투자금액 × 1(3,6)/100	14B		
	신성장기술 사업화를 위한 시설투자 세액공제	구 제25조의5	투자금액 × 5(7,10)/100	18B		
	영상콘텐츠 제작비용에 대한 세액공제	제25조의6	제작비용 × 3(7,10)/100	18C		
	초연결 네트워크 시설투자에 대한 세액공제	구 제25조의7	투자금액 × 2(3)/100	18I		
	고용창출투자세액공제	제26조	'12.1.1.~12.31.:투자금액 × {기본공제(3~4%)+추가공제(2~3%)} '13.1.1.~12.31.:투자금액 × {기본공제(2~4%)+추가공제(3%)} '14.1.1. 이후: 투자금액 × {기본공제(1~4%)+추가공제(3%)} (한도 : 상시근로자 증가분 × 1,000만원, 1,500만원, 2,000만원) '15.1.1. 이후: 투자금액 × {기본공제(0~3%)+추가공제(3~7%)} '17.1.1. 이후: (한도 : 상시근로자 증가분 × 1,000(1,500)만원, 1,500(2,000)만원, 2,000(2,500)만원)	14N		
	산업수요맞춤형고등학교등 졸업자를 병역이행 후 복직시킨 중소기업에 대한 세액공제	제29조의2	복직자에게 지급한 인건비 × 중소30(중견15)/100	14S		
	경력단절 여성 고용 기업 등에 대한 세액공제	제29조의3제1항	경력단절 여성 재고용 인건비 × 중소30(중견15)/100	14X		
	육아휴직 후 고용유지 기업에 대한 인건비 세액공제	제29조의3제2항	육아휴직 복귀자 인건비 × 중소30(중견15)/100	18J		
	근로소득을 증대시킨 기업에 대한 세액공제	제29조의4	평균 초과 임금증가분 × 5(중견10, 중소20)/100 정규직 전환 근로자의 임금 증가분 × 5(10,20)/100	14Y		
	청년고용을 증대시킨 기업에 대한 세액공제	제29조의5	청년정규직근로자 증가인원수 × 3백만원(7백만원, 1천만원)	18A		
	고용을 증대시킨 기업에 대한 세액공제	제29조의7	직전연도 대비 상시근로자 증가수 × 4백만원(1천2백만원) '21.12.31~'22.12.31 : 직전연도 대비 상시근로자 증가수 × 5백만원(1천3백만원)	18F		
	통합고용세액공제	제29조의8	직전연도 대비 상시근로자 증가수 × 4백만원(1천4백5십만원)	18S		
	정규직 근로자 전환 세액공제	제30조의2	전환인원수 × 중소1천만원(중견7백만원)	14H		
	고용유지중소기업에 대한 세액공제	제30조의3	연간 임금감소 총액× 10/100 + 시간당 임금상승에 따른 보전액 × 15/100	18K		
	중소기업 고용증가 인원에 대한 사회보험료 세액공제	제30조의4제1항	청년(만15~29세)근로자 등 순증인원의 사회보험료(증가분의 100%) 청년 및 경력단절 여성 외 근로자 순증인원의 사회보험료(증가분의 50%,75%)	14Q	6,205,938 +2,268,630	8,474,568

(뒤쪽)

(100) 구 분	근거법 조 항	(102) 계 산 기 준	코드	(103) 계산 명세	(104) 공제대상 세 액
중소기업 사회보험 신규가입에 대한 사회보험료 세액공제	제30조의4제3항	'20.12.31.까지 사회보험 신규가입에 따 른 사용자 부담액× 50%	18G		
전자신고에 대한 세액공제(법인)	제104조의8제1항	법인세 전자신고시 2만원	184		
전자신고에 대한 세액공제(세무법인 등)	제104조의8제3항	법인 · 소득세 전자신고 대리건수 × 2만원 *한도: 연300만원(세무 · 회계법인 연750만원) 한도액계산시 부가가치세 대리신고에 따른 세액공제액 포함	14J		
제3자 물류비용 세액공제	제104조의14	(전년대비 위탁물류비용 증가액)×3/100(중소기업은 5/100) * 직전 위탁물류비 30% 미만 : (당기 위탁물류비 – 당기 전체물류비 × 30%) ×3/100(중소기업은 5/100) * 법인세 10% 한도	14E		
대학 맞춤형 교육비용 세액공제	구 제104조의18제1항	법 제10조 연구 · 인력개발비세액공제 준용 *수도권 소재대학의 발생액은 50%만 인정	14I		
대학등 기부설비에 대한 세액공제	구 제104조의18제2항	법 제11조 연구 · 인력개발설비투자세액공제 준용 *수도권 소재대학의 기부금액은 50%만 인정	14K		
기업의 운동경비부 설치운영 세액공제	제104조의22	설치운영비용 × 10(20)/100	14O		
산업수요맞춤형 고등학교 등 재학생에 대한 현장훈련수당 등 세액공제	구 제104조의18제4항	일반 연구 · 인력개발비 세액공제 준용	14R		
석유제품 전자상거래에 대한 세액공제	제104조의25	'13.1.1.~12.31.: 공급가액의 0.5%(산출세액의 10% 한도) '14.1.1.~'16.12.31.: 공급가액의 0.3%(산출세액의 10% 한도) '17.1.1.~'19.12.31.:공급자는 공급가액의0.1%,수요자0.2%,(산출세액의 10% 한도) '20.1.1.~'22.12.31.:수요자만 공급가액의 0.2%(산출세액의 10% 한도)	14P		
금 현물시장에서 거래되는 금지금에 대한 과세특례	제126조의7제8항	산출세액×[(금 현물시장 이용금액 – 직전 과세연도의 금 현물시장 이용금액)/매출액] 또는 산출세액×[(금 현물시장 이용금액×5/100)/매출액]	14V		
금사업자와 스크랩등 사업자의 수입금액증가등 세액공제	제122조의4	산출세액×[(매입자납부익금및손금합계금액 – 직전 과세연도의 매입자납부익금및손금합계금액)×50/100]/익금및손금합계금액 또는 산출세액×[(매입자납부익금및손금합계금액×5/100]/익금및손금합계금액 *한도: 해당 과세연도 산출세액–직전 과세연도 산출세액	14W		
성실신고 확인비용에 대한 세액공제	제126조의6	확인비용 × 60/100 (150만원 한도)	10A		
우수 선화주 인증받은 국제물류주선업자에 대한 세액공제	제104조의30	운송비용의 1% + 직전과세연도 대비 증가분의 3%(산출세액의 10%한도)	18M		
용역제공자에 관한 과세자료의 제출에 대한 세액공제	제104조의32	과세자료에 기재된 용역제공자 인원수×300원(200만원 한도)	10C		
소재 · 부품 · 장비 수요기업 공동출자세액공제	제13조의3제1항	주식 또는 출자지분 취득가액 5%	18N		
소재 · 부품 · 장비 외국법인 인수세액 공제	제13조의3제3항	주식 또는 출자지분 취득가액 5% (중견7%, 중소10%)	18P		
상가임대료를 인하한 임대사업자에 대한 세액공제	제96조의3	임대료 인하액의 70%	10B		
선결제 금액에 대한 세액공제	제99조의12	선결제금액 × 1%	18Q		
통합투자세액공제(일반)	제24조	기본공제 : 투자금액 × 1(중견5, 중소10)/100, 신성장 · 원천기술 투자금액 × 3(중견6,중소12)/100 국가전략기술 투자금액 × 8(중견8,중소16)/100 추가공제 : 직전 3년 연평균 투자금액 초과액 × 3/100(국가전략기술 4/100)(기본공제 200% 한도)	13W		
통합투자세액공제(신성장 · 원천기술)	제24조		13X		
통합투자세액공제(국가전략기술)	제24조		13Y		
합		계	1A1		8,474,568

2. 당기공제세액 및 이월액계산

(105) 구분	(106) 사업 연도	요공제세액		당기 공제대상세액						(120)계	(121)최저한세 적용에 따른 미공제액	(122) 그 밖의 사유로 인한 미공제액	(123) 공제세액 ((120)–(121)–(122))	(124) 소멸	(125) 이월액 ((107)+(108) –(123)–(124))
		(107) 당기분	(108) 이월분	(109) 당기분	(110)1차 연도 / (115)6차 연도	(111)2차 연도 / (116)7차 연도	(112)3차 연도 / (117)8차 연도	(113)4차 연도 / (118)9차 연도	(114)5차 연도 / (119)10차 연도						
중소기업 고용증가 인원에 대한 사회보험료 세액공제	2023.12	8,474,568		8,474,568						8,474,568	6,174,568		2,300,000		6,174,568
	소계														
	소계														
합 계		8,474,568		8,474,568						8,474,568	6,174,568		2,300,000		6,174,568

작성방법

1. (105) 구분란에는 1. 공제세액계산(「조세특례제한법」)의 코드를 적습니다.
2. (106) 사업연도란에는 이월된 공제대상세액이 발생한 사업연도와 종료월을 적습니다.
3. (107) 당기분란에는 (104) 공제대상세액을 적습니다.
4. (108) 이월분란에는 (105) 구분별, 사업연도별로 전기의 (125) 이월액을 적습니다.
5. (109) 당기분란에는 당기분 세액을 적고, (110)란~(119)란의 해당 연도란에는 (108) 이월분 세액을 각각 적습니다.
6. (121)최저한세 적용에 따른 미공제액란의 합계(※표란)에는 "최저한세조정계산서(별지 제4호서식)"의 ④란 중 (124) 세액공제란의 금액을 옮겨 적고, 「조세특례제한법」 제144조제2항에 규정된 순서에 따라 (121)란의 최저한세 적용에 따른 미공제액의 각 란에 조정하여 적습니다.
7. 근거법조항 중 "구"는 「조세특례제한법」(2020.12.29. 법률 제17759호로 개정되기 전의 것)에 따른 조항을 의미합니다.

사례 1 2023년 귀속 신고 시 작성

[별지 제8호 서식(갑)] (2024.3.22. 개정) (4쪽 중 제1쪽)

사 업 연 도	2023.01.01. ~ 2023.12.31.	공제감면세액 및 추가납부세액합계표(갑)	법 인 명	㈜나라
			사업자등록번호	203-81-63108

1. 최저한세 적용제외 공제감면세액

① 구 분		② 근 거 법 조 항	코드	③ 대상세액	④ 감면 (공제) 세액
세액감면	(101) 창업중소기업에 대한 세액감면(최저한세 적용제외)	「조세특례제한법」제6조제7항 외	110		
	(102) 해외자원개발투자배당 감면	「조세특례제한법」 제22조	103		
	(103) 수도권과밀억제권역 밖으로 이전하는 중소기업 세액감면(수도권 밖으로 이전)	구 「조세특례제한법」 제63조	169		
	(104) 공장의 수도권 밖 이전에 대한 세액감면	「조세특례제한법」 제63조	108		
	(105) 본사의 수도권 밖 이전에 대한 세액감면	「조세특례제한법」 제63조의2	109		
	(106) 영농조합법인 감면	「조세특례제한법」 제66조	104		
	(107) 영어조합법인 감면	「조세특례제한법」 제67조	107		
	(108) 농업회사법인 감면(농업소득)	「조세특례제한법」 제68조	11B		
	(109) 행정중심복합도시 등 공장이전에 대한 조세감면	「조세특례제한법」 제85조의2제3항 (2019.12.31. 법률 제16835호로 개정되기 전의 것)	11A		
	(110) 위기지역 내 창업기업 세액감면(최저한세 적용제외)	「조세특례제한법」 제99조의9	11N		
	(111) 해외진출기업의 국내복귀에 대한 세액감면(철수방식)	「조세특례제한법」 제104조의24제1항제1호	11F		
	(112) 해외진출기업의 국내복귀에 대한 세액감면(유지방식)	「조세특례제한법」 제104조의24제1항제2호	11H		
	(113) 고도기술수반사업 외국인투자 세액감면	「조세특례제한법」 제121조의2제1항제1호	186		
	(114) 외국인투자지역내 외국인투자 세액감면	「조세특례제한법」 제121조의2제1항제2호 또는 제2호의5	187		
	(115) 경제자유구역내 외국인투자 세액감면	「조세특례제한법」 제121조의2제1항제2호의2	188		
	(116) 경제자유구역 개발사업시행자 세액감면	「조세특례제한법」 제121조의2제1항제2호의3	157		
	(117) 제주투자진흥기구의 개발사업시행자 세액감면	「조세특례제한법」 제121조의2제1항제2호의4	158		
	(118) 기업도시 개발구역내 외국인투자 세액감면	「조세특례제한법」 제121조의2제1항제2호의6	159		
	(119) 기업도시 개발사업의 시행자 세액감면	「조세특례제한법」 제121조의2제1항제2호의7	160		
	(120) 새만금사업지역내 외국인투자 세액감면	「조세특례제한법」 제121조의2제1항제2호의8	11J		
	(121) 새만금사업 시행자 세액감면	「조세특례제한법」 제121조의2제1항제2호의9	11K		
	(122) 기타 외국인투자유치를 위한 조세감면	「조세특례제한법」 제121조의2제1항제3호	167		
	(123) 외국인투자기업의 증자의 조세감면	「조세특례제한법」 제121조의4	172		
	(124) 기술도입대가에 대한 조세면제(국내지점 등)	법률 제9921호 조세특례제한법 일부개정법률 부칙 제77조	173		
	(125) 제주첨단과학기술단지 입주기업 조세감면(최저한세 적용제외)	「조세특례제한법」 제121조의8	181		
	(126) 제주투자진흥지구등 입주기업 조세감면(최저한세 적용제외)	「조세특례제한법」 제121조의9	182		
	(127) 기업도시개발구역 등 입주기업 감면(최저한세 적용제외)	「조세특례제한법」 제121조의17제1항제1·3·5호	197		
	(128) 기업도시개발사업 등 시행자 감면	「조세특례제한법」 제121조의17제1항제2·4·6·7호	198		
	(129) 아시아문화중심도시 투자진흥지구 입주기업 감면(최저한세 적용제외)	「조세특례제한법」 제121조의20제1항	11C		
	(130) 금융중심지 창업기업에 대한 감면(최저한세 적용제외)	「조세특례제한법」 제121조의21제1항	11G		
	(131) 동업기업 세액감면 배분액(최저한세 적용제외)	「조세특례제한법」 제100조의18제4항	11D		
	(132) 사회적기업에 대한 감면	「조세특례제한법」 제85조의6	11L		
	(133) 장애인 표준사업장에 대한 감면	「조세특례제한법」 제85조의6	11M		
	(134) 첨단의료복합단지 입주기업에 대한 감면(최저한세 적용제외)	「조세특례제한법」 제121조의22제1항1호	17A		
	(135) 국가식품클러스터 입주기업에 대한 감면(최저한세 적용제외)	「조세특례제한법」 제121조의22제1항2호	17B		
	(136) 연구개발특구 입주기업에 대한 감면(최저한세 적용제외)	「조세특례제한법」 제12조의2	17C		
	(137) 감염병 피해에 따른 특별재난지역의 중소기업에 대한 감면	「조세특례제한법」 제99조의11	17D		
	(138) 기회발전특구 창업기업 등에 대한 법인세 등의 감면(최저한세 적용제외)	「조세특례제한법」 제121조의33	1D1		
	(139) 소 계		170		
세액공제	(140) 외국납부세액공제	「법인세법」 제57조	101		
	(141) 재해손실세액공제	「법인세법」 제58조	102		
	(142) 신성장·원천기술 연구개발비세액공제(최저한세 적용제외)	「조세특례제한법」 제10조제1항제1호	16A		
	(143) 국가전략기술 연구개발비세액공제(최저한세 적용제외)	「조세특례제한법」 제10조제1항제2호	10D		
	(144) 일반 연구·인력개발비세액공제(최저한세 적용제외)	「조세특례제한법」 제10조제1항제3호	16B		
	(145) 동업기업 세액공제 배분액(최저한세 적용제외)	「조세특례제한법」 제100조의18제4항	12D		
	(146) 성실신고 확인비용에 대한 세액공제	「조세특례제한법」 제126조의6	10A		
	(147) 상가임대료를 인하한 임대사업자에 대한 세액공제	「조세특례제한법」 제96조의3	10B		
	(148) 용역제공자에 관한 과세자료의 제출에 대한 세액공제	「조세특례제한법」 제104조의32	10C		
	(149) 소 계		**180**		
(150) 합 계((139) + (149))			**110**		

210mm×297mm[백상지 80g/㎡ 또는 중질지 80g/㎡]

PART 05 고용지원을 위한 조세특례

(4쪽 중 제2쪽)

2. 최저한세 적용대상 공제감면세액

	① 구 분	② 근 거 법 조 항	코드	③ 대상세액	④ 감면세액
세액감면	⑮ 창업중소기업에 대한 세액감면(최저한세 적용대상)	「조세특례제한법」 제6조제1항 · 제5항 · 제6항	111		
	⑫ 창업벤처중소기업 세액감면	「조세특례제한법」 제6조제2항	174		
	⑬ 에너지신기술 중소기업 세액감면	「조세특례제한법」 제6조제4항	13E		
	⑭ 중소기업에 대한 특별세액감면	「조세특례제한법」 제7조	112		
	⑮ 연구개발특구 입주기업에 대한 세액감면(최저한세 적용대상)	「조세특례제한법」 제12조의2	179		
	⑯ 국제금융거래이자소득 면제	「조세특례제한법」 제21조	123		
	⑰ 사업전환 중소기업에 대한 세액감면	구 「조세특례제한법」 제33조의2	192		
	⑱ 무역조정지원기업의 사업전환 세액감면	구 「조세특례제한법」 제33조의2	13A		
	⑲ 기업구조조정 전문회사 주식양도차익 세액감면	법률 제9272호 조세특례제한법 일부개정법률 부칙 제10조 · 제40조	13B		
	⑳ 혁신도시 이전 등 공공기관 세액감면	「조세특례제한법」 제62조제4항	13F		
	⑪ 공장의 지방이전에 대한 세액감면(중소기업의 수도권 안으로 이전)	「조세특례제한법」 제63조	116		
	⑫ 농공단지입주기업 등 감면	「조세특례제한법」 제64조	117		
	⑬ 농업회사법인 감면(농업소득 외의 소득)	「조세특례제한법」 제68조	119		
	⑭ 소형주택 임대사업자에 대한 세액감면	「조세특례제한법」 제96조	13I		
	⑮ 상가건물 장기임대사업자에 대한 세액감면	「조세특례제한법」 제96조의2	13N		
	⑯ 산림개발소득 감면	「조세특례제한법」 제102조	124		
	⑰ 동업기업 세액감면 배분액(최저한세 적용대상)	「조세특례제한법」 제100조의18제4항	13D		
	⑱ 첨단의료복합단지 입주기업에 대한 감면(최저한세 적용대상)	「조세특례제한법」 제121조의22제1항제1호	13H		
	⑲ 기술이전에 대한 세액감면	「조세특례제한법」 제12조제1항	13J		
	⑰ 기술대여에 대한 세액감면	「조세특례제한법」 제12조제3항	13K		
	⑰ 제주첨단과학기술단지 입주기업 감면(최저한세 적용대상)	「조세특례제한법」 제121조의8	13P		
	⑰ 제주투자진흥지구등 입주기업 감면(최저한세 적용대상)	「조세특례제한법」 제121조의9	13Q		
	⑰ 기업도시개발구역 등 입주기업 감면(최저한세 적용대상)	「조세특례제한법」 제121조의17제1항제1호 · 제3호 · 5호	13R		
	⑰ 위기지역 내 창업기업 세액감면(최저한세 적용대상)	「조세특례제한법」 제99조의9	13S		
	⑰ 아시아문화중심도시 투자진흥지구 입주기업 감면(최저한세 적용대상)	「조세특례제한법」 제121조의20제1항	13T		
	⑰ 금융중심지 창업기업에 대한 감면(최저한세 적용대상)	「조세특례제한법」 제121조의21제1항	13U		
	⑰ 국가식품클러스터 입주기업에 대한 감면(최저한세 적용대상)	「조세특례제한법」 제121조의22제1항제2호	13V		
	⑰ 기회발전특구 창업기업 등에 대한 법인세 등의 감면(최저한세 적용대상)	「조세특례제한법」 제121조의33	1C1		
	⑰ 소 계		130		

210mm×297mm[백상지 80g/㎡ 또는 중질지 80g/㎡]

(4쪽 중 제3쪽)

① 구 분		② 근 거 법 조 항	코드	⑤ 전기 이월액	⑥ 당기발생액	⑦ 공제세액
세액공제	(180) 중소기업 등 투자세액공제	구「조세특례제한법」 제5조	131			
	(181) 상생결제 지급금액에 대한 세액공제	「조세특례제한법」 제7조의4	14Z			
	(182) 대 · 중소기업 상생협력을 위한 기금출연 세액공제	「조세특례제한법」 제8조의3제1항	14M			
	(183) 협력중소기업에 대한 유형고정자산 무상임대 세액공제	「조세특례제한법」 제8조의3제2항	18D			
	(184) 수탁기업에 설치하는 시설에 대한 세액공제	「조세특례제한법」 제8조의3제3항	18L			
	(185) 교육기관에 무상 기증하는 중고자산에 대한 세액공제	「조세특례제한법」 제8조의3제4항	18R			
	(186) 신성장 · 원천기술 연구개발비세액공제(최저한세 적용대상)	「조세특례제한법」 제10조제1항제1호	13L			
	(187) 국가전략기술 연구개발비세액공제(최저한세 적용대상)	「조세특례제한법」 제10조제1항제2호	10E			
	(188) 일반 연구 · 인력개발비세액공제(최저한세 적용대상)	「조세특례제한법」 제10조제1항제3호	13M			
	(189) 기술취득에 대한 세액공제	「조세특례제한법」 제12조제2항	176			
	(190) 기술혁신형 합병에 대한 세액공제	「조세특례제한법」 제12조의3	14T			
	(191) 기술혁신형 주식취득에 대한 세액공제	「조세특례제한법」 제12조의4	14U			
	(192) 벤처기업등 출자에 대한 세액공제	「조세특례제한법」 제13조의2	18E			
	(193) 성과공유 중소기업 경영성과급 세액공제	「조세특례제한법」 제19조	18H			
	(194) 연구 · 인력개발설비투자 세액공제	구「조세특례제한법」 제25조제1항제1호	134			
	(195) 에너지절약시설투자 세액공제	구「조세특례제한법」 제25조제1항제2호	177			
	(196) 환경보전시설 투자 세액공제	구「조세특례제한법」 제25조제1항제3호	14A			
	(197) 근로자복지증진시설투자 세액공제	구「조세특례제한법」 제25조제1항제4호	142			
	(198) 안전시설투자 세액공제	구「조세특례제한법」 제25조제1항제5호	136			
	(199) 생산성향상시설투자세액공제	구「조세특례제한법」 제25조제1항제6호	135			
	(200) 의약품 품질관리시설투자 세액공제	구「조세특례제한법」 제25조의4	14B			
	(201) 신성장기술 사업화를 위한 시설투자 세액공제	구「조세특례제한법」 제25조의5	18B			
	(202) 영상콘텐츠 제작비용에 대한 세액공제(기본공제)	「조세특례제한법」 제25조의6	18C			
	(203) 영상콘텐츠 제작비용에 대한 세액공제(추가공제)	「조세특례제한법」 제25조의6	1B8			
	(204) 초연결 네트워크 시설투자에 대한 세액공제	구「조세특례제한법」 제25조의7	18I			
	(205) 고용창출투자세액공제	「조세특례제한법」 제26조	14N			
	(206) 산업수요맞춤형고등학교등 졸업자를 병역이행 후 복직시킨 중소기업에 대한 세액공제	「조세특례제한법」 제29조의2	14S			
	(207) 경력단절 여성 고용 기업 등에 대한 세액공제	「조세특례제한법」 제29조의3제1항	14X			
	(208) 육아휴직 후 고용유지 기업에 대한 인건비 세액공제	「조세특례제한법」 제29조의3제2항	18J			
	(209) 근로소득을 증대시킨 기업에 대한 세액공제	「조세특례제한법」 제29조의4	14Y			
	(210) 청년고용을 증대시킨 기업에 대한 세액공제	「조세특례제한법」 제29조의5	18A			
	(211) 고용을 증대시킨 기업에 대한 세액공제	「조세특례제한법」 제29조의7	18F			
	(212) 통합고용세액공제	「조세특례제한법」 제29조의8	18S			
	(213) 통합고용세액공제(정규직 전환)	「조세특례제한법」 제29조의8	1B4			
	(214) 통합고용세액공제(육아휴직 복귀)	「조세특례제한법」 제29조의8	1B5			
	(215) 정규직근로자 전환 세액공제	「조세특례제한법」 제30조의2	14H			
	(216) 고용유지중소기업에 대한 세액공제	「조세특례제한법」 제30조의3	18K			
	(217) 중소기업 고용증가 인원에 대한 사회보험료 세액공제	**「조세특례제한법」 제30조의4 제1항**	14Q		8,474,568	2,300,000
	(218) 중소기업 사회보험 신규가입에 대한 사회보험료 세액공제	「조세특례제한법」 제30조의4 제3항	18G			
	(219) 전자신고에 대한 세액공제(납세의무자)	「조세특례제한법」 제104조의8 제1항	184			
	(220) 전자신고에 대한 세액공제(세무법인 등)	「조세특례제한법」 제104조의8 제3항	14J			
	(221) 제3자 물류비용 세액공제	「조세특례제한법」 제104조의14	14E			
	(222) 대학 맞춤형 교육비용 등 세액공제	구「조세특례제한법」 제104조의18제1항	14I			
	(223) 대학등 기부설비에 대한 세액공제	구「조세특례제한법」 제104조의18제2항	14K			
	(224) 기업의 경기부 설치운영비용 세액공제	「조세특례제한법」 제104조의22	14O			
	(225) 동업기업 세액공제 배분액(최저한세 적용대상)	「조세특례제한법」 제100조의18제4항	14L			
	(226) 산업수요맞춤형 고등학교 등 재학생에 대한 현장훈련수당 등 세액공제	구「조세특례제한법」 제104조의18제4항	14R			
	(227) 석유제품 전자상거래에 대한 세액공제	「조세특례제한법」 제104조의25	14P			
	(228) 금 현물시장에서 거래되는 금지금에 대한 과세특례	「조세특례제한법」 제126조의7제8항	14V			
	(229) 금사업자와 스크랩등사업자의 수입금액의 증가 등에 대한 세액공제	「조세특례제한법」 제122조의4	14W			
	(230) 우수 선화주 인증 국제물류주선업자 세액공제	「조세특례제한법」 제104조의30	18M			
	(231) 소재 · 부품 · 장비 수요기업 공동출자 세액공제	「조세특례제한법」 제13조의3제1항	18N			
	(232) 소재 · 부품 · 장비 외국법인 인수세액 공제	「조세특례제한법」 제13조의3제3항	18P			
	(233) 선결제 금액에 대한 세액공제	「조세특례제한법」 제99조의12	18Q			
	(234) 해외자원개발투자에 대한 과세특례	「조세특례제한법」 제104조의15	1B6			
	(235) 통합투자세액공제(일반)	「조세특례제한법」 제24조	13W			
	(236) 통합투자세액공제(신성장 · 원천기술)	「조세특례제한법」 제24조	13X			
	(237) 통합투자세액공제(국가전략기술)	「조세특례제한법」 제24조	13Y			
	(238) 임시통합투자세액공제(일반)	「조세특례제한법」 제24조	1B1			
	(239) 임시통합투자세액공제(신성장 · 원천기술)	「조세특례제한법」 제24조	1B2			
	(240) 임시통합투자세액공제(국가전략기술)	「조세특례제한법」 제24조	1B3			
	(241) 문화산업전문회사 출자에 대한 세액공제	「조세특례제한법」 제25조의7	1B7			
	(242) 소 계		149		8,474,568	2,300,000
(243) 합 계((179) + (242))			150			2,300,000
(244) 공제감면세액 총계((150) + (243))			151			2,300,000

210mm×297mm[백상지 80g/㎡ 또는 중질지 80g/㎡]

(4쪽 중 제4쪽)

㉔⑤ 기술도입대가에 대한 조세면제	법률 제9921호 조세특례제한법 일부개정법률 부칙 제77조	183			
㉔⑥ 간주 · 간접 외국납부세액공제	「법인세법」 제57조제3항 · 제4항 · 제6항	189			

작성방법

1. ③ 대상세액란: 「법인세법」, 「조세특례제한법」 등에 따른 공제감면대상금액이 있는 경우 공제감면세액계산서(별지 제8호서식 부표 1, 2, 3, 4, 5)에 따라 감면구분별로 적습니다.
2. ④ · ⑦ 공제세액란: 「법인세법」, 「조세특례제한법」 등에 따른 공제감면세액은 공제감면세액계산서(별지 제8호서식 부표 1, 2, 3, 4, 5)에 따라 계산된 공제세액 중 당기에 공제될 세액의 범위에서 「법인세법」 제59조제1항에 따른 공제순서에 따라 감면 구분별로 적습니다.
3. ⑮⓪란 중 ④ 감면세액란: 법인세 과세표준 및 세액조정계산서(별지 제3호서식)의 ⑫③ 최저한세 적용제외 공제감면세액란에 옮겨 적습니다.
4. ㉔②란 중 ⑦ 공제세액란: 법인세 과세표준 및 세액조정계산서(별지 제3호서식)의 ⑫① 최저한세 적용대상 공제감면세액란에 옮겨 적습니다.
5. ㉔⑤ 기술도입대가에 대한 조세면제란의 공제세액란: 기술도입대가를 지급하는 내국법인이 별지 제8호서식 부표 9 기술도입대가에 대한 조세면제명세서의 면제세액 합계액을 적습니다(국내사업장이 있고 해당 기술이 국내사업장에 실질적으로 관련되거나 귀속되는 경우에는 기술을 제공하는 외국법인이 ㉔⑤ 기술도입대가에 대한 조세면제란의 감면세액란에 적습니다).
6. ⑭⓪ 외국납부세액공제란: 외국납부세액과 ㉔⑥ 간주 · 간접 외국납부세액공제액을 합하여 적고, 간주 · 간접 외국납부세액공제액은 ㉔⑥란에 별도로 적습니다.
7. 「조세특례제한법」 제10조의 연구 · 인력개발비세액공제 중 최저한세가 적용되는 공제세액은 ⑱⑥, ⑱⑦ 또는 ⑱⑧란에 적고, 최저한세 적용이 제외되는 공제세액은 ⑭②, ⑭③ 또는 ⑭④란에 각각 구분하여 적습니다.
8. ⑱⑥, ⑱⑦ 또는 ⑱⑧란 중 ⑤ 전기이월액란:「조세특례제한법」 제144조제1항에 따라 이월된 미공제 금액 중 해당 과세연도에 공제할 일반연구 · 인력개발비, 신성장 · 원천기술연구개발비 또는 국가전략기술연구개발비를 각각 구분하여 적습니다(구 공제감면코드: 132).
9. 법령의 개정에 따라 종전의 규정 또는 개정규정에 따라 공제감면 받는 경우에는 비어 있는 란 등에 해당 법령의 조문순서에 따라 별도로 적습니다.
10. ② 근거법조항 중 "구"는 「조세특례제한법」(2020.12.29. 법률 제17759호로 개정되기 전의 것)에 따른 조항을 의미합니다.

210mm×297mm[백상지 80g/㎡ 또는 중질지 80g/㎡]

사례 1 2023년 귀속 신고 시 작성

[별지 제3호 서식] (2023.3.20. 개정) (앞쪽)

사업연도	2023.01.01. ~ 2023.12.31.	법인세 과세표준 및 세액조정계산서	법인명	㈜나라
			사업자등록번호	203-81-63108

① 각 사업연도 소득계산

항목		코드	금액
101 결산서상당기순손익		01	115 000 000
소득조정금액	102 익금산입	02	
	103 손금산입	03	
104 차가감소득금액 (101+102-103)		04	115 000 000
105 기부금한도초과액		05	
106 기부금한도초과이월액손금산입		54	
107 각사업연도소득금액 (104+105-106)		06	115 000 000

② 과세표준 계산

항목	코드	금액
108 각사업연도소득금액 (108=107)		115 000 000
109 이월결손금	07	
110 비과세소득	08	
111 소득공제	09	
112 과세표준 (108-109-110-111)	10	115 000 000
159 선박표준이익	55	

③ 산출세액 계산

항목	코드	금액
113 과세표준 (112+159)	56	115 000 000
114 세율	11	9
115 산출세액	12	10 350 000
116 지점유보소득 (「법인세법」 제96조)	13	
117 세율	14	
118 산출세액	15	
119 합계 (115+118)	16	10 350 000

④ 납부할 세액 계산

항목			코드	금액
120 산출세액 (120=119)				10 350 000
121 최저한세 적용대상 공제감면세액			17	2 300 000
122 차감세액			18	8 050 000
123 최저한세 적용제외 공제감면세액			19	
124 가산세액			20	
125 가감계 (122-123+124)			21	8 050 000
기납부세액	기한내납부세액	126 중간예납세액	22	
		127 수시부과세액	23	
		128 원천납부세액	24	
		129 간접투자회사등의 외국납부세액	25	
		130 소계 (126+127+128+129)	26	
	131 신고납부전가산세액		27	
	132 합계 (130+131)		28	
133 감면분추가납부세액			29	
134 차가감납부할세액 (125-132+133)			30	8 050 000

⑤ 토지등양도소득에 대한 법인세 계산

항목		코드	금액
양도차익	135 등기자산	31	
	136 미등기자산	32	
137 비과세소득		33	
138 과세표준 (135+136-137)		34	
139 세율		35	
140 산출세액		36	
141 감면세액		37	
142 차감세액 (140-141)		38	
143 공제세액		39	
144 동업기업 법인세 배분액 (가산세 제외)		58	
145 가산세액 (동업기업 배분액 포함)		40	
146 가감계 (142-143+144+145)		41	
기납부세액	147 수시부과세액	42	
	148 ( ) 세액	43	
	149 계 (147+148)	44	
150 차감납부할세액 (146-149)		45	

⑥ 미환류소득법인세

항목	코드	금액
160 과세대상 미환류소득	59	
161 세율	60	
162 산출세액	61	
163 가산세액	62	
164 이자상당액	63	
165 납부할세액 (162+163+164)	64	

⑦ 세액계

항목	코드	금액
151 차감납부할 세액계 (134+150+165)	46	8 050 000
152 사실과 다른 회계처리 경정 세액공제	57	
153 분납세액계산 범위액 (151-124-133-145-152+131)	47	
154 분납할세액	48	
155 차감납부세액 (151-152-154)	49	8 050 000

210mm×297mm[백상지 80g/㎡ 또는 중질지 80g/㎡]

PART 05 고용지원을 위한 조세특례

사례 1 2024년 귀속 신고 시 작성

[별지 제11호의5 서식] (2022.3.18. 개정) (3쪽 중 제1쪽)

중소기업 고용증가 인원에 대한 사회보험료 세액공제 공제세액계산서

❶ 신청인	① 상호 또는 법인명 : ㈜나라	② 사업자등록번호 : 203-81-63108
	③ 대표자 성명 : 김 유 민	④ 생년월일 : 1973년 04월 12일
	⑤ 주소 또는 본점소재지 : 경기도 고양시 일산서구 대화로37번길 102-30(법곳동) (전화번호 : 031-2231-7027)	
❷ 과세연도	2024년 1월 1일부터 2024년 12월 31일까지	

❸ 공제세액 계산내용

⑥ 해당년도 공제세액 합계(⑦+㉒)	3,203,073

1. 청년 및 경력단절 여성 상시근로자 고용증가 인원의 사회보험료 부담증가 상당액에 대한 공제세액계산

⑦ 공제세액(⑩×⑮)	2,068,718

가. 고용증가 인원 계산

⑧ 해당 과세연도 청년등 상시근로자 수	⑨ 직전 과세연도 청년등 상시근로자 수	⑩ 증가한 청년등 상시근로자 수 [(⑧-⑨), ⑩≦㉕]
10.00	9.00	1.00

나. 고용증가 인원 1인당 사용자의 사회보험료 부담금액

⑪ 해당 과세연도에 청년등 상시근로자에게 지급하는「소득세법」 제20조제1항에 따른 총급여액	⑫ 해당 과세연도 청년등 상시근로자 수(=⑧)	⑬ 사회보험료율 (=㉑)	⑭국가 등이 지급한 보조금 및 감면액의 1인당 금액	⑮ 사회보험료 부담금 (⑪/⑫×⑬-⑭)
210,502,000	10.00	9.8275501(%)		2,068,718

다. 사회보험료율

⑯ 국민건강보험	⑰ 장기요양보험	⑱ 국민 연금	⑲ 고용 보험	⑳ 산업재해 보상보험	㉑계 (⑯+⑰+⑱+⑲+⑳)
3.5450000(%)	0.0325001(%)	4.5000000(%)	1.1500000(%)	0.6000000(%)	9.8275501(%)

2. 청년 및 경력단절 여성 외 상시근로자 고용증가 인원의 사회보험료 부담증가 상당액에 대한 공제세액계산

㉒ 공제세액(㉗×㉜×0.5, 신성장 서비스업을 영위하는 중소기업의 경우에는 ㉗×㉜×0.75)	1,134,355

가. 고용증가 인원 계산

㉓ 해당 과세연도 상시근로자 수	㉔ 직전 과세연도 상시근로자 수	㉕ 증가한 상시근로자 수 (㉓-㉔)	㉖ 증가한 청년등 상시근로자 수 (=⑩)	㉗ 증가한 청년등 외 상시근로자 수 (㉕-㉖)
24.00	22.00	2.00	1.00	1.00

210mm×297mm[백상지 80g/㎡ 또는 중질지 80g/㎡]

나. 고용증가 인원 1인당 사용자의 사회보험료 부담금액

㉘ 해당 과세연도에 청년등 외 상시근로자에게 지급하는 「소득세법」 제20조 제1항에 따른 총급여액	㉙ 해당 과세연도 상시근로자 수 – 해당 과세연도 청년등 상시근로자 수 (㉓–⑧)	㉚ 사회보험료율 (=㉑)	㉛ 국가 등이 지급한 보조금 및 감면액의 1인당 금액	㉜ 사회보험료 부담금 (㉘/㉙×㉚–㉛)
323,193,000	14	9.8275501(%)		2,268,710

3. 2차년도 세제지원 요건 : ㉟ ≥ 0

가. 상시근로자 증가 인원

㉝ 2차년도(해당 과세연도) 상시근로자 수	㉞ 1차년도(직전 과세연도) 상시근로자 수	㉟ 상시근로자 증가 인원 수(㉞–㉝)
24.00	22.00	2.00

나. 2차년도 세액공제액 계산(상시근로자 감소여부)

직전 과세연도 대비 상시근로자 감소여부	직전 과세연도 대비 청년등 상시근로자 수 감소여부	㉠ 직전 과세연도 청년등 상시근로자 증가에 대한 사회보험료 세액공제액	㉡ 직전 과세연도 청년등 외 상시 근로자 증가에 대한 사회보험료 세액공제액	㊱ 2차년도 세액공제액 (㉠+㉡)
부	부	6,205,938	2,268,630	8,474,568
	여			
여				

㊲ 세액공제액 : ⑥ 해당년도 세액공제액 + ㊱ 2차년도 세액공제액	11,677,641

「조세특례제한법」 제30조의4 제5항에 따라 공제세액계산서를 제출합니다.

2025년 3월 31일

신청인 ㈜나라 김 유 민(서명 또는 인)

고양 세무서장 귀하

첨부서류	없음	수수료 없음

210mm×297mm[백상지 80g/㎡ 또는 중질지 80g/㎡]

사례 1 2024년 귀속 신고 시 작성

중소기업 고용증가 인원 사회보험료 세액공제 검토 서식

<table>
<tr><th colspan="2">검 토 사 항</th><th>적합 여부</th></tr>
<tr><td>중소기업 기준</td><td>[서식 5] 중소기업 여부 검토표를 충족하는지 여부</td><td>예 아니오</td></tr>
<tr><td>고용요건</td><td>상시근로자 수가 증가하였는지 여부

상시근로자 수 = 해당 기간의 매월 말 현재 상시근로자 수의 합 / 해당 기간의 개월 수

① 상시근로자* 수 | 22.00명
② 직전 과세연도 상시근로자 수 | 17.00명
③ 증 감(①-②) | 5.00명

* 상시근로자는 근로기준법에 따라 근로계약을 체결한 근로자로 다음 각 호의 어느 하나에 해당하는 사람은 제외

① 근로계약기간이 1년 미만인 근로자
② 근로기준법 제2조 제1항 제8호에 따른 단시간근로자
③ 법인세법 시행령 제42조 제1항 각 호의 어느 하나에 해당하는 임원
④ 해당 기업의 최대주주 또는 최대출자자와 그 배우자
⑤ 제4호에 해당하는 자의 직계존비속(배우자 포함) 및 국세기본법 시행령 제1조의2 제1항에 따른 친족관계인 사람
⑥ 소득세법 시행령 제196조에 따른 근로소득원천징수부에 의하여 근로소득세를 원천징수한 사실이 확인되지 아니하는 사람
⑦ 국민연금, 고용보험, 산업재해보상보험, 국민건강보험, 장기요양보험에 대하여 사용자가 부담하여야 할 부담금 또는 부담료의 납부사실이 확인되지 아니하는 근로자</td><td>예 아니오</td></tr>
<tr><td>감면율</td><td>① 청년 | 15세 이상 29세* 이하인 상시근로자인 경우
* 병역 이행 시 현재 연령에서 복무기간(6년 한도)을 차감하여 계산한 연령이 29세 이하인 경우 포함 | 감면율 100%

② 경력단절 여성 | 해당 기업 또는 해당기업과 동일한 업종의 기업에서 1년 이상 근무한 여성이 결혼 · 임신 · 출산 · 육아 · 자녀교육 사유로 퇴직한 후, 퇴직한 날부터 3년 이상 15년 이내에 동종업종기업과 1년 이상 근로계약을 체결한 경우 | 감면율 100%

③ 신성장 서비스업 | 조특령 §27의4 ⑤에 따른 신성장서비스업을 주된 사업으로 영위하는 경우 | 감면율 75%

④ 이 외 상시근로자 | ①, ②, ③ 외 상시근로자인 경우 | 감면율 50%</td><td>예 아니오</td></tr>
</table>

사례 1 2024년 귀속 신고 시 작성

[별지 제4호 서식] (2019.3.20. 개정) (앞쪽)

사업연도	2024.01.01. ~ 2024.12.31.	최저한세조정계산서	법 인 명	㈜나라
			사업자등록번호	203-81-63108

1. 최저한세 조정 계산 명세

① 구분		코드	② 감면 후 세액	③ 최저한세	④ 조정감	⑤ 조정 후 세액
⑩ 결산서상 당기순이익		01	189,000,000			
소득조정금액	⑫ 익금산입	02				
	⑬ 손금산입	03				
⑭ 조정 후 소득금액(⑪+⑫-⑬)		04	189,000,000	189,000,000		189,000,000
최저한세 적용대상 특별비용	⑮ 준비금	05				
	⑯ 특별상각 및 특례자산 감가상각비	06				
⑰ 특별비용 손금산입 전 소득금액 (⑭+⑮+⑯)		07	189,000,000	189,000,000		189,000,000
⑱ 기부금한도초과액		08				
⑲ 기부금 한도초과 이월액 손금산입		09				
⑳ 각 사업연도 소득금액 (⑰+⑱-⑲)		10	189,000,000	189,000,000		189,000,000
⑪ 이월결손금		11				
⑫ 비과세소득		12				
⑬ 최저한세 적용대상 비과세소득		13				
⑭ 최저한세 적용대상 익금불산입·손금산입		14				
⑮ 차가감소득금액 (⑳-⑪-⑫+⑬+⑭)		15	189,000,000	189,000,000		189,000,000
⑯ 소득공제		16				
⑰ 최저한세 적용대상 소득공제		17				
⑱ 과세표준금액 (⑮-⑯+⑰)		18	189,000,000	189,000,000		189,000,000
⑲ 선박표준이익		24				
⑳ 과세표준금액(⑱+⑲)		25	189,000,000	189,000,000		189,000,000
㉑ 세율		19	9	7		9
㉒ 산출세액		20	17,010,000	13,230,000		17,010,000
㉓ 감면세액		21				
㉔ 세액공제		22	17,852,209		14,072,209	3,780,000
㉕ 차감세액(㉒-㉓-㉔)		23				13,230,000

2. 최저한세 세율 적용을 위한 구분 항목

㉖ 중소기업 유예기간 종료연월		㉗ 유예기간 종료 후 연차			

210mm×297mm[백상지 80g/㎡ 또는 중질지 80g/㎡]

PART 05 고용지원을 위한 조세특례

사례 1 2024년 귀속 신고 시 작성

[별지 제8호 서식 부표 3] (2024.3.22. 개정) (앞쪽)

사 업 연 도	2024.01.01. ~ 2024.12.31.	세액공제조정명세서(3)	법인명	㈜나라
			사업자등록번호	203-81-63108

1. 공제세액계산(「조세특례제한법」)

	⑩ 구 분	근거법 조 항	⑫ 계 산 기 준	코드	⑬ 계산명세	⑭ 공제대상 세 액
조세특례제한법	중소기업 등 투자세액공제	구 제5조	투자금액 × 1(2,3,5,10)/100	131		
	상생결제 지급금액에 대한 세액공제	제7조의4	지급기한 15일 이내 : 지급 금액의 0.5% 지급기한 15일 ~ 30일 : 지급 금액의 0.3% 지급기한 30일 ~ 60일 : 지급 금액의 0.015%	14Z		
	대·중소기업 상생협력을 위한 기금출연 세액공제	제8조의3제1항	출연금 × 10/100	14M		
	협력중소기업에 대한 유형고정자산 무상임대 세액공제	제8조의3제2항	장부가액 × 3/100	18D		
	수탁기업에 설치하는 시설에 대한 세액공제	제8조의3제3항	투자금액 × 1(3,7)/100	18L		
	교육기관에 무상 기증하는 중고자산에 대한 세액공제	제8조의3제4항	기증자산 시가 × 10/100	18R		
	신성장·원천기술 연구개발비세액공제(최저한세 적용제외)	제10조제1항제1호	(일반 연구·인력개발비) '14.1.1.~'14.12.31.: 발생액 × 3~4(8,10,15,20,25,30)/100 또는 2년간 연평균 발생액의 초과액 × 40(50)/100 '15.1.1. 이후: 발생액 × 2~3(8,10,15,20,25,30)/100 또는 직전 발생액의 초과액 × 40(50)/100 '17.1.1. 이후: 발생액 × 1~3(8,10,15,20,25,30)/100 또는 직전 발생액의 초과액 × 30(40,50)/100 '18. 1. 1. 이후: 발생액 × 0~2(8,10,15,20,25,30)/100 또는 직전 발생액의 초과액 × 25(40,50)/100 (신성장·원천기술 연구개발비) '17. 1. 1. 이후: 발생액 × 20(30)/100 (국가전략기술 연구개발비) '21. 7. 1. 이후: 발생액 ×30(40)/100	16A		
	국가전략기술 연구개발비세액공제(최저한세 적용제외)	제10조제1항제2호		10D		
	일반 연구·인력개발비세액공제(최저한세 적용제외)	제10조제1항제3호		16B		
	신성장·원천기술 연구개발비세액공제(최저한세 적용대상)	제10조제1항제1호		13L		
	국가전략기술 연구개발비세액공제(최저한세 적용대상)	제10조제1항제2호		10E		
	일반 연구·인력개발비세액공제(최저한세 적용대상)	제10조제1항제3호		13M		
	기술취득에 대한 세액공제	제12조제2항	특허권 등 취득금액 × 5(10)/100 *법인세의 10% 한도	176		
	기술혁신형 합병에 대한 세액공제	제12조의3	기술가치금액 × 10/100	14T		
	기술혁신형 주식취득에 대한 세액공제	제12조의4	기술가치금액 × 10/100	14U		
	벤처기업등 출자에 대한 세액공제	제13조의2	주식등 취득가액 × 5/100	18E		
	성과공유 중소기업 경영성과급 세액공제	제19조	'22.1.1. 이전 지급분 : 근로자에 지급하는 경영성과급 × 10/100 '22.1.1. 이후 지급분 : 근로자에 지급하는 경영성과급× 15/100	18H		
	연구·인력개발설비투자세액공제	구 제25조제1항제1호	'14.1.1.~'15.12.31. 투자분 : 투자금액 × 3(5,10)/100 '16.1.1. 이후 투자분 : 투자금액 × 1(3,6)/100 '19.1.1. 이후 투자분 : 투자금액 × 1(3,7)/100	134		
	에너지절약시설투자세액공제	구 제25조제1항제2호	'14.1.1.~'15.12.31. 투자분 : 투자금액 × 3(5,10)/100 ('16.1.1. 현재 투자진행 중인 경우 '16.12.31.까지 종전율 적용) '16.1.1. 이후 투자개시분 : 투자금액 × 1(3,10)/100 '19.1.1. 이후 투자분 : 투자금액 × 1(3,7)/100	177		
	환경보전시설 투자세액공제	구 제25조제1항제3호	투자금액 × 3(5,10)/100 '19.1.1. 이후 투자분 : 투자금액 × 3(5,10)/100	14A		
	근로자복지증진시설투자세액공제	구 제25조제1항제4호	투자금액 × 7(10)/100 '19.1.1. 이후 취득분 : 취득금액 × 3(5,10)/100	142		
	안전시설투자세액공제	구 제25조제1항제5호	'13.1.1.~'14.12.31. 투자분 : 투자금액 × 3(7)/100 '15.1.1. 이후 투자분 : 투자금액 × 1(3,7)/100 '19.1.1. 이후 투자분 : 투자금액 × 1(5,10)/100	136		
	생산성향상시설투자세액공제	구 제25조제1항제6호	'13.1.1.~'14.12.31. 투자분 : 투자금액 × 3(7)/100 '15.1.1. 이후 투자분 : 투자금액 × 1(3,7)/100 '20.1.1.~'20.12.31. 투자분 : 투자금액 × 2(5,10))/100 '21.1.1.~'21.12.31. 투자분 : 투자금액 × 1(5,10))/100 '21.1.1.~이후. 투자분 : 투자금액 × 1(3,7))/100	135		
	의약품 품질관리시설투자세액공제	구 제25조의4	'14.1.1.~'16.12.31. 투자분 : 투자금액 × 3(5,7)/100 '17.1.1. 이후 투자분 : 투자금액 × 1(3,6)/100	14B		
	신성장기술 사업화를 위한 시설투자 세액공제	구 제25조의5	투자금액 × 5(7,10)/100	18B		
	영상콘텐츠 제작비용에 대한 세액공제	제25조의6	제작비용 × 3(7,10)/100	18C		
	초연결 네트워크 시설투자에 대한 세액공제	구 제25조의7	투자금액 × 2(3)/100	18I		
	고용창출투자세액공제	제26조	'12.1.1.~12.31.:투자금액 × {기본공제(3~4%)+추가공제(2~3%)} '13.1.1.~12.31.:투자금액 × {기본공제(2~4%)+추가공제(3%)} '14.1.1. 이후: 투자금액 × {기본공제(1~4%)+추가공제(3%)} (한도 : 상시근로자 증가분 × 1,000만원, 1,500만원, 2,000만원) '15.1.1. 이후: 투자금액 × {기본공제(0~3%)+추가공제(3~7%)} '17.1.1. 이후: (한도 : 상시근로자 증가분 × 1,000(1,500)만원, 1,500(2,000)만원, 2,000(2,500)만원)	14N		
	산업수요맞춤형고등학교등 졸업자를 병역이행 후 복직시킨 중소기업에 대한 세액공제	제29조의2	복직자에게 지급한 인건비 × 중소30(중견15)/100	14S		
	경력단절 여성 고용 기업 등에 대한 세액공제	제29조의3제1항	경력단절 여성 재고용 인건비 × 중소30(중견15)/100	14X		
	육아휴직 후 고용유지 기업에 대한 인건비 세액공제	제29조의3제2항	육아휴직 복귀자 인건비 × 중소30(중견15)/100	18J		
	근로소득을 증대시킨 기업에 대한 세액공제	제29조의4	평균 초과 임금증가분 × 5(중견10, 중소20)/100 정규직 전환 근로자의 임금 증가분 × 5(10,20)/100	14Y		
	청년고용을 증대시킨 기업에 대한 세액공제	제29조의5	청년정규직근로자 증가인원수 × 3백만원(7백만원, 1천만원)	18A		
	고용을 증대시킨 기업에 대한 세액공제	제29조의7	직전연도 대비 상시근로자 증가수 × 4백만원(1천2백만원) '21.12.31~'22.12.31 : 직전연도 대비 상시근로자 증가수 × 5백만원(1천3백만원)	18F		
	통합고용세액공제	제29조의8	직전연도 대비 상시근로자 증가수 × 4백만원(1천4백5십만원)	18S		
	정규직 근로자 전환 세액공제	제30조의2	전환인원수 × 중소1천만원(중견7백만원)	14H		
	고용유지중소기업에 대한 세액공제	제30조의3	연간 임금감소 총액× 10/100 + 시간당 임금상승에 따른 보전액 × 15/100	18K		
	중소기업 고용증가 인원에 대한 사회보험료 세액공제	제30조의4제1항	청년(만15~29세)근로자 등 순증인원의 사회보험료(증가분의 100%) 청년 및 경력단절 여성 외 근로자 순증인원의 사회보험료(증가분의 50%,75%)	14Q	2,068,718 +1,134,355 +8,474,568	11,677,641

(뒤쪽)

(101) 구 분	근거법 조 항	(102) 계 산 기 준	코드	(103) 계산 명세	(104) 공제대상 세 액
중소기업 사회보험 신규가입에 대한 사회보험료 세액공제	제30조의4제3항	'20.12.31.까지 사회보험 신규가입에 따 른 사용자 부담액× 50%	18G		
전자신고에 대한 세액공제(법인)	제104조의8제1항	법인세 전자신고시 2만원	184		
전자신고에 대한 세액공제(세무법인 등)	제104조의8제3항	법인 · 소득세 전자신고 대리건수 × 2만원 *한도: 연300만원(세무 · 회계법인 연750만원) 한도액계산시 부가가치세 대리신고에 따른 세액공제액 포함	14J		
제3자 물류비용 세액공제	제104조의14	(전년대비 위탁물류비용 증가액)×3/100(중소기업은 5/100) * 직전 위탁물류비 30% 미만 : (당기 위탁물류비 – 당기 전체물류비 × 30%) ×3/100(중소기업은 5/100) * 법인세 10% 한도	14E		
대학 맞춤형 교육비용 세액공제	구 제104조의18제1항	법 제10조 연구 · 인력개발비세액공제 준용 *수도권 소재대학의 발생액은 50%만 인정	14I		
대학등 기부설비에 대한 세액공제	구 제104조의18제2항	법 제11조 연구 · 인력개발설비투자세액공제 준용 *수도권 소재대학의 기부금액은 50%만 인정	14K		
기업의 운동경비부 설치운영 세액공제	제104조의22	설치운영비용 × 10(20)/100	14O		
산업수요맞춤형 고등학교 등 재학생에 대한 현장훈련수당 등 세액공제	구 제104조의18제4항	일반 연구 · 인력개발비 세액공제 준용	14R		
석유제품 전자상거래에 대한 세액공제	제104조의25	'13.1.1.~12.31.: 공급가액의 0.5%(산출세액의 10% 한도) '14.1.1.~'16.12.31.: 공급가액의 0.3%(산출세액의 10% 한도) '17.1.1.~'19.12.31.:공급자는 공급가액의0.1%,수요자0.2%,(산출세액의 10% 한도) '20.1.1.~'22.12.31.:수요자만 공급가액의 0.2%(산출세액의 10% 한도)	14P		
금 현물시장에서 거래되는 금지금에 대한 과세특례	제126조의7제8항	산출세액×[(금 현물시장 이용금액 – 직전 과세연도의 금 현물시장 이용금액)/매출액] 또는 산출세액×[(금 현물시장 이용금액×5/100)/매출액]	14V		
금사업자와 스크랩등 사업자의 수입금액증가등 세액공제	제122조의4	산출세액×[(매입자납부익금및손금합계금액 – 직전 과세연도의 매입자납부익금및손금합계금액)×50/100]/익금및손금합계금액 또는 산출세액 ×[(매입자납부익금및손금합계금액×5/100)]/익금및손금합계금액 *한도: 해당 과세연도 산출세액–직전 과세연도 산출세액	14W		
성실신고 확인비용에 대한 세액공제	제126조의6	확인비용 × 60/100 (150만원 한도)	10A		
우수 선화주 인증받은 국제물류주선업자에 대한 세액공제	제104조의30	운송비용의 1% + 직전과세연도 대비 증가분의 3%(산출세액의 10%한도)	18M		
용역제공자에 관한 과세자료의 제출에 대한 세액공제	제104조의32	과세자료에 기재된 용역제공자 인원수×300원(200만원 한도)	10C		
소재 · 부품 · 장비 수요기업 공동출자세액공제	제13조의3제1항	주식 또는 출자지분 취득가액 5%	18N		
소재 · 부품 · 장비 외국법인 인수세액 공제	제13조의3제3항	주식 또는 출자지분 취득가액 5% (중견7%, 중소10%)	18P		
상가임대료를 인하한 임대사업자에 대한 세액공제	제96조의3	임대료 인하액의 70%	10B		
선결제 금액에 대한 세액공제	제99조의12	선결제금액 × 1%	18Q		
통합투자세액공제(일반)	제24조	기본공제 : 투자금액 × 1(중견5, 중소10)/100, 신성장 · 원천기술 투자금액 × 3(중견6,중소12)/100 국가전략기술 투자금액 × 8(중견8,중소16)/100 추가공제 : 직전 3년 연평균 투자금액 초과액 × 3/100(국가전략기술 4/100)(기본공제 200% 한도)	13W		
통합투자세액공제(신성장 · 원천기술)	제24조		13X		
통합투자세액공제(국가전략기술)	제24조		13Y		
합		계	1A1		11,677,641

2. 당기공제세액 및 이월액계산

(105) 구분	(106) 사업 연도	요공제세액 (107) 당기분	요공제세액 (108) 이월분	당기 공제대상세액 (109) 당기분	(110)1차 연도 / (115)6차 연도	(111)2차 연도 / (116)7차 연도	(112)3차 연도 / (117)8차 연도	(113)4차 연도 / (118)9차 연도	(114)5차 연도 / (119)10차 연도	(120)계	(121)최저한세 적용에 따른 미공제액	(122) 그 밖의 사유로 인한 미공제액	(123) 공제세액 (120-121-122)	(124) 소멸	(125) 이월액 (107+108-123-124)
중소기업 고용증가 인원에 대한 사회보험료 세액공제	2024.12	11,677,641		11,677,641						11,677,641	11,677,641				11,677,641
	2023.12		6,174,568		6,174,568					6,174,568	2,394,568		3,780,000		2,394,568
	소계	11,677,641	6,174,568	11,677,641	6,174,568					17,852,009	14,072,209		3,780,000		14,072,209
	소계														
합 계		11,677,641	6,174,568	11,677,641	6,174,568					17,852,209	※14,072,209		3,780,000	0	14,072,209

작성방법

1. ⑯ 구분란에는 1. 공제세액계산(「조세특례제한법」)의 코드를 적습니다.
2. ⑯ 사업연도란에는 이월된 공제대상세액이 발생한 사업연도와 종료월을 적습니다.
3. ⑩ 당기분란에는 ⑭ 공제대상세액을 적습니다.
4. ⑱ 이월분란에는 ⑩ 구분별, 사업연도별로 전기의 ⑮ 이월액을 적습니다.
5. ⑲ 당기분란에는 당기분 세액을 적고, ⑪란~⑲란의 해당 연도란에는 ⑱ 이월분 세액을 각각 적습니다.
6. ㉑최저한세 적용에 따른 미공제액란의 합계(※표란)에는 "최저한세조정계산서(별지 제4호서식)"의 ④란 중 ⑭ 세액공제란의 금액을 옮겨 적고, 「조세특례제한법」 제144조제2항에 규정된 순서에 따라 ㉑란의 최저한세 적용에 따른 미공제액의 각 란에 조정하여 적습니다.
7. 근거법조항 중 "구"는 「조세특례제한법」(2020.12.29. 법률 제17759호로 개정되기 전의 것)에 따른 조항을 의미합니다.

사례 1 2024년 귀속 신고 시 작성

[별지 제8호 서식(갑)] (2024.3.22. 개정) (4쪽 중 제1쪽)

사 업 연 도	2024.01.01. ~ 2024.12.31.	공제감면세액 및 추가납부세액합계표(갑)	법 인 명	㈜나라
			사업자등록번호	203-81-63108

1. 최저한세 적용제외 공제감면세액

	① 구 분	② 근 거 법 조 항	코드	③ 대상세액	④ 감면(공제) 세액
세액감면	(101) 창업중소기업에 대한 세액감면(최저한세 적용제외)	「조세특례제한법」제6조제7항 외	110		
	(102) 해외자원개발투자배당 감면	「조세특례제한법」 제22조	103		
	(103) 수도권과밀억제권역 밖으로 이전하는 중소기업 세액감면 (수도권 밖으로 이전)	구 「조세특례제한법」 제63조	169		
	(104) 공장의 수도권 밖 이전에 대한 세액감면	「조세특례제한법」 제63조	108		
	(105) 본사의 수도권 밖 이전에 대한 세액감면	「조세특례제한법」 제63조의2	109		
	(106) 영농조합법인 감면	「조세특례제한법」 제66조	104		
	(107) 영어조합법인 감면	「조세특례제한법」 제67조	107		
	(108) 농업회사법인 감면(농업소득)	「조세특례제한법」 제68조	11B		
	(109) 행정중심복합도시 등 공장이전에 대한 조세감면	「조세특례제한법」 제85조의2제3항 (2019.12.31. 법률 제16835호로 개정되기 전의 것)	11A		
	(110) 위기지역 내 창업기업 세액감면(최저한세 적용제외)	「조세특례제한법」 제99조의9	11N		
	(111) 해외진출기업의 국내복귀에 대한 세액감면(철수방식)	「조세특례제한법」 제104조의24제1항제1호	11F		
	(112) 해외진출기업의 국내복귀에 대한 세액감면(유지방식)	「조세특례제한법」 제104조의24제1항제2호	11H		
	(113) 고도기술수반사업 외국인투자 세액감면	「조세특례제한법」 제121조의2제1항제1호	186		
	(114) 외국인투자지역내 외국인투자 세액감면	「조세특례제한법」 제121조의2제1항제2호 또는 제2호의5	187		
	(115) 경제자유구역내 외국인투자 세액감면	「조세특례제한법」 제121조의2제1항제2호의2	188		
	(116) 경제자유구역 개발사업시행자 세액감면	「조세특례제한법」 제121조의2제1항제2호의3	157		
	(117) 제주투자진흥기구의 개발사업시행자 세액감면	「조세특례제한법」 제121조의2제1항제2호의4	158		
	(118) 기업도시 개발구역내 외국인투자 세액감면	「조세특례제한법」 제121조의2제1항제2호의6	159		
	(119) 기업도시 개발사업의 시행자 세액감면	「조세특례제한법」 제121조의2제1항제2호의7	160		
	(120) 새만금사업지역내 외국인투자 세액감면	「조세특례제한법」 제121조의2제1항제2호의8	11J		
	(121) 새만금사업 시행자 세액감면	「조세특례제한법」 제121조의2제1항제2호의9	11K		
	(122) 기타 외국인투자유치를 위한 조세감면	「조세특례제한법」 제121조의2제1항제3호	167		
	(123) 외국인투자기업의 증자의 조세감면	「조세특례제한법」 제121조의4	172		
	(124) 기술도입대가에 대한 조세면제(국내지점 등)	법률 제9921호 조세특례제한법 일부개정법률 부칙 제77조	173		
	(125) 제주첨단과학기술단지 입주기업 조세감면(최저한세 적용제외)	「조세특례제한법」 제121조의8	181		
	(126) 제주투자진흥지구등 입주기업 조세감면(최저한세 적용제외)	「조세특례제한법」 제121조의9	182		
	(127) 기업도시개발구역 등 입주기업 감면(최저한세 적용제외)	「조세특례제한법」 제121조의17제1항제1·3·5호	197		
	(128) 기업도시개발사업 등 시행자 감면	「조세특례제한법」 제121조의17제1항제2·4·6·7호	198		
	(129) 아시아문화중심도시 투자진흥지구 입주기업 감면(최저한세 적용제외)	「조세특례제한법」 제121조의20제1항	11C		
	(130) 금융중심지 창업기업에 대한 감면(최저한세 적용제외)	「조세특례제한법」 제121조의21제1항	11G		
	(131) 동업기업 세액감면 배분액(최저한세 적용제외)	「조세특례제한법」 제100조의18제4항	11D		
	(132) 사회적기업에 대한 감면	「조세특례제한법」 제85조의6	11L		
	(133) 장애인 표준사업장에 대한 감면	「조세특례제한법」 제85조의6	11M		
	(134) 첨단의료복합단지 입주기업에 대한 감면(최저한세 적용제외)	「조세특례제한법」 제121조의22제1항1호	17A		
	(135) 국가식품클러스터 입주기업에 대한 감면(최저한세 적용제외)	「조세특례제한법」 제121조의22제1항2호	17B		
	(136) 연구개발특구 입주기업에 대한 감면(최저한세 적용제외)	「조세특례제한법」 제12조의2	17C		
	(137) 감염병 피해에 따른 특별재난지역의 중소기업에 대한 감면	「조세특례제한법」 제99조의11	17D		
	(138) 기회발전특구 창업기업 등에 대한 법인세 등의 감면(최저한세 적용제외)	「조세특례제한법」 제121조의33	1D1		
	(139) 소 계		170		
세액공제	(140) 외국납부세액공제	「법인세법」 제57조	101		
	(141) 재해손실세액공제	「법인세법」 제58조	102		
	(142) 신성장·원천기술 연구개발비세액공제(최저한세 적용제외)	「조세특례제한법」 제10조제1항제1호	16A		
	(143) 국가전략기술 연구개발비세액공제(최저한세 적용제외)	「조세특례제한법」 제10조제1항제2호	10D		
	(144) 일반 연구·인력개발비세액공제(최저한세 적용제외)	「조세특례제한법」 제10조제1항제3호	16B		
	(145) 동업기업 세액공제 배분액(최저한세 적용제외)	「조세특례제한법」 제100조의18제4항	12D		
	(146) 성실신고 확인비용에 대한 세액공제	「조세특례제한법」 제126조의6	10A		
	(147) 상가임대료를 인하한 임대사업자에 대한 세액공제	「조세특례제한법」 제96조의3	10B		
	(148) 용역제공자에 관한 과세자료의 제출에 대한 세액공제	「조세특례제한법」 제104조의32	10C		
	(149) **소 계**		**180**		
(150) **합 계((139) + (149))**			**110**		

210mm×297mm[백상지 80g/㎡ 또는 중질지 80g/㎡]

(4쪽 중 제2쪽)

2. 최저한세 적용대상 공제감면세액

	① 구 분	② 근 거 법 조 항	코드	③ 대상세액	④ 감면세액
세액감면	⑮ 창업중소기업에 대한 세액감면(최저한세 적용대상)	「조세특례제한법」 제6조제1항 · 제5항 · 제6항	111		
	⑯ 창업벤처중소기업 세액감면	「조세특례제한법」 제6조제2항	174		
	⑬ 에너지신기술 중소기업 세액감면	「조세특례제한법」 제6조제4항	13E		
	⑭ 중소기업에 대한 특별세액감면	「조세특례제한법」 제7조	112		
	⑮ 연구개발특구 입주기업에 대한 세액감면(최저한세 적용대상)	「조세특례제한법」 제12조의2	179		
	⑯ 국제금융거래이자소득 면제	「조세특례제한법」 제21조	123		
	⑰ 사업전환 중소기업에 대한 세액감면	구 「조세특례제한법」 제33조의2	192		
	⑱ 무역조정지원기업의 사업전환 세액감면	구 「조세특례제한법」 제33조의2	13A		
	⑲ 기업구조조정 전문회사 주식양도차익 세액감면	법률 제9272호 조세특례제한법 일부개정법률 부칙 제10조 · 제40조	13B		
	⑯ 혁신도시 이전 등 공공기관 세액감면	「조세특례제한법」 제62조제4항	13F		
	⑯ 공장의 지방이전에 대한 세액감면(중소기업의 수도권 안으로 이전)	「조세특례제한법」 제63조	116		
	⑯ 농공단지입주기업 등 감면	「조세특례제한법」 제64조	117		
	⑯ 농업회사법인 감면(농업소득 외의 소득)	「조세특례제한법」 제68조	119		
	⑯ 소형주택 임대사업자에 대한 세액감면	「조세특례제한법」 제96조	13I		
	⑯ 상가건물 장기임대사업자에 대한 세액감면	「조세특례제한법」 제96조의2	13N		
	⑯ 산림개발소득 감면	「조세특례제한법」 제102조	124		
	⑯ 동업기업 세액감면 배분액(최저한세 적용대상)	「조세특례제한법」 제100조의18제4항	13D		
	⑯ 첨단의료복합단지 입주기업에 대한 감면(최저한세 적용대상)	「조세특례제한법」 제121조의22제1항제1호	13H		
	⑯ 기술이전에 대한 세액감면	「조세특례제한법」 제12조제1항	13J		
	⑰ 기술대여에 대한 세액감면	「조세특례제한법」 제12조제3항	13K		
	⑰ 제주첨단과학기술단지 입주기업 감면(최저한세 적용대상)	「조세특례제한법」 제121조의8	13P		
	⑰ 제주투자진흥지구등 입주기업 감면(최저한세 적용대상)	「조세특례제한법」 제121조의9	13Q		
	⑰ 기업도시개발구역 등 입주기업 감면(최저한세 적용대상)	「조세특례제한법」 제121조의17제1항제1호 · 제3호 · 5호	13R		
	⑰ 위기지역 내 창업기업 세액감면(최저한세 적용대상)	「조세특례제한법」 제99조의9	13S		
	⑰ 아시아문화중심도시 투자진흥지구 입주기업 감면(최저한세 적용대상)	「조세특례제한법」 제121조의20제1항	13T		
	⑰ 금융중심지 창업기업에 대한 감면(최저한세 적용대상)	「조세특례제한법」 제121조의21제1항	13U		
	⑰ 국가식품클러스터 입주기업에 대한 감면(최저한세 적용대상)	「조세특례제한법」 제121조의22제1항제2호	13V		
	⑰ 기회발전특구 창업기업 등에 대한 법인세 등의 감면(최저한세 적용대상)	「조세특례제한법」 제121조의33	1C1		
	⑰ **소 계**		130		

210mm×297mm[백상지 80g/㎡ 또는 중질지 80g/㎡]

(4쪽 중 제3쪽)

① 구분		② 근거법조항	코드	⑤ 전기 이월액	⑥ 당기 발생액	⑦ 공제세액
세액공제	(180) 중소기업 등 투자세액공제	구 「조세특례제한법」 제5조	131			
	(181) 상생결제 지급금액에 대한 세액공제	「조세특례제한법」 제7조의4	14Z			
	(182) 대 · 중소기업 상생협력을 위한 기금출연 세액공제	「조세특례제한법」 제8조의3제1항	14M			
	(183) 협력중소기업에 대한 유형고정자산 무상임대 세액공제	「조세특례제한법」 제8조의3제2항	18D			
	(184) 수탁기업에 설치하는 시설에 대한 세액공제	「조세특례제한법」 제8조의3제3항	18L			
	(185) 교육기관에 무상 기증하는 중고자산에 대한 세액공제	「조세특례제한법」 제8조의3제4항	18R			
	(186) 신성장 · 원천기술 연구개발비세액공제(최저한세 적용대상)	「조세특례제한법」 제10조제1항제1호	13L			
	(187) 국가전략기술 연구개발비세액공제(최저한세 적용대상)	「조세특례제한법」 제10조제1항제2호	10E			
	(188) 일반 연구 · 인력개발비세액공제(최저한세 적용대상)	「조세특례제한법」 제10조제1항제3호	13M			
	(189) 기술취득에 대한 세액공제	「조세특례제한법」 제12조제2항	176			
	(190) 기술혁신형 합병에 대한 세액공제	「조세특례제한법」 제12조의3	14T			
	(191) 기술혁신형 주식취득에 대한 세액공제	「조세특례제한법」 제12조의4	14U			
	(192) 벤처기업등 출자에 대한 세액공제	「조세특례제한법」 제13조의2	18E			
	(193) 성과공유 중소기업 경영성과급 세액공제	「조세특례제한법」 제19조	18H			
	(194) 연구 · 인력개발설비투자 세액공제	구 「조세특례제한법」 제25조제1항제1호	134			
	(195) 에너지절약시설투자 세액공제	구 「조세특례제한법」 제25조제1항제2호	177			
	(196) 환경보전시설 투자 세액공제	구 「조세특례제한법」 제25조제1항제3호	14A			
	(197) 근로자복지증진시설투자 세액공제	구 「조세특례제한법」 제25조제1항제4호	142			
	(198) 안전시설투자 세액공제	구 「조세특례제한법」 제25조제1항제5호	136			
	(199) 생산성향상시설투자세액공제	구 「조세특례제한법」 제25조제1항제6호	135			
	(200) 의약품 품질관리시설투자 세액공제	구 「조세특례제한법」 제25조의4	14B			
	(201) 신성장기술 사업화를 위한 시설투자 세액공제	구 「조세특례제한법」 제25조의5	18B			
	(202) 영상콘텐츠 제작비용에 대한 세액공제(기본공제)	「조세특례제한법」 제25조의6	18C			
	(203) 영상콘텐츠 제작비용에 대한 세액공제(추가공제)	「조세특례제한법」 제25조의6	1B8			
	(204) 초연결 네트워크 시설투자에 대한 세액공제	구 「조세특례제한법」 제25조의7	18I			
	(205) 고용창출투자세액공제	「조세특례제한법」 제26조	14N			
	(206) 산업수요맞춤형고등학교등 졸업자를 병역이행 후 복직시킨 중소기업에 대한 세액공제	「조세특례제한법」 제29조의2	14S			
	(207) 경력단절 여성 고용 기업 등에 대한 세액공제	「조세특례제한법」 제29조의3제1항	14X			
	(208) 육아휴직 후 고용유지 기업에 대한 인건비 세액공제	「조세특례제한법」 제29조의3제2항	18J			
	(209) 근로소득을 증대시킨 기업에 대한 세액공제	「조세특례제한법」 제29조의4	14Y			
	(210) 청년고용을 증대시킨 기업에 대한 세액공제	「조세특례제한법」 제29조의5	18A			
	(211) 고용을 증대시킨 기업에 대한 세액공제	「조세특례제한법」 제29조의7	18F			
	(212) 통합고용세액공제	「조세특례제한법」 제29조의8	18S			
	(213) 통합고용세액공제(정규직 전환)	「조세특례제한법」 제29조의8	1B4			
	(214) 통합고용세액공제(육아휴직 복귀)	「조세특례제한법」 제29조의8	1B5			
	(215) 정규직근로자 전환 세액공제	「조세특례제한법」 제30조의2	14H			
	(216) 고용유지중소기업에 대한 세액공제	「조세특례제한법」 제30조의3	18K			
	(217) 중소기업 고용증가 인원에 대한 사회보험료 세액공제	**「조세특례제한법」 제30조의4 제1항**	14Q	6,174,568	11,677,641	3,780,000
	(218) 중소기업 사회보험 신규가입에 대한 사회보험료 세액공제	「조세특례제한법」 제30조의4 제3항	18G			
	(219) 전자신고에 대한 세액공제(납세의무자)	「조세특례제한법」 제104조의8 제1항	184			
	(220) 전자신고에 대한 세액공제(세무법인 등)	「조세특례제한법」 제104조의8 제3항	14J			
	(221) 제3자 물류비용 세액공제	「조세특례제한법」 제104조의14	14E			
	(222) 대학 맞춤형 교육비용 등 세액공제	구 「조세특례제한법」 제104조의18제1항	14I			
	(223) 대학등 기부설비에 대한 세액공제	구 「조세특례제한법」 제104조의18제2항	14K			
	(224) 기업의 경기부 설치운영비용 세액공제	「조세특례제한법」 제104조의22	14O			
	(225) 동업기업 세액공제 배분액(최저한세 적용대상)	「조세특례제한법」 제100조의18제4항	14L			
	(226) 산업수요맞춤형 고등학교 등 재학생에 대한 현장훈련수당 등 세액공제	구 「조세특례제한법」 제104조의18제4항	14R			
	(227) 석유제품 전자상거래에 대한 세액공제	「조세특례제한법」 제104조의25	14P			
	(228) 금 현물시장에서 거래되는 금지금에 대한 과세특례	「조세특례제한법」 제126조의7제8항	14V			
	(229) 금사업자와 스크랩등사업자의 수입금액의 증가 등에 대한 세액공제	「조세특례제한법」 제122조의4	14W			
	(230) 우수 선화주 인증 국제물류주선업자 세액공제	「조세특례제한법」 제104조의30	18M			
	(231) 소재 · 부품 · 장비 수요기업 공동출자 세액공제	「조세특례제한법」 제13조의3제1항	18N			
	(232) 소재 · 부품 · 장비 외국법인 인수세액 공제	「조세특례제한법」 제13조의3제3항	18P			
	(233) 선결제 금액에 대한 세액공제	「조세특례제한법」 제99조의12	18Q			
	(234) 해외자원개발투자에 대한 과세특례	「조세특례제한법」 제104조의15	1B6			
	(235) 통합투자세액공제(일반)	「조세특례제한법」 제24조	13W			
	(236) 통합투자세액공제(신성장 · 원천기술)	「조세특례제한법」 제24조	13X			
	(237) 통합투자세액공제(국가전략기술)	「조세특례제한법」 제24조	13Y			
	(238) 임시통합투자세액공제(일반)	「조세특례제한법」 제24조	1B1			
	(239) 임시통합투자세액공제(신성장 · 원천기술)	「조세특례제한법」 제24조	1B2			
	(240) 임시통합투자세액공제(국가전략기술)	「조세특례제한법」 제24조	1B3			
	(241) 문화산업전문회사 출자에 대한 세액공제	「조세특례제한법」 제25조의7	1B7			
	(242) 소계		149	6,174,568	11,677,641	3,780,000
(243) 합계((179) + (242))			150			3,780,000
(244) 공제감면세액 총계((150) + (243))			151			3,780,000

210mm×297mm[백상지 80g/㎡ 또는 중질지 80g/㎡]

(4쪽 중 제4쪽)

(245) 기술도입대가에 대한 조세면제	법률 제9921호 조세특례제한법 일부개정법률 부칙 제77조	183			
(246) 간주 · 간접 외국납부세액공제	「법인세법」 제57조제3항 · 제4항 · 제6항	189			

작성방법

1. ③ 대상세액란: 「법인세법」, 「조세특례제한법」 등에 따른 공제감면대상금액이 있는 경우 공제감면세액계산서(별지 제8호서식 부표 1, 2, 3, 4, 5)에 따라 감면구분별로 적습니다.
2. ④ · ⑦ 공제세액란: 「법인세법」, 「조세특례제한법」 등에 따른 공제감면세액은 공제감면세액계산서(별지 제8호서식 부표 1, 2, 3, 4, 5)에 따라 계산된 공제세액 중 당기에 공제될 세액의 범위에서 「법인세법」 제59조제1항에 따른 공제순서에 따라 감면 구분별로 적습니다.
3. (150)란 중 ④ 감면세액란: 법인세 과세표준 및 세액조정계산서(별지 제3호서식)의 (123) 최저한세 적용제외 공제감면세액란에 옮겨 적습니다.
4. (242)란 중 ⑦ 공제세액란: 법인세 과세표준 및 세액조정계산서(별지 제3호서식)의 (121) 최저한세 적용대상 공제감면세액란에 옮겨 적습니다.
5. (245) 기술도입대가에 대한 조세면제란의 공제세액란: 기술도입대가를 지급하는 내국법인이 별지 제8호서식 부표 9 기술도입대가에 대한 조세면제명세서의 면제세액 합계액을 적습니다(국내사업장이 있고 해당 기술이 국내사업장에 실질적으로 관련되거나 귀속되는 경우에는 기술을 제공하는 외국법인이 (245) 기술도입대가에 대한 조세면제란의 감면세액란에 적습니다).
6. (140) 외국납부세액공제란: 외국납부세액과 (246) 간주 · 간접 외국납부세액공제액을 합하여 적고, 간주 · 간접 외국납부세액공제액은 (246)란에 별도로 적습니다.
7. 「조세특례제한법」 제10조의 연구 · 인력개발비세액공제 중 최저한세가 적용되는 공제세액은 (186), (187) 또는 (188)란에 적고, 최저한세 적용이 제외되는 공제세액은 (142), (143) 또는 (144)란에 각각 구분하여 적습니다.
8. (186), (187) 또는 (188)란 중 ⑤ 전기이월액란:「조세특례제한법」 제144조제1항에 따라 이월된 미공제 금액 중 해당 과세연도에 공제할 일반연구 · 인력개발비, 신성장 · 원천기술연구개발비 또는 국가전략기술연구개발비를 각각 구분하여 적습니다(구 공제감면코드: 132).
9. 법령의 개정에 따라 종전의 규정 또는 개정규정에 따라 공제감면 받는 경우에는 비어 있는 란 등에 해당 법령의 조문순서에 따라 별도로 적습니다.
10. ② 근거법조항 중 "구"는 「조세특례제한법」(2020.12.29. 법률 제17759호로 개정되기 전의 것)에 따른 조항을 의미합니다.

210mm×297mm[백상지 80g/㎡ 또는 중질지 80g/㎡]

사례 1 2024년 귀속 신고 시 작성

[별지 제3호 서식] (2023.3.20. 개정) (앞쪽)

사업연도	2024.01.01. ~ 2024.12.31.	법인세 과세표준 및 세액조정계산서	법인명	㈜나라
			사업자등록번호	203-81-63108

구분	항목	코드	금액
① 각 사업연도 소득계산	⑩ 결산서상 당기순손익	01	189 000 000
	소득조정금액 ⑩ 익금산입	02	
	소득조정금액 ⑩ 손금산입	03	
	⑭ 차가감소득금액 (⑩+⑩-⑩)	04	189 000 000
	⑮ 기부금한도초과액	05	
	⑯ 기부금한도초과이월액 손금산입	54	
	⑰ 각사업연도소득금액 (⑭+⑮-⑯)	06	189 000 000
② 과세표준 계산	⑱ 각사업연도소득금액 (⑱=⑰)		189 000 000
	⑲ 이월결손금	07	
	⑪ 비과세소득	08	
	⑪ 소득공제	09	
	⑫ 과세표준 (⑱-⑲-⑪-⑪)	10	189 000 000
	⑮ 선박표준이익	55	
③ 산출세액 계산	⑬ 과세표준 (⑫+⑮)	56	189 000 000
	⑭ 세율	11	9
	⑮ 산출세액	12	17 010 000
	⑯ 지점유보소득 (「법인세법」 제96조)	13	
	⑰ 세율	14	
	⑱ 산출세액	15	
	⑲ 합계 (⑮+⑱)	16	17 010 000
④ 납부할 세액 계산	⑳ 산출세액 (⑳=⑲)		17 010 000
	⑪ 최저한세 적용대상 공제감면세액	17	3 780 000
	⑫ 차감세액	18	13 230 000
	⑬ 최저한세 적용제외 공제감면세액	19	
	⑭ 가산세액	20	
	⑮ 가감계 (⑫-⑬+⑭)	21	13 230 000
	기납부세액 / 기한내납부세액 ⑯ 중간예납세액	22	
	기납부세액 / 기한내납부세액 ⑰ 수시부과세액	23	
	기납부세액 / 기한내납부세액 ⑱ 원천납부세액	24	
	기납부세액 / 기한내납부세액 ⑲ 간접투자회사등의 외국납부세액	25	
	기납부세액 / 기한내납부세액 ⑬ 소계 (⑯+⑰+⑱+⑲)	26	
	기납부세액 ⑬ 신고납부전가산세액	27	
	기납부세액 ⑫ 합계 (⑬+⑬)	28	

구분	항목	코드	금액
	⑬ 감면분추가납부세액	29	
	⑭ 차감납부할세액 (⑮-⑫+⑬)	30	13 230 000
⑤ 토지등양도소득에 대한 법인세 계산	양도차익 ⑮ 등기자산	31	
	양도차익 ⑯ 미등기자산	32	
	⑰ 비과세소득	33	
	⑱ 과세표준 (⑮+⑯-⑰)	34	
	⑲ 세율	35	
	⑭ 산출세액	36	
	⑭ 감면세액	37	
	⑭ 차감세액 (⑭-⑭)	38	
	⑭ 공제세액	39	
	⑭ 동업기업 법인세 배분액 (가산세 제외)	58	
	⑮ 가산세액 (동업기업 배분액 포함)	40	
	⑯ 가감계 (⑫-⑬+⑭+⑮)	41	
	기납부세액 ⑭ 수시부과세액	42	
	기납부세액 ⑱ ( ) 세액	43	
	기납부세액 ⑲ 계 (⑰+⑱)	44	
	⑮ 차감납부할세액 (⑯-⑲)	45	
⑥ 미환류소득법인세	⑯ 과세대상 미환류소득	59	
	⑫ 세율	60	
	⑬ 산출세액	61	
	⑭ 가산세액	62	
	⑮ 이자상당액	63	
	⑯ 납부할세액 (⑬+⑭+⑮)	64	
⑦ 세액계	⑮ 차감납부할세액계 (⑭+⑮+⑯)	46	13 230 000
	⑬ 사실과 다른 회계처리 경정세액공제	57	
	⑮ 분납세액계산범위액 (⑮-⑬-⑬-⑯-⑮+⑬)	47	13 230 000
	⑭ 분납할세액	48	3 230 000
	⑮ 차감납부세액 (⑮-⑬-⑭)	49	10 000 000

210mm×297mm[백상지 80g/㎡ 또는 중질지 80g/㎡]

사례 2

2023년도 과세표준 115,000,000원, 2024년도 과세표준 189,000,000원이며, 2022년도 전체 상시근로자 수는 17명, 청년등 상시근로자 수는 6명, 청년등외 상시근로자 수는 11명이며, 중소기업 사회보험료 세액공제는 2023년도에 처음으로 적용하였다.

① 연도별 사회보험료율

구 분	건강 보험료율	노인장기 요양보험료	국민연금 보험료율	고용 보험료율	산재 보험료율	보험료율 소계
2023년	3.545%	0.0321956%	4.5000000%	1.1500000%	0.6000000%	9.8271956%
2024년	3.545%	0.0325501%	4.5000000%	1.1500000%	0.6000000%	9.8275501%

② 총급여 및 사회보험료부담금

구 분	근로자	인원수 (명)	총급여(원)	사회보험료율	사회보험료 부담금	1인당 부담금
2023년	전체 상시근로자	22	489,560,000			
	청년등 상시근로자	9	189,452,000	9.8271956%	18,617,819	2,068,646
	청년외 상시근로자	13	300,108,000	9.8271956%	29,492,200	2,268,630

2024년도 전체 상시근로자 수는 2023년도와 청년 상시근로자, 청년외 상시근로자 변동 없이 동일하다.

사례 풀이

2022년	2023년		2024년	
근무인원현황	근무인원현황	증감현황	근무인원현황	증감현황
전체 17명 청년 6명 청년외 11명	전체 22명 청년 9명 청년외 13명	5명 증가 3명 증가 2명 증가	전체 22명 청년 9명 청년외 13명	증감 없음 증감 없음 증감 없음

<table>
<tr><th>2022년</th><th>2023년</th><th>2024년</th></tr>
<tr><td rowspan="4">1차연도공제</td><td>① 상황분석</td><td>① 상황분석</td></tr>
<tr><td>직전과세연도(2022년) 대비 전체 상시근로자 수 증가(청년 증가, 청년외 증가)
≫ 공제적용</td><td>직전과세연도(2023년) 대비 전체 상시근로자 수 증가하지 않음(청년 증가하지 않음, 청년외 증가하지 않음)
≫ 공제적용불가</td></tr>
<tr><td>② 공제세액계산</td><td>② 공제세액계산</td></tr>
<tr><td>청년 : 3명×2,068,646원×100%
= 6,205,938원
청년외 : 2명×2,268,630원×50%
= 2,268,630원
합계 : 6,205,938원+2,268,630원
= 8,474,568원</td><td>청년 : 0원
청년외 : 0원
합계 : 0원</td></tr>
<tr><td rowspan="4">2차연도공제</td><td rowspan="4"></td><td>① 상황분석</td></tr>
<tr><td>직전공제연도(2023년) 대비 전체 상시근로자 수 감소하지 않음(청년 증감 없음, 청년외 증감 없음)
≫ 추가공제적용</td></tr>
<tr><td>② 추가공제세액계산</td></tr>
<tr><td>청년 : 6,205,938원
청년외 : 2,268,630원
합계 : 8,474,568원</td></tr>
</table>

1. 2023년 공제액 계산

직전과세연도(2022년) 대비 전체 상시근로자 수가 증가하였으므로 공제적용 가능하며, 청년등 상시근로자의 1인당 사회보험료 부담금의 100%와 청년등외 상시근로자의 1인당 사회보험료 부담금의 50%를 세액공제한다.

2. 2024년 공제액 계산

① 직전과세연도(2023년) 대비 전체 상시근로자 수가 증가하지 않았으므로 세액공제를 적용할 수 없다.

② 직전공제연도(2023년) 대비 전체 상시근로자 수가 감소하지 않았으므로(청년 증가, 청년외 증가) 추가공제를 적용한다. 추가공제금액은 직전공제연도 공제액이다.

사례 2 2023년 귀속 신고 시 작성

[별지 제11호의5 서식] (2022.3.18. 개정) (3쪽 중 제1쪽)

중소기업 고용증가 인원에 대한 사회보험료 세액공제 공제세액계산서

❶ 신청인	① 상호 또는 법인명 : ㈜나라	② 사업자등록번호 : 203-81-63108
	③ 대표자 성명 : 김 유 민	④ 생년월일 : 1973년 04월 12일
	⑤ 주소 또는 본점소재지 : 경기도 고양시 일산서구 대화로37번길 102-30(법곳동) (전화번호 : 031-2231-7027)	

❷ 과세연도	**2023년 1월 1일부터 2023년 12월 31일까지**

❸ 공제세액 계산내용

⑥ 해당년도 공제세액 합계(⑦+㉒)	8,474,568

1. 청년 및 경력단절 여성 상시근로자 고용증가 인원의 사회보험료 부담증가 상당액에 대한 공제세액계산

⑦ 공제세액(⑩×⑮)	6,205,938

가. 고용증가 인원 계산

⑧ 해당 과세연도 청년등 상시근로자 수	⑨ 직전 과세연도 청년등 상시근로자 수	⑩ 증가한 청년등 상시근로자 수 [(⑧-⑨), ⑩≤㉕]
9.00	6.00	3.00

나. 고용증가 인원 1인당 사용자의 사회보험료 부담금액

⑪ 해당 과세연도에 청년등 상시근로자에게 지급하는「소득세법」 제20조 제1항에 따른 총급여액	⑫ 해당 과세연도 청년등 상시근로자 수(=⑧)	⑬ 사회보험료율 (=㉑)	⑭국가 등이 지급한 보조금 및 감면액의 1인당 금액	⑮ 사회보험료 부담금 (⑪/⑫×⑬-⑭)
189,452,000	9.00	9.8271956(%)		2,068,646

다. 사회보험료율

⑯ 국민건강보험	⑰ 장기요양보험	⑱ 국민 연금	⑲ 고용 보험	⑳ 산업재해 보상보험	㉑계 (⑯+⑰+⑱+⑲+⑳)
3.5450000(%)	0.0321956(%)	4.5000000(%)	1.1500000(%)	0.6000000(%)	9.8271956(%)

2. 청년 및 경력단절 여성 외 상시근로자 고용증가 인원의 사회보험료 부담증가 상당액에 대한 공제세액계산

㉒ 공제세액(㉗×㉜×0.5, 신성장 서비스업을 영위하는 중소기업의 경우에는 ㉗×㉜×0.75)	2,268,630

가. 고용증가 인원 계산

㉓ 해당 과세연도 상시근로자 수	㉔ 직전 과세연도 상시근로자 수	㉕ 증가한 상시근로자 수 (㉓-㉔)	㉖ 증가한 청년등 상시근로자 수 (=⑩)	㉗ 증가한 청년등 외 상시근로자 수 (㉕-㉖)
22.00	17.00	5.00	3.00	2.00

210mm×297mm[백상지 80g/㎡ 또는 중질지 80g/㎡]

(3쪽 중 제2쪽)

나. 고용증가 인원 1인당 사용자의 사회보험료 부담금액

㉘ 해당 과세연도에 청년등 외 상시근로자에게 지급하는 「소득세법」 제20조제1항에 따른 총급여액	㉙ 해당 과세연도 상시근로자 수 – 해당 과세연도 청년등 상시근로자 수 (㉓–⑧)	㉚ 사회보험료율 (=㉑)	㉛ 국가 등이 지급한 보조금 및 감면액의 1인당 금액	㉜ 사회보험료 부담금 (㉘/㉙×㉚–㉛)
300,108,000	13	9.8271956(%)		2,268,630

3. 2차년도 세제지원 요건 : ㉟ ≧ 0

가. 상시근로자 증가 인원

㉝ 2차년도(해당 과세연도) 상시근로자 수	㉞ 1차년도(직전 과세연도) 상시근로자 수	㉟ 상시근로자 증가 인원 수(㉞–㉝)

나. 2차년도 세액공제액 계산(상시근로자 감소여부)

직전 과세연도 대비 상시근로자 감소여부	직전 과세연도 대비 청년등 상시근로자 수 감소여부	㉠ 직전 과세연도 청년등 상시근로자 증가에 대한 사회보험료 세액공제액	㉡ 직전 과세연도 청년등 외 상시 근로자 증가에 대한 사회보험료 세액공제액	㊱ 2차년도 세액공제액 (㉠+㉡)
부	부			
	여			
여				

㊲ 세액공제액 : ⑥ 해당년도 세액공제액 + ㊱ 2차년도 세액공제액	8,474,568

「조세특례제한법」 제30조의4 제5항에 따라 공제세액계산서를 제출합니다.

2024년 3월 31일

신청인 ㈜나라 김 유 민(서명 또는 인)

고양 세무서장 귀하

첨부서류	없음	수수료 없음

210mm×297mm[백상지 80g/㎡ 또는 중질지 80g/㎡]

사례 2 2023년 귀속 신고 시 작성

중소기업 고용증가 인원 사회보험료 세액공제 검토 서식

<table>
<tr><th colspan="4">검 토 사 항</th><th>적합 여부</th></tr>
<tr><td>중소기업 기준</td><td colspan="3">[서식 5] 중소기업 여부 검토표를 충족하는지 여부</td><td>예 아니오</td></tr>
<tr><td>고용요건</td><td colspan="3">상시근로자 수가 증가하였는지 여부

상시근로자 수 = 해당 기간의 매월 말 현재 상시근로자 수의 합 / 해당 기간의 개월 수

<table>
<tr><td>① 상시근로자* 수</td><td>22.00명</td></tr>
<tr><td>② 직전 과세연도 상시근로자 수</td><td>17.00명</td></tr>
<tr><td>③ 증 감(①−②)</td><td>5.00명</td></tr>
</table>

* 상시근로자는 근로기준법에 따라 근로계약을 체결한 근로자로 다음 각 호의 어느 하나에 해당하는 사람은 제외

① 근로계약기간이 1년 미만인 근로자
② 근로기준법 제2조 제1항 제8호에 따른 단시간근로자
③ 법인세법 시행령 제42조 제1항 각 호의 어느 하나에 해당하는 임원
④ 해당 기업의 최대주주 또는 최대출자자와 그 배우자
⑤ 제4호에 해당하는 자의 직계존비속(배우자 포함) 및 국세기본법 시행령 제1조의2 제1항에 따른 친족관계인 사람
⑥ 소득세법 시행령 제196조에 따른 근로소득원천징수부에 의하여 근로소득세를 원천징수한 사실이 확인되지 아니하는 사람
⑦ 국민연금, 고용보험, 산업재해보상보험, 국민건강보험, 장기요양보험에 대하여 사용자가 부담하여야 할 부담금 또는 부담료의 납부사실이 확인되지 아니하는 근로자</td><td>예 아니오</td></tr>
<tr><td rowspan="4">감면율</td><td>① 청년</td><td>15세 이상 29세* 이하인 상시근로자인 경우
* 병역 이행 시 현재 연령에서 복무기간(6년 한도)을 차감하여 계산한 연령이 29세 이하인 경우 포함</td><td>감면율 100%</td><td rowspan="4">예 아니오</td></tr>
<tr><td>② 경력단절 여성</td><td>해당 기업 또는 해당기업과 동일한 업종의 기업에서 1년 이상 근무한 여성이 결혼 · 임신 · 출산 · 육아 · 자녀교육 사유로 퇴직한 후, 퇴직한 날부터 3년 이상 15년 이내에 동종업종기업과 1년 이상 근로계약을 체결한 경우</td><td>감면율 100%</td></tr>
<tr><td>③ 신성장 서비스업</td><td>조특령 §27의4 ⑤에 따른 신성장서비스업을 주된 사업으로 영위하는 경우</td><td>감면율 75%</td></tr>
<tr><td>④ 이 외 상시근로자</td><td>①, ②, ③ 외 상시근로자인 경우</td><td>감면율 50%</td></tr>
</table>

사례 2 2023년 귀속 신고 시 작성

[별지 제4호 서식] (2019.3.20. 개정) (앞쪽)

사업연도	2023.01.01. ~ 2023.12.31.	최저한세조정계산서	법 인 명	㈜나라
			사업자등록번호	203-81-63108

1. 최저한세 조정 계산 명세

① 구분		코드	② 감면 후 세액	③ 최저한세	④ 조정감	⑤ 조정 후 세액
(101) 결산서상 당기순이익		01	115,000,000			
소득조정금액	(102) 익금산입	02				
	(103) 손금산입	03				
(104) 조정 후 소득금액 ((101) + (102) - (103))		04	115,000,000	115,000,000		115,000,000
최저한세 적용대상 특별비용	(105) 준비금	05				
	(106) 특별상각 및 특례자산 감가상각비	06				
(107) 특별비용 손금산입 전 소득금액 ((104) + (105) + (106))		07	115,000,000	115,000,000		115,000,000
(108) 기부금 한도초과액		08				
(109) 기부금 한도초과 이월액 손금산입		09				
(110) 각 사업연도 소득금액 ((107) + (108) - (109))		10	115,000,000	115,000,000		115,000,000
(111) 이월결손금		11				
(112) 비과세소득		12				
(113) 최저한세 적용대상 비과세소득		13				
(114) 최저한세 적용대상 익금불산입·손금산입		14				
(115) 차가감소득금액 ((110) - (111) - (112) + (113) + (114))		15	115,000,000	115,000,000		115,000,000
(116) 소득공제		16				
(117) 최저한세 적용대상 소득공제		17				
(118) 과세표준금액 ((115) - (116) + (117))		18	115,000,000	115,000,000		115,000,000
(119) 선박표준이익		24				
(120) 과세표준금액 ((118) + (119))		25	115,000,000	115,000,000		115,000,000
(121) 세율		19	9	7		9
(122) 산출세액		20	10,350,000	8,050,000		10,350,000
(123) 감면세액		21				
(124) 세액공제		22	8,474,568		6,174,568	2,300,000
(125) 차감세액 ((122) - (123) - (124))		23	1,875,432			8,050,000

2. 최저한세 세율 적용을 위한 구분 항목

(126) 중소기업 유예기간 종료연월		(127) 유예기간 종료 후 연차			

210mm×297mm[백상지 80g/㎡ 또는 중질지 80g/㎡]

사례 2 2023년 귀속 신고 시 작성

[별지 제8호 서식 부표 3] (2024.3.22. 개정) (앞쪽)

사 업 연 도	2023.01.01. ~ 2023.12.31.	세액공제조정명세서(3)	법인명	㈜나라
			사업자등록번호	203-81-63108

1. 공제세액계산(「조세특례제한법」)

	⑩ 구 분	근거법 조항	⑩ 계 산 기 준	코드	⑩ 계산명세	⑩ 공제대상 세 액
조세특례제한법	중소기업 등 투자세액공제	구 제5조	투자금액 × 1(2,3,5,10)/100	131		
	상생결제 지급금액에 대한 세액공제	제7조의4	지급기한 15일 이내 : 지급 금액의 0.5% 지급기한 15일 ~ 30일 : 지급 금액의 0.3% 지급기한 30일 ~ 60일 : 지급 금액의 0.015%	14Z		
	대·중소기업 상생협력을 위한 기금출연 세액공제	제8조의3제1항	출연금 × 10/100	14M		
	협력중소기업에 대한 유형고정자산 무상임대 세액공제	제8조의3제2항	장부가액 × 3/100	18D		
	수탁기업에 설치하는 시설에 대한 세액공제	제8조의3제3항	투자금액 × 1(3,7)/100	18L		
	교육기관에 무상 기증하는 중고자산에 대한 세액공제	제8조의3제4항	기증자산 시가 × 10/100	18R		
	신성장·원천기술 연구개발비세액공제(최저한세 적용제외)	제10조제1항제1호	(일반 연구·인력개발비) '14.1.1.~'14.12.31.: 발생액 × 3~4(8,10,15,20,25,30)/100 또는 2년간 연평균 발생액의 초과액 × 40(50)/100 '15.1.1. 이후: 발생액 × 2~3(8,10,15,20,25,30)/100 또는 직전 발생액의 초과액 × 40(50)/100 '17.1.1. 이후: 발생액 × 1~3(8,10,15,20,25,30)/100 또는 직전 발생액의 초과액 × 30(40,50)/100 '18. 1. 1. 이후: 발생액 × 0~2(8,10,15,20,25,30)/100 또는 직전 발생액의 초과액 × 25(40,50)/100 (신성장·원천기술 연구개발비) '17. 1. 1. 이후: 발생액 × 20(30)/100 (국가전략기술 연구개발비) '21. 7. 1. 이후: 발생액 ×30(40)/100	16A		
	국가전략기술 연구개발비세액공제(최저한세 적용제외)	제10조제1항제2호		10D		
	일반 연구·인력개발비세액공제(최저한세 적용제외)	제10조제1항제3호		16B		
	신성장·원천기술 연구개발비세액공제(최저한세 적용대상)	제10조제1항제1호		13L		
	국가전략기술 연구개발비세액공제(최저한세 적용대상)	제10조제1항제2호		10E		
	일반 연구·인력개발비세액공제(최저한세 적용대상)	제10조제1항제3호		13M		
	기술취득에 대한 세액공제	제12조제2항	특허권 등 취득금액 × 5(10)/100 *법인세의 10% 한도	176		
	기술혁신형 합병에 대한 세액공제	제12조의3	기술가치금액 × 10/100	14T		
	기술혁신형 주식취득에 대한 세액공제	제12조의4	기술가치금액 × 10/100	14U		
	벤처기업등 출자에 대한 세액공제	제13조의2	주식등 취득가액 × 5/100	18E		
	성과공유 중소기업 경영성과급 세액공제	제19조	'22.1.1. 이전 지급분 : 근로자에 지급하는 경영성과급 × 10/100 '22.1.1. 이후 지급분 : 근로자에 지급하는 경영성과급× 15/100	18H		
	연구·인력개발설비투자세액공제	구 제25조제1항제1호	'14.1.1.~'15.12.31. 투자분 : 투자금액 × 3(5,10)/100 '16.1.1. 이후 투자분 : 투자금액 × 1(3,6)/100 '19.1.1. 이후 투자분 : 투자금액 × 1(3,7)/100	134		
	에너지절약시설투자세액공제	구 제25조제1항제2호	'14.1.1.~'15.12.31. 투자분 : 투자금액 × 3(5,10)/100 ('16.1.1. 현재 투자진행 중인 경우 '16.12.31.까지 종전율 적용) '16.1.1. 이후 투자개시분 : 투자금액 × 1(3,10)/100 '19.1.1. 이후 투자분 : 투자금액 × 1(3,7)/100	177		
	환경보전시설 투자세액공제	구 제25조제1항제3호	투자금액 × 3(5,10)/100 '19.1.1. 이후 투자분 : 투자금액 × 3(5,10)/100	14A		
	근로자복지증진시설투자세액공제	구 제25조제1항제4호	투자금액 × 7(10)/100 '19.1.1. 이후 취득분 : 취득금액 × 3(5,10)/100	142		
	안전시설투자세액공제	구 제25조제1항제5호	'13.1.1.~'14.12.31. 투자분 : 투자금액 × 3(7)/100 '15.1.1. 이후 투자분 : 투자금액 × 1(3,7)/100 '19.1.1. 이후 투자분 : 투자금액 × 1(5,10)/100	136		
	생산성향상시설투자세액공제	구 제25조제1항제6호	'13.1.1.~'14.12.31. 투자분 : 투자금액 × 3(7)/100 '15.1.1. 이후 투자분 : 투자금액 × 1(3,7)/100 '20.1.1.~'20.12.31. 투자분 : 투자금액 × 2(5,10))/100 '21.1.1.~'21.12.31. 투자분 : 투자금액 × 1(5,10))/100 '21.1.1.~이후. 투자분 : 투자금액 × 1(3,7))/100	135		
	의약품 품질관리시설투자세액공제	구 제25조의4	'14.1.1.~'16.12.31. 투자분 : 투자금액 × 3(5,7)/100 '17.1.1. 이후 투자분 : 투자금액 × 1(3,6)/100	14B		
	신성장기술 사업화를 위한 시설투자 세액공제	구 제25조의5	투자금액 × 5(7,10)/100	18B		
	영상콘텐츠 제작비용에 대한 세액공제	제25조의6	제작비용 × 3(7,10)/100	18C		
	초연결 네트워크 시설투자에 대한 세액공제	구 제25조의7	투자금액 × 2(3)/100	18I		
	고용창출투자세액공제	제26조	'12.1.1.~12.31.:투자금액 × {기본공제(3~4%)+추가공제(2~3%)} '13.1.1.~12.31.:투자금액 × {기본공제(2~4%)+추가공제(3%)} '14.1.1. 이후: 투자금액 × {기본공제(1~4%)+추가공제(3%)} (한도 : 상시근로자 증가분 × 1,000만원, 1,500만원, 2,000만원) '15.1.1. 이후: 투자금액 × {기본공제(0~3%)+추가공제(3~7%)} '17.1.1. 이후: (한도 : 상시근로자 증가분 × 1,000(1,500)만원, 1,500(2,000)만원, 2,000(2,500)만원)	14N		
	산업수요맞춤형고등학교등 졸업자를 병역이행 후 복직시킨 중소기업에 대한 세액공제	제29조의2	복직자에게 지급한 인건비 × 중소30(중견15)/100	14S		
	경력단절 여성 고용 기업 등에 대한 세액공제	제29조의3제1항	경력단절 여성 재고용 인건비 × 중소30(중견15)/100	14X		
	육아휴직 후 고용유지 기업에 대한 인건비 세액공제	제29조의3제2항	육아휴직 복귀자 인건비 × 중소30(중견15)/100	18J		
	근로소득을 증대시킨 기업에 대한 세액공제	제29조의4	평균 초과 임금증가분 × 5(중견10, 중소20)/100 정규직 전환 근로자의 임금 증가분 × 5(10,20)/100	14Y		
	청년고용을 증대시킨 기업에 대한 세액공제	제29조의5	청년정규직근로자 증가인원수 × 3백만원(7백만원, 1천만원)	18A		
	고용을 증대시킨 기업에 대한 세액공제	제29조의7	직전연도 대비 상시근로자 증가수 × 4백만원(1천2백만원) '21.12.31~'22.12.31 : 직전연도 대비 상시근로자 증가수 × 5백만원(1천3백만원)	18F		
	통합고용세액공제	제29조의8	직전연도 대비 상시근로자 증가수 × 4백만원(1천4백5십만원)	18S		
	정규직 근로자 전환 세액공제	제30조의2	전환인원수 × 중소1천만원(중견7백만원)	14H		
	고용유지중소기업에 대한 세액공제	제30조의3	연간 임금감소 총액× 10/100 + 시간당 임금상승에 따른 보전액 × 15/100	18K		
	중소기업 고용증가 인원에 대한 사회보험료 세액공제	제30조의4제1항	청년(만15~29세)근로자 등 순증인원의 사회보험료(증가분의 100%) 청년 및 경력단절 여성 외 근로자 순증인원의 사회보험료(증가분의 50%,75%)	14Q	6,205,938 +2,268,630	8,474,568

(뒤쪽)

(101) 구 분	근거법 조 항	(102) 계 산 기 준	코드	(103) 계산 명세	(104) 공제대상 세 액
중소기업 사회보험 신규가입에 대한 사회보험료 세액공제	제30조의4제3항	'20.12.31.까지 사회보험 신규가입에 따 른 사용자 부담액× 50%	18G		
전자신고에 대한 세액공제(법인)	제104조의8제1항	법인세 전자신고시 2만원	184		
전자신고에 대한 세액공제(세무법인 등)	제104조의8제3항	법인 · 소득세 전자신고 대리건수 × 2만원 *한도: 연300만원(세무 · 회계법인 연750만원) 한도액계산시 부가가치세 대리신고에 따른 세액공제액 포함	14J		
제3자 물류비용 세액공제	제104조의14	(전년대비 위탁물류비용 증가액)×3/100(중소기업은 5/100) * 직전 위탁물류비 30% 미만 : (당기 위탁물류비 – 당기 전체물류비 × 30%) ×3/100(중소기업은 5/100) * 법인세 10% 한도	14E		
대학 맞춤형 교육비용 세액공제	구 제104조의18제1항	법 제10조 연구 · 인력개발비세액공제 준용 *수도권 소재대학의 발생액은 50%만 인정	14I		
대학등 기부설비에 대한 세액공제	구 제104조의18제2항	법 제11조 연구 · 인력개발설비투자세액공제 준용 *수도권 소재대학의 기부금액은 50%만 인정	14K		
기업의 운동경비부 설치운영 세액공제	제104조의22	설치운영비용 × 10(20)/100	14O		
산업수요맞춤형 고등학교 등 재학생에 대한 현장훈련수당 등 세액공제	구 제104조의18제4항	일반 연구 · 인력개발비 세액공제 준용	14R		
석유제품 전자상거래에 대한 세액공제	제104조의25	'13.1.1.~12.31.: 공급가액의 0.5%(산출세액의 10% 한도) '14.1.1.~'16.12.31.: 공급가액의 0.3%(산출세액의 10% 한도) '17.1.1.~'19.12.31.:공급자는 공급가액의0.1%,수요자0.2%, (산출세액의 10% 한도) '20.1.1.~'22.12.31.:수요자만 공급가액의 0.2%(산출세액의 10% 한도)	14P		
금 현물시장에서 거래되는 금지금에 대한 과세특례	제126조의7제8항	산출세액×[(금 현물시장 이용금액 – 직전 과세연도의 금 현물시장 이용금액)/매출액] 또는 산출세액×[(금 현물시장 이용금액×5/100)/매출액]	14V		
금사업자와 스크랩등 사업자의 수입금액증가등 세액공제	제122조의4	산출세액×[(매입자납부익금및손금합계금액 – 직전 과세연도의 매입자납부익금및손금합계금액)×50/100]/익금및손금합계금액 또는 산출세액×[(매입자납부익금및손금합계금액×5/100]/익금및손금합계금액 *한도: 해당 과세연도 산출세액–직전 과세연도 산출세액	14W		
성실신고 확인비용에 대한 세액공제	제126조의6	확인비용 × 60/100 (150만원 한도)	10A		
우수 선화주 인증받은 국제물류주선업자에 대한 세액공제	제104조의30	운송비용의 1% + 직전과세연도 대비 증가분의 3%(산출세액의 10%한도)	18M		
용역제공자에 관한 과세자료의 제출에 대한 세액공제	제104조의32	과세자료에 기재된 용역제공자 인원수×300원(200만원 한도)	10C		
소재 · 부품 · 장비 수요기업 공동출자세액공제	제13조의3제1항	주식 또는 출자지분 취득가액 5%	18N		
소재 · 부품 · 장비 외국법인 인수세액 공제	제13조의3제3항	주식 또는 출자지분 취득가액 5% (중견7%, 중소10%)	18P		
상가임대료를 인하한 임대사업자에 대한 세액공제	제96조의3	임대료 인하액의 70%	10B		
선결제 금액에 대한 세액공제	제99조의12	선결제금액 × 1%	18Q		
통합투자세액공제(일반)	제24조	기본공제 : 투자금액 × 1(중견5, 중소10)/100, 신성장 · 원천기술 투자금액 × 3(중견6,중소12)/100 국가전략기술 투자금액 × 8(중견8,중소16)/100 추가공제 : 직전 3년 연평균 투자금액 초과액 × 3/100(국가전략기술 4/100)(기본공제 200% 한도)	13W		
통합투자세액공제(신성장 · 원천기술)	제24조		13X		
통합투자세액공제(국가전략기술)	제24조		13Y		
합		계	1A1		8,474,568

2. 당기공제세액 및 이월액계산

(105) 구분	(106) 사업 연도	요공제세액		당기 공제대상세액								(121)최저한세 적용에 따른 미공제액	(122) 그 밖의 사유로 인한 미공제액	(123) 공제세액 ((120)–(121)–(122))	(124) 소멸	(125) 이월액 ((107)+(108)–(123)–(124))
		(107) 당기분	(108) 이월분	(109) 당기분	(110)1차 연도	(111)2차 연도	(112)3차 연도	(113)4차 연도	(114)5차 연도	(120)계						
					(115)6차 연도	(116)7차 연도	(117)8차 연도	(118)9차 연도	(119)10차 연도							
중소기업 고용증가 인원에 대한 사회보험료 세액공제	2023.12.	8,474,568		8,474,568						8,474,568	6,174,568		2,300,000		6,174,568	
	소계	8,474,568		8,474,568												
	소계															
합 계		8,474,568		8,474,568						8,474,568	6,174,568		2,300,000		6,174,568	

작성방법

1. (105) 구분란에는 1. 공제세액계산(「조세특례제한법」)의 코드를 적습니다.
2. (106) 사업연도란에는 이월된 공제대상세액이 발생한 사업연도와 종료월을 적습니다.
3. (107) 당기분란에는 (104) 공제대상세액을 적습니다.
4. (108) 이월분란에는 (105) 구분별, 사업연도별로 전기의 (125) 이월액을 적습니다.
5. (109) 당기분란에는 당기분 세액을 적고, (110)란~(119)란의 해당 연도란에는 (108) 이월분 세액을 각각 적습니다.
6. (121)최저한세 적용에 따른 미공제액란의 합계(※표란)에는 "최저한세조정계산서(별지 제4호서식)"의 ④란 중 (124) 세액공제란의 금액을 옮겨 적고, 「조세특례제한법」 제144조제2항에 규정된 순서에 따라 (121)란의 최저한세 적용에 따른 미공제액의 각 란에 조정하여 적습니다.
7. 근거법조항 중 "구"는 「조세특례제한법」(2020.12.29. 법률 제17759호로 개정되기 전의 것)에 따른 조항을 의미합니다.

사례 2 2023년 귀속 신고 시 작성

[별지 제8호 서식(갑)] (2024.3.22. 개정) (4쪽 중 제1쪽)

사 업 연 도	2023.01.01. ~ 2023.12.31.	공제감면세액 및 추가납부세액합계표(갑)	법 인 명	㈜나라
			사업자등록번호	203-81-63108

1. 최저한세 적용제외 공제감면세액

	① 구 분	② 근 거 법 조 항	코드	③ 대상세액	④ 감면 (공제) 세액
세액감면	(101) 창업중소기업에 대한 세액감면(최저한세 적용제외)	「조세특례제한법」제6조제7항 외	110		
	(102) 해외자원개발투자배당 감면	「조세특례제한법」 제22조	103		
	(103) 수도권과밀억제권역 밖으로 이전하는 중소기업 세액감면(수도권 밖으로 이전)	구 「조세특례제한법」 제63조	169		
	(104) 공장의 수도권 밖 이전에 대한 세액감면	「조세특례제한법」 제63조	108		
	(105) 본사의 수도권 밖 이전에 대한 세액감면	「조세특례제한법」 제63조의2	109		
	(106) 영농조합법인 감면	「조세특례제한법」 제66조	104		
	(107) 영어조합법인 감면	「조세특례제한법」 제67조	107		
	(108) 농업회사법인 감면(농업소득)	「조세특례제한법」 제68조	11B		
	(109) 행정중심복합도시 등 공장이전에 대한 조세감면	「조세특례제한법」 제85조의2제3항 (2019.12.31. 법률 제16835호로 개정되기 전의 것)	11A		
	(110) 위기지역 내 창업기업 세액감면(최저한세 적용제외)	「조세특례제한법」 제99조의9	11N		
	(111) 해외진출기업의 국내복귀에 대한 세액감면(철수방식)	「조세특례제한법」 제104조의24제1항제1호	11F		
	(112) 해외진출기업의 국내복귀에 대한 세액감면(유지방식)	「조세특례제한법」 제104조의24제1항제2호	11H		
	(113) 고도기술수반사업 외국인투자 세액감면	「조세특례제한법」 제121조의2제1항제1호	186		
	(114) 외국인투자지역내 외국인투자 세액감면	「조세특례제한법」 제121조의2제1항제2호 또는 제2호의5	187		
	(115) 경제자유구역내 외국인투자 세액감면	「조세특례제한법」 제121조의2제1항제2호의2	188		
	(116) 경제자유구역 개발사업시행자 세액감면	「조세특례제한법」 제121조의2제1항제2호의3	157		
	(117) 제주투자진흥기구의 개발사업시행자 세액감면	「조세특례제한법」 제121조의2제1항제2호의4	158		
	(118) 기업도시 개발구역내 외국인투자 세액감면	「조세특례제한법」 제121조의2제1항제2호의6	159		
	(119) 기업도시 개발사업의 시행자 세액감면	「조세특례제한법」 제121조의2제1항제2호의7	160		
	(120) 새만금사업지역내 외국인투자 세액감면	「조세특례제한법」 제121조의2제1항제2호의8	11J		
	(121) 새만금사업 시행자 세액감면	「조세특례제한법」 제121조의2제1항제2호의9	11K		
	(122) 기타 외국인투자유치를 위한 조세감면	「조세특례제한법」 제121조의2제1항제3호	167		
	(123) 외국인투자기업의 증자의 조세감면	「조세특례제한법」 제121조의4	172		
	(124) 기술도입대가에 대한 조세면제(국내지점 등)	법률 제9921호 조세특례제한법 일부개정법률 부칙 제77조	173		
	(125) 제주첨단과학기술단지 입주기업 조세감면(최저한세 적용제외)	「조세특례제한법」 제121조의8	181		
	(126) 제주투자진흥지구등 입주기업 조세감면(최저한세 적용제외)	「조세특례제한법」 제121조의9	182		
	(127) 기업도시개발구역 등 입주기업 감면(최저한세 적용제외)	「조세특례제한법」 제121조의17제1항제1 · 3 · 5호	197		
	(128) 기업도시개발사업 등 시행자 감면	「조세특례제한법」 제121조의17제1항제2 · 4 · 6 · 7호	198		
	(129) 아시아문화중심도시 투자진흥지구 입주기업 감면(최저한세 적용제외)	「조세특례제한법」 제121조의20제1항	11C		
	(130) 금융중심지 창업기업에 대한 감면(최저한세 적용제외)	「조세특례제한법」 제121조의21제1항	11G		
	(131) 동업기업 세액감면 배분액(최저한세 적용제외)	「조세특례제한법」 제100조의18제4항	11D		
	(132) 사회적기업에 대한 감면	「조세특례제한법」 제85조의6	11L		
	(133) 장애인 표준사업장에 대한 감면	「조세특례제한법」 제85조의6	11M		
	(134) 첨단의료복합단지 입주기업에 대한 감면(최저한세 적용제외)	「조세특례제한법」 제121조의22제1항1호	17A		
	(135) 국가식품클러스터 입주기업에 대한 감면(최저한세 적용제외)	「조세특례제한법」 제121조의22제1항2호	17B		
	(136) 연구개발특구 입주기업에 대한 감면(최저한세 적용제외)	「조세특례제한법」 제12조의2	17C		
	(137) 감염병 피해에 따른 특별재난지역의 중소기업에 대한 감면	「조세특례제한법」 제99조의11	17D		
	(138) 기회발전특구 창업기업 등에 대한 법인세 등의 감면(최저한세 적용제외)	「조세특례제한법」 제121조의33	1D1		
	(139) 소 계		170		
세액공제	(140) 외국납부세액공제	「법인세법」 제57조	101		
	(141) 재해손실세액공제	「법인세법」 제58조	102		
	(142) 신성장 · 원천기술 연구개발비세액공제(최저한세 적용제외)	「조세특례제한법」 제10조제1항제1호	16A		
	(143) 국가전략기술 연구개발비세액공제(최저한세 적용제외)	「조세특례제한법」 제10조제1항제2호	10D		
	(144) 일반 연구 · 인력개발비세액공제(최저한세 적용제외)	「조세특례제한법」 제10조제1항제3호	16B		
	(145) 동업기업 세액공제 배분액(최저한세 적용제외)	「조세특례제한법」 제100조의18제4항	12D		
	(146) 성실신고 확인비용에 대한 세액공제	「조세특례제한법」 제126조의6	10A		
	(147) 상가임대료를 인하한 임대사업자에 대한 세액공제	「조세특례제한법」 제96조의3	10B		
	(148) 용역제공자에 관한 과세자료의 제출에 대한 세액공제	「조세특례제한법」 제104조의32	10C		
	(149) 소 계		**180**		
(150) 합 계((139) + (149))			110		

210mm×297mm[백상지 80g/㎡ 또는 중질지 80g/㎡]

(4쪽 중 제2쪽)

2. 최저한세 적용대상 공제감면세액

	① 구 분	② 근 거 법 조 항	코드	③ 대상세액	④ 감면세액
세액감면	⑮ 창업중소기업에 대한 세액감면(최저한세 적용대상)	「조세특례제한법」 제6조제1항 · 제5항 · 제6항	111		
	⑯ 창업벤처중소기업 세액감면	「조세특례제한법」 제6조제2항	174		
	⑰ 에너지신기술 중소기업 세액감면	「조세특례제한법」 제6조제4항	13E		
	⑱ 중소기업에 대한 특별세액감면	「조세특례제한법」 제7조	112		
	⑲ 연구개발특구 입주기업에 대한 세액감면(최저한세 적용대상)	「조세특례제한법」 제12조의2	179		
	⑳ 국제금융거래이자소득 면제	「조세특례제한법」 제21조	123		
	㉑ 사업전환 중소기업에 대한 세액감면	구 「조세특례제한법」 제33조의2	192		
	㉒ 무역조정지원기업의 사업전환 세액감면	구 「조세특례제한법」 제33조의2	13A		
	㉓ 기업구조조정 전문회사 주식양도차익 세액감면	법률 제9272호 조세특례제한법 일부개정법률 부칙 제10조 · 제40조	13B		
	㉔ 혁신도시 이전 등 공공기관 세액감면	「조세특례제한법」 제62조제4항	13F		
	㉕ 공장의 지방이전에 대한 세액감면(중소기업의 수도권 안으로 이전)	「조세특례제한법」 제63조	116		
	㉖ 농공단지입주기업 등 감면	「조세특례제한법」 제64조	117		
	㉗ 농업회사법인 감면(농업소득 외의 소득)	「조세특례제한법」 제68조	119		
	㉘ 소형주택 임대사업자에 대한 세액감면	「조세특례제한법」 제96조	13I		
	㉙ 상가건물 장기임대사업자에 대한 세액감면	「조세특례제한법」 제96조의2	13N		
	㉚ 산림개발소득 감면	「조세특례제한법」 제102조	124		
	㉛ 동업기업 세액감면 배분액(최저한세 적용대상)	「조세특례제한법」 제100조의18제4항	13D		
	㉜ 첨단의료복합단지 입주기업에 대한 감면(최저한세 적용대상)	「조세특례제한법」 제121조의22제1항제1호	13H		
	㉝ 기술이전에 대한 세액감면	「조세특례제한법」 제12조제1항	13J		
	㉞ 기술대여에 대한 세액감면	「조세특례제한법」 제12조제3항	13K		
	㉟ 제주첨단과학기술단지 입주기업 감면(최저한세 적용대상)	「조세특례제한법」 제121조의8	13P		
	㊱ 제주투자진흥지구등 입주기업 감면(최저한세 적용대상)	「조세특례제한법」 제121조의9	13Q		
	㊲ 기업도시개발구역 등 입주기업 감면(최저한세 적용대상)	「조세특례제한법」 제121조의17제1항제1호 · 제3호 · 5호	13R		
	㊳ 위기지역 내 창업기업 세액감면(최저한세 적용대상)	「조세특례제한법」 제99조의9	13S		
	㊴ 아시아문화중심도시 투자진흥지구 입주기업 감면(최저한세 적용대상)	「조세특례제한법」 제121조의20제1항	13T		
	㊵ 금융중심지 창업기업에 대한 감면(최저한세 적용대상)	「조세특례제한법」 제121조의21제1항	13U		
	㊶ 국가식품클러스터 입주기업에 대한 감면(최저한세 적용대상)	「조세특례제한법」 제121조의22제1항제2호	13V		
	㊷ 기회발전특구 창업기업 등에 대한 법인세 등의 감면(최저한세 적용대상)	「조세특례제한법」 제121조의33	1C1		
	㊸ 소 계		130		

210mm×297mm[백상지 80g/㎡ 또는 중질지 80g/㎡]

	① 구 분	② 근 거 법 조 항	코드	⑤ 전기 이월액	⑥ 당기 발생액	⑦ 공제 세액
세액공제	(180) 중소기업 등 투자세액공제	구 「조세특례제한법」 제5조	131			
	(181) 상생결제 지급금액에 대한 세액공제	「조세특례제한법」 제7조의4	14Z			
	(182) 대·중소기업 상생협력을 위한 기금출연 세액공제	「조세특례제한법」 제8조의3제1항	14M			
	(183) 협력중소기업에 대한 유형고정자산 무상임대 세액공제	「조세특례제한법」 제8조의3제2항	18D			
	(184) 수탁기업에 설치하는 시설에 대한 세액공제	「조세특례제한법」 제8조의3제3항	18L			
	(185) 교육기관에 무상 기증하는 중고자산에 대한 세액공제	「조세특례제한법」 제8조의3제4항	18R			
	(186) 신성장·원천기술 연구개발비세액공제(최저한세 적용대상)	「조세특례제한법」 제10조제1항제1호	13L			
	(187) 국가전략기술 연구개발비세액공제(최저한세 적용대상)	「조세특례제한법」 제10조제1항제2호	10E			
	(188) 일반 연구·인력개발비세액공제(최저한세 적용대상)	「조세특례제한법」 제10조제1항제3호	13M			
	(189) 기술취득에 대한 세액공제	「조세특례제한법」 제12조제2항	176			
	(190) 기술혁신형 합병에 대한 세액공제	「조세특례제한법」 제12조의3	14T			
	(191) 기술혁신형 주식취득에 대한 세액공제	「조세특례제한법」 제12조의4	14U			
	(192) 벤처기업등 출자에 대한 세액공제	「조세특례제한법」 제13조의2	18E			
	(193) 성과공유 중소기업 경영성과급 세액공제	「조세특례제한법」 제19조	18H			
	(194) 연구·인력개발설비투자 세액공제	구 「조세특례제한법」 제25조제1항제1호	134			
	(195) 에너지절약시설투자 세액공제	구 「조세특례제한법」 제25조제1항제2호	177			
	(196) 환경보전시설 투자 세액공제	구 「조세특례제한법」 제25조제1항제3호	14A			
	(197) 근로자복지증진시설투자 세액공제	구 「조세특례제한법」 제25조제1항제4호	142			
	(198) 안전시설투자 세액공제	구 「조세특례제한법」 제25조제1항제5호	136			
	(199) 생산성향상시설투자세액공제	구 「조세특례제한법」 제25조제1항제6호	135			
	(200) 의약품 품질관리시설투자 세액공제	구 「조세특례제한법」 제25조의4	14B			
	(201) 신성장기술 사업화를 위한 시설투자 세액공제	구 「조세특례제한법」 제25조의5	18B			
	(202) 영상콘텐츠 제작비용에 대한 세액공제(기본공제)	「조세특례제한법」 제25조의6	18C			
	(203) 영상콘텐츠 제작비용에 대한 세액공제(추가공제)	「조세특례제한법」 제25조의6	1B8			
	(204) 초연결 네트워크 시설투자에 대한 세액공제	구 「조세특례제한법」 제25조의7	18I			
	(205) 고용창출투자세액공제	「조세특례제한법」 제26조	14N			
	(206) 산업수요맞춤형고등학교등 졸업자를 병역이행 후 복직시킨 중소기업에 대한 세액공제	「조세특례제한법」 제29조의2	14S			
	(207) 경력단절 여성 고용 기업 등에 대한 세액공제	「조세특례제한법」 제29조의3제1항	14X			
	(208) 육아휴직 후 고용유지 기업에 대한 인건비 세액공제	「조세특례제한법」 제29조의3제2항	18J			
	(209) 근로소득을 증대시킨 기업에 대한 세액공제	「조세특례제한법」 제29조의4	14Y			
	(210) 청년고용을 증대시킨 기업에 대한 세액공제	「조세특례제한법」 제29조의5	18A			
	(211) 고용을 증대시킨 기업에 대한 세액공제	「조세특례제한법」 제29조의7	18F			
	(212) 통합고용세액공제	「조세특례제한법」 제29조의8	18S			
	(213) 통합고용세액공제(정규직 전환)	「조세특례제한법」 제29조의8	1B4			
	(214) 통합고용세액공제(육아휴직 복귀)	「조세특례제한법」 제29조의8	1B5			
	(215) 정규직근로자 전환 세액공제	「조세특례제한법」 제30조의2	14H			
	(216) 고용유지중소기업에 대한 세액공제	「조세특례제한법」 제30조의3	18K			
	(217) 중소기업 고용증가 인원에 대한 사회보험료 세액공제	**「조세특례제한법」 제30조의4 제1항**	**14Q**		**8,474,568**	**2,300,000**
	(218) 중소기업 사회보험 신규가입에 대한 사회보험료 세액공제	「조세특례제한법」 제30조의4 제3항	18G			
	(219) 전자신고에 대한 세액공제(납세의무자)	「조세특례제한법」 제104조의8 제1항	184			
	(220) 전자신고에 대한 세액공제(세무법인 등)	「조세특례제한법」 제104조의8 제3항	14J			
	(221) 제3자 물류비용 세액공제	「조세특례제한법」 제104조의14	14E			
	(222) 대학 맞춤형 교육비용 등 세액공제	구 「조세특례제한법」 제104조의18제1항	14I			
	(223) 대학등 기부설비에 대한 세액공제	구 「조세특례제한법」 제104조의18제2항	14K			
	(224) 기업의 경기부 설치운영비용 세액공제	「조세특례제한법」 제104조의22	14O			
	(225) 동업기업 세액공제 배분액(최저한세 적용대상)	「조세특례제한법」 제100조의18제4항	14L			
	(226) 산업수요맞춤형 고등학교 등 재학생에 대한 현장훈련수당 등 세액공제	구 「조세특례제한법」 제104조의18제4항	14R			
	(227) 석유제품 전자상거래에 대한 세액공제	「조세특례제한법」 제104조의25	14P			
	(228) 금 현물시장에서 거래되는 금지금에 대한 과세특례	「조세특례제한법」 제126조의7제8항	14V			
	(229) 금사업자와 스크랩등사업자의 수입금액의 증가 등에 대한 세액공제	「조세특례제한법」 제122조의4	14W			
	(230) 우수 선화주 인증 국제물류주선업자 세액공제	「조세특례제한법」 제104조의30	18M			
	(231) 소재·부품·장비 수요기업 공동출자 세액공제	「조세특례제한법」 제13조의3제1항	18N			
	(232) 소재·부품·장비 외국법인 인수세액 공제	「조세특례제한법」 제13조의3제3항	18P			
	(233) 선결제 금액에 대한 세액공제	「조세특례제한법」 제99조의12	18Q			
	(234) 해외자원개발투자에 대한 과세특례	「조세특례제한법」 제104조의15	1B6			
	(235) 통합투자세액공제(일반)	「조세특례제한법」 제24조	13W			
	(236) 통합투자세액공제(신성장·원천기술)	「조세특례제한법」 제24조	13X			
	(237) 통합투자세액공제(국가전략기술)	「조세특례제한법」 제24조	13Y			
	(238) 임시통합투자세액공제(일반)	「조세특례제한법」 제24조	1B1			
	(239) 임시통합투자세액공제(신성장·원천기술)	「조세특례제한법」 제24조	1B2			
	(240) 임시통합투자세액공제(국가전략기술)	「조세특례제한법」 제24조	1B3			
	(241) 문화산업전문회사 출자에 대한 세액공제	「조세특례제한법」 제25조의7	1B7			
	(242) 소 계		149		8,474,568	2,300,000
(243) 합 계((179) + (242))			150			2,300,000
(244) 공제감면세액 총계(⑮ + (243))			151			2,300,000

210mm×297mm[백상지 80g/㎡ 또는 중질지 80g/㎡]

(4쪽 중 제4쪽)

(245) 기술도입대가에 대한 조세면제	법률 제9921호 조세특례제한법 일부개정법률 부칙 제77조	183			
(246) 간주 · 간접 외국납부세액공제	「법인세법」 제57조제3항 · 제4항 · 제6항	189			

작성방법

1. ③ 대상세액란: 「법인세법」, 「조세특례제한법」 등에 따른 공제감면대상금액이 있는 경우 공제감면세액계산서(별지 제8호서식 부표 1, 2, 3, 4, 5)에 따라 감면구분별로 적습니다.
2. ④ · ⑦ 공제세액란: 「법인세법」, 「조세특례제한법」 등에 따른 공제감면세액은 공제감면세액계산서(별지 제8호서식 부표 1, 2, 3, 4, 5)에 따라 계산된 공제세액 중 당기에 공제될 세액의 범위에서 「법인세법」 제59조제1항에 따른 공제순서에 따라 감면 구분별로 적습니다.
3. (150)란 중 ④ 감면세액란: 법인세 과세표준 및 세액조정계산서(별지 제3호서식)의 (123) 최저한세 적용제외 공제감면세액란에 옮겨 적습니다.
4. (242)란 중 ⑦ 공제세액란: 법인세 과세표준 및 세액조정계산서(별지 제3호서식)의 (121) 최저한세 적용대상 공제감면세액란에 옮겨 적습니다.
5. (245) 기술도입대가에 대한 조세면제란의 공제세액란: 기술도입대가를 지급하는 내국법인이 별지 제8호서식 부표 9 기술도입대가에 대한 조세면제명세서의 면제세액 합계액을 적습니다(국내사업장이 있고 해당 기술이 국내사업장에 실질적으로 관련되거나 귀속되는 경우에는 기술을 제공하는 외국법인이 (245) 기술도입대가에 대한 조세면제란의 감면세액란에 적습니다).
6. (140) 외국납부세액공제란: 외국납부세액과 (246) 간주 · 간접 외국납부세액공제액을 합하여 적고, 간주 · 간접 외국납부세액공제액은 (246)란에 별도로 적습니다.
7. 「조세특례제한법」 제10조의 연구 · 인력개발비세액공제 중 최저한세가 적용되는 공제세액은 (186), (187) 또는 (188)란에 적고, 최저한세 적용이 제외되는 공제세액은 (142), (143) 또는 (144)란에 각각 구분하여 적습니다.
8. (186), (187) 또는 (188)란 중 ⑤ 전기이월액란:「조세특례제한법」 제144조제1항에 따라 이월된 미공제 금액 중 해당 과세연도에 공제할 일반연구 · 인력개발비, 신성장 · 원천기술연구개발비 또는 국가전략기술연구개발비를 각각 구분하여 적습니다(구 공제감면코드: 132).
9. 법령의 개정에 따라 종전의 규정 또는 개정규정에 따라 공제감면 받는 경우에는 비어 있는 란 등에 해당 법령의 조문순서에 따라 별도로 적습니다.
10. ② 근거법조항 중 "구"는 「조세특례제한법」(2020.12.29. 법률 제17759호로 개정되기 전의 것)에 따른 조항을 의미합니다.

210mm×297mm[백상지 80g/㎡ 또는 중질지 80g/㎡]

사례 2 2023년 귀속 신고 시 작성

[별지 제3호 서식] (2023.3.20. 개정) (앞쪽)

사업연도	2023.01.01. ~ 2023.12.31.	법인세 과세표준 및 세액조정계산서	법인명	㈜나라
			사업자등록번호	203-81-63108

구분	항목	코드	금액
① 각 사업연도 소득계산	(101) 결산서상 당기순손익	01	115 000 000
	소득조정금액 (102) 익금산입	02	
	소득조정금액 (103) 손금산입	03	
	(104) 차가감소득금액 (101+102-103)	04	115 000 000
	(105) 기부금한도초과액	05	
	(106) 기부금한도초과이월액 손금산입	54	
	(107) 각사업연도소득금액 (104+105-106)	06	115 000 000
② 과세표준 계산	(108) 각사업연도소득금액 (108=107)		115 000 000
	(109) 이월결손금	07	
	(110) 비과세소득	08	
	(111) 소득공제	09	
	(112) 과세표준 (108-109-110-111)	10	115 000 000
	(159) 선박표준이익	55	
③ 산출세액 계산	(113) 과세표준 (112+159)	56	115 000 000
	(114) 세율	11	9
	(115) 산출세액	12	10 350 000
	(116) 지점유보소득 (「법인세법」 제96조)	13	
	(117) 세율	14	
	(118) 산출세액	15	
	(119) 합계 (115+118)	16	10 350 000
④ 납부할 세액 계산	(120) 산출세액 (120=119)		10 350 000
	(121) 최저한세 적용대상 공제감면세액	17	2 300 000
	(122) 차감세액	18	8 050 000
	(123) 최저한세 적용제외 공제감면세액	19	
	(124) 가산세액	20	
	(125) 가감계 (122-123+124)	21	8 050 000
	기납부세액 / 기한내납부세액 (126) 중간예납세액	22	
	기납부세액 / 기한내납부세액 (127) 수시부과세액	23	
	기납부세액 / 기한내납부세액 (128) 원천납부세액	24	
	기납부세액 / 기한내납부세액 (129) 간접투자회사등의 외국납부세액	25	
	기납부세액 / 기한내납부세액 (130) 소계 (126+127+128+129)	26	
	기납부세액 (131) 신고납부전가산세액	27	
	기납부세액 (132) 합계 (130+131)	28	
	(133) 감면분추가납부세액	29	
	(134) 차감납부할세액 (125-132+133)	30	8 050 000
⑤ 토지등양도소득에 대한 법인세 계산	양도차익 (135) 등기자산	31	
	양도차익 (136) 미등기자산	32	
	(137) 비과세소득	33	
	(138) 과세표준 (135+136-137)	34	
	(139) 세율	35	
	(140) 산출세액	36	
	(141) 감면세액	37	
	(142) 차감세액 (140-141)	38	
	(143) 공제세액	39	
	(144) 동업기업 법인세 배분액 (가산세 제외)	58	
	(145) 가산세액 (동업기업 배분액 포함)	40	
	(146) 가감계 (142-143+144+145)	41	
	기납부세액 (147) 수시부과세액	42	
	기납부세액 (148) ( ) 세액	43	
	기납부세액 (149) 계 (147+148)	44	
	(150) 차감납부할세액 (146-149)	45	
⑥ 미환류소득법인세	(160) 과세대상 미환류소득	59	
	(161) 세율	60	
	(162) 산출세액	61	
	(163) 가산세액	62	
	(164) 이자상당액	63	
	(165) 납부할세액 (162+163+164)	64	
⑦ 세액계	(151) 차감납부할세액계 (134+150+165)	46	8 050 000
	(152) 사실과 다른 회계처리 경정세액공제	57	
	(153) 분납세액계산범위액 (151-124-133-145-152+131)	47	
	(154) 분납할세액	48	
	(155) 차감납부세액 (151-152-154)	49	8 050 000

210mm×297mm[백상지 80g/㎡ 또는 중질지 80g/㎡]

사례 2 2024년 귀속 신고 시 작성

[별지 제11호의5 서식] (2022.3.18. 개정) (3쪽 중 제1쪽)

중소기업 고용증가 인원에 대한 사회보험료 세액공제 공제세액계산서

❶ 신청인	① 상호 또는 법인명 : ㈜나라	② 사업자등록번호 : 203-81-63108
	③ 대표자 성명 : 김 유 민	④ 생년월일 : 1973년 04월 12일
	⑤ 주소 또는 본점소재지 : 경기도 고양시 일산서구 대화로37번길 102-30(법곶동) (전화번호 : 031-2231-7027)	

❷ 과세연도	2024년 1월 1일부터 2024년 12월 31일까지

❸ 공제세액 계산내용

⑥ 해당년도 공제세액 합계(⑦+㉒)	

1. 청년 및 경력단절 여성 상시근로자 고용증가 인원의 사회보험료 부담증가 상당액에 대한 공제세액계산

⑦ 공제세액(⑩×⑮)	

가. 고용증가 인원 계산

⑧ 해당 과세연도 청년등 상시근로자 수	⑨ 직전 과세연도 청년등 상시근로자 수	⑩ 증가한 청년등 상시근로자 수 [(⑧-⑨), ⑩≦㉕]
10.00	10.00	

나. 고용증가 인원 1인당 사용자의 사회보험료 부담금액

⑪ 해당 과세연도에 청년등 상시근로자에게 지급하는「소득세법」제20조제1항에 따른 총급여액	⑫ 해당 과세연도 청년등 상시근로자 수(=⑧)	⑬ 사회보험료율 (=㉑)	⑭국가 등이 지급한 보조금 및 감면액의 1인당 금액	⑮ 사회보험료 부담금 (⑪/⑫×⑬-⑭)
		9.8275501(%)		

다. 사회보험료율

⑯ 국민건강보험	⑰ 장기요양보험	⑱ 국민 연금	⑲ 고용 보험	⑳ 산업재해 보상보험	㉑계 (⑯+⑰+⑱+⑲+⑳)
3.5450000(%)	0.0325501(%)	4.5000000(%)	1.1500000(%)	0.6000000(%)	9.8275501(%)

2. 청년 및 경력단절 여성 외 상시근로자 고용증가 인원의 사회보험료 부담증가 상당액에 대한 공제세액계산

㉒ 공제세액(㉗×㉜×0.5, 신성장 서비스업을 영위하는 중소기업의 경우에는 ㉗×㉜×0.75)	

가. 고용증가 인원 계산

㉓ 해당 과세연도 상시근로자 수	㉔ 직전 과세연도 상시근로자 수	㉕ 증가한 상시근로자 수 (㉓-㉔)	㉖ 증가한 청년등 상시근로자 수 (=⑩)	㉗ 증가한 청년등 외 상시근로자 수 (㉕-㉖)
24.00	24.00			

210mm×297mm[백상지 80g/㎡ 또는 중질지 80g/㎡]

나. 고용증가 인원 1인당 사용자의 사회보험료 부담금액

㉘ 해당 과세연도에 청년등 외 상시근로자에게 지급하는 「소득세법」 제20조 제1항에 따른 총급여액	㉙ 해당 과세연도 상시근로자 수 – 해당 과세연도 청년등 상시근로자 수 (㉓–⑧)	㉚ 사회보험료율 (=㉑)	㉛ 국가 등이 지급한 보조금 및 감면액의 1인당 금액	㉜ 사회보험료 부담금 (㉘/㉙×㉚–㉛)
		9.8275501(%)		

3. 2차년도 세제지원 요건 : ㉟ ≧ 0

가. 상시근로자 증가 인원

㉝ 2차년도(해당 과세연도) 상시근로자 수	㉞ 1차년도(직전 과세연도) 상시근로자 수	㉟ 상시근로자 증가 인원 수(㉞–㉝)
24.00	24.00	0.00

나. 2차년도 세액공제액 계산(상시근로자 감소여부)

직전 과세연도 대비 상시근로자 감소여부	직전 과세연도 대비 청년등 상시근로자 수 감소여부	㉠ 직전 과세연도 청년등 상시근로자 증가에 대한 사회보험료 세액공제액	㉡ 직전 과세연도 청년등 외 상시 근로자 증가에 대한 사회보험료 세액공제액	㊱ 2차년도 세액공제액 (㉠+㉡)
부	부	6,205,938	2,268,630	8,474,568
	여			
여				
㊲ 세액공제액 : ⑥ 해당년도 세액공제액 + ㊱ 2차년도 세액공제액				8,474,568

「조세특례제한법」 제30조의4제5항에 따라 공제세액계산서를 제출합니다.

2025년 3월 31일

신청인 ㈜나라 김 유 민(서명 또는 인)

고양 세무서장 귀하

첨부서류	없음	수수료 없음

210mm×297mm[백상지 80g/㎡ 또는 중질지 80g/㎡]

사례 2 2024년 귀속 신고 시 작성

<table>
<tr><th colspan="4">검 토 사 항</th><th>적합 여부</th></tr>
<tr><td>중소기업 기준</td><td colspan="3">[서식 5] 중소기업 여부 검토표를 충족하는지 여부</td><td>예 / 아니오</td></tr>
<tr><td>고용요건</td><td colspan="3">상시근로자 수가 증가하였는지 여부

상시근로자 수 = 해당 기간의 매월 말 현재 상시근로자 수의 합 / 해당 기간의 개월 수

① 상시근로자* 수 — 22.00명
② 직전 과세연도 상시근로자 수 — 17.00명
③ 증 감(①-②) — 5.00명

* 상시근로자는 근로기준법에 따라 근로계약을 체결한 근로자로 다음 각 호의 어느 하나에 해당하는 사람은 제외

① 근로계약기간이 1년 미만인 근로자
② 근로기준법 제2조 제1항 제8호에 따른 단시간근로자
③ 법인세법 시행령 제42조 제1항 각 호의 어느 하나에 해당하는 임원
④ 해당 기업의 최대주주 또는 최대출자자와 그 배우자
⑤ 제4호에 해당하는 자의 직계존비속(배우자 포함) 및 국세기본법 시행령 제1조의2 제1항에 따른 친족관계인 사람
⑥ 소득세법 시행령 제196조에 따른 근로소득원천징수부에 의하여 근로소득세를 원천징수한 사실이 확인되지 아니하는 사람
⑦ 국민연금, 고용보험, 산업재해보상보험, 국민건강보험, 장기요양보험에 대하여 사용자가 부담하여야 할 부담금 또는 부담료의 납부사실이 확인되지 아니하는 근로자</td><td>예 / 아니오</td></tr>
<tr><td rowspan="4">감면율</td><td>① 청년</td><td>15세 이상 29세* 이하인 상시근로자인 경우
* 병역 이행 시 현재 연령에서 복무기간(6년 한도)을 차감하여 계산한 연령이 29세 이하인 경우 포함</td><td>감면율 100%</td><td rowspan="4">예 / 아니오</td></tr>
<tr><td>② 경력단절 여성</td><td>해당 기업 또는 해당기업과 동일한 업종의 기업에서 1년 이상 근무한 여성이 결혼 · 임신 · 출산 · 육아 · 자녀교육 사유로 퇴직한 후, 퇴직한 날부터 3년 이상 15년 이내에 동종업종기업과 1년 이상 근로계약을 체결한 경우</td><td>감면율 100%</td></tr>
<tr><td>③ 신성장 서비스업</td><td>조특령 §27의4 ⑤에 따른 신성장서비스업을 주된 사업으로 영위하는 경우</td><td>감면율 75%</td></tr>
<tr><td>④ 이 외 상시근로자</td><td>①, ②, ③ 외 상시근로자인 경우</td><td>감면율 50%</td></tr>
</table>

사례 2 2024년 귀속 신고 시 작성

[별지 제4호 서식] (2019.3.20. 개정) (앞쪽)

사업연도	2024.01.01. ~ 2024.12.31.	최저한세조정계산서	법 인 명	㈜나라
			사업자등록번호	203-81-63108

1. 최저한세 조정 계산 명세

① 구분		코드	② 감면 후 세액	③ 최저한세	④ 조정감	⑤ 조정 후 세액
⑩ 결산서상 당기순이익		01	189,000,000			
소득조정금액	⑩ 익금산입	02				
	⑩ 손금산입	03				
⑭ 조정 후 소득금액(⑩+⑩-⑩)		04	189,000,000	189,000,000		189,000,000
최저한세 적용대상 특별비용	⑮ 준비금	05				
	⑯ 특별상각 및 특례자산 감가상각비	06				
⑰ 특별비용 손금산입 전 소득금액 (⑭+⑮+⑯)		07	189,000,000	189,000,000		189,000,000
⑱ 기부금 한도 초과액		08				
⑲ 기부금 한도초과 이월액 손금산입		09				
⑩ 각 사업연도 소득금액 (⑰+⑱-⑲)		10	189,000,000	189,000,000		189,000,000
⑪ 이월결손금		11				
⑫ 비과세소득		12				
⑬ 최저한세 적용대상 비과세소득		13				
⑭ 최저한세 적용대상 익금불산입·손금산입		14				
⑮ 차가감소득금액 (⑩-⑪-⑫+⑬+⑭)		15	189,000,000	189,000,000		189,000,000
⑯ 소득공제		16				
⑰ 최저한세 적용대상 소득공제		17				
⑱ 과세표준금액 (⑮-⑯+⑰)		18	189,000,000	189,000,000		189,000,000
⑲ 선박표준이익		24				
⑳ 과세표준금액(⑱+⑲)		25	189,000,000	189,000,000		189,000,000
㉑ 세율		19	9	7		9
㉒ 산출세액		20	17,010,000	13,230,000		17,010,000
㉓ 감면세액		21				
㉔ 세액공제		22	14,649,136		10,869,136	3,780,000
㉕ 차감세액(㉒-㉓-㉔)		23				13,230,000

2. 최저한세 세율 적용을 위한 구분 항목

㉖ 중소기업 유예기간 종료연월		㉗ 유예기간 종료 후 연차		

210mm×297mm[백상지 80g/㎡ 또는 중질지 80g/㎡]

사례 2 2024년 귀속 신고 시 작성

[별지 제8호 서식 부표 3] (2024.3.22. 개정) (앞쪽)

사 업 연 도	2024.01.01. ~ 2024.12.31.	세액공제조정명세서(3)	법인명	㈜나라
			사업자등록번호	203-81-63108

1. 공제세액계산(「조세특례제한법」)

	⑩ 구 분	근거법 조 항	⑩ 계 산 기 준	코드	⑩ 계산명세	⑩ 공제대상 세 액
조세특례제한법	중소기업 등 투자세액공제	구 제5조	투자금액 × 1(2,3,5,10)/100	131		
	상생결제 지급금액에 대한 세액공제	제7조의4	지급기한 15일 이내 : 지급 금액의 0.5% 지급기한 15일 ~ 30일 : 지급 금액의 0.3% 지급기한 30일 ~ 60일 : 지급 금액의 0.015%	14Z		
	대·중소기업 상생협력을 위한 기금출연 세액공제	제8조의3제1항	출연금 × 10/100	14M		
	협력중소기업에 대한 유형고정자산 무상임대 세액공제	제8조의3제2항	장부가액 × 3/100	18D		
	수탁기업에 설치하는 시설에 대한 세액공제	제8조의3제3항	투자금액 × 1(3,7)/100	18L		
	교육기관에 무상 기증하는 중고자산에 대한 세액공제	제8조의3제4항	기증자산 시가 × 10/100	18R		
	신성장·원천기술 연구개발비세액공제(최저한세 적용제외)	제10조제1항제1호	(일반 연구·인력개발비) '14.1.1.~'14.12.31.: 발생액 × 3~4(8,10,15,20,25,30)/100 또는 2년간 연평균 발생액의 초과액 × 40(50)/100 '15.1.1. 이후: 발생액 × 2~3(8,10,15,20,25,30)/100 또는 직전 발생액의 초과액 × 40(50)/100 '17.1.1. 이후: 발생액 × 1~3(8,10,15,20,25,30)/100 또는 직전 발생액의 초과액 × 30(40,50)/100 '18. 1. 1. 이후: 발생액 × 0~2(8,10,15,20,25,30)/100 또는 직전 발생액의 초과액 × 25(40,50)/100 (신성장·원천기술 연구개발비) '17. 1. 1. 이후: 발생액 × 20(30)/100 (국가전략기술 연구개발비) '21. 7. 1. 이후: 발생액 ×30(40)/100	16A		
	국가전략기술 연구개발비세액공제(최저한세 적용제외)	제10조제1항제2호		10D		
	일반 연구·인력개발비세액공제(최저한세 적용제외)	제10조제1항제3호		16B		
	신성장·원천기술 연구개발비세액공제(최저한세 적용대상)	제10조제1항제1호		13L		
	국가전략기술 연구개발비세액공제(최저한세 적용대상)	제10조제1항제2호		10E		
	일반 연구·인력개발비세액공제(최저한세 적용대상)	제10조제1항제3호		13M		
	기술취득에 대한 세액공제	제12조제2항	특허권 등 취득금액 × 5(10)/100 *법인세의 10% 한도	176		
	기술혁신형 합병에 대한 세액공제	제12조의3	기술가치금액 × 10/100	14T		
	기술혁신형 주식취득에 대한 세액공제	제12조의4	기술가치금액 × 10/100	14U		
	벤처기업등 출자에 대한 세액공제	제13조의2	주식등 취득가액 × 5/100	18E		
	성과공유 중소기업 경영성과급 세액공제	제19조	'22.1.1. 이전 지급분 : 근로자에 지급하는 경영성과급 × 10/100 '22.1.1. 이후 지급분 : 근로자에 지급하는 경영성과급× 15/100	18H		
	연구·인력개발설비투자세액공제	구 제25조제1항제1호	'14.1.1.~'15.12.31. 투자분 : 투자금액 × 3(5,10)/100 '16.1.1. 이후 투자분 : 투자금액 × 1(3,6)/100 '19.1.1. 이후 투자분 : 투자금액 × 1(3,7)/100	134		
	에너지절약시설투자세액공제	구 제25조제1항제2호	'14.1.1.~'15.12.31. 투자분 : 투자금액 × 3(5,10)/100 ('16.1.1. 현재 투자진행 중인 경우 '16.12.31.까지 종전율 적용) '16.1.1. 이후 투자개시분 : 투자금액 × 1(3,10)/100 '19.1.1. 이후 투자분 : 투자금액 × 1(3,7)/100	177		
	환경보전시설 투자세액공제	구 제25조제1항제3호	투자금액 × 3(5,10)/100 '19.1.1. 이후 투자분 : 투자금액 × 3(5,10)/100	14A		
	근로자복지증진시설투자세액공제	구 제25조제1항제4호	투자금액 × 7(10)/100 '19.1.1. 이후 취득분 : 취득금액 × 3(5,10)/100	142		
	안전시설투자세액공제	구 제25조제1항제5호	'13.1.1.~'14.12.31. 투자분 : 투자금액 × 3(7)/100 '15.1.1. 이후 투자분 : 투자금액 × 1(3,7)/100 '19.1.1. 이후 투자분 : 투자금액 × 1(5,10)/100	136		
	생산성향상시설투자세액공제	구 제25조제1항제6호	'13.1.1.~'14.12.31. 투자분 : 투자금액 × 3(7)/100 '15.1.1. 이후 투자분 : 투자금액 × 1(3,7)/100 '20.1.1.~'20.12.31. 투자분 : 투자금액 × 2(5,10))/100 '21.1.1.~'21.12.31. 투자분 : 투자금액 × 1(5,10))/100 '21.1.1.~이후. 투자분 : 투자금액 × 1(3,7))/100	135		
	의약품 품질관리시설투자세액공제	구 제25조의4	'14.1.1.~'16.12.31. 투자분 : 투자금액 × 3(5,7)/100 '17.1.1. 이후 투자분 : 투자금액 × 1(3,6)/100	14B		
	신성장기술 사업화를 위한 시설투자 세액공제	구 제25조의5	투자금액 × 5(7,10)/100	18B		
	영상콘텐츠 제작비용에 대한 세액공제	제25조의6	제작비용 × 3(7,10)/100	18C		
	초연결 네트워크 시설투자에 대한 세액공제	구 제25조의7	투자금액 × 2(3)/100	18I		
	고용창출투자세액공제	제26조	'12.1.1.~12.31.:투자금액 × {기본공제(3~4%)+추가공제(2~3%)} '13.1.1.~12.31.:투자금액 × {기본공제(2~4%)+추가공제(3%)} '14.1.1. 이후: 투자금액 × {기본공제(1~4%)+추가공제(3%)} (한도 : 상시근로자 증가분 × 1,000만원, 1,500만원, 2,000만원) '15.1.1. 이후: 투자금액 × {기본공제(0~3%)+추가공제(3~7%)} '17.1.1. 이후: (한도 : 상시근로자 증가분 × 1,000(1,500)만원 1,500(2,000)만원, 2,000(2,500)만원)	14N		
	산업수요맞춤형고등학교등 졸업자를 병역이행 후 복직시킨 중소기업에 대한 세액공제	제29조의2	복직자에게 지급한 인건비 × 중소30(중견15)/100	14S		
	경력단절 여성 고용 기업 등에 대한 세액공제	제29조의3제1항	경력단절 여성 재고용 인건비 × 중소30(중견15)/100	14X		
	육아휴직 후 고용유지 기업에 대한 인건비 세액공제	제29조의3제2항	육아휴직 복귀자 인건비 × 중소30(중견15)/100	18J		
	근로소득을 증대시킨 기업에 대한 세액공제	제29조의4	평균 초과 임금증가분 × 5(중견10, 중소20)/100 정규직 전환 근로자의 임금 증가분 × 5(10,20)/100	14Y		
	청년고용을 증대시킨 기업에 대한 세액공제	제29조의5	청년정규직근로자 증가인원수 × 3백만원(7백만원, 1천만원)	18A		
	고용을 증대시킨 기업에 대한 세액공제	제29조의7	직전연도 대비 상시근로자 증가수 × 4백만원(1천2백만원) '21.12.31~'22.12.31 : 직전연도 대비 상시근로자 증가수 × 5백만원(1천3백만원)	18F		
	통합고용세액공제	제29조의8	직전연도 대비 상시근로자 증가수 × 4백만원(1천4백5십만원)	18S		
	정규직 근로자 전환 세액공제	제30조의2	전환인원수 × 중소1천만원(중견7백만원)	14H		
	고용유지중소기업에 대한 세액공제	제30조의3	연간 임금감소 총액× 10/100 + 시간당 임금상승에 따른 보전액 × 15/100	18K		
	중소기업 고용증가 인원에 대한 사회보험료 세액공제	제30조의4제1항	청년(만15~29세)근로자 등 순증인원의 사회보험료(증가분의 100%) 청년 및 경력단절 여성 외 근로자 순증인원의 사회보험료(증가분의 50%,75%)	14Q	0+0+ 8,474,568	8,474,568

(뒤쪽)

(101) 구 분	근거법 조 항	(102) 계 산 기 준	코드	(103) 계산명세	(104) 공제대상세액
중소기업 사회보험 신규가입에 대한 사회보험료 세액공제	제30조의4제3항	'20.12.31.까지 사회보험 신규가입에 따 른 사용자 부담액× 50%	18G		
전자신고에 대한 세액공제(법인)	제104조의8제1항	법인세 전자신고시 2만원	184		
전자신고에 대한 세액공제(세무법인 등)	제104조의8제3항	법인·소득세 전자신고 대리건수 × 2만원 *한도: 연300만원(세무·회계법인 연750만원) 한도액계산시 부가가치세 대리신고에 따른 세액공제액 포함	14J		
제3자 물류비용 세액공제	제104조의14	(전년대비 위탁물류비용 증가액)×3/100(중소기업은 5/100) * 직전 위탁물류비 30% 미만 : (당기 위탁물류비 – 당기 전체물류비 × 30%) ×3/100(중소기업은 5/100) * 법인세 10% 한도	14E		
대학 맞춤형 교육비용 세액공제	구 제104조의18제1항	법 제10조 연구·인력개발비세액공제 준용 *수도권 소재대학의 발생액은 50%만 인정	14I		
대학등 기부설비에 대한 세액공제	구 제104조의18제2항	법 제11조 연구·인력개발설비투자세액공제 준용 *수도권 소재대학의 기부금액은 50%만 인정	14K		
기업의 운동경비부 설치운영 세액공제	제104조의22	설치운영비용 × 10(20)/100	14O		
산업수요맞춤형 고등학교 등 재학생에 대한 현장훈련수당 등 세액공제	구 제104조의18제4항	일반 연구·인력개발비 세액공제 준용	14R		
석유제품 전자상거래에 대한 세액공제	제104조의25	'13.1.1.~12.31.: 공급가액의 0.5%(산출세액의 10% 한도) '14.1.1.~'16.12.31.: 공급가액의 0.3%(산출세액의 10% 한도) '17.1.1.~'19.12.31.:공급자는 공급가액의0.1%,수요자0.2%, (산출세액의 10% 한도) '20.1.1.~'22.12.31.:수요자만 공급가액의 0.2%(산출세액의 10% 한도)	14P		
금 현물시장에서 거래되는 금지금에 대한 과세특례	제126조의7제8항	산출세액×[(금 현물시장 이용금액 – 직전 과세연도의 금 현물시장 이용금액)/매출액] 또는 산출세액×[(금 현물시장 이용금액×5/100)/매출액]	14V		
금사업자와 스크랩등 사업자의 수입금액증가등 세액공제	제122조의4	산출세액×[(매입자납부익금및손금합계금액 – 직전 과세연도의 매입자납부익금및손금합계금액)×50/100]/익금및손금합계금액 또는 산출세액×[(매입자납부익금및손금합계금액×5/100]/익금및손금합계금액 *한도: 해당 과세연도 산출세액–직전 과세연도 산출세액	14W		
성실신고 확인비용에 대한 세액공제	제126조의6	확인비용 × 60/100 (150만원 한도)	10A		
우수 선화주 인증받은 국제물류주선업자에 대한 세액공제	제104조의30	운송비용의 1% + 직전과세연도 대비 증가분의 3%(산출세액의 10%한도)	18M		
용역제공자에 관한 과세자료의 제출에 대한 세액공제	제104조의32	과세자료에 기재된 용역제공자 인원수×300원(200만원 한도)	10C		
소재·부품·장비 수요기업 공동출자세액공제	제13조의3제1항	주식 또는 출자지분 취득가액 5%	18N		
소재·부품·장비 외국법인 인수세액 공제	제13조의3제3항	주식 또는 출자지분 취득가액 5% (중견7%, 중소10%)	18P		
상가임대료를 인하한 임대사업자에 대한 세액공제	제96조의3	임대료 인하액의 70%	10B		
선결제 금액에 대한 세액공제	제99조의12	선결제금액 × 1%	18Q		
통합투자세액공제(일반)	제24조	기본공제 : 투자금액 × 1(중견5, 중소10)/100, 신성장·원천기술 투자금액 × 3(중견6,중소12)/100 국가전략기술 투자금액 × 8(중견8,중소16)/100 추가공제 : 직전 3년 연평균 투자금액 초과액 × 3/100(국가전략기술 4/100)(기본공제 200% 한도)	13W		
통합투자세액공제(신성장·원천기술)	제24조		13X		
통합투자세액공제(국가전략기술)	제24조		13Y		
합		계	1A1		8,474,568

2. 당기공제세액 및 이월액계산

(105) 구분	(106) 사업연도	요공제세액 (107) 당기분	요공제세액 (108) 이월분	당기 공제대상세액 (109) 당기분	(110)1차연도 / (115)6차연도	(111)2차연도 / (116)7차연도	(112)3차연도 / (117)8차연도	(113)4차연도 / (118)9차연도	(114)5차연도 / (119)10차연도	(120)계	(121)최저한세 적용에 따른 미공제액	(122) 그 밖의 사유로 인한 미공제액	(123) 공제세액 ((120)-(121)-(122))	(124) 소멸	(125) 이월액 ((107)+(108)-(123)-(124))
중소기업 고용증가 인원에 대한 사회보험료 세액공제	2024.12	8,474,568		8,474,568						8,474,568	8,474,568				8,474,568
	2023.12		6,174,568		6,174,568					6,174,568	2394,568		3,780,000		2,394,568
	소계	8,474,568	6,174,568	8,474,568	6,174,568					14,649,136	10,869,136		3,780,000		10,869,136
합 계		8,474,568	6,174,568	8,474,568	6,174,568					14,649,136	10,869,136		3,780,000		10,869,136

작성방법

1. (105) 구분란에는 1. 공제세액계산(「조세특례제한법」)의 코드를 적습니다.
2. (106) 사업연도란에는 이월된 공제대상세액이 발생한 사업연도와 종료월을 적습니다.
3. (107) 당기분란에는 (104) 공제대상세액을 적습니다.
4. (108) 이월분란에는 (101) 구분별, 사업연도별로 전기의 (125) 이월액을 적습니다.
5. (109) 당기분란에는 당기분 세액을 적고, (110)란~(119)란의 해당 연도란에는 (108) 이월분 세액을 각각 적습니다.
6. (121)최저한세 적용에 따른 미공제액란의 합계(※표란)에는 "최저한세조정계산서(별지 제4호서식)"의 ④란 중 ⑳ 세액공제란의 금액을 옮겨 적고, 「조세특례제한법」 제144조제2항에 규정된 순서에 따라 (121)란의 최저한세 적용에 따른 미공제액의 각 란에 조정하여 적습니다.
7. 근거법조항 중 "구"는 「조세특례제한법」(2020.12.29. 법률 제17759호로 개정되기 전의 것)에 따른 조항을 의미합니다.

PART 05 고용지원을 위한 조세특례

사례 2 2024년 귀속 신고 시 작성

[별지 제8호 서식(갑)] (2024.3.22. 개정) (4쪽 중 제1쪽)

사업연도	2024.01.01. ~ 2024.12.31.	공제감면세액 및 추가납부세액합계표(갑)	법인명	㈜나라
			사업자등록번호	203-81-63108

1. 최저한세 적용제외 공제감면세액

	① 구 분	② 근거법조항	코드	③ 대상세액	④ 감면(공제)세액
세액감면	(101) 창업중소기업에 대한 세액감면(최저한세 적용제외)	「조세특례제한법」 제6조제7항 외	110		
	(102) 해외자원개발투자배당 감면	「조세특례제한법」 제22조	103		
	(103) 수도권과밀억제권역 밖으로 이전하는 중소기업 세액감면(수도권 밖으로 이전)	구 「조세특례제한법」 제63조	169		
	(104) 공장의 수도권 밖 이전에 대한 세액감면	「조세특례제한법」 제63조	108		
	(105) 본사의 수도권 밖 이전에 대한 세액감면	「조세특례제한법」 제63조의2	109		
	(106) 영농조합법인 감면	「조세특례제한법」 제66조	104		
	(107) 영어조합법인 감면	「조세특례제한법」 제67조	107		
	(108) 농업회사법인 감면(농업소득)	「조세특례제한법」 제68조	11B		
	(109) 행정중심복합도시 등 공장이전에 대한 조세감면	「조세특례제한법」 제85조의2제3항 (2019.12.31. 법률 제16835호로 개정되기 전의 것)	11A		
	(110) 위기지역 내 창업기업 세액감면(최저한세 적용제외)	「조세특례제한법」 제99조의9	11N		
	(111) 해외진출기업의 국내복귀에 대한 세액감면(철수방식)	「조세특례제한법」 제104조의24제1항제1호	11F		
	(112) 해외진출기업의 국내복귀에 대한 세액감면(유지방식)	「조세특례제한법」 제104조의24제1항제2호	11H		
	(113) 고도기술수반사업 외국인투자 세액감면	「조세특례제한법」 제121조의2제1항제1호	186		
	(114) 외국인투자지역내 외국인투자 세액감면	「조세특례제한법」 제121조의2제1항제2호 또는 제2호의5	187		
	(115) 경제자유구역내 외국인투자 세액감면	「조세특례제한법」 제121조의2제1항제2호의2	188		
	(116) 경제자유구역 개발사업시행자 세액감면	「조세특례제한법」 제121조의2제1항제2호의3	157		
	(117) 제주투자진흥기구의 개발사업시행자 세액감면	「조세특례제한법」 제121조의2제1항제2호의4	158		
	(118) 기업도시 개발구역내 외국인투자 세액감면	「조세특례제한법」 제121조의2제1항제2호의6	159		
	(119) 기업도시 개발사업의 시행자 세액감면	「조세특례제한법」 제121조의2제1항제2호의7	160		
	(120) 새만금사업지역내 외국인투자 세액감면	「조세특례제한법」 제121조의2제1항제2호의8	11J		
	(121) 새만금사업 시행자 세액감면	「조세특례제한법」 제121조의2제1항제2호의9	11K		
	(122) 기타 외국인투자유치를 위한 조세감면	「조세특례제한법」 제121조의2제1항제3호	167		
	(123) 외국인투자기업의 증자의 조세감면	「조세특례제한법」 제121조의4	172		
	(124) 기술도입대가에 대한 조세면제(국내지점 등)	법률 제9921호 조세특례제한법 일부개정법률 부칙 제77조	173		
	(125) 제주첨단과학기술단지 입주기업 조세감면(최저한세 적용제외)	「조세특례제한법」 제121조의8	181		
	(126) 제주투자진흥지구등 입주기업 조세감면(최저한세 적용제외)	「조세특례제한법」 제121조의9	182		
	(127) 기업도시개발구역 등 입주기업 감면(최저한세 적용제외)	「조세특례제한법」 제121조의17제1항제1·3·5호	197		
	(128) 기업도시개발사업 등 시행자 감면	「조세특례제한법」 제121조의17제1항제2·4·6·7호	198		
	(129) 아시아문화중심도시 투자진흥지구 입주기업 감면(최저한세 적용제외)	「조세특례제한법」 제121조의20제1항	11C		
	(130) 금융중심지 창업기업에 대한 감면(최저한세 적용제외)	「조세특례제한법」 제121조의21제1항	11G		
	(131) 동업기업 세액감면 배분액(최저한세 적용제외)	「조세특례제한법」 제100조의18제4항	11D		
	(132) 사회적기업에 대한 감면	「조세특례제한법」 제85조의6	11L		
	(133) 장애인 표준사업장에 대한 감면	「조세특례제한법」 제85조의6	11M		
	(134) 첨단의료복합단지 입주기업에 대한 감면(최저한세 적용제외)	「조세특례제한법」 제121조의22제1항1호	17A		
	(135) 국가식품클러스터 입주기업에 대한 감면(최저한세 적용제외)	「조세특례제한법」 제121조의22제1항2호	17B		
	(136) 연구개발특구 입주기업에 대한 감면(최저한세 적용제외)	「조세특례제한법」 제12조의2	17C		
	(137) 감염병 피해에 따른 특별재난지역의 중소기업에 대한 감면	「조세특례제한법」 제99조의11	17D		
	(138) 기회발전특구 창업기업 등에 대한 법인세 등의 감면(최저한세 적용제외)	「조세특례제한법」 제121조의33	1D1		
	(139) 소 계		170		
세액공제	(140) 외국납부세액공제	「법인세법」 제57조	101		
	(141) 재해손실세액공제	「법인세법」 제58조	102		
	(142) 신성장·원천기술 연구개발비세액공제(최저한세 적용제외)	「조세특례제한법」 제10조제1항제1호	16A		
	(143) 국가전략기술 연구개발비세액공제(최저한세 적용제외)	「조세특례제한법」 제10조제1항제2호	10D		
	(144) 일반 연구·인력개발비세액공제(최저한세 적용제외)	「조세특례제한법」 제10조제1항제3호	16B		
	(145) 동업기업 세액공제 배분액(최저한세 적용제외)	「조세특례제한법」 제100조의18제4항	12D		
	(146) 성실신고 확인비용에 대한 세액공제	「조세특례제한법」 제126조의6	10A		
	(147) 상가임대료를 인하한 임대사업자에 대한 세액공제	「조세특례제한법」 제96조의3	10B		
	(148) 용역제공자에 관한 과세자료의 제출에 대한 세액공제	「조세특례제한법」 제104조의32	10C		
	(149) 소 계		180		
(150) 합 계((139) + (149))			110		

210mm×297mm[백상지 80g/㎡ 또는 중질지 80g/㎡]

2. 최저한세 적용대상 공제감면세액

	① 구 분	② 근 거 법 조 항	코드	③ 대상세액	④ 감면세액
세액감면	⑮ 창업중소기업에 대한 세액감면(최저한세 적용대상)	「조세특례제한법」 제6조제1항 · 제5항 · 제6항	111		
	⑯ 창업벤처중소기업 세액감면	「조세특례제한법」 제6조제2항	174		
	⑰ 에너지신기술 중소기업 세액감면	「조세특례제한법」 제6조제4항	13E		
	⑱ 중소기업에 대한 특별세액감면	「조세특례제한법」 제7조	112		
	⑲ 연구개발특구 입주기업에 대한 세액감면(최저한세 적용대상)	「조세특례제한법」 제12조의2	179		
	⑳ 국제금융거래이자소득 면제	「조세특례제한법」 제21조	123		
	㉑ 사업전환 중소기업에 대한 세액감면	구 「조세특례제한법」 제33조의2	192		
	㉒ 무역조정지원기업의 사업전환 세액감면	구 「조세특례제한법」 제33조의2	13A		
	㉓ 기업구조조정 전문회사 주식양도차익 세액감면	법률 제9272호 조세특례제한법 일부개정법률 부칙 제10조 · 제40조	13B		
	㉔ 혁신도시 이전 등 공공기관 세액감면	「조세특례제한법」 제62조제4항	13F		
	㉕ 공장의 지방이전에 대한 세액감면(중소기업의 수도권 안으로 이전)	「조세특례제한법」 제63조	116		
	㉖ 농공단지입주기업 등 감면	「조세특례제한법」 제64조	117		
	㉗ 농업회사법인 감면(농업소득 외의 소득)	「조세특례제한법」 제68조	119		
	㉘ 소형주택 임대사업자에 대한 세액감면	「조세특례제한법」 제96조	13I		
	㉙ 상가건물 장기임대사업자에 대한 세액감면	「조세특례제한법」 제96조의2	13N		
	㉚ 산림개발소득 감면	「조세특례제한법」 제102조	124		
	㉛ 동업기업 세액감면 배분액(최저한세 적용대상)	「조세특례제한법」 제100조의18제4항	13D		
	㉜ 첨단의료복합단지 입주기업에 대한 감면(최저한세 적용대상)	「조세특례제한법」 제121조의22제1항제1호	13H		
	㉝ 기술이전에 대한 세액감면	「조세특례제한법」 제12조제1항	13J		
	㉞ 기술대여에 대한 세액감면	「조세특례제한법」 제12조제3항	13K		
	㉟ 제주첨단과학기술단지 입주기업 감면(최저한세 적용대상)	「조세특례제한법」 제121조의8	13P		
	㊱ 제주투자진흥지구등 입주기업 감면(최저한세 적용대상)	「조세특례제한법」 제121조의9	13Q		
	㊲ 기업도시개발구역 등 입주기업 감면(최저한세 적용대상)	「조세특례제한법」 제121조의17제1항제1호 · 제3호 · 5호	13R		
	㊳ 위기지역 내 창업기업 세액감면(최저한세 적용대상)	「조세특례제한법」 제99조의9	13S		
	㊴ 아시아문화중심도시 투자진흥지구 입주기업 감면(최저한세 적용대상)	「조세특례제한법」 제121조의20제1항	13T		
	㊵ 금융중심지 창업기업에 대한 감면(최저한세 적용대상)	「조세특례제한법」 제121조의21제1항	13U		
	㊶ 국가식품클러스터 입주기업에 대한 감면(최저한세 적용대상)	「조세특례제한법」 제121조의22제1항제2호	13V		
	㊷ 기회발전특구 창업기업 등에 대한 법인세 등의 감면(최저한세 적용대상)	「조세특례제한법」 제121조의33	1C1		
	㊸ 소 계		130		

210mm×297mm[백상지 80g/㎡ 또는 중질지 80g/㎡]

(4쪽 중 제3쪽)

	① 구　　　분	② 근 거 법 조 항	코드	⑤ 전기 이월액	⑥ 당기 발생액	⑦ 공제 세액
세액공제	(180) 중소기업 등 투자세액공제	구 「조세특례제한법」 제5조	131			
	(181) 상생결제 지급금액에 대한 세액공제	「조세특례제한법」 제7조의4	14Z			
	(182) 대·중소기업 상생협력을 위한 기금출연 세액공제	「조세특례제한법」 제8조의3제1항	14M			
	(183) 협력중소기업에 대한 유형고정자산 무상임대 세액공제	「조세특례제한법」 제8조의3제2항	18D			
	(184) 수탁기업에 설치하는 시설에 대한 세액공제	「조세특례제한법」 제8조의3제3항	18L			
	(185) 교육기관에 무상 기증하는 중고자산에 대한 세액공제	「조세특례제한법」 제8조의3제4항	18R			
	(186) 신성장·원천기술 연구개발비세액공제(최저한세 적용대상)	「조세특례제한법」 제10조제1항제1호	13L			
	(187) 국가전략기술 연구개발비세액공제(최저한세 적용대상)	「조세특례제한법」 제10조제1항제2호	10E			
	(188) 일반 연구·인력개발비세액공제(최저한세 적용대상)	「조세특례제한법」 제10조제1항제3호	13M			
	(189) 기술취득에 대한 세액공제	「조세특례제한법」 제12조제2항	176			
	(190) 기술혁신형 합병에 대한 세액공제	「조세특례제한법」 제12조의3	14T			
	(191) 기술혁신형 주식취득에 대한 세액공제	「조세특례제한법」 제12조의4	14U			
	(192) 벤처기업등 출자에 대한 세액공제	「조세특례제한법」 제13조의2	18E			
	(193) 성과공유 중소기업 경영성과급 세액공제	「조세특례제한법」 제19조	18H			
	(194) 연구·인력개발설비투자 세액공제	구 「조세특례제한법」 제25조제1항제1호	134			
	(195) 에너지절약시설투자 세액공제	구 「조세특례제한법」 제25조제1항제2호	177			
	(196) 환경보전시설 투자 세액공제	구 「조세특례제한법」 제25조제1항제3호	14A			
	(197) 근로자복지증진시설투자 세액공제	구 「조세특례제한법」 제25조제1항제4호	142			
	(198) 안전시설투자 세액공제	구 「조세특례제한법」 제25조제1항제5호	136			
	(199) 생산성향상시설투자세액공제	구 「조세특례제한법」 제25조제1항제6호	135			
	(200) 의약품 품질관리시설투자 세액공제	구 「조세특례제한법」 제25조의4	14B			
	(201) 신성장기술 사업화를 위한 시설투자 세액공제	구 「조세특례제한법」 제25조의5	18B			
	(202) 영상콘텐츠 제작비용에 대한 세액공제(기본공제)	「조세특례제한법」 제25조의6	18C			
	(203) 영상콘텐츠 제작비용에 대한 세액공제(추가공제)	「조세특례제한법」 제25조의6	1B8			
	(204) 초연결 네트워크 시설투자에 대한 세액공제	구 「조세특례제한법」 제25조의7	18I			
	(205) 고용창출투자세액공제	「조세특례제한법」 제26조	14N			
	(206) 산업수요맞춤형고등학교등 졸업자를 병역이행 후 복직시킨 중소기업에 대한 세액공제	「조세특례제한법」 제29조의2	14S			
	(207) 경력단절 여성 고용 기업 등에 대한 세액공제	「조세특례제한법」 제29조의3제1항	14X			
	(208) 육아휴직 후 고용유지 기업에 대한 인건비 세액공제	「조세특례제한법」 제29조의3제2항	18J			
	(209) 근로소득을 증대시킨 기업에 대한 세액공제	「조세특례제한법」 제29조의4	14Y			
	(210) 청년고용을 증대시킨 기업에 대한 세액공제	「조세특례제한법」 제29조의5	18A			
	(211) 고용을 증대시킨 기업에 대한 세액공제	「조세특례제한법」 제29조의7	18F			
	(212) 통합고용세액공제	「조세특례제한법」 제29조의8	18S			
	(213) 통합고용세액공제(정규직 전환)	「조세특례제한법」 제29조의8	1B4			
	(214) 통합고용세액공제(육아휴직 복귀)	「조세특례제한법」 제29조의8	1B5			
	(215) 정규직근로자 전환 세액공제	「조세특례제한법」 제30조의2	14H			
	(216) 고용유지중소기업에 대한 세액공제	「조세특례제한법」 제30조의3	18K			
	(217) 중소기업 고용증가 인원에 대한 사회보험료 세액공제	**「조세특례제한법」 제30조의4 제1항**	**14Q**	**6,174,568**	**8,474,568**	**3,780,000**
	(218) 중소기업 사회보험 신규가입에 대한 사회보험료 세액공제	「조세특례제한법」 제30조의4 제3항	18G			
	(219) 전자신고에 대한 세액공제(납세의무자)	「조세특례제한법」 제104조의8 제1항	184			
	(220) 전자신고에 대한 세액공제(세무법인 등)	「조세특례제한법」 제104조의8 제3항	14J			
	(221) 제3자 물류비용 세액공제	「조세특례제한법」 제104조의14	14E			
	(222) 대학 맞춤형 교육비용 등 세액공제	구 「조세특례제한법」 제104조의18제1항	14I			
	(223) 대학등 기부설비에 대한 세액공제	구 「조세특례제한법」 제104조의18제2항	14K			
	(224) 기업의 경기부 설치운영비용 세액공제	「조세특례제한법」 제104조의22	14O			
	(225) 동업기업 세액공제 배분액(최저한세 적용대상)	「조세특례제한법」 제100조의18제4항	14L			
	(226) 산업수요맞춤형 고등학교 등 재학생에 대한 현장훈련수당 등 세액공제	구 「조세특례제한법」 제104조의18제4항	14R			
	(227) 석유제품 전자상거래에 대한 세액공제	「조세특례제한법」 제104조의25	14P			
	(228) 금 현물시장에서 거래되는 금지금에 대한 과세특례	「조세특례제한법」 제126조의7제8항	14V			
	(229) 금사업자와 스크랩등사업자의 수입금액의 증가 등에 대한 세액공제	「조세특례제한법」 제122조의4	14W			
	(230) 우수 선화주 인증 국제물류주선업자 세액공제	「조세특례제한법」 제104조의30	18M			
	(231) 소재·부품·장비 수요기업 공동출자 세액공제	「조세특례제한법」 제13조의3제1항	18N			
	(232) 소재·부품·장비 외국법인 인수세액 공제	「조세특례제한법」 제13조의3제3항	18P			
	(233) 선결제 금액에 대한 세액공제	「조세특례제한법」 제99조의12	18Q			
	(234) 해외자원개발투자에 대한 과세특례	「조세특례제한법」 제104조의15	1B6			
	(235) 통합투자세액공제(일반)	「조세특례제한법」 제24조	13W			
	(236) 통합투자세액공제(신성장·원천기술)	「조세특례제한법」 제24조	13X			
	(237) 통합투자세액공제(국가전략기술)	「조세특례제한법」 제24조	13Y			
	(238) 임시통합투자세액공제(일반)	「조세특례제한법」 제24조	1B1			
	(239) 임시통합투자세액공제(신성장·원천기술)	「조세특례제한법」 제24조	1B2			
	(240) 임시통합투자세액공제(국가전략기술)	「조세특례제한법」 제24조	1B3			
	(241) 문화산업전문회사 출자에 대한 세액공제	「조세특례제한법」 제25조의7	1B7			
	(242) 소　　계		149	6,174,568	8,474,568	3,780,000
(243) 합　　계((179) + (242))			150			3,780,000
(244) 공제감면세액 총계((150) + (243))			151			3,780,000

210mm×297mm[백상지 80g/㎡ 또는 중질지 80g/㎡]

(4쪽 중 제4쪽)

(245) 기술도입대가에 대한 조세면제	법률 제9921호 조세특례제한법 일부개정법률 부칙 제77조	183			
(246) 간주 · 간접 외국납부세액공제	「법인세법」 제57조제3항 · 제4항 · 제6항	189			

작성방법

1. ③ 대상세액란: 「법인세법」, 「조세특례제한법」 등에 따른 공제감면대상금액이 있는 경우 공제감면세액계산서(별지 제8호서식 부표 1, 2, 3, 4, 5)에 따라 감면구분별로 적습니다.
2. ④ · ⑦ 공제세액란: 「법인세법」, 「조세특례제한법」 등에 따른 공제감면세액은 공제감면세액계산서(별지 제8호서식 부표 1, 2, 3, 4, 5)에 따라 계산된 공제세액 중 당기에 공제될 세액의 범위에서 「법인세법」 제59조제1항에 따른 공제순서에 따라 감면 구분별로 적습니다.
3. (150)란 중 ④ 감면세액란: 법인세 과세표준 및 세액조정계산서(별지 제3호서식)의 (123) 최저한세 적용제외 공제감면세액란에 옮겨 적습니다.
4. (242)란 중 ⑦ 공제세액란: 법인세 과세표준 및 세액조정계산서(별지 제3호서식)의 (121) 최저한세 적용대상 공제감면세액란에 옮겨 적습니다.
5. (245) 기술도입대가에 대한 조세면제란의 공제세액란: 기술도입대가를 지급하는 내국법인이 별지 제8호서식 부표 9 기술도입대가에 대한 조세면제명세서의 면제세액 합계액을 적습니다(국내사업장이 있고 해당 기술이 국내사업장에 실질적으로 관련되거나 귀속되는 경우에는 기술을 제공하는 외국법인이 (245) 기술도입대가에 대한 조세면제란의 감면세액란에 적습니다).
6. (140) 외국납부세액공제란: 외국납부세액과 (246) 간주 · 간접 외국납부세액공제액을 합하여 적고, 간주 · 간접 외국납부세액공제액은 (246)란에 별도로 적습니다.
7. 「조세특례제한법」 제10조의 연구 · 인력개발비세액공제 중 최저한세가 적용되는 공제세액은 (186), (187) 또는 (188)란에 적고, 최저한세 적용이 제외되는 공제세액은 (142), (143) 또는 (144)란에 각각 구분하여 적습니다.
8. (186), (187) 또는 (188)란 중 ⑤ 전기이월액란: 「조세특례제한법」 제144조제1항에 따라 이월된 미공제 금액 중 해당 과세연도에 공제할 일반연구 · 인력개발비, 신성장 · 원천기술연구개발비 또는 국가전략기술연구개발비를 각각 구분하여 적습니다(구 공제감면코드: 132).
9. 법령의 개정에 따라 종전의 규정 또는 개정규정에 따라 공제감면 받는 경우에는 비어 있는 란 등에 해당 법령의 조문순서에 따라 별도로 적습니다.
10. ② 근거법조항 중 "구"는 「조세특례제한법」(2020.12.29. 법률 제17759호로 개정되기 전의 것)에 따른 조항을 의미합니다.

210mm×297mm[백상지 80g/㎡ 또는 중질지 80g/㎡]

PART 05 고용지원을 위한 조세특례

사례 2 2024년 귀속 신고 시 작성

[별지 제3호 서식] (2023.3.20. 개정) (앞쪽)

사업연도	2024.01.01. ~ 2024.12.31.	법인세 과세표준 및 세액조정계산서	법인명	㈜나라
			사업자등록번호	203-81-63108

구분	항목	코드	금액
① 각 사업연도 소득계산	101 결산서상당기순손익	01	189 000 000
	소득조정금액 102 익금산입	02	
	소득조정금액 103 손금산입	03	
	104 차가감소득금액 (101+102-103)	04	189 000 000
	105 기부금한도초과액	05	
	106 기부금한도초과이월액손금산입	54	
	107 각사업연도소득금액 (104+105-106)	06	189 000 000
② 과세표준 계산	108 각사업연도소득금액 (108=107)		189 000 000
	109 이월결손금	07	
	110 비과세소득	08	
	111 소득공제	09	
	112 과세표준 (108-109-110-111)	10	189 000 000
	159 선박표준이익	55	
③ 산출세액 계산	113 과세표준 (112+159)	56	189 000 000
	114 세율	11	9
	115 산출세액	12	17 010 000
	116 지점유보소득 (「법인세법」 제96조)	13	
	117 세율	14	
	118 산출세액	15	
	119 합계 (115+118)	16	17 010 000
④ 납부할 세액 계산	120 산출세액 (120=119)		17 010 000
	121 최저한세적용대상공제감면세액	17	3 780 000
	122 차감세액	18	13 230 000
	123 최저한세적용제외공제감면세액	19	
	124 가산세액	20	
	125 가감계 (122-123+124)	21	13 230 000
	기납부세액 기한내납부세액 126 중간예납세액	22	
	기납부세액 기한내납부세액 127 수시부과세액	23	
	기납부세액 기한내납부세액 128 원천납부세액	24	
	기납부세액 기한내납부세액 129 간접투자회사등의 외국납부세액	25	
	기납부세액 기한내납부세액 130 소계 (126+127+128+129)	26	
	기납부세액 131 신고납부전가산세액	27	
	기납부세액 132 합계 (130+131)	28	
	133 감면분추가납부세액	29	
	134 차감납부할세액 (125-132+133)	30	13 230 000
⑤ 토지등양도소득에 대한 법인세 계산	양도차익 135 등기자산	31	
	양도차익 136 미등기자산	32	
	137 비과세소득	33	
	138 과세표준 (135+136-137)	34	
	139 세율	35	
	140 산출세액	36	
	141 감면세액	37	
	142 차감세액 (140-141)	38	
	143 공제세액	39	
	144 동업기업법인세배분액 (가산세 제외)	58	
	145 가산세액 (동업기업 배분액 포함)	40	
	146 가감계 (142-143+144+145)	41	
	기납부세액 147 수시부과세액	42	
	기납부세액 148 ( )세액	43	
	기납부세액 149 계 (147+148)	44	
	150 차감납부할세액 (146-149)	45	
⑥ 미환류소득법인세	160 과세대상미환류소득	59	
	161 세율	60	
	162 산출세액	61	
	163 가산세액	62	
	164 이자상당액	63	
	165 납부할세액 (162+163+164)	64	
⑦ 세액계	151 차감납부할세액계 (134+150+165)	46	13 230 000
	152 사실과다른회계처리경정세액공제	57	
	153 분납세액계산범위액 (151-124-133-145-152+131)	47	13 230 000
	154 분납할세액	48	3 230 000
	155 차감납부세액 (151-152-154)	49	10 000 000

210mm×297mm[백상지 80g/㎡ 또는 중질지 80g/㎡]

사례 3

2023년도 과세표준 115,000,000원, 2024년도 과세표준 189,000,000원이며, 2022년도 전체 상시근로자 수는 17명, 청년등 상시근로자 수는 6명, 청년등외 상시근로자 수는 11명이며, 중소기업 사회보험료 세액공제는 2023년도에 처음으로 적용하였다.

① 연도별 사회보험료율

구 분	건강 보험료율	노인장기요양 보험료	국민연금 보험료율	고용 보험료율	산재 보험료율	보험료율 소계
2023년	3.545%	0.0321956%	4.5000000%	1.1500000%	0.6000000%	9.8271956%
2024년	3.545%	0.0325501%	4.5000000%	1.1500000%	0.6000000%	9.8275501%

② 총급여 및 사회보험료부담금

구 분	근로자	인원수(명)	총급여(원)	사회보험료율	사회보험료 부담금	1인당 부담금
2023년	전체 상시근로자	22	489,560,000			
	청년등 상시근로자	9	189,452,000	9.8271956%	18,617,819	2,068,646
	청년외 상시근로자	13	300,108,000	9.8271956%	29,492,200	2,268,630

2024년도 전체 상시근로자 수는 전체 상시근로자는 20명, 청년등 상시근로자는 6명, 청년등외 상시근로자는 14명으로 총 2명 감소하였다.

사례 풀이

<table>
<tr><th>2022년</th><th colspan="2">2023년</th><th colspan="2">2024년</th></tr>
<tr><td>근무인원현황</td><td>근무인원현황</td><td>증감현황</td><td>근무인원현황</td><td>증감현황</td></tr>
<tr><td>전체 17명
청년 6명
청년외 11명</td><td>전체 22명
청년 9명
청년외 13명</td><td>5명 증가
3명 증가
2명 증가</td><td>전체 20명
청년 6명
청년외 14명</td><td>2명 감소
3명 감소
1명 증가</td></tr>
<tr><td rowspan="4">1차연도공제</td><td colspan="2">① 상황분석</td><td colspan="2">① 상황분석</td></tr>
<tr><td colspan="2">직전과세연도(2022년) 대비 전체 상시근로자 수 증가(청년 증가, 청년외 증가)
≫ 공제적용</td><td colspan="2">직전과세연도(2022년) 대비 전체 상시근로자 수 증가하지 않음(청년 감소, 청년외 증가, 전체 상시근로자 수 감소)
≫ 공제적용불가</td></tr>
<tr><td colspan="2">② 공제세액계산</td><td colspan="2">② 공제세액계산</td></tr>
<tr><td colspan="2">청년 : 3명×2,068,646원×100%
= 6,205,938원
청년외 : 2명×2,268,630원×50%
= 2,268,630원
합계 : 6,205,938원 + 2,268,630원
= 8,474,568원</td><td colspan="2">청년 : 0원
청년외 : 0원
합계 : 0원</td></tr>
<tr><td rowspan="4">2차연도공제</td><td colspan="2" rowspan="4"></td><td colspan="2">① 상황분석</td></tr>
<tr><td colspan="2">직전공제연도(2023년) 대비 전체 상시근로자 수 감소(청년 감소 수 ≥ 전체 감소 수)
≫ 추가공제배제, 추가납부</td></tr>
<tr><td colspan="2">② 추가납부세액계산</td></tr>
<tr><td colspan="2">〔(3 − 2)×2,068,646×100%
− (3 − 2)×2,268,630×50%〕
+ 2×2,068,646×100%
= (2,068,646 − 1,134,315)
+2×2,068,646
= 934,331+4,137,292
= 5,071,623</td></tr>
</table>

1. 2023년 공제액 계산

직전과세연도(2022년) 대비 전체 상시근로자 수가 증가하였으므로 공제적용 가능하며, 청년등 상시근로자의 1인당 사회보험료 부담금의 100%와 청년등외 상시근로자의 1인당 사회보험료 부담금의 50%를 세액공제한다.

2. 2024년 공제액 계산

① 직전과세연도(2023년) 대비 전체 상시근로자 수가 증가하지 않았으므로 세액공제를 적용할 수 없다.

② 직전공제연도(2023년) 대비 전체 상시근로자 수가 감소하였으므로(청년 감소 수 ≥ 전체 감소 수) 추가공제를 배제하고 추가납부한다.

※ 추가납부세액의 계산

추가납부할 세액 = A − B + C	
A	차감 인원수 × 청년 1인당 공제액
	차감 인원수 = 최초공제연도 대비 감소한 청년등 상시근로자 수 − 최초공제연도 대비 감소한 상시근로자 수
	최초공제연도 대비 감소한 청년등 상시근로자 수는 최초공제연도에 청년등 상시근로자가 증가한 수를 한도로 함
B	차감 인원수 × 청년외 1인당 공제액
C	최초공제연도에 비해 감소한 상시근로자 수 × 청년 1인당 공제액

A = (3−2)명 × 2,068,646원 × 100% = 2,068,646원
B = (3−2)명 × 2,268,630원 × 50% = 1명 × 1,134,315원 = 1,134,315원
C = 2명 × 2,068,646원 × 100% = 4,137,292원
추가납부세액 = A − B + C
= 2,068,646원 − 1,134,315원 + 4,137,292원
= 5,071,623원

사례 3 2023년 귀속 신고 시 작성

[별지 제11호의5 서식] (2022.3.18. 개정) (3쪽 중 제1쪽)

중소기업 고용증가 인원에 대한 사회보험료 세액공제 공제세액계산서

❶ 신청인	① 상호 또는 법인명 : ㈜나라	② 사업자등록번호 : 203-81-63108
	③ 대표자 성명 : 김 유 민	④ 생년월일 : 1973년 04월 12일
	⑤ 주소 또는 본점소재지 : 경기도 고양시 일산서구 대화로37번길 102-30(법곶동) (전화번호 : 031-2231-7027)	

❷ 과세연도	2023년 1월 1일부터 2023년 12월 31일까지

❸ 공제세액 계산내용

⑥ 해당년도 공제세액 합계(⑦+㉒)	8,474,568

1. 청년 및 경력단절 여성 상시근로자 고용증가 인원의 사회보험료 부담증가 상당액에 대한 공제세액계산

⑦ 공제세액(⑩×⑮)	6,205,938

가. 고용증가 인원 계산

⑧ 해당 과세연도 청년등 상시근로자 수	⑨ 직전 과세연도 청년등 상시근로자 수	⑩ 증가한 청년등 상시근로자 수 [(⑧-⑨), ⑩≦㉕]
9.00	6.00	3.00

나. 고용증가 인원 1인당 사용자의 사회보험료 부담금액

⑪ 해당 과세연도에 청년등 상시근로자에게 지급하는「소득세법」제20조제1항에 따른 총급여액	⑫ 해당 과세연도 청년등 상시근로자 수(=⑧)	⑬ 사회보험료율 (=㉑)	⑭국가 등이 지급한 보조금 및 감면액의 1인당 금액	⑮ 사회보험료 부담금 (⑪/⑫×⑬-⑭)
189,452,000	9.00	9.8271956(%)		2,068,646

다. 사회보험료율

⑯ 국민건강보험	⑰ 장기요양보험	⑱ 국민 연금	⑲ 고용 보험	⑳ 산업재해 보상보험	㉑계 (⑯+⑰+⑱+⑲+⑳)
3.5450000(%)	0.0321956(%)	4.5000000(%)	1.1500000(%)	0.6000000(%)	9.8271956(%)

2. 청년 및 경력단절 여성 외 상시근로자 고용증가 인원의 사회보험료 부담증가 상당액에 대한 공제세액계산

㉒ 공제세액(㉗×㉜×0.5, 신성장 서비스업을 영위하는 중소기업의 경우에는 ㉗×㉜×0.75)	2,268,630

가. 고용증가 인원 계산

㉓ 해당 과세연도 상시근로자 수	㉔ 직전 과세연도 상시근로자 수	㉕ 증가한 상시근로자 수 (㉓-㉔)	㉖ 증가한 청년등 상시근로자 수 (=⑩)	㉗ 증가한 청년등 외 상시근로자 수 (㉕-㉖)
22.00	17.00	5.00	3.00	2.00

210mm×297mm[백상지 80g/㎡ 또는 중질지 80g/㎡]

나. 고용증가 인원 1인당 사용자의 사회보험료 부담금액

㉘ 해당 과세연도에 청년등 외 상시근로자에게 지급하는 「소득세법」 제20조제1항에 따른 총급여액	㉙ 해당 과세연도 상시근로자 수 − 해당 과세연도 청년등 상시근로자 수 (㉓−⑧)	㉚ 사회보험료율 (=㉑)	㉛ 국가 등이 지급한 보조금 및 감면액의 1인당 금액	㉜ 사회보험료 부담금 (㉘/㉙×㉚−㉛)
300,108,000	13	9.8271956(%)		2,268,630

3. 2차년도 세제지원 요건 : ㉟ ≧ 0

가. 상시근로자 증가 인원

㉝ 2차년도(해당 과세연도) 상시근로자 수	㉞ 1차년도(직전 과세연도) 상시근로자 수	㉟ 상시근로자 증가 인원 수(㉞−㉝)

나. 2차년도 세액공제액 계산(상시근로자 감소여부)

직전 과세연도 대비 상시근로자 감소여부	직전 과세연도 대비 청년등 상시근로자 수 감소여부	㉠ 직전 과세연도 청년등 상시근로자 증가에 대한 사회보험료 세액공제액	㉡ 직전 과세연도 청년등 외 상시 근로자 증가에 대한 사회보험료 세액공제액	㊱ 2차년도 세액공제액 (㉠+㉡)
부	부			
	여			
여				

㊲ 세액공제액 : ⑥ 해당년도 세액공제액 + ㊱ 2차년도 세액공제액	8,474,568

「조세특례제한법」 제30조의4 제5항에 따라 공제세액계산서를 제출합니다.

2024년 3월 31일

신청인 ㈜나라 김 유 민(서명 또는 인)

고양 세무서장 귀하

첨부서류	없음	수수료 없음

210mm×297mm[백상지 80g/㎡ 또는 중질지 80g/㎡]

사례 3 2023년 귀속 신고 시 작성

중소기업 고용증가 인원 사회보험료 세액공제 검토 서식

<table>
<tr><th colspan="4">검 토 사 항</th><th>적합 여부</th></tr>
<tr><td>중소기업 기준</td><td colspan="3">[서식 5] 중소기업 여부 검토표를 충족하는지 여부</td><td>예 아니오</td></tr>
<tr><td>고용요건</td><td colspan="3">상시근로자 수가 증가하였는지 여부
상시근로자 수 = 해당 기간의 매월 말 현재 상시근로자 수의 합 / 해당 기간의 개월 수
<table><tr><td>① 상시근로자* 수</td><td>22.00명</td></tr><tr><td>② 직전 과세연도 상시근로자 수</td><td>17.00명</td></tr><tr><td>③ 증 감(①-②)</td><td>5.00명</td></tr></table>* 상시근로자는 근로기준법에 따라 근로계약을 체결한 근로자로 다음 각 호의 어느 하나에 해당하는 사람은 제외
① 근로계약기간이 1년 미만인 근로자
② 근로기준법 제2조 제1항 제8호에 따른 단시간근로자
③ 법인세법 시행령 제42조 제1항 각 호의 어느 하나에 해당하는 임원
④ 해당 기업의 최대주주 또는 최대출자자와 그 배우자
⑤ 제4호에 해당하는 자의 직계존비속(배우자 포함) 및 국세기본법 시행령 제1조의2 제1항에 따른 친족관계인 사람
⑥ 소득세법 시행령 제196조에 따른 근로소득원천징수부에 의하여 근로소득세를 원천징수한 사실이 확인되지 아니하는 사람
⑦ 국민연금, 고용보험, 산업재해보상보험, 국민건강보험, 장기요양보험에 대하여 사용자가 부담하여야 할 부담금 또는 부담료의 납부사실이 확인되지 아니하는 근로자</td><td>예 아니오</td></tr>
<tr><td rowspan="4">감면율</td><td>①
청년</td><td>15세 이상 29세* 이하인 상시근로자인 경우
* 병역 이행 시 현재 연령에서 복무기간(6년 한도)을 차감하여 계산한 연령이 29세 이하인 경우 포함</td><td>감면율
100%</td><td rowspan="4">예 아니오</td></tr>
<tr><td>②
경력단절 여성</td><td>해당 기업 또는 해당기업과 동일한 업종의 기업에서 1년 이상 근무한 여성이 결혼 · 임신 · 출산 · 육아 · 자녀교육 사유로 퇴직한 후, 퇴직한 날부터 3년 이상 15년 이내에 동종업종기업과 1년 이상 근로계약을 체결한 경우</td><td>감면율
100%</td></tr>
<tr><td>③
신성장 서비스업</td><td>조특령 §27의4 ⑤에 따른 신성장서비스업을 주된 사업으로 영위하는 경우</td><td>감면율
75%</td></tr>
<tr><td>④
이 외 상시근로자</td><td>①, ②, ③ 외 상시근로자인 경우</td><td>감면율
50%</td></tr>
</table>

사례 3 2023년 귀속 신고 시 작성

[별지 제4호 서식] (2019.3.20. 개정) (앞쪽)

사업연도	2023.01.01. ~ 2023.12.31.	최저한세조정계산서	법 인 명	㈜나라
			사업자등록번호	203-81-63108

1. 최저한세 조정 계산 명세

① 구분		코드	② 감면 후 세액	③ 최저한세	④ 조정감	⑤ 조정 후 세액
⑩ 결산서상 당기순이익		01	115,000,000			
소득조정금액	⑩ 익금산입	02				
	⑩ 손금산입	03				
⑩ 조정 후 소득금액 (⑩ + ⑩ - ⑩)		04	115,000,000	115,000,000		115,000,000
최저한세 적용대상 특별비용	⑩ 준비금	05				
	⑩ 특별상각 및 특례자산 감가상각비	06				
⑩ 특별비용 손금산입 전 소득금액 (⑩ + ⑩ + ⑩)		07	115,000,000	115,000,000		115,000,000
⑩ 기부금 한도초과액		08				
⑩ 기부금 한도초과 이월액 손금산입		09				
⑩ 각 사업연도 소득금액 (⑩ + ⑩ - ⑩)		10	115,000,000	115,000,000		115,000,000
⑪ 이월결손금		11				
⑫ 비과세소득		12				
⑬ 최저한세 적용대상 비과세소득		13				
⑭ 최저한세 적용대상 익금불산입·손금산입		14				
⑮ 차가감소득금액 (⑩ - ⑪ - ⑫ + ⑬ + ⑭)		15	115,000,000	115,000,000		115,000,000
⑯ 소득공제		16				
⑰ 최저한세 적용대상 소득공제		17				
⑱ 과세표준금액 (⑮ - ⑯ + ⑰)		18	115,000,000	115,000,000		115,000,000
⑲ 선박표준이익		24				
⑳ 과세표준금액 (⑱ + ⑲)		25	115,000,000	115,000,000		115,000,000
㉑ 세율		19	9	7		9
㉒ 산출세액		20	10,350,000	8,050,000		10,350,000
㉓ 감면세액		21				
㉔ 세액공제		22	8,474,568		6,174,568	2,300,000
㉕ 차감세액 (㉒ - ㉓ - ㉔)		23	1,875,432			8,050,000

2. 최저한세 세율 적용을 위한 구분 항목

㉖ 중소기업 유예기간 종료연월		㉗ 유예기간 종료 후 연차			

210mm×297mm[백상지 80g/㎡ 또는 중질지 80g/㎡]

사례 3 2023년 귀속 신고 시 작성

[별지 제8호 서식 부표 3] (2024.3.22. 개정) (앞쪽)

사 업 연 도	2023.01.01. ~ 2023.12.31.	세액공제조정명세서(3)	법인명	㈜나라
			사업자등록번호	203-81-63108

1. 공제세액계산(「조세특례제한법」)

	⑩ 구 분	근거법 조 항	⑩ 계 산 기 준	코드	⑩ 계산명세	⑩ 공제대상 세 액
조세특례제한법	중소기업 등 투자세액공제	구 제5조	투자금액 × 1(2,3,5,10)/100	131		
	상생결제 지급금액에 대한 세액공제	제7조의4	지급기한 15일 이내 : 지급 금액의 0.5% 지급기한 15일 ~ 30일 : 지급 금액의 0.3% 지급기한 30일 ~ 60일 : 지급 금액의 0.015%	14Z		
	대·중소기업 상생협력을 위한 기금출연 세액공제	제8조의3제1항	출연금 × 10/100	14M		
	협력중소기업에 대한 유형고정자산 무상임대 세액공제	제8조의3제2항	장부가액 × 3/100	18D		
	수탁기업에 설치하는 시설에 대한 세액공제	제8조의3제3항	투자금액 × 1(3,7)/100	18L		
	교육기관에 무상 기증하는 중고자산에 대한 세액공제	제8조의3제4항	기증자산 시가 × 10/100	18R		
	신성장·원천기술 연구개발비세액공제(최저한세 적용제외)	제10조제1항제1호	(일반 연구·인력개발비) '14.1.1.~'14.12.31.: 발생액 × 3~4(8,10,15,20,25,30)/100 또는 2년간 연평균 발생액의 초과액 × 40(50)/100 '15.1.1. 이후: 발생액 × 2~3(8,10,15,20,25,30)/100 또는 직전 발생액의 초과액 × 40(50)/100 '17.1.1. 이후: 발생액 × 1~3(8,10,15,20,25,30)/100 또는 직전 발생액의 초과액 × 30(40,50)/100 '18. 1. 1. 이후: 발생액 × 0~2(8,10,15,20,25,30)/100 또는 직전 발생액의 초과액 × 25(40,50)/100 (신성장·원천기술 연구개발비) '17. 1. 1. 이후: 발생액 × 20(30)/100 (국가전략기술 연구개발비) '21. 7. 1. 이후: 발생액 ×30(40)/100	16A		
	국가전략기술 연구개발비세액공제(최저한세 적용제외)	제10조제1항제2호		10D		
	일반 연구·인력개발비세액공제(최저한세 적용제외)	제10조제1항제3호		16B		
	신성장·원천기술 연구개발비세액공제(최저한세 적용대상)	제10조제1항제1호		13L		
	국가전략기술 연구개발비세액공제(최저한세 적용대상)	제10조제1항제2호		10E		
	일반 연구·인력개발비세액공제(최저한세 적용대상)	제10조제1항제3호		13M		
	기술취득에 대한 세액공제	제12조제2항	특허권 등 취득금액 × 5(10)/100 *법인세의 10% 한도	176		
	기술혁신형 합병에 대한 세액공제	제12조의3	기술가치금액 × 10/100	14T		
	기술혁신형 주식취득에 대한 세액공제	제12조의4	기술가치금액 × 10/100	14U		
	벤처기업등 출자에 대한 세액공제	제13조의2	주식등 취득가액 × 5/100	18E		
	성과공유 중소기업 경영성과급 세액공제	제19조	'22.1.1. 이전 지급분 : 근로자에 지급하는 경영성과급 × 10/100 '22.1.1. 이후 지급분 : 근로자에 지급하는 경영성과급× 15/100	18H		
	연구·인력개발설비투자세액공제	구 제25조제1항제1호	'14.1.1.~'15.12.31. 투자분 : 투자금액 × 3(5,10)/100 '16.1.1. 이후 투자분 : 투자금액 × 1(3,6)/100 '19.1.1. 이후 투자분 : 투자금액 × 1(3,7)/100	134		
	에너지절약시설투자세액공제	구 제25조제1항제2호	'14.1.1.~'15.12.31. 투자분 : 투자금액 × 3(5,10)/100 ('16.1.1. 현재 투자진행 중인 경우 '16.12.31.까지 종전율 적용) '16.1.1. 이후 투자개시분 : 투자금액 × 1(3,10)/100 '19.1.1. 이후 투자분 : 투자금액 × 1(3,7)/100	177		
	환경보전시설 투자세액공제	구 제25조제1항제3호	투자금액 × 3(5,10)/100 '19.1.1. 이후 투자분 : 투자금액 × 3(5,10)/100	14A		
	근로자복지증진시설투자세액공제	구 제25조제1항제4호	투자금액 × 7(10)/100 '19.1.1. 이후 취득분 : 취득금액 × 3(5,10)/100	142		
	안전시설투자세액공제	구 제25조제1항제5호	'13.1.1.~'14.12.31. 투자분 : 투자금액 × 3(7)/100 '15.1.1. 이후 투자분 : 투자금액 × 1(3,7)/100 '19.1.1. 이후 투자분 : 투자금액 × 1(5,10)/100	136		
	생산성향상시설투자세액공제	구 제25조제1항제6호	'13.1.1.~'14.12.31. 투자분 : 투자금액 × 3(7)/100 '15.1.1. 이후 투자분 : 투자금액 × 1(3,7)/100 '20.1.1.~'20.12.31. 투자분 : 투자금액 × 2(5,10))/100 '21.1.1.~'21.12.31. 투자분 : 투자금액 × 1(5,10))/100 '21.1.1.~이후. 투자분 : 투자금액 × 1(3,7))/100	135		
	의약품 품질관리시설투자세액공제	구 제25조의4	'14.1.1.~'16.12.31. 투자분 : 투자금액 × 3(5,7)/100 '17.1.1. 이후 투자분 : 투자금액 × 1(3,6)/100	14B		
	신성장기술 사업화를 위한 시설투자 세액공제	구 제25조의5	투자금액 × 5(7,10)/100	18B		
	영상콘텐츠 제작비용에 대한 세액공제	제25조의6	제작비용 × 3(7,10)/100	18C		
	초연결 네트워크 시설투자에 대한 세액공제	구 제25조의7	투자금액 × 2(3)/100	18I		
	고용창출투자세액공제	제26조	'12.1.1.~12.31.:투자금액 × {기본공제(3~4%)+추가공제(2~3%)} '13.1.1.~12.31.:투자금액 × {기본공제(2~4%)+추가공제(3%)} '14.1.1. 이후: 투자금액 × {기본공제(1~4%)+추가공제(3%)} (한도 : 상시근로자 증가분 × 1,000만원, 1,500만원, 2,000만원) '15.1.1. 이후: 투자금액 × {기본공제(0~3%)+추가공제(3~7%)} '17.1.1. 이후: (한도 : 상시근로자 증가분 × 1,000(1,500)만원, 1,500(2,000)만원, 2,000(2,500)만원)	14N		
	산업수요맞춤형고등학교등 졸업자를 병역이행 후 복직시킨 중소기업에 대한 세액공제	제29조의2	복직자에게 지급한 인건비 × 중소30(중견15)/100	14S		
	경력단절 여성 고용 기업 등에 대한 세액공제	제29조의3제1항	경력단절 여성 재고용 인건비 × 중소30(중견15)/100	14X		
	육아휴직 후 고용유지 기업에 대한 인건비 세액공제	제29조의3제2항	육아휴직 복귀자 인건비 × 중소30(중견15)/100	18J		
	근로소득을 증대시킨 기업에 대한 세액공제	제29조의4	평균 초과 임금증가분 × 5(중견10, 중소20)/100 정규직 전환 근로자의 임금 증가분 × 5(10,20)/100	14Y		
	청년고용을 증대시킨 기업에 대한 세액공제	제29조의5	청년정규직근로자 증가인원수 × 3백만원(7백만원, 1천만원)	18A		
	고용을 증대시킨 기업에 대한 세액공제	제29조의7	직전연도 대비 상시근로자 증가수 × 4백만원(1천2백만원) '21.12.31~'22.12.31 : 직전연도 대비 상시근로자 증가수 × 5백만원(1천3백만원)	18F		
	통합고용세액공제	제29조의8	직전연도 대비 상시근로자 증가수 × 4백만원(1천4백5십만원)	18S		
	정규직 근로자 전환 세액공제	제30조의2	전환인원수 × 중소1천만원(중견7백만원)	14H		
	고용유지중소기업에 대한 세액공제	제30조의3	연간 임금감소 총액× 10/100 + 시간당 임금상승에 따른 보전액 × 15/100	18K		
	중소기업 고용증가 인원에 대한 사회보험료 세액공제	제30조의4제1항	청년(만15~29세)근로자 등 순증인원의 사회보험료(증가분의 100%) 청년 및 경력단절 여성 외 근로자 순증인원의 사회보험료(증가분의 50%,75%)	14Q	6,205,938 +2,268,630	8,474,568

(뒤쪽)

(101) 구 분	근거법 조 항	(102) 계 산 기 준	코드	(103) 계산 명세	(104) 공제대상 세 액
중소기업 사회보험 신규가입에 대한 사회보험료 세액공제	제30조의4제3항	'20.12.31.까지 사회보험 신규가입에 따 른 사용자 부담액× 50%	18G		
전자신고에 대한 세액공제(법인)	제104조의8제1항	법인세 전자신고시 2만원	184		
전자신고에 대한 세액공제(세무법인 등)	제104조의8제3항	법인 · 소득세 전자신고 대리건수 × 2만원 *한도: 연300만원(세무 · 회계법인 연750만원) 한도액계산시 부가가치세 대리신고에 따른 세액공제액 포함	14J		
제3자 물류비용 세액공제	제104조의14	(전년대비 위탁물류비용 증가액)×3/100(중소기업은 5/100) * 직전 위탁물류비 30% 미만 : (당기 위탁물류비 – 당기 전체물류비 × 30%) ×3/100(중소기업은 5/100) * 법인세 10% 한도	14E		
대학 맞춤형 교육비용 세액공제	구 제104조의18제1항	법 제10조 연구 · 인력개발비세액공제 준용 *수도권 소재대학의 발생액은 50%만 인정	14I		
대학등 기부설비에 대한 세액공제	구 제104조의18제2항	법 제11조 연구 · 인력개발설비투자세액공제 준용 *수도권 소재대학의 기부금액은 50%만 인정	14K		
기업의 운동경비부 설치운영 세액공제	제104조의22	설치운영비용 × 10(20)/100	14O		
산업수요맞춤형 고등학교 등 재학생에 대한 현장훈련수당 등 세액공제	구 제104조의18제4항	일반 연구 · 인력개발비 세액공제 준용	14R		
석유제품 전자상거래에 대한 세액공제	제104조의25	'13.1.1.~12.31.: 공급가액의 0.5%(산출세액의 10% 한도) '14.1.1.~'16.12.31.: 공급가액의 0.3%(산출세액의 10% 한도) '17.1.1.~'19.12.31.:공급자는 공급가액의0.1%,수요자0.2%, (산출세액의 10% 한도) '20.1.1.~'22.12.31.:수요자만 공급가액의 0.2%(산출세액의 10% 한도)	14P		
금 현물시장에서 거래되는 금지금에 대한 과세특례	제126조의7제8항	산출세액×[(금 현물시장 이용금액 – 직전 과세연도의 금 현물시장 이용금액)/매출액] 또는 산출세액×[(금 현물시장 이용금액×5/100)/매출액]	14V		
금사업자와 스크랩등 사업자의 수입금액증가등 세액공제	제122조의4	산출세액×[(매입자납부익금및손금합계금액 – 직전 과세연도의 매입자납부익금및손금합계금액)×50/100]/익금및손금합계금액 또는 산출세액×[(매입자납부익금및손금합계금액×5/100]/익금및손금합계금액 *한도: 해당 과세연도 산출세액–직전 과세연도 산출세액	14W		
성실신고 확인비용에 대한 세액공제	제126조의6	확인비용 × 60/100 (150만원 한도)	10A		
우수 선화주 인증받은 국제물류주선업자에 대한 세액공제	제104조의30	운송비용의 1% + 직전과세연도 대비 증가분의 3%(산출세액의 10%한도)	18M		
용역제공자에 관한 과세자료의 제출에 대한 세액공제	제104조의32	과세자료에 기재된 용역제공자 인원수×300원(200만원 한도)	10C		
소재 · 부품 · 장비 수요기업 공동출자세액공제	제13조의3제1항	주식 또는 출자지분 취득가액 5%	18N		
소재 · 부품 · 장비 외국법인 인수세액 공제	제13조의3제3항	주식 또는 출자지분 취득가액 5% (중견7%, 중소10%)	18P		
상가임대료를 인하한 임대사업자에 대한 세액공제	제96조의3	임대료 인하액의 70%	10B		
선결제 금액에 대한 세액공제	제99조의12	선결제금액 × 1%	18Q		
통합투자세액공제(일반)	제24조	기본공제 : 투자금액 × 1(중견5, 중소10)/100, 신성장 · 원천기술 투자금액 × 3(중견6,중소12)/100 국가전략기술 투자금액 × 8(중견8,중소16)/100 추가공제 : 직전 3년 연평균 투자금액 초과액 × 3/100(국가전략기술 4/100) (기본공제 200% 한도)	13W		
통합투자세액공제(신성장 · 원천기술)	제24조		13X		
통합투자세액공제(국가전략기술)	제24조		13Y		
합		계	1A1		8,474,568

2. 당기공제세액 및 이월액계산

(105) 구분	(106) 사업 연도	요공제세액		당기 공제대상세액							(121)최저한세 적용에 따른 미공제액	(122) 그 밖의 사유로 인한 미공제액	(123) 공제세액 ((120)–(121)–(122))	(124) 소멸	(125) 이월액 ((107)+(108) –(123)–(124))
		(107) 당기분	(108) 이월분	(109) 당기분	(110)1차 연도 (115)6차 연도	(111)2차 연도 (116)7차 연도	(112)3차 연도 (117)8차 연도	(113)4차 연도 (118)9차 연도	(114)5차 연도 (119)10차 연도	(120)계					
중소기업 고용증가 인원에 대한 사회보험료 세액공제	2023.12	8,474,568		8,474,568						8,474,568	6,174,568		2,300,000		6,174,568
	소계	8,474,568		8,474,568						8,474,568	6,174,568		2,300,000		6,174,568
	소계														
합 계		8,474,568		8,474,568						8,474,568	6,174,568		2,300,000		6,174,568

작성방법

1. (105) 구분란에는 1. 공제세액계산(「조세특례제한법」)의 코드를 적습니다.
2. (106) 사업연도란에는 이월된 공제대상세액이 발생한 사업연도와 종료월을 적습니다.
3. (107) 당기분란에는 (104) 공제대상세액을 적습니다.
4. (108) 이월분란에는 (101) 구분별, 사업연도별로 전기의 (125) 이월액을 적습니다.
5. (109) 당기분란에는 당기분 세액을 적고, (110)란~(119)란의 해당 연도란에는 (108) 이월분 세액을 각각 적습니다.
6. (121)최저한세 적용에 따른 미공제액란의 합계(※표란)에는 "최저한세조정계산서(별지 제4호서식)"의 ④란 중 (124) 세액공제란의 금액을 옮겨 적고, 「조세특례제한법」 제144조제2항에 규정된 순서에 따라 (121)란의 최저한세 적용에 따른 미공제액의 각 란에 조정하여 적습니다.
7. 근거법조항 중 "구"는 「조세특례제한법」(2020.12.29. 법률 제17759호로 개정되기 전의 것)에 따른 조항을 의미합니다.

사례 3 2023년 귀속 신고 시 작성

[별지 제8호 서식(갑)] (2024.3.22. 개정) (4쪽 중 제1쪽)

사 업 연 도	2023.01.01. ~ 2023.12.31.	공제감면세액 및 추가납부세액합계표(갑)	법 인 명	㈜나라
			사업자등록번호	203-81-63108

1. 최저한세 적용제외 공제감면세액

	① 구 분	② 근 거 법 조 항	코드	③ 대상세액	④ 감면 (공제) 세액
세액감면	⑩ 창업중소기업에 대한 세액감면(최저한세 적용제외)	「조세특례제한법」제6조제7항 외	110		
	⑩ 해외자원개발투자배당 감면	「조세특례제한법」 제22조	103		
	⑩ 수도권과밀억제권역 밖으로 이전하는 중소기업 세액감면(수도권 밖으로 이전)	구 「조세특례제한법」 제63조	169		
	⑭ 공장의 수도권 밖 이전에 대한 세액감면	「조세특례제한법」 제63조	108		
	⑮ 본사의 수도권 밖 이전에 대한 세액감면	「조세특례제한법」 제63조의2	109		
	⑯ 영농조합법인 감면	「조세특례제한법」 제66조	104		
	⑰ 영어조합법인 감면	「조세특례제한법」 제67조	107		
	⑱ 농업회사법인 감면(농업소득)	「조세특례제한법」 제68조	11B		
	⑲ 행정중심복합도시 등 공장이전에 대한 조세감면	「조세특례제한법」 제85조의2제3항 (2019.12.31. 법률 제16835호로 개정되기 전의 것)	11A		
	⑪ 위기지역 내 창업기업 세액감면(최저한세 적용제외)	「조세특례제한법」 제99조의9	11N		
	⑪ 해외진출기업의 국내복귀에 대한 세액감면(철수방식)	「조세특례제한법」 제104조의24제1항제1호	11F		
	⑫ 해외진출기업의 국내복귀에 대한 세액감면(유지방식)	「조세특례제한법」 제104조의24제1항제2호	11H		
	⑬ 고도기술수반사업 외국인투자 세액감면	「조세특례제한법」 제121조의2제1항제1호	186		
	⑭ 외국인투자지역내 외국인투자 세액감면	「조세특례제한법」 제121조의2제1항제2호 또는 제2호의5	187		
	⑮ 경제자유구역내 외국인투자 세액감면	「조세특례제한법」 제121조의2제1항제2호의2	188		
	⑯ 경제자유구역 개발사업시행자 세액감면	「조세특례제한법」 제121조의2제1항제2호의3	157		
	⑰ 제주투자진흥기구의 개발사업시행자 세액감면	「조세특례제한법」 제121조의2제1항제2호의4	158		
	⑱ 기업도시 개발구역내 외국인투자 세액감면	「조세특례제한법」 제121조의2제1항제2호의6	159		
	⑲ 기업도시 개발사업의 시행자 세액감면	「조세특례제한법」 제121조의2제1항제2호의7	160		
	⑳ 새만금사업지역내 외국인투자 세액감면	「조세특례제한법」 제121조의2제1항제2호의8	11J		
	㉑ 새만금사업 시행자 세액감면	「조세특례제한법」 제121조의2제1항제2호의9	11K		
	㉒ 기타 외국인투자유치를 위한 조세감면	「조세특례제한법」 제121조의2제1항제3호	167		
	㉓ 외국인투자기업의 증자의 조세감면	「조세특례제한법」 제121조의4	172		
	㉔ 기술도입대가에 대한 조세면제(국내지점 등)	법률 제9921호 조세특례제한법 일부개정법률 부칙 제77조	173		
	㉕ 제주첨단과학기술단지 입주기업 조세감면(최저한세 적용제외)	「조세특례제한법」 제121조의8	181		
	㉖ 제주투자진흥지구등 입주기업 조세감면(최저한세 적용제외)	「조세특례제한법」 제121조의9	182		
	㉗ 기업도시개발구역 등 입주기업 감면(최저한세 적용제외)	「조세특례제한법」 제121조의17제1항제1·3·5호	197		
	㉘ 기업도시개발사업 등 시행자 감면	「조세특례제한법」 제121조의17제1항제2·4·6·7호	198		
	㉙ 아시아문화중심도시 투자진흥지구 입주기업 감면(최저한세 적용제외)	「조세특례제한법」 제121조의20제1항	11C		
	㉚ 금융중심지 창업기업에 대한 감면(최저한세 적용제외)	「조세특례제한법」 제121조의21제1항	11G		
	㉛ 동업기업 세액감면 배분액(최저한세 적용제외)	「조세특례제한법」 제100조의18제4항	11D		
	㉜ 사회적기업에 대한 감면	「조세특례제한법」 제85조의6	11L		
	㉝ 장애인 표준사업장에 대한 감면	「조세특례제한법」 제85조의6	11M		
	㉞ 첨단의료복합단지 입주기업에 대한 감면(최저한세 적용제외)	「조세특례제한법」 제121조의22제1항1호	17A		
	㉟ 국가식품클러스터 입주기업에 대한 감면(최저한세 적용제외)	「조세특례제한법」 제121조의22제1항2호	17B		
	㊱ 연구개발특구 입주기업에 대한 감면(최저한세 적용제외)	「조세특례제한법」 제12조의2	17C		
	㊲ 감염병 피해에 따른 특별재난지역의 중소기업에 대한 감면	「조세특례제한법」 제99조의11	17D		
	㊳ 기회발전특구 창업기업 등에 대한 법인세 등의 감면(최저한세 적용제외)	「조세특례제한법」 제121조의33	1D1		
	㊴ 소 계		170		
세액공제	⑭ 외국납부세액공제	「법인세법」 제57조	101		
	⑭ 재해손실세액공제	「법인세법」 제58조	102		
	⑭ 신성장·원천기술 연구개발비세액공제(최저한세 적용제외)	「조세특례제한법」 제10조제1항제1호	16A		
	⑭ 국가전략기술 연구개발비세액공제(최저한세 적용제외)	「조세특례제한법」 제10조제1항제2호	10D		
	⑭ 일반 연구·인력개발비세액공제(최저한세 적용제외)	「조세특례제한법」 제10조제1항제3호	16B		
	⑭ 동업기업 세액공제 배분액(최저한세 적용제외)	「조세특례제한법」 제100조의18제4항	12D		
	⑭ 성실신고 확인비용에 대한 세액공제	「조세특례제한법」 제126조의6	10A		
	⑭ 상가임대료를 인하한 임대사업자에 대한 세액공제	「조세특례제한법」 제96조의3	10B		
	⑭ 용역제공자에 관한 과세자료의 제출에 대한 세액공제	「조세특례제한법」 제104조의32	10C		
	⑭ 소 계		180		
⑮ 합 계(⑬ + ⑭)			110		

210mm×297mm[백상지 80g/㎡ 또는 중질지 80g/㎡]

(4쪽 중 제2쪽)

2. 최저한세 적용대상 공제감면세액

	① 구 분	② 근 거 법 조 항	코드	③ 대상세액	④ 감면세액
세액감면	⑮ 창업중소기업에 대한 세액감면(최저한세 적용대상)	「조세특례제한법」 제6조제1항 · 제5항 · 제6항	111		
	⑫ 창업벤처중소기업 세액감면	「조세특례제한법」 제6조제2항	174		
	⑬ 에너지신기술 중소기업 세액감면	「조세특례제한법」 제6조제4항	13E		
	⑭ 중소기업에 대한 특별세액감면	「조세특례제한법」 제7조	112		
	⑮ 연구개발특구 입주기업에 대한 세액감면(최저한세 적용대상)	「조세특례제한법」 제12조의2	179		
	⑯ 국제금융거래이자소득 면제	「조세특례제한법」 제21조	123		
	⑰ 사업전환 중소기업에 대한 세액감면	구 「조세특례제한법」 제33조의2	192		
	⑱ 무역조정지원기업의 사업전환 세액감면	구 「조세특례제한법」 제33조의2	13A		
	⑲ 기업구조조정 전문회사 주식양도차익 세액감면	법률 제9272호 조세특례제한법 일부개정법률 부칙 제10조 · 제40조	13B		
	⑳ 혁신도시 이전 등 공공기관 세액감면	「조세특례제한법」 제62조제4항	13F		
	㉑ 공장의 지방이전에 대한 세액감면(중소기업의 수도권 안으로 이전)	「조세특례제한법」 제63조	116		
	㉒ 농공단지입주기업 등 감면	「조세특례제한법」 제64조	117		
	㉓ 농업회사법인 감면(농업소득 외의 소득)	「조세특례제한법」 제68조	119		
	㉔ 소형주택 임대사업자에 대한 세액감면	「조세특례제한법」 제96조	13I		
	㉕ 상가건물 장기임대사업자에 대한 세액감면	「조세특례제한법」 제96조의2	13N		
	㉖ 산림개발소득 감면	「조세특례제한법」 제102조	124		
	㉗ 동업기업 세액감면 배분액(최저한세 적용대상)	「조세특례제한법」 제100조의18제4항	13D		
	㉘ 첨단의료복합단지 입주기업에 대한 감면(최저한세 적용대상)	「조세특례제한법」 제121조의22제1항제1호	13H		
	㉙ 기술이전에 대한 세액감면	「조세특례제한법」 제12조제1항	13J		
	㉚ 기술대여에 대한 세액감면	「조세특례제한법」 제12조제3항	13K		
	㉛ 제주첨단과학기술단지 입주기업 감면(최저한세 적용대상)	「조세특례제한법」 제121조의8	13P		
	㉜ 제주투자진흥지구등 입주기업 감면(최저한세 적용대상)	「조세특례제한법」 제121조의9	13Q		
	㉝ 기업도시개발구역 등 입주기업 감면(최저한세 적용대상)	「조세특례제한법」 제121조의17제1항제1호 · 제3호 · 5호	13R		
	㉞ 위기지역 내 창업기업 세액감면(최저한세 적용대상)	「조세특례제한법」 제99조의9	13S		
	㉟ 아시아문화중심도시 투자진흥지구 입주기업 감면(최저한세 적용대상)	「조세특례제한법」 제121조의20제1항	13T		
	㊱ 금융중심지 창업기업에 대한 감면(최저한세 적용대상)	「조세특례제한법」 제121조의21제1항	13U		
	㊲ 국가식품클러스터 입주기업에 대한 감면(최저한세 적용대상)	「조세특례제한법」 제121조의22제1항제2호	13V		
	㊳ 기회발전특구 창업기업 등에 대한 법인세 등의 감면(최저한세 적용대상)	「조세특례제한법」 제121조의33	1C1		
	㊴ 소 계		130		

210mm×297mm[백상지 80g/㎡ 또는 중질지 80g/㎡]

(4쪽 중 제3쪽)

	① 구 분	② 근 거 법 조 항	코드	⑤ 전기 이월액	⑥ 당기 발생액	⑦ 공제 세액
	(180) 중소기업 등 투자세액공제	구 「조세특례제한법」 제5조	131			
	(181) 상생결제 지급금액에 대한 세액공제	「조세특례제한법」 제7조의4	14Z			
	(182) 대·중소기업 상생협력을 위한 기금출연 세액공제	「조세특례제한법」 제8조의3제1항	14M			
	(183) 협력중소기업에 대한 유형고정자산 무상임대 세액공제	「조세특례제한법」 제8조의3제2항	18D			
	(184) 수탁기업에 설치하는 시설에 대한 세액공제	「조세특례제한법」 제8조의3제3항	18L			
	(185) 교육기관에 무상 기증하는 중고자산에 대한 세액공제	「조세특례제한법」 제8조의3제4항	18R			
	(186) 신성장·원천기술 연구개발비세액공제(최저한세 적용대상)	「조세특례제한법」 제10조제1항제1호	13L			
	(187) 국가전략기술 연구개발비세액공제(최저한세 적용대상)	「조세특례제한법」 제10조제1항제2호	10E			
	(188) 일반 연구·인력개발비세액공제(최저한세 적용대상)	「조세특례제한법」 제10조제1항제3호	13M			
	(189) 기술취득에 대한 세액공제	「조세특례제한법」 제12조제2항	176			
	(190) 기술혁신형 합병에 대한 세액공제	「조세특례제한법」 제12조의3	14T			
	(191) 기술혁신형 주식취득에 대한 세액공제	「조세특례제한법」 제12조의4	14U			
	(192) 벤처기업등 출자에 대한 세액공제	「조세특례제한법」 제13조의2	18E			
	(193) 성과공유 중소기업 경영성과급 세액공제	「조세특례제한법」 제19조	18H			
	(194) 연구·인력개발설비투자 세액공제	구 「조세특례제한법」 제25조제1항제1호	134			
	(195) 에너지절약시설투자 세액공제	구 「조세특례제한법」 제25조제1항제2호	177			
	(196) 환경보전시설 투자 세액공제	구 「조세특례제한법」 제25조제1항제3호	14A			
	(197) 근로자복지증진시설투자 세액공제	구 「조세특례제한법」 제25조제1항제4호	142			
	(198) 안전시설투자 세액공제	구 「조세특례제한법」 제25조제1항제5호	136			
	(199) 생산성향상시설투자세액공제	구 「조세특례제한법」 제25조제1항제6호	135			
	(200) 의약품 품질관리시설투자 세액공제	구 「조세특례제한법」 제25조의4	14B			
	(201) 신성장기술 사업화를 위한 시설투자 세액공제	구 「조세특례제한법」 제25조의5	18B			
	(202) 영상콘텐츠 제작비용에 대한 세액공제(기본공제)	「조세특례제한법」 제25조의6	18C			
	(203) 영상콘텐츠 제작비용에 대한 세액공제(추가공제)	「조세특례제한법」 제25조의6	1B8			
	(204) 초연결 네트워크 시설투자에 대한 세액공제	구 「조세특례제한법」 제25조의7	18I			
	(205) 고용창출투자세액공제	「조세특례제한법」 제26조	14N			
	(206) 산업수요맞춤형고등학교등 졸업자를 병역이행 후 복직시킨 중소기업에 대한 세액공제	「조세특례제한법」 제29조의2	14S			
	(207) 경력단절 여성 고용 기업 등에 대한 세액공제	「조세특례제한법」 제29조의3제1항	14X			
세	(208) 육아휴직 후 고용유지 기업에 대한 인건비 세액공제	「조세특례제한법」 제29조의3제2항	18J			
	(209) 근로소득을 증대시킨 기업에 대한 세액공제	「조세특례제한법」 제29조의4	14Y			
액	(210) 청년고용을 증대시킨 기업에 대한 세액공제	「조세특례제한법」 제29조의5	18A			
	(211) 고용을 증대시킨 기업에 대한 세액공제	「조세특례제한법」 제29조의7	18F			
공	(212) 통합고용세액공제	「조세특례제한법」 제29조의8	18S			
	(213) 통합고용세액공제(정규직 전환)	「조세특례제한법」 제29조의8	1B4			
제	(214) 통합고용세액공제(육아휴직 복귀)	「조세특례제한법」 제29조의8	1B5			
	(215) 정규직근로자 전환 세액공제	「조세특례제한법」 제30조의2	14H			
	(216) 고용유지중소기업에 대한 세액공제	「조세특례제한법」 제30조의3	18K			
	(217) 중소기업 고용증가 인원에 대한 사회보험료 세액공제	**「조세특례제한법」 제30조의4 제1항**	**14Q**		**8,474,568**	**2,300,000**
	(218) 중소기업 사회보험 신규가입에 대한 사회보험료 세액공제	「조세특례제한법」 제30조의4 제3항	18G			
	(219) 전자신고에 대한 세액공제(납세의무자)	「조세특례제한법」 제104조의8 제1항	184			
	(220) 전자신고에 대한 세액공제(세무법인 등)	「조세특례제한법」 제104조의8 제3항	14J			
	(221) 제3자 물류비용 세액공제	「조세특례제한법」 제104조의14	14E			
	(222) 대학 맞춤형 교육비용 등 세액공제	구 「조세특례제한법」 제104조의18제1항	14I			
	(223) 대학등 기부설비에 대한 세액공제	구 「조세특례제한법」 제104조의18제2항	14K			
	(224) 기업의 경기부 설치운영비용 세액공제	「조세특례제한법」 제104조의22	14O			
	(225) 동업기업 세액공제 배분액(최저한세 적용대상)	「조세특례제한법」 제100조의18제4항	14L			
	(226) 산업수요맞춤형 고등학교 등 재학생에 대한 현장훈련수당 등 세액공제	구 「조세특례제한법」 제104조의18제4항	14R			
	(227) 석유제품 전자상거래에 대한 세액공제	「조세특례제한법」 제104조의25	14P			
	(228) 금 현물시장에서 거래되는 금지금에 대한 과세특례	「조세특례제한법」 제126조의7제8항	14V			
	(229) 금사업자와 스크랩등사업자의 수입금액의 증가 등에 대한 세액공제	「조세특례제한법」 제122조의4	14W			
	(230) 우수 선화주 인증 국제물류주선업자 세액공제	「조세특례제한법」 제104조의30	18M			
	(231) 소재·부품·장비 수요기업 공동출자 세액공제	「조세특례제한법」 제13조의3제1항	18N			
	(232) 소재·부품·장비 외국법인 인수세액 공제	「조세특례제한법」 제13조의3제3항	18P			
	(233) 선결제 금액에 대한 세액공제	「조세특례제한법」 제99조의12	18Q			
	(234) 해외자원개발투자에 대한 과세특례	「조세특례제한법」 제104조의15	1B6			
	(235) 통합투자세액공제(일반)	「조세특례제한법」 제24조	13W			
	(236) 통합투자세액공제(신성장·원천기술)	「조세특례제한법」 제24조	13X			
	(237) 통합투자세액공제(국가전략기술)	「조세특례제한법」 제24조	13Y			
	(238) 임시통합투자세액공제(일반)	「조세특례제한법」 제24조	1B1			
	(239) 임시통합투자세액공제(신성장·원천기술)	「조세특례제한법」 제24조	1B2			
	(240) 임시통합투자세액공제(국가전략기술)	「조세특례제한법」 제24조	1B3			
	(241) 문화산업전문회사 출자에 대한 세액공제	「조세특례제한법」 제25조의7	1B7			
	(242) 소 계		149		8,474,568	2,300,000
(243) 합 계((179) + (242))			150			2,300,000
(244) 공제감면세액 총계((150) + (243))			151			2,300,000

210mm×297mm[백상지 80g/㎡ 또는 중질지 80g/㎡]

(245) 기술도입대가에 대한 조세면제	법률 제9921호 조세특례제한법 일부개정법률 부칙 제77조	183			
(246) 간주 · 간접 외국납부세액공제	「법인세법」 제57조제3항 · 제4항 · 제6항	189			

작성방법

1. ③ 대상세액란: 「법인세법」, 「조세특례제한법」 등에 따른 공제감면대상금액이 있는 경우 공제감면세액계산서(별지 제8호서식 부표 1, 2, 3, 4, 5)에 따라 감면구분별로 적습니다.
2. ④ · ⑦ 공제세액란: 「법인세법」, 「조세특례제한법」 등에 따른 공제감면세액은 공제감면세액계산서(별지 제8호서식 부표 1, 2, 3, 4, 5)에 따라 계산된 공제세액 중 당기에 공제될 세액의 범위에서 「법인세법」 제59조제1항에 따른 공제순서에 따라 감면 구분별로 적습니다.
3. (150)란 중 ④ 감면세액란: 법인세 과세표준 및 세액조정계산서(별지 제3호서식)의 (123) 최저한세 적용제외 공제감면세액란에 옮겨 적습니다.
4. (242)란 중 ⑦ 공제세액란: 법인세 과세표준 및 세액조정계산서(별지 제3호서식)의 (121) 최저한세 적용대상 공제감면세액란에 옮겨 적습니다.
5. (245) 기술도입대가에 대한 조세면제란의 공제세액란: 기술도입대가를 지급하는 내국법인이 별지 제8호서식 부표 9 기술도입대가에 대한 조세면제명세서의 면제세액 합계액을 적습니다(국내사업장이 있고 해당 기술이 국내사업장에 실질적으로 관련되거나 귀속되는 경우에는 기술을 제공하는 외국법인이 (245) 기술도입대가에 대한 조세면제란의 감면세액란에 적습니다).
6. (140) 외국납부세액공제란: 외국납부세액과 (246) 간주 · 간접 외국납부세액공제액을 합하여 적고, 간주 · 간접 외국납부세액공제액은 (246)란에 별도로 적습니다.
7. 「조세특례제한법」 제10조의 연구 · 인력개발비세액공제 중 최저한세가 적용되는 공제세액은 (186), (187) 또는 (188)란에 적고, 최저한세 적용이 제외되는 공제세액은 (142), (143) 또는 (144)란에 각각 구분하여 적습니다.
8. (186), (187) 또는 (188)란 중 ⑤ 전기이월액란: 「조세특례제한법」 제144조제1항에 따라 이월된 미공제 금액 중 해당 과세연도에 공제할 일반연구 · 인력개발비, 신성장 · 원천기술연구개발비 또는 국가전략기술연구개발비를 각각 구분하여 적습니다(구 공제감면코드: 132).
9. 법령의 개정에 따라 종전의 규정 또는 개정규정에 따라 공제감면 받는 경우에는 비어 있는 란 등에 해당 법령의 조문순서에 따라 별도로 적습니다.
10. ② 근거법조항 중 "구"는 「조세특례제한법」(2020.12.29. 법률 제17759호로 개정되기 전의 것)에 따른 조항을 의미합니다.

210mm×297mm[백상지 80g/㎡ 또는 중질지 80g/㎡]

사례 3 2023년 귀속 신고 시 작성

[별지 제3호 서식] (2023.3.20. 개정) (앞쪽)

사업연도	2023.01.01. ~ 2023.12.31.	법인세 과세표준 및 세액조정계산서	법인명	㈜나라
			사업자등록번호	203-81-63108

구분	항목		코드	금액
① 각 사업연도 소득계산	(101) 결산서상 당기순손익		01	115 000 000
	소득조정 금액	(102) 익금산입	02	
		(103) 손금산입	03	
	(104) 차가감소득금액 (101+102-103)		04	115 000 000
	(105) 기부금한도초과액		05	
	(106) 기부금한도초과이월액 손금산입		54	
	(107) 각사업연도소득금액 (104+105-106)		06	115 000 000
② 과세표준 계산	(108) 각사업연도소득금액 (108=107)			115 000 000
	(109) 이월결손금		07	
	(110) 비과세소득		08	
	(111) 소득공제		09	
	(112) 과세표준 (108-109-110-111)		10	115 000 000
	(159) 선박표준이익		55	
③ 산출세액 계산	(113) 과세표준 (112+159)		56	115 000 000
	(114) 세율		11	9
	(115) 산출세액		12	10 350 000
	(116) 지점유보소득 (「법인세법」 제96조)		13	
	(117) 세율		14	
	(118) 산출세액		15	
	(119) 합계 (115+118)		16	10 350 000
④ 납부할 세액 계산	(120) 산출세액 (120=119)			10 350 000
	(121) 최저한세 적용대상 공제감면세액		17	2 300 000
	(122) 차감세액		18	8 050 000
	(123) 최저한세 적용제외 공제감면세액		19	
	(124) 가산세액		20	
	(125) 가감계 (122-123+124)		21	8 050 000
	기납부세액 / 기한내납부세액	(126) 중간예납세액	22	
		(127) 수시부과세액	23	
		(128) 원천납부세액	24	
		(129) 간접투자회사등의 외국납부세액	25	
		(130) 소계 (126+127+128+129)	26	
	기납부세액	(131) 신고납부전가산세액	27	
		(132) 합계 (130+131)	28	
	(133) 감면분추가납부세액		29	
	(134) 차감납부할세액 (125-132+133)		30	8 050 000
⑤ 토지등양도소득에 대한 법인세 계산	양도차익	(135) 등기자산	31	
		(136) 미등기자산	32	
	(137) 비과세소득		33	
	(138) 과세표준 (135+136-137)		34	
	(139) 세율		35	
	(140) 산출세액		36	
	(141) 감면세액		37	
	(142) 차감세액 (140-141)		38	
	(143) 공제세액		39	
	(144) 동업기업 법인세 배분액 (가산세 제외)		58	
	(145) 가산세액 (동업기업 배분액 포함)		40	
	(146) 가감계 (142-143+144+145)		41	
	기납부세액	(147) 수시부과세액	42	
		(148) ( ) 세액	43	
		(149) 계 (147+148)	44	
	(150) 차감납부할세액 (146-149)		45	
⑥ 미환류소득법인세	(161) 과세대상 미환류소득		59	
	(162) 세율		60	
	(163) 산출세액		61	
	(164) 가산세액		62	
	(165) 이자상당액		63	
	(166) 납부할세액 (163+164+165)		64	
⑦ 세액계	(151) 차감납부할세액계 (134+150+166)		46	8 050 000
	(152) 사실과 다른 회계처리 경정세액공제		57	
	(153) 분납세액계산범위액 (151-124-133-145-152+131)		47	
	(154) 분납할세액		48	
	(155) 차감납부세액 (151-152-154)		49	8 050 000

210mm×297mm[백상지 80g/㎡ 또는 중질지 80g/㎡]

사례 3 2024년 귀속 신고 시 작성

[별지 제11호의5 서식] (2022.3.18. 개정) (3쪽 중 제1쪽)

중소기업 고용증가 인원에 대한 사회보험료 세액공제 공제세액계산서

❶ 신청인	① 상호 또는 법인명 : ㈜나라	② 사업자등록번호 : 203-81-63108
	③ 대표자 성명 : 김 유 민	④ 생년월일 : 1973년 04월 12일
	⑤ 주소 또는 본점소재지 : 경기도 고양시 일산서구 대화로37번길 102-30(법곶동) (전화번호 : 031-2231-7027)	
❷ 과세연도	2024년 1월 1일부터 2024년 12월 31일까지	

❸ 공제세액 계산내용

⑥ 해당년도 공제세액 합계(⑦+㉒)	

1. 청년 및 경력단절 여성 상시근로자 고용증가 인원의 사회보험료 부담증가 상당액에 대한 공제세액계산

⑦ 공제세액(⑩×⑮)	

가. 고용증가 인원 계산

⑧ 해당 과세연도 청년등 상시근로자 수	⑨ 직전 과세연도 청년등 상시근로자 수	⑩ 증가한 청년등 상시근로자 수 [(⑧-⑨), ⑩≦㉕]
9.00	10.00	

나. 고용증가 인원 1인당 사용자의 사회보험료 부담금액

⑪ 해당 과세연도에 청년등 상시근로자에게 지급하는「소득세법」 제20조제1항에 따른 총급여액	⑫ 해당 과세연도 청년등 상시근로자 수(=⑧)	⑬ 사회보험료율 (=㉑)	⑭국가 등이 지급한 보조금 및 감면액의 1인당 금액	⑮ 사회보험료 부담금 (⑪/⑫×⑬-⑭)
		9.8275501(%)		

다. 사회보험료율

⑯ 국민건강보험	⑰ 장기요양보험	⑱ 국민 연금	⑲ 고용 보험	⑳ 산업재해 보상보험	㉑계 (⑯+⑰+⑱+⑲+⑳)
3.5450000(%)	0.0325501(%)	4.5000000(%)	1.1500000(%)	0.6000000(%)	9.8275501(%)

2. 청년 및 경력단절 여성 외 상시근로자 고용증가 인원의 사회보험료 부담증가 상당액에 대한 공제세액계산

㉒ 공제세액(㉗×㉜×0.5, 신성장 서비스업을 영위하는 중소기업의 경우에는 ㉗×㉜×0.75)	

가. 고용증가 인원 계산

㉓ 해당 과세연도 상시근로자 수	㉔ 직전 과세연도 상시근로자 수	㉕ 증가한 상시근로자 수 (㉓-㉔)	㉖ 증가한 청년등 상시근로자 수 (=⑩)	㉗ 증가한 청년등 외 상시근로자 수 (㉕-㉖)
22.00	24.00			

210mm×297mm[백상지 80g/㎡ 또는 중질지 80g/㎡]

(3쪽 중 제2쪽)

나. 고용증가 인원 1인당 사용자의 사회보험료 부담금액

㉘ 해당 과세연도에 청년등 외 상시근로자에게 지급하는 「소득세법」 제20조제1항에 따른 총급여액	㉙ 해당 과세연도 상시근로자 수 - 해당 과세연도 청년등 상시근로자 수 (㉓-⑧)	㉚ 사회보험료율 (=㉑)	㉛ 국가 등이 지급한 보조금 및 감면액의 1인당 금액	㉜ 사회보험료 부담금 (㉘/㉙×㉚-㉛)
		9.8275501(%)		

3. 2차년도 세제지원 요건 : ㉟ ≧ 0

가. 상시근로자 증가 인원

㉝ 2차년도(해당 과세연도) 상시근로자 수	㉞ 1차년도(직전 과세연도) 상시근로자 수	㉟ 상시근로자 증가 인원 수(㉞-㉝)
22.00	24.00	-2.00

나. 2차년도 세액공제액 계산(상시근로자 감소여부)

직전 과세연도 대비 상시근로자 감소여부	직전 과세연도 대비 청년등 상시근로자 수 감소여부	㉠ 직전 과세연도 청년등 상시근로자 증가에 대한 사회보험료 세액공제액	㉡ 직전 과세연도 청년등 외 상시 근로자 증가에 대한 사회보험료 세액공제액	㊱ 2차년도 세액공제액 (㉠+㉡)
부	부			
	여			
여				

㊲ 세액공제액 : ⑥ 해당년도 세액공제액 + ㊱ 2차년도 세액공제액	

「조세특례제한법」 제30조의4 제5항에 따라 공제세액계산서를 제출합니다.

2025년 3월 31일

신청인 ㈜나라 김 유 민(서명 또는 인)

고양 세무서장 귀하

첨부서류	없음	수수료 없음

210mm×297mm[백상지 80g/㎡ 또는 중질지 80g/㎡]

사례 3 2024년 귀속 신고 시 작성

<table>
<tr><th colspan="3">검 토 사 항</th><th>적합 여부</th></tr>
<tr><td>중소기업 기준</td><td colspan="2">[서식 5] 중소기업 여부 검토표를 충족하는지 여부</td><td>**예** 아니오</td></tr>
<tr><td>고용요건</td><td colspan="2">상시근로자 수가 증가하였는지 여부

상시근로자 수 = 해당 기간의 매월 말 현재 상시근로자 수의 합 / 해당 기간의 개월 수

① 상시근로자* 수 | 22.00명
② 직전 과세연도 상시근로자 수 | 24.00명
③ 증 감(①-②) | -2.00명

* 상시근로자는 근로기준법에 따라 근로계약을 체결한 근로자로 다음 각 호의 어느 하나에 해당하는 사람은 제외

① 근로계약기간이 1년 미만인 근로자
② 근로기준법 제2조 제1항 제8호에 따른 단시간근로자
③ 법인세법 시행령 제42조 제1항 각 호의 어느 하나에 해당하는 임원
④ 해당 기업의 최대주주 또는 최대출자자와 그 배우자
⑤ 제4호에 해당하는 자의 직계존비속(배우자 포함) 및 국세기본법 시행령 제1조의2 제1항에 따른 친족관계인 사람
⑥ 소득세법 시행령 제196조에 따른 근로소득원천징수부에 의하여 근로소득세를 원천징수한 사실이 확인되지 아니하는 사람
⑦ 국민연금, 고용보험, 산업재해보상보험, 국민건강보험, 장기요양보험에 대하여 사용자가 부담하여야 할 부담금 또는 부담료의 납부사실이 확인되지 아니하는 근로자</td><td>예 **아니오**</td></tr>
<tr><td rowspan="4">감면율</td><td>①
청년</td><td>15세 이상 29세* 이하인 상시근로자인 경우
* 병역 이행 시 현재 연령에서 복무기간(6년 한도)을 차감하여 계산한 연령이 29세 이하인 경우 포함
감면율 100%</td><td rowspan="4">예 **아니오**</td></tr>
<tr><td>②
경력단절 여성</td><td>해당 기업 또는 해당기업과 동일한 업종의 기업에서 1년 이상 근무한 여성이 결혼 · 임신 · 출산 · 육아 · 자녀교육 사유로 퇴직한 후, 퇴직한 날부터 3년 이상 15년 이내에 동종업종기업과 1년 이상 근로계약을 체결한 경우
감면율 100%</td></tr>
<tr><td>③
신성장 서비스업</td><td>조특령 §27의4 ⑤에 따른 신성장서비스업을 주된 사업으로 영위하는 경우
감면율 75%</td></tr>
<tr><td>④
이 외 상시근로자</td><td>①, ②, ③ 외 상시근로자인 경우
감면율 50%</td></tr>
</table>

사례 3 2024년 귀속 신고 시 작성

[별지 제8호 서식 부표 6] (2024.3.22. 개정) (앞쪽)

사 업 연 도	2024.01.01. ~ 2024.12.31.	추가납부세액계산서(6)	법인명	㈜나라
			사업자등록번호	203-81-63108

1. 준비금환입에 대한 법인세 추가납부액

① 구분		② 손금산입 연도	③ 추가납부대상 준비금환입액	④ 공제액	⑤ 차감계 (③-④)	⑥ 법인세상당액	⑦ 이율 (일변)	⑧ 기간	⑨법인세 추가납부액 (⑥×⑦×⑧)
코드	내용								
계									

2. 소득공제액에 대한 법인세 추가납부액

⑩ 구분		⑪ 소득공제 연도	⑫ 추가납부사유	⑬ 공제받은 소득금액	⑭ 법인세 상당액	가산액			⑱법 인 세 추가납부액 (⑭+⑰)
코드	내용					⑮이율 (일변)	⑯기간	⑰금액 (⑭×⑮×⑯)	
계									

3. 공제감면세액에 대한 법인세 추가납부액

⑲ 구분		⑳ 공제감면 받은연도	㉑ 추가납부 사유	㉒ 공제감면 세액	가 산 액			㉖법 인 세 추가납부액 (㉒+㉕)
코드	내용				㉓이율 (일변)	㉔기간	㉕금액 (㉒×㉓×㉔)	
14Q	제30조의4 중소기업 사회보험료 세액공제	2023	상시근로자 수 감소	2,300,000				2,300,000
계								2,300,000

4. 법인세 추가납부세액 합계 ㉗(⑨+⑱+㉖)	2,300,000

210mm×297mm[백상지 80g/㎡ 또는 중질지 80g/㎡]

사례 3 2024년 귀속 신고 시 작성

[별지 제8호 서식(을)] (2021.3.16. 개정) (3쪽 중 제1쪽)

사업연도	2024.01.01. ~ 2024.12.31.	공제감면세액 및 추가납부세액합계표(을)	법인명	㈜나라
			사업자등록번호	203-81-63108

1. 비과세등(「조세특례제한법」)

① 구 분		② 「조세특례제한법」의 근거 조항	코드	③ 금 액
비과세·면제·소득공제	(101) 중소기업창업투자회사등의 주식양도차익등 비과세	제13조	601	
	(102) 해외자원개발투자 배당소득에 대한 면제	제22조	61A	
	(103) 기업구조조정전문회사등의 양도차익 감면	법률 제9272호 「조세특례제한법」부칙 제10조·제40조	604	
	(104) 어업협정에 따른 어업인에 대한 지원금 비과세	제104조의2제1항	605	
	(105) 중소기업창업투자회사 등의 소재·부품·장비전문기업 주식양도차익 등에 대한 비과세	제13조의4	62Q	
	(106) 프로젝트금융투자회사에 대한 소득공제	제104조의31	62R	
	(107)		606	
	(108) 합 계		610	

2. 익금불산입(「조세특례제한법」)

④ 구 분		⑤ 「조세특례제한법」의 근거 조항	코드	⑥ 결산 조정액	⑦ 세무 조정액	⑧ 합계 (⑥+⑦)
익금불산입	(109) 상생협력 중소기업 수입배당금 익금불산입	제8조의2	62D			
	(110) 출연금 등의 과세특례	제10조의2	627			
	(111) 사업전환 중소기업의 양도차익 과세특례	법률 제9272호 「조세특례제한법」 부칙 제33조	622			
	(112) 사업전환 무역조정기업 양도차익 과세특례	제33조	62A			
	(113) 기업의 금융채무상환 자산매각 양도차익 과세특례	제34조	62F			
	(114) 내국법인의 외국자회사 주식등 현물출자양도차익 과세특례	제38조의3	611			
	(115) 재무구조개선을 위한 채무감소액 과세특례	제39조제2항	62G			
	(116) 주주등의 자산양도소득에 대한 과세특례	제40조	62J			
	(117) 재무구조 개선을 위한 법인의 채무면제익 과세특례	제44조	613			
	(118) 재무구조개선 무상감자 수증 주식가액 과세특례	제45조제1항	62H			
	(119) 공공기관의 구조개편에 따른 양도차익 과세특례	제45조의2	62K			
	(120) 기업 간 주식등의 교환에 따른 양도차익 과세특례	제46조	62I			
	(121) 자가물류시설 양도차익 과세특례	제46조의4	628			
	(122) 합병에 따른 중복자산 양도차익 과세특례	제47조의4	625			
	(123) 공장 대도시 밖 이전 양도차익 과세특례	제60조제2항	615			
	(124) 본사 지방이전 양도차익 과세특례	제61조제3항	616			
	(125) 혁신도시 이전 공공기관 양도차익 과세특례	제62조제1항	62P			
	(126) 지방이전법인 수도권과밀억제권역 내 공장 양도차익 과세특례	제63조	617			
	(127) 지방이전법인 수도권과밀억제권역 내 본사 양도차익 과세특례	제63조의2제5항	618			
	(128) 행정중심복합도시 등 내 공장의 지방이전에 대한 양도차익 과세특례	제85조의2	629			
	(129) 보육시설 양도차익 과세특례	제85조의5	631			
	(130) 공익사업목적 공장수용 양도차익 과세특례	제85조의7	62B			
	(131) 중소기업 과밀억제권역외 공장이전 과세특례	제85조의8	62E			
	(132) 공익사업목적 물류시설이전 과세특례	제85조의9	62L			
	(133) 자본확충목적회사에 대한 손실보전준비금 과세특례	제104조의3	62M			
	(134) 어업협정에 따른 어업인에 대한 보조금 과세특례	제104조의2제2항	620			
	(135) 대학재정 건전화를 위한 양도차익 과세특례	제104조의16	62C			
	(136) 대한주택공사 및 한국토지공사 배당금에 대한 과세특례	제104조의21제2항	62N			
	(137) 국제회계기준 적용 내국법인에 대한 대손충당금 환입액 익금불산입	제104조의23	62O			
	(138) 내국법인의 금융채무 상환을 위한 자산매각에 대한 과세특례	제121조의26	681			
	(139) 채무의 인수·변제에 대한 과세특례	제121조의27	682			
	(140) 주주등의 자산양도에 관한 법인세 등 과세특례	제121조의28	683			
	(141) 사업재편계획에 따른 기업의 채무면제익에 대한 과세특례	제121조의29	684			
	(142) 기업간 주식등의 교환에 대한 과세특례	제121조의30	685			
	(143) 합병에 따른 중복자산의 양도에 대한 과세특례	제121조의31	686			
	(144)		621			
	(145) 합 계		640			

210mm×297mm[백상지 80g/㎡ 또는 중질지 80g/㎡]

(3쪽 중 제2쪽)

3. 손금산입

④ 구 분		⑤ 근거 조항	코드	⑥ 결산 조정액	⑦ 세무 조정액	⑧ 합계 (⑥+⑦)
손금산입	⑯ 중소기업지원설비 손금산입(무상기증)	「조세특례제한법」 제8조제1항제1호	659			
	⑯ 중소기업지원설비 손금산입(저가양도)	「조세특례제한법」 제8조제2항제2호	63B			
	⑰ 연구인력개발준비금 손금산입	「조세특례제한법」제9조 (2019.12.31. 법률 제16835호로 개정되기 전의 것)	63J			
	⑱ 감가상각비의 손금산입 특례	법률 제10068호 「조세특례제한법」 부칙 제4조 및 「조세특례제한법」제28조	657			
	⑲ 자산의 포괄적양도에 따른 과세특례	「조세특례제한법」 제37조 (2017.12.19. 법률 제15227호로 개정되기 전의 것)	63L			
	⑳ 주식의 포괄적 교환 · 이전에 대한 과세특례	「조세특례제한법」 제38조	63M			
	㉑ 현물출자에 따른 자산의 양도차익 손금산입	「법인세법」 제47조의2	644			
	㉒ 지주회사의 설립 등 주식양도차익 손금산입	「조세특례제한법」 제38조의2	645			
	㉓ 채무의 인수 · 변제금액 손금산입	「조세특례제한법」 제39조제1항	63E			
	㉔ 재무구조개선을 위해 채무면제한 금융회사의 손금산입	「조세특례제한법」 제44조제4항	647			
	㉕ 재무구조개선 무상감자 증여주식가액 손금산입	「조세특례제한법」 제45조제2항	63F			
	㉖ 물류산업 분할평가차익 손금산입	「조세특례제한법」 제46조의5	664			
	㉗ 구조개선적립금의 손금산입	「조세특례제한법」 제48조	63G			
	㉘ 금융기관의 자산 · 부채인수에 따른 손금산입	「조세특례제한법」 제52조	650			
	㉙ 기부금의 손금산입	「조세특례제한법」 제73조 (2010.12.27. 법률 제10406호로 개정되기 전의 것)	651			
	㉚ 경제자유구역개발사업 토지 현물출자 양도차익 손금산입	「조세특례제한법」 제85조의4	666			
	㉛ 무주택근로자에 대한 주택보조금 손금산입	「조세특례제한법」 제100조	654			
	㉜ 여수세계박람회 참가 준비금 손금산입	「조세특례제한법」 제104조의9	63N			
	㉝ 금융기관 부실채권정리기금 반환출자시 손금산입	「조세특례제한법」 제104조의11	63H			
	㉞ 신용회복목적회사의 손금산입	「조세특례제한법」 제104조의12	63O			
	㉟ 정비사업조합 설립인가등의 취소에 따른 채권 손금산입	「조세특례제한법」 제104조의26	63Q			
	㊱ 해외자원개발사업자의 사업용자산 취득 보조금 손금산입	「조세특례제한법」 제104조의15제4항	63I			
	㊲ 학교법인 출연금액 손금산입	「조세특례제한법」 제104조의16	63A			
	㊳ 휴면예금 출연금액 손금산입	「조세특례제한법」 제104조의17	63C			
	㊴ 대한주택공사 및 한국토지공사의 합병 손금산입	「조세특례제한법」 제104조의21제1항	63P			
	㊵		656			
	㊶ 합 계		670			

4. 이월과세(「조세특례제한법」)

⑨ 구 분	⑩ 근거 조항	코드	⑪ 이월과세 납부세액
⑯ 중소기업 통합에 대한 양도소득세 이월과세	제31조	661	
⑰ 법인전환에 대한 양도소득세 이월과세	제32조	662	
⑱ 영농조합법인에 현물출자시 양도소득세 이월과세	제66조제7항	66A	
⑲ 농업회사법인에 현물출자시 양도소득세 이월과세	제68조제3항	66B	
⑳ 합 계		667	

5. 추가납부세액

⑫ 구 분		⑬ 근거법 조항	코드	⑭ 대상금액	⑮ 세 액
조세특례제한법	⑱ 준비금환입에 대한 법인세 추가납부		771		
	⑱ 소득공제액에 대한 법인세 추가납부		772		
	⑱ 공제감면세액에 대한 법인세 추가납부 * 제5조 · 제11조 · 제24조 · 제25조 · 제25조의2 · 제26조 · 제94조 · 제96조		773		
	⑱ 기 타	**조특법 제30조의 4**	**775**		**2,300,000**
	⑱ 소 계		780		2,300,000
법인세법 등	⑱ 기공제 원천납부세액 추가납부	「법인세법 시행령」 제113조제6항	781		
	⑱ 업무무관부동산 지급이자 손금부인에 따른 증가세액	「법인세법 시행규칙」 제27조	782		
	⑱ 외국법인의 신고기한 연장에 따른 이자상당액	「법인세법」 제97조제3항	783		
	⑱ 내국법인의 신고기한 연장에 따른 이자상당액	「법인세법」 제60조제8항	786		
	⑲ 혼성금융상품 관련 추가 손금불산입 이자상당액	「국제조세조정에 관한 법률」 제25조제2항	787		
	⑲ 기 타		785		
	⑲ 소 계		784		
⑲ 추가납부세액 합계(⑱ + ⑲)			**790**		**2,300,000**

210mm×297mm[백상지 80g/㎡ 또는 중질지 80g/㎡]

사례 3 2024년 귀속 신고 시 작성

[별지 제4호 서식] (2019.3.20. 개정) (앞쪽)

사업연도	2024.01.01. ~ 2024.12.31.	최저한세조정계산서	법인명	㈜나라
			사업자등록번호	203-81-63108

1. 최저한세 조정 계산 명세

① 구분		코드	② 감면 후 세액	③ 최저한세	④ 조정감	⑤ 조정 후 세액
(101) 결산서상 당기순이익		01	189,000,000			
소득조정금액	(102) 익금산입	02				
	(103) 손금산입	03				
(104) 조정 후 소득금액((101)+(102)−(103))		04	189,000,000	189,000,000		189,000,000
최저한세 적용대상 특별비용	(105) 준비금	05				
	(106) 특별상각 및 특례자산 감가상각비	06				
(107) 특별비용 손금산입 전 소득금액 ((104)+(105)+(106))		07	189,000,000	189,000,000		189,000,000
(108) 기부금 한도 초과액		08				
(109) 기부금 한도초과 이월액 손금산입		09				
(110) 각 사업연도 소득금액 ((107)+(108)−(109))		10	189,000,000	189,000,000		189,000,000
(111) 이월결손금		11				
(112) 비과세소득		12				
(113) 최저한세 적용대상 비과세소득		13				
(114) 최저한세 적용대상 익금불산입·손금산입		14				
(115) 차가감 소득금액 ((110)−(111)−(112)+(113)+(114))		15	189,000,000	189,000,000		189,000,000
(116) 소득공제		16				
(117) 최저한세 적용대상 소득공제		17				
(118) 과세표준금액 ((115)−(116)+(117))		18	189,000,000	189,000,000		189,000,000
(119) 선박표준이익		24				
(120) 과세표준금액((118)+(119))		25	189,000,000	189,000,000		189,000,000
(121) 세율		19	9	7		9
(122) 산출세액		20	17,010,000	13,230,000		17,010,000
(123) 감면세액		21				
(124) 세액공제		22	6,174,568		2,394,568	3,780,000
(125) 차감세액((122)−(123)−(124))		23	10,835,432			13,230,000

2. 최저한세 세율 적용을 위한 구분 항목

(126) 중소기업 유예기간 종료연월		(127) 유예기간 종료 후 연차			

210mm×297mm[백상지 80g/㎡ 또는 중질지 80g/㎡]

사례 3 2024년 귀속 신고 시 작성

[별지 제8호 서식 부표 3] (2024.3.22. 개정) (앞쪽)

사 업 연 도	2024.01.01. ~ 2024.12.31.	세액공제조정명세서(3)	법인명	㈜나라
			사업자등록번호	203-81-63108

1. 공제세액계산(「조세특례제한법」)

	⑩ 구 분	근거법 조 항	⑩ 계 산 기 준	코드	⑩ 계산명세	⑩ 공제대상 세 액
조세특례제한법	중소기업 등 투자세액공제	구 제5조	투자금액 × 1(2,3,5,10)/100	131		
	상생결제 지급금액에 대한 세액공제	제7조의4	지급기한 15일 이내 : 지급 금액의 0.5% 지급기한 15일 ~ 30일 : 지급 금액의 0.3% 지급기한 30일 ~ 60일 : 지급 금액의 0.015%	14Z		
	대·중소기업 상생협력을 위한 기금출연 세액공제	제8조의3제1항	출연금 × 10/100	14M		
	협력중소기업에 대한 유형고정자산 무상임대 세액공제	제8조의3제2항	장부가액 × 3/100	18D		
	수탁기업에 설치하는 시설에 대한 세액공제	제8조의3제3항	투자금액 × 1(3,7)/100	18L		
	교육기관에 무상 기증하는 중고자산에 대한 세액공제	제8조의3제4항	기증자산 시가 × 10/100	18R		
	신성장·원천기술 연구개발비세액공제(최저한세 적용제외)	제10조제1항제1호	(일반 연구·인력개발비) '14.1.1.~'14.12.31.: 발생액 × 3~4(8,10,15,20,25,30)/100 또는 2년간 연평균 발생액의 초과액 × 40(50)/100 '15.1.1. 이후: 발생액 × 2~3(8,10,15,20,25,30)/100 또는 직전 발생액의 초과액 × 40(50)/100 '17.1.1. 이후: 발생액 × 1~3(8,10,15,20,25,30)/100 또는 직전 발생액의 초과액 × 30(40,50)/100 '18. 1. 1. 이후: 발생액 × 0~2(8,10,15,20,25,30)/100 또는 직전 발생액의 초과액 × 25(40,50)/100 (신성장·원천기술 연구개발비) '17. 1. 1. 이후: 발생액 × 20(30)/100 (국가전략기술 연구개발비) '21. 7. 1. 이후: 발생액 ×30(40)/100	16A		
	국가전략기술 연구개발비세액공제(최저한세 적용제외)	제10조제1항제2호		10D		
	일반 연구·인력개발비세액공제(최저한세 적용제외)	제10조제1항제3호		16B		
	신성장·원천기술 연구개발비세액공제(최저한세 적용대상)	제10조제1항제1호		13L		
	국가전략기술 연구개발비세액공제(최저한세 적용대상)	제10조제1항제2호		10E		
	일반 연구·인력개발비세액공제(최저한세 적용대상)	제10조제1항제3호		13M		
	기술취득에 대한 세액공제	제12조제2항	특허권 등 취득금액 × 5(10)/100 *법인세의 10% 한도	176		
	기술혁신형 합병에 대한 세액공제	제12조의3	기술가치금액 × 10/100	14T		
	기술혁신형 주식취득에 대한 세액공제	제12조의4	기술가치금액 × 10/100	14U		
	벤처기업등 출자에 대한 세액공제	제13조의2	주식등 취득가액 × 5/100	18E		
	성과공유 중소기업 경영성과급 세액공제	제19조	'22.1.1. 이전 지급분 : 근로자에 지급하는 경영성과급 × 10/100 '22.1.1. 이후 지급분 : 근로자에 지급하는 경영성과급× 15/100	18H		
	연구·인력개발설비투자세액공제	구 제25조제1항제1호	'14.1.1.~'15.12.31. 투자분 : 투자금액 × 3(5,10)/100 '16.1.1. 이후 투자분 : 투자금액 × 1(3,6)/100 '19.1.1. 이후 투자분 : 투자금액 × 1(3,7)/100	134		
	에너지절약시설투자세액공제	구 제25조제1항제2호	'14.1.1.~'15.12.31. 투자분 : 투자금액 × 3(5,10)/100 ('16.1.1. 현재 투자진행 중인 경우 '16.12.31.까지 종전율 적용) '16.1.1. 이후 투자개시분 : 투자금액 × 1(3,10)/100 '19.1.1. 이후 투자분 : 투자금액 × 1(3,7)/100	177		
	환경보전시설 투자세액공제	구 제25조제1항제3호	투자금액 × 3(5,10)/100 '19.1.1. 이후 투자분 : 투자금액 × 3(5,10)/100	14A		
	근로자복지증진시설투자세액공제	구 제25조제1항제4호	투자금액 × 7(10)/100 '19.1.1. 이후 취득분 : 취득금액 × 3(5,10)/100	142		
	안전시설투자세액공제	구 제25조제1항제5호	'13.1.1.~'14.12.31. 투자분 : 투자금액 × 3(7)/100 '15.1.1. 이후 투자분 : 투자금액 × 1(3,7)/100 '19.1.1. 이후 투자분 : 투자금액 × 1(5,10)/100	136		
	생산성향상시설투자세액공제	구 제25조제1항제6호	'13.1.1.~'14.12.31. 투자분 : 투자금액 × 3(7)/100 '15.1.1. 이후 투자분 : 투자금액 × 1(3,7)/100 '20.1.1.~'20.12.31. 투자분 : 투자금액 × 2(5,10))/100 '21.1.1.~'21.12.31. 투자분 : 투자금액 × 1(5,10))/100 '21.1.1.~이후. 투자분 : 투자금액 × 1(3,7))/100	135		
	의약품 품질관리시설투자세액공제	구 제25조의4	'14.1.1.~'16.12.31. 투자분 : 투자금액 × 3(5,7)/100 '17.1.1. 이후 투자분 : 투자금액 × 1(3,6)/100	14B		
	신성장기술 사업화를 위한 시설투자 세액공제	구 제25조의5	투자금액 × 5(7,10)/100	18B		
	영상콘텐츠 제작비용에 대한 세액공제	제25조의6	제작비용 × 3(7,10)/100	18C		
	초연결 네트워크 시설투자에 대한 세액공제	구 제25조의7	투자금액 × 2(3)/100	18I		
	고용창출투자세액공제	제26조	'12.1.1.~12.31.:투자금액 × {기본공제(3~4%)+추가공제(2~3%)} '13.1.1.~12.31.:투자금액 × {기본공제(2~4%)+추가공제(3%)} '14.1.1. 이후: 투자금액 × {기본공제(1~4%)+추가공제(3%)} (한도 : 상시근로자 증가분 × 1,000만원, 1,500만원, 2,000만원) '15.1.1. 이후: 투자금액 × {기본공제(0~3%)+추가공제(3~7%)} '17.1.1. 이후: (한도 : 상시근로자 증가분 × 1,000(1,500)만원, 1,500(2,000)만원, 2,000(2,500)만원)	14N		
	산업수요맞춤형고등학교등 졸업자를 병역이행 후 복직시킨 중소기업에 대한 세액공제	제29조의2	복직자에게 지급한 인건비 × 중소30(중견15)/100	14S		
	경력단절 여성 고용 기업 등에 대한 세액공제	제29조의3제1항	경력단절 여성 재고용 인건비 × 중소30(중견15)/100	14X		
	육아휴직 후 고용유지 기업에 대한 인건비 세액공제	제29조의3제2항	육아휴직 복귀자 인건비 × 중소30(중견15)/100	18J		
	근로소득을 증대시킨 기업에 대한 세액공제	제29조의4	평균 초과 임금증가분 × 5(중견10, 중소20)/100 정규직 전환 근로자의 임금 증가분 × 5(10,20)/100	14Y		
	청년고용을 증대시킨 기업에 대한 세액공제	제29조의5	청년정규직근로자 증가인원수 × 3백만원(7백만원, 1천만원)	18A		
	고용을 증대시킨 기업에 대한 세액공제	제29조의7	직전연도 대비 상시근로자 증가수 × 4백만원(1천2백만원) '21.12.31~'22.12.31 : 직전연도 대비 상시근로자 증가수 × 5백만원(1천3백만원)	18F		
	통합고용세액공제	제29조의8	직전연도 대비 상시근로자 증가수 × 4백만원(1천4백5십만원)	18S		
	정규직 근로자 전환 세액공제	제30조의2	전환인원수 × 중소1천만원(중견7백만원)	14H		
	고용유지중소기업에 대한 세액공제	제30조의3	연간 임금감소 총액× 10/100 + 시간당 임금상승에 따른 보전액 × 15/100	18K		
	중소기업 고용증가 인원에 대한 사회보험료 세액공제	제30조의4제1항	청년(만15~29세)근로자 등 순증인원의 사회보험료(증가분의 100%) 청년 및 경력단절 여성 외 근로자 순증인원의 사회보험료(증가분의 50%,75%)	14Q		

(뒤쪽)

(101) 구 분	근거법 조 항	(102) 계 산 기 준	코드	(103) 계산 명세	(104) 공제대상 세 액
중소기업 사회보험 신규가입에 대한 사회보험료 세액공제	제30조의4제3항	'20.12.31.까지 사회보험 신규가입에 따 른 사용자 부담액× 50%	18G		
전자신고에 대한 세액공제(법인)	제104조의8제1항	법인세 전자신고시 2만원	184		
전자신고에 대한 세액공제(세무법인 등)	제104조의8제3항	법인·소득세 전자신고 대리건수 × 2만원 *한도: 연300만원(세무·회계법인 연750만원) 한도액계산시 부가가치세 대리신고에 따른 세액공제액 포함	14J		
제3자 물류비용 세액공제	제104조의14	(전년대비 위탁물류비용 증가액)×3/100(중소기업은 5/100) * 직전 위탁물류비 30% 미만 : (당기 위탁물류비 – 당기 전체물류비 × 30%) ×3/100(중소기업은 5/100) *법인세 10% 한도	14E		
대학 맞춤형 교육비용 세액공제	구 제104조의18제1항	법 제10조 연구·인력개발비세액공제 준용 *수도권 소재대학의 발생액은 50%만 인정	14I		
대학등 기부설비에 대한 세액공제	구 제104조의18제2항	법 제11조 연구·인력개발설비투자세액공제 준용 *수도권 소재대학의 기부금액은 50%만 인정	14K		
기업의 운동경비부 설치운영 세액공제	제104조의22	설치운영비용 × 10(20)/100	14O		
산업수요맞춤형 고등학교 등 재학생에 대한 현장훈련수당 등 세액공제	구 제104조의18제4항	일반 연구·인력개발비 세액공제 준용	14R		
석유제품 전자상거래에 대한 세액공제	제104조의25	'13.1.1.~12.31.: 공급가액의 0.5%(산출세액의 10% 한도) '14.1.1.~'16.12.31.: 공급가액의 0.3%(산출세액의 10% 한도) '17.1.1.~'19.12.31.:공급자는 공급가액의0.1%,수요자0.2%,(산출세액의 10% 한도) '20.1.1.~'22.12.31.:수요자만 공급가액의 0.2%(산출세액의 10% 한도)	14P		
금 현물시장에서 거래되는 금지금에 대한 과세특례	제126조의7제8항	산출세액×[(금 현물시장 이용금액 – 직전 과세연도의 금 현물시장 이용금액)/매출액] 또는 산출세액×[(금 현물시장 이용금액×5/100)/매출액]	14V		
금사업자와 스크랩등 사업자의 수입금액증가등 세액공제	제122조의4	산출세액×[(매입자납부익금및손금합계금액 – 직전 과세연도의 매입자납부익금및손금합계금액)×50/100]/익금및손금합계금액 또는 산출세액×[(매입자납부익금및손금합계금액×5/100]/익금및손금합계금액 *한도: 해당 과세연도 산출세액–직전 과세연도 산출세액	14W		
성실신고 확인비용에 대한 세액공제	제126조의6	확인비용 × 60/100 (150만원 한도)	10A		
우수 선화주 인증받은 국제물류주선업자에 대한 세액공제	제104조의30	운송비용의 1% + 직전과세연도 대비 증가분의 3%(산출세액의 10%한도)	18M		
용역제공자에 관한 과세자료의 제출에 대한 세액공제	제104조의32	과세자료에 기재된 용역제공자 인원수×300원(200만원 한도)	10C		
소재·부품·장비 수요기업 공동출자세액공제	제13조의3제1항	주식 또는 출자지분 취득가액 5%	18N		
소재·부품·장비 외국법인 인수세액 공제	제13조의3제3항	주식 또는 출자지분 취득가액 5% (중견7%, 중소10%)	18P		
상가임대료를 인하한 임대사업자에 대한 세액공제	제96조의3	임대료 인하액의 70%	10B		
선결제 금액에 대한 세액공제	제99조의12	선결제금액 × 1%	18Q		
통합투자세액공제(일반)	제24조	기본공제 : 투자금액 × 1(중견5, 중소10)/100, 신성장·원천기술 투자금액 × 3(중견6,중소12)/100 국가전략기술 투자금액 × 8(중견8,중소16)/100 추가공제 : 직전 3년 연평균 투자금액 초과액 × 3/100(국가전략기술 4/100)(기본공제 200% 한도)	13W		
통합투자세액공제(신성장·원천기술)	제24조		13X		
통합투자세액공제(국가전략기술)	제24조		13Y		
합		계	1A1		

2. 당기공제세액 및 이월액계산

(105) 구분	(106) 사업 연도	요공제세액 (107) 당기분	요공제세액 (108) 이월분	당기 공제대상세액 (109) 당기분	(110)1차 연도 / (115)6차 연도	(111)2차 연도 / (116)7차 연도	(112)3차 연도 / (117)8차 연도	(113)4차 연도 / (118)9차 연도	(114)5차 연도 / (119)10차 연도	(120)계	(121)최저한세 적용에 따른 미공제액	(122) 그 밖의 사유로 인한 미공제액	(123) 공제세액 ((120)-(121)-(122))	(124) 소멸	(125) 이월액 ((107)+(108)-(123)-(124))
중소기업 고용증가 인원에 대한 사회보험료 세액공제	2023.12		6,174,568		6,174,568					6,174,568	2,394,568	377,055	3,402,945	2,771,623	
	소계		6,174,568		6,174,568					6,174,568	2,394,568	377,055	3,402,945	2,771,623	
	소계														
합 계			6,174,568		6,174,568					6,174,568	2,394,568	377,055	3,402,945	2,771,623	

작성방법

1. (105) 구분란에는 1. 공제세액계산(「조세특례제한법」)의 코드를 적습니다.
2. (106) 사업연도란에는 이월된 공제대상세액이 발생한 사업연도와 종료월을 적습니다.
3. (107) 당기분란에는 (104) 공제대상세액을 적습니다.
4. (108) 이월분란에는 (105) 구분별, 사업연도별로 전기의 (125) 이월액을 적습니다.
5. (109) 당기분란에는 당기분 세액을 적고, (110)란~(119)란의 해당 연도란에는 (108) 이월분 세액을 각각 적습니다.
6. (121)최저한세 적용에 따른 미공제액란의 합계(※표란)에는 "최저한세조정계산서(별지 제4호서식)"의 ④란 중 (124) 세액공제란의 금액을 옮겨 적고, 「조세특례제한법」 제144조제2항에 규정된 순서에 따라 (121)란의 최저한세 적용에 따른 미공제액의 각 란에 조정하여 적습니다.
7. 근거법조항 중 "구"는 「조세특례제한법」(2020.12.29. 법률 제17759호로 개정되기 전의 것)에 따른 조항을 의미합니다.

사례 3 2024년 귀속 신고 시 작성

[별지 제8호 서식(갑)] (2024.3.22. 개정) (4쪽 중 제1쪽)

사업연도	2024.01.01. ~ 2024.12.31.	공제감면세액 및 추가납부세액합계표(갑)	법 인 명	㈜나라
			사업자등록번호	203-81-63108

1. 최저한세 적용제외 공제감면세액

	① 구 분	② 근 거 법 조 항	코드	③ 대상세액	④ 감면 (공제) 세액
세액감면	(101) 창업중소기업에 대한 세액감면(최저한세 적용제외)	「조세특례제한법」 제6조제7항 외	110		
	(102) 해외자원개발투자배당 감면	「조세특례제한법」 제22조	103		
	(103) 수도권과밀억제권역 밖으로 이전하는 중소기업 세액감면(수도권 밖으로 이전)	구 「조세특례제한법」 제63조	169		
	(104) 공장의 수도권 밖 이전에 대한 세액감면	「조세특례제한법」 제63조	108		
	(105) 본사의 수도권 밖 이전에 대한 세액감면	「조세특례제한법」 제63조의2	109		
	(106) 영농조합법인 감면	「조세특례제한법」 제66조	104		
	(107) 영어조합법인 감면	「조세특례제한법」 제67조	107		
	(108) 농업회사법인 감면(농업소득)	「조세특례제한법」 제68조	11B		
	(109) 행정중심복합도시 등 공장이전에 대한 조세감면	「조세특례제한법」 제85조의2제3항 (2019.12.31. 법률 제16835호로 개정되기 전의 것)	11A		
	(110) 위기지역 내 창업기업 세액감면(최저한세 적용제외)	「조세특례제한법」 제99조의9	11N		
	(111) 해외진출기업의 국내복귀에 대한 세액감면(철수방식)	「조세특례제한법」 제104조의24제1항제1호	11F		
	(112) 해외진출기업의 국내복귀에 대한 세액감면(유지방식)	「조세특례제한법」 제104조의24제1항제2호	11H		
	(113) 고도기술수반사업 외국인투자 세액감면	「조세특례제한법」 제121조의2제1항제1호	186		
	(114) 외국인투자지역내 외국인투자 세액감면	「조세특례제한법」 제121조의2제1항제2호 또는 제2호의5	187		
	(115) 경제자유구역내 외국인투자 세액감면	「조세특례제한법」 제121조의2제1항제2호의2	188		
	(116) 경제자유구역 개발사업시행자 세액감면	「조세특례제한법」 제121조의2제1항제2호의3	157		
	(117) 제주투자진흥기구의 개발사업시행자 세액감면	「조세특례제한법」 제121조의2제1항제2호의4	158		
	(118) 기업도시 개발구역내 외국인투자 세액감면	「조세특례제한법」 제121조의2제1항제2호의6	159		
	(119) 기업도시 개발사업의 시행자 세액감면	「조세특례제한법」 제121조의2제1항제2호의7	160		
	(120) 새만금사업지역내 외국인투자 세액감면	「조세특례제한법」 제121조의2제1항제2호의8	11J		
	(121) 새만금사업 시행자 세액감면	「조세특례제한법」 제121조의2제1항제2호의9	11K		
	(122) 기타 외국인투자유치를 위한 조세감면	「조세특례제한법」 제121조의2제1항제3호	167		
	(123) 외국인투자기업의 증자의 조세감면	「조세특례제한법」 제121조의4	172		
	(124) 기술도입대가에 대한 조세면제(국내지점 등)	법률 제9921호 조세특례제한법 일부개정법률 부칙 제77조	173		
	(125) 제주첨단과학기술단지 입주기업 조세감면(최저한세 적용제외)	「조세특례제한법」 제121조의8	181		
	(126) 제주투자진흥지구등 입주기업 조세감면(최저한세 적용제외)	「조세특례제한법」 제121조의9	182		
	(127) 기업도시개발구역 등 입주기업 감면(최저한세 적용제외)	「조세특례제한법」 제121조의17제1항제1·3·5호	197		
	(128) 기업도시개발사업 등 시행자 감면	「조세특례제한법」 제121조의17제1항제2·4·6·7호	198		
	(129) 아시아문화중심도시 투자진흥지구 입주기업 감면(최저한세 적용제외)	「조세특례제한법」 제121조의20제1항	11C		
	(130) 금융중심지 창업기업에 대한 감면(최저한세 적용제외)	「조세특례제한법」 제121조의21제1항	11G		
	(131) 동업기업 세액감면 배분액(최저한세 적용제외)	「조세특례제한법」 제100조의18제4항	11D		
	(132) 사회적기업에 대한 감면	「조세특례제한법」 제85조의6	11L		
	(133) 장애인 표준사업장에 대한 감면	「조세특례제한법」 제85조의6	11M		
	(134) 첨단의료복합단지 입주기업에 대한 감면(최저한세 적용제외)	「조세특례제한법」 제121조의22제1항1호	17A		
	(135) 국가식품클러스터 입주기업에 대한 감면(최저한세 적용제외)	「조세특례제한법」 제121조의22제1항2호	17B		
	(136) 연구개발특구 입주기업에 대한 감면(최저한세 적용제외)	「조세특례제한법」 제12조의2	17C		
	(137) 감염병 피해에 따른 특별재난지역의 중소기업에 대한 감면	「조세특례제한법」 제99조의11	17D		
	(138) 기회발전특구 창업기업 등에 대한 법인세 등의 감면(최저한세 적용제외)	「조세특례제한법」 제121조의33	1D1		
	(139) 소 계		170		
세액공제	(140) 외국납부세액공제	「법인세법」 제57조	101		
	(141) 재해손실세액공제	「법인세법」 제58조	102		
	(142) 신성장·원천기술 연구개발비세액공제(최저한세 적용제외)	「조세특례제한법」 제10조제1항제1호	16A		
	(143) 국가전략기술 연구개발비세액공제(최저한세 적용제외)	「조세특례제한법」 제10조제1항제2호	10D		
	(144) 일반 연구·인력개발비세액공제(최저한세 적용제외)	「조세특례제한법」 제10조제1항제3호	16B		
	(145) 동업기업 세액공제 배분액(최저한세 적용제외)	「조세특례제한법」 제100조의18제4항	12D		
	(146) 성실신고 확인비용에 대한 세액공제	「조세특례제한법」 제126조의6	10A		
	(147) 상가임대료를 인하한 임대사업자에 대한 세액공제	「조세특례제한법」 제96조의3	10B		
	(148) 용역제공자에 관한 과세자료의 제출에 대한 세액공제	「조세특례제한법」 제104조의32	10C		
	(149) 소 계		180		
(150) 합 계((139) + (149))			110		

210mm×297mm[백상지 80g/㎡ 또는 중질지 80g/㎡]

(4쪽 중 제2쪽)

2. 최저한세 적용대상 공제감면세액

	① 구 분	② 근 거 법 조 항	코드	③ 대상세액	④ 감면세액
	⑮ 창업중소기업에 대한 세액감면(최저한세 적용대상)	「조세특례제한법」 제6조제1항 · 제5항 · 제6항	111		
	⑯ 창업벤처중소기업 세액감면	「조세특례제한법」 제6조제2항	174		
	⑰ 에너지신기술 중소기업 세액감면	「조세특례제한법」 제6조제4항	13E		
	⑱ 중소기업에 대한 특별세액감면	「조세특례제한법」 제7조	112		
	⑲ 연구개발특구 입주기업에 대한 세액감면(최저한세 적용대상)	「조세특례제한법」 제12조의2	179		
	⑳ 국제금융거래이자소득 면제	「조세특례제한법」 제21조	123		
	㉑ 사업전환 중소기업에 대한 세액감면	구 「조세특례제한법」 제33조의2	192		
	㉒ 무역조정지원기업의 사업전환 세액감면	구 「조세특례제한법」 제33조의2	13A		
	㉓ 기업구조조정 전문회사 주식양도차익 세액감면	법률 제9272호 조세특례제한법 일부개정법률 부칙 제10조 · 제40조	13B		
	⑯ 혁신도시 이전 등 공공기관 세액감면	「조세특례제한법」 제62조제4항	13F		
	⑯ 공장의 지방이전에 대한 세액감면(중소기업의 수도권 안으로 이전)	「조세특례제한법」 제63조	116		
	⑯ 농공단지입주기업 등 감면	「조세특례제한법」 제64조	117		
	⑯ 농업회사법인 감면(농업소득 외의 소득)	「조세특례제한법」 제68조	119		
	⑯ 소형주택 임대사업자에 대한 세액감면	「조세특례제한법」 제96조	13I		
세	⑯ 상가건물 장기임대사업자에 대한 세액감면	「조세특례제한법」 제96조의2	13N		
액	⑯ 산림개발소득 감면	「조세특례제한법」 제102조	124		
감	⑯ 동업기업 세액감면 배분액(최저한세 적용대상)	「조세특례제한법」 제100조의18제4항	13D		
면	⑯ 첨단의료복합단지 입주기업에 대한 감면(최저한세 적용대상)	「조세특례제한법」 제121조의22제1항제1호	13H		
	⑯ 기술이전에 대한 세액감면	「조세특례제한법」 제12조제1항	13J		
	⑰ 기술대여에 대한 세액감면	「조세특례제한법」 제12조제3항	13K		
	⑰ 제주첨단과학기술단지 입주기업 감면(최저한세 적용대상)	「조세특례제한법」 제121조의8	13P		
	⑰ 제주투자진흥지구등 입주기업 감면(최저한세 적용대상)	「조세특례제한법」 제121조의9	13Q		
	⑰ 기업도시개발구역 등 입주기업 감면(최저한세 적용대상)	「조세특례제한법」 제121조의17제1항제1호 · 제3호 · 5호	13R		
	⑰ 위기지역 내 창업기업 세액감면(최저한세 적용대상)	「조세특례제한법」 제99조의9	13S		
	⑰ 아시아문화중심도시 투자진흥지구 입주기업 감면(최저한세 적용대상)	「조세특례제한법」 제121조의20제1항	13T		
	⑰ 금융중심지 창업기업에 대한 감면(최저한세 적용대상)	「조세특례제한법」 제121조의21제1항	13U		
	⑰ 국가식품클러스터 입주기업에 대한 감면(최저한세 적용대상)	「조세특례제한법」 제121조의22제1항제2호	13V		
	⑰ 기회발전특구 창업기업 등에 대한 법인세 등의 감면(최저한세 적용대상)	「조세특례제한법」 제121조의33	1C1		
	⑰ 소 계		130		

210mm×297mm[백상지 80g/㎡ 또는 중질지 80g/㎡]

(4쪽 중 제3쪽)

① 구 분		② 근 거 법 조 항	코드	⑤ 전기 이월액	⑥ 당기 발생액	⑦ 공제세액
세액공제	180 중소기업 등 투자세액공제	구「조세특례제한법」 제5조	131			
	181 상생결제 지급금액에 대한 세액공제	「조세특례제한법」 제7조의4	14Z			
	182 대 · 중소기업 상생협력을 위한 기금출연 세액공제	「조세특례제한법」 제8조의3제1항	14M			
	183 협력중소기업에 대한 유형고정자산 무상임대 세액공제	「조세특례제한법」 제8조의3제2항	18D			
	184 수탁기업에 설치하는 시설에 대한 세액공제	「조세특례제한법」 제8조의3제3항	18L			
	185 교육기관에 무상 기증하는 중고자산에 대한 세액공제	「조세특례제한법」 제8조의3제4항	18R			
	186 신성장 · 원천기술 연구개발비세액공제(최저한세 적용대상)	「조세특례제한법」 제10조제1항제1호	13L			
	187 국가전략기술 연구개발비세액공제(최저한세 적용대상)	「조세특례제한법」 제10조제1항제2호	10E			
	188 일반 연구 · 인력개발비세액공제(최저한세 적용대상)	「조세특례제한법」 제10조제1항제3호	13M			
	189 기술취득에 대한 세액공제	「조세특례제한법」 제12조제2항	176			
	190 기술혁신형 합병에 대한 세액공제	「조세특례제한법」 제12조의3	14T			
	191 기술혁신형 주식취득에 대한 세액공제	「조세특례제한법」 제12조의4	14U			
	192 벤처기업등 출자에 대한 세액공제	「조세특례제한법」 제13조의2	18E			
	193 성과공유 중소기업 경영성과급 세액공제	「조세특례제한법」 제19조	18H			
	194 연구 · 인력개발설비투자 세액공제	구「조세특례제한법」 제25조제1항제1호	134			
	195 에너지절약시설투자 세액공제	구「조세특례제한법」 제25조제1항제2호	177			
	196 환경보전시설 투자 세액공제	구「조세특례제한법」 제25조제1항제3호	14A			
	197 근로자복지증진시설투자 세액공제	구「조세특례제한법」 제25조제1항제4호	142			
	198 안전시설투자 세액공제	구「조세특례제한법」 제25조제1항제5호	136			
	199 생산성향상시설투자세액공제	구「조세특례제한법」 제25조제1항제6호	135			
	200 의약품 품질관리시설투자 세액공제	구「조세특례제한법」 제25조의4	14B			
	201 신성장기술 사업화를 위한 시설투자 세액공제	구「조세특례제한법」 제25조의5	18B			
	202 영상콘텐츠 제작비용에 대한 세액공제(기본공제)	「조세특례제한법」 제25조의6	18C			
	203 영상콘텐츠 제작비용에 대한 세액공제(추가공제)	「조세특례제한법」 제25조의6	1B8			
	204 초연결 네트워크 시설투자에 대한 세액공제	구「조세특례제한법」 제25조의7	18I			
	205 고용창출투자세액공제	「조세특례제한법」 제26조	14N			
	206 산업수요맞춤형고등학교등 졸업자를 병역이행 후 복직시킨 중소기업에 대한 세액공제	「조세특례제한법」 제29조의2	14S			
	207 경력단절 여성 고용 기업 등에 대한 세액공제	「조세특례제한법」 제29조의3제1항	14X			
	208 육아휴직 후 고용유지 기업에 대한 인건비 세액공제	「조세특례제한법」 제29조의3제2항	18J			
	209 근로소득을 증대시킨 기업에 대한 세액공제	「조세특례제한법」 제29조의4	14Y			
	210 청년고용을 증대시킨 기업에 대한 세액공제	「조세특례제한법」 제29조의5	18A			
	211 고용을 증대시킨 기업에 대한 세액공제	「조세특례제한법」 제29조의7	18F			
	212 통합고용세액공제	「조세특례제한법」 제29조의8	18S			
	213 통합고용세액공제(정규직 전환)	「조세특례제한법」 제29조의8	1B4			
	214 통합고용세액공제(육아휴직 복귀)	「조세특례제한법」 제29조의8	1B5			
	215 정규직근로자 전환 세액공제	「조세특례제한법」 제30조의2	14H			
	216 고용유지중소기업에 대한 세액공제	「조세특례제한법」 제30조의3	18K			
	217 중소기업 고용증가 인원에 대한 사회보험료 세액공제	**「조세특례제한법」 제30조의4 제1항**	14Q	6,174,568		3,402,945
	218 중소기업 사회보험 신규가입에 대한 사회보험료 세액공제	「조세특례제한법」 제30조의4 제3항	18G			
	219 전자신고에 대한 세액공제(납세의무자)	「조세특례제한법」 제104조의8 제1항	184			
	220 전자신고에 대한 세액공제(세무법인 등)	「조세특례제한법」 제104조의8 제3항	14J			
	221 제3자 물류비용 세액공제	「조세특례제한법」 제104조의14	14E			
	222 대학 맞춤형 교육비용 등 세액공제	구「조세특례제한법」 제104조의18제1항	14I			
	223 대학등 기부설비에 대한 세액공제	구「조세특례제한법」 제104조의18제2항	14K			
	224 기업의 경기부 설치운영비용 세액공제	「조세특례제한법」 제104조의22	14O			
	225 동업기업 세액공제 배분액(최저한세 적용대상)	「조세특례제한법」 제100조의18제4항	14L			
	226 산업수요맞춤형 고등학교 등 재학생에 대한 현장훈련수당 등 세액공제	구「조세특례제한법」 제104조의18제4항	14R			
	227 석유제품 전자상거래에 대한 세액공제	「조세특례제한법」 제104조의25	14P			
	228 금 현물시장에서 거래되는 금지금에 대한 과세특례	「조세특례제한법」 제126조의7제8항	14V			
	229 금사업자와 스크랩등사업자의 수입금액의 증가 등에 대한 세액공제	「조세특례제한법」 제122조의4	14W			
	230 우수 선화주 인증 국제물류주선업자 세액공제	「조세특례제한법」 제104조의30	18M			
	231 소재 · 부품 · 장비 수요기업 공동출자 세액공제	「조세특례제한법」 제13조의3제1항	18N			
	232 소재 · 부품 · 장비 외국법인 인수세액 공제	「조세특례제한법」 제13조의3제3항	18P			
	233 선결제 금액에 대한 세액공제	「조세특례제한법」 제99조의12	18Q			
	234 해외자원개발투자에 대한 과세특례	「조세특례제한법」 제104조의15	1B6			
	235 통합투자세액공제(일반)	「조세특례제한법」 제24조	13W			
	236 통합투자세액공제(신성장 · 원천기술)	「조세특례제한법」 제24조	13X			
	237 통합투자세액공제(국가전략기술)	「조세특례제한법」 제24조	13Y			
	238 임시통합투자세액공제(일반)	「조세특례제한법」 제24조	1B1			
	239 임시통합투자세액공제(신성장 · 원천기술)	「조세특례제한법」 제24조	1B2			
	240 임시통합투자세액공제(국가전략기술)	「조세특례제한법」 제24조	1B3			
	241 문화산업전문회사 출자에 대한 세액공제	「조세특례제한법」 제25조의7	1B7			
	242 소 계		149	6,174,568		3,402,945
243 합 계(179 + 242)			150			3,402,945
244 공제감면세액 총계(159 + 243)			151			3,402,945

210mm×297mm[백상지 80g/㎡ 또는 중질지 80g/㎡]

(4쪽 중 제4쪽)

(245) 기술도입대가에 대한 조세면제	법률 제9921호 조세특례제한법 일부개정법률 부칙 제77조	183			
(246) 간주 · 간접 외국납부세액공제	「법인세법」 제57조제3항 · 제4항 · 제6항	189			

작성방법

1. ③ 대상세액란: 「법인세법」, 「조세특례제한법」 등에 따른 공제감면대상금액이 있는 경우 공제감면세액계산서(별지 제8호서식 부표 1, 2, 3, 4, 5)에 따라 감면구분별로 적습니다.
2. ④ · ⑦ 공제세액란: 「법인세법」, 「조세특례제한법」 등에 따른 공제감면세액은 공제감면세액계산서(별지 제8호서식 부표 1, 2, 3, 4, 5)에 따라 계산된 공제세액 중 당기에 공제될 세액의 범위에서 「법인세법」 제59조제1항에 따른 공제순서에 따라 감면 구분별로 적습니다.
3. (150)란 중 ④ 감면세액란: 법인세 과세표준 및 세액조정계산서(별지 제3호서식)의 (123) 최저한세 적용제외 공제감면세액란에 옮겨 적습니다.
4. (240)란 중 ⑦ 공제세액란: 법인세 과세표준 및 세액조정계산서(별지 제3호서식)의 (121) 최저한세 적용대상 공제감면세액란에 옮겨 적습니다.
5. (245) 기술도입대가에 대한 조세면제란의 공제세액란: 기술도입대가를 지급하는 내국법인이 별지 제8호서식 부표 9 기술도입대가에 대한 조세면제명세서의 면제세액 합계액을 적습니다(국내사업장이 있고 해당 기술이 국내사업장에 실질적으로 관련되거나 귀속되는 경우에는 기술을 제공하는 외국법인이 (245) 기술도입대가에 대한 조세면제란의 감면세액란에 적습니다).
6. ⑭ 외국납부세액공제란: 외국납부세액과 (246) 간주 · 간접 외국납부세액공제액을 합하여 적고, 간주 · 간접 외국납부세액공제액은 (246)란에 별도로 적습니다.
7. 「조세특례제한법」 제10조의 연구 · 인력개발비세액공제 중 최저한세가 적용되는 공제세액은 (186), (187) 또는 (188)란에 적고, 최저한세 적용이 제외되는 공제세액은 (142), (143) 또는 (144)란에 각각 구분하여 적습니다.
8. (186), (187) 또는 (188)란 중 ⑤ 전기이월액란:「조세특례제한법」 제144조제1항에 따라 이월된 미공제 금액 중 해당 과세연도에 공제할 일반연구 · 인력개발비, 신성장 · 원천기술연구개발비 또는 국가전략기술연구개발비를 각각 구분하여 적습니다(구 공제감면코드: 132).
9. 법령의 개정에 따라 종전의 규정 또는 개정규정에 따라 공제감면 받는 경우에는 비어 있는 란 등에 해당 법령의 조문순서에 따라 별도로 적습니다.
10. ② 근거법조항 중 "구"는 「조세특례제한법」(2020.12.29. 법률 제17759호로 개정되기 전의 것)에 따른 조항을 의미합니다.

210mm×297mm[백상지 80g/㎡ 또는 중질지 80g/㎡]

사례 3 2024년 귀속 신고 시 작성

[별지 제3호 서식] (2023.3.20. 개정) (앞쪽)

사업연도	2024.01.01. ~ 2024.12.31.	법인세 과세표준 및 세액조정계산서	법인명	㈜나라
			사업자등록번호	203-81-63108

구분	항목	코드	금액
① 각 사업연도 소득계산	⑩1 결산서상당기순손익	01	189 000 000
	소득조정금액 ⑩2 익금산입	02	
	소득조정금액 ⑩3 손금산입	03	
	⑩4 차가감소득금액 (⑩1+⑩2-⑩3)	04	189 000 000
	⑩5 기부금한도초과액	05	
	⑩6 기부금한도초과이월액손금산입	54	
	⑩7 각사업연도소득금액 (⑩4+⑩5-⑩6)	06	189 000 000
② 과세표준 계산	⑩8 각사업연도소득금액 (⑩8=⑩7)		189 000 000
	⑩9 이월결손금	07	
	⑪0 비과세소득	08	
	⑪1 소득공제	09	
	⑪2 과세표준 (⑩8-⑩9-⑪0-⑪1)	10	189 000 000
	⑮9 선박표준이익	55	
③ 산출세액 계산	⑪3 과세표준 (⑪2+⑮9)	56	189 000 000
	⑪4 세율	11	9
	⑪5 산출세액	12	17 010 000
	⑪6 지점유보소득 (「법인세법」 제96조)	13	
	⑪7 세율	14	
	⑪8 산출세액	15	
	⑪9 합계 (⑪5+⑪8)	16	17 010 000
④ 납부할 세액 계산	⑫0 산출세액 (⑫0=⑪9)		17 010 000
	⑫1 최저한세적용대상공제감면세액	17	3 402 945
	⑫2 차감세액	18	13 607 055
	⑫3 최저한세적용제외공제감면세액	19	
	⑫4 가산세액	20	
	⑫5 가감계 (⑫2-⑫3+⑫4)	21	13 607 055
	기납부세액 / 기한내납부세액 ⑫6 중간예납세액	22	
	기납부세액 / 기한내납부세액 ⑫7 수시부과세액	23	
	기납부세액 / 기한내납부세액 ⑫8 원천납부세액	24	
	기납부세액 / 기한내납부세액 ⑫9 간접투자회사등의 외국납부세액	25	
	기납부세액 / 기한내납부세액 ⑬0 소계 (⑫6+⑫7+⑫8+⑫9)	26	
	기납부세액 ⑬1 신고납부전가산세액	27	
	기납부세액 ⑬2 합계 (⑬0+⑬1)	28	
	⑬3 감면분추가납부세액	29	2 300 000
	⑬4 차감납부할세액 (⑫5-⑬2+⑬3)	30	15 907 055
⑤ 토지등양도소득에 대한 법인세 계산	양도차익 ⑬5 등기자산	31	
	양도차익 ⑬6 미등기자산	32	
	⑬7 비과세소득	33	
	⑬8 과세표준 (⑬5+⑬6-⑬7)	34	
	⑬9 세율	35	
	⑭0 산출세액	36	
	⑭1 감면세액	37	
	⑭2 차감세액 (⑭0-⑭1)	38	
	⑭3 공제세액	39	
	⑭4 동업기업법인세배분액 (가산세 제외)	58	
	⑭5 가산세액 (동업기업 배분액 포함)	40	
	⑭6 가감계 (⑭2-⑭3+⑭4+⑭5)	41	
	기납부세액 ⑭7 수시부과세액	42	
	기납부세액 ⑭8 (　　) 세액	43	
	기납부세액 ⑭9 계 (⑭7+⑭8)	44	
	⑮0 차감납부할세액 (⑭6-⑭9)	45	
⑥ 미환류소득법인세	⑱0 과세대상미환류소득	59	
	⑱1 세율	60	
	⑱2 산출세액	61	
	⑱3 가산세액	62	
	⑱4 이자상당액	63	
	⑱5 납부할세액 (⑱2+⑱3+⑱4)	64	
⑦ 세액계	⑮1 차감납부할세액계 (⑬4+⑮0+⑱5)	46	15 907 055
	⑮2 사실과다른회계처리경정세액공제	57	
	⑮3 분납세액계산범위액 (⑮1-⑫4-⑬3-⑭5-⑮2+⑬1)	47	13 607 055
	⑮4 분납할세액	48	3 607 055
	⑮5 차감납부세액 (⑮1-⑮2-⑮4)	49	12 300 000

210mm×297mm[백상지 80g/㎡ 또는 중질지 80g/㎡]

사례 4

2023년도 과세표준 115,000,000원, 2024년도 과세표준 189,000,000원이며, 2022년도 전체 상시근로자 수는 17명, 청년등 상시근로자 수는 6명, 청년등외 상시근로자 수는 11명이며, 중소기업 사회보험료 세액공제는 2023년도에 처음으로 적용하였다.

① 연도별 사회보험료율

구 분	건강 보험료율	노인장기 요양보험료	국민연금 보험료율	고용 보험료율	산재 보험료율	보험료율 소계
2023년	3.545%	0.0321956%	4.5000000%	1.1500000%	0.6000000%	9.8271956%
2024년	3.545%	0.0325501%	4.5000000%	1.1500000%	0.6000000%	9.8275501%

② 총급여 및 사회보험료부담금

구 분	근로자	인원수(명)	총급여(원)	사회 보험료율	사회보험료 부담금	1인당 부담금
2023년	전체 상시근로자	22	489,560,000			
	청년등 상시근로자	9	189,452,000	9.8271956%	18,617,819	2,068,646
	청년외 상시근로자	13	300,108,000	9.8271956%	29,492,200	2,268,630

2023년도 전체 상시근로자 수는 전체 상시근로자 19명, 청년등 상시근로자 7명, 청년등외 상시근로자 12명으로 총 3명 감소하였다.

사례 풀이

<table>
<tr><th>2022년</th><th colspan="2">2023년</th><th colspan="2">2024년</th></tr>
<tr><td>근무인원현황</td><td>근무인원현황</td><td>증감현황</td><td>근무인원현황</td><td>증감현황</td></tr>
<tr><td>전체 17명
청년 6명
청년외 11명</td><td>전체 22명
청년 9명
청년외 13명</td><td>5명 증가
3명 증가
2명 증가</td><td>전체 19명
청년 7명
청년외 12명</td><td>3명 감소
2명 감소
1명 감소</td></tr>
<tr><td rowspan="4">1차연도공제</td><td colspan="2">① 상황분석</td><td colspan="2">① 상황분석</td></tr>
<tr><td colspan="2">직전과세연도(2021년) 대비 전체 상시근로자 수 증가(청년 증가, 청년외 증가)
≫ 공제적용</td><td colspan="2">직전과세연도(2022년) 대비 전체 상시근로자 수 증가하지 않음(청년 감소, 청년외 증가, 전체 상시근로자 수 감소)
≫ 공제적용불가</td></tr>
<tr><td colspan="2">② 공제세액계산</td><td colspan="2">② 공제세액계산</td></tr>
<tr><td colspan="2">청년 : 3명×2,068,646원×100%
= 6,205,938원
청년외 : 2명×2,268,630원×50%
= 2,268,630원
합계 : 6,205,938원 + 2,268,630원
= 8,474,568원</td><td colspan="2">청년 : 0원
청년외 : 0원
합계 : 0원</td></tr>
<tr><td rowspan="4">2차연도공제</td><td colspan="2" rowspan="4"></td><td colspan="2">① 상황분석</td></tr>
<tr><td colspan="2">직전공제연도(2022년) 대비 전체 상시근로자 수 감소(청년 감소 수 < 전체 감소 수)
≫ 추가공제배제, 추가납부</td></tr>
<tr><td colspan="2">② 추가납부세액계산</td></tr>
<tr><td colspan="2">2명×2,068,646원×100%
+ 1명×2,268,630원×50%
= 4,137,292원 + 1,134,315원
= 5,271,607원</td></tr>
</table>

1. 2023년 공제액 계산

직전과세연도(2022년) 대비 전체 상시근로자 수가 증가하였으므로 공제적용 가능하며, 청년등 상시근로자의 1인당 사회보험료 부담금의 100%와 청년등외 상시근로자의 1인당 사회보험료 부담금의 50%를 세액공제한다.

2. 2024년 공제액 계산

① 직전과세연도(2023년) 대비 전체 상시근로자 수가 증가하지 않았으므로 세액공제를 적용할 수 없다.

② 직전공제연도(2023년) 대비 전체 상시근로자 수가 감소하였으므로(청년 감소 수 < 전체 감소 수) 추가공제를 배제하고 추가납부한다.

※ 추가납부세액의 계산

<table>
<tr><th colspan="2">추가납부할 세액 = A + B</th></tr>
<tr><td rowspan="2">A</td><td>최초공제연도 대비 감소한 청년등 상시근로자 수 × 청년 1인당 공제액</td></tr>
<tr><td>최초공제연도 대비 감소한 청년등 상시근로자 수는 최초공제연도에 청년등 상시근로자가 증가한 수를 한도로 함</td></tr>
<tr><td rowspan="2">B</td><td>최초공제연도 대비 감소한 청년 등외 상시근로자 수 × 청년외 1인당 공제액</td></tr>
<tr><td>최초공제연도 대비 감소한 청년 등외 상시근로자 수는 최초 공제연도 대비 감소한 상시근로자 수를 한도로 함</td></tr>
</table>

A = 2명 × 2,068,646원 × 100% = 4,137,292원

B = 1명 × 2,268,630원 × 50% = 1,134,315원

추가납부세액 = A + B = 4,137,292원 + 1,134,315원 = 5,271,607원

사례 4 2023년 귀속 신고 시 작성

[별지 제11호의5 서식] (2022.3.18. 개정) (3쪽 중 제1쪽)

중소기업 고용증가 인원에 대한 사회보험료 세액공제 공제세액계산서

❶ 신청인	① 상호 또는 법인명 : ㈜나라	② 사업자등록번호 : 203-81-63108
	③ 대표자 성명 : 김 유 민	④ 생년월일 : 1973년 04월 12일
	⑤ 주소 또는 본점소재지 : 경기도 고양시 일산서구 대화로37번길 102-30(법곶동) (전화번호 : 031-2231-7027)	

❷ 과세연도	2023년 1월 1일부터 2023년 12월 31일까지

❸ 공제세액 계산내용

⑥ 해당년도 공제세액 합계(⑦+㉒)	8,474,568

1. 청년 및 경력단절 여성 상시근로자 고용증가 인원의 사회보험료 부담증가 상당액에 대한 공제세액계산

⑦ 공제세액(⑩×⑮)	6,205,938

가. 고용증가 인원 계산

⑧ 해당 과세연도 청년등 상시근로자 수	⑨ 직전 과세연도 청년등 상시근로자 수	⑩ 증가한 청년등 상시근로자 수 [(⑧-⑨), ⑩≦㉕]
9.00	6.00	3.00

나. 고용증가 인원 1인당 사용자의 사회보험료 부담금액

⑪ 해당 과세연도에 청년등 상시근로자에게 지급하는「소득세법」 제20조제1항에 따른 총급여액	⑫ 해당 과세연도 청년등 상시근로자 수(=⑧)	⑬ 사회보험료율 (=㉑)	⑭국가 등이 지급한 보조금 및 감면액의 1인당 금액	⑮ 사회보험료 부담금 (⑪/⑫×⑬-⑭)
189,452,000	9.00	9.8271956(%)		2,068,646

다. 사회보험료율

⑯ 국민건강보험	⑰ 장기요양보험	⑱ 국민 연금	⑲ 고용 보험	⑳ 산업재해 보상보험	㉑계 (⑯+⑰+⑱+⑲+⑳)
3.5450000(%)	0.0321956(%)	4.5000000(%)	1.1500000(%)	0.6000000(%)	9.8271956(%)

2. 청년 및 경력단절 여성 외 상시근로자 고용증가 인원의 사회보험료 부담증가 상당액에 대한 공제세액계산

㉒ 공제세액(㉗×㉜×0.5, 신성장 서비스업을 영위하는 중소기업의 경우에는 ㉗×㉜×0.75)	2,268,630

가. 고용증가 인원 계산

㉓ 해당 과세연도 상시근로자 수	㉔ 직전 과세연도 상시근로자 수	㉕ 증가한 상시근로자 수 (㉓-㉔)	㉖ 증가한 청년등 상시근로자 수 (=⑩)	㉗ 증가한 청년등 외 상시근로자 수 (㉕-㉖)
22.00	17.00	5.00	3.00	2.00

210mm×297mm[백상지 80g/㎡ 또는 중질지 80g/㎡]

(3쪽 중 제2쪽)

나. 고용증가 인원 1인당 사용자의 사회보험료 부담금액

㉘ 해당 과세연도에 청년등 외 상시근로자에게 지급하는 「소득세법」 제20조제1항에 따른 총급여액	㉙ 해당 과세연도 상시근로자 수 – 해당 과세연도 청년등 상시근로자 수 (㉓–⑧)	㉚ 사회보험료율 (=㉑)	㉛ 국가 등이 지급한 보조금 및 감면액의 1인당 금액	㉜ 사회보험료 부담금 (㉘/㉙×㉚–㉛)
300,108,000	13	9.8271956(%)		2,268,630

3. 2차년도 세제지원 요건 : ㉟ ≧ 0

가. 상시근로자 증가 인원

㉝ 2차년도(해당 과세연도) 상시근로자 수	㉞ 1차년도(직전 과세연도) 상시근로자 수	㉟ 상시근로자 증가 인원 수(㉞–㉝)

나. 2차년도 세액공제액 계산(상시근로자 감소여부)

직전 과세연도 대비 상시근로자 감소여부	직전 과세연도 대비 청년등 상시근로자 수 감소여부	㉠ 직전 과세연도 청년등 상시근로자 증가에 대한 사회보험료 세액공제액	㉡ 직전 과세연도 청년등 외 상시 근로자 증가에 대한 사회보험료 세액공제액	㊱ 2차년도 세액공제액 (㉠+㉡)
부	부			
	여			
여				
㊲ 세액공제액 : ⑥ 해당년도 세액공제액 + ㊱ 2차년도 세액공제액				8,474,568

「조세특례제한법」 제30조의4제5항에 따라 공제세액계산서를 제출합니다.

2024년 3월 31일

신청인 ㈜나라 김 유 민(서명 또는 인)

고양 세무서장 귀하

첨부서류	없음	수수료 없음

210mm×297mm[백상지 80g/㎡ 또는 중질지 80g/㎡]

사례 4 2023년 귀속 신고 시 작성

중소기업 고용증가 인원 사회보험료 세액공제 검토 서식

<table>
<tr><th colspan="2">검 토 사 항</th><th>적합 여부</th></tr>
<tr><td>중소기업 기준</td><td>[서식 5] 중소기업 여부 검토표를 충족하는지 여부</td><td>예 / 아니오</td></tr>
<tr><td>고용요건</td><td>상시근로자 수가 증가하였는지 여부

상시근로자 수 = 해당 기간의 매월 말 현재 상시근로자 수의 합 / 해당 기간의 개월 수

① 상시근로자* 수: 22.00명
② 직전 과세연도 상시근로자 수: 17.00명
③ 증 감(①–②): 5.00명

* 상시근로자는 근로기준법에 따라 근로계약을 체결한 근로자로 다음 각 호의 어느 하나에 해당하는 사람은 제외

① 근로계약기간이 1년 미만인 근로자
② 근로기준법 제2조 제1항 제8호에 따른 단시간근로자
③ 법인세법 시행령 제42조 제1항 각 호의 어느 하나에 해당하는 임원
④ 해당 기업의 최대주주 또는 최대출자자와 그 배우자
⑤ 제4호에 해당하는 자의 직계존비속(배우자 포함) 및 국세기본법 시행령 제1조의2 제1항에 따른 친족관계인 사람
⑥ 소득세법 시행령 제196조에 따른 근로소득원천징수부에 의하여 근로소득세를 원천징수한 사실이 확인되지 아니하는 사람
⑦ 국민연금, 고용보험, 산업재해보상보험, 국민건강보험, 장기요양보험에 대하여 사용자가 부담하여야 할 부담금 또는 부담료의 납부사실이 확인되지 아니하는 근로자</td><td>예 / 아니오</td></tr>
</table>

<table>
<tr><td rowspan="4">감면율</td><td>①
청년</td><td>15세 이상 29세* 이하인 상시근로자인 경우
* 병역 이행 시 현재 연령에서 복무기간(6년 한도)을 차감하여 계산한 연령이 29세 이하인 경우 포함</td><td>감면율 100%</td><td rowspan="4">예 / 아니오</td></tr>
<tr><td>②
경력단절 여성</td><td>해당 기업 또는 해당기업과 동일한 업종의 기업에서 1년 이상 근무한 여성이 결혼 · 임신 · 출산 · 육아 · 자녀교육 사유로 퇴직한 후, 퇴직한 날부터 3년 이상 15년 이내에 동종업종기업과 1년 이상 근로계약을 체결한 경우</td><td>감면율 100%</td></tr>
<tr><td>③
신성장 서비스업</td><td>조특령 §27의4 ⑤에 따른 신성장서비스업을 주된 사업으로 영위하는 경우</td><td>감면율 75%</td></tr>
<tr><td>④
이 외 상시근로자</td><td>①, ②, ③ 외 상시근로자인 경우</td><td>감면율 50%</td></tr>
</table>

사례 4 2023년 귀속 신고 시 작성

[별지 제4호 서식] (2019.3.20. 개정) (앞쪽)

사업연도	2023.01.01. ~ 2023.12.31.	최저한세조정계산서	법 인 명	㈜나라
			사업자등록번호	203-81-63108

1. 최저한세 조정 계산 명세

① 구 분		코드	② 감면 후 세액	③ 최저한세	④ 조정감	⑤ 조정 후 세액
⑩ 결산서상 당기순이익		01	115,000,000			
소득조정금액	⑩ 익금산입	02				
	⑩ 손금산입	03				
⑩ 조정 후 소득금액(⑩ + ⑩ - ⑩)		04	115,000,000	115,000,000		115,000,000
최저한세 적용대상 특별비용	⑩ 준비금	05				
	⑩ 특별상각 및 특례자산 감가상각비	06				
⑩ 특별비용 손금산입 전 소득금액 (⑩ + ⑩ + ⑩)		07	115,000,000	115,000,000		115,000,000
⑩ 기부금 한도 초과액		08				
⑩ 기부금 한도초과 이월액 손금산입		09				
⑪ 각 사업연도 소득금액 (⑩ + ⑩ - ⑩)		10	115,000,000	115,000,000		115,000,000
⑪ 이월결손금		11				
⑫ 비과세소득		12				
⑬ 최저한세 적용대상 비과세소득		13				
⑭ 최저한세 적용대상 익금불산입·손금산입		14				
⑮ 차가감소득금액 (⑩ - ⑪ - ⑫ + ⑬ + ⑭)		15	115,000,000	115,000,000		115,000,000
⑯ 소득공제		16				
⑰ 최저한세 적용대상 소득공제		17				
⑱ 과세표준금액 (⑮ - ⑯ + ⑰)		18	115,000,000	115,000,000		115,000,000
⑲ 선박표준이익		24				
⑳ 과세표준금액(⑱ + ⑲)		25	115,000,000	115,000,000		115,000,000
㉑ 세율		19	9	7		9
㉒ 산출세액		20	10,350,000	8,050,000		10,350,000
㉓ 감면세액		21				
㉔ 세액공제		22	8,474,568		6,174,568	2,300,000
㉕ 차감세액(㉒ - ㉓ - ㉔)		23	1,875,432			8,050,000

2. 최저한세 세율 적용을 위한 구분 항목

㉖ 중소기업 유예기간 종료연월		㉗ 유예기간 종료 후 연차			

210mm×297mm[백상지 80g/㎡ 또는 중질지 80g/㎡]

PART 05 고용지원을 위한 조세특례

사례 4 2023년 귀속 신고 시 작성

[별지 제8호서식 부표 3] (2024.3.22. 개정) (앞쪽)

사 업 연 도	2023.01.01. ~ 2023.12.31.	세액공제조정명세서(3)	법인명	㈜나라
			사업자등록번호	203-81-63108

1. 공제세액계산(「조세특례제한법」)

⑩ 구 분		근거법 조 항	⑩ 계 산 기 준	코드	⑩ 계산명세	⑩ 공제대상 세 액
조세특례제한법	중소기업 등 투자세액공제	구 제5조	투자금액 × 1(2,3,5,10)/100	131		
	상생결제 지급금액에 대한 세액공제	제7조의4	지급기한 15일 이내 : 지급 금액의 0.5% 지급기한 15일 ~ 30일 : 지급 금액의 0.3% 지급기한 30일 ~ 60일 : 지급 금액의 0.015%	14Z		
	대·중소기업 상생협력을 위한 기금출연 세액공제	제8조의3제1항	출연금 × 10/100	14M		
	협력중소기업에 대한 유형고정자산 무상임대 세액공제	제8조의3제2항	장부가액 × 3/100	18D		
	수탁기업에 설치하는 시설에 대한 세액공제	제8조의3제3항	투자금액 × 1(3,7)/100	18L		
	교육기관에 무상 기증하는 중고자산에 대한 세액공제	제8조의3제4항	기증자산 시가 × 10/100	18R		
	신성장·원천기술 연구개발비세액공제(최저한세 적용제외)	제10조제1항제1호	(일반 연구·인력개발비) '14.1.1.~'14.12.31.: 발생액 × 3~4(8,10,15,20,25,30)/100 또는 2년간 연평균 발생액의 초과액 × 40(50)/100 '15.1.1. 이후: 발생액 × 2~3(8,10,15,20,25,30)/100 또는 직전 발생액의 초과액 × 40(50)/100 '17.1.1. 이후: 발생액 × 1~3(8,10,15,20,25,30)/100 또는 직전 발생액의 초과액 × 30(40,50)/100 '18. 1. 1. 이후: 발생액 × 0~2(8,10,15,20,25,30)/100 또는 직전 발생액의 초과액 × 25(40,50)/100 (신성장·원천기술 연구개발비) '17. 1. 1. 이후: 발생액 × 20(30)/100 (국가전략기술 연구개발비) '21. 7. 1. 이후: 발생액 ×30(40)/100	16A		
	국가전략기술 연구개발비세액공제(최저한세 적용제외)	제10조제1항제2호		10D		
	일반 연구·인력개발비세액공제(최저한세 적용제외)	제10조제1항제3호		16B		
	신성장·원천기술 연구개발비세액공제(최저한세 적용대상)	제10조제1항제1호		13L		
	국가전략기술 연구개발비세액공제(최저한세 적용대상)	제10조제1항제2호		10E		
	일반 연구·인력개발비세액공제(최저한세 적용대상)	제10조제1항제3호		13M		
	기술취득에 대한 세액공제	제12조제2항	특허권 등 취득금액 × 5(10)/100 *법인세의 10% 한도	176		
	기술혁신형 합병에 대한 세액공제	제12조의3	기술가치금액 × 10/100	14T		
	기술혁신형 주식취득에 대한 세액공제	제12조의4	기술가치금액 × 10/100	14U		
	벤처기업등 출자에 대한 세액공제	제13조의2	주식등 취득가액 × 5/100	18E		
	성과공유 중소기업 경영성과급 세액공제	제19조	'22.1.1. 이전 지급분 : 근로자에 지급하는 경영성과급 × 10/100 '22.1.1. 이후 지급분 : 근로자에 지급하는 경영성과급× 15/100	18H		
	연구·인력개발설비투자세액공제	구 제25조제1항제1호	'14.1.1.~'15.12.31. 투자분 : 투자금액 × 3(5,10)/100 '16.1.1. 이후 투자분 : 투자금액 × 1(3,6)/100 '19.1.1. 이후 투자분 : 투자금액 × 1(3,7)/100	134		
	에너지절약시설투자세액공제	구 제25조제1항제2호	'14.1.1.~'15.12.31. 투자분 : 투자금액 × 3(5,10)/100 ('16.1.1. 현재 투자진행 중인 경우 '16.12.31.까지 종전율 적용) '16.1.1. 이후 투자개시분 : 투자금액 × 1(3,10)/100 '19.1.1. 이후 투자분 : 투자금액 × 1(3,7)/100	177		
	환경보전시설 투자세액공제	구 제25조제1항제3호	투자금액 × 3(5,10)/100 '19.1.1. 이후 투자분 : 투자금액 × 3(5,10)/100	14A		
	근로자복지증진시설투자세액공제	구 제25조제1항제4호	투자금액 × 7(10)/100 '19.1.1. 이후 취득분 : 취득금액 × 3(5,10)/100	142		
	안전시설투자세액공제	구 제25조제1항제5호	'13.1.1.~'14.12.31. 투자분 : 투자금액 × 3(7)/100 '15.1.1. 이후 투자분 : 투자금액 × 1(3,7)/100 '19.1.1. 이후 투자분 : 투자금액 × 1(5,10)/100	136		
	생산성향상시설투자세액공제	구 제25조제1항제6호	'13.1.1.~'14.12.31. 투자분 : 투자금액 × 3(7)/100 '15.1.1. 이후 투자분 : 투자금액 × 1(3,7)/100 '20.1.1.~'20.12.31. 투자분 : 투자금액 × 2(5,10))/100 '21.1.1.~'21.12.31. 투자분 : 투자금액 × 1(5,10))/100 '21.1.1.~이후. 투자분 : 투자금액 × 1(3,7))/100	135		
	의약품 품질관리시설투자세액공제	구 제25조의4	'14.1.1.~'16.12.31. 투자분 : 투자금액 × 3(5,7)/100 '17.1.1. 이후 투자분 : 투자금액 × 1(3,6)/100	14B		
	신성장기술 사업화를 위한 시설투자 세액공제	구 제25조의5	투자금액 × 5(7,10)/100	18B		
	영상콘텐츠 제작비용에 대한 세액공제	제25조의6	제작비용 × 3(7,10)/100	18C		
	초연결 네트워크 시설투자에 대한 세액공제	구 제25조의7	투자금액 × 2(3)/100	18I		
	고용창출투자세액공제	제26조	'12.1.1.~12.31.:투자금액 × {기본공제(3~4%)+추가공제(2~3%)} '13.1.1.~12.31.:투자금액 × {기본공제(2~4%)+추가공제(3%)} '14.1.1. 이후: 투자금액 × {기본공제(1~4%)+추가공제(3%)} (한도 : 상시근로자 증가분 × 1,000만원, 1,500만원, 2,000만원) '15.1.1. 이후: 투자금액 × {기본공제(0~3%)+추가공제(3~7%)} '17.1.1. 이후: (한도 : 상시근로자 증가분 × 1,000(1,500)만원, 1,500(2,000)만원, 2,000(2,500)만원)	14N		
	산업수요맞춤형고등학교등 졸업자를 병역이행 후 복직시킨 중소기업에 대한 세액공제	제29조의2	복직자에게 지급한 인건비 × 중소30(중견15)/100	14S		
	경력단절 여성 고용 기업 등에 대한 세액공제	제29조의3제1항	경력단절 여성 재고용 인건비 × 중소30(중견15)/100	14X		
	육아휴직 후 고용유지 기업에 대한 인건비 세액공제	제29조의3제2항	육아휴직 복귀자 인건비 × 중소30(중견15)/100	18J		
	근로소득을 증대시킨 기업에 대한 세액공제	제29조의4	평균 초과 임금증가분 × 5(중견10, 중소20)/100 정규직 전환 근로자의 임금 증가분 × 5(10,20)/100	14Y		
	청년고용을 증대시킨 기업에 대한 세액공제	제29조의5	청년정규직근로자 증가인원수 × 3백만원(7백만원, 1천만원)	18A		
	고용을 증대시킨 기업에 대한 세액공제	제29조의7	직전연도 대비 상시근로자 증가수 × 4백만원(1천2백만원) '21.12.31~'22.12.31 : 직전연도 대비 상시근로자 증가수 × 5백만원(1천3백만원)	18F		
	통합고용세액공제	제29조의8	직전연도 대비 상시근로자 증가수 × 4백만원(1천4백5십만원)	18S		
	정규직 근로자 전환 세액공제	제30조의2	전환인원수 × 중소1천만원(중견7백만원)	14H		
	고용유지중소기업에 대한 세액공제	제30조의3	연간 임금감소 총액× 10/100 + 시간당 임금상승에 따른 보전액 × 15/100	18K		
	중소기업 고용증가 인원에 대한 사회보험료 세액공제	제30조의4제1항	청년(만15~29세)근로자 등 순증인원의 사회보험료(증가분의 100%) 청년 및 경력단절 여성 외 근로자 순증인원의 사회보험료(증가분의 50%,75%)	14Q	6,205,938 +2,268,630	8,474,568

(뒤쪽)

(101) 구 분	근거법 조항	(102) 계 산 기 준	코드	(103) 계산 명세	(104) 공제대상 세 액
중소기업 사회보험 신규가입에 대한 사회보험료 세액공제	제30조의4제3항	'20.12.31.까지 사회보험 신규가입에 따 른 사용자 부담액× 50%	18G		
전자신고에 대한 세액공제(법인)	제104조의8제1항	법인세 전자신고시 2만원	184		
전자신고에 대한 세액공제(세무법인 등)	제104조의8제3항	법인 · 소득세 전자신고 대리건수 × 2만원 *한도: 연300만원(세무 · 회계법인 연750만원) 한도액계산시 부가가치세 대리신고에 따른 세액공제액 포함	14J		
제3자 물류비용 세액공제	제104조의14	(전년대비 위탁물류비용 증가액)×3/100(중소기업은 5/100) *직전 위탁물류비 30% 미만 : (당기 위탁물류비 - 당기 전체물류비 × 30%) ×3/100(중소기업은 5/100) *법인세 10% 한도	14E		
대학 맞춤형 교육비용 세액공제	구 제104조의18제1항	법 제10조 연구 · 인력개발비세액공제 준용 *수도권 소재대학의 발생액은 50%만 인정	14I		
대학등 기부설비에 대한 세액공제	구 제104조의18제2항	법 제11조 연구 · 인력개발설비투자세액공제 준용 *수도권 소재대학의 기부금액은 50%만 인정	14K		
기업의 운동경비부 설치운영 세액공제	제104조의22	설치운영비용 × 10(20)/100	14O		
산업수요맞춤형 고등학교 등 재학생에 대한 현장훈련수당 등 세액공제	구 제104조의18제4항	일반 연구 · 인력개발비 세액공제 준용	14R		
석유제품 전자상거래에 대한 세액공제	제104조의25	'13.1.1.~12.31.: 공급가액의 0.5%(산출세액의 10% 한도) '14.1.1.~'16.12.31.: 공급가액의 0.3%(산출세액의 10% 한도) '17.1.1.~'19.12.31.:공급자는 공급가액의0.1%,수요자0.2%,(산출세액의 10% 한도) '20.1.1.~'22.12.31.:수요자만 공급가액의 0.2%(산출세액의 10% 한도)	14P		
금 현물시장에서 거래되는 금지금에 대한 과세특례	제126조의7제8항	산출세액×[(금 현물시장 이용금액 - 직전 과세연도의 금 현물시장 이용금액)/매출액] 또는 산출세액×[(금 현물시장 이용금액×5/100)/매출액]	14V		
금사업자와 스크랩등 사업자의 수입금액증가등 세액공제	제122조의4	산출세액×[(매입자납부익금및손금합계금액 - 직전 과세연도의 매입자납부익금및손금합계금액)×50/100]/익금및손금합계금액 또는 산출세액×[(매입자납부익금및손금합계금액×5/100)/익금및손금합계금액 *한도: 해당 과세연도 산출세액-직전 과세연도 산출세액	14W		
성실신고 확인비용에 대한 세액공제	제126조의6	확인비용 × 60/100 (150만원 한도)	10A		
우수 선화주 인증받은 국제물류주선업자에 대한 세액공제	제104조의30	운송비용의 1% + 직전과세연도 대비 증가분의 3%(산출세액의 10%한도)	18M		
용역제공자에 관한 과세자료의 제출에 대한 세액공제	제104조의32	과세자료에 기재된 용역제공자 인원수×300원(200만원 한도)	10C		
소재 · 부품 · 장비 수요기업 공동출자세액공제	제13조의3제1항	주식 또는 출자지분 취득가액 5%	18N		
소재 · 부품 · 장비 외국법인 인수세액 공제	제13조의3제3항	주식 또는 출자지분 취득가액 5% (중견7%, 중소10%)	18P		
상가임대료를 인하한 임대사업자에 대한 세액공제	제96조의3	임대료 인하액의 70%	10B		
선결제 금액에 대한 세액공제	제99조의12	선결제금액 × 1%	18Q		
통합투자세액공제(일반)	제24조	기본공제 : 투자금액 × 1(중견5, 중소10)/100, 신성장 · 원천기술 투자금액 × 3(중견6,중소12)/100 국가전략기술 투자금액 × 8(중견8,중소16)/100 추가공제 : 직전 3년 연평균 투자금액 초과액 × 3/100(국가전략기술 4/100)(기본공제 200% 한도)	13W		
통합투자세액공제(신성장 · 원천기술)	제24조		13X		
통합투자세액공제(국가전략기술)	제24조		13Y		
합		계	1A1		8,474,568

2. 당기공제세액 및 이월액계산

(105) 구분	(106) 사업 연도	요공제세액 (107) 당기분	(108) 이월분	당기 공제대상세액 (109) 당기분	(110) 1차 연도 / (115) 6차 연도	(111) 2차 연도 / (116) 7차 연도	(112) 3차 연도 / (117) 8차 연도	(113) 4차 연도 / (118) 9차 연도	(114) 5차 연도 / (119) 10차 연도	(120) 계	(121) 최저한세 적용에 따른 미공제액	(122) 그 밖의 사유로 인한 미공제액	(123) 공제세액 ((120)-(121)-(122))	(124) 소멸	(125) 이월액 ((107)+(108) -(123)-(124))
중소기업 고용증가 인원에 대한 사회보험료 세액공제	2023.12	8,474,568		8,474,568						8,474,568	6,174,568		2,300,000		6,174,568
	소계	8,474,568		8,474,568						8,474,568	6,174,568		2,300,000		6,174,568
	소계														
합 계		8,474,568		8,474,568						8,474,568	6,174,568		2,300,000		6,174,568

작성방법

1. (105) 구분란에는 1. 공제세액계산(「조세특례제한법」)의 코드를 적습니다.
2. (106) 사업연도란에는 이월된 공제대상세액이 발생한 사업연도와 종료월을 적습니다.
3. (107) 당기분란에는 (104) 공제대상세액을 적습니다.
4. (108) 이월분란에는 (101) 구분별, 사업연도별로 전기의 (125) 이월액을 적습니다.
5. (109) 당기분란에는 당기분 세액을 적고, (110)란~(119)란의 해당 연도란에는 (108) 이월분 세액을 각각 적습니다.
6. (121)최저한세 적용에 따른 미공제액란의 합계(※표란)에는 "최저한세조정계산서(별지 제4호서식)"의 ④란 중 (124) 세액공제란의 금액을 옮겨 적고, 「조세특례제한법」 제144조제2항에 규정된 순서에 따라 (121)란의 최저한세 적용에 따른 미공제액의 각 란에 조정하여 적습니다.
7. 근거법조항 중 "구"는 「조세특례제한법」(2020.12.29. 법률 제17759호로 개정되기 전의 것)에 따른 조항을 의미합니다.

사례 4 2023년 귀속 신고 시 작성

[별지 제8호 서식(갑)] (2024.3.22. 개정) (4쪽 중 제1쪽)

사업연도	2023.01.01. ~ 2023.12.31.	공제감면세액 및 추가납부세액합계표(갑)	법인명	㈜나라
			사업자등록번호	203-81-63108

1. 최저한세 적용제외 공제감면세액

① 구 분		② 근거법조항	코드	③ 대상세액	④ 감면(공제)세액
세액감면	(101) 창업중소기업에 대한 세액감면(최저한세 적용제외)	「조세특례제한법」 제6조제7항 외	110		
	(102) 해외자원개발투자배당 감면	「조세특례제한법」 제22조	103		
	(103) 수도권과밀억제권역 밖으로 이전하는 중소기업 세액감면(수도권 밖으로 이전)	구 「조세특례제한법」 제63조	169		
	(104) 공장의 수도권 밖 이전에 대한 세액감면	「조세특례제한법」 제63조	108		
	(105) 본사의 수도권 밖 이전에 대한 세액감면	「조세특례제한법」 제63조의2	109		
	(106) 영농조합법인 감면	「조세특례제한법」 제66조	104		
	(107) 영어조합법인 감면	「조세특례제한법」 제67조	107		
	(108) 농업회사법인 감면(농업소득)	「조세특례제한법」 제68조	11B		
	(109) 행정중심복합도시 등 공장이전에 대한 조세감면	「조세특례제한법」 제85조의2제3항 (2019.12.31. 법률 제16835호로 개정되기 전의 것)	11A		
	(110) 위기지역 내 창업기업 세액감면(최저한세 적용제외)	「조세특례제한법」 제99조의9	11N		
	(111) 해외진출기업의 국내복귀에 대한 세액감면(철수방식)	「조세특례제한법」 제104조의24제1항제1호	11F		
	(112) 해외진출기업의 국내복귀에 대한 세액감면(유지방식)	「조세특례제한법」 제104조의24제1항제2호	11H		
	(113) 고도기술수반사업 외국인투자 세액감면	「조세특례제한법」 제121조의2제1항제1호	186		
	(114) 외국인투자지역내 외국인투자 세액감면	「조세특례제한법」 제121조의2제1항제2호 또는 제2호의5	187		
	(115) 경제자유구역내 외국인투자 세액감면	「조세특례제한법」 제121조의2제1항제2호의2	188		
	(116) 경제자유구역 개발사업시행자 세액감면	「조세특례제한법」 제121조의2제1항제2호의3	157		
	(117) 제주투자진흥기구의 개발사업시행자 세액감면	「조세특례제한법」 제121조의2제1항제2호의4	158		
	(118) 기업도시 개발구역내 외국인투자 세액감면	「조세특례제한법」 제121조의2제1항제2호의6	159		
	(119) 기업도시 개발사업의 시행자 세액감면	「조세특례제한법」 제121조의2제1항제2호의7	160		
	(120) 새만금사업지역내 외국인투자 세액감면	「조세특례제한법」 제121조의2제1항제2호의8	11J		
	(121) 새만금사업 시행자 세액감면	「조세특례제한법」 제121조의2제1항제2호의9	11K		
	(122) 기타 외국인투자유치를 위한 조세감면	「조세특례제한법」 제121조의2제1항제3호	167		
	(123) 외국인투자기업의 증자의 조세감면	「조세특례제한법」 제121조의4	172		
	(124) 기술도입대가에 대한 조세면제(국내지점 등)	법률 제9921호 조세특례제한법 일부개정법률 부칙 제77조	173		
	(125) 제주첨단과학기술단지 입주기업 조세감면(최저한세 적용제외)	「조세특례제한법」 제121조의8	181		
	(126) 제주투자진흥지구등 입주기업 조세감면(최저한세 적용제외)	「조세특례제한법」 제121조의9	182		
	(127) 기업도시개발구역 등 입주기업 감면(최저한세 적용제외)	「조세특례제한법」 제121조의17제1항제1·3·5호	197		
	(128) 기업도시개발사업 등 시행자 감면	「조세특례제한법」 제121조의17제1항제2·4·6·7호	198		
	(129) 아시아문화중심도시 투자진흥지구 입주기업 감면(최저한세 적용제외)	「조세특례제한법」 제121조의20제1항	11C		
	(130) 금융중심지 창업기업에 대한 감면(최저한세 적용제외)	「조세특례제한법」 제121조의21제1항	11G		
	(131) 동업기업 세액감면 배분액(최저한세 적용제외)	「조세특례제한법」 제100조의18제4항	11D		
	(132) 사회적기업에 대한 감면	「조세특례제한법」 제85조의6	11L		
	(133) 장애인 표준사업장에 대한 감면	「조세특례제한법」 제85조의6	11M		
	(134) 첨단의료복합단지 입주기업에 대한 감면(최저한세 적용제외)	「조세특례제한법」 제121조의22제1항1호	17A		
	(135) 국가식품클러스터 입주기업에 대한 감면(최저한세 적용제외)	「조세특례제한법」 제121조의22제1항2호	17B		
	(136) 연구개발특구 입주기업에 대한 감면(최저한세 적용제외)	「조세특례제한법」 제12조의2	17C		
	(137) 감염병 피해에 따른 특별재난지역의 중소기업에 대한 감면	「조세특례제한법」 제99조의11	17D		
	(138) 기회발전특구 창업기업 등에 대한 법인세 등의 감면(최저한세 적용제외)	「조세특례제한법」 제121조의33	1D1		
	(139) 소 계		170		
세액공제	(140) 외국납부세액공제	「법인세법」 제57조	101		
	(141) 재해손실세액공제	「법인세법」 제58조	102		
	(142) 신성장·원천기술 연구개발비세액공제(최저한세 적용제외)	「조세특례제한법」 제10조제1항제1호	16A		
	(143) 국가전략기술 연구개발비세액공제(최저한세 적용제외)	「조세특례제한법」 제10조제1항제2호	10D		
	(144) 일반 연구·인력개발비세액공제(최저한세 적용제외)	「조세특례제한법」 제10조제1항제3호	16B		
	(145) 동업기업 세액공제 배분액(최저한세 적용제외)	「조세특례제한법」 제100조의18제4항	12D		
	(146) 성실신고 확인비용에 대한 세액공제	「조세특례제한법」 제126조의6	10A		
	(147) 상가임대료를 인하한 임대사업자에 대한 세액공제	「조세특례제한법」 제96조의3	10B		
	(148) 용역제공자에 관한 과세자료의 제출에 대한 세액공제	「조세특례제한법」 제104조의32	10C		
	(149) 소 계		180		
(150) 합 계((139) + (149))			110		

210mm×297mm[백상지 80g/㎡ 또는 중질지 80g/㎡]

(4쪽 중 제2쪽)

2. 최저한세 적용대상 공제감면세액

① 구 분		② 근 거 법 조 항	코드	③ 대상세액	④ 감면세액
세액감면	(151) 창업중소기업에 대한 세액감면(최저한세 적용대상)	「조세특례제한법」 제6조제1항 · 제5항 · 제6항	111		
	(152) 창업벤처중소기업 세액감면	「조세특례제한법」 제6조제2항	174		
	(153) 에너지신기술 중소기업 세액감면	「조세특례제한법」 제6조제4항	13E		
	(154) 중소기업에 대한 특별세액감면	「조세특례제한법」 제7조	112		
	(155) 연구개발특구 입주기업에 대한 세액감면(최저한세 적용대상)	「조세특례제한법」 제12조의2	179		
	(156) 국제금융거래이자소득 면제	「조세특례제한법」 제21조	123		
	(157) 사업전환 중소기업에 대한 세액감면	구 「조세특례제한법」 제33조의2	192		
	(158) 무역조정지원기업의 사업전환 세액감면	구 「조세특례제한법」 제33조의2	13A		
	(159) 기업구조조정 전문회사 주식양도차익 세액감면	법률 제9272호 조세특례제한법 일부개정법률 부칙 제10조 · 제40조	13B		
	(160) 혁신도시 이전 등 공공기관 세액감면	「조세특례제한법」 제62조제4항	13F		
	(161) 공장의 지방이전에 대한 세액감면(중소기업의 수도권 안으로 이전)	「조세특례제한법」 제63조	116		
	(162) 농공단지입주기업 등 감면	「조세특례제한법」 제64조	117		
	(163) 농업회사법인 감면(농업소득 외의 소득)	「조세특례제한법」 제68조	119		
	(164) 소형주택 임대사업자에 대한 세액감면	「조세특례제한법」 제96조	13I		
	(165) 상가건물 장기임대사업자에 대한 세액감면	「조세특례제한법」 제96조의2	13N		
	(166) 산림개발소득 감면	「조세특례제한법」 제102조	124		
	(167) 동업기업 세액감면 배분액(최저한세 적용대상)	「조세특례제한법」 제100조의18제4항	13D		
	(168) 첨단의료복합단지 입주기업에 대한 감면(최저한세 적용대상)	「조세특례제한법」 제121조의22제1항제1호	13H		
	(169) 기술이전에 대한 세액감면	「조세특례제한법」 제12조제1항	13J		
	(170) 기술대여에 대한 세액감면	「조세특례제한법」 제12조제3항	13K		
	(171) 제주첨단과학기술단지 입주기업 감면(최저한세 적용대상)	「조세특례제한법」 제121조의8	13P		
	(172) 제주투자진흥지구등 입주기업 감면(최저한세 적용대상)	「조세특례제한법」 제121조의9	13Q		
	(173) 기업도시개발구역 등 입주기업 감면(최저한세 적용대상)	「조세특례제한법」 제121조의17제1항제1호 · 제3호 · 5호	13R		
	(174) 위기지역 내 창업기업 세액감면(최저한세 적용대상)	「조세특례제한법」 제99조의9	13S		
	(175) 아시아문화중심도시 투자진흥지구 입주기업 감면(최저한세 적용대상)	「조세특례제한법」 제121조의20제1항	13T		
	(176) 금융중심지 창업기업에 대한 감면(최저한세 적용대상)	「조세특례제한법」 제121조의21제1항	13U		
	(177) 국가식품클러스터 입주기업에 대한 감면(최저한세 적용대상)	「조세특례제한법」 제121조의22제1항제2호	13V		
	(178) 기회발전특구 창업기업 등에 대한 법인세 등의 감면(최저한세 적용대상)	「조세특례제한법」 제121조의33	1C1		
	(179) 소 계		130		

210mm×297mm[백상지 80g/㎡ 또는 중질지 80g/㎡]

(4쪽 중 제3쪽)

① 구 분		② 근 거 법 조 항	코드	⑤ 전기 이월액	⑥ 당기발생액	⑦ 공제세액
세액공제	(180) 중소기업 등 투자세액공제	구 「조세특례제한법」 제5조	131			
	(181) 상생결제 지급금액에 대한 세액공제	「조세특례제한법」 제7조의4	14Z			
	(182) 대 · 중소기업 상생협력을 위한 기금출연 세액공제	「조세특례제한법」 제8조의3제1항	14M			
	(183) 협력중소기업에 대한 유형고정자산 무상임대 세액공제	「조세특례제한법」 제8조의3제2항	18D			
	(184) 수탁기업에 설치하는 시설에 대한 세액공제	「조세특례제한법」 제8조의3제3항	18L			
	(185) 교육기관에 무상 기증하는 중고자산에 대한 세액공제	「조세특례제한법」 제8조의3제4항	18R			
	(186) 신성장 · 원천기술 연구개발비세액공제(최저한세 적용대상)	「조세특례제한법」 제10조제1항제1호	13L			
	(187) 국가전략기술 연구개발비세액공제(최저한세 적용대상)	「조세특례제한법」 제10조제1항제2호	10E			
	(188) 일반 연구 · 인력개발비세액공제(최저한세 적용대상)	「조세특례제한법」 제10조제1항제3호	13M			
	(189) 기술취득에 대한 세액공제	「조세특례제한법」 제12조제2항	176			
	(190) 기술혁신형 합병에 대한 세액공제	「조세특례제한법」 제12조의3	14T			
	(191) 기술혁신형 주식취득에 대한 세액공제	「조세특례제한법」 제12조의4	14U			
	(192) 벤처기업등 출자에 대한 세액공제	「조세특례제한법」 제13조의2	18E			
	(193) 성과공유 중소기업 경영성과급 세액공제	「조세특례제한법」 제19조	18H			
	(194) 연구 · 인력개발설비투자 세액공제	구 「조세특례제한법」 제25조제1항제1호	134			
	(195) 에너지절약시설투자 세액공제	구 「조세특례제한법」 제25조제1항제2호	177			
	(196) 환경보전시설 투자 세액공제	구 「조세특례제한법」 제25조제1항제3호	14A			
	(197) 근로자복지증진시설투자 세액공제	구 「조세특례제한법」 제25조제1항제4호	142			
	(198) 안전시설투자 세액공제	구 「조세특례제한법」 제25조제1항제5호	136			
	(199) 생산성향상시설투자세액공제	구 「조세특례제한법」 제25조제1항제6호	135			
	(200) 의약품 품질관리시설투자 세액공제	구 「조세특례제한법」 제25조의4	14B			
	(201) 신성장기술 사업화를 위한 시설투자 세액공제	구 「조세특례제한법」 제25조의5	18B			
	(202) 영상콘텐츠 제작비용에 대한 세액공제(기본공제)	「조세특례제한법」 제25조의6	18C			
	(203) 영상콘텐츠 제작비용에 대한 세액공제(추가공제)	「조세특례제한법」 제25조의6	1B8			
	(204) 초연결 네트워크 시설투자에 대한 세액공제	구 「조세특례제한법」 제25조의7	18I			
	(205) 고용창출투자세액공제	「조세특례제한법」 제26조	14N			
	(206) 산업수요맞춤형고등학교등 졸업자를 병역이행 후 복직시킨 중소기업에 대한 세액공제	「조세특례제한법」 제29조의2	14S			
	(207) 경력단절 여성 고용 기업 등에 대한 세액공제	「조세특례제한법」 제29조의3제1항	14X			
	(208) 육아휴직 후 고용유지 기업에 대한 인건비 세액공제	「조세특례제한법」 제29조의3제2항	18J			
	(209) 근로소득을 증대시킨 기업에 대한 세액공제	「조세특례제한법」 제29조의4	14Y			
	(210) 청년고용을 증대시킨 기업에 대한 세액공제	「조세특례제한법」 제29조의5	18A			
	(211) 고용을 증대시킨 기업에 대한 세액공제	「조세특례제한법」 제29조의7	18F			
	(212) 통합고용세액공제	「조세특례제한법」 제29조의8	18S			
	(213) 통합고용세액공제(정규직 전환)	「조세특례제한법」 제29조의8	1B4			
	(214) 통합고용세액공제(육아휴직 복귀)	「조세특례제한법」 제29조의8	1B5			
	(215) 정규직근로자 전환 세액공제	「조세특례제한법」 제30조의2	14H			
	(216) 고용유지중소기업에 대한 세액공제	「조세특례제한법」 제30조의3	18K			
	(217) 중소기업 고용증가 인원에 대한 사회보험료 세액공제	「조세특례제한법」 제30조의4 제1항	14Q		8,474,568	2,300,000
	(218) 중소기업 사회보험 신규가입에 대한 사회보험료 세액공제	「조세특례제한법」 제30조의4 제3항	18G			
	(219) 전자신고에 대한 세액공제(납세의무자)	「조세특례제한법」 제104조의8 제1항	184			
	(220) 전자신고에 대한 세액공제(세무법인 등)	「조세특례제한법」 제104조의8 제3항	14J			
	(221) 제3자 물류비용 세액공제	「조세특례제한법」 제104조의14	14E			
	(222) 대학 맞춤형 교육비용 등 세액공제	구 「조세특례제한법」 제104조의18제1항	14I			
	(223) 대학등 기부설비에 대한 세액공제	구 「조세특례제한법」 제104조의18제2항	14K			
	(224) 기업의 경기부 설치운영비용 세액공제	「조세특례제한법」 제104조의22	14O			
	(225) 동업기업 세액공제 배분액(최저한세 적용대상)	「조세특례제한법」 제100조의18제4항	14L			
	(226) 산업수요맞춤형 고등학교 등 재학생에 대한 현장훈련수당 등 세액공제	구 「조세특례제한법」 제104조의18제4항	14R			
	(227) 석유제품 전자상거래에 대한 세액공제	「조세특례제한법」 제104조의25	14P			
	(228) 금 현물시장에서 거래되는 금지금에 대한 과세특례	「조세특례제한법」 제126조의7제8항	14V			
	(229) 금사업자와 스크랩등사업자의 수입금액의 증가 등에 대한 세액공제	「조세특례제한법」 제122조의4	14W			
	(230) 우수 선화주 인증 국제물류주선업자 세액공제	「조세특례제한법」 제104조의30	18M			
	(231) 소재 · 부품 · 장비 수요기업 공동출자 세액공제	「조세특례제한법」 제13조의3제1항	18N			
	(232) 소재 · 부품 · 장비 외국법인 인수세액 공제	「조세특례제한법」 제13조의3제3항	18P			
	(233) 선결제 금액에 대한 세액공제	「조세특례제한법」 제99조의12	18Q			
	(234) 해외자원개발투자에 대한 과세특례	「조세특례제한법」 제104조의15	1B6			
	(235) 통합투자세액공제(일반)	「조세특례제한법」 제24조	13W			
	(236) 통합투자세액공제(신성장 · 원천기술)	「조세특례제한법」 제24조	13X			
	(237) 통합투자세액공제(국가전략기술)	「조세특례제한법」 제24조	13Y			
	(238) 임시통합투자세액공제(일반)	「조세특례제한법」 제24조	1B1			
	(239) 임시통합투자세액공제(신성장 · 원천기술)	「조세특례제한법」 제24조	1B2			
	(240) 임시통합투자세액공제(국가전략기술)	「조세특례제한법」 제24조	1B3			
	(241) 문화산업전문회사 출자에 대한 세액공제	「조세특례제한법」 제25조의7	1B7			
	(242) 소 계		149		8,474,568	2,300,000
(243) 합 계((179) + (242))			150			2,300,000
(244) 공제감면세액 총계((150) + (243))			151			2,300,000

210mm×297mm[백상지 80g/㎡ 또는 중질지 80g/㎡]

(245) 기술도입대가에 대한 조세면제	법률 제9921호 조세특례제한법 일부개정법률 부칙 제77조	183			
(246) 간주 · 간접 외국납부세액공제	「법인세법」 제57조제3항 · 제4항 · 제6항	189			

작성방법

1. ③ 대상세액란: 「법인세법」, 「조세특례제한법」 등에 따른 공제감면대상금액이 있는 경우 공제감면세액계산서(별지 제8호서식 부표 1, 2, 3, 4, 5)에 따라 감면구분별로 적습니다.
2. ④ · ⑦ 공제세액란: 「법인세법」, 「조세특례제한법」 등에 따른 공제감면세액은 공제감면세액계산서(별지 제8호서식 부표 1, 2, 3, 4, 5)에 따라 계산된 공제세액 중 당기에 공제될 세액의 범위에서 「법인세법」 제59조제1항에 따른 공제순서에 따라 감면 구분별로 적습니다.
3. (150)란 중 ④ 감면세액란: 법인세 과세표준 및 세액조정계산서(별지 제3호서식)의 (123) 최저한세 적용제외 공제감면세액란에 옮겨 적습니다.
4. (240)란 중 ⑦ 공제세액란: 법인세 과세표준 및 세액조정계산서(별지 제3호서식)의 (121) 최저한세 적용대상 공제감면세액란에 옮겨 적습니다.
5. (245) 기술도입대가에 대한 조세면제란의 공제세액란: 기술도입대가를 지급하는 내국법인이 별지 제8호서식 부표 9 기술도입대가에 대한 조세면제명세서의 면제세액 합계액을 적습니다(국내사업장이 있고 해당 기술이 국내사업장에 실질적으로 관련되거나 귀속되는 경우에는 기술을 제공하는 외국법인이 (245) 기술도입대가에 대한 조세면제란의 감면세액란에 적습니다).
6. (14) 외국납부세액공제란: 외국납부세액과 (246) 간주 · 간접 외국납부세액공제액을 합하여 적고, 간주 · 간접 외국납부세액공제액은 (246)란에 별도로 적습니다.
7. 「조세특례제한법」 제10조의 연구 · 인력개발비세액공제 중 최저한세가 적용되는 공제세액은 (186), (187) 또는 (188)란에 적고, 최저한세 적용이 제외되는 공제세액은 (149), (143) 또는 (140)란에 각각 구분하여 적습니다.
8. (186), (187) 또는 (188)란 중 ⑤ 전기이월액란: 「조세특례제한법」 제144조제1항에 따라 이월된 미공제 금액 중 해당 과세연도에 공제할 일반연구 · 인력개발비, 신성장 · 원천기술연구개발비 또는 국가전략기술연구개발비를 각각 구분하여 적습니다(구 공제감면코드: 132).
9. 법령의 개정에 따라 종전의 규정 또는 개정규정에 따라 공제감면 받는 경우에는 비어 있는 란 등에 해당 법령의 조문순서에 따라 별도로 적습니다.
10. ② 근거법조항 중 "구"는 「조세특례제한법」(2020.12.29. 법률 제17759호로 개정되기 전의 것)에 따른 조항을 의미합니다.

210mm×297mm[백상지 80g/㎡ 또는 중질지 80g/㎡]

PART 05 고용지원을 위한 조세특례

사례 4 2023년 귀속 신고 시 작성

[별지 제3호 서식] (2023.3.20. 개정) (앞쪽)

사업연도	2023.01.01. ~ 2023.12.31.	법인세 과세표준 및 세액조정계산서	법인명	㈜나라
			사업자등록번호	203-81-63108

구분	항목		코드	금액
① 각 사업연도 소득계산	101 결산서상 당기순손익		01	115 000 000
	소득조정금액	102 익금산입	02	
		103 손금산입	03	
	104 차가감소득금액 (101+102−103)		04	115 000 000
	105 기부금한도초과액		05	
	106 기부금한도초과이월액 손금산입		54	
	107 각사업연도소득금액 (104+105−106)		06	115 000 000
② 과세표준 계산	108 각사업연도소득금액 (108=107)			115 000 000
	109 이월결손금		07	
	110 비과세소득		08	
	111 소득공제		09	
	112 과세표준 (108−109−110−111)		10	115 000 000
	159 선박표준이익		55	
③ 산출세액 계산	113 과세표준 (112+159)		56	115 000 000
	114 세율		11	9
	115 산출세액		12	10 350 000
	116 지점유보소득 (「법인세법」 제96조)		13	
	117 세율		14	
	118 산출세액		15	
	119 합계 (115+118)		16	10 350 000
④ 납부할 세액 계산	120 산출세액 (120=119)			10 350 000
	121 최저한세 적용대상 공제감면세액		17	2 300 000
	122 차감세액		18	8 050 000
	123 최저한세 적용제외 공제감면세액		19	
	124 가산세액		20	
	125 가감계 (122−123+124)		21	8 050 000
	기납부세액 / 기한내납부세액	126 중간예납세액	22	
		127 수시부과세액	23	
		128 원천납부세액	24	
		129 간접투자회사등의 외국납부세액	25	
		130 소계 (126+127+128+129)	26	
	기납부세액	131 신고납부전가산세액	27	
		132 합계 (130+131)	28	
	133 감면분추가납부세액		29	
	134 차감납부할세액 (125−132+133)		30	8 050 000

구분	항목		코드	금액
⑤ 토지등 양도소득에 대한 법인세 계산	양도차익	135 등기자산	31	
		136 미등기자산	32	
	137 비과세소득		33	
	138 과세표준 (135+136−137)		34	
	139 세율		35	
	140 산출세액		36	
	141 감면세액		37	
	142 차감세액 (140−141)		38	
	143 공제세액		39	
	144 동업기업 법인세 배분액 (가산세 제외)		58	
	145 가산세액 (동업기업 배분액 포함)		40	
	146 가감계 (142−143+144+145)		41	
	기납부세액	147 수시부과세액	42	
		148 ( ) 세액	43	
		149 계 (147+148)	44	
	150 차감납부할세액 (146−149)		45	
⑥ 미환류소득법인세	160 과세대상 미환류소득		59	
	161 세율		60	
	162 산출세액		61	
	163 가산세액		62	
	164 이자상당액		63	
	165 납부할세액 (162+163+164)		64	
⑦ 세액계	151 차감납부할 세액계 (134+150+165)		46	8 050 000
	152 사실과 다른 회계처리 경정세액공제		57	
	153 분납세액계산범위액 (151−124−133−145−152+131)		47	
	154 분납할세액		48	
	155 차감납부세액 (151−152−154)		49	8 050 000

210mm×297mm[백상지 80g/㎡ 또는 중질지 80g/㎡]

사례 4 2024년 귀속 신고 시 작성

[별지 제11호의5 서식] (2022.3.18. 개정) (3쪽 중 제1쪽)

중소기업 고용증가 인원에 대한 사회보험료 세액공제 공제세액계산서

❶ 신청인	① 상호 또는 법인명 : ㈜나라	② 사업자등록번호 : 203-81-63108
	③ 대표자 성명 : 김 유 민	④ 생년월일 : 1973년 04월 12일
	⑤ 주소 또는 본점소재지 : 경기도 고양시 일산서구 대화로37번길 102-30(법곳동) (전화번호 : 031-2231-7027)	
❷ 과세연도	2024년 1월 1일부터 2024년 12월 31일까지	

❸ 공제세액 계산내용

⑥ 해당년도 공제세액 합계(⑦+㉒)	

1. 청년 및 경력단절 여성 상시근로자 고용증가 인원의 사회보험료 부담증가 상당액에 대한 공제세액계산

⑦ 공제세액(⑩×⑮)	

가. 고용증가 인원 계산

⑧ 해당 과세연도 청년등 상시근로자 수	⑨ 직전 과세연도 청년등 상시근로자 수	⑩ 증가한 청년등 상시근로자 수 [(⑧-⑨), ⑩≤㉕]
7.00	9.00	

나. 고용증가 인원 1인당 사용자의 사회보험료 부담금액

⑪ 해당 과세연도에 청년등 상시근로자에게 지급하는「소득세법」 제20조제1항에 따른 총급여액	⑫ 해당 과세연도 청년등 상시근로자 수(=⑧)	⑬ 사회보험료율 (=㉑)	⑭국가 등이 지급한 보조금 및 감면액의 1인당 금액	⑮ 사회보험료 부담금 (⑪/⑫×⑬-⑭)
		9.8275501(%)		

다. 사회보험료율

⑯ 국민건강보험	⑰ 장기요양보험	⑱ 국민 연금	⑲ 고용 보험	⑳ 산업재해 보상보험	㉑계 (⑯+⑰+⑱+⑲+⑳)
3.5450000(%)	0.0325501(%)	4.5000000(%)	1.1500000(%)	0.6000000(%)	9.8275501(%)

2. 청년 및 경력단절 여성 외 상시근로자 고용증가 인원의 사회보험료 부담증가 상당액에 대한 공제세액계산

㉒ 공제세액(㉗×㉜×0.5, 신성장 서비스업을 영위하는 중소기업의 경우에는 ㉗×㉜×0.75)	

가. 고용증가 인원 계산

㉓ 해당 과세연도 상시근로자 수	㉔ 직전 과세연도 상시근로자 수	㉕ 증가한 상시근로자 수 (㉓-㉔)	㉖ 증가한 청년등 상시근로자 수 (=⑩)	㉗ 증가한 청년등 외 상시근로자 수 (㉕-㉖)
19.00	22.00			

210mm×297mm[백상지 80g/㎡ 또는 중질지 80g/㎡]

(3쪽 중 제2쪽)

나. 고용증가 인원 1인당 사용자의 사회보험료 부담금액

㉘ 해당 과세연도에 청년등 외 상시근로자에게 지급하는 「소득세법」 제20조제1항에 따른 총급여액	㉙ 해당 과세연도 상시근로자 수 - 해당 과세연도 청년등 상시근로자 수 (㉓-⑧)	㉚ 사회보험료율 (=㉑)	㉛ 국가 등이 지급한 보조금 및 감면액의 1인당 금액	㉜ 사회보험료 부담금 (㉘/㉙×㉚-㉛)
		9.8275501(%)		

3. 2차년도 세제지원 요건 : ㉟ ≧ 0

가. 상시근로자 증가 인원

㉝ 2차년도(해당 과세연도) 상시근로자 수	㉞ 1차년도(직전 과세연도) 상시근로자 수	㉟ 상시근로자 증가 인원 수(㉞-㉝)
19.00	22.00	-3.00

나. 2차년도 세액공제액 계산(상시근로자 감소여부)

직전 과세연도 대비 상시근로자 감소여부	직전 과세연도 대비 청년등 상시근로자 수 감소여부	㉠ 직전 과세연도 청년등 상시근로자 증가에 대한 사회보험료 세액공제액	㉡ 직전 과세연도 청년등 외 상시 근로자 증가에 대한 사회보험료 세액공제액	㊱ 2차년도 세액공제액 (㉠+㉡)
부	부			
	여			
여				

㊲ 세액공제액 : ⑥ 해당년도 세액공제액 + ㊱ 2차년도 세액공제액	

「조세특례제한법」 제30조의4 제5항에 따라 공제세액계산서를 제출합니다.

2025년 3월 31일

신청인 ㈜나라 김 유 민(서명 또는 인)

고양 세무서장 귀하

첨부서류	없음	수수료 없음

210mm×297mm[백상지 80g/㎡ 또는 중질지 80g/㎡]

사례 4 2024년 귀속 신고 시 작성

<table>
<tr><th colspan="2">검 토 사 항</th><th>적합 여부</th></tr>
<tr><td>중소기업 기준</td><td>[서식 5] 중소기업 여부 검토표를 충족하는지 여부</td><td>**예** 아니오</td></tr>
<tr><td>고용요건</td><td>상시근로자 수가 증가하였는지 여부

상시근로자 수 = 해당 기간의 매월 말 현재 상시근로자 수의 합 / 해당 기간의 개월 수

① 상시근로자* 수 | 22.00명
② 직전 과세연도 상시근로자 수 | 24.00명
③ 증 감(①–②) | –2.00명

* 상시근로자는 근로기준법에 따라 근로계약을 체결한 근로자로 다음 각 호의 어느 하나에 해당하는 사람은 제외

① 근로계약기간이 1년 미만인 근로자
② 근로기준법 제2조 제1항 제8호에 따른 단시간근로자
③ 법인세법 시행령 제42조 제1항 각 호의 어느 하나에 해당하는 임원
④ 해당 기업의 최대주주 또는 최대출자자와 그 배우자
⑤ 제4호에 해당하는 자의 직계존비속(배우자 포함) 및 국세기본법 시행령 제1조의2 제1항에 따른 친족관계인 사람
⑥ 소득세법 시행령 제196조에 따른 근로소득원천징수부에 의하여 근로소득세를 원천징수한 사실이 확인되지 아니하는 사람
⑦ 국민연금, 고용보험, 산업재해보상보험, 국민건강보험, 장기요양보험에 대하여 사용자가 부담하여야 할 부담금 또는 부담료의 납부사실이 확인되지 아니하는 근로자</td><td>예 **아니오**</td></tr>
<tr><td rowspan="4">감면율</td><td>① **청년** | 15세 이상 29세* 이하인 상시근로자인 경우
* 병역 이행 시 현재 연령에서 복무기간(6년 한도)을 차감하여 계산한 연령이 29세 이하인 경우 포함 | 감면율 100%</td><td rowspan="4">예 **아니오**</td></tr>
<tr><td>② **경력단절 여성** | 해당 기업 또는 해당기업과 동일한 업종의 기업에서 1년 이상 근무한 여성이 결혼 · 임신 · 출산 · 육아 · 자녀교육 사유로 퇴직한 후, 퇴직한 날부터 3년 이상 15년 이내에 동종업종기업과 1년 이상 근로계약을 체결한 경우 | 감면율 100%</td></tr>
<tr><td>③ 신성장 서비스업 | 조특령 §27의4 ⑤에 따른 신성장서비스업을 주된 사업으로 영위하는 경우 | 감면율 75%</td></tr>
<tr><td>④ **이 외 상시근로자** | ①, ②, ③ 외 상시근로자인 경우 | 감면율 50%</td></tr>
</table>

사례 4 2024년 귀속 신고 시 작성

[별지 제8호 서식 부표 6] (2024.3.22. 개정) (앞쪽)

사 업 연 도	2024.01.01. ~ 2024.12.31.	추가납부세액계산서(6)	법인명	㈜나라
			사업자등록번호	203-81-63108

1. 준비금환입에 대한 법인세 추가납부액

① 구분		② 손금산입 연도	③ 추가납부대상 준비금환입액	④ 공제액	⑤ 차감계 (③-④)	⑥ 법인세 상당액	⑦ 이율 (일변)	⑧ 기간	⑨법인세추가 납부액 (⑥×⑦×⑧)
코드	내용								
계									

2. 소득공제액에 대한 법인세 추가납부액

⑩ 구분		⑪ 소득공제 연도	⑫ 추가납부사유	⑬ 공제받은 소득금액	⑭ 법인세 상당액	가산액			⑱법 인 세 추가납부액 (⑭+⑰)
코드	내용					⑮이율 (일변)	⑯기간	⑰금액 (⑭×⑮×⑯)	
계									

3. 공제감면세액에 대한 법인세 추가납부액

⑲ 구분		⑳ 공제감면 받은연도	㉑ 추가납부 사유	㉒ 공제감면 세액	가 산 액			㉖법 인 세 추가납부액 (㉒+㉕)
코드	내용				㉓이율 (일변)	㉔기간	㉕금액 (㉒×㉓×㉔)	
14Q	제30조의4 중소기업 사회보험료 세액공제	2023	상시근로자 수 감소	2,300,000				2,300,000
계								2,300,000

4. 법인세 추가납부세액 합계 ㉗(⑨+⑱+㉖)	2,300,000

210mm×297mm[백상지 80g/㎡ 또는 중질지 80g/㎡]

사례 4 2024년 귀속 신고 시 작성

[별지 제8호 서식(을)] (2021.3.16. 개정) (3쪽 중 제1쪽)

사업연도	2024.01.01. ~ 2024.12.31.	공제감면세액 및 추가납부세액합계표(을)	법 인 명	㈜나라
			사업자등록번호	203-81-63108

1. 비과세등(「조세특례제한법」)

① 구 분		② 「조세특례제한법」의 근거 조항	코드	③ 금 액
비과세·면제·소득공제	⑩ 중소기업창업투자회사등의 주식양도차익등 비과세	제13조	601	
	⑫ 해외자원개발투자 배당소득에 대한 면제	제22조	61A	
	⑬ 기업구조조정전문회사등의 양도차익 감면	법률 제9272호 「조세특례제한법」부칙 제10조·제40조	604	
	⑭ 어업협정에 따른 어업인에 대한 지원금 비과세	제104조의2제1항	605	
	⑮ 중소기업창업투자회사 등의 소재·부품·장비전문기업 주식양도차익 등에 대한 비과세	제13조의4	62Q	
	⑯ 프로젝트금융투자회사에 대한 소득공제	제104조의31	62R	
	⑰		606	
	⑱ 합 계		610	

2. 익금불산입(「조세특례제한법」)

④ 구 분		⑤ 「조세특례제한법」의 근거 조항	코드	⑥ 결산조정액	⑦ 세무조정액	⑧ 합계 (⑥+⑦)
익금불산입	⑲ 상생협력 중소기업 수입배당금 익금불산입	제8조의2	62D			
	⑪ 출연금 등의 과세특례	제10조의2	627			
	⑪ 사업전환 중소기업의 양도차익 과세특례	법률 제9272호 「조세특례제한법」 부칙 제33조	622			
	⑫ 사업전환 무역조정기업 양도차익 과세특례	제33조	62A			
	⑬ 기업의 금융채무상환 자산매각 양도차익 과세특례	제34조	62F			
	⑭ 내국법인의 외국자회사 주식등 현물출자양도차익 과세특례	제38조의3	611			
	⑮ 재무구조개선을 위한 채무감소액 과세특례	제39조제2항	62G			
	⑯ 주주등의 자산양도소득에 대한 과세특례	제40조	62J			
	⑰ 재무구조 개선을 위한 법인의 채무면제익 과세특례	제44조	613			
	⑱ 재무구조개선 무상감자 수증 주식가액 과세특례	제45조제1항	62H			
	⑲ 공공기관의 구조개편에 따른 양도차익 과세특례	제45조의2	62K			
	⑳ 기업 간 주식등의 교환에 따른 양도차익 과세특례	제46조	62I			
	㉑ 자가물류시설 양도차익 과세특례	제46조의4	628			
	㉒ 합병에 따른 중복자산 양도차익 과세특례	제47조의4	625			
	㉓ 공장 대도시 밖 이전 양도차익 과세특례	제60조제2항	615			
	㉔ 본사 지방이전 양도차익 과세특례	제61조제3항	616			
	㉕ 혁신도시 이전 공공기관 양도차익 과세특례	제62조제1항	62P			
	㉖ 지방이전법인 수도권과밀억제권역 내 공장 양도차익 과세특례	제63조	617			
	㉗ 지방이전법인 수도권과밀억제권역 내 본사 양도차익 과세특례	제63조의2제5항	618			
	㉘ 행정중심복합도시 등 내 공장의 지방이전에 대한 양도차익 과세특례	제85조의2	629			
	㉙ 보육시설 양도차익 과세특례	제85조의5	631			
	㉚ 공익사업목적 공장수용 양도차익 과세특례	제85조의7	62B			
	㉛ 중소기업 과밀억제권역외 공장이전 과세특례	제85조의8	62E			
	㉜ 공익사업목적 물류시설이전 과세특례	제85조의9	62L			
	㉝ 자본확충목적회사에 대한 손실보전준비금 과세특례	제104조의3	62M			
	㉞ 어업협정에 따른 어업인에 대한 보조금 과세특례	제104조의2제2항	620			
	㉟ 대학재정 건전화를 위한 양도차익 과세특례	제104조의16	62C			
	㊱ 대한주택공사 및 한국토지공사 배당금에 대한 과세특례	제104조의21제2항	62N			
	㊲ 국제회계기준 적용 내국법인에 대한 대손충당금 환입액 익금불산입	제104조의23	62O			
	㊳ 내국법인의 금융채무 상환을 위한 자산매각에 대한 과세특례	제121조의26	681			
	㊴ 채무의 인수·변제에 대한 과세특례	제121조의27	682			
	㊵ 주주등의 자산양도에 관한 법인세 등 과세특례	제121조의28	683			
	㊶ 사업재편계획에 따른 기업의 채무면제익에 대한 과세특례	제121조의29	684			
	㊷ 기업간 주식등의 교환에 대한 과세특례	제121조의30	685			
	㊸ 합병에 따른 중복자산의 양도에 대한 과세특례	제121조의31	686			
	㊹		621			
	㊺ 합 계		640			

210mm×297mm[백상지 80g/㎡ 또는 중질지 80g/㎡]

(3쪽 중 제2쪽)

3. 손금산입

④ 구 분		⑤ 근거 조항	코드	⑥ 결산 조정액	⑦ 세무 조정액	⑧ 합계 (⑥+⑦)
손금산입	⑮ 중소기업지원설비 손금산입(무상기증)	「조세특례제한법」 제8조제1항제1호	659			
	⑯ 중소기업지원설비 손금산입(저가양도)	「조세특례제한법」 제8조제2항제2호	63B			
	⑰ 연구인력개발준비금 손금산입	「조세특례제한법」제9조 (2019.12.31. 법률 제16835호로 개정되기 전의 것)	63J			
	⑱ 감가상각비의 손금산입 특례	법률 제10068호 「조세특례제한법」 부칙 제4조 및 「조세특례제한법」제28조	657			
	⑲ 자산의 포괄적양도에 따른 과세특례	「조세특례제한법」 제37조 (2017.12.19. 법률 제15227호로 개정되기 전의 것)	63L			
	⑳ 주식의 포괄적 교환 · 이전에 대한 과세특례	「조세특례제한법」 제38조	63M			
	㉑ 현물출자에 따른 자산의 양도차익 손금산입	「법인세법」 제47조의2	644			
	㉒ 지주회사의 설립 등 주식양도차익 손금산입	「조세특례제한법」 제38조의2	645			
	㉓ 채무의 인수 · 변제금액 손금산입	「조세특례제한법」 제39조제1항	63E			
	㉔ 재무구조개선을 위해 채무면제한 금융회사의 손금산입	「조세특례제한법」 제44조제4항	647			
	㉕ 재무구조개선 무상감자 증여주식가액 손금산입	「조세특례제한법」 제45조제2항	63F			
	㉖ 물류산업 분할평가차익 손금산입	「조세특례제한법」 제46조의5	664			
	㉗ 구조개선적립금의 손금산입	「조세특례제한법」 제48조	63G			
	㉘ 금융기관의 자산 · 부채인수에 따른 손금산입	「조세특례제한법」 제52조	650			
	㉙ 기부금의 손금산입	「조세특례제한법」 제73조 (2010.12.27. 법률 제10406호로 개정되기 전의 것)	651			
	㉚ 경제자유구역개발사업 토지 현물출자 양도차익 손금산입	「조세특례제한법」 제85조의4	666			
	㉛ 무주택근로자에 대한 주택보조금 손금산입	「조세특례제한법」 제100조	654			
	㉜ 여수세계박람회 참가 준비금 손금산입	「조세특례제한법」 제104조의9	63N			
	㉝ 금융기관 부실채권정리기금 반환출자시 손금산입	「조세특례제한법」 제104조의11	63H			
	㉞ 신용회복목적회사의 손금산입	「조세특례제한법」 제104조의12	63O			
	㉟ 정비사업조합 설립인가등의 취소에 따른 채권 손금산입	「조세특례제한법」 제104조의26	63Q			
	㊱ 해외자원개발사업자의 사업용자산 취득 보조금 손금산입	「조세특례제한법」 제104조의15제4항	63I			
	㊲ 학교법인 출연금액 손금산입	「조세특례제한법」 제104조의16	63A			
	㊳ 휴면예금 출연금액 손금산입	「조세특례제한법」 제104조의17	63C			
	㊴ 대한주택공사 및 한국토지공사의 합병 손금산입	「조세특례제한법」 제104조의21제1항	63P			
	㊵		656			
	㊶ 합 계		670			

4. 이월과세(「조세특례제한법」)

⑨ 구 분	⑩ 근거 조항	코드	⑪ 이월과세 납부세액
㊷ 중소기업 통합에 대한 양도소득세 이월과세	제31조	661	
㊸ 법인전환에 대한 양도소득세 이월과세	제32조	662	
㊹ 영농조합법인에 현물출자시 양도소득세 이월과세	제66조제7항	66A	
㊺ 농업회사법인에 현물출자시 양도소득세 이월과세	제68조제3항	66B	
㊻ 합 계		667	

5. 추가납부세액

⑫ 구 분		⑬ 근거법 조항	코드	⑭ 대상금액	⑮ 세 액
조세특례제한법	㊼ 준비금환입에 대한 법인세 추가납부		771		
	㊽ 소득공제액에 대한 법인세 추가납부		772		
	㊾ 공제감면세액에 대한 법인세 추가납부 * 제5조 · 제11조 · 제24조 · 제25조 · 제25조의2 · 제26조 · 제94조 · 제96조		773		
	㊿ 기 타	**조특법 제30조의 4**	**775**		**2,300,000**
	⑤① 소 계		780		2,300,000
법인세법 등	⑤② 기공제 원천납부세액 추가납부	「법인세법 시행령」 제113조제6항	781		
	⑤③ 업무무관부동산 지급이자 손금부인에 따른 증가세액	「법인세법 시행규칙」 제27조	782		
	⑤④ 외국법인의 신고기한 연장에 따른 이자상당액	「법인세법」 제97조제3항	783		
	⑤⑤ 내국법인의 신고기한 연장에 따른 이자상당액	「법인세법」 제60조제8항	786		
	⑤⑥ 혼성금융상품 관련 추가 손금불산입 이자상당액	「국제조세조정에 관한 법률」 제25조제2항	787		
	⑤⑦ 기 타		785		
	⑤⑧ 소 계		784		
⑤⑨ 추가납부세액 합계(⑤① + ⑤⑧)			**790**		**2,300,000**

210mm×297mm[백상지 80g/㎡ 또는 중질지 80g/㎡]

사례 4 2024년 귀속 신고 시 작성

[별지 제4호 서식] (2019.3.20. 개정) (앞쪽)

사업연도	2024.01.01. ~ 2024.12.31.	최저한세조정계산서	법인명	㈜나라
			사업자등록번호	203-81-63108

1. 최저한세 조정 계산 명세

① 구분		코드	② 감면 후 세액	③ 최저한세	④ 조정감	⑤ 조정 후 세액
⑩ 결산서상 당기순이익		01	189,000,000			
소득조정금액	⑩ 익금산입	02				
	⑩ 손금산입	03				
⑩ 조정 후 소득금액(⑩+⑩-⑩)		04	189,000,000	189,000,000		189,000,000
최저한세 적용대상 특별비용	⑩ 준비금	05				
	⑩ 특별상각 및 특례자산 감가상각비	06				
⑩ 특별비용 손금산입 전 소득금액 (⑩+⑩+⑩)		07	189,000,000	189,000,000		189,000,000
⑩ 기부금 한도 초과액		08				
⑩ 기부금 한도초과 이월액 손금산입		09				
⑩ 각 사업연도 소득금액 (⑩+⑩-⑩)		10	189,000,000	189,000,000		189,000,000
⑪ 이월결손금		11				
⑫ 비과세소득		12				
⑬ 최저한세 적용대상 비과세소득		13				
⑭ 최저한세 적용대상 익금불산입·손금산입		14				
⑮ 차가감소득금액 (⑩-⑪-⑫+⑬+⑭)		15	189,000,000	189,000,000		189,000,000
⑯ 소득공제		16				
⑰ 최저한세 적용대상 소득공제		17				
⑱ 과세표준금액 (⑮-⑯+⑰)		18	189,000,000	189,000,000		189,000,000
⑲ 선박표준이익		24				
⑳ 과세표준금액(⑱+⑲)		25	189,000,000	189,000,000		189,000,000
㉑ 세율		19	9	7		9
㉒ 산출세액		20	17,010,000	13,230,000		17,010,000
㉓ 감면세액		21				
㉔ 세액공제		22	6,174,568		2,394,568	3,780,000
㉕ 차감세액(㉒-㉓-㉔)		23	10,835,432			13,230,000

2. 최저한세 세율 적용을 위한 구분 항목

㉖ 중소기업 유예기간 종료연월		㉗ 유예기간 종료 후 연차			

210mm×297mm[백상지 80g/㎡ 또는 중질지 80g/㎡]

PART 05 고용지원을 위한 조세특례

사례 4 2024년 귀속 신고 시 작성

[별지 제8호 서식 부표 3] (2024.3.22. 개정) (앞쪽)

사 업 연 도	2024.01.01. ~ 2024.12.31.	세액공제조정명세서(3)	법인명	㈜나라
			사업자등록번호	203-81-63108

1. 공제세액계산(「조세특례제한법」)

⑩ 구 분		근거법 조 항	⑩ 계 산 기 준	코드	⑩ 계산명세	⑩ 공제대상 세 액
조세특례제한법	중소기업 등 투자세액공제	구 제5조	투자금액 × 1(2,3,5,10)/100	131		
	상생결제 지급금액에 대한 세액공제	제7조의4	지급기한 15일 이내 : 지급 금액의 0.5% 지급기한 15일 ~ 30일 : 지급 금액의 0.3% 지급기한 30일 ~ 60일 : 지급 금액의 0.015%	14Z		
	대·중소기업 상생협력을 위한 기금출연 세액공제	제8조의3제1항	출연금 × 10/100	14M		
	협력중소기업에 대한 유형고정자산 무상임대 세액공제	제8조의3제2항	장부가액 × 3/100	18D		
	수탁기업에 설치하는 시설에 대한 세액공제	제8조의3제3항	투자금액 × 1(3,7)/100	18L		
	교육기관에 무상 기증하는 중고자산에 대한 세액공제	제8조의3제4항	기증자산 시가 × 10/100	18R		
	신성장·원천기술 연구개발비세액공제(최저한세 적용제외)	제10조제1항제1호	(일반 연구·인력개발비) '14.1.1.~'14.12.31.: 발생액 × 3~4(8,10,15,20,25,30)/100 또는 2년간 연평균 발생액의 초과액 × 40(50)/100 '15.1.1. 이후: 발생액 × 2~3(8,10,15,20,25,30)/100 또는 직전 발생액의 초과액 × 40(50)/100 '17.1.1. 이후: 발생액 × 1~3(8,10,15,20,25,30)/100 또는 직전 발생액의 초과액 × 30(40,50)/100 '18. 1. 1. 이후: 발생액 × 0~2(8,10,15,20,25,30)/100 또는 직전 발생액의 초과액 × 25(40,50)/100 (신성장·원천기술 연구개발비) '17. 1. 1. 이후: 발생액 × 20(30)/100 (국가전략기술 연구개발비) '21. 7. 1. 이후: 발생액 ×30(40)/100	16A		
	국가전략기술 연구개발비세액공제(최저한세 적용제외)	제10조제1항제2호		10D		
	일반 연구·인력개발비세액공제(최저한세 적용제외)	제10조제1항제3호		16B		
	신성장·원천기술 연구개발비세액공제(최저한세 적용대상)	제10조제1항제1호		13L		
	국가전략기술 연구개발비세액공제(최저한세 적용대상)	제10조제1항제2호		10E		
	일반 연구·인력개발비세액공제(최저한세 적용대상)	제10조제1항제3호		13M		
	기술취득에 대한 세액공제	제12조제2항	특허권 등 취득금액 × 5(10)/100 *법인세의 10% 한도	176		
	기술혁신형 합병에 대한 세액공제	제12조의3	기술가치금액 × 10/100	14T		
	기술혁신형 주식취득에 대한 세액공제	제12조의4	기술가치금액 × 10/100	14U		
	벤처기업등 출자에 대한 세액공제	제13조의2	주식등 취득가액 × 5/100	18E		
	성과공유 중소기업 경영성과급 세액공제	제19조	'22.1.1. 이전 지급분 : 근로자에 지급하는 경영성과급 × 10/100 '22.1.1. 이후 지급분 : 근로자에 지급하는 경영성과급× 15/100	18H		
	연구·인력개발설비투자세액공제	구 제25조제1항제1호	'14.1.1.~'15.12.31. 투자분 : 투자금액 × 3(5,10)/100 '16.1.1. 이후 투자분 : 투자금액 × 1(3,6)/100 '19.1.1. 이후 투자분 : 투자금액 × 1(3,7)/100	134		
	에너지절약시설투자세액공제	구 제25조제1항제2호	'14.1.1.~'15.12.31. 투자분 : 투자금액 × 3(5,10)/100 ('16.1.1. 현재 투자진행 중인 경우 '16.12.31.까지 종전율 적용) '16.1.1. 이후 투자개시분 : 투자금액 × 1(3,10)/100 '19.1.1. 이후 투자분 : 투자금액 × 1(3,7)/100	177		
	환경보전시설 투자세액공제	구 제25조제1항제3호	투자금액 × 3(5,10)/100 '19.1.1. 이후 투자분 : 투자금액 × 3(5,10)/100	14A		
	근로자복지증진시설투자세액공제	구 제25조제1항제4호	투자금액 × 7(10)/100 '19.1.1. 이후 취득분 : 취득금액 × 3(5,10)/100	142		
	안전시설투자세액공제	구 제25조제1항제5호	'13.1.1.~'14.12.31. 투자분 : 투자금액 × 3(7)/100 '15.1.1. 이후 투자분 : 투자금액 × 1(3,7)/100 '19.1.1. 이후 투자분 : 투자금액 × 1(5,10)/100	136		
	생산성향상시설투자세액공제	구 제25조제1항제6호	'13.1.1.~'14.12.31. 투자분 : 투자금액 × 3(7)/100 '15.1.1. 이후 투자분 : 투자금액 × 1(3,7)/100 '20.1.1.~'20.12.31. 투자분 : 투자금액 × 2(5,10))/100 '21.1.1.~'21.12.31. 투자분 : 투자금액 × 1(5,10))/100 '21.1.1.~이후. 투자분 : 투자금액 × 1(3,7))/100	135		
	의약품 품질관리시설투자세액공제	구 제25조의4	'14.1.1.~'16.12.31. 투자분 : 투자금액 × 3(5,7)/100 '17.1.1. 이후 투자분 : 투자금액 × 1(3,6)/100	14B		
	신성장기술 사업화를 위한 시설투자 세액공제	구 제25조의5	투자금액 × 5(7,10)/100	18B		
	영상콘텐츠 제작비용에 대한 세액공제	제25조의6	제작비용 × 3(7,10)/100	18C		
	초연결 네트워크 시설투자에 대한 세액공제	구 제25조의7	투자금액 × 2(3)/100	18I		
	고용창출투자세액공제	제26조	'12.1.1.~12.31.:투자금액 × {기본공제(3~4%)+추가공제(2~3%)} '13.1.1.~12.31.:투자금액 × {기본공제(2~4%)+추가공제(3%)} '14.1.1. 이후: 투자금액 × {기본공제(1~4%)+추가공제(3%)} (한도 : 상시근로자 증가분 × 1,000만원, 1,500만원, 2,000만원) '15.1.1. 이후: 투자금액 × {기본공제(0~3%)+추가공제(3~7%)} '17.1.1. 이후: (한도 : 상시근로자 증가분 × 1,000(1,500)만원, 1,500(2,000)만원, 2,000(2,500)만원)	14N		
	산업수요맞춤형고등학교등 졸업자를 병역이행 후 복직시킨 중소기업에 대한 세액공제	제29조의2	복직자에게 지급한 인건비 × 중소30(중견15)/100	14S		
	경력단절 여성 고용 기업 등에 대한 세액공제	제29조의3제1항	경력단절 여성 재고용 인건비 × 중소30(중견15)/100	14X		
	육아휴직 후 고용유지 기업에 대한 인건비 세액공제	제29조의3제2항	육아휴직 복귀자 인건비 × 중소30(중견15)/100	18J		
	근로소득을 증대시킨 기업에 대한 세액공제	제29조의4	평균 초과 임금증가분 × 5(중견10, 중소20)/100 정규직 전환 근로자의 임금 증가분 × 5(10,20)/100	14Y		
	청년고용을 증대시킨 기업에 대한 세액공제	제29조의5	청년정규직근로자 증가인원수 × 3백만원(7백만원, 1천만원)	18A		
	고용을 증대시킨 기업에 대한 세액공제	제29조의7	직전연도 대비 상시근로자 증가수 × 4백만원(1천2백만원) '21.12.31~'22.12.31 : 직전연도 대비 상시근로자 증가수 × 5백만원(1천3백만원)	18F		
	통합고용세액공제	제29조의8	직전연도 대비 상시근로자 증가수 × 4백만원(1천4백5십만원)	18S		
	정규직 근로자 전환 세액공제	제30조의2	전환인원수 × 중소1천만원(중견7백만원)	14H		
	고용유지중소기업에 대한 세액공제	제30조의3	연간 임금감소 총액× 10/100 + 시간당 임금상승에 따른 보전액 × 15/100	18K		
	중소기업 고용증가 인원에 대한 사회보험료 세액공제	제30조의4제1항	청년(만15~29세)근로자 등 순증인원의 사회보험료(증가분의 100%) 청년 및 경력단절 여성 외 근로자 순증인원의 사회보험료(증가분의 50%,75%)	14Q		

(뒤쪽)

(101) 구 분	근거법 조항	(102) 계 산 기 준	코드	(103) 계산 명세	(104) 공제대상 세 액
중소기업 사회보험 신규가입에 대한 사회보험료 세액공제	제30조의4제3항	'20.12.31.까지 사회보험 신규가입에 따 른 사용자 부담액× 50%	18G		
전자신고에 대한 세액공제(법인)	제104조의8제1항	법인세 전자신고시 2만원	184		
전자신고에 대한 세액공제(세무법인 등)	제104조의8제3항	법인 · 소득세 전자신고 대리건수 × 2만원 *한도: 연300만원(세무 · 회계법인 연750만원) 한도액계산시 부가가치세 대리신고에 따른 세액공제액 포함	14J		
제3자 물류비용 세액공제	제104조의14	(전년대비 위탁물류비용 증가액)×3/100(중소기업은 5/100) * 직전 위탁물류비 30% 미만 : (당기 위탁물류비 – 당기 전체물류비 × 30%) ×3/100(중소기업은 5/100) * 법인세 10% 한도	14E		
대학 맞춤형 교육비용 세액공제	구 제104조의18제1항	법 제10조 연구 · 인력개발비세액공제 준용 *수도권 소재대학의 발생액은 50%만 인정	14I		
대학등 기부설비에 대한 세액공제	구 제104조의18제2항	법 제11조 연구 · 인력개발설비투자세액공제 준용 *수도권 소재대학의 기부금액은 50%만 인정	14K		
기업의 운동경비부 설치운영 세액공제	제104조의22	설치운영비용 × 10(20)/100	14O		
산업수요맞춤형 고등학교 등 재학생에 대한 현장훈련수당 등 세액공제	구 제104조의18제4항	일반 연구 · 인력개발비 세액공제 준용	14R		
석유제품 전자상거래에 대한 세액공제	제104조의25	'13.1.1.~12.31.: 공급가액의 0.5%(산출세액의 10% 한도) '14.1.1.~'16.12.31.: 공급가액의 0.3%(산출세액의 10% 한도) '17.1.1.~'19.12.31.:공급자는 공급가액의0.1%,수요자0.2%, (산출세액의 10% 한도) '20.1.1.~'22.12.31.:수요자만 공급가액의 0.2%(산출세액의 10% 한도)	14P		
금 현물시장에서 거래되는 금지금에 대한 과세특례	제126조의7제8항	산출세액×[(금 현물시장 이용금액 – 직전 과세연도의 금 현물시장 이용금액)/매출액] 또는 산출세액×[(금 현물시장 이용금액×5/100)/매출액]	14V		
금사업자와 스크랩등 사업자의 수입금액증가등 세액공제	제122조의4	산출세액×[(매입자납부익금및손금합계금액 – 직전 과세연도의 매입자납부익금및손금합계금액)×50/100]/익금및손금합계금액 또는 산출세액×[(매입자납부익금및손금합계금액×5/100]/익금및손금합계금액 *한도: 해당 과세연도 산출세액–직전 과세연도 산출세액	14W		
성실신고 확인비용에 대한 세액공제	제126조의6	확인비용 × 60/100 (150만원 한도)	10A		
우수 선화주 인증받은 국제물류주선업자에 대한 세액공제	제104조의30	운송비용의 1% + 직전과세연도 대비 증가분의 3%(산출세액의 10%한도)	18M		
용역제공자에 관한 과세자료의 제출에 대한 세액공제	제104조의32	과세자료에 기재된 용역제공자 인원수×300원(200만원 한도)	10C		
소재 · 부품 · 장비 수요기업 공동출자세액공제	제13조의3제1항	주식 또는 출자지분 취득가액 5%	18N		
소재 · 부품 · 장비 외국법인 인수세액 공제	제13조의3제3항	주식 또는 출자지분 취득가액 5% (중견7%, 중소10%)	18P		
상가임대료를 인하한 임대사업자에 대한 세액공제	제96조의3	임대료 인하액의 70%	10B		
선결제 금액에 대한 세액공제	제99조의12	선결제금액 × 1%	18Q		
통합투자세액공제(일반)	제24조	기본공제 : 투자금액 × 1(중견5, 중소10)/100, 신성장 · 원천기술 투자금액 × 3(중견6,중소12)/100 국가전략기술 투자금액 × 8(중견8,중소16)/100 추가공제 : 직전 3년 연평균 투자금액 초과액 × 3/100(국가전략기술 4/100)(기본공제 200% 한도)	13W		
통합투자세액공제(신성장 · 원천기술)	제24조		13X		
통합투자세액공제(국가전략기술)	제24조		13Y		
합		계	1A1		

2. 당기공제세액 및 이월액계산

(105) 구분	(106) 사업연도	요공제세액 (107) 당기분	요공제세액 (108) 이월분	당기 공제대상세액 (109) 당기분	(110) 1차 연도 / (115) 6차 연도	(111) 2차 연도 / (116) 7차 연도	(112) 3차 연도 / (117) 8차 연도	(113) 4차 연도 / (118) 9차 연도	(114) 5차 연도 / (119) 10차 연도	(120) 계	(121) 최저한세 적용에 따른 미공제액	(122) 그 밖의 사유로 인한 미공제액	(123) 공제세액 ((120)–(121)–(122))	(124) 소멸	(125) 이월액 ((107)+(108) –(123)–(124))
중소기업 고용증가 인원에 대한 사회보험료 세액공제	2023.12.		6,174,568		6,174,568					6,174,568	2,394,568	577,039	3,202,961	2,971,607	
	소계		6,174,568		6,174,568					6,174,568	2,394,568	577,039	3,202,961	2,971,607	
	소계														
합 계			6,174,568		6,174,568					6,174,568	2,394,568	577,039	3,202,961	2,971,607	

작성방법

1. (105) 구분란에는 1. 공제세액계산(「조세특례제한법」)의 코드를 적습니다.
2. (106) 사업연도란에는 이월된 공제대상세액이 발생한 사업연도와 종료월을 적습니다.
3. (107) 당기분란에는 (104) 공제대상세액을 적습니다.
4. (108) 이월분란에는 (101) 구분별, 사업연도별로 전기의 (125) 이월액을 적습니다.
5. (109) 당기분란에는 당기분 세액을 적고, (110)란~(119)란의 해당 연도란에는 (108) 이월분 세액을 각각 적습니다.
6. (121)최저한세 적용에 따른 미공제액란의 합계(※표란)에는 "최저한세조정계산서(별지 제4호서식)"의 ④란 중 (124) 세액공제란의 금액을 옮겨 적고, 「조세특례제한법」 제144조제2항에 규정된 순서에 따라 (121)란의 최저한세 적용에 따른 미공제액의 각 란에 조정하여 적습니다.
7. 근거법조항 중 "구"는 「조세특례제한법」(2020.12.29. 법률 제17759호로 개정되기 전의 것)에 따른 조항을 의미합니다.

사례 4 2024년 귀속 신고 시 작성

[별지 제8호 서식(갑)] (2024.3.22. 개정) (4쪽 중 제1쪽)

사 업 연 도	2024.01.01. ~ 2024.12.31.	공제감면세액 및 추가납부세액합계표(갑)	법 인 명	㈜나라
			사업자등록번호	203-81-63108

1. 최저한세 적용제외 공제감면세액

① 구 분		② 근 거 법 조 항	코드	③ 대상세액	④ 감면 (공제) 세액
세액감면	(101) 창업중소기업에 대한 세액감면(최저한세 적용제외)	「조세특례제한법」제6조제7항 외	110		
	(102) 해외자원개발투자배당 감면	「조세특례제한법」 제22조	103		
	(103) 수도권과밀억제권역 밖으로 이전하는 중소기업 세액감면(수도권 밖으로 이전)	구 「조세특례제한법」 제63조	169		
	(104) 공장의 수도권 밖 이전에 대한 세액감면	「조세특례제한법」 제63조	108		
	(105) 본사의 수도권 밖 이전에 대한 세액감면	「조세특례제한법」 제63조의2	109		
	(106) 영농조합법인 감면	「조세특례제한법」 제66조	104		
	(107) 영어조합법인 감면	「조세특례제한법」 제67조	107		
	(108) 농업회사법인 감면(농업소득)	「조세특례제한법」 제68조	11B		
	(109) 행정중심복합도시 등 공장이전에 대한 조세감면	「조세특례제한법」 제85조의2제3항 (2019.12.31. 법률 제16835호로 개정되기 전의 것)	11A		
	(110) 위기지역 내 창업기업 세액감면(최저한세 적용제외)	「조세특례제한법」 제99조의9	11N		
	(111) 해외진출기업의 국내복귀에 대한 세액감면(철수방식)	「조세특례제한법」 제104조의24제1항제1호	11F		
	(112) 해외진출기업의 국내복귀에 대한 세액감면(유지방식)	「조세특례제한법」 제104조의24제1항제2호	11H		
	(113) 고도기술수반사업 외국인투자 세액감면	「조세특례제한법」 제121조의2제1항제1호	186		
	(114) 외국인투자지역내 외국인투자 세액감면	「조세특례제한법」 제121조의2제1항제2호 또는 제2호의5	187		
	(115) 경제자유구역내 외국인투자 세액감면	「조세특례제한법」 제121조의2제1항제2호의2	188		
	(116) 경제자유구역 개발사업시행자 세액감면	「조세특례제한법」 제121조의2제1항제2호의3	157		
	(117) 제주투자진흥기구의 개발사업시행자 세액감면	「조세특례제한법」 제121조의2제1항제2호의4	158		
	(118) 기업도시 개발구역내 외국인투자 세액감면	「조세특례제한법」 제121조의2제1항제2호의6	159		
	(119) 기업도시 개발사업의 시행자 세액감면	「조세특례제한법」 제121조의2제1항제2호의7	160		
	(120) 새만금사업지역내 외국인투자 세액감면	「조세특례제한법」 제121조의2제1항제2호의8	11J		
	(121) 새만금사업 시행자 세액감면	「조세특례제한법」 제121조의2제1항제2호의9	11K		
	(122) 기타 외국인투자유치를 위한 조세감면	「조세특례제한법」 제121조의2제1항제3호	167		
	(123) 외국인투자기업의 증자의 조세감면	「조세특례제한법」 제121조의4	172		
	(124) 기술도입대가에 대한 조세면제(국내지점 등)	법률 제9921호 조세특례제한법 일부개정법률 부칙 제77조	173		
	(125) 제주첨단과학기술단지 입주기업 조세감면(최저한세 적용제외)	「조세특례제한법」 제121조의8	181		
	(126) 제주투자진흥지구등 입주기업 조세감면(최저한세 적용제외)	「조세특례제한법」 제121조의9	182		
	(127) 기업도시개발구역 등 입주기업 감면(최저한세 적용제외)	「조세특례제한법」 제121조의17제1항제1·3·5호	197		
	(128) 기업도시개발사업 등 시행자 감면	「조세특례제한법」 제121조의17제1항제2·4·6·7호	198		
	(129) 아시아문화중심도시 투자진흥지구 입주기업 감면(최저한세 적용제외)	「조세특례제한법」 제121조의20제1항	11C		
	(130) 금융중심지 창업기업에 대한 감면(최저한세 적용제외)	「조세특례제한법」 제121조의21제1항	11G		
	(131) 동업기업 세액감면 배분액(최저한세 적용제외)	「조세특례제한법」 제100조의18제4항	11D		
	(132) 사회적기업에 대한 감면	「조세특례제한법」 제85조의6	11L		
	(133) 장애인 표준사업장에 대한 감면	「조세특례제한법」 제85조의6	11M		
	(134) 첨단의료복합단지 입주기업에 대한 감면(최저한세 적용제외)	「조세특례제한법」 제121조의22제1항1호	17A		
	(135) 국가식품클러스터 입주기업에 대한 감면(최저한세 적용제외)	「조세특례제한법」 제121조의22제1항2호	17B		
	(136) 연구개발특구 입주기업에 대한 감면(최저한세 적용제외)	「조세특례제한법」 제12조의2	17C		
	(137) 감염병 피해에 따른 특별재난지역의 중소기업에 대한 감면	「조세특례제한법」 제99조의11	17D		
	(138) 기회발전특구 창업기업 등에 대한 법인세 등의 감면(최저한세 적용제외)	「조세특례제한법」 제121조의33	1D1		
	(139) 소 계		170		
세액공제	(140) 외국납부세액공제	「법인세법」 제57조	101		
	(141) 재해손실세액공제	「법인세법」 제58조	102		
	(142) 신성장·원천기술 연구개발비세액공제(최저한세 적용제외)	「조세특례제한법」 제10조제1항제1호	16A		
	(143) 국가전략기술 연구개발비세액공제(최저한세 적용제외)	「조세특례제한법」 제10조제1항제2호	10D		
	(144) 일반 연구·인력개발비세액공제(최저한세 적용제외)	「조세특례제한법」 제10조제1항제3호	16B		
	(145) 동업기업 세액공제 배분액(최저한세 적용제외)	「조세특례제한법」 제100조의18제4항	12D		
	(146) 성실신고 확인비용에 대한 세액공제	「조세특례제한법」 제126조의6	10A		
	(147) 상가임대료를 인하한 임대사업자에 대한 세액공제	「조세특례제한법」 제96조의3	10B		
	(148) 용역제공자에 관한 과세자료의 제출에 대한 세액공제	「조세특례제한법」 제104조의32	10C		
	(149) 소 계		180		
(150) 합 계((139) + (149))			110		

210mm×297mm[백상지 80g/㎡ 또는 중질지 80g/㎡]

(4쪽 중 제2쪽)

2. 최저한세 적용대상 공제감면세액

	① 구 분	② 근 거 법 조 항	코드	③ 대상세액	④ 감면세액
	⑮ 창업중소기업에 대한 세액감면(최저한세 적용대상)	「조세특례제한법」 제6조제1항 · 제5항 · 제6항	111		
	⑮ 창업벤처중소기업 세액감면	「조세특례제한법」 제6조제2항	174		
	⑮ 에너지신기술 중소기업 세액감면	「조세특례제한법」 제6조제4항	13E		
	⑮ 중소기업에 대한 특별세액감면	「조세특례제한법」 제7조	112		
	⑮ 연구개발특구 입주기업에 대한 세액감면(최저한세 적용대상)	「조세특례제한법」 제12조의2	179		
	⑮ 국제금융거래이자소득 면제	「조세특례제한법」 제21조	123		
	⑮ 사업전환 중소기업에 대한 세액감면	구 「조세특례제한법」 제33조의2	192		
	⑮ 무역조정지원기업의 사업전환 세액감면	구 「조세특례제한법」 제33조의2	13A		
	⑮ 기업구조조정 전문회사 주식양도차익 세액감면	법률 제9272호 조세특례제한법 일부개정법률 부칙 제10조 · 제40조	13B		
	⑯ 혁신도시 이전 등 공공기관 세액감면	「조세특례제한법」 제62조제4항	13F		
	⑯ 공장의 지방이전에 대한 세액감면(중소기업의 수도권 안으로 이전)	「조세특례제한법」 제63조	116		
	⑯ 농공단지입주기업 등 감면	「조세특례제한법」 제64조	117		
	⑯ 농업회사법인 감면(농업소득 외의 소득)	「조세특례제한법」 제68조	119		
	⑯ 소형주택 임대사업자에 대한 세액감면	「조세특례제한법」 제96조	13I		
세	⑯ 상가건물 장기임대사업자에 대한 세액감면	「조세특례제한법」 제96조의2	13N		
액	⑯ 산림개발소득 감면	「조세특례제한법」 제102조	124		
감	⑯ 동업기업 세액감면 배분액(최저한세 적용대상)	「조세특례제한법」 제100조의18제4항	13D		
면	⑯ 첨단의료복합단지 입주기업에 대한 감면(최저한세 적용대상)	「조세특례제한법」 제121조의22제1항제1호	13H		
	⑯ 기술이전에 대한 세액감면	「조세특례제한법」 제12조제1항	13J		
	⑰ 기술대여에 대한 세액감면	「조세특례제한법」 제12조제3항	13K		
	⑰ 제주첨단과학기술단지 입주기업 감면(최저한세 적용대상)	「조세특례제한법」 제121조의8	13P		
	⑰ 제주투자진흥지구등 입주기업 감면(최저한세 적용대상)	「조세특례제한법」 제121조의9	13Q		
	⑰ 기업도시개발구역 등 입주기업 감면(최저한세 적용대상)	「조세특례제한법」 제121조의17제1항제1호 · 제3호 · 5호	13R		
	⑰ 위기지역 내 창업기업 세액감면(최저한세 적용대상)	「조세특례제한법」 제99조의9	13S		
	⑰ 아시아문화중심도시 투자진흥지구 입주기업 감면(최저한세 적용대상)	「조세특례제한법」 제121조의20제1항	13T		
	⑰ 금융중심지 창업기업에 대한 감면(최저한세 적용대상)	「조세특례제한법」 제121조의21제1항	13U		
	⑰ 국가식품클러스터 입주기업에 대한 감면(최저한세 적용대상)	「조세특례제한법」 제121조의22제1항제2호	13V		
	⑰ 기회발전특구 창업기업 등에 대한 법인세 등의 감면(최저한세 적용대상)	「조세특례제한법」 제121조의33	1C1		
	⑰ 소 계		130		

210mm×297mm[백상지 80g/㎡ 또는 중질지 80g/㎡]

(4쪽 중 제3쪽)

① 구	분	② 근 거 법 조 항	코드	⑤ 전기 이월액	⑥ 당기발생액	⑦ 공제세액
세액공제	180 중소기업 등 투자세액공제	구「조세특례제한법」 제5조	131			
	181 상생결제 지급금액에 대한 세액공제	「조세특례제한법」 제7조의4	14Z			
	182 대·중소기업 상생협력을 위한 기금출연 세액공제	「조세특례제한법」 제8조의3제1항	14M			
	183 협력중소기업에 대한 유형고정자산 무상임대 세액공제	「조세특례제한법」 제8조의3제2항	18D			
	184 수탁기업에 설치하는 시설에 대한 세액공제	「조세특례제한법」 제8조의3제3항	18L			
	185 교육기관에 무상 기증하는 중고자산에 대한 세액공제	「조세특례제한법」 제8조의3제4항	18R			
	186 신성장·원천기술 연구개발비세액공제(최저한세 적용대상)	「조세특례제한법」 제10조제1항제1호	13L			
	187 국가전략기술 연구개발비세액공제(최저한세 적용대상)	「조세특례제한법」 제10조제1항제2호	10E			
	188 일반 연구·인력개발비세액공제(최저한세 적용대상)	「조세특례제한법」 제10조제1항제3호	13M			
	189 기술취득에 대한 세액공제	「조세특례제한법」 제12조제2항	176			
	190 기술혁신형 합병에 대한 세액공제	「조세특례제한법」 제12조의3	14T			
	191 기술혁신형 주식취득에 대한 세액공제	「조세특례제한법」 제12조의4	14U			
	192 벤처기업등 출자에 대한 세액공제	「조세특례제한법」 제13조의2	18E			
	193 성과공유 중소기업 경영성과급 세액공제	「조세특례제한법」 제19조	18H			
	194 연구·인력개발설비투자 세액공제	구「조세특례제한법」 제25조제1항제1호	134			
	195 에너지절약시설투자 세액공제	구「조세특례제한법」 제25조제1항제2호	177			
	196 환경보전시설 투자 세액공제	구「조세특례제한법」 제25조제1항제3호	14A			
	197 근로자복지증진시설투자 세액공제	구「조세특례제한법」 제25조제1항제4호	142			
	198 안전시설투자 세액공제	구「조세특례제한법」 제25조제1항제5호	136			
	199 생산성향상시설투자세액공제	구「조세특례제한법」 제25조제1항제6호	135			
	200 의약품 품질관리시설투자 세액공제	구「조세특례제한법」 제25조의4	14B			
	201 신성장기술 사업화를 위한 시설투자 세액공제	구「조세특례제한법」 제25조의5	18B			
	202 영상콘텐츠 제작비용에 대한 세액공제(기본공제)	「조세특례제한법」 제25조의6	18C			
	203 영상콘텐츠 제작비용에 대한 세액공제(추가공제)	「조세특례제한법」 제25조의6	1B8			
	204 초연결 네트워크 시설투자에 대한 세액공제	구「조세특례제한법」 제25조의7	18I			
	205 고용창출투자세액공제	「조세특례제한법」 제26조	14N			
	206 산업수요맞춤형고등학교등 졸업자를 병역이행 후 복직시킨 중소기업에 대한 세액공제	「조세특례제한법」 제29조의2	14S			
	207 경력단절 여성 고용 기업 등에 대한 세액공제	「조세특례제한법」 제29조의3제1항	14X			
	208 육아휴직 후 고용유지 기업에 대한 인건비 세액공제	「조세특례제한법」 제29조의3제2항	18J			
	209 근로소득을 증대시킨 기업에 대한 세액공제	「조세특례제한법」 제29조의4	14Y			
	210 청년고용을 증대시킨 기업에 대한 세액공제	「조세특례제한법」 제29조의5	18A			
	211 고용을 증대시킨 기업에 대한 세액공제	「조세특례제한법」 제29조의7	18F			
	212 통합고용세액공제	「조세특례제한법」 제29조의8	18S			
	213 통합고용세액공제(정규직 전환)	「조세특례제한법」 제29조의8	1B4			
	214 통합고용세액공제(육아휴직 복귀)	「조세특례제한법」 제29조의8	1B5			
	215 정규직근로자 전환 세액공제	「조세특례제한법」 제30조의2	14H			
	216 고용유지중소기업에 대한 세액공제	「조세특례제한법」 제30조의3	18K			
	217 중소기업 고용증가 인원에 대한 사회보험료 세액공제	「조세특례제한법」 제30조의4 제1항	14Q	6,174,568		3,202,961
	218 중소기업 사회보험 신규가입에 대한 사회보험료 세액공제	「조세특례제한법」 제30조의4 제3항	18G			
	219 전자신고에 대한 세액공제(납세의무자)	「조세특례제한법」 제104조의8 제1항	184			
	220 전자신고에 대한 세액공제(세무법인 등)	「조세특례제한법」 제104조의8 제3항	14J			
	221 제3자 물류비용 세액공제	「조세특례제한법」 제104조의14	14E			
	222 대학 맞춤형 교육비용 등 세액공제	구「조세특례제한법」 제104조의18제1항	14I			
	223 대학등 기부설비에 대한 세액공제	구「조세특례제한법」 제104조의18제2항	14K			
	224 기업의 경기부 설치운영비용 세액공제	「조세특례제한법」 제104조의22	14O			
	225 동업기업 세액공제 배분액(최저한세 적용대상)	「조세특례제한법」 제100조의18제4항	14L			
	226 산업수요맞춤형 고등학교 등 재학생에 대한 현장훈련수당 등 세액공제	구「조세특례제한법」 제104조의18제4항	14R			
	227 석유제품 전자상거래에 대한 세액공제	「조세특례제한법」 제104조의25	14P			
	228 금 현물시장에서 거래되는 금지금에 대한 과세특례	「조세특례제한법」 제126조의7제8항	14V			
	229 금사업자와 스크랩등사업자의 수입금액의 증가 등에 대한 세액공제	「조세특례제한법」 제122조의4	14W			
	230 우수 선화주 인증 국제물류주선업자 세액공제	「조세특례제한법」 제104조의30	18M			
	231 소재·부품·장비 수요기업 공동출자 세액공제	「조세특례제한법」 제13조의3제1항	18N			
	232 소재·부품·장비 외국법인 인수세액 공제	「조세특례제한법」 제13조의3제3항	18P			
	233 선결제 금액에 대한 세액공제	「조세특례제한법」 제99조의12	18Q			
	234 해외자원개발투자에 대한 과세특례	「조세특례제한법」 제104조의15	1B6			
	235 통합투자세액공제(일반)	「조세특례제한법」 제24조	13W			
	236 통합투자세액공제(신성장·원천기술)	「조세특례제한법」 제24조	13X			
	237 통합투자세액공제(국가전략기술)	「조세특례제한법」 제24조	13Y			
	238 임시통합투자세액공제(일반)	「조세특례제한법」 제24조	1B1			
	239 임시통합투자세액공제(신성장·원천기술)	「조세특례제한법」 제24조	1B2			
	240 임시통합투자세액공제(국가전략기술)	「조세특례제한법」 제24조	1B3			
	241 문화산업전문회사 출자에 대한 세액공제	「조세특례제한법」 제25조의7	1B7			
	242 소 계		149	6,174,568		3,202,961
243 합 계(179 + 242)			150			3,202,961
244 공제감면세액 총계(150 + 243)			151			3,202,961

210mm×297mm[백상지 80g/㎡ 또는 중질지 80g/㎡]

㉔ 기술도입대가에 대한 조세면제	법률 제9921호 조세특례제한법 일부개정법률 부칙 제77조	183			
㉖ 간주·간접 외국납부세액공제	「법인세법」 제57조제3항·제4항·제6항	189			

작성방법

1. ③ 대상세액란: 「법인세법」, 「조세특례제한법」 등에 따른 공제감면대상금액이 있는 경우 공제감면세액계산서(별지 제8호서식 부표 1, 2, 3, 4, 5)에 따라 감면구분별로 적습니다.
2. ④·⑦ 공제세액란: 「법인세법」, 「조세특례제한법」 등에 따른 공제감면세액은 공제감면세액계산서(별지 제8호서식 부표 1, 2, 3, 4, 5)에 따라 계산된 공제세액 중 당기에 공제될 세액의 범위에서 「법인세법」 제59조제1항에 따른 공제순서에 따라 감면 구분별로 적습니다.
3. ⑮란 중 ④ 감면세액란: 법인세 과세표준 및 세액조정계산서(별지 제3호서식)의 ⑫ 최저한세 적용제외 공제감면세액란에 옮겨 적습니다.
4. ㊴란 중 ⑦ 공제세액란: 법인세 과세표준 및 세액조정계산서(별지 제3호서식)의 ⑫ 최저한세 적용대상 공제감면세액란에 옮겨 적습니다.
5. ㉔ 기술도입대가에 대한 조세면제란의 공제세액란: 기술도입대가를 지급하는 내국법인이 별지 제8호서식 부표 9 기술도입대가에 대한 조세면제 명세서의 면제세액 합계액을 적습니다(국내사업장이 있고 해당 기술이 국내사업장에 실질적으로 관련되거나 귀속되는 경우에는 기술을 제공하는 외국법인이 ㉕ 기술도입대가에 대한 조세면제란의 감면세액란에 적습니다).
6. ⑭ 외국납부세액공제란: 외국납부세액과 ㉖ 간주·간접 외국납부세액공제액을 합하여 적고, 간주·간접 외국납부세액공제액은 ㉖란에 별도로 적습니다.
7. 「조세특례제한법」 제10조의 연구·인력개발비세액공제 중 최저한세가 적용되는 공제세액은 ⑯, ⑰ 또는 ⑱란에 적고, 최저한세 적용이 제외되는 공제세액은 ⑲, ⑭ 또는 ⑭란에 각각 구분하여 적습니다.
8. ⑯, ⑰ 또는 ⑱란 중 ⑤ 전기이월액란: 「조세특례제한법」 제144조제1항에 따라 이월된 미공제 금액 중 해당 과세연도에 공제할 일반연구·인력개발비, 신성장·원천기술연구개발비 또는 국가전략기술연구개발비를 각각 구분하여 적습니다(구 공제감면코드: 132).
9. 법령의 개정에 따라 종전의 규정 또는 개정규정에 따라 공제감면 받는 경우에는 비어 있는 란 등에 해당 법령의 조문순서에 따라 별도로 적습니다.
10. ② 근거법조항 중 "구"는 「조세특례제한법」(2020.12.29. 법률 제17759호로 개정되기 전의 것)에 따른 조항을 의미합니다.

210mm×297mm[백상지 80g/㎡ 또는 중질지 80g/㎡]

사례 4 2024년 귀속 신고 시 작성

[별지 제3호 서식] (2023.3.20. 개정) (앞쪽)

사업연도	2024.01.01. ~ 2024.12.31.	법인세 과세표준 및 세액조정계산서	법인명	㈜나라
			사업자등록번호	203-81-63108

구분	항목	코드	금액
① 각 사업연도 소득계산	101 결산서상 당기순손익	01	189 000 000
	소득조정금액 102 익금산입	02	
	소득조정금액 103 손금산입	03	
	104 차가감소득금액 (101+102-103)	04	189 000 000
	105 기부금한도초과액	05	
	106 기부금한도초과이월액 손금산입	54	
	107 각사업연도소득금액 (104+105-106)	06	189 000 000
② 과세표준 계산	108 각사업연도소득금액 (108=107)		189 000 000
	109 이월결손금	07	
	110 비과세소득	08	
	111 소득공제	09	
	112 과세표준 (108-109-110-111)	10	189 000 000
	159 선박표준이익	55	
③ 산출세액 계산	113 과세표준 (112+159)	56	189 000 000
	114 세율	11	9
	115 산출세액	12	17 010 000
	116 지점유보소득 (「법인세법」 제96조)	13	
	117 세율	14	
	118 산출세액	15	
	119 합계 (115+118)	16	17 010 000
④ 납부할 세액 계산	120 산출세액 (120=119)		17 010 000
	121 최저한세 적용대상 공제감면세액	17	3 202 961
	122 차감세액	18	13 807 039
	123 최저한세 적용제외 공제감면세액	19	
	124 가산세액	20	
	125 가감계 (122-123+124)	21	
	기납부세액 기한내납부세액 126 중간예납세액	22	
	기납부세액 기한내납부세액 127 수시부과세액	23	
	기납부세액 기한내납부세액 128 원천납부세액	24	
	기납부세액 기한내납부세액 129 간접투자회사등의 외국납부세액	25	
	기납부세액 기한내납부세액 130 소계 (126+127+128+129)	26	
	기납부세액 131 신고납부전가산세액	27	
	기납부세액 132 합계 (130+131)	28	
	133 감면분추가납부세액	29	2 300 000
	134 차가감납부할세액 (125-132+133)	30	16 107 039
⑤ 토지등양도소득에 대한 법인세 계산	양도차익 135 등기자산	31	
	양도차익 136 미등기자산	32	
	137 비과세소득	33	
	138 과세표준 (135+136-137)	34	
	139 세율	35	
	140 산출세액	36	
	141 감면세액	37	
	142 차감세액 (140-141)	38	
	143 공제세액	39	
	144 동업기업 법인세 배분액 (가산세 제외)	58	
	145 가산세액 (동업기업 배분액 포함)	40	
	146 가감계 (142-143+144+145)	41	
	기납부세액 147 수시부과세액	42	
	기납부세액 148 ( ) 세액	43	
	기납부세액 149 계 (147+148)	44	
	150 차감납부할세액 (146-149)	45	
⑥ 미환류소득법인세	160 과세대상 미환류소득	59	
	161 세율	60	
	162 산출세액	61	
	163 가산세액	62	
	164 이자상당액	63	
	165 납부할세액 (162+163+164)	64	
⑦ 세액계	151 차감납부할세액계 (134+150+165)	46	16 107 039
	152 사실과 다른 회계처리 경정 세액공제	57	
	153 분납세액계산범위액 (151-124-133-145-152+131)	47	13 807 039
	154 분납할세액	48	3 807 039
	155 차감납부세액 (151-152-154)	49	12 300 000

210mm×297mm[백상지 80g/㎡ 또는 중질지 80g/㎡]

사례 5

2023년도 과세표준 115,000,000원, 2024년도 과세표준 189,000,000원이며, 2022년도 전체 상시근로자 수는 17명, 청년등 상시근로자 수는 6명, 청년등외 상시근로자 수는 11명이며, 중소기업 사회보험료 세액공제는 2023년도에 처음으로 적용하였다.

① 연도별 사회보험료율

구 분	건강 보험료율	노인장기 요양보험료	국민연금 보험료율	고용 보험료율	산재 보험료율	보험료율 소계
2023년	3.545%	0.0321956%	4.5000000%	1.1500000%	0.6000000%	9.8271956%
2024년	3.545%	0.0325501%	4.5000000%	1.1500000%	0.6000000%	9.8275501%

② 총급여 및 사회보험료부담금

구 분	근로자	인원수 (명)	총급여(원)	사회 보험료율	사회보험료 부담금	1인당 부담금
2023년	전체 상시근로자	22	489,560,000			
	청년등 상시근로자	9	189,452,000	9.8271956%	18,617,819	2,068,646
	청년외 상시근로자	13	300,108,000	9.8271956%	29,492,200	2,268,630

2023년도 전체 상시근로자 수는 전체 상시근로자 22명, 청년등 상시근로자 7명, 청년등외 상시근로자는 15명으로 전체 상시근로자 수는 변동 없다.

사례 풀이

2022년	2023년		2024년	
근무인원현황	근무인원현황	증감현황	근무인원현황	증감현황
전체 17명 청년 6명 청년외 11명	전체 22명 청년 9명 청년외 13명	5명 증가 3명 증가 2명 증가	전체 22명 청년 7명 청년외 15명	증감 없음 2명 감소 2명 증가

<table>
<tr><th>2022년</th><th>2023년</th><th>2024년</th></tr>
<tr><td rowspan="4">1차연도공제</td><td>① 상황분석</td><td>① 상황분석</td></tr>
<tr><td>직전과세연도(2022년) 대비 전체 상시근로자 수 증가(청년 증가, 청년외 증가)
≫ 공제적용</td><td>직전과세연도(2023년) 대비 전체 상시근로자 수 증가하지 않음(청년 감소, 청년외 증가, 전체 상시근로자 수 증감 없음)
≫ 공제적용불가</td></tr>
<tr><td>② 공제세액계산</td><td>② 공제세액계산</td></tr>
<tr><td>청년 : 3명×2,068,646원×100%
= 6,205,938원
청년외 : 2명×2,268,630원×50%
= 2,268,630원
합계 : 6,205,938원 + 2,268,630원
= 8,474,568원</td><td>청년 : 0원
청년외 : 0원
합계 : 0원</td></tr>
<tr><td rowspan="4">2차연도공제</td><td rowspan="4"></td><td>① 상황분석</td></tr>
<tr><td>직전공제연도(2023년) 대비 전체 상시근로자 수 감소하지 않음(청년 감소, 청년외 증가, 전체 증감 없음)
≫ 청년 추가공제배제, 추가납부 청년외 추가공제 적용</td></tr>
<tr><td>② 추가납부세액 및 추가공제세액 계산</td></tr>
<tr><td>추가납부세액
= 2명×2,068,646원×100%
− 2명×2,268,630원×50%
= 1,868,662원
추가공제세액
청년외 공제액 : 2,268,630원</td></tr>
</table>

1. 2023년 공제액 계산

직전과세연도(2022년) 대비 전체 상시근로자 수가 증가하였으므로 공제적용 가능하며, 청년등 상시근로자의 1인당 사회보험료 부담금의 100%와 청년등외 상시근로자의 1인당 사회보험료 부담금의 50%를 세액공제한다.

2. 2024년 공제액 계산

① 직전과세연도(2023년) 대비 전체 상시근로자 수가 증가하지 않았으므로 세액공제를 적용할 수 없다.

② 직전공제연도(2023년) 대비 전체 상시근로자 수가 감소하지 않고 유지되었으나 청년 등 상시근로자 수가 감소하였으므로 청년등 상시근로자에 대한 추가공제는 적용배제하고 추가납부하여야 하며, 청년등외 상시근로자에 대하여는 추가공제를 적용한다.

※ 추가납부세액의 계산

<table>
<tr><th colspan="2">추가납부할 세액 = A − B</th></tr>
<tr><td rowspan="2">A</td><td>최초공제연도 대비 청년 감소 인원수 × 청년 1인당 공제액</td></tr>
<tr><td>청년 감소 인원수란 최초공제연도 대비 감소한 청년등 상시근로자 수를 말하며, 최초공제연도 대비 청년등 상시근로자가 증가한 수를 한도로 함</td></tr>
<tr><td>B</td><td>청년 감소 인원수 × 청년외 1인당 공제액</td></tr>
</table>

① 추가납부세액 = A − B = 1,868,662원

A = 2명 × 2,068,646원 × 100% = 4,137,292원

B = 2명 × 2,268,630원 × 50% = 2,268,630원

② 추가공제세액

당초(2023년) 청년외 공제액 : 2,268,630원

저자주 제29조의7【고용을 증대시킨 기업에 대한 세액공제】에 관한 다음의 질의회신에 따라 전체 상시근로자 수가 감소하지 않고 청년 등 상시근로자 수가 감소한 경우 잔여공제연도에 대해서 청년외 상시근로자에 대한 추가공제를 반영하지만 제30조의4【중소기업 사회보험료 세액공제】 규정의 경우 제29조의7【고용을 증대시킨 기업에 대한 세액공제】 규정과 달리 1인당 공제액은 총급여 수준에 따라 달라지는 차이점이 있다. 이러한 차이점으로 인해 최초 공제적용 후 전체 상시근로자 수는 감소하지 않고(유지되고) 청년 등 상시근로자 수가 감소한 경우 최초공제연도 증가한 청년등 상시근로자 수를 한도로 하여 추가공제세액은 반영하지 않고 최초 공제 적용 시 청년 등외 상시근로자에 대한 공제액 2,268,630원만 추가공제액으로 반영하였다.

> 내국인이 해당 과세연도의 청년 등 상시근로자 증가인원에 대해 「조세특례제한법」 제29조의7 제1항 제1호에 따른 세액공제를 적용받은 후 다음 과세연도에 청년 등 상시근로자의 수는 감소(최초 과세연도에는 29세 이하였으나, 이후 과세연도에 30세 이상이 되어 청년 수가 감소하는 경우를 포함)하였으나 전체 상시근로자의 수는 유지되는 경우, 잔여 공제연도에 대해서는 제29조의7 제1항 제2호의 공제액을 적용하여 공제가 가능함(기획재정부 조세특례제도과−214, 2023.03.06.)

사례 5 2023년 귀속 신고 시 작성

[별지 제11호의5 서식] (2022.3.18. 개정) (3쪽 중 제1쪽)

중소기업 고용증가 인원에 대한 사회보험료 세액공제 공제세액계산서

❶ 신청인	① 상호 또는 법인명 : ㈜나라	② 사업자등록번호 : 203-81-63108
	③ 대표자 성명 : 김 유 민	④ 생년월일 : 1973년 04월 12일
	⑤ 주소 또는 본점소재지 : 경기도 고양시 일산서구 대화로37번길 102-30(법곶동) (전화번호 : 031-2231-7027)	
❷ 과세연도	2023년 1월 1일부터 2023년 12월 31일까지	

❸ 공제세액 계산내용

⑥ 해당년도 공제세액 합계(⑦+㉒)	8,474,568

1. 청년 및 경력단절 여성 상시근로자 고용증가 인원의 사회보험료 부담증가 상당액에 대한 공제세액계산

⑦ 공제세액(⑩×⑮)	6,205,938

가. 고용증가 인원 계산

⑧ 해당 과세연도 청년등 상시근로자 수	⑨ 직전 과세연도 청년등 상시근로자 수	⑩ 증가한 청년등 상시근로자 수 [(⑧-⑨), ⑩≤㉕]
9.00	6.00	3.00

나. 고용증가 인원 1인당 사용자의 사회보험료 부담금액

⑪ 해당 과세연도에 청년등 상시근로자에게 지급하는 「소득세법」 제20조 제1항에 따른 총급여액	⑫ 해당 과세연도 청년등 상시근로자 수(=⑧)	⑬ 사회보험료율 (=㉑)	⑭국가 등이 지급한 보조금 및 감면액의 1인당 금액	⑮ 사회보험료 부담금 (⑪/⑫×⑬-⑭)
189,452,000	9.00	9.8271956(%)		2,068,646

다. 사회보험료율

⑯ 국민건강보험	⑰ 장기요양보험	⑱ 국민 연금	⑲ 고용 보험	⑳ 산업재해 보상보험	㉑계 (⑯+⑰+⑱+⑲+⑳)
3.5450000(%)	0.0321956(%)	4.5000000(%)	1.1500000(%)	0.6000000(%)	9.8271956(%)

2. 청년 및 경력단절 여성 외 상시근로자 고용증가 인원의 사회보험료 부담증가 상당액에 대한 공제세액계산

㉒ 공제세액(㉗×㉜×0.5, 신성장 서비스업을 영위하는 중소기업의 경우에는 ㉗×㉜×0.75)	2,268,630

가. 고용증가 인원 계산

㉓ 해당 과세연도 상시근로자 수	㉔ 직전 과세연도 상시근로자 수	㉕ 증가한 상시근로자 수 (㉓-㉔)	㉖ 증가한 청년등 상시근로자 수 (=⑩)	㉗ 증가한 청년등 외 상시근로자 수 (㉕-㉖)
22.00	17.00	5.00	3.00	2.00

210mm×297mm[백상지 80g/㎡ 또는 중질지 80g/㎡]

나. 고용증가 인원 1인당 사용자의 사회보험료 부담금액

㉘ 해당 과세연도에 청년등 외 상시근로자에게 지급하는 「소득세법」 제20조제1항에 따른 총급여액	㉙ 해당 과세연도 상시근로자 수 – 해당 과세연도 청년등 상시근로자 수 (㉓–⑧)	㉚ 사회보험료율 (=㉑)	㉛ 국가 등이 지급한 보조금 및 감면액의 1인당 금액	㉜ 사회보험료 부담금 (㉘/㉙×㉚–㉛)
300,108,000	13	9.8271956(%)		2,268,630

3. 2차년도 세제지원 요건 : ㉟ ≥ 0

가. 상시근로자 증가 인원

㉝ 2차년도(해당 과세연도) 상시근로자 수	㉞ 1차년도(직전 과세연도) 상시근로자 수	㉟ 상시근로자 증가 인원 수(㉞–㉝)

나. 2차년도 세액공제액 계산(상시근로자 감소여부)

직전 과세연도 대비 상시근로자 감소여부	직전 과세연도 대비 청년등 상시근로자 수 감소여부	㉠ 직전 과세연도 청년등 상시근로자 증가에 대한 사회보험료 세액공제액	㉡ 직전 과세연도 청년등 외 상시 근로자 증가에 대한 사회보험료 세액공제액	㊱ 2차년도 세액공제액 (㉠+㉡)
부	부			
	여			
여				

㊲ 세액공제액 : ⑥ 해당년도 세액공제액 + ㊱ 2차년도 세액공제액	8,474,568

「조세특례제한법」 제30조의4 제5항에 따라 공제세액계산서를 제출합니다.

2024년 3월 31일

신청인 ㈜나라 김 유 민(서명 또는 인)

고양 세무서장 귀하

첨부서류	없음	수수료 없음

210mm×297mm[백상지 80g/㎡ 또는 중질지 80g/㎡]

사례 5 2023년 귀속 신고 시 작성

중소기업 고용증가 인원 사회보험료 세액공제 검토 서식

<table>
<tr><th colspan="3">검 토 사 항</th><th>적합 여부</th></tr>
<tr><td>중소기업 기준</td><td colspan="2">[서식 5] 중소기업 여부 검토표를 충족하는지 여부</td><td>예 / 아니오</td></tr>
<tr><td>고용요건</td><td colspan="2">상시근로자 수가 증가하였는지 여부

상시근로자 수 = 해당 기간의 매월 말 현재 상시근로자 수의 합 / 해당 기간의 개월 수

① 상시근로자* 수 | 22.00명
② 직전 과세연도 상시근로자 수 | 17.00명
③ 증 감(①−②) | 5.00명

* 상시근로자는 근로기준법에 따라 근로계약을 체결한 근로자로 다음 각 호의 어느 하나에 해당하는 사람은 제외

① 근로계약기간이 1년 미만인 근로자
② 근로기준법 제2조 제1항 제8호에 따른 단시간근로자
③ 법인세법 시행령 제42조 제1항 각 호의 어느 하나에 해당하는 임원
④ 해당 기업의 최대주주 또는 최대출자자와 그 배우자
⑤ 제4호에 해당하는 자의 직계존비속(배우자 포함) 및 국세기본법 시행령 제1조의2 제1항에 따른 친족관계인 사람
⑥ 소득세법 시행령 제196조에 따른 근로소득원천징수부에 의하여 근로소득세를 원천징수한 사실이 확인되지 아니하는 사람
⑦ 국민연금, 고용보험, 산업재해보상보험, 국민건강보험, 장기요양보험에 대하여 사용자가 부담하여야 할 부담금 또는 부담료의 납부사실이 확인되지 아니하는 근로자</td><td>예 / 아니오</td></tr>
<tr><td rowspan="4">감면율</td><td>①
청년</td><td>15세 이상 29세* 이하인 상시근로자인 경우
* 병역 이행 시 현재 연령에서 복무기간(6년 한도)을 차감하여 계산한 연령이 29세 이하인 경우 포함
감면율 100%</td><td rowspan="4">예 / 아니오</td></tr>
<tr><td>②
경력단절 여성</td><td>해당 기업 또는 해당기업과 동일한 업종의 기업에서 1년 이상 근무한 여성이 결혼 · 임신 · 출산 · 육아 · 자녀교육 사유로 퇴직한 후, 퇴직한 날부터 3년 이상 15년 이내에 동종업종기업과 1년 이상 근로계약을 체결한 경우
감면율 100%</td></tr>
<tr><td>③
신성장 서비스업</td><td>조특령 §27의4 ⑤에 따른 신성장서비스업을 주된 사업으로 영위하는 경우
감면율 75%</td></tr>
<tr><td>④
이 외 상시근로자</td><td>①, ②, ③ 외 상시근로자인 경우
감면율 50%</td></tr>
</table>

사례 5 2023년 귀속 신고 시 작성

[별지 제4호 서식] (2019.3.20. 개정) (앞쪽)

사업연도	2023.01.01. ~ 2023.12.31.	최저한세조정계산서	법인명	㈜나라
			사업자등록번호	203-81-63108

1. 최저한세 조정 계산 명세

① 구분		코드	② 감면 후 세액	③ 최저한세	④ 조정감	⑤ 조정 후 세액
⑩ 결산서상 당기순이익		01	115,000,000			
소득조정금액	⑩ 익금산입	02				
	⑩ 손금산입	03				
⑩ 조정 후 소득금액(⑩ + ⑩ - ⑩)		04	115,000,000	115,000,000		115,000,000
최저한세 적용대상 특별비용	⑩ 준비금	05				
	⑩ 특별상각 및 특례자산 감가상각비	06				
⑩ 특별비용 손금산입 전 소득금액 (⑩ + ⑩ + ⑩)		07	115,000,000	115,000,000		115,000,000
⑩ 기부금 한도 초과액		08				
⑩ 기부금 한도초과 이월액 손금산입		09				
⑩ 각 사업연도 소득금액 (⑩ + ⑩ - ⑩)		10	115,000,000	115,000,000		115,000,000
⑪ 이월결손금		11				
⑫ 비과세소득		12				
⑬ 최저한세 적용대상 비과세소득		13				
⑭ 최저한세 적용대상 익금불산입·손금산입		14				
⑮ 차가감소득금액 (⑩ - ⑪ - ⑫ + ⑬ + ⑭)		15	115,000,000	115,000,000		115,000,000
⑯ 소득공제		16				
⑰ 최저한세 적용대상 소득공제		17				
⑱ 과세표준금액 (⑮ - ⑯ + ⑰)		18	115,000,000	115,000,000		115,000,000
⑲ 선박표준이익		24				
⑳ 과세표준금액(⑱ + ⑲)		25	115,000,000	115,000,000		115,000,000
㉑ 세율		19	9	7		9
㉒ 산출세액		20	10,350,000	8,050,000		10,350,000
㉓ 감면세액		21				
㉔ 세액공제		22	8,474,568		6,174,568	2,300,000
㉕ 차감세액(㉒ - ㉓ - ㉔)		23	1,875,432			8,050,000

2. 최저한세 세율 적용을 위한 구분 항목

㉖ 중소기업 유예기간 종료연월		㉗ 유예기간 종료 후 연차			

210mm×297mm[백상지 80g/㎡ 또는 중질지 80g/㎡]

사례 5 2023년 귀속 신고 시 작성

[별지 제8호 서식 부표 3] (2024.3.22. 개정) (앞쪽)

사 업 연 도	2023.01.01. ~ 2023.12.31.	세액공제조정명세서(3)	법인명	㈜나라
			사업자등록번호	203-81-63108

1. 공제세액계산(「조세특례제한법」)

	⑩ 구 분	근거법 조 항	⑩ 계 산 기 준	코드	⑩ 계산명세	⑩ 공제대상 세 액
조세특례제한법	중소기업 등 투자세액공제	구 제5조	투자금액 × 1(2,3,5,10)/100	131		
	상생결제 지급금액에 대한 세액공제	제7조의4	지급기한 15일 이내 : 지급 금액의 0.5% 지급기한 15일 ~ 30일 : 지급 금액의 0.3% 지급기한 30일 ~ 60일 : 지급 금액의 0.015%	14Z		
	대·중소기업 상생협력을 위한 기금출연 세액공제	제8조의3제1항	출연금 × 10/100	14M		
	협력중소기업에 대한 유형고정자산 무상임대 세액공제	제8조의3제2항	장부가액 × 3/100	18D		
	수탁기업에 설치하는 시설에 대한 세액공제	제8조의3제3항	투자금액 × 1(3,7)/100	18L		
	교육기관에 무상 기증하는 중고자산에 대한 세액공제	제8조의3제4항	기증자산 시가 × 10/100	18R		
	신성장·원천기술 연구개발비세액공제(최저한세 적용제외)	제10조제1항제1호	(일반 연구·인력개발비) '14.1.1.~'14.12.31.: 발생액 × 3~4(8,10,15,20,25,30)/100 또는 2년간 연평균 발생액의 초과액 × 40(50)/100 '15.1.1. 이후: 발생액 × 2~3(8,10,15,20,25,30)/100 또는 직전 발생액의 초과액 × 40(50)/100 '17.1.1. 이후: 발생액 × 1~3(8,10,15,20,25,30)/100 또는 직전 발생액의 초과액 × 30(40,50)/100 '18. 1. 1. 이후: 발생액 × 0~2(8,10,15,20,25,30)/100 또는 직전 발생액의 초과액 × 25(40,50)/100 (신성장·원천기술 연구개발비) '17. 1. 1. 이후: 발생액 × 20(30)/100 (국가전략기술 연구개발비) '21. 7. 1. 이후: 발생액 ×30(40)/100	16A		
	국가전략기술 연구개발비세액공제(최저한세 적용제외)	제10조제1항제2호		10D		
	일반 연구·인력개발비세액공제(최저한세 적용제외)	제10조제1항제3호		16B		
	신성장·원천기술 연구개발비세액공제(최저한세 적용대상)	제10조제1항제1호		13L		
	국가전략기술 연구개발비세액공제(최저한세 적용대상)	제10조제1항제2호		10E		
	일반 연구·인력개발비세액공제 (최저한세 적용대상)	제10조제1항제3호		13M		
	기술취득에 대한 세액공제	제12조제2항	특허권 등 취득금액 × 5(10)/100 *법인세의 10% 한도	176		
	기술혁신형 합병에 대한 세액공제	제12조의3	기술가치금액 × 10/100	14T		
	기술혁신형 주식취득에 대한 세액공제	제12조의4	기술가치금액 × 10/100	14U		
	벤처기업등 출자에 대한 세액공제	제13조의2	주식등 취득가액 × 5/100	18E		
	성과공유 중소기업 경영성과급 세액공제	제19조	'22.1.1. 이전 지급분 : 근로자에 지급하는 경영성과급 × 10/100 '22.1.1. 이후 지급분 : 근로자에 지급하는 경영성과급× 15/100	18H		
	연구·인력개발설비투자세액공제	구 제25조제1항제1호	'14.1.1.~'15.12.31. 투자분 : 투자금액 × 3(5,10)/100 '16.1.1. 이후 투자분 : 투자금액 × 1(3,6)/100 '19.1.1. 이후 투자분 : 투자금액 × 1(3,7)/100	134		
	에너지절약시설투자세액공제	구 제25조제1항제2호	'14.1.1.~'15.12.31. 투자분 : 투자금액 × 3(5,10)/100 ('16.1.1. 현재 투자진행 중인 경우 '16.12.31.까지 종전율 적용) '16.1.1. 이후 투자개시분 : 투자금액 × 1(3,10)/100 '19.1.1. 이후 투자분 : 투자금액 × 1(3,7)/100	177		
	환경보전시설 투자세액공제	구 제25조제1항제3호	투자금액 × 3(5,10)/100 '19.1.1. 이후 투자분 : 투자금액 × 3(5,10)/100	14A		
	근로자복지증진시설투자세액공제	구 제25조제1항제4호	투자금액 × 7(10)/100 '19.1.1. 이후 취득분 : 취득금액 × 3(5,10)/100	142		
	안전시설투자세액공제	구 제25조제1항제5호	'13.1.1.~'14.12.31. 투자분 : 투자금액 × 3(7)/100 '15.1.1. 이후 투자분 : 투자금액 × 1(3,7)/100 '19.1.1. 이후 투자분 : 투자금액 × 1(5,10)/100	136		
	생산성향상시설투자세액공제	구 제25조제1항제6호	'13.1.1.~'14.12.31. 투자분 : 투자금액 × 3(7)/100 '15.1.1. 이후 투자분 : 투자금액 × 1(3,7)/100 '20.1.1.~'20.12.31. 투자분 : 투자금액 × 2(5,10))/100 '21.1.1.~'21.12.31. 투자분 : 투자금액 × 1(5,10))/100 '21.1.1.~이후. 투자분 : 투자금액 × 1(3,7))/100	135		
	의약품 품질관리시설투자세액공제	구 제25조의4	'14.1.1.~'16.12.31. 투자분 : 투자금액 × 3(5,7)/100 '17.1.1. 이후 투자분 : 투자금액 × 1(3,6)/100	14B		
	신성장기술 사업화를 위한 시설투자 세액공제	구 제25조의5	투자금액 × 5(7,10)/100	18B		
	영상콘텐츠 제작비용에 대한 세액공제	제25조의6	제작비용 × 3(7,10)/100	18C		
	초연결 네트워크 시설투자에 대한 세액공제	구 제25조의7	투자금액 × 2(3)/100	18I		
	고용창출투자세액공제	제26조	'12.1.1.~12.31.:투자금액 × {기본공제(3~4%)+추가공제(2~3%)} '13.1.1.~12.31.:투자금액 × {기본공제(2~4%)+추가공제(3%)} '14.1.1. 이후: 투자금액 × {기본공제(1~4%)+추가공제(3%)} (한도 : 상시근로자 증가분 × 1,000만원, 1,500만원, 2,000만원) '15.1.1. 이후: 투자금액 × {기본공제(0~3%)+추가공제(3~7%)} '17.1.1. 이후: (한도 : 상시근로자 증가분 × 1,000(1,500)만원, 1,500(2,000)만원, 2,000(2,500)만원)	14N		
	산업수요맞춤형고등학교등 졸업자를 병역이행 후 복직시킨 중소기업에 대한 세액공제	제29조의2	복직자에게 지급한 인건비 × 중소30(중견15)/100	14S		
	경력단절 여성 고용 기업 등에 대한 세액공제	제29조의3제1항	경력단절 여성 재고용 인건비 × 중소30(중견15)/100	14X		
	육아휴직 후 고용유지 기업에 대한 인건비 세액공제	제29조의3제2항	육아휴직 복귀자 인건비 × 중소30(중견15)/100	18J		
	근로소득을 증대시킨 기업에 대한 세액공제	제29조의4	평균 초과 임금증가분 × 5(중견10, 중소20)/100 정규직 전환 근로자의 임금 증가분 × 5(10,20)/100	14Y		
	청년고용을 증대시킨 기업에 대한 세액공제	제29조의5	청년정규직근로자 증가인원수 × 3백만원(7백만원, 1천만원)	18A		
	고용을 증대시킨 기업에 대한 세액공제	제29조의7	직전연도 대비 상시근로자 증가수 × 4백만원(1천2백만원) '21.12.31~'22.12.31 : 직전연도 대비 상시근로자 증가수 × 5백만원(1천3백만원)	18F		
	통합고용세액공제	제29조의8	직전연도 대비 상시근로자 증가수 × 4백만원(1천4백5십만원)	18S		
	정규직 근로자 전환 세액공제	제30조의2	전환인원수 × 중소1천만원(중견7백만원)	14H		
	고용유지중소기업에 대한 세액공제	제30조의3	연간 임금감소 총액× 10/100 + 시간당 임금상승에 따른 보전액 × 15/100	18K		
	중소기업 고용증가 인원에 대한 사회보험료 세액공제	제30조의4제1항	청년(만15~29세)근로자 등 순증인원의 사회보험료(증가분의 100%) 청년 및 경력단절 여성 외 근로자 순증인원의 사회보험료(증가분의 50%,75%)	14Q	6,205,938 +2,268,630	8,474,568

(뒤쪽)

(101) 구분	근거법 조항	(102) 계산 기준	코드	(103) 계산 명세	(104) 공제대상 세액
중소기업 사회보험 신규가입에 대한 사회보험료 세액공제	제30조의4제3항	'20.12.31.까지 사회보험 신규가입에 따 른 사용자 부담액× 50%	18G		
전자신고에 대한 세액공제(법인)	제104조의8제1항	법인세 전자신고시 2만원	184		
전자신고에 대한 세액공제(세무법인 등)	제104조의8제3항	법인 · 소득세 전자신고 대리건수 × 2만원 *한도: 연300만원(세무 · 회계법인 연750만원) 한도액계산시 부가가치세 대리신고에 따른 세액공제액 포함	14J		
제3자 물류비용 세액공제	제104조의14	(전년대비 위탁물류비용 증가액)×3/100(중소기업은 5/100) * 직전 위탁물류비 30% 미만 : (당기 위탁물류비 – 당기 전체물류비 × 30%) ×3/100(중소기업은 5/100) *법인세 10% 한도	14E		
대학 맞춤형 교육비용 세액공제	구 제104조의18제1항	법 제10조 연구 · 인력개발비세액공제 준용 *수도권 소재대학의 발생액은 50%만 인정	14I		
대학등 기부설비에 대한 세액공제	구 제104조의18제2항	법 제11조 연구 · 인력개발설비투자세액공제 준용 *수도권 소재대학의 기부금액은 50%만 인정	14K		
기업의 운동경비부 설치운영 세액공제	제104조의22	설치운영비용 × 10(20)/100	14O		
산업수요맞춤형 고등학교 등 재학생에 대한 현장훈련수당 등 세액공제	구 제104조의18제4항	일반 연구 · 인력개발비 세액공제 준용	14R		
석유제품 전자상거래에 대한 세액공제	제104조의25	'13.1.1.~12.31.: 공급가액의 0.5%(산출세액의 10% 한도) '14.1.1.~'16.12.31.: 공급가액의 0.3%(산출세액의 10% 한도) '17.1.1.~'19.12.31.:공급자는 공급가액의0.1%,수요자0.2%,(산출세액의 10% 한도) '20.1.1.~'22.12.31.:수요자만 공급가액의 0.2%(산출세액의 10% 한도)	14P		
금 현물시장에서 거래되는 금지금에 대한 과세특례	제126조의7제8항	산출세액×[(금 현물시장 이용금액 – 직전 과세연도의 금 현물시장 이용금액)/매출액] 또는 산출세액×[(금 현물시장 이용금액×5/100)/매출액]	14V		
금사업자와 스크랩등 사업자의 수입금액증가등 세액공제	제122조의4	산출세액×[(매입자납부익금및손금합계금액 – 직전 과세연도의 매입자납부익금및손금합계금액)×50/100]/익금및손금합계금액 또는 산출세액×[(매입자납부익금및손금합계금액×5/100]/익금및손금합계금액 *한도: 해당 과세연도 산출세액–직전 과세연도 산출세액	14W		
성실신고 확인비용에 대한 세액공제	제126조의6	확인비용 × 60/100 (150만원 한도)	10A		
우수 선화주 인증받은 국제물류주선업자에 대한 세액공제	제104조의30	운송비용의 1% + 직전과세연도 대비 증가분의 3%(산출세액의 10%한도)	18M		
용역제공자에 관한 과세자료의 제출에 대한 세액공제	제104조의32	과세자료에 기재된 용역제공자 인원수×300원(200만원 한도)	10C		
소재 · 부품 · 장비 수요기업 공동출자세액공제	제13조의3제1항	주식 또는 출자지분 취득가액 5%	18N		
소재 · 부품 · 장비 외국법인 인수세액 공제	제13조의3제3항	주식 또는 출자지분 취득가액 5% (중견7%, 중소10%)	18P		
상가임대료를 인하한 임대사업자에 대한 세액공제	제96조의3	임대료 인하액의 70%	10B		
선결제 금액에 대한 세액공제	제99조의12	선결제금액 × 1%	18Q		
통합투자세액공제(일반)	제24조	기본공제 : 투자금액 × 1(중견5, 중소10)/100, 신성장 · 원천기술 투자금액 × 3(중견6,중소12)/100 국가전략기술 투자금액 × 8(중견8,중소16)/100 추가공제 : 직전 3년 연평균 투자금액 초과액 × 3/100(국가전략기술 4/100)(기본공제 200% 한도)	13W		
통합투자세액공제(신성장 · 원천기술)	제24조		13X		
통합투자세액공제(국가전략기술)	제24조		13Y		
합		계	1A1		8,474,568

2. 당기공제세액 및 이월액계산

(105) 구분	(106) 사업 연도	요공제세액 (107) 당기분	요공제세액 (108) 이월분	당기 공제대상세액 (109) 당기분	(110)1차 연도 / (115)6차 연도	(111)2차 연도 / (116)7차 연도	(112)3차 연도 / (117)8차 연도	(113)4차 연도 / (118)9차 연도	(114)5차 연도 / (119)10차 연도	(120)계	(121)최저한세 적용에 따른 미공제액	(122) 그 밖의 사유로 인한 미공제액	(123) 공제세액 ((120)–(121)–(122))	(124) 소멸	(125) 이월액 ((107)+(108) –(123)–(124))
중소기업 고용증가 인원에 대한 사회보험료 세액공제	2023.12	8,474,568		8,474,568						8,474,568	6,174,568		2,300,000		6,174,568
	소계	8,474,568		8,474,568						8,474,568	6,174,568		2,300,000		6,174,568
	소계														
합 계		8,474,568		8,474,568						8,474,568	6,174,568		2,300,000		6,174,568

작성방법

1. (105) 구분란에는 1. 공제세액계산(「조세특례제한법」)의 코드를 적습니다.
2. (106) 사업연도란에는 이월된 공제대상세액이 발생한 사업연도와 종료월을 적습니다.
3. (107) 당기분란에는 (104) 공제대상세액을 적습니다.
4. (108) 이월분란에는 (101) 구분별, 사업연도별로 전기의 (125) 이월액을 적습니다.
5. (109) 당기분란에는 당기분 세액을 적고, (110)란~(119)란의 해당 연도란에는 (108) 이월분 세액을 각각 적습니다.
6. (121)최저한세 적용에 따른 미공제액란의 합계(※표란)에는 "최저한세조정계산서(별지 제4호서식)"의 ④란 중 (124) 세액공제란의 금액을 옮겨 적고, 「조세특례제한법」 제144조제2항에 규정된 순서에 따라 (121)란의 최저한세 적용에 따른 미공제액의 각 란에 조정하여 적습니다.
7. 근거법조항 중 "구"는 「조세특례제한법」(2020.12.29. 법률 제17759호로 개정되기 전의 것)에 따른 조항을 의미합니다.

사례 5 2023년 귀속 신고 시 작성

[별지 제8호 서식(갑)] (2024.3.22. 개정) (4쪽 중 제1쪽)

사 업 연 도	2023.01.01. ~ 2023.12.31.	공제감면세액 및 추가납부세액합계표(갑)	법 인 명	㈜나라
			사업자등록번호	203-81-63108

1. 최저한세 적용제외 공제감면세액

	① 구 분	② 근 거 법 조 항	코드	③ 대상세액	④ 감면 (공제) 세액
세액감면	(101) 창업중소기업에 대한 세액감면(최저한세 적용제외)	「조세특례제한법」제6조제7항 외	110		
	(102) 해외자원개발투자배당 감면	「조세특례제한법」 제22조	103		
	(103) 수도권과밀억제권역 밖으로 이전하는 중소기업 세액감면(수도권 밖으로 이전)	구 「조세특례제한법」 제63조	169		
	(104) 공장의 수도권 밖 이전에 대한 세액감면	「조세특례제한법」 제63조	108		
	(105) 본사의 수도권 밖 이전에 대한 세액감면	「조세특례제한법」 제63조의2	109		
	(106) 영농조합법인 감면	「조세특례제한법」 제66조	104		
	(107) 영어조합법인 감면	「조세특례제한법」 제67조	107		
	(108) 농업회사법인 감면(농업소득)	「조세특례제한법」 제68조	11B		
	(109) 행정중심복합도시 등 공장이전에 대한 조세감면	「조세특례제한법」 제85조의2제3항 (2019.12.31. 법률 제16835호로 개정되기 전의 것)	11A		
	(110) 위기지역 내 창업기업 세액감면(최저한세 적용제외)	「조세특례제한법」 제99조의9	11N		
	(111) 해외진출기업의 국내복귀에 대한 세액감면(철수방식)	「조세특례제한법」 제104조의24제1항제1호	11F		
	(112) 해외진출기업의 국내복귀에 대한 세액감면(유지방식)	「조세특례제한법」 제104조의24제1항제2호	11H		
	(113) 고도기술수반사업 외국인투자 세액감면	「조세특례제한법」 제121조의2제1항제1호	186		
	(114) 외국인투자지역내 외국인투자 세액감면	「조세특례제한법」 제121조의2제1항제2호 또는 제2호의5	187		
	(115) 경제자유구역내 외국인투자 세액감면	「조세특례제한법」 제121조의2제1항제2호의2	188		
	(116) 경제자유구역 개발사업시행자 세액감면	「조세특례제한법」 제121조의2제1항제2호의3	157		
	(117) 제주투자진흥기구의 개발사업시행자 세액감면	「조세특례제한법」 제121조의2제1항제2호의4	158		
	(118) 기업도시 개발구역내 외국인투자 세액감면	「조세특례제한법」 제121조의2제1항제2호의6	159		
	(119) 기업도시 개발사업의 시행자 세액감면	「조세특례제한법」 제121조의2제1항제2호의7	160		
	(120) 새만금사업지역내 외국인투자 세액감면	「조세특례제한법」 제121조의2제1항제2호의8	11J		
	(121) 새만금사업 시행자 세액감면	「조세특례제한법」 제121조의2제1항제2호의9	11K		
	(122) 기타 외국인투자유치를 위한 조세감면	「조세특례제한법」 제121조의2제1항제3호	167		
	(123) 외국인투자기업의 증자의 조세감면	「조세특례제한법」 제121조의4	172		
	(124) 기술도입대가에 대한 조세면제(국내지점 등)	법률 제9921호 조세특례제한법 일부개정법률 부칙 제77조	173		
	(125) 제주첨단과학기술단지 입주기업 조세감면(최저한세 적용제외)	「조세특례제한법」 제121조의8	181		
	(126) 제주투자진흥지구등 입주기업 조세감면(최저한세 적용제외)	「조세특례제한법」 제121조의9	182		
	(127) 기업도시개발구역 등 입주기업 감면(최저한세 적용제외)	「조세특례제한법」 제121조의17제1항제1 · 3 · 5호	197		
	(128) 기업도시개발사업 등 시행자 감면	「조세특례제한법」 제121조의17제1항제2 · 4 · 6 · 7호	198		
	(129) 아시아문화중심도시 투자진흥지구 입주기업 감면(최저한세 적용제외)	「조세특례제한법」 제121조의20제1항	11C		
	(130) 금융중심지 창업기업에 대한 감면(최저한세 적용제외)	「조세특례제한법」 제121조의21제1항	11G		
	(131) 동업기업 세액감면 배분액(최저한세 적용제외)	「조세특례제한법」 제100조의18제4항	11D		
	(132) 사회적기업에 대한 감면	「조세특례제한법」 제85조의6	11L		
	(133) 장애인 표준사업장에 대한 감면	「조세특례제한법」 제85조의6	11M		
	(134) 첨단의료복합단지 입주기업에 대한 감면(최저한세 적용제외)	「조세특례제한법」 제121조의22제1항1호	17A		
	(135) 국가식품클러스터 입주기업에 대한 감면(최저한세 적용제외)	「조세특례제한법」 제121조의22제1항2호	17B		
	(136) 연구개발특구 입주기업에 대한 감면(최저한세 적용제외)	「조세특례제한법」 제12조의2	17C		
	(137) 감염병 피해에 따른 특별재난지역의 중소기업에 대한 감면	「조세특례제한법」 제99조의11	17D		
	(138) 기회발전특구 창업기업 등에 대한 법인세 등의 감면(최저한세 적용제외)	「조세특례제한법」 제121조의33	1D1		
	(139) 소 계		170		
세액공제	(140) 외국납부세액공제	「법인세법」 제57조	101		
	(141) 재해손실세액공제	「법인세법」 제58조	102		
	(142) 신성장 · 원천기술 연구개발비세액공제(최저한세 적용제외)	「조세특례제한법」 제10조제1항제1호	16A		
	(143) 국가전략기술 연구개발비세액공제(최저한세 적용제외)	「조세특례제한법」 제10조제1항제2호	10D		
	(144) 일반 연구 · 인력개발비세액공제(최저한세 적용제외)	「조세특례제한법」 제10조제1항제3호	16B		
	(145) 동업기업 세액공제 배분액(최저한세 적용제외)	「조세특례제한법」 제100조의18제4항	12D		
	(146) 성실신고 확인비용에 대한 세액공제	「조세특례제한법」 제126조의6	10A		
	(147) 상가임대료를 인하한 임대사업자에 대한 세액공제	「조세특례제한법」 제96조의3	10B		
	(148) 용역제공자에 관한 과세자료의 제출에 대한 세액공제	「조세특례제한법」 제104조의32	10C		
	(149) 소 계		180		
(150) 합 계((139) + (149))			110		

210mm×297mm[백상지 80g/㎡ 또는 중질지 80g/㎡]

(4쪽 중 제2쪽)

2. 최저한세 적용대상 공제감면세액

	① 구 분	② 근 거 법 조 항	코드	③ 대상세액	④ 감면세액
세액감면	⑮ 창업중소기업에 대한 세액감면(최저한세 적용대상)	「조세특례제한법」 제6조제1항 · 제5항 · 제6항	111		
	⑫ 창업벤처중소기업 세액감면	「조세특례제한법」 제6조제2항	174		
	⑬ 에너지신기술 중소기업 세액감면	「조세특례제한법」 제6조제4항	13E		
	⑭ 중소기업에 대한 특별세액감면	「조세특례제한법」 제7조	112		
	⑮ 연구개발특구 입주기업에 대한 세액감면(최저한세 적용대상)	「조세특례제한법」 제12조의2	179		
	⑯ 국제금융거래이자소득 면제	「조세특례제한법」 제21조	123		
	⑰ 사업전환 중소기업에 대한 세액감면	구 「조세특례제한법」 제33조의2	192		
	⑱ 무역조정지원기업의 사업전환 세액감면	구 「조세특례제한법」 제33조의2	13A		
	⑲ 기업구조조정 전문회사 주식양도차익 세액감면	법률 제9272호 조세특례제한법 일부개정법률 부칙 제10조 · 제40조	13B		
	⑳ 혁신도시 이전 등 공공기관 세액감면	「조세특례제한법」 제62조제4항	13F		
	⑪ 공장의 지방이전에 대한 세액감면(중소기업의 수도권 안으로 이전)	「조세특례제한법」 제63조	116		
	⑫ 농공단지입주기업 등 감면	「조세특례제한법」 제64조	117		
	⑬ 농업회사법인 감면(농업소득 외의 소득)	「조세특례제한법」 제68조	119		
	⑭ 소형주택 임대사업자에 대한 세액감면	「조세특례제한법」 제96조	13I		
	⑮ 상가건물 장기임대사업자에 대한 세액감면	「조세특례제한법」 제96조의2	13N		
	⑯ 산림개발소득 감면	「조세특례제한법」 제102조	124		
	⑰ 동업기업 세액감면 배분액(최저한세 적용대상)	「조세특례제한법」 제100조의18제4항	13D		
	⑱ 첨단의료복합단지 입주기업에 대한 감면(최저한세 적용대상)	「조세특례제한법」 제121조의22제1항제1호	13H		
	⑲ 기술이전에 대한 세액감면	「조세특례제한법」 제12조제1항	13J		
	⑳ 기술대여에 대한 세액감면	「조세특례제한법」 제12조제3항	13K		
	⑪ 제주첨단과학기술단지 입주기업 감면(최저한세 적용대상)	「조세특례제한법」 제121조의8	13P		
	⑫ 제주투자진흥지구등 입주기업 감면(최저한세 적용대상)	「조세특례제한법」 제121조의9	13Q		
	⑬ 기업도시개발구역 등 입주기업 감면(최저한세 적용대상)	「조세특례제한법」 제121조의17제1항제1호 · 제3호 · 5호	13R		
	⑭ 위기지역 내 창업기업 세액감면(최저한세 적용대상)	「조세특례제한법」 제99조의9	13S		
	⑮ 아시아문화중심도시 투자진흥지구 입주기업 감면(최저한세 적용대상)	「조세특례제한법」 제121조의20제1항	13T		
	⑯ 금융중심지 창업기업에 대한 감면(최저한세 적용대상)	「조세특례제한법」 제121조의21제1항	13U		
	⑰ 국가식품클러스터 입주기업에 대한 감면(최저한세 적용대상)	「조세특례제한법」 제121조의22제1항제2호	13V		
	⑱ 기회발전특구 창업기업 등에 대한 법인세 등의 감면(최저한세 적용대상)	「조세특례제한법」 제121조의33	1C1		
	⑲ 소 계		130		

210mm×297mm[백상지 80g/㎡ 또는 중질지 80g/㎡]

(4쪽 중 제3쪽)

① 구 분		② 근 거 법 조 항	코드	⑤ 전기이월액	⑥ 당기발생액	⑦ 공제세액
세액공제	(180) 중소기업 등 투자세액공제	구 「조세특례제한법」 제5조	131			
	(181) 상생결제 지급금액에 대한 세액공제	「조세특례제한법」 제7조의4	14Z			
	(182) 대 · 중소기업 상생협력을 위한 기금출연 세액공제	「조세특례제한법」 제8조의3제1항	14M			
	(183) 협력중소기업에 대한 유형고정자산 무상임대 세액공제	「조세특례제한법」 제8조의3제2항	18D			
	(184) 수탁기업에 설치하는 시설에 대한 세액공제	「조세특례제한법」 제8조의3제3항	18L			
	(185) 교육기관에 무상 기증하는 중고자산에 대한 세액공제	「조세특례제한법」 제8조의3제4항	18R			
	(186) 신성장 · 원천기술 연구개발비세액공제(최저한세 적용대상)	「조세특례제한법」 제10조제1항제1호	13L			
	(187) 국가전략기술 연구개발비세액공제(최저한세 적용대상)	「조세특례제한법」 제10조제1항제2호	10E			
	(188) 일반 연구 · 인력개발비세액공제(최저한세 적용대상)	「조세특례제한법」 제10조제1항제3호	13M			
	(189) 기술취득에 대한 세액공제	「조세특례제한법」 제12조제2항	176			
	(190) 기술혁신형 합병에 대한 세액공제	「조세특례제한법」 제12조의3	14T			
	(191) 기술혁신형 주식취득에 대한 세액공제	「조세특례제한법」 제12조의4	14U			
	(192) 벤처기업등 출자에 대한 세액공제	「조세특례제한법」 제13조의2	18E			
	(193) 성과공유 중소기업 경영성과급 세액공제	「조세특례제한법」 제19조	18H			
	(194) 연구 · 인력개발설비투자 세액공제	구 「조세특례제한법」 제25조제1항제1호	134			
	(195) 에너지절약시설투자 세액공제	구 「조세특례제한법」 제25조제1항제2호	177			
	(196) 환경보전시설 투자 세액공제	구 「조세특례제한법」 제25조제1항제3호	14A			
	(197) 근로자복지증진시설투자 세액공제	구 「조세특례제한법」 제25조제1항제4호	142			
	(198) 안전시설투자 세액공제	구 「조세특례제한법」 제25조제1항제5호	136			
	(199) 생산성향상시설투자세액공제	구 「조세특례제한법」 제25조제1항제6호	135			
	(200) 의약품 품질관리시설투자 세액공제	구 「조세특례제한법」 제25조의4	14B			
	(201) 신성장기술 사업화를 위한 시설투자 세액공제	구 「조세특례제한법」 제25조의5	18B			
	(202) 영상콘텐츠 제작비용에 대한 세액공제(기본공제)	「조세특례제한법」 제25조의6	18C			
	(203) 영상콘텐츠 제작비용에 대한 세액공제(추가공제)	「조세특례제한법」 제25조의6	1B8			
	(204) 초연결 네트워크 시설투자에 대한 세액공제	구 「조세특례제한법」 제25조의7	18I			
	(205) 고용창출투자세액공제	「조세특례제한법」 제26조	14N			
	(206) 산업수요맞춤형고등학교등 졸업자를 병역이행 후 복직시킨 중소기업에 대한 세액공제	「조세특례제한법」 제29조의2	14S			
	(207) 경력단절 여성 고용 기업 등에 대한 세액공제	「조세특례제한법」 제29조의3제1항	14X			
	(208) 육아휴직 후 고용유지 기업에 대한 인건비 세액공제	「조세특례제한법」 제29조의3제2항	18J			
	(209) 근로소득을 증대시킨 기업에 대한 세액공제	「조세특례제한법」 제29조의4	14Y			
	(210) 청년고용을 증대시킨 기업에 대한 세액공제	「조세특례제한법」 제29조의5	18A			
	(211) 고용을 증대시킨 기업에 대한 세액공제	「조세특례제한법」 제29조의7	18F			
	(212) 통합고용세액공제	「조세특례제한법」 제29조의8	18S			
	(213) 통합고용세액공제(정규직 전환)	「조세특례제한법」 제29조의8	1B4			
	(214) 통합고용세액공제(육아휴직 복귀)	「조세특례제한법」 제29조의8	1B5			
	(215) 정규직근로자 전환 세액공제	「조세특례제한법」 제30조의2	14H			
	(216) 고용유지중소기업에 대한 세액공제	「조세특례제한법」 제30조의3	18K			
	(217) 중소기업 고용증가 인원에 대한 사회보험료 세액공제	**「조세특례제한법」 제30조의4 제1항**	**14Q**		**8,474,568**	**2,300,000**
	(218) 중소기업 사회보험 신규가입에 대한 사회보험료 세액공제	「조세특례제한법」 제30조의4 제3항	18G			
	(219) 전자신고에 대한 세액공제(납세의무자)	「조세특례제한법」 제104조의8 제1항	184			
	(220) 전자신고에 대한 세액공제(세무법인 등)	「조세특례제한법」 제104조의8 제3항	14J			
	(221) 제3자 물류비용 세액공제	「조세특례제한법」 제104조의14	14E			
	(222) 대학 맞춤형 교육비용 등 세액공제	구 「조세특례제한법」 제104조의18제1항	14I			
	(223) 대학등 기부설비에 대한 세액공제	구 「조세특례제한법」 제104조의18제2항	14K			
	(224) 기업의 경기부 설치운영비용 세액공제	「조세특례제한법」 제104조의22	140			
	(225) 동업기업 세액공제 배분액(최저한세 적용대상)	「조세특례제한법」 제100조의18제4항	14L			
	(226) 산업수요맞춤형 고등학교 등 재학생에 대한 현장훈련수당 등 세액공제	구 「조세특례제한법」 제104조의18제4항	14R			
	(227) 석유제품 전자상거래에 대한 세액공제	「조세특례제한법」 제104조의25	14P			
	(228) 금 현물시장에서 거래되는 금지금에 대한 과세특례	「조세특례제한법」 제126조의7제8항	14V			
	(229) 금사업자와 스크랩등사업자의 수입금액의 증가 등에 대한 세액공제	「조세특례제한법」 제122조의4	14W			
	(230) 우수 선화주 인증 국제물류주선업자 세액공제	「조세특례제한법」 제104조의30	18M			
	(231) 소재 · 부품 · 장비 수요기업 공동출자 세액공제	「조세특례제한법」 제13조의3제1항	18N			
	(232) 소재 · 부품 · 장비 외국법인 인수세액 공제	「조세특례제한법」 제13조의3제3항	18P			
	(233) 선결제 금액에 대한 세액공제	「조세특례제한법」 제99조의12	18Q			
	(234) 해외자원개발투자에 대한 과세특례	「조세특례제한법」 제104조의15	1B6			
	(235) 통합투자세액공제(일반)	「조세특례제한법」 제24조	13W			
	(236) 통합투자세액공제(신성장 · 원천기술)	「조세특례제한법」 제24조	13X			
	(237) 통합투자세액공제(국가전략기술)	「조세특례제한법」 제24조	13Y			
	(238) 임시통합투자세액공제(일반)	「조세특례제한법」 제24조	1B1			
	(239) 임시통합투자세액공제(신성장 · 원천기술)	「조세특례제한법」 제24조	1B2			
	(240) 임시통합투자세액공제(국가전략기술)	「조세특례제한법」 제24조	1B3			
	(241) 문화산업전문회사 출자에 대한 세액공제	「조세특례제한법」 제25조의7	1B7			
	(242) 소 계		149		8,474,568	2,300,000
(243) 합 계((179) + (242))			150			2,300,000
(244) 공제감면세액 총계((150) + (243))			151			2,300,000

210mm×297mm[백상지 80g/㎡ 또는 중질지 80g/㎡]

(245) 기술도입대가에 대한 조세면제	법률 제9921호 조세특례제한법 일부개정법률 부칙 제77조	183			
(246) 간주 · 간접 외국납부세액공제	「법인세법」 제57조제3항 · 제4항 · 제6항	189			

작성방법

1. ③ 대상세액란: 「법인세법」, 「조세특례제한법」 등에 따른 공제감면대상금액이 있는 경우 공제감면세액계산서(별지 제8호서식 부표 1, 2, 3, 4, 5)에 따라 감면구분별로 적습니다.
2. ④ · ⑦ 공제세액란: 「법인세법」, 「조세특례제한법」 등에 따른 공제감면세액은 공제감면세액계산서(별지 제8호서식 부표 1, 2, 3, 4, 5)에 따라 계산된 공제세액 중 당기에 공제될 세액의 범위에서 「법인세법」 제59조제1항에 따른 공제순서에 따라 감면 구분별로 적습니다.
3. (150)란 중 ④ 감면세액란: 법인세 과세표준 및 세액조정계산서(별지 제3호서식)의 (123) 최저한세 적용제외 공제감면세액란에 옮겨 적습니다.
4. (249)란 중 ⑦ 공제세액란: 법인세 과세표준 및 세액조정계산서(별지 제3호서식)의 (121) 최저한세 적용대상 공제감면세액란에 옮겨 적습니다.
5. (245) 기술도입대가에 대한 조세면제란의 공제세액란: 기술도입대가를 지급하는 내국법인이 별지 제8호서식 부표 9 기술도입대가에 대한 조세면제명세서의 면제세액 합계액을 적습니다(국내사업장이 있고 해당 기술이 국내사업장에 실질적으로 관련되거나 귀속되는 경우에는 기술을 제공하는 외국법인이 (245) 기술도입대가에 대한 조세면제란의 감면세액란에 적습니다).
6. (140) 외국납부세액공제란: 외국납부세액과 (246) 간주 · 간접 외국납부세액공제액을 합하여 적고, 간주 · 간접 외국납부세액공제액은 (246)란에 별도로 적습니다.
7. 「조세특례제한법」 제10조의 연구 · 인력개발비세액공제 중 최저한세가 적용되는 공제세액은 (186), (187) 또는 (188)란에 적고, 최저한세 적용이 제외되는 공제세액은 (139), (143) 또는 (140)란에 각각 구분하여 적습니다.
8. (186), (187) 또는 (188)란 중 ⑤ 전기이월액란: 「조세특례제한법」 제144조제1항에 따라 이월된 미공제 금액 중 해당 과세연도에 공제할 일반연구 · 인력개발비, 신성장 · 원천기술연구개발비 또는 국가전략기술연구개발비를 각각 구분하여 적습니다(구 공제감면코드: 132).
9. 법령의 개정에 따라 종전의 규정 또는 개정규정에 따라 공제감면 받는 경우에는 비어 있는 란 등에 해당 법령의 조문순서에 따라 별도로 적습니다.
10. ② 근거법조항 중 "구"는 「조세특례제한법」(2020.12.29. 법률 제17759호로 개정되기 전의 것)에 따른 조항을 의미합니다.

210mm×297mm[백상지 80g/㎡ 또는 중질지 80g/㎡]

사례 5 2023년 귀속 신고 시 작성

[별지 제3호 서식] (2023.3.20. 개정) (앞쪽)

사업연도	2023.01.01. ~ 2023.12.31.	법인세 과세표준 및 세액조정계산서	법인명	㈜나라
			사업자등록번호	203-81-63108

구분	항목		코드	금액
① 각 사업연도 소득계산	101 결산서상 당기순손익		01	115 000 000
	소득조정금액	102 익금산입	02	
		103 손금산입	03	
	104 차가감소득금액 (101+102-103)		04	115 000 000
	105 기부금한도초과액		05	
	106 기부금한도초과이월액 손금산입		54	
	107 각사업연도소득금액 (104+105-106)		06	115 000 000
② 과세표준 계산	108 각사업연도소득금액 (108=107)			115 000 000
	109 이월결손금		07	
	110 비과세소득		08	
	111 소득공제		09	
	112 과세표준 (108-109-110-111)		10	115 000 000
	159 선박표준이익		55	
③ 산출세액 계산	113 과세표준 (112+159)		56	115 000 000
	114 세율		11	9
	115 산출세액		12	10 350 000
	116 지점유보소득 (「법인세법」 제96조)		13	
	117 세율		14	
	118 산출세액		15	
	119 합계 (115+118)		16	10 350 000
④ 납부할 세액 계산	120 산출세액 (120=119)			10 350 000
	121 최저한세 적용대상 공제감면세액		17	2 300 000
	122 차감세액		18	8 050 000
	123 최저한세 적용제외 공제감면세액		19	
	124 가산세액		20	
	125 가감계 (122-123+124)		21	8 050 000
	기납부세액 / 기한내납부세액	126 중간예납세액	22	
		127 수시부과세액	23	
		128 원천납부세액	24	
		129 간접투자회사등의 외국납부세액	25	
		130 소계 (126+127+128+129)	26	
	기납부세액	131 신고납부전가산세액	27	
		132 합계 (130+131)	28	
	133 감면분추가납부세액		29	
	134 차감납부할세액 (125-132+133)		30	8 050 000
⑤ 토지등양도소득에 대한 법인세 계산	양도차익	135 등기자산	31	
		136 미등기자산	32	
	137 비과세소득		33	
	138 과세표준 (135+136-137)		34	
	139 세율		35	
	140 산출세액		36	
	141 감면세액		37	
	142 차감세액 (140-141)		38	
	143 공제세액		39	
	144 동업기업 법인세 배분액 (가산세 제외)		58	
	145 가산세액 (동업기업 배분액 포함)		40	
	146 가감계 (142-143+144+145)		41	
	기납부세액	147 수시부과세액	42	
		148 (　　　) 세액	43	
		149 계 (147+148)	44	
	150 차감납부할세액 (146-149)		45	
⑥ 미환류소득법인세	160 과세대상 미환류소득		59	
	161 세율		60	
	162 산출세액		61	
	163 가산세액		62	
	164 이자상당액		63	
	165 납부할세액 (162+163+164)		64	
⑦ 세액계	151 차감납부할세액계 (134+150+165)		46	8 050 000
	152 사실과 다른 회계처리 경정세액공제		57	
	153 분납세액계산범위액 (151-124-133-145-152+131)		47	
	154 분납할세액		48	
	155 차감납부세액 (151-152-154)		49	8 050 000

210mm×297mm[백상지 80g/㎡ 또는 중질지 80g/㎡]

사례 5 2024년 귀속 신고 시 작성

[별지 제11호의5 서식] (2022.3.18. 개정) (3쪽 중 제1쪽)

중소기업 고용증가 인원에 대한 사회보험료 세액공제 공제세액계산서

❶ 신청인	① 상호 또는 법인명 : ㈜나라	② 사업자등록번호 : 203-81-63108
	③ 대표자 성명 : 김 유 민	④ 생년월일 : 1973년 04월 12일
	⑤ 주소 또는 본점소재지 : 경기도 고양시 일산서구 대화로37번길 102-30(법곳동) (전화번호 : 031-2231-7027)	
❷ 과세연도	2024년 1월 1일부터 2024년 12월 31일까지	

❸ 공제세액 계산내용

⑥ 해당년도 공제세액 합계(⑦+㉒)	

1. 청년 및 경력단절 여성 상시근로자 고용증가 인원의 사회보험료 부담증가 상당액에 대한 공제세액계산

⑦ 공제세액(⑩×⑮)	

가. 고용증가 인원 계산

⑧ 해당 과세연도 청년등 상시근로자 수	⑨ 직전 과세연도 청년등 상시근로자 수	⑩ 증가한 청년등 상시근로자 수 [(⑧-⑨), ⑩≦㉕]
7.00	9.00	

나. 고용증가 인원 1인당 사용자의 사회보험료 부담금액

⑪ 해당 과세연도에 청년등 상시근로자에게 지급하는「소득세법」 제20조제1항에 따른 총급여액	⑫ 해당 과세연도 청년등 상시근로자 수(=⑧)	⑬ 사회보험료율 (=㉑)	⑭국가 등이 지급한 보조금 및 감면액의 1인당 금액	⑮ 사회보험료 부담금 (⑪/⑫×⑬-⑭)
		9.8275501(%)		

다. 사회보험료율

⑯ 국민건강보험	⑰ 장기요양보험	⑱ 국민 연금	⑲ 고용 보험	⑳ 산업재해 보상보험	㉑계 (⑯+⑰+⑱+⑲+⑳)
3.5450000(%)	0.0325501(%)	4.5000000(%)	1.1500000(%)	0.6000000(%)	9.8275501(%)

2. 청년 및 경력단절 여성 외 상시근로자 고용증가 인원의 사회보험료 부담증가 상당액에 대한 공제세액계산

㉒ 공제세액(㉗×㉜×0.5, 신성장 서비스업을 영위하는 중소기업의 경우에는 ㉗×㉜×0.75)	

가. 고용증가 인원 계산

㉓ 해당 과세연도 상시근로자 수	㉔ 직전 과세연도 상시근로자 수	㉕ 증가한 상시근로자 수 (㉓-㉔)	㉖ 증가한 청년등 상시근로자 수 (=⑩)	㉗ 증가한 청년등 외 상시근로자 수 (㉕-㉖)
22.00	22.00			

210mm×297mm[백상지 80g/㎡ 또는 중질지 80g/㎡]

(3쪽 중 제2쪽)

나. 고용증가 인원 1인당 사용자의 사회보험료 부담금액

㉘ 해당 과세연도에 청년등 외 상시근로자에게 지급하는 「소득세법」 제20조 제1항에 따른 총급여액	㉙ 해당 과세연도 상시근로자 수 - 해당 과세연도 청년등 상시근로자 수 (㉓-⑧)	㉚ 사회보험료율 (=㉑)	㉛ 국가 등이 지급한 보조금 및 감면액의 1인당 금액	㉜ 사회보험료 부담금 (㉘/㉙×㉚-㉛)
		9.8275501(%)		

3. 2차년도 세제지원 요건 : ㉟ ≧ 0

가. 상시근로자 증가 인원

㉝ 2차년도(해당 과세연도) 상시근로자 수	㉞ 1차년도(직전 과세연도) 상시근로자 수	㉟ 상시근로자 증가 인원 수(㉞-㉝)
22.00	22.00	

나. 2차년도 세액공제액 계산(상시근로자 감소여부)

직전 과세연도 대비 상시근로자 감소여부	직전 과세연도 대비 청년등 상시근로자 수 감소여부	㉠ 직전 과세연도 청년등 상시근로자 증가에 대한 사회보험료 세액공제액	㉡ 직전 과세연도 청년등 외 상시 근로자 증가에 대한 사회보험료 세액공제액	㊱ 2차년도 세액공제액 (㉠+㉡)
부	부			
	여		2,268,630	2,268,630
여				

㊲ 세액공제액 : ⑥ 해당년도 세액공제액 + ㊱ 2차년도 세액공제액	2,268,630

「조세특례제한법」 제30조의4 제5항에 따라 공제세액계산서를 제출합니다.

2025년 3월 31일

신청인 ㈜나라 김 유 민(서명 또는 인)

고양 세무서장 귀하

첨부서류	없음	수수료 없음

210mm×297mm[백상지 80g/㎡ 또는 중질지 80g/㎡]

사례 5 2024년 귀속 신고 시 작성

<table>
<tr><th colspan="3">검 토 사 항</th><th>적합 여부</th></tr>
<tr><td>중소기업 기준</td><td colspan="2">[서식 5] 중소기업 여부 검토표를 충족하는지 여부</td><td>**예** 아니오</td></tr>
<tr><td>고용요건</td><td colspan="2">상시근로자 수가 증가하였는지 여부

상시근로자 수 = 해당 기간의 매월 말 현재 상시근로자 수의 합 / 해당 기간의 개월 수

① 상시근로자* 수 — 22.00명
② 직전 과세연도 상시근로자 수 — 24.00명
③ 증 감(①-②) — -2.00명

* 상시근로자는 근로기준법에 따라 근로계약을 체결한 근로자로 다음 각 호의 어느 하나에 해당하는 사람은 제외

① 근로계약기간이 1년 미만인 근로자
② 근로기준법 제2조 제1항 제8호에 따른 단시간근로자
③ 법인세법 시행령 제42조 제1항 각 호의 어느 하나에 해당하는 임원
④ 해당 기업의 최대주주 또는 최대출자자와 그 배우자
⑤ 제4호에 해당하는 자의 직계존비속(배우자 포함) 및 국세기본법 시행령 제1조의2 제1항에 따른 친족관계인 사람
⑥ 소득세법 시행령 제196조에 따른 근로소득원천징수부에 의하여 근로소득세를 원천징수한 사실이 확인되지 아니하는 사람
⑦ 국민연금, 고용보험, 산업재해보상보험, 국민건강보험, 장기요양보험에 대하여 사용자가 부담하여야 할 부담금 또는 부담료의 납부사실이 확인되지 아니하는 근로자</td><td>예 **아니오**</td></tr>
<tr><td rowspan="4">감면율</td><td>①
청년</td><td>15세 이상 29세* 이하인 상시근로자인 경우
* 병역 이행 시 현재 연령에서 복무기간(6년 한도)을 차감하여 계산한 연령이 29세 이하인 경우 포함</td><td>감면율 100%</td></tr>
<tr><td>②
경력단절 여성</td><td>해당 기업 또는 해당기업과 동일한 업종의 기업에서 1년 이상 근무한 여성이 결혼 · 임신 · 출산 · 육아 · 자녀교육 사유로 퇴직한 후, 퇴직한 날부터 3년 이상 15년 이내에 동종업종기업과 1년 이상 근로계약을 체결한 경우</td><td>감면율 100%</td></tr>
<tr><td>③
신성장 서비스업</td><td>조특령 §27의4 ⑤에 따른 신성장서비스업을 주된 사업으로 영위하는 경우</td><td>감면율 75%</td></tr>
<tr><td>④
이 외 상시근로자</td><td>①, ②, ③ 외 상시근로자인 경우</td><td>감면율 50%</td></tr>
</table>

감면율 적합 여부: 예 **아니오**

사례 5 2024년 귀속 신고 시 작성

[별지 제8호 서식 부표 6] (2024.3.22. 개정) (앞쪽)

사업연도	2024.01.01. ~ 2024.12.31.	추가납부세액계산서(6)	법인명	㈜나라
			사업자등록번호	203-81-63108

1. 준비금환입에 대한 법인세 추가납부액

① 구분		② 손금산입 연도	③ 추가납부대상 준비금환입액	④ 공제액	⑤ 차감계 (③-④)	⑥ 법인세 상당액	⑦ 이율 (일변)	⑧ 기간	⑨법인세 추가납부액 (⑥×⑦×⑧)
코드	내용								
계									

2. 소득공제액에 대한 법인세 추가납부액

⑩ 구분		⑪ 소득공제 연도	⑫ 추가납부사유	⑬ 공제받은 소득금액	⑭ 법인세 상당액	가산액			⑱법인세 추가납부액 (⑭+⑰)
코드	내용					⑮이율 (일변)	⑯기간	⑰금액 (⑭×⑮×⑯)	
계									

3. 공제감면세액에 대한 법인세 추가납부액

⑲ 구분		⑳ 공제감면 받은연도	㉑ 추가납부 사유	㉒ 공제감면 세액	가 산 액			㉖법 인 세 추가납부액 (㉒+㉕)
코드	내용				㉓이율 (일변)	㉔기간	㉕금액 (㉒×㉓×㉔)	
14Q	제30조의4 중소기업 사회보험료 세액공제	2023	상시근로자 수 감소	1,868,662				1,868,662
계								1,868,662

4. 법인세 추가납부세액 합계 ㉗(⑨+⑱+㉖)	1,868,662

210mm×297mm[백상지 80g/㎡ 또는 중질지 80g/㎡]

사례 5 2024년 귀속 신고 시 작성

[별지 제8호 서식(을)] (2021.3.16. 개정) (3쪽 중 제1쪽)

사업연도	2024.01.01. ~ 2024.12.31.	공제감면세액 및 추가납부세액합계표(을)	법 인 명	㈜나라
			사업자등록번호	203-81-63108

1. 비과세등(「조세특례제한법」)

① 구 분		② 「조세특례제한법」의 근거 조항	코드	③ 금 액
비과세·면제·소득공제	⑩ 중소기업창업투자회사등의 주식양도차익등 비과세	제13조	601	
	⑫ 해외자원개발투자 배당소득에 대한 면제	제22조	61A	
	⑬ 기업구조조정전문회사등의 양도차익 감면	법률 제9272호 「조세특례제한법」부칙 제10조·제40조	604	
	⑭ 어업협정에 따른 어업인에 대한 지원금 비과세	제104조의2제1항	605	
	⑮ 중소기업창업투자회사 등의 소재·부품·장비전문기업 주식양도차익 등에 대한 비과세	제13조의4	62Q	
	⑯ 프로젝트금융투자회사에 대한 소득공제	제104조의31	62R	
	⑰		606	
	⑱ 합 계		610	

2. 익금불산입(「조세특례제한법」)

④ 구 분		⑤ 「조세특례제한법」의 근거 조항	코드	⑥ 결산조정액	⑦ 세무조정액	⑧ 합계 (⑥+⑦)
익금불산입	⑲ 상생협력 중소기업 수입배당금 익금불산입	제8조의2	62D			
	⑩ 출연금 등의 과세특례	제10조의2	627			
	⑪ 사업전환 중소기업의 양도차익 과세특례	법률 제9272호 「조세특례제한법」 부칙 제33조	622			
	⑫ 사업전환 무역조정기업 양도차익 과세특례	제33조	62A			
	⑬ 기업의 금융채무상환 자산매각 양도차익 과세특례	제34조	62F			
	⑭ 내국법인의 외국자회사 주식등 현물출자양도차익 과세특례	제38조의3	611			
	⑮ 재무구조개선을 위한 채무감소액 과세특례	제39조제2항	62G			
	⑯ 주주등의 자산양도소득에 대한 과세특례	제40조	62J			
	⑰ 재무구조 개선을 위한 법인의 채무면제익 과세특례	제44조	613			
	⑱ 재무구조개선 무상감자 수증 주식가액 과세특례	제45조제1항	62H			
	⑲ 공공기관의 구조개편에 따른 양도차익 과세특례	제45조의2	62K			
	⑳ 기업 간 주식등의 교환에 따른 양도차익 과세특례	제46조	62I			
	㉑ 자가물류시설 양도차익 과세특례	제46조의4	628			
	㉒ 합병에 따른 중복자산 양도차익 과세특례	제47조의4	625			
	㉓ 공장 대도시 밖 이전 양도차익 과세특례	제60조제2항	615			
	㉔ 본사 지방이전 양도차익 과세특례	제61조제3항	616			
	㉕ 혁신도시 이전 공공기관 양도차익 과세특례	제62조제1항	62P			
	㉖ 지방이전법인 수도권과밀억제권역 내 공장 양도차익 과세특례	제63조	617			
	㉗ 지방이전법인 수도권과밀억제권역 내 본사 양도차익 과세특례	제63조의2제5항	618			
	㉘ 행정중심복합도시 등 내 공장의 지방이전에 대한 양도차익 과세특례	제85조의2	629			
	㉙ 보육시설 양도차익 과세특례	제85조의5	631			
	㉚ 공익사업목적 공장수용 양도차익 과세특례	제85조의7	62B			
	㉛ 중소기업 과밀억제권역외 공장이전 과세특례	제85조의8	62E			
	㉜ 공익사업목적 물류시설이전 과세특례	제85조의9	62L			
	㉝ 자본확충목적회사에 대한 손실보전준비금 과세특례	제104조의3	62M			
	㉞ 어업협정에 따른 어업인에 대한 보조금 과세특례	제104조의2제2항	620			
	㉟ 대학재정 건전화를 위한 양도차익 과세특례	제104조의16	62C			
	㊱ 대한주택공사 및 한국토지공사 배당금에 대한 과세특례	제104조의21제2항	62N			
	㊲ 국제회계기준 적용 내국법인에 대한 대손충당금 환입액 익금불산입	제104조의23	62O			
	㊳ 내국법인의 금융채무 상환을 위한 자산매각에 대한 과세특례	제121조의26	681			
	㊴ 채무의 인수·변제에 대한 과세특례	제121조의27	682			
	㊵ 주주등의 자산양도에 관한 법인세 등 과세특례	제121조의28	683			
	㊶ 사업재편계획에 따른 기업의 채무면제익에 대한 과세특례	제121조의29	684			
	㊷ 기업간 주식등의 교환에 대한 과세특례	제121조의30	685			
	㊸ 합병에 따른 중복자산의 양도에 대한 과세특례	제121조의31	686			
	㊹		621			
	㊺ 합 계		640			

210mm×297mm[백상지 80g/㎡ 또는 중질지 80g/㎡]

(3쪽 중 제2쪽)

3. 손금산입

	④ 구 분	⑤ 근거 조항	코드	⑥ 결산 조정액	⑦ 세무 조정액	⑧ 합계 (⑥+⑦)
손금산입	⑮ 중소기업지원설비 손금산입(무상기증)	「조세특례제한법」 제8조제1항제1호	659			
	⑯ 중소기업지원설비 손금산입(저가양도)	「조세특례제한법」 제8조제2항제2호	63B			
	⑰ 연구인력개발준비금 손금산입	「조세특례제한법」제9조 (2019.12.31. 법률 제16835호로 개정되기 전의 것)	63J			
	⑱ 감가상각비의 손금산입 특례	법률 제10068호 「조세특례제한법」 부칙 제4조 및 「조세특례제한법」제28조	657			
	⑲ 자산의 포괄적양도에 따른 과세특례	「조세특례제한법」 제37조 (2017.12.19. 법률 제15227호로 개정되기 전의 것)	63L			
	⑳ 주식의 포괄적 교환 · 이전에 대한 과세특례	「조세특례제한법」 제38조	63M			
	㉑ 현물출자에 따른 자산의 양도차익 손금산입	「법인세법」 제47조의2	644			
	㉒ 지주회사의 설립 등 주식양도차익 손금산입	「조세특례제한법」 제38조의2	645			
	㉓ 채무의 인수 · 변제금액 손금산입	「조세특례제한법」 제39조제1항	63E			
	㉔ 재무구조개선을 위해 채무면제한 금융회사의 손금산입	「조세특례제한법」 제44조제4항	647			
	㉕ 재무구조개선 무상감자 증여주식가액 손금산입	「조세특례제한법」 제45조제2항	63F			
	㉖ 물류산업 분할평가차익 손금산입	「조세특례제한법」 제46조의5	664			
	㉗ 구조개선적립금의 손금산입	「조세특례제한법」 제48조	63G			
	㉘ 금융기관의 자산 · 부채인수에 따른 손금산입	「조세특례제한법」 제52조	650			
	㉙ 기부금의 손금산입	「조세특례제한법」 제73조 (2010.12.27. 법률 제10406호로 개정되기 전의 것)	651			
	㉚ 경제자유구역개발사업 토지 현물출자 양도차익 손금산입	「조세특례제한법」 제85조의4	666			
	㉛ 무주택근로자에 대한 주택보조금 손금산입	「조세특례제한법」 제100조	654			
	㉜ 여수세계박람회 참가 준비금 손금산입	「조세특례제한법」 제104조의9	63N			
	㉝ 금융기관 부실채권정리기금 반환출자시 손금산입	「조세특례제한법」 제104조의11	63H			
	㉞ 신용회복목적회사의 손금산입	「조세특례제한법」 제104조의12	63O			
	㉟ 정비사업조합 설립인가등의 취소에 따른 채권 손금산입	「조세특례제한법」 제104조의26	63Q			
	㊱ 해외자원개발사업자의 사업용자산 취득 보조금 손금산입	「조세특례제한법」 제104조의15제4항	63I			
	㊲ 학교법인 출연금액 손금산입	「조세특례제한법」 제104조의16	63A			
	㊳ 휴면예금 출연금액 손금산입	「조세특례제한법」 제104조의17	63C			
	㊴ 대한주택공사 및 한국토지공사의 합병 손금산입	「조세특례제한법」 제104조의21제1항	63P			
	㊵		656			
	㊶ 합 계		670			

4. 이월과세(「조세특례제한법」)

⑨ 구 분	⑩ 근거 조항	코드	⑪ 이월과세 납부세액
⑯ 중소기업 통합에 대한 양도소득세 이월과세	제31조	661	
⑰ 법인전환에 대한 양도소득세 이월과세	제32조	662	
⑱ 영농조합법인에 현물출자시 양도소득세 이월과세	제66조제7항	66A	
⑲ 농업회사법인에 현물출자시 양도소득세 이월과세	제68조제3항	66B	
⑳ 합 계		667	

5. 추가납부세액

	⑫ 구 분	⑬ 근거법 조항	코드	⑭ 대상금액	⑮ 세 액
조세특례제한법	⑱ 준비금환입에 대한 법인세 추가납부		771		
	⑫ 소득공제액에 대한 법인세 추가납부		772		
	⑬ 공제감면세액에 대한 법인세 추가납부 * 제5조 · 제11조 · 제24조 · 제25조 · 제25조의2 · 제26조 · 제94조 · 제96조		773		
	⑭ 기 타	조특법 제30조의 4	775		1,868,662
	⑮ 소 계		780		1,868,662
법인세법 등	⑯ 가공제 원천납부세액 추가납부	「법인세법 시행령」 제113조제6항	781		
	⑰ 업무무관부동산 지급이자 손금부인에 따른 증가세액	「법인세법 시행규칙」 제27조	782		
	⑱ 외국법인의 신고기한 연장에 따른 이자상당액	「법인세법」 제97조제3항	783		
	⑲ 내국법인의 신고기한 연장에 따른 이자상당액	「법인세법」 제60조제8항	786		
	⑲ 혼성금융상품 관련 추가 손금불산입 이자상당액	「국제조세조정에 관한 법률」 제25조제2항	787		
	⑲ 기 타		785		
	⑲ 소 계		784		
⑮ 추가납부세액 합계(⑮ + ⑲)			790		1,868,662

210mm×297mm[백상지 80g/㎡ 또는 중질지 80g/㎡]

사례 5 2024년 귀속 신고 시 작성

[별지 제4호 서식] (2019.3.20. 개정) (앞쪽)

사업연도	2024.01.01. ~ 2024.12.31.	최저한세조정계산서	법인명	㈜나라
			사업자등록번호	203-81-63108

1. 최저한세 조정 계산 명세

① 구분		코드	② 감면 후 세액	③ 최저한세	④ 조정감	⑤ 조정 후 세액
⑩ 결산서상 당기순이익		01	189,000,000			
소득조정금액	⑫ 익금산입	02				
	⑬ 손금산입	03				
⑭ 조정 후 소득금액(⑪+⑫-⑬)		04	189,000,000	189,000,000		189,000,000
최저한세 적용대상 특별비용	⑮ 준비금	05				
	⑯ 특별상각 및 특례자산 감가상각비	06				
⑰ 특별비용 손금산입 전 소득금액(⑭+⑮+⑯)		07	189,000,000	189,000,000		189,000,000
⑱ 기부금 한도초과액		08				
⑲ 기부금 한도초과 이월액 손금산입		09				
⑪ 각 사업연도 소득금액(⑰+⑱-⑲)		10	189,000,000	189,000,000		189,000,000
⑪ 이월결손금		11				
⑫ 비과세소득		12				
⑬ 최저한세 적용대상 비과세소득		13				
⑭ 최저한세 적용대상 익금불산입·손금산입		14				
⑮ 차가감소득금액(⑩-⑪-⑫+⑬+⑭)		15	189,000,000	189,000,000		189,000,000
⑯ 소득공제		16				
⑰ 최저한세 적용대상 소득공제		17				
⑱ 과세표준금액(⑮-⑯+⑰)		18	189,000,000	189,000,000		189,000,000
⑲ 선박표준이익		24				
⑳ 과세표준금액(⑱+⑲)		25	189,000,000	189,000,000		189,000,000
㉑ 세율		19	9	7		9
㉒ 산출세액		20	17,010,000	13,230,000		17,010,000
㉓ 감면세액		21				
㉔ 세액공제		22	8,443,198		4,663,198	3,780,000
㉕ 차감세액(㉒-㉓-㉔)		23	8,566,802			13,230,000

2. 최저한세 세율 적용을 위한 구분 항목

㉖ 중소기업 유예기간 종료연월		㉗ 유예기간 종료 후 연차			

210mm×297mm[백상지 80g/㎡ 또는 중질지 80g/㎡]

PART 05 고용지원을 위한 조세특례

사례 5 2024년 귀속 신고 시 작성

[별지 제8호 서식 부표 3] (2024.3.22. 개정) (앞쪽)

사 업 연 도	2024.01.01. ~ 2024.12.31.	세액공제조정명세서(3)	법인명	㈜나라
			사업자등록번호	203-81-63108

1. 공제세액계산(「조세특례제한법」)

	(101) 구 분	근거법 조 항	(102) 계 산 기 준	코드	(103) 계산명세	(104) 공제대상 세 액
조세특례제한법	중소기업 등 투자세액공제	구 제5조	투자금액 × 1(2,3,5,10)/100	131		
	상생결제 지급금액에 대한 세액공제	제7조의4	지급기한 15일 이내 : 지급 금액의 0.5% 지급기한 15일 ~ 30일 : 지급 금액의 0.3% 지급기한 30일 ~ 60일 : 지급 금액의 0.015%	14Z		
	대·중소기업 상생협력을 위한 기금출연 세액공제	제8조의3제1항	출연금 × 10/100	14M		
	협력중소기업에 대한 유형고정자산 무상임대 세액공제	제8조의3제2항	장부가액 × 3/100	18D		
	수탁기업에 설치하는 시설에 대한 세액공제	제8조의3제3항	투자금액 × 1(3,7)/100	18L		
	교육기관에 무상 기증하는 중고자산에 대한 세액공제	제8조의3제4항	기증자산 시가 × 10/100	18R		
	신성장·원천기술 연구개발비세액공제(최저한세 적용제외)	제10조제1항제1호	(일반 연구·인력개발비) '14.1.1.~'14.12.31.: 발생액 × 3~4(8,10,15,20,25,30)/100 또는 2년간 연평균 발생액의 초과액 × 40(50)/100 '15.1.1. 이후: 발생액 × 2~3(8,10,15,20,25,30)/100 또는 직전 발생액의 초과액 × 40(50)/100 '17.1.1. 이후: 발생액 × 1~3(8,10,15,20,25,30)/100 또는 직전 발생액의 초과액 × 30(40,50)/100 '18. 1. 1. 이후: 발생액 × 0~2(8,10,15,20,25,30)/100 또는 직전 발생액의 초과액 × 25(40,50)/100 (신성장·원천기술 연구개발비) '17. 1. 1. 이후: 발생액 × 20(30)/100 (국가전략기술 연구개발비) '21. 7. 1. 이후: 발생액 ×30(40)/100	16A		
	국가전략기술 연구개발비세액공제(최저한세 적용제외)	제10조제1항제2호		10D		
	일반 연구·인력개발비세액공제(최저한세 적용제외)	제10조제1항제3호		16B		
	신성장·원천기술 연구개발비세액공제(최저한세 적용대상)	제10조제1항제1호		13L		
	국가전략기술 연구개발비세액공제(최저한세 적용대상)	제10조제1항제2호		10E		
	일반 연구·인력개발비세액공제(최저한세 적용대상)	제10조제1항제3호		13M		
	기술취득에 대한 세액공제	제12조제2항	특허권 등 취득금액 × 5(10)/100 *법인세의 10% 한도	176		
	기술혁신형 합병에 대한 세액공제	제12조의3	기술가치금액 × 10/100	14T		
	기술혁신형 주식취득에 대한 세액공제	제12조의4	기술가치금액 × 10/100	14U		
	벤처기업등 출자에 대한 세액공제	제13조의2	주식등 취득가액 × 5/100	18E		
	성과공유 중소기업 경영성과급 세액공제	제19조	'22.1.1. 이전 지급분 : 근로자에 지급하는 경영성과급 × 10/100 '22.1.1. 이후 지급분 : 근로자에 지급하는 경영성과급× 15/100	18H		
	연구·인력개발설비투자세액공제	구 제25조제1항제1호	'14.1.1.~'15.12.31. 투자분 : 투자금액 × 3(5,10)/100 '16.1.1. 이후 투자분 : 투자금액 × 1(3,6)/100 '19.1.1. 이후 투자분 : 투자금액 × 1(3,7)/100	134		
	에너지절약시설투자세액공제	구 제25조제1항제2호	'14.1.1.~'15.12.31. 투자분 : 투자금액 × 3(5,10)/100 ('16.1.1. 현재 투자진행 중인 경우 '16.12.31.까지 종전율 적용) '16.1.1. 이후 투자개시분 : 투자금액 × 1(3,10)/100 '19.1.1. 이후 투자분 : 투자금액 × 1(3,7)/100	177		
	환경보전시설 투자세액공제	구 제25조제1항제3호	투자금액 × 3(5,10)/100 '19.1.1. 이후 투자분 : 투자금액 × 3(5,10)/100	14A		
	근로자복지증진시설투자세액공제	구 제25조제1항제4호	투자금액 × 7(10)/100 '19.1.1. 이후 취득분 : 취득금액 × 3(5,10)/100	142		
	안전시설투자세액공제	구 제25조제1항제5호	'13.1.1.~'14.12.31. 투자분 : 투자금액 × 3(7)/100 '15.1.1. 이후 투자분 : 투자금액 × 1(3,7)/100 '19.1.1. 이후 투자분 : 투자금액 × 1(5,10)/100	136		
	생산성향상시설투자세액공제	구 제25조제1항제6호	'13.1.1.~'14.12.31. 투자분 : 투자금액 × 3(7)/100 '15.1.1. 이후 투자분 : 투자금액 × 1(3,7)/100 '20.1.1.~'20.12.31. 투자분 : 투자금액 × 2(5,10))/100 '21.1.1.~'21.12.31. 투자분 : 투자금액 × 1(5,10))/100 '21.1.1.~이후. 투자분 : 투자금액 × 1(3,7))/100	135		
	의약품 품질관리시설투자세액공제	구 제25조의4	'14.1.1.~'16.12.31. 투자분 : 투자금액 × 3(5,7)/100 '17.1.1. 이후 투자분 : 투자금액 × 1(3,6)/100	14B		
	신성장기술 사업화를 위한 시설투자 세액공제	구 제25조의5	투자금액 × 5(7,10)/100	18B		
	영상콘텐츠 제작비용에 대한 세액공제	제25조의6	제작비용 × 3(7,10)/100	18C		
	초연결 네트워크 시설투자에 대한 세액공제	구 제25조의7	투자금액 × 2(3)/100	18I		
	고용창출투자세액공제	제26조	'12.1.1.~12.31.:투자금액 × {기본공제(3~4%)+추가공제(2~3%)} '13.1.1.~12.31.:투자금액 × {기본공제(2~4%)+추가공제(3%)} '14.1.1. 이후: 투자금액 × {기본공제(1~4%)+추가공제(3%)} (한도 : 상시근로자 증가분 × 1,000만원, 1,500만원, 2,000만원) '15.1.1. 이후: 투자금액 × {기본공제(0~3%)+추가공제(3~7%)} '17.1.1. 이후: (한도 : 상시근로자 증가분 × 1,000(1,500)만원, 1,500(2,000)만원, 2,000(2,500)만원)	14N		
	산업수요맞춤형고등학교등 졸업자를 병역이행 후 복직시킨 중소기업에 대한 세액공제	제29조의2	복직자에게 지급한 인건비 × 중소30(중견15)/100	14S		
	경력단절 여성 고용 기업 등에 대한 세액공제	제29조의3제1항	경력단절 여성 재고용 인건비 × 중소30(중견15)/100	14X		
	육아휴직 후 고용유지 기업에 대한 인건비 세액공제	제29조의3제2항	육야휴직 복귀자 인건비 × 중소30(중견15)/100	18J		
	근로소득을 증대시킨 기업에 대한 세액공제	제29조의4	평균 초과 임금증가분 × 5(중견10, 중소20)/100 정규직 전환 근로자의 임금 증가분 × 5(10,20)/100	14Y		
	청년고용을 증대시킨 기업에 대한 세액공제	제29조의5	청년정규직근로자 증가인원수 × 3백만원(7백만원, 1천만원)	18A		
	고용을 증대시킨 기업에 대한 세액공제	제29조의7	직전연도 대비 상시근로자 증가수 × 4백만원(1천2백만원) '21.12.31~'22.12.31 : 직전연도 대비 상시근로자 증가수 × 5백만원(1천3백만원)	18F		
	통합고용세액공제	제29조의8	직전연도 대비 상시근로자 증가수 × 4백만원(1천4백5십만원)	18S		
	정규직 근로자 전환 세액공제	제30조의2	전환인원수 × 중소1천만원(중견7백만원)	14H		
	고용유지중소기업에 대한 세액공제	제30조의3	연간 임금감소 총액× 10/100 + 시간당 임금상승에 따른 보전액 × 15/100	18K		
	중소기업 고용증가 인원에 대한 사회보험료 세액공제	제30조의4제1항	청년(만15~29세)근로자 등 순증인원의 사회보험료(증가분의 100%) 청년 및 경력단절 여성 외 근로자 순증인원의 사회보험료(증가분의 50%,75%)	14Q		

(뒤쪽)

(101) 구 분	근거법 조 항	(102) 계 산 기 준	코드	(103) 계산 명세	(104) 공제대상 세 액
중소기업 사회보험 신규가입에 대한 사회보험료 세액공제	제30조의4제3항	'20.12.31.까지 사회보험 신규가입에 따 른 사용자 부담액× 50%	18G		
전자신고에 대한 세액공제(법인)	제104조의8제1항	법인세 전자신고시 2만원	184		
전자신고에 대한 세액공제(세무법인 등)	제104조의8제3항	법인 · 소득세 전자신고 대리건수 × 2만원 *한도: 연300만원(세무 · 회계법인 연750만원) 한도액계산시 부가가치세 대리신고에 따른 세액공제액 포함	14J		
제3자 물류비용 세액공제	제104조의14	(전년대비 위탁물류비용 증가액)×3/100(중소기업은 5/100) * 직전 위탁물류비 30% 미만 : (당기 위탁물류비 – 당기 전체물류비 × 30%) ×3/100(중소기업은 5/100) * 법인세 10% 한도	14E		
대학 맞춤형 교육비용 세액공제	구 제104조의18제1항	법 제10조 연구 · 인력개발비세액공제 준용 *수도권 소재대학의 발생액은 50%만 인정	14I		
대학등 기부설비에 대한 세액공제	구 제104조의18제2항	법 제11조 연구 · 인력개발설비투자세액공제 준용 *수도권 소재대학의 기부금액은 50%만 인정	14K		
기업의 운동경비부 설치운영 세액공제	제104조의22	설치운영비용 × 10(20)/100	14O		
산업수요맞춤형 고등학교 등 재학생에 대한 현장훈련수당 등 세액공제	구 제104조의18제4항	일반 연구 · 인력개발비 세액공제 준용	14R		
석유제품 전자상거래에 대한 세액공제	제104조의25	'13.1.1.~12.31.: 공급가액의 0.5%(산출세액의 10% 한도) '14.1.1.~'16.12.31.: 공급가액의 0.3%(산출세액의 10% 한도) '17.1.1.~'19.12.31.:공급자는 공급가액의0.1%,수요자0.2%, (산출세액의 10% 한도) '20.1.1.~'22.12.31.:수요자만 공급가액의 0.2%(산출세액의 10% 한도)	14P		
금 현물시장에서 거래되는 금지금에 대한 과세특례	제126조의7제8항	산출세액×[(금 현물시장 이용금액 – 직전 과세연도의 금 현물시장 이용금액)/매출액] 또는 산출세액×[(금 현물시장 이용금액×5/100)/매출액]	14V		
금사업자와 스크랩등 사업자의 수입금액증가등 세액공제	제122조의4	산출세액×[(매입자납부익금및손금합계금액 – 직전 과세연도의 매입자납부익금및손금합계금액)×50/100]/익금및손금합계금액 또는 산출세액×[(매입자납부익금및손금합계금액×5/100]/익금및손금합계금액 *한도: 해당 과세연도 산출세액–직전 과세연도 산출세액	14W		
성실신고 확인비용에 대한 세액공제	제126조의6	확인비용 × 60/100 (150만원 한도)	10A		
우수 선화주 인증받은 국제물류주선업자에 대한 세액공제	제104조의30	운송비용의 1% + 직전과세연도 대비 증가분의 3%(산출세액의 10%한도)	18M		
용역제공자에 관한 과세자료의 제출에 대한 세액공제	제104조의32	과세자료에 기재된 용역제공자 인원수×300원(200만원 한도)	10C		
소재 · 부품 · 장비 수요기업 공동출자세액공제	제13조의3제1항	주식 또는 출자지분 취득가액 5%	18N		
소재 · 부품 · 장비 외국법인 인수세액 공제	제13조의3제3항	주식 또는 출자지분 취득가액 5% (중견7%, 중소10%)	18P		
상가임대료를 인하한 임대사업자에 대한 세액공제	제96조의3	임대료 인하액의 70%	10B		
선결제 금액에 대한 세액공제	제99조의12	선결제금액 × 1%	18Q		
통합투자세액공제(일반)	제24조	기본공제 : 투자금액 × 1(중견5, 중소10)/100, 신성장 · 원천기술 투자금액 × 3(중견6,중소12)/100 국가전략기술 투자금액 × 8(중견8,중소16)/100 추가공제 : 직전 3년 연평균 투자금액 초과액 × 3/100(국가전략기술 4/100)(기본공제 200% 한도)	13W		
통합투자세액공제(신성장 · 원천기술)	제24조		13X		
통합투자세액공제(국가전략기술)	제24조		13Y		
합		계	1A1		

2. 당기공제세액 및 이월액계산

(105) 구분	(106) 사업 연도	요공제세액 (107) 당기분	요공제세액 (108) 이월분	당기 공제대상세액 (109) 당기분	(110)1차 연도 / (115)6차 연도	(111)2차 연도 / (116)7차 연도	(112)3차 연도 / (117)8차 연도	(113)4차 연도 / (118)9차 연도	(114)5차 연도 / (119)10차 연도	(120)계	(121)최저한세 적용에 따른 미공제액	(122) 그 밖의 사유로 인한 미공제액	(123) 공제세액 ((120)-(121)-(122))	(124) 소멸	(125) 이월액 ((107)+(108)-(123)-(124))
중소기업 고용증가 인원에 대한 사회보험료 세액공제	2024.12.	2,268,630		2,268,630						2,268,630	2,268,630				2,268,630
	2023.12.		6,174,568		6,174,568					6,174,568	2,394,568		3,780,000		2,394,568
	소계	2,268,630	6,174,568	2,268,630						8,443,198	4,663,198		3,780,000		4,663,198
합 계		2,268,630	6,174,568	2,268,630	6,174,568					8,443,198	4,663,198		3,780,000		4,663,198

작성방법

1. (105) 구분란에는 1. 공제세액계산(「조세특례제한법」)의 코드를 적습니다.
2. (106) 사업연도란에는 이월된 공제대상세액이 발생한 사업연도와 종료월을 적습니다.
3. (107) 당기분란에는 (104) 공제대상세액을 적습니다.
4. (108) 이월분란에는 (101) 구분별, 사업연도별로 전기의 (125) 이월액을 적습니다.
5. (109) 당기분란에는 당기분 세액을 적고, (110)란~(119)란의 해당 연도란에는 (108) 이월분 세액을 각각 적습니다.
6. (121)최저한세 적용에 따른 미공제액란의 합계(※표란)에는 "최저한세조정계산서(별지 제4호서식)"의 ④란 중 (123) 세액공제란의 금액을 옮겨 적고, 「조세특례제한법」 제144조제2항에 규정된 순서에 따라 (121)란의 최저한세 적용에 따른 미공제액의 각 란에 조정하여 적습니다.
7. 근거법조항 중 "구"는 「조세특례제한법」(2020.12.29. 법률 제17759호로 개정되기 전의 것)에 따른 조항을 의미합니다.

사례 5 2024년 귀속 신고 시 작성

[별지 제8호 서식(갑)] (2024.3.22. 개정) (4쪽 중 제1쪽)

사 업 연 도	2024.01.01. ~ 2024.12.31.	공제감면세액 및 추가납부세액합계표(갑)	법 인 명	㈜나라
			사업자등록번호	203-81-63108

1. 최저한세 적용제외 공제감면세액

	① 구 분	② 근 거 법 조 항	코드	③ 대상세액	④ 감면 (공제) 세액
세액감면	(101) 창업중소기업에 대한 세액감면(최저한세 적용제외)	「조세특례제한법」제6조제7항 외	110		
	(102) 해외자원개발투자배당 감면	「조세특례제한법」 제22조	103		
	(103) 수도권과밀억제권역 밖으로 이전하는 중소기업 세액감면(수도권 밖으로 이전)	구「조세특례제한법」 제63조	169		
	(104) 공장의 수도권 밖 이전에 대한 세액감면	「조세특례제한법」 제63조	108		
	(105) 본사의 수도권 밖 이전에 대한 세액감면	「조세특례제한법」 제63조의2	109		
	(106) 영농조합법인 감면	「조세특례제한법」 제66조	104		
	(107) 영어조합법인 감면	「조세특례제한법」 제67조	107		
	(108) 농업회사법인 감면(농업소득)	「조세특례제한법」 제68조	11B		
	(109) 행정중심복합도시 등 공장이전에 대한 조세감면	「조세특례제한법」 제85조의2제3항 (2019.12.31. 법률 제16835호로 개정되기 전의 것)	11A		
	(110) 위기지역 내 창업기업 세액감면(최저한세 적용제외)	「조세특례제한법」 제99조의9	11N		
	(111) 해외진출기업의 국내복귀에 대한 세액감면(철수방식)	「조세특례제한법」 제104조의24제1항제1호	11F		
	(112) 해외진출기업의 국내복귀에 대한 세액감면(유지방식)	「조세특례제한법」 제104조의24제1항제2호	11H		
	(113) 고도기술수반사업 외국인투자 세액감면	「조세특례제한법」 제121조의2제1항제1호	186		
	(114) 외국인투자지역내 외국인투자 세액감면	「조세특례제한법」 제121조의2제1항제2호 또는 제2호의5	187		
	(115) 경제자유구역내 외국인투자 세액감면	「조세특례제한법」 제121조의2제1항제2호의2	188		
	(116) 경제자유구역 개발사업시행자 세액감면	「조세특례제한법」 제121조의2제1항제2호의3	157		
	(117) 제주투자진흥기구의 개발사업시행자 세액감면	「조세특례제한법」 제121조의2제1항제2호의4	158		
	(118) 기업도시 개발구역내 외국인투자 세액감면	「조세특례제한법」 제121조의2제1항제2호의6	159		
	(119) 기업도시 개발사업의 시행자 세액감면	「조세특례제한법」 제121조의2제1항제2호의7	160		
	(120) 새만금사업지역내 외국인투자 세액감면	「조세특례제한법」 제121조의2제1항제2호의8	11J		
	(121) 새만금사업 시행자 세액감면	「조세특례제한법」 제121조의2제1항제2호의9	11K		
	(122) 기타 외국인투자유치를 위한 조세감면	「조세특례제한법」 제121조의2제1항제3호	167		
	(123) 외국인투자기업의 증자의 조세감면	「조세특례제한법」 제121조의4	172		
	(124) 기술도입대가에 대한 조세면제(국내지점 등)	법률 제9921호 조세특례제한법 일부개정법률 부칙 제77조	173		
	(125) 제주첨단과학기술단지 입주기업 조세감면(최저한세 적용제외)	「조세특례제한법」 제121조의8	181		
	(126) 제주투자진흥지구등 입주기업 조세감면(최저한세 적용제외)	「조세특례제한법」 제121조의9	182		
	(127) 기업도시개발구역 등 입주기업 감면(최저한세 적용제외)	「조세특례제한법」 제121조의17제1항제1·3·5호	197		
	(128) 기업도시개발사업 등 시행자 감면	「조세특례제한법」 제121조의17제1항제2·4·6·7호	198		
	(129) 아시아문화중심도시 투자진흥지구 입주기업 감면(최저한세 적용제외)	「조세특례제한법」 제121조의20제1항	11C		
	(130) 금융중심지 창업기업에 대한 감면(최저한세 적용제외)	「조세특례제한법」 제121조의21제1항	11G		
	(131) 동업기업 세액감면 배분액(최저한세 적용제외)	「조세특례제한법」 제100조의18제4항	11D		
	(132) 사회적기업에 대한 감면	「조세특례제한법」 제85조의6	11L		
	(133) 장애인 표준사업장에 대한 감면	「조세특례제한법」 제85조의6	11M		
	(134) 첨단의료복합단지 입주기업에 대한 감면(최저한세 적용제외)	「조세특례제한법」 제121조의22제1항1호	17A		
	(135) 국가식품클러스터 입주기업에 대한 감면(최저한세 적용제외)	「조세특례제한법」 제121조의22제1항2호	17B		
	(136) 연구개발특구 입주기업에 대한 감면(최저한세 적용제외)	「조세특례제한법」 제12조의2	17C		
	(137) 감염병 피해에 따른 특별재난지역의 중소기업에 대한 감면	「조세특례제한법」 제99조의11	17D		
	(138) 기회발전특구 창업기업 등에 대한 법인세 등의 감면(최저한세 적용제외)	「조세특례제한법」 제121조의33	1D1		
	(139) 소 계		170		
세액공제	(140) 외국납부세액공제	「법인세법」 제57조	101		
	(141) 재해손실세액공제	「법인세법」 제58조	102		
	(142) 신성장·원천기술 연구개발비세액공제(최저한세 적용제외)	「조세특례제한법」 제10조제1항제1호	16A		
	(143) 국가전략기술 연구개발비세액공제(최저한세 적용제외)	「조세특례제한법」 제10조제1항제2호	10D		
	(144) 일반 연구·인력개발비세액공제(최저한세 적용제외)	「조세특례제한법」 제10조제1항제3호	16B		
	(145) 동업기업 세액공제 배분액(최저한세 적용제외)	「조세특례제한법」 제100조의18제4항	12D		
	(146) 성실신고 확인비용에 대한 세액공제	「조세특례제한법」 제126조의6	10A		
	(147) 상가임대료를 인하한 임대사업자에 대한 세액공제	「조세특례제한법」 제96조의3	10B		
	(148) 용역제공자에 관한 과세자료의 제출에 대한 세액공제	「조세특례제한법」 제104조의32	10C		
	(149) 소 계		180		
(150) 합 계((139) + (149))			110		

210mm×297mm[백상지 80g/㎡ 또는 중질지 80g/㎡]

(4쪽 중 제2쪽)

2. 최저한세 적용대상 공제감면세액

	① 구 분	② 근 거 법 조 항	코드	③ 대상세액	④ 감면세액
세액감면	⑮ 창업중소기업에 대한 세액감면(최저한세 적용대상)	「조세특례제한법」 제6조제1항 · 제5항 · 제6항	111		
	⑱ 창업벤처중소기업 세액감면	「조세특례제한법」 제6조제2항	174		
	⑬ 에너지신기술 중소기업 세액감면	「조세특례제한법」 제6조제4항	13E		
	⑭ 중소기업에 대한 특별세액감면	「조세특례제한법」 제7조	112		
	⑮ 연구개발특구 입주기업에 대한 세액감면(최저한세 적용대상)	「조세특례제한법」 제12조의2	179		
	⑯ 국제금융거래이자소득 면제	「조세특례제한법」 제21조	123		
	⑰ 사업전환 중소기업에 대한 세액감면	구 「조세특례제한법」 제33조의2	192		
	⑱ 무역조정지원기업의 사업전환 세액감면	구 「조세특례제한법」 제33조의2	13A		
	⑲ 기업구조조정 전문회사 주식양도차익 세액감면	법률 제9272호 조세특례제한법 일부개정법률 부칙 제10조 · 제40조	13B		
	⑳ 혁신도시 이전 등 공공기관 세액감면	「조세특례제한법」 제62조제4항	13F		
	⑪ 공장의 지방이전에 대한 세액감면(중소기업의 수도권 안으로 이전)	「조세특례제한법」 제63조	116		
	⑫ 농공단지입주기업 등 감면	「조세특례제한법」 제64조	117		
	⑬ 농업회사법인 감면(농업소득 외의 소득)	「조세특례제한법」 제68조	119		
	⑭ 소형주택 임대사업자에 대한 세액감면	「조세특례제한법」 제96조	13I		
	⑮ 상가건물 장기임대사업자에 대한 세액감면	「조세특례제한법」 제96조의2	13N		
	⑯ 산림개발소득 감면	「조세특례제한법」 제102조	124		
	⑰ 동업기업 세액감면 배분액(최저한세 적용대상)	「조세특례제한법」 제100조의18제4항	13D		
	⑱ 첨단의료복합단지 입주기업에 대한 감면(최저한세 적용대상)	「조세특례제한법」 제121조의22제1항제1호	13H		
	⑲ 기술이전에 대한 세액감면	「조세특례제한법」 제12조제1항	13J		
	⑳ 기술대여에 대한 세액감면	「조세특례제한법」 제12조제3항	13K		
	⑪ 제주첨단과학기술단지 입주기업 감면(최저한세 적용대상)	「조세특례제한법」 제121조의8	13P		
	⑫ 제주투자진흥지구등 입주기업 감면(최저한세 적용대상)	「조세특례제한법」 제121조의9	13Q		
	⑬ 기업도시개발구역 등 입주기업 감면(최저한세 적용대상)	「조세특례제한법」 제121조의17제1항제1호 · 제3호 · 5호	13R		
	⑭ 위기지역 내 창업기업 세액감면(최저한세 적용대상)	「조세특례제한법」 제99조의9	13S		
	⑮ 아시아문화중심도시 투자진흥지구 입주기업 감면(최저한세 적용대상)	「조세특례제한법」 제121조의20제1항	13T		
	⑯ 금융중심지 창업기업에 대한 감면(최저한세 적용대상)	「조세특례제한법」 제121조의21제1항	13U		
	⑰ 국가식품클러스터 입주기업에 대한 감면(최저한세 적용대상)	「조세특례제한법」 제121조의22제1항제2호	13V		
	⑱ 기회발전특구 창업기업 등에 대한 법인세 등의 감면(최저한세 적용대상)	「조세특례제한법」 제121조의33	1C1		
	⑲ 소 계		130		

210mm×297mm[백상지 80g/㎡ 또는 중질지 80g/㎡]

(4쪽 중 제3쪽)

	① 구 분	② 근 거 법 조 항	코드	⑤ 전기 이월액	⑥ 당기 발생액	⑦ 공제세액
	(180) 중소기업 등 투자세액공제	구 「조세특례제한법」 제5조	131			
	(181) 상생결제 지급금액에 대한 세액공제	「조세특례제한법」 제7조의4	14Z			
	(182) 대 · 중소기업 상생협력을 위한 기금출연 세액공제	「조세특례제한법」 제8조의3제1항	14M			
	(183) 협력중소기업에 대한 유형고정자산 무상임대 세액공제	「조세특례제한법」 제8조의3제2항	18D			
	(184) 수탁기업에 설치하는 시설에 대한 세액공제	「조세특례제한법」 제8조의3제3항	18L			
	(185) 교육기관에 무상 기증하는 중고자산에 대한 세액공제	「조세특례제한법」 제8조의3제4항	18R			
	(186) 신성장 · 원천기술 연구개발비세액공제(최저한세 적용대상)	「조세특례제한법」 제10조제1항제1호	13L			
	(187) 국가전략기술 연구개발비세액공제(최저한세 적용대상)	「조세특례제한법」 제10조제1항제2호	10E			
	(188) 일반 연구 · 인력개발비세액공제(최저한세 적용대상)	「조세특례제한법」 제10조제1항제3호	13M			
	(189) 기술취득에 대한 세액공제	「조세특례제한법」 제12조제2항	176			
	(190) 기술혁신형 합병에 대한 세액공제	「조세특례제한법」 제12조의3	14T			
	(191) 기술혁신형 주식취득에 대한 세액공제	「조세특례제한법」 제12조의4	14U			
	(192) 벤처기업등 출자에 대한 세액공제	「조세특례제한법」 제13조의2	18E			
	(193) 성과공유 중소기업 경영성과급 세액공제	「조세특례제한법」 제19조	18H			
	(194) 연구 · 인력개발설비투자 세액공제	구 「조세특례제한법」 제25조제1항제1호	134			
	(195) 에너지절약시설투자 세액공제	구 「조세특례제한법」 제25조제1항제2호	177			
	(196) 환경보전시설 투자 세액공제	구 「조세특례제한법」 제25조제1항제3호	14A			
	(197) 근로자복지증진시설투자 세액공제	구 「조세특례제한법」 제25조제1항제4호	142			
	(198) 안전시설투자 세액공제	구 「조세특례제한법」 제25조제1항제5호	136			
	(199) 생산성향상시설투자세액공제	구 「조세특례제한법」 제25조제1항제6호	135			
	(200) 의약품 품질관리시설투자 세액공제	구 「조세특례제한법」 제25조의4	14B			
	(201) 신성장기술 사업화를 위한 시설투자 세액공제	구 「조세특례제한법」 제25조의5	18B			
	(202) 영상콘텐츠 제작비용에 대한 세액공제(기본공제)	「조세특례제한법」 제25조의6	18C			
	(203) 영상콘텐츠 제작비용에 대한 세액공제(추가공제)	「조세특례제한법」 제25조의6	1B8			
	(204) 초연결 네트워크 시설투자에 대한 세액공제	구 「조세특례제한법」 제25조의7	18I			
	(205) 고용창출투자세액공제	「조세특례제한법」 제26조	14N			
	(206) 산업수요맞춤형고등학교등 졸업자를 병역이행 후 복직시킨 중소기업에 대한 세액공제	「조세특례제한법」 제29조의2	14S			
	(207) 경력단절 여성 고용 기업 등에 대한 세액공제	「조세특례제한법」 제29조의3제1항	14X			
세액공제	(208) 육아휴직 후 고용유지 기업에 대한 인건비 세액공제	「조세특례제한법」 제29조의3제2항	18J			
	(209) 근로소득을 증대시킨 기업에 대한 세액공제	「조세특례제한법」 제29조의4	14Y			
	(210) 청년고용을 증대시킨 기업에 대한 세액공제	「조세특례제한법」 제29조의5	18A			
	(211) 고용을 증대시킨 기업에 대한 세액공제	「조세특례제한법」 제29조의7	18F			
	(212) 통합고용세액공제	「조세특례제한법」 제29조의8	18S			
	(213) 통합고용세액공제(정규직 전환)	「조세특례제한법」 제29조의8	1B4			
	(214) 통합고용세액공제(육아휴직 복귀)	「조세특례제한법」 제29조의8	1B5			
	(215) 정규직근로자 전환 세액공제	「조세특례제한법」 제30조의2	14H			
	(216) 고용유지중소기업에 대한 세액공제	「조세특례제한법」 제30조의3	18K			
	(217) 중소기업 고용증가 인원에 대한 사회보험료 세액공제	「조세특례제한법」 제30조의4 제1항	14Q	6,174,568	2,268,630	3,780,000
	(218) 중소기업 사회보험 신규가입에 대한 사회보험료 세액공제	「조세특례제한법」 제30조의4 제3항	18G			
	(219) 전자신고에 대한 세액공제(납세의무자)	「조세특례제한법」 제104조의8 제1항	184			
	(220) 전자신고에 대한 세액공제(세무법인 등)	「조세특례제한법」 제104조의8 제3항	14J			
	(221) 제3자 물류비용 세액공제	「조세특례제한법」 제104조의14	14E			
	(222) 대학 맞춤형 교육비용 등 세액공제	구 「조세특례제한법」 제104조의18제1항	14I			
	(223) 대학등 기부설비에 대한 세액공제	구 「조세특례제한법」 제104조의18제2항	14K			
	(224) 기업의 경기부 설치운영비용 세액공제	「조세특례제한법」 제104조의22	14O			
	(225) 동업기업 세액공제 배분액(최저한세 적용대상)	「조세특례제한법」 제100조의18제4항	14L			
	(226) 산업수요맞춤형 고등학교 등 재학생에 대한 현장훈련수당 등 세액공제	구 「조세특례제한법」 제104조의18제4항	14R			
	(227) 석유제품 전자상거래에 대한 세액공제	「조세특례제한법」 제104조의25	14P			
	(228) 금 현물시장에서 거래되는 금지금에 대한 과세특례	「조세특례제한법」 제126조의7제8항	14V			
	(229) 금사업자와 스크랩등사업자의 수입금액의 증가 등에 대한 세액공제	「조세특례제한법」 제122조의4	14W			
	(230) 우수 선화주 인증 국제물류주선업자 세액공제	「조세특례제한법」 제104조의30	18M			
	(231) 소재 · 부품 · 장비 수요기업 공동출자 세액공제	「조세특례제한법」 제13조의3제1항	18N			
	(232) 소재 · 부품 · 장비 외국법인 인수세액 공제	「조세특례제한법」 제13조의3제3항	18P			
	(233) 선결제 금액에 대한 세액공제	「조세특례제한법」 제99조의12	18Q			
	(234) 해외자원개발투자에 대한 과세특례	「조세특례제한법」 제104조의15	1B6			
	(235) 통합투자세액공제(일반)	「조세특례제한법」 제24조	13W			
	(236) 통합투자세액공제(신성장 · 원천기술)	「조세특례제한법」 제24조	13X			
	(237) 통합투자세액공제(국가전략기술)	「조세특례제한법」 제24조	13Y			
	(238) 임시통합투자세액공제(일반)	「조세특례제한법」 제24조	1B1			
	(239) 임시통합투자세액공제(신성장 · 원천기술)	「조세특례제한법」 제24조	1B2			
	(240) 임시통합투자세액공제(국가전략기술)	「조세특례제한법」 제24조	1B3			
	(241) 문화산업전문회사 출자에 대한 세액공제	「조세특례제한법」 제25조의7	1B7			
	(242) 소 계		149	6,174,568	2,268,630	3,780,000
(243) 합 계((179) + (242))			150			3,780,000
(244) 공제감면세액 총계((150) + (243))			151			3,780,000

210mm×297mm[백상지 80g/㎡ 또는 중질지 80g/㎡]

(245) 기술도입대가에 대한 조세면제	법률 제9921호 조세특례제한법 일부개정법률 부칙 제77조	183			
(246) 간주 · 간접 외국납부세액공제	「법인세법」 제57조제3항 · 제4항 · 제6항	189			

작성방법

1. ③ 대상세액란: 「법인세법」, 「조세특례제한법」 등에 따른 공제감면대상금액이 있는 경우 공제감면세액계산서(별지 제8호서식 부표 1, 2, 3, 4, 5)에 따라 감면구분별로 적습니다.
2. ④ · ⑦ 공제세액란: 「법인세법」, 「조세특례제한법」 등에 따른 공제감면세액은 공제감면세액계산서(별지 제8호서식 부표 1, 2, 3, 4, 5)에 따라 계산된 공제세액 중 당기에 공제될 세액의 범위에서 「법인세법」 제59조제1항에 따른 공제순서에 따라 감면 구분별로 적습니다.
3. (150)란 중 ④ 감면세액란: 법인세 과세표준 및 세액조정계산서(별지 제3호서식)의 (123) 최저한세 적용제외 공제감면세액란에 옮겨 적습니다.
4. (242)란 중 ⑦ 공제세액란: 법인세 과세표준 및 세액조정계산서(별지 제3호서식)의 (121) 최저한세 적용대상 공제감면세액란에 옮겨 적습니다.
5. (245) 기술도입대가에 대한 조세면제란의 공제세액란: 기술도입대가를 지급하는 내국법인이 별지 제8호서식 부표 9 기술도입대가에 대한 조세면제명세서의 면제세액 합계액을 적습니다(국내사업장이 있고 해당 기술이 국내사업장에 실질적으로 관련되거나 귀속되는 경우에는 기술을 제공하는 외국법인이 (245) 기술도입대가에 대한 조세면제란의 감면세액란에 적습니다).
6. (140) 외국납부세액공제란: 외국납부세액과 (246) 간주 · 간접 외국납부세액공제액을 합하여 적고, 간주 · 간접 외국납부세액공제액은 (246)란에 별도로 적습니다.
7. 「조세특례제한법」 제10조의 연구 · 인력개발비세액공제 중 최저한세가 적용되는 공제세액은 (186), (187) 또는 (188)란에 적고, 최저한세 적용이 제외되는 공제세액은 (142), (143) 또는 (144)란에 각각 구분하여 적습니다.
8. (186), (187) 또는 (188)란 중 ⑤ 전기이월액란:「조세특례제한법」 제144조제1항에 따라 이월된 미공제 금액 중 해당 과세연도에 공제할 일반연구 · 인력개발비, 신성장 · 원천기술연구개발비 또는 국가전략기술연구개발비를 각각 구분하여 적습니다(구 공제감면코드: 132).
9. 법령의 개정에 따라 종전의 규정 또는 개정규정에 따라 공제감면 받는 경우에는 비어 있는 란 등에 해당 법령의 조문순서에 따라 별도로 적습니다.
10. ② 근거법조항 중 "구"는 「조세특례제한법」(2020.12.29. 법률 제17759호로 개정되기 전의 것)에 따른 조항을 의미합니다.

210mm×297mm[백상지 80g/㎡ 또는 중질지 80g/㎡]

사례 5 2024년 귀속 신고 시 작성

[별지 제3호 서식] (2023.3.20. 개정) (앞쪽)

사업연도	2024.01.01. ~ 2024.12.31.	법인세 과세표준 및 세액조정계산서	법인명	㈜나라
			사업자등록번호	203-81-63108

구분		항목	코드	금액
① 각 사업연도 소득계산		101 결산서상당기순손익	01	189 000 000
	소득조정 금액	102 익금산입	02	
		103 손금산입	03	
		104 차가감소득금액 (101+102-103)	04	189 000 000
		105 기부금한도초과액	05	
		106 기부금한도초과이월액 손금산입	54	
		107 각사업연도소득금액 (104+105-106)	06	189 000 000
② 과세표준 계산		108 각사업연도소득금액 (108=107)		189 000 000
		109 이월결손금	07	
		110 비과세소득	08	
		111 소득공제	09	
		112 과세표준 (108-109-110-111)	10	189 000 000
		159 선박표준이익	55	
③ 산출세액 계산		113 과세표준 (112+159)	56	189 000 000
		114 세율	11	9
		115 산출세액	12	17 010 000
		116 지점유보소득 (「법인세법」 제96조)	13	
		117 세율	14	
		118 산출세액	15	
		119 합계 (115+118)	16	17 010 000
④ 납부할 세액 계산		120 산출세액 (120=119)		17 010 000
		121 최저한세 적용대상 공제감면세액	17	3 780 000
		122 차감세액	18	13 230 000
		123 최저한세 적용제외 공제감면세액	19	
		124 가산세액	20	
		125 가감계 (122-123+124)	21	
	기납부세액 / 기한내납부세액	126 중간예납세액	22	
		127 수시부과세액	23	
		128 원천납부세액	24	
		129 간접투자회사등의 외국납부세액	25	
		130 소계 (126+127+128+129)	26	
	기납부세액	131 신고납부전가산세액	27	
		132 합계 (130+131)	28	

구분		항목	코드	금액
		133 감면분추가납부세액	29	1 868 662
		134 차감납부할세액 (125-132+133)	30	15 098 662
⑤ 토지등양도소득에 대한 법인세 계산	양도차익	135 등기자산	31	
		136 미등기자산	32	
		137 비과세소득	33	
		138 과세표준 (135+136-137)	34	
		139 세율	35	
		140 산출세액	36	
		141 감면세액	37	
		142 차감세액 (140-141)	38	
		143 공제세액	39	
		144 동업기업 법인세 배분액 (가산세 제외)	58	
		145 가산세액 (동업기업 배분액 포함)	40	
		146 가감계 (142-143+144+145)	41	
	기납부세액	147 수시부과세액	42	
		148 ( ) 세액	43	
		149 계 (147+148)	44	
		150 차감납부할세액 (146-149)	45	
⑥ 미환류소득법인세		160 과세대상 미환류소득	59	
		161 세율	60	
		162 산출세액	61	
		163 가산세액	62	
		164 이자상당액	63	
		165 납부할세액 (162+163+164)	64	
⑦ 세액계		151 차감납부할 세액계 (134+150+165)	46	15 098 662
		152 사실과 다른 회계처리 경정 세액공제	57	
		153 분납세액계산 범위액 (151-124-133-145-152+131)	47	13 230 000
		154 분납할세액	48	3 230 000
		155 차감납부세액 (151-152-154)	49	11 868 662

210mm×297mm[백상지 80g/㎡ 또는 중질지 80g/㎡]

SECTION 04 제29조의8【통합고용세액공제】

I 기본검토사항

구 분		검토요건 또는 확인사항	
적용 여부 검토	① 당해 법인의 중소기업 요건 충족 확인	상시근로자 증가	내국인(소비성서비스업 경영 시 배제)
		정규직 전환	중소기업 및 중견기업
		육아휴직 복귀	중소기업 및 중견기업
	② 각 조항별 적용 시한 확인	상시근로자 증가	2025.12.31.이 속하는 과세연도까지 적용
		정규직 전환	2024.12.31.까지 정규직 전환분에 적용
		육아휴직 복귀	2025.12.31.까지 복귀자에 적용
	③ 각 조항별 규정 업종의 요건 충족 확인	상시근로자 증가	소비성서비스업 외 내국인
		정규직 전환	중소기업 및 중견기업에 한정하므로 소비성서비스업은 배제
		육아휴직 복귀	
	④ 본점 및 사업장 소재지 등 확인	상시근로자 증가	중소기업의 경우 수도권 내외 차등적용
		정규직 전환	소재지에 따른 차등적용 없음
		육아휴직 복귀	
	⑤ 감면/공제 적용의 배제	소득금액을 추계결정하는 경우 적용배제	
적용 시 검토	⑥ 감면/공제 중복적용 확인	• 상시근로자 증가분(제1항)의 경우 제6조(창업중소기업 등에 대한 세액감면) 제7항(고용증가 추가감면)과 중복적용 불가 • 상시근로자 증가분(제1항)의 경우 제29조의7(고용을 증대시킨 기업에 대한 세액공제) 및 제30조의4(중소기업 사회보험료 세액공제)와 중복적용 불가 • 제121조의2(외국인투자에 대한 조세감면) 및 제121조의4(증자의 조세감면) 적용 시 외국인 지분율에 대한 해당하는 부분과 중복적용 불가	
	⑦ 최저한세 적용대상 확인	최저한세 규정 적용	
	⑧ 이월적용 여부 확인	10년간 이월공제 적용	
	⑨ 농어촌특별세 비과세 확인	농어촌특별세 과세	

구 분		검토요건 또는 확인사항	
사후 관리	⑩ 공제감면 후 사후관리 규정	상시근로자 증가	최초 공제 적용 후 2년 이내 고용인원 감소 시 공제세액을 납부. 이자상당액 추가 납부 규정은 없음
		정규직 전환	정규직전환일로부터 2년 경과 전에 해당근로자 근로관계 종료 시 공제세액 납부. 이자상당액 추가 납부 규정은 없음
		육아휴직 복귀	육아휴직 복직일로부터 2년 경과 전에 해당 근로자 근로관계 종료 시 공제세액 납부. 이자상당액 추가 납부 규정은 없음

Ⅱ 주요 질의회신 통칙 등

1 질의회신 예규 등

제 목	내 용
2022년 및 2021년 과세연도에 제29조의7을 적용한 경우 2023년 상시근로자 수 증가 시 제29조의7과 제29조의8 선택적용여부(서면-2023-법인-1263, 2023.06.08.)	• 중소기업인 내국법인이 2022년 12월 31일이 속하는 과세연도에 대해 「조세특례제한법」 제29조의7(고용을 증대시킨 기업에 대한 세액공제)에 따라 세액공제를 받은 경우, 2023년 12월 31일이 속하는 과세연도와 2024년 12월 31일이 속하는 과세연도까지 「조세특례제한법」 제29조의7(고용을 증대시킨 기업에 대한 세액공제) 규정을 적용하여 세액공제하는 것임. 또한, 2023년 12월 31일(또는 2024년 12월 31일)이 속하는 과세연도(이하 '해당 과세연도')의 상시근로자 수가 직전 과세연도 보다 증가하는 경우, 해당 과세연도에는 「조세특례제한법」 제29조의7(고용을 증대시킨 기업에 대한 세액공제)과 같은 법 제29의8(통합고용세액공제) 중 어느 하나를 선택하여 세액공제를 적용하고 이후 과세연도의 추가 공제 시에도 당초 선택한 공제방법을 적용하는 것임. 저자주 상시근로자 수, 고용인원의 증가 또는 감소 등에 관한 내용은 제29조의7【고용을 증대시킨 기업에 대한 세액공제】 규정과 관련한 질의회신, 예규 등을 참조 가능할 것으로 판단된다.

Ⅲ 사례분석 및 서식작성

1 사례분석 및 서식작성

(1) 연도별 회사 근로자 및 과세표준

㈜나라의 2023년도 과세표준 289,000,000원, 2024년도 과세표준 325,000,000원이다. 각 사례별로 2023년 및 2024년 통합고용세액공제 적용 시 공제세액과 농어촌특별세액을 사업연도별로 계산하시오.

사례 1

2022년~2024년 회사의 근무자 현황과 증감내역은 다음과 같다.

2022년	2023년		2024년	
근무인원현황	근무인원현황	증감현황	근무인원현황	증감현황
전체 21명 청년 9명 청년외 12명	전체 26명 청년 12명 청년외 14명	5명 증가 3명 증가 2명 증가	전체 28명 청년 13명 청년외 15명	2명 증가 1명 증가 1명 증가

사례 풀이

2022년	2023년		2024년	
근무인원현황	근무인원현황	증감현황	근무인원현황	증감현황
전체 21명 청년 9명 청년외 12명	전체 26명 청년 12명 청년외 14명	5명 증가 3명 증가 2명 증가	전체 28명 청년 13명 청년외 15명	2명 증가 1명 증가 1명 증가
1차연도공제	① 상황분석		① 상황분석	
	직전연도(2022년) 대비 전체 상시근로자 수 증가(청년 증가, 청년외 증가)하였으므로 ≫공제적용		직전연도(2023년) 대비 전체 상시근로자 수 증가(청년 증가, 청년외 증가)하였으므로 ≫공제적용	
	② 공제세액계산		② 공제세액계산	
	청년 : 3명 × 14,500,000원 = 43,500,000원 청년외 : 2명 × 8,500,000원 = 17,000,000원 공제액 합계 : 43,500,000원 + 17,000,000원 = 60,500,000원		청년 : 1명 × 14,500,000원 = 14,500,000원 청년외 : 1명 × 8,500,000원 = 8,500,000원 공제액 합계 : 14,500,000원 + 8,500,000원 = 23,000,000원	

2022년	2023년	2024년
2차연도공제		① 상황분석 최초공제연도(2023년) 대비 전체 상시근로자 수 감소하지 않았으므로(청년 증가, 청년외 증가) ≫ 추가공제 적용 ② 공제세액계산 청년 : 43,500,000원 청년외 : 17,000,000원 공제액 합계 : 60,500,000원

각 귀속연도별로 분석하면 다음과 같다.

1. 2023년

(1) 1차연도공제(최초공제)

직전과세연도(2022년) 대비 전체 상시근로자 수가 증가(청년 증가, 청년외 증가)하였으므로 세액공제를 적용한다.

2. 2024년

(1) 1차연도공제(최초공제)

직전과세연도(2023년) 대비 전체 상시근로자 수가 증가(청년 증가, 청년외 증가)하였으므로 세액공제를 적용한다.

(2) 2차연도공제

최초공제연도(2023년) 대비 전체 상시근로자 수가 감소하지 않았으므로(청년 증가, 청년외 증가) 2차연도(2024년)에 추가공제를 적용한다.

사례 1 2023년 귀속 신고 시 작성

[별지 제10호의9 서식] (2024.3.22. 개정) (3쪽 중 제1쪽)

통합고용세액공제 공제세액계산서

① 신청인	① 상호 또는 법인명 : ㈜나라	② 사업자등록번호 : 203-81-63108
	③ 대표자 성명 : 김 유 민	④ 생년월일 : 1973년 04월 12일
	⑤ 주소 또는 본점소재지 : 경기도 고양시 일산서구 대화로37번길 102-30(법곳동) (전화번호 : 031-2231-7027)	

② 과세연도	2023년 1월 1일부터 2023년 12월 31일까지

③ 상시근로자 현황 (작성방법 2,3번을 참고하시기 바랍니다.)

구분	직전전 과세연도	직전 과세연도	해당 과세연도
⑥ 상시근로자 수 (⑦+⑧)		21.00	26.00
⑦ 청년등상시근로자 수		9.00	12.00
⑧ 청년등상시근로자를 제외한 상시근로자 수		12.00	14.00
⑨ 정규직 전환 근로자 수	–		
⑩ 육아휴직 복귀자 수			

④ 기본공제 공제세액 계산내용

가. 1차년도 세제지원 요건 : ⑬ > 0

1. 상시근로자 증가 인원

⑪ 해당 과세연도 상시근로자 수	⑫ 직전 과세연도 상시근로자 수	⑬ 상시근로자 증가 인원 수 (⑪-⑫)
26.00	21.00	5.00

2. 청년등상시근로자 증가 인원

⑭ 해당 과세연도 청년등상시근로자 수	⑮ 직전 과세연도 청년등상시근로자 수	⑯ 청년등상시근로자 증가 인원 수 (⑭-⑮)
12.00	9.00	3.00

3. 청년등상시근로자를 제외한 상시근로자 증가 인원

⑰ 해당 과세연도 청년등상시근로자를 제외한 상시근로자 수	⑱ 직전 과세연도 청년등상시근로자를 제외한 상시근로자 수	⑲ 청년등상시근로자를 제외한 상시근로자 증가 인원 수(⑰-⑱)
14.00	12.00	2.00

(3쪽 중 제2쪽)

4. 1차년도 세액공제액 계산

구분	구분		직전 과세연도 대비 상시근로자 증가 인원 수 (⑬상시근로자 증가 인원 수를 한도로 함)	1인당 공제금액	⑳ 1차년도 세액공제액
중소기업	수도권 내	청년등	3.00	1천4백5십만원	43,500,000
		청년등 외	2.00	8백5십만원	17,000,000
	수도권 밖	청년등		1천5백5십만원	
		청년등 외		9백5십만원	
	계		5.00		60,500,000
중견기업	청년등			8백만원	
	청년등 외			4백5십만원	
	계				
일반기업	청년등			4백만원	
	청년등 외				
	계				

나. 2차년도 세제지원 요건 : ㉓ ≥ 0

1. 상시근로자 증가 인원

㉑ 2차년도(해당 과세연도) 상시근로자 수	㉒ 1차년도(직전 과세연도) 상시근로자 수	㉓ 상시근로자 증가 인원 수(㉑-㉒)

2. 2차년도 세액공제액 계산(상시근로자 감소여부)

1차년도 (직전 과세연도) 대비 상시근로자 감소여부	1차년도 (직전 과세연도) 대비 청년등상시근로자 수 감소여부	㉔ 1차년도 (직전 과세연도) 청년등상시근로자 증가 세액공제액	㉕ 1차년도 (직전 과세연도) 청년등 외 상시근로자 증가 세액공제액	㉖ 2차년도 세액공제액
부	부			
	여			
여				

다. 3차년도 세제지원 요건(중소·중견기업만 해당) : ㉙ ≥ 0

1. 상시근로자 증가 인원

㉗ 3차년도(해당 과세연도) 상시근로자 수	㉘ 1차년도(직전전 과세연도) 상시근로자 수	㉙ 상시근로자 증가 인원(㉗-㉘)

2. 3차년도 세액공제액 계산(상시근로자 감소여부)

1차년도 (직전전 과세연도) 대비 상시근로자 감소여부	1차년도 (직전전 과세연도) 대비 청년등상시근로자 수 감소여부	㉚ 1차년도 (직전전 과세연도) 청년등 상시근로자 증가 세액공제액	㉛ 1차년도 (전전 과세연도) 청년등 외 상시근로자 증가 세액공제액	㉜ 3차년도 세액공제액
부	부			
	여			
여				

(3쪽 중 제3쪽)

❺ 추가공제 공제세액 계산내용

가. 세제지원 요건 : ㉟ ≥ 0

㉝ 해당 과세연도 상시근로자 수	㉞ 직전 과세연도 상시근로자 수	㉟ 상시근로자 증가 인원 수 (㉝-㉞)

나. 세액공제액 계산

구분	구분	인원 수	1인당 공제금액	㊱ 추가공제 세액공제액
중소기업	정규직 전환자		1천3백만원	
	육아휴직 복귀자			
	계			
중견기업	정규직 전환자		9백만원	
	육아휴직 복귀자			
	계			
⑥ 세액공제액 : ⑳ 1차년도 세액공제액 + ㉖ 2차년도 세액공제액 + ㉜ 3차년도 세액공제액 + ㊱ 추가공제 세액공제액				60,500,000

「조세특례제한법 시행령」 제26조의8 제11항에 따라 위와 같이 공제세액계산서를 제출합니다.

2024년 3월 31일

신청인 ㈜나라 김 유 민 (서명 또는 인)

고양 세무서장 귀하

작 성 방 법

1. 근로자 수는 다음과 같이 계산하되, 100분의 1 미만의 부분은 없는 것으로 합니다.
   가. 상시근로자 수: 매월 말 현재 상시근로자 수의 합 / 과세연도의 개월 수
   나. 청년등상시근로자 수: 매월 말 현재 청년등상시근로자 수의 합 / 과세연도의 개월 수
   다. 청년등상시근로자 외 상시근로자 수: 매월 말 현재 청년등상시근로자 외 상시근로자 수의 합 / 과세연도의 개월 수
2. ⑥란의 상시근로자란 「근로기준법」에 따라 근로계약을 체결한 내국인 근로자로서 다음의 어느 하나에 해당하는 사람을 제외한 근로자를 말합니다.
   가. 근로계약기간이 1년 미만인 근로자. 다만, 근로계약의 연속된 갱신으로 인하여 그 근로계약의 총 기간이 1년 이상인 근로자는 상시근로자로 봅니다.
   나. 「근로기준법」 제2조제1항제9호에 따른 단시간근로자. 다만, 1개월간의 소정근로시간이 60시간 이상인 근로자는 상시근로자로 봅니다.
   다. 「법인세법 시행령」 제40조제1항 각 호의 어느 하나에 해당하는 임원
   라. 해당 기업의 최대주주 또는 최대출자자(개인사업자의 경우에는 대표자를 말합니다)와 그 배우자
   마. 라목에 해당하는 자의 직계존비속(그 배우자를 포함합니다) 및 「국세기본법 시행령」 제1조의2제1항에 따른 친족관계인 사람
   바. 「소득세법 시행령」 제196조에 따른 근로소득원천징수부에 의하여 근로소득세를 원천징수한 사실이 확인되지 않고, 「국민연금법」 제3조제1항제11호 및 제12호에 따른 부담금 및 기여금 또는 「국민건강보험법」 제69조에 따른 직장가입자의 보험료에 해당하는 금액의 납부사실도 확인되지 않는 자
3. ⑦란 등의 청년등상시근로자란 상시근로자 중 15세 이상 34세 이하인 사람으로서 다음 각 목의 어느 하나에 해당하는 사람을 제외한 사람(해당 근로자가 병역을 이행한 경우에는 6년을 한도로 병역을 이행한 기간을 현재 연령에서 빼고 계산한 연령이 34세 이하인 사람을 포함)과 「장애인복지법」의 적용을 받는 장애인, 「국가유공자 등 예우 및 지원에 관한 법률」에 따른 상이자, 「5 · 18민주유공자예우 및 단체설립에 관한 법률」 제4조제2호에 따른 5 · 18민주화운동부상자와 「고엽제후유의증 등 환자지원 및 단체설립에 관한 법률」 제2조제3호에 따른 고엽제후유의증환자로서 장애등급 판정을 받은 사람, 근로계약 체결일 현재 연령이 60세 이상인 사람, 「조세특례제한법」 제29조의3제1항에 따른 경력단절 여성을 말합니다.
   가. 「기간제 및 단시간근로자 보호 등에 관한 법률」에 따른 기간제근로자 및 단시간근로자
   나. 「파견근로자보호 등에 관한 법률」에 따른 파견근로자
   다. 「청소년 보호법」 제2조제5호 각 목에 따른 업소에 근무하는 같은 조 제1호에 따른 청소년
4. 청년등 외 상시근로자란 상시근로자 중 청년등상시근로자가 아닌 상시근로자를 말합니다.
5. ⑳, ㉖, ㉜ 계산 시 각 공제금액(청년/청년 외)은 전체 상시근로자 수 증가분을 한도로 합니다.
6. ㉝, ㉞란의 상시근로자 수는 「근로기준법」 제74조에 따른 출산전후휴가를 사용 중인 상시근로자를 대체하는 상시근로자가 있는 경우 해당 출산전후휴가를 사용 중인 상시근로자를 제외하고 계산한 상시근로자 수를 말합니다.
7. 해당 과세연도의 상시근로자 수가 전년 대비 증가하여 「조세특례제한법」 제29조의8의 통합고용세액공제 1차년도 공제를 신청할 경우 「조세특례제한법」 제29조의7의 고용 증대 기업에 대한 세액공제 1차년도 공제를 중복하여 신청할 수 없습니다.

210mm×297mm[백상지 80g/㎡]

사례 1 2023년 귀속 신고 시 작성

[별지 제4호 서식] (2019.3.20. 개정) (앞쪽)

사업연도	2023.01.01. ~ 2023.12.31.	최저한세조정계산서	법인명	㈜나라
			사업자등록번호	203-81-63108

1. 최저한세 조정 계산 명세

① 구분		코드	② 감면 후 세액	③ 최저한세	④ 조정감	⑤ 조정 후 세액
⑩ 결산서상 당기순이익		01	289,000,000			
소득조정금액	⑫ 익금산입	02				
	⑬ 손금산입	03				
⑭ 조정 후 소득금액(⑩ + ⑫ − ⑬)		04	289,000,000	289,000,000		289,000,000
최저한세 적용대상 특별비용	⑮ 준비금	05				
	⑯ 특별상각 및 특례자산 감가상각비	06				
⑰ 특별비용 손금산입 전 소득금액 (⑭ + ⑮ + ⑯)		07	289,000,000	289,000,000		289,000,000
⑱ 기부금한도초과액		08				
⑲ 기부금 한도초과 이월액 손금산입		09				
⑳ 각 사업연도 소득금액 (⑰ + ⑱ − ⑲)		10	289,000,000	289,000,000		289,000,000
⑪ 이월결손금		11				
⑫ 비과세소득		12				
⑬ 최저한세 적용대상 비과세소득		13				
⑭ 최저한세 적용대상 익금불산입·손금산입		14				
⑮ 차가감소득금액 (⑩ − ⑪ − ⑫ + ⑬ + ⑭)		15	289,000,000	289,000,000		289,000,000
⑯ 소득공제		16				
⑰ 최저한세 적용대상 소득공제		17				
⑱ 과세표준금액 (⑮ − ⑯ + ⑰)		18	289,000,000	289,000,000		289,000,000
⑲ 선박표준이익		24				
⑳ 과세표준금액(⑱ + ⑲)		25	289,000,000	289,000,000		289,000,000
㉑ 세율		19	19	7		19
㉒ 산출세액		20	34,910,000	20,230,000		34,910,000
㉓ 감면세액		21				
㉔ 세액공제		22	60,500,000		45,820,000	14,680,000
㉕ 차감세액(㉒ − ㉓ − ㉔)		23				20,230,000

2. 최저한세 세율 적용을 위한 구분 항목

㉖ 중소기업 유예기간 종료연월		㉗ 유예기간 종료 후 연차			

210mm×297mm[백상지 80g/㎡ 또는 중질지 80g/㎡]

사례 1 2023년 귀속 신고 시 작성

[별지 제8호 서식 부표 3] (2024.3.22. 개정) (앞쪽)

사업연도	2023.01.01. ~ 2023.12.31.	세액공제조정명세서(3)	법인명	㈜나라
			사업자등록번호	203-81-63108

1. 공제세액계산(「조세특례제한법」)

	(101) 구 분	근거법 조 항	(102) 계 산 기 준	코드	(103) 계산명세	(104) 공제대상 세 액
조세특례제한법	중소기업 등 투자세액공제	구 제5조	투자금액 × 1(2,3,5,10)/100	131		
	상생결제 지급금액에 대한 세액공제	제7조의4	지급기한 15일 이내 : 지급 금액의 0.5% 지급기한 15일 ~ 30일 : 지급 금액의 0.3% 지급기한 30일 ~ 60일 : 지급 금액의 0.015%	14Z		
	대·중소기업 상생협력을 위한 기금출연 세액공제	제8조의3제1항	출연금 × 10/100	14M		
	협력중소기업에 대한 유형고정자산 무상임대 세액공제	제8조의3제2항	장부가액 × 3/100	18D		
	수탁기업에 설치하는 시설에 대한 세액공제	제8조의3제3항	투자금액 × 1(3,7)/100	18L		
	교육기관에 무상 기증하는 중고자산에 대한 세액공제	제8조의3제4항	기증자산 시가 × 10/100	18R		
	신성장·원천기술 연구개발비세액공제(최저한세 적용제외)	제10조제1항제1호	(일반 연구·인력개발비) '14.1.1.~'14.12.31.: 발생액 × 3~4(8,10,15,20,25,30)/100 또는 2년간 연평균 발생액의 초과액 × 40(50)/100 '15.1.1. 이후: 발생액 × 2~3(8,10,15,20,25,30)/100 또는 직전 발생액의 초과액 × 40(50)/100 '17.1.1. 이후: 발생액 × 1~3(8,10,15,20,25,30)/100 또는 직전 발생액의 초과액 × 30(40,50)/100 '18. 1. 1. 이후: 발생액 × 0~2(8,10,15,20,25,30)/100 또는 직전 발생액의 초과액 × 25(40,50)/100 (신성장·원천기술 연구개발비) '17. 1. 1. 이후: 발생액 × 20(30)/100 (국가전략기술 연구개발비) '21. 7. 1. 이후: 발생액 ×30(40)/100	16A		
	국가전략기술 연구개발비세액공제(최저한세 적용제외)	제10조제1항제2호		10D		
	일반 연구·인력개발비세액공제(최저한세 적용제외)	제10조제1항제3호		16B		
	신성장·원천기술 연구개발비세액공제(최저한세 적용대상)	제10조제1항제1호		13L		
	국가전략기술 연구개발비세액공제(최저한세 적용대상)	제10조제1항제2호		10E		
	일반 연구·인력개발비세액공제(최저한세 적용대상)	제10조제1항제3호		13M		
	기술취득에 대한 세액공제	제12조제2항	특허권 등 취득금액 × 5(10)/100 *법인세의 10% 한도	176		
	기술혁신형 합병에 대한 세액공제	제12조의3	기술가치금액 × 10/100	14T		
	기술혁신형 주식취득에 대한 세액공제	제12조의4	기술가치금액 × 10/100	14U		
	벤처기업등 출자에 대한 세액공제	제13조의2	주식등 취득가액 × 5/100	18E		
	성과공유 중소기업 경영성과급 세액공제	제19조	'22.1.1. 이전 지급분 : 근로자에 지급하는 경영성과급 × 10/100 '22.1.1. 이후 지급분 : 근로자에 지급하는 경영성과급× 15/100	18H		
	연구·인력개발설비투자세액공제	구 제25조제1항제1호	'14.1.1.~'15.12.31. 투자분 : 투자금액 × 3(5,10)/100 '16.1.1. 이후 투자분 : 투자금액 × 1(3,6)/100 '19.1.1. 이후 투자분 : 투자금액 × 1(3,7)/100	134		
	에너지절약시설투자세액공제	구 제25조제1항제2호	'14.1.1.~'15.12.31. 투자분 : 투자금액 × 3(5,10)/100 ('16.1.1. 현재 투자진행 중인 경우 '16.12.31.까지 종전율 적용) '16.1.1. 이후 투자개시분 : 투자금액 × 1(3,10)/100 '19.1.1. 이후 투자분 : 투자금액 × 1(3,7)/100	177		
	환경보전시설 투자세액공제	구 제25조제1항제3호	투자금액 × 3(5,10)/100 '19.1.1. 이후 투자분 : 투자금액 × 3(5,10)/100	14A		
	근로자복지증진시설투자세액공제	구 제25조제1항제4호	투자금액 × 7(10)/100 '19.1.1. 이후 취득분 : 취득금액 × 3(5,10)/100	142		
	안전시설투자세액공제	구 제25조제1항제5호	'13.1.1.~'14.12.31. 투자분 : 투자금액 × 3(7)/100 '15.1.1. 이후 투자분 : 투자금액 × 1(3,7)/100 '19.1.1. 이후 투자분 : 투자금액 × 1(5,10)/100	136		
	생산성향상시설투자세액공제	구 제25조제1항제6호	'13.1.1.~'14.12.31. 투자분 : 투자금액 × 3(7)/100 '15.1.1. 이후 투자분 : 투자금액 × 1(3,7)/100 '20.1.1.~'20.12.31. 투자분 : 투자금액 × 2(5,10))/100 '21.1.1.~'21.12.31. 투자분 : 투자금액 × 1(5,10))/100 '21.1.1.~이후. 투자분 : 투자금액 × 1(3,7))/100	135		
	의약품 품질관리시설투자세액공제	구 제25조의4	'14.1.1.~'16.12.31. 투자분 : 투자금액 × 3(5,7)/100 '17.1.1. 이후 투자분 : 투자금액 × 1(3,6)/100	14B		
	신성장기술 사업화를 위한 시설투자 세액공제	구 제25조의5	투자금액 × 5(7,10)/100	18B		
	영상콘텐츠 제작비용에 대한 세액공제	제25조의6	제작비용 × 3(7,10)/100	18C		
	초연결 네트워크 시설투자에 대한 세액공제	구 제25조의7	투자금액 × 2(3)/100	18I		
	고용창출투자세액공제	제26조	'12.1.1.~12.31.:투자금액 × {기본공제(3~4%)+추가공제(2~3%)} '13.1.1.~12.31.:투자금액 × {기본공제(2~4%)+추가공제(3%)} '14.1.1. 이후: 투자금액 × {기본공제(1~4%)+추가공제(3%)} (한도 : 상시근로자 증가분 × 1,000만원, 1,500만원, 2,000만원) '15.1.1. 이후: 투자금액 × {기본공제(0~3%)+추가공제(3~7%)} '17.1.1. 이후: (한도 : 상시근로자 증가분 × 1,000(1,500)만원 1,500(2,000)만원 2,000(2,500)만원)	14N		
	산업수요맞춤형고등학교등 졸업자를 병역이행 후 복직시킨 중소기업에 대한 세액공제	제29조의2	복직자에게 지급한 인건비 × 중소30(중견15)/100	14S		
	경력단절 여성 고용 기업 등에 대한 세액공제	제29조의3제1항	경력단절 여성 재고용 인건비 × 중소30(중견15)/100	14X		
	육아휴직 후 고용유지 기업에 대한 인건비 세액공제	제29조의3제2항	육아휴직 복귀자 인건비 × 중소30(중견15)/100	18J		
	근로소득을 증대시킨 기업에 대한 세액공제	제29조의4	평균 초과 임금증가분 × 5(중견10, 중소20)/100 정규직 전환 근로자의 임금 증가분 × 5(10,20)/100	14Y		
	청년고용을 증대시킨 기업에 대한 세액공제	제29조의5	청년정규직근로자 증가인원수 × 3백만원(7백만원, 1천만원)	18A		
	고용을 증대시킨 기업에 대한 세액공제	제29조의7	직전연도 대비 상시근로자 증가수 × 4백만원(1천2백만원) '21.12.31~'22.12.31 : 직전연도 대비 상시근로자 증가수 × 5백만원(1천3백만원)	18F		
	통합고용세액공제	제29조의8	직전연도 대비 상시근로자 증가수 × 4백만원(1천4백5십만원)	18S	60,500,000 +0+0+0	60,500,000
	정규직 근로자 전환 세액공제	제30조의2	전환인원수 × 중소1천만원(중견7백만원)	14H		
	고용유지중소기업에 대한 세액공제	제30조의3	연간 임금감소 총액× 10/100 + 시간당 임금상승에 따른 보전액 × 15/100	18K		
	중소기업 고용증가 인원에 대한 사회보험료 세액공제	제30조의4제1항	청년(만15~29세)근로자 등 순증인원의 사회보험료(증가분의 100%) 청년 및 경력단절 여성 외 근로자 순증인원의 사회보험료(증가분의 50%,75%)	14Q		

(뒤쪽)

(101) 구 분	근거법 조 항	(102) 계 산 기 준	코드	(103) 계산 명세	(104) 공제대상 세 액
중소기업 사회보험 신규가입에 대한 사회보험료 세액공제	제30조의4제3항	'20.12.31.까지 사회보험 신규가입에 따 른 사용자 부담액× 50%	18G		
전자신고에 대한 세액공제(법인)	제104조의8제1항	법인세 전자신고시 2만원	184		
전자신고에 대한 세액공제(세무법인 등)	제104조의8제3항	법인 · 소득세 전자신고 대리건수 × 2만원 *한도: 연300만원(세무 · 회계법인 연750만원) 한도액계산시 부가가치세 대리신고에 따른 세액공제액 포함	14J		
제3자 물류비용 세액공제	제104조의14	(전년대비 위탁물류비용 증가액)×3/100(중소기업은 5/100) * 직전 위탁물류비 30% 미만 : (당기 위탁물류비 – 당기 전체물류비 × 30%) ×3/100(중소기업은 5/100) *법인세 10% 한도	14E		
대학 맞춤형 교육비용 세액공제	구 제104조의18제1항	법 제10조 연구 · 인력개발비세액공제 준용 *수도권 소재대학의 발생액은 50%만 인정	14I		
대학등 기부설비에 대한 세액공제	구 제104조의18제2항	법 제11조 연구 · 인력개발설비투자세액공제 준용 *수도권 소재대학의 기부금액은 50%만 인정	14K		
기업의 운동경비부 설치운영 세액공제	제104조의22	설치운영비용 × 10(20)/100	14O		
산업수요맞춤형 고등학교 등 재학생에 대한 현장훈련수당 등 세액공제	구 제104조의18제4항	일반 연구 · 인력개발비 세액공제 준용	14R		
석유제품 전자상거래에 대한 세액공제	제104조의25	'13.1.1.~12.31.: 공급가액의 0.5%(산출세액의 10% 한도) '14.1.1.~'16.12.31.: 공급가액의 0.3%(산출세액의 10% 한도) '17.1.1.~'19.12.31.:공급자는 공급가액의0.1%,수요자0.2%, (산출세액의 10% 한도) '20.1.1.~'22.12.31.:수요자만 공급가액의 0.2%(산출세액의 10% 한도)	14P		
금 현물시장에서 거래되는 금지금에 대한 과세특례	제126조의7제8항	산출세액×[(금 현물시장 이용금액 – 직전 과세연도의 금 현물시장 이용금액)/매출액] 또는 산출세액×[(금 현물시장 이용금액×5/100)/매출액]	14V		
금사업자와 스크랩등 사업자의 수입금액증가등 세액공제	제122조의4	산출세액×[(매입자납부익금및손금합계금액 – 직전 과세연도의 매입자납부익금및손금합계금액)×50/100]/익금및손금합계금액 또는 산출세액×[(매입자납부익금및손금합계금액×5/100]/익금및손금합계금액 *한도: 해당 과세연도 산출세액–직전 과세연도 산출세액	14W		
성실신고 확인비용에 대한 세액공제	제126조의6	확인비용 × 60/100 (150만원 한도)	10A		
우수 선화주 인증받은 국제물류주선업자에 대한 세액공제	제104조의30	운송비용의 1% + 직전과세연도 대비 증가분의 3%(산출세액의 10%한도)	18M		
용역제공자에 관한 과세자료의 제출에 대한 세액공제	제104조의32	과세자료에 기재된 용역제공자 인원수×300원(200만원 한도)	10C		
소재 · 부품 · 장비 수요기업 공동출자세액공제	제13조의3제1항	주식 또는 출자지분 취득가액 5%	18N		
소재 · 부품 · 장비 외국법인 인수세액 공제	제13조의3제3항	주식 또는 출자지분 취득가액 5% (중견7%, 중소10%)	18P		
상가임대료를 인하한 임대사업자에 대한 세액공제	제96조의3	임대료 인하액의 70%	10B		
선결제 금액에 대한 세액공제	제99조의12	선결제금액 × 1%	18Q		
통합투자세액공제(일반)	제24조	기본공제 : 투자금액 × 1(중견5, 중소10)/100, 신성장 · 원천기술 투자금액 × 3(중견6,중소12)/100 국가전략기술 투자금액 × 8(중견8,중소16)/100 추가공제 : 직전 3년 연평균 투자금액 초과액 × 3/100(국가전략기술 4/100)(기본공제 200% 한도)	13W		
통합투자세액공제(신성장 · 원천기술)	제24조		13X		
통합투자세액공제(국가전략기술)	제24조		13Y		
합		계	1A1		60,500,000

2. 당기공제세액 및 이월액계산

(105) 구분	(106) 사업 연도	요공제세액: (107) 당기분	요공제세액: (108) 이월분	당기 공제대상세액: (109) 당기분	(110)1차 연도 / (115)6차 연도	(111)2차 연도 / (116)7차 연도	(112)3차 연도 / (117)8차 연도	(113)4차 연도 / (118)9차 연도	(114)5차 연도 / (119)10차 연도	(120) 계	(121)최저한세 적용에 따른 미공제액	(122) 그 밖의 사유로 인한 미공제액	(123) 공제세액 ((120)-(121)-(122))	(124) 소멸	(125) 이월액 ((107)+(108)-(123)-(124))
통합고용 세액공제	2023.12	60,500,000		60,500,000						60,500,000	45,820,000		14,680,000		45,820,000
	소계	60,500,000		60,500,000						60,500,000	45,820,000		14,680,000		45,820,000
	소계														
합 계		60,500,000		60,500,000						60,500,000	※45,820,000		14,680,000		45,820,000

작성방법

1. (105) 구분란에는 1. 공제세액계산(「조세특례제한법」)의 코드를 적습니다.
2. (106) 사업연도란에는 이월된 공제대상세액이 발생한 사업연도와 종료월을 적습니다.
3. (107) 당기분란에는 (104) 공제대상세액을 적습니다.
4. (108) 이월분란에는 (101) 구분별, 사업연도별로 전기의 (125) 이월액을 적습니다.
5. (109) 당기분란에는 당기분 세액을 적고, (110)란~(119)란의 해당 연도란에는 (108) 이월분 세액을 각각 적습니다.
6. (121)최저한세 적용에 따른 미공제액란의 합계(※표란)에는 "최저한세조정계산서(별지 제4호서식)"의 ④란 중 ⑭ 세액공제란의 금액을 옮겨 적고, 「조세특례제한법」 제144조제2항에 규정된 순서에 따라 (121)란의 최저한세 적용에 따른 미공제액의 각 란에 조정하여 적습니다.
7. 근거법조항 중 "구"는 「조세특례제한법」(2020.12.29. 법률 제17759호로 개정되기 전의 것)에 따른 조항을 의미합니다.

사례 1 2023년 귀속 신고 시 작성

[별지 제8호 서식(갑)] (2024.3.22. 개정) (4쪽 중 제1쪽)

사업연도	2023.01.01. ~ 2023.12.31.	공제감면세액 및 추가납부세액합계표(갑)	법 인 명	㈜나라
			사업자등록번호	203-81-63108

1. 최저한세 적용제외 공제감면세액

	① 구 분	② 근 거 법 조 항	코드	③ 대상세액	④ 감면 (공제) 세액
세액감면	(101) 창업중소기업에 대한 세액감면(최저한세 적용제외)	「조세특례제한법」 제6조제7항 외	110		
	(102) 해외자원개발투자배당 감면	「조세특례제한법」 제22조	103		
	(103) 수도권과밀억제권역 밖으로 이전하는 중소기업 세액감면(수도권 밖으로 이전)	구 「조세특례제한법」 제63조	169		
	(104) 공장의 수도권 밖 이전에 대한 세액감면	「조세특례제한법」 제63조	108		
	(105) 본사의 수도권 밖 이전에 대한 세액감면	「조세특례제한법」 제63조의2	109		
	(106) 영농조합법인 감면	「조세특례제한법」 제66조	104		
	(107) 영어조합법인 감면	「조세특례제한법」 제67조	107		
	(108) 농업회사법인 감면(농업소득)	「조세특례제한법」 제68조	11B		
	(109) 행정중심복합도시 등 공장이전에 대한 조세감면	「조세특례제한법」 제85조의2제3항 (2019.12.31. 법률 제16835호로 개정되기 전의 것)	11A		
	(110) 위기지역 내 창업기업 세액감면(최저한세 적용제외)	「조세특례제한법」 제99조의9	11N		
	(111) 해외진출기업의 국내복귀에 대한 세액감면(철수방식)	「조세특례제한법」 제104조의24제1항제1호	11F		
	(112) 해외진출기업의 국내복귀에 대한 세액감면(유지방식)	「조세특례제한법」 제104조의24제1항제2호	11H		
	(113) 고도기술수반사업 외국인투자 세액감면	「조세특례제한법」 제121조의2제1항제1호	186		
	(114) 외국인투자지역내 외국인투자 세액감면	「조세특례제한법」 제121조의2제1항제2호 또는 제2호의5	187		
	(115) 경제자유구역내 외국인투자 세액감면	「조세특례제한법」 제121조의2제1항제2호의2	188		
	(116) 경제자유구역 개발사업시행자 세액감면	「조세특례제한법」 제121조의2제1항제2호의3	157		
	(117) 제주투자진흥기구의 개발사업시행자 세액감면	「조세특례제한법」 제121조의2제1항제2호의4	158		
	(118) 기업도시 개발구역내 외국인투자 세액감면	「조세특례제한법」 제121조의2제1항제2호의6	159		
	(119) 기업도시 개발사업의 시행자 세액감면	「조세특례제한법」 제121조의2제1항제2호의7	160		
	(120) 새만금사업지역내 외국인투자 세액감면	「조세특례제한법」 제121조의2제1항제2호의8	11J		
	(121) 새만금사업 시행자 세액감면	「조세특례제한법」 제121조의2제1항제2호의9	11K		
	(122) 기타 외국인투자유치를 위한 조세감면	「조세특례제한법」 제121조의2제1항제3호	167		
	(123) 외국인투자기업의 증자의 조세감면	「조세특례제한법」 제121조의4	172		
	(124) 기술도입대가에 대한 조세면제(국내지점 등)	법률 제9921호 조세특례제한법 일부개정법률 부칙 제77조	173		
	(125) 제주첨단과학기술단지 입주기업 조세감면(최저한세 적용제외)	「조세특례제한법」 제121조의8	181		
	(126) 제주투자진흥지구등 입주기업 조세감면(최저한세 적용제외)	「조세특례제한법」 제121조의9	182		
	(127) 기업도시개발구역 등 입주기업 감면(최저한세 적용제외)	「조세특례제한법」 제121조의17제1항제1·3·5호	197		
	(128) 기업도시개발사업 등 시행자 감면	「조세특례제한법」 제121조의17제1항제2·4·6·7호	198		
	(129) 아시아문화중심도시 투자진흥지구 입주기업 감면(최저한세 적용제외)	「조세특례제한법」 제121조의20제1항	11C		
	(130) 금융중심지 창업기업에 대한 감면(최저한세 적용제외)	「조세특례제한법」 제121조의21제1항	11G		
	(131) 동업기업 세액감면 배분액(최저한세 적용제외)	「조세특례제한법」 제100조의18제4항	11D		
	(132) 사회적기업에 대한 감면	「조세특례제한법」 제85조의6	11L		
	(133) 장애인 표준사업장에 대한 감면	「조세특례제한법」 제85조의6	11M		
	(134) 첨단의료복합단지 입주기업에 대한 감면(최저한세 적용제외)	「조세특례제한법」 제121조의22제1항1호	17A		
	(135) 국가식품클러스터 입주기업에 대한 감면(최저한세 적용제외)	「조세특례제한법」 제121조의22제1항2호	17B		
	(136) 연구개발특구 입주기업에 대한 감면(최저한세 적용제외)	「조세특례제한법」 제12조의2	17C		
	(137) 감염병 피해에 따른 특별재난지역의 중소기업에 대한 감면	「조세특례제한법」 제99조의11	17D		
	(138) 기회발전특구 창업기업 등에 대한 법인세 등의 감면(최저한세 적용제외)	「조세특례제한법」 제121조의33	1D1		
	(139) 소 계		170		
세액공제	(140) 외국납부세액공제	「법인세법」 제57조	101		
	(141) 재해손실세액공제	「법인세법」 제58조	102		
	(142) 신성장·원천기술 연구개발비세액공제(최저한세 적용제외)	「조세특례제한법」 제10조제1항제1호	16A		
	(143) 국가전략기술 연구개발비세액공제(최저한세 적용제외)	「조세특례제한법」 제10조제1항제2호	10D		
	(144) 일반 연구·인력개발비세액공제(최저한세 적용제외)	「조세특례제한법」 제10조제1항제3호	16B		
	(145) 동업기업 세액공제 배분액(최저한세 적용제외)	「조세특례제한법」 제100조의18제4항	12D		
	(146) 성실신고 확인비용에 대한 세액공제	「조세특례제한법」 제126조의6	10A		
	(147) 상가임대료를 인하한 임대사업자에 대한 세액공제	「조세특례제한법」 제96조의3	10B		
	(148) 용역제공자에 관한 과세자료의 제출에 대한 세액공제	「조세특례제한법」 제104조의32	10C		
	(149) 소 계		**180**		
(150) 합 계((139) + (149))			**110**		

210mm×297mm[백상지 80g/㎡ 또는 중질지 80g/㎡]

(4쪽 중 제2쪽)

2. 최저한세 적용대상 공제감면세액

	① 구 분	② 근 거 법 조 항	코드	③ 대상세액	④ 감면세액
세액감면	⑮ 창업중소기업에 대한 세액감면(최저한세 적용대상)	「조세특례제한법」 제6조제1항 · 제5항 · 제6항	111		
	⑱ 창업벤처중소기업 세액감면	「조세특례제한법」 제6조제2항	174		
	⑬ 에너지신기술 중소기업 세액감면	「조세특례제한법」 제6조제4항	13E		
	⑭ 중소기업에 대한 특별세액감면	「조세특례제한법」 제7조	112		
	⑮ 연구개발특구 입주기업에 대한 세액감면(최저한세 적용대상)	「조세특례제한법」 제12조의2	179		
	⑯ 국제금융거래이자소득 면제	「조세특례제한법」 제21조	123		
	⑰ 사업전환 중소기업에 대한 세액감면	구 「조세특례제한법」 제33조의2	192		
	⑱ 무역조정지원기업의 사업전환 세액감면	구 「조세특례제한법」 제33조의2	13A		
	⑲ 기업구조조정 전문회사 주식양도차익 세액감면	법률 제9272호 조세특례제한법 일부개정법률 부칙 제10조 · 제40조	13B		
	⑳ 혁신도시 이전 등 공공기관 세액감면	「조세특례제한법」 제62조제4항	13F		
	⑯ 공장의 지방이전에 대한 세액감면(중소기업의 수도권 안으로 이전)	「조세특례제한법」 제63조	116		
	⑯ 농공단지입주기업 등 감면	「조세특례제한법」 제64조	117		
	⑯ 농업회사법인 감면(농업소득 외의 소득)	「조세특례제한법」 제68조	119		
	⑯ 소형주택 임대사업자에 대한 세액감면	「조세특례제한법」 제96조	13I		
	⑯ 상가건물 장기임대사업자에 대한 세액감면	「조세특례제한법」 제96조의2	13N		
	⑯ 산림개발소득 감면	「조세특례제한법」 제102조	124		
	⑯ 동업기업 세액감면 배분액(최저한세 적용대상)	「조세특례제한법」 제100조의18제4항	13D		
	⑯ 첨단의료복합단지 입주기업에 대한 감면(최저한세 적용대상)	「조세특례제한법」 제121조의22제1항제1호	13H		
	⑯ 기술이전에 대한 세액감면	「조세특례제한법」 제12조제1항	13J		
	⑰ 기술대여에 대한 세액감면	「조세특례제한법」 제12조제3항	13K		
	⑰ 제주첨단과학기술단지 입주기업 감면(최저한세 적용대상)	「조세특례제한법」 제121조의8	13P		
	⑰ 제주투자진흥지구등 입주기업 감면(최저한세 적용대상)	「조세특례제한법」 제121조의9	13Q		
	⑰ 기업도시개발구역 등 입주기업 감면(최저한세 적용대상)	「조세특례제한법」 제121조의17제1항제1호 · 제3호 · 5호	13R		
	⑰ 위기지역 내 창업기업 세액감면(최저한세 적용대상)	「조세특례제한법」 제99조의9	13S		
	⑰ 아시아문화중심도시 투자진흥지구 입주기업 감면(최저한세 적용대상)	「조세특례제한법」 제121조의20제1항	13T		
	⑰ 금융중심지 창업기업에 대한 감면(최저한세 적용대상)	「조세특례제한법」 제121조의21제1항	13U		
	⑰ 국가식품클러스터 입주기업에 대한 감면(최저한세 적용대상)	「조세특례제한법」 제121조의22제1항제2호	13V		
	⑰ 기회발전특구 창업기업 등에 대한 법인세 등의 감면(최저한세 적용대상)	「조세특례제한법」 제121조의33	1C1		
	⑰ 소 계		130		

210mm×297mm[백상지 80g/㎡ 또는 중질지 80g/㎡]

① 구	분	② 근 거 법 조 항	코드	⑤ 전기 이월액	⑥ 당기 발생액	⑦ 공제세액
세액공제	(180) 중소기업 등 투자세액공제	구「조세특례제한법」 제5조	131			
	(181) 상생결제 지급금액에 대한 세액공제	「조세특례제한법」 제7조의4	14Z			
	(182) 대 · 중소기업 상생협력을 위한 기금출연 세액공제	「조세특례제한법」 제8조의3제1항	14M			
	(183) 협력중소기업에 대한 유형고정자산 무상임대 세액공제	「조세특례제한법」 제8조의3제2항	18D			
	(184) 수탁기업에 설치하는 시설에 대한 세액공제	「조세특례제한법」 제8조의3제3항	18L			
	(185) 교육기관에 무상 기증하는 중고자산에 대한 세액공제	「조세특례제한법」 제8조의3제4항	18R			
	(186) 신성장 · 원천기술 연구개발비세액공제(최저한세 적용대상)	「조세특례제한법」 제10조제1항제1호	13L			
	(187) 국가전략기술 연구개발비세액공제(최저한세 적용대상)	「조세특례제한법」 제10조제1항제2호	10E			
	(188) 일반 연구 · 인력개발비세액공제(최저한세 적용대상)	「조세특례제한법」 제10조제1항제3호	13M			
	(189) 기술취득에 대한 세액공제	「조세특례제한법」 제12조제2항	176			
	(190) 기술혁신형 합병에 대한 세액공제	「조세특례제한법」 제12조의3	14T			
	(191) 기술혁신형 주식취득에 대한 세액공제	「조세특례제한법」 제12조의4	14U			
	(192) 벤처기업등 출자에 대한 세액공제	「조세특례제한법」 제13조의2	18E			
	(193) 성과공유 중소기업 경영성과급 세액공제	「조세특례제한법」 제19조	18H			
	(194) 연구 · 인력개발설비투자 세액공제	구「조세특례제한법」 제25조제1항제1호	134			
	(195) 에너지절약시설투자 세액공제	구「조세특례제한법」 제25조제1항제2호	177			
	(196) 환경보전시설 투자 세액공제	구「조세특례제한법」 제25조제1항제3호	14A			
	(197) 근로자복지증진시설투자 세액공제	구「조세특례제한법」 제25조제1항제4호	142			
	(198) 안전시설투자 세액공제	구「조세특례제한법」 제25조제1항제5호	136			
	(199) 생산성향상시설투자세액공제	구「조세특례제한법」 제25조제1항제6호	135			
	(200) 의약품 품질관리시설투자 세액공제	구「조세특례제한법」 제25조의4	14B			
	(201) 신성장기술 사업화를 위한 시설투자 세액공제	구「조세특례제한법」 제25조의5	18B			
	(202) 영상콘텐츠 제작비용에 대한 세액공제(기본공제)	「조세특례제한법」 제25조의6	18C			
	(203) 영상콘텐츠 제작비용에 대한 세액공제(추가공제)	「조세특례제한법」 제25조의6	1B8			
	(204) 초연결 네트워크 시설투자에 대한 세액공제	구「조세특례제한법」 제25조의7	18I			
	(205) 고용창출투자세액공제	「조세특례제한법」 제26조	14N			
	(206) 산업수요맞춤형고등학교등 졸업자를 병역이행 후 복직시킨 중소기업에 대한 세액공제	「조세특례제한법」 제29조의2	14S			
	(207) 경력단절 여성 고용 기업 등에 대한 세액공제	「조세특례제한법」 제29조의3제1항	14X			
	(208) 육아휴직 후 고용유지 기업에 대한 인건비 세액공제	「조세특례제한법」 제29조의3제2항	18J			
	(209) 근로소득을 증대시킨 기업에 대한 세액공제	「조세특례제한법」 제29조의4	14Y			
	(210) 청년고용을 증대시킨 기업에 대한 세액공제	「조세특례제한법」 제29조의5	18A			
	(211) 고용을 증대시킨 기업에 대한 세액공제	「조세특례제한법」 제29조의7	18F			
	(212) 통합고용세액공제	「조세특례제한법」 제29조의8	18S		60,500,000	14,680,000
	(213) 통합고용세액공제(정규직 전환)	「조세특례제한법」 제29조의8	1B4			
	(214) 통합고용세액공제(육아휴직 복귀)	「조세특례제한법」 제29조의8	1B5			
	(215) 정규직근로자 전환 세액공제	「조세특례제한법」 제30조의2	14H			
	(216) 고용유지중소기업에 대한 세액공제	「조세특례제한법」 제30조의3	18K			
	(217) 중소기업 고용증가 인원에 대한 사회보험료 세액공제	「조세특례제한법」 제30조의4 제1항	14Q			
	(218) 중소기업 사회보험 신규가입에 대한 사회보험료 세액공제	「조세특례제한법」 제30조의4 제3항	18G			
	(219) 전자신고에 대한 세액공제(납세의무자)	「조세특례제한법」 제104조의8 제1항	184			
	(220) 전자신고에 대한 세액공제(세무법인 등)	「조세특례제한법」 제104조의8 제3항	14J			
	(221) 제3자 물류비용 세액공제	「조세특례제한법」 제104조의14	14E			
	(222) 대학 맞춤형 교육비용 등 세액공제	구「조세특례제한법」 제104조의18제1항	14I			
	(223) 대학등 기부설비에 대한 세액공제	구「조세특례제한법」 제104조의18제2항	14K			
	(224) 기업의 경기부 설치운영비용 세액공제	「조세특례제한법」 제104조의22	14O			
	(225) 동업기업 세액공제 배분액(최저한세 적용대상)	「조세특례제한법」 제100조의18제4항	14L			
	(226) 산업수요맞춤형 고등학교 등 재학생에 대한 현장훈련수당 등 세액공제	구「조세특례제한법」 제104조의18제4항	14R			
	(227) 석유제품 전자상거래에 대한 세액공제	「조세특례제한법」 제104조의25	14P			
	(228) 금 현물시장에서 거래되는 금지금에 대한 과세특례	「조세특례제한법」 제126조의7제8항	14V			
	(229) 금사업자와 스크랩등사업자의 수입금액의 증가 등에 대한 세액공제	「조세특례제한법」 제122조의4	14W			
	(230) 우수 선화주 인증 국제물류주선업자 세액공제	「조세특례제한법」 제104조의30	18M			
	(231) 소재 · 부품 · 장비 수요기업 공동출자 세액공제	「조세특례제한법」 제13조의3제1항	18N			
	(232) 소재 · 부품 · 장비 외국법인 인수세액 공제	「조세특례제한법」 제13조의3제3항	18P			
	(233) 선결제 금액에 대한 세액공제	「조세특례제한법」 제99조의12	18Q			
	(234) 해외자원개발투자에 대한 과세특례	「조세특례제한법」 제104조의15	1B6			
	(235) 통합투자세액공제(일반)	「조세특례제한법」 제24조	13W			
	(236) 통합투자세액공제(신성장 · 원천기술)	「조세특례제한법」 제24조	13X			
	(237) 통합투자세액공제(국가전략기술)	「조세특례제한법」 제24조	13Y			
	(238) 임시통합투자세액공제(일반)	「조세특례제한법」 제24조	1B1			
	(239) 임시통합투자세액공제(신성장 · 원천기술)	「조세특례제한법」 제24조	1B2			
	(240) 임시통합투자세액공제(국가전략기술)	「조세특례제한법」 제24조	1B3			
	(241) 문화산업전문회사 출자에 대한 세액공제	「조세특례제한법」 제25조의7	1B7			
	(242) 소 계		149		60,500,000	14,680,000
(243) 합 계((179) + (242))			150			14,680,000
(244) 공제감면세액 총계((150) + (243))			151			14,680,000

210mm×297mm[백상지 80g/㎡ 또는 중질지 80g/㎡]

(4쪽 중 제4쪽)

(245) 기술도입대가에 대한 조세면제	법률 제9921호 조세특례제한법 일부개정법률 부칙 제77조	183			
(246) 간주 · 간접 외국납부세액공제	「법인세법」 제57조제3항 · 제4항 · 제6항	189			

작성방법

1. ③ 대상세액란: 「법인세법」, 「조세특례제한법」 등에 따른 공제감면대상금액이 있는 경우 공제감면세액계산서(별지 제8호서식 부표 1, 2, 3, 4, 5)에 따라 감면구분별로 적습니다.
2. ④ · ⑦ 공제세액란: 「법인세법」, 「조세특례제한법」 등에 따른 공제감면세액은 공제감면세액계산서(별지 제8호서식 부표 1, 2, 3, 4, 5)에 따라 계산된 공제세액 중 당기에 공제될 세액의 범위에서 「법인세법」 제59조제1항에 따른 공제순서에 따라 감면 구분별로 적습니다.
3. (150)란 중 ④ 감면세액란: 법인세 과세표준 및 세액조정계산서(별지 제3호서식)의 (123) 최저한세 적용제외 공제감면세액란에 옮겨 적습니다.
4. (242)란 중 ⑦ 공제세액란: 법인세 과세표준 및 세액조정계산서(별지 제3호서식)의 (121) 최저한세 적용대상 공제감면세액란에 옮겨 적습니다.
5. (245) 기술도입대가에 대한 조세면제란의 공제세액란: 기술도입대가를 지급하는 내국법인이 별지 제8호서식 부표 9 기술도입대가에 대한 조세면제 명세서의 면제세액 합계액을 적습니다(국내사업장이 있고 해당 기술이 국내사업장에 실질적으로 관련되거나 귀속되는 경우에는 기술을 제공하는 외국법인이 (245) 기술도입대가에 대한 조세면제란의 감면세액란에 적습니다).
6. ⑭ 외국납부세액공제란: 외국납부세액과 (246) 간주 · 간접 외국납부세액공제액을 합하여 적고, 간주 · 간접 외국납부세액공제액은 (246)란에 별도로 적습니다.
7. 「조세특례제한법」 제10조의 연구 · 인력개발비세액공제 중 최저한세가 적용되는 공제세액은 (186), (187) 또는 (188)란에 적고, 최저한세 적용이 제외되는 공제세액은 (142), (143) 또는 (144)란에 각각 구분하여 적습니다.
8. (186), (187) 또는 (188)란 중 ⑤ 전기이월액란: 「조세특례제한법」 제144조제1항에 따라 이월된 미공제 금액 중 해당 과세연도에 공제할 일반연구 · 인력개발비, 신성장 · 원천기술연구개발비 또는 국가전략기술연구개발비를 각각 구분하여 적습니다(구 공제감면코드: 132).
9. 법령의 개정에 따라 종전의 규정 또는 개정규정에 따라 공제감면 받는 경우에는 비어 있는 란 등에 해당 법령의 조문순서에 따라 별도로 적습니다.
10. ② 근거법조항 중 "구"는 「조세특례제한법」(2020.12.29. 법률 제17759호로 개정되기 전의 것)에 따른 조항을 의미합니다.

210mm×297mm[백상지 80g/㎡ 또는 중질지 80g/㎡]

사례 1 2023년 귀속 신고 시 작성

[별지 제3호 서식] (2023.3.20. 개정) (앞쪽)

사업연도	2023.01.01. ~ 2023.12.31.	법인세 과세표준 및 세액조정계산서	법인명	㈜나라
			사업자등록번호	203-81-63108

구분	항목	코드	금액
① 각 사업연도 소득계산	(101) 결산서상당기순손익	01	289 000 000
	소득조정금액 (102) 익금산입	02	
	소득조정금액 (103) 손금산입	03	
	(104) 차가감소득금액 (101+102-103)	04	289 000 000
	(105) 기부금한도초과액	05	
	(106) 기부금한도초과이월액 손금산입	54	
	(107) 각사업연도소득금액 (104+105-106)	06	289 000 000
② 과세표준 계산	(108) 각사업연도소득금액 (108=107)		289 000 000
	(109) 이월결손금	07	
	(110) 비과세소득	08	
	(111) 소득공제	09	
	(112) 과세표준 (108-109-110-111)	10	289 000 000
	(159) 선박표준이익	55	
③ 산출세액 계산	(113) 과세표준 (112+159)	56	289 000 000
	(114) 세율	11	19
	(115) 산출세액	12	34 910 000
	(116) 지점유보소득 (「법인세법」 제96조)	13	
	(117) 세율	14	
	(118) 산출세액	15	
	(119) 합계 (115+118)	16	34 910 000
④ 납부할 세액 계산	(120) 산출세액 (120=119)		34 910 000
	(121) 최저한세 적용대상 공제감면세액	17	14 680 000
	(122) 차감세액	18	20 230 000
	(123) 최저한세 적용제외 공제감면세액	19	
	(124) 가산세액	20	
	(125) 가감계 (122-123+124)	21	
	기납부세액 기한내납부세액 (126) 중간예납세액	22	
	기납부세액 기한내납부세액 (127) 수시부과세액	23	
	기납부세액 기한내납부세액 (128) 원천납부세액	24	
	기납부세액 기한내납부세액 (129) 간접투자회사등의 외국납부세액	25	
	기납부세액 기한내납부세액 (130) 소계 (126+127+128+129)	26	
	기납부세액 (131) 신고납부전가산세액	27	
	기납부세액 (132) 합계 (130+131)	28	
	(133) 감면분추가납부세액	29	
	(134) 차감납부할세액 (125-132+133)	30	20 230 000
⑤ 토지등양도소득에 대한 법인세 계산	양도차익 (135) 등기자산	31	
	양도차익 (136) 미등기자산	32	
	(137) 비과세소득	33	
	(138) 과세표준 (135+136-137)	34	
	(139) 세율	35	
	(140) 산출세액	36	
	(141) 감면세액	37	
	(142) 차감세액 (140-141)	38	
	(143) 공제세액	39	
	(144) 동업기업 법인세 배분액 (가산세 제외)	58	
	(145) 가산세액 (동업기업 배분액 포함)	40	
	(146) 가감계 (142-143+144+145)	41	
	기납부세액 (147) 수시부과세액	42	
	기납부세액 (148) ( ) 세액	43	
	기납부세액 (149) 계 (147+148)	44	
	(150) 차감납부할세액 (146-149)	45	
⑥ 미환류소득 법인세	(160) 과세대상 미환류소득	59	
	(162) 세율	60	
	(163) 산출세액	61	
	(164) 가산세액	62	
	(165) 이자상당액	63	
	(166) 납부할세액 (163+164+165)	64	
⑦ 세액계	(151) 차감납부할세액계 (134+150+166)	46	20 230 000
	(152) 사실과 다른 회계처리 경정세액공제	57	
	(153) 분납세액계산범위액 (151-124-133-145-152+131)	47	20 230 000
	(154) 분납할세액	48	10 115 000
	(155) 차감납부세액 (151-152-154)	49	10 115 000

210mm×297mm[백상지 80g/㎡ 또는 중질지 80g/㎡]

사례 1 2023년 귀속 신고 시 작성

[별지 제13호 서식] (2024.3.22. 개정) (3쪽 중 제1쪽)

사 업 연 도	2023.01.01. ~ 2023.12.31.	농어촌특별세 과세대상 감면세액 합계표	법인명	㈜나라
			사업자등록번호	203-81-63108

1. 일반법인의 감면세액

① 구 분	② 감 면 내 용	③ 「조세특례제한법」근거 조항	코드	④ 감 면 세 액 (소득금액)	비 고
⑤ 비과세	(101) 기업구조조정전문회사의 양도차익 비과세	법률 제9272호 부칙 제10조 · 제40조	604	( )	「법인세법 시행규칙」 별지 제6호서식의 ⑩란 해당 금액
	(102) 중소기업창업투자회사 등의 소재 · 부품 · 장비전문기업 주식양도차익 등에 대한 비과세	제13조의4	62Q	( )	
	(103)		606		
⑥ 소 득 공 제	(104) 국민주택임대소득공제	제55조의2제4항	460	( )	「법인세법 시행규칙」 별지 제7호서식의 ⑧란 해당 금액
	(105) 주택임대소득공제(연면적 149㎡ 이하)	제55조의2제5항	463	( )	
	(106)			( )	
	(107)		458		
⑦ 비과세 · 소득공제분 감면세액			6A1		(과세표준+소득금액) ×세율-산출세액
⑧ 세 액 감 면	(108) 국제금융거래이자소득 면제	제21조	123		「법인세법 시행규칙」 별지 제8호서식(갑)의 ④란 해당 금액
	(109) 해외자원개발배당 감면	제22조	103		
	(110) 사업전환 중소기업에 대한 세액감면	구 제33조의2	192		
	(111) 무역조정지원기업의 사업전환 세액감면	구 제33조의2	13A		
	(112) 기업구조조정전문회사의 주식양도차익 감면	법률 제9272호 부칙 제10조 · 제40조	13B		
	(113) 혁신도시 이전 공공기관 세액감면	제62조제4항	13F		
	(114) 행정중심복합도시 등 공장이전 조세감면	제85조의2 (19.12.31. 법률 제16835호로 개정되기 전의 것)	11A		
	(115) 사회적 기업에 대한 감면	제85조의6	11L		
	(116) 장애인 표준사업장에 대한 감면	제85조의6	11M		
	(117) 소형주택 임대사업자에 대한 세액감면	제96조	13I		
	(118) 상가건물 장기 임대사업자에 대한 감면	제96조의2	13N		
	(119) 제주첨단과학기술단지입주기업 조세감면(최저한세적용제외)	제121조의8	181		
	(120) 제주투자진흥지구 등 입주기업 조세감면(최저한세적용제외)	제121조의9	182		
	(121) 기업도시개발구역 등 입주기업 감면(최저한세적용제외)	제121조의17제1항제1호 · 제3호 · 제5호	197		
	(122) 기업도시개발사업 등 시행자 감면	제121조의17제1항제2호 · 제4호 · 제6호 · 제7호	198		
	(123) 아시아문화중심도시 투자진흥지구 입주기업 감면(최저한세적용제외)	제121조의20제1항	11C		
	(124) 금융중심지 창업기업에 대한 감면(최저한세적용제외)	제121조의21제1항	11G		
	(125) 첨단의료복합단지 입주기업에 대한 감면(최저한세적용제외)	제121조의22	17A		
	(126) 국가식품클러스터 입주기업에 대한 감면(최저한세적용제외)	제121조의22	17B		
	(127) 첨단의료복합단지 입주기업에 대한 감면(최저한세적용대상)	제121조의22	13H		
	(128) 국가식품클러스터 입주기업에 대한 감면(최저한세적용대상)	제121조의22	13V		
	(129) 제주첨단과학기술단지입주기업 조세감면(최저한세적용대상)	제121조의8	13P		
	(130) 제주투자진흥지구 등 입주기업 조세감면(최저한세적용대상)	제121조의9	13Q		
	(131) 기업도시개발구역 등 입주기업 감면(최저한세적용대상)	제121조의17제1항제1호 · 제3호 · 제5호	13R		
	(132) 금융중심지 창업기업에 대한 감면(최저한세적용대상)	제121조의21제1항	13U		
	(133) 아시아문화중심도시 투자진흥지구 입주기업 감면(최저한세적용대상)	제121조의20제1항	13T		
	(134) 기회발전특구 창업기업 등에 대한 법인세 등의 감면(최저한세적용제외)	제121조의33	1D1		
	(135) 기회발전특구 창업기업 등에 대한 법인세 등의 감면(최저한세적용대상)	제121조의33	1C1		
	(136)		164		

210mm×297mm[백상지 80g/㎡ 또는 중질지 80g/㎡]

(3쪽 중 제2쪽)

① 구 분	② 감 면 내 용	③ 「조세특례제한법」 근거 조항	코드	④ 감 면 세 액 (소득금액)	비 고
⑨ 세액공제	(137) 중소기업투자세액공제	구 제5조	131		「법인세법 시행규칙」 별지 제8호서식(갑)의 ④·⑦란 세액공제 해당 금액
	(138) 상생결제 지급금액에 대한 세액공제	제7조의4	14Z		
	(139) 대중소기업 상생협력을 위한 기금출연 세액공제	제8조의3제1항	14M		
	(140) 협력중소기업에 대한 유형고정자산 무상임대 세액공제	제8조의3제2항	18D		
	(141) 수탁기업에 설치하는 시설에 대한 세액공제	제8조의3제3항	18L		
	(142) 교육기관에 무상 기증하는 중고자산에 대한 세액공제	제8조의3제4항	18R		
	(143) 기술혁신형 합병에 대한 세액공제	제12조의3	14T		
	(144) 기술혁신형 주식취득에 대한 세액공제	제12조의4	14U		
	(145) 벤처기업 등 출자에 대한 세액공제	제13조의2	18E		
	(146) 성과공유 중소기업 경영성과급 세액공제	제19조	18H		
	(147) 에너지절약시설투자 세액공제	구 제25조제1항제2호	177		
	(148) 환경보전시설투자 세액공제	구 제25조제1항제3호	14A		
	(149) 근로자복지증진시설투자 세액공제	구 제25조제1항제4호	142		
	(150) 안전시설투자 세액공제	구 제25조제1항제5호	136		
	(151) 생산성향상시설투자세액공제	구 제25조제1항제6호	135		
	(152) 의약품 품질관리시설투자 세액공제	구 제25조의4	14B		
	(153) 신성장기술 사업화를 위한 시설투자 세액공제	구 제25조의5	18B		
	(154) 영상콘텐츠 제작비용에 대한 세액공제(기본공제)	제25조의6	18C		
	(155) 영상콘텐츠 제작비용에 대한 세액공제(추가공제)	제25조의6	1B8		
	(156) 초연결 네크워크 시설투자에 대한 세액공제	구 제25조의7	18I		
	(157) 고용창출투자세액공제	제26조	14N		
	(158) 산업수요맞춤형고등학교등 졸업자 복직 중소기업 세액공제	제29조의2	14S		
	(159) 경력단절 여성 고용 기업 등에 대한 세액공제	제29조의3제1항	14X		
	(160) 육아휴직 후 고용유지 기업에 대한 인건비 세액공제	제29조의3제2항	18J		
	(161) 근로소득을 증대시킨 기업에 대한 세액공제	제29조의4	14Y		
	(162) 청년고용을 증대시킨 기업에 대한 세액공제	제29조의5	18A		
	(163) 고용을 증대시킨 기업에 대한 세액공제	제29조의7	18F		
	(164) 통합고용세액공제	제29조의8	18S	14,680,000	
	(165) 통합고용세액공제(정규직 전환)	제29조의8	1B4		
	(166) 통합고용세액공제(육아휴직복귀)	제29조의8	1B5		
	(167) 제3자 물류비용 세액공제	제104조의14	14E		
	(168) 대학 맞춤형 교육비용 등 세액공제	구 제104조의18제1항	14I		
	(169) 대학등 기부설비에 대한 세액공제	구 제104조의18제2항	14K		
	(170) 산업수요맞춤형 고등학교 등 재학생에 대한 현장훈련수당 등 세액공제	구 제104조의18제4항	14R		
	(171) 기업의 경기부 설치운영비용 세액공제	제104조의22	14O		
	(172) 석유제품 전자상거래에 대한 세액공제	제104조의25	14P		
	(173) 금 현물시장에서 거래되는 금지금에 대한 과세특례	제126조의7제8항	14V		
	(174) 금사업자와 스크랩등사업자의 수입금액의 증가 등에 대한 세액공제	제122조의4	14W		
	(175) 우수 선화주 인증 국제물류주선업자 세액공제	제104조의30	18M		
	(176) 용역제공자에 관한 과세자료의 제출에 대한 세액공제	제104조의32	10C		
	(177) 소재·부품·장비 수요기업 공동출자 세액공제	제13조의3제1항	18N		
	(178) 소재·부품·장비 외국법인 인수세액 공제	제13조의3제3항	18P		
	(179) 상가임대료를 인하한 임대사업자에 대한 세액공제	제96조의3	10B		
	(180) 선결제 금액에 대한 세액공제	제99조의12	18Q		
	(181) 통합투자세액공제(일반)	제24조	13W		
	(182) 임시통합투자세액공제(일반)	제24조	1B1		
	(183) 통합투자세액공제(신성장·원천기술)	제24조	13X		
	(184) 임시통합투자세액공제(신성장·원천기술)	제24조	1B2		
	(185) 통합투자세액공제(국가전략기술)	제24조	13Y		
	(186) 임시통합투자세액공제(국가전략기술)	제24조	1B3		
	(187) 해외자원개발투자에 대한 과세특례	제104조의15	1B6		
	(188) 문화산업전문회사 출자에 대한 세액공제	제25조의7	1B7		
	(189)		165		
⑩ 감 면 세 액 합 계				14,680,000	

2. 조합법인 등의 감면세액

① 법인세 과세표준	② 「조세특례제한법」 제72조 세율	③ 산출세액 (①×②)	④ 과세표준		⑤ 「법인세법」 제55조의 세율	⑥ 산출세액	⑦ 감면세액 (⑥－③)
			구 분	금 액			
			2억원 이하 200억원 이하 3천억원 이하 3천억원 초과				
합 계			합 계				

210mm×297mm[백상지 80g/㎡ 또는 중질지 80g/㎡]

(3쪽 중 제3쪽)

3. 조합법인에 대한 공제세액

⑧ 공제내용	코드	⑨ 공제세액	비 고
청년고용을 증대시킨 기업에 대한 세액공제	18A		「법인세법 시행규칙」 별지 제8호서식(갑)의 ⑦란 공제세액 해당 금액
고용을 증대시킨 기업에 대한 세액공제	18F		「법인세법 시행규칙」 별지 제8호서식(갑)의 ⑦란 공제세액 해당 금액
기업의 경기부 설치운영비용 세액공제	14O		「법인세법 시행규칙」 별지 제8호서식(갑)의 ⑦란 공제세액 해당 금액
상가임대료를 인하한 임대사업자에 대한 세액공제	10B		「법인세법 시행규칙」 별지 제8호서식(갑)의 ④란 감면(공제)세액 해당 금액
선결제금액에 대한 세액공제	18Q		「법인세법 시행규칙」 별지 제8호서식(갑)의 ⑦란 공제세액 해당 금액
통합고용세액공제	18S		「조세특례제한법 시행규칙」 별지 제10호의9서식의 ④란 공제세액 해당 금액
합 계			

작 성 방 법

1. 일반법인의 감면세액 계산
   가. ⑦란 중 ④ 감면세액(소득금액)란의 금액은 각 사업연도 소득에 대한 법인세 과세표준[법인세 과세표준 및 세액조정계산서(별지 제3호서식)의 ⑬란의 금액을 말합니다]에 ⑤란의 비과세 소득금액과 ⑥란의 소득공제금액을 합산한 조정과세표준에 대한 산출세액에서 법인세 과세표준 및 세액조정계산서(별지 제3호서식)의 ⑮란의 산출세액의 금액을 빼서 적습니다.
   나. 그 밖에 ⑤ 비과세, ⑥ 소득공제, ⑧ 세액감면, ⑨ 세액공제의 빈 란에는 「조세특례제한법」의 개정으로 추가하여 감면세액이 발생되거나 개정 전 규정의 부칙에 따라 적용되는 감면세액이 농어촌특별세 과세대상에 해당하는 경우에 해당 감면세액을 각각 적습니다.

2. 조합법인 등의 감면세액 계산: ⑤ 「법인세법」 제55조의 세율은 다음과 같이 적용합니다.
   가. 2012년 1월 1일 이후 개시하는 사업연도

과세표준	세 율
2억원 이하	과세표준의 100분의 10
2억원 초과 200억원 이하	2천만원 + (2억원 초과 200억원 이하 금액의 100분의 20)
200억원 초과	39억 8천만원 + (200억원을 초과하는 금액의 100분의 22)

   나. 2018년 1월 1일 이후 개시하는 사업연도

과세표준	세 율
2억원 이하	과세표준의 100분의 10
2억원 초과 200억원 이하	2천만원 + (2억원 초과 200억원 이하 금액의 100분의 20)
200억원 초과 3천억원 이하	39억8천만원 + (200억원을 초과하는 금액의 100분의 22)
3천억원 초과	655억8천만원 + (3천억원을 초과하는 금액의 100분의 25)

   다. 2023년 1월 1일 이후 개시하는 사업연도

과세표준	세 율
2억원 이하	과세표준의 100분의 9
2억원 초과 200억원 이하	1천8백만원 + (2억원 초과 200억원 이하 금액의 100분의 19)
200억원 초과 3천억원 이하	37억8천만원 + (200억원을 초과하는 금액의 100분의 21)
3천억원 초과	625억8천만원 + (3천억원을 초과하는 금액의 100분의 24)

3. 조합법인 등의 공제세액 계산: 「조세특례제한법」의 개정으로 조합법인 등에 추가로 공제되는 공제세액이 농어촌특별세 과세대상에 해당하는 공제세액을 적습니다.

※ 근거법조항 중 "구"는 「조세특례제한법」(2020.12.29. 법률 제17759호로 개정되기 전의 것)에 따른 조항을 의미합니다.

210mm×297mm[백상지 80g/㎡ 또는 중질지 80g/㎡]

사례 1 2023년 귀속 신고 시 작성

[별지 제12호 서식] (2017.3.10. 개정) (앞 쪽)

사 업 연 도	2023.01.01. ~ 2023.12.31.	농어촌특별세과세표준 및 세액조정계산서	법인명	㈜나라
			사업자등록번호	203-81-63108

농어촌특별세 과세표준 및 세액 조정내역

①법 인 유 형	②과 세 표 준		세 율	③세 액
	구 분	금 액		
④일 반 법 인	⑤법 인 세 감 면 세 액	14,680,000	20%	2,936,000
	⑥			
	⑦			
	⑧ 소 계	14,680,000		2,936,000
⑨조 합 법 인 등	⑩법 인 세 공제 · 감 면 세 액		20%	
	⑫ 소 계			

작 성 방 법

1. ②란 중 ⑤법인세감면세액란에는 농어촌특별세과세대상감면세액합계표[별지 제13호서식]상의 ⑩감면세액합계란의 금액을 옮겨 적습니다.
2. ②란 중 ⑩법인세공제 · 감면세액란에는 농어촌특별세과세대상감면세액합계표[별지 제13호서식] 2. 조합법인 등 감면세액 중 ⑦감면세액란의 합계금액과 3. 조합법인 등 공제세액중 ⑨ 공제세액란 합계금액을 더하여 기입합니다.

210mm×297mm[백상지 80g/㎡ 또는 중질지 80g/㎡]

사례 1 2023년 귀속 신고 시 작성

[별지 제2호 서식] (2024.3.22. 개정) (앞쪽)

농어촌특별세 과세표준 및 세액신고서

※ 뒤쪽의 신고안내 및 작성방법을 읽고 작성하여 주시기 바랍니다.

1. 신고인 인적사항

① 소 재 지	경기도 고양시 일산서구 대화로37번길 102-30(법곶동)				
② 법 인 명	㈜나라		③대표자성명	김 유 민	
④사업자등록번호	203-81-63108	⑤사 업 연 도	2023.01.01. ~2023.12.31.	⑥전 화 번 호	031-2231-7027

2. 농어촌특별세 과세표준 및 세액 조정내역

⑦과 세 표 준		14,680,000
⑧산 출 세 액		2,936,000
(미납세액, 미납일수, 세율) ⑨가 산 세 액	(, , 2.2/10,000)	
⑩총 부 담 세 액		2,936,000
⑪기 납 부 세 액		
⑫환 급 예 정 세 액		
⑬차 감 납 부 할 세 액		2,936,000
⑭분 납 할 세 액		
⑮차 감 납 부 세 액		2,936,000
⑯충 당 후 납 부 세 액		2,936,000
⑰국 세 환 급 금 충 당 신 청	환 급 법 인 세	
	충당할 농어촌특별세	

신고인은 「농어촌특별세법」 제7조에 따라 위의 내용을 신고하며, 위 내용을 충분히 검토하였고 신고인이 알고 있는 사실 그대로를 정확하게 적었음을 확인합니다.

2024년 3월 31일

신고인(대표자) 김 유 민 (서명 또는 인)

세무대리인은 조세전문자격자로서 위 신고서를 성실하고 공정하게 작성하였음을 확인합니다.

세무대리인 (서명 또는 인)

고양 세무서장 귀하

210mm×297mm[백상지 80g/㎡ 또는 중질지 80g/㎡]

사례 1 2024년 귀속 신고 시 작성

[별지 제10호의9 서식] (2024.3.22. 개정) (3쪽 중 제1쪽)

통합고용세액공제 공제세액계산서

① 신청인	① 상호 또는 법인명 : ㈜나라	② 사업자등록번호 : 203-81-63108
	③ 대표자 성명 : 김 유 민	④ 생년월일 : 1973년 04월 12일
	⑤ 주소 또는 본점소재지 : 경기도 고양시 일산서구 대화로37번길 102-30(법곳동) (전화번호 : 031-2231-7027)	

② 과세연도	2024년 1월 1일부터 2024년 12월 31일까지

③ 상시근로자 현황 (작성방법 2,3번을 참고하시기 바랍니다.)

구분	직전전 과세연도	직전 과세연도	해당 과세연도
⑥ 상시근로자 수(⑦+⑧)	21.00	26.00	28.00
⑦ 청년등상시근로자 수	9.00	12.00	13.00
⑧ 청년등상시근로자를 제외한 상시근로자 수	12.00	14.00	15.00
⑨ 정규직 전환 근로자 수	–		
⑩ 육아휴직 복귀자 수			

④ 기본공제 공제세액 계산내용

가. 1차년도 세제지원 요건 : ⑬ > 0

1. 상시근로자 증가 인원

⑪ 해당 과세연도 상시근로자 수	⑫ 직전 과세연도 상시근로자 수	⑬ 상시근로자 증가 인원 수 (⑪–⑫)
28.00	26.00	2.00

2. 청년등상시근로자 증가 인원

⑭ 해당 과세연도 청년등상시근로자 수	⑮ 직전 과세연도 청년등상시근로자 수	⑯ 청년등상시근로자 증가 인원 수 (⑭–⑮)
13.00	12.00	1.00

3. 청년등상시근로자를 제외한 상시근로자 증가 인원

⑰ 해당 과세연도 청년등상시근로자를 제외한 상시근로자 수	⑱ 직전 과세연도 청년등상시근로자를 제외한 상시근로자 수	⑲ 청년등상시근로자를 제외한 상시근로자 증가 인원 수(⑰–⑱)
15.00	14.00	1.00

(3쪽 중 제2쪽)

4. 1차년도 세액공제액 계산

구분	구분		직전 과세연도 대비 상시근로자 증가 인원 수 (⑬상시근로자 증가 인원 수를 한도로 함)	1인당 공제금액	⑳ 1차년도 세액공제액
중소기업	수도권 내	청년등	1.00	1천4백5십만원	14,500,000
		청년등 외	1.00	8백5십만원	8,500,000
	수도권 밖	청년등		1천5백5십만원	
		청년등 외		9백5십만원	
	계		2.00		23,000,000
중견기업	청년등			8백만원	
	청년등 외			4백5십만원	
	계				
일반기업	청년등			4백만원	
	청년등 외				
	계				

나. 2차년도 세제지원 요건 : ㉓ ≥ 0

1. 상시근로자 증가 인원

㉑ 2차년도(해당 과세연도) 상시근로자 수	㉒ 1차년도(직전 과세연도) 상시근로자 수	㉓ 상시근로자 증가 인원 수(㉑-㉒)
28.00	26.00	2.00

2. 2차년도 세액공제액 계산(상시근로자 감소여부)

1차년도 (직전 과세연도) 대비 상시근로자 감소여부	1차년도 (직전 과세연도) 대비 청년등상시근로자 수 감소여부	㉔ 1차년도 (직전 과세연도) 청년등상시근로자 증가 세액공제액	㉕ 1차년도 (직전 과세연도) 청년등 외 상시근로자 증가 세액공제액	㉖ 2차년도 세액공제액
부	부	43,500,000	17,000,000	60,500,000
	여			
여				

다. 3차년도 세제지원 요건(중소 · 중견기업만 해당) : ㉙ ≥ 0

1. 상시근로자 증가 인원

㉗ 3차년도(해당 과세연도) 상시근로자 수	㉘ 1차년도(직전전 과세연도) 상시근로자 수	㉙ 상시근로자 증가 인원(㉗-㉘)

2. 3차년도 세액공제액 계산(상시근로자 감소여부)

1차년도 (직전전 과세연도) 대비 상시근로자 감소여부	1차년도 (직전전 과세연도) 대비 청년등상시근로자 수 감소여부	㉚ 1차년도 (직전전 과세연도) 청년등 상시근로자 증가 세액공제액	㉛ 1차년도 (전전 과세연도) 청년등 외 상시근로자 증가 세액공제액	㉜ 3차년도 세액공제액
부	부			
	여			
여				

(3쪽 중 제3쪽)

❺ 추가공제 공제세액 계산내용

가. 세제지원 요건 : ㉟ ≥ 0

㉝ 해당 과세연도 상시근로자 수	㉞ 직전 과세연도 상시근로자 수	㉟ 상시근로자 증가 인원 수 (㉝-㉞)

나. 세액공제액 계산

구분	구분	인원 수	1인당 공제금액	㊱ 추가공제 세액공제액
중소기업	정규직 전환자		1천3백만원	
	육아휴직 복귀자			
	계			
중견기업	정규직 전환자		9백만원	
	육아휴직 복귀자			
	계			
⑥ 세액공제액 : ⑳ 1차년도 세액공제액 + ㉖ 2차년도 세액공제액 + ㉜ 3차년도 세액공제액 + ㊱ 추가공제 세액공제액				83,500,000

「조세특례제한법 시행령」 제26조의8 제11항에 따라 위와 같이 공제세액계산서를 제출합니다.

2025년 3월 31일

신청인 ㈜나라 김 유 민 (서명 또는 인)

고양 세무서장 귀하

작 성 방 법

1. 근로자 수는 다음과 같이 계산하되, 100분의 1 미만의 부분은 없는 것으로 합니다.
 가. 상시근로자 수: 매월 말 현재 상시근로자 수의 합 / 과세연도의 개월 수
 나. 청년등상시근로자 수: 매월 말 현재 청년등상시근로자 수의 합 / 과세연도의 개월 수
 다. 청년등상시근로자 외 상시근로자 수: 매월 말 현재 청년등상시근로자 외 상시근로자 수의 합 / 과세연도의 개월 수
2. ⑥란의 상시근로자란 「근로기준법」에 따라 근로계약을 체결한 내국인 근로자로서 다음의 어느 하나에 해당하는 사람을 제외한 근로자를 말합니다.
 가. 근로계약기간이 1년 미만인 근로자. 다만, 근로계약의 연속된 갱신으로 인하여 그 근로계약의 총 기간이 1년 이상인 근로자는 상시근로자로 봅니다.
 나. 「근로기준법」 제2조제1항제9호에 따른 단시간근로자. 다만, 1개월간의 소정근로시간이 60시간 이상인 근로자는 상시근로자로 봅니다.
 다. 「법인세법 시행령」 제40조제1항 각 호의 어느 하나에 해당하는 임원
 라. 해당 기업의 최대주주 또는 최대출자자(개인사업자의 경우에는 대표자를 말합니다)와 그 배우자
 마. 라목에 해당하는 자의 직계존비속(그 배우자를 포함합니다) 및 「국세기본법 시행령」 제1조의2제1항에 따른 친족관계인 사람
 바. 「소득세법 시행령」 제196조에 따른 근로소득원천징수부에 의하여 근로소득세를 원천징수한 사실이 확인되지 않고, 「국민연금법」 제3조제1항제11호 및 제12호에 따른 부담금 및 기여금 또는 「국민건강보험법」 제69조에 따른 직장가입자의 보험료에 해당하는 금액의 납부사실도 확인되지 않는 자
3. ⑦란 등의 청년등상시근로자란 상시근로자 중 15세 이상 34세 이하인 사람으로서 다음 각 목의 어느 하나에 해당하는 사람을 제외한 사람(해당 근로자가 병역을 이행한 경우에는 6년을 한도로 병역을 이행한 기간을 현재 연령에서 빼고 계산한 연령이 34세 이하인 사람을 포함)과 「장애인복지법」의 적용을 받는 장애인, 「국가유공자 등 예우 및 지원에 관한 법률」에 따른 상이자, 「5 · 18민주유공자예우 및 단체설립에 관한 법률」 제4조제2호에 따른 5 · 18민주화운동부상자와 「고엽제후유의증 등 환자지원 및 단체설립에 관한 법률」 제2조제3호에 따른 고엽제후유의증환자로서 장애등급 판정을 받은 사람, 근로계약 체결일 현재 연령이 60세 이상인 사람, 「조세특례제한법」 제29조의3제1항에 따른 경력단절 여성을 말합니다.
 가. 「기간제 및 단시간근로자 보호 등에 관한 법률」에 따른 기간제근로자 및 단시간근로자
 나. 「파견근로자보호 등에 관한 법률」에 따른 파견근로자
 다. 「청소년 보호법」 제2조제5호 각 목에 따른 업소에 근무하는 같은 조 제1호에 따른 청소년
4. 청년등 외 상시근로자란 상시근로자 중 청년등상시근로자가 아닌 상시근로자를 말합니다.
5. ⑳, ㉖, ㉜ 계산 시 각 공제금액(청년/청년 외)은 전체 상시근로자 수 증가분을 한도로 합니다.
6. ㉝, ㉞란의 상시근로자 수는 「근로기준법」 제74조에 따른 출산전후휴가를 사용 중인 상시근로자를 대체하는 상시근로자가 있는 경우 해당 출산전후휴가를 사용 중인 상시근로자를 제외하고 계산한 상시근로자 수를 말합니다.
7. 해당 과세연도의 상시근로자 수가 전년 대비 증가하여 「조세특례제한법」 제29조의8의 통합고용세액공제 1차년도 공제를 신청할 경우 「조세특례제한법」 제29조의7의 고용 증대 기업에 대한 세액공제 1차년도 공제를 중복하여 신청할 수 없습니다.

210mm×297mm[백상지 80g/㎡]

사례 1 2024년 귀속 신고 시 작성

[별지 제4호 서식] (2019.3.20. 개정) (앞쪽)

사업연도	2024.01.01. ~ 2024.12.31.	최저한세조정계산서	법인명	㈜나라
			사업자등록번호	203-81-63108

1. 최저한세 조정 계산 명세

① 구 분		코드	② 감면 후 세액	③ 최저한세	④ 조정감	⑤ 조정 후 세액
⑩ 결산서상 당기순이익		01	325,000,000			
소득조정금액	⑩ 익금산입	02				
	⑩ 손금산입	03				
⑩ 조정 후 소득금액(⑩+⑩-⑩)		04	325,000,000	325,000,000		325,000,000
최저한세 적용대상 특별비용	⑯ 준비금	05				
	⑯ 특별상각 및 특례자산 감가상각비	06				
⑰ 특별비용 손금산입 전 소득금액 (⑭+⑮+⑯)		07	325,000,000	325,000,000		325,000,000
⑱ 기부금한도초과액		08				
⑲ 기부금 한도초과 이월액 손금산입		09				
⑪ 각 사업연도 소득금액 (⑰+⑱-⑲)		10	325,000,000	325,000,000		325,000,000
⑪ 이월결손금		11				
⑫ 비과세소득		12				
⑬ 최저한세 적용대상 비과세소득		13				
⑭ 최저한세 적용대상 익금불산입·손금산입		14				
⑮ 차가감소득금액 (⑪-⑪-⑫+⑬+⑭)		15	325,000,000	325,000,000		325,000,000
⑯ 소득공제		16				
⑰ 최저한세 적용대상 소득공제		17				
⑱ 과세표준금액 (⑮-⑯+⑰)		18	325,000,000	325,000,000		325,000,000
⑲ 선박표준이익		24				
⑳ 과세표준액(⑱+⑲)		25	325,000,000	325,000,000		325,000,000
㉑ 세율		19	19	7		19
㉒ 산출세액		20	41,750,000	22,750,000		41,750,000
㉓ 감면세액		21				
㉔ 세액공제		22	129,320,000		110,320,000	19,000,000
㉕ 차감세액(㉒-㉓-㉔)		23				22,750,000

2. 최저한세 세율 적용을 위한 구분 항목

㉖ 중소기업 유예기간 종료연월		㉗ 유예기간 종료 후 연차			

210mm×297mm[백상지 80g/㎡ 또는 중질지 80g/㎡]

사례 1 2024년 귀속 신고 시 작성

[별지 제8호 서식 부표 3] (2024.3.22. 개정) (앞쪽)

사업연도	2024.01.01. ~ 2024.12.31.	세액공제조정명세서(3)	법인명	㈜나라
			사업자등록번호	203-81-63108

1. 공제세액계산(「조세특례제한법」)

	⑩ 구 분	근거법 조항	⑫ 계 산 기 준	코드	⑬ 계산명세	⑭ 공제대상 세 액
조세특례제한법	중소기업 등 투자세액공제	구 제5조	투자금액 × 1(2,3,5,10)/100	131		
	상생결제 지급금액에 대한 세액공제	제7조의4	지급기한 15일 이내 : 지급 금액의 0.5% 지급기한 15일 ~ 30일 : 지급 금액의 0.3% 지급기한 30일 ~ 60일 : 지급 금액의 0.015%	14Z		
	대·중소기업 상생협력을 위한 기금출연 세액공제	제8조의3제1항	출연금 × 10/100	14M		
	협력중소기업에 대한 유형고정자산 무상임대 세액공제	제8조의3제2항	장부가액 × 3/100	18D		
	수탁기업에 설치하는 시설에 대한 세액공제	제8조의3제3항	투자금액 × 1(3,7)/100	18L		
	교육기관에 무상 기증하는 중고자산에 대한 세액공제	제8조의3제4항	기증자산 시가 × 10/100	18R		
	신성장·원천기술 연구개발비세액공제(최저한세 적용제외)	제10조제1항제1호	(일반 연구·인력개발비) '14.1.1.~'14.12.31.: 발생액 × 3~4(8,10,15,20,25,30)/100 또는 2년간 연평균 발생액의 초과액 × 40(50)/100 '15.1.1. 이후: 발생액 × 2~3(8,10,15,20,25,30)/100 또는 직전 발생액의 초과액 × 40(50)/100 '17.1.1. 이후: 발생액 × 1~3(8,10,15,20,25,30)/100 또는 직전 발생액의 초과액 × 30(40,50)/100 '18. 1. 1. 이후: 발생액 × 0~2(8,10,15,20,25,30)/100 또는 직전 발생액의 초과액 × 25(40,50)/100 (신성장·원천기술 연구개발비) '17. 1. 1. 이후: 발생액 × 20(30)/100 (국가전략기술 연구개발비) '21. 7. 1. 이후: 발생액 ×30(40)/100	16A		
	국가전략기술 연구개발비세액공제(최저한세 적용제외)	제10조제1항제2호		10D		
	일반 연구·인력개발비세액공제(최저한세 적용제외)	제10조제1항제3호		16B		
	신성장·원천기술 연구개발비세액공제(최저한세 적용대상)	제10조제1항제1호		13L		
	국가전략기술 연구개발비세액공제(최저한세 적용대상)	제10조제1항제2호		10E		
	일반 연구·인력개발비세액공제(최저한세 적용대상)	제10조제1항제3호		13M		
	기술취득에 대한 세액공제	제12조제2항	특허권 등 취득금액 × 5(10)/100 *법인세의 10% 한도	176		
	기술혁신형 합병에 대한 세액공제	제12조의3	기술가치금액 × 10/100	14T		
	기술혁신형 주식취득에 대한 세액공제	제12조의4	기술가치금액 × 10/100	14U		
	벤처기업등 출자에 대한 세액공제	제13조의2	주식등 취득가액 × 5/100	18E		
	성과공유 중소기업 경영성과급 세액공제	제19조	'22.1.1. 이전 지급분 : 근로자에 지급하는 경영성과급 × 10/100 '22.1.1. 이후 지급분 : 근로자에 지급하는 경영성과급× 15/100	18H		
	연구·인력개발설비투자세액공제	구 제25조제1항제1호	'14.1.1.~'15.12.31. 투자분 : 투자금액 × 3(5,10)/100 '16.1.1. 이후 투자분 : 투자금액 × 1(3,6)/100 '19.1.1. 이후 투자분 : 투자금액 × 1(3,7)/100	134		
	에너지절약시설투자세액공제	구 제25조제1항제2호	'14.1.1.~'15.12.31. 투자분 : 투자금액 × 3(5,10)/100 ('16.1.1. 현재 투자진행 중인 경우 '16.12.31.까지 종전율 적용) '16.1.1. 이후 투자개시분 : 투자금액 × 1(3,10)/100 '19.1.1. 이후 투자분 : 투자금액 × 1(3,7)/100	177		
	환경보전시설 투자세액공제	구 제25조제1항제3호	투자금액 × 3(5,10)/100 '19.1.1. 이후 투자분 : 투자금액 × 3(5,10)/100	14A		
	근로자복지증진시설투자세액공제	구 제25조제1항제4호	투자금액 × 7(10)/100 '19.1.1. 이후 취득분 : 취득금액 × 3(5,10)/100	142		
	안전시설투자세액공제	구 제25조제1항제5호	'13.1.1.~'14.12.31. 투자분 : 투자금액 × 3(7)/100 '15.1.1. 이후 투자분 : 투자금액 × 1(3,7)/100 '19.1.1. 이후 투자분 : 투자금액 × 1(5,10)/100	136		
	생산성향상시설투자세액공제	구 제25조제1항제6호	'13.1.1.~'14.12.31. 투자분 : 투자금액 × 3(7)/100 '15.1.1. 이후 투자분 : 투자금액 × 1(3,7)/100 '20.1.1.~'20.12.31. 투자분 : 투자금액 × 2(5,10))/100 '21.1.1.~'21.12.31. 투자분 : 투자금액 × 1(5,10))/100 '21.1.1.~이후. 투자분 : 투자금액 × 1(3,7))/100	135		
	의약품 품질관리시설투자세액공제	구 제25조의4	'14.1.1.~'16.12.31. 투자분 : 투자금액 × 3(5,7)/100 '17.1.1. 이후 투자분 : 투자금액 × 1(3,6)/100	14B		
	신성장기술 사업화를 위한 시설투자 세액공제	구 제25조의5	투자금액 × 5(7,10)/100	18B		
	영상콘텐츠 제작비용에 대한 세액공제	제25조의6	제작비용 × 3(7,10)/100	18C		
	초연결 네트워크 시설투자에 대한 세액공제	구 제25조의7	투자금액 × 2(3)/100	18I		
	고용창출투자세액공제	제26조	'12.1.1.~12.31.:투자금액 × {기본공제(3~4%)+추가공제(2~3%)} '13.1.1.~12.31.:투자금액 × {기본공제(2~4%)+추가공제(3%)} '14.1.1. 이후: 투자금액 × {기본공제(1~4%)+추가공제(3%)} (한도 : 상시근로자 증가분 × 1,000만원, 1,500만원, 2,000만원) '15.1.1. 이후: 투자금액 × {기본공제(0~3%)+추가공제(3~7%)} '17.1.1. 이후: (한도 : 상시근로자 증가분 × 1,000(1,500)만원, 1,500(2,000)만원, 2,000(2,500)만원)	14N		
	산업수요맞춤형고등학교등 졸업자를 병역이행 후 복직시킨 중소기업에 대한 세액공제	제29조의2	복직자에게 지급한 인건비 × 중소30(중견15)/100	14S		
	경력단절 여성 고용 기업 등에 대한 세액공제	제29조의3제1항	경력단절 여성 재고용 인건비 × 중소30(중견15)/100	14X		
	육아휴직 후 고용유지 기업에 대한 인건비 세액공제	제29조의3제2항	육아휴직 복귀자 인건비 × 중소30(중견15)/100	18J		
	근로소득을 증대시킨 기업에 대한 세액공제	제29조의4	평균 초과 임금증가분 × 5(중견10, 중소20)/100 정규직 전환 근로자의 임금 증가분 × 5(10,20)/100	14Y		
	청년고용을 증대시킨 기업에 대한 세액공제	제29조의5	청년정규직근로자 증가인원수 × 3백만원(7백만원, 1천만원)	18A		
	고용을 증대시킨 기업에 대한 세액공제	제29조의7	직전연도 대비 상시근로자 증가수 × 4백만원(1천2백만원) '21.12.31~'22.12.31 : 직전연도 대비 상시근로자 증가수 × 5백만원(1천3백만원)	18F		
	통합고용세액공제	제29조의8	직전연도 대비 상시근로자 증가수 × 4백만원(1천4백5십만원)	18S	23,000,000 +60,500,000+0	83,500,000
	정규직 근로자 전환 세액공제	제30조의2	전환인원수 × 중소1천만원(중견7백만원)	14H		
	고용유지중소기업에 대한 세액공제	제30조의3	연간 임금감소 총액× 10/100 + 시간당 임금상승에 따른 보전액 × 15/100	18K		
	중소기업 고용증가 인원에 대한 사회보험료 세액공제	제30조의4제1항	청년(만15~29세)근로자 등 순증인원의 사회보험료(증가분의 100%) 청년 및 경력단절 여성 외 근로자 순증인원의 사회보험료(증가분의 50%,75%)	14Q		

(뒤쪽)

(101) 구 분	근거법 조항	(102) 계 산 기 준	코드	(103) 계산명세	(104) 공제대상 세 액
중소기업 사회보험 신규가입에 대한 사회보험료 세액공제	제30조의4제3항	'20.12.31.까지 사회보험 신규가입에 따 른 사용자 부담액× 50%	18G		
전자신고에 대한 세액공제(법인)	제104조의8제1항	법인세 전자신고시 2만원	184		
전자신고에 대한 세액공제(세무법인 등)	제104조의8제3항	법인·소득세 전자신고 대리건수 × 2만원 *한도: 연300만원(세무·회계법인 연750만원) 한도액계산시 부가가치세 대리신고에 따른 세액공제액 포함	14J		
제3자 물류비용 세액공제	제104조의14	(전년대비 위탁물류비용 증가액)×3/100(중소기업은 5/100) * 직전 위탁물류비 30% 미만 : (당기 위탁물류비 – 당기 전체물류비 × 30%) ×3/100(중소기업은 5/100) *법인세 10% 한도	14E		
대학 맞춤형 교육비용 세액공제	구 제104조의18제1항	법 제10조 연구·인력개발비세액공제 준용 *수도권 소재대학의 발생액은 50%만 인정	14I		
대학등 기부설비에 대한 세액공제	구 제104조의18제2항	법 제11조 연구·인력개발설비투자세액공제 준용 *수도권 소재대학의 기부금액은 50%만 인정	14K		
기업의 운동경비부 설치운영 세액공제	제104조의22	설치운영비용 × 10(20)/100	14O		
산업수요맞춤형 고등학교 등 재학생에 대한 현장훈련수당 등 세액공제	구 제104조의18제4항	일반 연구·인력개발비 세액공제 준용	14R		
석유제품 전자상거래에 대한 세액공제	제104조의25	'13.1.1.~12.31.: 공급가액의 0.5%(산출세액의 10% 한도) '14.1.1.~'16.12.31.: 공급가액의 0.3%(산출세액의 10% 한도) '17.1.1.~'19.12.31.:공급자는 공급가액의0.1%,수요자0.2%, (산출세액의 10% 한도) '20.1.1.~'22.12.31.:수요자만 공급가액의 0.2%(산출세액의 10% 한도)	14P		
금 현물시장에서 거래되는 금지금에 대한 과세특례	제126조의7제8항	산출세액×[(금 현물시장 이용금액 – 직전 과세연도의 금 현물시장 이용금액)/매출액] 또는 산출세액×[(금 현물시장 이용금액×5/100)/매출액]	14V		
금사업자와 스크랩등 사업자의 수입금액증가등 세액공제	제122조의4	산출세액×[(매입자납부익금및손금합계금액 – 직전 과세연도의 매입자납부익금및손금합계금액)×50/100]/익금및손금합계금액 또는 산출세액×[(매입자납부익금및손금합계금액×5/100]/익금및손금합계금액 *한도: 해당 과세연도 산출세액–직전 과세연도 산출세액	14W		
성실신고 확인비용에 대한 세액공제	제126조의6	확인비용 × 60/100 (150만원 한도)	10A		
우수 선화주 인증받은 국제물류주선업자에 대한 세액공제	제104조의30	운송비용의 1% + 직전과세연도 대비 증가분의 3%(산출세액의 10%한도)	18M		
용역제공자에 관한 과세자료의 제출에 대한 세액공제	제104조의32	과세자료에 기재된 용역제공자 인원수×300원(200만원 한도)	10C		
소재·부품·장비 수요기업 공동출자세액공제	제13조의3제1항	주식 또는 출자지분 취득가액 5%	18N		
소재·부품·장비 외국법인 인수세액 공제	제13조의3제3항	주식 또는 출자지분 취득가액 5% (중견7%, 중소10%)	18P		
상가임대료를 인하한 임대사업자에 대한 세액공제	제96조의3	임대료 인하액의 70%	10B		
선결제 금액에 대한 세액공제	제99조의12	선결제금액 × 1%	18Q		
통합투자세액공제(일반)	제24조	기본공제 : 투자금액 × 1(중견5, 중소10)/100, 신성장·원천기술 투자금액 × 3(중견6,중소12)/100 국가전략기술 투자금액 × 8(중견8,중소16)/100 추가공제 : 직전 3년 연평균 투자금액 초과액 × 3/100(국가전략기술 4/100)(기본공제 200% 한도)	13W		
통합투자세액공제(신성장·원천기술)	제24조		13X		
통합투자세액공제(국가전략기술)	제24조		13Y		
합		계	1A1		83,500,000

2. 당기공제세액 및 이월액계산

(105) 구분	(106) 사업 연도	요공제세액 (107) 당기분	요공제세액 (108) 이월분	당기 공제대상세액 (109) 당기분	(110)1차 연도 / (115)6차 연도	(111)2차 연도 / (116)7차 연도	(112)3차 연도 / (117)8차 연도	(113)4차 연도 / (118)9차 연도	(114)5차 연도 / (119)10차 연도	(120)계	(121)최저한세 적용에 따른 미공제액	(122) 그 밖의 사유로 인한 미공제액	(123) 공제세액 ((120)-(121)-(122))	(124) 소멸	(125) 이월액 ((107)+(108)-(123)-(124))
통합고용 세액공제	2024.12	83,500,000		83,500,000						83,500,000	83,500,000				83,500,000
	2023.12		45,820,000		45,820,000					45,820,000	26,820,000		19,000,000		26,820,000
	소계	83,500,000	45,820,000	83,500,000	45,820,000					129,320,000	110,320,000		19,000,000		110,320,000
	소계														
합 계		83,500,000	45,820,000	83,500,000	45,820,000					129,323,000	※110,320,000		19,000,000		110,320,000

작성방법

1. (105) 구분란에는 1. 공제세액계산(「조세특례제한법」)의 코드를 적습니다.
2. (106) 사업연도란에는 이월된 공제대상세액이 발생한 사업연도와 종료월을 적습니다.
3. (107) 당기분란에는 (104) 공제대상세액을 적습니다.
4. (108) 이월분란에는 (101) 구분별, 사업연도별로 전기의 (125) 이월액을 적습니다.
5. (109) 당기분란에는 당기분 세액을 적고, (110)란~(119)란의 해당 연도란에는 (108) 이월분 세액을 각각 적습니다.
6. (121)최저한세 적용에 따른 미공제액란의 합계(※표란)에는 "최저한세조정계산서(별지 제4호서식)"의 ④란 중 (124) 세액공제란의 금액을 옮겨 적고, 「조세특례제한법」 제144조제2항에 규정된 순서에 따라 (121)란의 최저한세 적용에 따른 미공제액의 각 란에 조정하여 적습니다.
7. 근거법조항 중 "구"는 「조세특례제한법」(2020.12.29. 법률 제17759호로 개정되기 전의 것)에 따른 조항을 의미합니다.

사례 1 2024년 귀속 신고 시 작성

[별지 제8호 서식(갑)] (2024.3.22. 개정) (4쪽 중 제1쪽)

사업연도	2024.01.01. ~ 2024.12.31.	공제감면세액 및 추가납부세액합계표(갑)	법인명	㈜나라
			사업자등록번호	203-81-63108

1. 최저한세 적용제외 공제감면세액

	① 구분	② 근거법조항	코드	③ 대상세액	④ 감면(공제) 세액
세액감면	(101) 창업중소기업에 대한 세액감면(최저한세 적용제외)	「조세특례제한법」제6조제7항 외	110		
	(102) 해외자원개발투자배당 감면	「조세특례제한법」제22조	103		
	(103) 수도권과밀억제권역 밖으로 이전하는 중소기업 세액감면(수도권 밖으로 이전)	구「조세특례제한법」제63조	169		
	(104) 공장의 수도권 밖 이전에 대한 세액감면	「조세특례제한법」제63조	108		
	(105) 본사의 수도권 밖 이전에 대한 세액감면	「조세특례제한법」제63조의2	109		
	(106) 영농조합법인 감면	「조세특례제한법」제66조	104		
	(107) 영어조합법인 감면	「조세특례제한법」제67조	107		
	(108) 농업회사법인 감면(농업소득)	「조세특례제한법」제68조	11B		
	(109) 행정중심복합도시 등 공장이전에 대한 조세감면	「조세특례제한법」제85조의2제3항 (2019.12.31. 법률 제16835호로 개정되기 전의 것)	11A		
	(110) 위기지역 내 창업기업 세액감면(최저한세 적용제외)	「조세특례제한법」제99조의9	11N		
	(111) 해외진출기업의 국내복귀에 대한 세액감면(철수방식)	「조세특례제한법」제104조의24제1항제1호	11F		
	(112) 해외진출기업의 국내복귀에 대한 세액감면(유지방식)	「조세특례제한법」제104조의24제1항제2호	11H		
	(113) 고도기술수반사업 외국인투자 세액감면	「조세특례제한법」제121조의2제1항제1호	186		
	(114) 외국인투자지역내 외국인투자 세액감면	「조세특례제한법」제121조의2제1항제2호 또는 제2호의5	187		
	(115) 경제자유구역내 외국인투자 세액감면	「조세특례제한법」제121조의2제1항제2호의2	188		
	(116) 경제자유구역 개발사업시행자 세액감면	「조세특례제한법」제121조의2제1항제2호의3	157		
	(117) 제주투자진흥기구의 개발사업시행자 세액감면	「조세특례제한법」제121조의2제1항제2호의4	158		
	(118) 기업도시 개발구역내 외국인투자 세액감면	「조세특례제한법」제121조의2제1항제2호의6	159		
	(119) 기업도시 개발사업의 시행자 세액감면	「조세특례제한법」제121조의2제1항제2호의7	160		
	(120) 새만금사업지역내 외국인투자 세액감면	「조세특례제한법」제121조의2제1항제2호의8	11J		
	(121) 새만금사업 시행자 세액감면	「조세특례제한법」제121조의2제1항제2호의9	11K		
	(122) 기타 외국인투자유치를 위한 조세감면	「조세특례제한법」제121조의2제1항제3호	167		
	(123) 외국인투자기업의 증자의 조세감면	「조세특례제한법」제121조의4	172		
	(124) 기술도입대가에 대한 조세면제(국내지점 등)	법률 제9921호 조세특례제한법 일부개정법률 부칙 제77조	173		
	(125) 제주첨단과학기술단지 입주기업 조세감면(최저한세 적용제외)	「조세특례제한법」제121조의8	181		
	(126) 제주투자진흥지구등 입주기업 조세감면(최저한세 적용제외)	「조세특례제한법」제121조의9	182		
	(127) 기업도시개발구역 등 입주기업 감면(최저한세 적용제외)	「조세특례제한법」제121조의17제1항제1·3·5호	197		
	(128) 기업도시개발사업 등 시행자 감면	「조세특례제한법」제121조의17제1항제2·4·6·7호	198		
	(129) 아시아문화중심도시 투자진흥지구 입주기업 감면(최저한세 적용제외)	「조세특례제한법」제121조의20제1항	11C		
	(130) 금융중심지 창업기업에 대한 감면(최저한세 적용제외)	「조세특례제한법」제121조의21제1항	11G		
	(131) 동업기업 세액감면 배분액(최저한세 적용제외)	「조세특례제한법」제100조의18제4항	11D		
	(132) 사회적기업에 대한 감면	「조세특례제한법」제85조의6	11L		
	(133) 장애인 표준사업장에 대한 감면	「조세특례제한법」제85조의6	11M		
	(134) 첨단의료복합단지 입주기업에 대한 감면(최저한세 적용제외)	「조세특례제한법」제121조의22제1항1호	17A		
	(135) 국가식품클러스터 입주기업에 대한 감면(최저한세 적용제외)	「조세특례제한법」제121조의22제1항2호	17B		
	(136) 연구개발특구 입주기업에 대한 감면(최저한세 적용제외)	「조세특례제한법」제12조의2	17C		
	(137) 감염병 피해에 따른 특별재난지역의 중소기업에 대한 감면	「조세특례제한법」제99조의11	17D		
	(138) 기회발전특구 창업기업 등에 대한 법인세 등의 감면(최저한세 적용제외)	「조세특례제한법」제121조의33	1D1		
	(139) 소 계		170		
세액공제	(140) 외국납부세액공제	「법인세법」제57조	101		
	(141) 재해손실세액공제	「법인세법」제58조	102		
	(142) 신성장·원천기술 연구개발비세액공제(최저한세 적용제외)	「조세특례제한법」제10조제1항제1호	16A		
	(143) 국가전략기술 연구개발비세액공제(최저한세 적용제외)	「조세특례제한법」제10조제1항제2호	10D		
	(144) 일반 연구·인력개발비세액공제(최저한세 적용제외)	「조세특례제한법」제10조제1항제3호	16B		
	(145) 동업기업 세액공제 배분액(최저한세 적용제외)	「조세특례제한법」제100조의18제4항	12D		
	(146) 성실신고 확인비용에 대한 세액공제	「조세특례제한법」제126조의6	10A		
	(147) 상가임대료를 인하한 임대사업자에 대한 세액공제	「조세특례제한법」제96조의3	10B		
	(148) 용역제공자에 관한 과세자료의 제출에 대한 세액공제	「조세특례제한법」제104조의32	10C		
	(149) 소 계		180		
(150) 합 계((139) + (149))			110		

210mm×297mm[백상지 80g/㎡ 또는 중질지 80g/㎡]

(4쪽 중 제2쪽)

2. 최저한세 적용대상 공제감면세액

	① 구 분	② 근 거 법 조 항	코드	③ 대상세액	④ 감면세액
	⑮ 창업중소기업에 대한 세액감면(최저한세 적용대상)	「조세특례제한법」 제6조제1항 · 제5항 · 제6항	111		
	⑯ 창업벤처중소기업 세액감면	「조세특례제한법」 제6조제2항	174		
	⑰ 에너지신기술 중소기업 세액감면	「조세특례제한법」 제6조제4항	13E		
	⑱ 중소기업에 대한 특별세액감면	「조세특례제한법」 제7조	112		
	⑲ 연구개발특구 입주기업에 대한 세액감면(최저한세 적용대상)	「조세특례제한법」 제12조의2	179		
	⑳ 국제금융거래이자소득 면제	「조세특례제한법」 제21조	123		
	㉑ 사업전환 중소기업에 대한 세액감면	구 「조세특례제한법」 제33조의2	192		
	㉒ 무역조정지원기업의 사업전환 세액감면	구 「조세특례제한법」 제33조의2	13A		
	㉓ 기업구조조정 전문회사 주식양도차익 세액감면	법률 제9272호 조세특례제한법 일부개정법률 부칙 제10조 · 제40조	13B		
	㉔ 혁신도시 이전 등 공공기관 세액감면	「조세특례제한법」 제62조제4항	13F		
	㉕ 공장의 지방이전에 대한 세액감면(중소기업의 수도권 안으로 이전)	「조세특례제한법」 제63조	116		
	㉖ 농공단지입주기업 등 감면	「조세특례제한법」 제64조	117		
	㉗ 농업회사법인 감면(농업소득 외의 소득)	「조세특례제한법」 제68조	119		
	㉘ 소형주택 임대사업자에 대한 세액감면	「조세특례제한법」 제96조	13I		
세	㉙ 상가건물 장기임대사업자에 대한 세액감면	「조세특례제한법」 제96조의2	13N		
액	㉚ 산림개발소득 감면	「조세특례제한법」 제102조	124		
감	㉛ 동업기업 세액감면 배분액(최저한세 적용대상)	「조세특례제한법」 제100조의18제4항	13D		
면	㉜ 첨단의료복합단지 입주기업에 대한 감면(최저한세 적용대상)	「조세특례제한법」 제121조의22제1항제1호	13H		
	㉝ 기술이전에 대한 세액감면	「조세특례제한법」 제12조제1항	13J		
	㉞ 기술대여에 대한 세액감면	「조세특례제한법」 제12조제3항	13K		
	㉟ 제주첨단과학기술단지 입주기업 감면(최저한세 적용대상)	「조세특례제한법」 제121조의8	13P		
	㊱ 제주투자진흥지구등 입주기업 감면(최저한세 적용대상)	「조세특례제한법」 제121조의9	13Q		
	㊲ 기업도시개발구역 등 입주기업 감면(최저한세 적용대상)	「조세특례제한법」 제121조의17제1항제1호 · 제3호 · 5호	13R		
	㊳ 위기지역 내 창업기업 세액감면(최저한세 적용대상)	「조세특례제한법」 제99조의9	13S		
	㊴ 아시아문화중심도시 투자진흥지구 입주기업 감면(최저한세 적용대상)	「조세특례제한법」 제121조의20제1항	13T		
	㊵ 금융중심지 창업기업에 대한 감면(최저한세 적용대상)	「조세특례제한법」 제121조의21제1항	13U		
	㊶ 국가식품클러스터 입주기업에 대한 감면(최저한세 적용대상)	「조세특례제한법」 제121조의22제1항제2호	13V		
	㊷ 기회발전특구 창업기업 등에 대한 법인세 등의 감면(최저한세 적용대상)	「조세특례제한법」 제121조의33	1C1		
	㊸ 소 계		130		

210mm×297mm[백상지 80g/㎡ 또는 중질지 80g/㎡]

(4쪽 중 제3쪽)

①.구	분	②근거법조항	코드	⑤ 전기 이월액	⑥ 당기 발생액	⑦ 공제세액
세액공제	(180) 중소기업 등 투자세액공제	구 「조세특례제한법」 제5조	131			
	(181) 상생결제 지급금액에 대한 세액공제	「조세특례제한법」 제7조의4	14Z			
	(182) 대·중소기업 상생협력을 위한 기금출연 세액공제	「조세특례제한법」 제8조의3제1항	14M			
	(183) 협력중소기업에 대한 유형고정자산 무상임대 세액공제	「조세특례제한법」 제8조의3제2항	18D			
	(184) 수탁기업에 설치하는 시설에 대한 세액공제	「조세특례제한법」 제8조의3제3항	18L			
	(185) 교육기관에 무상 기증하는 중고자산에 대한 세액공제	「조세특례제한법」 제8조의3제4항	18R			
	(186) 신성장·원천기술 연구개발비세액공제(최저한세 적용대상)	「조세특례제한법」 제10조제1항제1호	13L			
	(187) 국가전략기술 연구개발비세액공제(최저한세 적용대상)	「조세특례제한법」 제10조제1항제2호	10E			
	(188) 일반 연구·인력개발비세액공제(최저한세 적용대상)	「조세특례제한법」 제10조제1항제3호	13M			
	(189) 기술취득에 대한 세액공제	「조세특례제한법」 제12조제2항	176			
	(190) 기술혁신형 합병에 대한 세액공제	「조세특례제한법」 제12조의3	14T			
	(191) 기술혁신형 주식취득에 대한 세액공제	「조세특례제한법」 제12조의4	14U			
	(192) 벤처기업등 출자에 대한 세액공제	「조세특례제한법」 제13조의2	18E			
	(193) 성과공유 중소기업 경영성과급 세액공제	「조세특례제한법」 제19조	18H			
	(194) 연구·인력개발설비투자 세액공제	구 「조세특례제한법」 제25조제1항제1호	134			
	(195) 에너지절약시설투자 세액공제	구 「조세특례제한법」 제25조제1항제2호	177			
	(196) 환경보전시설 투자 세액공제	구 「조세특례제한법」 제25조제1항제3호	14A			
	(197) 근로자복지증진시설투자 세액공제	구 「조세특례제한법」 제25조제1항제4호	142			
	(198) 안전시설투자 세액공제	구 「조세특례제한법」 제25조제1항제5호	136			
	(199) 생산성향상시설투자세액공제	구 「조세특례제한법」 제25조제1항제6호	135			
	(200) 의약품 품질관리시설투자 세액공제	구 「조세특례제한법」 제25조의4	14B			
	(201) 신성장기술 사업화를 위한 시설투자 세액공제	구 「조세특례제한법」 제25조의5	18B			
	(202) 영상콘텐츠 제작비용에 대한 세액공제(기본공제)	「조세특례제한법」 제25조의6	18C			
	(203) 영상콘텐츠 제작비용에 대한 세액공제(추가공제)	「조세특례제한법」 제25조의6	1B8			
	(204) 초연결 네트워크 시설투자에 대한 세액공제	구 「조세특례제한법」 제25조의7	18I			
	(205) 고용창출투자세액공제	「조세특례제한법」 제26조	14N			
	(206) 산업수요맞춤형고등학교등 졸업자를 병역이행 후 복직시킨 중소기업에 대한 세액공제	「조세특례제한법」 제29조의2	14S			
	(207) 경력단절 여성 고용 기업 등에 대한 세액공제	「조세특례제한법」 제29조의3제1항	14X			
	(208) 육아휴직 후 고용유지 기업에 대한 인건비 세액공제	「조세특례제한법」 제29조의3제2항	18J			
	(209) 근로소득을 증대시킨 기업에 대한 세액공제	「조세특례제한법」 제29조의4	14Y			
	(210) 청년고용을 증대시킨 기업에 대한 세액공제	「조세특례제한법」 제29조의5	18A			
	(211) 고용을 증대시킨 기업에 대한 세액공제	「조세특례제한법」 제29조의7	18F			
	(212) 통합고용세액공제	**「조세특례제한법」 제29조의8**	**18S**	**45,820,000**	**83,500,000**	**19,000,000**
	(213) 통합고용세액공제(정규직 전환)	「조세특례제한법」 제29조의8	1B4			
	(214) 통합고용세액공제(육아휴직 복귀)	「조세특례제한법」 제29조의8	1B5			
	(215) 정규직근로자 전환 세액공제	「조세특례제한법」 제30조의2	14H			
	(216) 고용유지중소기업에 대한 세액공제	「조세특례제한법」 제30조의3	18K			
	(217) 중소기업 고용증가 인원에 대한 사회보험료 세액공제	「조세특례제한법」 제30조의4 제1항	14Q			
	(218) 중소기업 사회보험 신규가입에 대한 사회보험료 세액공제	「조세특례제한법」 제30조의4 제3항	18G			
	(219) 전자신고에 대한 세액공제(납세의무자)	「조세특례제한법」 제104조의8 제1항	184			
	(220) 전자신고에 대한 세액공제(세무법인 등)	「조세특례제한법」 제104조의8 제3항	14J			
	(221) 제3자 물류비용 세액공제	「조세특례제한법」 제104조의14	14E			
	(222) 대학 맞춤형 교육비용 등 세액공제	구 「조세특례제한법」 제104조의18제1항	14I			
	(223) 대학등 기부설비에 대한 세액공제	구 「조세특례제한법」 제104조의18제2항	14K			
	(224) 기업의 경기부 설치운영비용 세액공제	「조세특례제한법」 제104조의22	14O			
	(225) 동업기업 세액공제 배분액(최저한세 적용대상)	「조세특례제한법」 제100조의18제4항	14L			
	(226) 산업수요맞춤형 고등학교 등 재학생에 대한 현장훈련수당 등 세액공제	구 「조세특례제한법」 제104조의18제4항	14R			
	(227) 석유제품 전자상거래에 대한 세액공제	「조세특례제한법」 제104조의25	14P			
	(228) 금 현물시장에서 거래되는 금지금에 대한 과세특례	「조세특례제한법」 제126조의7제8항	14V			
	(229) 금사업자와 스크랩등사업자의 수입금액의 증가 등에 대한 세액공제	「조세특례제한법」 제122조의4	14W			
	(230) 우수 선화주 인증 국제물류주선업자 세액공제	「조세특례제한법」 제104조의30	18M			
	(231) 소재·부품·장비 수요기업 공동출자 세액공제	「조세특례제한법」 제13조의3제1항	18N			
	(232) 소재·부품·장비 외국법인 인수세액 공제	「조세특례제한법」 제13조의3제3항	18P			
	(233) 선결제 금액에 대한 세액공제	「조세특례제한법」 제99조의12	18Q			
	(234) 해외자원개발투자에 대한 과세특례	「조세특례제한법」 제104조의15	1B6			
	(235) 통합투자세액공제(일반)	「조세특례제한법」 제24조	13W			
	(236) 통합투자세액공제(신성장·원천기술)	「조세특례제한법」 제24조	13X			
	(237) 통합투자세액공제(국가전략기술)	「조세특례제한법」 제24조	13Y			
	(238) 임시통합투자세액공제(일반)	「조세특례제한법」 제24조	1B1			
	(239) 임시통합투자세액공제(신성장·원천기술)	「조세특례제한법」 제24조	1B2			
	(240) 임시통합투자세액공제(국가전략기술)	「조세특례제한법」 제24조	1B3			
	(241) 문화산업전문회사 출자에 대한 세액공제	「조세특례제한법」 제25조의7	1B7			
	(242) 소 계		149	45,820,000	83,500,000	19,000,000
(243) 합 계((179) + (242))			150			19,000,000
(244) 공제감면세액 총계((150) + (243))			151			19,000,000

210mm×297mm[백상지 80g/㎡ 또는 중질지 80g/㎡]

(4쪽 중 제4쪽)

(245) 기술도입대가에 대한 조세면제	법률 제9921호 조세특례제한법 일부개정법률 부칙 제77조	183			
(246) 간주 · 간접 외국납부세액공제	「법인세법」 제57조제3항 · 제4항 · 제6항	189			

작성방법

1. ③ 대상세액란: 「법인세법」, 「조세특례제한법」 등에 따른 공제감면대상금액이 있는 경우 공제감면세액계산서(별지 제8호서식 부표 1, 2, 3, 4, 5)에 따라 감면구분별로 적습니다.
2. ④ · ⑦ 공제세액란: 「법인세법」, 「조세특례제한법」 등에 따른 공제감면세액은 공제감면세액계산서(별지 제8호서식 부표 1, 2, 3, 4, 5)에 따라 계산된 공제세액 중 당기에 공제될 세액의 범위에서 「법인세법」 제59조제1항에 따른 공제순서에 따라 감면 구분별로 적습니다.
3. (150)란 중 ④ 감면세액란: 법인세 과세표준 및 세액조정계산서(별지 제3호서식)의 (123) 최저한세 적용제외 공제감면세액란에 옮겨 적습니다.
4. (242)란 중 ⑦ 공제세액란: 법인세 과세표준 및 세액조정계산서(별지 제3호서식)의 (121) 최저한세 적용대상 공제감면세액란에 옮겨 적습니다.
5. (245) 기술도입대가에 대한 조세면제란의 공제세액란: 기술도입대가를 지급하는 내국법인이 별지 제8호서식 부표 9 기술도입대가에 대한 조세면제명세서의 면제세액 합계액을 적습니다(국내사업장이 있고 해당 기술이 국내사업장에 실질적으로 관련되거나 귀속되는 경우에는 기술을 제공하는 외국법인이 (245) 기술도입대가에 대한 조세면제란의 감면세액란에 적습니다).
6. ⑭ 외국납부세액공제란: 외국납부세액과 (246) 간주 · 간접 외국납부세액공제액을 합하여 적고, 간주 · 간접 외국납부세액공제액은 (246)란에 별도로 적습니다.
7. 「조세특례제한법」 제10조의 연구 · 인력개발비세액공제 중 최저한세가 적용되는 공제세액은 (186), (187) 또는 (188)란에 적고, 최저한세 적용이 제외되는 공제세액은 (142), (143) 또는 (144)란에 각각 구분하여 적습니다.
8. (186), (187) 또는 (188)란 중 ⑤ 전기이월액란:「조세특례제한법」 제144조제1항에 따라 이월된 미공제 금액 중 해당 과세연도에 공제할 일반연구 · 인력개발비, 신성장 · 원천기술연구개발비 또는 국가전략기술연구개발비를 각각 구분하여 적습니다(구 공제감면코드: 132).
9. 법령의 개정에 따라 종전의 규정 또는 개정규정에 따라 공제감면 받는 경우에는 비어 있는 란 등에 해당 법령의 조문순서에 따라 별도로 적습니다.
10. ② 근거법조항 중 "구"는 「조세특례제한법」(2020.12.29. 법률 제17759호로 개정되기 전의 것)에 따른 조항을 의미합니다.

210mm×297mm[백상지 80g/㎡ 또는 중질지 80g/㎡]

사례 1 2024년 귀속 신고 시 작성

[별지 제3호 서식] (2023.3.20. 개정) (앞쪽)

사업연도	2024.01.01. ~ 2024.12.31.	법인세 과세표준 및 세액조정계산서	법인명	㈜나라
			사업자등록번호	203-81-63108

구분	항목	코드	금액
① 각 사업연도 소득계산	(101) 결산서상 당기순손익	01	325 000 000
	소득조정금액 (102) 익금산입	02	
	소득조정금액 (103) 손금산입	03	
	(104) 차가감소득금액 ((101)+(102)-(103))	04	325 000 000
	(105) 기부금한도초과액	05	
	(106) 기부금한도초과이월액 손금산입	54	
	(107) 각사업연도소득금액 ((104)+(105)-(106))	06	325 000 000
② 과세표준 계산	(108) 각사업연도소득금액 ((108)=(107))		325 000 000
	(109) 이월결손금	07	
	(110) 비과세소득	08	
	(111) 소득공제	09	
	(112) 과세표준 ((108)-(109)-(110)-(111))	10	325 000 000
	(159) 선박표준이익	55	
③ 산출세액 계산	(113) 과세표준 ((112)+(159))	56	325 000 000
	(114) 세율	11	19
	(115) 산출세액	12	41 750 000
	(116) 지점유보소득 (「법인세법」 제96조)	13	
	(117) 세율	14	
	(118) 산출세액	15	
	(119) 합계 ((115)+(118))	16	41 750 000
④ 납부할 세액 계산	(120) 산출세액 ((120)=(119))		41 750 000
	(121) 최저한세 적용대상 공제감면세액	17	19 000 000
	(122) 차감세액	18	22 750 000
	(123) 최저한세 적용제외 공제감면세액	19	
	(124) 가산세액	20	
	(125) 가감계 ((122)-(123)+(124))	21	
	기납부세액 / 기한내납부세액 (126) 중간예납세액	22	
	기납부세액 / 기한내납부세액 (127) 수시부과세액	23	
	기납부세액 / 기한내납부세액 (128) 원천납부세액	24	
	기납부세액 / 기한내납부세액 (129) 간접투자회사등의 외국납부세액	25	
	기납부세액 / 기한내납부세액 (130) 소계 ((126)+(127)+(128)+(129))	26	
	기납부세액 (131) 신고납부전가산세액	27	
	기납부세액 (132) 합계 ((130)+(131))	28	
	(133) 감면분추가납부세액	29	
	(134) 차감납부할세액 ((125)-(132)+(133))	30	22 750 000
⑤ 토지등양도소득에 대한 법인세 계산	양도차익 (135) 등기자산	31	
	양도차익 (136) 미등기자산	32	
	(137) 비과세소득	33	
	(138) 과세표준 ((135)+(136)-(137))	34	
	(139) 세율	35	
	(140) 산출세액	36	
	(141) 감면세액	37	
	(142) 차감세액 ((140)-(141))	38	
	(143) 공제세액	39	
	(144) 동업기업 법인세 배분액 (가산세 제외)	58	
	(145) 가산세액 (동업기업 배분액 포함)	40	
	(146) 가감계 ((142)-(143)+(144)+(145))	41	
	기납부세액 (147) 수시부과세액	42	
	기납부세액 (148) ( ) 세액	43	
	기납부세액 (149) 계 ((147)+(148))	44	
	(150) 차감납부할세액 ((146)-(149))	45	
⑥ 미환류소득법인세	(160) 과세대상 미환류소득	59	
	(161) 세율	60	
	(162) 산출세액	61	
	(163) 가산세액	62	
	(164) 이자상당액	63	
	(165) 납부할세액 ((162)+(163)+(164))	64	
⑦ 세액계	(151) 차감납부할세액계 ((134)+(150)+(165))	46	22 750 000
	(152) 사실과 다른 회계처리 경정세액공제	57	
	(153) 분납세액계산범위액 ((151)-(124)-(133)-(145)-(152)+(131))	47	22 750 000
	(154) 분납할세액	48	11 375 000
	(155) 차감납부세액 ((151)-(152)-(154))	49	11 375 000

210mm×297mm[백상지 80g/㎡ 또는 중질지 80g/㎡]

PART 05 고용지원을 위한 조세특례

사례 1 2024년 귀속 신고 시 작성

[별지 제13호 서식] (2024.3.22. 개정) (3쪽 중 제1쪽)

사 업 연 도	2024.01.01. ~ 2024.12.31.	농어촌특별세 과세대상 감면세액 합계표	법인명	㈜나라
			사업자등록번호	203-81-63108

1. 일반법인의 감면세액

① 구분	② 감 면 내 용	③ 「조세특례제한법」 근거 조항	코드	④ 감 면 세 액 (소 득 금 액)	비 고
⑤ 비과세	(101) 기업구조조정전문회사의 양도차익 비과세	법률 제9272호 부칙 제10조 · 제40조	604	( )	「법인세법 시행규칙」 별지 제6호서식의 ⑩란 해당 금액
	(102) 중소기업창업투자회사 등의 소재 · 부품 · 장비전문기업 주식양도차익 등에 대한 비과세	제13조의4	62Q	( )	
	(103)		606		
⑥ 소득공제	(104) 국민주택임대소득공제	제55조의2제4항	460	( )	「법인세법 시행규칙」 별지 제7호서식의 ⑧란 해당 금액
	(105) 주택임대소득공제(연면적 149㎡ 이하)	제55조의2제5항	463	( )	
	(106)			( )	
	(107)		458		
⑦ 비과세 · 소득공제분 감면세액			6A1		(과세표준+소득금액)×세율-산출세액
⑧ 세액감면	(108) 국제금융거래이자소득 면제	제21조	123		「법인세법 시행규칙」 별지 제8호서식(갑)의 ④란 해당 금액
	(109) 해외자원개발배당 감면	제22조	103		
	(110) 사업전환 중소기업에 대한 세액감면	구 제33조의2	192		
	(111) 무역조정지원기업의 사업전환 세액감면	구 제33조의2	13A		
	(112) 기업구조조정전문회사의 주식양도차익 감면	법률 제9272호 부칙 제10조 · 제40조	13B		
	(113) 혁신도시 이전 공공기관 세액감면	제62조제4항	13F		
	(114) 행정중심복합도시 등 공장이전 조세감면	제85조의2(19. 12. 31. 법률 제16835호로 개정되기 전의 것)	11A		
	(115) 사회적 기업에 대한 감면	제85조의6	11L		
	(116) 장애인 표준사업장에 대한 감면	제85조의6	11M		
	(117) 소형주택 임대사업자에 대한 세액감면	제96조	13I		
	(118) 상가건물 장기 임대사업자에 대한 감면	제96조의2	13N		
	(119) 제주첨단과학기술단지입주기업 조세감면(최저한세적용제외)	제121조의8	181		
	(120) 제주투자진흥지구 등 입주기업 조세감면(최저한세적용제외)	제121조의9	182		
	(121) 기업도시개발구역 등 입주기업 감면(최저한세적용제외)	제121조의17제1항제1호 · 제3호 · 제5호	197		
	(122) 기업도시개발사업 등 시행자 감면	제121조의17제1항제2호 · 제4호 · 제6호 · 제7호	198		
	(123) 아시아문화중심도시 투자진흥지구 입주기업 감면(최저한세적용제외)	제121조의20제1항	11C		
	(124) 금융중심지 창업기업에 대한 감면(최저한세적용제외)	제121조의21제1항	11G		
	(125) 첨단의료복합단지 입주기업에 대한 감면(최저한세적용제외)	제121조의22	17A		
	(126) 국가식품클러스터 입주기업에 대한 감면(최저한세적용제외)	제121조의22	17B		
	(127) 첨단의료복합단지 입주기업에 대한 감면(최저한세적용대상)	제121조의22	13H		
	(128) 국가식품클러스터 입주기업에 대한 감면(최저한세적용대상)	제121조의22	13V		
	(129) 제주첨단과학기술단지입주기업 조세감면(최저한세적용대상)	제121조의8	13P		
	(130) 제주투자진흥지구 등 입주기업 조세감면(최저한세적용대상)	제121조의9	13Q		
	(131) 기업도시개발구역 등 입주기업 감면(최저한세적용대상)	제121조의17제1항제1호 · 제3호 · 제5호	13R		
	(132) 금융중심지 창업기업에 대한 감면(최저한세적용대상)	제121조의21제1항	13U		
	(133) 아시아문화중심도시 투자진흥지구 입주기업 감면(최저한세적용대상)	제121조의20제1항	13T		
	(134) 기회발전특구 창업기업 등에 대한 법인세 등의 감면(최저한세적용제외)	제121조의33	1D1		
	(135) 기회발전특구 창업기업 등에 대한 법인세 등의 감면(최저한세적용대상)	제121조의33	1C1		
	(136)		164		

210mm×297mm[백상지 80g/㎡ 또는 중질지 80g/㎡]

① 구 분	② 감 면 내 용	③「조세특례제한법」 근거 조항	코드	④ 감 면 세 액 (소득금액)	비 고
	(137) 중소기업투자세액공제	구 제5조	131		
	(138) 상생결제 지급금액에 대한 세액공제	제7조의4	14Z		
	(139) 대중소기업 상생협력을 위한 기금출연 세액공제	제8조의3제1항	14M		
	(140) 협력중소기업에 대한 유형고정자산 무상임대 세액공제	제8조의3제2항	18D		
	(141) 수탁기업에 설치하는 시설에 대한 세액공제	제8조의3제3항	18L		
	(142) 교육기관에 무상 기증하는 중고자산에 대한 세액공제	제8조의3제4항	18R		
	(143) 기술혁신형 합병에 대한 세액공제	제12조의3	14T		
	(144) 기술혁신형 주식취득에 대한 세액공제	제12조의4	14U		
	(145) 벤처기업 등 출자에 대한 세액공제	제13조의2	18E		
	(146) 성과공유 중소기업 경영성과급 세액공제	제19조	18H		
	(147) 에너지절약시설투자 세액공제	구 제25조제1항제2호	177		
	(148) 환경보전시설투자 세액공제	구 제25조제1항제3호	14A		
	(149) 근로자복지증진시설투자 세액공제	구 제25조제1항제4호	142		
	(150) 안전시설투자 세액공제	구 제25조제1항제5호	136		
	(151) 생산성향상시설투자세액공제	구 제25조제1항제6호	135		
	(152) 의약품 품질관리시설투자 세액공제	구 제25조의4	14B		
	(153) 신성장기술 사업화를 위한 시설투자 세액공제	구 제25조의5	18B		
	(154) 영상콘텐츠 제작비용에 대한 세액공제(기본공제)	제25조의6	18C		
	(155) 영상콘텐츠 제작비용에 대한 세액공제(추가공제)	제25조의6	1B8		
	(156) 초연결 네크워크 시설투자에 대한 세액공제	구 제25조의7	18I		
	(157) 고용창출투자세액공제	제26조	14N		
	(158) 산업수요맞춤형고등학교등 졸업자 복직 중소기업 세액공제	제29조의2	14S		
	(159) 경력단절 여성 고용 기업 등에 대한 세액공제	제29조의3제1항	14X		
	(160) 육아휴직 후 고용유지 기업에 대한 인건비 세액공제	제29조의3제2항	18J		
	(161) 근로소득을 증대시킨 기업에 대한 세액공제	제29조의4	14Y		
	(162) 청년고용을 증대시킨 기업에 대한 세액공제	제29조의5	18A		
	(163) 고용을 증대시킨 기업에 대한 세액공제	제29조의7	18F		
⑨ 세액공제	**(164) 통합고용세액공제**	**제29조의8**	**18S**	**19,000,000**	「법인세법 시행규칙」 별지 제8호서식(갑)의 ④·⑦란 세액공제 해당 금액
	(165) 통합고용세액공제(정규직 전환)	제29조의8	1B4		
	(166) 통합고용세액공제(육아휴직복귀)	제29조의8	1B5		
	(167) 제3자 물류비용 세액공제	제104조의14	14E		
	(168) 대학 맞춤형 교육비용 등 세액공제	구 제104조의18제1항	14I		
	(169) 대학등 기부설비에 대한 세액공제	구 제104조의18제2항	14K		
	(170) 산업수요맞춤형 고등학교 등 재학생에 대한 현장훈련수당 등 세액공제	구 제104조의18제4항	14R		
	(171) 기업의 경기부 설치운영비용 세액공제	제104조의22	14O		
	(172) 석유제품 전자상거래에 대한 세액공제	제104조의25	14P		
	(173) 금 현물시장에서 거래되는 금지금에 대한 과세특례	제126조의7제8항	14V		
	(174) 금사업자와 스크랩등사업자의 수입금액의 증가 등에 대한 세액공제	제122조의4	14W		
	(175) 우수 선화주 인증 국제물류주선업자 세액공제	제104조의30	18M		
	(176) 용역제공자에 관한 과세자료의 제출에 대한 세액공제	제104조의32	10C		
	(177) 소재·부품·장비 수요기업 공동출자 세액공제	제13조의3제1항	18N		
	(178) 소재·부품·장비 외국법인 인수세액 공제	제13조의3제3항	18P		
	(179) 상가임대료를 인하한 임대사업자에 대한 세액공제	제96조의3	10B		
	(180) 선결제 금액에 대한 세액공제	제99조의12	18Q		
	(181) 통합투자세액공제(일반)	제24조	13W		
	(182) 임시통합투자세액공제(일반)	제24조	1B1		
	(183) 통합투자세액공제(신성장·원천기술)	제24조	13X		
	(184) 임시통합투자세액공제(신성장·원천기술)	제24조	1B2		
	(185) 통합투자세액공제(국가전략기술)	제24조	13Y		
	(186) 임시통합투자세액공제(국가전략기술)	제24조	1B3		
	(187) 해외자원개발투자에 대한 과세특례	제104조의15	1B6		
	(188) 문화산업전문회사 출자에 대한 세액공제	제25조의7	1B7		
	(189)		165		
(190) 감 면 세 액 합 계				**19,000,000**	

2. 조합법인 등의 감면세액

① 법인세 과세표준	②「조세특례제한법」 제72조 세율	③ 산출세액 (①×②)	④ 과세표준 구 분	④ 과세표준 금 액	⑤「법인세법」 제55조의 세율	⑥ 산출세액	⑦ 감면세액 (⑥-③)
			2억원 이하 200억원 이하 3천억원 이하 3천억원 초과				
합 계			합 계				

210mm×297mm[백상지 80g/㎡ 또는 중질지 80g/㎡]

(3쪽 중 제3쪽)

3. 조합법인에 대한 공제세액

⑧ 공제내용	코드	⑨ 공제세액	비 고
청년고용을 증대시킨 기업에 대한 세액공제	18A		「법인세법 시행규칙」 별지 제8호서식(갑)의 ⑦란 공제세액 해당 금액
고용을 증대시킨 기업에 대한 세액공제	18F		「법인세법 시행규칙」 별지 제8호서식(갑)의 ⑦란 공제세액 해당 금액
기업의 경기부 설치운영비용 세액공제	14O		「법인세법 시행규칙」 별지 제8호서식(갑)의 ⑦란 공제세액 해당 금액
상가임대료를 인하한 임대사업자에 대한 세액공제	10B		「법인세법 시행규칙」 별지 제8호서식(갑)의 ④란 감면(공제)세액 해당 금액
선결제금액에 대한 세액공제	18Q		「법인세법 시행규칙」 별지 제8호서식(갑)의 ⑦란 공제세액 해당 금액
통합고용세액공제	18S		「조세특례제한법 시행규칙」 별지 제10호의9서식의 ④란 공제세액 해당 금액
합 계			

작 성 방 법

1. 일반법인의 감면세액 계산
   가. ⑦란 중 ④ 감면세액(소득금액)란의 금액은 각 사업연도 소득에 대한 법인세 과세표준[법인세 과세표준 및 세액조정계산서(별지 제3호서식)의 ⑬란의 금액을 말합니다]에 ⑤란의 비과세 소득금액과 ⑥란의 소득공제금액을 합산한 조정과세표준에 대한 산출세액에서 법인세 과세표준 및 세액조정계산서(별지 제3호서식)의 ⑮란의 산출세액의 금액을 빼서 적습니다.
   나. 그 밖에 ⑤ 비과세, ⑥ 소득공제, ⑧ 세액감면, ⑨ 세액공제의 빈 란에는 「조세특례제한법」의 개정으로 추가하여 감면세액이 발생되거나 개정 전 규정의 부칙에 따라 적용되는 감면세액이 농어촌특별세 과세대상에 해당하는 경우에 해당 감면세액을 각각 적습니다.
2. 조합법인 등의 감면세액 계산: ⑤ 「법인세법」 제55조의 세율은 다음과 같이 적용합니다.
   가. 2012년 1월 1일 이후 개시하는 사업연도

과세표준	세 율
2억원 이하	과세표준의 100분의 10
2억원 초과 200억원 이하	2천만원 + (2억원 초과 200억원 이하 금액의 100분의 20)
200억원 초과	39억 8천만원 + (200억원을 초과하는 금액의 100분의 22)

   나. 2018년 1월 1일 이후 개시하는 사업연도

과세표준	세 율
2억원 이하	과세표준의 100분의 10
2억원 초과 200억원 이하	2천만원 + (2억원 초과 200억원 이하 금액의 100분의 20)
200억원 초과 3천억원 이하	39억8천만원 + (200억원을 초과하는 금액의 100분의 22)
3천억원 초과	655억8천만원 + (3천억원을 초과하는 금액의 100분의 25)

   다. 2023년 1월 1일 이후 개시하는 사업연도

과세표준	세 율
2억원 이하	과세표준의 100분의 9
2억원 초과 2 00억원 이하	1천8백만원 + (2억원 초과 200억원 이하 금액의 100분의 19)
200억원 초과 3천억원 이하	37억8천만원 + (200억원을 초과하는 금액의 100분의 21)
3천억원 초과	625억8천만원 + (3천억원을 초과하는 금액의 100분의 24)

3. 조합법인 등의 공제세액 계산: 「조세특례제한법」의 개정으로 조합법인 등에 추가로 공제되는 공제세액이 농어촌특별세 과세대상에 해당하는 공제세액을 적습니다.

※ 근거법조항 중 "구"는 「조세특례제한법」(2020.12.29. 법률 제17759호로 개정되기 전의 것)에 따른 조항을 의미합니다.

210mm×297mm[백상지 80g/㎡ 또는 중질지 80g/㎡]

사례 1 2024년 귀속 신고 시 작성

[별지 제12호 서식] (2017.3.10. 개정) (앞 쪽)

사 업 연 도	2024.01.01. ~ 2024.12.31.	농어촌특별세과세표준 및 세액조정계산서	법인명	㈜나라
			사업자등록번호	203-81-63108

농어촌특별세 과세표준 및 세액 조정내역

① 법 인 유 형	②과 세 표 준		세 율	③세 액
	구 분	금 액		
④ 일 반 법 인	⑤법 인 세 감 면 세 액	19,000,000	20%	3,800,000
	⑥			
	⑦			
	⑧ 소 계	19,000,000		3,800,000
⑨조 합 법 인 등	⑩법 인 세 공제 · 감 면 세 액		20%	
	⑫ 소 계			

작 성 방 법

1. ②란 중 ⑤법인세감면세액란에는 농어촌특별세과세대상감면세액합계표[별지 제13호서식]상의 ⑩감면세액합계란의 금액을 옮겨 적습니다.
2. ②란 중 ⑩법인세공제 · 감면세액란에는 농어촌특별세과세대상감면세액합계표[별지 제13호서식] 2. 조합법인 등 감면세액중 ⑦감면세액란의 합계금액과 3. 조합법인 등 공제세액중 ⑨ 공제세액란 합계금액을 더하여 기입합니다.

210mm×297mm[백상지 80g/㎡ 또는 중질지 80g/㎡]

PART 05 고용지원을 위한 조세특례

사례 1 2024년 귀속 신고 시 작성

[별지 제2호 서식] (2024.3.22. 개정) (앞쪽)

농어촌특별세 과세표준 및 세액신고서

※ 뒤쪽의 신고안내 및 작성방법을 읽고 작성하여 주시기 바랍니다.

1. 신고인 인적사항

① 소 재 지	경기도 고양시 일산서구 대화로37번길 102-30(법곳동)				
② 법 인 명	㈜나라		③대표자성명	김 유 민	
④사업자등록번호	203-81-63108	⑤사 업 연 도	2024.01.01. ~2024.12.31.	⑥전 화 번 호	031-2231-7027

2. 농어촌특별세 과세표준 및 세액 조정내역

⑦과 세 표 준	19,000,000	
⑧산 출 세 액	3,800,000	
(미납세액, 미납일수, 세율) ⑨가 산 세 액	(, , 2.2/10,000)	
⑩총 부 담 세 액	3,800,000	
⑪기 납 부 세 액		
⑫환 급 예 정 세 액		
⑬차 감 납 부 할 세 액	3,800,000	
⑭분 납 할 세 액		
⑮차 감 납 부 세 액	3,800,000	
⑯충 당 후 납 부 세 액	3,800,000	
⑰국 세 환 급 금 충 당 신 청	환 급 법 인 세	
	충당할 농어촌특별세	

신고인은 「농어촌특별세법」 제7조에 따라 위의 내용을 신고하며, 위 내용을 충분히 검토하였고 **신고인이 알고 있는 사실 그대로를 정확하게 적었음을 확인합니다.**

2025년 3월 31일

신고인(대표자) 김 유 민 (서명 또는 인)

세무대리인은 조세전문자격자로서 위 신고서를 성실하고 공정하게 작성하였음을 확인합니다.

세무대리인 (서명 또는 인)

고양 세무서장 귀하

210mm×297mm[백상지 80g/㎡ 또는 중질지 80g/㎡]

사례 2

2022년~2024년 회사의 근무자 현황과 증감내역은 다음과 같다.

2022년	2023년		2024년	
근무인원현황	근무인원현황	증감현황	근무인원현황	증감현황
전체 21명 청년 9명 청년외 12명	전체 26명 청년 12명 청년외 14명	5명 증가 3명 증가 2명 증가	전체 24명 청년 9명 청년외 15명	2명 감소 3명 감소 1명 증가

사례 풀이

2022년	2023년		2024년	
근무인원현황	근무인원현황	증감현황	근무인원현황	증감현황
전체 21명 청년 9명 청년외 12명	전체 26명 청년 12명 청년외 14명	5명 증가 3명 증가 2명 증가	전체 24명 청년 9명 청년외 15명	2명 감소 3명 감소 1명 증가
1차연도공제	① 상황분석 직전연도(2022년) 대비 전체 상시근로자 수 증가(청년 증가, 청년외 증가)하였으므로 공제적용 ② 공제세액계산 청년 : 3명 × 14,500,000원 = 43,500,000원 청년외 : 2명 × 8,500,000원 = 17,000,000원 공제액 합계 : 43,500,000원 + 17,000,000원 = 60,500,000원		① 상황분석 직전연도(2023년) 대비 전체 상시근로자 수 증가하지 않았으므로(청년 감소 수 ≥ 전체 감소 수)하였으므로 공제 적용불가 ② 공제세액계산 청년 : 0명 × 14,500,000원 = 0원 청년외 : 0명 × 8,500,000원 = 0원 공제액 합계 : 0원 + 0원 = 0원	
2차연도공제			① 상황분석 최초공제연도(2023년) 대비 전체 상시근로자 수 감소(청년 감소 수 ≥ 전체 감소 수) ≫ 추가공제 중단, 추가납부 ② 세액계산 (3명−2명)×(14,500,000원 − 8,500,000원) + 2명×14,500,000원 = 1명×6,000,000원+2명×14,500,000원 = 6,000,000원 + 29,000,000원 = 35,000,000원	

각 귀속연도별로 분석하면 다음과 같다.

1. 2023년

(1) 1차연도공제(최초공제)

직전과세연도(2022년) 대비 전체 상시근로자 수가 증가(청년 증가, 청년외 증가)하였으므로 세액공제를 적용한다.

2. 2024년

(1) 1차연도공제(최초공제)

직전과세연도(2023년) 대비 전체 상시근로자 수가 증가하지 않았으므로(청년 감소 수≥ 전체 감소 수)하였으므로 세액공제를 적용하지 않는다.

(2) 2차연도공제

최초공제연도(2023년) 대비 전체 상시근로자 수가 감소하였으므로(청년 감소 수≥ 전체 감소 수) 2차연도(2024년)에 추가공제를 중단하고 추가납부한다.

사례 2 2023년 귀속 신고 시 작성

[별지 제10호의9 서식] (2024.3.22. 개정) (3쪽 중 제1쪽)

통합고용세액공제 공제세액계산서

① 신청인	① 상호 또는 법인명 : ㈜나라	② 사업자등록번호 : 203-81-63108
	③ 대표자 성명 : 김 유 민	④ 생년월일 : 1973년 04월 12일
	⑤ 주소 또는 본점소재지 : 경기도 고양시 일산서구 대화로37번길 102-30(법곳동) (전화번호 : 031-2231-7027)	

② 과세연도	2023년 1월 1일부터 2023년 12월 31일까지

③ 상시근로자 현황 (작성방법 2,3번을 참고하시기 바랍니다.)

구분	직전전 과세연도	직전 과세연도	해당 과세연도
⑥ 상시근로자 수 (⑦+⑧)		21.00	26.00
⑦ 청년등상시근로자 수		9.00	12.00
⑧ 청년등상시근로자를 제외한 상시근로자 수		12.00	14.00
⑨ 정규직 전환 근로자 수	-		
⑩ 육아휴직 복귀자 수			

④ 기본공제 공제세액 계산내용

가. 1차년도 세제지원 요건 : ⑬ > 0

1. 상시근로자 증가 인원

⑪ 해당 과세연도 상시근로자 수	⑫ 직전 과세연도 상시근로자 수	⑬ 상시근로자 증가 인원 수 (⑪-⑫)
26.00	21.00	5.00

2. 청년등상시근로자 증가 인원

⑭ 해당 과세연도 청년등상시근로자 수	⑮ 직전 과세연도 청년등상시근로자 수	⑯ 청년등상시근로자 증가 인원 수 (⑭-⑮)
12.00	9.00	3.00

3. 청년등상시근로자를 제외한 상시근로자 증가 인원

⑰ 해당 과세연도 청년등상시근로자를 제외한 상시근로자 수	⑱ 직전 과세연도 청년등상시근로자를 제외한 상시근로자 수	⑲ 청년등상시근로자를 제외한 상시근로자 증가 인원 수(⑰-⑱)
14.00	12.00	2.00

(3쪽 중 제2쪽)

4. 1차년도 세액공제액 계산

구분	구분		직전 과세연도 대비 상시근로자 증가 인원 수 (⑬상시근로자 증가 인원 수를 한도로 함)	1인당 공제금액	⑳ 1차년도 세액공제액
중소기업	수도권 내	청년등	3.00	1천4백5십만원	43,500,000
		청년등 외	2.00	8백5십만원	17,000,000
	수도권 밖	청년등		1천5백5십만원	
		청년등 외		9백5십만원	
	계		5.00		60,500,000
중견기업	청년등			8백만원	
	청년등 외			4백5십만원	
	계				
일반기업	청년등			4백만원	
	청년등 외				
	계				

나. 2차년도 세제지원 요건 : ㉓ ≥ 0

1. 상시근로자 증가 인원

㉑ 2차년도(해당 과세연도) 상시근로자 수	㉒ 1차년도(직전 과세연도) 상시근로자 수	㉓ 상시근로자 증가 인원 수(㉑-㉒)

2. 2차년도 세액공제액 계산(상시근로자 감소여부)

1차년도 (직전 과세연도) 대비 상시근로자 감소여부	1차년도 (직전 과세연도) 대비 청년등상시근로자 수 감소여부	㉔ 1차년도 (직전 과세연도) 청년등상시근로자 증가 세액공제액	㉕ 1차년도 (직전 과세연도) 청년등 외 상시근로자 증가 세액공제액	㉖ 2차년도 세액공제액
부	부			
	여			
여				

다. 3차년도 세제지원 요건(중소 · 중견기업만 해당) : ㉙ ≥ 0

1. 상시근로자 증가 인원

㉗ 3차년도(해당 과세연도) 상시근로자 수	㉘ 1차년도(직전전 과세연도) 상시근로자 수	㉙ 상시근로자 증가 인원(㉗-㉘)

2. 3차년도 세액공제액 계산(상시근로자 감소여부)

1차년도 (직전전 과세연도) 대비 상시근로자 감소여부	1차년도 (직전전 과세연도) 대비 청년등상시근로자 수 감소여부	㉚ 1차년도 (직전전 과세연도) 청년등 상시근로자 증가 세액공제액	㉛ 1차년도 (전전 과세연도) 청년등 외 상시근로자 증가 세액공제액	㉜ 3차년도 세액공제액
부	부			
	여			
여				

(3쪽 중 제3쪽)

❺ 추가공제 공제세액 계산내용

가. 세제지원 요건 : ㉟ ≥ 0

㉝ 해당 과세연도 상시근로자 수	㉞ 직전 과세연도 상시근로자 수	㉟ 상시근로자 증가 인원 수 (㉝-㉞)

나. 세액공제액 계산

구분	구분	인원 수	1인당 공제금액	㊱ 추가공제 세액공제액
중소기업	정규직 전환자		1천3백만원	
	육아휴직 복귀자			
	계			
중견기업	정규직 전환자		9백만원	
	육아휴직 복귀자			
	계			
⑥ 세액공제액 : ⑳ 1차년도 세액공제액 + ㉖ 2차년도 세액공제액 + ㉜ 3차년도 세액공제액 + ㊱ 추가공제 세액공제액				60,500,000

「조세특례제한법 시행령」 제26조의8 제11항에 따라 위와 같이 공제세액계산서를 제출합니다.

2024년 3월 31일

신청인 ㈜나라 김 유 민 (서명 또는 인)

고양 세무서장 귀하

작 성 방 법

1. 근로자 수는 다음과 같이 계산하되, 100분의 1 미만의 부분은 없는 것으로 합니다.
 가. 상시근로자 수: 매월 말 현재 상시근로자 수의 합 / 과세연도의 개월 수
 나. 청년등상시근로자 수: 매월 말 현재 청년등상시근로자 수의 합 / 과세연도의 개월 수
 다. 청년등상시근로자 외 상시근로자 수: 매월 말 현재 청년등상시근로자 외 상시근로자 수의 합 / 과세연도의 개월 수
2. ⑥란의 상시근로자란 「근로기준법」에 따라 근로계약을 체결한 내국인 근로자로서 다음의 어느 하나에 해당하는 사람을 제외한 근로자를 말합니다.
 가. 근로계약기간이 1년 미만인 근로자. 다만, 근로계약의 연속된 갱신으로 인하여 그 근로계약의 총 기간이 1년 이상인 근로자는 상시근로자로 봅니다.
 나. 「근로기준법」 제2조제1항제9호에 따른 단시간근로자. 다만, 1개월간의 소정근로시간이 60시간 이상인 근로자는 상시근로자로 봅니다.
 다. 「법인세법 시행령」 제40조제1항 각 호의 어느 하나에 해당하는 임원
 라. 해당 기업의 최대주주 또는 최대출자자(개인사업자의 경우에는 대표자를 말합니다)와 그 배우자
 마. 라목에 해당하는 자의 직계존비속(그 배우자를 포함합니다) 및 「국세기본법 시행령」 제1조의2제1항에 따른 친족관계인 사람
 바. 「소득세법 시행령」 제196조에 따른 근로소득원천징수부에 의하여 근로소득세를 원천징수한 사실이 확인되지 않고, 「국민연금법」 제3조제1항제11호 및 제12호에 따른 부담금 및 기여금 또는 「국민건강보험법」 제69조에 따른 직장가입자의 보험료에 해당하는 금액의 납부사실도 확인되지 않는 자
3. ⑦란 등의 청년등상시근로자란 상시근로자 중 15세 이상 34세 이하인 사람으로서 다음 각 목의 어느 하나에 해당하는 사람을 제외한 사람(해당 근로자가 병역을 이행한 경우에는 6년을 한도로 병역을 이행한 기간을 현재 연령에서 빼고 계산한 연령이 34세 이하인 사람을 포함)과 「장애인복지법」의 적용을 받는 장애인, 「국가유공자 등 예우 및 지원에 관한 법률」에 따른 상이자, 「5 · 18민주유공자예우 및 단체설립에 관한 법률」 제4조제2호에 따른 5 · 18민주화운동부상자와 「고엽제후유의증 등 환자지원 및 단체설립에 관한 법률」 제2조제3호에 따른 고엽제후유의증환자로서 장애등급 판정을 받은 사람, 근로계약 체결일 현재 연령이 60세 이상인 사람, 「조세특례제한법」 제29조의3제1항에 따른 경력단절 여성을 말합니다.
 가. 「기간제 및 단시간근로자 보호 등에 관한 법률」에 따른 기간제근로자 및 단시간근로자
 나. 「파견근로자보호 등에 관한 법률」에 따른 파견근로자
 다. 「청소년 보호법」 제2조제5호 각 목에 따른 업소에 근무하는 같은 조 제1호에 따른 청소년
4. 청년등 외 상시근로자란 상시근로자 중 청년등상시근로자가 아닌 상시근로자를 말합니다.
5. ⑳, ㉖, ㉜ 계산 시 각 공제금액(청년/청년 외)은 전체 상시근로자 수 증가분을 한도로 합니다.
6. ㉝, ㉞란의 상시근로자 수는 「근로기준법」 제74조에 따른 출산전후휴가를 사용 중인 상시근로자를 대체하는 상시근로자가 있는 경우 해당 출산전후휴가를 사용 중인 상시근로자를 제외하고 계산한 상시근로자 수를 말합니다.
7. 해당 과세연도의 상시근로자 수가 전년 대비 증가하여 「조세특례제한법」 제29조의8의 통합고용세액공제 1차년도 공제를 신청할 경우 「조세특례제한법」 제29조의7의 고용 증대 기업에 대한 세액공제 1차년도 공제를 중복하여 신청할 수 없습니다.

210mm×297mm[백상지 80g/㎡]

사례 2 2023년 귀속 신고 시 작성

[별지 제4호 서식] (2019.3.20. 개정) (앞쪽)

사업연도	2023.01.01. ~ 2023.12.31.	최저한세조정계산서	법인명	㈜나라
			사업자등록번호	203-81-63108

1. 최저한세 조정 계산 명세

① 구분		코드	② 감면 후 세액	③ 최저한세	④ 조정감	⑤ 조정 후 세액
⑩ 결산서상 당기순이익		01	289,000,000			
소득조정금액	⑩ 익금산입	02				
	⑩ 손금산입	03				
⑭ 조정 후 소득금액(⑩+⑩-⑩)		04	289,000,000	289,000,000		289,000,000
최저한세 적용대상 특별비용	⑮ 준비금	05				
	⑯ 특별상각 및 특례자산 감가상각비	06				
⑰ 특별비용 손금산입 전 소득금액(⑭+⑮+⑯)		07	289,000,000	289,000,000		289,000,000
⑱ 기부금 한도초과액		08				
⑲ 기부금 한도초과 이월액 손금산입		09				
⑩ 각 사업연도 소득금액(⑰+⑱-⑲)		10	289,000,000	289,000,000		289,000,000
⑪ 이월결손금		11				
⑫ 비과세소득		12				
⑬ 최저한세 적용대상 비과세소득		13				
⑭ 최저한세 적용대상 익금불산입·손금산입		14				
⑮ 차가감소득금액(⑩-⑪-⑫+⑬+⑭)		15	289,000,000	289,000,000		289,000,000
⑯ 소득공제		16				
⑰ 최저한세 적용대상 소득공제		17				
⑱ 과세표준금액(⑮-⑯+⑰)		18	289,000,000	289,000,000		289,000,000
⑲ 선박표준이익		24				
⑳ 과세표준금액(⑱+⑲)		25	289,000,000	289,000,000		289,000,000
㉑ 세율		19	19	7		19
㉒ 산출세액		20	34,910,000	20,230,000		34,910,000
㉓ 감면세액		21				
㉔ 세액공제		22	60,500,000		45,820,000	14,680,000
㉕ 차감세액(㉒-㉓-㉔)		23				20,230,000

2. 최저한세 세율 적용을 위한 구분 항목

㉖ 중소기업 유예기간 종료연월		㉗ 유예기간 종료 후 연차			

210mm×297mm[백상지 80g/㎡ 또는 중질지 80g/㎡]

[별지 제8호 서식 부표 3] (2024.3.22. 개정) (앞쪽)

사 업 연 도	2023.01.01. ~ 2023.12.31.	세액공제조정명세서(3)	법인명	㈜나라
			사업자등록번호	203-81-63108

1. 공제세액계산(「조세특례제한법」)

	(101) 구 분	근거법 조 항	(102) 계 산 기 준	코드	(103) 계산명세	(104) 공제대상 세 액
조세특례제한법	중소기업 등 투자세액공제	구 제5조	투자금액 × 1(2,3,5,10)/100	131		
	상생결제 지급금액에 대한 세액공제	제7조의4	지급기한 15일 이내 : 지급 금액의 0.5% 지급기한 15일 ~ 30일 : 지급 금액의 0.3% 지급기한 30일 ~ 60일 : 지급 금액의 0.015%	14Z		
	대·중소기업 상생협력을 위한 기금출연 세액공제	제8조의3제1항	출연금 × 10/100	14M		
	협력중소기업에 대한 유형고정자산 무상임대 세액공제	제8조의3제2항	장부가액 × 3/100	18D		
	수탁기업에 설치하는 시설에 대한 세액공제	제8조의3제3항	투자금액 × 1(3,7)/100	18L		
	교육기관에 무상 기증하는 중고자산에 대한 세액공제	제8조의3제4항	기증자산 시가 × 10/100	18R		
	신성장·원천기술 연구개발비세액공제(최저한세 적용제외)	제10조제1항제1호	(일반 연구·인력개발비) '14.1.1.~'14.12.31.: 발생액 × 3~4(8,10,15,20,25,30)/100 또는 2년간 연평균 발생액의 초과액 × 40(50)/100 '15.1.1. 이후: 발생액 × 2~3(8,10,15,20,25,30)/100 또는 직전 발생액의 초과액 × 40(50)/100 '17.1.1. 이후: 발생액 × 1~3(8,10,15,20,25,30)/100 또는 직전 발생액의 초과액 × 30(40,50)/100 '18. 1. 1. 이후: 발생액 × 0~2(8,10,15,20,25,30)/100 또는 직전 발생액의 초과액 × 25(40,50)/100 (신성장·원천기술 연구개발비) '17. 1. 1. 이후: 발생액 × 20(30)/100 (국가전략기술 연구개발비) '21. 7. 1. 이후: 발생액 ×30(40)/100	16A		
	국가전략기술 연구개발비세액공제(최저한세 적용제외)	제10조제1항제2호		10D		
	일반 연구·인력개발비세액공제(최저한세 적용제외)	제10조제1항제3호		16B		
	신성장·원천기술 연구개발비세액공제(최저한세 적용대상)	제10조제1항제1호		13L		
	국가전략기술 연구개발비세액공제(최저한세 적용대상)	제10조제1항제2호		10E		
	일반 연구·인력개발비세액공제(최저한세 적용대상)	제10조제1항제3호		13M		
	기술취득에 대한 세액공제	제12조제2항	특허권 등 취득금액 × 5(10)/100 *법인세의 10% 한도	176		
	기술혁신형 합병에 대한 세액공제	제12조의3	기술가치금액 × 10/100	14T		
	기술혁신형 주식취득에 대한 세액공제	제12조의4	기술가치금액 × 10/100	14U		
	벤처기업등 출자에 대한 세액공제	제13조의2	주식등 취득가액 × 5/100	18E		
	성과공유 중소기업 경영성과급 세액공제	제19조	'22.1.1. 이전 지급분 : 근로자에 지급하는 경영성과급 × 10/100 '22.1.1. 이후 지급분 : 근로자에 지급하는 경영성과급× 15/100	18H		
	연구·인력개발설비투자세액공제	구 제25조제1항제1호	'14.1.1.~'15.12.31. 투자분 : 투자금액 × 3(5,10)/100 '16.1.1. 이후 투자분 : 투자금액 × 1(3,6)/100 '19.1.1. 이후 투자분 : 투자금액 × 1(3,7)/100	134		
	에너지절약시설투자세액공제	구 제25조제1항제2호	'14.1.1.~'15.12.31. 투자분 : 투자금액 × 3(5,10)/100 ('16.1.1. 현재 투자진행 중인 경우 '16.12.31.까지 종전율 적용) '16.1.1. 이후 투자개시분 : 투자금액 × 1(3,10)/100 '19.1.1. 이후 투자분 : 투자금액 × 1(3,7)/100	177		
	환경보전시설 투자세액공제	구 제25조제1항제3호	투자금액 × 3(5,10)/100 '19.1.1. 이후 투자분 : 투자금액 × 3(5,10)/100	14A		
	근로자복지증진시설투자세액공제	구 제25조제1항제4호	투자금액 × 7(10)/100 '19.1.1. 이후 취득분 : 취득금액 × 3(5,10)/100	142		
	안전시설투자세액공제	구 제25조제1항제5호	'13.1.1.~'14.12.31. 투자분 : 투자금액 × 3(7)/100 '15.1.1. 이후 투자분 : 투자금액 × 1(3,7)/100 '19.1.1. 이후 투자분 : 투자금액 × 1(5,10)/100	136		
	생산성향상시설투자세액공제	구 제25조제1항제6호	'13.1.1.~'14.12.31. 투자분 : 투자금액 × 3(7)/100 '15.1.1. 이후 투자분 : 투자금액 × 1(3,7)/100 '20.1.1.~'20.12.31. 투자분 : 투자금액 × 2(5,10))/100 '21.1.1.~'21.12.31. 투자분 : 투자금액 × 1(5,10))/100 '21.1.1.~이후. 투자분 : 투자금액 × 1(3,7))/100	135		
	의약품 품질관리시설투자세액공제	구 제25조의4	'14.1.1.~'16.12.31. 투자분 : 투자금액 × 3(5,7)/100 '17.1.1. 이후 투자분 : 투자금액 × 1(3,6)/100	14B		
	신성장기술 사업화를 위한 시설투자 세액공제	구 제25조의5	투자금액 × 5(7,10)/100	18B		
	영상콘텐츠 제작비용에 대한 세액공제	제25조의6	제작비용 × 3(7,10)/100	18C		
	초연결 네트워크 시설투자에 대한 세액공제	구 제25조의7	투자금액 × 2(3)/100	18I		
	고용창출투자세액공제	제26조	'12.1.1.~12.31.:투자금액 × {기본공제(3~4%)+추가공제(2~3%)} '13.1.1.~12.31.:투자금액 × {기본공제(2~4%)+추가공제(3%)} '14.1.1. 이후: 투자금액 × {기본공제(1~4%)+추가공제(3%)} (한도 : 상시근로자 증가분 × 1,000만원, 1,500만원, 2,000만원) '15.1.1. 이후: 투자금액 × {기본공제(0~3%)+추가공제(3~7%)} '17.1.1. 이후: (한도 : 상시근로자 증가분 × 1,000(1,500)만원, 1,500(2,000)만원, 2,000(2,500)만원)	14N		
	산업수요맞춤형고등학교등 졸업자를 병역이행 후 복직시킨 중소기업에 대한 세액공제	제29조의2	복직자에게 지급한 인건비 × 중소30(중견15)/100	14S		
	경력단절 여성 고용 기업 등에 대한 세액공제	제29조의3제1항	경력단절 여성 재고용 인건비 × 중소30(중견15)/100	14X		
	육아휴직 후 고용유지 기업에 대한 인건비 세액공제	제29조의3제2항	육야휴직 복귀자 인건비 × 중소30(중견15)/100	18J		
	근로소득을 증대시킨 기업에 대한 세액공제	제29조의4	평균 초과 임금증가분 × 5(중견10, 중소20)/100 정규직 전환 근로자의 임금 증가분 × 5(10,20)/100	14Y		
	청년고용을 증대시킨 기업에 대한 세액공제	제29조의5	청년정규직근로자 증가인원수 × 3백만원(7백만원, 1천만원)	18A		
	고용을 증대시킨 기업에 대한 세액공제	제29조의7	직전연도 대비 상시근로자 증가수 × 4백만원(1천2백만원) '21.12.31~'22.12.31 : 직전연도 대비 상시근로자 증가수 × 5백만원(1천3백만원)	18F		
	통합고용세액공제	제29조의8	직전연도 대비 상시근로자 증가수 × 4백만원(1천4백5십만원)	18S	60,500,000 +0+0+0	60,500,000
	정규직 근로자 전환 세액공제	제30조의2	전환인원수 × 중소1천만원(중견7백만원)	14H		
	고용유지중소기업에 대한 세액공제	제30조의3	연간 임금감소 총액× 10/100 + 시간당 임금상승에 따른 보전액 × 15/100	18K		
	중소기업 고용증가 인원에 대한 사회보험료 세액공제	제30조의4제1항	청년(만15~29세)근로자 등 순증인원의 사회보험료(증가분의 100%) 청년 및 경력단절 여성 외 근로자 순증인원의 사회보험료(증가분의 50%,75%)	14Q		

(뒤쪽)

(101) 구 분		근거법 조 항	(102) 계 산 기 준	코드	(103) 계산 명세	(104) 공제대상 세 액
	중소기업 사회보험 신규가입에 대한 사회보험료 세액공제	제30조의4제3항	'20.12.31.까지 사회보험 신규가입에 따 른 사용자 부담액× 50%	18G		
	전자신고에 대한 세액공제(법인)	제104조의8제1항	법인세 전자신고시 2만원	184		
	전자신고에 대한 세액공제(세무법인 등)	제104조의8제3항	법인·소득세 전자신고 대리건수 × 2만원 *한도: 연300만원(세무·회계법인 연750만원) 한도액계산시 부가가치세 대리신고에 따른 세액공제액 포함	14J		
	제3자 물류비용 세액공제	제104조의14	(전년대비 위탁물류비용 증가액)×3/100(중소기업은 5/100) * 직전 위탁물류비 30% 미만 : (당기 위탁물류비 – 당기 전체물류비 × 30%) ×3/100(중소기업은 5/100) * 법인세 10% 한도	14E		
	대학 맞춤형 교육비용 세액공제	구 제104조의18제1항	법 제10조 연구·인력개발비세액공제 준용 *수도권 소재대학의 발생액은 50%만 인정	14I		
	대학등 기부설비에 대한 세액공제	구 제104조의18제2항	법 제11조 연구·인력개발설비투자세액공제 준용 *수도권 소재대학의 기부금액은 50%만 인정	14K		
	기업의 운동경비부 설치운영 세액공제	제104조의22	설치운영비용 × 10(20)/100	14O		
	산업수요맞춤형 고등학교 등 재학생에 대한 현장훈련수당 등 세액공제	구 제104조의18제4항	일반 연구·인력개발비 세액공제 준용	14R		
	석유제품 전자상거래에 대한 세액공제	제104조의25	'13.1.1.~12.31.: 공급가액의 0.5%(산출세액의 10% 한도) '14.1.1.~'16.12.31.: 공급가액의 0.3%(산출세액의 10% 한도) '17.1.1.~'19.12.31.:공급자는 공급가액의0.1%,수요자0.2%,(산출세액의 10% 한도) '20.1.1.~'22.12.31.:수요자만 공급가액의 0.2%(산출세액의 10% 한도)	14P		
	금 현물시장에서 거래되는 금지금에 대한 과세특례	제126조의7제8항	산출세액×[(금 현물시장 이용금액 – 직전 과세연도의 금 현물시장 이용금액)/매출액] 또는 산출세액×[(금 현물시장 이용금액×5/100)/매출액]	14V		
	금사업자와 스크랩등 사업자의 수입금액증가등 세액공제	제122조의4	산출세액×[(매입자납부익금및손금합계금액 – 직전 과세연도의 매입자납부익금및손금합계금액)×50/100]/익금및손금합계금액 또는 산출세액×[(매입자납부익금및손금합계금액×5/100]/익금및손금합계금액 *한도: 해당 과세연도 산출세액–직전 과세연도 산출세액	14W		
	성실신고 확인비용에 대한 세액공제	제126조의6	확인비용 × 60/100 (150만원 한도)	10A		
	우수 선화주 인증받은 국제물류주선업자에 대한 세액공제	제104조의30	운송비용의 1% + 직전과세연도 대비 증가분의 3%(산출세액의 10%한도)	18M		
	용역제공자에 관한 과세자료의 제출에 대한 세액공제	제104조의32	과세자료에 기재된 용역제공자 인원수×300원(200만원 한도)	10C		
	소재·부품·장비 수요기업 공동출자세액공제	제13조의3제1항	주식 또는 출자지분 취득가액 5%	18N		
	소재·부품·장비 외국법인 인수세액 공제	제13조의3제3항	주식 또는 출자지분 취득가액 5% (중견7%, 중소10%)	18P		
	상가임대료를 인하한 임대사업자에 대한 세액공제	제96조의3	임대료 인하액의 70%	10B		
	선결제 금액에 대한 세액공제	제99조의12	선결제금액 × 1%	18Q		
	통합투자세액공제(일반)	제24조	기본공제 : 투자금액 × 1(중견5, 중소10)/100, 신성장·원천기술 투자금액 × 3(중견6,중소12)/100 국가전략기술 투자금액 × 8(중견8,중소16)/100 추가공제 : 직전 3년 연평균 투자금액 초과액 × 3/100(국가전략기술 4/100)(기본공제 200% 한도)	13W		
	통합투자세액공제(신성장·원천기술)	제24조		13X		
	통합투자세액공제(국가전략기술)	제24조		13Y		
합			계	1A1		60,500,000

2. 당기공제세액 및 이월액계산

(105) 구분	(106) 사업연도	요공제세액 (107) 당기분	(108) 이월분	당기 공제대상세액 (109) 당기분	(110)1차연도 / (115)6차연도	(111)2차연도 / (116)7차연도	(112)3차연도 / (117)8차연도	(113)4차연도 / (118)9차연도	(114)5차연도 / (119)10차연도	(120)계	(121)최저한세 적용에 따른 미공제액	(122) 그 밖의 사유로 인한 미공제액	(123) 공제세액 ((120)-(121)-(122))	(124) 소멸	(125) 이월액 ((107)+(108)-(123)-(124))
통합고용 세액공제	2023.12	60,500,000		60,500,000						60,500,000	45,820,000		14,680,000		45,820,000
	소계	60,500,000		60,500,000						60,500,000	45,820,000		14,680,000		45,820,000
	소계														
합 계		60,500,000		60,500,000						60,500,000	※45,820,000		14,680,000		45,820,000

작성방법

1. (105) 구분란에는 1. 공제세액계산(「조세특례제한법」)의 코드를 적습니다.
2. (106) 사업연도란에는 이월된 공제대상세액이 발생한 사업연도와 종료월을 적습니다.
3. (107) 당기분란에는 (104) 공제대상세액을 적습니다.
4. (108) 이월분란에는 (105) 구분별, 사업연도별로 전기의 (125) 이월액을 적습니다.
5. (109) 당기분란에는 당기분 세액을 적고, (110)란~(119)란의 해당 연도란에는 (108) 이월분 세액을 각각 적습니다.
6. (121)최저한세 적용에 따른 미공제액란의 합계(※표란)에는 "최저한세조정계산서(별지 제4호서식)"의 ④란 중 (124) 세액공제란의 금액을 옮겨 적고, 「조세특례제한법」 제144조제2항에 규정된 순서에 따라 (121)란의 최저한세 적용에 따른 미공제액의 각 란에 조정하여 적습니다.
7. 근거법조항 중 "구"는 「조세특례제한법」(2020.12.29. 법률 제17759호로 개정되기 전의 것)에 따른 조항을 의미합니다.

사례 2 2023년 귀속 신고 시 작성

[별지 제8호 서식(갑)] (2024.3.22. 개정) (4쪽 중 제1쪽)

사 업 연 도	2023.01.01. ~ 2023.12.31.	공제감면세액 및 추가납부세액합계표(갑)	법 인 명	㈜나라
			사업자등록번호	203-81-63108

1. 최저한세 적용제외 공제감면세액

	① 구 분	② 근 거 법 조 항	코드	③ 대상세액	④ 감면(공제) 세액
세액감면	⑩ 창업중소기업에 대한 세액감면(최저한세 적용제외)	「조세특례제한법」제6조제7항 외	110		
	⑩ 해외자원개발투자배당 감면	「조세특례제한법」 제22조	103		
	⑩ 수도권과밀억제권역 밖으로 이전하는 중소기업 세액감면(수도권 밖으로 이전)	구 「조세특례제한법」 제63조	169		
	⑩ 공장의 수도권 밖 이전에 대한 세액감면	「조세특례제한법」 제63조	108		
	⑩ 본사의 수도권 밖 이전에 대한 세액감면	「조세특례제한법」 제63조의2	109		
	⑩ 영농조합법인 감면	「조세특례제한법」 제66조	104		
	⑩ 영어조합법인 감면	「조세특례제한법」 제67조	107		
	⑩ 농업회사법인 감면(농업소득)	「조세특례제한법」 제68조	11B		
	⑩ 행정중심복합도시 등 공장이전에 대한 조세감면	「조세특례제한법」 제85조의2제3항 (2019.12.31. 법률 제16835호로 개정되기 전의 것)	11A		
	⑪ 위기지역 내 창업기업 세액감면(최저한세 적용제외)	「조세특례제한법」 제99조의9	11N		
	⑪ 해외진출기업의 국내복귀에 대한 세액감면(철수방식)	「조세특례제한법」 제104조의24제1항제1호	11F		
	⑫ 해외진출기업의 국내복귀에 대한 세액감면(유지방식)	「조세특례제한법」 제104조의24제1항제2호	11H		
	⑬ 고도기술수반사업 외국인투자 세액감면	「조세특례제한법」 제121조의2제1항제1호	186		
	⑭ 외국인투자지역내 외국인투자 세액감면	「조세특례제한법」 제121조의2제1항제2호 또는 제2호의5	187		
	⑮ 경제자유구역내 외국인투자 세액감면	「조세특례제한법」 제121조의2제1항제2호의2	188		
	⑯ 경제자유구역 개발사업시행자 세액감면	「조세특례제한법」 제121조의2제1항제2호의3	157		
	⑰ 제주투자진흥기구의 개발사업시행자 세액감면	「조세특례제한법」 제121조의2제1항제2호의4	158		
	⑱ 기업도시 개발구역내 외국인투자 세액감면	「조세특례제한법」 제121조의2제1항제2호의6	159		
	⑲ 기업도시 개발사업의 시행자 세액감면	「조세특례제한법」 제121조의2제1항제2호의7	160		
	⑳ 새만금사업지역내 외국인투자 세액감면	「조세특례제한법」 제121조의2제1항제2호의8	11J		
	㉑ 새만금사업 시행자 세액감면	「조세특례제한법」 제121조의2제1항제2호의9	11K		
	㉒ 기타 외국인투자유치를 위한 조세감면	「조세특례제한법」 제121조의2제1항제3호	167		
	㉓ 외국인투자기업의 증자의 조세감면	「조세특례제한법」 제121조의4	172		
	㉔ 기술도입대가에 대한 조세면제(국내지점 등)	법률 제9921호 조세특례제한법 일부개정법률 부칙 제77조	173		
	㉕ 제주첨단과학기술단지 입주기업 조세감면(최저한세 적용제외)	「조세특례제한법」 제121조의8	181		
	㉖ 제주투자진흥지구등 입주기업 조세감면(최저한세 적용제외)	「조세특례제한법」 제121조의9	182		
	㉗ 기업도시개발구역 등 입주기업 감면(최저한세 적용제외)	「조세특례제한법」 제121조의17제1항제1·3·5호	197		
	㉘ 기업도시개발사업 등 시행자 감면	「조세특례제한법」 제121조의17제1항제2·4·6·7호	198		
	㉙ 아시아문화중심도시 투자진흥지구 입주기업 감면(최저한세 적용제외)	「조세특례제한법」 제121조의20제1항	11C		
	㉚ 금융중심지 창업기업에 대한 감면(최저한세 적용제외)	「조세특례제한법」 제121조의21제1항	11G		
	㉛ 동업기업 세액감면 배분액(최저한세 적용제외)	「조세특례제한법」 제100조의18제4항	11D		
	㉜ 사회적기업에 대한 감면	「조세특례제한법」 제85조의6	11L		
	㉝ 장애인 표준사업장에 대한 감면	「조세특례제한법」 제85조의6	11M		
	㉞ 첨단의료복합단지 입주기업에 대한 감면(최저한세 적용제외)	「조세특례제한법」 제121조의22제1항1호	17A		
	㉟ 국가식품클러스터 입주기업에 대한 감면(최저한세 적용제외)	「조세특례제한법」 제121조의22제1항2호	17B		
	㊱ 연구개발특구 입주기업에 대한 감면(최저한세 적용제외)	「조세특례제한법」 제12조의2	17C		
	㊲ 감염병 피해에 따른 특별재난지역의 중소기업에 대한 감면	「조세특례제한법」 제99조의11	17D		
	㊳ 기회발전특구 창업기업 등에 대한 법인세 등의 감면(최저한세 적용제외)	「조세특례제한법」 제121조의33	1D1		
	㊴ 소 계		170		
세액공제	㊵ 외국납부세액공제	「법인세법」 제57조	101		
	㊶ 재해손실세액공제	「법인세법」 제58조	102		
	㊷ 신성장·원천기술 연구개발비세액공제(최저한세 적용제외)	「조세특례제한법」 제10조제1항제1호	16A		
	㊸ 국가전략기술 연구개발비세액공제(최저한세 적용제외)	「조세특례제한법」 제10조제1항제2호	10D		
	㊹ 일반 연구·인력개발비세액공제(최저한세 적용제외)	「조세특례제한법」 제10조제1항제3호	16B		
	㊺ 동업기업 세액공제 배분액(최저한세 적용제외)	「조세특례제한법」 제100조의18제4항	12D		
	㊻ 성실신고 확인비용에 대한 세액공제	「조세특례제한법」 제126조의6	10A		
	㊼ 상가임대료를 인하한 임대사업자에 대한 세액공제	「조세특례제한법」 제96조의3	10B		
	㊽ 용역제공자에 관한 과세자료의 제출에 대한 세액공제	「조세특례제한법」 제104조의32	10C		
	㊾ 소 계		180		
㊿ 합 계(㊴ + ㊾)			110		

210mm×297mm[백상지 80g/㎡ 또는 중질지 80g/㎡]

PART 05 고용지원을 위한 조세특례

(4쪽 중 제2쪽)

2. 최저한세 적용대상 공제감면세액

① 구 분		② 근 거 법 조 항	코드	③ 대상세액	④ 감면세액
세액감면	⑮1 창업중소기업에 대한 세액감면(최저한세 적용대상)	「조세특례제한법」 제6조제1항 · 제5항 · 제6항	111		
	⑮2 창업벤처중소기업 세액감면	「조세특례제한법」 제6조제2항	174		
	⑮3 에너지신기술 중소기업 세액감면	「조세특례제한법」 제6조제4항	13E		
	⑮4 중소기업에 대한 특별세액감면	「조세특례제한법」 제7조	112		
	⑮5 연구개발특구 입주기업에 대한 세액감면(최저한세 적용대상)	「조세특례제한법」 제12조의2	179		
	⑮6 국제금융거래이자소득 면제	「조세특례제한법」 제21조	123		
	⑮7 사업전환 중소기업에 대한 세액감면	구 「조세특례제한법」 제33조의2	192		
	⑮8 무역조정지원기업의 사업전환 세액감면	구 「조세특례제한법」 제33조의2	13A		
	⑮9 기업구조조정 전문회사 주식양도차익 세액감면	법률 제9272호 조세특례제한법 일부개정법률 부칙 제10조 · 제40조	13B		
	⑯0 혁신도시 이전 등 공공기관 세액감면	「조세특례제한법」 제62조제4항	13F		
	⑯1 공장의 지방이전에 대한 세액감면(중소기업의 수도권 안으로 이전)	「조세특례제한법」 제63조	116		
	⑯2 농공단지입주기업 등 감면	「조세특례제한법」 제64조	117		
	⑯3 농업회사법인 감면(농업소득 외의 소득)	「조세특례제한법」 제68조	119		
	⑯4 소형주택 임대사업자에 대한 세액감면	「조세특례제한법」 제96조	13I		
	⑯5 상가건물 장기임대사업자에 대한 세액감면	「조세특례제한법」 제96조의2	13N		
	⑯6 산림개발소득 감면	「조세특례제한법」 제102조	124		
	⑯7 동업기업 세액감면 배분액(최저한세 적용대상)	「조세특례제한법」 제100조의18제4항	13D		
	⑯8 첨단의료복합단지 입주기업에 대한 감면(최저한세 적용대상)	「조세특례제한법」 제121조의22제1항제1호	13H		
	⑯9 기술이전에 대한 세액감면	「조세특례제한법」 제12조제1항	13J		
	⑰0 기술대여에 대한 세액감면	「조세특례제한법」 제12조제3항	13K		
	⑰1 제주첨단과학기술단지 입주기업 감면(최저한세 적용대상)	「조세특례제한법」 제121조의8	13P		
	⑰2 제주투자진흥지구등 입주기업 감면(최저한세 적용대상)	「조세특례제한법」 제121조의9	13Q		
	⑰3 기업도시개발구역 등 입주기업 감면(최저한세 적용대상)	「조세특례제한법」 제121조의17제1항제1호 · 제3호 · 5호	13R		
	⑰4 위기지역 내 창업기업 세액감면(최저한세 적용대상)	「조세특례제한법」 제99조의9	13S		
	⑰5 아시아문화중심도시 투자진흥지구 입주기업 감면(최저한세 적용대상)	「조세특례제한법」 제121조의20제1항	13T		
	⑰6 금융중심지 창업기업에 대한 감면(최저한세 적용대상)	「조세특례제한법」 제121조의21제1항	13U		
	⑰7 국가식품클러스터 입주기업에 대한 감면(최저한세 적용대상)	「조세특례제한법」 제121조의22제1항제2호	13V		
	⑰8 기회발전특구 창업기업 등에 대한 법인세 등의 감면(최저한세 적용대상)	「조세특례제한법」 제121조의33	1C1		
	⑰9 소 계		130		

210mm×297mm[백상지 80g/㎡ 또는 중질지 80g/㎡]

(4쪽 중 제3쪽)

① 구분		② 근거법조항	코드	⑤ 전기 이월액	⑥ 당기 발생액	⑦ 공제세액
세액공제	(180) 중소기업 등 투자세액공제	구「조세특례제한법」 제5조	131			
	(181) 상생결제 지급금액에 대한 세액공제	「조세특례제한법」 제7조의4	14Z			
	(182) 대·중소기업 상생협력을 위한 기금출연 세액공제	「조세특례제한법」 제8조의3제1항	14M			
	(183) 협력중소기업에 대한 유형고정자산 무상임대 세액공제	「조세특례제한법」 제8조의3제2항	18D			
	(184) 수탁기업에 설치하는 시설에 대한 세액공제	「조세특례제한법」 제8조의3제3항	18L			
	(185) 교육기관에 무상 기증하는 중고자산에 대한 세액공제	「조세특례제한법」 제8조의3제4항	18R			
	(186) 신성장·원천기술 연구개발비세액공제(최저한세 적용대상)	「조세특례제한법」 제10조제1항제1호	13L			
	(187) 국가전략기술 연구개발비세액공제(최저한세 적용대상)	「조세특례제한법」 제10조제1항제2호	10E			
	(188) 일반 연구·인력개발비세액공제(최저한세 적용대상)	「조세특례제한법」 제10조제1항제3호	13M			
	(189) 기술취득에 대한 세액공제	「조세특례제한법」 제12조제2항	176			
	(190) 기술혁신형 합병에 대한 세액공제	「조세특례제한법」 제12조의3	14T			
	(191) 기술혁신형 주식취득에 대한 세액공제	「조세특례제한법」 제12조의4	14U			
	(192) 벤처기업등 출자에 대한 세액공제	「조세특례제한법」 제13조의2	18E			
	(193) 성과공유 중소기업 경영성과급 세액공제	「조세특례제한법」 제19조	18H			
	(194) 연구·인력개발설비투자 세액공제	구「조세특례제한법」 제25조제1항제1호	134			
	(195) 에너지절약시설투자 세액공제	구「조세특례제한법」 제25조제1항제2호	177			
	(196) 환경보전시설 투자 세액공제	구「조세특례제한법」 제25조제1항제3호	14A			
	(197) 근로자복지증진시설투자 세액공제	구「조세특례제한법」 제25조제1항제4호	142			
	(198) 안전시설투자 세액공제	구「조세특례제한법」 제25조제1항제5호	136			
	(199) 생산성향상시설투자세액공제	구「조세특례제한법」 제25조제1항제6호	135			
	(200) 의약품 품질관리시설투자 세액공제	구「조세특례제한법」 제25조의4	14B			
	(201) 신성장기술 사업화를 위한 시설투자 세액공제	구「조세특례제한법」 제25조의5	18B			
	(202) 영상콘텐츠 제작비용에 대한 세액공제(기본공제)	「조세특례제한법」 제25조의6	18C			
	(203) 영상콘텐츠 제작비용에 대한 세액공제(추가공제)	「조세특례제한법」 제25조의6	1B8			
	(204) 초연결 네트워크 시설투자에 대한 세액공제	구「조세특례제한법」 제25조의7	18I			
	(205) 고용창출투자세액공제	「조세특례제한법」 제26조	14N			
	(206) 산업수요맞춤형고등학교등 졸업자를 병역이행 후 복직시킨 중소기업에 대한 세액공제	「조세특례제한법」 제29조의2	14S			
	(207) 경력단절 여성 고용 기업 등에 대한 세액공제	「조세특례제한법」 제29조의3제1항	14X			
	(208) 육아휴직 후 고용유지 기업에 대한 인건비 세액공제	「조세특례제한법」 제29조의3제2항	18J			
	(209) 근로소득을 증대시킨 기업에 대한 세액공제	「조세특례제한법」 제29조의4	14Y			
	(210) 청년고용을 증대시킨 기업에 대한 세액공제	「조세특례제한법」 제29조의5	18A			
	(211) 고용을 증대시킨 기업에 대한 세액공제	「조세특례제한법」 제29조의7	18F			
	(212) 통합고용세액공제	「조세특례제한법」 제29조의8	18S		60,500,000	14,680,000
	(213) 통합고용세액공제(정규직 전환)	「조세특례제한법」 제29조의8	1B4			
	(214) 통합고용세액공제(육아휴직 복귀)	「조세특례제한법」 제29조의8	1B5			
	(215) 정규직근로자 전환 세액공제	「조세특례제한법」 제30조의2	14H			
	(216) 고용유지중소기업에 대한 세액공제	「조세특례제한법」 제30조의3	18K			
	(217) 중소기업 고용증가 인원에 대한 사회보험료 세액공제	「조세특례제한법」 제30조의4 제1항	14Q			
	(218) 중소기업 사회보험 신규가입에 대한 사회보험료 세액공제	「조세특례제한법」 제30조의4 제3항	18G			
	(219) 전자신고에 대한 세액공제(납세의무자)	「조세특례제한법」 제104조의8 제1항	184			
	(220) 전자신고에 대한 세액공제(세무법인 등)	「조세특례제한법」 제104조의8 제3항	14J			
	(221) 제3자 물류비용 세액공제	「조세특례제한법」 제104조의14	14E			
	(222) 대학 맞춤형 교육비용 등 세액공제	구「조세특례제한법」 제104조의18제1항	14I			
	(223) 대학등 기부설비에 대한 세액공제	구「조세특례제한법」 제104조의18제2항	14K			
	(224) 기업의 경기부 설치운영비용 세액공제	「조세특례제한법」 제104조의22	14O			
	(225) 동업기업 세액공제 배분액(최저한세 적용대상)	「조세특례제한법」 제100조의18제4항	14L			
	(226) 산업수요맞춤형 고등학교 등 재학생에 대한 현장훈련수당 등 세액공제	구「조세특례제한법」 제104조의18제4항	14R			
	(227) 석유제품 전자상거래에 대한 세액공제	「조세특례제한법」 제104조의25	14P			
	(228) 금 현물시장에서 거래되는 금지금에 대한 과세특례	「조세특례제한법」 제126조의7제8항	14V			
	(229) 금사업자와 스크랩등사업자의 수입금액의 증가 등에 대한 세액공제	「조세특례제한법」 제122조의4	14W			
	(230) 우수 선화주 인증 국제물류주선업자 세액공제	「조세특례제한법」 제104조의30	18M			
	(231) 소재·부품·장비 수요기업 공동출자 세액공제	「조세특례제한법」 제13조의3제1항	18N			
	(232) 소재·부품·장비 외국법인 인수세액 공제	「조세특례제한법」 제13조의3제3항	18P			
	(233) 선결제 금액에 대한 세액공제	「조세특례제한법」 제99조의12	18Q			
	(234) 해외자원개발투자에 대한 과세특례	「조세특례제한법」 제104조의15	1B6			
	(235) 통합투자세액공제(일반)	「조세특례제한법」 제24조	13W			
	(236) 통합투자세액공제(신성장·원천기술)	「조세특례제한법」 제24조	13X			
	(237) 통합투자세액공제(국가전략기술)	「조세특례제한법」 제24조	13Y			
	(238) 임시통합투자세액공제(일반)	「조세특례제한법」 제24조	1B1			
	(239) 임시통합투자세액공제(신성장·원천기술)	「조세특례제한법」 제24조	1B2			
	(240) 임시통합투자세액공제(국가전략기술)	「조세특례제한법」 제24조	1B3			
	(241) 문화산업전문회사 출자에 대한 세액공제	「조세특례제한법」 제25조의7	1B7			
	(242) 소 계		149		60,500,000	14,680,000
(243) 합 계((179) + (242))			150			14,680,000
(244) 공제감면세액 총계(⑮ + (243))			151			14,680,000

210mm×297mm[백상지 80g/㎡ 또는 중질지 80g/㎡]

(4쪽 중 제4쪽)

(245) 기술도입대가에 대한 조세면제	법률 제9921호 조세특례제한법 일부개정법률 부칙 제77조	183			
(246) 간주 · 간접 외국납부세액공제	「법인세법」 제57조제3항 · 제4항 · 제6항	189			

작성방법

1. ③ 대상세액란: 「법인세법」, 「조세특례제한법」 등에 따른 공제감면대상금액이 있는 경우 공제감면세액계산서(별지 제8호서식 부표 1, 2, 3, 4, 5)에 따라 감면구분별로 적습니다.
2. ④ · ⑦ 공제세액란: 「법인세법」, 「조세특례제한법」 등에 따른 공제감면세액은 공제감면세액계산서(별지 제8호서식 부표 1, 2, 3, 4, 5)에 따라 계산된 공제세액 중 당기에 공제될 세액의 범위에서 「법인세법」 제59조제1항에 따른 공제순서에 따라 감면 구분별로 적습니다.
3. (150)란 중 ④ 감면세액란: 법인세 과세표준 및 세액조정계산서(별지 제3호서식)의 (123) 최저한세 적용제외 공제감면세액란에 옮겨 적습니다.
4. (242)란 중 ⑦ 공제세액란: 법인세 과세표준 및 세액조정계산서(별지 제3호서식)의 (121) 최저한세 적용대상 공제감면세액란에 옮겨 적습니다.
5. (245) 기술도입대가에 대한 조세면제란의 공제세액란: 기술도입대가를 지급하는 내국법인이 별지 제8호서식 부표 9 기술도입대가에 대한 조세면제명세서의 면제세액 합계액을 적습니다(국내사업장이 있고 해당 기술이 국내사업장에 실질적으로 관련되거나 귀속되는 경우에는 기술을 제공하는 외국법인이 (245) 기술도입대가에 대한 조세면제란의 감면세액란에 적습니다).
6. (140) 외국납부세액공제란: 외국납부세액과 (246) 간주 · 간접 외국납부세액공제액을 합하여 적고, 간주 · 간접 외국납부세액공제액은 (246)란에 별도로 적습니다.
7. 「조세특례제한법」 제10조의 연구 · 인력개발비세액공제 중 최저한세가 적용되는 공제세액은 (186), (187) 또는 (188)란에 적고, 최저한세 적용이 제외되는 공제세액은 (142), (143) 또는 (144)란에 각각 구분하여 적습니다.
8. (186), (187) 또는 (188)란 중 ⑤ 전기이월액란:「조세특례제한법」 제144조제1항에 따라 이월된 미공제 금액 중 해당 과세연도에 공제할 일반연구 · 인력개발비, 신성장 · 원천기술연구개발비 또는 국가전략기술연구개발비를 각각 구분하여 적습니다(구 공제감면코드: 132).
9. 법령의 개정에 따라 종전의 규정 또는 개정규정에 따라 공제감면 받는 경우에는 비어 있는 란 등에 해당 법령의 조문순서에 따라 별도로 적습니다.
10. ② 근거법조항 중 "구"는 「조세특례제한법」(2020.12.29. 법률 제17759호로 개정되기 전의 것)에 따른 조항을 의미합니다.

210mm×297mm[백상지 80g/㎡ 또는 중질지 80g/㎡]

사례 2 2023년 귀속 신고 시 작성

[별지 제3호 서식] (2023.3.20. 개정) (앞쪽)

사업연도	2023.01.01. ~ 2023.12.31.	법인세 과세표준 및 세액조정계산서	법인명	㈜나라
			사업자등록번호	203-81-63108

구분		항목	코드	금액
① 각 사업연도 소득계산		(101) 결산서상 당기순손익	01	289 000 000
	소득조정 금액	(102) 익금산입	02	
		(103) 손금산입	03	
		(104) 차가감소득금액 ((101)+(102)-(103))	04	289 000 000
		(105) 기부금한도초과액	05	
		(106) 기부금한도초과이월액 손금산입	54	
		(107) 각사업연도소득금액 ((104)+(105)-(106))	06	289 000 000
② 과세표준 계산		(108) 각사업연도소득금액 ((108)=(107))		289 000 000
		(109) 이월결손금	07	
		(110) 비과세소득	08	
		(111) 소득공제	09	
		(112) 과세표준 ((108)-(109)-(110)-(111))	10	289 000 000
		(159) 선박표준이익	55	
③ 산출세액 계산		(113) 과세표준 ((112)+(159))	56	289 000 000
		(114) 세율	11	19
		(115) 산출세액	12	34 910 000
		(116) 지점유보소득 (「법인세법」 제96조)	13	
		(117) 세율	14	
		(118) 산출세액	15	
		(119) 합계 ((115)+(118))	16	34 910 000
④ 납부할 세액 계산		(120) 산출세액 ((120)=(119))		34 910 000
		(121) 최저한세 적용대상 공제감면세액	17	14 680 000
		(122) 차감세액	18	20 230 000
		(123) 최저한세 적용제외 공제감면세액	19	
		(124) 가산세액	20	
		(125) 가감계 ((122)-(123)+(124))	21	
	기납부세액 / 기한내납부세액	(126) 중간예납세액	22	
	기납부세액 / 기한내납부세액	(127) 수시부과세액	23	
	기납부세액 / 기한내납부세액	(128) 원천납부세액	24	
	기납부세액 / 기한내납부세액	(129) 간접투자회사등의 외국납부세액	25	
	기납부세액 / 기한내납부세액	(130) 소계 ((126)+(127)+(128)+(129))	26	
	기납부세액	(131) 신고납부전가산세액	27	
	기납부세액	(132) 합계 ((130)+(131))	28	
		(133) 감면분추가납부세액	29	
		(134) 차감납부할세액 ((125)-(132)+(133))	30	20 230 000
⑤ 토지등양도소득에 대한 법인세 계산	양도차익	(135) 등기자산	31	
	양도차익	(136) 미등기자산	32	
		(137) 비과세소득	33	
		(138) 과세표준 ((135)+(136)-(137))	34	
		(139) 세율	35	
		(140) 산출세액	36	
		(141) 감면세액	37	
		(142) 차감세액 ((140)-(141))	38	
		(143) 공제세액	39	
		(144) 동업기업 법인세 배분액 (가산세 제외)	58	
		(145) 가산세액 (동업기업 배분액 포함)	40	
		(146) 가감계 ((142)-(143)+(144)+(145))	41	
	기납부세액	(147) 수시부과세액	42	
	기납부세액	(148) ( ) 세액	43	
	기납부세액	(149) 계 ((147)+(148))	44	
		(150) 차감납부할세액 ((146)-(149))	45	
⑥ 미환류소득법인세		(161) 과세대상미환류소득	59	
		(162) 세율	60	
		(163) 산출세액	61	
		(164) 가산세액	62	
		(165) 이자상당액	63	
		(166) 납부할세액 ((163)+(164)+(165))	64	
⑦ 세액계		(151) 차감납부할세액계 ((134)+(150)+(166))	46	20 230 000
		(152) 사실과 다른 회계처리 경정세액공제	57	
		(153) 분납세액계산범위액 ((151)-(124)-(133)-(145)-(152)+(131))	47	20 230 000
		(154) 분납할세액	48	10 115 000
		(155) 차감납부세액 ((151)-(152)-(154))	49	10 115 000

210mm×297mm[백상지 80g/㎡ 또는 중질지 80g/㎡]

사례 2 2023년 귀속 신고 시 작성

[별지 제13호 서식] (2024.3.22. 개정) (3쪽 중 제1쪽)

사 업 연 도	2023.01.01. ~ 2023.12.31.	농어촌특별세 과세대상 감면세액 합계표	법인명	㈜나라
			사업자등록번호	203-81-63108

1. 일반법인의 감면세액

① 구 분	② 감 면 내 용	③「조세특례제한법」근거 조항	코드	④ 감 면 세 액 (소득금액)	비 고
⑤ 비과세	⑩ 기업구조조정전문회사의 양도차익 비과세	법률 제9272호 부칙 제10조 · 제40조	604	( )	「법인세법 시행규칙」 별지 제6호서식의 ⑩란 해당 금액
	⑩ 중소기업창업투자회사 등의 소재 · 부품 · 장비전문기업 주식양도차익 등에 대한 비과세	제13조의4	62Q	( )	
	⑩		606		
⑥ 소득공제	⑩ 국민주택임대소득공제	제55조의2제4항	460	( )	「법인세법 시행규칙」 별지 제7호서식의 ⑧란 해당 금액
	⑩ 주택임대소득공제(연면적 149㎡ 이하)	제55조의2제5항	463	( )	
	⑩			( )	
	⑩		458		
⑦ 비과세 · 소득공제분 감면세액			6A1		(과세표준+소득금액)×세율-산출세액
⑧ 세액감면	⑩ 국제금융거래이자소득 면제	제21조	123		「법인세법 시행규칙」 별지 제8호서식(갑)의 ④란 해당 금액
	⑩ 해외자원개발배당 감면	제22조	103		
	⑪ 사업전환 중소기업에 대한 세액감면	구 제33조의2	192		
	⑪ 무역조정지원기업의 사업전환 세액감면	구 제33조의2	13A		
	⑪ 기업구조조정전문회사의 주식양도차익 감면	법률 제9272호 부칙 제10조 · 제40조	13B		
	⑪ 혁신도시 이전 공공기관 세액감면	제62조제4항	13F		
	⑪ 행정중심복합도시 등 공장이전 조세감면	제85조의2(19. 12. 31. 법률 제16835호로 개정되기 전의 것)	11A		
	⑪ 사회적 기업에 대한 감면	제85조의6	11L		
	⑪ 장애인 표준사업장에 대한 감면	제85조의6	11M		
	⑪ 소형주택 임대사업자에 대한 세액감면	제96조	13I		
	⑪ 상가건물 장기 임대사업자에 대한 감면	제96조의2	13N		
	⑪ 제주첨단과학기술단지입주기업 조세감면(최저한세적용제외)	제121조의8	181		
	⑫ 제주투자진흥지구 등 입주기업 조세감면(최저한세적용제외)	제121조의9	182		
	⑫ 기업도시개발구역 등 입주기업 감면(최저한세적용제외)	제121조의17제1항제1호 · 제3호 · 제5호	197		
	⑫ 기업도시개발사업 등 시행자 감면	제121조의17제1항제2호 · 제4호 · 제6호 · 제7호	198		
	⑫ 아시아문화중심도시 투자진흥지구 입주기업 감면(최저한세적용제외)	제121조의20제1항	11C		
	⑫ 금융중심지 창업기업에 대한 감면(최저한세적용제외)	제121조의21제1항	11G		
	⑫ 첨단의료복합단지 입주기업에 대한 감면(최저한세적용제외)	제121조의22	17A		
	⑫ 국가식품클러스터 입주기업에 대한 감면(최저한세적용제외)	제121조의22	17B		
	⑫ 첨단의료복합단지 입주기업에 대한 감면(최저한세적용대상)	제121조의22	13H		
	⑫ 국가식품클러스터 입주기업에 대한 감면(최저한세적용대상)	제121조의22	13V		
	⑫ 제주첨단과학기술단지입주기업 조세감면(최저한세적용대상)	제121조의8	13P		
	⑬ 제주투자진흥지구 등 입주기업 조세감면(최저한세적용대상)	제121조의9	13Q		
	⑬ 기업도시개발구역 등 입주기업 감면(최저한세적용대상)	제121조의17제1항제1호 · 제3호 · 제5호	13R		
	⑬ 금융중심지 창업기업에 대한 감면(최저한세적용대상)	제121조의21제1항	13U		
	⑬ 아시아문화중심도시 투자진흥지구 입주기업 감면(최저한세적용대상)	제121조의20제1항	13T		
	⑬ 기회발전특구 창업기업 등에 대한 법인세 등의 감면(최저한세적용제외)	제121조의33	1D1		
	⑬ 기회발전특구 창업기업 등에 대한 법인세 등의 감면(최저한세적용대상)	제121조의33	1C1		
	⑬		164		

210mm×297mm[백상지 80g/㎡ 또는 중질지 80g/㎡]

(3쪽 중 제2쪽)

① 구 분	② 감 면 내 용	③ 「조세특례제한법」 근거 조항	코드	④ 감 면 세 액 (소득금액)	비 고
⑨ 세 액 공 제	(137) 중소기업투자세액공제	구 제5조	131		
	(138) 상생결제 지급금액에 대한 세액공제	제7조의4	14Z		
	(139) 대중소기업 상생협력을 위한 기금출연 세액공제	제8조의3제1항	14M		
	(140) 협력중소기업에 대한 유형고정자산 무상임대 세액공제	제8조의3제2항	18D		
	(141) 수탁기업에 설치하는 시설에 대한 세액공제	제8조의3제3항	18L		
	(142) 교육기관에 무상 기증하는 중고자산에 대한 세액공제	제8조의3제4항	18R		
	(143) 기술혁신형 합병에 대한 세액공제	제12조의3	14T		
	(144) 기술혁신형 주식취득에 대한 세액공제	제12조의4	14U		
	(145) 벤처기업 등 출자에 대한 세액공제	제13조의2	18E		
	(146) 성과공유 중소기업 경영성과급 세액공제	제19조	18H		
	(147) 에너지절약시설투자 세액공제	구 제25조제1항제2호	177		
	(148) 환경보전시설투자 세액공제	구 제25조제1항제3호	14A		
	(149) 근로자복지증진시설투자 세액공제	구 제25조제1항제4호	142		
	(150) 안전시설투자 세액공제	구 제25조제1항제5호	136		
	(151) 생산성향상시설투자세액공제	구 제25조제1항제6호	135		
	(152) 의약품 품질관리시설투자 세액공제	구 제25조의4	14B		
	(153) 신성장기술 사업화를 위한 시설투자 세액공제	구 제25조의5	18B		
	(154) 영상콘텐츠 제작비용에 대한 세액공제(기본공제)	제25조의6	18C		
	(155) 영상콘텐츠 제작비용에 대한 세액공제(추가공제)	제25조의6	1B8		
	(156) 초연결 네크워크 시설투자에 대한 세액공제	구 제25조의7	18I		
	(157) 고용창출투자세액공제	제26조	14N		
	(158) 산업수요맞춤형고등학교등 졸업자 복직 중소기업 세액공제	제29조의2	14S		
	(159) 경력단절 여성 고용 기업 등에 대한 세액공제	제29조의3제1항	14X		
	(160) 육아휴직 후 고용유지 기업에 대한 인건비 세액공제	제29조의3제2항	18J		
	(161) 근로소득을 증대시킨 기업에 대한 세액공제	제29조의4	14Y		
	(162) 청년고용을 증대시킨 기업에 대한 세액공제	제29조의5	18A		
	(163) 고용을 증대시킨 기업에 대한 세액공제	제29조의7	18F		
	(164) 통합고용세액공제	**제29조의8**	**18S**	**14,680,000**	「법인세법 시행규칙」 별지 제8호서식(갑)의 ④·⑦란 세액공제 해당 금액
	(165) 통합고용세액공제(정규직 전환)	제29조의8	1B4		
	(166) 통합고용세액공제(육아휴직복귀)	제29조의8	1B5		
	(167) 제3자 물류비용 세액공제	제104조의14	14E		
	(168) 대학 맞춤형 교육비용 등 세액공제	구 제104조의18제1항	14I		
	(169) 대학등 기부설비에 대한 세액공제	구 제104조의18제2항	14K		
	(170) 산업수요맞춤형 고등학교 등 재학생에 대한 현장훈련수당 등 세액공제	구 제104조의18제4항	14R		
	(171) 기업의 경기부 설치운영비용 세액공제	제104조의22	14O		
	(172) 석유제품 전자상거래에 대한 세액공제	제104조의25	14P		
	(173) 금 현물시장에서 거래되는 금지금에 대한 과세특례	제126조의7제8항	14V		
	(174) 금사업자와 스크랩등사업자의 수입금액의 증가 등에 대한 세액공제	제122조의4	14W		
	(175) 우수 선화주 인증 국제물류주선업자 세액공제	제104조의30	18M		
	(176) 용역제공자에 관한 과세자료의 제출에 대한 세액공제	제104조의32	10C		
	(177) 소재·부품·장비 수요기업 공동출자 세액공제	제13조의3제1항	18N		
	(178) 소재·부품·장비 외국법인 인수세액 공제	제13조의3제3항	18P		
	(179) 상가임대료를 인하한 임대사업자에 대한 세액공제	제96조의3	10B		
	(180) 선결제 금액에 대한 세액공제	제99조의12	18Q		
	(181) 통합투자세액공제(일반)	제24조	13W		
	(182) 임시통합투자세액공제(일반)	제24조	1B1		
	(183) 통합투자세액공제(신성장·원천기술)	제24조	13X		
	(184) 임시통합투자세액공제(신성장·원천기술)	제24조	1B2		
	(185) 통합투자세액공제(국가전략기술)	제24조	13Y		
	(186) 임시통합투자세액공제(국가전략기술)	제24조	1B3		
	(187) 해외자원개발투자에 대한 과세특례	제104조의15	1B6		
	(188) 문화산업전문회사 출자에 대한 세액공제	제25조의7	1B7		
	(189)		165		
	⑩ 감 면 세 액 합 계			**14,680,000**	

2. 조합법인 등의 감면세액

① 법인세 과세표준	② 「조세특례제한법」 제72조 세율	③ 산출세액 (①×②)	④ 과세표준 구 분	④ 과세표준 금 액	⑤ 「법인세법」 제55조의 세율	⑥ 산출세액	⑦ 감면세액 (⑥-③)
			2억원 이하 200억원 이하 3천억원 이하 3천억원 초과				
합 계			합 계				

210mm×297mm[백상지 80g/㎡ 또는 중질지 80g/㎡]

(3쪽 중 제3쪽)

3. 조합법인에 대한 공제세액

⑧ 공제내용	코드	⑨ 공제세액	비　고
청년고용을 증대시킨 기업에 대한 세액공제	18A		「법인세법 시행규칙」 별지 제8호서식(갑)의 ⑦란 공제세액 해당 금액
고용을 증대시킨 기업에 대한 세액공제	18F		「법인세법 시행규칙」 별지 제8호서식(갑)의 ⑦란 공제세액 해당 금액
기업의 경기부 설치운영비용 세액공제	14O		「법인세법 시행규칙」 별지 제8호서식(갑)의 ⑦란 공제세액 해당 금액
상가임대료를 인하한 임대사업자에 대한 세액공제	10B		「법인세법 시행규칙」 별지 제8호서식(갑)의 ④란 감면(공제)세액 해당 금액
선결제금액에 대한 세액공제	18Q		「법인세법 시행규칙」 별지 제8호서식(갑)의 ⑦란 공제세액 해당 금액
통합고용세액공제	18S		「조세특례제한법 시행규칙」 별지 제10호의9서식의 ④란 공제세액 해당 금액
합　계			

작 성 방 법

1. 일반법인의 감면세액 계산
   가. ⑦란 중 ④ 감면세액(소득금액)란의 금액은 각 사업연도 소득에 대한 법인세 과세표준[법인세 과세표준 및 세액조정계산서(별지 제3호서식)의 ⑬란의 금액을 말합니다]에 ⑤란의 비과세 소득금액과 ⑥란의 소득공제금액을 합산한 조정과세표준에 대한 산출세액에서 법인세 과세표준 및 세액조정계산서(별지 제3호서식)의 ⑮란의 산출세액의 금액을 빼서 적습니다.
   나. 그 밖에 ⑤ 비과세, ⑥ 소득공제, ⑧ 세액감면, ⑨ 세액공제의 빈 란에는 「조세특례제한법」의 개정으로 추가하여 감면세액이 발생되거나 개정 전 규정의 부칙에 따라 적용되는 감면세액이 농어촌특별세 과세대상에 해당하는 경우에 해당 감면세액을 각각 적습니다.
2. 조합법인 등의 감면세액 계산: ⑤ 「법인세법」 제55조의 세율은 다음과 같이 적용합니다.
   가. 2012년 1월 1일 이후 개시하는 사업연도

과세표준	세　율
2억원 이하	과세표준의 100분의 10
2억원 초과　200억원 이하	2천만원 + (2억원 초과 200억원 이하 금액의 100분의 20)
200억원 초과	39억 8천만원 + (200억원을 초과하는 금액의 100분의 22)

   나. 2018년 1월 1일 이후 개시하는 사업연도

과세표준	세　율
2억원 이하	과세표준의 100분의 10
2억원 초과　200억원 이하	2천만원 + (2억원 초과 200억원 이하 금액의 100분의 20)
200억원 초과 3천억원 이하	39억8천만원 + (200억원을 초과하는 금액의 100분의 22)
3천억원 초과	655억8천만원 + (3천억원을 초과하는 금액의 100분의 25)

   다. 2023년 1월 1일 이후 개시하는 사업연도

과세표준	세　율
2억원 이하	과세표준의 100분의 9
2억원 초과　200억원 이하	1천8백만원 + (2억원 초과 200억원 이하 금액의 100분의 19)
200억원 초과 3천억원 이하	37억8천만원 + (200억원을 초과하는 금액의 100분의 21)
3천억원 초과	625억8천만원 + (3천억원을 초과하는 금액의 100분의 24)

3. 조합법인 등의 공제세액 계산: 「조세특례제한법」의 개정으로 조합법인 등에 추가로 공제되는 공제세액이 농어촌특별세 과세대상에 해당하는 공제세액을 적습니다.

※ 근거법조항 중 "구"는 「조세특례제한법」(2020.12.29. 법률 제17759호로 개정되기 전의 것)에 따른 조항을 의미합니다.

210mm×297mm[백상지 80g/㎡ 또는 중질지 80g/㎡]

사례 2 2023년 귀속 신고 시 작성

[별지 제12호 서식] (2017.3.10. 개정) (앞 쪽)

사 업 연 도	2023.01.01. ~ 2023.12.31.	농어촌특별세과세표준 및 세액조정계산서	법인명	㈜나라
			사업자등록번호	203-81-63108

농어촌특별세 과세표준 및 세액 조정내역

① 법 인 유 형	②과 세 표 준		세 율	③ 세 액
	구 분	금 액		
④ 일 반 법 인	⑤법 인 세 감 면 세 액	14,680,000	20%	2,936,000
	⑥			
	⑦			
	⑧ 소 계	14,680,000		2,936,000
⑨조 합 법 인 등	⑩법 인 세 공제 · 감 면 세 액		20%	
	⑫ 소 계			

작 성 방 법

1. ②란 중 ⑤법인세감면세액란에는 농어촌특별세과세대상감면세액합계표[별지 제13호서식]상의 ⑩감면세액합계란의 금액을 옮겨 적습니다.
2. ②란 중 ⑩법인세공제 · 감면세액란에는 농어촌특별세과세대상감면세액합계표[별지 제13호서식] 2. 조합법인 등 감면세액중 ⑦감면세액란의 합계금액과 3. 조합법인 등 공제세액중 ⑨ 공제세액란 합계금액을 더하여 기입합니다.

210mm×297mm[백상지 80g/㎡ 또는 중질지 80g/㎡]

사례 2 2023년 귀속 신고 시 작성

[별지 제2호 서식] (2024.3.22. 개정) (앞쪽)

농어촌특별세 과세표준 및 세액신고서

※ 뒤쪽의 신고안내 및 작성방법을 읽고 작성하여 주시기 바랍니다.

1. 신고인 인적사항

① 소 재 지	경기도 고양시 일산서구 대화로37번길 102-30(법곳동)				
② 법 인 명	㈜나라		③대표자성명	김 유 민	
④사업자등록번호	203-81-63108	⑤사 업 연 도	2023.01.01. ~2023.12.31.	⑥전 화 번 호	031-2231-7027

2. 농어촌특별세 과세표준 및 세액 조정내역

⑦과 세 표 준		14,680,000
⑧산 출 세 액		2,936,000
(미납세액, 미납일수, 세율) ⑨가 산 세 액	(, , 2.2/10,000)	
⑩총 부 담 세 액		2,936,000
⑪기 납 부 세 액		
⑫환 급 예 정 세 액		
⑬차 감 납 부 할 세 액		2,936,000
⑭분 납 할 세 액		
⑮차 감 납 부 세 액		2,936,000
⑯충 당 후 납 부 세 액		2,936,000
⑰국 세 환 급 금 충 당 신 청	환 급 법 인 세	
	충당할 농어촌특별세	

신고인은 「농어촌특별세법」 제7조에 따라 위의 내용을 신고하며, 위 내용을 충분히 검토하였고 **신고인이 알고 있는 사실 그대로를 정확하게 적었음을 확인합니다.**

2024년 3월 31일

신고인(대표자) 김 유 민 (서명 또는 인)

세무대리인은 조세전문자격자로서 위 신고서를 성실하고 공정하게 작성하였음을 확인합니다.

세무대리인 (서명 또는 인)

고양 세무서장 귀하

210mm×297mm[백상지 80g/㎡ 또는 중질지 80g/㎡]

사례 2 2024년 귀속 신고 시 작성

[별지 제10호의9 서식] (2024.3.22. 개정) (3쪽 중 제1쪽)

통합고용세액공제 공제세액계산서

① 신청인	① 상호 또는 법인명 : ㈜나라	② 사업자등록번호 : 203-81-63108
	③ 대표자 성명 : 김 유 민	④ 생년월일 : 1973년 04월 12일
	⑤ 주소 또는 본점소재지 : 경기도 고양시 일산서구 대화로37번길 102-30(법곳동) (전화번호 : 031-2231-7027)	

② 과세연도	2024년 1월 1일부터 2024년 12월 31일까지

③ 상시근로자 현황 (작성방법 2,3번을 참고하시기 바랍니다.)

구 분	직전전 과세연도	직전 과세연도	해당 과세연도
⑥ 상 시 근 로 자 수 (⑦+⑧)	21.00	26.00	24.00
⑦ 청년등상시근로자 수	9.00	12.00	9.00
⑧ 청년등상시근로자를 제외한 상시근로자 수	12.00	14.00	15.00
⑨ 정규직 전환 근로자 수	-		
⑩ 육아휴직 복귀자 수			

④ 기본공제 공제세액 계산내용

가. 1차년도 세제지원 요건 : ⑬ > 0

1. 상시근로자 증가 인원

⑪ 해당 과세연도 상시근로자 수	⑫ 직전 과세연도 상시근로자 수	⑬ 상시근로자 증가 인원 수 (⑪-⑫)
24.00	26.00	-2.00

2. 청년등상시근로자 증가 인원

⑭ 해당 과세연도 청년등상시근로자 수	⑮ 직전 과세연도 청년등상시근로자 수	⑯ 청년등상시근로자 증가 인원 수 (⑭-⑮)
9.00	12.00	-3.00

3. 청년등상시근로자를 제외한 상시근로자 증가 인원

⑰ 해당 과세연도 청년등상시근로자를 제외한 상시근로자 수	⑱ 직전 과세연도 청년등상시근로자를 제외한 상시근로자 수	⑲ 청년등상시근로자를 제외한 상시근로자 증가 인원 수(⑰-⑱)
15.00	14.00	1.00

(3쪽 중 제2쪽)

4. 1차년도 세액공제액 계산

구분	구분		직전 과세연도 대비 상시근로자 증가 인원 수 (⑬상시근로자 증가 인원 수를 한도로 함)	1인당 공제금액	⑳ 1차년도 세액공제액
중소기업	수도권 내	청년등		1천4백5십만원	
		청년등 외		8백5십만원	
	수도권 밖	청년등		1천5백5십만원	
		청년등 외		9백5십만원	
	계				
중견기업	청년등			8백만원	
	청년등 외			4백5십만원	
	계				
일반기업	청년등			4백만원	
	청년등 외				
	계				

나. 2차년도 세제지원 요건 : ㉓ ≥ 0

1. 상시근로자 증가 인원

㉑ 2차년도(해당 과세연도) 상시근로자 수	㉒ 1차년도(직전 과세연도) 상시근로자 수	㉓ 상시근로자 증가 인원 수(㉑–㉒)
24.00	26.00	-2.00

2. 2차년도 세액공제액 계산(상시근로자 감소여부)

1차년도 (직전 과세연도) 대비 상시근로자 감소여부	1차년도 (직전 과세연도) 대비 청년등상시근로자 수 감소여부	㉔ 1차년도 (직전 과세연도) 청년등상시근로자 증가 세액공제액	㉕ 1차년도 (직전 과세연도) 청년등 외 상시근로자 증가 세액공제액	㉖ 2차년도 세액공제액
부	부			
	여			
여				

다. 3차년도 세제지원 요건(중소 · 중견기업만 해당) : ㉙ ≥ 0

1. 상시근로자 증가 인원

㉗ 3차년도(해당 과세연도) 상시근로자 수	㉘ 1차년도(직전전 과세연도) 상시근로자 수	㉙ 상시근로자 증가 인원(㉗–㉘)

2. 3차년도 세액공제액 계산(상시근로자 감소여부)

1차년도 (직전전 과세연도) 대비 상시근로자 감소여부	1차년도 (직전전 과세연도) 대비 청년등상시근로자 수 감소여부	㉚ 1차년도 (직전전 과세연도) 청년등 상시근로자 증가 세액공제액	㉛ 1차년도 (전전 과세연도) 청년등 외 상시근로자 증가 세액공제액	㉜ 3차년도 세액공제액
부	부			
	여			
여				

(3쪽 중 제3쪽)

❺ 추가공제 공제세액 계산내용

가. 세제지원 요건 : ㉟ ≥ 0

㉝ 해당 과세연도 상시근로자 수	㉞ 직전 과세연도 상시근로자 수	㉟ 상시근로자 증가 인원 수 (㉝-㉞)

나. 세액공제액 계산

구분	구분	인원 수	1인당 공제금액	㊱ 추가공제 세액공제액
중소기업	정규직 전환자		1천3백만원	
	육아휴직 복귀자			
	계			
중견기업	정규직 전환자		9백만원	
	육아휴직 복귀자			
	계			
⑥ 세액공제액 : ⑳ 1차년도 세액공제액 + ㉖ 2차년도 세액공제액 + ㉜ 3차년도 세액공제액 + ㊱ 추가공제 세액공제액				

「조세특례제한법 시행령」 제26조의8제11항에 따라 위와 같이 공제세액계산서를 제출합니다.

2025년 3월 31일

신청인 ㈜나라 김 유 민 (서명 또는 인)

고양 세무서장 귀하

작 성 방 법

1. 근로자 수는 다음과 같이 계산하되, 100분의 1 미만의 부분은 없는 것으로 합니다.
 가. 상시근로자 수: 매월 말 현재 상시근로자 수의 합 / 과세연도의 개월 수
 나. 청년등상시근로자 수: 매월 말 현재 청년등상시근로자 수의 합 / 과세연도의 개월 수
 다. 청년등상시근로자 외 상시근로자 수: 매월 말 현재 청년등상시근로자 외 상시근로자 수의 합 / 과세연도의 개월 수
2. ⑥란의 상시근로자란 「근로기준법」에 따라 근로계약을 체결한 내국인 근로자로서 다음의 어느 하나에 해당하는 사람을 제외한 근로자를 말합니다.
 가. 근로계약기간이 1년 미만인 근로자. 다만, 근로계약의 연속된 갱신으로 인하여 그 근로계약의 총 기간이 1년 이상인 근로자는 상시근로자로 봅니다.
 나. 「근로기준법」 제2조제1항제9호에 따른 단시간근로자. 다만, 1개월간의 소정근로시간이 60시간 이상인 근로자는 상시근로자로 봅니다.
 다. 「법인세법 시행령」 제40조제1항 각 호의 어느 하나에 해당하는 임원
 라. 해당 기업의 최대주주 또는 최대출자자(개인사업자의 경우에는 대표자를 말합니다)와 그 배우자
 마. 라목에 해당하는 자의 직계존비속(그 배우자를 포함합니다) 및 「국세기본법 시행령」 제1조의2제1항에 따른 친족관계인 사람
 바. 「소득세법 시행령」 제196조에 따른 근로소득원천징수부에 의하여 근로소득세를 원천징수한 사실이 확인되지 않고, 「국민연금법」 제3조제1항제11호 및 제12호에 따른 부담금 및 기여금 또는 「국민건강보험법」 제69조에 따른 직장가입자의 보험료에 해당하는 금액의 납부사실도 확인되지 않는 자
3. ⑦란 등의 청년등상시근로자란 상시근로자 중 15세 이상 34세 이하인 사람으로서 다음 각 목의 어느 하나에 해당하는 사람을 제외한 사람(해당 근로자가 병역을 이행한 경우에는 6년을 한도로 병역을 이행한 기간을 현재 연령에서 빼고 계산한 연령이 34세 이하인 사람을 포함)과 「장애인복지법」의 적용을 받는 장애인, 「국가유공자 등 예우 및 지원에 관한 법률」에 따른 상이자, 「5·18민주유공자예우 및 단체설립에 관한 법률」 제4조제2호에 따른 5·18민주화운동부상자와 「고엽제후유의증 등 환자지원 및 단체설립에 관한 법률」 제2조제3호에 따른 고엽제후유의증환자로서 장애등급 판정을 받은 사람, 근로계약 체결일 현재 연령이 60세 이상인 사람, 「조세특례제한법」 제29조의3제1항에 따른 경력단절 여성을 말합니다.
 가. 「기간제 및 단시간근로자 보호 등에 관한 법률」에 따른 기간제근로자 및 단시간근로자
 나. 「파견근로자보호 등에 관한 법률」에 따른 파견근로자
 다. 「청소년 보호법」 제2조제5호 각 목에 따른 업소에 근무하는 같은 조 제1호에 따른 청소년
4. 청년등 외 상시근로자란 상시근로자 중 청년등상시근로자가 아닌 상시근로자를 말합니다.
5. ⑳, ㉖, ㉜ 계산 시 각 공제금액(청년/청년 외)은 전체 상시근로자 수 증가분을 한도로 합니다.
6. ㉝, ㉞란의 상시근로자 수는 「근로기준법」 제74조에 따른 출산전후휴가를 사용 중인 상시근로자를 대체하는 상시근로자가 있는 경우 해당 출산전후휴가를 사용 중인 상시근로자를 제외하고 계산한 상시근로자 수를 말합니다.
7. 해당 과세연도의 상시근로자 수가 전년 대비 증가하여 「조세특례제한법」 제29조의8의 통합고용세액공제 1차년도 공제를 신청할 경우 「조세특례제한법」 제29조의7의 고용 증대 기업에 대한 세액공제 1차년도 공제를 중복하여 신청할 수 없습니다.

210mm×297mm[백상지 80g/㎡]

사례 2 2024년 귀속 신고 시 작성

[별지 제4호 서식] (2019.3.20. 개정) (앞쪽)

사업연도	2024.01.01. ~ 2024.12.31.	최저한세조정계산서	법인명	㈜나라
			사업자등록번호	203-81-63108

1. 최저한세 조정 계산 명세

① 구분		코드	② 감면 후 세액	③ 최저한세	④ 조정감	⑤ 조정 후 세액
⑩ 결산서상 당기순이익		01	325,000,000			
소득조정금액	⑩ 익금산입	02				
	⑩ 손금산입	03				
⑭ 조정 후 소득금액(⑩ + ⑫ - ⑬)		04	325,000,000	325,000,000		
최저한세 적용대상 특별비용	⑮ 준비금	05				
	⑯ 특별상각 및 특례자산 감가상각비	06				
⑰ 특별비용 손금산입 전 소득금액 (⑭ + ⑮ + ⑯)		07	325,000,000	325,000,000		
⑱ 기부금 한도 초과액		08				
⑲ 기부금 한도초과 이월액 손금산입		09				
⑪ 각 사업연도 소득금액 (⑰ + ⑱ - ⑲)		10	325,000,000	325,000,000		
⑪ 이월결손금		11				
⑫ 비과세소득		12				
⑬ 최저한세 적용대상 비과세소득		13				
⑭ 최저한세 적용대상 익금불산입·손금산입		14				
⑮ 차가감소득금액 (⑩ - ⑪ - ⑫ + ⑬ + ⑭)		15	325,000,000	325,000,000		
⑯ 소득공제		16				
⑰ 최저한세 적용대상 소득공제		17				
⑱ 과세표준금액 (⑮ - ⑯ + ⑰)		18	325,000,000	325,000,000		
⑲ 선박표준이익		24				
⑳ 과세표준금액(⑱ + ⑲)		25	325,000,000	325,000,000		
㉑ 세율		19	19	7		
㉒ 산출세액		20	41,750,000	22,750,000		
㉓ 감면세액		21				
㉔ 세액공제		22	10,820,000			
㉕ 차감세액(㉒ - ㉓ - ㉔)		23	30,930,000			

2. 최저한세 세율 적용을 위한 구분 항목

㉖ 중소기업 유예기간 종료연월		㉗ 유예기간 종료 후 연차			

210mm×297mm[백상지 80g/㎡ 또는 중질지 80g/㎡]

사례 2 2024년 귀속 신고 시 작성

[별지 제8호 서식 부표 3] (2024.3.22. 개정) (앞쪽)

사 업 연 도	2024.01.01. ~ 2024.12.31.	세액공제조정명세서(3)	법인명	㈜나라
			사업자등록번호	203-81-63108

1. 공제세액계산(「조세특례제한법」)

	⑩ 구 분	근거법 조항	⑫ 계 산 기 준	코드	⑬ 계산명세	⑭ 공제대상 세액
조세특례제한법	중소기업 등 투자세액공제	구 제5조	투자금액 × 1(2,3,5,10)/100	131		
	상생결제 지급금액에 대한 세액공제	제7조의4	지급기한 15일 이내 : 지급 금액의 0.5% 지급기한 15일 ~ 30일 : 지급 금액의 0.3% 지급기한 30일 ~ 60일 : 지급 금액의 0.015%	14Z		
	대·중소기업 상생협력을 위한 기금출연 세액공제	제8조의3제1항	출연금 × 10/100	14M		
	협력중소기업에 대한 유형고정자산 무상임대 세액공제	제8조의3제2항	장부가액 × 3/100	18D		
	수탁기업에 설치하는 시설에 대한 세액공제	제8조의3제3항	투자금액 × 1(3,7)/100	18L		
	교육기관에 무상 기증하는 중고자산에 대한 세액공제	제8조의3제4항	기증자산 시가 × 10/100	18R		
	신성장·원천기술 연구개발비세액공제(최저한세 적용제외)	제10조제1항제1호	(일반 연구·인력개발비) '14.1.1.~'14.12.31.: 발생액 × 3~4(8,10,15,20,25,30)/100 또는 2년간 연평균 발생액의 초과액 × 40(50)/100 '15.1.1. 이후: 발생액 × 2~3(8,10,15,20,25,30)/100 또는 직전 발생액의 초과액 × 40(50)/100 '17.1.1. 이후: 발생액 × 1~3(8,10,15,20,25,30)/100 또는 직전 발생액의 초과액 × 30(40,50)/100 '18. 1. 1. 이후: 발생액 × 0~2(8,10,15,20,25,30)/100 또는 직전 발생액의 초과액 × 25(40,50)/100 (신성장·원천기술 연구개발비) '17. 1. 1. 이후: 발생액 × 20(30)/100 (국가전략기술 연구개발비) '21. 7. 1. 이후: 발생액 ×30(40)/100	16A		
	국가전략기술 연구개발비세액공제(최저한세 적용제외)	제10조제1항제2호		10D		
	일반 연구·인력개발비세액공제(최저한세 적용제외)	제10조제1항제3호		16B		
	신성장·원천기술 연구개발비세액공제(최저한세 적용대상)	제10조제1항제1호		13L		
	국가전략기술 연구개발비세액공제(최저한세 적용대상)	제10조제1항제2호		10E		
	일반 연구·인력개발비세액공제(최저한세 적용대상)	제10조제1항제3호		13M		
	기술취득에 대한 세액공제	제12조제2항	특허권 등 취득금액 × 5(10)/100 *법인세의 10% 한도	176		
	기술혁신형 합병에 대한 세액공제	제12조의3	기술가치금액 × 10/100	14T		
	기술혁신형 주식취득에 대한 세액공제	제12조의4	기술가치금액 × 10/100	14U		
	벤처기업등 출자에 대한 세액공제	제13조의2	주식등 취득가액 × 5/100	18E		
	성과공유 중소기업 경영성과급 세액공제	제19조	'22.1.1. 이전 지급분 : 근로자에 지급하는 경영성과급 × 10/100 '22.1.1. 이후 지급분 : 근로자에 지급하는 경영성과급× 15/100	18H		
	연구·인력개발설비투자세액공제	구 제25조제1항제1호	'14.1.1.~'15.12.31. 투자분 : 투자금액 × 3(5,10)/100 '16.1.1. 이후 투자분 : 투자금액 × 1(3,6)/100 '19.1.1. 이후 투자분 : 투자금액 × 1(3,7)/100	134		
	에너지절약시설투자세액공제	구 제25조제1항제2호	'14.1.1.~'15.12.31. 투자분 : 투자금액 × 3(5,10)/100 ('16.1.1. 현재 투자진행 중인 경우 '16.12.31.까지 종전율 적용) '16.1.1. 이후 투자개시분 : 투자금액 × 1(3,10)/100 '19.1.1. 이후 투자분 : 투자금액 × 1(3,7)/100	177		
	환경보전시설 투자세액공제	구 제25조제1항제3호	투자금액 × 3(5,10)/100 '19.1.1. 이후 투자분 : 투자금액 × 3(5,10)/100	14A		
	근로자복지증진시설투자세액공제	구 제25조제1항제4호	투자금액 × 7(10)/100 '19.1.1. 이후 취득분 : 취득금액 × 3(5,10)/100	142		
	안전시설투자세액공제	구 제25조제1항제5호	'13.1.1.~'14.12.31. 투자분 : 투자금액 × 3(7)/100 '15.1.1. 이후 투자분 : 투자금액 × 1(3,7)/100 '19.1.1. 이후 투자분 : 투자금액 × 1(5,10)/100	136		
	생산성향상시설투자세액공제	구 제25조제1항제6호	'13.1.1.~'14.12.31. 투자분 : 투자금액 × 3(7)/100 '15.1.1. 이후 투자분 : 투자금액 × 1(3,7)/100 '20.1.1.~'20.12.31. 투자분 : 투자금액 × 2(5,10))/100 '21.1.1.~'21.12.31. 투자분 : 투자금액 × 1(5,10))/100 '21.1.1.~이후. 투자분 : 투자금액 × 1(3,7))/100	135		
	의약품 품질관리시설투자세액공제	구 제25조의4	'14.1.1.~'16.12.31. 투자분 : 투자금액 × 3(5,7)/100 '17.1.1. 이후 투자분 : 투자금액 × 1(3,6)/100	14B		
	신성장기술 사업화를 위한 시설투자 세액공제	구 제25조의5	투자금액 × 5(7,10)/100	18B		
	영상콘텐츠 제작비용에 대한 세액공제	제25조의6	제작비용 × 3(7,10)/100	18C		
	초연결 네트워크 시설투자에 대한 세액공제	구 제25조의7	투자금액 × 2(3)/100	18I		
	고용창출투자세액공제	제26조	'12.1.1.~12.31.:투자금액 × {기본공제(3~4%)+추가공제(2~3%)} '13.1.1.~12.31.:투자금액 × {기본공제(2~4%)+추가공제(3%)} '14.1.1. 이후: 투자금액 × {기본공제(1~4%)+추가공제(3%)} (한도 : 상시근로자 증가분 × 1,000만원, 1,500만원, 2,000만원) '15.1.1. 이후: 투자금액 × {기본공제(0~3%)+추가공제(3~7%)} '17.1.1. 이후: (한도 : 상시근로자 증가분 × 1,000(1,500)만원, 1,500(2,000)만원, 2,000(2,500)만원)	14N		
	산업수요맞춤형고등학교등 졸업자를 병역이행 후 복직시킨 중소기업에 대한 세액공제	제29조의2	복직자에게 지급한 인건비 × 중소30(중견15)/100	14S		
	경력단절 여성 고용 기업 등에 대한 세액공제	제29조의3제1항	경력단절 여성 재고용 인건비 × 중소30(중견15)/100	14X		
	육아휴직 후 고용유지 기업에 대한 인건비 세액공제	제29조의3제2항	육아휴직 복귀자 인건비 × 중소30(중견15)/100	18J		
	근로소득을 증대시킨 기업에 대한 세액공제	제29조의4	평균 초과 임금증가분 × 5(중견10, 중소20)/100 정규직 전환 근로자의 임금 증가분 × 5(10,20)/100	14Y		
	청년고용을 증대시킨 기업에 대한 세액공제	제29조의5	청년정규직근로자 증가인원수 × 3백만원(7백만원, 1천만원)	18A		
	고용을 증대시킨 기업에 대한 세액공제	제29조의7	직전연도 대비 상시근로자 증가수 × 4백만원(1천2백만원) '21.12.31~'22.12.31 : 직전연도 대비 상시근로자 증가수 × 5백만원(1천3백만원)	18F		
	통합고용세액공제	제29조의8	직전연도 대비 상시근로자 증가수 × 4백만원(1천4백5십만원)	18S		
	정규직 근로자 전환 세액공제	제30조의2	전환인원수 × 중소1천만원(중견7백만원)	14H		
	고용유지중소기업에 대한 세액공제	제30조의3	연간 임금감소 총액× 10/100 + 시간당 임금상승에 따른 보전액 × 15/100	18K		
	중소기업 고용증가 인원에 대한 사회보험료 세액공제	제30조의4제1항	청년(만15~29세)근로자 등 순증인원의 사회보험료(증가분의 100%) 청년 및 경력단절 여성 외 근로자 순증인원의 사회보험료(증가분의 50%,75%)	14Q		

(뒤쪽)

(101) 구 분	근거법 조 항	(102) 계 산 기 준	코드	(103) 계산 명세	(104) 공제대상 세 액
중소기업 사회보험 신규가입에 대한 사회보험료 세액공제	제30조의4제3항	'20.12.31.까지 사회보험 신규가입에 따 른 사용자 부담액× 50%	18G		
전자신고에 대한 세액공제(법인)	제104조의8제1항	법인세 전자신고시 2만원	184		
전자신고에 대한 세액공제(세무법인 등)	제104조의8제3항	법인 · 소득세 전자신고 대리건수 × 2만원 *한도: 연300만원(세무 · 회계법인 연750만원) 한도액계산시 부가가치세 대리신고에 따른 세액공제액 포함	14J		
제3자 물류비용 세액공제	제104조의14	(전년대비 위탁물류비용 증가액)×3/100(중소기업은 5/100) * 직전 위탁물류비 30% 미만 : (당기 위탁물류비 – 당기 전체물류비 × 30%) ×3/100(중소기업은 5/100) * 법인세 10% 한도	14E		
대학 맞춤형 교육비용 세액공제	구 제104조의18제1항	법 제10조 연구 · 인력개발비세액공제 준용 *수도권 소재대학의 발생액은 50%만 인정	14I		
대학등 기부설비에 대한 세액공제	구 제104조의18제2항	법 제11조 연구 · 인력개발설비투자세액공제 준용 *수도권 소재대학의 기부금액은 50%만 인정	14K		
기업의 운동경비부 설치운영 세액공제	제104조의22	설치운영비용 × 10(20)/100	14O		
산업수요맞춤형 고등학교 등 재학생에 대한 현장훈련수당 등 세액공제	구 제104조의18제4항	일반 연구 · 인력개발비 세액공제 준용	14R		
석유제품 전자상거래에 대한 세액공제	제104조의25	'13.1.1.~12.31.: 공급가액의 0.5%(산출세액의 10% 한도) '14.1.1.~'16.12.31.: 공급가액의 0.3%(산출세액의 10% 한도) '17.1.1.~'19.12.31.:공급자는 공급가액의0.1%,수요자0.2%,(산출세액의 10% 한도) '20.1.1.~'22.12.31.:수요자만 공급가액의 0.2%(산출세액의 10% 한도)	14P		
금 현물시장에서 거래되는 금지금에 대한 과세특례	제126조의7제8항	산출세액×[(금 현물시장 이용금액 – 직전 과세연도의 금 현물시장 이용금액)/매출액] 또는 산출세액×[(금 현물시장 이용금액×5/100)/매출액]	14V		
금사업자와 스크랩등 사업자의 수입금액증가등 세액공제	제122조의4	산출세액×[(매입자납부익금및손금합계금액 – 직전 과세연도의 매입자납부익금및손금합계금액)×50/100]/익금및손금합계금액 또는 산출세액×[(매입자납부익금및손금합계금액×5/100]/익금및손금합계금액 *한도: 해당 과세연도 산출세액–직전 과세연도 산출세액	14W		
성실신고 확인비용에 대한 세액공제	제126조의6	확인비용 × 60/100 (150만원 한도)	10A		
우수 선화주 인증받은 국제물류주선업자에 대한 세액공제	제104조의30	운송비용의 1% + 직전과세연도 대비 증가분의 3%(산출세액의 10%한도)	18M		
용역제공자에 관한 과세자료의 제출에 대한 세액공제	제104조의32	과세자료에 기재된 용역제공자 인원수×300원(200만원 한도)	10C		
소재 · 부품 · 장비 수요기업 공동출자세액공제	제13조의3제1항	주식 또는 출자지분 취득가액 5%	18N		
소재 · 부품 · 장비 외국법인 인수세액 공제	제13조의3제3항	주식 또는 출자지분 취득가액 5% (중견7%, 중소10%)	18P		
상가임대료를 인하한 임대사업자에 대한 세액공제	제96조의3	임대료 인하액의 70%	10B		
선결제 금액에 대한 세액공제	제99조의12	선결제금액 × 1%	18Q		
통합투자세액공제(일반)	제24조	기본공제 : 투자금액 × 1(중견5, 중소10)/100, 신성장 · 원천기술 투자금액 × 3(중견6,중소12)/100 국가전략기술 투자금액 × 8(중견8,중소16)/100 추가공제 : 직전 3년 연평균 투자금액 초과액 × 3/100(국가전략기술 4/100)(기본공제 200% 한도)	13W		
통합투자세액공제(신성장 · 원천기술)	제24조		13X		
통합투자세액공제(국가전략기술)	제24조		13Y		
합		계	1A1		

2. 당기공제세액 및 이월액계산

(105) 구분	(106) 사업연도	요공제세액 (107) 당기분	요공제세액 (108) 이월분	당기 공제대상세액 (109) 당기분	(110)1차 연도 / (115)6차 연도	(111)2차 연도 / (116)7차 연도	(112)3차 연도 / (117)8차 연도	(113)4차 연도 / (118)9차 연도	(114)5차 연도 / (119)10차 연도	(120)계	(121)최저한세 적용에 따른 미공제액	(122) 그 밖의 사유로 인한 미공제액	(123) 공제세액 ((120)-(121)-(122))	(124) 소멸	(125) 이월액 ((107)+(108)-(123)-(124))
통합고용 세액공제	2023.12		45,820,000		45,820,000					45,820,000		35,000,000	10,820,000	35,000,000	
	소계		45,820,000		45,820,000					45,820,000		35,000,000	10,820,000	35,000,000	
	소계														
합 계			45,820,000		45,820,000					45,820,000	※	35,000,000	10,820,000	35,000,000	

작성방법

1. (105) 구분란에는 1. 공제세액계산(「조세특례제한법」)의 코드를 적습니다.
2. (106) 사업연도란에는 이월된 공제대상세액이 발생한 사업연도와 종료월을 적습니다.
3. (107) 당기분란에는 (104) 공제대상세액을 적습니다.
4. (108) 이월분란에는 (101) 구분별, 사업연도별로 전기의 (125) 이월액을 적습니다.
5. (109) 당기분란에는 당기분 세액을 적고, (110)란~(119)란의 해당 연도란에는 (108) 이월분 세액을 각각 적습니다.
6. (121)최저한세 적용에 따른 미공제액란의 합계(※표란)에는 "최저한세조정계산서(별지 제4호서식)"의 ④란 중 (124) 세액공제란의 금액을 옮겨 적고, 「조세특례제한법」 제144조제2항에 규정된 순서에 따라 (121)란의 최저한세 적용에 따른 미공제액의 각 란에 조정하여 적습니다.
7. 근거법조항 중 "구"는 「조세특례제한법」(2020.12.29. 법률 제17759호로 개정되기 전의 것)에 따른 조항을 의미합니다.

사례 2 2024년 귀속 신고 시 작성

[별지 제8호 서식(갑)] (2024.3.22. 개정) (4쪽 중 제1쪽)

사업연도	2024.01.01. ~ 2024.12.31.	공제감면세액 및 추가납부세액합계표(갑)	법 인 명	㈜나라
			사업자등록번호	203-81-63108

1. 최저한세 적용제외 공제감면세액

① 구 분		② 근 거 법 조 항	코드	③ 대상세액	④ 감면 (공제) 세액
세액감면	(101) 창업중소기업에 대한 세액감면(최저한세 적용제외)	「조세특례제한법」제6조제7항 외	110		
	(102) 해외자원개발투자배당 감면	「조세특례제한법」 제22조	103		
	(103) 수도권과밀억제권역 밖으로 이전하는 중소기업 세액감면(수도권 밖으로 이전)	구 「조세특례제한법」 제63조	169		
	(104) 공장의 수도권 밖 이전에 대한 세액감면	「조세특례제한법」 제63조	108		
	(105) 본사의 수도권 밖 이전에 대한 세액감면	「조세특례제한법」 제63조의2	109		
	(106) 영농조합법인 감면	「조세특례제한법」 제66조	104		
	(107) 영어조합법인 감면	「조세특례제한법」 제67조	107		
	(108) 농업회사법인 감면(농업소득)	「조세특례제한법」 제68조	11B		
	(109) 행정중심복합도시 등 공장이전에 대한 조세감면	「조세특례제한법」 제85조의2제3항 (2019.12.31. 법률 제16835호로 개정되기 전의 것)	11A		
	(110) 위기지역 내 창업기업 세액감면(최저한세 적용제외)	「조세특례제한법」 제99조의9	11N		
	(111) 해외진출기업의 국내복귀에 대한 세액감면(철수방식)	「조세특례제한법」 제104조의24제1항제1호	11F		
	(112) 해외진출기업의 국내복귀에 대한 세액감면(유지방식)	「조세특례제한법」 제104조의24제1항제2호	11H		
	(113) 고도기술수반사업 외국인투자 세액감면	「조세특례제한법」 제121조의2제1항제1호	186		
	(114) 외국인투자지역내 외국인투자 세액감면	「조세특례제한법」 제121조의2제1항제2호 또는 제2호의5	187		
	(115) 경제자유구역내 외국인투자 세액감면	「조세특례제한법」 제121조의2제1항제2호의2	188		
	(116) 경제자유구역 개발사업시행자 세액감면	「조세특례제한법」 제121조의2제1항제2호의3	157		
	(117) 제주투자진흥기구의 개발사업시행자 세액감면	「조세특례제한법」 제121조의2제1항제2호의4	158		
	(118) 기업도시 개발구역내 외국인투자 세액감면	「조세특례제한법」 제121조의2제1항제2호의6	159		
	(119) 기업도시 개발사업의 시행자 세액감면	「조세특례제한법」 제121조의2제1항제2호의7	160		
	(120) 새만금사업지역내 외국인투자 세액감면	「조세특례제한법」 제121조의2제1항제2호의8	11J		
	(121) 새만금사업 시행자 세액감면	「조세특례제한법」 제121조의2제1항제2호의9	11K		
	(122) 기타 외국인투자유치를 위한 조세감면	「조세특례제한법」 제121조의2제1항제3호	167		
	(123) 외국인투자기업의 증자의 조세감면	「조세특례제한법」 제121조의4	172		
	(124) 기술도입대가에 대한 조세면제(국내지점 등)	법률 제9921호 조세특례제한법 일부개정법률 부칙 제77조	173		
	(125) 제주첨단과학기술단지 입주기업 조세감면(최저한세 적용제외)	「조세특례제한법」 제121조의8	181		
	(126) 제주투자진흥지구등 입주기업 조세감면(최저한세 적용제외)	「조세특례제한법」 제121조의9	182		
	(127) 기업도시개발구역 등 입주기업 감면(최저한세 적용제외)	「조세특례제한법」 제121조의17제1항제1 · 3 · 5호	197		
	(128) 기업도시개발사업 등 시행자 감면	「조세특례제한법」 제121조의17제1항제2 · 4 · 6 · 7호	198		
	(129) 아시아문화중심도시 투자진흥지구 입주기업 감면(최저한세 적용제외)	「조세특례제한법」 제121조의20제1항	11C		
	(130) 금융중심지 창업기업에 대한 감면(최저한세 적용제외)	「조세특례제한법」 제121조의21제1항	11G		
	(131) 동업기업 세액감면 배분액(최저한세 적용제외)	「조세특례제한법」 제100조의18제4항	11D		
	(132) 사회적기업에 대한 감면	「조세특례제한법」 제85조의6	11L		
	(133) 장애인 표준사업장에 대한 감면	「조세특례제한법」 제85조의6	11M		
	(134) 첨단의료복합단지 입주기업에 대한 감면(최저한세 적용제외)	「조세특례제한법」 제121조의22제1항1호	17A		
	(135) 국가식품클러스터 입주기업에 대한 감면(최저한세 적용제외)	「조세특례제한법」 제121조의22제1항2호	17B		
	(136) 연구개발특구 입주기업에 대한 감면(최저한세 적용제외)	「조세특례제한법」 제12조의2	17C		
	(137) 감염병 피해에 따른 특별재난지역의 중소기업에 대한 감면	「조세특례제한법」 제99조의11	17D		
	(138) 기회발전특구 창업기업 등에 대한 법인세 등의 감면(최저한세 적용제외)	「조세특례제한법」 제121조의33	1D1		
	(139) 소 계		170		
세액공제	(140) 외국납부세액공제	「법인세법」 제57조	101		
	(141) 재해손실세액공제	「법인세법」 제58조	102		
	(142) 신성장 · 원천기술 연구개발비세액공제(최저한세 적용제외)	「조세특례제한법」 제10조제1항제1호	16A		
	(143) 국가전략기술 연구개발비세액공제(최저한세 적용제외)	「조세특례제한법」 제10조제1항제2호	10D		
	(144) 일반 연구 · 인력개발비세액공제(최저한세 적용제외)	「조세특례제한법」 제10조제1항제3호	16B		
	(145) 동업기업 세액공제 배분액(최저한세 적용제외)	「조세특례제한법」 제100조의18제4항	12D		
	(146) 성실신고 확인비용에 대한 세액공제	「조세특례제한법」 제126조의6	10A		
	(147) 상가임대료를 인하한 임대사업자에 대한 세액공제	「조세특례제한법」 제96조의3	10B		
	(148) 용역제공자에 관한 과세자료의 제출에 대한 세액공제	「조세특례제한법」 제104조의32	10C		
	(149) 소 계		**180**		
(150) 합 계((139) + (149))			**110**		

210mm×297mm[백상지 80g/㎡ 또는 중질지 80g/㎡]

(4쪽 중 제2쪽)

2. 최저한세 적용대상 공제감면세액

	① 구　분	② 근 거 법 조 항	코드	③ 대상세액	④ 감면세액
세액감면	⑮① 창업중소기업에 대한 세액감면(최저한세 적용대상)	「조세특례제한법」 제6조제1항 · 제5항 · 제6항	111		
	⑮② 창업벤처중소기업 세액감면	「조세특례제한법」 제6조제2항	174		
	⑮③ 에너지신기술 중소기업 세액감면	「조세특례제한법」 제6조제4항	13E		
	⑮④ 중소기업에 대한 특별세액감면	「조세특례제한법」 제7조	112		
	⑮⑤ 연구개발특구 입주기업에 대한 세액감면(최저한세 적용대상)	「조세특례제한법」 제12조의2	179		
	⑮⑥ 국제금융거래이자소득 면제	「조세특례제한법」 제21조	123		
	⑮⑦ 사업전환 중소기업에 대한 세액감면	구 「조세특례제한법」 제33조의2	192		
	⑮⑧ 무역조정지원기업의 사업전환 세액감면	구 「조세특례제한법」 제33조의2	13A		
	⑮⑨ 기업구조조정 전문회사 주식양도차익 세액감면	법률 제9272호 조세특례제한법 일부개정법률 부칙 제10조 · 제40조	13B		
	⑯⓪ 혁신도시 이전 등 공공기관 세액감면	「조세특례제한법」 제62조제4항	13F		
	⑯① 공장의 지방이전에 대한 세액감면(중소기업의 수도권 안으로 이전)	「조세특례제한법」 제63조	116		
	⑯② 농공단지입주기업 등 감면	「조세특례제한법」 제64조	117		
	⑯③ 농업회사법인 감면(농업소득 외의 소득)	「조세특례제한법」 제68조	119		
	⑯④ 소형주택 임대사업자에 대한 세액감면	「조세특례제한법」 제96조	13I		
	⑯⑤ 상가건물 장기임대사업자에 대한 세액감면	「조세특례제한법」 제96조의2	13N		
	⑯⑥ 산림개발소득 감면	「조세특례제한법」 제102조	124		
	⑯⑦ 동업기업 세액감면 배분액(최저한세 적용대상)	「조세특례제한법」 제100조의18제4항	13D		
	⑯⑧ 첨단의료복합단지 입주기업에 대한 감면(최저한세 적용대상)	「조세특례제한법」 제121조의22제1항제1호	13H		
	⑯⑨ 기술이전에 대한 세액감면	「조세특례제한법」 제12조제1항	13J		
	⑰⓪ 기술대여에 대한 세액감면	「조세특례제한법」 제12조제3항	13K		
	⑰① 제주첨단과학기술단지 입주기업 감면(최저한세 적용대상)	「조세특례제한법」 제121조의8	13P		
	⑰② 제주투자진흥지구등 입주기업 감면(최저한세 적용대상)	「조세특례제한법」 제121조의9	13Q		
	⑰③ 기업도시개발구역 등 입주기업 감면(최저한세 적용대상)	「조세특례제한법」 제121조의17제1항제1호 · 제3호 · 5호	13R		
	⑰④ 위기지역 내 창업기업 세액감면(최저한세 적용대상)	「조세특례제한법」 제99조의9	13S		
	⑰⑤ 아시아문화중심도시 투자진흥지구 입주기업 감면(최저한세 적용대상)	「조세특례제한법」 제121조의20제1항	13T		
	⑰⑥ 금융중심지 창업기업에 대한 감면(최저한세 적용대상)	「조세특례제한법」 제121조의21제1항	13U		
	⑰⑦ 국가식품클러스터 입주기업에 대한 감면(최저한세 적용대상)	「조세특례제한법」 제121조의22제1항제2호	13V		
	⑰⑧ 기회발전특구 창업기업 등에 대한 법인세 등의 감면(최저한세 적용대상)	「조세특례제한법」 제121조의33	1C1		
	⑰⑨ 소　계		**130**		

210mm×297mm[백상지 80g/㎡ 또는 중질지 80g/㎡]

(4쪽 중 제3쪽)

① 구 분		② 근 거 법 조 항	코드	⑤ 전기 이월액	⑥ 당기발생액	⑦ 공제세액
세액공제	(180) 중소기업 등 투자세액공제	구「조세특례제한법」 제5조	131			
	(181) 상생결제 지급금액에 대한 세액공제	「조세특례제한법」 제7조의4	14Z			
	(182) 대 · 중소기업 상생협력을 위한 기금출연 세액공제	「조세특례제한법」 제8조의3제1항	14M			
	(183) 협력중소기업에 대한 유형고정자산 무상임대 세액공제	「조세특례제한법」 제8조의3제2항	18D			
	(184) 수탁기업에 설치하는 시설에 대한 세액공제	「조세특례제한법」 제8조의3제3항	18L			
	(185) 교육기관에 무상 기증하는 중고자산에 대한 세액공제	「조세특례제한법」 제8조의3제4항	18R			
	(186) 신성장 · 원천기술 연구개발비세액공제(최저한세 적용대상)	「조세특례제한법」 제10조제1항제1호	13L			
	(187) 국가전략기술 연구개발비세액공제(최저한세 적용대상)	「조세특례제한법」 제10조제1항제2호	10E			
	(188) 일반 연구 · 인력개발비세액공제(최저한세 적용대상)	「조세특례제한법」 제10조제1항제3호	13M			
	(189) 기술취득에 대한 세액공제	「조세특례제한법」 제12조제2항	176			
	(190) 기술혁신형 합병에 대한 세액공제	「조세특례제한법」 제12조의3	14T			
	(191) 기술혁신형 주식취득에 대한 세액공제	「조세특례제한법」 제12조의4	14U			
	(192) 벤처기업등 출자에 대한 세액공제	「조세특례제한법」 제13조의2	18E			
	(193) 성과공유 중소기업 경영성과급 세액공제	「조세특례제한법」 제19조	18H			
	(194) 연구 · 인력개발설비투자 세액공제	구「조세특례제한법」 제25조제1항제1호	134			
	(195) 에너지절약시설투자 세액공제	구「조세특례제한법」 제25조제1항제2호	177			
	(196) 환경보전시설 투자 세액공제	구「조세특례제한법」 제25조제1항제3호	14A			
	(197) 근로자복지증진시설투자 세액공제	구「조세특례제한법」 제25조제1항제4호	142			
	(198) 안전시설투자 세액공제	구「조세특례제한법」 제25조제1항제5호	136			
	(199) 생산성향상시설투자세액공제	구「조세특례제한법」 제25조제1항제6호	135			
	(200) 의약품 품질관리시설투자 세액공제	구「조세특례제한법」 제25조의4	14B			
	(201) 신성장기술 사업화를 위한 시설투자 세액공제	구「조세특례제한법」 제25조의5	18B			
	(202) 영상콘텐츠 제작비용에 대한 세액공제(기본공제)	「조세특례제한법」 제25조의6	18C			
	(203) 영상콘텐츠 제작비용에 대한 세액공제(추가공제)	「조세특례제한법」 제25조의6	1B8			
	(204) 초연결 네트워크 시설투자에 대한 세액공제	구「조세특례제한법」 제25조의7	18I			
	(205) 고용창출투자세액공제	「조세특례제한법」 제26조	14N			
	(206) 산업수요맞춤형고등학교등 졸업자를 병역이행 후 복직시킨 중소기업에 대한 세액공제	「조세특례제한법」 제29조의2	14S			
	(207) 경력단절 여성 고용 기업 등에 대한 세액공제	「조세특례제한법」 제29조의3제1항	14X			
	(208) 육아휴직 후 고용유지 기업에 대한 인건비 세액공제	「조세특례제한법」 제29조의3제2항	18J			
	(209) 근로소득을 증대시킨 기업에 대한 세액공제	「조세특례제한법」 제29조의4	14Y			
	(210) 청년고용을 증대시킨 기업에 대한 세액공제	「조세특례제한법」 제29조의5	18A			
	(211) 고용을 증대시킨 기업에 대한 세액공제	「조세특례제한법」 제29조의7	18F			
	(212) 통합고용세액공제	**「조세특례제한법」 제29조의8**	**18S**	**45,820,000**		**10,820,000**
	(213) 통합고용세액공제(정규직 전환)	「조세특례제한법」 제29조의8	1B4			
	(214) 통합고용세액공제(육아휴직 복귀)	「조세특례제한법」 제29조의8	1B5			
	(215) 정규직근로자 전환 세액공제	「조세특례제한법」 제30조의2	14H			
	(216) 고용유지중소기업에 대한 세액공제	「조세특례제한법」 제30조의3	18K			
	(217) 중소기업 고용증가 인원에 대한 사회보험료 세액공제	「조세특례제한법」 제30조의4 제1항	14Q			
	(218) 중소기업 사회보험 신규가입에 대한 사회보험료 세액공제	「조세특례제한법」 제30조의4 제3항	18G			
	(219) 전자신고에 대한 세액공제(납세의무자)	「조세특례제한법」 제104조의8 제1항	184			
	(220) 전자신고에 대한 세액공제(세무법인 등)	「조세특례제한법」 제104조의8 제3항	14J			
	(221) 제3자 물류비용 세액공제	「조세특례제한법」 제104조의14	14E			
	(222) 대학 맞춤형 교육비용 등 세액공제	구「조세특례제한법」 제104조의18제1항	14I			
	(223) 대학등 기부설비에 대한 세액공제	구「조세특례제한법」 제104조의18제2항	14K			
	(224) 기업의 경기부 설치운영비용 세액공제	「조세특례제한법」 제104조의22	14O			
	(225) 동업기업 세액공제 배분액(최저한세 적용대상)	「조세특례제한법」 제100조의18제4항	14L			
	(226) 산업수요맞춤형 고등학교 등 재학생에 대한 현장훈련수당 등 세액공제	구「조세특례제한법」 제104조의18제4항	14R			
	(227) 석유제품 전자상거래에 대한 세액공제	「조세특례제한법」 제104조의25	14P			
	(228) 금 현물시장에서 거래되는 금지금에 대한 과세특례	「조세특례제한법」 제126조의7제8항	14V			
	(229) 금사업자와 스크랩등사업자의 수입금액의 증가 등에 대한 세액공제	「조세특례제한법」 제122조의4	14W			
	(230) 우수 선화주 인증 국제물류주선업자 세액공제	「조세특례제한법」 제104조의30	18M			
	(231) 소재 · 부품 · 장비 수요기업 공동출자 세액공제	「조세특례제한법」 제13조의3제1항	18N			
	(232) 소재 · 부품 · 장비 외국법인 인수세액 공제	「조세특례제한법」 제13조의3제3항	18P			
	(233) 선결제 금액에 대한 세액공제	「조세특례제한법」 제99조의12	18Q			
	(234) 해외자원개발투자에 대한 과세특례	「조세특례제한법」 제104조의15	1B6			
	(235) 통합투자세액공제(일반)	「조세특례제한법」 제24조	13W			
	(236) 통합투자세액공제(신성장 · 원천기술)	「조세특례제한법」 제24조	13X			
	(237) 통합투자세액공제(국가전략기술)	「조세특례제한법」 제24조	13Y			
	(238) 임시통합투자세액공제(일반)	「조세특례제한법」 제24조	1B1			
	(239) 임시통합투자세액공제(신성장 · 원천기술)	「조세특례제한법」 제24조	1B2			
	(240) 임시통합투자세액공제(국가전략기술)	「조세특례제한법」 제24조	1B3			
	(241) 문화산업전문회사 출자에 대한 세액공제	「조세특례제한법」 제25조의7	1B7			
	(242) 소 계		149	45,820,000		10,820,000
(243) 합 계((179) + (242))			150			10,820,000
(244) 공제감면세액 총계((150) + (243))			151			10,820,000

210mm×297mm[백상지 80g/㎡ 또는 중질지 80g/㎡]

(4쪽 중 제4쪽)

(245) 기술도입대가에 대한 조세면제	법률 제9921호 조세특례제한법 일부개정법률 부칙 제77조	183				
(246) 간주 · 간접 외국납부세액공제	「법인세법」 제57조제3항 · 제4항 · 제6항	189				

작성방법

1. ③ 대상세액란: 「법인세법」, 「조세특례제한법」 등에 따른 공제감면대상금액이 있는 경우 공제감면세액계산서(별지 제8호서식 부표 1, 2, 3, 4, 5)에 따라 감면구분별로 적습니다.
2. ④ · ⑦ 공제세액란: 「법인세법」, 「조세특례제한법」 등에 따른 공제감면세액은 공제감면세액계산서(별지 제8호서식 부표 1, 2, 3, 4, 5)에 따라 계산된 공제세액 중 당기에 공제될 세액의 범위에서 「법인세법」 제59조제1항에 따른 공제순서에 따라 감면 구분별로 적습니다.
3. (150)란 중 ④ 감면세액란: 법인세 과세표준 및 세액조정계산서(별지 제3호서식)의 (123) 최저한세 적용제외 공제감면세액란에 옮겨 적습니다.
4. (242)란 중 ⑦ 공제세액란: 법인세 과세표준 및 세액조정계산서(별지 제3호서식)의 (121) 최저한세 적용대상 공제감면세액란에 옮겨 적습니다.
5. (245) 기술도입대가에 대한 조세면제란의 공제세액란: 기술도입대가를 지급하는 내국법인이 별지 제8호서식 부표 9 기술도입대가에 대한 조세면제명세서의 면제세액 합계액을 적습니다(국내사업장이 있고 해당 기술이 국내사업장에 실질적으로 관련되거나 귀속되는 경우에는 기술을 제공하는 외국법인이 (245) 기술도입대가에 대한 조세면제란의 감면세액란에 적습니다).
6. (140) 외국납부세액공제란: 외국납부세액과 (246) 간주 · 간접 외국납부세액공제액을 합하여 적고, 간주 · 간접 외국납부세액공제액은 (246)란에 별도로 적습니다.
7. 「조세특례제한법」 제10조의 연구 · 인력개발비세액공제 중 최저한세가 적용되는 공제세액은 (186), (187) 또는 (188)란에 적고, 최저한세 적용이 제외되는 공제세액은 (142), (143) 또는 (144)란에 각각 구분하여 적습니다.
8. (186), (187) 또는 (188)란 중 ⑤ 전기이월액란:「조세특례제한법」 제144조제1항에 따라 이월된 미공제 금액 중 해당 과세연도에 공제할 일반연구 · 인력개발비, 신성장 · 원천기술연구개발비 또는 국가전략기술연구개발비를 각각 구분하여 적습니다(구 공제감면코드: 132).
9. 법령의 개정에 따라 종전의 규정 또는 개정규정에 따라 공제감면 받는 경우에는 비어 있는 란 등에 해당 법령의 조문순서에 따라 별도로 적습니다.
10. ② 근거법조항 중 "구"는 「조세특례제한법」(2020.12.29. 법률 제17759호로 개정되기 전의 것)에 따른 조항을 의미합니다.

210mm×297mm[백상지 80g/㎡ 또는 중질지 80g/㎡]

사례 2 2024년 귀속 신고 시 작성

[별지 제3호 서식] (2023.3.20. 개정) (앞쪽)

사업연도	2024.01.01. ~ 2024.12.31.	법인세 과세표준 및 세액조정계산서	법인명	㈜나라
			사업자등록번호	203-81-63108

구분	항목	코드	금액
① 각 사업연도 소득계산	101 결산서상당기순손익	01	325 000 000
	소득조정금액 102 익금산입	02	
	소득조정금액 103 손금산입	03	
	104 차가감소득금액 (101+102-103)	04	325 000 000
	105 기부금한도초과액	05	
	106 기부금한도초과이월액손금산입	54	
	107 각사업연도소득금액 (104+105-106)	06	325 000 000
② 과세표준 계산	108 각사업연도소득금액 (108=107)		325 000 000
	109 이월결손금	07	
	110 비과세소득	08	
	111 소득공제	09	
	112 과세표준 (108-109-110-111)	10	325 000 000
	159 선박표준이익	55	
③ 산출세액 계산	113 과세표준 (112+159)	56	325 000 000
	114 세율	11	19
	115 산출세액	12	41 750 000
	116 지점유보소득 (「법인세법」 제96조)	13	
	117 세율	14	
	118 산출세액	15	
	119 합계 (115+118)	16	41 750 000
④ 납부할 세액 계산	120 산출세액 (120=119)		41 750 000
	121 최저한세 적용대상 공제감면세액	17	10 820 000
	122 차감세액	18	30 930 000
	123 최저한세 적용제외 공제감면세액	19	
	124 가산세액	20	
	125 가감계 (122-123+124)	21	
	기납부세액 - 기한내납부세액 126 중간예납세액	22	
	기납부세액 - 기한내납부세액 127 수시부과세액	23	
	기납부세액 - 기한내납부세액 128 원천납부세액	24	
	기납부세액 - 기한내납부세액 129 간접투자회사등의 외국납부세액	25	
	기납부세액 - 기한내납부세액 130 소계 (126+127+128+129)	26	
	기납부세액 131 신고납부전가산세액	27	
	기납부세액 132 합계 (130+131)	28	
	133 감면분추가납부세액	29	
	134 차감납부할세액 (125-132+133)	30	30 930 000
⑤ 토지등양도소득에 대한 법인세 계산	양도차익 135 등기자산	31	
	양도차익 136 미등기자산	32	
	137 비과세소득	33	
	138 과세표준 (135+136-137)	34	
	139 세율	35	
	140 산출세액	36	
	141 감면세액	37	
	142 차감세액 (140-141)	38	
	143 공제세액	39	
	144 동업기업 법인세 배분액 (가산세 제외)	58	
	145 가산세액 (동업기업 배분액 포함)	40	
	146 가감계 (142-143+144+145)	41	
	기납부세액 147 수시부과세액	42	
	기납부세액 148 ( ) 세액	43	
	기납부세액 149 계 (147+148)	44	
	150 차감납부할세액 (146-149)	45	
⑥ 미환류소득법인세	160 과세대상 미환류소득	59	
	161 세율	60	
	162 산출세액	61	
	163 가산세액	62	
	164 이자상당액	63	
	165 납부할세액 (162+163+164)	64	
⑦ 세액계	151 차감납부할세액계 (134+150+165)	46	30 930 000
	152 사실과 다른 회계처리 경정세액공제	57	
	153 분납세액계산범위액 (151-124-133-145-152+131)	47	30 930 000
	154 분납할세액	48	15 465 000
	155 차감납부세액 (151-152-154)	49	15 465 000

210mm×297mm[백상지 80g/㎡ 또는 중질지 80g/㎡]

PART 05 고용지원을 위한 조세특례

사례 2 2024년 귀속 신고 시 작성

[별지 제13호 서식] (2024.3.22. 개정) (3쪽 중 제1쪽)

사 업 연 도	2024.01.01. ~ 2024.12.31.	농어촌특별세 과세대상 감면세액 합계표	법인명	㈜나라
			사업자등록번호	203-81-63108

1. 일반법인의 감면세액

① 구 분	② 감 면 내 용	③ 「조세특례제한법」 근거 조항	코드	④ 감 면 세 액 (소득금액)	비 고
⑤ 비과세	(101) 기업구조조정전문회사의 양도차익 비과세	법률 제9272호 부칙 제10조 · 제40조	604	( )	「법인세법 시행규칙」 별지 제6호서식의 ⑩란 해당 금액
	(102) 중소기업창업투자회사 등의 소재 · 부품 · 장비전문기업 주식양도차익 등에 대한 비과세	제13조의4	62Q	( )	
	(103)		606		
⑥ 소득 공제	(104) 국민주택임대소득공제	제55조의2제4항	460	( )	「법인세법 시행규칙」 별지 제7호서식의 ⑧란 해당 금액
	(105) 주택임대소득공제(연면적 149㎡ 이하)	제55조의2제5항	463	( )	
	(106)			( )	
	(107)		458		
⑦ 비과세 · 소득공제분 감면세액			6A1		(과세표준+소득금액)×세율-산출세액
⑧ 세액감면	(108) 국제금융거래이자소득 면제	제21조	123		「법인세법 시행규칙」 별지 제8호서식(갑)의 ④란 해당 금액
	(109) 해외자원개발배당 감면	제22조	103		
	(110) 사업전환 중소기업에 대한 세액감면	구 제33조의2	192		
	(111) 무역조정지원기업의 사업전환 세액감면	구 제33조의2	13A		
	(112) 기업구조조정전문회사의 주식양도차익 감면	법률 제9272호 부칙 제10조 · 제40조	13B		
	(113) 혁신도시 이전 공공기관 세액감면	제62조제4항	13F		
	(114) 행정중심복합도시 등 공장이전 조세감면	제85조의2(19.12.31. 법률 제16835호로 개정되기 전의 것)	11A		
	(115) 사회적 기업에 대한 감면	제85조의6	11L		
	(116) 장애인 표준사업장에 대한 감면	제85조의6	11M		
	(117) 소형주택 임대사업자에 대한 세액감면	제96조	13I		
	(118) 상가건물 장기 임대사업자에 대한 감면	제96조의2	13N		
	(119) 제주첨단과학기술단지입주기업 조세감면(최저한세적용제외)	제121조의8	181		
	(120) 제주투자진흥지구 등 입주기업 조세감면(최저한세적용제외)	제121조의9	182		
	(121) 기업도시개발구역 등 입주기업 감면(최저한세적용제외)	제121조의17제1항제1호 · 제3호 · 제5호	197		
	(122) 기업도시개발사업 등 시행자 감면	제121조의17제1항제2호 · 제4호 · 제6호 · 제7호	198		
	(123) 아시아문화중심도시 투자진흥지구 입주기업 감면(최저한세적용제외)	제121조의20제1항	11C		
	(124) 금융중심지 창업기업에 대한 감면(최저한세적용제외)	제121조의21제1항	11G		
	(125) 첨단의료복합단지 입주기업에 대한 감면(최저한세적용제외)	제121조의22	17A		
	(126) 국가식품클러스터 입주기업에 대한 감면(최저한세적용제외)	제121조의22	17B		
	(127) 첨단의료복합단지 입주기업에 대한 감면(최저한세적용대상)	제121조의22	13H		
	(128) 국가식품클러스터 입주기업에 대한 감면(최저한세적용대상)	제121조의22	13V		
	(129) 제주첨단과학기술단지입주기업 조세감면(최저한세적용대상)	제121조의8	13P		
	(130) 제주투자진흥지구 등 입주기업 조세감면(최저한세적용대상)	제121조의9	13Q		
	(131) 기업도시개발구역 등 입주기업 감면(최저한세적용대상)	제121조의17제1항제1호 · 제3호 · 제5호	13R		
	(132) 금융중심지 창업기업에 대한 감면(최저한세적용대상)	제121조의21제1항	13U		
	(133) 아시아문화중심도시 투자진흥지구 입주기업 감면(최저한세적용대상)	제121조의20제1항	13T		
	(134) 기회발전특구 창업기업 등에 대한 법인세 등의 감면(최저한세적용제외)	제121조의33	1D1		
	(135) 기회발전특구 창업기업 등에 대한 법인세 등의 감면(최저한세적용대상)	제121조의33	1C1		
	(136)		164		

210mm×297mm[백상지 80g/㎡ 또는 중질지 80g/㎡]

(3쪽 중 제2쪽)

① 구 분	② 감 면 내 용	③ 「조세특례제한법」 근거 조항	코드	④ 감 면 세 액 (소득금액)	비 고
	(137) 중소기업투자세액공제	구 제5조	131		
	(138) 상생결제 지급금액에 대한 세액공제	제7조의4	14Z		
	(139) 대중소기업 상생협력을 위한 기금출연 세액공제	제8조의3제1항	14M		
	(140) 협력중소기업에 대한 유형고정자산 무상임대 세액공제	제8조의3제2항	18D		
	(141) 수탁기업에 설치하는 시설에 대한 세액공제	제8조의3제3항	18L		
	(142) 교육기관에 무상 기증하는 중고자산에 대한 세액공제	제8조의3제4항	18R		
	(143) 기술혁신형 합병에 대한 세액공제	제12조의3	14T		
	(144) 기술혁신형 주식취득에 대한 세액공제	제12조의4	14U		
	(145) 벤처기업 등 출자에 대한 세액공제	제13조의2	18E		
	(146) 성과공유 중소기업 경영성과급 세액공제	제19조	18H		
	(147) 에너지절약시설투자 세액공제	구 제25조제1항제2호	177		
	(148) 환경보전시설투자 세액공제	구 제25조제1항제3호	14A		
	(149) 근로자복지증진시설투자 세액공제	구 제25조제1항제4호	142		
	(150) 안전시설투자 세액공제	구 제25조제1항제5호	136		
	(151) 생산성향상시설투자세액공제	구 제25조제1항제6호	135		
	(152) 의약품 품질관리시설투자 세액공제	구 제25조의4	14B		
	(153) 신성장기술 사업화를 위한 시설투자 세액공제	구 제25조의5	18B		
	(154) 영상콘텐츠 제작비용에 대한 세액공제(기본공제)	제25조의6	18C		
	(155) 영상콘텐츠 제작비용에 대한 세액공제(추가공제)	제25조의6	1B8		
	(156) 초연결 네크워크 시설투자에 대한 세액공제	구 제25조의7	18I		
	(157) 고용창출투자세액공제	제26조	14N		
	(158) 산업수요맞춤형고등학교등 졸업자 복직 중소기업 세액공제	제29조의2	14S		
	(159) 경력단절 여성 고용 기업 등에 대한 세액공제	제29조의3제1항	14X		
	(160) 육아휴직 후 고용유지 기업에 대한 인건비 세액공제	제29조의3제2항	18J		
	(161) 근로소득을 증대시킨 기업에 대한 세액공제	제29조의4	14Y		
	(162) 청년고용을 증대시킨 기업에 대한 세액공제	제29조의5	18A		「법인세법 시행규칙」 별지 제8호서식(갑)의 ④·⑦란 세액공제 해당 금액
⑨ 세액공제	(163) 고용을 증대시킨 기업에 대한 세액공제	제29조의7	18F		
	(164) 통합고용세액공제	**제29조의8**	**18S**	**10,820,000**	
	(165) 통합고용세액공제(정규직 전환)	제29조의8	1B4		
	(166) 통합고용세액공제(육아휴직복귀)	제29조의8	1B5		
	(167) 제3자 물류비용 세액공제	제104조의14	14E		
	(168) 대학 맞춤형 교육비용 등 세액공제	구 제104조의18제1항	14I		
	(169) 대학등 기부설비에 대한 세액공제	구 제104조의18제2항	14K		
	(170) 산업수요맞춤형 고등학교 등 재학생에 대한 현장훈련수당 등 세액공제	구 제104조의18제4항	14R		
	(171) 기업의 경기부 설치운영비용 세액공제	제104조의22	14O		
	(172) 석유제품 전자상거래에 대한 세액공제	제104조의25	14P		
	(173) 금 현물시장에서 거래되는 금지금에 대한 과세특례	제126조의7제8항	14V		
	(174) 금사업자와 스크랩등사업자의 수입금액의 증가 등에 대한 세액공제	제122조의4	14W		
	(175) 우수 선화주 인증 국제물류주선업자 세액공제	제104조의30	18M		
	(176) 용역제공자에 관한 과세자료의 제출에 대한 세액공제	제104조의32	10C		
	(177) 소재·부품·장비 수요기업 공동출자 세액공제	제13조의3제1항	18N		
	(178) 소재·부품·장비 외국법인 인수세액 공제	제13조의3제3항	18P		
	(179) 상가임대료를 인하한 임대사업자에 대한 세액공제	제96조의3	10B		
	(180) 선결제 금액에 대한 세액공제	제99조의12	18Q		
	(181) 통합투자세액공제(일반)	제24조	13W		
	(182) 임시통합투자세액공제(일반)	제24조	1B1		
	(183) 통합투자세액공제(신성장·원천기술)	제24조	13X		
	(184) 임시통합투자세액공제(신성장·원천기술)	제24조	1B2		
	(185) 통합투자세액공제(국가전략기술)	제24조	13Y		
	(186) 임시통합투자세액공제(국가전략기술)	제24조	1B3		
	(187) 해외자원개발투자에 대한 과세특례	제104조의15	1B6		
	(188) 문화산업전문회사 출자에 대한 세액공제	제25조의7	1B7		
	(189)		165		
	(190) 감 면 세 액 합 계			**10,820,000**	

2. 조합법인 등의 감면세액

① 법인세 과세표준	② 「조세특례제한법」 제72조 세율	③ 산출세액 (①×②)	④ 과세표준 구 분	④ 과세표준 금 액	⑤ 「법인세법」 제55조의 세율	⑥ 산출세액	⑦ 감면세액 (⑥-③)
			2억원 이하 200억원 이하 3천억원 이하 3천억원 초과				
합 계			합 계				

210mm×297mm[백상지 80g/㎡ 또는 중질지 80g/㎡]

(3쪽 중 제3쪽)

3. 조합법인에 대한 공제세액

⑧ 공제내용	코드	⑨ 공제세액	비 고
청년고용을 증대시킨 기업에 대한 세액공제	18A		「법인세법 시행규칙」 별지 제8호서식(갑)의 ⑦란 공제세액 해당 금액
고용을 증대시킨 기업에 대한 세액공제	18F		「법인세법 시행규칙」 별지 제8호서식(갑)의 ⑦란 공제세액 해당 금액
기업의 경기부 설치운영비용 세액공제	14O		「법인세법 시행규칙」 별지 제8호서식(갑)의 ⑦란 공제세액 해당 금액
상가임대료를 인하한 임대사업자에 대한 세액공제	10B		「법인세법 시행규칙」 별지 제8호서식(갑)의 ④란 감면(공제)세액 해당 금액
선결제금액에 대한 세액공제	18Q		「법인세법 시행규칙」 별지 제8호서식(갑)의 ⑦란 공제세액 해당 금액
통합고용세액공제	18S		「조세특례제한법 시행규칙」 별지 제10호의9서식의 ④란 공제세액 해당 금액
합 계			

작 성 방 법

1. 일반법인의 감면세액 계산
   가. ⑦란 중 ④ 감면세액(소득금액)란의 금액은 각 사업연도 소득에 대한 법인세 과세표준[법인세 과세표준 및 세액조정계산서(별지 제3호서식)의 ⑬란의 금액을 말합니다]에 ⑤란의 비과세 소득금액과 ⑥란의 소득공제금액을 합산한 조정과세표준에 대한 산출세액에서 법인세 과세표준 및 세액조정계산서(별지 제3호서식)의 ⑮란의 산출세액의 금액을 빼서 적습니다.
   나. 그 밖에 ⑤ 비과세, ⑥ 소득공제, ⑧ 세액감면, ⑨ 세액공제의 빈 란에는 「조세특례제한법」의 개정으로 추가하여 감면세액이 발생되거나 개정 전 규정의 부칙에 따라 적용되는 감면세액이 농어촌특별세 과세대상에 해당하는 경우에 해당 감면세액을 각각 적습니다.

2. 조합법인 등의 감면세액 계산: ⑤ 「법인세법」 제55조의 세율은 다음과 같이 적용합니다.
   가. 2012년 1월 1일 이후 개시하는 사업연도

과세표준	세 율
2억원 이하	과세표준의 100분의 10
2억원 초과 200억원 이하	2천만원 + (2억원 초과 200억원 이하 금액의 100분의 20)
200억원 초과	39억 8천만원 + (200억원을 초과하는 금액의 100분의 22)

   나. 2018년 1월 1일 이후 개시하는 사업연도

과세표준	세 율
2억원 이하	과세표준의 100분의 10
2억원 초과 200억원 이하	2천만원 + (2억원 초과 200억원 이하 금액의 100분의 20)
200억원 초과 3천억원 이하	39억8천만원 + (200억원을 초과하는 금액의 100분의 22)
3천억원 초과	655억8천만원 + (3천억원을 초과하는 금액의 100분의 25)

   다. 2023년 1월 1일 이후 개시하는 사업연도

과세표준	세 율
2억원 이하	과세표준의 100분의 9
2억원 초과 200억원 이하	1천8백만원 + (2억원 초과 200억원 이하 금액의 100분의 19)
200억원 초과 3천억원 이하	37억8천만원 + (200억원을 초과하는 금액의 100분의 21)
3천억원 초과	625억8천만원 + (3천억원을 초과하는 금액의 100분의 24)

3. 조합법인 등의 공제세액 계산: 「조세특례제한법」의 개정으로 조합법인 등에 추가로 공제되는 공제세액이 농어촌특별세 과세대상에 해당하는 공제세액을 적습니다.

※ 근거법조항 중 "구"는 「조세특례제한법」(2020.12.29. 법률 제17759호로 개정되기 전의 것)에 따른 조항을 의미합니다.

210mm×297mm[백상지 80g/㎡ 또는 중질지 80g/㎡]

사례 2 2024년 귀속 신고 시 작성

[별지 제12호 서식] (2017.3.10. 개정) (앞 쪽)

사 업 연 도	2024.01.01. ~ 2024.12.31.	농어촌특별세과세표준 및 세액조정계산서	법인명	㈜나라
			사업자등록번호	203-81-63108

농어촌특별세 과세표준 및 세액 조정내역

① 법 인 유 형	②과 세 표 준		세 율	③세 액
	구 분	금 액		
④ 일 반 법 인	⑤ 법 인 세 감 면 세 액	10,820,000	20%	2,164,000
	⑥			
	⑦			
	⑧ 소 계	10,820,000		2,164,000
⑨조 합 법 인 등	⑩법 인 세 공제 · 감 면 세 액		20%	
	⑫소 계			

작 성 방 법

1. ②란 중 ⑤법인세감면세액란에는 농어촌특별세과세대상감면세액합계표[별지 제13호서식]상의 ⑩감면세액합계란의 금액을 옮겨 적습니다.
2. ②란 중 ⑩법인세공제 · 감면세액란에는 농어촌특별세과세대상감면세액합계표[별지 제13호서식] 2. 조합법인 등 감면세액 중 ⑦감면세액란의 합계금액과 3. 조합법인 등 공제세액중 ⑨ 공제세액란 합계금액을 더하여 기입합니다.

210mm×297mm[백상지 80g/㎡ 또는 중질지 80g/㎡]

PART 05 고용지원을 위한 조세특례

사례 2 2024년 귀속 신고 시 작성

[별지 제2호 서식] (2024.3.22. 개정) (앞쪽)

농어촌특별세 과세표준 및 세액신고서

※ 뒤쪽의 신고안내 및 작성방법을 읽고 작성하여 주시기 바랍니다.

1. 신고인 인적사항

① 소 재 지	경기도 고양시 일산서구 대화로37번길 102-30(법곳동)				
② 법 인 명	㈜나라		③대 표 자 성 명	김 유 민	
④사업자등록번호	203-81-63108	⑤사 업 연 도	2024.01.01. ~2024.12.31.	⑥전 화 번 호	031-2231-7027

2. 농어촌특별세 과세표준 및 세액 조정내역

⑦과 세 표 준		10,820,000
⑧산 출 세 액		2,164,000
(미납세액, 미납일수, 세율) ⑨가 산 세 액	(, , 2.2/10,000)	
⑩총 부 담 세 액		2,164,000
⑪기 납 부 세 액		
⑫환 급 예 정 세 액		
⑬차 감 납 부 할 세 액		2,164,000
⑭분 납 할 세 액		
⑮차 감 납 부 세 액		2,164,000
⑯충 당 후 납 부 세 액		2,164,000
⑰국 세 환 급 금 충 당 신 청	환 급 법 인 세	
	충당할 농어촌특별세	

신고인은 「농어촌특별세법」 제7조에 따라 위의 내용을 신고하며, 위 내용을 충분히 검토하였고 **신고인이 알고 있는 사실 그대로를 정확하게 적었음을 확인합니다.**

2025년 3월 31일

신고인(대표자) 김 유 민 (서명 또는 인)

세무대리인은 조세전문자격자로서 위 신고서를 성실하고 공정하게 작성하였음을 확인합니다.

세무대리인 (서명 또는 인)

고양 세무서장 귀하

210mm×297mm[백상지 80g/㎡ 또는 중질지 80g/㎡]

사례 3

2022년~2024년 회사의 근무자 현황과 증감내역은 다음과 같다.

2022년	2023년		2024년	
근무인원현황	근무인원현황	증감현황	근무인원현황	증감현황
전체 21명 청년 9명 청년외 12명	전체 26명 청년 12명 청년외 14명	5명 증가 3명 증가 2명 증가	전체 22명 청년 10명 청년외 12명	4명 감소 2명 감소 2명 감소

사례 풀이

2022년	2023년		2024년	
근무인원현황	근무인원현황	증감현황	근무인원현황	증감현황
전체 21명 청년 9명 청년외 12명	전체 26명 청년 12명 청년외 14명	5명 증가 3명 증가 2명 증가	전체 22명 청년 10명 청년외 12명	4명 감소 2명 감소 2명 감소
1차연도공제	① 상황분석		① 상황분석	
	직전연도(2022년) 대비 전체 상시근로자 수 증가(청년 증가, 청년외 증가)하였으므로 공제적용		직전연도(2023년) 대비 전체 상시근로자 수 증가하지 않았으므로(청년 감소 수 < 전체 감소 수)하였으므로 공제 적용불가	
	② 공제세액계산		② 공제세액계산	
	청년 : 3명 × 14,500,000원 = 43,500,000원 청년외 : 2명 × 8,500,000원 = 17,000,000원 공제액 합계 : 43,500,000원 + 17,000,000원 = 60,500,000원		청년 : 0명 × 14,500,000원 = 0원 청년외 : 0명 × 8,500,000원 = 0원 공제액 합계 : 0원 + 0원 = 0원	
2차연도공제			① 상황분석	
			최초공제연도(2023년) 대비 전체 상시근로자 수 감소(청년 감소 수 < 전체 감소 수) ≫ 추가공제 중단, 추가납부	
			② 세액계산	
			2명×14,500,000원 + 2명×8,500,000원 = 29,000,000원 + 17,000,000원 = 46,000,000원	

각 귀속연도별로 분석하면 다음과 같다.

1. 2023년

(1) 1차연도공제(최초공제)

직전과세연도(2022년) 대비 전체 상시근로자 수가 증가(청년 증가, 청년외 증가)하였으므로 세액공제를 적용한다.

2. 2024년

(1) 1차연도공제(최초공제)

직전과세연도(2023년) 대비 전체 상시근로자 수가 증가하지 않았으므로(청년 감소 수 ≥ 전체 감소 수)하였으므로 세액공제를 적용하지 않는다.

(2) 2차연도공제

최초공제연도(2023년) 대비 전체 상시근로자 수가 감소하였으므로(청년 감소 수 ≥ 전체 감소 수) 2차연도(2024년)에 추가공제를 중단하고 추가납부한다.

사례 3 2023년 귀속 신고 시 작성

[별지 제10호의9 서식] (2024.3.22. 개정) (3쪽 중 제1쪽)

통합고용세액공제 공제세액계산서

① 신청인	① 상호 또는 법인명 : ㈜나라	② 사업자등록번호 : 203-81-63108
	③ 대표자 성명 : 김 유 민	④ 생년월일 : 1973년 04월 12일
	⑤ 주소 또는 본점소재지 : 경기도 고양시 일산서구 대화로37번길 102-30(법곳동) (전화번호 : 031-2231-7027)	

② 과세연도	2023년 1월 1일부터 2023년 12월 31일까지

③ 상시근로자 현황 (작성방법 2,3번을 참고하시기 바랍니다.)

구 분	직전전 과세연도	직전 과세연도	해당 과세연도
⑥ 상 시 근 로 자 수 (⑦+⑧)		21.00	26.00
⑦ 청년등상시근로자 수		9.00	12.00
⑧ 청년등상시근로자를 제외한 상시근로자 수		12.00	14.00
⑨ 정규직 전환 근로자 수	-		
⑩ 육아휴직 복귀자 수			

④ 기본공제 공제세액 계산내용

가. 1차년도 세제지원 요건 : ⑬ > 0

1. 상시근로자 증가 인원

⑪ 해당 과세연도 상시근로자 수	⑫ 직전 과세연도 상시근로자 수	⑬ 상시근로자 증가 인원 수 (⑪-⑫)
26.00	21.00	5.00

2. 청년등상시근로자 증가 인원

⑭ 해당 과세연도 청년등상시근로자 수	⑮ 직전 과세연도 청년등상시근로자 수	⑯ 청년등상시근로자 증가 인원 수 (⑭-⑮)
12.00	9.00	3.00

3. 청년등상시근로자를 제외한 상시근로자 증가 인원

⑰ 해당 과세연도 청년등상시근로자를 제외한 상시근로자 수	⑱ 직전 과세연도 청년등상시근로자를 제외한 상시근로자 수	⑲ 청년등상시근로자를 제외한 상시근로자 증가 인원 수(⑰-⑱)
14.00	12.00	2.00

PART 05 고용지원을 위한 조세특례

(3쪽 중 제2쪽)

4. 1차년도 세액공제액 계산

구분	구 분		직전 과세연도 대비 상시근로자 증가 인원 수 (⑬상시근로자 증가 인원 수를 한도로 함)	1인당 공제금액	⑳ 1차년도 세액공제액
중소기업	수도권 내	청년등	3.00	1천4백5십만원	43,500,000
		청년등 외	2.00	8백5십만원	17,000,000
	수도권 밖	청년등		1천5백5십만원	
		청년등 외		9백5십만원	
	계		5.00		60,500,000
중견기업	청년등			8백만원	
	청년등 외			4백5십만원	
	계				
일반기업	청년등			4백만원	
	청년등 외				
	계				

나. 2차년도 세제지원 요건 : ㉓ ≥ 0

1. 상시근로자 증가 인원

㉑ 2차년도(해당 과세연도) 상시근로자 수	㉒ 1차년도(직전 과세연도) 상시근로자 수	㉓ 상시근로자 증가 인원 수(㉑-㉒)

2. 2차년도 세액공제액 계산(상시근로자 감소여부)

1차년도 (직전 과세연도) 대비 상시근로자 감소여부	1차년도 (직전 과세연도) 대비 청년등상시근로자 수 감소여부	㉔ 1차년도 (직전 과세연도) 청년등상시근로자 증가 세액공제액	㉕ 1차년도 (직전 과세연도) 청년등 외 상시근로자 증가 세액공제액	㉖ 2차년도 세액공제액
부	부			
	여			
여				

다. 3차년도 세제지원 요건(중소ㆍ중견기업만 해당) : ㉙ ≥ 0

1. 상시근로자 증가 인원

㉗ 3차년도(해당 과세연도) 상시근로자 수	㉘ 1차년도(직전전 과세연도) 상시근로자 수	㉙ 상시근로자 증가 인원(㉗-㉘)

2. 3차년도 세액공제액 계산(상시근로자 감소여부)

1차년도 (직전전 과세연도) 대비 상시근로자 감소여부	1차년도 (직전전 과세연도) 대비 청년등상시근로자 수 감소여부	㉚ 1차년도 (직전전 과세연도) 청년등 상시근로자 증가 세액공제액	㉛ 1차년도 (전전 과세연도) 청년등 외 상시근로자 증가 세액공제액	㉜ 3차년도 세액공제액
부	부			
	여			
여				

❺ 추가공제 공제세액 계산내용

가. 세제지원 요건 : ㉟ ≥ 0

㉝ 해당 과세연도 상시근로자 수	㉞ 직전 과세연도 상시근로자 수	㉟ 상시근로자 증가 인원 수 (㉝-㉞)

나. 세액공제액 계산

구 분	구 분	인원 수	1인당 공제금액	㊱ 추가공제 세액공제액
중소기업	정규직 전환자		1천3백만원	
	육아휴직 복귀자			
	계			
중견기업	정규직 전환자		9백만원	
	육아휴직 복귀자			
	계			

⑥ 세액공제액 : ⑳ 1차년도 세액공제액 + ㉖ 2차년도 세액공제액 + ㉜ 3차년도 세액공제액 + ㊱ 추가공제 세액공제액	60,500,000

「조세특례제한법 시행령」 제26조의8 제11항에 따라 위와 같이 공제세액계산서를 제출합니다.

2024년 3월 31일

신청인 ㈜나라 김 유 민 (서명 또는 인)

고양 세무서장 귀하

작 성 방 법

1. 근로자 수는 다음과 같이 계산하되, 100분의 1 미만의 부분은 없는 것으로 합니다.
   가. 상시근로자 수: 매월 말 현재 상시근로자 수의 합 / 과세연도의 개월 수
   나. 청년등상시근로자 수: 매월 말 현재 청년등상시근로자 수의 합 / 과세연도의 개월 수
   다. 청년등상시근로자 외 상시근로자 수: 매월 말 현재 청년등상시근로자 외 상시근로자 수의 합 / 과세연도의 개월 수
2. ⑥란의 상시근로자란 「근로기준법」에 따라 근로계약을 체결한 내국인 근로자로서 다음의 어느 하나에 해당하는 사람을 제외한 근로자를 말합니다.
   가. 근로계약기간이 1년 미만인 근로자. 다만, 근로계약의 연속된 갱신으로 인하여 그 근로계약의 총 기간이 1년 이상인 근로자는 상시근로자로 봅니다.
   나. 「근로기준법」 제2조제1항제9호에 따른 단시간근로자. 다만, 1개월간의 소정근로시간이 60시간 이상인 근로자는 상시근로자로 봅니다.
   다. 「법인세법 시행령」 제40조제1항 각 호의 어느 하나에 해당하는 임원
   라. 해당 기업의 최대주주 또는 최대출자자(개인사업자의 경우에는 대표자를 말합니다)와 그 배우자
   마. 라목에 해당하는 자의 직계존비속(그 배우자를 포함합니다) 및 「국세기본법 시행령」 제1조의2제1항에 따른 친족관계인 사람
   바. 「소득세법 시행령」 제196조에 따른 근로소득원천징수부에 의하여 근로소득세를 원천징수한 사실이 확인되지 않고, 「국민연금법」 제3조제1항제11호 및 제12호에 따른 부담금 및 기여금 또는 「국민건강보험법」 제69조에 따른 직장가입자의 보험료에 해당하는 금액의 납부사실도 확인되지 않는 자
3. ⑦란 등의 청년등상시근로자란 상시근로자 중 15세 이상 34세 이하인 사람으로서 다음 각 목의 어느 하나에 해당하는 사람을 제외한 사람(해당 근로자가 병역을 이행한 경우에는 6년을 한도로 병역을 이행한 기간을 현재 연령에서 빼고 계산한 연령이 34세 이하인 사람을 포함)과 「장애인복지법」의 적용을 받는 장애인, 「국가유공자 등 예우 및 지원에 관한 법률」에 따른 상이자, 「5·18민주유공자예우 및 단체설립에 관한 법률」 제4조제2호에 따른 5·18민주화운동부상자와 「고엽제후유의증 등 환자지원 및 단체설립에 관한 법률」 제2조제3호에 따른 고엽제후유의증환자로서 장애등급 판정을 받은 사람, 근로계약 체결일 현재 연령이 60세 이상인 사람, 「조세특례제한법」 제29조의3제1항에 따른 경력단절 여성을 말합니다.
   가. 「기간제 및 단시간근로자 보호 등에 관한 법률」에 따른 기간제근로자 및 단시간근로자
   나. 「파견근로자보호 등에 관한 법률」에 따른 파견근로자
   다. 「청소년 보호법」 제2조제5호 각 목에 따른 업소에 근무하는 같은 조 제1호에 따른 청소년
4. 청년등 외 상시근로자란 상시근로자 중 청년등상시근로자가 아닌 상시근로자를 말합니다.
5. ⑳, ㉖, ㉜ 계산 시 각 공제금액(청년/청년 외)은 전체 상시근로자 수 증가분을 한도로 합니다.
6. ㉝, ㉞란의 상시근로자 수는 「근로기준법」 제74조에 따른 출산전후휴가를 사용 중인 상시근로자를 대체하는 상시근로자가 있는 경우 해당 출산전후휴가를 사용 중인 상시근로자를 제외하고 계산한 상시근로자 수를 말합니다.
7. 해당 과세연도의 상시근로자 수가 전년 대비 증가하여 「조세특례제한법」 제29조의8의 통합고용세액공제 1차년도 공제를 신청할 경우 「조세특례제한법」 제29조의7의 고용 증대 기업에 대한 세액공제 1차년도 공제를 중복하여 신청할 수 없습니다.

210mm×297mm[백상지 80g/㎡]

사례 3 2023년 귀속 신고 시 작성

[별지 제4호 서식] (2019.3.20. 개정) (앞쪽)

사업연도	2023.01.01. ~ 2023.12.31.	최저한세조정계산서	법 인 명	㈜나라
			사업자등록번호	203-81-63108

1. 최저한세 조정 계산 명세

① 구 분		코드	② 감면 후 세액	③ 최저한세	④ 조정감	⑤ 조정 후 세액
⑩ 결산서상 당기순이익		01	289,000,000			
소득조정금액	⑫ 익금산입	02				
	⑬ 손금산입	03				
⑭ 조정 후 소득금액(⑩ + ⑫ − ⑬)		04	289,000,000	289,000,000		289,000,000
최저한세 적용대상 특별비용	⑮ 준비금	05				
	⑯ 특별상각 및 특례자산 감가상각비	06				
⑰ 특별비용 손금산입 전 소득금액 (⑭ + ⑮ + ⑯)		07	289,000,000	289,000,000		289,000,000
⑱ 기부금 한도초과액		08				
⑲ 기부금 한도초과 이월액 손금산입		09				
⑩ 각 사업연도 소득금액 (⑰ + ⑱ − ⑲)		10	289,000,000	289,000,000		289,000,000
⑪ 이월결손금		11				
⑫ 비과세소득		12				
⑬ 최저한세 적용대상 비과세소득		13				
⑭ 최저한세 적용대상 익금불산입·손금산입		14				
⑮ 차가감소득금액 (⑩ − ⑪ − ⑫ + ⑬ + ⑭)		15	289,000,000	289,000,000		289,000,000
⑯ 소득공제		16				
⑰ 최저한세 적용대상 소득공제		17				
⑱ 과세표준금액 (⑮ − ⑯ + ⑰)		18	289,000,000	289,000,000		289,000,000
⑲ 선박표준이익		24				
⑳ 과세표준금액(⑱ + ⑲)		25	289,000,000	289,000,000		289,000,000
㉑ 세율		19	19	7		19
㉒ 산출세액		20	34,910,000	20,230,000		34,910,000
㉓ 감면세액		21				
㉔ 세액공제		22	60,500,000		45,820,000	14,680,000
㉕ 차감세액(㉒ − ㉓ − ㉔)		23				20,230,000

2. 최저한세 세율 적용을 위한 구분 항목

㉖ 중소기업 유예기간 종료연월		㉗ 유예기간 종료 후 연차			

210mm×297mm[백상지 80g/㎡ 또는 중질지 80g/㎡]

사례 3 2023년 귀속 신고 시 작성

[별지 제8호 서식 부표 3] (2024.3.22. 개정) (앞쪽)

사 업 연 도	2023.01.01. ~ 2023.12.31.	세액공제조정명세서(3)	법인명	㈜나라
			사업자등록번호	203-81-63108

1. 공제세액계산(「조세특례제한법」)

	(101) 구 분	근거법 조항	(102) 계 산 기 준	코드	(103) 계산명세	(104) 공제대상 세액
조세특례제한법	중소기업 등 투자세액공제	구 제5조	투자금액 × 1(2,3,5,10)/100	131		
	상생결제 지급금액에 대한 세액공제	제7조의4	지급기한 15일 이내 : 지급 금액의 0.5% 지급기한 15일 ~ 30일 : 지급 금액의 0.3% 지급기한 30일 ~ 60일 : 지급 금액의 0.015%	14Z		
	대·중소기업 상생협력을 위한 기금출연 세액공제	제8조의3제1항	출연금 × 10/100	14M		
	협력중소기업에 대한 유형고정자산 무상임대 세액공제	제8조의3제2항	장부가액 × 3/100	18D		
	수탁기업에 설치하는 시설에 대한 세액공제	제8조의3제3항	투자금액 × 1(3,7)/100	18L		
	교육기관에 무상 기증하는 중고자산에 대한 세액공제	제8조의3제4항	기증자산 시가 × 10/100	18R		
	신성장·원천기술 연구개발비세액공제(최저한세 적용제외)	제10조제1항제1호	(일반 연구·인력개발비) '14.1.1.~'14.12.31.: 발생액 × 3~4(8,10,15,20,25,30)/100 또는 2년간 연평균 발생액의 초과액 × 40(50)/100 '15.1.1. 이후: 발생액 × 2~3(8,10,15,20,25,30)/100 또는 직전 발생액의 초과액 × 40(50)/100 '17.1.1. 이후: 발생액 × 1~3(8,10,15,20,25,30)/100 또는 직전 발생액의 초과액 × 30(40,50)/100 '18. 1. 1. 이후: 발생액 × 0~2(8,10,15,20,25,30)/100 또는 직전 발생액의 초과액 × 25(40,50)/100 (신성장·원천기술 연구개발비) '17. 1. 1. 이후: 발생액 × 20(30)/100 (국가전략기술 연구개발비) '21. 7. 1. 이후: 발생액 ×30(40)/100	16A		
	국가전략기술 연구개발비세액공제(최저한세 적용제외)	제10조제1항제2호		10D		
	일반 연구·인력개발비세액공제(최저한세 적용제외)	제10조제1항제3호		16B		
	신성장·원천기술 연구개발비세액공제(최저한세 적용대상)	제10조제1항제1호		13L		
	국가전략기술 연구개발비세액공제(최저한세 적용대상)	제10조제1항제2호		10E		
	일반 연구·인력개발비세액공제(최저한세 적용대상)	제10조제1항제3호		13M		
	기술취득에 대한 세액공제	제12조제2항	특허권 등 취득금액 × 5(10)/100 *법인세의 10% 한도	176		
	기술혁신형 합병에 대한 세액공제	제12조의3	기술가치금액 × 10/100	14T		
	기술혁신형 주식취득에 대한 세액공제	제12조의4	기술가치금액 × 10/100	14U		
	벤처기업등 출자에 대한 세액공제	제13조의2	주식등 취득가액 × 5/100	18E		
	성과공유 중소기업 경영성과급 세액공제	제19조	'22.1.1. 이전 지급분 : 근로자에 지급하는 경영성과급 × 10/100 '22.1.1. 이후 지급분 : 근로자에 지급하는 경영성과급× 15/100	18H		
	연구·인력개발설비투자세액공제	구 제25조제1항제1호	'14.1.1.~'15.12.31. 투자분 : 투자금액 × 3(5,10)/100 '16.1.1. 이후 투자분 : 투자금액 × 1(3,6)/100 '19.1.1. 이후 투자분 : 투자금액 × 1(3,7)/100	134		
	에너지절약시설투자세액공제	구 제25조제1항제2호	'14.1.1.~'15.12.31. 투자분 : 투자금액 × 3(5,10)/100 ('16.1.1. 현재 투자진행 중인 경우 '16.12.31.까지 종전율 적용) '16.1.1. 이후 투자개시분 : 투자금액 × 1(3,10)/100 '19.1.1. 이후 투자분 : 투자금액 × 1(3,7)/100	177		
	환경보전시설 투자세액공제	구 제25조제1항제3호	투자금액 × 3(5,10)/100 '19.1.1. 이후 투자분 : 투자금액 × 3(5,10)/100	14A		
	근로자복지증진시설투자세액공제	구 제25조제1항제4호	투자금액 × 7(10)/100 '19.1.1. 이후 취득분 : 취득금액 × 3(5,10)/100	142		
	안전시설투자세액공제	구 제25조제1항제5호	'13.1.1.~'14.12.31. 투자분 : 투자금액 × 3(7)/100 '15.1.1. 이후 투자분 : 투자금액 × 1(3,7)/100 '19.1.1. 이후 투자분 : 투자금액 × 1(5,10)/100	136		
	생산성향상시설투자세액공제	구 제25조제1항제6호	'13.1.1.~'14.12.31. 투자분 : 투자금액 × 3(7)/100 '15.1.1. 이후 투자분 : 투자금액 × 1(3,7)/100 '20.1.1.~'20.12.31. 투자분 : 투자금액 × 2(5,10))/100 '21.1.1.~'21.12.31. 투자분 : 투자금액 × 1(5,10))/100 '21.1.1.~이후. 투자분 : 투자금액 × 1(3,7))/100	135		
	의약품 품질관리시설투자세액공제	구 제25조의4	'14.1.1.~'16.12.31. 투자분 : 투자금액 × 3(5,7)/100 '17.1.1. 이후 투자분 : 투자금액 × 1(3,6)/100	14B		
	신성장기술 사업화를 위한 시설투자 세액공제	구 제25조의5	투자금액 × 5(7,10)/100	18B		
	영상콘텐츠 제작비용에 대한 세액공제	제25조의6	제작비용 × 3(7,10)/100	18C		
	초연결 네트워크 시설투자에 대한 세액공제	구 제25조의7	투자금액 × 2(3)/100	18I		
	고용창출투자세액공제	제26조	'12.1.1.~12.31.:투자금액 × {기본공제(3~4%)+추가공제(2~3%)} '13.1.1.~12.31.:투자금액 × {기본공제(2~4%)+추가공제(3%)} '14.1.1. 이후: 투자금액 × {기본공제(1~4%)+추가공제(3%)} (한도 : 상시근로자 증가분 × 1,000만원, 1,500만원, 2,000만원) '15.1.1. 이후: 투자금액 × {기본공제(0~3%)+추가공제(3~7%)} '17.1.1. 이후: (한도 : 상시근로자 증가분 × 1,000(1,500)만원, 1,500(2,000)만원, 2,000(2,500)만원)	14N		
	산업수요맞춤형고등학교등 졸업자를 병역이행 후 복직시킨 중소기업에 대한 세액공제	제29조의2	복직자에게 지급한 인건비 × 중소30(중견15)/100	14S		
	경력단절 여성 고용 기업 등에 대한 세액공제	제29조의3제1항	경력단절 여성 재고용 인건비 × 중소30(중견15)/100	14X		
	육아휴직 후 고용유지 기업에 대한 인건비 세액공제	제29조의3제2항	육아휴직 복귀자 인건비 × 중소30(중견15)/100	18J		
	근로소득을 증대시킨 기업에 대한 세액공제	제29조의4	평균 초과 임금증가분 × 5(중견10, 중소20)/100 정규직 전환 근로자의 임금 증가분 × 5(10,20)/100	14Y		
	청년고용을 증대시킨 기업에 대한 세액공제	제29조의5	청년정규직근로자 증가인원수 × 3백만원(7백만원, 1천만원)	18A		
	고용을 증대시킨 기업에 대한 세액공제	제29조의7	직전연도 대비 상시근로자 증가수 × 4백만원(1천2백만원) '21.12.31~'22.12.31 : 직전연도 대비 상시근로자 증가수 × 5백만원(1천3백만원)	18F		
	통합고용세액공제	제29조의8	직전연도 대비 상시근로자 증가수 × 4백만원(1천4백5십만원)	18S	60,500,000 +0+0+0	60,500,000
	정규직 근로자 전환 세액공제	제30조의2	전환인원수 × 중소1천만원(중견7백만원)	14H		
	고용유지중소기업에 대한 세액공제	제30조의3	연간 임금감소 총액× 10/100 + 시간당 임금상승에 따른 보전액 × 15/100	18K		
	중소기업 고용증가 인원에 대한 사회보험료 세액공제	제30조의4제1항	청년(만15~29세)근로자 등 순증인원의 사회보험료(증가분의 100%) 청년 및 경력단절 여성 외 근로자 순증인원의 사회보험료(증가분의 50%,75%)	14Q		

(뒤쪽)

(101) 구 분		근거법 조 항	(102) 계 산 기 준	코드	(103) 계산 명세	(104) 공제대상 세 액
	중소기업 사회보험 신규가입에 대한 사회보험료 세액공제	제30조의4제3항	'20.12.31.까지 사회보험 신규가입에 따 른 사용자 부담액× 50%	18G		
	전자신고에 대한 세액공제(법인)	제104조의8제1항	법인세 전자신고시 2만원	184		
	전자신고에 대한 세액공제(세무법인 등)	제104조의8제3항	법인 · 소득세 전자신고 대리건수 × 2만원 *한도: 연300만원(세무 · 회계법인 연750만원) 한도액계산시 부가가치세 대리신고에 따른 세액공제액 포함	14J		
	제3자 물류비용 세액공제	제104조의14	(전년대비 위탁물류비용 증가액)×3/100(중소기업은 5/100) * 직전 위탁물류비 30% 미만 : (당기 위탁물류비 – 당기 전체물류비 × 30%) ×3/100(중소기업은 5/100) * 법인세 10% 한도	14E		
	대학 맞춤형 교육비용 세액공제	구 제104조의18제1항	법 제10조 연구 · 인력개발비세액공제 준용 *수도권 소재대학의 발생액은 50%만 인정	14I		
	대학등 기부설비에 대한 세액공제	구 제104조의18제2항	법 제11조 연구 · 인력개발설비투자세액공제 준용 *수도권 소재대학의 기부금액은 50%만 인정	14K		
	기업의 운동경비부 설치운영 세액공제	제104조의22	설치운영비용 × 10(20)/100	14O		
	산업수요맞춤형 고등학교 등 재학생에 대한 현장훈련수당 등 세액공제	구 제104조의18제4항	일반 연구 · 인력개발비 세액공제 준용	14R		
	석유제품 전자상거래에 대한 세액공제	제104조의25	'13.1.1.~12.31.: 공급가액의 0.5%(산출세액의 10% 한도) '14.1.1.~'16.12.31.: 공급가액의 0.3%(산출세액의 10% 한도) '17.1.1.~'19.12.31.:공급자는 공급가액의0.1%,수요자0.2%, (산출세액의 10% 한도) '20.1.1.~'22.12.31.:수요자만 공급가액의 0.2%(산출세액의 10% 한도)	14P		
	금 현물시장에서 거래되는 금지금에 대한 과세특례	제126조의7제8항	산출세액×[(금 현물시장 이용금액 – 직전 과세연도의 금 현물시장 이용금액)/매출액] 또는 산출세액×[(금 현물시장 이용금액×5/100)/매출액]	14V		
	금사업자와 스크랩등 사업자의 수입금액증가등 세액공제	제122조의4	산출세액×[(매입자납부익금및손금합계금액 – 직전 과세연도의 매입자납부익금및손금합계금액)×50/100]/익금및손금합계금액 또는 산출세액×[(매입자납부익금및손금합계금액×5/100]/익금및손금합계금액 *한도: 해당 과세연도 산출세액–직전 과세연도 산출세액	14W		
	성실신고 확인비용에 대한 세액공제	제126조의6	확인비용 × 60/100 (150만원 한도)	10A		
	우수 선화주 인증받은 국제물류주선업자에 대한 세액공제	제104조의30	운송비용의 1% + 직전과세연도 대비 증가분의 3%(산출세액의 10%한도)	18M		
	용역제공자에 관한 과세자료의 제출에 대한 세액공제	제104조의32	과세자료에 기재된 용역제공자 인원수×300원(200만원 한도)	10C		
	소재 · 부품 · 장비 수요기업 공동출자세액공제	제13조의3제1항	주식 또는 출자지분 취득가액 5%	18N		
	소재 · 부품 · 장비 외국법인 인수세액 공제	제13조의3제3항	주식 또는 출자지분 취득가액 5% (중견7%, 중소10%)	18P		
	상가임대료를 인하한 임대사업자에 대한 세액공제	제96조의3	임대료 인하액의 70%	10B		
	선결제 금액에 대한 세액공제	제99조의12	선결제금액 × 1%	18Q		
	통합투자세액공제(일반)	제24조	기본공제 : 투자금액 × 1(중견5, 중소10)/100, 신성장 · 원천기술 투자금액 × 3(중견6,중소12)/100 국가전략기술 투자금액 × 8(중견8,중소16)/100 추가공제 : 직전 3년 연평균 투자금액 초과액 × 3/100(국가전략기술 4/100) (기본공제 200% 한도)	13W		
	통합투자세액공제(신성장 · 원천기술)	제24조		13X		
	통합투자세액공제(국가전략기술)	제24조		13Y		
합			계	1A1		60,500,000

2. 당기공제세액 및 이월액계산

(105) 구분	(106) 사업연도	요공제세액		당기 공제대상세액							(121)최저한세 적용에 따른 미공제액	(122) 그 밖의 사유로 인한 미공제액	(123) 공제세액 ((109)–(121)–(122))	(124) 소멸	(125) 이월액 ((107)+(108) –(123)–(124))
		(107) 당기분	(108) 이월분	(109) 당기분	(110)1차 연도 / (115)6차 연도	(111)2차 연도 / (116)7차 연도	(112)3차 연도 / (117)8차 연도	(113)4차 연도 / (118)9차 연도	(114)5차 연도 / (119)10차 연도	(120)계					
통합고용 세액공제	2023.12	60,500,000		60,500,000						60,500,000	45,820,000		14,680,000		45,820,000
	소계	60,500,000		60,500,000						60,500,000	45,820,000		14,680,000		45,820,000
	소계														
합 계		60,500,000		60,500,000						60,500,000	※45,820,000		14,680,000		45,820,000

작성방법

1. (105) 구분란에는 1. 공제세액계산(「조세특례제한법」)의 코드를 적습니다.
2. (106) 사업연도란에는 이월된 공제대상세액이 발생한 사업연도와 종료월을 적습니다.
3. (107) 당기분란에는 (104) 공제대상세액을 적습니다.
4. (108) 이월분란에는 (101) 구분별, 사업연도별로 전기의 (125) 이월액을 적습니다.
5. (109) 당기분란에는 당기분 세액을 적고, (110)란~(119)란의 해당 연도란에는 (108) 이월분 세액을 각각 적습니다.
6. (121)최저한세 적용에 따른 미공제액란의 합계(※표란)에는 "최저한세조정계산서(별지 제4호서식)"의 ④란 중 (124) 세액공제란의 금액을 옮겨 적고, 「조세특례제한법」 제144조제2항에 규정된 순서에 따라 (121)란의 최저한세 적용에 따른 미공제액의 각 란에 조정하여 적습니다.
7. 근거법조항 중 "구"는 「조세특례제한법」(2020.12.29. 법률 제17759호로 개정되기 전의 것)에 따른 조항을 의미합니다.

사례 3 2023년 귀속 신고 시 작성

[별지 제8호 서식(갑)] (2024.3.22. 개정) (4쪽 중 제1쪽)

사업연도	2023.01.01. ~ 2023.12.31.	공제감면세액 및 추가납부세액합계표(갑)	법 인 명	㈜나라
			사업자등록번호	203-81-63108

1. 최저한세 적용제외 공제감면세액

	① 구 분	② 근 거 법 조 항	코드	③ 대상세액	④ 감면 (공제) 세액
세액감면	(101) 창업중소기업에 대한 세액감면(최저한세 적용제외)	「조세특례제한법」 제6조제7항 외	110		
	(102) 해외자원개발투자배당 감면	「조세특례제한법」 제22조	103		
	(103) 수도권과밀억제권역 밖으로 이전하는 중소기업 세액감면(수도권 밖으로 이전)	구 「조세특례제한법」 제63조	169		
	(104) 공장의 수도권 밖 이전에 대한 세액감면	「조세특례제한법」 제63조	108		
	(105) 본사의 수도권 밖 이전에 대한 세액감면	「조세특례제한법」 제63조의2	109		
	(106) 영농조합법인 감면	「조세특례제한법」 제66조	104		
	(107) 영어조합법인 감면	「조세특례제한법」 제67조	107		
	(108) 농업회사법인 감면(농업소득)	「조세특례제한법」 제68조	11B		
	(109) 행정중심복합도시 등 공장이전에 대한 조세감면	「조세특례제한법」 제85조의2제3항 (2019.12.31. 법률 제16835호로 개정되기 전의 것)	11A		
	(110) 위기지역 내 창업기업 세액감면(최저한세 적용제외)	「조세특례제한법」 제99조의9	11N		
	(111) 해외진출기업의 국내복귀에 대한 세액감면(철수방식)	「조세특례제한법」 제104조의24제1항제1호	11F		
	(112) 해외진출기업의 국내복귀에 대한 세액감면(유지방식)	「조세특례제한법」 제104조의24제1항제2호	11H		
	(113) 고도기술수반사업 외국인투자 세액감면	「조세특례제한법」 제121조의2제1항제1호	186		
	(114) 외국인투자지역내 외국인투자 세액감면	「조세특례제한법」 제121조의2제1항제2호 또는 제2호의5	187		
	(115) 경제자유구역내 외국인투자 세액감면	「조세특례제한법」 제121조의2제1항제2호의2	188		
	(116) 경제자유구역 개발사업시행자 세액감면	「조세특례제한법」 제121조의2제1항제2호의3	157		
	(117) 제주투자진흥기구의 개발사업시행자 세액감면	「조세특례제한법」 제121조의2제1항제2호의4	158		
	(118) 기업도시 개발구역내 외국인투자 세액감면	「조세특례제한법」 제121조의2제1항제2호의6	159		
	(119) 기업도시 개발사업의 시행자 세액감면	「조세특례제한법」 제121조의2제1항제2호의7	160		
	(120) 새만금사업지역내 외국인투자 세액감면	「조세특례제한법」 제121조의2제1항제2호의8	11J		
	(121) 새만금사업 시행자 세액감면	「조세특례제한법」 제121조의2제1항제2호의9	11K		
	(122) 기타 외국인투자유치를 위한 조세감면	「조세특례제한법」 제121조의2제1항제3호	167		
	(123) 외국인투자기업의 증자의 조세감면	「조세특례제한법」 제121조의4	172		
	(124) 기술도입대가에 대한 조세면제(국내지점 등)	법률 제9921호 조세특례제한법 일부개정법률 부칙 제77조	173		
	(125) 제주첨단과학기술단지 입주기업 조세감면(최저한세 적용제외)	「조세특례제한법」 제121조의8	181		
	(126) 제주투자진흥지구등 입주기업 조세감면(최저한세 적용제외)	「조세특례제한법」 제121조의9	182		
	(127) 기업도시개발구역 등 입주기업 감면(최저한세 적용제외)	「조세특례제한법」 제121조의17제1항제1·3·5호	197		
	(128) 기업도시개발사업 등 시행자 감면	「조세특례제한법」 제121조의17제1항제2·4·6·7호	198		
	(129) 아시아문화중심도시 투자진흥지구 입주기업 감면(최저한세 적용제외)	「조세특례제한법」 제121조의20제1항	11C		
	(130) 금융중심지 창업기업에 대한 감면(최저한세 적용제외)	「조세특례제한법」 제121조의21제1항	11G		
	(131) 동업기업 세액감면 배분액(최저한세 적용제외)	「조세특례제한법」 제100조의18제4항	11D		
	(132) 사회적기업에 대한 감면	「조세특례제한법」 제85조의6	11L		
	(133) 장애인 표준사업장에 대한 감면	「조세특례제한법」 제85조의6	11M		
	(134) 첨단의료복합단지 입주기업에 대한 감면(최저한세 적용제외)	「조세특례제한법」 제121조의22제1항1호	17A		
	(135) 국가식품클러스터 입주기업에 대한 감면(최저한세 적용제외)	「조세특례제한법」 제121조의22제1항2호	17B		
	(136) 연구개발특구 입주기업에 대한 감면(최저한세 적용제외)	「조세특례제한법」 제12조의2	17C		
	(137) 감염병 피해에 따른 특별재난지역의 중소기업에 대한 감면	「조세특례제한법」 제99조의11	17D		
	(138) 기회발전특구 창업기업 등에 대한 법인세 등의 감면(최저한세 적용제외)	「조세특례제한법」 제121조의33	1D1		
	(139) 소 계		170		
세액공제	(140) 외국납부세액공제	「법인세법」 제57조	101		
	(141) 재해손실세액공제	「법인세법」 제58조	102		
	(142) 신성장·원천기술 연구개발비세액공제(최저한세 적용제외)	「조세특례제한법」 제10조제1항제1호	16A		
	(143) 국가전략기술 연구개발비세액공제(최저한세 적용제외)	「조세특례제한법」 제10조제1항제2호	10D		
	(144) 일반 연구·인력개발비세액공제(최저한세 적용제외)	「조세특례제한법」 제10조제1항제3호	16B		
	(145) 동업기업 세액공제 배분액(최저한세 적용제외)	「조세특례제한법」 제100조의18제4항	12D		
	(146) 성실신고 확인비용에 대한 세액공제	「조세특례제한법」 제126조의6	10A		
	(147) 상가임대료를 인하한 임대사업자에 대한 세액공제	「조세특례제한법」 제96조의3	10B		
	(148) 용역제공자에 관한 과세자료의 제출에 대한 세액공제	「조세특례제한법」 제104조의32	10C		
	(149) 소 계		**180**		
(150) 합 계((139) + (149))			**110**		

210mm×297mm[백상지 80g/㎡ 또는 중질지 80g/㎡]

(4쪽 중 제2쪽)

2. 최저한세 적용대상 공제감면세액

	① 구 분	② 근 거 법 조 항	코드	③ 대상세액	④ 감면세액
세액감면	⑮ 창업중소기업에 대한 세액감면(최저한세 적용대상)	「조세특례제한법」 제6조제1항 · 제5항 · 제6항	111		
	⑮ 창업벤처중소기업 세액감면	「조세특례제한법」 제6조제2항	174		
	⑮ 에너지신기술 중소기업 세액감면	「조세특례제한법」 제6조제4항	13E		
	⑮ 중소기업에 대한 특별세액감면	「조세특례제한법」 제7조	112		
	⑮ 연구개발특구 입주기업에 대한 세액감면(최저한세 적용대상)	「조세특례제한법」 제12조의2	179		
	⑮ 국제금융거래이자소득 면제	「조세특례제한법」 제21조	123		
	⑮ 사업전환 중소기업에 대한 세액감면	구 「조세특례제한법」 제33조의2	192		
	⑮ 무역조정지원기업의 사업전환 세액감면	구 「조세특례제한법」 제33조의2	13A		
	⑮ 기업구조조정 전문회사 주식양도차익 세액감면	법률 제9272호 조세특례제한법 일부개정법률 부칙 제10조 · 제40조	13B		
	⑯ 혁신도시 이전 등 공공기관 세액감면	「조세특례제한법」 제62조제4항	13F		
	⑯ 공장의 지방이전에 대한 세액감면(중소기업의 수도권 안으로 이전)	「조세특례제한법」 제63조	116		
	⑯ 농공단지입주기업 등 감면	「조세특례제한법」 제64조	117		
	⑯ 농업회사법인 감면(농업소득 외의 소득)	「조세특례제한법」 제68조	119		
	⑯ 소형주택 임대사업자에 대한 세액감면	「조세특례제한법」 제96조	13I		
	⑯ 상가건물 장기임대사업자에 대한 세액감면	「조세특례제한법」 제96조의2	13N		
	⑯ 산림개발소득 감면	「조세특례제한법」 제102조	124		
	⑯ 동업기업 세액감면 배분액(최저한세 적용대상)	「조세특례제한법」 제100조의18제4항	13D		
	⑯ 첨단의료복합단지 입주기업에 대한 감면(최저한세 적용대상)	「조세특례제한법」 제121조의22제1항제1호	13H		
	⑯ 기술이전에 대한 세액감면	「조세특례제한법」 제12조제1항	13J		
	⑰ 기술대여에 대한 세액감면	「조세특례제한법」 제12조제3항	13K		
	⑰ 제주첨단과학기술단지 입주기업 감면(최저한세 적용대상)	「조세특례제한법」 제121조의8	13P		
	⑰ 제주투자진흥지구등 입주기업 감면(최저한세 적용대상)	「조세특례제한법」 제121조의9	13Q		
	⑰ 기업도시개발구역 등 입주기업 감면(최저한세 적용대상)	「조세특례제한법」 제121조의17제1항제1호 · 제3호 · 5호	13R		
	⑰ 위기지역 내 창업기업 세액감면(최저한세 적용대상)	「조세특례제한법」 제99조의9	13S		
	⑰ 아시아문화중심도시 투자진흥지구 입주기업 감면(최저한세 적용대상)	「조세특례제한법」 제121조의20제1항	13T		
	⑰ 금융중심지 창업기업에 대한 감면(최저한세 적용대상)	「조세특례제한법」 제121조의21제1항	13U		
	⑰ 국가식품클러스터 입주기업에 대한 감면(최저한세 적용대상)	「조세특례제한법」 제121조의22제1항제2호	13V		
	⑰ 기회발전특구 창업기업 등에 대한 법인세 등의 감면(최저한세 적용대상)	「조세특례제한법」 제121조의33	1C1		
	⑰ 소 계		130		

210mm×297mm[백상지 80g/㎡ 또는 중질지 80g/㎡]

(4쪽 중 제3쪽)

① 구분		② 근거법조항	코드	⑤ 전기이월액	⑥ 당기발생액	⑦ 공제세액
세액공제	(180) 중소기업 등 투자세액공제	구「조세특례제한법」 제5조	131			
	(181) 상생결제 지급금액에 대한 세액공제	「조세특례제한법」 제7조의4	14Z			
	(182) 대·중소기업 상생협력을 위한 기금출연 세액공제	「조세특례제한법」 제8조의3제1항	14M			
	(183) 협력중소기업에 대한 유형고정자산 무상임대 세액공제	「조세특례제한법」 제8조의3제2항	18D			
	(184) 수탁기업에 설치하는 시설에 대한 세액공제	「조세특례제한법」 제8조의3제3항	18L			
	(185) 교육기관에 무상 기증하는 중고자산에 대한 세액공제	「조세특례제한법」 제8조의3제4항	18R			
	(186) 신성장·원천기술 연구개발비세액공제(최저한세 적용대상)	「조세특례제한법」 제10조제1항제1호	13L			
	(187) 국가전략기술 연구개발비세액공제(최저한세 적용대상)	「조세특례제한법」 제10조제1항제2호	10E			
	(188) 일반 연구·인력개발비세액공제(최저한세 적용대상)	「조세특례제한법」 제10조제1항제3호	13M			
	(189) 기술취득에 대한 세액공제	「조세특례제한법」 제12조제2항	176			
	(190) 기술혁신형 합병에 대한 세액공제	「조세특례제한법」 제12조의3	14T			
	(191) 기술혁신형 주식취득에 대한 세액공제	「조세특례제한법」 제12조의4	14U			
	(192) 벤처기업등 출자에 대한 세액공제	「조세특례제한법」 제13조의2	18E			
	(193) 성과공유 중소기업 경영성과급 세액공제	「조세특례제한법」 제19조	18H			
	(194) 연구·인력개발설비투자 세액공제	구「조세특례제한법」 제25조제1항제1호	134			
	(195) 에너지절약시설투자 세액공제	구「조세특례제한법」 제25조제1항제2호	177			
	(196) 환경보전시설 투자 세액공제	구「조세특례제한법」 제25조제1항제3호	14A			
	(197) 근로자복지증진시설투자 세액공제	구「조세특례제한법」 제25조제1항제4호	142			
	(198) 안전시설투자 세액공제	구「조세특례제한법」 제25조제1항제5호	136			
	(199) 생산성향상시설투자세액공제	구「조세특례제한법」 제25조제1항제6호	135			
	(200) 의약품 품질관리시설투자 세액공제	구「조세특례제한법」 제25조의4	14B			
	(201) 신성장기술 사업화를 위한 시설투자 세액공제	구「조세특례제한법」 제25조의5	18B			
	(202) 영상콘텐츠 제작비용에 대한 세액공제(기본공제)	「조세특례제한법」 제25조의6	18C			
	(203) 영상콘텐츠 제작비용에 대한 세액공제(추가공제)	「조세특례제한법」 제25조의6	1B8			
	(204) 초연결 네트워크 시설투자에 대한 세액공제	구「조세특례제한법」 제25조의7	18I			
	(205) 고용창출투자세액공제	「조세특례제한법」 제26조	14N			
	(206) 산업수요맞춤형고등학교등 졸업자를 병역이행 후 복직시킨 중소기업에 대한 세액공제	「조세특례제한법」 제29조의2	14S			
	(207) 경력단절 여성 고용 기업 등에 대한 세액공제	「조세특례제한법」 제29조의3제1항	14X			
	(208) 육아휴직 후 고용유지 기업에 대한 인건비 세액공제	「조세특례제한법」 제29조의3제2항	18J			
	(209) 근로소득을 증대시킨 기업에 대한 세액공제	「조세특례제한법」 제29조의4	14Y			
	(210) 청년고용을 증대시킨 기업에 대한 세액공제	「조세특례제한법」 제29조의5	18A			
	(211) 고용을 증대시킨 기업에 대한 세액공제	「조세특례제한법」 제29조의7	18F			
	(212) 통합고용세액공제	「조세특례제한법」 제29조의8	18S		60,500,000	14,680,000
	(213) 통합고용세액공제(정규직 전환)	「조세특례제한법」 제29조의8	1B4			
	(214) 통합고용세액공제(육아휴직 복귀)	「조세특례제한법」 제29조의8	1B5			
	(215) 정규직근로자 전환 세액공제	「조세특례제한법」 제30조의2	14H			
	(216) 고용유지중소기업에 대한 세액공제	「조세특례제한법」 제30조의3	18K			
	(217) 중소기업 고용증가 인원에 대한 사회보험료 세액공제	「조세특례제한법」 제30조의4 제1항	14Q			
	(218) 중소기업 사회보험 신규가입에 대한 사회보험료 세액공제	「조세특례제한법」 제30조의4 제3항	18G			
	(219) 전자신고에 대한 세액공제(납세의무자)	「조세특례제한법」 제104조의8 제1항	184			
	(220) 전자신고에 대한 세액공제(세무법인 등)	「조세특례제한법」 제104조의8 제3항	14J			
	(221) 제3자 물류비용 세액공제	「조세특례제한법」 제104조의14	14E			
	(222) 대학 맞춤형 교육비용 등 세액공제	구「조세특례제한법」 제104조의18제1항	14I			
	(223) 대학등 기부설비에 대한 세액공제	구「조세특례제한법」 제104조의18제2항	14K			
	(224) 기업의 경기부 설치운영비용 세액공제	「조세특례제한법」 제104조의22	14O			
	(225) 동업기업 세액공제 배분액(최저한세 적용대상)	「조세특례제한법」 제100조의18제4항	14L			
	(226) 산업수요맞춤형 고등학교 등 재학생에 대한 현장훈련수당 등 세액공제	구「조세특례제한법」 제104조의18제4항	14R			
	(227) 석유제품 전자상거래에 대한 세액공제	「조세특례제한법」 제104조의25	14P			
	(228) 금 현물시장에서 거래되는 금지금에 대한 과세특례	「조세특례제한법」 제126조의7제8항	14V			
	(229) 금사업자와 스크랩등사업자의 수입금액의 증가 등에 대한 세액공제	「조세특례제한법」 제122조의4	14W			
	(230) 우수 선화주 인증 국제물류주선업자 세액공제	「조세특례제한법」 제104조의30	18M			
	(231) 소재·부품·장비 수요기업 공동출자 세액공제	「조세특례제한법」 제13조의3제1항	18N			
	(232) 소재·부품·장비 외국법인 인수세액 공제	「조세특례제한법」 제13조의3제3항	18P			
	(233) 선결제 금액에 대한 세액공제	「조세특례제한법」 제99조의12	18Q			
	(234) 해외자원개발투자에 대한 과세특례	「조세특례제한법」 제104조의15	1B6			
	(235) 통합투자세액공제(일반)	「조세특례제한법」 제24조	13W			
	(236) 통합투자세액공제(신성장·원천기술)	「조세특례제한법」 제24조	13X			
	(237) 통합투자세액공제(국가전략기술)	「조세특례제한법」 제24조	13Y			
	(238) 임시통합투자세액공제(일반)	「조세특례제한법」 제24조	1B1			
	(239) 임시통합투자세액공제(신성장·원천기술)	「조세특례제한법」 제24조	1B2			
	(240) 임시통합투자세액공제(국가전략기술)	「조세특례제한법」 제24조	1B3			
	(241) 문화산업전문회사 출자에 대한 세액공제	「조세특례제한법」 제25조의7	1B7			
	(242) 소 계		149		60,500,000	14,680,000
(243) 합 계((179) + (242))			150			14,680,000
(244) 공제감면세액 총계((150) + (243))			151			14,680,000

210mm×297mm[백상지 80g/㎡ 또는 중질지 80g/㎡]

(4쪽 중 제4쪽)

㉖ 기술도입대가에 대한 조세면제	법률 제9921호 조세특례제한법 일부개정법률 부칙 제77조	183				
㉘ 간주 · 간접 외국납부세액공제	「법인세법」 제57조제3항 · 제4항 · 제6항	189				

작성방법

1. ③ 대상세액란: 「법인세법」, 「조세특례제한법」 등에 따른 공제감면대상금액이 있는 경우 공제감면세액계산서(별지 제8호서식 부표 1, 2, 3, 4, 5)에 따라 감면구분별로 적습니다.
2. ④ · ⑦ 공제세액란: 「법인세법」, 「조세특례제한법」 등에 따른 공제감면세액은 공제감면세액계산서(별지 제8호서식 부표 1, 2, 3, 4, 5)에 따라 계산된 공제세액 중 당기에 공제될 세액의 범위에서 「법인세법」 제59조제1항에 따른 공제순서에 따라 감면 구분별로 적습니다.
3. ⑮란 중 ④ 감면세액란: 법인세 과세표준 및 세액조정계산서(별지 제3호서식)의 ⑬ 최저한세 적용제외 공제감면세액란에 옮겨 적습니다.
4. ㉔란 중 ⑦ 공제세액란: 법인세 과세표준 및 세액조정계산서(별지 제3호서식)의 ⑫ 최저한세 적용대상 공제감면세액란에 옮겨 적습니다.
5. ㉖ 기술도입대가에 대한 조세면제란의 공제세액란: 기술도입대가를 지급하는 내국법인이 별지 제8호서식 부표 9 기술도입대가에 대한 조세면제명세서의 면제세액 합계액을 적습니다(국내사업장이 있고 해당 기술이 국내사업장에 실질적으로 관련되거나 귀속되는 경우에는 기술을 제공하는 외국법인이 ㉖ 기술도입대가에 대한 조세면제란의 감면세액란에 적습니다).
6. ⑭ 외국납부세액공제란: 외국납부세액과 ㉘ 간주 · 간접 외국납부세액공제액을 합하여 적고, 간주 · 간접 외국납부세액공제액은 ㉘란에 별도로 적습니다.
7. 「조세특례제한법」 제10조의 연구 · 인력개발비세액공제 중 최저한세가 적용되는 공제세액은 ⑯, ⑰ 또는 ⑱란에 적고, 최저한세 적용이 제외되는 공제세액은 ⑭, ⑬ 또는 ⑭란에 각각 구분하여 적습니다.
8. ⑯, ⑰ 또는 ⑱란 중 ⑤ 전기이월액란: 「조세특례제한법」 제144조제1항에 따라 이월된 미공제 금액 중 해당 과세연도에 공제할 일반연구 · 인력개발비, 신성장 · 원천기술연구개발비 또는 국가전략기술연구개발비를 각각 구분하여 적습니다(구 공제감면코드: 132).
9. 법령의 개정에 따라 종전의 규정 또는 개정규정에 따라 공제감면 받는 경우에는 비어 있는 란 등에 해당 법령의 조문순서에 따라 별도로 적습니다.
10. ② 근거법조항 중 "구"는 「조세특례제한법」(2020.12.29. 법률 제17759호로 개정되기 전의 것)에 따른 조항을 의미합니다.

210mm×297mm[백상지 80g/㎡ 또는 중질지 80g/㎡]

사례 3 2023년 귀속 신고 시 작성

[별지 제3호 서식] (2023.3.20. 개정) (앞쪽)

사업연도	2023.01.01. ~ 2023.12.31.	법인세 과세표준 및 세액조정계산서	법인명	㈜나라
			사업자등록번호	203-81-63108

구분	항목	코드	금액
① 각 사업연도 소득계산	101 결산서상당기순손익	01	289 000 000
	소득조정금액 102 익금산입	02	
	소득조정금액 103 손금산입	03	
	104 차가감소득금액 (101+102-103)	04	289 000 000
	105 기부금한도초과액	05	
	106 기부금한도초과이월액손금산입	54	
	107 각사업연도소득금액 (104+105-106)	06	289 000 000
② 과세표준 계산	108 각사업연도소득금액 (108=107)		289 000 000
	109 이월결손금	07	
	110 비과세소득	08	
	111 소득공제	09	
	112 과세표준 (108-109-110-111)	10	289 000 000
	159 선박표준이익	55	
③ 산출세액 계산	113 과세표준 (112+159)	56	289 000 000
	114 세율	11	19
	115 산출세액	12	34 910 000
	116 지점유보소득 (「법인세법」 제96조)	13	
	117 세율	14	
	118 산출세액	15	
	119 합계 (115+118)	16	34 910 000
④ 납부할세액 계산	120 산출세액 (120=119)		34 910 000
	121 최저한세적용대상공제감면세액	17	14 680 000
	122 차감세액	18	20 230 000
	123 최저한세적용제외공제감면세액	19	
	124 가산세액	20	
	125 가감계 (122-123+124)	21	
	기납부세액 기한내납부세액 126 중간예납세액	22	
	기납부세액 기한내납부세액 127 수시부과세액	23	
	기납부세액 기한내납부세액 128 원천납부세액	24	
	기납부세액 기한내납부세액 129 간접투자회사등의 외국납부세액	25	
	기납부세액 기한내납부세액 130 소계 (126+127+128+129)	26	
	기납부세액 131 신고납부전가산세액	27	
	기납부세액 132 합계 (130+131)	28	
	133 감면분추가납부세액	29	
	134 차감납부할세액 (125-132+133)	30	20 230 000
⑤ 토지등양도소득에 대한 법인세 계산	양도차익 135 등기자산	31	
	양도차익 136 미등기자산	32	
	137 비과세소득	33	
	138 과세표준 (135+136-137)	34	
	139 세율	35	
	140 산출세액	36	
	141 감면세액	37	
	142 차감세액 (140-141)	38	
	143 공제세액	39	
	144 동업기업법인세배분액 (가산세 제외)	58	
	145 가산세액 (동업기업 배분액 포함)	40	
	146 가감계 (142-143+144+145)	41	
	기납부세액 147 수시부과세액	42	
	기납부세액 148 ( ) 세액	43	
	기납부세액 149 계 (147+148)	44	
	150 차감납부할세액 (146-149)	45	
⑥ 미환류소득법인세	160 과세대상미환류소득	59	
	161 세율	60	
	162 산출세액	61	
	163 가산세액	62	
	164 이자상당액	63	
	165 납부할세액 (162+163+164)	64	
⑦ 세액계	151 차감납부할세액계 (134+150+165)	46	20 230 000
	152 사실과다른회계처리경정세액공제	57	
	153 분납세액계산범위액 (151-124-133-145-152+131)	47	20 230 000
	154 분납할세액	48	10 115 000
	155 차감납부세액 (151-152-154)	49	10 115 000

210mm×297mm[백상지 80g/㎡ 또는 중질지 80g/㎡]

사례 3 2023년 귀속 신고 시 작성

[별지 제13호 서식] (2024.3.22. 개정) (3쪽 중 제1쪽)

사업연도	2023.01.01. ~ 2023.12.31.	농어촌특별세 과세대상 감면세액 합계표	법인명	㈜나라
			사업자등록번호	203-81-63108

1. 일반법인의 감면세액

① 구 분	② 감 면 내 용	③ 「조세특례제한법」근거 조항	코드	④ 감 면 세 액 (소득금액)	비 고
⑤ 비과세	⑩ 기업구조조정전문회사의 양도차익 비과세	법률 제9272호 부칙 제10조·제40조	604	(　　)	「법인세법 시행규칙」 별지 제6호서식의 ⑩란 해당 금액
	⑩ 중소기업창업투자회사 등의 소재·부품·장비전문기업 주식양도차익 등에 대한 비과세	제13조의4	62Q	(　　)	
	⑩		606		
⑥ 소득공제	⑭ 국민주택임대소득공제	제55조의2제4항	460	(　　)	「법인세법 시행규칙」 별지 제7호서식의 ⑧란 해당 금액
	⑮ 주택임대소득공제(연면적 149㎡ 이하)	제55조의2제5항	463	(　　)	
	⑯			(　　)	
	⑰		458		
⑦ 비과세·소득공제분 감면세액			6A1		(과세표준+소득금액)×세율-산출세액
⑧ 세액감면	⑱ 국제금융거래이자소득 면제	제21조	123		「법인세법 시행규칙」 별지 제8호서식(갑)의 ④란 해당 금액
	⑲ 해외자원개발배당 감면	제22조	103		
	⑪ 사업전환 중소기업에 대한 세액감면	구 제33조의2	192		
	⑪ 무역조정지원기업의 사업전환 세액감면	구 제33조의2	13A		
	⑫ 기업구조조정전문회사의 주식양도차익 감면	법률 제9272호 부칙 제10조·제40조	13B		
	⑬ 혁신도시 이전 공공기관 세액감면	제62조제4항	13F		
	⑭ 행정중심복합도시 등 공장이전 조세감면	제85조의2(19. 12. 31. 법률 제16835호로 개정되기 전의 것)	11A		
	⑮ 사회적 기업에 대한 감면	제85조의6	11L		
	⑯ 장애인 표준사업장에 대한 감면	제85조의6	11M		
	⑰ 소형주택 임대사업자에 대한 세액감면	제96조	13I		
	⑱ 상가건물 장기 임대사업자에 대한 감면	제96조의2	13N		
	⑲ 제주첨단과학기술단지입주기업 조세감면(최저한세적용제외)	제121조의8	181		
	⑳ 제주투자진흥지구 등 입주기업 조세감면(최저한세적용제외)	제121조의9	182		
	㉑ 기업도시개발구역 등 입주기업 감면(최저한세적용제외)	제121조의17제1항제1호·제3호·제5호	197		
	㉒ 기업도시개발사업 등 시행자 감면	제121조의17제1항제2호·제4호·제6호·제7호	198		
	㉓ 아시아문화중심도시 투자진흥지구 입주기업 감면(최저한세적용제외)	제121조의20제1항	11C		
	㉔ 금융중심지 창업기업에 대한 감면(최저한세적용제외)	제121조의21제1항	11G		
	㉕ 첨단의료복합단지 입주기업에 대한 감면(최저한세적용제외)	제121조의22	17A		
	㉖ 국가식품클러스터 입주기업에 대한 감면(최저한세적용제외)	제121조의22	17B		
	㉗ 첨단의료복합단지 입주기업에 대한 감면(최저한세적용대상)	제121조의22	13H		
	㉘ 국가식품클러스터 입주기업에 대한 감면(최저한세적용대상)	제121조의22	13V		
	㉙ 제주첨단과학기술단지입주기업 조세감면(최저한세적용대상)	제121조의8	13P		
	㉚ 제주투자진흥지구 등 입주기업 조세감면(최저한세적용대상)	제121조의9	13Q		
	㉛ 기업도시개발구역 등 입주기업 감면(최저한세적용대상)	제121조의17제1항제1호·제3호·제5호	13R		
	㉜ 금융중심지 창업기업에 대한 감면(최저한세적용대상)	제121조의21제1항	13U		
	㉝ 아시아문화중심도시 투자진흥지구 입주기업 감면(최저한세적용대상)	제121조의20제1항	13T		
	㉞ 기회발전특구 창업기업 등에 대한 법인세 등의 감면(최저한세적용제외)	제121조의33	1D1		
	㉟ 기회발전특구 창업기업 등에 대한 법인세 등의 감면(최저한세적용대상)	제121조의33	1C1		
	㊱		164		

210mm×297mm[백상지 80g/㎡ 또는 중질지 80g/㎡]

(3쪽 중 제2쪽)

① 구 분	② 감 면 내 용	③ 「조세특례제한법」 근거 조항	코드	④ 감 면 세 액 (소득금액)	비 고
	(137) 중소기업투자세액공제	구 제5조	131		
	(138) 상생결제 지급금액에 대한 세액공제	제7조의4	14Z		
	(139) 대중소기업 상생협력을 위한 기금출연 세액공제	제8조의3제1항	14M		
	(140) 협력중소기업에 대한 유형고정자산 무상임대 세액공제	제8조의3제2항	18D		
	(141) 수탁기업에 설치하는 시설에 대한 세액공제	제8조의3제3항	18L		
	(142) 교육기관에 무상 기증하는 중고자산에 대한 세액공제	제8조의3제4항	18R		
	(143) 기술혁신형 합병에 대한 세액공제	제12조의3	14T		
	(144) 기술혁신형 주식취득에 대한 세액공제	제12조의4	14U		
	(145) 벤처기업 등 출자에 대한 세액공제	제13조의2	18E		
	(146) 성과공유 중소기업 경영성과급 세액공제	제19조	18H		
	(147) 에너지절약시설투자 세액공제	구 제25조제1항제2호	177		
	(148) 환경보전시설투자 세액공제	구 제25조제1항제3호	14A		
	(149) 근로자복지증진시설투자 세액공제	구 제25조제1항제4호	142		
	(150) 안전시설투자 세액공제	구 제25조제1항제5호	136		
	(151) 생산성향상시설투자세액공제	구 제25조제1항제6호	135		
	(152) 의약품 품질관리시설투자 세액공제	구 제25조의4	14B		
	(153) 신성장기술 사업화를 위한 시설투자 세액공제	구 제25조의5	18B		
	(154) 영상콘텐츠 제작비용에 대한 세액공제(기본공제)	제25조의6	18C		
	(155) 영상콘텐츠 제작비용에 대한 세액공제(추가공제)	제25조의6	1B8		
	(156) 초연결 네크워크 시설투자에 대한 세액공제	구 제25조의7	18I		
	(157) 고용창출투자세액공제	제26조	14N		
	(158) 산업수요맞춤형고등학교등 졸업자 복직 중소기업 세액공제	제29조의2	14S		
	(159) 경력단절 여성 고용 기업 등에 대한 세액공제	제29조의3제1항	14X		
	(160) 육아휴직 후 고용유지 기업에 대한 인건비 세액공제	제29조의3제2항	18J		
	(161) 근로소득을 증대시킨 기업에 대한 세액공제	제29조의4	14Y		
	(162) 청년고용을 증대시킨 기업에 대한 세액공제	제29조의5	18A		
⑨ 세 액 공 제	(163) 고용을 증대시킨 기업에 대한 세액공제	제29조의7	18F		「법인세법 시행규칙」 별지 제8호서식(갑)의 ④·⑦란 세액공제 해당 금액
	(164) 통합고용세액공제	**제29조의8**	18S	14,680,000	
	(165) 통합고용세액공제(정규직 전환)	제29조의8	1B4		
	(166) 통합고용세액공제(육아휴직복귀)	제29조의8	1B5		
	(167) 제3자 물류비용 세액공제	제104조의14	14E		
	(168) 대학 맞춤형 교육비용 등 세액공제	구 제104조의18제1항	14I		
	(169) 대학등 기부설비에 대한 세액공제	구 제104조의18제2항	14K		
	(170) 산업수요맞춤형 고등학교 등 재학생에 대한 현장훈련수당 등 세액공제	구 제104조의18제4항	14R		
	(171) 기업의 경기부 설치운영비용 세액공제	제104조의22	14O		
	(172) 석유제품 전자상거래에 대한 세액공제	제104조의25	14P		
	(173) 금 현물시장에서 거래되는 금지금에 대한 과세특례	제126조의7제8항	14V		
	(174) 금사업자와 스크랩등사업자의 수입금액의 증가 등에 대한 세액공제	제122조의4	14W		
	(175) 우수 선화주 인증 국제물류주선업자 세액공제	제104조의30	18M		
	(176) 용역제공자에 관한 과세자료의 제출에 대한 세액공제	제104조의32	10C		
	(177) 소재·부품·장비 수요기업 공동출자 세액공제	제13조의3제1항	18N		
	(178) 소재·부품·장비 외국법인 인수세액 공제	제13조의3제3항	18P		
	(179) 상가임대료를 인하한 임대사업자에 대한 세액공제	제96조의3	10B		
	(180) 선결제 금액에 대한 세액공제	제99조의12	18Q		
	(181) 통합투자세액공제(일반)	제24조	13W		
	(182) 임시통합투자세액공제(일반)	제24조	1B1		
	(183) 통합투자세액공제(신성장·원천기술)	제24조	13X		
	(184) 임시통합투자세액공제(신성장·원천기술)	제24조	1B2		
	(185) 통합투자세액공제(국가전략기술)	제24조	13Y		
	(186) 임시통합투자세액공제(국가전략기술)	제24조	1B3		
	(187) 해외자원개발투자에 대한 과세특례	제104조의15	1B6		
	(188) 문화산업전문회사 출자에 대한 세액공제	제25조의7	1B7		
	(189)		165		
	⑩ 감 면 세 액 합 계			14,680,000	

2. 조합법인 등의 감면세액

① 법인세 과세표준	② 「조세특례제한법」 제72조 세율	③ 산출세액 (①×②)	④ 과세표준		⑤ 「법인세법」 제55조의 세율	⑥ 산출세액	⑦ 감면세액 (⑥-③)
			구 분	금 액			
			2억원 이하 200억원 이하 3천억원 이하 3천억원 초과				
합 계			합 계				

210mm×297mm[백상지 80g/㎡ 또는 중질지 80g/㎡]

PART 05

고용지원을 위한 조세특례

(3쪽 중 제3쪽)

3. 조합법인에 대한 공제세액

⑧ 공제내용	코드	⑨ 공제세액	비 고
청년고용을 증대시킨 기업에 대한 세액공제	18A		「법인세법 시행규칙」 별지 제8호서식(갑)의 ⑦란 공제세액 해당 금액
고용을 증대시킨 기업에 대한 세액공제	18F		「법인세법 시행규칙」 별지 제8호서식(갑)의 ⑦란 공제세액 해당 금액
기업의 경기부 설치운영비용 세액공제	14O		「법인세법 시행규칙」 별지 제8호서식(갑)의 ⑦란 공제세액 해당 금액
상가임대료를 인하한 임대사업자에 대한 세액공제	10B		「법인세법 시행규칙」 별지 제8호서식(갑)의 ④란 감면(공제)세액 해당 금액
선결제금액에 대한 세액공제	18Q		「법인세법 시행규칙」 별지 제8호서식(갑)의 ⑦란 공제세액 해당 금액
통합고용세액공제	18S		「조세특례제한법 시행규칙」 별지 제10호의9서식의 ④란 공제세액 해당 금액
합 계			

작 성 방 법

1. 일반법인의 감면세액 계산
   가. ⑦란 중 ④ 감면세액(소득금액)란의 금액은 각 사업연도 소득에 대한 법인세 과세표준[법인세 과세표준 및 세액조정계산서(별지 제3호서식)의 ⑬란의 금액을 말합니다]에 ⑤란의 비과세 소득금액과 ⑥란의 소득공제금액을 합산한 조정과세표준에 대한 산출세액에서 법인세 과세표준 및 세액조정계산서(별지 제3호서식)의 ⑮란의 산출세액의 금액을 빼서 적습니다.
   나. 그 밖에 ⑤ 비과세, ⑥ 소득공제, ⑧ 세액감면, ⑨ 세액공제의 빈 란에는 「조세특례제한법」의 개정으로 추가하여 감면세액이 발생되거나 개정 전 규정의 부칙에 따라 적용되는 감면세액이 농어촌특별세 과세대상에 해당하는 경우에 해당 감면세액을 각각 적습니다.
2. 조합법인 등의 감면세액 계산: ⑤ 「법인세법」 제55조의 세율은 다음과 같이 적용합니다.
   가. 2012년 1월 1일 이후 개시하는 사업연도

과세표준	세 율
2억원 이하	과세표준의 100분의 10
2억원 초과 200억원 이하	2천만원 + (2억원 초과 200억원 이하 금액의 100분의 20)
200억원 초과	39억 8천만원 + (200억원을 초과하는 금액의 100분의 22)

   나. 2018년 1월 1일 이후 개시하는 사업연도

과세표준	세 율
2억원 이하	과세표준의 100분의 10
2억원 초과 200억원 이하	2천만원 + (2억원 초과 200억원 이하 금액의 100분의 20)
200억원 초과 3천억원 이하	39억8천만원 + (200억원을 초과하는 금액의 100분의 22)
3천억원 초과	655억8천만원 + (3천억원을 초과하는 금액의 100분의 25)

   다. 2023년 1월 1일 이후 개시하는 사업연도

과세표준	세 율
2억원 이하	과세표준의 100분의 9
2억원 초과 200억원 이하	1천8백만원 + (2억원 초과 200억원 이하 금액의 100분의 19)
200억원 초과 3천억원 이하	37억8천만원 + (200억원을 초과하는 금액의 100분의 21)
3천억원 초과	625억8천만원 + (3천억원을 초과하는 금액의 100분의 24)

3. 조합법인 등의 공제세액 계산: 「조세특례제한법」의 개정으로 조합법인 등에 추가로 공제되는 공제세액이 농어촌특별세 과세대상에 해당하는 공제세액을 적습니다.

※ 근거법조항 중 "구"는 「조세특례제한법」(2020.12.29. 법률 제17759호로 개정되기 전의 것)에 따른 조항을 의미합니다.

210mm×297mm[백상지 80g/㎡ 또는 중질지 80g/㎡]

사례 3 2023년 귀속 신고 시 작성

[별지 제12호 서식] (2017.3.10. 개정) (앞 쪽)

사 업 연 도	2023.01.01. ~ 2023.12.31.	농어촌특별세과세표준 및 세액조정계산서	법인명	㈜나라
			사업자등록번호	203-81-63108

농어촌특별세 과세표준 및 세액 조정내역

①법 인 유 형	②과 세 표 준		세 율	③세 액
	구 분	금 액		
④일 반 법 인	⑤ 법 인 세 감 면 세 액	14,680,000	20%	2,936,000
	⑥			
	⑦			
	⑧ 소 계	14,680,000		2,936,000
⑨조 합 법 인 등	⑩ 법 인 세 공 제 · 감 면 세 액		20%	
	⑫ 소 계			

작 성 방 법

1. ②란 중 ⑤법인세감면세액란에는 농어촌특별세과세대상감면세액합계표[별지 제13호서식]상의 ⑩감면세액합계란의 금액을 옮겨 적습니다.
2. ②란 중 ⑩법인세공제 · 감면세액란에는 농어촌특별세과세대상감면세액합계표[별지 제13호서식] 2. 조합법인 등 감면세액중 ⑦감면세액란의 합계금액과 3. 조합법인 등 공제세액중 ⑨ 공제세액란 합계금액을 더하여 기입합니다.

210mm×297mm[백상지 80g/㎡ 또는 중질지 80g/㎡]

사례 3 2023년 귀속 신고 시 작성

[별지 제2호 서식] (2024.3.22. 개정) (앞쪽)

농어촌특별세 과세표준 및 세액신고서

※ 뒤쪽의 신고안내 및 작성방법을 읽고 작성하여 주시기 바랍니다.

1. 신고인 인적사항

① 소 재 지	경기도 고양시 일산서구 대화로37번길 102-30(법곳동)				
② 법 인 명	㈜나라		③대 표 자 성 명	김 유 민	
④사업자등록번호	203-81-63108	⑤사 업 연 도	2023.01.01. ~ 2023.12.31.	⑥전 화 번 호	031-2231-7027

2. 농어촌특별세 과세표준 및 세액 조정내역

⑦과 세 표 준		14,680,000
⑧산 출 세 액		2,936,000
⑨가 산 세 액 (미납세액, 미납일수, 세율)		(, , 2.2/10,000)
⑩총 부 담 세 액		2,936,000
⑪기 납 부 세 액		
⑫환 급 예 정 세 액		
⑬차 감 납 부 할 세 액		2,936,000
⑭분 납 할 세 액		
⑮차 감 납 부 세 액		2,936,000
⑯충 당 후 납 부 세 액		2,936,000
⑰국 세 환 급 금 충 당 신 청	환 급 법 인 세	
	충당할 농어촌특별세	

신고인은 「농어촌특별세법」 제7조에 따라 위의 내용을 신고하며, 위 내용을 충분히 검토하였고 **신고인이 알고 있는 사실 그대로를 정확하게 적었음을 확인합니다.**

2024년 3월 31일

신고인(대표자) 김 유 민 (서명 또는 인)

세무대리인은 조세전문자격자로서 위 신고서를 성실하고 공정하게 작성하였음을 확인합니다.

세무대리인 (서명 또는 인)

고양 세무서장 귀하

210mm×297mm[백상지 80g/㎡ 또는 중질지 80g/㎡]

사례 3 2024년 귀속 신고 시 작성

[별지 제10호의9 서식] (2024.3.22. 개정) (3쪽 중 제1쪽)

통합고용세액공제 공제세액계산서

① 신 청 인	① 상호 또는 법인명 : ㈜나라	② 사업자등록번호 : 203-81-63108
	③ 대표자 성명 : 김 유 민	④ 생년월일 : 1973년 04월 12일
	⑤ 주소 또는 본점소재지 : 경기도 고양시 일산서구 대화로37번길 102-30(법곳동) (전화번호 : 031-2231-7027)	

②과세연도	2024년 1월 1일부터 2024년 12월 31일까지

③ 상시근로자 현황 (작성방법 2,3번을 참고하시기 바랍니다.)

구 분	직전전 과세연도	직전 과세연도	해당 과세연도
⑥ 상 시 근 로 자 수 (⑦ + ⑧)	21.00	26.00	22.00
⑦ 청년등상시근로자 수	9.00	12.00	10.00
⑧ 청년등상시근로자를 제외한 상시근로자 수	12.00	14.00	12.00
⑨ 정규직 전환 근로자 수	-		
⑩ 육아휴직 복귀자 수			

④ 기본공제 공제세액 계산내용

가. 1차년도 세제지원 요건 : ⑬ > 0

1. 상시근로자 증가 인원

⑪ 해당 과세연도 상시근로자 수	⑫ 직전 과세연도 상시근로자 수	⑬ 상시근로자 증가 인원 수 (⑪-⑫)
22.00	26.00	-4.00

2. 청년등상시근로자 증가 인원

⑭ 해당 과세연도 청년등상시근로자 수	⑮ 직전 과세연도 청년등상시근로자 수	⑯ 청년등상시근로자 증가 인원 수 (⑭-⑮)
10.00	12.00	-2.00

3. 청년등상시근로자를 제외한 상시근로자 증가 인원

⑰ 해당 과세연도 청년등상시근로자를 제외한 상시근로자 수	⑱ 직전 과세연도 청년등상시근로자를 제외한 상시근로자 수	⑲ 청년등상시근로자를 제외한 상시근로자 증가 인원 수(⑰-⑱)
12.00	14.00	-2.00

(3쪽 중 제2쪽)

4. 1차년도 세액공제액 계산

구분	구분		직전 과세연도 대비 상시근로자 증가 인원 수 (⑬상시근로자 증가 인원 수를 한도로 함)	1인당 공제금액	⑳ 1차년도 세액공제액
중소기업	수도권 내	청년등		1천4백5십만원	
		청년등 외		8백5십만원	
	수도권 밖	청년등		1천5백5십만원	
		청년등 외		9백5십만원	
	계				
중견기업	청년등			8백만원	
	청년등 외			4백5십만원	
	계				
일반기업	청년등			4백만원	
	청년등 외				
	계				

나. 2차년도 세제지원 요건 : ㉓ ≥ 0

1. 상시근로자 증가 인원

㉑ 2차년도(해당 과세연도) 상시근로자 수	㉒ 1차년도(직전 과세연도) 상시근로자 수	㉓ 상시근로자 증가 인원 수(㉑-㉒)
24.00	26.00	-2.00

2. 2차년도 세액공제액 계산(상시근로자 감소여부)

1차년도 (직전 과세연도) 대비 상시근로자 감소여부	1차년도 (직전 과세연도) 대비 청년등상시근로자 수 감소여부	㉔ 1차년도 (직전 과세연도) 청년등상시근로자 증가 세액공제액	㉕ 1차년도 (직전 과세연도) 청년등 외 상시근로자 증가 세액공제액	㉖ 2차년도 세액공제액
부	부			
	여			
여				

다. 3차년도 세제지원 요건(중소 · 중견기업만 해당) : ㉙ ≥ 0

1. 상시근로자 증가 인원

㉗ 3차년도(해당 과세연도) 상시근로자 수	㉘ 1차년도(직전전 과세연도) 상시근로자 수	㉙ 상시근로자 증가 인원(㉗-㉘)

2. 3차년도 세액공제액 계산(상시근로자 감소여부)

1차년도 (직전전 과세연도) 대비 상시근로자 감소여부	1차년도 (직전전 과세연도) 대비 청년등상시근로자 수 감소여부	㉚ 1차년도 (직전전 과세연도) 청년등 상시근로자 증가 세액공제액	㉛ 1차년도 (전전 과세연도) 청년등 외 상시근로자 증가 세액공제액	㉜ 3차년도 세액공제액
부	부			
	여			
여				

❺ 추가공제 공제세액 계산내용

가. 세제지원 요건 : ㉟ ≥ 0

㉝ 해당 과세연도 상시근로자 수	㉞ 직전 과세연도 상시근로자 수	㉟ 상시근로자 증가 인원 수 (㉝－㉞)

나. 세액공제액 계산

구분	구 분	인 원 수	1 인 당 공 제 금 액	㊱ 추가공제 세액공제액
중소기업	정규직 전환자		1천3백만원	
	육아휴직 복귀자			
	계			
중견기업	정규직 전환자		9백만원	
	육아휴직 복귀자			
	계			
⑥ 세액공제액 : ⑳ 1차년도 세액공제액 + ㉖ 2차년도 세액공제액 + ㉜ 3차년도 세액공제액 + ㊱ 추가공제 세액공제액				

「조세특례제한법 시행령」 제26조의8 제11항에 따라 위와 같이 공제세액계산서를 제출합니다.

2025년 3월 31일

신청인 ㈜나라 김 유 민 (서명 또는 인)

고양 세무서장 귀하

작 성 방 법

1. 근로자 수는 다음과 같이 계산하되, 100분의 1 미만의 부분은 없는 것으로 합니다.
   가. 상시근로자 수: 매월 말 현재 상시근로자 수의 합 / 과세연도의 개월 수
   나. 청년등상시근로자 수: 매월 말 현재 청년등상시근로자 수의 합 / 과세연도의 개월 수
   다. 청년등상시근로자 외 상시근로자 수: 매월 말 현재 청년등상시근로자 외 상시근로자 수의 합 / 과세연도의 개월 수
2. ⑥란의 상시근로자란 「근로기준법」에 따라 근로계약을 체결한 내국인 근로자로서 다음의 어느 하나에 해당하는 사람을 제외한 근로자를 말합니다.
   가. 근로계약기간이 1년 미만인 근로자. 다만, 근로계약의 연속된 갱신으로 인하여 그 근로계약의 총 기간이 1년 이상인 근로자는 상시근로자로 봅니다.
   나. 「근로기준법」 제2조제1항제9호에 따른 단시간근로자. 다만, 1개월간의 소정근로시간이 60시간 이상인 근로자는 상시근로자로 봅니다.
   다. 「법인세법 시행령」 제40조제1항 각 호의 어느 하나에 해당하는 임원
   라. 해당 기업의 최대주주 또는 최대출자자(개인사업자의 경우에는 대표자를 말합니다)와 그 배우자
   마. 라목에 해당하는 자의 직계존비속(그 배우자를 포함합니다) 및 「국세기본법 시행령」 제1조의2제1항에 따른 친족관계인 사람
   바. 「소득세법 시행령」 제196조에 따른 근로소득원천징수부에 의하여 근로소득세를 원천징수한 사실이 확인되지 않고, 「국민연금법」 제3조제1항제11호 및 제12호에 따른 부담금 및 기여금 또는 「국민건강보험법」 제69조에 따른 직장가입자의 보험료에 해당하는 금액의 납부사실도 확인되지 않는 자
3. ⑦란 등의 청년등상시근로자란 상시근로자 중 15세 이상 34세 이하인 사람으로서 다음 각 목의 어느 하나에 해당하는 사람을 제외한 사람(해당 근로자가 병역을 이행한 경우에는 6년을 한도로 병역을 이행한 기간을 현재 연령에서 빼고 계산한 연령이 34세 이하인 사람을 포함)과 「장애인복지법」의 적용을 받는 장애인, 「국가유공자 등 예우 및 지원에 관한 법률」에 따른 상이자, 「5ㆍ18민주유공자예우 및 단체설립에 관한 법률」 제4조제2호에 따른 5ㆍ18민주화운동부상자와 「고엽제후유의증 등 환자지원 및 단체설립에 관한 법률」 제2조제3호에 따른 고엽제후유의증환자로서 장애등급 판정을 받은 사람, 근로계약 체결일 현재 연령이 60세 이상인 사람, 「조세특례제한법」 제29조의3제1항에 따른 경력단절 여성을 말합니다.
   가. 「기간제 및 단시간근로자 보호 등에 관한 법률」에 따른 기간제근로자 및 단시간근로자
   나. 「파견근로자보호 등에 관한 법률」에 따른 파견근로자
   다. 「청소년 보호법」 제2조제5호 각 목에 따른 업소에 근무하는 같은 조 제1호에 따른 청소년
4. 청년등 외 상시근로자란 상시근로자 중 청년등상시근로자가 아닌 상시근로자를 말합니다.
5. ⑳, ㉖, ㉜ 계산 시 각 공제금액(청년/청년 외)은 전체 상시근로자 수 증가분을 한도로 합니다.
6. ㉝, ㉞란의 상시근로자 수는 「근로기준법」 제74조에 따른 출산전후휴가를 사용 중인 상시근로자를 대체하는 상시근로자가 있는 경우 해당 출산전후휴가를 사용 중인 상시근로자를 제외하고 계산한 상시근로자 수를 말합니다.
7. 해당 과세연도의 상시근로자 수가 전년 대비 증가하여 「조세특례제한법」 제29조의8의 통합고용세액공제 1차년도 공제를 신청할 경우 「조세특례제한법」 제29조의7의 고용 증대 기업에 대한 세액공제 1차년도 공제를 중복하여 신청할 수 없습니다.

210mm×297mm[백상지 80g/㎡]

사례 3 2024년 귀속 신고 시 작성

[별지 제4호 서식] (2019.3.20. 개정) (앞쪽)

사업연도	2024.01.01. ~ 2024.12.31.	최저한세조정계산서	법인명	㈜나라
			사업자등록번호	203-81-63108

1. 최저한세 조정 계산 명세

① 구분		코드	② 감면 후 세액	③ 최저한세	④ 조정감	⑤ 조정 후 세액
⑩ 결산서상 당기순이익		01	325,000,000			
소득조정금액	⑩ 익금산입	02				
	⑩ 손금산입	03				
⑩ 조정 후 소득금액(⑩+⑩-⑩)		04	325,000,000	325,000,000		
최저한세 적용대상 특별비용	⑩ 준비금	05				
	⑩ 특별상각 및 특례자산 감가상각비	06				
⑩ 특별비용 손금산입 전 소득금액(⑩+⑩+⑩)		07	325,000,000	325,000,000		
⑩ 기부금한도초과액		08				
⑩ 기부금한도초과 이월액 손금산입		09				
⑪ 각 사업연도 소득금액(⑩+⑩-⑩)		10	325,000,000	325,000,000		
⑪ 이월결손금		11				
⑪ 비과세소득		12				
⑪ 최저한세 적용대상 비과세소득		13				
⑪ 최저한세 적용대상 익금불산입·손금산입		14				
⑪ 차가감소득금액(⑪-⑪-⑪+⑪+⑪)		15	325,000,000	325,000,000		
⑪ 소득공제		16				
⑪ 최저한세 적용대상 소득공제		17				
⑪ 과세표준금액(⑪-⑪+⑪)		18	325,000,000	325,000,000		
⑪ 선박표준이익		24				
⑫ 과세표준금액(⑪+⑪)		25	325,000,000	325,000,000		
⑫ 세율		19	19	7		
⑫ 산출세액		20	41,750,000	22,750,000		
⑫ 감면세액		21				
⑫ 세액공제		22				
⑫ 차감세액(⑫-⑫-⑫)		23	41,750,000			

2. 최저한세 세율 적용을 위한 구분 항목

⑫ 중소기업 유예기간 종료연월		⑫ 유예기간 종료 후 연차			

210mm×297mm[백상지 80g/㎡ 또는 중질지 80g/㎡]

사례 3 2024년 귀속 신고 시 작성

[별지 제8호 서식 부표 3] (2024.3.22. 개정) (앞쪽)

사 업 연 도	2024.01.01. ~ 2024.12.31.	세액공제조정명세서(3)	법인명	㈜나라
			사업자등록번호	203-81-63108

1. 공제세액계산(「조세특례제한법」)

	⑩ 구 분	근거법 조 항	⑫ 계 산 기 준	코드	⑬ 계산명세	⑭ 공제대상 세 액
조세특례제한법	중소기업 등 투자세액공제	구 제5조	투자금액 × 1(2,3,5,10)/100	131		
	상생결제 지급금액에 대한 세액공제	제7조의4	지급기한 15일 이내 : 지급 금액의 0.5% 지급기한 15일 ~ 30일 : 지급 금액의 0.3% 지급기한 30일 ~ 60일 : 지급 금액의 0.015%	14Z		
	대·중소기업 상생협력을 위한 기금출연 세액공제	제8조의3제1항	출연금 × 10/100	14M		
	협력중소기업에 대한 유형고정자산 무상임대 세액공제	제8조의3제2항	장부가액 × 3/100	18D		
	수탁기업에 설치하는 시설에 대한 세액공제	제8조의3제3항	투자금액 × 1(3,7)/100	18L		
	교육기관에 무상 기증하는 중고자산에 대한 세액공제	제8조의3제4항	기증자산 시가 × 10/100	18R		
	신성장·원천기술 연구개발비세액공제(최저한세 적용제외)	제10조제1항제1호	(일반 연구·인력개발비) '14.1.1.~'14.12.31.: 발생액 × 3~4(8,10,15,20,25,30)/100 또는 2년간 연평균 발생액의 초과액 × 40(50)/100 '15.1.1. 이후: 발생액 × 2~3(8,10,15,20,25,30)/100 또는 직전 발생액의 초과액 × 40(50)/100 '17.1.1. 이후: 발생액 × 1~3(8,10,15,20,25,30)/100 또는 직전 발생액의 초과액 × 30(40,50)/100 '18. 1. 1. 이후: 발생액 × 0~2(8,10,15,20,25,30)/100 또는 직전 발생액의 초과액 × 25(40,50)/100 (신성장·원천기술 연구개발비) '17. 1. 1. 이후: 발생액 × 20(30)/100 (국가전략기술 연구개발비) '21. 7. 1. 이후: 발생액 ×30(40)/100	16A		
	국가전략기술 연구개발비세액공제(최저한세 적용제외)	제10조제1항제2호		10D		
	일반 연구·인력개발비세액공제(최저한세 적용제외)	제10조제1항제3호		16B		
	신성장·원천기술 연구개발비세액공제(최저한세 적용대상)	제10조제1항제1호		13L		
	국가전략기술 연구개발비세액공제(최저한세 적용대상)	제10조제1항제2호		10E		
	일반 연구·인력개발비세액공제(최저한세 적용대상)	제10조제1항제3호		13M		
	기술취득에 대한 세액공제	제12조제2항	특허권 등 취득금액 × 5(10)/100 *법인세의 10% 한도	176		
	기술혁신형 합병에 대한 세액공제	제12조의3	기술가치금액 × 10/100	14T		
	기술혁신형 주식취득에 대한 세액공제	제12조의4	기술가치금액 × 10/100	14U		
	벤처기업등 출자에 대한 세액공제	제13조의2	주식등 취득가액 × 5/100	18E		
	성과공유 중소기업 경영성과급 세액공제	제19조	'22.1.1. 이전 지급분 : 근로자에 지급하는 경영성과급 × 10/100 '22.1.1. 이후 지급분 : 근로자에 지급하는 경영성과급× 15/100	18H		
	연구·인력개발설비투자세액공제	구 제25조제1항제1호	'14.1.1.~'15.12.31. 투자분 : 투자금액 × 3(5,10)/100 '16.1.1. 이후 투자분 : 투자금액 × 1(3,6)/100 '19.1.1. 이후 투자분 : 투자금액 × 1(3,7)/100	134		
	에너지절약시설투자세액공제	구 제25조제1항제2호	'14.1.1.~'15.12.31. 투자분 : 투자금액 × 3(5,10)/100 ('16.1.1. 현재 투자진행 중인 경우 '16.12.31.까지 종전율 적용) '16.1.1. 이후 투자개시분 : 투자금액 × 1(3,10)/100 '19.1.1. 이후 투자분 : 투자금액 × 1(3,7)/100	177		
	환경보전시설 투자세액공제	구 제25조제1항제3호	투자금액 × 3(5,10)/100 '19.1.1. 이후 투자분 : 투자금액 × 3(5,10)/100	14A		
	근로자복지증진시설투자세액공제	구 제25조제1항제4호	투자금액 × 7(10)/100 '19.1.1. 이후 취득분 : 취득금액 × 3(5,10)/100	142		
	안전시설투자세액공제	구 제25조제1항제5호	'13.1.1.~'14.12.31. 투자분 : 투자금액 × 3(7)/100 '15.1.1. 이후 투자분 : 투자금액 × 1(3,7)/100 '19.1.1. 이후 투자분 : 투자금액 × 1(5,10)/100	136		
	생산성향상시설투자세액공제	구 제25조제1항제6호	'13.1.1.~'14.12.31. 투자분 : 투자금액 × 3(7)/100 '15.1.1. 이후 투자분 : 투자금액 × 1(3,7)/100 '20.1.1.~'20.12.31. 투자분 : 투자금액 × 2(5,10))/100 '21.1.1.~'21.12.31. 투자분 : 투자금액 × 1(5,10))/100 '21.1.1.~이후. 투자분 : 투자금액 × 1(3,7))/100	135		
	의약품 품질관리시설투자세액공제	구 제25조의4	'14.1.1.~'16.12.31. 투자분 : 투자금액 × 3(5,7)/100 '17.1.1. 이후 투자분 : 투자금액 × 1(3,6)/100	14B		
	신성장기술 사업화를 위한 시설투자 세액공제	구 제25조의5	투자금액 × 5(7,10)/100	18B		
	영상콘텐츠 제작비용에 대한 세액공제	제25조의6	제작비용 × 3(7,10)/100	18C		
	초연결 네트워크 시설투자에 대한 세액공제	구 제25조의7	투자금액 × 2(3)/100	18I		
	고용창출투자세액공제	제26조	'12.1.1.~12.31.:투자금액 × {기본공제(3~4%)+추가공제(2~3%)} '13.1.1.~12.31.:투자금액 × {기본공제(2~4%)+추가공제(3%)} '14.1.1. 이후: 투자금액 × {기본공제(1~4%)+추가공제(3%)} (한도 : 상시근로자 증가분 × 1,000만원, 1,500만원, 2,000만원) '15.1.1. 이후: 투자금액 × {기본공제(0~3%)+추가공제(3~7%)} '17.1.1. 이후: (한도 : 상시근로자 증가분 × 1,000(1,500)만원, 1,500(2,000)만원, 2,000(2,500)만원)	14N		
	산업수요맞춤형고등학교등 졸업자를 병역이행 후 복직시킨 중소기업에 대한 세액공제	제29조의2	복직자에게 지급한 인건비 × 중소30(중견15)/100	14S		
	경력단절 여성 고용 기업 등에 대한 세액공제	제29조의3제1항	경력단절 여성 재고용 인건비 × 중소30(중견15)/100	14X		
	육아휴직 후 고용유지 기업에 대한 인건비 세액공제	제29조의3제2항	육아휴직 복귀자 인건비 × 중소30(중견15)/100	18J		
	근로소득을 증대시킨 기업에 대한 세액공제	제29조의4	평균 초과 임금증가분 × 5(중견10, 중소20)/100 정규직 전환 근로자의 임금 증가분 × 5(10,20)/100	14Y		
	청년고용을 증대시킨 기업에 대한 세액공제	제29조의5	청년정규직근로자 증가인원수 × 3백만원(7백만원, 1천만원)	18A		
	고용을 증대시킨 기업에 대한 세액공제	제29조의7	직전연도 대비 상시근로자 증가수 × 4백만원(1천2백만원) '21.12.31~'22.12.31 : 직전연도 대비 상시근로자 증가수 × 5백만원(1천3백만원)	18F		
	통합고용세액공제	제29조의8	직전연도 대비 상시근로자 증가수 × 4백만원(1천4백5십만원)	18S		
	정규직 근로자 전환 세액공제	제30조의2	전환인원수 × 중소1천만원(중견7백만원)	14H		
	고용유지중소기업에 대한 세액공제	제30조의3	연간 임금감소 총액× 10/100 + 시간당 임금상승에 따른 보전액 × 15/100	18K		
	중소기업 고용증가 인원에 대한 사회보험료 세액공제	제30조의4제1항	청년(만15~29세)근로자 등 순증인원의 사회보험료(증가분의 100%) 청년 및 경력단절 여성 외 근로자 순증인원의 사회보험료(증가분의 50%,75%)	14Q		

(뒤쪽)

(101) 구 분	근거법 조항	(102) 계 산 기 준	코드	(103) 계산명세	(104) 공제대상세액
중소기업 사회보험 신규가입에 대한 사회보험료 세액공제	제30조의4제3항	'20.12.31.까지 사회보험 신규가입에 따 른 사용자 부담액× 50%	18G		
전자신고에 대한 세액공제(법인)	제104조의8제1항	법인세 전자신고시 2만원	184		
전자신고에 대한 세액공제(세무법인 등)	제104조의8제3항	법인 · 소득세 전자신고 대리건수 × 2만원 *한도: 연300만원(세무 · 회계법인 연750만원) 한도액계산시 부가가치세 대리신고에 따른 세액공제액 포함	14J		
제3자 물류비용 세액공제	제104조의14	(전년대비 위탁물류비용 증가액)×3/100(중소기업은 5/100) * 직전 위탁물류비 30% 미만 : (당기 위탁물류비 – 당기 전체물류비 × 30%) ×3/100(중소기업은 5/100) * 법인세 10% 한도	14E		
대학 맞춤형 교육비용 세액공제	구 제104조의18제1항	법 제10조 연구 · 인력개발비세액공제 준용 *수도권 소재대학의 발생액은 50%만 인정	14I		
대학등 기부설비에 대한 세액공제	구 제104조의18제2항	법 제11조 연구 · 인력개발설비투자세액공제 준용 *수도권 소재대학의 기부금액은 50%만 인정	14K		
기업의 운동경비부 설치운영 세액공제	제104조의22	설치운영비용 × 10(20)/100	14O		
산업수요맞춤형 고등학교 등 재학생에 대한 현장훈련수당 등 세액공제	구 제104조의18제4항	일반 연구 · 인력개발비 세액공제 준용	14R		
석유제품 전자상거래에 대한 세액공제	제104조의25	'13.1.1.~12.31.: 공급가액의 0.5%(산출세액의 10% 한도) '14.1.1.~'16.12.31.: 공급가액의 0.3%(산출세액의 10% 한도) '17.1.1.~'19.12.31.:공급자는 공급가액의0.1%,수요자0.2%,(산출세액의 10% 한도) '20.1.1.~'22.12.31.:수요자만 공급가액의 0.2%(산출세액의 10% 한도)	14P		
금 현물시장에서 거래되는 금지금에 대한 과세특례	제126조의7제8항	산출세액×[(금 현물시장 이용금액 – 직전 과세연도의 금 현물시장 이용금액)/매출액] 또는 산출세액×[(금 현물시장 이용금액×5/100)/매출액]	14V		
금사업자와 스크랩등 사업자의 수입금액증가등 세액공제	제122조의4	산출세액×[(매입자납부익금및손금합계금액 – 직전 과세연도의 매입자납부익금및손금합계금액)×50/100]/익금및손금합계금액 또는 산출세액×[(매입자납부익금및손금합계금액×5/100]/익금및손금합계금액 *한도: 해당 과세연도 산출세액–직전 과세연도 산출세액	14W		
성실신고 확인비용에 대한 세액공제	제126조의6	확인비용 × 60/100 (150만원 한도)	10A		
우수 선화주 인증받은 국제물류주선업자에 대한 세액공제	제104조의30	운송비용의 1% + 직전과세연도 대비 증가분의 3%(산출세액의 10%한도)	18M		
용역제공자에 관한 과세자료의 제출에 대한 세액공제	제104조의32	과세자료에 기재된 용역제공자 인원수×300원(200만원 한도)	10C		
소재 · 부품 · 장비 수요기업 공동출자세액공제	제13조의3제1항	주식 또는 출자지분 취득가액 5%	18N		
소재 · 부품 · 장비 외국법인 인수세액 공제	제13조의3제3항	주식 또는 출자지분 취득가액 5% (중견7%, 중소10%)	18P		
상가임대료를 인하한 임대사업자에 대한 세액공제	제96조의3	임대료 인하액의 70%	10B		
선결제 금액에 대한 세액공제	제99조의12	선결제금액 × 1%	18Q		
통합투자세액공제(일반)	제24조	기본공제 : 투자금액 × 1(중견5, 중소10)/100, 신성장 · 원천기술 투자금액 × 3(중견6,중소12)/100 국가전략기술 투자금액 × 8(중견8,중소16)/100 추가공제 : 직전 3년 연평균 투자금액 초과액 × 3/100(국가전략기술 4/100)(기본공제 200% 한도)	13W		
통합투자세액공제(신성장 · 원천기술)	제24조		13X		
통합투자세액공제(국가전략기술)	제24조		13Y		
합		계	1A1		

2. 당기공제세액 및 이월액계산

(105) 구분	(106) 사업연도	요공제세액 (107) 당기분	요공제세액 (108) 이월분	당기 공제대상세액 (109) 당기분	(110)1차 연도 / (115)6차 연도	(111)2차 연도 / (116)7차 연도	(112)3차 연도 / (117)8차 연도	(113)4차 연도 / (118)9차 연도	(114)5차 연도 / (119)10차 연도	(120)계	(121)최저한세 적용에 따른 미공제액	(122) 그 밖의 사유로 인한 미공제액	(123) 공제세액 ((120)–(121)–(122))	(124) 소멸	(125) 이월액 ((107)+(108)–(123)–(124))
통합고용 세액공제	2023.12		45,820,000		45,820,000					45,820,000		45,820,000		45,820,000	
	소계		45,820,000		45,820,000					45,820,000		45,820,000		45,820,000	
	소계														
합 계			45,820,000		45,820,000					45,820,000	※	45,820,000		45,820,000	

작성방법

1. (105) 구분란에는 1. 공제세액계산(「조세특례제한법」)의 코드를 적습니다.
2. (106) 사업연도란에는 이월된 공제대상세액이 발생한 사업연도와 종료월을 적습니다.
3. (107) 당기분란에는 (104) 공제대상세액을 적습니다.
4. (108) 이월분란에는 (101) 구분별, 사업연도별로 전기의 (125) 이월액을 적습니다.
5. (109) 당기분란에는 당기분 세액을 적고, (110)란~(119)란의 해당 연도란에는 (108) 이월분 세액을 각각 적습니다.
6. (121)최저한세 적용에 따른 미공제액란의 합계(※표란)에는 "최저한세조정계산서(별지 제4호서식)"의 ④란 중 (124) 세액공제란의 금액을 옮겨 적고, 「조세특례제한법」 제144조제2항에 규정된 순서에 따라 (121)란의 최저한세 적용에 따른 미공제액의 각 란에 조정하여 적습니다.
7. 근거법조항 중 "구"는 「조세특례제한법」(2020.12.29. 법률 제17759호로 개정되기 전의 것)에 따른 조항을 의미합니다.

사례 3 2024년 귀속 신고 시 작성

[별지 제8호 서식(갑)] (2024.3.22. 개정) (4쪽 중 제1쪽)

사 업 연 도	2024.01.01. ~ 2024.12.31.	공제감면세액 및 추가납부세액합계표(갑)	법 인 명	㈜나라
			사업자등록번호	203-81-63108

1. 최저한세 적용제외 공제감면세액

	① 구 분	② 근 거 법 조 항	코드	③ 대상세액	④ 감면(공제)세액
세액감면	(101) 창업중소기업에 대한 세액감면(최저한세 적용제외)	「조세특례제한법」제6조제7항 외	110		
	(102) 해외자원개발투자배당 감면	「조세특례제한법」 제22조	103		
	(103) 수도권과밀억제권역 밖으로 이전하는 중소기업 세액감면(수도권 밖으로 이전)	구 「조세특례제한법」 제63조	169		
	(104) 공장의 수도권 밖 이전에 대한 세액감면	「조세특례제한법」 제63조	108		
	(105) 본사의 수도권 밖 이전에 대한 세액감면	「조세특례제한법」 제63조의2	109		
	(106) 영농조합법인 감면	「조세특례제한법」 제66조	104		
	(107) 영어조합법인 감면	「조세특례제한법」 제67조	107		
	(108) 농업회사법인 감면(농업소득)	「조세특례제한법」 제68조	11B		
	(109) 행정중심복합도시 등 공장이전에 대한 조세감면	「조세특례제한법」 제85조의2제3항 (2019.12.31. 법률 제16835호로 개정되기 전의 것)	11A		
	(110) 위기지역 내 창업기업 세액감면(최저한세 적용제외)	「조세특례제한법」 제99조의9	11N		
	(111) 해외진출기업의 국내복귀에 대한 세액감면(철수방식)	「조세특례제한법」 제104조의24제1항제1호	11F		
	(112) 해외진출기업의 국내복귀에 대한 세액감면(유지방식)	「조세특례제한법」 제104조의24제1항제2호	11H		
	(113) 고도기술수반사업 외국인투자 세액감면	「조세특례제한법」 제121조의2제1항제1호	186		
	(114) 외국인투자지역내 외국인투자 세액감면	「조세특례제한법」 제121조의2제1항제2호 또는 제2호의5	187		
	(115) 경제자유구역내 외국인투자 세액감면	「조세특례제한법」 제121조의2제1항제2호의2	188		
	(116) 경제자유구역 개발사업시행자 세액감면	「조세특례제한법」 제121조의2제1항제2호의3	157		
	(117) 제주투자진흥기구의 개발사업시행자 세액감면	「조세특례제한법」 제121조의2제1항제2호의4	158		
	(118) 기업도시 개발구역내 외국인투자 세액감면	「조세특례제한법」 제121조의2제1항제2호의6	159		
	(119) 기업도시 개발사업의 시행자 세액감면	「조세특례제한법」 제121조의2제1항제2호의7	160		
	(120) 새만금사업지역내 외국인투자 세액감면	「조세특례제한법」 제121조의2제1항제2호의8	11J		
	(121) 새만금사업 시행자 세액감면	「조세특례제한법」 제121조의2제1항제2호의9	11K		
	(122) 기타 외국인투자유치를 위한 조세감면	「조세특례제한법」 제121조의2제1항제3호	167		
	(123) 외국인투자기업의 증자의 조세감면	「조세특례제한법」 제121조의4	172		
	(124) 기술도입대가에 대한 조세면제(국내지점 등)	법률 제9921호 조세특례제한법 일부개정법률 부칙 제77조	173		
	(125) 제주첨단과학기술단지 입주기업 조세감면(최저한세 적용제외)	「조세특례제한법」 제121조의8	181		
	(126) 제주투자진흥지구등 입주기업 조세감면(최저한세 적용제외)	「조세특례제한법」 제121조의9	182		
	(127) 기업도시개발구역 등 입주기업 감면(최저한세 적용제외)	「조세특례제한법」 제121조의17제1항제1·3·5호	197		
	(128) 기업도시개발사업 등 시행자 감면	「조세특례제한법」 제121조의17제1항제2·4·6·7호	198		
	(129) 아시아문화중심도시 투자진흥지구 입주기업 감면(최저한세 적용제외)	「조세특례제한법」 제121조의20제1항	11C		
	(130) 금융중심지 창업기업에 대한 감면(최저한세 적용제외)	「조세특례제한법」 제121조의21제1항	11G		
	(131) 동업기업 세액감면 배분액(최저한세 적용제외)	「조세특례제한법」 제100조의18제4항	11D		
	(132) 사회적기업에 대한 감면	「조세특례제한법」 제85조의6	11L		
	(133) 장애인 표준사업장에 대한 감면	「조세특례제한법」 제85조의6	11M		
	(134) 첨단의료복합단지 입주기업에 대한 감면(최저한세 적용제외)	「조세특례제한법」 제121조의22제1항1호	17A		
	(135) 국가식품클러스터 입주기업에 대한 감면(최저한세 적용제외)	「조세특례제한법」 제121조의22제1항2호	17B		
	(136) 연구개발특구 입주기업에 대한 감면(최저한세 적용제외)	「조세특례제한법」 제12조의2	17C		
	(137) 감염병 피해에 따른 특별재난지역의 중소기업에 대한 감면	「조세특례제한법」 제99조의11	17D		
	(138) 기회발전특구 창업기업 등에 대한 법인세 등의 감면(최저한세 적용제외)	「조세특례제한법」 제121조의33	1D1		
	(139) 소 계		170		
세액공제	(140) 외국납부세액공제	「법인세법」 제57조	101		
	(141) 재해손실세액공제	「법인세법」 제58조	102		
	(142) 신성장·원천기술 연구개발비세액공제(최저한세 적용제외)	「조세특례제한법」 제10조제1항제1호	16A		
	(143) 국가전략기술 연구개발비세액공제(최저한세 적용제외)	「조세특례제한법」 제10조제1항제2호	10D		
	(144) 일반 연구·인력개발비세액공제(최저한세 적용제외)	「조세특례제한법」 제10조제1항제3호	16B		
	(145) 동업기업 세액공제 배분액(최저한세 적용제외)	「조세특례제한법」 제100조의18제4항	12D		
	(146) 성실신고 확인비용에 대한 세액공제	「조세특례제한법」 제126조의6	10A		
	(147) 상가임대료를 인하한 임대사업자에 대한 세액공제	「조세특례제한법」 제96조의3	10B		
	(148) 용역제공자에 관한 과세자료의 제출에 대한 세액공제	「조세특례제한법」 제104조의32	10C		
	(149) 소 계		180		
(150) 합 계((139) + (149))			110		

210mm×297mm[백상지 80g/㎡ 또는 중질지 80g/㎡]

(4쪽 중 제2쪽)

2. 최저한세 적용대상 공제감면세액

① 구 분		② 근 거 법 조 항	코드	③ 대상세액	④ 감면세액
세액감면	(151) 창업중소기업에 대한 세액감면(최저한세 적용대상)	「조세특례제한법」 제6조제1항 · 제5항 · 제6항	111		
	(152) 창업벤처중소기업 세액감면	「조세특례제한법」 제6조제2항	174		
	(153) 에너지신기술 중소기업 세액감면	「조세특례제한법」 제6조제4항	13E		
	(154) 중소기업에 대한 특별세액감면	「조세특례제한법」 제7조	112		
	(155) 연구개발특구 입주기업에 대한 세액감면(최저한세 적용대상)	「조세특례제한법」 제12조의2	179		
	(156) 국제금융거래이자소득 면제	「조세특례제한법」 제21조	123		
	(157) 사업전환 중소기업에 대한 세액감면	구 「조세특례제한법」 제33조의2	192		
	(158) 무역조정지원기업의 사업전환 세액감면	구 「조세특례제한법」 제33조의2	13A		
	(159) 기업구조조정 전문회사 주식양도차익 세액감면	법률 제9272호 조세특례제한법 일부개정법률 부칙 제10조 · 제40조	13B		
	(160) 혁신도시 이전 등 공공기관 세액감면	「조세특례제한법」 제62조제4항	13F		
	(161) 공장의 지방이전에 대한 세액감면(중소기업의 수도권 안으로 이전)	「조세특례제한법」 제63조	116		
	(162) 농공단지입주기업 등 감면	「조세특례제한법」 제64조	117		
	(163) 농업회사법인 감면(농업소득 외의 소득)	「조세특례제한법」 제68조	119		
	(164) 소형주택 임대사업자에 대한 세액감면	「조세특례제한법」 제96조	13I		
	(165) 상가건물 장기임대사업자에 대한 세액감면	「조세특례제한법」 제96조의2	13N		
	(166) 산림개발소득 감면	「조세특례제한법」 제102조	124		
	(167) 동업기업 세액감면 배분액(최저한세 적용대상)	「조세특례제한법」 제100조의18제4항	13D		
	(168) 첨단의료복합단지 입주기업에 대한 감면(최저한세 적용대상)	「조세특례제한법」 제121조의22제1항제1호	13H		
	(169) 기술이전에 대한 세액감면	「조세특례제한법」 제12조제1항	13J		
	(170) 기술대여에 대한 세액감면	「조세특례제한법」 제12조제3항	13K		
	(171) 제주첨단과학기술단지 입주기업 감면(최저한세 적용대상)	「조세특례제한법」 제121조의8	13P		
	(172) 제주투자진흥지구등 입주기업 감면(최저한세 적용대상)	「조세특례제한법」 제121조의9	13Q		
	(173) 기업도시개발구역 등 입주기업 감면(최저한세 적용대상)	「조세특례제한법」 제121조의17제1항제1호 · 제3호 · 5호	13R		
	(174) 위기지역 내 창업기업 세액감면(최저한세 적용대상)	「조세특례제한법」 제99조의9	13S		
	(175) 아시아문화중심도시 투자진흥지구 입주기업 감면(최저한세 적용대상)	「조세특례제한법」 제121조의20제1항	13T		
	(176) 금융중심지 창업기업에 대한 감면(최저한세 적용대상)	「조세특례제한법」 제121조의21제1항	13U		
	(177) 국가식품클러스터 입주기업에 대한 감면(최저한세 적용대상)	「조세특례제한법」 제121조의22제1항제2호	13V		
	(178) 기회발전특구 창업기업 등에 대한 법인세 등의 감면(최저한세 적용대상)	「조세특례제한법」 제121조의33	1C1		
	(179) 소 계		130		

210mm×297mm[백상지 80g/㎡ 또는 중질지 80g/㎡]

(4쪽 중 제3쪽)

	① 구 분	② 근 거 법 조 항	코드	⑤ 전기 이월액	⑥ 당기발생액	⑦ 공제세액
세액공제	(180) 중소기업 등 투자세액공제	구「조세특례제한법」 제5조	131			
	(181) 상생결제 지급금액에 대한 세액공제	「조세특례제한법」 제7조의4	14Z			
	(182) 대·중소기업 상생협력을 위한 기금출연 세액공제	「조세특례제한법」 제8조의3제1항	14M			
	(183) 협력중소기업에 대한 유형고정자산 무상임대 세액공제	「조세특례제한법」 제8조의3제2항	18D			
	(184) 수탁기업에 설치하는 시설에 대한 세액공제	「조세특례제한법」 제8조의3제3항	18L			
	(185) 교육기관에 무상 기증하는 중고자산에 대한 세액공제	「조세특례제한법」 제8조의3제4항	18R			
	(186) 신성장·원천기술 연구개발비세액공제(최저한세 적용대상)	「조세특례제한법」 제10조제1항제1호	13L			
	(187) 국가전략기술 연구개발비세액공제(최저한세 적용대상)	「조세특례제한법」 제10조제1항제2호	10E			
	(188) 일반 연구·인력개발비세액공제(최저한세 적용대상)	「조세특례제한법」 제10조제1항제3호	13M			
	(189) 기술취득에 대한 세액공제	「조세특례제한법」 제12조제2항	176			
	(190) 기술혁신형 합병에 대한 세액공제	「조세특례제한법」 제12조의3	14T			
	(191) 기술혁신형 주식취득에 대한 세액공제	「조세특례제한법」 제12조의4	14U			
	(192) 벤처기업등 출자에 대한 세액공제	「조세특례제한법」 제13조의2	18E			
	(193) 성과공유 중소기업 경영성과급 세액공제	「조세특례제한법」 제19조	18H			
	(194) 연구·인력개발설비투자 세액공제	구「조세특례제한법」 제25조제1항제1호	134			
	(195) 에너지절약시설투자 세액공제	구「조세특례제한법」 제25조제1항제2호	177			
	(196) 환경보전시설 투자 세액공제	구「조세특례제한법」 제25조제1항제3호	14A			
	(197) 근로자복지증진시설투자 세액공제	구「조세특례제한법」 제25조제1항제4호	142			
	(198) 안전시설투자 세액공제	구「조세특례제한법」 제25조제1항제5호	136			
	(199) 생산성향상시설투자세액공제	구「조세특례제한법」 제25조제1항제6호	135			
	(200) 의약품 품질관리시설투자 세액공제	구「조세특례제한법」 제25조의4	14B			
	(201) 신성장기술 사업화를 위한 시설투자 세액공제	구「조세특례제한법」 제25조의5	18B			
	(202) 영상콘텐츠 제작비용에 대한 세액공제(기본공제)	「조세특례제한법」 제25조의6	18C			
	(203) 영상콘텐츠 제작비용에 대한 세액공제(추가공제)	「조세특례제한법」 제25조의6	1B8			
	(204) 초연결 네트워크 시설투자에 대한 세액공제	구「조세특례제한법」 제25조의7	18I			
	(205) 고용창출투자세액공제	「조세특례제한법」 제26조	14N			
	(206) 산업수요맞춤형고등학교등 졸업자를 병역이행 후 복직시킨 중소기업에 대한 세액공제	「조세특례제한법」 제29조의2	14S			
	(207) 경력단절 여성 고용 기업 등에 대한 세액공제	「조세특례제한법」 제29조의3제1항	14X			
	(208) 육아휴직 후 고용유지 기업에 대한 인건비 세액공제	「조세특례제한법」 제29조의3제2항	18J			
	(209) 근로소득을 증대시킨 기업에 대한 세액공제	「조세특례제한법」 제29조의4	14Y			
	(210) 청년고용을 증대시킨 기업에 대한 세액공제	「조세특례제한법」 제29조의5	18A			
	(211) 고용을 증대시킨 기업에 대한 세액공제	「조세특례제한법」 제29조의7	18F			
	(212) 통합고용세액공제	**「조세특례제한법」 제29조의8**	**18S**	**45,820,000**		
	(213) 통합고용세액공제(정규직 전환)	「조세특례제한법」 제29조의8	1B4			
	(214) 통합고용세액공제(육아휴직 복귀)	「조세특례제한법」 제29조의8	1B5			
	(215) 정규직근로자 전환 세액공제	「조세특례제한법」 제30조의2	14H			
	(216) 고용유지중소기업에 대한 세액공제	「조세특례제한법」 제30조의3	18K			
	(217) 중소기업 고용증가 인원에 대한 사회보험료 세액공제	「조세특례제한법」 제30조의4 제1항	14Q			
	(218) 중소기업 사회보험 신규가입에 대한 사회보험료 세액공제	「조세특례제한법」 제30조의4 제3항	18G			
	(219) 전자신고에 대한 세액공제(납세의무자)	「조세특례제한법」 제104조의8 제1항	184			
	(220) 전자신고에 대한 세액공제(세무법인 등)	「조세특례제한법」 제104조의8 제3항	14J			
	(221) 제3자 물류비용 세액공제	「조세특례제한법」 제104조의14	14E			
	(222) 대학 맞춤형 교육비용 등 세액공제	구「조세특례제한법」 제104조의18제1항	14I			
	(223) 대학등 기부설비에 대한 세액공제	구「조세특례제한법」 제104조의18제2항	14K			
	(224) 기업의 경기부 설치운영비용 세액공제	「조세특례제한법」 제104조의22	14O			
	(225) 동업기업 세액공제 배분액(최저한세 적용대상)	「조세특례제한법」 제100조의18제4항	14L			
	(226) 산업수요맞춤형 고등학교 등 재학생에 대한 현장훈련수당 등 세액공제	구「조세특례제한법」 제104조의18제4항	14R			
	(227) 석유제품 전자상거래에 대한 세액공제	「조세특례제한법」 제104조의25	14P			
	(228) 금 현물시장에서 거래되는 금지금에 대한 과세특례	「조세특례제한법」 제126조의7제8항	14V			
	(229) 금사업자와 스크랩등사업자의 수입금액의 증가 등에 대한 세액공제	「조세특례제한법」 제122조의4	14W			
	(230) 우수 선화주 인증 국제물류주선업자 세액공제	「조세특례제한법」 제104조의30	18M			
	(231) 소재·부품·장비 수요기업 공동출자 세액공제	「조세특례제한법」 제13조의3제1항	18N			
	(232) 소재·부품·장비 외국법인 인수세액 공제	「조세특례제한법」 제13조의3제3항	18P			
	(233) 선결제 금액에 대한 세액공제	「조세특례제한법」 제99조의12	18Q			
	(234) 해외자원개발투자에 대한 과세특례	「조세특례제한법」 제104조의15	1B6			
	(235) 통합투자세액공제(일반)	「조세특례제한법」 제24조	13W			
	(236) 통합투자세액공제(신성장·원천기술)	「조세특례제한법」 제24조	13X			
	(237) 통합투자세액공제(국가전략기술)	「조세특례제한법」 제24조	13Y			
	(238) 임시통합투자세액공제(일반)	「조세특례제한법」 제24조	1B1			
	(239) 임시통합투자세액공제(신성장·원천기술)	「조세특례제한법」 제24조	1B2			
	(240) 임시통합투자세액공제(국가전략기술)	「조세특례제한법」 제24조	1B3			
	(241) 문화산업전문회사 출자에 대한 세액공제	「조세특례제한법」 제25조의7	1B7			
	(242) 소 계		149	**45,820,000**		
(243) 합 계((179) + (242))			150			
(244) 공제감면세액 총계((150) + (243))			151			

210mm×297mm[백상지 80g/㎡ 또는 중질지 80g/㎡]

(4쪽 중 제4쪽)

(245) 기술도입대가에 대한 조세면제	법률 제9921호 조세특례제한법 일부개정법률 부칙 제77조	183			
(246) 간주 · 간접 외국납부세액공제	「법인세법」 제57조제3항 · 제4항 · 제6항	189			

작성방법

1. ③ 대상세액란: 「법인세법」, 「조세특례제한법」 등에 따른 공제감면대상금액이 있는 경우 공제감면세액계산서(별지 제8호서식 부표 1, 2, 3, 4, 5)에 따라 감면구분별로 적습니다.
2. ④ · ⑦ 공제세액란: 「법인세법」, 「조세특례제한법」 등에 따른 공제감면세액은 공제감면세액계산서(별지 제8호서식 부표 1, 2, 3, 4, 5)에 따라 계산된 공제세액 중 당기에 공제될 세액의 범위에서 「법인세법」 제59조제1항에 따른 공제순서에 따라 감면 구분별로 적습니다.
3. (150)란 중 ④ 감면세액란: 법인세 과세표준 및 세액조정계산서(별지 제3호서식)의 (123) 최저한세 적용제외 공제감면세액란에 옮겨 적습니다.
4. (242)란 중 ⑦ 공제세액란: 법인세 과세표준 및 세액조정계산서(별지 제3호서식)의 (121) 최저한세 적용대상 공제감면세액란에 옮겨 적습니다.
5. (245) 기술도입대가에 대한 조세면제란의 공제세액란: 기술도입대가를 지급하는 내국법인이 별지 제8호서식 부표 9 기술도입대가에 대한 조세면제 명세서의 면제세액 합계액을 적습니다(국내사업장이 있고 해당 기술이 국내사업장에 실질적으로 관련되거나 귀속되는 경우에는 기술을 제공하는 외국법인이 (245) 기술도입대가에 대한 조세면제란의 감면세액란에 적습니다).
6. ⑭ 외국납부세액공제란: 외국납부세액과 (246) 간주 · 간접 외국납부세액공제액을 합하여 적고, 간주 · 간접 외국납부세액공제액은 (246)란에 별도로 적습니다.
7. 「조세특례제한법」 제10조의 연구 · 인력개발비세액공제 중 최저한세가 적용되는 공제세액은 (186), (187) 또는 (188)란에 적고, 최저한세 적용이 제외되는 공제세액은 (142), (143) 또는 (144)란에 각각 구분하여 적습니다.
8. (186), (187) 또는 (188)란 중 ⑤ 전기이월액란:「조세특례제한법」 제144조제1항에 따라 이월된 미공제 금액 중 해당 과세연도에 공제할 일반연구 · 인력개발비, 신성장 · 원천기술연구개발비 또는 국가전략기술연구개발비를 각각 구분하여 적습니다(구 공제감면코드: 132).
9. 법령의 개정에 따라 종전의 규정 또는 개정규정에 따라 공제감면 받는 경우에는 비어 있는 란 등에 해당 법령의 조문순서에 따라 별도로 적습니다.
10. ② 근거법조항 중 "구"는 「조세특례제한법」(2020.12.29. 법률 제17759호로 개정되기 전의 것)에 따른 조항을 의미합니다.

210mm×297mm[백상지 80g/㎡ 또는 중질지 80g/㎡]

사례 3 2024년 귀속 신고 시 작성

[별지 제8호 서식 부표 6] (2024.3.22. 개정) (앞쪽)

사업연도	2024.01.01. ~ 2024.12.31.	추가납부세액계산서(6)	법인명	㈜나라
			사업자등록번호	203-81-63108

1. 준비금환입에 대한 법인세 추가납부액

① 구분		② 손금산입 연도	③ 추가납부대상 준비금환입액	④ 공제액	⑤ 차감계 (③-④)	⑥ 법인세상당액	⑦ 이율 (일변)	⑧ 기간	⑨법인세 추가납부액 (⑥×⑦×⑧)
코드	내용								
계									

2. 소득공제액에 대한 법인세 추가납부액

⑩ 구분		⑪ 소득공제 연도	⑫ 추가납부 사유	⑬ 공제받은 소득금액	⑭ 법인세 상당액	가산액			⑱법 인 세 추가납부액 (⑭+⑰)
코드	내용					⑮이율 (일변)	⑯기간	⑰금액 (⑭×⑮×⑯)	
계									

3. 공제감면세액에 대한 법인세 추가납부액

⑲ 구분		⑳ 공제감면 받은연도	㉑ 추가납부 사유	㉒ 공제감면 세액	가 산 액			㉖법 인 세 추가납부액 (㉒+㉕)
코드	내용				㉓이율 (일변)	㉔기간	㉕금액 (㉒×㉓×㉔)	
18S	제29조의8 통합고용 세액공제	2023	상시근로자 수 감소	**180,000**				**180,000**
계								**180,000**

4. 법인세 추가납부세액 합계 ㉗(⑨+⑱+㉖)	**180,000**

210mm×297mm[백상지 80g/㎡ 또는 중질지 80g/㎡]

사례 3 2024년 귀속 신고 시 작성

[별지 제8호 서식(을)] (2021.3.16. 개정) (3쪽 중 제1쪽)

사업연도	2024.01.01. ~ 2024.12.31.	공제감면세액 및 추가납부세액합계표(을)	법 인 명	㈜나라
			사업자등록번호	203-81-63108

1. 비과세등(「조세특례제한법」)

	① 구 분	② 「조세특례제한법」의 근거 조항	코드	③ 금 액
비과세·면제·소득공제	⑩ 중소기업창업투자회사등의 주식양도차익등 비과세	제13조	601	
	⑫ 해외자원개발투자 배당소득에 대한 면제	제22조	61A	
	⑬ 기업구조조정전문회사등의 양도차익 감면	법률 제9272호 「조세특례제한법」부칙 제10조·제40조	604	
	⑭ 어업협정에 따른 어업인에 대한 지원금 비과세	제104조의2제1항	605	
	⑯ 중소기업창업투자회사 등의 소재·부품·장비전문기업 주식양도차익 등에 대한 비과세	제13조의4	62Q	
	⑩ 프로젝트금융투자회사에 대한 소득공제	제104조의31	62R	
	⑰		606	
	⑱ 합 계		610	

2. 익금불산입(「조세특례제한법」)

	④ 구 분	⑤ 「조세특례제한법」의 근거 조항	코드	⑥ 결산조정액	⑦ 세무조정액	⑧ 합계 (⑥+⑦)
익금불산입	⑲ 상생협력 중소기업 수입배당금 익금불산입	제8조의2	62D			
	⑩ 출연금 등의 과세특례	제10조의2	627			
	⑪ 사업전환 중소기업의 양도차익 과세특례	법률 제9272호 「조세특례제한법」 부칙 제33조	622			
	⑫ 사업전환 무역조정기업 양도차익 과세특례	제33조	62A			
	⑬ 기업의 금융채무상환 자산매각 양도차익 과세특례	제34조	62F			
	⑭ 내국법인의 외국자회사 주식등 현물출자양도차익 과세특례	제38조의3	611			
	⑮ 재무구조개선을 위한 채무감소액 과세특례	제39조제2항	62G			
	⑯ 주주등의 자산양도소득에 대한 과세특례	제40조	62J			
	⑰ 재무구조 개선을 위한 법인의 채무면제익 과세특례	제44조	613			
	⑱ 재무구조개선 무상감자 수증 주식가액 과세특례	제45조제1항	62H			
	⑲ 공공기관의 구조개편에 따른 양도차익 과세특례	제45조의2	62K			
	⑳ 기업 간 주식등의 교환에 따른 양도차익 과세특례	제46조	62I			
	㉑ 자가물류시설 양도차익 과세특례	제46조의4	628			
	㉒ 합병에 따른 중복자산 양도차익 과세특례	제47조의4	625			
	㉓ 공장 대도시 밖 이전 양도차익 과세특례	제60조제2항	615			
	㉔ 본사 지방이전 양도차익 과세특례	제61조제3항	616			
	㉕ 혁신도시 이전 공공기관 양도차익 과세특례	제62조제1항	62P			
	㉖ 지방이전법인 수도권과밀억제권역 내 공장 양도차익 과세특례	제63조	617			
	㉗ 지방이전법인 수도권과밀억제권역 내 본사 양도차익 과세특례	제63조의2제5항	618			
	㉘ 행정중심복합도시 등 내 공장의 지방이전에 대한 양도차익 과세특례	제85조의2	629			
	㉙ 보육시설 양도차익 과세특례	제85조의5	631			
	㉚ 공익사업목적 공장수용 양도차익 과세특례	제85조의7	62B			
	㉛ 중소기업 과밀억제권역외 공장이전 과세특례	제85조의8	62E			
	㉜ 공익사업목적 물류시설이전 과세특례	제85조의9	62L			
	㉝ 자본확충목적회사에 대한 손실보전준비금 과세특례	제104조의3	62M			
	㉞ 어업협정에 따른 어업인에 대한 보조금 과세특례	제104조의2제2항	620			
	㉟ 대학재정 건전화를 위한 양도차익 과세특례	제104조의16	62C			
	㊱ 대한주택공사 및 한국토지공사 배당금에 대한 과세특례	제104조의21제2항	62N			
	㊲ 국제회계기준 적용 내국법인에 대한 대손충당금 환입액 익금불산입	제104조의23	62O			
	㊳ 내국법인의 금융채무 상환을 위한 자산매각에 대한 과세특례	제121조의26	681			
	㊴ 채무의 인수·변제에 대한 과세특례	제121조의27	682			
	㊵ 주주등의 자산양도에 관한 법인세 등 과세특례	제121조의28	683			
	㊶ 사업재편계획에 따른 기업의 채무면제익에 대한 과세특례	제121조의29	684			
	㊷ 기업간 주식등의 교환에 대한 과세특례	제121조의30	685			
	㊸ 합병에 따른 중복자산의 양도에 대한 과세특례	제121조의31	686			
	㊹		621			
	㊺ 합 계		640			

210mm×297mm[백상지 80g/㎡ 또는 중질지 80g/㎡]

(3쪽 중 제2쪽)

3. 손금산입

④ 구 분		⑤ 근거 조항	코드	⑥ 결산 조정액	⑦ 세무 조정액	⑧ 합계 (⑥+⑦)
손금산입	⑮ 중소기업지원설비 손금산입(무상기증)	「조세특례제한법」 제8조제1항제1호	659			
	⑯ 중소기업지원설비 손금산입(저가양도)	「조세특례제한법」 제8조제2항제2호	63B			
	⑰ 연구인력개발준비금 손금산입	「조세특례제한법」 제9조 (2019.12.31. 법률 제16835호로 개정되기 전의 것)	63J			
	⑱ 감가상각비의 손금산입 특례	법률 제10068호 「조세특례제한법」 부칙 제4조 및 「조세특례제한법」 제28조	657			
	⑲ 자산의 포괄적양도에 따른 과세특례	「조세특례제한법」 제37조 (2017.12.19. 법률 제15227호로 개정되기 전의 것)	63L			
	⑳ 주식의 포괄적 교환·이전에 대한 과세특례	「조세특례제한법」 제38조	63M			
	㉑ 현물출자에 따른 자산의 양도차익 손금산입	「법인세법」 제47조의2	644			
	㉒ 지주회사의 설립 등 주식양도차익 손금산입	「조세특례제한법」 제38조의2	645			
	㉓ 채무의 인수·변제금액 손금산입	「조세특례제한법」 제39조제1항	63E			
	㉔ 재무구조개선을 위해 채무면제한 금융회사의 손금산입	「조세특례제한법」 제44조제4항	647			
	㉕ 재무구조개선 무상감자 증여주식가액 손금산입	「조세특례제한법」 제45조제2항	63F			
	㉖ 물류산업 분할평가차익 손금산입	「조세특례제한법」 제46조의5	664			
	㉗ 구조개선적립금의 손금산입	「조세특례제한법」 제48조	63G			
	㉘ 금융기관의 자산·부채인수에 따른 손금산입	「조세특례제한법」 제52조	650			
	㉙ 기부금의 손금산입	「조세특례제한법」 제73조 (2010.12.27. 법률 제10406호로 개정되기 전의 것)	651			
	㉚ 경제자유구역개발사업 토지 현물출자 양도차익 손금산입	「조세특례제한법」 제85조의4	666			
	㉛ 무주택근로자에 대한 주택보조금 손금산입	「조세특례제한법」 제100조	654			
	㉜ 여수세계박람회 참가 준비금 손금산입	「조세특례제한법」 제104조의9	63N			
	㉝ 금융기관 부실채권정리기금 반환출자시 손금산입	「조세특례제한법」 제104조의11	63H			
	㉞ 신용회복목적회사의 손금산입	「조세특례제한법」 제104조의12	63O			
	㉟ 정비사업조합 설립인가등의 취소에 따른 채권 손금산입	「조세특례제한법」 제104조의26	63Q			
	㊱ 해외자원개발사업자의 사업용자산 취득 보조금 손금산입	「조세특례제한법」 제104조의15제4항	63I			
	㊲ 학교법인 출연금액 손금산입	「조세특례제한법」 제104조의16	63A			
	㊳ 휴면예금 출연금액 손금산입	「조세특례제한법」 제104조의17	63C			
	㊴ 대한주택공사 및 한국토지공사의 합병 손금산입	「조세특례제한법」 제104조의21제1항	63P			
	㊵		656			
	⑮ 합 계		670			

4. 이월과세(「조세특례제한법」)

⑨ 구 분	⑩ 근거 조항	코드	⑪ 이월과세 납부세액
⑯ 중소기업 통합에 대한 양도소득세 이월과세	제31조	661	
⑰ 법인전환에 대한 양도소득세 이월과세	제32조	662	
⑱ 영농조합법인에 현물출자시 양도소득세 이월과세	제66조제7항	66A	
⑲ 농업회사법인에 현물출자시 양도소득세 이월과세	제68조제3항	66B	
⑳ 합 계		667	

5. 추가납부세액

⑫ 구 분		⑬ 근거법 조항	코드	⑭ 대상금액	⑮ 세 액
조세특례제한법	⑱ 준비금환입에 대한 법인세 추가납부		771		
	⑫ 소득공제액에 대한 법인세 추가납부		772		
	⑬ 공제감면세액에 대한 법인세 추가납부 * 제5조·제11조·제24조·제25조·제25조의2·제26조·제94조·제96조		773		
	⑭ 기 타	**조특법 제29조의 8**	775		180,000
	⑮ 소 계		780		180,000
법인세법 등	⑯ 기공제 원천납부세액 추가납부	「법인세법 시행령」 제113조제6항	781		
	⑰ 업무무관부동산 지급이자 손금부인에 따른 증가세액	「법인세법 시행규칙」 제27조	782		
	⑱ 외국법인의 신고기한 연장에 따른 이자상당액	「법인세법」 제97조제3항	783		
	⑲ 내국법인의 신고기한 연장에 따른 이자상당액	「법인세법」 제60조제8항	786		
	⑳ 혼성금융상품 관련 추가 손금불산입 이자상당액	「국제조세조정에 관한 법률」 제25조제2항	787		
	㉑ 기 타		785		
	㉒ 소 계		784		
⑮ 추가납부세액 합계(⑮ + ㉒)			790		180,000

210mm×297mm[백상지 80g/㎡ 또는 중질지 80g/㎡]

사례 3 2024년 귀속 신고 시 작성

[별지 제3호 서식] (2023.3.20. 개정) (앞쪽)

사업연도	2024.01.01. ~ 2024.12.31.	법인세 과세표준 및 세액조정계산서	법인명	㈜나라
			사업자등록번호	203-81-63108

구분	항목	코드	금액
① 각 사업연도 소득계산	(101) 결산서상 당기순손익	01	325 000 000
	소득조정금액 (102) 익금산입	02	
	소득조정금액 (103) 손금산입	03	
	(104) 차가감소득금액 (101+102−103)	04	325 000 000
	(105) 기부금한도초과액	05	
	(106) 기부금한도초과이월액손금산입	54	
	(107) 각사업연도소득금액 (104+105−106)	06	325 000 000
② 과세표준 계산	(108) 각사업연도소득금액 (108=107)		325 000 000
	(109) 이월결손금	07	
	(110) 비과세소득	08	
	(111) 소득공제	09	
	(112) 과세표준 (108−109−110−111)	10	325 000 000
	(159) 선박표준이익	55	
③ 산출세액 계산	(113) 과세표준 (112+159)	56	325 000 000
	(114) 세율	11	19
	(115) 산출세액	12	41 750 000
	(116) 지점유보소득 (「법인세법」 제96조)	13	
	(117) 세율	14	
	(118) 산출세액	15	
	(119) 합계 (115+118)	16	41 750 000
④ 납부할 세액 계산	(120) 산출세액 (120=119)		41 750 000
	(121) 최저한세 적용대상 공제감면세액	17	
	(122) 차감세액	18	41 750 000
	(123) 최저한세 적용제외 공제감면세액	19	
	(124) 가산세액	20	
	(125) 가감계 (122−123+124)	21	
	기납부세액 / 기한내납부세액 (126) 중간예납세액	22	
	기납부세액 / 기한내납부세액 (127) 수시부과세액	23	
	기납부세액 / 기한내납부세액 (128) 원천납부세액	24	
	기납부세액 / 기한내납부세액 (129) 간접투자회사등의 외국납부세액	25	
	기납부세액 / 기한내납부세액 (130) 소계 (126+127+128+129)	26	
	기납부세액 (131) 신고납부전가산세액	27	
	기납부세액 (132) 합계 (130+131)	28	
	(133) 감면분추가납부세액	29	180 000
	(134) 차감납부할세액 (125−132+133)	30	41 930 000
⑤ 토지등양도소득에 대한 법인세 계산	양도차익 (135) 등기자산	31	
	양도차익 (136) 미등기자산	32	
	(137) 비과세소득	33	
	(138) 과세표준 (135+136−137)	34	
	(139) 세율	35	
	(140) 산출세액	36	
	(141) 감면세액	37	
	(142) 차감세액 (140−141)	38	
	(143) 공제세액	39	
	(144) 동업기업 법인세 배분액 (가산세 제외)	58	
	(145) 가산세액 (동업기업 배분액 포함)	40	
	(146) 가감계 (142−143+144+145)	41	
	기납부세액 (147) 수시부과세액	42	
	기납부세액 (148) (　　　) 세액	43	
	기납부세액 (149) 계 (147+148)	44	
	(150) 차감납부할세액 (146−149)	45	
⑥ 미환류소득법인세	(160) 과세대상 미환류소득	59	
	(161) 세율	60	
	(162) 산출세액	61	
	(163) 가산세액	62	
	(164) 이자상당액	63	
	(165) 납부할세액 (162+163+164)	64	
⑦ 세액계	(151) 차감납부할세액계 (134+150+165)	46	41 930 000
	(152) 사실과 다른 회계처리 경정세액공제	57	
	(153) 분납세액계산범위액 (151−124−133−145−152+131)	47	41 750 000
	(154) 분납할세액	48	20 875 000
	(155) 차감납부세액 (151−152−154)	49	21 055 000

210mm×297mm[백상지 80g/㎡ 또는 중질지 80g/㎡]

[별지 제13호 서식] (2024.3.22. 개정) (3쪽 중 제1쪽)

사 업 연 도	2024.01.01. ~ 2024.12.31.	농어촌특별세 과세대상 감면세액 합계표	법인명	㈜나라
			사업자등록번호	203-81-63108

1. 일반법인의 감면세액

① 구 분	② 감 면 내 용	③ 「조세특례제한법」근거 조항	코드	④ 감 면 세 액 (소득금액)	비 고
⑤ 비과세	⑩ 기업구조조정전문회사의 양도차익 비과세	법률 제9272호 부칙 제10조 · 제40조	604	( )	「법인세법 시행규칙」 별지 제6호서식의 ⑩란 해당 금액
	⑩ 중소기업창업투자회사 등의 소재 · 부품 · 장비전문기업 주식양도차익 등에 대한 비과세	제13조의4	62Q	( )	
	⑩		606		
⑥ 소득 공제	⑭ 국민주택임대소득공제	제55조의2제4항	460	( )	「법인세법 시행규칙」 별지 제7호서식의 ⑧란 해당 금액
	⑯ 주택임대소득공제(연면적 149㎡ 이하)	제55조의2제5항	463	( )	
	⑯			( )	
	⑩		458		
⑦ 비과세 · 소득공제분 감면세액			6A1		(과세표준+소득금액) ×세율-산출세액
⑧ 세 액 감 면	⑱ 국제금융거래이자소득 면제	제21조	123		「법인세법 시행규칙」 별지 제8호서식(갑)의 ④란 해당 금액
	⑲ 해외자원개발배당 감면	제22조	103		
	⑪ 사업전환 중소기업에 대한 세액감면	구 제33조의2	192		
	⑪ 무역조정지원기업의 사업전환 세액감면	구 제33조의2	13A		
	⑫ 기업구조조정전문회사의 주식양도차익 감면	법률 제9272호 부칙 제10조 · 제40조	13B		
	⑬ 혁신도시 이전 공공기관 세액감면	제62조제4항	13F		
	⑭ 행정중심복합도시 등 공장이전 조세감면	제85조의2(19. 12. 31. 법률 제16835호로 개정되기 전의 것)	11A		
	⑮ 사회적 기업에 대한 감면	제85조의6	11L		
	⑯ 장애인 표준사업장에 대한 감면	제85조의6	11M		
	⑰ 소형주택 임대사업자에 대한 세액감면	제96조	13I		
	⑱ 상가건물 장기 임대사업자에 대한 감면	제96조의2	13N		
	⑲ 제주첨단과학기술단지입주기업 조세감면(최저한세적용제외)	제121조의8	181		
	⑳ 제주투자진흥지구 등 입주기업 조세감면(최저한세적용제외)	제121조의9	182		
	㉑ 기업도시개발구역 등 입주기업 감면(최저한세적용제외)	제121조의17제1항제1호 · 제3호 · 제5호	197		
	㉒ 기업도시개발사업 등 시행자 감면	제121조의17제1항제2호 · 제4호 · 제6호 · 제7호	198		
	㉓ 아시아문화중심도시 투자진흥지구 입주기업 감면(최저한세적용제외)	제121조의20제1항	11C		
	㉔ 금융중심지 창업기업에 대한 감면(최저한세적용제외)	제121조의21제1항	11G		
	㉕ 첨단의료복합단지 입주기업에 대한 감면(최저한세적용제외)	제121조의22	17A		
	㉖ 국가식품클러스터 입주기업에 대한 감면(최저한세적용제외)	제121조의22	17B		
	㉗ 첨단의료복합단지 입주기업에 대한 감면(최저한세적용대상)	제121조의22	13H		
	㉘ 국가식품클러스터 입주기업에 대한 감면(최저한세적용대상)	제121조의22	13V		
	㉙ 제주첨단과학기술단지입주기업 조세감면(최저한세적용대상)	제121조의8	13P		
	㉚ 제주투자진흥지구 등 입주기업 조세감면(최저한세적용대상)	제121조의9	13Q		
	㉛ 기업도시개발구역 등 입주기업 감면(최저한세적용대상)	제121조의17제1항제1호 · 제3호 · 제5호	13R		
	㉜ 금융중심지 창업기업에 대한 감면(최저한세적용대상)	제121조의21제1항	13U		
	㉝ 아시아문화중심도시 투자진흥지구 입주기업 감면(최저한세적용대상)	제121조의20제1항	13T		
	㉞ 기회발전특구 창업기업 등에 대한 법인세 등의 감면(최저한세적용제외)	제121조의33	1D1		
	㉟ 기회발전특구 창업기업 등에 대한 법인세 등의 감면(최저한세적용대상)	제121조의33	1C1		
	㊱		164		

210mm×297mm[백상지 80g/㎡ 또는 중질지 80g/㎡]

(3쪽 중 제2쪽)

① 구 분	② 감 면 내 용	③ 「조세특례제한법」 근거 조항	코드	④ 감 면 세 액 (소득금액)	비 고
	(137) 중소기업투자세액공제	구 제5조	131		
	(138) 상생결제 지급금액에 대한 세액공제	제7조의4	14Z		
	(139) 대중소기업 상생협력을 위한 기금출연 세액공제	제8조의3제1항	14M		
	(140) 협력중소기업에 대한 유형고정자산 무상임대 세액공제	제8조의3제2항	18D		
	(141) 수탁기업에 설치하는 시설에 대한 세액공제	제8조의3제3항	18L		
	(142) 교육기관에 무상 기증하는 중고자산에 대한 세액공제	제8조의3제4항	18R		
	(143) 기술혁신형 합병에 대한 세액공제	제12조의3	14T		
	(144) 기술혁신형 주식취득에 대한 세액공제	제12조의4	14U		
	(145) 벤처기업 등 출자에 대한 세액공제	제13조의2	18E		
	(146) 성과공유 중소기업 경영성과급 세액공제	제19조	18H		
	(147) 에너지절약시설투자 세액공제	구 제25조제1항제2호	177		
	(148) 환경보전시설투자 세액공제	구 제25조제1항제3호	14A		
	(149) 근로자복지증진시설투자 세액공제	구 제25조제1항제4호	142		
	(150) 안전시설투자 세액공제	구 제25조제1항제5호	136		
	(151) 생산성향상시설투자세액공제	구 제25조제1항제6호	135		
	(152) 의약품 품질관리시설투자 세액공제	구 제25조의4	14B		
	(153) 신성장기술 사업화를 위한 시설투자 세액공제	구 제25조의5	18B		
	(154) 영상콘텐츠 제작비용에 대한 세액공제(기본공제)	제25조의6	18C		
	(155) 영상콘텐츠 제작비용에 대한 세액공제(추가공제)	제25조의6	1B8		
	(156) 초연결 네크워크 시설투자에 대한 세액공제	구 제25조의7	18I		
	(157) 고용창출투자세액공제	제26조	14N		
	(158) 산업수요맞춤형고등학교등 졸업자 복직 중소기업 세액공제	제29조의2	14S		
	(159) 경력단절 여성 고용 기업 등에 대한 세액공제	제29조의3제1항	14X		
	(160) 육아휴직 후 고용유지 기업에 대한 인건비 세액공제	제29조의3제2항	18J		
	(161) 근로소득을 증대시킨 기업에 대한 세액공제	제29조의4	14Y		
⑨ 세액 공제	(162) 청년고용을 증대시킨 기업에 대한 세액공제	제29조의5	18A		「법인세법 시행규칙」 별지 제8호서식(갑)의 ④·⑦란 세액공제 해당 금액
	(163) 고용을 증대시킨 기업에 대한 세액공제	제29조의7	18F		
	(164) 통합고용세액공제	제29조의8	18S		
	(165) 통합고용세액공제(정규직 전환)	제29조의8	1B4		
	(166) 통합고용세액공제(육아휴직복귀)	제29조의8	1B5		
	(167) 제3자 물류비용 세액공제	제104조의14	14E		
	(168) 대학 맞춤형 교육비용 등 세액공제	구 제104조의18제1항	14I		
	(169) 대학등 기부설비에 대한 세액공제	구 제104조의18제2항	14K		
	(170) 산업수요맞춤형 고등학교 등 재학생에 대한 현장훈련수당 등 세액공제	구 제104조의18제4항	14R		
	(171) 기업의 경기부 설치운영비용 세액공제	제104조의22	14O		
	(172) 석유제품 전자상거래에 대한 세액공제	제104조의25	14P		
	(173) 금 현물시장에서 거래되는 금지금에 대한 과세특례	제126조의7제8항	14V		
	(174) 금사업자와 스크랩등사업자의 수입금액의 증가 등에 대한 세액공제	제122조의4	14W		
	(175) 우수 선화주 인증 국제물류주선업자 세액공제	제104조의30	18M		
	(176) 용역제공자에 관한 과세자료의 제출에 대한 세액공제	제104조의32	10C		
	(177) 소재·부품·장비 수요기업 공동출자 세액공제	제13조의3제1항	18N		
	(178) 소재·부품·장비 외국법인 인수세액 공제	제13조의3제3항	18P		
	(179) 상가임대료를 인하한 임대사업자에 대한 세액공제	제96조의3	10B		
	(180) 선결제 금액에 대한 세액공제	제99조의12	18Q		
	(181) 통합투자세액공제(일반)	제24조	13W		
	(182) 임시통합투자세액공제(일반)	제24조	1B1		
	(183) 통합투자세액공제(신성장·원천기술)	제24조	13X		
	(184) 임시통합투자세액공제(신성장·원천기술)	제24조	1B2		
	(185) 통합투자세액공제(국가전략기술)	제24조	13Y		
	(186) 임시통합투자세액공제(국가전략기술)	제24조	1B3		
	(187) 해외자원개발투자에 대한 과세특례	제104조의15	1B6		
	(188) 문화산업전문회사 출자에 대한 세액공제	제25조의7	1B7		
	(189)		165		
⑩ 감 면 세 액 합 계					

2. 조합법인 등의 감면세액

① 법인세 과세표준	② 「조세특례제한법」 제72조 세율	③ 산출세액 (①×②)	④ 과세표준		⑤ 「법인세법」 제55조의 세율	⑥ 산출세액	⑦ 감면세액 (⑥-③)
			구 분	금 액			
			2억원 이하 200억원 이하 3천억원 이하 3천억원 초과				
합 계			합 계				

210mm×297mm[백상지 80g/㎡ 또는 중질지 80g/㎡]

3. 조합법인에 대한 공제세액

⑧ 공제내용	코드	⑨ 공제세액	비 고
청년고용을 증대시킨 기업에 대한 세액공제	18A		「법인세법 시행규칙」 별지 제8호서식(갑)의 ⑦란 공제세액 해당 금액
고용을 증대시킨 기업에 대한 세액공제	18F		「법인세법 시행규칙」 별지 제8호서식(갑)의 ⑦란 공제세액 해당 금액
기업의 경기부 설치운영비용 세액공제	14O		「법인세법 시행규칙」 별지 제8호서식(갑)의 ⑦란 공제세액 해당 금액
상가임대료를 인하한 임대사업자에 대한 세액공제	10B		「법인세법 시행규칙」 별지 제8호서식(갑)의 ④란 감면(공제)세액 해당 금액
선결제금액에 대한 세액공제	18Q		「법인세법 시행규칙」 별지 제8호서식(갑)의 ⑦란 공제세액 해당 금액
통합고용세액공제	18S		「조세특례제한법 시행규칙」 별지 제10호의9서식의 ④란 공제세액 해당 금액
합 계			

작 성 방 법

1. 일반법인의 감면세액 계산
   가. ⑦란 중 ④ 감면세액(소득금액)란의 금액은 각 사업연도 소득에 대한 법인세 과세표준[법인세 과세표준 및 세액조정계산서(별지 제3호서식)의 ⑬란의 금액을 말합니다]에 ⑤란의 비과세 소득금액과 ⑥란의 소득공제금액을 합산한 조정과세표준에 대한 산출세액에서 법인세 과세표준 및 세액조정계산서(별지 제3호서식)의 ⑮란의 산출세액의 금액을 빼서 적습니다.
   나. 그 밖에 ⑤ 비과세, ⑥ 소득공제, ⑧ 세액감면, ⑨ 세액공제의 빈 란에는 「조세특례제한법」의 개정으로 추가하여 감면세액이 발생되거나 개정 전 규정의 부칙에 따라 적용되는 감면세액이 농어촌특별세 과세대상에 해당하는 경우에 해당 감면세액을 각각 적습니다.

2. 조합법인 등의 감면세액 계산: ⑤ 「법인세법」 제55조의 세율은 다음과 같이 적용합니다.
   가. 2012년 1월 1일 이후 개시하는 사업연도

과세표준	세 율
2억원 이하	과세표준의 100분의 10
2억원 초과 200억원 이하	2천만원 + (2억원 초과 200억원 이하 금액의 100분의 20)
200억원 초과	39억 8천만원 + (200억원을 초과하는 금액의 100분의 22)

   나. 2018년 1월 1일 이후 개시하는 사업연도

과세표준	세 율
2억원 이하	과세표준의 100분의 10
2억원 초과 200억원 이하	2천만원 + (2억원 초과 200억원 이하 금액의 100분의 20)
200억원 초과 3천억원 이하	39억8천만원 + (200억원을 초과하는 금액의 100분의 22)
3천억원 초과	655억8천만원 + (3천억원을 초과하는 금액의 100분의 25)

   다. 2023년 1월 1일 이후 개시하는 사업연도

과세표준	세 율
2억원 이하	과세표준의 100분의 9
2억원 초과 200억원 이하	1천8백만원 + (2억원 초과 200억원 이하 금액의 100분의 19)
200억원 초과 3천억원 이하	37억8천만원 + (200억원을 초과하는 금액의 100분의 21)
3천억원 초과	625억8천만원 + (3천억원을 초과하는 금액의 100분의 24)

3. 조합법인 등의 공제세액 계산: 「조세특례제한법」의 개정으로 조합법인 등에 추가로 공제되는 공제세액이 농어촌특별세 과세대상에 해당하는 공제세액을 적습니다.

※ 근거법조항 중 "구"는 「조세특례제한법」(2020.12.29. 법률 제17759호로 개정되기 전의 것)에 따른 조항을 의미합니다.

210mm×297mm[백상지 80g/㎡ 또는 중질지 80g/㎡]

사례 3 2024년 귀속 신고 시 작성

[별지 제12호 서식] (2017.3.10. 개정) (앞 쪽)

사 업 연 도	2024.01.01. ~ 2024.12.31.	농어촌특별세과세표준 및 세액조정계산서	법인명	㈜나라
			사업자등록번호	203-81-63108

농어촌특별세 과세표준 및 세액 조정내역

①법 인 유 형	②과 세 표 준		세 율	③세 액
	구 분	금 액		
④ 일 반 법 인	⑤법 인 세 감 면 세 액		20%	
	⑥			
	⑦			
	⑧ 소 계			
⑨조 합 법 인 등	⑩법 인 세 공제 · 감 면 세 액		20%	
	⑫ 소 계			

작 성 방 법

1. ②란 중 ⑤법인세감면세액란에는 농어촌특별세과세대상감면세액합계표[별지 제13호서식]상의 ⑩감면세액합계란의 금액을 옮겨 적습니다.
2. ②란 중 ⑩법인세공제 · 감면세액란에는 농어촌특별세과세대상감면세액합계표[별지 제13호서식] 2. 조합법인 등 감면세액 중 ⑦감면세액란의 합계금액과 3. 조합법인 등 공제세액중 ⑨ 공제세액란 합계금액을 더하여 기입합니다.

210mm×297mm[백상지 80g/㎡ 또는 중질지 80g/㎡]

사례 3 2024년 귀속 신고 시 작성

[별지 제2호 서식] (2024.3.22. 개정) (앞쪽)

농어촌특별세 과세표준 및 세액신고서

※ 뒤쪽의 신고안내 및 작성방법을 읽고 작성하여 주시기 바랍니다.

1. 신고인 인적사항

① 소 재 지	경기도 고양시 일산서구 대화로37번길 102-30(법곳동)				
② 법 인 명	㈜나라		③대 표 자 성 명	김 유 민	
④사업자등록번호	203-81-63108	⑤사 업 연 도	2024.01.01. ~2024.12.31.	⑥전 화 번 호	031-2231-7027

2. 농어촌특별세 과세표준 및 세액 조정내역

⑦과 세 표 준		
⑧산 출 세 액		
⑨가 산 세 액 (미납세액, 미납일수, 세율)	(, , 2.2/10,000)	
⑩총 부 담 세 액		
⑪기 납 부 세 액		
⑫환 급 예 정 세 액	36,000	
⑬차 감 납 부 할 세 액	-36,000	
⑭분 납 할 세 액		
⑮차 감 납 부 세 액	-36,000	
⑯충 당 후 납 부 세 액	-36,000	
⑰국 세 환 급 금 충 당 신 청	환 급 법 인 세	
	충당할 농어촌특별세	

신고인은 「농어촌특별세법」 제7조에 따라 위의 내용을 신고하며, 위 내용을 충분히 검토하였고 **신고인이 알고 있는 사실 그대로를 정확하게 적었음을 확인합니다.**

2025년 3월 31일

신고인(대표자) 김 유 민 (서명 또는 인)

세무대리인은 조세전문자격자로서 위 신고서를 성실하고 공정하게 작성하였음을 확인합니다.

세무대리인 (서명 또는 인)

고양 세무서장 귀하

210mm×297mm[백상지 80g/㎡ 또는 중질지 80g/㎡]

사례 4

2022년~2024년 회사의 근무자 현황과 증감내역은 다음과 같다.

2022년	2023년		2024년	
근무인원현황	근무인원현황	증감현황	근무인원현황	증감현황
전체 21명 청년 9명 청년외 12명	전체 26명 청년 12명 청년외 14명	5명 증가 3명 증가 2명 증가	전체 26명 청년 9명 청년외 17명	증감 없음 3명 감소 3명 증가

사례 풀이

<table>
<tr><td>2022년</td><td colspan="2">2023년</td><td colspan="2">2024년</td></tr>
<tr><td>근무인원현황</td><td>근무인원현황</td><td>증감현황</td><td>근무인원현황</td><td>증감현황</td></tr>
<tr><td>전체 21명
청년 9명
청년외 12명</td><td>전체 26명
청년 12명
청년외 14명</td><td>5명 증가
3명 증가
2명 증가</td><td>전체 26명
청년 9명
청년외 17명</td><td>증감 없음
3명 감소
3명 증가</td></tr>
<tr><td rowspan="4">1차연도공제</td><td colspan="2">① 상황분석</td><td colspan="2">① 상황분석</td></tr>
<tr><td colspan="2">직전연도(2022년) 대비 전체 상시근로자 수 증가(청년 증가, 청년외 증가)하였으므로 공제적용</td><td colspan="2">직전연도(2023년) 대비 전체 상시근로자 수 증가하지 않았으므로(청년 감소 수 = 청년외 증가 수)하였으므로 공제 적용불가</td></tr>
<tr><td colspan="2">② 공제세액계산</td><td colspan="2">② 공제세액계산</td></tr>
<tr><td colspan="2">청년 : 3명 × 14,500,000원
= 43,500,000원
청년외 : 2명 × 8,500,000원
= 17,000,000원
공제액 합계 :
43,500,000원 + 17,000,000원
= 60,500,000원</td><td colspan="2">청년 : 0명 × 14,500,000원
= 0원
청년외 : 0명 × 8,500,000원
= 0원
공제액 합계 : 0원 + 0원
= 0원</td></tr>
<tr><td rowspan="2">2차연도공제</td><td colspan="2" rowspan="2"></td><td colspan="2">① 상황분석</td></tr>
<tr><td colspan="2">최초공제연도(2023년) 대비 전체 상시근로자 수 감소하지 않음(청년 감소, 청년외 증가)
≫ 청년 추가공제 중단, 추가납부
≫ 청년외 2차연도 추가공제적용,
청년 감소분 청년외 공제로 추가반영</td></tr>
</table>

2022년	2023년	2024년
		② 추가납부세액계산
		3명 × (14,500,000원 − 8,500,000원) = 18,000,000원
		③ 추가공제세액계산
		당초 : 17,000,000원 청년 감소분 : 3명 × 8,500,000원 = 25,500,000원 합계 : 17,000,000원 + 25,500,000원 = 42,500,000원

각 귀속연도별로 분석하면 다음과 같다.

1. 2023년

(1) 1차연도공제(최초공제)

직전과세연도(2022년) 대비 전체 상시근로자 수가 증가(청년 증가, 청년외 증가)하였으므로 세액공제를 적용한다.

2. 2024년

(1) 1차연도공제(최초공제)

직전과세연도(2023년) 대비 전체 상시근로자 수가 증가하지 않았으므로(청년 감소 수 = 청년 외 증가 수) 세액공제를 적용하지 않는다.

(2) 2차연도공제

최초공제연도(2023년) 대비 전체 상시근로자 수가 감소하지 않았으므로(청년 감소 수 = 청년 외 증가 수) 2차연도(2024년)에 다음과 같이 적용한다.

청년등 상시근로자	청년등외 상시근로자
• 최초공제연도(2023년) 대비 전체 상시근로자 수가 감소하지 않았지만 청년 등 상시근로자가 감소한 인원만큼 청년등외 상시근로자 인원이 증가하여 전체 상시근로자는 최초공제연도와 동일한 인원이 유지된 것이다. • 청년등 상시근로자 수는 감소하였으므로 2차연도(2024년)부터 청년등 상시근로자에 대한 추가공제를 중단하고 추가납부한다. ※ 근거규정 **조특법 제29조의8 제2항** 전체 상시근로자의 수가 최초로 공제를 받은 과세연도에 비하여 감소한 경우에는 감소한 과세연도부터 제1항을 적용하지 아니하고, 청년 등 상시근로자의 수가 최초로 공제를 받은 과세연도에 비하여 감소한 경우에는 **감소한 과세연도부터** 제1항 제1호를 **적용하지 아니한다.** 이 경우 대통령령으로 정하는 바에 따라 공제받은 세액에 상당하는 금액(제1항에 따른 공제금액 중 제144조에 따라 공제받지 못하고 이월된 금액이 있는 경우에는 그 금액을 차감한 후의 금액을 말한다)을 소득세 또는 법인세로 납부하여야 한다.	• 최초공제연도(2023년) 대비 전체 상시근로자 수가 감소하지 않았으므로 청년등외 상시근로자에 대한 추가공제(17,000,000원)를 적용한다. 여기서 주의할 점은 최초공제연도(2023년)에 당초 적용받은 청년외 상시근로자에 대한 세액공제를 적용함과 동시에 당해과세연도(2024년)에 청년등 상시근로자 감소 시 최초공제연도에 증가한 청년등 상시근로자 수(3명)에 청년외 1인당 공제액(8,500,000원)을 적용하여야 한다는 점이다. 3명 × 8,500,000원 = 25,500,000원 최종금액 = 17,000,000원 + 25,500,000원 = 42,500,000원 ※ 근거규정 내국인이 해당 과세연도의 청년 등 상시근로자 증가인원에 대해 「조세특례제한법」 제29조의7 제1항 제1호에 따른 세액공제를 적용받은 후 다음 과세연도에 청년 등 상시근로자의 수는 감소(최초 과세연도에는 29세 이하였으나, 이후 과세연도에 30세 이상이 되어 청년 수가 감소하는 경우를 포함)하였으나 전체 상시근로자의 수는 유지되는 경우, 잔여 공제연도에 대해서는 제29조의7 제1항 제2호의 공제액을 적용하여 공제가 가능함 (기획재정부 조세특례제도과-214, 2023.03.06.) **저자주** 위의 질의회신 내용은 제29조의7【고용을 증대시킨 기업에 대한 세액공제】에 관한 내용이나, 제29조의8【통합고용세액공제】 규정 또한 같은 계산구조가 적용되는 바 본문과 같이 추가공제세액을 적용하였다.

사례 4 2023년 귀속 신고 시 작성

[별지 제10호의9 서식] (2024.3.22. 개정) (3쪽 중 제1쪽)

통합고용세액공제 공제세액계산서

① 신청인	① 상호 또는 법인명 : ㈜나라	② 사업자등록번호 : 203-81-63108
	③ 대표자 성명 : 김 유 민	④ 생년월일 : 1973년 04월 12일
	⑤ 주소 또는 본점소재지 : 경기도 고양시 일산서구 대화로37번길 102-30(법곳동) (전화번호 : 031-2231-7027)	
② 과세연도	2023년 1월 1일부터 2023년 12월 31일까지	

③ 상시근로자 현황 (작성방법 2,3번을 참고하시기 바랍니다.)

구분	직전전 과세연도	직전 과세연도	해당 과세연도
⑥ 상시근로자 수 (⑦+⑧)		21.00	26.00
⑦ 청년등상시근로자 수		9.00	12.00
⑧ 청년등상시근로자를 제외한 상시근로자 수		12.00	14.00
⑨ 정규직 전환 근로자 수	-		
⑩ 육아휴직 복귀자 수			

④ 기본공제 공제세액 계산내용

가. 1차년도 세제지원 요건 : ⑬ > 0

1. 상시근로자 증가 인원

⑪ 해당 과세연도 상시근로자 수	⑫ 직전 과세연도 상시근로자 수	⑬ 상시근로자 증가 인원 수 (⑪-⑫)
26.00	21.00	5.00

2. 청년등상시근로자 증가 인원

⑭ 해당 과세연도 청년등상시근로자 수	⑮ 직전 과세연도 청년등상시근로자 수	⑯ 청년등상시근로자 증가 인원 수 (⑭-⑮)
12.00	9.00	3.00

3. 청년등상시근로자를 제외한 상시근로자 증가 인원

⑰ 해당 과세연도 청년등상시근로자를 제외한 상시근로자 수	⑱ 직전 과세연도 청년등상시근로자를 제외한 상시근로자 수	⑲ 청년등상시근로자를 제외한 상시근로자 증가 인원 수(⑰-⑱)
14.00	12.00	2.00

(3쪽 중 제2쪽)

4. 1차년도 세액공제액 계산

구분	구분		직전 과세연도 대비 상시근로자 증가 인원 수 (⑬상시근로자 증가 인원 수를 한도로 함)	1인당 공제금액	⑳ 1차년도 세액공제액
중소기업	수도권 내	청년등	3.00	1천4백5십만원	43,500,000
		청년등 외	2.00	8백5십만원	17,000,000
	수도권 밖	청년등		1천5백5십만원	
		청년등 외		9백5십만원	
	계		5.00		60,500,000
중견기업	청년등			8백만원	
	청년등 외			4백5십만원	
	계				
일반기업	청년등			4백만원	
	청년등 외				
	계				

나. 2차년도 세제지원 요건 : ㉓ ≥ 0

1. 상시근로자 증가 인원

㉑ 2차년도(해당 과세연도) 상시근로자 수	㉒ 1차년도(직전 과세연도) 상시근로자 수	㉓ 상시근로자 증가 인원 수(㉑–㉒)

2. 2차년도 세액공제액 계산(상시근로자 감소여부)

1차년도 (직전 과세연도) 대비 상시근로자 감소여부	1차년도 (직전 과세연도) 대비 청년등상시근로자 수 감소여부	㉔ 1차년도 (직전 과세연도) 청년등상시근로자 증가 세액공제액	㉕ 1차년도 (직전 과세연도) 청년등 외 상시근로자 증가 세액공제액	㉖ 2차년도 세액공제액
부	부			
	여			
여				

다. 3차년도 세제지원 요건(중소 · 중견기업만 해당) : ㉙ ≥ 0

1. 상시근로자 증가 인원

㉗ 3차년도(해당 과세연도) 상시근로자 수	㉘ 1차년도(직전전 과세연도) 상시근로자 수	㉙ 상시근로자 증가 인원(㉗–㉘)

2. 3차년도 세액공제액 계산(상시근로자 감소여부)

1차년도 (직전전 과세연도) 대비 상시근로자 감소여부	1차년도 (직전전 과세연도) 대비 청년등상시근로자 수 감소여부	㉚ 1차년도 (직전전 과세연도) 청년등 상시근로자 증가 세액공제액	㉛ 1차년도 (전전 과세연도) 청년등 외 상시근로자 증가 세액공제액	㉜ 3차년도 세액공제액
부	부			
	여			
여				

❺ 추가공제 공제세액 계산내용

가. 세제지원 요건 : ㉟ ≥ 0

㉝ 해당 과세연도 상시근로자 수	㉞ 직전 과세연도 상시근로자 수	㉟ 상시근로자 증가 인원 수 (㉝-㉞)

나. 세액공제액 계산

구분	구분	인원 수	1인당 공제금액	㊱ 추가공제 세액공제액
중소기업	정규직 전환자		1천3백만원	
	육아휴직 복귀자			
	계			
중견기업	정규직 전환자		9백만원	
	육아휴직 복귀자			
	계			
⑥ 세액공제액 : ⑳ 1차년도 세액공제액 + ㉖ 2차년도 세액공제액 + ㉜ 3차년도 세액공제액 + ㊱ 추가공제 세액공제액				60,500,000

「조세특례제한법 시행령」 제26조의8제11항에 따라 위와 같이 공제세액계산서를 제출합니다.

2024년 3월 31일

신청인 ㈜나라 김 유 민 (서명 또는 인)

고양 세무서장 귀하

작 성 방 법

1. 근로자 수는 다음과 같이 계산하되, 100분의 1 미만의 부분은 없는 것으로 합니다.
   가. 상시근로자 수: 매월 말 현재 상시근로자 수의 합 / 과세연도의 개월 수
   나. 청년등상시근로자 수: 매월 말 현재 청년등상시근로자 수의 합 / 과세연도의 개월 수
   다. 청년등상시근로자 외 상시근로자 수: 매월 말 현재 청년등상시근로자 외 상시근로자 수의 합 / 과세연도의 개월 수
2. ⑥란의 상시근로자란 「근로기준법」에 따라 근로계약을 체결한 내국인 근로자로서 다음의 어느 하나에 해당하는 사람을 제외한 근로자를 말합니다.
   가. 근로계약기간이 1년 미만인 근로자. 다만, 근로계약의 연속된 갱신으로 인하여 그 근로계약의 총 기간이 1년 이상인 근로자는 상시근로자로 봅니다.
   나. 「근로기준법」 제2조제1항제9호에 따른 단시간근로자. 다만, 1개월간의 소정근로시간이 60시간 이상인 근로자는 상시근로자로 봅니다.
   다. 「법인세법 시행령」 제40조제1항 각 호의 어느 하나에 해당하는 임원
   라. 해당 기업의 최대주주 또는 최대출자자(개인사업자의 경우에는 대표자를 말합니다)와 그 배우자
   마. 라목에 해당하는 자의 직계존비속(그 배우자를 포함합니다) 및 「국세기본법 시행령」 제1조의2제1항에 따른 친족관계인 사람
   바. 「소득세법 시행령」 제196조에 따른 근로소득원천징수부에 의하여 근로소득세를 원천징수한 사실이 확인되지 않고, 「국민연금법」 제3조제1항제11호 및 제12호에 따른 부담금 및 기여금 또는 「국민건강보험법」 제69조에 따른 직장가입자의 보험료에 해당하는 금액의 납부사실도 확인되지 않는 자
3. ⑦란 등의 청년등상시근로자란 상시근로자 중 15세 이상 34세 이하인 사람으로서 다음 각 목의 어느 하나에 해당하는 사람을 제외한 사람(해당 근로자가 병역을 이행한 경우에는 6년을 한도로 병역을 이행한 기간을 현재 연령에서 빼고 계산한 연령이 34세 이하인 사람을 포함)과 「장애인복지법」의 적용을 받는 장애인, 「국가유공자 등 예우 및 지원에 관한 법률」에 따른 상이자, 「5ㆍ18민주유공자예우 및 단체설립에 관한 법률」 제4조제2호에 따른 5ㆍ18민주화운동부상자와 「고엽제후유의증 등 환자지원 및 단체설립에 관한 법률」 제2조제3호에 따른 고엽제후유의증환자로서 장애등급 판정을 받은 사람, 근로계약 체결일 현재 연령이 60세 이상인 사람, 「조세특례제한법」 제29조의3제1항에 따른 경력단절 여성을 말합니다.
   가. 「기간제 및 단시간근로자 보호 등에 관한 법률」에 따른 기간제근로자 및 단시간근로자
   나. 「파견근로자보호 등에 관한 법률」에 따른 파견근로자
   다. 「청소년 보호법」 제2조제5호 각 목에 따른 업소에 근무하는 같은 조 제1호에 따른 청소년
4. 청년등 외 상시근로자란 상시근로자 중 청년등상시근로자가 아닌 상시근로자를 말합니다.
5. ⑳, ㉖, ㉜ 계산 시 각 공제금액(청년/청년 외)은 전체 상시근로자 수 증가분을 한도로 합니다.
6. ㉝, ㉞란의 상시근로자 수는 「근로기준법」 제74조에 따른 출산전후휴가를 사용 중인 상시근로자를 대체하는 상시근로자가 있는 경우 해당 출산전후휴가를 사용 중인 상시근로자를 제외하고 계산한 상시근로자 수를 말합니다.
7. 해당 과세연도의 상시근로자 수가 전년 대비 증가하여 「조세특례제한법」 제29조의8의 통합고용세액공제 1차년도 공제를 신청할 경우 「조세특례제한법」 제29조의7의 고용 증대 기업에 대한 세액공제 1차년도 공제를 중복하여 신청할 수 없습니다.

210mm×297mm[백상지 80g/㎡]

사례 4 2023년 귀속 신고 시 작성

[별지 제4호 서식] (2019.3.20. 개정) (앞쪽)

사업연도	2023.01.01. ~ 2023.12.31.	최저한세조정계산서	법 인 명	㈜나라
			사업자등록번호	203-81-63108

1. 최저한세 조정 계산 명세

① 구 분		코드	② 감면 후 세액	③ 최저한세	④ 조정감	⑤ 조정 후 세액
⑩ 결산서상 당기순이익		01	289,000,000			
소득조정금액	⑩ 익금산입	02				
	⑩ 손금산입	03				
⑩ 조정 후 소득금액(⑩+⑩-⑩)		04	289,000,000	289,000,000		289,000,000
최저한세 적용대상 특별비용	⑩ 준비금	05				
	⑩ 특별상각 및 특례자산 감가상각비	06				
⑩ 특별비용 손금산입 전 소득금액 (⑩+⑩+⑩)		07	289,000,000	289,000,000		289,000,000
⑩ 기부금한도초과액		08				
⑩ 기부금한도초과 이월액 손금산입		09				
⑩ 각 사업연도 소득금액 (⑩+⑩-⑩)		10	289,000,000	289,000,000		289,000,000
⑪ 이월결손금		11				
⑫ 비과세소득		12				
⑬ 최저한세 적용대상 비과세소득		13				
⑭ 최저한세 적용대상 익금불산입·손금산입		14				
⑮ 차가감소득금액 (⑩-⑪-⑫+⑬+⑭)		15	289,000,000	289,000,000		289,000,000
⑯ 소득공제		16				
⑰ 최저한세 적용대상 소득공제		17				
⑱ 과세표준금액 (⑮-⑯+⑰)		18	289,000,000	289,000,000		289,000,000
⑲ 선박표준이익		24				
⑳ 과세표준금액(⑱+⑲)		25	289,000,000	289,000,000		289,000,000
㉑ 세율		19	9	7		9
㉒ 산출세액		20	34,910,000	20,230,000		34,910,000
㉓ 감면세액		21				
㉔ 세액공제		22	60,500,000		45,820,000	14,680,000
㉕ 차감세액(㉒-㉓-㉔)		23				20,230,000

2. 최저한세 세율 적용을 위한 구분 항목

㉖ 중소기업 유예기간 종료연월		㉗ 유예기간 종료 후 연차			

210mm×297mm[백상지 80g/㎡ 또는 중질지 80g/㎡]

사례 4 2023년 귀속 신고 시 작성

[별지 제8호 서식 부표 3] (2024.3.22. 개정) (앞쪽)

사업연도	2023.01.01. ~ 2023.12.31.	세액공제조정명세서(3)	법인명	㈜나라
			사업자등록번호	203-81-63108

1. 공제세액계산(「조세특례제한법」)

	⑩ 구 분	근거법 조 항	⑩ 계 산 기 준	코드	⑩ 계산명세	⑩ 공제대상 세 액
조세특례제한법	중소기업 등 투자세액공제	구 제5조	투자금액 × 1(2,3,5,10)/100	131		
	상생결제 지급금액에 대한 세액공제	제7조의4	지급기한 15일 이내 : 지급 금액의 0.5% 지급기한 15일 ~ 30일 : 지급 금액의 0.3% 지급기한 30일 ~ 60일 : 지급 금액의 0.015%	14Z		
	대·중소기업 상생협력을 위한 기금출연 세액공제	제8조의3제1항	출연금 × 10/100	14M		
	협력중소기업에 대한 유형고정자산 무상임대 세액공제	제8조의3제2항	장부가액 × 3/100	18D		
	수탁기업에 설치하는 시설에 대한 세액공제	제8조의3제3항	투자금액 × 1(3,7)/100	18L		
	교육기관에 무상 기증하는 중고자산에 대한 세액공제	제8조의3제4항	기증자산 시가 × 10/100	18R		
	신성장·원천기술 연구개발비세액공제(최저한세 적용제외)	제10조제1항제1호	(일반 연구·인력개발비) '14.1.1.~'14.12.31.: 발생액 × 3~4(8,10,15,20,25,30)/100 또는 2년간 연평균 발생액의 초과액 × 40(50)/100 '15.1.1. 이후: 발생액 × 2~3(8,10,15,20,25,30)/100 또는 직전 발생액의 초과액 × 40(50)/100 '17.1.1. 이후: 발생액 × 1~3(8,10,15,20,25,30)/100 또는 직전 발생액의 초과액 × 30(40,50)/100 '18. 1. 1. 이후: 발생액 × 0~2(8,10,15,20,25,30)/100 또는 직전 발생액의 초과액 × 25(40,50)/100 (신성장·원천기술 연구개발비) '17. 1. 1. 이후: 발생액 × 20(30)/100 (국가전략기술 연구개발비) '21. 7. 1. 이후: 발생액 ×30(40)/100	16A		
	국가전략기술 연구개발비세액공제(최저한세 적용제외)	제10조제1항제2호		10D		
	일반 연구·인력개발비세액공제(최저한세 적용제외)	제10조제1항제3호		16B		
	신성장·원천기술 연구개발비세액공제(최저한세 적용대상)	제10조제1항제1호		13L		
	국가전략기술 연구개발비세액공제(최저한세 적용대상)	제10조제1항제2호		10E		
	일반 연구·인력개발비세액공제(최저한세 적용대상)	제10조제1항제3호		13M		
	기술취득에 대한 세액공제	제12조제2항	특허권 등 취득금액 × 5(10)/100 *법인세의 10% 한도	176		
	기술혁신형 합병에 대한 세액공제	제12조의3	기술가치금액 × 10/100	14T		
	기술혁신형 주식취득에 대한 세액공제	제12조의4	기술가치금액 × 10/100	14U		
	벤처기업등 출자에 대한 세액공제	제13조의2	주식등 취득가액 × 5/100	18E		
	성과공유 중소기업 경영성과급 세액공제	제19조	'22.1.1. 이전 지급분 : 근로자에 지급하는 경영성과급 × 10/100 '22.1.1. 이후 지급분 : 근로자에 지급하는 경영성과급× 15/100	18H		
	연구·인력개발설비투자세액공제	구 제25조제1항제1호	'14.1.1.~'15.12.31. 투자분 : 투자금액 × 3(5,10)/100 '16.1.1. 이후 투자분 : 투자금액 × 1(3,6)/100 '19.1.1. 이후 투자분 : 투자금액 × 1(3,7)/100	134		
	에너지절약시설투자세액공제	구 제25조제1항제2호	'14.1.1.~'15.12.31. 투자분 : 투자금액 × 3(5,10)/100 ('16.1.1. 현재 투자진행 중인 경우 '16.12.31.까지 종전율 적용) '16.1.1. 이후 투자개시분 : 투자금액 × 1(3,10)/100 '19.1.1. 이후 투자분 : 투자금액 × 1(3,7)/100	177		
	환경보전시설 투자세액공제	구 제25조제1항제3호	투자금액 × 3(5,10)/100 '19.1.1. 이후 투자분 : 투자금액 × 3(5,10)/100	14A		
	근로자복지증진시설투자세액공제	구 제25조제1항제4호	투자금액 × 7(10)/100 '19.1.1. 이후 취득분 : 취득금액 × 3(5,10)/100	142		
	안전시설투자세액공제	구 제25조제1항제5호	'13.1.1.~'14.12.31. 투자분 : 투자금액 × 3(7)/100 '15.1.1. 이후 투자분 : 투자금액 × 1(3,7)/100 '19.1.1. 이후 투자분 : 투자금액 × 1(5,10)/100	136		
	생산성향상시설투자세액공제	구 제25조제1항제6호	'13.1.1.~'14.12.31. 투자분 : 투자금액 × 3(7)/100 '15.1.1. 이후 투자분 : 투자금액 × 1(3,7)/100 '20.1.1.~'20.12.31. 투자분 : 투자금액 × 2(5,10))/100 '21.1.1.~'21.12.31. 투자분 : 투자금액 × 1(5,10))/100 '21.1.1.~이후. 투자분 : 투자금액 × 1(3,7))/100	135		
	의약품 품질관리시설투자세액공제	구 제25조의4	'14.1.1.~'16.12.31. 투자분 : 투자금액 × 3(5,7)/100 '17.1.1. 이후 투자분 : 투자금액 × 1(3,6)/100	14B		
	신성장기술 사업화를 위한 시설투자 세액공제	구 제25조의5	투자금액 × 5(7,10)/100	18B		
	영상콘텐츠 제작비용에 대한 세액공제	제25조의6	제작비용 × 3(7,10)/100	18C		
	초연결 네트워크 시설투자에 대한 세액공제	구 제25조의7	투자금액 × 2(3)/100	18I		
	고용창출투자세액공제	제26조	'12.1.1.~12.31.:투자금액 × {기본공제(3~4%)+추가공제(2~3%)} '13.1.1.~12.31.:투자금액 × {기본공제(2~4%)+추가공제(3%)} '14.1.1. 이후: 투자금액 × {기본공제(1~4%)+추가공제(3%)} (한도 : 상시근로자 증가분 × 1,000만원, 1,500만원, 2,000만원) '15.1.1. 이후: 투자금액 × {기본공제(0~3%)+추가공제(3~7%)} '17.1.1. 이후: (한도 : 상시근로자 증가분 × 1,000(1,500)만원, 1,500(2,000)만원, 2,000(2,500)만원)	14N		
	산업수요맞춤형고등학교등 졸업자를 병역이행 후 복직시킨 중소기업에 대한 세액공제	제29조의2	복직자에게 지급한 인건비 × 중소30(중견15)/100	14S		
	경력단절 여성 고용 기업 등에 대한 세액공제	제29조의3제1항	경력단절 여성 재고용 인건비 × 중소30(중견15)/100	14X		
	육아휴직 후 고용유지 기업에 대한 인건비 세액공제	제29조의3제2항	육아휴직 복귀자 인건비 × 중소30(중견15)/100	18J		
	근로소득을 증대시킨 기업에 대한 세액공제	제29조의4	평균 초과 임금증가분 × 5(중견10, 중소20)/100 정규직 전환 근로자의 임금 증가분 × 5(10,20)/100	14Y		
	청년고용을 증대시킨 기업에 대한 세액공제	제29조의5	청년정규직근로자 증가인원수 × 3백만원(7백만원, 1천만원)	18A		
	고용을 증대시킨 기업에 대한 세액공제	제29조의7	직전연도 대비 상시근로자 증가수 × 4백만원(1천2백만원) '21.12.31~'22.12.31 : 직전연도 대비 상시근로자 증가수 × 5백만원(1천3백만원)	18F		
	통합고용세액공제	제29조의8	직전연도 대비 상시근로자 증가수 × 4백만원(1천4백5십만원)	18S	60,500,000 +0+0+0	60,500,000
	정규직 근로자 전환 세액공제	제30조의2	전환인원수 × 중소1천만원(중견7백만원)	14H		
	고용유지중소기업에 대한 세액공제	제30조의3	연간 임금감소 총액× 10/100 + 시간당 임금상승에 따른 보전액 × 15/100	18K		
	중소기업 고용증가 인원에 대한 사회보험료 세액공제	제30조의4제1항	청년(만15~29세)근로자 등 순증인원의 사회보험료(증가분의 100%) 청년 및 경력단절 여성 외 근로자 순증인원의 사회보험료(증가분의 50%,75%)	14Q		

(뒤쪽)

(101) 구 분	근거법 조항	(102) 계 산 기 준	코드	(103) 계산명세	(104) 공제대상 세액
중소기업 사회보험 신규가입에 대한 사회보험료 세액공제	제30조의4제3항	'20.12.31.까지 사회보험 신규가입에 따 른 사용자 부담액× 50%	18G		
전자신고에 대한 세액공제(법인)	제104조의8제1항	법인세 전자신고시 2만원	184		
전자신고에 대한 세액공제(세무법인 등)	제104조의8제3항	법인 · 소득세 전자신고 대리건수 × 2만원 *한도: 연300만원(세무 · 회계법인 연750만원) 한도액계산시 부가가치세 대리신고에 따른 세액공제액 포함	14J		
제3자 물류비용 세액공제	제104조의14	(전년대비 위탁물류비용 증가액)×3/100(중소기업은 5/100) * 직전 위탁물류비 30% 미만 : (당기 위탁물류비 – 당기 전체물류비 × 30%) ×3/100(중소기업은 5/100) * 법인세 10% 한도	14E		
대학 맞춤형 교육비용 세액공제	구 제104조의18제1항	법 제10조 연구 · 인력개발비세액공제 준용 *수도권 소재대학의 발생액은 50%만 인정	14I		
대학등 기부설비에 대한 세액공제	구 제104조의18제2항	법 제11조 연구 · 인력개발설비투자세액공제 준용 *수도권 소재대학의 기부금액은 50%만 인정	14K		
기업의 운동경비부 설치운영 세액공제	제104조의22	설치운영비용 × 10(20)/100	14O		
산업수요맞춤형 고등학교 등 재학생에 대한 현장훈련수당 등 세액공제	구 제104조의18제4항	일반 연구 · 인력개발비 세액공제 준용	14R		
석유제품 전자상거래에 대한 세액공제	제104조의25	'13.1.1.~12.31.: 공급가액의 0.5%(산출세액의 10% 한도) '14.1.1.~'16.12.31.: 공급가액의 0.3%(산출세액의 10% 한도) '17.1.1.~'19.12.31.:공급자는 공급가액의0.1%,수요자0.2%, (산출세액의 10% 한도) '20.1.1.~'22.12.31.:수요자만 공급가액의 0.2%(산출세액의 10% 한도)	14P		
금 현물시장에서 거래되는 금지금에 대한 과세특례	제126조의7제8항	산출세액×[(금 현물시장 이용금액 – 직전 과세연도의 금 현물시장 이용금액)/매출액] 또는 산출세액×[(금 현물시장 이용금액 ×5/100)/매출액]	14V		
금사업자와 스크랩등 사업자의 수입금액증가등 세액공제	제122조의4	산출세액×[(매입자납부익금및손금합계금액 – 직전 과세연도의 매입자납부익금및손금합계금액)×50/100]/익금및손금합계금액 또는 산출세액×[(매입자납부익금및손금합계금액×5/100)]/익금및손금합계금액 *한도: 해당 과세연도 산출세액–직전 과세연도 산출세액	14W		
성실신고 확인비용에 대한 세액공제	제126조의6	확인비용 × 60/100 (150만원 한도)	10A		
우수 선화주 인증받은 국제물류주선업자에 대한 세액공제	제104조의30	운송비용의 1% + 직전과세연도 대비 증가분의 3%(산출세액의 10%한도)	18M		
용역제공자에 관한 과세자료의 제출에 대한 세액공제	제104조의32	과세자료에 기재된 용역제공자 인원수×300원(200만원 한도)	10C		
소재 · 부품 · 장비 수요기업 공동출자세액공제	제13조의3제1항	주식 또는 출자지분 취득가액 5%	18N		
소재 · 부품 · 장비 외국법인 인수세액 공제	제13조의3제3항	주식 또는 출자지분 취득가액 5% (중견7%, 중소10%)	18P		
상가임대료를 인하한 임대사업자에 대한 세액공제	제96조의3	임대료 인하액의 70%	10B		
선결제 금액에 대한 세액공제	제99조의12	선결제금액 × 1%	18Q		
통합투자세액공제(일반)	제24조	기본공제 : 투자금액 × 1(중견5, 중소10)/100, 신성장 · 원천기술 투자금액 × 3(중견6,중소12)/100 국가전략기술 투자금액 × 8(중견8,중소16)/100 추가공제 : 직전 3년 연평균 투자금액 초과액 × 3/100(국가전략기술 4/100)(기본공제 200% 한도)	13W		
통합투자세액공제(신성장 · 원천기술)	제24조		13X		
통합투자세액공제(국가전략기술)	제24조		13Y		
합		계	1A1		60,500,000

2. 당기공제세액 및 이월액계산

(105) 구분	(106) 사업연도	요공제세액 (107) 당기분	요공제세액 (108) 이월분	당기 공제대상세액 (109) 당기분	(110)1차 연도 / (115)6차 연도	(111)2차 연도 / (116)7차 연도	(112)3차 연도 / (117)8차 연도	(113)4차 연도 / (118)9차 연도	(114)5차 연도 / (119)10차 연도	(120)계	(121)최저한세 적용에 따른 미공제액	(122) 그 밖의 사유로 인한 미공제액	(123) 공제세액 ((120)–(121)–(122))	(124) 소멸	(125) 이월액 ((107)+(108) –(123)–(124))
통합고용 세액공제	2023.12	60,500,000		60,500,000						60,500,000	45,820,000		14,680,000		45,820,000
	소계	60,500,000		60,500,000						60,500,000	45,820,000		14,680,000		45,820,000
	소계														
합 계		60,500,000		60,500,000						60,500,000	※45,820,000		14,680,000		45,820,000

작성방법

1. (105) 구분란에는 1. 공제세액계산(「조세특례제한법」)의 코드를 적습니다.
2. (106) 사업연도란에는 이월된 공제대상세액이 발생한 사업연도와 종료월을 적습니다.
3. (107) 당기분란에는 (104) 공제대상세액을 적습니다.
4. (108) 이월분란에는 (101) 구분별, 사업연도별로 전기의 (125) 이월액을 적습니다.
5. (109) 당기분란에는 당기분 세액을 적고, (110)란~(119)란의 해당 연도란에는 (108) 이월분 세액을 각각 적습니다.
6. (121)최저한세 적용에 따른 미공제액란의 합계(※표란)에는 "최저한세조정계산서(별지 제4호서식)"의 ④란 중 (124) 세액공제란의 금액을 옮겨 적고, 「조세특례제한법」 제144조제2항에 규정된 순서에 따라 (121)란의 최저한세 적용에 따른 미공제액의 각 란에 조정하여 적습니다.
7. 근거법조항 중 "구"는 「조세특례제한법」(2020.12.29. 법률 제17759호로 개정되기 전의 것)에 따른 조항을 의미합니다.

사례 4 2023년 귀속 신고 시 작성

[별지 제8호 서식(갑)] (2024.3.22. 개정) (4쪽 중 제1쪽)

사업연도	2023.01.01. ~ 2023.12.31.	공제감면세액 및 추가납부세액합계표(갑)	법 인 명	㈜나라
			사업자등록번호	203-81-63108

1. 최저한세 적용제외 공제감면세액

	① 구 분	② 근 거 법 조 항	코드	③ 대상세액	④ 감면(공제) 세액
세액감면	(101) 창업중소기업에 대한 세액감면(최저한세 적용제외)	「조세특례제한법」제6조제7항 외	110		
	(102) 해외자원개발투자배당 감면	「조세특례제한법」 제22조	103		
	(103) 수도권과밀억제권역 밖으로 이전하는 중소기업 세액감면(수도권 밖으로 이전)	구 「조세특례제한법」 제63조	169		
	(104) 공장의 수도권 밖 이전에 대한 세액감면	「조세특례제한법」 제63조	108		
	(105) 본사의 수도권 밖 이전에 대한 세액감면	「조세특례제한법」 제63조의2	109		
	(106) 영농조합법인 감면	「조세특례제한법」 제66조	104		
	(107) 영어조합법인 감면	「조세특례제한법」 제67조	107		
	(108) 농업회사법인 감면(농업소득)	「조세특례제한법」 제68조	11B		
	(109) 행정중심복합도시 등 공장이전에 대한 조세감면	「조세특례제한법」 제85조의2제3항 (2019.12.31. 법률 제16835호로 개정되기 전의 것)	11A		
	(110) 위기지역 내 창업기업 세액감면(최저한세 적용제외)	「조세특례제한법」 제99조의9	11N		
	(111) 해외진출기업의 국내복귀에 대한 세액감면(철수방식)	「조세특례제한법」 제104조의24제1항제1호	11F		
	(112) 해외진출기업의 국내복귀에 대한 세액감면(유지방식)	「조세특례제한법」 제104조의24제1항제2호	11H		
	(113) 고도기술수반사업 외국인투자 세액감면	「조세특례제한법」 제121조의2제1항제1호	186		
	(114) 외국인투자지역내 외국인투자 세액감면	「조세특례제한법」 제121조의2제1항제2호 또는 제2호의5	187		
	(115) 경제자유구역내 외국인투자 세액감면	「조세특례제한법」 제121조의2제1항제2호의2	188		
	(116) 경제자유구역 개발사업시행자 세액감면	「조세특례제한법」 제121조의2제1항제2호의3	157		
	(117) 제주투자진흥기구의 개발사업시행자 세액감면	「조세특례제한법」 제121조의2제1항제2호의4	158		
	(118) 기업도시 개발구역내 외국인투자 세액감면	「조세특례제한법」 제121조의2제1항제2호의6	159		
	(119) 기업도시 개발사업의 시행자 세액감면	「조세특례제한법」 제121조의2제1항제2호의7	160		
	(120) 새만금사업지역내 외국인투자 세액감면	「조세특례제한법」 제121조의2제1항제2호의8	11J		
	(121) 새만금사업 시행자 세액감면	「조세특례제한법」 제121조의2제1항제2호의9	11K		
	(122) 기타 외국인투자유치를 위한 조세감면	「조세특례제한법」 제121조의2제1항제3호	167		
	(123) 외국인투자기업의 증자의 조세감면	「조세특례제한법」 제121조의4	172		
	(124) 기술도입대가에 대한 조세면제(국내지점 등)	법률 제9921호 조세특례제한법 일부개정법률 부칙 제77조	173		
	(125) 제주첨단과학기술단지 입주기업 조세감면(최저한세 적용제외)	「조세특례제한법」 제121조의8	181		
	(126) 제주투자진흥지구등 입주기업 조세감면(최저한세 적용제외)	「조세특례제한법」 제121조의9	182		
	(127) 기업도시개발구역 등 입주기업 감면(최저한세 적용제외)	「조세특례제한법」 제121조의17제1항제1 · 3 · 5호	197		
	(128) 기업도시개발사업 등 시행자 감면	「조세특례제한법」 제121조의17제1항제2 · 4 · 6 · 7호	198		
	(129) 아시아문화중심도시 투자진흥지구 입주기업 감면(최저한세 적용제외)	「조세특례제한법」 제121조의20제1항	11C		
	(130) 금융중심지 창업기업에 대한 감면(최저한세 적용제외)	「조세특례제한법」 제121조의21제1항	11G		
	(131) 동업기업 세액감면 배분액(최저한세 적용제외)	「조세특례제한법」 제100조의18제4항	11D		
	(132) 사회적기업에 대한 감면	「조세특례제한법」 제85조의6	11L		
	(133) 장애인 표준사업장에 대한 감면	「조세특례제한법」 제85조의6	11M		
	(134) 첨단의료복합단지 입주기업에 대한 감면(최저한세 적용제외)	「조세특례제한법」 제121조의22제1항1호	17A		
	(135) 국가식품클러스터 입주기업에 대한 감면(최저한세 적용제외)	「조세특례제한법」 제121조의22제1항2호	17B		
	(136) 연구개발특구 입주기업에 대한 감면(최저한세 적용제외)	「조세특례제한법」 제12조의2	17C		
	(137) 감염병 피해에 따른 특별재난지역의 중소기업에 대한 감면	「조세특례제한법」 제99조의11	17D		
	(138) 기회발전특구 창업기업 등에 대한 법인세 등의 감면(최저한세 적용제외)	「조세특례제한법」 제121조의33	1D1		
	(139) 소 계		170		
세액공제	(140) 외국납부세액공제	「법인세법」 제57조	101		
	(141) 재해손실세액공제	「법인세법」 제58조	102		
	(142) 신성장 · 원천기술 연구개발비세액공제(최저한세 적용제외)	「조세특례제한법」 제10조제1항제1호	16A		
	(143) 국가전략기술 연구개발비세액공제(최저한세 적용제외)	「조세특례제한법」 제10조제1항제2호	10D		
	(144) 일반 연구 · 인력개발비세액공제(최저한세 적용제외)	「조세특례제한법」 제10조제1항제3호	16B		
	(145) 동업기업 세액공제 배분액(최저한세 적용제외)	「조세특례제한법」 제100조의18제4항	12D		
	(146) 성실신고 확인비용에 대한 세액공제	「조세특례제한법」 제126조의6	10A		
	(147) 상가임대료를 인하한 임대사업자에 대한 세액공제	「조세특례제한법」 제96조의3	10B		
	(148) 용역제공자에 관한 과세자료의 제출에 대한 세액공제	「조세특례제한법」 제104조의32	10C		
	(149) 소 계		180		
	(150) 합 계((139) + (149))		110		

210mm×297mm[백상지 80g/㎡ 또는 중질지 80g/㎡]

PART 05 고용지원을 위한 조세특례

(4쪽 중 제2쪽)

2. 최저한세 적용대상 공제감면세액

	① 구 분	② 근 거 법 조 항	코드	③ 대상세액	④ 감면세액
세액감면	⑮ 창업중소기업에 대한 세액감면(최저한세 적용대상)	「조세특례제한법」 제6조제1항·제5항·제6항	111		
	⑫ 창업벤처중소기업 세액감면	「조세특례제한법」 제6조제2항	174		
	⑬ 에너지신기술 중소기업 세액감면	「조세특례제한법」 제6조제4항	13E		
	⑭ 중소기업에 대한 특별세액감면	「조세특례제한법」 제7조	112		
	⑮ 연구개발특구 입주기업에 대한 세액감면(최저한세 적용대상)	「조세특례제한법」 제12조의2	179		
	⑯ 국제금융거래이자소득 면제	「조세특례제한법」 제21조	123		
	⑰ 사업전환 중소기업에 대한 세액감면	구 「조세특례제한법」 제33조의2	192		
	⑱ 무역조정지원기업의 사업전환 세액감면	구 「조세특례제한법」 제33조의2	13A		
	⑲ 기업구조조정 전문회사 주식양도차익 세액감면	법률 제9272호 조세특례제한법 일부개정법률 부칙 제10조·제40조	13B		
	⑳ 혁신도시 이전 등 공공기관 세액감면	「조세특례제한법」 제62조제4항	13F		
	㉑ 공장의 지방이전에 대한 세액감면(중소기업의 수도권 안으로 이전)	「조세특례제한법」 제63조	116		
	㉒ 농공단지입주기업 등 감면	「조세특례제한법」 제64조	117		
	㉓ 농업회사법인 감면(농업소득 외의 소득)	「조세특례제한법」 제68조	119		
	㉔ 소형주택 임대사업자에 대한 세액감면	「조세특례제한법」 제96조	13I		
	㉕ 상가건물 장기임대사업자에 대한 세액감면	「조세특례제한법」 제96조의2	13N		
	㉖ 산림개발소득 감면	「조세특례제한법」 제102조	124		
	㉗ 동업기업 세액감면 배분액(최저한세 적용대상)	「조세특례제한법」 제100조의18제4항	13D		
	㉘ 첨단의료복합단지 입주기업에 대한 감면(최저한세 적용대상)	「조세특례제한법」 제121조의22제1항제1호	13H		
	㉙ 기술이전에 대한 세액감면	「조세특례제한법」 제12조제1항	13J		
	㉚ 기술대여에 대한 세액감면	「조세특례제한법」 제12조제3항	13K		
	㉛ 제주첨단과학기술단지 입주기업 감면(최저한세 적용대상)	「조세특례제한법」 제121조의8	13P		
	㉜ 제주투자진흥지구등 입주기업 감면(최저한세 적용대상)	「조세특례제한법」 제121조의9	13Q		
	㉝ 기업도시개발구역 등 입주기업 감면(최저한세 적용대상)	「조세특례제한법」 제121조의17제1항제1호·제3호·5호	13R		
	㉞ 위기지역 내 창업기업 세액감면(최저한세 적용대상)	「조세특례제한법」 제99조의9	13S		
	㉟ 아시아문화중심도시 투자진흥지구 입주기업 감면(최저한세 적용대상)	「조세특례제한법」 제121조의20제1항	13T		
	㊱ 금융중심지 창업기업에 대한 감면(최저한세 적용대상)	「조세특례제한법」 제121조의21제1항	13U		
	㊲ 국가식품클러스터 입주기업에 대한 감면(최저한세 적용대상)	「조세특례제한법」 제121조의22제1항제2호	13V		
	㊳ 기회발전특구 창업기업 등에 대한 법인세 등의 감면(최저한세 적용대상)	「조세특례제한법」 제121조의33	1C1		
	㊴ 소 계		130		

210mm×297mm[백상지 80g/㎡ 또는 중질지 80g/㎡]

(4쪽 중 제3쪽)

① 구 분		② 근 거 법 조 항	코드	⑤ 전기 이월액	⑥ 당기발생액	⑦ 공제세액
세액공제	(180) 중소기업 등 투자세액공제	구「조세특례제한법」 제5조	131			
	(181) 상생결제 지급금액에 대한 세액공제	「조세특례제한법」 제7조의4	14Z			
	(182) 대·중소기업 상생협력을 위한 기금출연 세액공제	「조세특례제한법」 제8조의3제1항	14M			
	(183) 협력중소기업에 대한 유형고정자산 무상임대 세액공제	「조세특례제한법」 제8조의3제2항	18D			
	(184) 수탁기업에 설치하는 시설에 대한 세액공제	「조세특례제한법」 제8조의3제3항	18L			
	(185) 교육기관에 무상 기증하는 중고자산에 대한 세액공제	「조세특례제한법」 제8조의3제4항	18R			
	(186) 신성장·원천기술 연구개발비세액공제(최저한세 적용대상)	「조세특례제한법」 제10조제1항제1호	13L			
	(187) 국가전략기술 연구개발비세액공제(최저한세 적용대상)	「조세특례제한법」 제10조제1항제2호	10E			
	(188) 일반 연구·인력개발비세액공제(최저한세 적용대상)	「조세특례제한법」 제10조제1항제3호	13M			
	(189) 기술취득에 대한 세액공제	「조세특례제한법」 제12조제2항	176			
	(190) 기술혁신형 합병에 대한 세액공제	「조세특례제한법」 제12조의3	14T			
	(191) 기술혁신형 주식취득에 대한 세액공제	「조세특례제한법」 제12조의4	14U			
	(192) 벤처기업등 출자에 대한 세액공제	「조세특례제한법」 제13조의2	18E			
	(193) 성과공유 중소기업 경영성과급 세액공제	「조세특례제한법」 제19조	18H			
	(194) 연구·인력개발설비투자 세액공제	구「조세특례제한법」 제25조제1항제1호	134			
	(195) 에너지절약시설투자 세액공제	구「조세특례제한법」 제25조제1항제2호	177			
	(196) 환경보전시설 투자 세액공제	구「조세특례제한법」 제25조제1항제3호	14A			
	(197) 근로자복지증진시설투자 세액공제	구「조세특례제한법」 제25조제1항제4호	142			
	(198) 안전시설투자 세액공제	구「조세특례제한법」 제25조제1항제5호	136			
	(199) 생산성향상시설투자세액공제	구「조세특례제한법」 제25조제1항제6호	135			
	(200) 의약품 품질관리시설투자 세액공제	구「조세특례제한법」 제25조의4	14B			
	(201) 신성장기술 사업화를 위한 시설투자 세액공제	구「조세특례제한법」 제25조의5	18B			
	(202) 영상콘텐츠 제작비용에 대한 세액공제(기본공제)	「조세특례제한법」 제25조의6	18C			
	(203) 영상콘텐츠 제작비용에 대한 세액공제(추가공제)	「조세특례제한법」 제25조의6	1B8			
	(204) 초연결 네트워크 시설투자에 대한 세액공제	구「조세특례제한법」 제25조의7	18I			
	(205) 고용창출투자세액공제	「조세특례제한법」 제26조	14N			
	(206) 산업수요맞춤형고등학교등 졸업자를 병역이행 후 복직시킨 중소기업에 대한 세액공제	「조세특례제한법」 제29조의2	14S			
	(207) 경력단절 여성 고용 기업 등에 대한 세액공제	「조세특례제한법」 제29조의3제1항	14X			
	(208) 육아휴직 후 고용유지 기업에 대한 인건비 세액공제	「조세특례제한법」 제29조의3제2항	18J			
	(209) 근로소득을 증대시킨 기업에 대한 세액공제	「조세특례제한법」 제29조의4	14Y			
	(210) 청년고용을 증대시킨 기업에 대한 세액공제	「조세특례제한법」 제29조의5	18A			
	(211) 고용을 증대시킨 기업에 대한 세액공제	「조세특례제한법」 제29조의7	18F			
	(212) 통합고용세액공제	「조세특례제한법」 제29조의8	18S		60,500,000	14,680,000
	(213) 통합고용세액공제(정규직 전환)	「조세특례제한법」 제29조의8	1B4			
	(214) 통합고용세액공제(육아휴직 복귀)	「조세특례제한법」 제29조의8	1B5			
	(215) 정규직근로자 전환 세액공제	「조세특례제한법」 제30조의2	14H			
	(216) 고용유지중소기업에 대한 세액공제	「조세특례제한법」 제30조의3	18K			
	(217) 중소기업 고용증가 인원에 대한 사회보험료 세액공제	「조세특례제한법」 제30조의4 제1항	14Q			
	(218) 중소기업 사회보험 신규가입에 대한 사회보험료 세액공제	「조세특례제한법」 제30조의4 제3항	18G			
	(219) 전자신고에 대한 세액공제(납세의무자)	「조세특례제한법」 제104조의8 제1항	184			
	(220) 전자신고에 대한 세액공제(세무법인 등)	「조세특례제한법」 제104조의8 제3항	14J			
	(221) 제3자 물류비용 세액공제	「조세특례제한법」 제104조의14	14E			
	(222) 대학 맞춤형 교육비용 등 세액공제	구「조세특례제한법」 제104조의18제1항	14I			
	(223) 대학등 기부설비에 대한 세액공제	구「조세특례제한법」 제104조의18제2항	14K			
	(224) 기업의 경기부 설치운영비용 세액공제	「조세특례제한법」 제104조의22	14O			
	(225) 동업기업 세액공제 배분액(최저한세 적용대상)	「조세특례제한법」 제100조의18제4항	14L			
	(226) 산업수요맞춤형 고등학교 등 재학생에 대한 현장훈련수당 등 세액공제	구「조세특례제한법」 제104조의18제4항	14R			
	(227) 석유제품 전자상거래에 대한 세액공제	「조세특례제한법」 제104조의25	14P			
	(228) 금 현물시장에서 거래되는 금지금에 대한 과세특례	「조세특례제한법」 제126조의7제8항	14V			
	(229) 금사업자와 스크랩등사업자의 수입금액의 증가 등에 대한 세액공제	「조세특례제한법」 제122조의4	14W			
	(230) 우수 선화주 인증 국제물류주선업자 세액공제	「조세특례제한법」 제104조의30	18M			
	(231) 소재·부품·장비 수요기업 공동출자 세액공제	「조세특례제한법」 제13조의3제1항	18N			
	(232) 소재·부품·장비 외국법인 인수세액 공제	「조세특례제한법」 제13조의3제3항	18P			
	(233) 선결제 금액에 대한 세액공제	「조세특례제한법」 제99조의12	18Q			
	(234) 해외자원개발투자에 대한 과세특례	「조세특례제한법」 제104조의15	1B6			
	(235) 통합투자세액공제(일반)	「조세특례제한법」 제24조	13W			
	(236) 통합투자세액공제(신성장·원천기술)	「조세특례제한법」 제24조	13X			
	(237) 통합투자세액공제(국가전략기술)	「조세특례제한법」 제24조	13Y			
	(238) 임시통합투자세액공제(일반)	「조세특례제한법」 제24조	1B1			
	(239) 임시통합투자세액공제(신성장·원천기술)	「조세특례제한법」 제24조	1B2			
	(240) 임시통합투자세액공제(국가전략기술)	「조세특례제한법」 제24조	1B3			
	(241) 문화산업전문회사 출자에 대한 세액공제	「조세특례제한법」 제25조의7	1B7			
	(242) 소 계		149		60,500,000	14,680,000
(243) 합 계((179) + (242))			150			14,680,000
(244) 공제감면세액 총계((150) + (243))			151			14,680,000

210mm×297mm[백상지 80g/㎡ 또는 중질지 80g/㎡]

(4쪽 중 제4쪽)

(245) 기술도입대가에 대한 조세면제	법률 제9921호 조세특례제한법 일부개정법률 부칙 제77조	183			
(246) 간주 · 간접 외국납부세액공제	「법인세법」 제57조제3항 · 제4항 · 제6항	189			

작성방법

1. ③ 대상세액란: 「법인세법」, 「조세특례제한법」 등에 따른 공제감면대상금액이 있는 경우 공제감면세액계산서(별지 제8호서식 부표 1, 2, 3, 4, 5)에 따라 감면구분별로 적습니다.
2. ④ · ⑦ 공제세액란: 「법인세법」, 「조세특례제한법」 등에 따른 공제감면세액은 공제감면세액계산서(별지 제8호서식 부표 1, 2, 3, 4, 5)에 따라 계산된 공제세액 중 당기에 공제될 세액의 범위에서 「법인세법」 제59조제1항에 따른 공제순서에 따라 감면 구분별로 적습니다.
3. (150)란 중 ④ 감면세액란: 법인세 과세표준 및 세액조정계산서(별지 제3호서식)의 (123) 최저한세 적용제외 공제감면세액란에 옮겨 적습니다.
4. (242)란 중 ⑦ 공제세액란: 법인세 과세표준 및 세액조정계산서(별지 제3호서식)의 (121) 최저한세 적용대상 공제감면세액란에 옮겨 적습니다.
5. (245) 기술도입대가에 대한 조세면제란의 공제세액란: 기술도입대가를 지급하는 내국법인이 별지 제8호서식 부표 9 기술도입대가에 대한 조세면제명세서의 면제세액 합계액을 적습니다(국내사업장이 있고 해당 기술이 국내사업장에 실질적으로 관련되거나 귀속되는 경우에는 기술을 제공하는 외국법인이 (245) 기술도입대가에 대한 조세면제란의 감면세액란에 적습니다).
6. (140) 외국납부세액공제란: 외국납부세액과 (246) 간주 · 간접 외국납부세액공제액을 합하여 적고, 간주 · 간접 외국납부세액공제액은 (246)란에 별도로 적습니다.
7. 「조세특례제한법」 제10조의 연구 · 인력개발비세액공제 중 최저한세가 적용되는 공제세액은 (186), (187) 또는 (188)란에 적고, 최저한세 적용이 제외되는 공제세액은 (142), (143) 또는 (144)란에 각각 구분하여 적습니다.
8. (186), (187) 또는 (188)란 중 ⑤ 전기이월액란:「조세특례제한법」 제144조제1항에 따라 이월된 미공제 금액 중 해당 과세연도에 공제할 일반연구 · 인력개발비, 신성장 · 원천기술연구개발비 또는 국가전략기술연구개발비를 각각 구분하여 적습니다(구 공제감면코드: 132).
9. 법령의 개정에 따라 종전의 규정 또는 개정규정에 따라 공제감면 받는 경우에는 비어 있는 란 등에 해당 법령의 조문순서에 따라 별도로 적습니다.
10. ② 근거법조항 중 "구"는 「조세특례제한법」(2020.12.29. 법률 제17759호로 개정되기 전의 것)에 따른 조항을 의미합니다.

210mm×297mm[백상지 80g/㎡ 또는 중질지 80g/㎡]

사례 4 2023년 귀속 신고 시 작성

[별지 제3호 서식] (2023.3.20. 개정) (앞쪽)

사업연도	2023.01.01. ~ 2023.12.31.	법인세 과세표준 및 세액조정계산서	법인명	㈜나라
			사업자등록번호	203-81-63108

구분	항목	코드	금액
① 각 사업연도 소득계산	⑩1 결산서상당기순손익	01	289 000 000
	소득조정금액 ⑩2 익금산입	02	
	소득조정금액 ⑩3 손금산입	03	
	⑩4 차가감소득금액 (⑩1+⑩2-⑩3)	04	289 000 000
	⑩5 기부금한도초과액	05	
	⑩6 기부금한도초과이월액손금산입	54	
	⑩7 각사업연도소득금액 (⑩4+⑩5-⑩6)	06	289 000 000
② 과세표준 계산	⑩8 각사업연도소득금액 (⑩8=⑩7)		289 000 000
	⑩9 이월결손금	07	
	⑪0 비과세소득	08	
	⑪1 소득공제	09	
	⑪2 과세표준 (⑩8-⑩9-⑪0-⑪1)	10	289 000 000
	⑮9 선박표준이익	55	
③ 산출세액 계산	⑪3 과세표준 (⑪2+⑮9)	56	289 000 000
	⑪4 세율	11	19
	⑪5 산출세액	12	34 910 000
	⑪6 지점유보소득 (「법인세법」 제96조)	13	
	⑪7 세율	14	
	⑪8 산출세액	15	
	⑪9 합계 (⑪5+⑪8)	16	34 910 000
④ 납부할 세액 계산	⑫0 산출세액 (⑫0=⑪9)		34 910 000
	⑫1 최저한세적용대상공제감면세액	17	14 680 000
	⑫2 차감세액	18	20 230 000
	⑫3 최저한세적용제외공제감면세액	19	
	⑫4 가산세액	20	
	⑫5 가감계 (⑫2-⑫3+⑫4)	21	
	기납부세액 기한내납부세액 ⑫6 중간예납세액	22	
	기납부세액 기한내납부세액 ⑫7 수시부과세액	23	
	기납부세액 기한내납부세액 ⑫8 원천납부세액	24	
	기납부세액 기한내납부세액 ⑫9 간접투자회사등의 외국납부세액	25	
	기납부세액 기한내납부세액 ⑬0 소계 (⑫6+⑫7+⑫8+⑫9)	26	
	기납부세액 ⑬1 신고납부전가산세액	27	
	기납부세액 ⑬2 합계 (⑬0+⑬1)	28	

구분	항목	코드	금액
	⑬3 감면분추가납부세액	29	
	⑬4 차감납부할세액 (⑫5-⑬2+⑬3)	30	20 230 000
⑤ 토지등양도소득에 대한 법인세 계산	양도차익 ⑬5 등기자산	31	
	양도차익 ⑬6 미등기자산	32	
	⑬7 비과세소득	33	
	⑬8 과세표준 (⑬5+⑬6-⑬7)	34	
	⑬9 세율	35	
	⑭0 산출세액	36	
	⑭1 감면세액	37	
	⑭2 차감세액 (⑭0-⑭1)	38	
	⑭3 공제세액	39	
	⑭4 동업기업법인세배분액 (가산세 제외)	58	
	⑭5 가산세액 (동업기업 배분액 포함)	40	
	⑭6 가감계 (⑭2-⑭3+⑭4+⑭5)	41	
	기납부세액 ⑭7 수시부과세액	42	
	기납부세액 ⑭8 ( )세액	43	
	기납부세액 ⑭9 계 (⑭7+⑭8)	44	
	⑮0 차감납부할세액 (⑭6-⑭9)	45	
⑥ 미환류소득법인세	⑯0 과세대상미환류소득	59	
	⑯1 세율	60	
	⑯2 산출세액	61	
	⑯3 가산세액	62	
	⑯4 이자상당액	63	
	⑯5 납부할세액 (⑯2+⑯3+⑯4)	64	
⑦ 세액계	⑮1 차감납부할세액계 (⑬4+⑮0+⑯5)	46	20 230 000
	⑮2 사실과다른회계처리경정세액공제	57	
	⑮3 분납세액계산범위액 (⑮1-⑫4-⑬3-⑭5-⑮2+⑬1)	47	20 230 000
	⑮4 분납할세액	48	10 115 000
	⑮5 차감납부세액 (⑮1-⑮2-⑮4)	49	10 115 000

210mm×297mm[백상지 80g/㎡ 또는 중질지 80g/㎡]

사례 4 2023년 귀속 신고 시 작성

[별지 제13호 서식] (2024.3.22. 개정) (3쪽 중 제1쪽)

사 업 연 도	2023.01.01. ~ 2023.12.31.	농어촌특별세 과세대상 감면세액 합계표	법인명	㈜나라
			사업자등록번호	203-81-63108

1. 일반법인의 감면세액

① 구 분	② 감 면 내 용	③ 「조세특례제한법」근거 조항	코드	④ 감 면 세 액 (소득금액)	비 고
⑤ 비과세	101 기업구조조정전문회사의 양도차익 비과세	법률 제9272호 부칙 제10조 · 제40조	604	(　　)	「법인세법 시행규칙」 별지 제6호서식의 ⑩란 해당 금액
	102 중소기업창업투자회사 등의 소재 · 부품 · 장비전문기업 주식양도차익 등에 대한 비과세	제13조의4	62Q	(　　)	
	103		606		
⑥ 소득공제	104 국민주택임대소득공제	제55조의2제4항	460	(　　)	「법인세법 시행규칙」 별지 제7호서식의 ⑧란 해당 금액
	105 주택임대소득공제(연면적 149㎡ 이하)	제55조의2제5항	463	(　　)	
	106			(　　)	
	107		458		
⑦ 비과세 · 소득공제분 감면세액			6A1		(과세표준+소득금액)×세율-산출세액
⑧ 세액감면	108 국제금융거래이자소득 면제	제21조	123		「법인세법 시행규칙」 별지 제8호서식(갑)의 ④란 해당 금액
	109 해외자원개발배당 감면	제22조	103		
	110 사업전환 중소기업에 대한 세액감면	구 제33조의2	192		
	111 무역조정지원기업의 사업전환 세액감면	구 제33조의2	13A		
	112 기업구조조정전문회사의 주식양도차익 감면	법률 제9272호 부칙 제10조 · 제40조	13B		
	113 혁신도시 이전 공공기관 세액감면	제62조제4항	13F		
	114 행정중심복합도시 등 공장이전 조세감면	제85조의2(19. 12. 31. 법률 제16835호로 개정되기 전의 것)	11A		
	115 사회적 기업에 대한 감면	제85조의6	11L		
	116 장애인 표준사업장에 대한 감면	제85조의6	11M		
	117 소형주택 임대사업자에 대한 세액감면	제96조	13I		
	118 상가건물 장기 임대사업자에 대한 감면	제96조의2	13N		
	119 제주첨단과학기술단지입주기업 조세감면(최저한세적용제외)	제121조의8	181		
	120 제주투자진흥지구 등 입주기업 조세감면(최저한세적용제외)	제121조의9	182		
	121 기업도시개발구역 등 입주기업 감면(최저한세적용제외)	제121조의17제1항제1호 · 제3호 · 제5호	197		
	122 기업도시개발사업 등 시행자 감면	제121조의17제1항제2호 · 제4호 · 제6호 · 제7호	198		
	123 아시아문화중심도시 투자진흥지구 입주기업 감면(최저한세적용제외)	제121조의20제1항	11C		
	124 금융중심지 창업기업에 대한 감면(최저한세적용제외)	제121조의21제1항	11G		
	125 첨단의료복합단지 입주기업에 대한 감면(최저한세적용제외)	제121조의22	17A		
	126 국가식품클러스터 입주기업에 대한 감면(최저한세적용제외)	제121조의22	17B		
	127 첨단의료복합단지 입주기업에 대한 감면(최저한세적용대상)	제121조의22	13H		
	128 국가식품클러스터 입주기업에 대한 감면(최저한세적용대상)	제121조의22	13V		
	129 제주첨단과학기술단지입주기업 조세감면(최저한세적용대상)	제121조의8	13P		
	130 제주투자진흥지구 등 입주기업 조세감면(최저한세적용대상)	제121조의9	13Q		
	131 기업도시개발구역 등 입주기업 감면(최저한세적용대상)	제121조의17제1항제1호 · 제3호 · 제5호	13R		
	132 금융중심지 창업기업에 대한 감면(최저한세적용대상)	제121조의21제1항	13U		
	133 아시아문화중심도시 투자진흥지구 입주기업 감면(최저한세적용대상)	제121조의20제1항	13T		
	134 기회발전특구 창업기업 등에 대한 법인세 등의 감면(최저한세적용제외)	제121조의33	1D1		
	135 기회발전특구 창업기업 등에 대한 법인세 등의 감면(최저한세적용대상)	제121조의33	1C1		
	136		164		

210mm×297mm[백상지 80g/㎡ 또는 중질지 80g/㎡]

① 구 분	② 감 면 내 용	③「조세특례제한법」 근거 조항	코드	④ 감 면 세 액 (소득금액)	비 고
⑨ 세 액 공 제	(137) 중소기업투자세액공제	구 제5조	131		「법인세법 시행규칙」 별지 제8호서식(갑)의 ④ · ⑦란 세액공제 해당 금액
	(138) 상생결제 지급금액에 대한 세액공제	제7조의4	14Z		
	(139) 대중소기업 상생협력을 위한 기금출연 세액공제	제8조의3제1항	14M		
	(140) 협력중소기업에 대한 유형고정자산 무상임대 세액공제	제8조의3제2항	18D		
	(141) 수탁기업에 설치하는 시설에 대한 세액공제	제8조의3제3항	18L		
	(142) 교육기관에 무상 기증하는 중고자산에 대한 세액공제	제8조의3제4항	18R		
	(143) 기술혁신형 합병에 대한 세액공제	제12조의3	14T		
	(144) 기술혁신형 주식취득에 대한 세액공제	제12조의4	14U		
	(145) 벤처기업 등 출자에 대한 세액공제	제13조의2	18E		
	(146) 성과공유 중소기업 경영성과급 세액공제	제19조	18H		
	(147) 에너지절약시설투자 세액공제	구 제25조제1항제2호	177		
	(148) 환경보전시설투자 세액공제	구 제25조제1항제3호	14A		
	(149) 근로자복지증진시설투자 세액공제	구 제25조제1항제4호	142		
	(150) 안전시설투자 세액공제	구 제25조제1항제5호	136		
	(151) 생산성향상시설투자세액공제	구 제25조제1항제6호	135		
	(152) 의약품 품질관리시설투자 세액공제	구 제25조의4	14B		
	(153) 신성장기술 사업화를 위한 시설투자 세액공제	구 제25조의5	18B		
	(154) 영상콘텐츠 제작비용에 대한 세액공제(기본공제)	제25조의6	18C		
	(155) 영상콘텐츠 제작비용에 대한 세액공제(추가공제)	제25조의6	1B8		
	(156) 초연결 네크워크 시설투자에 대한 세액공제	구 제25조의7	18I		
	(157) 고용창출투자세액공제	제26조	14N		
	(158) 산업수요맞춤형고등학교등 졸업자 복직 중소기업 세액공제	제29조의2	14S		
	(159) 경력단절 여성 고용 기업 등에 대한 세액공제	제29조의3제1항	14X		
	(160) 육아휴직 후 고용유지 기업에 대한 인건비 세액공제	제29조의3제2항	18J		
	(161) 근로소득을 증대시킨 기업에 대한 세액공제	제29조의4	14Y		
	(162) 청년고용을 증대시킨 기업에 대한 세액공제	제29조의5	18A		
	(163) 고용을 증대시킨 기업에 대한 세액공제	제29조의7	18F		
	(164) 통합고용세액공제	**제29조의8**	**18S**	**14,680,000**	
	(165) 통합고용세액공제(정규직 전환)	제29조의8	1B4		
	(166) 통합고용세액공제(육아휴직복귀)	제29조의8	1B5		
	(167) 제3자 물류비용 세액공제	제104조의14	14E		
	(168) 대학 맞춤형 교육비용 등 세액공제	구 제104조의18제1항	14I		
	(169) 대학등 기부설비에 대한 세액공제	구 제104조의18제2항	14K		
	(170) 산업수요맞춤형 고등학교 등 재학생에 대한 현장훈련수당 등 세액공제	구 제104조의18제4항	14R		
	(171) 기업의 경기부 설치운영비용 세액공제	제104조의22	14O		
	(172) 석유제품 전자상거래에 대한 세액공제	제104조의25	14P		
	(173) 금 현물시장에서 거래되는 금지금에 대한 과세특례	제126조의7제8항	14V		
	(174) 금사업자와 스크랩등사업자의 수입금액의 증가 등에 대한 세액공제	제122조의4	14W		
	(175) 우수 선화주 인증 국제물류주선업자 세액공제	제104조의30	18M		
	(176) 용역제공자에 관한 과세자료의 제출에 대한 세액공제	제104조의32	10C		
	(177) 소재 · 부품 · 장비 수요기업 공동출자 세액공제	제13조의3제1항	18N		
	(178) 소재 · 부품 · 장비 외국법인 인수세액 공제	제13조의3제3항	18P		
	(179) 상가임대료를 인하한 임대사업자에 대한 세액공제	제96조의3	10B		
	(180) 선결제 금액에 대한 세액공제	제99조의12	18Q		
	(181) 통합투자세액공제(일반)	제24조	13W		
	(182) 임시통합투자세액공제(일반)	제24조	1B1		
	(183) 통합투자세액공제(신성장 · 원천기술)	제24조	13X		
	(184) 임시통합투자세액공제(신성장 · 원천기술)	제24조	1B2		
	(185) 통합투자세액공제(국가전략기술)	제24조	13Y		
	(186) 임시통합투자세액공제(국가전략기술)	제24조	1B3		
	(187) 해외자원개발투자에 대한 과세특례	제104조의15	1B6		
	(188) 문화산업전문회사 출자에 대한 세액공제	제25조의7	1B7		
	(189)		165		
⑩ 감 면 세 액 합 계				**14,680,000**	

2. 조합법인 등의 감면세액

① 법인세 과세표준	②「조세특례제한법」 제72조 세율	③ 산출세액 (①×②)	④ 과세표준		⑤「법인세법」 제55조의 세율	⑥ 산출세액	⑦ 감면세액 (⑥-③)
			구 분	금 액			
			2억원 이하 200억원 이하 3천억원 이하 3천억원 초과				
합 계			합 계				

210mm×297mm[백상지 80g/㎡ 또는 중질지 80g/㎡]

(3쪽 중 제3쪽)

3. 조합법인에 대한 공제세액

⑧ 공제내용	코드	⑨ 공제세액	비 고
청년고용을 증대시킨 기업에 대한 세액공제	18A		「법인세법 시행규칙」 별지 제8호서식(갑)의 ⑦란 공제세액 해당 금액
고용을 증대시킨 기업에 대한 세액공제	18F		「법인세법 시행규칙」 별지 제8호서식(갑)의 ⑦란 공제세액 해당 금액
기업의 경기부 설치운영비용 세액공제	14O		「법인세법 시행규칙」 별지 제8호서식(갑)의 ⑦란 공제세액 해당 금액
상가임대료를 인하한 임대사업자에 대한 세액공제	10B		「법인세법 시행규칙」 별지 제8호서식(갑)의 ④란 감면(공제)세액 해당 금액
선결제금액에 대한 세액공제	18Q		「법인세법 시행규칙」 별지 제8호서식(갑)의 ⑦란 공제세액 해당 금액
통합고용세액공제	18S		「조세특례제한법 시행규칙」 별지 제10호의9서식의 ④란 공제세액 해당 금액
합 계			

작 성 방 법

1. 일반법인의 감면세액 계산
   가. ⑦란 중 ④ 감면세액(소득금액)란의 금액은 각 사업연도 소득에 대한 법인세 과세표준[법인세 과세표준 및 세액조정계산서(별지 제3호서식)의 ⑬란의 금액을 말합니다]에 ⑤란의 비과세 소득금액과 ⑥란의 소득공제금액을 합산한 조정과세표준에 대한 산출세액에서 법인세 과세표준 및 세액조정계산서(별지 제3호서식)의 ⑮란의 산출세액의 금액을 빼서 적습니다.
   나. 그 밖에 ⑤ 비과세, ⑥ 소득공제, ⑧ 세액감면, ⑨ 세액공제의 빈 란에는 「조세특례제한법」의 개정으로 추가하여 감면세액이 발생되거나 개정 전 규정의 부칙에 따라 적용되는 감면세액이 농어촌특별세 과세대상에 해당하는 경우에 해당 감면세액을 각각 적습니다.

2. 조합법인 등의 감면세액 계산: ⑤ 「법인세법」 제55조의 세율은 다음과 같이 적용합니다.
   가. 2012년 1월 1일 이후 개시하는 사업연도

과세표준	세 율
2억원 이하	과세표준의 100분의 10
2억원 초과 200억원 이하	2천만원 + (2억원 초과 200억원 이하 금액의 100분의 20)
200억원 초과	39억 8천만원 + (200억원을 초과하는 금액의 100분의 22)

   나. 2018년 1월 1일 이후 개시하는 사업연도

과세표준	세 율
2억원 이하	과세표준의 100분의 10
2억원 초과 200억원 이하	2천만원 + (2억원 초과 200억원 이하 금액의 100분의 20)
200억원 초과 3천억원 이하	39억8천만원 + (200억원을 초과하는 금액의 100분의 22)
3천억원 초과	655억8천만원 + (3천억원을 초과하는 금액의 100분의 25)

   다. 2023년 1월 1일 이후 개시하는 사업연도

과세표준	세 율
2억원 이하	과세표준의 100분의 9
2억원 초과 200억원 이하	1천8백만원 + (2억원 초과 200억원 이하 금액의 100분의 19)
200억원 초과 3천억원 이하	37억8천만원 + (200억원을 초과하는 금액의 100분의 21)
3천억원 초과	625억8천만원 + (3천억원을 초과하는 금액의 100분의 24)

3. 조합법인 등의 공제세액 계산: 「조세특례제한법」의 개정으로 조합법인 등에 추가로 공제되는 공제세액이 농어촌특별세 과세대상에 해당하는 공제세액을 적습니다.

※ 근거법조항 중 "구"는 「조세특례제한법」(2020.12.29. 법률 제17759호로 개정되기 전의 것)에 따른 조항을 의미합니다.

210mm×297mm[백상지 80g/㎡ 또는 중질지 80g/㎡]

사례 4 2023년 귀속 신고 시 작성

[별지 제12호 서식] (2017.3.10. 개정) (앞 쪽)

사업연도	2023.01.01. ~ 2023.12.31.	농어촌특별세과세표준 및 세액조정계산서	법인명	㈜나라
			사업자등록번호	203-81-63108

농어촌특별세 과세표준 및 세액 조정내역

①법 인 유 형	②과 세 표 준		세 율	③세 액
	구 분	금 액		
④ 일 반 법 인	⑤법 인 세 감 면 세 액	14,680,000	20%	2,936,000
	⑥			
	⑦			
	⑧ 소 계	14,680,000		2,936,000
⑨조 합 법 인 등	⑩법 인 세 공제 · 감 면 세 액		20%	
	⑫ 소 계			

작 성 방 법

1. ②란 중 ⑤법인세감면세액란에는 농어촌특별세과세대상감면세액합계표[별지 제13호서식]상의 ⑩감면세액합계란의 금액을 옮겨 적습니다.
2. ②란 중 ⑩법인세공제 · 감면세액란에는 농어촌특별세과세대상감면세액합계표[별지 제13호서식] 2. 조합법인 등 감면세액 중 ⑦감면세액란의 합계금액과 3. 조합법인 등 공제세액중 ⑨ 공제세액란 합계금액을 더하여 기입합니다.

210mm×297mm[백상지 80g/㎡ 또는 중질지 80g/㎡]

사례 4 2023년 귀속 신고 시 작성

[별지 제2호 서식] (2024.3.22. 개정) (앞쪽)

농어촌특별세 과세표준 및 세액신고서

※ 뒤쪽의 신고안내 및 작성방법을 읽고 작성하여 주시기 바랍니다.

1. 신고인 인적사항

① 소 재 지	경기도 고양시 일산서구 대화로37번길 102-30(법곶동)				
② 법 인 명	㈜나라		③대 표 자 성 명	김 유 민	
④사업자등록번호	203-81-63108	⑤사 업 연 도	2023.01.01. ~2023.12.31.	⑥전 화 번 호	031-2231-7027

2. 농어촌특별세 과세표준 및 세액 조정내역

⑦과 세 표 준		14,680,000
⑧산 출 세 액		2,936,000
(미납세액, 미납일수, 세율) ⑨가 산 세 액	(, , 2.2/10,000)	
⑩총 부 담 세 액		2,936,000
⑪기 납 부 세 액		
⑫환 급 예 정 세 액		
⑬차 감 납 부 할 세 액		2,936,000
⑭분 납 할 세 액		
⑮차 감 납 부 세 액		2,936,000
⑯충 당 후 납 부 세 액		2,936,000
⑰국 세 환 급 금 충 당 신 청	환 급 법 인 세	
	충당할 농어촌특별세	

신고인은 「농어촌특별세법」 제7조에 따라 위의 내용을 신고하며, 위 내용을 충분히 검토하였고 **신고인이 알고 있는 사실 그대로를 정확하게 적었음을 확인합니다.**

2024년 3월 31일

신고인(대표자) 김 유 민 (서명 또는 인)

세무대리인은 조세전문자격자로서 위 신고서를 성실하고 공정하게 작성하였음을 확인합니다.

세무대리인 (서명 또는 인)

고양 세무서장 귀하

210mm×297mm[백상지 80g/㎡ 또는 중질지 80g/㎡]

사례 4 2024년 귀속 신고 시 작성

[별지 제10호의9 서식] (2024.3.22. 개정) (3쪽 중 제1쪽)

통합고용세액공제 공제세액계산서

① 신청인	① 상호 또는 법인명 : ㈜나라	② 사업자등록번호 : 203-81-63108
	③ 대표자 성명 : 김 유 민	④ 생년월일 : 1973년 04월 12일
	⑤ 주소 또는 본점소재지 : 경기도 고양시 일산서구 대화로37번길 102-30(법곳동) (전화번호 : 031-2231-7027)	

② 과세연도	2024년 1월 1일부터 2024년 12월 31일까지

③ 상시근로자 현황 (작성방법 2,3번을 참고하시기 바랍니다.)

구분	직전전 과세연도	직전 과세연도	해당 과세연도
⑥ 상시근로자 수 (⑦+⑧)	21.00	26.00	26.00
⑦ 청년등상시근로자 수	9.00	12.00	9.00
⑧ 청년등상시근로자를 제외한 상시근로자 수	12.00	14.00	17.00
⑨ 정규직 전환 근로자 수	-		
⑩ 육아휴직 복귀자 수			

④ 기본공제 공제세액 계산내용

가. 1차년도 세제지원 요건 : ⑬ > 0

1. 상시근로자 증가 인원

⑪ 해당 과세연도 상시근로자 수	⑫ 직전 과세연도 상시근로자 수	⑬ 상시근로자 증가 인원 수 (⑪-⑫)
26.00	26.00	

2. 청년등상시근로자 증가 인원

⑭ 해당 과세연도 청년등상시근로자 수	⑮ 직전 과세연도 청년등상시근로자 수	⑯ 청년등상시근로자 증가 인원 수 (⑭-⑮)
9.00	12.00	-3.00

3. 청년등상시근로자를 제외한 상시근로자 증가 인원

⑰ 해당 과세연도 청년등상시근로자를 제외한 상시근로자 수	⑱ 직전 과세연도 청년등상시근로자를 제외한 상시근로자 수	⑲ 청년등상시근로자를 제외한 상시근로자 증가 인원 수(⑰-⑱)
17.00	14.00	3.00

(3쪽 중 제2쪽)

4. 1차년도 세액공제액 계산

구분	구분		직전 과세연도 대비 상시근로자 증가 인원 수 (⑬상시근로자 증가 인원 수를 한도로 함)	1인당 공제금액	⑳ 1차년도 세액공제액
중소기업	수도권 내	청년등		1천4백5십만원	
		청년등 외		8백5십만원	
	수도권 밖	청년등		1천5백5십만원	
		청년등 외		9백5십만원	
	계				
중견기업	청년등			8백만원	
	청년등 외			4백5십만원	
	계				
일반기업	청년등			4백만원	
	청년등 외				
	계				

나. 2차년도 세제지원 요건 : ㉓ ≥ 0

1. 상시근로자 증가 인원

㉑ 2차년도(해당 과세연도) 상시근로자 수	㉒ 1차년도(직전 과세연도) 상시근로자 수	㉓ 상시근로자 증가 인원 수(㉑-㉒)
26.00	26.00	

2. 2차년도 세액공제액 계산(상시근로자 감소여부)

1차년도 (직전 과세연도) 대비 상시근로자 감소여부	1차년도 (직전 과세연도) 대비 청년등상시근로자 수 감소여부	㉔ 1차년도 (직전 과세연도) 청년등상시근로자 증가 세액공제액	㉕ 1차년도 (직전 과세연도) 청년등 외 상시근로자 증가 세액공제액	㉖ 2차년도 세액공제액
부	부			
	여		42,500,000	42,500,000
여				

다. 3차년도 세제지원 요건(중소·중견기업만 해당) : ㉙ ≥ 0

1. 상시근로자 증가 인원

㉗ 3차년도(해당 과세연도) 상시근로자 수	㉘ 1차년도(직전전 과세연도) 상시근로자 수	㉙ 상시근로자 증가 인원(㉗-㉘)

2. 3차년도 세액공제액 계산(상시근로자 감소여부)

1차년도 (직전전 과세연도) 대비 상시근로자 감소여부	1차년도 (직전전 과세연도) 대비 청년등상시근로자 수 감소여부	㉚ 1차년도 (직전전 과세연도) 청년등 상시근로자 증가 세액공제액	㉛ 1차년도 (전전 과세연도) 청년등 외 상시근로자 증가 세액공제액	㉜ 3차년도 세액공제액
부	부			
	여			
여				

(3쪽 중 제3쪽)

❺ 추가공제 공제세액 계산내용

가. 세제지원 요건 : ㉟ ≥ 0

㉝ 해당 과세연도 상시근로자 수	㉞ 직전 과세연도 상시근로자 수	㉟ 상시근로자 증가 인원 수 (㉝-㉞)

나. 세액공제액 계산

구분	구분	인원 수	1인당 공제금액	㊱ 추가공제 세액공제액
중소 기업	정규직 전환자		1천3백만원	
	육아휴직 복귀자			
	계			
중견 기업	정규직 전환자		9백만원	
	육아휴직 복귀자			
	계			
⑥ 세액공제액 : ⑳ 1차년도 세액공제액 + ㉖ 2차년도 세액공제액 + ㉜ 3차년도 세액공제액 + ㊱ 추가공제 세액공제액				42,500,000

「조세특례제한법 시행령」 제26조의8 제11항에 따라 위와 같이 공제세액계산서를 제출합니다.

2025년 3월 31일

신청인 ㈜나라 김 유 민 (서명 또는 인)

고양 세무서장 귀하

작 성 방 법

1. 근로자 수는 다음과 같이 계산하되, 100분의 1 미만의 부분은 없는 것으로 합니다.
   가. 상시근로자 수: 매월 말 현재 상시근로자 수의 합 / 과세연도의 개월 수
   나. 청년등상시근로자 수: 매월 말 현재 청년등상시근로자 수의 합 / 과세연도의 개월 수
   다. 청년등상시근로자 외 상시근로자 수: 매월 말 현재 청년등상시근로자 외 상시근로자 수의 합 / 과세연도의 개월 수
2. ⑥란의 상시근로자란 「근로기준법」에 따라 근로계약을 체결한 내국인 근로자로서 다음의 어느 하나에 해당하는 사람을 제외한 근로자를 말합니다.
   가. 근로계약기간이 1년 미만인 근로자. 다만, 근로계약의 연속된 갱신으로 인하여 그 근로계약의 총 기간이 1년 이상인 근로자는 상시근로자로 봅니다.
   나. 「근로기준법」 제2조제1항제9호에 따른 단시간근로자. 다만, 1개월간의 소정근로시간이 60시간 이상인 근로자는 상시근로자로 봅니다.
   다. 「법인세법 시행령」 제40조제1항 각 호의 어느 하나에 해당하는 임원
   라. 해당 기업의 최대주주 또는 최대출자자(개인사업자의 경우에는 대표자를 말합니다)와 그 배우자
   마. 라목에 해당하는 자의 직계존비속(그 배우자를 포함합니다) 및 「국세기본법 시행령」 제1조의2제1항에 따른 친족관계인 사람
   바. 「소득세법 시행령」 제196조에 따른 근로소득원천징수부에 의하여 근로소득세를 원천징수한 사실이 확인되지 않고, 「국민연금법」 제3조제1항제11호 및 제12호에 따른 부담금 및 기여금 또는 「국민건강보험법」 제69조에 따른 직장가입자의 보험료에 해당하는 금액의 납부사실도 확인되지 않는 자
3. ⑦란 등의 청년등상시근로자란 상시근로자 중 15세 이상 34세 이하인 사람으로서 다음 각 목의 어느 하나에 해당하는 사람을 제외한 사람(해당 근로자가 병역을 이행한 경우에는 6년을 한도로 병역을 이행한 기간을 현재 연령에서 빼고 계산한 연령이 34세 이하인 사람을 포함)과 「장애인복지법」의 적용을 받는 장애인, 「국가유공자 등 예우 및 지원에 관한 법률」에 따른 상이자, 「5·18민주유공자예우 및 단체설립에 관한 법률」 제4조제2호에 따른 5·18민주화운동부상자와 「고엽제후유의증 등 환자지원 및 단체설립에 관한 법률」 제2조제3호에 따른 고엽제후유의증환자로서 장애등급 판정을 받은 사람, 근로계약 체결일 현재 연령이 60세 이상인 사람, 「조세특례제한법」 제29조의3제1항에 따른 경력단절 여성을 말합니다.
   가. 「기간제 및 단시간근로자 보호 등에 관한 법률」에 따른 기간제근로자 및 단시간근로자
   나. 「파견근로자보호 등에 관한 법률」에 따른 파견근로자
   다. 「청소년 보호법」 제2조제5호 각 목에 따른 업소에 근무하는 같은 조 제1호에 따른 청소년
4. 청년등 외 상시근로자란 상시근로자 중 청년등상시근로자가 아닌 상시근로자를 말합니다.
5. ⑳, ㉖, ㉜ 계산 시 각 공제금액(청년/청년 외)은 전체 상시근로자 수 증가분을 한도로 합니다.
6. ㉝, ㉞란의 상시근로자 수는 「근로기준법」 제74조에 따른 출산전후휴가를 사용 중인 상시근로자를 대체하는 상시근로자가 있는 경우 해당 출산전후휴가를 사용 중인 상시근로자를 제외하고 계산한 상시근로자 수를 말합니다.
7. 해당 과세연도의 상시근로자 수가 전년 대비 증가하여 「조세특례제한법」 제29조의8의 통합고용세액공제 1차년도 공제를 신청할 경우 「조세특례제한법」 제29조의7의 고용 증대 기업에 대한 세액공제 1차년도 공제를 중복하여 신청할 수 없습니다.

210mm×297mm[백상지 80g/㎡]

PART 05 고용지원을 위한 조세특례

사례 4 2024년 귀속 신고 시 작성

[별지 제4호 서식] (2019.3.20. 개정) (앞쪽)

사 업 연 도	2024.01.01. ~ 2024.12.31.	최저한세조정계산서	법 인 명	㈜나라
			사업자등록번호	203-81-63108

1. 최저한세 조정 계산 명세

① 구 분		코드	② 감면 후 세액	③ 최저한세	④ 조정감	⑤ 조정 후 세액
⑩ 결산서상 당기순이익		01	325,000,000			
소득조정금액	⑩ 익금산입	02				
	⑩ 손금산입	03				
⑭ 조정 후 소득금액 (⑩ + ⑫ - ⑬)		04	325,000,000	325,000,000		325,000,000
최저한세 적용대상 특별비용	⑮ 준비금	05				
	⑯ 특별상각 및 특례자산 감가상각비	06				
⑰ 특별비용 손금산입 전 소득금액 (⑭ + ⑮ + ⑯)		07	325,000,000	325,000,000		325,000,000
⑱ 기부금한도초과액		08				
⑲ 기부금 한도초과 이월액 손금산입		09				
⑪ 각 사업연도 소득금액 (⑰ + ⑱ - ⑲)		10	325,000,000	325,000,000		325,000,000
⑪ 이월결손금		11				
⑫ 비과세소득		12				
⑬ 최저한세 적용대상 비과세소득		13				
⑭ 최저한세 적용대상 익금불산입·손금산입		14				
⑮ 차가감소득금액 (⑪ - ⑪ - ⑫ + ⑬ + ⑭)		15	325,000,000	325,000,000		325,000,000
⑯ 소득공제		16				
⑰ 최저한세 적용대상 소득공제		17				
⑱ 과세표준금액 (⑮ - ⑯ + ⑰)		18	325,000,000	325,000,000		325,000,000
⑲ 선박표준이익		24				
⑳ 과세표준금액 (⑱ + ⑲)		25	325,000,000	325,000,000		325,000,000
㉑ 세율		19	19	7		19
㉒ 산출세액		20	41,750,000	22,750,000		41,750,000
㉓ 감면세액		21				
㉔ 세액공제		22	70,320,000		51,320,000	19,000,000
㉕ 차감세액 (㉒ - ㉓ - ㉔)		23				22,750,000

2. 최저한세 세율 적용을 위한 구분 항목

㉖ 중소기업 유예기간 종료연월		㉗ 유예기간 종료 후 연차			

210mm×297mm[백상지 80g/㎡ 또는 중질지 80g/㎡]

사례 4 2024년 귀속 신고 시 작성

[별지 제8호 서식 부표 3] (2024.3.22. 개정) (앞쪽)

사 업 연 도	2024.01.01. ~ 2024.12.31.	세액공제조정명세서(3)	법인명	㈜나라
			사업자등록번호	203-81-63108

1. 공제세액계산(「조세특례제한법」)

	⑩ 구 분	근거법 조 항	⑩ 계 산 기 준	코드	⑩ 계산명세	⑭ 공제대상 세 액
조세특례제한법	중소기업 등 투자세액공제	구 제5조	투자금액 × 1(2,3,5,10)/100	131		
	상생결제 지급금액에 대한 세액공제	제7조의4	지급기한 15일 이내 : 지급 금액의 0.5% 지급기한 15일 ~ 30일 : 지급 금액의 0.3% 지급기한 30일 ~ 60일 : 지급 금액의 0.015%	14Z		
	대·중소기업 상생협력을 위한 기금출연 세액공제	제8조의3제1항	출연금 × 10/100	14M		
	협력중소기업에 대한 유형고정자산 무상임대 세액공제	제8조의3제2항	장부가액 × 3/100	18D		
	수탁기업에 설치하는 시설에 대한 세액공제	제8조의3제3항	투자금액 × 1(3,7)/100	18L		
	교육기관에 무상 기증하는 중고자산에 대한 세액공제	제8조의3제4항	기증자산 시가 × 10/100	18R		
	신성장·원천기술 연구개발비세액공제(최저한세 적용제외)	제10조제1항제1호	(일반 연구·인력개발비) '14.1.1.~'14.12.31.: 발생액 × 3~4(8,10,15,20,25,30)/100 또는 2년간 연평균 발생액의 초과액 × 40(50)/100 '15.1.1. 이후: 발생액 × 2~3(8,10,15,20,25,30)/100 또는 직전 발생액의 초과액 × 40(50)/100 '17.1.1. 이후: 발생액 × 1~3(8,10,15,20,25,30)/100 또는 직전 발생액의 초과액 × 30(40,50)/100 '18. 1. 1. 이후: 발생액 × 0~2(8,10,15,20,25,30)/100 또는 직전 발생액의 초과액 × 25(40,50)/100 (신성장·원천기술 연구개발비) '17. 1. 1. 이후: 발생액 × 20(30)/100 (국가전략기술 연구개발비) '21. 7. 1. 이후: 발생액 ×30(40)/100	16A		
	국가전략기술 연구개발비세액공제(최저한세 적용제외)	제10조제1항제2호		10D		
	일반 연구·인력개발비세액공제(최저한세 적용제외)	제10조제1항제3호		16B		
	신성장·원천기술 연구개발비세액공제(최저한세 적용대상)	제10조제1항제1호		13L		
	국가전략기술 연구개발비세액공제(최저한세 적용대상)	제10조제1항제2호		10E		
	일반 연구·인력개발비세액공제(최저한세 적용대상)	제10조제1항제3호		13M		
	기술취득에 대한 세액공제	제12조제2항	특허권 등 취득금액 × 5(10)/100 *법인세의 10% 한도	176		
	기술혁신형 합병에 대한 세액공제	제12조의3	기술가치금액 × 10/100	14T		
	기술혁신형 주식취득에 대한 세액공제	제12조의4	기술가치금액 × 10/100	14U		
	벤처기업등 출자에 대한 세액공제	제13조의2	주식등 취득가액 × 5/100	18E		
	성과공유 중소기업 경영성과급 세액공제	제19조	'22.1.1. 이전 지급분 : 근로자에 지급하는 경영성과급 × 10/100 '22.1.1. 이후 지급분 : 근로자에 지급하는 경영성과급× 15/100	18H		
	연구·인력개발설비투자세액공제	구 제25조제1항제1호	'14.1.1.~'15.12.31. 투자분 : 투자금액 × 3(5,10)/100 '16.1.1. 이후 투자분 : 투자금액 × 1(3,6)/100 '19.1.1. 이후 투자분 : 투자금액 × 1(3,7)/100	134		
	에너지절약시설투자세액공제	구 제25조제1항제2호	'14.1.1.~'15.12.31. 투자분 : 투자금액 × 3(5,10)/100 ('16.1.1. 현재 투자진행 중인 경우 '16.12.31.까지 종전율 적용) '16.1.1. 이후 투자개시분 : 투자금액 × 1(3,10)/100 '19.1.1. 이후 투자분 : 투자금액 × 1(3,7)/100	177		
	환경보전시설 투자세액공제	구 제25조제1항제3호	투자금액 × 3(5,10)/100 '19.1.1. 이후 투자분 : 투자금액 × 3(5,10)/100	14A		
	근로자복지증진시설투자세액공제	구 제25조제1항제4호	투자금액 × 7(10)/100 '19.1.1. 이후 취득분 : 취득금액 × 3(5,10)/100	142		
	안전시설투자세액공제	구 제25조제1항제5호	'13.1.1.~'14.12.31. 투자분 : 투자금액 × 3(7)/100 '15.1.1. 이후 투자분 : 투자금액 × 1(3,7)/100 '19.1.1. 이후 투자분 : 투자금액 × 1(5,10)/100	136		
	생산성향상시설투자세액공제	구 제25조제1항제6호	'13.1.1.~'14.12.31. 투자분 : 투자금액 × 3(7)/100 '15.1.1. 이후 투자분 : 투자금액 × 1(3,7)/100 '20.1.1.~'20.12.31. 투자분 : 투자금액 × 2(5,10))/100 '21.1.1.~'21.12.31. 투자분 : 투자금액 × 1(5,10))/100 '21.1.1.~이후. 투자분 : 투자금액 × 1(3,7))/100	135		
	의약품 품질관리시설투자세액공제	구 제25조의4	'14.1.1.~'16.12.31. 투자분 : 투자금액 × 3(5,7)/100 '17.1.1. 이후 투자분 : 투자금액 × 1(3,6)/100	14B		
	신성장기술 사업화를 위한 시설투자 세액공제	구 제25조의5	투자금액 × 5(7,10)/100	18B		
	영상콘텐츠 제작비용에 대한 세액공제	제25조의6	제작비용 × 3(7,10)/100	18C		
	초연결 네트워크 시설투자에 대한 세액공제	구 제25조의7	투자금액 × 2(3)/100	18I		
	고용창출투자세액공제	제26조	'12.1.1.~12.31.:투자금액 × {기본공제(3~4%)+추가공제(2~3%)} '13.1.1.~12.31.:투자금액 × {기본공제(2~4%)+추가공제(3%)} '14.1.1. 이후: 투자금액 × {기본공제(1~4%)+추가공제(3%)} (한도 : 상시근로자 증가분 × 1,000만원, 1,500만원, 2,000만원) '15.1.1. 이후: 투자금액 × {기본공제(0~3%)+추가공제(3~7%)} '17.1.1. 이후: (한도 : 상시근로자 증가분 × 1,000(1,500)만원, 1,500(2,000)만원, 2,000(2,500)만원)	14N		
	산업수요맞춤형고등학교등 졸업자를 병역이행 후 복직시킨 중소기업에 대한 세액공제	제29조의2	복직자에게 지급한 인건비 × 중소30(중견15)/100	14S		
	경력단절 여성 고용 기업 등에 대한 세액공제	제29조의3제1항	경력단절 여성 재고용 인건비 × 중소30(중견15)/100	14X		
	육아휴직 후 고용유지 기업에 대한 인건비 세액공제	제29조의3제2항	육아휴직 복귀자 인건비 × 중소30(중견15)/100	18J		
	근로소득을 증대시킨 기업에 대한 세액공제	제29조의4	평균 초과 임금증가분 × 5(중견10, 중소20)/100 정규직 전환 근로자의 임금 증가분 × 5(10,20)/100	14Y		
	청년고용을 증대시킨 기업에 대한 세액공제	제29조의5	청년정규직근로자 증가인원수 × 3백만원(7백만원, 1천만원)	18A		
	고용을 증대시킨 기업에 대한 세액공제	제29조의7	직전연도 대비 상시근로자 증가수 × 4백만원(1천2백만원) '21.12.31~'22.12.31 : 직전연도 대비 상시근로자 증가수 × 5백만원(1천3백만원)	18F		
	통합고용세액공제	제29조의8	직전연도 대비 상시근로자 증가수 × 4백만원(1천4백5십만원)	18S	0+42,500,000+0	42,500,000
	정규직 근로자 전환 세액공제	제30조의2	전환인원수 × 중소1천만원(중견7백만원)	14H		
	고용유지중소기업에 대한 세액공제	제30조의3	연간 임금감소 총액× 10/100 + 시간당 임금상승에 따른 보전액 × 15/100	18K		
	중소기업 고용증가 인원에 대한 사회보험료 세액공제	제30조의4제1항	청년(만15~29세)근로자 등 순증인원의 사회보험료(증가분의 100%) 청년 및 경력단절 여성 외 근로자 순증인원의 사회보험료(증가분의 50%,75%)	14Q		

(뒤쪽)

(101) 구분	근거법 조항	(102) 계산기준	코드	(103) 계산명세	(104) 공제대상세액
중소기업 사회보험 신규가입에 대한 사회보험료 세액공제	제30조의4제3항	'20.12.31.까지 사회보험 신규가입에 따 른 사용자 부담액× 50%	18G		
전자신고에 대한 세액공제(법인)	제104조의8제1항	법인세 전자신고시 2만원	184		
전자신고에 대한 세액공제(세무법인 등)	제104조의8제3항	법인·소득세 전자신고 대리건수 × 2만원 *한도: 연300만원(세무·회계법인 연750만원) 한도액계산시 부가가치세 대리신고에 따른 세액공제액 포함	14J		
제3자 물류비용 세액공제	제104조의14	(전년대비 위탁물류비용 증가액)×3/100(중소기업은 5/100) * 직전 위탁물류비 30% 미만 : (당기 위탁물류비 – 당기 전체물류비 × 30%) ×3/100(중소기업은 5/100) * 법인세 10% 한도	14E		
대학 맞춤형 교육비용 세액공제	구 제104조의18제1항	법 제10조 연구·인력개발비세액공제 준용 *수도권 소재대학의 발생액은 50%만 인정	14I		
대학등 기부설비에 대한 세액공제	구 제104조의18제2항	법 제11조 연구·인력개발설비투자세액공제 준용 *수도권 소재대학의 기부금액은 50%만 인정	14K		
기업의 운동경비부 설치운영 세액공제	제104조의22	설치운영비용 × 10(20)/100	14O		
산업수요맞춤형 고등학교 등 재학생에 대한 현장훈련수당 등 세액공제	구 제104조의18제4항	일반 연구·인력개발비 세액공제 준용	14R		
석유제품 전자상거래에 대한 세액공제	제104조의25	'13.1.1.~12.31.: 공급가액의 0.5%(산출세액의 10% 한도) '14.1.1.~'16.12.31.: 공급가액의 0.3%(산출세액의 10% 한도) '17.1.1.~'19.12.31.:공급자는 공급가액의0.1%,수요자0.2%, (산출세액의 10% 한도) '20.1.1.~'22.12.31.:수요자만 공급가액의 0.2%(산출세액의 10% 한도)	14P		
금 현물시장에서 거래되는 금지금에 대한 과세특례	제126조의7제8항	산출세액×[(금 현물시장 이용금액 – 직전 과세연도의 금 현물시장 이용금액)/매출액] 또는 산출세액×[(금 현물시장 이용금액×5/100)/매출액]	14V		
금사업자와 스크랩등 사업자의 수입금액증가등 세액공제	제122조의4	산출세액×[(매입자납부익금및손금합계금액 – 직전 과세연도의 매입자납부익금및손금합계금액)×50/100]/익금및손금합계금액 또는 산출세액×[(매입자납부익금및손금합계금액×5/100)]/익금및손금합계금액 *한도: 해당 과세연도 산출세액–직전 과세연도 산출세액	14W		
성실신고 확인비용에 대한 세액공제	제126조의6	확인비용 × 60/100 (150만원 한도)	10A		
우수 선화주 인증받은 국제물류주선업자에 대한 세액공제	제104조의30	운송비용의 1% + 직전과세연도 대비 증가분의 3%(산출세액의 10%한도)	18M		
용역제공자에 관한 과세자료의 제출에 대한 세액공제	제104조의32	과세자료에 기재된 용역제공자 인원수×300원(200만원 한도)	10C		
소재·부품·장비 수요기업 공동출자세액공제	제13조의3제1항	주식 또는 출자지분 취득가액 5%	18N		
소재·부품·장비 외국법인 인수세액 공제	제13조의3제3항	주식 또는 출자지분 취득가액 5% (중견7%, 중소10%)	18P		
상가임대료를 인하한 임대사업자에 대한 세액공제	제96조의3	임대료 인하액의 70%	10B		
선결제 금액에 대한 세액공제	제99조의12	선결제금액 × 1%	18Q		
통합투자세액공제(일반)	제24조	기본공제 : 투자금액 × 1(중견5, 중소10)/100, 신성장·원천기술 투자금액 × 3(중견6,중소12)/100 국가전략기술 투자금액 × 8(중견8,중소16)/100 추가공제 : 직전 3년 연평균 투자금액 초과액 × 3/100(국가전략기술 4/100)(기본공제 200% 한도)	13W		
통합투자세액공제(신성장·원천기술)	제24조		13X		
통합투자세액공제(국가전략기술)	제24조		13Y		
합		계	1A1		42,500,000

2. 당기공제세액 및 이월액계산

(105) 구분	(106) 사업연도	요공제세액 (107) 당기분	요공제세액 (108) 이월분	당기 공제대상세액 (109) 당기분	(110) 1차 연도 / (115) 6차 연도	(111) 2차 연도 / (116) 7차 연도	(112) 3차 연도 / (117) 8차 연도	(113) 4차 연도 / (118) 9차 연도	(114) 5차 연도 / (119) 10차 연도	(120) 계	(121) 최저한세 적용에 따른 미공제액	(122) 그 밖의 사유로 인한 미공제액	(123) 공제세액 (120-121-122)	(124) 소멸	(125) 이월액 (107+108-123-124)
통합고용세액공제	2024.12	42,500,000		42,500,000						42,500,000	42,500,000				42,500,000
	2023.12		45,820,000		45,820,000					45,820,000	8,820,000	18,000,000	19,000,000	18,000,000	
	소계		45,820,000	42,500,000	45,820,000					88,320,000	51,320,000	18,000,000	19,000,000	18,000,000	8,820,000
	소계														
합계		42,500,000	45,820,000	42,500,000	45,820,000					88,320,000	※51,320,000	18,000,000	19,000,000	18,000,000	51,320,000

작성방법

1. (105) 구분란에는 1. 공제세액계산(「조세특례제한법」)의 코드를 적습니다.
2. (106) 사업연도란에는 이월된 공제대상세액이 발생한 사업연도와 종료월을 적습니다.
3. (107) 당기분란에는 (104) 공제대상세액을 적습니다.
4. (108) 이월분란에는 (101) 구분별, 사업연도별로 전기의 (125) 이월액을 적습니다.
5. (109) 당기분란에는 당기분 세액을 적고, (110)란~(119)란의 해당 연도란에는 (108) 이월분 세액을 각각 적습니다.
6. (121)최저한세 적용에 따른 미공제액란의 합계(※표란)에는 "최저한세조정계산서(별지 제4호서식)"의 ④란 중 (124) 세액공제란의 금액을 옮겨 적고, 「조세특례제한법」 제144조제2항에 규정된 순서에 따라 (121)란의 최저한세 적용에 따른 미공제액의 각 란에 조정하여 적습니다.
7. 근거법조항 중 "구"는 「조세특례제한법」(2020.12.29. 법률 제17759호로 개정되기 전의 것)에 따른 조항을 의미합니다.

사례 4 2024년 귀속 신고 시 작성

[별지 제8호 서식(갑)] (2024.3.22. 개정) (4쪽 중 제1쪽)

사업연도	2024.01.01. ~ 2024.12.31.	공제감면세액 및 추가납부세액합계표(갑)	법인명	㈜나라
			사업자등록번호	203-81-63108

1. 최저한세 적용제외 공제감면세액

	① 구분	② 근거법조항	코드	③ 대상세액	④ 감면(공제)세액
세액감면	(101) 창업중소기업에 대한 세액감면(최저한세 적용제외)	「조세특례제한법」제6조제7항 외	110		
	(102) 해외자원개발투자배당 감면	「조세특례제한법」 제22조	103		
	(103) 수도권과밀억제권역 밖으로 이전하는 중소기업 세액감면 (수도권 밖으로 이전)	구「조세특례제한법」 제63조	169		
	(104) 공장의 수도권 밖 이전에 대한 세액감면	「조세특례제한법」 제63조	108		
	(105) 본사의 수도권 밖 이전에 대한 세액감면	「조세특례제한법」 제63조의2	109		
	(106) 영농조합법인 감면	「조세특례제한법」 제66조	104		
	(107) 영어조합법인 감면	「조세특례제한법」 제67조	107		
	(108) 농업회사법인 감면(농업소득)	「조세특례제한법」 제68조	11B		
	(109) 행정중심복합도시 등 공장이전에 대한 조세감면	「조세특례제한법」 제85조의2제3항 (2019.12.31. 법률 제16835호로 개정되기 전의 것)	11A		
	(110) 위기지역 내 창업기업 세액감면(최저한세 적용제외)	「조세특례제한법」 제99조의9	11N		
	(111) 해외진출기업의 국내복귀에 대한 세액감면(철수방식)	「조세특례제한법」 제104조의24제1항제1호	11F		
	(112) 해외진출기업의 국내복귀에 대한 세액감면(유지방식)	「조세특례제한법」 제104조의24제1항제2호	11H		
	(113) 고도기술수반사업 외국인투자 세액감면	「조세특례제한법」 제121조의2제1항제1호	186		
	(114) 외국인투자지역내 외국인투자 세액감면	「조세특례제한법」 제121조의2제1항제2호 또는 제2호의5	187		
	(115) 경제자유구역내 외국인투자 세액감면	「조세특례제한법」 제121조의2제1항제2호의2	188		
	(116) 경제자유구역 개발사업시행자 세액감면	「조세특례제한법」 제121조의2제1항제2호의3	157		
	(117) 제주투자진흥기구의 개발사업시행자 세액감면	「조세특례제한법」 제121조의2제1항제2호의4	158		
	(118) 기업도시 개발구역내 외국인투자 세액감면	「조세특례제한법」 제121조의2제1항제2호의6	159		
	(119) 기업도시 개발사업의 시행자 세액감면	「조세특례제한법」 제121조의2제1항제2호의7	160		
	(120) 새만금사업지역내 외국인투자 세액감면	「조세특례제한법」 제121조의2제1항제2호의8	11J		
	(121) 새만금사업 시행자 세액감면	「조세특례제한법」 제121조의2제1항제2호의9	11K		
	(122) 기타 외국인투자유치를 위한 조세감면	「조세특례제한법」 제121조의2제1항제3호	167		
	(123) 외국인투자기업의 증자의 조세감면	「조세특례제한법」 제121조의4	172		
	(124) 기술도입대가에 대한 조세면제(국내지점 등)	법률 제9921호 조세특례제한법 일부개정법률 부칙 제77조	173		
	(125) 제주첨단과학기술단지 입주기업 조세감면(최저한세 적용제외)	「조세특례제한법」 제121조의8	181		
	(126) 제주투자진흥지구등 입주기업 조세감면(최저한세 적용제외)	「조세특례제한법」 제121조의9	182		
	(127) 기업도시개발구역 등 입주기업 감면(최저한세 적용제외)	「조세특례제한법」 제121조의17제1항제1·3·5호	197		
	(128) 기업도시개발사업 등 시행자 감면	「조세특례제한법」 제121조의17제1항제2·4·6·7호	198		
	(129) 아시아문화중심도시 투자진흥지구 입주기업 감면(최저한세 적용제외)	「조세특례제한법」 제121조의20제1항	11C		
	(130) 금융중심지 창업기업에 대한 감면(최저한세 적용제외)	「조세특례제한법」 제121조의21제1항	11G		
	(131) 동업기업 세액감면 배분액(최저한세 적용제외)	「조세특례제한법」 제100조의18제4항	11D		
	(132) 사회적기업에 대한 감면	「조세특례제한법」 제85조의6	11L		
	(133) 장애인 표준사업장에 대한 감면	「조세특례제한법」 제85조의6	11M		
	(134) 첨단의료복합단지 입주기업에 대한 감면(최저한세 적용제외)	「조세특례제한법」 제121조의22제1항1호	17A		
	(135) 국가식품클러스터 입주기업에 대한 감면(최저한세 적용제외)	「조세특례제한법」 제121조의22제1항2호	17B		
	(136) 연구개발특구 입주기업에 대한 감면(최저한세 적용제외)	「조세특례제한법」 제12조의2	17C		
	(137) 감염병 피해에 따른 특별재난지역의 중소기업에 대한 감면	「조세특례제한법」 제99조의11	17D		
	(138) 기회발전특구 창업기업 등에 대한 법인세 등의 감면(최저한세 적용제외)	「조세특례제한법」 제121조의33	1D1		
	(139) 소 계		170		
세액공제	(140) 외국납부세액공제	「법인세법」 제57조	101		
	(141) 재해손실세액공제	「법인세법」 제58조	102		
	(142) 신성장·원천기술 연구개발비세액공제(최저한세 적용제외)	「조세특례제한법」 제10조제1항제1호	16A		
	(143) 국가전략기술 연구개발비세액공제(최저한세 적용제외)	「조세특례제한법」 제10조제1항제2호	10D		
	(144) 일반 연구·인력개발비세액공제(최저한세 적용제외)	「조세특례제한법」 제10조제1항제3호	16B		
	(145) 동업기업 세액공제 배분액(최저한세 적용제외)	「조세특례제한법」 제100조의18제4항	12D		
	(146) 성실신고 확인비용에 대한 세액공제	「조세특례제한법」 제126조의6	10A		
	(147) 상가임대료를 인하한 임대사업자에 대한 세액공제	「조세특례제한법」 제96조의3	10B		
	(148) 용역제공자에 관한 과세자료의 제출에 대한 세액공제	「조세특례제한법」 제104조의32	10C		
	(149) **소 계**		**180**		
(150) **합 계((139) + (149))**			**110**		

210mm×297mm[백상지 80g/㎡ 또는 중질지 80g/㎡]

(4쪽 중 제2쪽)

2. 최저한세 적용대상 공제감면세액

	① 구 분	② 근 거 법 조 항	코드	③ 대상세액	④ 감면세액
세액감면	⑮ 창업중소기업에 대한 세액감면(최저한세 적용대상)	「조세특례제한법」 제6조제1항 · 제5항 · 제6항	111		
	⑱ 창업벤처중소기업 세액감면	「조세특례제한법」 제6조제2항	174		
	⑬ 에너지신기술 중소기업 세액감면	「조세특례제한법」 제6조제4항	13E		
	⑭ 중소기업에 대한 특별세액감면	「조세특례제한법」 제7조	112		
	⑮ 연구개발특구 입주기업에 대한 세액감면(최저한세 적용대상)	「조세특례제한법」 제12조의2	179		
	⑯ 국제금융거래이자소득 면제	「조세특례제한법」 제21조	123		
	⑰ 사업전환 중소기업에 대한 세액감면	구 「조세특례제한법」 제33조의2	192		
	⑱ 무역조정지원기업의 사업전환 세액감면	구 「조세특례제한법」 제33조의2	13A		
	⑲ 기업구조조정 전문회사 주식양도차익 세액감면	법률 제9272호 조세특례제한법 일부개정법률 부칙 제10조 · 제40조	13B		
	⑳ 혁신도시 이전 등 공공기관 세액감면	「조세특례제한법」 제62조제4항	13F		
	⑯ 공장의 지방이전에 대한 세액감면(중소기업의 수도권 안으로 이전)	「조세특례제한법」 제63조	116		
	⑯ 농공단지입주기업 등 감면	「조세특례제한법」 제64조	117		
	⑯ 농업회사법인 감면(농업소득 외의 소득)	「조세특례제한법」 제68조	119		
	⑯ 소형주택 임대사업자에 대한 세액감면	「조세특례제한법」 제96조	13I		
	⑯ 상가건물 장기임대사업자에 대한 세액감면	「조세특례제한법」 제96조의2	13N		
	⑯ 산림개발소득 감면	「조세특례제한법」 제102조	124		
	⑯ 동업기업 세액감면 배분액(최저한세 적용대상)	「조세특례제한법」 제100조의18제4항	13D		
	⑯ 첨단의료복합단지 입주기업에 대한 감면(최저한세 적용대상)	「조세특례제한법」 제121조의22제1항제1호	13H		
	⑯ 기술이전에 대한 세액감면	「조세특례제한법」 제12조제1항	13J		
	⑰ 기술대여에 대한 세액감면	「조세특례제한법」 제12조제3항	13K		
	⑰ 제주첨단과학기술단지 입주기업 감면(최저한세 적용대상)	「조세특례제한법」 제121조의8	13P		
	⑰ 제주투자진흥지구등 입주기업 감면(최저한세 적용대상)	「조세특례제한법」 제121조의9	13Q		
	⑰ 기업도시개발구역 등 입주기업 감면(최저한세 적용대상)	「조세특례제한법」 제121조의17제1항제1호 · 제3호 · 5호	13R		
	⑰ 위기지역 내 창업기업 세액감면(최저한세 적용대상)	「조세특례제한법」 제99조의9	13S		
	⑰ 아시아문화중심도시 투자진흥지구 입주기업 감면(최저한세 적용대상)	「조세특례제한법」 제121조의20제1항	13T		
	⑰ 금융중심지 창업기업에 대한 감면(최저한세 적용대상)	「조세특례제한법」 제121조의21제1항	13U		
	⑰ 국가식품클러스터 입주기업에 대한 감면(최저한세 적용대상)	「조세특례제한법」 제121조의22제1항제2호	13V		
	⑰ 기회발전특구 창업기업 등에 대한 법인세 등의 감면(최저한세 적용대상)	「조세특례제한법」 제121조의33	1C1		
	⑰ 소 계		130		

210mm×297mm[백상지 80g/㎡ 또는 중질지 80g/㎡]

(4쪽 중 제3쪽)

	① 구 분	② 근 거 법 조 항	코드	⑤ 전기 이월액	⑥ 당기 발생액	⑦ 공제세액
세액공제	(180) 중소기업 등 투자세액공제	구「조세특례제한법」 제5조	131			
	(181) 상생결제 지급금액에 대한 세액공제	「조세특례제한법」 제7조의4	14Z			
	(182) 대 · 중소기업 상생협력을 위한 기금출연 세액공제	「조세특례제한법」 제8조의3제1항	14M			
	(183) 협력중소기업에 대한 유형고정자산 무상임대 세액공제	「조세특례제한법」 제8조의3제2항	18D			
	(184) 수탁기업에 설치하는 시설에 대한 세액공제	「조세특례제한법」 제8조의3제3항	18L			
	(185) 교육기관에 무상 기증하는 중고자산에 대한 세액공제	「조세특례제한법」 제8조의3제4항	18R			
	(186) 신성장 · 원천기술 연구개발비세액공제(최저한세 적용대상)	「조세특례제한법」 제10조제1항제1호	13L			
	(187) 국가전략기술 연구개발비세액공제(최저한세 적용대상)	「조세특례제한법」 제10조제1항제2호	10E			
	(188) 일반 연구 · 인력개발비세액공제(최저한세 적용대상)	「조세특례제한법」 제10조제1항제3호	13M			
	(189) 기술취득에 대한 세액공제	「조세특례제한법」 제12조제2항	176			
	(190) 기술혁신형 합병에 대한 세액공제	「조세특례제한법」 제12조의3	14T			
	(191) 기술혁신형 주식취득에 대한 세액공제	「조세특례제한법」 제12조의4	14U			
	(192) 벤처기업등 출자에 대한 세액공제	「조세특례제한법」 제13조의2	18E			
	(193) 성과공유 중소기업 경영성과급 세액공제	「조세특례제한법」 제19조	18H			
	(194) 연구 · 인력개발설비투자 세액공제	구「조세특례제한법」 제25조제1항제1호	134			
	(195) 에너지절약시설투자 세액공제	구「조세특례제한법」 제25조제1항제2호	177			
	(196) 환경보전시설 투자 세액공제	구「조세특례제한법」 제25조제1항제3호	14A			
	(197) 근로자복지증진시설투자 세액공제	구「조세특례제한법」 제25조제1항제4호	142			
	(198) 안전시설투자 세액공제	구「조세특례제한법」 제25조제1항제5호	136			
	(199) 생산성향상시설투자세액공제	구「조세특례제한법」 제25조제1항제6호	135			
	(200) 의약품 품질관리시설투자 세액공제	구「조세특례제한법」 제25조의4	14B			
	(201) 신성장기술 사업화를 위한 시설투자 세액공제	구「조세특례제한법」 제25조의5	18B			
	(202) 영상콘텐츠 제작비용에 대한 세액공제(기본공제)	「조세특례제한법」 제25조의6	18C			
	(203) 영상콘텐츠 제작비용에 대한 세액공제(추가공제)	「조세특례제한법」 제25조의6	1B8			
	(204) 초연결 네트워크 시설투자에 대한 세액공제	구「조세특례제한법」 제25조의7	18I			
	(205) 고용창출투자세액공제	「조세특례제한법」 제26조	14N			
	(206) 산업수요맞춤형고등학교등 졸업자를 병역이행 후 복직시킨 중소기업에 대한 세액공제	「조세특례제한법」 제29조의2	14S			
	(207) 경력단절 여성 고용 기업 등에 대한 세액공제	「조세특례제한법」 제29조의3제1항	14X			
	(208) 육아휴직 후 고용유지 기업에 대한 인건비 세액공제	「조세특례제한법」 제29조의3제2항	18J			
	(209) 근로소득을 증대시킨 기업에 대한 세액공제	「조세특례제한법」 제29조의4	14Y			
	(210) 청년고용을 증대시킨 기업에 대한 세액공제	「조세특례제한법」 제29조의5	18A			
	(211) 고용을 증대시킨 기업에 대한 세액공제	「조세특례제한법」 제29조의7	18F			
	(212) 통합고용세액공제	**「조세특례제한법」 제29조의8**	**18S**	**45,820,000**	**42,500,000**	**19,000,000**
	(213) 통합고용세액공제(정규직 전환)	「조세특례제한법」 제29조의8	1B4			
	(214) 통합고용세액공제(육아휴직 복귀)	「조세특례제한법」 제29조의8	1B5			
	(215) 정규직근로자 전환 세액공제	「조세특례제한법」 제30조의2	14H			
	(216) 고용유지중소기업에 대한 세액공제	「조세특례제한법」 제30조의3	18K			
	(217) 중소기업 고용증가 인원에 대한 사회보험료 세액공제	「조세특례제한법」 제30조의4 제1항	14Q			
	(218) 중소기업 사회보험 신규가입에 대한 사회보험료 세액공제	「조세특례제한법」 제30조의4 제3항	18G			
	(219) 전자신고에 대한 세액공제(납세의무자)	「조세특례제한법」 제104조의8 제1항	184			
	(220) 전자신고에 대한 세액공제(세무법인 등)	「조세특례제한법」 제104조의8 제3항	14J			
	(221) 제3자 물류비용 세액공제	「조세특례제한법」 제104조의14	14E			
	(222) 대학 맞춤형 교육비용 등 세액공제	구「조세특례제한법」 제104조의18제1항	14I			
	(223) 대학등 기부설비에 대한 세액공제	구「조세특례제한법」 제104조의18제2항	14K			
	(224) 기업의 경기부 설치운영비용 세액공제	「조세특례제한법」 제104조의22	14O			
	(225) 동업기업 세액공제 배분액(최저한세 적용대상)	「조세특례제한법」 제100조의18제4항	14L			
	(226) 산업수요맞춤형 고등학교 등 재학생에 대한 현장훈련수당 등 세액공제	구「조세특례제한법」 제104조의18제4항	14R			
	(227) 석유제품 전자상거래에 대한 세액공제	「조세특례제한법」 제104조의25	14P			
	(228) 금 현물시장에서 거래되는 금지금에 대한 과세특례	「조세특례제한법」 제126조의7제8항	14V			
	(229) 금사업자와 스크랩등사업자의 수입금액의 증가 등에 대한 세액공제	「조세특례제한법」 제122조의4	14W			
	(230) 우수 선화주 인증 국제물류주선업자 세액공제	「조세특례제한법」 제104조의30	18M			
	(231) 소재 · 부품 · 장비 수요기업 공동출자 세액공제	「조세특례제한법」 제13조의3제1항	18N			
	(232) 소재 · 부품 · 장비 외국법인 인수세액 공제	「조세특례제한법」 제13조의3제3항	18P			
	(233) 선결제 금액에 대한 세액공제	「조세특례제한법」 제99조의12	18Q			
	(234) 해외자원개발투자에 대한 과세특례	「조세특례제한법」 제104조의15	1B6			
	(235) 통합투자세액공제(일반)	「조세특례제한법」 제24조	13W			
	(236) 통합투자세액공제(신성장 · 원천기술)	「조세특례제한법」 제24조	13X			
	(237) 통합투자세액공제(국가전략기술)	「조세특례제한법」 제24조	13Y			
	(238) 임시통합투자세액공제(일반)	「조세특례제한법」 제24조	1B1			
	(239) 임시통합투자세액공제(신성장 · 원천기술)	「조세특례제한법」 제24조	1B2			
	(240) 임시통합투자세액공제(국가전략기술)	「조세특례제한법」 제24조	1B3			
	(241) 문화산업전문회사 출자에 대한 세액공제	「조세특례제한법」 제25조의7	1B7			
	(242) 소 계		149	45,820,000	42,500,000	19,000,000
(243) 합 계((179) + (242))			150			19,000,000
(244) 공제감면세액 총계((150) + (243))			151			19,000,000

210mm×297mm[백상지 80g/㎡ 또는 중질지 80g/㎡]

(4쪽 중 제4쪽)

(245) 기술도입대가에 대한 조세면제	법률 제9921호 조세특례제한법 일부개정법률 부칙 제77조	183			
(246) 간주 · 간접 외국납부세액공제	「법인세법」 제57조제3항 · 제4항 · 제6항	189			

작성방법

1. ③ 대상세액란: 「법인세법」, 「조세특례제한법」 등에 따른 공제감면대상금액이 있는 경우 공제감면세액계산서(별지 제8호서식 부표 1, 2, 3, 4, 5)에 따라 감면구분별로 적습니다.
2. ④ · ⑦ 공제세액란: 「법인세법」, 「조세특례제한법」 등에 따른 공제감면세액은 공제감면세액계산서(별지 제8호서식 부표 1, 2, 3, 4, 5)에 따라 계산된 공제세액 중 당기에 공제될 세액의 범위에서 「법인세법」 제59조제1항에 따른 공제순서에 따라 감면 구분별로 적습니다.
3. (150)란 중 ④ 감면세액란: 법인세 과세표준 및 세액조정계산서(별지 제3호서식)의 (123) 최저한세 적용제외 공제감면세액란에 옮겨 적습니다.
4. (242)란 중 ⑦ 공제세액란: 법인세 과세표준 및 세액조정계산서(별지 제3호서식)의 (121) 최저한세 적용대상 공제감면세액란에 옮겨 적습니다.
5. (245) 기술도입대가에 대한 조세면제란의 공제세액란: 기술도입대가를 지급하는 내국법인이 별지 제8호서식 부표 9 기술도입대가에 대한 조세면제명세서의 면제세액 합계액을 적습니다(국내사업장이 있고 해당 기술이 국내사업장에 실질적으로 관련되거나 귀속되는 경우에는 기술을 제공하는 외국법인이 (245) 기술도입대가에 대한 조세면제란의 감면세액란에 적습니다).
6. (140) 외국납부세액공제란: 외국납부세액과 (246) 간주 · 간접 외국납부세액공제액을 합하여 적고, 간주 · 간접 외국납부세액공제액은 (246)란에 별도로 적습니다.
7. 「조세특례제한법」 제10조의 연구 · 인력개발비세액공제 중 최저한세가 적용되는 공제세액은 (186), (187) 또는 (188)란에 적고, 최저한세 적용이 제외되는 공제세액은 (142), (143) 또는 (144)란에 각각 구분하여 적습니다.
8. (186), (187) 또는 (188)란 중 ⑤ 전기이월액란:「조세특례제한법」 제144조제1항에 따라 이월된 미공제 금액 중 해당 과세연도에 공제할 일반연구 · 인력개발비, 신성장 · 원천기술연구개발비 또는 국가전략기술연구개발비를 각각 구분하여 적습니다(구 공제감면코드: 132).
9. 법령의 개정에 따라 종전의 규정 또는 개정규정에 따라 공제감면 받는 경우에는 비어 있는 란 등에 해당 법령의 조문순서에 따라 별도로 적습니다.
10. ② 근거법조항 중 "구"는 「조세특례제한법」(2020.12.29. 법률 제17759호로 개정되기 전의 것)에 따른 조항을 의미합니다.

210mm×297mm[백상지 80g/㎡ 또는 중질지 80g/㎡]

사례 4 2024년 귀속 신고 시 작성

[별지 제3호 서식] (2023.3.20. 개정) (앞쪽)

사업연도	2024.01.01. ~ 2024.12.31.	법인세 과세표준 및 세액조정계산서	법인명	㈜나라
			사업자등록번호	203-81-63108

구분	항목	코드	금액
① 각 사업연도 소득계산	101 결산서상 당기순손익	01	325 000 000
	소득조정금액 102 익금산입	02	
	소득조정금액 103 손금산입	03	
	104 차가감소득금액 (101+102-103)	04	325 000 000
	105 기부금한도초과액	05	
	106 기부금한도초과이월액 손금산입	54	
	107 각사업연도소득금액 (104+105-106)	06	325 000 000
② 과세표준 계산	108 각사업연도소득금액 (108=107)		325 000 000
	109 이월결손금	07	
	110 비과세소득	08	
	111 소득공제	09	
	112 과세표준 (108-109-110-111)	10	325 000 000
	159 선박표준이익	55	
③ 산출세액 계산	113 과세표준 (112+159)	56	325 000 000
	114 세율	11	19
	115 산출세액	12	41 750 000
	116 지점유보소득 (「법인세법」 제96조)	13	
	117 세율	14	
	118 산출세액	15	
	119 합계 (115+118)	16	41 750 000
④ 납부할 세액 계산	120 산출세액 (120=119)		41 750 000
	121 최저한세 적용대상 공제감면세액	17	19 000 000
	122 차감세액	18	22 750 000
	123 최저한세 적용제외 공제감면세액	19	
	124 가산세액	20	
	125 가감계 (122-123+124)	21	22 750 000
	기납부세액 기한내납부세액 126 중간예납세액	22	
	기납부세액 기한내납부세액 127 수시부과세액	23	
	기납부세액 기한내납부세액 128 원천납부세액	24	
	기납부세액 기한내납부세액 129 간접투자회사등의 외국납부세액	25	
	기납부세액 기한내납부세액 130 소계 (126+127+128+129)	26	
	기납부세액 131 신고납부전가산세액	27	
	기납부세액 132 합계 (130+131)	28	
	133 감면분추가납부세액	29	
	134 차감납부할세액 (125-132+133)	30	22 750 000
⑤ 토지등양도소득에 대한 법인세 계산	양도차익 135 등기자산	31	
	양도차익 136 미등기자산	32	
	137 비과세소득	33	
	138 과세표준 (135+136-137)	34	
	139 세율	35	
	140 산출세액	36	
	141 감면세액	37	
	142 차감세액 (140-141)	38	
	143 공제세액	39	
	144 동업기업 법인세 배분액 (가산세 제외)	58	
	145 가산세액 (동업기업 배분액 포함)	40	
	146 가감계 (142-143+144+145)	41	
	기납부세액 147 수시부과세액	42	
	기납부세액 148 ( ) 세액	43	
	기납부세액 149 계 (147+148)	44	
	150 차감납부할세액 (146-149)	45	
⑥ 미환류소득법인세	160 과세대상 미환류소득	59	
	161 세율	60	
	162 산출세액	61	
	163 가산세액	62	
	164 이자상당액	63	
	165 납부할세액 (162+163+164)	64	
⑦ 세액계	151 차감납부할세액계 (134+150+165)	46	22 750 000
	152 사실과 다른 회계처리 경정세액공제	57	
	153 분납세액계산범위액 (151-124-133-145-152+131)	47	22 750 000
	154 분납할세액	48	11 375 000
	155 차감납부세액 (151-152-154)	49	11 375 000

210mm×297mm[백상지 80g/㎡ 또는 중질지 80g/㎡]

사례 4 2024년 귀속 신고 시 작성

[별지 제13호 서식] (2024.3.22. 개정) (3쪽 중 제1쪽)

사업연도	2024.01.01. ~ 2024.12.31.	농어촌특별세 과세대상 감면세액 합계표	법인명	㈜나라
			사업자등록번호	203-81-63108

1. 일반법인의 감면세액

① 구분	② 감면내용	③ 「조세특례제한법」근거 조항	코드	④ 감면세액(소득금액)	비고
⑤ 비과세	(101) 기업구조조정전문회사의 양도차익 비과세	법률 제9272호 부칙 제10조 · 제40조	604	( )	「법인세법 시행규칙」 별지 제6호서식의 ⑩란 해당 금액
	(102) 중소기업창업투자회사 등의 소재 · 부품 · 장비전문기업 주식양도차익 등에 대한 비과세	제13조의4	62Q	( )	
	(103)		606		
⑥ 소득공제	(104) 국민주택임대소득공제	제55조의2제4항	460	( )	「법인세법 시행규칙」 별지 제7호서식의 ⑧란 해당 금액
	(105) 주택임대소득공제(연면적 149㎡ 이하)	제55조의2제5항	463	( )	
	(106)			( )	
	(107)		458		
⑦ 비과세 · 소득공제분 감면세액			6A1		(과세표준+소득금액)×세율-산출세액
⑧ 세액감면	(108) 국제금융거래이자소득 면제	제21조	123		「법인세법 시행규칙」 별지 제8호서식(갑)의 ④란 해당 금액
	(109) 해외자원개발배당 감면	제22조	103		
	(110) 사업전환 중소기업에 대한 세액감면	구 제33조의2	192		
	(111) 무역조정지원기업의 사업전환 세액감면	구 제33조의2	13A		
	(112) 기업구조조정전문회사의 주식양도차익 감면	법률 제9272호 부칙 제10조 · 제40조	13B		
	(113) 혁신도시 이전 공공기관 세액감면	제62조제4항	13F		
	(114) 행정중심복합도시 등 공장이전 조세감면	제85조의2(19.12.31. 법률 제16835호로 개정되기 전의 것)	11A		
	(115) 사회적 기업에 대한 감면	제85조의6	11L		
	(116) 장애인 표준사업장에 대한 감면	제85조의6	11M		
	(117) 소형주택 임대사업자에 대한 세액감면	제96조	13I		
	(118) 상가건물 장기 임대사업자에 대한 감면	제96조의2	13N		
	(119) 제주첨단과학기술단지입주기업 조세감면(최저한세적용제외)	제121조의8	181		
	(120) 제주투자진흥지구 등 입주기업 조세감면(최저한세적용제외)	제121조의9	182		
	(121) 기업도시개발구역 등 입주기업 감면(최저한세적용제외)	제121조의17제1항제1호 · 제3호 · 제5호	197		
	(122) 기업도시개발사업 등 시행자 감면	제121조의17제1항제2호 · 제4호 · 제6호 · 제7호	198		
	(123) 아시아문화중심도시 투자진흥지구 입주기업 감면(최저한세적용제외)	제121조의20제1항	11C		
	(124) 금융중심지 창업기업에 대한 감면(최저한세적용제외)	제121조의21제1항	11G		
	(125) 첨단의료복합단지 입주기업에 대한 감면(최저한세적용제외)	제121조의22	17A		
	(126) 국가식품클러스터 입주기업에 대한 감면(최저한세적용제외)	제121조의22	17B		
	(127) 첨단의료복합단지 입주기업에 대한 감면(최저한세적용대상)	제121조의22	13H		
	(128) 국가식품클러스터 입주기업에 대한 감면(최저한세적용대상)	제121조의22	13V		
	(129) 제주첨단과학기술단지입주기업 조세감면(최저한세적용대상)	제121조의8	13P		
	(130) 제주투자진흥지구 등 입주기업 조세감면(최저한세적용대상)	제121조의9	13Q		
	(131) 기업도시개발구역 등 입주기업 감면(최저한세적용대상)	제121조의17제1항제1호 · 제3호 · 제5호	13R		
	(132) 금융중심지 창업기업에 대한 감면(최저한세적용대상)	제121조의21제1항	13U		
	(133) 아시아문화중심도시 투자진흥지구 입주기업 감면(최저한세적용대상)	제121조의20제1항	13T		
	(134) 기회발전특구 창업기업 등에 대한 법인세 등의 감면(최저한세적용제외)	제121조의33	1D1		
	(135) 기회발전특구 창업기업 등에 대한 법인세 등의 감면(최저한세적용대상)	제121조의33	1C1		
	(136)		164		

210mm×297mm[백상지 80g/㎡ 또는 중질지 80g/㎡]

(3쪽 중 제2쪽)

① 구 분	② 감 면 내 용	③ 「조세특례제한법」 근거 조항	코드	④ 감 면 세 액 (소득금액)	비 고
⑨ 세액공제	(137) 중소기업투자세액공제	구 제5조	131		
	(138) 상생결제 지급금액에 대한 세액공제	제7조의4	14Z		
	(139) 대중소기업 상생협력을 위한 기금출연 세액공제	제8조의3제1항	14M		
	(140) 협력중소기업에 대한 유형고정자산 무상임대 세액공제	제8조의3제2항	18D		
	(141) 수탁기업에 설치하는 시설에 대한 세액공제	제8조의3제3항	18L		
	(142) 교육기관에 무상 기증하는 중고자산에 대한 세액공제	제8조의3제4항	18R		
	(143) 기술혁신형 합병에 대한 세액공제	제12조의3	14T		
	(144) 기술혁신형 주식취득에 대한 세액공제	제12조의4	14U		
	(145) 벤처기업 등 출자에 대한 세액공제	제13조의2	18E		
	(146) 성과공유 중소기업 경영성과급 세액공제	제19조	18H		
	(147) 에너지절약시설투자 세액공제	구 제25조제1항제2호	177		
	(148) 환경보전시설투자 세액공제	구 제25조제1항제3호	14A		
	(149) 근로자복지증진시설투자 세액공제	구 제25조제1항제4호	142		
	(150) 안전시설투자 세액공제	구 제25조제1항제5호	136		
	(151) 생산성향상시설투자세액공제	구 제25조제1항제6호	135		
	(152) 의약품 품질관리시설투자 세액공제	구 제25조의4	14B		
	(153) 신성장기술 사업화를 위한 시설투자 세액공제	구 제25조의5	18B		
	(154) 영상콘텐츠 제작비용에 대한 세액공제(기본공제)	제25조의6	18C		
	(155) 영상콘텐츠 제작비용에 대한 세액공제(추가공제)	제25조의6	1B8		
	(156) 초연결 네크워크 시설투자에 대한 세액공제	구 제25조의7	18I		
	(157) 고용창출투자세액공제	제26조	14N		
	(158) 산업수요맞춤형고등학교등 졸업자 복직 중소기업 세액공제	제29조의2	14S		
	(159) 경력단절 여성 고용 기업 등에 대한 세액공제	제29조의3제1항	14X		
	(160) 육아휴직 후 고용유지 기업에 대한 인건비 세액공제	제29조의3제2항	18J		
	(161) 근로소득을 증대시킨 기업에 대한 세액공제	제29조의4	14Y		
	(162) 청년고용을 증대시킨 기업에 대한 세액공제	제29조의5	18A		
	(163) 고용을 증대시킨 기업에 대한 세액공제	제29조의7	18F		
	(164) 통합고용세액공제	제29조의8	18S	19,000,000	「법인세법 시행규칙」 별지 제8호서식(갑)의 ④·⑦란 세액공제 해당 금액
	(165) 통합고용세액공제(정규직 전환)	제29조의8	1B4		
	(166) 통합고용세액공제(육아휴직복귀)	제29조의8	1B5		
	(167) 제3자 물류비용 세액공제	제104조의14	14E		
	(168) 대학 맞춤형 교육비용 등 세액공제	구 제104조의18제1항	14I		
	(169) 대학등 기부설비에 대한 세액공제	구 제104조의18제2항	14K		
	(170) 산업수요맞춤형 고등학교 등 재학생에 대한 현장훈련수당 등 세액공제	구 제104조의18제4항	14R		
	(171) 기업의 경기부 설치운영비용 세액공제	제104조의22	14O		
	(172) 석유제품 전자상거래에 대한 세액공제	제104조의25	14P		
	(173) 금 현물시장에서 거래되는 금지금에 대한 과세특례	제126조의7제8항	14V		
	(174) 금사업자와 스크랩등사업자의 수입금액의 증가 등에 대한 세액공제	제122조의4	14W		
	(175) 우수 선화주 인증 국제물류주선업자 세액공제	제104조의30	18M		
	(176) 용역제공자에 관한 과세자료의 제출에 대한 세액공제	제104조의32	10C		
	(177) 소재·부품·장비 수요기업 공동출자 세액공제	제13조의3제1항	18N		
	(178) 소재·부품·장비 외국법인 인수세액 공제	제13조의3제3항	18P		
	(179) 상가임대료를 인하한 임대사업자에 대한 세액공제	제96조의3	10B		
	(180) 선결제 금액에 대한 세액공제	제99조의12	18Q		
	(181) 통합투자세액공제(일반)	제24조	13W		
	(182) 임시통합투자세액공제(일반)	제24조	1B1		
	(183) 통합투자세액공제(신성장·원천기술)	제24조	13X		
	(184) 임시통합투자세액공제(신성장·원천기술)	제24조	1B2		
	(185) 통합투자세액공제(국가전략기술)	제24조	13Y		
	(186) 임시통합투자세액공제(국가전략기술)	제24조	1B3		
	(187) 해외자원개발투자에 대한 과세특례	제104조의15	1B6		
	(188) 문화산업전문회사 출자에 대한 세액공제	제25조의7	1B7		
	(189)		165		
⑩ 감 면 세 액 합 계				19,000,000	

2. 조합법인 등의 감면세액

① 법인세 과세표준	② 「조세특례제한법」 제72조 세율	③ 산출세액 (①×②)	④ 과세표준		⑤ 「법인세법」 제55조의 세율	⑥ 산출세액	⑦ 감면세액 (⑥-③)
			구 분	금 액			
			2억원 이하 200억원 이하 3천억원 이하 3천억원 초과				
합 계			합 계				

210mm×297mm[백상지 80g/㎡ 또는 중질지 80g/㎡]

(3쪽 중 제3쪽)

3. 조합법인에 대한 공제세액

⑧ 공제내용	코드	⑨ 공제세액	비 고
청년고용을 증대시킨 기업에 대한 세액공제	18A		「법인세법 시행규칙」 별지 제8호서식(갑)의 ⑦란 공제세액 해당 금액
고용을 증대시킨 기업에 대한 세액공제	18F		「법인세법 시행규칙」 별지 제8호서식(갑)의 ⑦란 공제세액 해당 금액
기업의 경기부 설치운영비용 세액공제	14O		「법인세법 시행규칙」 별지 제8호서식(갑)의 ⑦란 공제세액 해당 금액
상가임대료를 인하한 임대사업자에 대한 세액공제	10B		「법인세법 시행규칙」 별지 제8호서식(갑)의 ④란 감면(공제)세액 해당 금액
선결제금액에 대한 세액공제	18Q		「법인세법 시행규칙」 별지 제8호서식(갑)의 ⑦란 공제세액 해당 금액
통합고용세액공제	18S		「조세특례제한법 시행규칙」 별지 제10호의9서식의 ④란 공제세액 해당 금액
합 계			

작 성 방 법

1. 일반법인의 감면세액 계산
   가. ⑦란 중 ④ 감면세액(소득금액)란의 금액은 각 사업연도 소득에 대한 법인세 과세표준[법인세 과세표준 및 세액조정계산서(별지 제3호서식)의 ⑬란의 금액을 말합니다]에 ⑤란의 비과세 소득금액과 ⑥란의 소득공제금액을 합산한 조정과세표준에 대한 산출세액에서 법인세 과세표준 및 세액조정계산서(별지 제3호서식)의 ⑮란의 산출세액의 금액을 빼서 적습니다.

   나. 그 밖에 ⑤ 비과세, ⑥ 소득공제, ⑧ 세액감면, ⑨ 세액공제의 빈 란에는 「조세특례제한법」의 개정으로 추가하여 감면세액이 발생되거나 개정 전 규정의 부칙에 따라 적용되는 감면세액이 농어촌특별세 과세대상에 해당하는 경우에 해당 감면세액을 각각 적습니다.

2. 조합법인 등의 감면세액 계산: ⑤ 「법인세법」 제55조의 세율은 다음과 같이 적용합니다.
   가. 2012년 1월 1일 이후 개시하는 사업연도

과세표준	세 율
2억원 이하	과세표준의 100분의 10
2억원 초과 200억원 이하	2천만원 + (2억원 초과 200억원 이하 금액의 100분의 20)
200억원 초과	39억 8천만원 + (200억원을 초과하는 금액의 100분의 22)

   나. 2018년 1월 1일 이후 개시하는 사업연도

과세표준	세 율
2억원 이하	과세표준의 100분의 10
2억원 초과 200억원 이하	2천만원 + (2억원 초과 200억원 이하 금액의 100분의 20)
200억원 초과 3천억원 이하	39억8천만원 + (200억원을 초과하는 금액의 100분의 22)
3천억원 초과	655억8천만원 + (3천억원을 초과하는 금액의 100분의 25)

   다. 2023년 1월 1일 이후 개시하는 사업연도

과세표준	세 율
2억원 이하	과세표준의 100분의 9
2억원 초과 200억원 이하	1천8백만원 + (2억원 초과 200억원 이하 금액의 100분의 19)
200억원 초과 3천억원 이하	37억8천만원 + (200억원을 초과하는 금액의 100분의 21)
3천억원 초과	625억8천만원 + (3천억원을 초과하는 금액의 100분의 24)

3. 조합법인 등의 공제세액 계산: 「조세특례제한법」의 개정으로 조합법인 등에 추가로 공제되는 공제세액이 농어촌특별세 과세대상에 해당하는 공제세액을 적습니다.

※ 근거법조항 중 "구"는 「조세특례제한법」(2020.12.29. 법률 제17759호로 개정되기 전의 것)에 따른 조항을 의미합니다.

210mm×297mm[백상지 80g/㎡ 또는 중질지 80g/㎡]

사례 4 2024년 귀속 신고 시 작성

[별지 제12호 서식] (2017.3.10. 개정) (앞 쪽)

사 업 연 도	2024.01.01. ~ 2024.12.31.	농어촌특별세과세표준 및 세액조정계산서	법인명	㈜나라
			사업자등록번호	203-81-63108

농어촌특별세 과세표준 및 세액 조정내역

①법 인 유 형	②과 세 표 준		세 율	③세 액
	구 분	금 액		
④일 반 법 인	⑤법 인 세 감 면 세 액	19,000,000	20%	3,800,000
	⑥			
	⑦			
	⑧ 소 계	19,000,000		3,800,000
⑨조 합 법 인 등	⑩법 인 세 공제 · 감 면 세 액		20%	
	⑫ 소 계			

작 성 방 법

1. ②란 중 ⑤법인세감면세액란에는 농어촌특별세과세대상감면세액합계표[별지 제13호서식]상의 ⑩감면세액합계란의 금액을 옮겨 적습니다.
2. ②란 중 ⑩법인세공제 · 감면세액란에는 농어촌특별세과세대상감면세액합계표[별지 제13호서식] 2. 조합법인 등 감면세액 중 ⑦감면세액란의 합계금액과 3. 조합법인 등 공제세액중 ⑨ 공제세액란 합계금액을 더하여 기입합니다.

210mm×297mm[백상지 80g/㎡ 또는 중질지 80g/㎡]

사례 4 2024년 귀속 신고 시 작성

[별지 제2호 서식] (2024.3.22. 개정) (앞쪽)

농어촌특별세 과세표준 및 세액신고서

※ 뒤쪽의 신고안내 및 작성방법을 읽고 작성하여 주시기 바랍니다.

1. 신고인 인적사항

① 소 재 지	경기도 고양시 일산서구 대화로37번길 102-30(법곶동)				
② 법 인 명	㈜나라		③대표자성명	김 유 민	
④사업자등록번호	203-81-63108	⑤사 업 연 도	2024.01.01. ~2024.12.31.	⑥전 화 번 호	031-2231-7027

2. 농어촌특별세 과세표준 및 세액 조정내역

⑦과 세 표 준	19,000,000	
⑧산 출 세 액	3,800,000	
(미납세액, 미납일수, 세율) ⑨가 산 세 액	(, , 2.2/10,000)	
⑩총 부 담 세 액	3,800,000	
⑪기 납 부 세 액		
⑫환 급 예 정 세 액		
⑬차 감 납 부 할 세 액	3,800,000	
⑭분 납 할 세 액		
⑮차 감 납 부 세 액	3,800,000	
⑯충 당 후 납 부 세 액	3,800,000	
⑰국 세 환 급 금 충 당 신 청	환 급 법 인 세	
	충당할 농어촌특별세	

신고인은 「농어촌특별세법」 제7조에 따라 위의 내용을 신고하며, 위 내용을 충분히 검토하였고 **신고인이 알고 있는 사실 그대로를 정확하게 적었음을 확인합니다.**

2025년 3월 31일

신고인(대표자) 김 유 민 (서명 또는 인)

세무대리인은 조세전문자격자로서 위 신고서를 성실하고 공정하게 작성하였음을 확인합니다.

세무대리인 (서명 또는 인)

고양 세무서장 귀하

210mm×297mm[백상지 80g/㎡ 또는 중질지 80g/㎡]

제29조의7 【고용을 증대시킨 기업에 대한 세액공제】 및 제30조의4 【중소기업 사회보험료 세액공제】와 제29조의8 【통합고용세액공제】 비교분석

내국인이 세액공제 규정을 적용받을 때 제29조의7【고용을 증대시킨 기업에 대한 세액공제】 규정과 제30조의4【중소기업 사회보험료 세액공제】 규정은 중복으로 적용이 가능하지만 제29조의8【통합고용세액공제】 제1항 규정을 적용할 때는 제29조의7 또는 제30조의4 규정과 중복적용할 수 없으며, 그외 3가지 세액공제 규정은 모두 직전 과세연도 대비 당해 과세연도에 상시근로자 수가 증가하는 경우를 전제로 하는 공통된 특징이 있지만 실무 적용 시 적용요건에 있어서 차이가 있으므로 주의를 요한다.

1 상시근로자에서 제외되는 자

상시근로자의 범위에 있어서 제외되는 자들의 범위가 차이가 있음은 앞서 서술한 바와 같다. 이를 다시 정리하면 다음과 같다.

구 분		제29조의7【고용을 증대시킨 기업에 대한 세액공제】	제30조의4【중소기업 사회보험료 세액공제】	제29조의8【통합고용세액공제】 제1항
①	근로계약기간 1년 미만	근로계약기간이 1년 미만인 근로자(근로계약의 연속된 갱신으로 인하여 그 근로계약의 총 기간이 1년 이상인 근로자는 제외한다)		
②	단시간근로자	「근로기준법」 제2조 제1항 제9호에 따른 단시간근로자. 다만, 1개월간의 소정근로시간이 60시간 이상인 근로자는 상시근로자로 본다.		
③	임원	「법인세법 시행령」 제40조 제1항 각 호의 어느 하나에 해당하는 임원. 다음 각 호의 어느 하나에 해당하는 직무에 종사하는 자 1. 법인의 회장, 사장, 부사장, 이사장, 대표이사, 전무이사 및 상무이사 등 이사회의 구성원 전원과 청산인 2. 합명회사, 합자회사 및 유한회사의 업무집행사원 또는 이사 3. 유한책임회사의 업무집행자 4. 감사 5. 그 밖에 제1호부터 제4호까지의 규정에 준하는 직무에 종사하는 자		
④	최대주주 등	해당 기업의 최대주주 또는 최대출자자(개인사업자의 경우에는 대표자를 말한다)와 그 배우자		

<table>
<tr><th colspan="2">구 분</th><th>제29조의7
【고용을 증대시킨 기업에 대한 세액공제】</th><th>제30조의4
【중소기업 사회보험료 세액공제】</th><th>제29조의8
【통합고용세액공제】
제1항</th></tr>
<tr><td>⑤</td><td>직계존비속, 친족</td><td colspan="3">'④'에 해당하는 자의 직계존비속(그 배우자를 포함한다) 및 「국세기본법 시행령」 제1조의2 제1항에 따른 친족관계인 사람</td></tr>
<tr><td>⑥</td><td>원천징수(×)
국민연금 등
사회보험(×)</td><td>「소득세법 시행령」 제196조에 따른 근로소득원천징수부에 의하여 근로소득세를 원천징수한 사실이 확인되지 아니하고, 어느 하나에 해당하는 금액의 납부사실도 확인되지 아니하는 자
㉠ 「국민연금법」 제3조 제1항 제11호 및 제12호에 따른 부담금 및 기여금
㉡ 「국민건강보험법」 제69조에 따른 직장가입자의 보험료</td><td>• 「소득세법 시행령」 제196조에 따른 근로소득원천징수부에 의하여 근로소득세를 원천징수한 사실이 확인되지 아니하는 사람
• 법 제30조의4 제4항에 따른 사회보험에 대하여 사용자가 부담하여야 하는 부담금 또는 보험료의 납부 사실이 확인되지 아니하는 근로자</td><td>「소득세법 시행령」 제196조에 따른 근로소득원천징수부에 의하여 근로소득세를 원천징수한 사실이 확인되지 아니하고, 어느 하나에 해당하는 금액의 납부사실도 확인되지 아니하는 자
㉠ 「국민연금법」 제3조 제1항 제11호 및 제12호에 따른 부담금 및 기여금
㉡ 「국민건강보험법」 제69조에 따른 직장가입자의 보험료</td></tr>
</table>

저자주 제30조의4 규정은 사회보험 중 일부만 가입·납부한 경우 상시근로자에서 제외된다.

표에 정리된 바와 같이 제29조의7【고용을 증대시킨 기업에 대한 세액공제】와 제29조의8【통합고용세액공제】 제1항의 상시근로자 증가에 대한 세액공제를 적용할 경우 상시근로자에서 제외되는 자의 범위가 동일하지만 제30조의4【중소기업 사회보험료 세액공제】 규정의 경우 일부 차이가 있다. 실무자의 경우 상시근로자에서 제외되는 자의 범위가 다르므로 각 규정을 적용할 때 상시근로자의 수 산정 시 주의하여야 한다.

2 청년 판정 시 나이

3가지 규정 모두 청년 정규직 근로자를 규정하고 있는데 청년의 나이가 달리 적용되므로 주의하여야 한다. 각 조항에서 규정하는 청년의 나이는 다음과 같다.

구 분	제29조의7 【고용을 증대시킨 기업에 대한 세액공제】	제30조의4 【중소기업 사회보험료 세액공제】	제29조의8 【통합고용세액공제】 제1항
청년의 나이	근로계약 체결일 현재 15세 이상 29세 이하		근로계약 체결일 현재 15세 이상 34세 이하

3 청년 등 상시근로자의 범위

제29조의7【고용을 증대시킨 기업에 대한 세액공제】와 제30조의4【중소기업 사회보험료 세액공제】 및 제29조의8【통합고용세액공제】 제1항 규정에서는 상시근로자를 청년등 상시근로자와 청년 등외 상시근로자로 구분하여 세액공제액을 차등적용하고 있다. 청년 등 상시근로자의 구분이 3가지 규정 모두 차이가 있으므로 이를 주의하여야 한다. 설명의 편의상 상시근로자를 청년 근로자, 장애인 근로자, 60세 이상 근로자, 경력단절여성 근로자, 그 외 근로자로 분류하여 차이점을 살펴보면 다음과 같다.

구 분	제29조의7 【고용을 증대시킨 기업에 대한 세액공제】	제30조의4 【중소기업 사회보험료 세액공제】	제29조의8 【통합고용세액공제】 제1항
청년 등 상시근로자	청년 근로자 장애인 근로자 60세 이상 근로자	청년 근로자 경력단절 여성 근로자	청년 근로자 장애인 근로자 60세 이상 근로자 경력단절 여성 근로자
청년 등외 상시근로자	경력단절 여성 근로자 그 외 근로자	장애인 근로자 60세 이상 근로자 그 외 근로자	그 외 근로자

4 적용대상 기업의 범위

제29조의7【고용을 증대시킨 기업에 대한 세액공제】와 제30조의4【중소기업 사회보험료 세액공제】 및 제29조의8【통합고용세액공제】 제1항 규정 적용 시 세액공제를 적용받을 수 있는 기업의 범위에 있어서 다음과 같은 차이점이 있다.

구 분	제29조의7 【고용을 증대시킨 기업에 대한 세액공제】	제30조의4 【중소기업 사회보험료 세액공제】	제29조의8 【통합고용세액공제】 제1항
적용대상 기업의 범위	내국인(소비성서비스업을 경영하는 내국인은 제외)	중소기업	내국인(소비성서비스업을 경영하는 내국인은 제외)
	업종제한은 결과적으로 소비성 서비스업을 제외하는 것은 모두 동일하지만 기업의 규모에 있어서 제29조의7 규정과 제29조의8 제1항 규정은 중소기업, 중견기업, 그 외 기업을 모두 대상으로 하고 있지만, 제30조의4 규정은 중소기업만을 적용대상으로 한정하고 있음		

5 1차연도 공제 적용 후 추가공제 및 사후관리 적용기간

제29조의7【고용을 증대시킨 기업에 대한 세액공제】와 제30조의4【중소기업 사회보험료 세액공제】 및 제29조의8【통합고용세액공제】 제1항에서는 직전 과세연도 대비 상시근로자 수가 증가할 경우 각 규정에 따라 세액공제를 적용한다. 당해연도 세액공제 적용 후 상시근로자 수가 감소하지 않으면 추가공제를 적용하는데 추가공제 적용기간에 있어 차이가 있다.

구 분	제29조의7 【고용을 증대시킨 기업에 대한 세액공제】	제30조의4 【중소기업 사회보험료 세액공제】	제29조의8 【통합고용세액공제】 제1항
1차연도 공제 후 추가공제 적용기간	해당 과세연도와 해당 과세연도의 종료일부터 1년(중소기업 및 중견기업의 경우에는 2년)이 되는 날이 속하는 과세연도까지 적용	해당 과세연도와 해당 과세연도의 종료일부터 1년이 되는 날이 속하는 과세연도까지	해당 과세연도와 해당 과세연도의 종료일부터 1년(중소기업 및 중견기업의 경우에는 2년)이 되는 날이 속하는 과세연도까지 적용
1차연도 공제 후 사후관리 기간	최초로 공제를 받은 과세연도의 종료일부터 2년이 되는 날이 속하는 과세연도의 종료일까지의 기간까지 상시근로자 수 감소여부 확인	최초로 공제를 받은 과세연도의 종료일부터 1년이 되는 날이 속하는 과세연도의 종료일까지의 기간까지 상시근로자 수 감소여부 확인	최초로 공제를 받은 과세연도의 종료일부터 2년이 되는 날이 속하는 과세연도의 종료일까지의 기간까지 상시근로자 수 감소여부 확인

저자주 제30조의4【중소기업 사회보험료 세액공제】 규정은 2022년 귀속 세액공제 적용분부터 공제적용 후 다음 과세연도에 공제받은 과세연도 대비 상시근로자 수 감소 시 추가공제를 배제하고 추가납부를 적용함

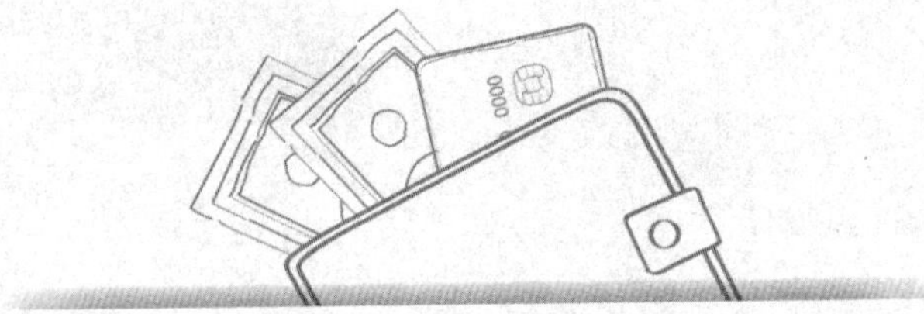

세액공제감면 서식작성실무

PART 06

지역 간의 균형발전을 위한 조세특례

SECTION 01 제63조【수도권 밖으로 공장을 이전하는 기업에 대한 세액감면 등】

I 기본검토사항

<table>
<tr><th colspan="2">구 분</th><th colspan="2">검토요건 또는 확인사항</th></tr>
<tr><td rowspan="6">적용 여부 검토</td><td>① 당해 법인의 중소기업요건 충족 확인</td><td colspan="2">수도권과밀억제권역에서 3년(2년) 이상 계속하여 공장시설을 갖추고 사업을 계속한 내국인</td></tr>
<tr><td>② 각 조항별 적용시한 확인</td><td colspan="2">공장시설 이전하여 2025.12.31.(공장부지 보유 시 2028.12.31.)까지 사업을 개시</td></tr>
<tr><td rowspan="2">③ 각 조항별 규정 업종의 요건 충족 확인</td><td colspan="2">부동산임대업, 부동산중개업 등의 업종은 배제</td></tr>
<tr><td colspan="2">이전 전과 이전 후의 업종이 한국표준산업분류 세분류 기준에 따라 동일하여야 함</td></tr>
<tr><td>④ 본점 및 사업장 소재지 등 확인</td><td colspan="2">수도권과밀억제권역에서 수도권(중소기업은 수도권과밀억제권역) 밖으로 이전하여야 함</td></tr>
<tr><td>⑤ 감면/공제 적용의 배제</td><td colspan="2">과세표준 무신고, 과세표준의 경정 등의 경우 과소신고분, 사업용계좌 미신고, 현금영수증 가입의무 미가입 등의 경우 적용배제</td></tr>
<tr><td rowspan="5">적용 시 검토</td><td>⑥ 감면/공제 중복적용 확인</td><td colspan="2">세액공제와 중복적용 배제, 세액감면과 중복적용 배제</td></tr>
<tr><td rowspan="2">⑦ 최저한세 적용대상 확인</td><td>원칙</td><td>최저한세 적용</td></tr>
<tr><td>예외</td><td>수도권 밖으로 이전하는 경우 적용배제</td></tr>
<tr><td>⑧ 이월적용 여부 확인</td><td colspan="2">이월적용 규정 없음</td></tr>
<tr><td>⑨ 농어촌특별세 비과세 확인</td><td colspan="2">농어촌특별세 비과세</td></tr>
<tr><td rowspan="2">사후 관리</td><td rowspan="2">⑩ 공제감면 후 사후관리 규정</td><td>법인세
소득세</td><td>공장이전 사업개시 후 3년 이내 폐업 등의 경우 추징</td></tr>
<tr><td>재산세
종합부동산세</td><td>공장이전 사업개시 후 3년 이내 폐업 등의 경우 추징</td></tr>
</table>

Ⅱ 주요 질의회신 통칙 등

제 목	내 용
(1) 공장시설 전부이전의 범위 (조특통 63-0…1)	• 법 제63조 및 제63조의2 제1항 제2호에서 "공장시설의 전부이전"은 서로 다른 여러 종류의 제품 중 한 제품만을 생산하는 독립된 공장시설을 완전히 이전하고 당해 공장건물을 사무실이나 창고 등으로 사용하는 경우에는 동 부분에 한하여 공장시설을 전부 이전한 것으로 본다.
(2) A공장의 갑 제품 생산라인 5기를 이전하면서 노후화된 생산라인 1기를 폐기하고 대체 투자하는 경우 대체라인으로부터 발생하는 소득의 감면여부와 한국표준산업분류상 이전되는 A공장 생산라인과 세분류가 동일한 병 제품을 생산하는 생산라인을 신규로 D공장에 설치하는 경우 신규라인에서 발생한 소득의 감면 대상 여부(법인세과-1009, 2010.10.29.)	① 수도권과밀억제권역 안에서 3년 이상 공장시설을 갖추고 사업을 영위하는 법인이 노후한 생산라인 1기를 폐기하고 신규라인을 수도권 밖의 이전한 공장에 설치하여 이전 전과 동일한 제품을 생산하는 경우 동 라인에서 발생한 소득은 「조세특례제한법」 제63조의2 규정을 적용받을 수 있는 것임. ② 이전한 수도권 밖 공장에서 이전 전에 생산하던 제품과 한국표준산업분류표상 세분류를 기준으로 동일한 제품을 생산하는 신규라인을 설치한 경우로서 사실상 동 라인이 이전한 공장의 사업을 확장한 것으로 볼 수 있는 경우에는 동 라인에서 발생한 소득은 같은 법 제63조의2 규정을 적용받을 수 있는 것임.
(3) 중소기업이 본사 등을 지방으로 이전함에 있어 기업부설연구소를 제외하거나 수도권 내 구공장을 임대 또는 아파트형 공장으로 신축하여 분양·매각·임대 시 지방이전중소기업 세액감면 적용 여부(법인세과-850, 2009.07.22.)	• 수도권과밀억제권역 안에서 2년 이상 계속하여 공장시설을 갖추고 사업을 영위하는 중소기업이 기업부설연구소를 제외하고 수도권과밀억제권역 외의 지역으로 본사 및 공장을 함께 이전하는 경우로서 구공장의 시설 전부를 철거 또는 폐쇄하여 수도권과밀억제권역 밖으로 이전함으로써 수도권 내 기존 공장시설에 의한 조업이 불가능한 상태에서 잔여시설 또는 토지를 임대하거나 구공장을 철거 후 아파트형공장을 신축하여 분양·매각·임대하는 경우에는 이전 후의 공장에서 발생하는 소득에 대하여 「조세특례제한법」 제63조 제1항의 규정에 의하여 세액감면을 받을 수 있는 것임.
(4) 수도권과밀억제권역 내에 제1공장을, 수도권 외의 지역에 제2공장을 두고 제조업을 영위하는 법인이 수도권 외 지역의 제2공장을 증축하여 수도권과밀억제권역 안의 제1공장을 이전하고, 제1공장에 아파트 또는 아파트형 공장을 개발하여 분양하는 경우 조세특례	• 조세특례제한법 제63조의2 규정을 적용함에 있어서 법인이 이전 후 공장의 사업개시일부터 2년 이내에 수도권과밀억제권역 안 이전 전 공장시설의 전부를 철거 또는 폐쇄한 후 동 공장부지에 아파트를 신축하는 경우 조세특례제한법 제63조의2 제2항의 규정에 의한 감면을 적용받을 수 있는 것이나, 아파트형 공장을 신축하는 경우에는 동 규정을 적용받을 수 없는 것임.

제 목	내 용
제한법 제63조의2 규정에 의한 세액감면을 적용받을 수 있는지 여부(서면인터넷방문상담2팀-435, 2004.03.12.)	
(5) 구 공장을 공장용도로 사용하지 않고 연구동과 전시실로 임대한 경우 조특법 제63조에 따른 세액감면을 적용받을 수 있는지 여부(법인세과-366, 2013.07.17.)	• 수도권과밀억제권역에서 2년 이상 계속하여 공장시설을 갖추고 사업을 하는 중소기업이 수도권과밀억제권역 밖으로 그 공장시설을 전부 이전하여 사업을 개시한 경우로서 이전일부터 1년 이내에 수도권과밀억제권역 안에 소재하는 구공장에 남아 있는 공장시설의 전부를 철거 또는 폐쇄하고 공장용도가 아닌 연구동과 전시실로 임대하는 경우 「조세특례제한법」 제63조에 따른 세액감면 대상에 해당하는지 여부는 기존 회신사례(서면2팀-904, 2005.6.24.)를 참고하기 바람. ◈ 서면2팀-904, 2005.6.24. 「조세특례제한법」 제63조의 규정을 적용함에 있어 수도권과밀억제권역 안에서 2년 이상 계속하여 공장시설을 갖추고 사업을 영위하는 중소기업이 수도권 과밀억제권역 외의 지역으로 공장시설을 전부 이전하고 이전일로부터 1년 이내에 구공장에 남아 있는 공장시설의 전부를 철거 또는 폐쇄하여 당초의 사업을 할 수 없는 상태에서 양도하거나 공장용이 아닌 다른 용도로 임대하는 경우에는 같은 법에 의한 감면을 받을 수 있으나 공장 용도로 임대하는 경우에는 감면을 받을 수 없음. 따라서 사무실 또는 실험실로 임대를 주는 경우 감면을 받을 수 있음.
(6) 수도권과밀권역 안에서 2년 이상 공장시설을 갖추고 제조업을 하다가 수도권과밀권역 이외의 지역에 공장을 임차하여 이전하고 구공장의 제조시설을 철거한 후 특수관계법인에게 사무실이나 실험실 용도로 임대 후 매각하는 경우 「조세특례제한법」 제63조 규정에 의한 수도권과밀억제권역 외 지역 이전 중소기업에 대한 세액감면을 적용받을 수 있는지 여부(서면인터넷방문상담2팀-904, 2005.06.24.)	• 「조세특례제한법」 제63조의 규정을 적용함에 있어 수도권과밀억제권역 안에서 2년 이상 계속하여 공장시설을 갖추고 사업을 영위하는 중소기업이 수도권과밀억제권역 외의 지역으로 공장시설을 전부 이전하고 이전일로부터 1년 이내에 구공장에 남아 있는 공장시설의 전부를 철거 또는 폐쇄하여 당초의 사업을 할 수 없는 상태에서 양도하거나 공장용이 아닌 다른 용도로 임대하는 경우에는 같은 법에 의한 감면을 받을 수 있으나 공장 용도로 임대하는 경우에는 감면을 받을 수 없음. 따라서 사무실 또는 실험실로 임대를 주는 경우 감면을 받을 수 있음.
(7) 수도권과밀억제권역 안에서 2년 이상 공장시설을 갖추고 사업을 영위하는	• 수도권과밀억제권역 안에서 2년 이상 계속하여 공장시설을 갖추고 사업을 영위하는 중소기업인 내국법인이 「조세특례

제 목	내 용
중소기업이 공장건물을 타인에게 양도하는 경우 및 양도 후 양수자가 공장용도로 사용하는 경우에도 조세특례제한법 제63조의 규정을 적용받을 수 있는지 여부(서면인터넷방문상담2팀-2363, 2006.11.17.)	제한법 시행령」 제60조 제1항 제1호의 규정에 의하여 수도권과밀억제권역 외의 지역으로 그 공장시설을 전부 이전하는 경우에 구공장 양수자가 어떤 업종을 영위하는지 여부는 같은 법 제63조의 세액감면 적용에 영향이 없음.
(8) 중소기업이 수도권과밀억제권역 외의 지역으로 공장시설을 전부 이전하여 주된 업무를 담당하는 등 인적·물적시설을 전부 이전하였으나, 본점은 수도권과밀억제권역 안에서 명목상(등기부상) 존재하는 경우에도 조세특례제한법 제63조의 규정을 적용받을 수 있는지 여부(서면인터넷방문상담2팀-2610, 2006.12.15.)	• 중소기업인 내국법인 「조세특례제한법」 제63조 제1항의 규정에 의하여 수도권과밀억제권역 외의 지역으로 그 공장시설을 전부 이전하였으나, 수도권과밀억제권역 안에 등기부등본상 본점이 소재하는 경우에는 같은 법 제63조의 규정에 의한 세액감면을 적용 받을 수 없는 것임. **저자주** 실질과세원칙에 따라 감면을 인정한 사례(조심2009중2030, 2009.08.28.)가 있으니 판단 시 주의할 것.
(9) 공장시설을 갖추고 제조업 및 도매업을 경영하는 거주자가 공장시설을 전부 이전하여 이전 후 사업장에서도 이전 전과 동일하게 제조업과 도매업을 겸업하게 될 경우 조세특례제한법 제63조에 따른 '수도권과밀억제권 밖으로 이전하는 중소기업에 대한 세액감면' 가능여부(소득세과-1097, 2010.10.22.)	• 수도권과밀억제권역 안에서 2년 이상 공장시설을 갖추고 제조업과 도매업을 겸업하는 중소기업을 경영하는 거주자가 수도권과밀억제권역 외의 지역으로 그 공장시설의 전부를 이전하여 제조업과 도매업을 겸영하는 경우, 이전 후 공장에서 발생하는 소득(제조업에서 발생하는 소득에 한함)에 대해서는 「조세특례제한법」 제63조의 세액감면을 적용하는 것임.
(10) 수도권 밖 공장이전 감면 시 감면을 적용하는 시기(서면-2021-법인-0102, 2021.03.05.)	• 수도권과밀억제권역 안에 소재하는 공장시설을 수도권 밖으로 이전하기 위하여 조업을 중단한 날부터 소급하여 2년 이상 계속 조업한 실적이 있는 중소기업이 「조세특례제한법시행령」 제60조 제3항 제1호의 방식으로 공장시설을 수도권 밖으로 이전하는 경우 공장이전일(수도권과밀억제권역 안에 소재하는 공장시설을 수도권 밖으로 전부 이전하여 이전 후의 공장에서 제조를 개시한 날) 이후 해당 공장에서 최초로 소득이 발생하는 과세연도부터 같은 법 제63조에 따른 감면이 적용되는 것임.
(11) 「조세특례제한법」 제63조에 따라 수도권과밀억제권역 밖 지역이전 중소기업에 대한 세액감면을 적용받던 중 공장을 일부 임대하거나 동일한 수도권과밀억제권역 밖 지역으로 이전 시 당초 감면받은 세액을 추가납부하여야 하는지 여부(서면-2017-	• 「조세특례제한법」 제63조 규정에 따라 수도권과밀억제권역 밖 이전 중소기업에 대한 세액감면을 적용 받던 중 수도권과밀억제권역 밖 지역으로 재이전하거나 이전한 공장 중 일부를 임대하는 경우에도 당초 세액감면 적용대상 과세기간에 발생한 법인세에 대하여는 세액감면을 받을 수 있는 것임. 다만, 감면을 받는 기간 중에 한국표준산업분류상의 세분류를 기준으로 이전 전의 업종과 다른 새로운 업종을

PART 06 지역 간의 균형발전을 위한 조세특례

제 목	내 용
법인-0903, 2017.12.08.)	추가한 경우에는 같은 법 제63조 제1항에 따라 감면이 배제되는 것임.
(12) 과세연도 중 이전한 중소기업의 세액감면 적용(재정경제부 조세지출예산과-241, 2006.04.24.)	• 중소기업이 과세연도 중에 수도권과밀억제권역 외 지역으로 공장을 이전한 경우에 이전 전의 소득은 중소기업특별세액감면을 적용하고, 이전 후 소득은 수도권과밀억제권역 외 지역이전 중소기업세액감면을 각각 적용할 수 있는 것임

Ⅲ 사례분석 및 서식작성

1 사례분석

(1) 회사 사업내용, 설립일 및 소재지 등

① ㈜나라는 LCD 모니터 제조업과 데스크톱 PC 도소매업을 영위하는 법인 사업자이다. 당해법인은 1997.01.07. 회사 설립 이후 계속하여 경기도 고양시 일산서구 대화로 소재 사업장에서 사업을 하던 중 공장부지 확충과 사업장의 확충을 위하여 이전을 결정하여 충청남도 천안시 서북구 성환읍으로 공장을 2024년 7월 21일에 이전 완료하여 사업을 개시하였고, 대전광역시 서구 탄방동에 지점을 설치하여 데스크톱 PC 도소매업을 영위하고 있다. 경기도 고양시 일산서구 대화로 소재 공장시설은 2024년 12월 11일에 모두 다른 사업자에게 양도하였다.

② 사업연도는 매년 1.1~12.31이며, 2023년 사업연도의 법인의 재무상태표상 자산총액은 3,565,918,921원, 매출액은 제품매출 7,628,403,721원, 상품매출 1,839,786,400원이다.

③ 당해 법인은 다른 회사의 계열사 등은 아니다.

④ ㈜나라의 업종코드와 한국표준산업분류코드는 다음과 같다(공장 이전 전과 후 모두 동일).

구 분	업종코드	한국표준산업분류코드
LCD 모니터 제조업	300103	C26322
데스크톱 PC 도소매업	515050	G46510

⑤ 2024년 사업연도 소득금액은 319,729,266원이며, 공제시한 내 이월결손금은 없으며, 2024년 사업연도에 비과세소득, 소득공제항목은 발생하지 않았다.

(2) 2024년 사업연도 사업장별 업종별 소득금액

㈜나라의 2024년 사업연도의 본사 및 공장 이전 전과 이전 후의 소득금액은 다음과 같다.

구 분	소득금액		
	이전 전	이전 후	소 계
LCD 모니터 제조업	102,652,010	132,613,257	235,265,267
데스크톱 PC 도소매업	37,562,140	46,901,859	84,463,999
소 계	140,214,150	179,515,116	319,729,266

(3) 2023년 사업연도 상시근로자는 7명, 2024년 사업연도 상시근로자는 8명이다.

구 분	해당(직전) 과세연도의 매월 말 현재 상시근로자 수												합계
	1월	2월	3월	4월	5월	6월	7월	8월	9월	10월	11월	12월	
2024년	8	8	8	8	8	8	8	8	8	8	8	8	96
2023년	7	7	7	7	7	7	7	7	7	7	7	7	84

2 요구사항

㈜나라의 2024년 사업연도 세액감면 규정 적용여부를 판단하고 감면세액(법인세 감면액에 한정하고 재산세와 종합부동산세 과세특례 및 공장이전 양도차익에 관한 과세특례는 고려하지 않기로 함)과 법인세 납부액을 산출하시오.

사례 풀이

1. 기본검토사항

구 분		검토요건 또는 확인사항	
적용 여부 검토	① 당해 법인의 중소기업요건 충족 확인	경기도 고양시 소재지에서 1997년 회사 설립 이후 계속하여 공장시설을 갖추고 사업을 계속한 내국법인이므로 요건 충족	
		• 업종요건 : 제조업 도소매업 영위 요건충족 • 규모요건 : 제조업 매출액 7,628,403,721원, 도소매업 매출 1,839,786,400원이므로 주된 사업은 제조업으로 판단. 중소기업기본법 시행령 별표 1의 한국표준산업분류코드 C26에 따른 매출액 1,000억원 이하 요건 충족 • 독립성요건 : 다른 기업의 계열사 등이 아니므로 요건 충족 • 졸업요건 : 당해 사업연도 자산총액 3,565,918,921원이므로 요건충족 ∴ 조세특례제한법의 중소기업에 해당함	
	② 각 조항별 적용시한 확인	공장시설 이전하여 2024.07.21. 사업을 개시하였으므로 요건 충족	
	③ 각 조항별 규정 업종의 요건 충족 확인	제조업과 도소매업을 영위하므로 요건 충족	
		업종이 한국표준산업분류 세분류 기준에 따른 이전 전과 이전 후 동일하므로 요건 충족	
	④ 본점 및 사업장 소재지 등 확인	중소기업으로서 수도권과밀억제권역(경기도 고양시)에서 수도권 밖(충청남도 천안시)으로 공장을 이전하였으므로 요건충족	
	⑤ 감면/공제 적용의 배제	장부기장, 정기신고하므로 적용배제 해당사항 없음	
적용 시 검토	⑥ 감면/공제 중복적용 확인	세액공제와 중복적용 배제, 세액감면과 중복적용 배제	
	⑦ 최저한세 적용대상 확인	수도권과밀억제권역(경기도 고양시)에서 수도권 밖(충청남도 천안시)으로의 이전이므로 최저한세 적용하지 않음	
	⑧ 이월적용 여부 확인	세액감면이므로 이월적용 규정 없음	
	⑨ 농어촌특별세 비과세 확인	농어촌특별세 비과세	
사후 관리	⑩ 감면 후 중소기업 요건을 충족하지 못하는 경우 등	법인세 소득세	공장이전 사업개시 후 3년 이내 폐업 등의 경우 추징
		재산세 종합부동산세	공장이전 사업개시 후 3년 이내 폐업 등의 경우 추징

2. 감면세액의 계산

(1) 감면대상소득의 감면세액의 계산

본 사례에서 ㈜나라는 제조업이 주된 사업으로 영위하고 있으며, 소기업 기준을 충족하고 있다.

감면규정 적용 시 주의할 사항은 단일 공장의 소득을 이전 전과 후로 구분하여 소득금액을 구분경리하여야 하는 것과 세액감면 간 중복지원배제 규정(동일한 사업장에 대하여 동일한 과세연도에 감면 규정 중복 시 중복불가) 적용 시 이전 전 사업장인 고양시 소재 사업장과 이전 후 사업장인 천안시 소재 사업장에 대하여 이전 전 사업장의 소득에 대하여는 제7조【중소기업에 대한 특별세액감면】 규정을 적용하고 이전 후 사업장의 소득에 대하여는 제63조【수도권 밖으로 공장을 이전하는 기업에 대한 세액감면 등】을 적용한다는 점이다. 즉, 제조업 소득에 대하여 이전 전의 소득은 제7조 감면규정을 이전 후의 소득에 대하여는 제63조의 규정을 적용하고 도소매업 소득은 이전 전과 후의 소득 모두 제7조 감면규정을 적용한다.

① ㈜나라의 2023년 사업연도 법인세 산출세액

= 200,000,000 × 9% + (319,729,266 − 200,000,000) × 19%

= 40,748,560원

② 제조업(이전 후 공장)에서 발생한 소득에 대한 감면세액(제63조)

= 40,748,560 × 132,613,257 / 319,729,266 × 100%

= 16,901,171원

③ 제조업(이전 전 공장)에서 발생한 소득과 도소매업 소득에 대한 감면세액(제7조)

= 40,748,560 × 102,652,010 / 319,729,266 × 20% + 40,748,560 × 84,463,999 / 319,729,266 × 10%

= 2,616,539 + 1,076,468

= 3,693,007원

④ 감면세액 합계

= 16,901,171 + 3,693,007

= 20,594,178원

(2) 농어촌특별세액의 계산

감면세액 전액 농어촌특별세 비과세 대상이므로 부담할 농어촌특별세는 없다.

[별지 제46호의2 서식] (2023.3.20. 개정)

공장 및 본사를 수도권 밖으로 이전하는 기업에 대한 감면세액계산서

※ 뒤쪽의 작성방법을 읽고 작성하여 주시기 바랍니다. (앞쪽)

접수번호	접수일	처리기간	즉시

신청인	① 상호 또는 법인명 : ㈜나라	② 사업자등록번호 : 203-81-63108
	③ 대표자 성명 : 김 유 민	④ 생년월일 : 1973년 04월 12일
	⑤ 주소 또는 본점 소재지 : 충청남도 천안시 서북구 성환읍 성환리 (044-2234-7027)	
과세연도	2024년 01월 01일부터 2024년 12월 31일까지	

감면세액계산내용

공장 이전의 경우	일반 사항	⑥ 전체 공장 현황	공장명	사업자등록번호	소재지(주소)
			㈜나라LCD 모니터제조공장	203-81-63108	충남 천안 서북 성환 성환
		⑦ 이전 전 공장의 소재지	경기 고양 일산서 법곳	⑧ 이전 전 공장의 사업자등록번호	203-81-63108
		⑨ 이전 전 공장의 업종·업태	제조업 / 도소매업 LCD 모니터 제조 / 데스크톱PC 판매	⑩ 이전 전 공장의 조업 개시일	1997.01.07.
		⑪ 이전 전 공장의 양도·폐쇄·철거일	2024.12.11.	⑫ 이전 후 공장의 소재지	충남 천안 서북 성환 성환
		⑬ 이전 후 공장의 조업 개시일	2024.07.21.	⑭ 이전 후 추가한 업종·업태	
	계산 내용	⑮ 감면대상소득: 이전 후의 공장에서 발생한 소득			
		⑯ 감면대상세액	산출세액 (40,748,560) × 감면대상소득 (132,613,257) / 과세표준 (319,729,266) × 감면비율 (100%)		16,901,257
		⑰ 최저한세 적용대상 감면세액(중소기업이 공장을 수도권 안으로 이전하는 경우)			
		⑱ 최저한세 적용제외 감면세액(공장을 수도권 밖으로 이전하는 경우)			16,901,257
본사 이전의 경우	일반 사항	⑲ 이전 전 본사의 소재지		⑳ 이전 전 본사의 양도일·본사 외 용도로의 전환일	
		㉑ 이전 전 본사의 사업영위기간	년 월 일부터 년 월 일까지	㉒ 본사 이전등기일	
		㉓ 이전 전 본사의 업종·업태		㉔ 이전 후 추가한 업종·업태	
		㉕ 이전본사 투자금액		㉖ 이전본사 근무인원	
	계산 내용	㉗ 해당 과세연도의 과세표준에서 토지·건물 및 부동산을 취득할 수 있는 권리의 양도차익 및 아래의 금액*을 차감한 금액 * 고정자산처분익, 유가증권처분익, 수입이자, 수입배당금 및 자산수증익을 합한 금액에서 고정자산처분손, 유가증권처분손 및 지급이자를 합한 금액을 뺀 금액(그 수가 음수이면 0으로 봄)			
		법인 전체 근무인원	㉘ 연평균 인원 ( )명		
		이전본사 근무인원	㉙ 연평균 인원 ( )명		
		위탁가공무역외 매출비율	㉚ 위탁가공무역을 제외한 매출액 ( ) ㉛ 총 매출액 ( )		
		㉜ 감면대상 소득	㉗ × (㉙ ÷ ㉘) × (㉚ ÷ ㉛)		
		㉝ 감 면 세 액	산출세액 ( ) × 감면대상소득 ( ) / 과세표준 ( ) × 감면비율 (100%, 50%)		
㉞ 공장과 본사를 함께 이전하는 경우 감면세액 합계			산출세액 ( ) × 감면대상소득 ( ) / 과세표준 ( ) × 감면비율 (100%, 50%)		

210mm×297mm[백상지 80g/㎡ 또는 중질지 80g/㎡]

(뒤쪽)

「조세특례제한법 시행령」 제60조 제8항 및 제60조의2 제16항에 따라 위와 같이 기업의 공장 및 본사를 수도권 밖으로 이전하는 기업에 대한 감면세액계산서를 제출합니다.

2025년 03월 31일

신청인　　　　　㈜나라 김 유 민 (서명 또는 인)

천안 세무서장 귀하

작 성 방 법

1. ⑥ 전체 공장 현황란에는 회사가 해당 과세연도 종료일 현재 보유하고 있는 전체 공장의 공장명, 사업자등록번호, 소재지(시/도 + 시/군/구 + 읍/면 + 도로명)를 적습니다.
2. ⑭ 이전 후 추가한 업종 · 업태란에는 이전 전의 공장에서 영위하던 업종 · 업태 이외에 이전 후에 추가된 업종 · 업태를 적습니다.
3. ⑰ 최저한세 적용대상 감면세액란에는 중소기업이 공장을 수도권 안으로 이전하는 경우에 해당 공장 이전에 따른 감면대상 세액을 적습니다.
4. ⑱ 최저한세 적용제외 감면세액란에는 공장을 수도권 밖으로 이전하는 경우에 해당 공장 이전에 따른 감면대상세액을 적습니다.
5. ㉔ 이전 후 추가한 업종 · 업태란에는 이전 전의 본사에서 영위하던 업종 · 업태 이외에 이전 후에 추가된 업종 · 업태를 적습니다.
6. ㉕ 이전본사 투자금액란에는 사업용자산에 대한 투자합계액(본사 이전등기일부터 소급하여 2년이 되는 날이 속하는 과세연도부터 법인세를 감면받는 해당 과세연도까지 투자한 금액의 합계액)에서 중도 처분한 사업용자산의 취득 당시 가액을 차감한 금액을 적습니다.
7. ㉘ 연평균 인원란에는 법인 전체의 상시 근무인원*의 연평균 인원(매월 말 현재의 인원을 합하고 이를 해당 월수로 나누어 계산한 인원을 말합니다)을 적습니다.
   * 상시 근무인원 : 근로계약을 체결한 내국인 근로자, 상시 근무하는 사용자 및 임원 포함, 기간제 · 단기간 근로자, 서류상 근로사실이 확인되지 않는 자는 제외
8. ㉖ 이전본사 근무인원란, ㉙ 연평균 인원란에는 수도권 밖으로 이전한 본사(이전본사)에서 본사업무에 종사하는 상시 근무인원의 연평균 인원(매월 말 현재의 인원을 합하고 이를 해당 월수로 나누어 계산한 인원을 말하며, 이전등기일부터 소급하여 2년이 되는 날이 속하는 과세연도 이후 수도권 밖의 지역에서 본사업무에 종사하는 근무인원이 이전본사로 이전한 근무인원을 제외합니다)에서 이전등기일부터 소급하여 3년이 되는 날이 속하는 과세연도에 이전본사에서 본사업무에 종사하던 상시근무인원의 연평균 인원을 뺀 인원을 적습니다.
9. ㉝ 감면세액란의 감면대상소득은 「법인세법 시행령」 제96조를 적용한 후의 소득으로서 해당 과세연도의 과세표준(「법인세법」 제13조에 따른 과세표준을 말합니다)을 한도로 합니다.
10. ㉞ 공장과 본사를 함께 이전하는 경우 감면세액 합계란의 감면대상소득은 해당 과세연도의 소득금액 및 과세표준(「법인세법」 제13조에 따른 과세표준을 말합니다)을 한도로 합니다.

210mm×297mm[백상지 80g/㎡ 또는 중질지 80g/㎡]

[별지 제8호 서식 부표 2] (2021.3.16. 개정) (앞쪽)

사 업 연 도	2024.01.01. ~ 2024.12.31.	공제감면세액계산서(2)	법인명	㈜나라
			사업자등록번호	203-81-63108

	① 구 분	근거법 조 항	② 계산명세	③ 감면대상 세액	④ 최저한세 적용감면 배제금액	⑤ 감면세액 (③-④)	⑥ 적용사유 발생일
조세특례제한법	공장의수도권밖이전에 대한세액감면	법 제63조	40,748,560×132,613,257/ 319,729,266×100/100	16,901,171		16,901,171	2024-12-31
	중소기업특별 세액감면	법 제7조	40,748,560×102,652,010/ 319,729,266×20/100	2,616,539		2,616,539	2024-12-31
	중소기업특별 세액감면	법 제7조	40,748,560×84,463,999/ 319,729,266×10/100	1,076,468		1,076,468	2024-12-31
합 계				20,594,178	※	20,594,178	

210mm×297mm[백상지 80g/㎡ 또는 중질지 80g/㎡]

[별지 제4호 서식] (2019.3.20. 개정)　　　　　　　　　　　　　　　　　　　　　　　　　　(앞쪽)

사 업 연 도	2024.01.01. ~ 2024.12.31.	최저한세조정계산서	법 인 명	㈜나라
			사업자등록번호	203-81-63108

1. 최저한세 조정 계산 명세

① 구 분		코드	② 감면 후 세액	③ 최저한세	④ 조정감	⑤ 조정 후 세액
(101) 결 산 서 상 당 기 순 이 익		01	319,729,266			
소 득 조 정 금 액	(102) 익 금 산 입	02				
	(103) 손 금 산 입	03				
(104) 조 정 후 소 득 금 액 ((101) + (102) − (103))		04	319,729,266	319,729,266		
최 저 한 세 적 용 대 상 특 별 비 용	(105) 준 비 금	05				
	(106) 특별상각 및 특례자산 감가상각비	06				
(107) 특 별 비 용 손 금 산 입 전 소 득 금 액 ((104) + (105) + (106))		07	319,729,266	319,729,266		
(108) 기 부 금 한 도 초 과 액		08				
(109) 기 부 금 한 도 초 과 이 월 액 손 금 산 입		09				
(110) 각 사 업 연 도 소 득 금 액 ((107) + (108) − (109))		10	319,729,266	319,729,266		
(111) 이 월 결 손 금		11				
(112) 비 과 세 소 득		12				
(113) 최 저 한 세 적 용 대 상 비 과 세 소 득		13				
(114) 최 저 한 세 적 용 대 상 익 금 불 산 입 · 손 금 산 입		14				
(115) 차 가 감 소 득 금 액 ((110) − (111) − (112) + (113) + (114))		15	319,729,266	319,729,266		
(116) 소 득 공 제		16				
(117) 최 저 한 세 적 용 대 상 소 득 공 제		17				
(118) 과 세 표 준 금 액 ((115) − (116) + (117))		18	319,729,266	319,729,266		
(119) 선 박 표 준 이 익		24				
(120) 과 세 표 준 금 액 ((118) + (119))		25	319,729,266	319,729,266		
(121) 세 율		19	19	7		
(122) 산 출 세 액		20	40,748,560	22,381,048		
(123) 감 면 세 액		21	3,693,007			
(124) 세 액 공 제		22				
(125) 차 감 세 액 ((122) − (123) − (124))		23	37,055,553			

2. 최저한세 세율 적용을 위한 구분 항목

(126) 중소기업 유예기간 종 료 연 월		(127) 유예기간 종료 후 연 차			

210mm×297mm[백상지 80g/㎡ 또는 중질지 80g/㎡]

[별지 제8호 서식(갑)] (2024.3.22. 개정) (4쪽 중 제1쪽)

사 업 연 도	2024.01.01. ~ 2024.12.31.	공제감면세액 및 추가납부세액합계표(갑)	법 인 명	㈜나라
			사업자등록번호	203-81-63108

1. 최저한세 적용제외 공제감면세액

	① 구 분	② 근 거 법 조 항	코드	③ 대상세액	④ 감면(공제) 세액
세액감면	(101) 창업중소기업에 대한 세액감면(최저한세 적용제외)	「조세특례제한법」제6조제7항 외	110		
	(102) 해외자원개발투자배당 감면	「조세특례제한법」 제22조	103		
	(103) 수도권과밀억제권역 밖으로 이전하는 중소기업 세액감면(수도권 밖으로 이전)	구 「조세특례제한법」 제63조	169		
	(104) 공장의 수도권 밖 이전에 대한 세액감면	「조세특례제한법」 제63조	108	16,901,171	16,901,171
	(105) 본사의 수도권 밖 이전에 대한 세액감면	「조세특례제한법」 제63조의2	109		
	(106) 영농조합법인 감면	「조세특례제한법」 제66조	104		
	(107) 영어조합법인 감면	「조세특례제한법」 제67조	107		
	(108) 농업회사법인 감면(농업소득)	「조세특례제한법」 제68조	11B		
	(109) 행정중심복합도시 등 공장이전에 대한 조세감면	「조세특례제한법」 제85조의2제3항 (2019.12.31. 법률 제16835호로 개정되기 전의 것)	11A		
	(110) 위기지역 내 창업기업 세액감면(최저한세 적용제외)	「조세특례제한법」 제99조의9	11N		
	(111) 해외진출기업의 국내복귀에 대한 세액감면(철수방식)	「조세특례제한법」 제104조의24제1항제1호	11F		
	(112) 해외진출기업의 국내복귀에 대한 세액감면(유지방식)	「조세특례제한법」 제104조의24제1항제2호	11H		
	(113) 고도기술수반사업 외국인투자 세액감면	「조세특례제한법」 제121조의2제1항제1호	186		
	(114) 외국인투자지역내 외국인투자 세액감면	「조세특례제한법」 제121조의2제1항제2호 또는 제2호의5	187		
	(115) 경제자유구역내 외국인투자 세액감면	「조세특례제한법」 제121조의2제1항제2호의2	188		
	(116) 경제자유구역 개발사업시행자 세액감면	「조세특례제한법」 제121조의2제1항제2호의3	157		
	(117) 제주투자진흥기구의 개발사업시행자 세액감면	「조세특례제한법」 제121조의2제1항제2호의4	158		
	(118) 기업도시 개발구역내 외국인투자 세액감면	「조세특례제한법」 제121조의2제1항제2호의6	159		
	(119) 기업도시 개발사업의 시행자 세액감면	「조세특례제한법」 제121조의2제1항제2호의7	160		
	(120) 새만금사업지역내 외국인투자 세액감면	「조세특례제한법」 제121조의2제1항제2호의8	11J		
	(121) 새만금사업 시행자 세액감면	「조세특례제한법」 제121조의2제1항제2호의9	11K		
	(122) 기타 외국인투자유치를 위한 조세감면	「조세특례제한법」 제121조의2제1항제3호	167		
	(123) 외국인투자기업의 증자의 조세감면	「조세특례제한법」 제121조의4	172		
	(124) 기술도입대가에 대한 조세면제(국내지점 등)	법률 제9921호 조세특례제한법 일부개정법률 부칙 제77조	173		
	(125) 제주첨단과학기술단지 입주기업 조세감면(최저한세 적용제외)	「조세특례제한법」 제121조의8	181		
	(126) 제주투자진흥지구등 입주기업 조세감면(최저한세 적용제외)	「조세특례제한법」 제121조의9	182		
	(127) 기업도시개발구역 등 입주기업 감면(최저한세 적용제외)	「조세특례제한법」 제121조의17제1항제1 · 3 · 5호	197		
	(128) 기업도시개발사업 등 시행자 감면	「조세특례제한법」 제121조의17제1항제2 · 4 · 6 · 7호	198		
	(129) 아시아문화중심도시 투자진흥지구 입주기업 감면(최저한세 적용제외)	「조세특례제한법」 제121조의20제1항	11C		
	(130) 금융중심지 창업기업에 대한 감면(최저한세 적용제외)	「조세특례제한법」 제121조의21제1항	11G		
	(131) 동업기업 세액감면 배분액(최저한세 적용제외)	「조세특례제한법」 제100조의18제4항	11D		
	(132) 사회적기업에 대한 감면	「조세특례제한법」 제85조의6	11L		
	(133) 장애인 표준사업장에 대한 감면	「조세특례제한법」 제85조의6	11M		
	(134) 첨단의료복합단지 입주기업에 대한 감면(최저한세 적용제외)	「조세특례제한법」 제121조의22제1항1호	17A		
	(135) 국가식품클러스터 입주기업에 대한 감면(최저한세 적용제외)	「조세특례제한법」 제121조의22제1항2호	17B		
	(136) 연구개발특구 입주기업에 대한 감면(최저한세 적용제외)	「조세특례제한법」 제12조의2	17C		
	(137) 감염병 피해에 따른 특별재난지역의 중소기업에 대한 감면	「조세특례제한법」 제99조의11	17D		
	(138) 기회발전특구 창업기업 등에 대한 법인세 등의 감면(최저한세 적용제외)	「조세특례제한법」 제121조의33	1D1		
	(139) 소 계		170	16,901,171	16,901,171
세액공제	(140) 외국납부세액공제	「법인세법」 제57조	101		
	(141) 재해손실세액공제	「법인세법」 제58조	102		
	(142) 신성장 · 원천기술 연구개발비세액공제(최저한세 적용제외)	「조세특례제한법」 제10조제1항제1호	16A		
	(143) 국가전략기술 연구개발비세액공제(최저한세 적용제외)	「조세특례제한법」 제10조제1항제2호	10D		
	(144) 일반 연구 · 인력개발비세액공제(최저한세 적용제외)	「조세특례제한법」 제10조제1항제3호	16B		
	(145) 동업기업 세액공제 배분액(최저한세 적용제외)	「조세특례제한법」 제100조의18제4항	12D		
	(146) 성실신고 확인비용에 대한 세액공제	「조세특례제한법」 제126조의6	10A		
	(147) 상가임대료를 인하한 임대사업자에 대한 세액공제	「조세특례제한법」 제96조의3	10B		
	(148) 용역제공자에 관한 과세자료의 제출에 대한 세액공제	「조세특례제한법」 제104조의32	10C		
	(149) 소 계		180		
(150) 합 계((139) + (149))			110	16,901,171	16,901,171

210mm×297mm[백상지 80g/㎡ 또는 중질지 80g/㎡]

(4쪽 중 제2쪽)

2. 최저한세 적용대상 공제감면세액

	① 구 분	② 근 거 법 조 항	코드	③ 대상세액	④ 감면세액
세액감면	⑮ 창업중소기업에 대한 세액감면(최저한세 적용대상)	「조세특례제한법」 제6조제1항 · 제5항 · 제6항	111		
	⑱ 창업벤처중소기업 세액감면	「조세특례제한법」 제6조제2항	174		
	⑬ 에너지신기술 중소기업 세액감면	「조세특례제한법」 제6조제4항	13E		
	⑭ 중소기업에 대한 특별세액감면	「조세특례제한법」 제7조	112	3,693,007	3,693,007
	⑮ 연구개발특구 입주기업에 대한 세액감면(최저한세 적용대상)	「조세특례제한법」 제12조의2	179		
	⑯ 국제금융거래이자소득 면제	「조세특례제한법」 제21조	123		
	⑰ 사업전환 중소기업에 대한 세액감면	구 「조세특례제한법」 제33조의2	192		
	⑱ 무역조정지원기업의 사업전환 세액감면	구 「조세특례제한법」 제33조의2	13A		
	⑲ 기업구조조정 전문회사 주식양도차익 세액감면	법률 제9272호 조세특례제한법 일부개정법률 부칙 제10조 · 제40조	13B		
	⑳ 혁신도시 이전 등 공공기관 세액감면	「조세특례제한법」 제62조제4항	13F		
	㉑ 공장의 지방이전에 대한 세액감면(중소기업의 수도권 안으로 이전)	「조세특례제한법」 제63조	116		
	㉒ 농공단지입주기업 등 감면	「조세특례제한법」 제64조	117		
	㉓ 농업회사법인 감면(농업소득 외의 소득)	「조세특례제한법」 제68조	119		
	㉔ 소형주택 임대사업자에 대한 세액감면	「조세특례제한법」 제96조	13I		
	㉕ 상가건물 장기임대사업자에 대한 세액감면	「조세특례제한법」 제96조의2	13N		
	㉖ 산림개발소득 감면	「조세특례제한법」 제102조	124		
	㉗ 동업기업 세액감면 배분액(최저한세 적용대상)	「조세특례제한법」 제100조의18제4항	13D		
	㉘ 첨단의료복합단지 입주기업에 대한 감면(최저한세 적용대상)	「조세특례제한법」 제121조의22제1항제1호	13H		
	㉙ 기술이전에 대한 세액감면	「조세특례제한법」 제12조제1항	13J		
	㉚ 기술대여에 대한 세액감면	「조세특례제한법」 제12조제3항	13K		
	㉛ 제주첨단과학기술단지 입주기업 감면(최저한세 적용대상)	「조세특례제한법」 제121조의8	13P		
	㉜ 제주투자진흥지구등 입주기업 감면(최저한세 적용대상)	「조세특례제한법」 제121조의9	13Q		
	㉝ 기업도시개발구역 등 입주기업 감면(최저한세 적용대상)	「조세특례제한법」 제121조의17제1항제1호 · 제3호 · 5호	13R		
	㉞ 위기지역 내 창업기업 세액감면(최저한세 적용대상)	「조세특례제한법」 제99조의9	13S		
	㉟ 아시아문화중심도시 투자진흥지구 입주기업 감면(최저한세 적용대상)	「조세특례제한법」 제121조의20제1항	13T		
	㊱ 금융중심지 창업기업에 대한 감면(최저한세 적용대상)	「조세특례제한법」 제121조의21제1항	13U		
	㊲ 국가식품클러스터 입주기업에 대한 감면(최저한세 적용대상)	「조세특례제한법」 제121조의22제1항제2호	13V		
	㊳ 기회발전특구 창업기업 등에 대한 법인세 등의 감면(최저한세 적용대상)	「조세특례제한법」 제121조의33	1C1		
	㊴ 소 계		130	3,693,007	3,693,007

210mm×297mm[백상지 80g/㎡ 또는 중질지 80g/㎡]

PART 06 지역 간의 균형발전을 위한 조세특례

(4쪽 중 제3쪽)

① 구 분		② 근 거 법 조 항	코드	⑤ 전기 이월액	⑥ 당기 발생액	⑦ 공제세액
세액공제	(180) 중소기업 등 투자세액공제	구 「조세특례제한법」 제5조	131			
	(181) 상생결제 지급금액에 대한 세액공제	「조세특례제한법」 제7조의4	14Z			
	(182) 대 · 중소기업 상생협력을 위한 기금출연 세액공제	「조세특례제한법」 제8조의3제1항	14M			
	(183) 협력중소기업에 대한 유형고정자산 무상임대 세액공제	「조세특례제한법」 제8조의3제2항	18D			
	(184) 수탁기업에 설치하는 시설에 대한 세액공제	「조세특례제한법」 제8조의3제3항	18L			
	(185) 교육기관에 무상 기증하는 중고자산에 대한 세액공제	「조세특례제한법」 제8조의3제4항	18R			
	(186) 신성장 · 원천기술 연구개발비세액공제(최저한세 적용대상)	「조세특례제한법」 제10조제1항제1호	13L			
	(187) 국가전략기술 연구개발비세액공제(최저한세 적용대상)	「조세특례제한법」 제10조제1항제2호	10E			
	(188) 일반 연구 · 인력개발비세액공제(최저한세 적용대상)	「조세특례제한법」 제10조제1항제3호	13M			
	(189) 기술취득에 대한 세액공제	「조세특례제한법」 제12조제2항	176			
	(190) 기술혁신형 합병에 대한 세액공제	「조세특례제한법」 제12조의3	14T			
	(191) 기술혁신형 주식취득에 대한 세액공제	「조세특례제한법」 제12조의4	14U			
	(192) 벤처기업등 출자에 대한 세액공제	「조세특례제한법」 제13조의2	18E			
	(193) 성과공유 중소기업 경영성과급 세액공제	「조세특례제한법」 제19조	18H			
	(194) 연구 · 인력개발설비투자 세액공제	구 「조세특례제한법」 제25조제1항제1호	134			
	(195) 에너지절약시설투자 세액공제	구 「조세특례제한법」 제25조제1항제2호	177			
	(196) 환경보전시설 투자 세액공제	구 「조세특례제한법」 제25조제1항제3호	14A			
	(197) 근로자복지증진시설투자 세액공제	구 「조세특례제한법」 제25조제1항제4호	142			
	(198) 안전시설투자 세액공제	구 「조세특례제한법」 제25조제1항제5호	136			
	(199) 생산성향상시설투자세액공제	구 「조세특례제한법」 제25조제1항제6호	135			
	(200) 의약품 품질관리시설투자 세액공제	구 「조세특례제한법」 제25조의4	14B			
	(201) 신성장기술 사업화를 위한 시설투자 세액공제	구 「조세특례제한법」 제25조의5	18B			
	(202) 영상콘텐츠 제작비용에 대한 세액공제(기본공제)	「조세특례제한법」 제25조의6	18C			
	(203) 영상콘텐츠 제작비용에 대한 세액공제(추가공제)	「조세특례제한법」 제25조의6	1B8			
	(204) 초연결 네트워크 시설투자에 대한 세액공제	구 「조세특례제한법」 제25조의7	18I			
	(205) 고용창출투자세액공제	「조세특례제한법」 제26조	14N			
	(206) 산업수요맞춤형고등학교등 졸업자를 병역이행 후 복직시킨 중소기업에 대한 세액공제	「조세특례제한법」 제29조의2	14S			
	(207) 경력단절 여성 고용 기업 등에 대한 세액공제	「조세특례제한법」 제29조의3제1항	14X			
	(208) 육아휴직 후 고용유지 기업에 대한 인건비 세액공제	「조세특례제한법」 제29조의3제2항	18J			
	(209) 근로소득을 증대시킨 기업에 대한 세액공제	「조세특례제한법」 제29조의4	14Y			
	(210) 청년고용을 증대시킨 기업에 대한 세액공제	「조세특례제한법」 제29조의5	18A			
	(211) 고용을 증대시킨 기업에 대한 세액공제	「조세특례제한법」 제29조의7	18F			
	(212) 통합고용세액공제	「조세특례제한법」 제29조의8	18S			
	(213) 통합고용세액공제(정규직 전환)	「조세특례제한법」 제29조의8	1B4			
	(214) 통합고용세액공제(육아휴직 복귀)	「조세특례제한법」 제29조의8	1B5			
	(215) 정규직근로자 전환 세액공제	「조세특례제한법」 제30조의2	14H			
	(216) 고용유지중소기업에 대한 세액공제	「조세특례제한법」 제30조의3	18K			
	(217) 중소기업 고용증가 인원에 대한 사회보험료 세액공제	「조세특례제한법」 제30조의4 제1항	14Q			
	(218) 중소기업 사회보험 신규가입에 대한 사회보험료 세액공제	「조세특례제한법」 제30조의4 제3항	18G			
	(219) 전자신고에 대한 세액공제(납세의무자)	「조세특례제한법」 제104조의8 제1항	184			
	(220) 전자신고에 대한 세액공제(세무법인 등)	「조세특례제한법」 제104조의8 제3항	14J			
	(221) 제3자 물류비용 세액공제	「조세특례제한법」 제104조의14	14E			
	(222) 대학 맞춤형 교육비용 등 세액공제	구 「조세특례제한법」 제104조의18제1항	14I			
	(223) 대학등 기부설비에 대한 세액공제	구 「조세특례제한법」 제104조의18제2항	14K			
	(224) 기업의 경기부 설치운영비용 세액공제	「조세특례제한법」 제104조의22	14O			
	(225) 동업기업 세액공제 배분액(최저한세 적용대상)	「조세특례제한법」 제100조의18제4항	14L			
	(226) 산업수요맞춤형 고등학교 등 재학생에 대한 현장훈련수당 등 세액공제	구 「조세특례제한법」 제104조의18제4항	14R			
	(227) 석유제품 전자상거래에 대한 세액공제	「조세특례제한법」 제104조의25	14P			
	(228) 금 현물시장에서 거래되는 금지금에 대한 과세특례	「조세특례제한법」 제126조의7제8항	14V			
	(229) 금사업자와 스크랩등사업자의 수입금액의 증가 등에 대한 세액공제	「조세특례제한법」 제122조의4	14W			
	(230) 우수 선화주 인증 국제물류주선업자 세액공제	「조세특례제한법」 제104조의30	18M			
	(231) 소재 · 부품 · 장비 수요기업 공동출자 세액공제	「조세특례제한법」 제13조의3제1항	18N			
	(232) 소재 · 부품 · 장비 외국법인 인수세액 공제	「조세특례제한법」 제13조의3제3항	18P			
	(233) 선결제 금액에 대한 세액공제	「조세특례제한법」 제99조의12	18Q			
	(234) 해외자원개발투자에 대한 과세특례	「조세특례제한법」 제104조의15	1B6			
	(235) 통합투자세액공제(일반)	「조세특례제한법」 제24조	13W			
	(236) 통합투자세액공제(신성장 · 원천기술)	「조세특례제한법」 제24조	13X			
	(237) 통합투자세액공제(국가전략기술)	「조세특례제한법」 제24조	13Y			
	(238) 임시통합투자세액공제(일반)	「조세특례제한법」 제24조	1B1			
	(239) 임시통합투자세액공제(신성장 · 원천기술)	「조세특례제한법」 제24조	1B2			
	(240) 임시통합투자세액공제(국가전략기술)	「조세특례제한법」 제24조	1B3			
	(241) 문화산업전문회사 출자에 대한 세액공제	「조세특례제한법」 제25조의7	1B7			
	(242) 소 계		149			
(243) 합 계((179) + (242))			150			3,693,007
(244) 공제감면세액 총계((150) + (243))			151			20,594,178

210mm×297mm[백상지 80g/㎡ 또는 중질지 80g/㎡]

㉔ 기술도입대가에 대한 조세면제	법률 제9921호 조세특례제한법 일부개정법률 부칙 제77조	183			
㉖ 간주 · 간접 외국납부세액공제	「법인세법」 제57조제3항 · 제4항 · 제6항	189			

작성방법

1. ③ 대상세액란: 「법인세법」, 「조세특례제한법」 등에 따른 공제감면대상금액이 있는 경우 공제감면세액계산서(별지 제8호서식 부표 1, 2, 3, 4, 5)에 따라 감면구분별로 적습니다.
2. ④ · ⑦ 공제세액란: 「법인세법」, 「조세특례제한법」 등에 따른 공제감면세액은 공제감면세액계산서(별지 제8호서식 부표 1, 2, 3, 4, 5)에 따라 계산된 공제세액 중 당기에 공제될 세액의 범위에서 「법인세법」 제59조제1항에 따른 공제순서에 따라 감면 구분별로 적습니다.
3. ⑮란 중 ④ 감면세액란: 법인세 과세표준 및 세액조정계산서(별지 제3호서식)의 ⑬ 최저한세 적용제외 공제감면세액란에 옮겨 적습니다.
4. ㉒란 중 ⑦ 공제세액란: 법인세 과세표준 및 세액조정계산서(별지 제3호서식)의 ⑳ 최저한세 적용대상 공제감면세액란에 옮겨 적습니다.
5. ㉔ 기술도입대가에 대한 조세면제란의 공제세액란: 기술도입대가를 지급하는 내국법인이 별지 제8호서식 부표 9 기술도입대가에 대한 조세면제명세서의 면제세액 합계액을 적습니다(국내사업장이 있고 해당 기술이 국내사업장에 실질적으로 관련되거나 귀속되는 경우에는 기술을 제공하는 외국법인이 ㉔ 기술도입대가에 대한 조세면제란의 감면세액란에 적습니다).
6. ⑭ 외국납부세액공제란: 외국납부세액과 ㉖ 간주 · 간접 외국납부세액공제액을 합하여 적고, 간주 · 간접 외국납부세액공제액은 ㉖란에 별도로 적습니다.
7. 「조세특례제한법」 제10조의 연구 · 인력개발비세액공제 중 최저한세가 적용되는 공제세액은 ⑯, ⑰ 또는 ⑱란에 적고, 최저한세 적용이 제외되는 공제세액은 ⑭, ⑭ 또는 ⑭란에 각각 구분하여 적습니다.
8. ⑯, ⑰ 또는 ⑱란 중 ⑤ 전기이월액란: 「조세특례제한법」 제144조제1항에 따라 이월된 미공제 금액 중 해당 과세연도에 공제할 일반연구 · 인력개발비, 신성장 · 원천기술연구개발비 또는 국가전략기술연구개발비를 각각 구분하여 적습니다(구 공제감면코드: 132).
9. 법령의 개정에 따라 종전의 규정 또는 개정규정에 따라 공제감면 받는 경우에는 비어 있는 란 등에 해당 법령의 조문순서에 따라 별도로 적습니다.
10. ② 근거법조항 중 "구"는 「조세특례제한법」(2020.12.29. 법률 제17759호로 개정되기 전의 것)에 따른 조항을 의미합니다.

210mm×297mm[백상지 80g/㎡ 또는 중질지 80g/㎡]

[별지 제2호 서식] (2024.3.22. 개정)

세액감면(면제)신청서

※ 제4쪽의 작성방법을 읽고 작성해 주시기 바랍니다. (4쪽 중 제1쪽)

접수번호	접수일	처리기간 즉시

❶ 신청인	① 상호 또는 법인명 : ㈜나라	② 사업자등록번호 : 203-81-60138
	③ 대표자 성명 : 김 유 민	④ 생년월일 : 1973년 04월 12일
	⑤ 주소 또는 본점 소재지 : 충청남도 천안시 서북구 성환읍 성환리(044-2231-7027)	

❷ 과세연도	**2024년 01월 01일부터 2024년 12월 31일까지**

❸ 신청 내용

구 분	근거법령	코드	⑥ 감면율	⑦ 대상세액	⑧ 감면세액	⑨ 한도충족 감면세액
⑩ 창업중소기업에 대한 감면(최저한세 적용제외)	영 제5조제26항	110				
⑩ 창업중소기업에 대한 감면(최저한세 적용대상)	영 제5조제26항	111				
⑩ 창업벤처중소기업에 대한 감면	영 제5조제26항	174				
⑩ 에너지신기술중소기업에 대한 감면	영 제5조제26항	13E				
⑩ 중소기업에 대한 특별세액감면	**영 제6조제8항**	**112**	**20%**	**3,693,007**	**3,693,007**	**3,693,007**
⑩ 기술이전에 대한 감면	영 제11조제6항	13J				
⑩ 기술대여에 대한 감면	영 제11조제6항	13K				
⑩ 연구개발특구 입주기업에 대한 감면(최저한세 적용제외)	영 제11조의2제10항	17C				
⑩ 연구개발특구 입주기업에 대한 감면(최저한세 적용대상)	영 제11조의2제10항	179				
⑪ 고용창출형창업기업에 대한 감면	영 제27조의2제4항 (2007.2.28. 대통령령 제19888호로 개정되기 전의 것)	190				
⑪ 사업전환 중소기업에 대한 감면	구 영 제30조의2제7항	192				
⑪ 무역조정지원기업의 사업 전환에 대한 감면	구 영 제30조의2제7항	13A				
⑪ 혁신도시 등 이전 공공기관에 대한 감면	영 제58조제11항	13F				
⑪ 공장의 지방이전에 대한 세액감면(중소기업의 수도권 안으로 이전)	영 제60조제8항 (구 영 제60조제5항 포함)	116				
⑪ 수도권과밀억제권역 밖으로 이전하는 중소기업 세액감면(수도권 밖으로 이전)	구 영 제60조제5항	169				
⑪ 공장의 지방이전에 대한 세액감면(수도권 밖으로 이전)	**영 제60조제8항 (구 영 제60조의2제13항 포함)**	**108**	**100%**	**16,901,171**	**16,901,171**	
⑪ 본사의 수도권 밖 이전에 대한 세액감면	영 제60조의2제16항 (구 영 제60조의2제13항 포함)	109				
⑪ 농공단지입주기업 등에 대한 감면	영 제61조제8항	117				
⑪ 영농조합법인에 대한 면제	영 제63조제7항	104				
⑫ 영어조합법인에 대한 면제	영 제64조제8항	107				
⑫ 농업회사법인에 대한 감면(농업소득)	영 제65조제5항	11B				
⑫ 농업회사법인에 대한 감면(농업소득 외의 소득)	영 제65조제5항	119				
⑫ 사회적기업에 대한 감면	영 제79조의7제2항	11L				

210mm×297mm[백상지 80g/㎡ 또는 중질지 80g/㎡]

(4쪽 중 제2쪽)

구 분	근거법령	코드	⑥ 감면율	⑦ 대상세액	⑧ 감면세액	⑨ 한도충족 감면세액
⑫④ 장애인표준사업장에 대한 감면	영 제79조의7제2항	11M				
⑫⑤ 행정중심복합도시 · 혁신도시 공장이전에 대한 감면	법 제85조의2제6항 (2019.12.31.법률 제16835호로 개정되기 전의 것)	11A				
⑫⑥ 소형주택 임대사업자에 대한 감면	영 제96조제8항	13I				
⑫⑦ 상가건물 장기 임대사업자에 대한 감면	영 제96조의2제5항	13N				
⑫⑧ 위기지역 내 창업기업 세액감면(최저한세 적용제외)	영 제99의8제7항	11N				
⑫⑨ 위기지역 내 창업기업 세액감면(최저한세 적용대상)	영 제99의8제7항	13S				
⑬⓪ 감염병 피해에 따른 특별재난지역의 중소기업에 대한 감면	영 제99조의10제5항	17D				
⑬① 산림개발소득에 대한 감면	영 제102조	124				
⑬② 해외진출기업의 국내복귀에 대한 감면(철수방식)	영 제104조의21제13항	11F				
⑬③ 해외진출기업의 국내복귀에 대한 감면(유지방식)	영 제104조의21제13항	11H				
⑬④ 제주첨단과학기술단지입주기업에 대한 감면(최저한세 적용제외)	영 제116조의14제5항	181				
⑬⑤ 제주첨단과학기술단지입주기업에 대한 감면(최저한세 적용대상)	영 제116조의14제5항	13P				
⑬⑥ 제주투자진흥지구 · 제주자유무역지역 입주기업에 대한 감면(최저한세 적용제외)	영 제116조의15제8항	182				
⑬⑦ 제주투자진흥지구 · 제주자유무역 지역 입주기업에 대한 감면(최저한세 적용대상)	영 제116조의15제8항	13Q				
⑬⑧ 제주투자진흥지구 개발사업시행자에 대한 감면	영 제116조의15제8항	158				
⑬⑨ 기업도시 · 지역개발사업구역 등 창업 · 사업장신설기업에 대한 감면 (최저한세 적용제외)	영 제116조의21제7항	197				
⑭⓪ 기업도시 · 지역개발사업구역 등 창업 · 사업장신설기업에 대한 감면(최저한세 적용대상)	영 제116조의21제7항	13R				
⑭① 기업도시 · 지역개발사업구역 등 개발사업시행자에 대한 감면	영 제116조의21제7항	198				
⑭② 아시아문화중심도시 입주기업에 대한 감면(최저한세 적용제외)	영 제116조의25제8항	11C				
⑭③ 아시아문화중심도시 입주기업에 대한 감면(최저한세 적용대상)	영 제116조의25제8항	13T				
⑭④ 금융중심지 창업 · 사업장신설기업에 대한 감면(최저한세 적용제외)	영 제116조의26제11항	11G				
⑭⑤ 금융중심지 창업 · 사업장신설기업 대한 감면(최저한세 적용대상)	영 제116조의26제11항	13U				
⑭⑥ 첨단의료복합단지 입주 의료연구개발기관 등에 대한 감면(최저한세 적용제외)	영 제116조의27제8항	17A				
⑭⑦ 첨단의료복합단지 입주 의료연구개발기관 등에 대한 감면(최저한세 적용대상)	영 제116조의27제8항	13H				
⑭⑧ 국가식품클러스터 입주기업에 대한 감면(최저한세 적용제외)	영 제116조의27제8항	17B				
⑭⑨ 국가식품클러스터 입주기업에 대한 감면(최저한세 적용대상)	영 제116조의27제8항	13V				
⑮⓪ 기회발전특구의 창업기업 등에 대한 법인세 등의 감면(최저한세 적용제외)	영 제116조의36제8항	1D1				
⑮① 기회발전특구의 창업기업 등에 대한 법인세 등의 감면(최저한세 적용대상)	영 제116조의36제8항	1C1				
⑮② 기타		164				
⑮③ 세액감면 합계		1A4		20,594,178	20,594,178	3,693,007

210mm×297mm[백상지 80g/㎡ 또는 중질지 80g/㎡]

(4쪽 중 제3쪽)

❹ 지역특구 입주기업 감면한도 계산내용(108, 109, 118, 128, 129, 134 ~ 151에 대해 적용)

– 118은 2019.1.1. 이후 개시하는 과세연도부터 적용하되, 2019.1.1. 전 입주기업은 제외함 (A방식)
 128, 129는 2018.1.1. 이후 지정 또는 선포된 위기지역의 지정일 또는 선포일이 속하는 과세연도의 과세표준을 2019.1.1. 이후 신고하는 경우부터 적용함(A방식)

– 108, 109, 134 ~ 151의 경우 2019.1.1. 이후 개시하는 과세연도분부터는 A 방식에 의해 한도를 계산하되, 2019.1.1. 전에 해당 지역에 입주한 기업은 B 방식(종전규정)에 의해 한도를 계산함

⑩ 직전 과세연도까지의 감면세액 누계 * 감면받은 과세연도 / 감면세액: (/), (/), (/), (/), (/)				
전체 감면한도 계산				
A	⑪ 해당 과세연도까지의 사업용고정자산 투자누계액			
	⑫ 투자기준 감면한도 (⑪ × 50%)			
	⑬ 고용기준 감면한도 [해당 과세연도의 감면대상사업장의 상시근로자 수 × 1,500만원(청년 상시근로자와 서비스업을 하는 감면대상 사업자의 상시근로자의 경우에는 2,000만원)]			
	⑭ 해당 과세연도까지의 총감면한도 (⑫ + ⑬)			
B	일반기업		서비스업	
	⑮ 해당 과세연도까지의 사업용고정자산 투자누계액		⑲ 일반감면한도 (=⑱)	
	⑯ 투자기준 감면한도 (⑪ × 50%)		⑳ 고용기준 감면한도 (Min [ⓐ, ⓑ]) ⓐ 상시근로자 수 × 2,000만원 ⓑ 투자누계액(⑮ × 100%)	
	⑰ 고용기준 감면한도 (Min [ⓐ, ⓑ]) ⓐ 상시근로자 수 × 1,000만원 ⓑ 투자누계액(⑮ × 20%)			
	⑱ 해당 과세연도까지의 총감면한도 (⑯+⑰)		㉑ 해당 과세연도까지의 총감면한도(Max [⑲, ⑳])	
㉒ 해당 과세연도의 감면한도 (⑭ − ⑩) 또는 (⑱ − ⑩) 또는 (㉑ − ⑩)				

❺ 중소기업특별세액감면 감면한도 계산

구 분	해당(직전) 과세연도의 매월 말 현재 상시근로자 수												㉓ 합계	㉔ 개월수	㉕ 상시근로자수 (=㉓÷㉔)
	1월	2월	3월	4월	5월	6월	7월	8월	9월	10월	11월	12월			
해당 과세연도	8.00	8.00	8.00	8.00	8.00	8.00	8.00	8.00	8.00	8.00	8.00	8.00	96.00	12	㉖ 8.00
직전 과세연도	7.00	7.00	7.00	7.00	7.00	7.00	7.00	7.00	7.00	7.00	7.00	7.00	84.00	12	㉗ 7.00

감면한도계산 : 1억원 − 500만원 × 상시근로자 수 감소인원

감면한도 (상시근로자 감소 적용전)	상시근로자 수 감소인원당 차감액	㉘ 상시근로자 수 감소인원(㉖−㉗)	㉙ 감면한도 (1억원 − 500만원 × ㉘)
1억원	500만원		100,000,000

❻ 사회적기업 · 장애인 표준사업장에 대한 감면한도 계산

구 분	해당 과세연도의 매월 말 현재 상시근로자 수												㉚ 합계	㉛ 개월수	㉜ 상시근로자수 (=㉚÷㉛)
	월	월	월	월	월	월	월	월	월	월	월	월			
해당 과세연도															㉝

감면한도계산 : 1억원 + 2000만원 × (취약계층 또는 장애인)의 상시근로자 수

감면한도 (상시근로자 적용전)	상시근로자 수 인원당 증가액	㉜ 상시근로자 수	㉝ 감면한도 (1억원 + 2000만원 × ㉜)
1억원	2000만원		

210mm×297mm[백상지 80g/㎡ 또는 중질지 80g/㎡]

(4쪽 중 제4쪽)

「조세특례제한법」 및 같은 법 시행령에 따라 위와 같이 세액감면(면제)을 신청합니다.

2025년 03월 31일

신청인 ㈜나라 김 유 민 (서명 또는 인)

천안세무서장 귀하

작 성 방 법

1. 신청 내용별로 "⑥ 감면율"란, "⑦ 대상세액"란과 "⑧ 감면세액"란을 적습니다.
2. "⑥ 감면율"란을 작성할 때 법령의 개정에 따라 종전의 규정 또는 개정규정을 적용받는 경우 등에는 해당 감면율을 적습니다.
3. "⑦ 대상세액"란: 최저한세액 적용 전의 감면세액을 적습니다.
4. "⑧ 감면세액"란: "⑦ 대상세액"에서 최저한세액 적용에 따른 감면 배제세액을 뺀 금액을 적습니다.
5. "⑨ 한도충족 감면세액"란: "⑧ 감면세액"과 "㉒ 해당 과세연도의 감면한도" 중 적은 금액을 적습니다.
5. 법령에 따른 첨부서류는 세액감면(면제)신청서를 제출할 때 함께 제출해야 합니다.
6. 법령의 개정으로 종전의 규정 또는 개정규정에 따라 세액감면(면제)을 받는 경우에는 해당 법령의 조문순서에 따라 빈칸 등에 별도로 적습니다.
7. ❹ 지역특구 입주기업 감면한도 계산 시 서비스업이란 「조세특례제한법 시행령」 제23조제4항에 따른 서비스업을 의미합니다.
8. 근거법령란에서 "법"은 「조세특례제한법」, "영"은 「조세특례제한법 시행령」을 뜻하며, "구 영"은 2021.2.17. 대통령령 제31444호로 개정되기 전의 것을 말합니다.

210mm×297mm[백상지 80g/㎡ 또는 중질지 80g/㎡]

[별지 제3호 서식] (2024.3.22. 개정) (앞쪽)

사 업 연 도	2024.01.01. ~ 2024.12.31.	법인세 과세표준 및 세액조정계산서	법인명	㈜나라
			사업자등록번호	203-81-63108

구분	항목	코드	금액
① 각 사업연도 소득계산	101 결산서상 당기순손익	01	319 729 266
	소득조정금액 102 익금산입	02	
	소득조정금액 103 손금산입	03	
	104 차가감소득금액 (101+102-103)	04	319 729 266
	105 기부금한도초과액	05	
	106 기부금한도초과이월액 손금산입	54	
	107 각사업연도소득금액 (104+105-106)	06	319 729 266
② 과세표준 계산	108 각사업연도소득금액 (108=107)		
	109 이월결손금	07	
	110 비과세소득	08	
	111 소득공제	09	
	112 과세표준 (108-109-110-111)	10	319 729 266
	159 선박표준이익	55	
③ 산출세액 계산	113 과세표준 (112+159)	56	319 729 266
	114 세율	11	19
	115 산출세액	12	40 748 560
	116 지점유보소득 (「법인세법」 제96조)	13	
	117 세율	14	
	118 산출세액	15	
	119 합계 (115+118)	16	40 748 560
④ 납부할 세액 계산	120 산출세액 (120=119)		40 748 560
	121 최저한세 적용대상 공제감면세액	17	3 693 007
	122 차감세액	18	37 055 553
	123 최저한세 적용제외 공제감면세액	19	16 901 171
	124 가산세액	20	
	125 가감계 (122-123+124)	21	20 154 382
	기납부세액 - 기한내납부세액 126 중간예납세액	22	
	기납부세액 - 기한내납부세액 127 수시부과세액	23	
	기납부세액 - 기한내납부세액 128 원천납부세액	24	
	기납부세액 - 기한내납부세액 129 간접투자회사등의 외국납부세액	25	
	기납부세액 - 기한내납부세액 130 소계 (126+127+128+129)	26	
	기납부세액 - 131 신고납부전가산세액	27	
	기납부세액 - 132 합계 (130+131)	28	
	133 감면분추가납부세액	29	
	134 차감납부할세액 (125-132+133)	30	20 154 382
⑤ 토지등양도소득에 대한 법인세 계산	양도차익 135 등기자산	31	
	양도차익 136 미등기자산	32	
	137 비과세소득	33	
	138 과세표준 (135+136-137)	34	
	139 세율	35	
	140 산출세액	36	
	141 감면세액	37	
	142 차감세액 (140-141)	38	
	143 공제세액	39	
	144 동업기업 법인세 배분액 (가산세 제외)	58	
	145 가산세액 (동업기업 배분액 포함)	40	
	146 가감계 (142-143+144+145)	41	
	기납부세액 147 수시부과세액	42	
	기납부세액 148 ( ) 세액	43	
	기납부세액 149 계 (147+148)	44	
	150 차감납부할세액 (146-149)	45	
⑥ 미환류소득법인세	160 과세대상 미환류소득	59	
	161 세율	60	
	162 산출세액	61	
	163 가산세액	62	
	164 이자상당액	63	
	165 납부할세액 (162+163+164)	64	
⑦ 세액계	151 차감납부할세액계 (134+150+165)	46	20 154 382
	152 사실과 다른 회계처리 경정세액공제	57	
	153 분납세액계산범위액 (151-124-133-145-152+131)	47	20 154 382
	154 분납할세액	48	10 077 191
	155 차감납부세액 (151-152-154)	49	10 077 191

210mm×297mm[백상지 80g/㎡ 또는 중질지 80g/㎡]

제63조의2【수도권 밖으로 본사를 이전하는 법인에 대한 세액감면 등】

I 기본검토사항

구 분		검토요건 또는 확인사항	
적용 여부 검토	① 당해 법인의 요건 충족 확인	수도권과밀억제권역에 3년 이상 계속하여 본사를 둔 법인이 본사를 양도 또는 본사외의 용도로 전환한 경우의 법인	
	② 각 조항별 적용시한 확인	이전개시	2025.12.31.까지
		신축개시	2028.12.31.까지
	③ 각 조항별 규정 업종의 요건 충족 확인	부동산임대업, 부동산중개업 등 규정된 업종의 경우 적용배제	
		이전 전의 본사에서 영위하던 업종과 이전 후의 본사에서 영위하는 업종이 동일하여야 함	
	④ 본점 및 사업장 소재지 등 확인	본사를 수도권과밀억제권역에서 수도권 밖으로 이전한 경우 적용	
	⑤ 감면/공제 적용의 배제	과세표준 무신고 시, 과세표준 경정 시, 현금영수증 가입의무 사업자의 미가입의 경우 적용배제	
적용 시 검토	⑥ 감면/공제 중복적용 확인	세액공제와 중복적용 배제, 세액감면 간 중복적용 배제	
	⑦ 최저한세 적용대상 확인	원칙	최저한세 적용배제
		예외	양도차익 과세이연분에 대해서는 적용
	⑧ 이월적용 여부 확인	세액감면이므로 이월적용 해당사항 없음	
	⑨ 농어촌특별세 비과세 확인	농어촌특별세 비과세	
사후 관리	⑩ 공제감면 후 사후관리 규정	이전하여 사업 개시 후 3년 이내 폐업 또는 해산의 경우, 수도권 밖으로 이전하여 사업개시하지 아니하는 경우 등 감면세액 추징	

Ⅱ 주요 질의회신 통칙 등

1 질의회신 예규 등

제 목	내 용
(1) 조세특례제한법 제63조의2 적용 시 기술도입계약, 시장조사, 기술개발, 정보수집 활동 등 사실상 휴업기간 없이 정상적인 영업활동(준비기간을 포함)을 한 경우 사업을 영위한 기간에 포함여부(서면인터넷방문상담2팀-2323, 2007.12.21.)	• 수도권과밀억제권역 안에 3년 이상 계속하여 본사를 둔 법인이 조세특례제한법 제63조의2의 임시특별세액감면을 적용함에 있어서, 운영사업에 대한 기술도입계약, 시장조사, 기술개발, 정보수집 활동 등 사실상 휴업기간 없이 정상적인 영업활동(준비기간을 포함)을 한 경우 '사업을 영위한 기간'에 포함하는 것임.
(2) 휴업 등 정상적인 사업활동을 영위하지 못한 기간은 사업영위기간에서 제외되는 것으로 이에 해당하는지 여부(서이46012-11819, 2003.10.21.)	• 조세특례제한법시행령 제60조의2 제2항 제2호의 본사의 이전 등기일부터 소급하여 5년 이상 계속하여 당해 감면대상 사업을 영위한 실적 여부 판단 시 휴업 등 정상적인 사업활동을 영위하지 못한 기간은 사업영위기간에서 제외되는 것임.
(3) 수도권 외의 지역으로 이전하면서 3년 이상된 업종은 폐업하고 3년 미만 업종만 이전하는 등 실질적으로 수도권외 지역으로 이전한 법인의 영위업종이 3년 미만인 경우 감면대상 여부(서면인터넷방문상담2팀-1886, 2006.09.21.)	• 「조세특례제한법」 제63조의2 제1항 제1호의 "수도권과밀억제권역 안에 3년 이상 계속하여 본점을 둔 법인"이란 같은 법 시행령 제60조의2 제2항 제2호의 규정에 의하여 "본사의 이전등기일부터 소급하여 3년 이상 계속하여 수도권과밀억제권역 안에 본사를 두고 사업을 영위한 실적이 있는 법인"을 말하는 것으로, 동 3년의 기간중에 당해 법인의 업종이 축소되거나 확대된 경우에도 수도권과밀억제권역 안에 본사를 두고 사업을 영위한 기간이 3년 이상 된 법인의 경우에는 동조의 감면대상이 되는 것이나, 다만, 수도권 외의 지역으로 이전하면서 3년 이상 된 업종은 폐업하고 3년 미만 업종만 이전하는 등 실질적으로 당해 수도권 외 지역으로 이전한 법인의 영위업종이 주로 3년 미만인 경우에는 동조의 감면대상에 해당되지 아니하는 것임.
(4) 조세특례제한법 제63조의2를 적용함에 있어 물적분할에 의해 신설된 경우 분할신설법인의 사업영위기간 기산일을 분할등기일로 보아야 하는지, 혹은 분할 전 분할법인의 해당사업 개시일로 보아야 하는지 여부(법인세과-907, 2009.03.05.)	• 3년 이상 사업을 영위한 법인이 「조세특례제한법」 제63조의2를 적용함에 있어서 수도권 외의 지역으로 이전 전에 분할하는 경우에도 분할신설법인의 사업영위기간(「조세특례제한법」 제63조의2 제1항 제1호에 따라 사업을 영위하거나 본점 또는 주사무소를 둔 기간을 말함)은 분할 전 분할법인의 사업기간을 포함하여 계산하는 것임.

제 목	내 용
(5) 조세특례제한법 제63조의2에 의한 임시특별세액감면 대상 법인이 본사 이전 완료 후 수도권 생활지역 외 지역에서 물적 분할함에 따라 설립된 분할신설법인이 승계 받은 기존 사업을 계속 영위할 경우, 잔존 감면기간에 대해 임시특별세액감면을 적용할 수 있는지 여부(기획재정부 조세지출예산과-366, 2007.05.25.)	• 조세특례제한법 제63조의2(법인의 공장 및 본사의 수도권 외의 지역으로 이전에 대한 임시특별세액감면)를 적용함에 있어 내국법인이 수도권 외의 지역으로 이전 후 분할하는 경우에는 법인세법 시행령 제96조 제2항 제1호에 따라 분할신설법인이 승계받은 사업에서 발생한 소득에 대하여 분할 당시의 잔존감면기간 내에 종료하는 각 사업연도분까지 그 감면을 적용 받을 수 있음. 이 경우 분할신설법인의 사업영위기간(조세특례제한법 제63조의2 제1항 제1호에 따라 사업을 영위하거나 본점 또는 주사무소를 둔 기간을 말함)은 분할 전 분할법인의 사업기간을 포함하여 계산함.
(6) 내국법인이 본사를 수도권과밀억제권역 밖으로 이전한 후 행정구역이 변경되는 경우 종전에 적용받던 감면을 계속 적용 받을 수 있는지 여부(서면법규과-820, 2013.07.07.)	• 조세특례제한법 제63조의2에 따른 법인의 공장 및 본사를 수도권 밖으로 이전하는 경우 법인세 등 감면("지방이전감면")을 적용할 때, 본사 이전 당시에는 이전한 지역이 같은 법 시행령 제60조 제2항에 따른 지역("해당지역")에 해당하지 않았으나 이후 행정구역의 개편으로 해당지역이 된 경우에는 이전 당시의 행정구역을 기준으로 하여 지방이전감면을 적용하는 것임.
(7) 내국법인이 수도권과밀억제권역 안에 소재하던 본사를 수도권 외의 지역으로 단계적으로 이전하면서 본사 이전등기일 이후에 본사 이전을 완료한 경우 본사 이전일의 판단(사전-2015-법령해석법인-22489, 2015.04.07.)	• 「조세특례제한법」 제63조의2의 규정(이하 "해당 세액감면"이라 함)을 적용할 때 본점 또는 주사무소(이하 "본사"라 함)를 이전한 날은 본사 이전등기일로 하는 것이나, 내국법인이 수도권과밀억제권역 안에 소재하던 본사를 수도권 외의 지역으로 단계적으로 이전하면서 본사 이전등기일 이후에 본사 이전을 완료한 경우에는 실제 이전한 날(본사 이전을 완료한 날)을 본사 이전일로 보아 해당 세액감면을 적용하는 것이며, 사실상 본사의 역할을 하는 사무소가 이전 당시 수도권과밀억제권역 안에 소재하는 경우에는 해당 세액감면 규정을 적용받을 수 없는 것임. 다만, 실제 이전한 날이 언제인지 여부 및 사실상 본사 업무의 수행 여부 등은 본사 조직과 임직원 구성내역, 본사 부서별 기능, 본사 이전절차 및 업무 수행내역 등을 종합적으로 고려하여 사실판단할 사항임.

제 목	내 용
(8) 법인이 본사이전에 대한 세액감면을 적용함에 있어서 이전본사 근무인원 및 법인전체 근무인원의 판정방법(법인세과-926, 2009.08.27.)	• 「조세특례제한법」 제63조의2 제2항 제2호에 따라 법인이 본사이전에 대한 세액감면을 적용함에 있어서 "이전본사 근무인원"에는 근무지를 기준으로 수도권과밀억제권역 안의 본사업무에 종사하는 영업소 및 서울본사직원은 해당되나 연구소 직원, 용역회사직원 및 계약직 직원과 수도권과밀억제권역 밖의 공장 및 영업소 직원은 해당되지 않는 것이며, "법인전체 근무인원"은 계약직 직원과 용역회사 직원을 제외한 전체인원을 말하는 것임.
(9) 수도권생활지역 외의 지역으로 이전 시 감면소득의 계산(조특통 63의2-0…1)	• 법 제63조의2 제2항을 적용함에 있어서 수도권 밖으로 이전 후 이전한 기계장치 등의 매각으로 발생한 고정자산처분이익은 해당 공장에서 발생한 소득에는 포함하지 아니한다.
(10) 본사 근무인원의 범위(조특통 63의2-0…2)	• 법 제63조의2 제2항을 적용함에 있어서 일용근로자 및 기업부설연구소의 연구전담요원과 「증권거래법」에 의해 선임된 사외이사는 본사근무인원에 포함하지 아니한다.
(11) 이전본사인원 및 급여액 계산방법(조특통 63의 2-60의 2…1)	① (삭제) ② 법 제63조의2 제2항 제2호 다목의 근무인원에 대한 비율 계산은 소수점 이하를 절사 또는 반올림하지 아니하고 산출된 비율을 그대로 적용한다.
(12) 제약회사가 공장을 이전할 경우 의약품 특성상 약사법의 '우수의약품제조 및 품질관리기준'에 의해 제형별(예: 정제, 약제 등)로 Validation(제조공정 적합성 평가) 실시 및 의약품 동등성 시험을 하여 식약청에 KGMP 평가신청을 하여야 하고 국가기관인 식약청의 승인을 받지 못한 경우 의약품 제조 및 판매를 할 수 없는 경우 다음 중 '사업개시일'이라 함은 어디에 해당하는지? 갑) Validation 및 의약품 동등성 시험을 위해 시제품 생산을 개시한 날 : 2009.9월 을) 국가기관(식약청)에서 KGMP 승인을 하는 날 : 2010.1월 병) 신공장에서 판매목적으로 제품 양산을 개시하는 날 : 2010.2월 (법인세과-1082, 2009.09.30.)	• 「조세특례제한법」 제63조의2 제1항 제2호의 규정을 적용함에 있어 '사업 개시일'이라 함은 수도권 외의 신공장에서 정상 제품으로 판매할 수 있는 완성품 제조를 개시한 날을 말하는 것임.

Ⅲ 사례분석 및 서식작성

1 회사 정보 공통사항

(1) 회사 사업내용, 설립일 및 소재지 등

① ㈜나라는 LCD 모니터 제조업과 데스크톱 PC 도소매업을 영위하는 법인 사업자이다. 당해법인은 1997.01.07. 회사 설립 이후 계속하여 경기도 고양시 일산서구 대화로 소재 사업장에서 사업을 하던 중 사업 규모의 확대를 위해 충청남도 천안시로 본사 이전과 제2공장 신설을 이사회 결의로 확정하여 충청남도 천안시 서북구 성환읍으로 본사를 2024년 7월 21일에 이전 완료하였으며 사업을 개시하였다. 경기도 고양시 일산서구 대화로 소재 기존의 본사 건물의 임대차 계약은 종료와 동시에 일부 공간만을 재임차하여 공장 관리 근무자의 숙직실 및 휴게실로 이용하고 공장건물은 계속하여 보유 중이며, 부수토지 중 일부는 매각하였다. 고양시 소재 공장에서 모니터 제조는 계속하여 이루어지고 있다. 본사 이전 후의 공장부지에 생산설비 구축작업은 2024년 12월 31일 현재 진행 중이며, 2025년 상반기 중에 완공 예정이다. 천안 공장 완공 후에는 기존의 LCD 모니터 외에 키보드와 마우스 등 컴퓨터 주변기기 생산을 추가하게 된다.

② 사업연도는 매년 1.1~12.31이며, 2023년 사업연도의 법인의 재무상태표상 자산총액은 3,565,918,921원, 매출액은 제품매출 7,628,403,721원, 상품매출 1,839,786,400원이다.

③ 당해 법인은 다른 회사의 계열사 등은 아니다.

④ ㈜나라의 업종코드와 한국표준산업분류코드는 다음과 같다(공장 이전 전과 후 모두 동일).

구 분	업종코드	한국표준산업분류코드
LCD 모니터 제조업	300103	C26322
데스크톱 PC 도소매업	515050	G46510

⑤ 2024년 사업연도 소득금액은 319,729,266원이며, 공제시한 내 이월결손금은 없으며, 2023년 사업연도에 비과세소득, 소득공제항목은 발생하지 않았다.

(2) ㈜나라의 2024년 사업연도의 본사 및 공장 이전 전과 이전 후의 소득금액은 다음과 같다.

구 분	소득금액		
	이전 전	이전 후	소 계
LCD 모니터 제조업	102,652,010	0	102,652,010
데스크톱 PC 도소매업	37,562,140	179,515,116	217,077,256
소 계	140,214,150	179,515,116	319,729,266

(3) 법인의 소득금액 관련 추가사항

① 이전 시 비품을 처분하는 과정에서 처분손실 1,315,947원이 발생하였고, 공장부지 일부 양도 시 양도차익 89,562,000원이 발생하였다.

② 이자수익 3,750,000원과 이자비용 7,931,179원이 발생하였다.

③ 매출액은 모두 내수판매액이며 수출액 등은 없다.

(4) 본사 이전에 따른 시설투자 현황

본사 이전 시 공장시설의 신설과 본사사옥 및 부수토지 취득금액은 다음과 같다.

① 본사사옥, 공장건물 및 부수토지 취득 1,100,000,000원

② 천안공장생산시설 구축 1,135,690,000원

(5) 근무자 현황

㈜나라의 2023년도 및 2024년도 근무자 현황은 다음과 같다. 2019년 사업연도 이후 2024년 사업연도 신규 입사자 외에 근무자의 중도입사나 중도퇴사는 발생하지 않았다.

성 명	생년월일	입사일	성 명	생년월일	입사일
김유민	1976.06.03.	2008.10.08.	이용은	1972.10.19.	2005.10.03.
강나라	1980.06.11.	2010.02.01.	한동진	1958.10.11.	2004.01.05.
강나은	1979.01.15.	2010.02.03.	곽영찬	1969.11.12.	2005.01.09.
이장호	1979.01.12.	2010.02.03.	안혜진	1989.05.12.	2005.03.02.
이선진	1980.09.11.	2010.02.19.	이병훈	1990.03.21.	2006.05.11.
장우진	1980.11.15.	2010.02.23.	박민지	1990.09.29.	2006.07.03.
박용민	1981.01.31.	2010.02.27.	강찬우	1991.04.13.	2006.08.01.

성 명	생년월일	입사일	성 명	생년월일	입사일
김영운	1981.02.11.	2010.03.01.	한은미	1991.06.11.	2006.09.15.
김철민	1981.03.03.	2010.03.15.	이유미	1992.03.08.	2007.04.11.
장미리	1981.03.12.	2010.03.27.	Jack Smith	1968.11.13.	2008.10.08.
정유정	1988.11.30.	2006.06.21.	채미나	1988.08.03.	2009.05.09.
김형신	1963.12.01.	2004.04.04.	Tom Smith	1982.11.16.	2018.10.01.
김정운	1975.12.15.	2007.01.05.	한마음	1997.12.02.	2024.04.01.
고민해	1969.08.12.	2006.05.01	김재연	1983.05.07.	2024.07.01.

① ㈜나라의 근무자의 1주 소정근로시간은 모두 주5일 40시간이며, 근로계약서는 모두 작성하였다.

② 2024년 사업연도 입사자 중 한마음, 김재연 모두 여성근로자로 본점 사업장에 입사하여 근무하고 있다.

③ 위의 근무자 중 김유민은 대표이사이고, 강나라는 상무이사, 한동훈은 감사이다. 이들 임원은 모두 상근 임원이다.

④ 2024년 이전을 진행하면서 기존 공장의 관리를 위해 상무이사 강나라와 강나은, 이장호, 이선진, 장우진 근무자는 고양시 사업장에서 계속하여 근무하고 그 외 근무인원은 이전하기로 한 계획대로 월별로 순차적으로 진행하여 2024년 7월 21일 현재 천안 본사 사업장에서 근무 중이다.

⑤ 2023년 사업연도 상시근로자 및 2024년 사업연도 상시근로자 인원수는 다음과 같다.

구 분	해당(직전) 과세연도의 매월 말 현재 상시근로자 수												합계
	1월	2월	3월	4월	5월	6월	7월	8월	9월	10월	11월	12월	
2024년	26	26	26	27	27	27	28	28	28	28	28	28	327
2023년	26	26	26	26	26	26	26	26	26	26	26	26	312

2 요구사항

㈜나라의 2024년 사업연도 감면세액(법인세 감면액에 한정하고 재산세와 종합부동산세 과세특례 및 공장이전 양도차익에 관한 과세특례는 고려하지 않기로 함)과 농어촌특별세 과세대상인 경우 부담할 농어촌특별세액을 계산하시오.

사례 풀이

1. 기본검토사항

<table>
<tr><th colspan="2">구 분</th><th colspan="2">검토요건 또는 확인사항</th></tr>
<tr><td rowspan="7">적용 여부 검토</td><td rowspan="2">① 당해 법인의 요건 충족 확인</td><td colspan="2">경기도 고양시 소재지에서 1997년 회사 설립 이후 계속하여 공장시설을 갖추고 사업을 계속한 내국법인이므로 요건 충족</td></tr>
<tr><td colspan="2">• 업종요건 : 제조업 도소매업 영위 요건충족
• 규모요건 : 제조업 매출액 7,628,403,721원, 도소매업 매출 1,839,786,400원이므로 주된 사업은 제조업으로 판단. 중소기업기본법 시행령 별표 1의 한국표준산업분류코드 C26에 따른 매출액 1,000억원 이하 요건 충족
• 독립성요건 : 다른 기업의 계열사 등이 아니므로 요건 충족
• 졸업요건 : 당해 사업연도 자산총액 3,565,918,921원이므로 요건충족
∴ 조세특례제한법의 중소기업에 해당함</td></tr>
<tr><td>② 각 조항별 적용시한 확인</td><td colspan="2">본사 및 공장시설 이전하여 2023.07.21. 사업을 개시하였으므로 요건 충족</td></tr>
<tr><td rowspan="2">③ 각 조항별 규정 업종의 요건 충족 확인</td><td colspan="2">제조업과 도소매업을 영위하므로 요건 충족</td></tr>
<tr><td colspan="2">업종이 한국표준산업분류 세분류 기준에 따른 이전 전과 이전 후 동일하므로 요건 충족</td></tr>
<tr><td>④ 본점 및 사업장 소재지 등 확인</td><td colspan="2">중소기업으로서 수도권과밀억제권역(경기도 고양시)에서 수도권 밖(충청남도 천안시)으로 본사를 이전하였으므로 요건충족</td></tr>
<tr><td>⑤ 감면/공제 적용의 배제</td><td colspan="2">과세표준 무신고 시, 과세표준 경정 등의 경우, 현금영수증 가입의무 사업자의 미가입의 경우 적용배제</td></tr>
<tr><td rowspan="5">적용 시 검토</td><td>⑥ 감면/공제 중복적용 확인</td><td colspan="2">세액공제와 중복적용 배제, 세액감면 간 중복적용 배제</td></tr>
<tr><td rowspan="2">⑦ 최저한세 적용대상 확인</td><td>원칙</td><td>최저한세 적용배제</td></tr>
<tr><td>예외</td><td>양도차익 과세이연분에 대해서는 적용</td></tr>
<tr><td>⑧ 이월적용 여부 확인</td><td colspan="2">세액감면이므로 이월적용 해당사항 없음</td></tr>
<tr><td>⑨ 농어촌특별세 비과세 확인</td><td colspan="2">농어촌특별세 비과세</td></tr>
<tr><td>사후 관리</td><td>⑩ 공제감면 후 사후관리 규정</td><td colspan="2">이전하여 사업 개시 후 3년 이내 폐업 또는 해산의 경우, 수도권 밖으로 이전하여 사업개시 하지 아니하는 경우 등 감면세액 추징</td></tr>
</table>

2. 감면세액의 계산

(1) 감면대상소득의 감면세액의 계산

① ㈜나라의 2023년 사업연도 법인세 산출세액

= 200,000,000 × 9% + (319,729,266 − 200,000,000) × 19%

= 40,748,560원

② 감면대상소득의 산정

감면대상소득 = (㉠ − ㉡ − ㉢) × ㉣ × ㉤ = 177,376,608	
㉠ 2024년 과세표준	319,729,266
㉡ 공장부지 양도차익	89,562,000
㉢ 고정자산처분손익 및 이자수익과 이자비용 반영 금액	Max (㉮ − ㉯, 0) = 0 ㉮ 고정자산처분익, 유가증권처분익, 수입이자, 수입배당금 및 자산수증익을 합한 금액 3,750,000 ㉯ 고정자산처분손, 유가증권처분손 및 지급이자를 합한 금액 1,315,947 + 7,931,179 = 9,247,126
㉣ 이전인원 비율	(아래 표 참조) 인원 이전 비율 = 21.00 / 27.25 주의사항: 인원 이전 비율 산정 시 소수점 이하를 절사 또는 반올림하지 않고 산출된 비율을 그대로 적용한다(조특통 63의2-60의2…1).
㉤ 매출액비율	(7,628,403,721 + 1,839,786,400 − 0) / (7,628,403,721 + 1,839,786,400) = 100%

㉣ 이전인원 비율:

구 분	해당(직전) 과세연도의 매월 말 현재 상시근로자 수												합계	평균
	1월	2월	3월	4월	5월	6월	7월	8월	9월	10월	11월	12월		
법인전체	26	26	26	27	27	27	28	28	28	28	28	28	327	27.25
본사이전	21	21	21	21	21	21	21	21	21	21	21	21	252	21.00

③ 감면세액

= 40,748,560 × 177,376,608 / 319,729,266 × 100%

= 22,606,130원

(2) 농어촌특별세액의 계산

감면세액 전액 농어촌특별세 비과세 대상이므로 부담할 농어촌특별세는 없다.

PART 06 지역 간의 균형발전을 위한 조세특례

[별지 제46호의2 서식] (2023.3.20. 개정)

공장 및 본사를 수도권 밖으로 이전하는 기업에 대한 감면세액계산서

※ 뒤쪽의 작성방법을 읽고 작성하여 주시기 바랍니다. (앞쪽)

접수번호	접수일	처리기간 즉시

신청인		
신청인	① 상호 또는 법인명 : ㈜나라	② 사업자등록번호 : 203-81-63108
	③ 대표자 성명 : 김 유 민	④ 생년월일 : 1973년 04월 12일
	⑤ 주소 또는 본점 소재지 : 충청남도 천안시 서북구 성환읍 성환리 (044-2234-7027)	

과세연도	2024년 01월 01일부터 2024년 12월 31일까지

감면세액계산내용

구분		항목	공장명	사업자등록번호	소재지(주소)
공장 이전의 경우	일반사항	⑥ 전체 공장 현황			
		⑦ 이전 전 공장의 소재지		⑧ 이전 전 공장의 사업자등록번호	
		⑨ 이전 전 공장의 업종 · 업태		⑩ 이전 전 공장의 조업 개시일	
		⑪ 이전 전 공장의 양도 · 폐쇄 · 철거일		⑫ 이전 후 공장의 소재지	
		⑬ 이전 후 공장의 조업 개시일		⑭ 이전 후 추가한 업종 · 업태	
	계산내용	⑮ 감면대상소득: 이전 후의 공장에서 발생한 소득			
		⑯ 감면대상세액	산출세액 ( ) × 감면대상소득 ( ) / 과세표준 ( ) × 감면비율 (100%)		
		⑰ 최저한세 적용대상 감면세액(중소기업이 공장을 수도권 안으로 이전하는 경우)			
		⑱ 최저한세 적용제외 감면세액(공장을 수도권 밖으로 이전하는 경우)			

본사 이전의 경우	일반사항	⑲ 이전 전 본사의 소재지	경기 고양 일산서 법곳	⑳ 이전 전 본사의 양도일 · 본사 외 용도로의 전환일	2024.07.21.
		㉑ 이전 전 본사의 사업영위기간	1997년 01월 07일부터 2024년 07월 21일까지	㉒ 본사 이전등기일	2024.07.21.
		㉓ 이전 전 본사의 업종 · 업태	제조업 / 도소매업 LCD 모니터 제조 / 데스크톱PC 판매	㉔ 이전 후 추가한 업종 · 업태	
		㉕ 이전본사 투자금액	1,135,690,000	㉖ 이전본사 근무인원	23명
	계산내용	㉗ 해당 과세연도의 과세표준에서 토지 · 건물 및 부동산을 취득할 수 있는 권리의 양도차익 및 아래의 금액*을 차감한 금액 * 고정자산처분익, 유가증권처분익, 수입이자, 수입배당금 및 자산수증익을 합한 금액에서 고정자산처분손, 유가증권처분손 및 지급이자를 합한 금액을 뺀 금액(그 수가 음수이면 0으로 봄)			230,167,266
		법인 전체 근무인원	㉘ 연평균 인원 (27.25)명		
		이전본사 근무인원	㉙ 연평균 인원 (21.00)명		
		위탁가공무역외 매출비율	㉚ 위탁가공무역을 제외한 매출액 (9,468,190,121) ㉛ 총 매출액 (9,468,190,121)		
		㉜ 감면대상 소득	㉗ × (㉙ ÷ ㉘) × (㉚ ÷ ㉛)		
		㉝ 감면세액	산출세액 (40,748,560) × 감면대상소득 (177,376,608) / 과세표준 (319,729,266) × 감면비율 (100%)		22,606,130

㉞ 공장과 본사를 함께 이전하는 경우 감면세액 합계	산출세액 ( ) × 감면대상소득 ( ) / 과세표준 ( ) × 감면비율 (100%, 50%)	

210mm×297mm[백상지 80g/㎡ 또는 중질지 80g/㎡]

(뒤쪽)

「조세특례제한법 시행령」 제60조제8항 및 제60조의2제16항에 따라 위와 같이 기업의 공장 및 본사를 수도권 밖으로 이전하는 기업에 대한 감면세액계산서를 제출합니다.

2025년 03월 31일

신청인 ㈜나라 김 유 민 (서명 또는 인)

천안 세무서장 귀하

작 성 방 법

1. ⑥ 전체 공장 현황란에는 회사가 해당 과세연도 종료일 현재 보유하고 있는 전체 공장의 공장명, 사업자등록번호, 소재지(시/도 + 시/군/구 + 읍/면 + 도로명)를 적습니다.
2. ⑭ 이전 후 추가한 업종 · 업태란에는 이전 전의 공장에서 영위하던 업종 · 업태 이외에 이전 후에 추가된 업종 · 업태를 적습니다.
3. ⑰ 최저한세 적용대상 감면세액란에는 중소기업이 공장을 수도권 안으로 이전하는 경우에 해당 공장 이전에 따른 감면대상 세액을 적습니다.
4. ⑱ 최저한세 적용제외 감면세액란에는 공장을 수도권 밖으로 이전하는 경우에 해당 공장 이전에 따른 감면대상세액을 적습니다.
5. ㉔ 이전 후 추가한 업종 · 업태란에는 이전 전의 본사에서 영위하던 업종 · 업태 이외에 이전 후에 추가된 업종 · 업태를 적습니다.
6. ㉕ 이전본사 투자금액란에는 사업용자산에 대한 투자합계액(본사 이전등기일부터 소급하여 2년이 되는 날이 속하는 과세연도부터 법인세를 감면받는 해당 과세연도까지 투자한 금액의 합계액)에서 중도 처분한 사업용자산의 취득 당시 가액을 차감한 금액을 적습니다.
7. ㉘ 연평균 인원란에는 법인 전체의 상시 근무인원*의 연평균 인원(매월 말 현재의 인원을 합하고 이를 해당 월수로 나누어 계산한 인원을 말합니다)을 적습니다.
   * 상시 근무인원 : 근로계약을 체결한 내국인 근로자, 상시 근무하는 사용자 및 임원 포함, 기간제 · 단기간 근로자, 서류상 근로사실이 확인되지 않는 자는 제외
8. ㉖ 이전본사 근무인원란, ㉙ 연평균 인원란에는 수도권 밖으로 이전한 본사(이전본사)에서 본사업무에 종사하는 상시 근무인원의 연평균 인원(매월 말 현재의 인원을 합하고 이를 해당 월수로 나누어 계산한 인원을 말하며, 이전등기일부터 소급하여 2년이 되는 날이 속하는 과세연도 이후 수도권 밖의 지역에서 본사업무에 종사하는 근무인원이 이전본사로 이전한 근무인원을 제외합니다)에서 이전등기일부터 소급하여 3년이 되는 날이 속하는 과세연도에 이전본사에서 본사업무에 종사하던 상시근무인원의 연평균 인원을 뺀 인원을 적습니다.
9. ㉝ 감면세액란의 감면대상소득은 「법인세법 시행령」 제96조를 적용한 후의 소득으로서 해당 과세연도의 과세표준(「법인세법」 제13조에 따른 과세표준을 말합니다)을 한도로 합니다.
10. ㉞ 공장과 본사를 함께 이전하는 경우 감면세액 합계란의 감면대상소득은 해당 과세연도의 소득금액 및 과세표준(「법인세법」 제13조에 따른 과세표준을 말합니다)을 한도로 합니다.

210mm×297mm[백상지 80g/㎡ 또는 중질지 80g/㎡]

[별지 제8호 서식 부표 2] (2021.3.16. 개정) (앞쪽)

사업연도	2024.01.01. ~ 2024.12.31.	공제감면세액계산서(2)	법인명	㈜나라
			사업자등록번호	203-81-63108

① 구 분		근거법 조 항	② 계산명세	③ 감면대상 세액	④ 최저한세 적용감면 배제금액	⑤ 감면세액 (③-④)	⑥ 적용사유 발생일
조세특례제한법	본사의 수도권 밖 이전에 대한 세액감면	영 제60조의2 제16항	40,748,560×177,376,608/319,729,266×100/100	22,606,130		22,606,130	2024-12-31
합 계				20,594,178	※	20,594,178	

210mm×297mm[백상지 80g/㎡ 또는 중질지 80g/㎡]

[별지 제8호 서식(갑)] (2024.3.22. 개정) (4쪽 중 제1쪽)

사업연도	2024.01.01. ~ 2024.12.31.	공제감면세액 및 추가납부세액합계표(갑)	법인명	㈜나라
			사업자등록번호	203-81-63108

1. 최저한세 적용제외 공제감면세액

	① 구 분	② 근거법조항	코드	③ 대상세액	④ 감면(공제)세액
세액감면	⑩ 창업중소기업에 대한 세액감면(최저한세 적용제외)	「조세특례제한법」제6조제7항 외	110		
	⑩ 해외자원개발투자배당 감면	「조세특례제한법」 제22조	103		
	⑩ 수도권과밀억제권역 밖으로 이전하는 중소기업 세액감면(수도권 밖으로 이전)	구「조세특례제한법」 제63조	169		
	⑩ 공장의 수도권 밖 이전에 대한 세액감면	「조세특례제한법」 제63조	108		
	⑩ 본사의 수도권 밖 이전에 대한 세액감면	**「조세특례제한법」 제63조의2**	**109**	**22,606,130**	**22,606,130**
	⑩ 영농조합법인 감면	「조세특례제한법」 제66조	104		
	⑩ 영어조합법인 감면	「조세특례제한법」 제67조	107		
	⑩ 농업회사법인 감면(농업소득)	「조세특례제한법」 제68조	11B		
	⑩ 행정중심복합도시 등 공장이전에 대한 조세감면	「조세특례제한법」 제85조의2제3항 (2019.12.31. 법률 제16835호로 개정되기 전의 것)	11A		
	⑪ 위기지역 내 창업기업 세액감면(최저한세 적용제외)	「조세특례제한법」 제99조의9	11N		
	⑪ 해외진출기업의 국내복귀에 대한 세액감면(철수방식)	「조세특례제한법」 제104조의24제1항제1호	11F		
	⑪ 해외진출기업의 국내복귀에 대한 세액감면(유지방식)	「조세특례제한법」 제104조의24제1항제2호	11H		
	⑪ 고도기술수반사업 외국인투자 세액감면	「조세특례제한법」 제121조의2제1항제1호	186		
	⑪ 외국인투자지역내 외국인투자 세액감면	「조세특례제한법」 제121조의2제1항제2호 또는 제2호의5	187		
	⑪ 경제자유구역내 외국인투자 세액감면	「조세특례제한법」 제121조의2제1항제2호의2	188		
	⑪ 경제자유구역 개발사업시행자 세액감면	「조세특례제한법」 제121조의2제1항제2호의3	157		
	⑪ 제주투자진흥기구의 개발사업시행자 세액감면	「조세특례제한법」 제121조의2제1항제2호의4	158		
	⑪ 기업도시 개발구역내 외국인투자 세액감면	「조세특례제한법」 제121조의2제1항제2호의6	159		
	⑪ 기업도시 개발사업의 시행자 세액감면	「조세특례제한법」 제121조의2제1항제2호의7	160		
	⑫ 새만금사업지역내 외국인투자 세액감면	「조세특례제한법」 제121조의2제1항제2호의8	11J		
	⑫ 새만금사업 시행자 세액감면	「조세특례제한법」 제121조의2제1항제2호의9	11K		
	⑫ 기타 외국인투자유치를 위한 조세감면	「조세특례제한법」 제121조의2제1항제3호	167		
	⑫ 외국인투자기업의 증자의 조세감면	「조세특례제한법」 제121조의4	172		
	⑫ 기술도입대가에 대한 조세면제(국내지점 등)	법률 제9921호 조세특례제한법 일부개정법률 부칙 제77조	173		
	⑫ 제주첨단과학기술단지 입주기업 조세감면(최저한세 적용제외)	「조세특례제한법」 제121조의8	181		
	⑫ 제주투자진흥지구등 입주기업 조세감면(최저한세 적용제외)	「조세특례제한법」 제121조의9	182		
	⑫ 기업도시개발구역 등 입주기업 감면(최저한세 적용제외)	「조세특례제한법」 제121조의17제1항제1·3·5호	197		
	⑫ 기업도시개발사업 등 시행자 감면	「조세특례제한법」 제121조의17제1항제2·4·6·7호	198		
	⑫ 아시아문화중심도시 투자진흥지구 입주기업 감면(최저한세 적용제외)	「조세특례제한법」 제121조의20제1항	11C		
	⑬ 금융중심지 창업기업에 대한 감면(최저한세 적용제외)	「조세특례제한법」 제121조의21제1항	11G		
	⑬ 동업기업 세액감면 배분액(최저한세 적용제외)	「조세특례제한법」 제100조의18제4항	11D		
	⑬ 사회적기업에 대한 감면	「조세특례제한법」 제85조의6	11L		
	⑬ 장애인 표준사업장에 대한 감면	「조세특례제한법」 제85조의6	11M		
	⑬ 첨단의료복합단지 입주기업에 대한 감면(최저한세 적용제외)	「조세특례제한법」 제121조의22제1항1호	17A		
	⑬ 국가식품클러스터 입주기업에 대한 감면(최저한세 적용제외)	「조세특례제한법」 제121조의22제1항2호	17B		
	⑬ 연구개발특구 입주기업에 대한 감면(최저한세 적용제외)	「조세특례제한법」 제12조의2	17C		
	⑬ 감염병 피해에 따른 특별재난지역의 중소기업에 대한 감면	「조세특례제한법」 제99조의11	17D		
	⑬ 기회발전특구 창업기업 등에 대한 법인세 등의 감면(최저한세 적용제외)	「조세특례제한법」 제121조의33	1D1		
	⑬ 소 계		**170**	**22,606,130**	**22,606,130**
세액공제	⑭ 외국납부세액공제	「법인세법」 제57조	101		
	⑭ 재해손실세액공제	「법인세법」 제58조	102		
	⑭ 신성장·원천기술 연구개발비세액공제(최저한세 적용제외)	「조세특례제한법」 제10조제1항제1호	16A		
	⑭ 국가전략기술 연구개발비세액공제(최저한세 적용제외)	「조세특례제한법」 제10조제1항제2호	10D		
	⑭ 일반 연구·인력개발비세액공제(최저한세 적용제외)	「조세특례제한법」 제10조제1항제3호	16B		
	⑭ 동업기업 세액공제 배분액(최저한세 적용제외)	「조세특례제한법」 제100조의18제4항	12D		
	⑭ 성실신고 확인비용에 대한 세액공제	「조세특례제한법」 제126조의6	10A		
	⑭ 상가임대료를 인하한 임대사업자에 대한 세액공제	「조세특례제한법」 제96조의3	10B		
	⑭ 용역제공자에 관한 과세자료의 제출에 대한 세액공제	「조세특례제한법」 제104조의32	10C		
	⑭ 소 계		180		
⑮ 합 계(⑬ + ⑭)			**110**	**22,606,130**	**22,606,130**

210mm×297mm[백상지 80g/㎡ 또는 중질지 80g/㎡]

(4쪽 중 제2쪽)

2. 최저한세 적용대상 공제감면세액

	① 구 분	② 근 거 법 조 항	코드	③ 대상세액	④ 감면세액
세액감면	(151) 창업중소기업에 대한 세액감면(최저한세 적용대상)	「조세특례제한법」 제6조제1항 · 제5항 · 제6항	111		
	(152) 창업벤처중소기업 세액감면	「조세특례제한법」 제6조제2항	174		
	(153) 에너지신기술 중소기업 세액감면	「조세특례제한법」 제6조제4항	13E		
	(154) 중소기업에 대한 특별세액감면	「조세특례제한법」 제7조	112		
	(155) 연구개발특구 입주기업에 대한 세액감면(최저한세 적용대상)	「조세특례제한법」 제12조의2	179		
	(156) 국제금융거래이자소득 면제	「조세특례제한법」 제21조	123		
	(157) 사업전환 중소기업에 대한 세액감면	구 「조세특례제한법」 제33조의2	192		
	(158) 무역조정지원기업의 사업전환 세액감면	구 「조세특례제한법」 제33조의2	13A		
	(159) 기업구조조정 전문회사 주식양도차익 세액감면	법률 제9272호 조세특례제한법 일부개정법률 부칙 제10조 · 제40조	13B		
	(160) 혁신도시 이전 등 공공기관 세액감면	「조세특례제한법」 제62조제4항	13F		
	(161) 공장의 지방이전에 대한 세액감면(중소기업의 수도권 안으로 이전)	「조세특례제한법」 제63조	116		
	(162) 농공단지입주기업 등 감면	「조세특례제한법」 제64조	117		
	(163) 농업회사법인 감면(농업소득 외의 소득)	「조세특례제한법」 제68조	119		
	(164) 소형주택 임대사업자에 대한 세액감면	「조세특례제한법」 제96조	13I		
	(165) 상가건물 장기임대사업자에 대한 세액감면	「조세특례제한법」 제96조의2	13N		
	(166) 산림개발소득 감면	「조세특례제한법」 제102조	124		
	(167) 동업기업 세액감면 배분액(최저한세 적용대상)	「조세특례제한법」 제100조의18제4항	13D		
	(168) 첨단의료복합단지 입주기업에 대한 감면(최저한세 적용대상)	「조세특례제한법」 제121조의22제1항제1호	13H		
	(169) 기술이전에 대한 세액감면	「조세특례제한법」 제12조제1항	13J		
	(170) 기술대여에 대한 세액감면	「조세특례제한법」 제12조제3항	13K		
	(171) 제주첨단과학기술단지 입주기업 감면(최저한세 적용대상)	「조세특례제한법」 제121조의8	13P		
	(172) 제주투자진흥지구등 입주기업 감면(최저한세 적용대상)	「조세특례제한법」 제121조의9	13Q		
	(173) 기업도시개발구역 등 입주기업 감면(최저한세 적용대상)	「조세특례제한법」 제121조의17제1항제1호 · 제3호 · 5호	13R		
	(174) 위기지역 내 창업기업 세액감면(최저한세 적용대상)	「조세특례제한법」 제99조의9	13S		
	(175) 아시아문화중심도시 투자진흥지구 입주기업 감면(최저한세 적용대상)	「조세특례제한법」 제121조의20제1항	13T		
	(176) 금융중심지 창업기업에 대한 감면(최저한세 적용대상)	「조세특례제한법」 제121조의21제1항	13U		
	(177) 국가식품클러스터 입주기업에 대한 감면(최저한세 적용대상)	「조세특례제한법」 제121조의22제1항제2호	13V		
	(178) 기회발전특구 창업기업 등에 대한 법인세 등의 감면(최저한세 적용대상)	「조세특례제한법」 제121조의33	1C1		
	(179) **소 계**		130		

210mm×297mm[백상지 80g/㎡ 또는 중질지 80g/㎡]

	① 구 분	② 근 거 법 조 항	코드	⑤ 전기 이월액	⑥ 당기발생액	⑦ 공제세액
	(180) 중소기업 등 투자세액공제	구 「조세특례제한법」 제5조	131			
	(181) 상생결제 지급금액에 대한 세액공제	「조세특례제한법」 제7조의4	14Z			
	(182) 대 · 중소기업 상생협력을 위한 기금출연 세액공제	「조세특례제한법」 제8조의3제1항	14M			
	(183) 협력중소기업에 대한 유형고정자산 무상임대 세액공제	「조세특례제한법」 제8조의3제2항	18D			
	(184) 수탁기업에 설치하는 시설에 대한 세액공제	「조세특례제한법」 제8조의3제3항	18L			
	(185) 교육기관에 무상 기증하는 중고자산에 대한 세액공제	「조세특례제한법」 제8조의3제4항	18R			
	(186) 신성장 · 원천기술 연구개발비세액공제(최저한세 적용대상)	「조세특례제한법」 제10조제1항제1호	13L			
	(187) 국가전략기술 연구개발비세액공제(최저한세 적용대상)	「조세특례제한법」 제10조제1항제2호	10E			
	(188) 일반 연구 · 인력개발비세액공제(최저한세 적용대상)	「조세특례제한법」 제10조제1항제3호	13M			
	(189) 기술취득에 대한 세액공제	「조세특례제한법」 제12조제2항	176			
	(190) 기술혁신형 합병에 대한 세액공제	「조세특례제한법」 제12조의3	14T			
	(191) 기술혁신형 주식취득에 대한 세액공제	「조세특례제한법」 제12조의4	14U			
	(192) 벤처기업등 출자에 대한 세액공제	「조세특례제한법」 제13조의2	18E			
	(193) 성과공유 중소기업 경영성과급 세액공제	「조세특례제한법」 제19조	18H			
	(194) 연구 · 인력개발설비투자 세액공제	구 「조세특례제한법」 제25조제1항제1호	134			
	(195) 에너지절약시설투자 세액공제	구 「조세특례제한법」 제25조제1항제2호	177			
	(196) 환경보전시설 투자 세액공제	구 「조세특례제한법」 제25조제1항제3호	14A			
	(197) 근로자복지증진시설투자 세액공제	구 「조세특례제한법」 제25조제1항제4호	142			
	(198) 안전시설투자 세액공제	구 「조세특례제한법」 제25조제1항제5호	136			
	(199) 생산성향상시설투자세액공제	구 「조세특례제한법」 제25조제1항제6호	135			
	(200) 의약품 품질관리시설투자 세액공제	구 「조세특례제한법」 제25조의4	14B			
	(201) 신성장기술 사업화를 위한 시설투자 세액공제	구 「조세특례제한법」 제25조의5	18B			
	(202) 영상콘텐츠 제작비용에 대한 세액공제(기본공제)	「조세특례제한법」 제25조의6	18C			
	(203) 영상콘텐츠 제작비용에 대한 세액공제(추가공제)	「조세특례제한법」 제25조의6	1B8			
	(204) 초연결 네트워크 시설투자에 대한 세액공제	구 「조세특례제한법」 제25조의7	18I			
	(205) 고용창출투자세액공제	「조세특례제한법」 제26조	14N			
	(206) 산업수요맞춤형고등학교등 졸업자를 병역이행 후 복직시킨 중소기업에 대한 세액공제	「조세특례제한법」 제29조의2	14S			
	(207) 경력단절 여성 고용 기업 등에 대한 세액공제	「조세특례제한법」 제29조의3제1항	14X			
세	(208) 육아휴직 후 고용유지 기업에 대한 인건비 세액공제	「조세특례제한법」 제29조의3제2항	18J			
	(209) 근로소득을 증대시킨 기업에 대한 세액공제	「조세특례제한법」 제29조의4	14Y			
액	(210) 청년고용을 증대시킨 기업에 대한 세액공제	「조세특례제한법」 제29조의5	18A			
	(211) 고용을 증대시킨 기업에 대한 세액공제	「조세특례제한법」 제29조의7	18F			
공	(212) 통합고용세액공제	「조세특례제한법」 제29조의8	18S			
	(213) 통합고용세액공제(정규직 전환)	「조세특례제한법」 제29조의8	1B4			
제	(214) 통합고용세액공제(육아휴직 복귀)	「조세특례제한법」 제29조의8	1B5			
	(215) 정규직근로자 전환 세액공제	「조세특례제한법」 제30조의2	14H			
	(216) 고용유지중소기업에 대한 세액공제	「조세특례제한법」 제30조의3	18K			
	(217) 중소기업 고용증가 인원에 대한 사회보험료 세액공제	「조세특례제한법」 제30조의4 제1항	14Q			
	(218) 중소기업 사회보험 신규가입에 대한 사회보험료 세액공제	「조세특례제한법」 제30조의4 제3항	18G			
	(219) 전자신고에 대한 세액공제(납세의무자)	「조세특례제한법」 제104조의8 제1항	184			
	(220) 전자신고에 대한 세액공제(세무법인 등)	「조세특례제한법」 제104조의8 제3항	14J			
	(221) 제3자 물류비용 세액공제	「조세특례제한법」 제104조의14	14E			
	(222) 대학 맞춤형 교육비용 등 세액공제	구 「조세특례제한법」 제104조의18제1항	14I			
	(223) 대학등 기부설비에 대한 세액공제	구 「조세특례제한법」 제104조의18제2항	14K			
	(224) 기업의 경기부 설치운영비용 세액공제	「조세특례제한법」 제104조의22	14O			
	(225) 동업기업 세액공제 배분액(최저한세 적용대상)	「조세특례제한법」 제100조의18제4항	14L			
	(226) 산업수요맞춤형 고등학교 등 재학생에 대한 현장훈련수당 등 세액공제	구 「조세특례제한법」 제104조의18제4항	14R			
	(227) 석유제품 전자상거래에 대한 세액공제	「조세특례제한법」 제104조의25	14P			
	(228) 금 현물시장에서 거래되는 금지금에 대한 과세특례	「조세특례제한법」 제126조의7제8항	14V			
	(229) 금사업자와 스크랩등사업자의 수입금액의 증가 등에 대한 세액공제	「조세특례제한법」 제122조의4	14W			
	(230) 우수 선화주 인증 국제물류주선업자 세액공제	「조세특례제한법」 제104조의30	18M			
	(231) 소재 · 부품 · 장비 수요기업 공동출자 세액공제	「조세특례제한법」 제13조의3제1항	18N			
	(232) 소재 · 부품 · 장비 외국법인 인수세액 공제	「조세특례제한법」 제13조의3제3항	18P			
	(233) 선결제 금액에 대한 세액공제	「조세특례제한법」 제99조의12	18Q			
	(234) 해외자원개발투자에 대한 과세특례	「조세특례제한법」 제104조의15	1B6			
	(235) 통합투자세액공제(일반)	「조세특례제한법」 제24조	13W			
	(236) 통합투자세액공제(신성장 · 원천기술)	「조세특례제한법」 제24조	13X			
	(237) 통합투자세액공제(국가전략기술)	「조세특례제한법」 제24조	13Y			
	(238) 임시통합투자세액공제(일반)	「조세특례제한법」 제24조	1B1			
	(239) 임시통합투자세액공제(신성장 · 원천기술)	「조세특례제한법」 제24조	1B2			
	(240) 임시통합투자세액공제(국가전략기술)	「조세특례제한법」 제24조	1B3			
	(241) 문화산업전문회사 출자에 대한 세액공제	「조세특례제한법」 제25조의7	1B7			
	(242) 소 계		149			
(243) 합 계((179) + (242))			150			
(244) 공제감면세액 총계((150) + (243))			151			22,606,130

210mm×297mm[백상지 80g/㎡ 또는 중질지 80g/㎡]

(4쪽 중 제4쪽)

㉔⑤ 기술도입대가에 대한 조세면제	법률 제9921호 조세특례제한법 일부개정법률 부칙 제77조	183			
㉔⑥ 간주 · 간접 외국납부세액공제	「법인세법」 제57조제3항 · 제4항 · 제6항	189			

작성방법

1. ③ 대상세액란: 「법인세법」, 「조세특례제한법」 등에 따른 공제감면대상금액이 있는 경우 공제감면세액계산서(별지 제8호서식 부표 1, 2, 3, 4, 5)에 따라 감면구분별로 적습니다.
2. ④ · ⑦ 공제세액란: 「법인세법」, 「조세특례제한법」 등에 따른 공제감면세액은 공제감면세액계산서(별지 제8호서식 부표 1, 2, 3, 4, 5)에 따라 계산된 공제세액 중 당기에 공제될 세액의 범위에서 「법인세법」 제59조제1항에 따른 공제순서에 따라 감면 구분별로 적습니다.
3. ⑮⓪란 중 ④ 감면세액란: 법인세 과세표준 및 세액조정계산서(별지 제3호서식)의 ⑫③ 최저한세 적용제외 공제감면세액란에 옮겨 적습니다.
4. ㉔②란 중 ⑦ 공제세액란: 법인세 과세표준 및 세액조정계산서(별지 제3호서식)의 ⑫① 최저한세 적용대상 공제감면세액란에 옮겨 적습니다.
5. ㉔⑤ 기술도입대가에 대한 조세면제란의 공제세액란: 기술도입대가를 지급하는 내국법인이 별지 제8호서식 부표 9 기술도입대가에 대한 조세면제명세서의 면제세액 합계액을 적습니다(국내사업장이 있고 해당 기술이 국내사업장에 실질적으로 관련되거나 귀속되는 경우에는 기술을 제공하는 외국법인이 ㉔⑤ 기술도입대가에 대한 조세면제란의 감면세액란에 적습니다).
6. ⑭⓪ 외국납부세액공제란: 외국납부세액과 ㉔⑥ 간주 · 간접 외국납부세액공제액을 합하여 적고, 간주 · 간접 외국납부세액공제액은 ㉔⑥란에 별도로 적습니다.
7. 「조세특례제한법」 제10조의 연구 · 인력개발비세액공제 중 최저한세가 적용되는 공제세액은 ⑱⑥, ⑱⑦ 또는 ⑱⑧란에 적고, 최저한세 적용이 제외되는 공제세액은 ⑭②, ⑭③ 또는 ⑭④란에 각각 구분하여 적습니다.
8. ⑱⑥, ⑱⑦ 또는 ⑱⑧란 중 ⑤ 전기이월액란:「조세특례제한법」 제144조제1항에 따라 이월된 미공제 금액 중 해당 과세연도에 공제할 일반연구 · 인력개발비, 신성장 · 원천기술연구개발비 또는 국가전략기술연구개발비를 각각 구분하여 적습니다(구 공제감면코드: 132).
9. 법령의 개정에 따라 종전의 규정 또는 개정규정에 따라 공제감면 받는 경우에는 비어 있는 란 등에 해당 법령의 조문순서에 따라 별도로 적습니다.
10. ② 근거법조항 중 "구"는 「조세특례제한법」(2020.12.29. 법률 제17759호로 개정되기 전의 것)에 따른 조항을 의미합니다.

210mm×297mm[백상지 80g/㎡ 또는 중질지 80g/㎡]

[별지 제2호 서식] (2024.3.22. 개정)

세액감면(면제)신청서

※ 제4쪽의 작성방법을 읽고 작성해 주시기 바랍니다. (4쪽 중 제1쪽)

접수번호	접수일	처리기간 즉시

❶ 신청인	① 상호 또는 법인명 : ㈜나라	② 사업자등록번호 : 203-81-60138
	③ 대표자 성명 : 김 유 민	④ 생년월일 : 1973년 04월 12일
	⑤ 주소 또는 본점 소재지 : 충청남도 천안시 서북구 성환읍 성환리(044-2231-7027)	

❷ 과세연도	2024년 01월 01일부터 2024년 12월 31일까지

❸ 신청 내용

구 분	근거법령	코드	⑥ 감면율	⑦ 대상세액	⑧ 감면세액	⑨ 한도충족 감면세액
⑩ 창업중소기업에 대한 감면(최저한세 적용제외)	영 제5조제26항	110				
⑩ 창업중소기업에 대한 감면(최저한세 적용대상)	영 제5조제26항	111				
⑩ 창업벤처중소기업에 대한 감면	영 제5조제26항	174				
⑩ 에너지신기술중소기업에 대한 감면	영 제5조제26항	13E				
⑩ 중소기업에 대한 특별세액감면	영 제6조제8항	112				
⑩ 기술이전에 대한 감면	영 제11조제6항	13J				
⑩ 기술대여에 대한 감면	영 제11조제6항	13K				
⑩ 연구개발특구 입주기업에 대한 감면(최저한세 적용제외)	영 제11조의2제10항	17C				
⑩ 연구개발특구 입주기업에 대한 감면(최저한세 적용대상)	영 제11조의2제10항	179				
⑪ 고용창출형창업기업에 대한 감면	영 제27조의2제4항 (2007.2.28. 대통령령 제19888호로 개정되기 전의 것)	190				
⑪ 사업전환 중소기업에 대한 감면	구 영 제30조의2제7항	192				
⑪ 무역조정지원기업의 사업전환에 대한 감면	구 영 제30조의2제7항	13A				
⑪ 혁신도시 등 이전 공공기관에 대한 감면	영 제58조제11항	13F				
⑪ 공장의 지방이전에 대한 세액감면(중소기업의 수도권 안으로 이전)	영 제60조제8항 (구 영 제60조제5항 포함)	116				
⑪ 수도권과밀억제권역 밖으로 이전하는 중소기업 세액감면(수도권 밖으로 이전)	구 영 제60조제5항	169				
⑪ 공장의 지방이전에 대한 세액감면(수도권 밖으로 이전)	영 제60조제8항 (구 영 제60조의2제13항 포함)	108				
⑪ 본사의 수도권 밖 이전에 대한 세액감면	**영 제60조의2제16항 (구 영 제60조의2제13항 포함)**	109	100%	22,606,130	22,606,130	
⑪ 농공단지입주기업 등에 대한 감면	영 제61조제8항	117				
⑪ 영농조합법인에 대한 면제	영 제63조제7항	104				
⑫ 영어조합법인에 대한 면제	영 제64조제8항	107				
⑫ 농업회사법인에 대한 감면(농업소득)	영 제65조제5항	11B				
⑫ 농업회사법인에 대한 감면(농업소득 외의 소득)	영 제65조제5항	119				
⑫ 사회적기업에 대한 감면	영 제79조의7제2항	11L				

210mm×297mm[백상지 80g/㎡ 또는 중질지 80g/㎡]

PART 06 지역 간의 균형발전을 위한 조세특례

(4쪽 중 제2쪽)

구 분	근거법령	코드	⑥ 감면율	⑦ 대상세액	⑧ 감면세액	⑨ 한도충족 감면세액
⑫④ 장애인표준사업장에 대한 감면	영 제79조의7제2항	11M				
⑫⑤ 행정중심복합도시 · 혁신도시 공장이전에 대한 감면	법 제85조의2제6항 (2019.12.31.법률 제16835호로 개정되기 전의 것)	11A				
⑫⑥ 소형주택 임대사업자에 대한 감면	영 제96조제8항	13I				
⑫⑦ 상가건물 장기 임대사업자에 대한 감면	영 제96조의2제5항	13N				
⑫⑧ 위기지역 내 창업기업 세액감면(최저한세 적용제외)	영 제99의8제7항	11N				
⑫⑨ 위기지역 내 창업기업 세액감면(최저한세 적용대상)	영 제99의8제7항	13S				
⑬⓪ 감염병 피해에 따른 특별재난지역의 중소기업에 대한 감면	영 제99조의10제5항	17D				
⑬① 산림개발소득에 대한 감면	영 제102조	124				
⑬② 해외진출기업의 국내복귀에 대한 감면(철수방식)	영 제104조의21제13항	11F				
⑬③ 해외진출기업의 국내복귀에 대한 감면(유지방식)	영 제104조의21제13항	11H				
⑬④ 제주첨단과학기술단지입주기업에 대한 감면(최저한세 적용제외)	영 제116조의14제5항	181				
⑬⑤ 제주첨단과학기술단지입주기업에 대한 감면(최저한세 적용대상)	영 제116조의14제5항	13P				
⑬⑥ 제주투자진흥지구 · 제주자유무역지역 입주기업에 대한 감면(최저한세 적용제외)	영 제116조의15제8항	182				
⑬⑦ 제주투자진흥지구 · 제주자유무역지역 입주기업에 대한 감면(최저한세 적용대상)	영 제116조의15제8항	13Q				
⑬⑧ 제주투자진흥지구 개발사업시행자에 대한 감면	영 제116조의15제8항	158				
⑬⑨ 기업도시 · 지역개발사업구역 등 창업 · 사업장신설기업에 대한 감면 (최저한세 적용제외)	영 제116조의21제7항	197				
⑭⓪ 기업도시 · 지역개발사업구역 등 창업 · 사업장신설기업에 대한 감면(최저한세 적용대상)	영 제116조의21제7항	13R				
⑭① 기업도시 · 지역개발사업구역 등 개발사업시행자에 대한 감면	영 제116조의21제7항	198				
⑭② 아시아문화중심도시 입주기업에 대한 감면(최저한세 적용제외)	영 제116조의25제8항	11C				
⑭③ 아시아문화중심도시 입주기업에 대한 감면(최저한세 적용대상)	영 제116조의25제8항	13T				
⑭④ 금융중심지 창업 · 사업장신설기업에 대한 감면(최저한세 적용제외)	영 제116조의26제11항	11G				
⑭⑤ 금융중심지 창업 · 사업장신설기업 대한 감면(최저한세 적용대상)	영 제116조의26제11항	13U				
⑭⑥ 첨단의료복합단지 입주 의료연구개발기관 등에 대한 감면(최저한세 적용제외)	영 제116조의27제8항	17A				
⑭⑦ 첨단의료복합단지 입주 의료연구개발기관 등에 대한 감면(최저한세 적용대상)	영 제116조의27제8항	13H				
⑭⑧ 국가식품클러스터 입주기업에 대한 감면(최저한세 적용제외)	영 제116조의27제8항	17B				
⑭⑨ 국가식품클러스터 입주기업에 대한 감면(최저한세 적용대상)	영 제116조의27제8항	13V				
⑮⓪ 기회발전특구의 창업기업 등에 대한 법인세 등의 감면(최저한세 적용제외)	영 제116조의36제8항	1D1				
⑮① 기회발전특구의 창업기업 등에 대한 법인세 등의 감면(최저한세 적용대상)	영 제116조의36제8항	1C1				
⑮② 기타		164				
⑮③ 세액감면 합계		1A4		22,606,130	22,606,130	

210mm×297mm[백상지 80g/㎡ 또는 중질지 80g/㎡]

❹ 지역특구 입주기업 감면한도 계산내용(⑩, ⑲, ⑱, ⑳, ㉙, ⑭ ~ ㊿에 대해 적용)
- ⑱은 2019.1.1. 이후 개시하는 과세연도부터 적용하되, 2019.1.1. 전 입주기업은 제외함(A방식)
  ⑱, ⑲는 2018.1.1. 이후 지정 또는 선포된 위기지역의 지정일 또는 선포일이 속하는 과세연도의 과세표준을 2019.1.1. 이후 신고하는 경우부터 적용함(A방식)
- ⑩, ⑲, ⑭ ~ ㊿의 경우 2019.1.1. 이후 개시하는 과세연도분부터는 A 방식에 의해 한도를 계산하되, 2019.1.1. 전에 해당 지역에 입주한 기업은 B 방식(종전규정)에 의해 한도를 계산함

⑩ 직전 과세연도까지의 감면세액 누계 * 감면받은 과세연도 / 감면세액: (/), (/), (/), (/), (/)	

전체 감면한도 계산

A	⑪ 해당 과세연도까지의 사업용고정자산 투자누계액			
	⑫ 투자기준 감면한도 (⑪ × 50%)			
	⑬ 고용기준 감면한도 [해당 과세연도의 감면대상사업장의 상시근로자 수 × 1,500만원(청년 상시근로자와 서비스업을 하는 감면대상 사업자의 상시근로자의 경우에는 2,000만원)]			
	⑭ 해당 과세연도까지의 총감면한도 (⑫ + ⑬)			
B	일반기업		서비스업	
	⑮ 해당 과세연도까지의 사업용고정자산 투자누계액		⑲ 일반감면한도 (=⑱)	
	⑯ 투자기준 감면한도 (⑪ × 50%)		⑳ 고용기준 감면한도 (Min [ⓐ, ⓑ]) ⓐ 상시근로자 수 × 2,000만원 ⓑ 투자누계액(⑮ × 100%)	
	⑰ 고용기준 감면한도 (Min [ⓐ, ⓑ]) ⓐ 상시근로자 수 × 1,000만원 ⓑ 투자누계액(⑮ × 20%)			
	⑱ 해당 과세연도까지의 총감면한도 (⑯+⑰)		㉑ 해당 과세연도까지의 총감면한도(Max [⑲, ⑳])	

㉒ 해당 과세연도의 감면한도 (⑭ − ⑩) 또는 (⑱ − ⑩) 또는 (㉑ − ⑩)	

❺ 중소기업특별세액감면 감면한도 계산

구 분	해당(직전) 과세연도의 매월 말 현재 상시근로자 수												㉓ 합계	㉔ 개월수	㉕ 상시 근로자수 (=㉓÷㉔)
	1월	2월	3월	4월	5월	6월	7월	8월	9월	10월	11월	12월			
해당 과세연도															
직전 과세연도															

감면한도계산 : 1억원 − 500만원 × 상시근로자 수 감소인원

감면한도 (상시근로자 감소 적용전)	상시근로자 수 감소인원당 차감액	㉘ 상시근로자 수 감소인원(㉖−㉗)	㉙ 감면한도 (1억원 − 500만원 × ㉘)
1억원	500만원		

❻ 사회적기업 · 장애인 표준사업장에 대한 감면한도 계산

구 분	해당 과세연도의 매월 말 현재 상시근로자 수												㉚ 합계	㉛ 개월수	㉜ 상시 근로자수 (=㉚÷㉛)
	월	월	월	월	월	월	월	월	월	월	월	월			
해당 과세연도															㉝

감면한도계산 : 1억원 + 2000만원 × (취약계층 또는 장애인)의 상시근로자 수

감면한도 (상시근로자 적용전)	상시근로자 수 인원당 증가액	㉜ 상시근로자 수	㉝ 감면한도 (1억원 + 2000만원 × ㉜)
1억원	2000만원		

210mm×297mm[백상지 80g/㎡ 또는 중질지 80g/㎡]

(4쪽 중 제4쪽)

「조세특례제한법」 및 같은 법 시행령에 따라 위와 같이 세액감면(면제)을 신청합니다.

2025년 03월 31일

신청인 ㈜나라 김 유 민 (서명 또는 인)

천안세무서장 귀하

작 성 방 법

1. 신청 내용별로 "⑥ 감면율"란, "⑦ 대상세액"란과 "⑧ 감면세액"란을 적습니다.
2. "⑥ 감면율"란을 작성할 때 법령의 개정에 따라 종전의 규정 또는 개정규정을 적용받는 경우 등에는 해당 감면율을 적습니다.
3. "⑦ 대상세액"란: 최저한세액 적용 전의 감면세액을 적습니다.
4. "⑧ 감면세액"란: "⑦ 대상세액"에서 최저한세액 적용에 따른 감면 배제세액을 뺀 금액을 적습니다.
5. "⑨ 한도충족 감면세액"란: "⑧ 감면세액"과 "㉒ 해당 과세연도의 감면한도" 중 적은 금액을 적습니다.
5. 법령에 따른 첨부서류는 세액감면(면제)신청서를 제출할 때 함께 제출해야 합니다.
6. 법령의 개정으로 종전의 규정 또는 개정규정에 따라 세액감면(면제)을 받는 경우에는 해당 법령의 조문순서에 따라 빈칸 등에 별도로 적습니다.
7. ❹ 지역특구 입주기업 감면한도 계산 시 서비스업이란 「조세특례제한법 시행령」 제23조제4항에 따른 서비스업을 의미합니다.
8. 근거법령란에서 "법"은 「조세특례제한법」, "영"은 「조세특례제한법 시행령」을 뜻하며, "구 영"은 2021. 2. 17. 대통령령 제31444호로 개정되기 전의 것을 말합니다.

210mm×297mm[백상지 80g/㎡ 또는 중질지 80g/㎡]

[별지 제3호 서식] (2024.3.22. 개정) (앞쪽)

사업연도	2024.01.01 ~ 2024.12.31.	법인세 과세표준 및 세액조정계산서	법인명	㈜나라
			사업자등록번호	203-81-63108

구분	항목	코드	금액
① 각 사업연도 소득계산	(101) 결산서상 당기순손익	01	319 729 266
	소득조정금액 (102) 익금산입	02	
	소득조정금액 (103) 손금산입	03	
	(104) 차가감소득금액 (101+102-103)	04	319 729 266
	(105) 기부금한도초과액	05	
	(106) 기부금한도초과이월액 손금산입	54	
	(107) 각 사업연도 소득금액 (104+105-106)	06	319 729 266
② 과세표준 계산	(108) 각 사업연도 소득금액 (108=107)		
	(109) 이월결손금	07	
	(110) 비과세소득	08	
	(111) 소득공제	09	
	(112) 과세표준 (108-109-110-111)	10	319 729 266
	(159) 선박표준이익	55	
③ 산출세액 계산	(113) 과세표준 (112+159)	56	319 729 266
	(114) 세율	11	19
	(115) 산출세액	12	40 748 560
	(116) 지점유보소득 (「법인세법」 제96조)	13	
	(117) 세율	14	
	(118) 산출세액	15	
	(119) 합계 (115+118)	16	40 748 560
④ 납부할 세액 계산	(120) 산출세액 (120=119)		40 748 560
	(121) 최저한세 적용대상 공제감면세액	17	
	(122) 차감세액	18	40 748 560
	(123) 최저한세 적용제외 공제감면세액	19	22 606 130
	(124) 가산세액	20	
	(125) 가감계 (122-123+124)	21	18 142 430
	기납부세액 - 기한내납부세액 (126) 중간예납세액	22	
	기납부세액 - 기한내납부세액 (127) 수시부과세액	23	
	기납부세액 - 기한내납부세액 (128) 원천납부세액	24	
	기납부세액 - 기한내납부세액 (129) 간접투자회사등의 외국납부세액	25	
	기납부세액 - 기한내납부세액 (130) 소계 (126+127+128+129)	26	
	기납부세액 (131) 신고납부전가산세액	27	
	기납부세액 (132) 합계 (130+131)	28	
	(133) 감면분추가납부세액	29	
	(134) 차감납부할세액 (125-132+133)	30	18 142 430

구분	항목	코드	금액
⑤ 토지등양도소득에 대한 법인세 계산	양도차익 (135) 등기자산	31	
	양도차익 (136) 미등기자산	32	
	(137) 비과세소득	33	
	(138) 과세표준 (135+136-137)	34	
	(139) 세율	35	
	(140) 산출세액	36	
	(141) 감면세액	37	
	(142) 차감세액 (140-141)	38	
	(143) 공제세액	39	
	(144) 동업기업 법인세 배분액 (가산세 제외)	58	
	(145) 가산세액 (동업기업 배분액 포함)	40	
	(146) 가감계 (142-143+144+145)	41	
	기납부세액 (147) 수시부과세액	42	
	기납부세액 (148) ( ) 세액	43	
	기납부세액 (149) 계 (147+148)	44	
	(150) 차감납부할세액 (146-149)	45	
⑥ 미환류소득법인세	(160) 과세대상 미환류소득	59	
	(161) 세율	60	
	(162) 산출세액	61	
	(163) 가산세액	62	
	(164) 이자상당액	63	
	(165) 납부할세액 (162+163+164)	64	
⑦ 세액계	(151) 차감납부할 세액계 (134+150+165)	46	18 142 430
	(152) 사실과 다른 회계처리 경정세액공제	57	
	(153) 분납세액계산 범위액 (151-124-133-145-152+131)	47	18 142 430
	(154) 분납할세액	48	8 142 430
	(155) 차감납부세액 (151-152-154)	49	10 000 000

210mm×297mm[백상지 80g/㎡ 또는 중질지 80g/㎡]

제66조 【영농조합법인 등에 대한 법인세의 면제 등】

I 기본검토사항

구 분		검토요건 또는 확인사항
적용 여부 검토	① 당해 법인 등의 요건 충족 확인	「농어업경영체 육성 및 지원에 관한 법률」에 따른 영농조합법인
		「농업 · 농촌 및 식품산업 기본법」 제3조 제2호에 다른 농업인
	② 각 조항별 적용시한 확인	2026년 12월 31일까지
	③ 각 조항별 규정 업종의 요건 충족 확인	업종에 관한 별도의 규정 없음
	④ 본점 및 사업장 소재지 등 확인	본점 및 사업장 소재지에 따른 차등적용 및 적용배제 규정 없음
	⑤ 감면/공제 적용의 배제	• 과세표준 무신고 및 경정 등의 경우와 세법상 협력의무 불이행의 경우 적용배제 • 매매계약서 허위작성의 경우 비과세 감면 적용배제
적용 시 검토	⑥ 감면/공제 중복적용 확인	세액공제와 중복적용 배제
	⑦ 최저한세 적용대상 확인	최저한세 적용대상 아님
	⑧ 이월적용 여부 확인	영농조합법인의 법인세의 면제와 조합원의 양도소득의 면제 배당소득의 저율분리과세 등에 관한 규정으로 이월적용대상 아님
	⑨ 농어촌특별세 비과세 확인	농어촌특별세 비과세
사후 관리	⑩ 공제감면 후 사후관리 규정	농지 등의 현물출자로 취득한 주식을 3년 이내 양도 등의 경우 면제세액과 이자상당액을 납부

Ⅱ 주요 질의회신 통칙 등

1 질의회신 예규 등

제 목	내 용
(1) 영농조합법인 등에 대한 법인세 면제 등의 대상(서면인터넷방문상담2팀-1852, 2004.09.06)	• 영농조합법인이 조세특례제한법 제66조 제1항 및 같은 법 시행령 제63조 제1항의 법인세 감면을 적용할 수 있는지 여부에 대하여는 농업·농촌기본법 제15조 제3항의 규정에 의하여 조합원에 해당하는 경우에는 같은 조세특례제한법 규정에 의거 감면을 적용받을 수 있는 것이나, 준조합원인 경우에는 감면 적용을 받을 수 없는 것임.
(2) 영농조합법인이 경작하던 농지가 수용되어 지방자치단체로부터 지급받은 영농손실보상금의 농업소득 해당여부(기획재정부 법인세제과-335, 2014.05.20.)	• 영농조합법인이 경작하던 농지가 수용되어 지방자치단체로부터 지급받은 영농손실보상금은 조세특례제한법 제66조에 따라 법인세가 면제되는 농업소득에 해당하는 것임.
(3) 수입 시 부가세를 납부하고 조세특례제한법 제105조의2(종묘)에 근거 부가세를 환급받았을 때 영업외수익 등으로 계산 정리해서 법인세를 납부해야 하는지 여부(법인세과-3071, 2008.10.24.)	• 「농업·농촌기본법」에 따른 영농조합법인이 동·서양란 종묘를 수입하여 재배 후 출하하는 것은 「지방세법」 제197조의 규정에 따른 농업소득에 포함되는 것이며, 동 농업소득은 「조세특례제한법」 제66조의 규정에 따라 법인세를 면제하는 것이며, 종묘 수입 시 납부한 부가가치세를 「조세특례제한법」 제105조의2에 따라 환급받는 경우 동 부가가치세는 「조세특례제한법」 제66조의 법인세가 면제되는 농업소득에 포함되지 아니하는 것임.
(4) 영농조합법인이 영위하는 음식·숙박업에서 발생한 소득이 「농어업경영체 육성 및 지원에 관한 법률 시행령」 제11조 제1항에 따른 "그 밖에 영농조합법인의 목적을 달성하기 위하여 정관에서 정하는 사업"에서 발생한 소득으로 볼 수 있는지 여부(서면-2017-법인-0255, 2017.09.18.)	• 「조세특례제한법」 제66조 제1항에 따라 법인세를 일부 면제하는 "작물재배업에서 발생하는 소득 외의 소득"에는 영농조합법인이 「농어업경영체 육성 및 지원에 관한 법률」에 따른 농어촌 관광휴양사업에 해당하지 않는 음식·숙박업을 영위하여 발생하는 소득은 포함되지 않는 것임.

<table>
<tr><th>제 목</th><th>내 용</th></tr>
<tr><td>(5) 영농조합법인이 국가 또는 지방자치단체로부터 계란집하장 및 관리실 신축, 계란포장재 디자인 및 구입을 위해 지급받은 보조금과 제3자로부터 무상으로 받은 자산수증이익이나 기타 이자수익, 장려금, 후원금 등은 법인세가 면제되는 「조세특례제한법」 제66조 제1항의 '농업소득 외의 소득'에 해당하지 아니하는 것임(재법인-346, 2011.4.21.)</td><td></td></tr>
<tr><td>(6) 영농조합법인의 출자자인 조합원이 해산으로 인하여 받는 배당소득으로서 조세특례제한법 66조에 규정하는 비과세 및 저율 분리과세를 적용 받을 수 있는지 여부(원천세과-116, 2009.01.09.)</td><td>• 영농조합법인의 출자자인 조합원이 해산으로 인하여 받는 의제배당소득은 조세특례제한법 제66조의 과세특례를 적용함.</td></tr>
<tr><td>(7) 구 농어업경영체법에 따른 영농조합법인의 식량작물재배업소득 등에 대해서는 법인세 면제에 관한 구 조특법 제66조 제1항이 적용되고, 면제 신청 절차에 관한 규정인 구 조특법 제66조 제8항 및 이 사건 규정은 납세의무자로 하여금 면제 신청에 필요한 서류를 관할세무서장에게 제출하도록 협력의무를 부과한 것이므로, 영농조합법인이 법인세 면제 신청을 하면서 이 사건 규정이 정한 농업경영체 등록확인서를 제출하지 않았다고 하여 과세 관청이 해당 법인세 면제를 거부할 수는 없음(대법원2019두55972, 2023.03.30.)</td><td>저자주 다수의 심판례, 심사례 등의 경우 농업경영체 등록확인서 제출을 감면의 요건으로 해석하였으나 최근 대법원에서 농어업경영체 등록확인서의 제출은 납세의무자에게 협력의무를 부과한 것으로 해석하여 농어업경영체 등록확인서의 제출이 없더라도 면제를 적용하는 것으로 판결한 것이다. 이에 대해 2023.12.31. 개정 시 다음과 같이 개정하여 등록을 필수요건으로 하였다.
<table><tr><th>개정 전</th><th>개정 후(2023.12.31.)</th></tr><tr><td>제66조【영농조합법인 등에 대한 법인세의 면제 등】
① 「농어업경영체 육성 및 지원에 관한 법률」에 따른 영농조합법인(이하 "영농조합법인"이라 한다)</td><td>제66조【영농조합법인 등에 대한 법인세의 면제 등】
① 「농어업경영체 육성 및 지원에 관한 법률」 제4조에 따라 농어업경영정보를 등록한 영농조합법인(이하 "영농조합법인"이라 한다)</td></tr></table></td></tr>
</table>

Ⅲ 사례분석 및 서식작성

1 사례분석 및 서식작성

나라영농조합법인은 「농어업경영체 육성 및 지원에 관한 법률」에 따른 영농조합법인이다. 사업연도는 매년 1월 1일부터 12월 31일이다. 본점은 강원도 횡성군에 소재한다.

2023년과 2024년 사업연도의 나라영농조합법인의 총매출액과 각 소득구분은 다음과 같다.

구 분		수 익	비 용	소 득
2023년	벼농사	6,687,148,200	6,115,362,010	571,786,190
	토마토 농사	3,558,961,450	3,300,920,160	258,041,290
	냉장창고 운영	925,620,000	779,850,000	145,770,000
	한우식당 운영	650,000,000	589,520,000	60,480,000
	합 계	11,821,729,650	10,785,652,170	1,036,077,480
2024년	벼농사	7,241,170,240	6,562,282,260	678,887,980
	토마토 농사	3,933,742,020	3,618,535,180	315,206,840
	냉장창고 운영	879,500,000	689,952,000	189,548,000
	한우식당 운영	791,520,000	709,960,000	81,560,000
	합 계	12,845,932,260	11,580,729,440	1,265,202,820

2024년 4월 15일 조합원들에게 배당금을 지급하였으며 조합원별 배당금 내역은 다음과 같다. 조합원은 모두 「농업 · 농촌 및 식품산업 기본법」 제3조 제2호에 다른 농업인 자격을 갖추고 있다.

조합원	생년월일	구성지분	구성원별 배당금
김유민	1973.04.12.	1/6	87,500,000
강나라	1969.11.03.	1/6	87,500,000
장미리	1981.07.02.	1/6	87,500,000
김형신	1991.03.15.	1/6	87,500,000
김정운	1981.04.21.	1/6	87,500,000
한동진	1961.11.02.	1/6	87,500,000
지분합계		100%	525,000,000

위의 자료를 이용하여 나라영농조합법인의 2024년 법인세 납부세액 및 조합원의 배당소득에 대한 원천징수세액을 산출하시오.

사례 풀이

1. 기본검토사항

<table>
<tr><th colspan="2">구 분</th><th colspan="2">검토요건 또는 확인사항</th></tr>
<tr><td rowspan="6">적용 여부 검토</td><td rowspan="2">① 당해 법인 등의 요건 충족 확인</td><td>법인세 면제 감면</td><td>「농어업경영체 육성 및 지원에 관한 법률」에 따른 영농조합법인이므로 요건충족</td></tr>
<tr><td>배당소득세 면제</td><td>「농업 · 농촌 및 식품산업 기본법」 제3조 제2호에 다른 농업인 자격을 갖춘 조합원이 배당금 수령하므로 요건충족</td></tr>
<tr><td>② 각 조항별 적용시한 확인</td><td colspan="2">2026년 12월 31일까지 적용되므로 요건 충족</td></tr>
<tr><td>③ 각 조항별 규정 업종의 요건 충족 확인</td><td colspan="2">업종에 관한 별도의 규정 없으므로 요건 충족</td></tr>
<tr><td>④ 본점 및 사업장 소재지 등 확인</td><td colspan="2">본점 및 사업장 소재지에 따른 차등적용 및 적용배제 규정 없으므로 요건 충족</td></tr>
<tr><td>⑤ 감면/공제 적용의 배제</td><td colspan="2">영농조합법인의 과세표준 신고 등 제반 신고의무 이행하므로 적용배제되지 않음</td></tr>
<tr><td rowspan="5">적용 시 검토</td><td>⑥ 감면/공제 중복적용 확인</td><td colspan="2">영농조합법인이 법인세 감면에 대하여 세액공제를 적용받지 않으면 중복적용 배제사항은 없음</td></tr>
<tr><td>⑦ 최저한세 적용대상 확인</td><td colspan="2">최저한세 적용대상 아님</td></tr>
<tr><td rowspan="2">⑧ 이월적용 여부 확인</td><td>법인세 감면분</td><td>영농조합 법인세는 세액감면이므로 이월적용 대상 아님</td></tr>
<tr><td>배당소득세 감면분</td><td>조합원의 배당소득에 대한 세액감면이므로 이월적용 대상 아님</td></tr>
<tr><td>⑨ 농어촌특별세 비과세 확인</td><td colspan="2">농어촌특별세 비과세</td></tr>
<tr><td>사후 관리</td><td>⑩ 공제감면 후 사후관리 규정</td><td colspan="2">농지 등의 현물출자로 취득한 주식을 3년 이내 양도 등의 경우 면제세액과 이자상당액을 납부</td></tr>
</table>

2. 법인세 면제 및 감면세액의 계산

(1) 나라영농조합법인의 소득을 구분하여 보면 다음과 같다.

식량작물 재배소득 (벼농사)	식량작물 외 재배소득 (토마토 농사)	냉장창고 운영	한우식당 운영	합 계
678,887,980	315,206,840	189,548,000	81,560,000	1,265,202,820

① 벼농사 소득은 식량작물재배업 소득이므로 소득 678,887,980원 전액에 대하여 법인세가 면제된다.

② 토마토농사 소득은 식량작물재배업 외 작물재배업 소득으로 한도액까지의 소득에 대하여 법인세가 면제된다.

감면대상 소득

$$= \text{조합원수} \times \text{6억원} \times \frac{\text{사업연도월수}}{12} \times \frac{\text{식량작물재배업 외의 작물재배업에서 발생하는 소득금액}}{\text{식량작물재배업 외의 작물재배업에서 발생하는 수입금액}}$$

$$= \text{6명} \times \text{6억원} \times \frac{12}{12} \times \frac{315,206,840}{3,933,742,020}$$

$= 288,464,424$원

③ 냉장창고 운영(창고업) 소득은 작물재배업 외의 소득(「농업경영체 육성 및 지원에 관한 법률」 시행령 제20조의5 제1항 제6호 부대사업)으로서 조합원 1인당 12,000,000원까지 법인세가 면제된다.

$$\text{감면대상 소득 한도} = \text{조합원수} \times 12,000,000\text{원} \times \frac{\text{사업연도월수}}{12}$$

$$= \text{6명} \times 12,000,000\text{원} \times \frac{12}{12} = 72,000,000\text{원}$$

∴ 감면대상 소득 = Min(189,548,000원, 72,000,000원) = 72,000,000원

④ 한우식당 운영 소득은 「농어업경영체 육성 및 지원에 관한 법률」 시행령 제20조의5 제1항 제4호 농어촌관광휴양사업으로 분류되는 소득이 아니므로 면제대상 소득이 아니다.

(2) 법인세 산출세액 및 면제세액 계산

① 법인세 산출세액

= 200,000,000원 × 9% + (1,265,202,820 − 200,000,000) × 19%

= 18,000,000원 + 1,065,202,820원 × 19%

= 18,000,000원 + 202,388,535원

= 220,388,535원

② 면제세액의 계산

㉠ 면제세액

$$\text{면제세액} = 220,388,535\text{원} \times \frac{(678,887,980 + 288,464,424 + 72,000,000)}{1,265,202,820} \times 100\%$$

$$= 181,047,141\text{원}$$

㉡ 감면세액

식량작물외 작물재배업 소득 중 면제되는 한도를 초과한 금액 26,742,416원(=315,206,840원 − 288,464,424원)과 냉장창고운영 소득 중 면제되는 한도를 초과한 금액 117,548,000원(=189,548,000원 − 72,000,000원)은 조세특례제한법 제7조【중소기업특별세액감면】 규정을 적용할 수 있으며, 제66조【영농조합법인 등에 대한 법인세의 면제 등】 규정은 다른 세액감면과 중복적용이 가능하다.

$$\text{감면세액} = 220,388,535\text{원} \times \frac{(26,742,416 + 117,548,000)}{1,265,202,820} \times 15\%$$

$$= 3,770,140\text{원}$$

∴ 면제세액 및 감면세액 합계 = 181,047,141원 + 3,770,140원

= 184,817,281원

3. 배당소득세 면제세액의 계산

(1) 배당소득의 재원별 소득구분

2024년 4월 15일에 지급한 배당소득의 지급재원별 소득구분을 위해서는 앞서 살펴본 바와 같이 법인의 소득을 다음과 같이 구분하여야 한다. 실무에서는 12월 말 결산법인의 경우 3월에 법인세 신고 시 소득구분에 따른 법인세 신고를 한 후 4월 배당금 지급 시 신고서상 소득구분의 내용에 따라 배당소득의 재원을 구분하면 된다.

배당소득의 재원별 구분	배당소득 재원별 배당소득의 구분계산	
㉠ 식량작물재배업의 배당소득	영농조합법인으로부터 지급받은 배당소득 $\times \dfrac{\text{식량작물재배업에서 발생하는 소득금액}}{\text{총소득금액}}$	
	87,500,000원 $\times \dfrac{571,786,190원}{1,036,077,480원}$	≒ 48,289,141원
㉡ 식량작물재배업외 작물재배업의 배당소득	영농조합법인으로부터 지급받은 배당소득 $\times \dfrac{\text{식량작물재배업외 작물재배업에서 발생하는 소득금액 중 면제되는 소득금액}}{\text{총소득금액}}$	
	87,5000,000원 $\times \dfrac{258,041,290원}{1,036,077,480원}$ 2023년도 식량작물재배업 외의 작물재배업 소득의 법인세 면제 한도 Min(①, ②) = 258,041,290 ① 6명×6억원×258,041,290/3,558,961,450 = 261,016,776 ② 258,041,290	≒ 21,792,398원
㉢ 그 외 소득의 배당소득	영농조합법인으로부터 지급받은 배당소득 $\times \left(1 - \dfrac{\text{식량작물재배업에서 발생하는 소득금액 + 식량작물재배업 외의 작물재배업에서 발생하는 소득금액 중 법인세가 면제되는 소득금액}}{\text{총소득금액}} \right)$	
	87,500,000원 $\times \left(1 - \dfrac{571,786,190원 + 258,041,290원}{1,036,077,480원} \right)$	≒17,418,460원

(2) 감면대상 배당소득의 계산

① 감면대상 배당소득 = ㉠ + ㉡ + Min(17,418,460원, 12,000,000원)
= 48,289,141원 + 21,792,398원 + 12,000,000원
= 82,081,539원

② 5% 저율 분리과세 배당소득 = 87,500,000원 − 82,081,539원
= 5,418,461원

(3) 원천징수세액

① 배당소득세 = 5,418,461원 × 5% = 270,920원

② 지방소득세 = 270,920원 × 10% = 27,090원

③ 합 계 = 270,920원 + 27,090원 = 298,010원

[별지 제47호 서식] (2015.3.13. 개정)

영농조합법인 면제세액계산서

(앞쪽)

제출법인	① 법인명 : 나라영농조합법인	② 사업자등록번호 : 203-81-63108
	③ 대표자 성명 : 김 유 민	④ 생년월일 : 1973년 04월 12일
	⑤ 주소 또는 본점 소재지 : 강원도 횡성군 강림면 태종로 (전화번호 : 033-2231-7027)	

과세연도	2024년 01월 01일부터 2024년 12월 31일까지

면제세액 계산내용		
소득금액	⑥ 식량작물재배업소득금액	678,887,980
	⑦ 식량작물재배업소득 외의 소득 중 면제대상 소득금액(⑧ + ⑨)	504,754,840
	⑧ 식량작물재배업 외의 작물재배업에서 발생하는 소득금액	315,206,840
	⑨ 작물재배업에서 발생하는 소득을 제외한 소득금액	189,548,000
	⑩ 면제대상이 아닌 소득금액(⑥ 및 ⑦ 외의 소득)	81,560,000
	⑪ 소득금액 계(⑥ + ⑦ + ⑩)	1,265,202,820
⑫ 식량작물재배업 외의 작물재배업 소득(⑧) 중 면제대상 소득금액 한도액		315,206,840 × (6억원 × 조합원 수(4명) × 12/12) / 3,933,742,020 = 288,464,424
⑬ 작물재배업 외의 소득(⑨) 중 면제대상 소득금액 한도액		1,200만원 × 조합원 수(4명) × 12/12 = 72,000,000
⑭ 면제대상 소득금액 계 [⑥ + (⑧과 ⑫ 중 작은 금액) + (⑨와 ⑬ 중 작은 금액)]		1,039,352,404
⑮ 면제세액 (법 제66조제1항 적용 전 산출세액 × 면제대상 소득 / 과세표준)		181,047,141

「조세특례제한법 시행령」 제63조 제7항에 따라 위와 같이 영농조합법인에 대한 법인세 면제세액계산서를 제출합니다.

2025년 3월 31일

신청인 나라영농조합법인 김 유 민 (서명 또는 인)

원주 세무서장 귀하

210mm×297mm[백상지 80g/㎡ 또는 중질지 80g/㎡]

[별지 제8호 서식 부표 2] (2021.3.16. 개정) (앞쪽)

사업연도	2024.01.01. ~ 2024.12.31.	공제감면세액계산서(2)	법인명	㈜나라
			사업자등록번호	203-81-63108

① 구 분		근거법 조항	② 계산명세	③ 감면대상세액	④ 최저한세 적용감면 배제금액	⑤ 감면세액 (③-④)	⑥ 적용사유 발생일
조세특례제한법	영농조합법인 감면	법 제66조	220,388,535 × (687,887,980 + 288,464,424 + 72,000,000) / 1,265,202,820 × 100/100	181,047,141		181,047,141	2024-12-31
	중소기업에 대한특별세액 감면	법 제7조	220,338,535 × 144,290,416 / 1,265,202,820 × 15/100	3,770,140		3,770,140	2024-12-31
합		계		184,817,281	※	184,817,281	

210mm×297mm[백상지 80g/㎡ 또는 중질지 80g/㎡]

[별지 제4호 서식] (2019.3.20. 개정) (앞쪽)

사업연도	2024.01.01. ~ 2024.12.31.	최저한세조정계산서	법인명	㈜나라
			사업자등록번호	203-81-63108

1. 최저한세 조정 계산 명세

① 구분		코드	② 감면 후 세액	③ 최저한세	④ 조정감	⑤ 조정 후 세액
⑩ 결산서상 당기순이익		01	1,265,202,820			
소득조정금액	⑩ 익금산입	02				
	⑩ 손금산입	03				
⑩ 조정 후 소득금액(⑩+⑩-⑩)		04	1,265,202,820	1,265,202,820		
최저한세 적용대상 특별비용	⑩ 준비금	05				
	⑩ 특별상각 및 특례자산 감가상각비	06				
⑩ 특별비용 손금산입 전 소득금액(⑩+⑩+⑩)		07	1,265,202,820	1,265,202,820		
⑩ 기부금 한도 초과액		08				
⑩ 기부금 한도초과 이월액 손금산입		09				
⑩ 각 사업연도 소득금액(⑩+⑩-⑩)		10	1,265,202,820	1,265,202,820		
⑪ 이월결손금		11				
⑫ 비과세소득		12				
⑬ 최저한세 적용대상 비과세소득		13				
⑭ 최저한세 적용대상 익금불산입·손금산입		14				
⑮ 차가감 소득금액(⑩-⑪-⑫+⑬+⑭)		15	1,265,202,820	1,265,202,820		
⑯ 소득공제		16				
⑰ 최저한세 적용대상 소득공제		17				
⑱ 과세표준금액(⑮-⑯+⑰)		18	1,265,202,820	1,265,202,820		
⑲ 선박표준이익		24				
⑳ 과세표준금액(⑱+⑲)		25	1,265,202,820	1,265,202,820		
㉑ 세율		19	19	7		
㉒ 산출세액		20	220,388,535	88,564,197		
㉓ 감면세액		21	3,770,140			
㉔ 세액공제		22				
㉕ 차감세액(㉒-㉓-㉔)		23	216,618,395			

2. 최저한세 세율 적용을 위한 구분 항목

㉖ 중소기업 유예기간 종료연월		㉗ 유예기간 종료 후 연차			

210mm×297mm[백상지 80g/㎡ 또는 중질지 80g/㎡]

[별지 제8호 서식(갑)] (2024.3.22. 개정) (4쪽 중 제1쪽)

사 업 연 도	2024.01.01. ~ 2024.12.31.	공제감면세액 및 추가납부세액합계표(갑)	법 인 명	㈜나라
			사업자등록번호	203-81-63108

1. 최저한세 적용제외 공제감면세액

	① 구 분	② 근 거 법 조 항	코드	③ 대상세액	④ 감면 (공제) 세액
세액감면	(101) 창업중소기업에 대한 세액감면(최저한세 적용제외)	「조세특례제한법」제6조제7항 외	110		
	(102) 해외자원개발투자배당 감면	「조세특례제한법」 제22조	103		
	(103) 수도권과밀억제권역 밖으로 이전하는 중소기업 세액감면(수도권 밖으로 이전)	구 「조세특례제한법」 제63조	169		
	(104) 공장의 수도권 밖 이전에 대한 세액감면	「조세특례제한법」 제63조	108		
	(105) 본사의 수도권 밖 이전에 대한 세액감면	「조세특례제한법」 제63조의2	109		
	(106) 영농조합법인 감면	**「조세특례제한법」 제66조**	**104**	**181,047,141**	**181,047,141**
	(107) 영어조합법인 감면	「조세특례제한법」 제67조	107		
	(108) 농업회사법인 감면(농업소득)	「조세특례제한법」 제68조	11B		
	(109) 행정중심복합도시 등 공장이전에 대한 조세감면	「조세특례제한법」 제85조의2제3항 (2019.12.31. 법률 제16835호로 개정되기 전의 것)	11A		
	(110) 위기지역 내 창업기업 세액감면(최저한세 적용제외)	「조세특례제한법」 제99조의9	11N		
	(111) 해외진출기업의 국내복귀에 대한 세액감면(철수방식)	「조세특례제한법」 제104조의24제1항제1호	11F		
	(112) 해외진출기업의 국내복귀에 대한 세액감면(유지방식)	「조세특례제한법」 제104조의24제1항제2호	11H		
	(113) 고도기술수반사업 외국인투자 세액감면	「조세특례제한법」 제121조의2제1항제1호	186		
	(114) 외국인투자지역내 외국인투자 세액감면	「조세특례제한법」 제121조의2제1항제2호 또는 제2호의5	187		
	(115) 경제자유구역내 외국인투자 세액감면	「조세특례제한법」 제121조의2제1항제2호의2	188		
	(116) 경제자유구역 개발사업시행자 세액감면	「조세특례제한법」 제121조의2제1항제2호의3	157		
	(117) 제주투자진흥기구의 개발사업시행자 세액감면	「조세특례제한법」 제121조의2제1항제2호의4	158		
	(118) 기업도시 개발구역내 외국인투자 세액감면	「조세특례제한법」 제121조의2제1항제2호의6	159		
	(119) 기업도시 개발사업의 시행자 세액감면	「조세특례제한법」 제121조의2제1항제2호의7	160		
	(120) 새만금사업지역내 외국인투자 세액감면	「조세특례제한법」 제121조의2제1항제2호의8	11J		
	(121) 새만금사업 시행자 세액감면	「조세특례제한법」 제121조의2제1항제2호의9	11K		
	(122) 기타 외국인투자유치를 위한 조세감면	「조세특례제한법」 제121조의2제1항제3호	167		
	(123) 외국인투자기업의 증자의 조세감면	「조세특례제한법」 제121조의4	172		
	(124) 기술도입대가에 대한 조세면제(국내지점 등)	법률 제9921호 조세특례제한법 일부개정법률 부칙 제77조	173		
	(125) 제주첨단과학기술단지 입주기업 조세감면(최저한세 적용제외)	「조세특례제한법」 제121조의8	181		
	(126) 제주투자진흥지구등 입주기업 조세감면(최저한세 적용제외)	「조세특례제한법」 제121조의9	182		
	(127) 기업도시개발구역 등 입주기업 감면(최저한세 적용제외)	「조세특례제한법」 제121조의17제1항제1·3·5호	197		
	(128) 기업도시개발사업 등 시행자 감면	「조세특례제한법」 제121조의17제1항제2·4·6·7호	198		
	(129) 아시아문화중심도시 투자진흥지구 입주기업 감면(최저한세 적용제외)	「조세특례제한법」 제121조의20제1항	11C		
	(130) 금융중심지 창업기업에 대한 감면(최저한세 적용제외)	「조세특례제한법」 제121조의21제1항	11G		
	(131) 동업기업 세액감면 배분액(최저한세 적용제외)	「조세특례제한법」 제100조의18제4항	11D		
	(132) 사회적기업에 대한 감면	「조세특례제한법」 제85조의6	11L		
	(133) 장애인 표준사업장에 대한 감면	「조세특례제한법」 제85조의6	11M		
	(134) 첨단의료복합단지 입주기업에 대한 감면(최저한세 적용제외)	「조세특례제한법」 제121조의22제1항1호	17A		
	(135) 국가식품클러스터 입주기업에 대한 감면(최저한세 적용제외)	「조세특례제한법」 제121조의22제1항2호	17B		
	(136) 연구개발특구 입주기업에 대한 감면(최저한세 적용제외)	「조세특례제한법」 제12조의2	17C		
	(137) 감염병 피해에 따른 특별재난지역의 중소기업에 대한 감면	「조세특례제한법」 제99조의11	17D		
	(138) 기회발전특구 창업기업 등에 대한 법인세 등의 감면(최저한세 적용제외)	「조세특례제한법」 제121조의33	1D1		
	(139) 소 계		**170**	**181,047,141**	**181,047,141**
세액공제	(140) 외국납부세액공제	「법인세법」 제57조	101		
	(141) 재해손실세액공제	「법인세법」 제58조	102		
	(142) 신성장·원천기술 연구개발비세액공제(최저한세 적용제외)	「조세특례제한법」 제10조제1항제1호	16A		
	(143) 국가전략기술 연구개발비세액공제(최저한세 적용제외)	「조세특례제한법」 제10조제1항제2호	10D		
	(144) 일반 연구·인력개발비세액공제(최저한세 적용제외)	「조세특례제한법」 제10조제1항제3호	16B		
	(145) 동업기업 세액공제 배분액(최저한세 적용제외)	「조세특례제한법」 제100조의18제4항	12D		
	(146) 성실신고 확인비용에 대한 세액공제	「조세특례제한법」 제126조의6	10A		
	(147) 상가임대료를 인하한 임대사업자에 대한 세액공제	「조세특례제한법」 제96조의3	10B		
	(148) 용역제공자에 관한 과세자료의 제출에 대한 세액공제	「조세특례제한법」 제104조의32	10C		
	(149) 소 계		180		
(150) 합 계((139) + (149))			110	181,047,141	181,047,141

210mm×297mm[백상지 80g/㎡ 또는 중질지 80g/㎡]

(4쪽 중 제2쪽)

2. 최저한세 적용대상 공제감면세액

	① 구 분	② 근 거 법 조 항	코드	③ 대상세액	④ 감면세액
세액감면	⑮ 창업중소기업에 대한 세액감면(최저한세 적용대상)	「조세특례제한법」 제6조제1항 · 제5항 · 제6항	111		
	⑱ 창업벤처중소기업 세액감면	「조세특례제한법」 제6조제2항	174		
	⑬ 에너지신기술 중소기업 세액감면	「조세특례제한법」 제6조제4항	13E		
	⑭ 중소기업에 대한 특별세액감면	**「조세특례제한법」 제7조**	112	3,770,140	3,770,140
	⑮ 연구개발특구 입주기업에 대한 세액감면(최저한세 적용대상)	「조세특례제한법」 제12조의2	179		
	⑯ 국제금융거래이자소득 면제	「조세특례제한법」 제21조	123		
	⑰ 사업전환 중소기업에 대한 세액감면	구 「조세특례제한법」 제33조의2	192		
	⑱ 무역조정지원기업의 사업전환 세액감면	구 「조세특례제한법」 제33조의2	13A		
	⑲ 기업구조조정 전문회사 주식양도차익 세액감면	법률 제9272호 조세특례제한법 일부개정법률 부칙 제10조 · 제40조	13B		
	⑯ 혁신도시 이전 등 공공기관 세액감면	「조세특례제한법」 제62조제4항	13F		
	⑯ 공장의 지방이전에 대한 세액감면(중소기업의 수도권 안으로 이전)	「조세특례제한법」 제63조	116		
	⑯ 농공단지입주기업 등 감면	「조세특례제한법」 제64조	117		
	⑯ 농업회사법인 감면(농업소득 외의 소득)	「조세특례제한법」 제68조	119		
	⑯ 소형주택 임대사업자에 대한 세액감면	「조세특례제한법」 제96조	13I		
	⑯ 상가건물 장기임대사업자에 대한 세액감면	「조세특례제한법」 제96조의2	13N		
	⑯ 산림개발소득 감면	「조세특례제한법」 제102조	124		
	⑯ 동업기업 세액감면 배분액(최저한세 적용대상)	「조세특례제한법」 제100조의18제4항	13D		
	⑯ 첨단의료복합단지 입주기업에 대한 감면(최저한세 적용대상)	「조세특례제한법」 제121조의22제1항제1호	13H		
	⑯ 기술이전에 대한 세액감면	「조세특례제한법」 제12조제1항	13J		
	⑰ 기술대여에 대한 세액감면	「조세특례제한법」 제12조제3항	13K		
	⑰ 제주첨단과학기술단지 입주기업 감면(최저한세 적용대상)	「조세특례제한법」 제121조의8	13P		
	⑰ 제주투자진흥지구등 입주기업 감면(최저한세 적용대상)	「조세특례제한법」 제121조의9	13Q		
	⑰ 기업도시개발구역 등 입주기업 감면(최저한세 적용대상)	「조세특례제한법」 제121조의17제1항제1호 · 제3호 · 5호	13R		
	⑰ 위기지역 내 창업기업 세액감면(최저한세 적용대상)	「조세특례제한법」 제99조의9	13S		
	⑰ 아시아문화중심도시 투자진흥지구 입주기업 감면(최저한세 적용대상)	「조세특례제한법」 제121조의20제1항	13T		
	⑰ 금융중심지 창업기업에 대한 감면(최저한세 적용대상)	「조세특례제한법」 제121조의21제1항	13U		
	⑰ 국가식품클러스터 입주기업에 대한 감면(최저한세 적용대상)	「조세특례제한법」 제121조의22제1항제2호	13V		
	⑰ 기회발전특구 창업기업 등에 대한 법인세 등의 감면(최저한세 적용대상)	「조세특례제한법」 제121조의33	1C1		
	⑰ 소 계		130	3,770,140	3,770,140

210mm×297mm[백상지 80g/㎡ 또는 중질지 80g/㎡]

(4쪽 중 제3쪽)

	① 구 분	② 근 거 법 조 항	코드	⑤ 전기 이월액	⑥ 당기발생액	⑦ 공제세액
세액공제	⑱0 중소기업 등 투자세액공제	구「조세특례제한법」 제5조	131			
	⑱1 상생결제 지급금액에 대한 세액공제	「조세특례제한법」 제7조의4	14Z			
	⑱2 대 · 중소기업 상생협력을 위한 기금출연 세액공제	「조세특례제한법」 제8조의3제1항	14M			
	⑱3 협력중소기업에 대한 유형고정자산 무상임대 세액공제	「조세특례제한법」 제8조의3제2항	18D			
	⑱4 수탁기업에 설치하는 시설에 대한 세액공제	「조세특례제한법」 제8조의3제3항	18L			
	⑱5 교육기관에 무상 기증하는 중고자산에 대한 세액공제	「조세특례제한법」 제8조의3제4항	18R			
	⑱6 신성장 · 원천기술 연구개발비세액공제(최저한세 적용대상)	「조세특례제한법」 제10조제1항제1호	13L			
	⑱7 국가전략기술 연구개발비세액공제(최저한세 적용대상)	「조세특례제한법」 제10조제1항제2호	10E			
	⑱8 일반 연구 · 인력개발비세액공제(최저한세 적용대상)	「조세특례제한법」 제10조제1항제3호	13M			
	⑱9 기술취득에 대한 세액공제	「조세특례제한법」 제12조제2항	176			
	⑲0 기술혁신형 합병에 대한 세액공제	「조세특례제한법」 제12조의3	14T			
	⑲1 기술혁신형 주식취득에 대한 세액공제	「조세특례제한법」 제12조의4	14U			
	⑲2 벤처기업등 출자에 대한 세액공제	「조세특례제한법」 제13조의2	18E			
	⑲3 성과공유 중소기업 경영성과급 세액공제	「조세특례제한법」 제19조	18H			
	⑲4 연구 · 인력개발설비투자 세액공제	구「조세특례제한법」 제25조제1항제1호	134			
	⑲5 에너지절약시설투자 세액공제	구「조세특례제한법」 제25조제1항제2호	177			
	⑲6 환경보전시설 투자 세액공제	구「조세특례제한법」 제25조제1항제3호	14A			
	⑲7 근로자복지증진시설투자 세액공제	구「조세특례제한법」 제25조제1항제4호	142			
	⑲8 안전시설투자 세액공제	구「조세특례제한법」 제25조제1항제5호	136			
	⑲9 생산성향상시설투자세액공제	구「조세특례제한법」 제25조제1항제6호	135			
	⑳0 의약품 품질관리시설투자 세액공제	구「조세특례제한법」 제25조의4	14B			
	⑳1 신성장기술 사업화를 위한 시설투자 세액공제	구「조세특례제한법」 제25조의5	18B			
	⑳2 영상콘텐츠 제작비용에 대한 세액공제(기본공제)	「조세특례제한법」 제25조의6	18C			
	⑳3 영상콘텐츠 제작비용에 대한 세액공제(추가공제)	「조세특례제한법」 제25조의6	1B8			
	⑳4 초연결 네트워크 시설투자에 대한 세액공제	구「조세특례제한법」 제25조의7	18I			
	⑳5 고용창출투자세액공제	「조세특례제한법」 제26조	14N			
	⑳6 산업수요맞춤형고등학교등 졸업자를 병역이행 후 복직시킨 중소기업에 대한 세액공제	「조세특례제한법」 제29조의2	14S			
	⑳7 경력단절 여성 고용 기업 등에 대한 세액공제	「조세특례제한법」 제29조의3제1항	14X			
	⑳8 육아휴직 후 고용유지 기업에 대한 인건비 세액공제	「조세특례제한법」 제29조의3제2항	18J			
	⑳9 근로소득을 증대시킨 기업에 대한 세액공제	「조세특례제한법」 제29조의4	14Y			
	㉑0 청년고용을 증대시킨 기업에 대한 세액공제	「조세특례제한법」 제29조의5	18A			
	㉑1 고용을 증대시킨 기업에 대한 세액공제	「조세특례제한법」 제29조의7	18F			
	㉑2 통합고용세액공제	「조세특례제한법」 제29조의8	18S			
	㉑3 통합고용세액공제(정규직 전환)	「조세특례제한법」 제29조의8	1B4			
	㉑4 통합고용세액공제(육아휴직 복귀)	「조세특례제한법」 제29조의8	1B5			
	㉑5 정규직근로자 전환 세액공제	「조세특례제한법」 제30조의2	14H			
	㉑6 고용유지중소기업에 대한 세액공제	「조세특례제한법」 제30조의3	18K			
	㉑7 중소기업 고용증가 인원에 대한 사회보험료 세액공제	「조세특례제한법」 제30조의4 제1항	14Q			
	㉑8 중소기업 사회보험 신규가입에 대한 사회보험료 세액공제	「조세특례제한법」 제30조의4 제3항	18G			
	㉑9 전자신고에 대한 세액공제(납세의무자)	「조세특례제한법」 제104조의8 제1항	184			
	㉒0 전자신고에 대한 세액공제(세무법인 등)	「조세특례제한법」 제104조의8 제3항	14J			
	㉒1 제3자 물류비용 세액공제	「조세특례제한법」 제104조의14	14E			
	㉒2 대학 맞춤형 교육비용 등 세액공제	구「조세특례제한법」 제104조의18제1항	14I			
	㉒3 대학등 기부설비에 대한 세액공제	구「조세특례제한법」 제104조의18제2항	14K			
	㉒4 기업의 경기부 설치운영비용 세액공제	「조세특례제한법」 제104조의22	14O			
	㉒5 동업기업 세액공제 배분액(최저한세 적용대상)	「조세특례제한법」 제100조의18제4항	14L			
	㉒6 산업수요맞춤형 고등학교 등 재학생에 대한 현장훈련수당 등 세액공제	구「조세특례제한법」 제104조의18제4항	14R			
	㉒7 석유제품 전자상거래에 대한 세액공제	「조세특례제한법」 제104조의25	14P			
	㉒8 금 현물시장에서 거래되는 금지금에 대한 과세특례	「조세특례제한법」 제126조의7제8항	14V			
	㉒9 금사업자와 스크랩등사업자의 수입금액의 증가 등에 대한 세액공제	「조세특례제한법」 제122조의4	14W			
	㉓0 우수 선화주 인증 국제물류주선업자 세액공제	「조세특례제한법」 제104조의30	18M			
	㉓1 소재 · 부품 · 장비 수요기업 공동출자 세액공제	「조세특례제한법」 제13조의3제1항	18N			
	㉓2 소재 · 부품 · 장비 외국법인 인수세액 공제	「조세특례제한법」 제13조의3제3항	18P			
	㉓3 선결제 금액에 대한 세액공제	「조세특례제한법」 제99조의12	18Q			
	㉓4 해외자원개발투자에 대한 과세특례	「조세특례제한법」 제104조의15	1B6			
	㉓5 통합투자세액공제(일반)	「조세특례제한법」 제24조	13W			
	㉓6 통합투자세액공제(신성장 · 원천기술)	「조세특례제한법」 제24조	13X			
	㉓7 통합투자세액공제(국가전략기술)	「조세특례제한법」 제24조	13Y			
	㉓8 임시통합투자세액공제(일반)	「조세특례제한법」 제24조	1B1			
	㉓9 임시통합투자세액공제(신성장 · 원천기술)	「조세특례제한법」 제24조	1B2			
	㉔0 임시통합투자세액공제(국가전략기술)	「조세특례제한법」 제24조	1B3			
	㉔1 문화산업전문회사 출자에 대한 세액공제	「조세특례제한법」 제25조의7	1B7			
	㉔2 소 계		149			
㉔3 합 계(⑰9 + ㉔2)			150			3,770,140
㉔4 공제감면세액 총계(⑮0 + ㉔3)			151			184,817,281

210mm×297mm[백상지 80g/㎡ 또는 중질지 80g/㎡]

(4쪽 중 제4쪽)

(245) 기술도입대가에 대한 조세면제	법률 제9921호 조세특례제한법 일부개정법률 부칙 제77조	183			
(246) 간주 · 간접 외국납부세액공제	「법인세법」 제57조제3항 · 제4항 · 제6항	189			

작성방법

1. ③ 대상세액란: 「법인세법」, 「조세특례제한법」 등에 따른 공제감면대상금액이 있는 경우 공제감면세액계산서(별지 제8호서식 부표 1, 2, 3, 4, 5)에 따라 감면구분별로 적습니다.
2. ④ · ⑦ 공제세액란: 「법인세법」, 「조세특례제한법」 등에 따른 공제감면세액은 공제감면세액계산서(별지 제8호서식 부표 1, 2, 3, 4, 5)에 따라 계산된 공제세액 중 당기에 공제될 세액의 범위에서 「법인세법」 제59조제1항에 따른 공제순서에 따라 감면 구분별로 적습니다.
3. (150)란 중 ④ 감면세액란: 법인세 과세표준 및 세액조정계산서(별지 제3호서식)의 (123) 최저한세 적용제외 공제감면세액란에 옮겨 적습니다.
4. (242)란 중 ⑦ 공제세액란: 법인세 과세표준 및 세액조정계산서(별지 제3호서식)의 (121) 최저한세 적용대상 공제감면세액란에 옮겨 적습니다.
5. (245) 기술도입대가에 대한 조세면제란의 공제세액란: 기술도입대가를 지급하는 내국법인이 별지 제8호서식 부표 9 기술도입대가에 대한 조세면제명세서의 면제세액 합계액을 적습니다(국내사업장이 있고 해당 기술이 국내사업장에 실질적으로 관련되거나 귀속되는 경우에는 기술을 제공하는 외국법인이 (245) 기술도입대가에 대한 조세면제란의 감면세액란에 적습니다).
6. (140) 외국납부세액공제란: 외국납부세액과 (246) 간주 · 간접 외국납부세액공제액을 합하여 적고, 간주 · 간접 외국납부세액공제액은 (246)란에 별도로 적습니다.
7. 「조세특례제한법」 제10조의 연구 · 인력개발비세액공제 중 최저한세가 적용되는 공제세액은 (186), (187) 또는 (188)란에 적고, 최저한세 적용이 제외되는 공제세액은 (142), (143) 또는 (144)란에 각각 구분하여 적습니다.
8. (186), (187) 또는 (188)란 중 ⑤ 전기이월액란: 「조세특례제한법」 제144조제1항에 따라 이월된 미공제 금액 중 해당 과세연도에 공제할 일반연구 · 인력개발비, 신성장 · 원천기술연구개발비 또는 국가전략기술연구개발비를 각각 구분하여 적습니다(구 공제감면코드: 132).
9. 법령의 개정에 따라 종전의 규정 또는 개정규정에 따라 공제감면 받는 경우에는 비어 있는 란 등에 해당 법령의 조문순서에 따라 별도로 적습니다.
10. ② 근거법조항 중 "구"는 「조세특례제한법」(2020.12.29. 법률 제17759호로 개정되기 전의 것)에 따른 조항을 의미합니다.

210mm×297mm[백상지 80g/㎡ 또는 중질지 80g/㎡]

[별지 제2호 서식] (2024.3.22. 개정)

세액감면(면제)신청서

※ 제4쪽의 작성방법을 읽고 작성해 주시기 바랍니다. (4쪽 중 제1쪽)

접수번호	접수일	처리기간 즉시

❶ 신청인	① 상호 또는 법인명 : ㈜나라	② 사업자등록번호 : 203-81-63108
	③ 대표자 성명 : 김 유 민	④ 생년월일 : 1973.04.03.
	⑤ 주소 또는 본점 소재지 : 강원도 횡성군 강림면 태종로 (전화번호 : 033-2231-7027)	

❷ 과세연도	2024년 1월 1일부터 2024년 12월 31일까지

❸ 신청 내용

구 분	근거법령	코드	⑥ 감면율	⑦ 대상세액	⑧ 감면세액	⑨ 한도충족 감면세액
⑩ 창업중소기업에 대한 감면(최저한세 적용제외)	영 제5조제26항	110				
⑩ 창업중소기업에 대한 감면(최저한세 적용대상)	영 제5조제26항	111				
⑩ 창업벤처중소기업에 대한 감면	영 제5조제26항	174				
⑩ 에너지신기술중소기업에 대한 감면	영 제5조제26항	13E				
⑩ 중소기업에 대한 특별세액감면	영 제6조제8항	112	15%	3,770,140	3,770,140	3,770,140
⑩ 기술이전에 대한 감면	영 제11조제6항	13J				
⑩ 기술대여에 대한 감면	영 제11조제6항	13K				
⑩ 연구개발특구 입주기업에 대한 감면(최저한세 적용제외)	영 제11조의2제10항	17C				
⑩ 연구개발특구 입주기업에 대한 감면(최저한세 적용대상)	영 제11조의2제10항	179				
⑪ 고용창출형창업기업에 대한 감면	영 제27조의2제4항 (2007.2.28. 대통령령 제19888호로 개정되기 전의 것)	190				
⑪ 사업전환 중소기업에 대한 감면	구 영 제30조의2제7항	192				
⑪ 무역조정지원기업의 사업 전환에 대한 감면	구 영 제30조의2제7항	13A				
⑪ 혁신도시 등 이전 공공기관에 대한 감면	영 제58조제11항	13F				
⑪ 공장의 지방이전에 대한 세액감면(중소기업의 수도권 안으로 이전)	영 제60조제8항 (구 영 제60조제5항 포함)	116				
⑪ 수도권과밀억제권역 밖으로 이전하는 중소기업 세액감면(수도권 밖으로 이전)	구 영 제60조제5항	169				
⑪ 공장의 지방이전에 대한 세액감면(수도권 밖으로 이전)	영 제60조제8항 (구 영 제60조의2제13항 포함)	108				
⑪ 본사의 수도권 밖 이전에 대한 세액감면	영 제60조의2제16항 (구 영 제60조의2제13항 포함)	109				
⑪ 농공단지입주기업 등에 대한 감면	영 제61조제8항	117				
⑪ 영농조합법인에 대한 면제	영 제63조제7항	104	100%	181,047,141	181,047,141	
⑫ 영어조합법인에 대한 면제	영 제64조제8항	107				
⑫ 농업회사법인에 대한 감면(농업소득)	영 제65조제5항	11B				
⑫ 농업회사법인에 대한 감면(농업소득 외의 소득)	영 제65조제5항	119				
⑫ 사회적기업에 대한 감면	영 제79조의7제2항	11L				

210mm×297mm[백상지 80g/㎡ 또는 중질지 80g/㎡]

(4쪽 중 제2쪽)

구 분	근거법령	코드	⑥ 감면율	⑦ 대상세액	⑧ 감면세액	⑨ 한도충족 감면세액
⑭ 장애인표준사업장에 대한 감면	영 제79조의7제2항	11M				
⑮ 행정중심복합도시 · 혁신도시 공장이전에 대한 감면	법 제85조의2제6항 (2019.12.31.법률 제16835호로 개정되기 전의 것)	11A				
⑯ 소형주택 임대사업자에 대한 감면	영 제96조제8항	13I				
⑰ 상가건물 장기 임대사업자에 대한 감면	영 제96조의2제5항	13N				
⑱ 위기지역 내 창업기업 세액감면(최저한세 적용제외)	영 제99의8제7항	11N				
⑲ 위기지역 내 창업기업 세액감면(최저한세 적용대상)	영 제99의8제7항	13S				
⑳ 감염병 피해에 따른 특별재난지역의 중소기업에 대한 감면	영 제99조의10제5항	17D				
㉑ 산림개발소득에 대한 감면	영 제102조	124				
㉒ 해외진출기업의 국내복귀에 대한 감면(철수방식)	영 제104조의21제13항	11F				
㉓ 해외진출기업의 국내복귀에 대한 감면(유지방식)	영 제104조의21제13항	11H				
㉔ 제주첨단과학기술단지입주기업에 대한 감면(최저한세 적용제외)	영 제116조의14제5항	181				
㉕ 제주첨단과학기술단지입주기업에 대한 감면(최저한세 적용대상)	영 제116조의14제5항	13P				
㉖ 제주투자진흥지구 · 제주자유무역지역 입주기업에 대한 감면(최저한세 적용제외)	영 제116조의15제8항	182				
㉗ 제주투자진흥지구 · 제주자유무역지역 입주기업에 대한 감면(최저한세 적용대상)	영 제116조의15제8항	13Q				
㉘ 제주투자진흥지구 개발사업시행자에 대한 감면	영 제116조의15제8항	158				
㉙ 기업도시 · 지역개발사업구역 등 창업 · 사업장신설기업에 대한 감면 (최저한세 적용제외)	영 제116조의21제7항	197				
㉚ 기업도시 · 지역개발사업구역 등 창업 · 사업장신설기업에 대한 감면(최저한세 적용대상)	영 제116조의21제7항	13R				
㉛ 기업도시 · 지역개발사업구역 등 개발사업시행자에 대한 감면	영 제116조의21제7항	198				
㉜ 아시아문화중심도시 입주기업에 대한 감면(최저한세 적용제외)	영 제116조의25제8항	11C				
㉝ 아시아문화중심도시 입주기업에 대한 감면(최저한세 적용대상)	영 제116조의25제8항	13T				
㉞ 금융중심지 창업 · 사업장신설기업에 대한 감면(최저한세 적용제외)	영 제116조의26제11항	11G				
㉟ 금융중심지 창업 · 사업장신설기업 대한 감면(최저한세 적용대상)	영 제116조의26제11항	13U				
㊱ 첨단의료복합단지 입주 의료연구개발기관 등에 대한 감면(최저한세 적용제외)	영 제116조의27제8항	17A				
㊲ 첨단의료복합단지 입주 의료연구개발기관 등에 대한 감면(최저한세 적용대상)	영 제116조의27제8항	13H				
㊳ 국가식품클러스터 입주기업에 대한 감면(최저한세 적용제외)	영 제116조의27제8항	17B				
㊴ 국가식품클러스터 입주기업에 대한 감면(최저한세 적용대상)	영 제116조의27제8항	13V				
㊵ 기회발전특구의 창업기업 등에 대한 법인세 등의 감면(최저한세 적용제외)	영 제116조의36제8항	1D1				
㊶ 기회발전특구의 창업기업 등에 대한 법인세 등의 감면(최저한세 적용대상)	영 제116조의36제8항	1C1				
㊷ 기타		164				
㊸ 세액감면 합계		1A4		184,817,281	184,817,281	3,770,140

210mm×297mm[백상지 80g/㎡ 또는 중질지 80g/㎡]

❹ 지역특구 입주기업 감면한도 계산내용(⑱, ⑲, ⑬, ⑱, ⑲, ⑭ ~ ⑮에 대해 적용)
- ⑬은 2019.1.1. 이후 개시하는 과세연도부터 적용하되, 2019.1.1. 전 입주기업은 제외함(A방식)
⑱, ⑲는 2018.1.1. 이후 지정 또는 선포된 위기지역의 지정일 또는 선포일이 속하는 과세연도의 과세표준을 2019.1.1. 이후 신고하는 경우부터 적용함(A방식)
- ⑱, ⑲, ⑭ ~ ⑮의 경우 2019.1.1. 이후 개시하는 과세연도분부터는 A 방식에 의해 한도를 계산하되, 2019.1.1. 전에 해당 지역에 입주한 기업은 B 방식(종전규정)에 의해 한도를 계산함

⑩ 직전 과세연도까지의 감면세액 누계 * 감면받은 과세연도 / 감면세액: (/), (/), (/), (/), (/)				
전체 감면한도 계산				
A	⑪ 해당 과세연도까지의 사업용고정자산 투자누계액			
	⑫ 투자기준 감면한도 (⑪ × 50%)			
	⑬ 고용기준 감면한도 [해당 과세연도의 감면대상사업장의 상시근로자 수 × 1,500만원(청년 상시근로자와 서비스업을 하는 감면대상사업자의 상시근로자의 경우에는 2,000만원)]			
	⑭ 해당 과세연도까지의 총감면한도 (⑫ + ⑬)			
B	일반기업		서비스업	
	⑮ 해당 과세연도까지의 사업용고정자산 투자누계액		⑲ 일반감면한도 (=⑱)	
	⑯ 투자기준 감면한도 (⑪ × 50%)		⑳ 고용기준 감면한도 (Min [ⓐ, ⓑ]) ⓐ 상시근로자 수 × 2,000만원 ⓑ 투자누계액(⑮ × 100%)	
	⑰ 고용기준 감면한도 (Min [ⓐ, ⓑ]) ⓐ 상시근로자 수 × 1,000만원 ⓑ 투자누계액(⑮ × 20%)			
	⑱ 해당 과세연도까지의 총감면한도 (⑯+⑰)		㉑ 해당 과세연도까지의 총감면한도 (Max [⑲, ⑳])	
㉒ 해당 과세연도의 감면한도 (⑭ - ⑩) 또는 (⑱ - ⑩) 또는 (㉑ - ⑩)				

❺ 중소기업특별세액감면 감면한도 계산

구 분	해당(직전) 과세연도의 매월 말 현재 상시근로자 수												㉓ 합계	㉔ 개월수	㉕ 상시 근로자수 (=㉓÷㉔)
	1월	2월	3월	4월	5월	6월	7월	8월	9월	10월	11월	12월			
해당 과세연도	6	6	6	6	6	6	6	6	6	6	6	6	72	12	㉖ 6.00
직전 과세연도	6	6	6	6	6	6	6	6	6	6	6	6	72	12	㉗ 6.00

감면한도계산 : 1억원 - 500만원 × 상시근로자 수 감소인원

감면한도 (상시근로자 감소 적용전)	상시근로자 수 감소인원당 차감액	㉘ 상시근로자 수 감소인원(㉖-㉗)	㉙ 감면한도 (1억원 - 500만원 × ㉘)
1억원	500만원		100,000,000

❻ 사회적기업 · 장애인 표준사업장에 대한 감면한도 계산

구 분	해당 과세연도의 매월 말 현재 상시근로자 수												㉚ 합계	㉛ 개월수	㉜ 상시 근로자수 (=㉚÷㉛)
	월	월	월	월	월	월	월	월	월	월	월	월			
해당 과세연도															㉝

감면한도계산 : 1억원 + 2000만원 × (취약계층 또는 장애인)의 상시근로자 수

감면한도 (상시근로자 적용전)	상시근로자 수 인원당 증가액	㉜ 상시근로자 수	㉝ 감면한도 (1억원 + 2000만원 × ㉜)
1억원	2000만원		

210mm×297mm[백상지 80g/㎡ 또는 중질지 80g/㎡]

(4쪽 중 제4쪽)

「조세특례제한법」 및 같은 법 시행령에 따라 위와 같이 세액감면(면제)을 신청합니다.

2025년 3월 31일

신청인 ㈜나라 김 유 민 (서명 또는 인)

원주 세무서장 귀하

작 성 방 법

1. 신청 내용별로 "⑥ 감면율"란, "⑦ 대상세액"란과 "⑧ 감면세액"란을 적습니다.
2. "⑥ 감면율"란을 작성할 때 법령의 개정에 따라 종전의 규정 또는 개정규정을 적용받는 경우 등에는 해당 감면율을 적습니다.
3. "⑦ 대상세액"란: 최저한세액 적용 전의 감면세액을 적습니다.
4. "⑧ 감면세액"란: "⑦ 대상세액"에서 최저한세액 적용에 따른 감면 배제세액을 뺀 금액을 적습니다.
5. "⑨ 한도충족 감면세액"란: "⑧ 감면세액"과 "㉒ 해당 과세연도의 감면한도" 중 적은 금액을 적습니다.
5. 법령에 따른 첨부서류는 세액감면(면제)신청서를 제출할 때 함께 제출해야 합니다.
6. 법령의 개정으로 종전의 규정 또는 개정규정에 따라 세액감면(면제)을 받는 경우에는 해당 법령의 조문순서에 따라 빈칸 등에 별도로 적습니다.
7. ❹ 지역특구 입주기업 감면한도 계산 시 서비스업이란 「조세특례제한법 시행령」 제23조제4항에 따른 서비스업을 의미합니다.
8. 근거법령란에서 "법"은 「조세특례제한법」, "영"은 「조세특례제한법 시행령」을 뜻하며, "구 영"은 2021. 2. 17. 대통령령 제31444호로 개정되기 전의 것을 말합니다.

210mm×297mm[백상지 80g/㎡ 또는 중질지 80g/㎡]

[별지 제3호 서식] (2023.3.20. 개정) (앞쪽)

사 업 연 도	2024.01.01. ~ 2024.12.31.	법인세 과세표준 및 세액조정계산서	법인명	㈜나라
			사업자등록번호	203-81-63108

구분	항목	코드	금액
① 각 사업연도 소득계산	⑩ 결산서상 당기순손익	01	1 265 202 820
	소득조정금액 ⑩ 익금산입	02	
	소득조정금액 ⑩ 손금산입	03	
	⑭ 차가감소득금액 (⑩+⑩-⑩)	04	1 265 202 820
	⑯ 기부금한도초과액	05	
	⑯ 기부금한도초과이월액 손금산입	54	
	⑩ 각사업연도소득금액 (⑭+⑯-⑯)	06	1 265 202 820
② 과세표준 계산	⑩ 각사업연도소득금액 (⑩=⑩)		1 265 202 820
	⑩ 이월결손금	07	
	⑪ 비과세소득	08	
	⑪ 소득공제	09	
	⑫ 과세표준 (⑩-⑩-⑪-⑪)	10	1 265 202 820
	⑮ 선박표준이익	55	
③ 산출세액 계산	⑬ 과세표준 (⑫+⑲)	56	1 265 202 820
	⑭ 세율	11	19
	⑮ 산출세액	12	220 388 535
	⑯ 지점유보소득 (「법인세법」 제96조)	13	
	⑰ 세율	14	
	⑱ 산출세액	15	
	⑲ 합계 (⑮+⑱)	16	220 388 535
④ 납부할 세액 계산	⑳ 산출세액 (⑳=⑲)		220 388 535
	㉑ 최저한세 적용대상 공제감면세액	17	3 770 140
	㉒ 차감세액	18	216 618 395
	㉓ 최저한세 적용제외 공제감면세액	19	181 047 141
	㉔ 가산세액	20	
	㉕ 가감계 (㉒-㉓+㉔)	21	35 571 254
	기납부세액 / 기한내납부세액 ㉖ 중간예납세액	22	
	기납부세액 / 기한내납부세액 ㉗ 수시부과세액	23	
	기납부세액 / 기한내납부세액 ㉘ 원천납부세액	24	
	기납부세액 / 기한내납부세액 ㉙ 간접투자회사등의 외국납부세액	25	
	기납부세액 / 기한내납부세액 ㉚ 소계 (㉖+㉗+㉘+㉙)	26	
	기납부세액 ㉛ 신고납부전가산세액	27	
	기납부세액 ㉜ 합계 (㉚+㉛)	28	
	⑬ 감면분추가납부세액	29	
	⑭ 차감납부할세액 (⑮-⑫+⑬)	30	35 571 254
⑤ 토지등양도소득에 대한 법인세 계산	양도차익 ⑮ 등기자산	31	
	양도차익 ⑯ 미등기자산	32	
	⑰ 비과세소득	33	
	⑱ 과세표준 (⑮+⑯-⑰)	34	
	⑲ 세율	35	
	⑭ 산출세액	36	
	⑭ 감면세액	37	
	⑭ 차감세액 (⑭-⑭)	38	
	⑭ 공제세액	39	
	⑭ 동업기업 법인세 배분액 (가산세 제외)	58	
	⑭ 가산세액 (동업기업 배분액 포함)	40	
	⑭ 가감계 (⑭-⑭+⑭+⑭)	41	
	기납부세액 ⑭ 수시부과세액	42	
	기납부세액 ⑭ ( ) 세액	43	
	기납부세액 ⑭ 계 (⑭+⑭)	44	
	⑮ 차감납부할세액 (⑭-⑭)	45	
⑥ 미환류소득법인세	⑯ 과세대상 미환류소득	59	
	⑯ 세율	60	
	⑯ 산출세액	61	
	⑯ 가산세액	62	
	⑯ 이자상당액	63	
	⑯ 납부할세액 (⑯+⑯+⑯)	64	
⑦ 세액계	⑮ 차감납부할 세액계 (⑬+⑮+⑯)	46	35 571 254
	⑮ 사실과 다른 회계처리 경정세액공제	57	
	⑮ 분납세액계산범위액 (⑮-⑫-⑬-⑭-⑮+⑬)	47	35 571 254
	⑮ 분납할세액	48	17 785 627
	⑮ 차감납부세액 (⑮-⑮-⑮)	49	17 785 627

210mm×297mm[백상지 80g/㎡ 또는 중질지 80g/㎡]

[별지 제23호 서식(1)] 〈개정 2023.3.20.〉

[✓] 이자 · 배당소득 원천징수영수증
[ ] 이자 · 배당소득 지 급 명 세 서

[✓] 소득자 보관용
[ ] 발행자 보관용
[ ] 발행자 보고용

※ 제2쪽, 제3쪽의 작성방법을 읽고 작성하여 주시기 바라며, [ ]에는 해당되는 곳에 √표를 합니다. (4쪽 중 제1쪽)

접수번호	접수일	관리번호	처리기간 즉시

징 수 의무자	① 법인명(상호) 나라영농조합	①-1 영문법인명(상호)	② 대표자(성명) 김 유 민	③ 사업자등록번호 203-81-63108
	④ 주민(법인)등록번호 110111-*******	⑤ 소재지 또는 주소 강원도 횡성군 강림면 태종로 (033-2231-7027)		

소득자	⑥ 성명(상호) 김 유 민	⑦ 주민(사업자)등록번호 730412-*******	⑦-1 비거주자 생년월일	⑧ 소득자구분코드 111			
	⑨ 주 소	⑩ 거주구분	⑪ 거주지국	⑪-1 거주지국코드	⑫ 계좌번호 (발행번호)	⑬ 신탁 이익 여부	
		[✓] 거주자 / [ ] 비거주자	대한민국	KR		[ ] 여	[✓] 부

지 급 명 세

⑭ 지급일 연	월	일	⑮ 귀속연월 연	월	⑯ 과세구분	⑰ 소득의 종류	⑱ 조세특례 등	⑲ 금융상품코드	⑳ 유가증권표준코드 (유가증권발행사업자 등록번호)	㉑ 채권이자구분	㉒ 지급대상기간	㉓ 이자율 등	㉔ 지급액 (소득금액)	㉕ 세율 (%)	원천징수세액 ㉖ 소득세	㉗ 법인세	㉘ 지방소득세	㉙ 농어촌특별세	㉚ 계
2024	4	15	2024	4	E	51	PI	A52	2138163108				82,081,539	0%					

위의 원천징수세액(수입금액)을 정히 영수(지급)합니다.

2024년 4월 15일

징수(보고)의무자 나라영농조합 김 유 민 (서명 또는 인)

원주 세무서장 귀하

유 의 사 항

※ ⑯ 과세구분란의 코드가 "E, L, H, R, O, B, N"인 경우 종합소득과세표준을 계산할 때 합산하지 않으며, "G"인 경우 「소득세법」 제17조제3항 단서(Gross-up)의 적용대상 배당소득에 해당합니다.

※ ⑰ 소득의 종류가 "11~49"인 경우 이자소득, "51~99"인 경우 배당소득입니다.

※ ⑳ 유가증권표준코드란은 유가증권표준코드가 없는 경우 소득이 발생한 유가증권을 발행한 사업자의 사업자등록번호 등을 적습니다(제3쪽의 작성방법 참고).

※ 「조세특례제한법」 제21조(국제금융거래에 따른 이자소득 등에 대한 법인세 등의 면제)제1항제1호에 따라 소득세 또는 법인세를 면제하고, 「법인세법 시행령」 제162조의2제1항제1호가목에 따라 지급명세서를 제출할 때, 국외에서 발행하는 외화표시채권의 이자 및 수수료를 외국에 소재하는 국제증권예탁결제기관 등을 통해 지급하면서 외국의 개인정보 보호 규제 등에 따라 최종적으로 소득을 지급받는 자(비거주자, 외국법인 등)의 인적사항 등을 파악할 수 없는 경우에는 이에 대한 기재를 생략하거나, 확인되는 중간 지급자를 소득자로 대신 기재하여 제출할 수 있습니다.

210mm×297mm[백상지80g/㎡ 또는 중질지80g/㎡]

[별지 제23호 서식(1)] 〈개정 2023.3.20.〉

[✓] 이자 · 배당소득 원천징수영수증 [ ] 이자 · 배당소득 지 급 명 세 서	[✓] 소득자 보관용 [ ] 발행자 보관용 [ ] 발행자 보고용

※ 제2쪽, 제3쪽의 작성방법을 읽고 작성하여 주시기 바라며, [ ]에는 해당되는 곳에 √표를 합니다. (4쪽 중 제1쪽)

접수번호	접수일	관리번호	처리기간 즉시

구분				
징 수 의무자	① 법인명(상호) 나라영농조합	①-1 영문법인명(상호)	② 대표자(성명) 김 유 민	③ 사업자등록번호 203-81-63108
	④ 주민(법인)등록번호 110111-*******	⑤ 소재지 또는 주소 강원도 횡성군 강림면 태종로 (033-2231-7027)		

구분								
소득자	⑥ 성명(상호) 김 유 민	⑦ 주민(사업자)등록번호 730412-*******		⑦-1 비거주자 생년월일			⑧ 소득자구분코드 111	
	⑨ 주 소	⑩ 거주구분		⑪ 거주지국	⑪-1 거주지국 코드	⑫ 계좌번호 (발행번호)	⑬ 신탁 이익 여부	
		[✓] 거주자	[ ] 비거주자	대한민국	KR		[ ] 여	[✓] 부

지 급 명 세

⑭ 지급일			⑮ 귀속연월		⑯ 과세구분	⑰ 소득의 종류	⑱ 조세특례 등	⑲ 금융상품 코드	⑳ 유가증권 표준코드 (유가증권발행사업자 등록번호)	㉑ 채권이자 구분	㉒ 지급대상 기간	㉓ 이자율 등	㉔ 지급액 (소득금액)	㉕ 세율 (%)	원 천 징 수 세 액				
연	월	일	연	월											㉖ 소득세	㉗ 법인세	㉘ 지방소득세	㉙ 농어촌 특별세	㉚ 계
2024	4	15	2024	4	L	51	PI	A52	2138163108				5,418,461	5%	270,920		27,090		298,010

위의 원천징수세액(수입금액)을 정히 영수(지급)합니다.

2024년 4월 15일

징수(보고)의무자 나라영농조합 김 유 민 (서명 또는 인)

원주 세무서장 귀하

유 의 사 항

※ ⑯ 과세구분란의 코드가 "E, L, H, R, O, B, N"인 경우 종합소득과세표준을 계산할 때 합산하지 않으며, "G"인 경우 「소득세법」 제17조제3항 단서(Gross-up)의 적용대상 배당소득에 해당합니다.

※ ⑰ 소득의 종류가 "11~49"인 경우 이자소득, "51~99"인 경우 배당소득입니다.

※ ⑳ 유가증권표준코드란은 유가증권표준코드가 없는 경우 소득이 발생한 유가증권을 발행한 사업자의 사업자등록번호 등을 적습니다(제3쪽의 작성방법 참고).

※ 「조세특례제한법」 제21조(국제금융거래에 따른 이자소득 등에 대한 법인세 등의 면제)제1항제1호에 따라 소득세 또는 법인세를 면제하고, 「법인세법 시행령」 제162조의2제1항제1호가목에 따라 지급명세서를 제출할 때, 국외에서 발행하는 외화표시채권의 이자 및 수수료를 외국에 소재하는 국제증권예탁결제기관 등을 통해 지급하면서 외국의 개인정보 보호 규제 등에 따라 최종적으로 소득을 지급받는 자(비거주자, 외국법인 등)의 인적사항 등을 파악할 수 없는 경우에는 이에 대한 기재를 생략하거나, 확인되는 중간 지급자를 소득자로 대신 기재하여 제출할 수 있습니다.

210mm×297mm[백상지80g/㎡ 또는 중질지80g/㎡]

[별지 제48호 서식] (2015.3.13. 개정)

세액면제신청서 (영농조합법인이 지급하는 배당소득)

접수번호		접수일		처리기간	즉시
신청인	① 성명	김 유 민	② 주민등록번호	730412-*******	
	③ 주소			(전화번호 :)	
영농조합	④ 법 인 명	나라영농조합	⑤ 사업자등록번호	203-81-63108	
	⑥ 대표자 성명	김 유 민	⑦ 법인등록번호	110111-*******	
	⑧ 주소 또는 본점 소재지	강원도 횡성군 강림면 태종로 (033-2231-7027)			

신 청 내 용

⑨	과세기간	2024년 01월 01일부터 2024년 12월 31일까지
⑩	해당 과세기간 중 영농조합법인으로부터 지급받은 배당소득	87,500,000
⑪	배당확정일이 속하는 사업연도의 직전 사업연도 총소득금액	1,036,077,480
⑫	배당확정일이 속하는 사업연도의 직전 사업연도의 식량작물재배업 소득 및 「조세특례제한법 시행령」 제63조제1항제1호에 따라 법인세가 면제되는 소득금액	829,827,480
⑬	식량작물재배업소득 및 「조세특례제한법 시행령」 제63조제1항제1호에 따라 법인세가 면제되는 소득에서 발생한 배당소득[⑩ × (⑫ ÷ ⑪)]	70,081,539
⑭	감면대상배당소득 [Min(⑩-⑬, 1,200만원) + ⑬]	82,081,539
⑮	원천징수대상배당소득 (⑩ - ⑭)	5,418,461

「조세특례제한법 시행령」 제63조제8항에 따라 위와 같이 영농조합법인이 지급하는 배당소득에 대한 소득세 세액면제신청서를 제출합니다.

2024년 4월 15일

신청인 김 유 민 (서명 또는 인)

원주 세 무 서 장 귀하

210mm×297mm[백상지 80g/㎡ 또는 중질지 80g/㎡]

SECTION 04

제68조【농업회사법인 등에 대한 법인세의 면제 등】

I 기본검토사항

<table>
<tr><th colspan="2">구 분</th><th colspan="2">검토요건 또는 확인사항</th></tr>
<tr><td rowspan="6">적용 여부 검토</td><td rowspan="2">① 당해 법인의 중소기업요건 충족 확인</td><td colspan="2">「농어업경영체 육성 및 지원에 관한 법률」에 따른 농업회사법인</td></tr>
<tr><td colspan="2">「농업 · 농촌 및 식품산업 기본법」 제3조 제2호에 따른 농업인</td></tr>
<tr><td>② 각 조항별 적용 시한 확인</td><td colspan="2">2026년 12월 31일까지</td></tr>
<tr><td>③ 각 조항별 규정 업종의 요건 충족 확인</td><td colspan="2">업종에 관한 별도의 규정 없음</td></tr>
<tr><td>④ 본점 및 사업장 소재지 등 확인</td><td colspan="2">본점 및 사업장 소재지에 따른 차등적용 및 적용배제 규정 없음</td></tr>
<tr><td>⑤ 감면/공제 적용의 배제</td><td colspan="2">• 과세표준 무신고 및 경정 등의 경우와 세법상 협력의무 불이행의 경우 적용배제
• 매매계약서 허위작성의 경우 비과세 감면 적용배제</td></tr>
<tr><td rowspan="5">적용 시 검토</td><td>⑥ 감면/공제 중복적용 확인</td><td colspan="2">세액공제와 중복적용 배제</td></tr>
<tr><td rowspan="2">⑦ 최저한세 적용대상 확인</td><td>원칙</td><td>최저한세 적용대상</td></tr>
<tr><td>예외</td><td>작물재배업에서 발생하는 소득 외의 소득에 대한 법인세 면제분에 대해서는 최저한세 규정을 적용하지 않음</td></tr>
<tr><td>⑧ 이월적용 여부 확인</td><td colspan="2">농업회사법인의 법인세의 감면과 농업인의 양도소득의 면제, 출자자의 배당소득의 분리과세 등에 관한 규정으로 이월적용대상 아님</td></tr>
<tr><td>⑨ 농어촌특별세 비과세 확인</td><td colspan="2">농어촌특별세 비과세</td></tr>
<tr><td>사후 관리</td><td>⑩ 공제감면 후 사후관리 규정</td><td colspan="2">농지 등의 현물출자로 취득한 주식을 3년 이내 양도 등의 경우 면제세액과 이자상당액을 납부</td></tr>
</table>

Ⅱ 주요 질의회신 통칙 등

1 질의회신 예규 등

제 목	내 용
(1) 「조세특례제한법」 제68조에 따른 농업회사법인에 대한 법인세 감면 적용 시 법인명의로 발급된 농업경영체 등록확인서 제출이 감면의 필수요건인지 여부(서면-2016-법령해석법인-6035, 2019.02.28.)	• 농업회사법인이 「조세특례제한법」 제68조에 따른 농업회사법인에 대한 법인세 감면을 적용받기 위해서는 감면적용대상 사업연도 말까지 「농어업경영체 육성 및 지원에 관한 법률」 제4조에 따라 법인 명의로 농업경영체 등록을 하여야 하는 것이며, 해당 사업연도 말까지 법인 명의로 농업경영체 등록을 한 경우에는 법인세 과세표준 신고기한 내에 농업경영체 등록확인서를 미제출하더라도 감면을 적용받을 수 있는 것임.
(2) 냉동과일을 수입하여 국내에서 도소매로 판매하여 발생하는 소득에 대하여 조세특례제한법 제68조【농업회사법인에 대한 법인세의 면제 등】 규정에 따른 작물재배업에서 발생하는 소득 외의 소득으로 보아 법인세 감면을 적용받을 수 있는지 여부(서면-2018-법인-0470, 2020.09.02.)	• 농업회사법인이 냉동과일을 수입하여 국내에서 도소매로 판매하여 얻은 소득은 「조세특례제한법」 제66조 제1항 및 동법 시행령 제65조 제2항에 따른 작물재배업에서 발생하는 소득 외의 소득에 해당하지 않는 것임.
(3) 농업회사법인이 농업재해로 인해 수령한 보험금이 "조세특례제한법" 제68조의 규정에 의해 법인세가 면제되는 식량작물재배업소득에 해당하는 것인지 여부(기획재정부 법인세제과-692, 2020.05.28.)	• 농업회사법인이 「농어업재해보험법」 제4조의 농작물재재보험에 가입한 후 농업재해로 인해 발생한 식량작물재배손실에 대응하여 보상받는 보험금은 「조세특례제한법」 제68조의 규정에 의하여 법인세가 면제되는 식량작물재배업소득에 해당하는 것임.
(4) 축산업을 영위하는 자들로부터 위탁받아 축산분뇨처리를 대행 후 지급받은 소득과 분뇨처리 과정을 통해 생산되는 친환경 액비 및 퇴비를 판매하여 발생하는 소득이 작물재배업에서 발생하는 소득 외의 소득(조특법 제68조)에 포함되는지 여부(서면-2022-법인-1041, 2022.12.06.)	• 「농어업경영체 육성 및 지원에 관한 법률」에 따른 농업회사법인의 「조세특례제한법」 제68조 제4항 및 같은 법 시행령 제65조 제2항 제2호에 따른 감면대상소득(농업인이 아닌 자가 지배하는 「조세특례제한법 시행규칙」 제26조 제1항에 따른 농업회사법인의 경우에는 같은 조 제2항에 따른 업종에서 발생하는 소득은 제외함)의 범위에는 축산업자들로부터 위탁을 받아 가축 분뇨처리 대행을 통해 발생하는 소득은 포함되지 않는 것이나, 「비료관리법」에 따른 비료를 생산하거나 판매하여 발생한 소득은 포함되는 것임. 다만, 귀 질의가 이에 해당하는지 여부는 구체적인 사업내용에 따라 사실판단하여야 할 사항임.

제 목	내 용
(5) 농약, 비료 등 살포용역이 조세특례제한법 제68조 및 조특령 제65조에 따른 농작업 대행에서 발생한 소득에 해당하여, 농업회사 법인에 대한 법인세 감면을 적용받을 수 있는지 여부(서면-2018-법인-3216, 2020.09.11.)	• 「농어업경영체 육성 및 지원에 관한 법률」에 따른 농업회사법인이 무인항공을 이용하여 농업인에게 제공하는 농약 · 비료 살포용역에서 발생한 소득은 「조세특례제한법」 제68조 제1항 및 같은 법 시행령 제65조 제2항에 따른 감면소득에 해당하는 것임.
(6) 농장토지 등의 수용으로 발생한 고정자산 양도소득이 감면대상인 "농업소득 외의 소득"에 해당되는지 여부(기획재정부 법인세제과-425, 2010.06.03.)	• 「농업 · 농촌기본법」 제16조 규정에 의하여 설립된 농업회사법인이 보유하고 있는 토지, 건물, 기계장치 등 고정자산을 양도함으로 인해 발생하는 소득은 「조세특례제한법」 제68조 제1항의 규정에 의해 감면되는 "농업소득 외의 소득"에 해당되지 아니하는 것임.
(7) 대기업에 해당하는 농업회사법인이 조세특례제한법 제68조에 따른 법인세 면제를 받을 수 있는지 여부(법인세과-704, 2011.09.27.)	• 「조세특례제한법」 제68조 【농업회사법인에 대한 법인세의 면제 등】을 적용함에 있어 「농어업경영체 육성 및 지원에 관한 법률」에 따른 농업회사법인에 대해서는 2012년 12월 31일 이전에 끝나는 과세연도까지 농업소득에 대한 법인세를 면제하고 농업소득 외의 소득 등 대통령령으로 정하는 소득에 대한 법인세를 같은 법 제6조 제1항을 준용하여 감면하는 것이며, 해당 감면은 농업회사법인의 중소기업 해당 여부와 관계없이 적용할 수 있는 것임.
(8) 농업회사법인이 수도권과밀억제권역 안으로 본점을 이전하는 경우에도 조세특례제한법 제68조 제1항에 따라 법인세를 감면받을 수 있는지 여부(법인세과-845, 2009.07.22.)	• 「농어업 · 농어촌 및 식품산업 기본법」에 의해 설립된 농업회사법인의 경우 「조세특례제한법 시행령」 제65조 제1항에 따른 농업소득 외의 소득에 대해서는 당해 법인이 수도권과밀억제권역 내외의 소재 여부와 관계없이 「조세특례제한법」 제6조 제1항을 준용하여 계산한 세액을 같은 법 제68조 제1항을 적용하여 감면받을 수 있는 것임.

Ⅲ 사례분석 및 서식작성

1 사례분석 및 서식작성

저자주 제66조【영농조합법인 등에 대한 법인세의 면제 등】규정과 비교를 위해 소득의 종류 및 소득금액 등의 정보는 제66조의 자료와 동일하게 구성하였음

㈜나라농업회사법인은 「농어업경영체 육성 및 지원에 관한 법률」에 따른 농업회사법인이다. 사업연도는 매년 1월 1일부터 12월 31일이다. 본점은 강원도 횡성군에 소재한다.

설립일은 2022년 1월 7일이며, 2023년과 2024년 사업연도의 ㈜나라농업회사법인의 총 매출액과 각 소득구분은 다음과 같다.

구 분		수 익	비 용	소 득
2023년	벼농사	6,687,148,200	6,115,362,010	571,786,190
	토마토 농사	3,558,961,450	3,300,920,160	258,041,290
	냉장창고 운영	925,620,000	779,850,000	145,770,000
	한우식당 운영	650,000,000	589,520,000	60,480,000
	합 계	11,821,729,650	10,785,652,170	1,036,077,480
2024년	벼농사	7,241,170,240	6,562,282,260	678,887,980
	토마토 농사	3,933,742,020	3,618,535,180	315,206,840
	냉장창고 운영	879,500,000	689,952,000	189,548,000
	한우식당 운영	791,520,000	709,960,000	81,560,000
	합 계	12,845,932,260	11,580,729,440	1,265,202,820

2024년 4월 15일 출자자들에게 배당금을 지급하였으며 출자자별 배당금 내역은 다음과 같다. 출자자 모두 「농업 · 농촌 및 식품산업 기본법」 제3조 제2호에 다른 농업인 자격을 갖추고 있다.

출자자	생년월일	구성지분	구성원별 배당금
김유민	1973.04.12.	1/6	87,500,000
강나라	1969.11.03.	1/6	87,500,000
장미리	1981.07.02.	1/6	87,500,000
김형신	1991.03.15.	1/6	87,500,000
김정운	1981.04.21.	1/6	87,500,000
한동진	1961.11.02.	1/6	87,500,000
지분합계		100%	525,000,000

위의 자료를 이용하여 농업회사법인 ㈜나라의 2024년 법인세 납부세액 및 출자자의 배당소득에 대한 원천징수세액을 산출하시오.

사례 풀이

1. 기본검토사항

<table>
<tr><th colspan="2">구 분</th><th colspan="2">검토요건 또는 확인사항</th></tr>
<tr><td rowspan="7">적용 여부 검토</td><td rowspan="3">① 당해 법인 등의 요건 충족 확인</td><td rowspan="2">법인세 면제감면</td><td>「농어업경영체 육성 및 지원에 관한 법률」에 따른 농업회사법인이므로 요건충족</td></tr>
<tr><td>업종, 규모, 독립성, 졸업요건 충족 중소기업</td></tr>
<tr><td>배당소득세 면제</td><td>「농업·농촌 및 식품산업 기본법」 제3조 제2호에 다른 농업인 자격을 갖춘 출자자가 배당금을 수령하므로 요건충족</td></tr>
<tr><td>② 각 조항별 적용시한 확인</td><td colspan="2">2026년 12월 31일까지 적용되므로 요건 충족</td></tr>
<tr><td>③ 각 조항별 규정 업종의 요건 충족 확인</td><td colspan="2">업종에 관한 별도의 규정 없으므로 요건 충족</td></tr>
<tr><td>④ 본점 및 사업장 소재지 등 확인</td><td colspan="2">본점 및 사업장 소재지에 따른 차등적용 및 적용배제 규정 없으므로 요건 충족</td></tr>
<tr><td>⑤ 감면/공제 적용의 배제</td><td colspan="2">농업회사법인의 과세표준 신고 등 제반 신고의무 이행하므로 적용배제되지 않음</td></tr>
<tr><td rowspan="6">적용 시 검토</td><td>⑥ 감면/공제 중복적용 확인</td><td colspan="2">농업회사법인이 법인세 감면에 대하여 세액공제를 적용받지 않으면 중복적용 배제사항은 없음</td></tr>
<tr><td rowspan="2">⑦ 최저한세 적용대상 확인</td><td>원칙</td><td>최저한세 적용 대상</td></tr>
<tr><td>예외</td><td>작물재배업에서 발생한 소득의 경우에는 최저한세 적용 배제</td></tr>
<tr><td rowspan="2">⑧ 이월적용 여부 확인</td><td>법인세 감면분</td><td>농업회사법인 법인세는 세액감면이므로 이월적용 대상 아님</td></tr>
<tr><td>배당소득세 감면분</td><td>출자자의 배당소득에 대한 세액감면이므로 이월적용 대상 아님</td></tr>
<tr><td>⑨ 농어촌특별세 비과세 확인</td><td colspan="2">농어촌특별세 비과세</td></tr>
<tr><td>사후관리</td><td>⑩ 공제감면 후 사후관리 규정</td><td colspan="2">농지 등의 현물출자로 취득한 주식을 3년 이내 양도 등의 경우 면제세액과 이자상당액을 납부</td></tr>
</table>

2. 법인세 면제 및 감면세액의 계산

(1) ㈜나라농협회사법인의 소득을 구분하여 보면 다음과 같다.

식량작물 재배소득 (벼농사)	식량작물 외 재배소득 (토마토 농사)	냉장창고 운영	한우식당 운영	합 계
678,887,980	315,206,840	189,548,000	81,560,000	1,265,202,820

① 벼농사 소득은 식량작물재배업 소득이므로 소득 678,887,980원 전액에 대하여 법인세가 면제된다.

② 토마토농사 소득은 식량작물재배업 외 작물재배업 소득으로 한도액까지의 소득에 대하여 법인세가 면제된다.

$$\text{감면대상 소득} = 50\text{억원} \times \frac{\text{사업연도 월수}}{12} \times \frac{\text{식량작물재배업 외의 작물재배업에서 발생하는 소득금액}}{\text{식량작물재배업 외의 작물재배업에서 발생하는 수입금액}}$$

$$= 50\text{억원} \times \frac{12}{12} \times \frac{315,206,840}{3,933,742,020}$$

$$= 400,645,032\text{원}$$

Min(① 315,206,840원, ② 400,645,032원)

∴ 식량작물재배업외 작물재재업 소득은 315,206,840원이다.

③ 작물재배업 외의 소득

냉장창고 운영소득과 한우식당 운영소득 중 감면대상이 되는 소득은 냉장창고 운영소득이다(농어업경영체 육성 및 지원에 관한 법률 시행령 제20조의5 제1항 제6호 바목, 농업과 관련된 공동이용시설의 설치 · 운영 사업소득).

(2) 면제 및 감면세액

① 법인세 산출세액

= 200,000,000원 × 9% + (1,265,202,820 − 200,000,000) × 19%

= 18,000,000원 + 1,065,202,820원 × 19%

= 18,000,000원 + 202,388,535원

= 220,388,535원

② 면제세액의 계산

$$면제세액 = 220,388,535원 \times \frac{(678,887,980 + 315,206,840)}{1,265,202,820} \times 100\%$$
$$= 173,163,620원$$

③ 감면세액의 계산

$$감면세액 = 220,388,535원 \times \frac{189,548,000}{1,265,202,820} \times 50\%$$
$$= 16,508,896원$$

④ 면제 및 감면세액 합계

합계 = 173,163,620원 + 16,508,896원 = 189,672,516원

3. 배당소득세 면제세액의 계산

(1) 소득세 면제 및 분리과세 배당소득의 재원별 구분

① 배당소득의 면제 소득

식량작물재배업소득에서 발생한 배당소득 전액에 대해서는 소득세를 면제한다.

② 배당소득의 분리과세 소득

식량작물재배업 외 작물재배업소득과 다음의 부대사업 등에서 발생한 배당소득은 소득세법 제14조에 따른 종합소득과세표준에 합산하지 아니한다.

다음 각 호의 소득(농업인이 아닌 자가 지배하는 농업회사법인[주1)]의 경우에는 소정업종[주2)]에서 발생하는 소득은 제외한다)을 말한다.

㉠ 「농업 · 농촌 및 식품산업 기본법 시행령」 제2조에 따른 축산업, 임업에서 발생한 소득

㉡ 「농어업경영체 육성 및 지원에 관한 법률」에 따른 농업회사법인(이하 이 조에서 "농업회사법인"이라 한다)의 같은 법 시행령 제20조의5 제1항 제6호 가목부터 마목까지의 사업에서 발생한 소득

> **농어업경영체 육성 및 지원에 관한 법률 시행령**
>
> **제20조의5 【농업법인 및 어업법인의 사업범위】** 제1항 제6호 가목부터 마목까지의 사업
>
> 6. 다음 각 목의 부대 사업
>   가. 영농에 필요한 자재의 생산 및 공급사업
>   나. 영농에 필요한 종자생산 및 종균배양사업

> 다. 농산물의 구매 및 비축사업
> 라. 농업기계나 그 밖의 장비의 임대·수리 및 보관사업
> 마. 소규모 관개시설(灌漑施設)의 수탁 및 관리사업
> 바. 농업과 관련된 공동이용시설의 설치·운영

㉢ 「농어업경영체 육성 및 지원에 관한 법률」 제19조 제1항에 따른 농산물 유통·가공·판매 및 농작업 대행에서 발생한 소득

주1) 농업인이 아닌 자가 지배하는 농업회사법인이란 출자총액이 80억원을 초과하고 출자총액 중 「농어업경영체 육성 및 지원에 관한 법률」 제2조 제1호에 따른 농업인 및 「농업·농촌 및 식품산업 기본법」 제3조 제4호에 따른 농업 관련 생산자단체의 출자지분 합계의 비중이 100분의 50 미만인 농업회사법인을 말한다(조특칙 제26조 제1항).

주2) 소정업종이란 도·소매업 및 서비스업(작물재배 관련 서비스업은 제외)을 말한다(조특칙 제26조 제2항).

(2) 배당소득의 재원별 소득구분

위 '(1)' 구분별 배당소득은 다음과 계산하며, 각 소득금액은 배당확정일이 속하는 직전 사업연도의 소득금액에 의한다.

구분	배당의 재원	면제 또는 분리과세 배당소득의 계산
면제	식량작물재배업 소득	$\text{농업회사법인으로부터 지급받은 배당소득} \times \dfrac{\text{식량작물재배업에서 발생하는 소득금액}}{\text{총 소득금액}}$
분리과세	식량작물재배업 외 작물재배업소득 및 부대사업소득	$\text{농업회사법인으로부터 지급받은 배당소득} \times \dfrac{\text{부대사업등 소득금액(㉠,㉡,㉢)} + \text{식량작물재배업 외의 작물재배업에서 발생하는 소득금액}}{\text{총 소득금액}}$

① 면제되는 배당소득

$$\text{면제되는 배당소득} = \text{농업회사법인으로부터 지급받은 배당소득} \times \frac{\text{식량작물재배업에서 발생하는 소득금액}}{\text{총소득금액}}$$

$$= 87{,}500{,}000\text{원} \times \frac{571{,}786{,}190\text{원}}{1{,}036{,}077{,}480\text{원}}$$

$$= 48{,}289{,}141\text{원}$$

② 분리과세되는 배당소득

$$\text{분리과세되는 배당소득} = \frac{\text{농업회사법인으로부터}}{\text{지급받은 배당소득}} \times \frac{\text{부대사업등 소득금액(㉠,㉡,㉢)} + \text{식량작물재배업 외의 작물재배업에서 발생하는 소득금액}}{\text{총 소득금액}}$$

$$= 87,500,000\text{원} \times \frac{145,770,000\text{원} + 258,041,290\text{원}}{1,036,077,480\text{원}}$$

$$= 34,103,133\text{원}$$

③ 그 외 배당소득

= 87,500,000원 − 48,289,141원 − 34,103,133원

= 5,107,726원

④ 원천징수세액

㉠ 분리과세 배당소득

원천징수세액 = 34,103,133원 × 14% = 4,774,430원

지방소득세액 = 4,774,430원 × 10% = 477,440원

합계 = 5,251,870원

㉡ 그 외 배당소득

원천징수세액 = 5,107,726원 × 14% = 715,080원

지방소득세액 = 715,080원 × 10% = 71,500원

합계 = 786,580원

㉢ 원천징수세액 합계

원천징수세액 = 4,774,430원 + 715,080원 = 5,498,510원

지방소득세액 = 488,710원 + 60,230원 = 548,940원

[별지 제50호의2 서식] (2024.3.22. 개정)

농업회사법인 면제세액계산서

(앞쪽)

<table>
<tr><td rowspan="3">제출법인</td><td>① 법인명 : 농업회사법인 나라 주식회사</td><td>② 사업자등록번호 : 203-81-63108</td></tr>
<tr><td>③ 대표자 성명 : 김 유 민</td><td>④ 생년월일 : 1973년 04월 12일</td></tr>
<tr><td colspan="2">⑤ 주소 또는 본점 소재지 : 강원도 횡성군 강림면 태종로 (전화번호 : 033-2231-7027)</td></tr>
</table>

과세연도	2024년 1월 1일부터 2024년 12월 31일까지

<table>
<tr><td colspan="3">면제세액 계산내용</td></tr>
<tr><td rowspan="6">소득금액</td><td>⑥ 식량작물재배업소득금액</td><td>678,887,980</td></tr>
<tr><td>⑦ 식량작물재배업 외의 작물재배업에서 발생하는 소득금액</td><td>315,206,840</td></tr>
<tr><td>⑧ 작물재배업 외의 소득 중 감면대상 소득금액</td><td>189,548,000</td></tr>
<tr><td>⑨ 면제(감면)대상이 아닌 소득금액(⑥, ⑦, ⑧ 제외)</td><td>81,560,000</td></tr>
<tr><td>⑩ 「조세특례제한법 시행령」 제65조제2항에 따라 감면이 배제되는 소득금액</td><td></td></tr>
<tr><td>⑪ 소득금액 계(⑥ + ⑦ + ⑧ + ⑨)</td><td>1,265,202,820</td></tr>
<tr><td rowspan="6">면제
·
감면세액</td><td>⑫ 식량작물재배업 외의 작물재배업 소득(⑦) 중 면제 대상 소득금액 한도액</td><td>식량작물재배업 외의 작물재배업 소득금액 × (50억원 × 사업연도 월수 / 12) / 식량작물재배업 외의 작물재배업에서 발생하는 수입금액 = 400,645,032</td></tr>
<tr><td>⑬ 작물재배업소득에 대한 면제대상 소득금액 계 [⑥ + (⑦과 ⑫ 중 작은 금액)]</td><td>994,094,820</td></tr>
<tr><td>⑭ 작물재배업 소득에 대한 세액면제</td><td>법 제68조 제1항 적용 전 산출세액 × 면제대상 소득 / 과세표준 = 173,163,620</td></tr>
<tr><td>⑮ 작물재배업 외의 소득 중 감면대상 소득금액 (⑧-⑩)</td><td>189,548,000</td></tr>
<tr><td>⑯ 작물재배업 외의 소득 중 감면대상 소득금액 (⑮)에 대한 세액감면</td><td>법 제68조 제1항 적용 전 산출세액 × 감면대상 소득 / 과세표준 × 감면율 (50%) = 16,508,896</td></tr>
<tr><td>⑰ 합계(⑭ + ⑯)</td><td>189,672,516</td></tr>
</table>

「조세특례제한법 시행령」 제65조제5항에 따라 농업회사법인에 대한 법인세 면제세액계산서를 제출합니다.

2025년 3월 31일

신청인 농업회사법인 주식회사 나라 (서명 또는 인)

원주 세무서장 귀하

210mm×297mm[백상지 80g/㎡ 또는 중질지 80g/㎡]

[별지 제8호 서식 부표 2] (2021.3.16. 개정) (앞쪽)

사 업 연 도	2024.01.01. ~ 2024.12.31.	공제감면세액계산서(2)	법인명	농업회사법인 ㈜나라
			사업자등록번호	203-81-63108

	① 구 분	근거법 조 항	② 계산명세	③ 감면대상 세액	④ 최저한세 적용감면 배제금액	⑤ 감면세액 (③-④)	⑥ 적용사유 발생일
조세특례제한법	농업회사 법인감면	법 제68조	220,388,535×994,094,820/1,265,202,820×100/100	173,163,620		173,163,620	2024-12-31
	농업회사 법인감면	법 제68조	220,388,535×189,548,000/1,265,202,820×50/100	16,508,896		16,508,896	2024-12-31
합 계				189,672,516	※	189,672,516	

210mm×297mm[백상지 80g/㎡ 또는 중질지 80g/㎡]

[별지 제4호 서식] (2019.3.20. 개정) (앞쪽)

사 업 연 도	2024.01.01. ~ 2024.12.31.	최저한세조정계산서	법 인 명	㈜나라
			사업자등록번호	203-81-63108

1. 최저한세 조정 계산 명세

① 구 분		코드	② 감면 후 세액	③ 최저한세	④ 조정감	⑤ 조정 후 세액
⑩ 결산서상 당기순이익		01	1,265,202,820			
소득조정금액	⑩ 익금산입	02				
	⑩ 손금산입	03				
⑩ 조정 후 소득금액(⑩+⑩-⑩)		04	1,265,202,820	1,265,202,820		
최저한세 적용대상 특별비용	⑩ 준비금	05				
	⑩ 특별상각 및 특례자산 감가상각비	06				
⑩ 특별비용 손금산입 전 소득금액 (⑩+⑩+⑩)		07	1,265,202,820	1,265,202,820		
⑩ 기부금 한도 초과액		08				
⑩ 기부금 한도초과 이월액 손금산입		09				
⑪ 각 사업연도 소득금액 (⑩+⑩-⑩)		10	1,265,202,820	1,265,202,820		
⑪ 이월결손금		11				
⑪ 비과세소득		12				
⑪ 최저한세 적용대상 비과세소득		13				
⑪ 최저한세 적용대상 익금불산입·손금산입		14				
⑪ 차가감소득금액 (⑪-⑪-⑪+⑪+⑪)		15	1,265,202,820	1,265,202,820		
⑪ 소득공제		16				
⑪ 최저한세 적용대상 소득공제		17				
⑪ 과세표준금액 (⑪-⑪+⑪)		18	1,265,202,820	1,265,202,820		
⑪ 선박표준이익		24				
⑫ 과세표준금액(⑪+⑪)		25	1,265,202,820	1,265,202,820		
⑫ 세율		19	19	7		
⑫ 산출세액		20	220,388,535	88,564,197		
⑫ 감면세액		21	16,508,896			
⑫ 세액공제		22				
⑫ 차감세액(⑫-⑫-⑫)		23	203,879,639			

2. 최저한세 세율 적용을 위한 구분 항목

⑫ 중소기업 유예기간 종료연월		⑫ 유예기간 종료 후 연차			

210mm×297mm[백상지 80g/㎡ 또는 중질지 80g/㎡]

[별지 제8호 서식(갑)] (2024.3.22. 개정) (4쪽 중 제1쪽)

사업연도	2024.01.01. ~ 2024.12.31.	공제감면세액 및 추가납부세액합계표(갑)	법 인 명	농업회사법인 ㈜나라
			사업자등록번호	203-81-63108

1. 최저한세 적용제외 공제감면세액

	① 구 분	② 근 거 법 조 항	코드	③ 대상세액	④ 감면(공제) 세액
세액감면	⑩ 창업중소기업에 대한 세액감면(최저한세 적용제외)	「조세특례제한법」제6조제7항 외	11O		
	⑩ 해외자원개발투자배당 감면	「조세특례제한법」 제22조	103		
	⑩ 수도권과밀억제권역 밖으로 이전하는 중소기업 세액감면(수도권 밖으로 이전)	구 「조세특례제한법」 제63조	169		
	⑩ 공장의 수도권 밖 이전에 대한 세액감면	「조세특례제한법」 제63조	108		
	⑩ 본사의 수도권 밖 이전에 대한 세액감면	「조세특례제한법」 제63조의2	109		
	⑩ 영농조합법인 감면	「조세특례제한법」 제66조	104		
	⑩ 영어조합법인 감면	「조세특례제한법」 제67조	107		
	⑩ 농업회사법인 감면(농업소득)	**「조세특례제한법」 제68조**	**11B**	**173,163,620**	**173,163,620**
	⑩ 행정중심복합도시 등 공장이전에 대한 조세감면	「조세특례제한법」 제85조의2제3항 (2019.12.31. 법률 제16835호로 개정되기 전의 것)	11A		
	⑪ 위기지역 내 창업기업 세액감면(최저한세 적용제외)	「조세특례제한법」 제99조의9	11N		
	⑪ 해외진출기업의 국내복귀에 대한 세액감면(철수방식)	「조세특례제한법」 제104조의24제1항제1호	11F		
	⑪ 해외진출기업의 국내복귀에 대한 세액감면(유지방식)	「조세특례제한법」 제104조의24제1항제2호	11H		
	⑪ 고도기술수반사업 외국인투자 세액감면	「조세특례제한법」 제121조의2제1항제1호	186		
	⑪ 외국인투자지역내 외국인투자 세액감면	「조세특례제한법」 제121조의2제1항제2호 또는 제2호의5	187		
	⑪ 경제자유구역내 외국인투자 세액감면	「조세특례제한법」 제121조의2제1항제2호의2	188		
	⑪ 경제자유구역 개발사업시행자 세액감면	「조세특례제한법」 제121조의2제1항제2호의3	157		
	⑪ 제주투자진흥기구의 개발사업시행자 세액감면	「조세특례제한법」 제121조의2제1항제2호의4	158		
	⑪ 기업도시 개발구역내 외국인투자 세액감면	「조세특례제한법」 제121조의2제1항제2호의6	159		
	⑪ 기업도시 개발사업의 시행자 세액감면	「조세특례제한법」 제121조의2제1항제2호의7	160		
	⑫ 새만금사업지역내 외국인투자 세액감면	「조세특례제한법」 제121조의2제1항제2호의8	11J		
	⑫ 새만금사업 시행자 세액감면	「조세특례제한법」 제121조의2제1항제2호의9	11K		
	⑫ 기타 외국인투자유치를 위한 조세감면	「조세특례제한법」 제121조의2제1항제3호	167		
	⑫ 외국인투자기업의 증자의 조세감면	「조세특례제한법」 제121조의4	172		
	⑫ 기술도입대가에 대한 조세면제(국내지점 등)	법률 제9921호 조세특례제한법 일부개정법률 부칙 제77조	173		
	⑫ 제주첨단과학기술단지 입주기업 조세감면(최저한세 적용제외)	「조세특례제한법」 제121조의8	181		
	⑫ 제주투자진흥지구등 입주기업 조세감면(최저한세 적용제외)	「조세특례제한법」 제121조의9	182		
	⑫ 기업도시개발구역 등 입주기업 감면(최저한세 적용제외)	「조세특례제한법」 제121조의17제1항제1·3·5호	197		
	⑫ 기업도시개발사업 등 시행자 감면	「조세특례제한법」 제121조의17제1항제2·4·6·7호	198		
	⑫ 아시아문화중심도시 투자진흥지구 입주기업 감면(최저한세 적용제외)	「조세특례제한법」 제121조의20제1항	11C		
	⑬ 금융중심지 창업기업에 대한 감면(최저한세 적용제외)	「조세특례제한법」 제121조의21제1항	11G		
	⑬ 동업기업 세액감면 배분액(최저한세 적용제외)	「조세특례제한법」 제100조의18제4항	11D		
	⑬ 사회적기업에 대한 감면	「조세특례제한법」 제85조의6	11L		
	⑬ 장애인 표준사업장에 대한 감면	「조세특례제한법」 제85조의6	11M		
	⑬ 첨단의료복합단지 입주기업에 대한 감면(최저한세 적용제외)	「조세특례제한법」 제121조의22제1항1호	17A		
	⑬ 국가식품클러스터 입주기업에 대한 감면(최저한세 적용제외)	「조세특례제한법」 제121조의22제1항2호	17B		
	⑬ 연구개발특구 입주기업에 대한 감면(최저한세 적용제외)	「조세특례제한법」 제12조의2	17C		
	⑬ 감염병 피해에 따른 특별재난지역의 중소기업에 대한 감면	「조세특례제한법」 제99조의11	17D		
	⑬ 기회발전특구 창업기업 등에 대한 법인세 등의 감면(최저한세 적용제외)	「조세특례제한법」 제121조의33	1D1		
	⑬ 소 계		**170**	**173,163,620**	**173,163,620**
세액공제	⑭ 외국납부세액공제	「법인세법」 제57조	101		
	⑭ 재해손실세액공제	「법인세법」 제58조	102		
	⑭ 신성장·원천기술 연구개발비세액공제(최저한세 적용제외)	「조세특례제한법」 제10조제1항제1호	16A		
	⑭ 국가전략기술 연구개발비세액공제(최저한세 적용제외)	「조세특례제한법」 제10조제1항제2호	10D		
	⑭ 일반 연구·인력개발비세액공제(최저한세 적용제외)	「조세특례제한법」 제10조제1항제3호	16B		
	⑭ 동업기업 세액공제 배분액(최저한세 적용제외)	「조세특례제한법」 제100조의18제4항	12D		
	⑭ 성실신고 확인비용에 대한 세액공제	「조세특례제한법」 제126조의6	10A		
	⑭ 상가임대료를 인하한 임대사업자에 대한 세액공제	「조세특례제한법」 제96조의3	10B		
	⑭ 용역제공자에 관한 과세자료의 제출에 대한 세액공제	「조세특례제한법」 제104조의32	10C		
	⑭ 소 계		180		
⑮ 합 계(⑬ + ⑭)			**110**	**173,163,620**	**173,163,620**

210mm×297mm[백상지 80g/㎡ 또는 중질지 80g/㎡]

(4쪽 중 제2쪽)

2. 최저한세 적용대상 공제감면세액

	① 구 분	② 근 거 법 조 항	코드	③ 대상세액	④ 감면세액
세액감면	⑮ 창업중소기업에 대한 세액감면(최저한세 적용대상)	「조세특례제한법」 제6조제1항 · 제5항 · 제6항	111		
	⑫ 창업벤처중소기업 세액감면	「조세특례제한법」 제6조제2항	174		
	⑬ 에너지신기술 중소기업 세액감면	「조세특례제한법」 제6조제4항	13E		
	⑭ 중소기업에 대한 특별세액감면	「조세특례제한법」 제7조	112		
	⑮ 연구개발특구 입주기업에 대한 세액감면(최저한세 적용대상)	「조세특례제한법」 제12조의2	179		
	⑯ 국제금융거래이자소득 면제	「조세특례제한법」 제21조	123		
	⑰ 사업전환 중소기업에 대한 세액감면	구 「조세특례제한법」 제33조의2	192		
	⑱ 무역조정지원기업의 사업전환 세액감면	구 「조세특례제한법」 제33조의2	13A		
	⑲ 기업구조조정 전문회사 주식양도차익 세액감면	법률 제9272호 조세특례제한법 일부개정법률 부칙 제10조 · 제40조	13B		
	⑳ 혁신도시 이전 등 공공기관 세액감면	「조세특례제한법」 제62조제4항	13F		
	⑯ 공장의 지방이전에 대한 세액감면(중소기업의 수도권 안으로 이전)	「조세특례제한법」 제63조	116		
	⑫ 농공단지입주기업 등 감면	「조세특례제한법」 제64조	117		
	⑬ 농업회사법인 감면(농업소득 외의 소득)	**「조세특례제한법」 제68조**	**119**	**16,508,896**	**16,508,896**
	⑭ 소형주택 임대사업자에 대한 세액감면	「조세특례제한법」 제96조	13I		
	⑮ 상가건물 장기임대사업자에 대한 세액감면	「조세특례제한법」 제96조의2	13N		
	⑯ 산림개발소득 감면	「조세특례제한법」 제102조	124		
	⑰ 동업기업 세액감면 배분액(최저한세 적용대상)	「조세특례제한법」 제100조의18제4항	13D		
	⑱ 첨단의료복합단지 입주기업에 대한 감면(최저한세 적용대상)	「조세특례제한법」 제121조의22제1항제1호	13H		
	⑲ 기술이전에 대한 세액감면	「조세특례제한법」 제12조제1항	13J		
	⑰ 기술대여에 대한 세액감면	「조세특례제한법」 제12조제3항	13K		
	⑪ 제주첨단과학기술단지 입주기업 감면(최저한세 적용대상)	「조세특례제한법」 제121조의8	13P		
	⑫ 제주투자진흥지구등 입주기업 감면(최저한세 적용대상)	「조세특례제한법」 제121조의9	13Q		
	⑬ 기업도시개발구역 등 입주기업 감면(최저한세 적용대상)	「조세특례제한법」 제121조의17제1항제1호 · 제3호 · 5호	13R		
	⑭ 위기지역 내 창업기업 세액감면(최저한세 적용대상)	「조세특례제한법」 제99조의9	13S		
	⑮ 아시아문화중심도시 투자진흥지구 입주기업 감면(최저한세 적용대상)	「조세특례제한법」 제121조의20제1항	13T		
	⑯ 금융중심지 창업기업에 대한 감면(최저한세 적용대상)	「조세특례제한법」 제121조의21제1항	13U		
	⑰ 국가식품클러스터 입주기업에 대한 감면(최저한세 적용대상)	「조세특례제한법」 제121조의22제1항제2호	13V		
	⑱ 기회발전특구 창업기업 등에 대한 법인세 등의 감면(최저한세 적용대상)	「조세특례제한법」 제121조의33	1C1		
	⑲ 소 계		130	16,508,896	16,508,896

210mm×297mm[백상지 80g/㎡ 또는 중질지 80g/㎡]

(4쪽 중 제3쪽)

① 구 분		② 근 거 법 조 항	코드	⑤ 전기 이월액	⑥ 당기발생액	⑦ 공제세액
세액공제	(180) 중소기업 등 투자세액공제	구「조세특례제한법」 제5조	131			
	(181) 상생결제 지급금액에 대한 세액공제	「조세특례제한법」 제7조의4	14Z			
	(182) 대·중소기업 상생협력을 위한 기금출연 세액공제	「조세특례제한법」 제8조의3제1항	14M			
	(183) 협력중소기업에 대한 유형고정자산 무상임대 세액공제	「조세특례제한법」 제8조의3제2항	18D			
	(184) 수탁기업에 설치하는 시설에 대한 세액공제	「조세특례제한법」 제8조의3제3항	18L			
	(185) 교육기관에 무상 기증하는 중고자산에 대한 세액공제	「조세특례제한법」 제8조의3제4항	18R			
	(186) 신성장·원천기술 연구개발비세액공제(최저한세 적용대상)	「조세특례제한법」 제10조제1항제1호	13L			
	(187) 국가전략기술 연구개발비세액공제(최저한세 적용대상)	「조세특례제한법」 제10조제1항제2호	10E			
	(188) 일반 연구·인력개발비세액공제(최저한세 적용대상)	「조세특례제한법」 제10조제1항제3호	13M			
	(189) 기술취득에 대한 세액공제	「조세특례제한법」 제12조제2항	176			
	(190) 기술혁신형 합병에 대한 세액공제	「조세특례제한법」 제12조의3	14T			
	(191) 기술혁신형 주식취득에 대한 세액공제	「조세특례제한법」 제12조의4	14U			
	(192) 벤처기업등 출자에 대한 세액공제	「조세특례제한법」 제13조의2	18E			
	(193) 성과공유 중소기업 경영성과급 세액공제	「조세특례제한법」 제19조	18H			
	(194) 연구·인력개발설비투자 세액공제	구「조세특례제한법」 제25조제1항제1호	134			
	(195) 에너지절약시설투자 세액공제	구「조세특례제한법」 제25조제1항제2호	177			
	(196) 환경보전시설 투자 세액공제	구「조세특례제한법」 제25조제1항제3호	14A			
	(197) 근로자복지증진시설투자 세액공제	구「조세특례제한법」 제25조제1항제4호	142			
	(198) 안전시설투자 세액공제	구「조세특례제한법」 제25조제1항제5호	136			
	(199) 생산성향상시설투자세액공제	구「조세특례제한법」 제25조제1항제6호	135			
	(200) 의약품 품질관리시설투자 세액공제	구「조세특례제한법」 제25조의4	14B			
	(201) 신성장기술 사업화를 위한 시설투자 세액공제	구「조세특례제한법」 제25조의5	18B			
	(202) 영상콘텐츠 제작비용에 대한 세액공제(기본공제)	「조세특례제한법」 제25조의6	18C			
	(203) 영상콘텐츠 제작비용에 대한 세액공제(추가공제)	「조세특례제한법」 제25조의6	1B8			
	(204) 초연결 네트워크 시설투자에 대한 세액공제	구「조세특례제한법」 제25조의7	18I			
	(205) 고용창출투자세액공제	「조세특례제한법」 제26조	14N			
	(206) 산업수요맞춤형고등학교등 졸업자를 병역이행 후 복직시킨 중소기업에 대한 세액공제	「조세특례제한법」 제29조의2	14S			
	(207) 경력단절 여성 고용 기업 등에 대한 세액공제	「조세특례제한법」 제29조의3제1항	14X			
	(208) 육아휴직 후 고용유지 기업에 대한 인건비 세액공제	「조세특례제한법」 제29조의3제2항	18J			
	(209) 근로소득을 증대시킨 기업에 대한 세액공제	「조세특례제한법」 제29조의4	14Y			
	(210) 청년고용을 증대시킨 기업에 대한 세액공제	「조세특례제한법」 제29조의5	18A			
	(211) 고용을 증대시킨 기업에 대한 세액공제	「조세특례제한법」 제29조의7	18F			
	(212) 통합고용세액공제	「조세특례제한법」 제29조의8	18S			
	(213) 통합고용세액공제(정규직 전환)	「조세특례제한법」 제29조의8	1B4			
	(214) 통합고용세액공제(육아휴직 복귀)	「조세특례제한법」 제29조의8	1B5			
	(215) 정규직근로자 전환 세액공제	「조세특례제한법」 제30조의2	14H			
	(216) 고용유지중소기업에 대한 세액공제	「조세특례제한법」 제30조의3	18K			
	(217) 중소기업 고용증가 인원에 대한 사회보험료 세액공제	「조세특례제한법」 제30조의4 제1항	14Q			
	(218) 중소기업 사회보험 신규가입에 대한 사회보험료 세액공제	「조세특례제한법」 제30조의4 제3항	18G			
	(219) 전자신고에 대한 세액공제(납세의무자)	「조세특례제한법」 제104조의8 제1항	184			
	(220) 전자신고에 대한 세액공제(세무법인 등)	「조세특례제한법」 제104조의8 제3항	14J			
	(221) 제3자 물류비용 세액공제	「조세특례제한법」 제104조의14	14E			
	(222) 대학 맞춤형 교육비용 등 세액공제	구「조세특례제한법」 제104조의18제1항	14I			
	(223) 대학등 기부설비에 대한 세액공제	구「조세특례제한법」 제104조의18제2항	14K			
	(224) 기업의 경기부 설치운영비용 세액공제	「조세특례제한법」 제104조의22	14O			
	(225) 동업기업 세액공제 배분액(최저한세 적용대상)	「조세특례제한법」 제100조의18제4항	14L			
	(226) 산업수요맞춤형 고등학교 등 재학생에 대한 현장훈련수당 등 세액공제	구「조세특례제한법」 제104조의18제4항	14R			
	(227) 석유제품 전자상거래에 대한 세액공제	「조세특례제한법」 제104조의25	14P			
	(228) 금 현물시장에서 거래되는 금지금에 대한 과세특례	「조세특례제한법」 제126조의7제8항	14V			
	(229) 금사업자와 스크랩등사업자의 수입금액의 증가 등에 대한 세액공제	「조세특례제한법」 제122조의4	14W			
	(230) 우수 선화주 인증 국제물류주선업자 세액공제	「조세특례제한법」 제104조의30	18M			
	(231) 소재·부품·장비 수요기업 공동출자 세액공제	「조세특례제한법」 제13조의3제1항	18N			
	(232) 소재·부품·장비 외국법인 인수세액 공제	「조세특례제한법」 제13조의3제3항	18P			
	(233) 선결제 금액에 대한 세액공제	「조세특례제한법」 제99조의12	18Q			
	(234) 해외자원개발투자에 대한 과세특례	「조세특례제한법」 제104조의15	1B6			
	(235) 통합투자세액공제(일반)	「조세특례제한법」 제24조	13W			
	(236) 통합투자세액공제(신성장·원천기술)	「조세특례제한법」 제24조	13X			
	(237) 통합투자세액공제(국가전략기술)	「조세특례제한법」 제24조	13Y			
	(238) 임시통합투자세액공제(일반)	「조세특례제한법」 제24조	1B1			
	(239) 임시통합투자세액공제(신성장·원천기술)	「조세특례제한법」 제24조	1B2			
	(240) 임시통합투자세액공제(국가전략기술)	「조세특례제한법」 제24조	1B3			
	(241) 문화산업전문회사 출자에 대한 세액공제	「조세특례제한법」 제25조의7	1B7			
	(242) 소 계		149			
(243) 합 계((179) + (242))			150			16,508,896
(244) 공제감면세액 총계((159) + (243))			151			189,672,516

210mm×297mm[백상지 80g/㎡ 또는 중질지 80g/㎡]

(4쪽 중 제4쪽)

㉘ 기술도입대가에 대한 조세면제	법률 제9921호 조세특례제한법 일부개정법률 부칙 제77조	183			
㉙ 간주 · 간접 외국납부세액공제	「법인세법」 제57조제3항 · 제4항 · 제6항	189			

작성방법

1. ③ 대상세액란: 「법인세법」, 「조세특례제한법」 등에 따른 공제감면대상금액이 있는 경우 공제감면세액계산서(별지 제8호 서식 부표 1, 2, 3, 4, 5)에 따라 감면구분별로 적습니다.
2. ④ · ⑦ 공제세액란: 「법인세법」, 「조세특례제한법」 등에 따른 공제감면세액은 공제감면세액계산서(별지 제8호 서식 부표 1, 2, 3, 4, 5)에 따라 계산된 공제세액 중 당기에 공제될 세액의 범위에서 「법인세법」 제59조제1항에 따른 공제순서에 따라 감면 구분별로 적습니다.
3. ⑮란 중 ④ 감면세액란: 법인세 과세표준 및 세액조정계산서(별지 제3호 서식)의 ⑬ 최저한세 적용제외 공제감면세액란에 옮겨 적습니다.
4. ㉔란 중 ⑦ 공제세액란: 법인세 과세표준 및 세액조정계산서(별지 제3호 서식)의 ⑫ 최저한세 적용대상 공제감면세액란에 옮겨 적습니다.
5. ㉘ 기술도입대가에 대한 조세면제란의 공제세액란: 기술도입대가를 지급하는 내국법인이 별지 제8호 서식 부표 9 기술도입대가에 대한 조세면제 명세서의 면제세액 합계액을 적습니다(국내사업장이 있고 해당 기술이 국내사업장에 실질적으로 관련되거나 귀속되는 경우에는 기술을 제공하는 외국법인이 ㉘ 기술도입대가에 대한 조세면제란의 감면세액란에 적습니다).
6. ⑭ 외국납부세액공제란: 외국납부세액과 ㉙ 간주 · 간접 외국납부세액공제액을 합하여 적고, 간주 · 간접 외국납부세액공제액은 ㉙란에 별도로 적습니다.
7. 「조세특례제한법」 제10조의 연구 · 인력개발비세액공제 중 최저한세가 적용되는 공제세액은 ⑯, ⑰ 또는 ⑱란에 적고, 최저한세 적용이 제외되는 공제세액은 ⑭, ⑭ 또는 ⑭란에 각각 구분하여 적습니다.
8. ⑯, ⑰ 또는 ⑱란 중 ⑤ 전기이월액란: 「조세특례제한법」 제144조제1항에 따라 이월된 미공제 금액 중 해당 과세연도에 공제할 일반연구 · 인력개발비, 신성장 · 원천기술연구개발비 또는 국가전략기술연구개발비를 각각 구분하여 적습니다(구 공제감면코드: 132).
9. 법령의 개정에 따라 종전의 규정 또는 개정규정에 따라 공제감면 받는 경우에는 비어 있는 란 등에 해당 법령의 조문순서에 따라 별도로 적습니다.
10. ② 근거법조항 중 "구"는 「조세특례제한법」(2020.12.29. 법률 제17759호로 개정되기 전의 것)에 따른 조항을 의미합니다.

210mm×297mm[백상지 80g/㎡ 또는 중질지 80g/㎡]

[별지 제2호 서식] (2024.3.22. 개정)

세액감면(면제)신청서

※ 제4쪽의 작성방법을 읽고 작성해 주시기 바랍니다. (4쪽 중 제1쪽)

접수번호	접수일	처리기간 즉시

❶ 신청인	① 상호 또는 법인명 : 농업회사법인 ㈜나라	② 사업자등록번호 : 203-81-63108
	③ 대표자 성명 : 김 유 민	④ 생년월일 : 1973년 04월 12일
	⑤ 주소 또는 본점 소재지 : 강원도 횡성군 강림면 태종로 (전화번호 : 033-2231-7027)	

❷ 과세연도	2024년 1월 1일부터 2024년 12월 31일까지

❸ 신청 내용

구 분	근거법령	코드	⑥ 감면율	⑦ 대상세액	⑧ 감면세액	⑨ 한도충족 감면세액
⑩ 창업중소기업에 대한 감면 (최저한세 적용제외)	영 제5조제26항	110				
⑩ 창업중소기업에 대한 감면 (최저한세 적용대상)	영 제5조제26항	111				
⑩ 창업벤처중소기업에 대한 감면	영 제5조제26항	174				
⑩ 에너지신기술중소기업에 대한 감면	영 제5조제26항	13E				
⑩ 중소기업에 대한 특별세액감면	영 제6조제8항	112				
⑩ 기술이전에 대한 감면	영 제11조제6항	13J				
⑩ 기술대여에 대한 감면	영 제11조제6항	13K				
⑩ 연구개발특구 입주기업에 대한 감면(최저한세 적용제외)	영 제11조의2제10항	17C				
⑩ 연구개발특구 입주기업에 대한 감면(최저한세 적용대상)	영 제11조의2제10항	179				
⑪ 고용창출형창업기업에 대한 감면	영 제27조의2제4항 (2007.2.28. 대통령령 제19888호로 개정되기 전의 것)	190				
⑪ 사업전환 중소기업에 대한 감면	구 영 제30조의2제7항	192				
⑪ 무역조정지원기업의 사업 전환에 대한 감면	구 영 제30조의2제7항	13A				
⑪ 혁신도시 등 이전 공공기관에 대한 감면	영 제58조제11항	13F				
⑪ 공장의 지방이전에 대한 세액감면(중소기업의 수도권 안으로 이전)	영 제60조제8항 (구 영 제60조제5항 포함)	116				
⑪ 수도권과밀억제권역 밖으로 이전하는 중소기업 세액감면(수도권 밖으로 이전)	구 영 제60조제5항	169				
⑪ 공장의 지방이전에 대한 세액감면(수도권 밖으로 이전)	영 제60조제8항 (구 영 제60조의2제13항 포함)	108				
⑪ 본사의 수도권 밖 이전에 대한 세액감면	영 제60조의2제16항 (구 영 제60조의2제13항 포함)	109				
⑪ 농공단지입주기업 등에 대한 감면	영 제61조제8항	117				
⑪ 영농조합법인에 대한 면제	영 제63조제7항	104				
⑫ 영어조합법인에 대한 면제	영 제64조제8항	107				
⑫ 농업회사법인에 대한 감면(농업소득)	**영 제65조제5항**	**11B**	**100%**	**173,163,620**	**173,163,620**	
⑫ 농업회사법인에 대한 감면(농업소득 외의 소득)	**영 제65조제5항**	**119**	**50%**	**16,508,896**	**16,508,896**	
⑫ 사회적기업에 대한 감면	영 제79조의7제2항	11L				

210mm×297mm[백상지 80g/㎡ 또는 중질지 80g/㎡]

(4쪽 중 제2쪽)

구 분	근거법령	코드	⑥ 감면율	⑦ 대상세액	⑧ 감면세액	⑨ 한도충족 감면세액
⑫④ 장애인표준사업장에 대한 감면	영 제79조의7제2항	11M				
⑫⑤ 행정중심복합도시 · 혁신도시 공장이전에 대한 감면	법 제85조의2제6항 (2019.12.31.법률 제16835호로 개정되기 전의 것)	11A				
⑫⑥ 소형주택 임대사업자에 대한 감면	영 제96조제8항	13I				
⑫⑦ 상가건물 장기 임대사업자에 대한 감면	영 제96조의2제5항	13N				
⑫⑧ 위기지역 내 창업기업 세액감면 (최저한세 적용제외)	영 제99의8제7항	11N				
⑫⑨ 위기지역 내 창업기업 세액감면 (최저한세 적용대상)	영 제99의8제7항	13S				
⑬⓪ 감염병 피해에 따른 특별재난지역의 중소기업에 대한 감면	영 제99조의10제5항	17D				
⑬① 산림개발소득에 대한 감면	영 제102조	124				
⑬② 해외진출기업의 국내복귀에 대한 감면(철수방식)	영 제104조의21제13항	11F				
⑬③ 해외진출기업의 국내복귀에 대한 감면(유지방식)	영 제104조의21제13항	11H				
⑬④ 제주첨단과학기술단지입주기업에 대한 감면(최저한세 적용제외)	영 제116조의14제5항	181				
⑬⑤ 제주첨단과학기술단지입주기업에 대한 감면(최저한세 적용대상)	영 제116조의14제5항	13P				
⑬⑥ 제주투자진흥지구 · 제주자유무역지역 입주기업에 대한 감면(최저한세 적용제외)	영 제116조의15제8항	182				
⑬⑦ 제주투자진흥지구 · 제주자유무역 지역 입주기업에 대한 감면(최저한세 적용대상)	영 제116조의15제8항	13Q				
⑬⑧ 제주투자진흥지구 개발사업시행자에 대한 감면	영 제116조의15제8항	158				
⑬⑨ 기업도시 · 지역개발사업구역 등 창업 · 사업장 신설기업에 대한 감면 (최저한세 적용제외)	영 제116조의21제7항	197				
⑭⓪ 기업도시 · 지역개발사업구역 등 창업 · 사업장 신설기업에 대한 감면(최저한세 적용대상)	영 제116조의21제7항	13R				
⑭① 기업도시 · 지역개발사업구역 등 개발사업시행자에 대한 감면	영 제116조의21제7항	198				
⑭② 아시아문화중심도시 입주기업에 대한 감면(최저한세 적용제외)	영 제116조의25제8항	11C				
⑭③ 아시아문화중심도시 입주기업에 대한 감면(최저한세 적용대상)	영 제116조의25제8항	13T				
⑭④ 금융중심지 창업 · 사업장신설기업에 대한 감면 (최저한세 적용제외)	영 제116조의26제11항	11G				
⑭⑤ 금융중심지 창업 · 사업장신설기업 대한 감면(최저한세 적용대상)	영 제116조의26제11항	13U				
⑭⑥ 첨단의료복합단지 입주 의료연구개발기관 등에 대한 감면(최저한세 적용제외)	영 제116조의27제8항	17A				
⑭⑦ 첨단의료복합단지 입주 의료연구개발기관 등에 대한 감면(최저한세 적용대상)	영 제116조의27제8항	13H				
⑭⑧ 국가식품클러스터 입주기업에 대한 감면(최저한세 적용제외)	영 제116조의27제8항	17B				
⑭⑨ 국가식품클러스터 입주기업에 대한 감면(최저한세 적용대상)	영 제116조의27제8항	13V				
⑮⓪ 기회발전특구의 창업기업 등에 대한 법인세 등의 감면(최저한세 적용제외)	영 제116조의36제8항	1D1				
⑮① 기회발전특구의 창업기업 등에 대한 법인세 등의 감면(최저한세 적용대상)	영 제116조의36제8항	1C1				
⑮② 기타		164				
⑮③ 세액감면 합계		1A4		189,672,516	189,672,516	

210mm×297mm[백상지 80g/㎡ 또는 중질지 80g/㎡]

❹ 지역특구 입주기업 감면한도 계산내용((108), (109), (118), (128), (129), (134) ~ (151)에 대해 적용)
- (118)은 2019.1.1. 이후 개시하는 과세연도부터 적용하되, 2019.1.1. 전 입주기업은 제외함 (A방식)
  (128), (129)는 2018.1.1. 이후 지정 또는 선포된 위기지역의 지정일 또는 선포일이 속하는 과세연도의 과세표준을 2019.1.1. 이후 신고하는 경우부터 적용함(A방식)
- (108), (109), (134) ~ (151)의 경우 2019.1.1. 이후 개시하는 과세연도분부터는 A 방식에 의해 한도를 계산하되, 2019.1.1. 전에 해당 지역에 입주한 기업은 B 방식(종전규정)에 의해 한도를 계산함

⑩ 직전 과세연도까지의 감면세액 누계 * 감면받은 과세연도 / 감면세액: (　/　), (　/　), (　/　), (　/　), (　/　)	

전체 감면한도 계산

A	⑪ 해당 과세연도까지의 사업용고정자산 투자누계액	
	⑫ 투자기준 감면한도 (⑪ × 50%)	
	⑬ 고용기준 감면한도 [해당 과세연도의 감면대상사업장의 상시근로자 수 × 1,500만원(청년 상시근로자와 서비스업을 하는 감면대상사업자의 상시근로자의 경우에는 2,000만원)]	
	⑭ 해당 과세연도까지의 총감면한도 (⑫ + ⑬)	

	일반기업		서비스업	
B	⑮ 해당 과세연도까지의 사업용고정자산 투자누계액		⑲ 일반감면한도 (=⑱)	
	⑯ 투자기준 감면한도 (⑪ × 50%)		⑳ 고용기준 감면한도 (Min [ⓐ, ⓑ]) ⓐ 상시근로자 수 × 2,000만원 ⓑ 투자누계액(⑮ × 100%)	
	⑰ 고용기준 감면한도 (Min [ⓐ, ⓑ]) ⓐ 상시근로자 수 × 1,000만원 ⓑ 투자누계액(⑮ × 20%)			
	⑱ 해당 과세연도까지의 총감면한도 (⑯+⑰)		㉑ 해당 과세연도까지의 총감면한도 (Max [⑲, ⑳])	

㉒ 해당 과세연도의 감면한도 (⑭ − ⑩) 또는 (⑱ − ⑩) 또는 (㉑ − ⑩)	

❺ 중소기업특별세액감면 감면한도 계산

구 분	해당(직전) 과세연도의 매월 말 현재 상시근로자 수												㉓ 합계	㉔ 개월수	㉕ 상시 근로자수 (=㉓÷㉔)
	월	월	월	월	월	월	월	월	월	월	월	월			
해당 과세연도															㉖
직전 과세연도															㉗

감면한도계산 : 1억원 − 500만원 × 상시근로자 수 감소인원

감면한도 (상시근로자 감소 적용전)	상시근로자 수 감소인원당 차감액	㉘ 상시근로자 수 감소인원(㉖−㉗)	㉙ 감면한도 (1억원 − 500만원 × ㉘)
1억원	500만원		

❻ 사회적기업 · 장애인 표준사업장에 대한 감면한도 계산

구 분	해당 과세연도의 매월 말 현재 상시근로자 수												㉚ 합계	㉛ 개월수	㉜ 상시 근로자수 (=㉚÷㉛)
	월	월	월	월	월	월	월	월	월	월	월	월			
해당 과세연도															㉝

감면한도계산 : 1억원 + 2000만원 × (취약계층 또는 장애인)의 상시근로자 수

감면한도 (상시근로자 적용전)	상시근로자 수 인원당 증가액	㉜ 상시근로자 수	㉝ 감면한도 (1억원 + 2000만원 × ㉜)
1억원	2000만원		

210mm×297mm[백상지 80g/㎡ 또는 중질지 80g/㎡]

「조세특례제한법」 및 같은 법 시행령에 따라 위와 같이 세액감면(면제)을 신청합니다.

2025년 3월 31일

신청인 농업회사법인 ㈜나라 (서명 또는 인)

원주 세무서장 귀하

작 성 방 법

1. 신청 내용별로 "⑥ 감면율"란, "⑦ 대상세액"란과 "⑧ 감면세액"란을 적습니다.
2. "⑥ 감면율"란을 작성할 때 법령의 개정에 따라 종전의 규정 또는 개정규정을 적용받는 경우 등에는 해당 감면율을 적습니다.
3. "⑦ 대상세액"란: 최저한세액 적용 전의 감면세액을 적습니다.
4. "⑧ 감면세액"란: "⑦ 대상세액"에서 최저한세액 적용에 따른 감면 배제세액을 뺀 금액을 적습니다.
5. "⑨ 한도충족 감면세액"란: "⑧ 감면세액"과 "㉒ 해당 과세연도의 감면한도" 중 적은 금액을 적습니다.
5. 법령에 따른 첨부서류는 세액감면(면제)신청서를 제출할 때 함께 제출해야 합니다.
6. 법령의 개정으로 종전의 규정 또는 개정규정에 따라 세액감면(면제)을 받는 경우에는 해당 법령의 조문순서에 따라 빈칸 등에 별도로 적습니다.
7. ❹ 지역특구 입주기업 감면한도 계산 시 서비스업이란 「조세특례제한법 시행령」 제23조제4항에 따른 서비스업을 의미합니다.
8. 근거법령란에서 "법"은 「조세특례제한법」, "영"은 「조세특례제한법 시행령」을 뜻하며, "구 영"은 2021.2.17. 대통령령 제31444호로 개정되기 전의 것을 말합니다.

210mm×297mm[백상지 80g/㎡ 또는 중질지 80g/㎡]

[별지 제3호 서식] (2024.3.22. 개정) (앞쪽)

사업연도	2024.01.01. ~ 2024.12.31.	법인세 과세표준 및 세액조정계산서	법인명	농업회사법인 ㈜나라
			사업자등록번호	203-81-63108

구분	항목		코드	금액
① 각 사업연도 소득계산	⑩ 결산서상 당기순손익		01	1 265 202 820
	소득조정금액	⑩ 익금산입	02	
		⑩ 손금산입	03	
	⑭ 차가감소득금액 (⑩+⑩-⑩)		04	1 265 202 820
	⑮ 기부금한도초과액		05	
	⑯ 기부금한도초과이월액 손금산입		54	
	⑰ 각사업연도소득금액 (⑭+⑮-⑯)		06	1 265 202 820
② 과세표준 계산	⑱ 각사업연도소득금액 (⑱=⑰)			1 265 202 820
	⑲ 이월결손금		07	
	⑪ 비과세소득		08	
	⑪ 소득공제		09	
	⑫ 과세표준 (⑱-⑲-⑪-⑪)		10	1 265 202 820
	⑮ 선박표준이익		55	
③ 산출세액 계산	⑬ 과세표준 (⑫+⑮)		56	1 265 202 820
	⑭ 세율		11	19
	⑮ 산출세액		12	220 388 535
	⑯ 지점유보소득 (「법인세법」 제96조)		13	
	⑰ 세율		14	
	⑱ 산출세액		15	
	⑲ 합계 (⑮+⑱)		16	220 388 535
④ 납부할 세액 계산	⑳ 산출세액 (⑳=⑲)			220 388 535
	㉑ 최저한세 적용대상 공제감면세액		17	16 508 896
	㉒ 차감세액		18	203 879 639
	㉓ 최저한세 적용제외 공제감면세액		19	173 163 620
	㉔ 가산세액		20	
	㉕ 가감계 (㉒-㉓+㉔)		21	30 716 019
	기납부세액 – 기한내납부세액	㉖ 중간예납세액	22	
		㉗ 수시부과세액	23	
		㉘ 원천납부세액	24	
		㉙ 간접투자회사등의 외국납부세액	25	
		㉚ 소계 (㉖+㉗+㉘+㉙)	26	
	기납부세액	㉛ 신고납부전가산세액	27	
		㉜ 합계 (㉚+㉛)	28	
	㉝ 감면분추가납부세액		29	
	㉞ 차감납부할세액 (㉕-㉜+㉝)		30	30 716 019
⑤ 토지등양도소득에 대한 법인세 계산	양도차익	㉟ 등기자산	31	
		㊱ 미등기자산	32	
	㊲ 비과세소득		33	
	㊳ 과세표준 (㉟+㊱-㊲)		34	
	㊴ 세율		35	
	㊵ 산출세액		36	
	㊶ 감면세액		37	
	㊷ 차감세액 (㊵-㊶)		38	
	㊸ 공제세액		39	
	㊹ 동업기업 법인세 배분액 (가산세 제외)		58	
	㊺ 가산세액 (동업기업 배분액 포함)		40	
	㊻ 가감계 (㊷-㊸+㊹+㊺)		41	
	기납부세액	㊼ 수시부과세액	42	
		㊽ ( ) 세액	43	
		㊾ 계 (㊼+㊽)	44	
	㊿ 차감납부할세액 (㊻-㊾)		45	
⑥ 미환류소득법인세	⑯ 과세대상 미환류소득		59	
	⑯ 세율		60	
	⑯ 산출세액		61	
	⑯ 가산세액		62	
	⑯ 이자상당액		63	
	⑯ 납부할세액 (⑯+⑯+⑯)		64	
⑦ 세액계	⑮ 차감납부할세액계 (㉞+㊿+⑯)		46	30 716 019
	⑮ 사실과 다른 회계처리 경정세액공제		57	
	⑮ 분납세액계산범위액 (⑮-㉔-㉝-㊺-⑮+㉛)		47	
	⑮ 분납할세액		48	15 358 009
	⑮ 차감납부세액 (⑮-⑮-⑮)		49	15 358 010

210mm×297mm[백상지 80g/㎡ 또는 중질지 80g/㎡]

[별지 제23호 서식(1)] 〈개정 2024.3.22.〉

[✓] 이자 · 배당소득 원천징수영수증 / [ ] 이자 · 배당소득 지 급 명 세 서

[✓] 소득자 보관용
[ ] 발행자 보관용
[ ] 발행자 보고용

※ 제2쪽, 제3쪽의 작성방법을 읽고 작성하여 주시기 바라며, [ ]에는 해당되는 곳에 √표를 합니다. (4쪽 중 제1쪽)

접수번호	접수일	관리번호	처리기간 즉시

구분				
징 수 의무자	① 법인명(상호) 농업회사법인 ㈜나라	①-1 영문법인명(상호)	② 대표자(성명) 김 유 민	③ 사업자등록번호 203-81-63108
	④ 주민(법인)등록번호 110111-*******	⑤ 소재지 또는 주소 강원도 횡성군 강림면 태종로 (033-2231-7027)		

구분									
소득자	⑥ 성명(상호) 김 유 민	⑦ 주민(사업자)등록번호 730412-*******		⑦-1 비거주자 생년월일		⑧ 소득자구분코드 111			
	⑨ 주 소	⑩ 거주구분		⑪ 거주지국	⑪-1 거주지국 코드	⑫ 계좌번호 (발행번호)	⑬ 신탁 이익 여부		
		[✓] 거주자	[ ] 비거주자	대한민국	KR		[ ] 여	[✓] 부	

지 급 명 세

⑭ 지급일			⑮ 귀속연월		⑯ 과세 구분	⑰ 소득의 종류	⑱ 조세 특례 등	⑲ 금융 상품 코드	⑳ 유가증권 표준코드 (유가증권발행사업자 등록번호)	㉑ 채권 이자 구분	㉒ 지급 대상 기간	㉓ 이자율 등	㉔ 지급액 (소득금액)	㉕ 세율 (%)	원천징수세액				
연	월	일	연	월											㉖ 소득세	㉗ 법인세	㉘ 지방 소득세	㉙ 농어촌 특별세	㉚ 계
2024	4	15	2024	4	E	51	PI	A52	2138163108				48,289,141						

위의 원천징수세액(수입금액)을 정히 영수(지급)합니다.

2024년 4월 15일

징수(보고)의무자 농업회사법인 ㈜나라 김 유 민 (서명 또는 인)

원주 세무서장 귀하

유 의 사 항

※ ⑯ 과세구분란의 코드가 "E, L, H, R, O, B, N"인 경우 종합소득과세표준을 계산할 때 합산하지 않으며, "G"인 경우 「소득세법」 제17조제3항 단서(Gross-up)의 적용대상 배당소득에 해당합니다.

※ ⑰ 소득의 종류가 "11~49"인 경우 이자소득, "51~99"인 경우 배당소득입니다.

※ ⑳ 유가증권표준코드란은 유가증권표준코드가 없는 경우 소득이 발생한 유가증권을 발행한 사업자의 사업자등록번호 등을 적습니다(제3쪽의 작성방법 참고).

※ 「조세특례제한법」 제21조(국제금융거래에 따른 이자소득 등에 대한 법인세 등의 면제)제1항제1호에 따라 소득세 또는 법인세를 면제하고, 「법인세법 시행령」 제162조의2제1항제1호가목에 따라 지급명세서를 제출할 때, 국외에서 발행하는 외화표시채권의 이자 및 수수료를 외국에 소재하는 국제증권예탁결제기관 등을 통해 지급하면서 외국의 개인정보 보호 규제 등에 따라 최종적으로 소득을 지급받는 자(비거주자, 외국법인 등)의 인적사항 등을 파악할 수 없는 경우에는 이에 대한 기재를 생략하거나, 확인되는 중간 지급자를 소득자로 대신 기재하여 제출할 수 있습니다.

210mm×297mm[백상지80g/㎡ 또는 중질지80g/㎡]

[별지 제23호 서식(1)] 〈개정 2024.3.22.〉

[✓] 이자 · 배당소득 원천징수영수증
[ ] 이자 · 배당소득 지 급 명 세 서

[✓] 소득자 보관용
[ ] 발행자 보관용
[ ] 발행자 보고용

※ 제2쪽, 제3쪽의 작성방법을 읽고 작성하여 주시기 바라며, [ ]에는 해당되는 곳에 √표를 합니다. (4쪽 중 제1쪽)

접수번호	접수일	관리번호	처리기간 즉시

구분	항목	내용
징 수 의무자	① 법인명(상호)	농업회사법인 ㈜나라
	①-1 영문법인명(상호)	
	② 대표자(성명)	김 유 민
	③ 사업자등록번호	203-81-63108
	④ 주민(법인)등록번호	110111-*******
	⑤ 소재지 또는 주소	강원도 횡성군 강림면 태종로 (033-2231-7027)
소득자	⑥ 성명(상호)	김 유 민
	⑦ 주민(사업자)등록번호	730412-*******
	⑦-1 비거주자 생년월일	
	⑧ 소득자구분코드	111
	⑨ 주 소	
	⑩ 거주구분	[✓] 거주자 [ ] 비거주자
	⑪ 거주지국	대한민국
	⑪-1 거주지국 코드	KR
	⑫ 계좌번호(발행번호)	
	⑬ 신탁이익 여부	[ ] 여 [✓] 부

지 급 명 세

⑭ 지급일 연	월	일	⑮ 귀속연월 연	월	⑯ 과세구분	⑰ 소득의 종류	⑱ 조세특례등	⑲ 금융상품코드	⑳ 유가증권표준코드(유가증권 발행사업자 등록번호)	㉑ 채권이자구분	㉒ 지급대상기간	㉓ 이자율 등	㉔ 지급액(소득금액)	㉕ 세율(%)	원천징수세액 ㉖ 소득세	㉗ 법인세	㉘ 지방소득세	㉙ 농어촌특별세	㉚ 계
2024	4	15	2024	4	O	51	PI	A52	21381 63108				34,103,133	14%	4,774,430		477,440		5,251,870

위의 원천징수세액(수입금액)을 정히 영수(지급)합니다.

2024년 4월 15일

징수(보고)의무자 농업회사법인 ㈜나라 김 유 민 (서명 또는 인)

원주 세무서장 귀하

유 의 사 항

※ ⑯ 과세구분란의 코드가 "E, L, H, R, O, B, N"인 경우 종합소득과세표준을 계산할 때 합산하지 않으며, "G"인 경우 「소득세법」 제17조제3항 단서(Gross-up)의 적용대상 배당소득에 해당합니다.

※ ⑰ 소득의 종류가 "11~49"인 경우 이자소득, "51~99"인 경우 배당소득입니다.

※ ⑳ 유가증권표준코드란은 유가증권표준코드가 없는 경우 소득이 발생한 유가증권을 발행한 사업자의 사업자등록번호 등을 적습니다(제3쪽의 작성방법 참고).

※ 「조세특례제한법」 제21조(국제금융거래에 따른 이자소득 등에 대한 법인세 등의 면제)제1항제1호에 따라 소득세 또는 법인세를 면제하고, 「법인세법 시행령」 제162조의2제1항제1호가목에 따라 지급명세서를 제출할 때, 국외에서 발행하는 외화표시채권의 이자 및 수수료를 외국에 소재하는 국제증권예탁결제기관 등을 통해 지급하면서 외국의 개인정보 보호 규제 등에 따라 최종적으로 소득을 지급받는 자(비거주자, 외국법인 등)의 인적사항 등을 파악할 수 없는 경우에는 이에 대한 기재를 생략하거나, 확인되는 중간 지급자를 소득자로 대신 기재하여 제출할 수 있습니다.

210mm×297mm[백상지80g/㎡ 또는 중질지80g/㎡]

[별지 제23호 서식(1)] 〈개정 2024.3.22.〉

[✓] 이자 · 배당소득 원천징수영수증 [ ] 이자 · 배당소득 지 급 명 세 서

[✓] 소득자 보관용
[ ] 발행자 보관용
[ ] 발행자 보고용

※ 제2쪽, 제3쪽의 작성방법을 읽고 작성하여 주시기 바라며, [ ]에는 해당되는 곳에 √표를 합니다. (4쪽 중 제1쪽)

접수번호	접수일	관리번호	처리기간 즉시

구분				
징 수 의무자	① 법인명(상호) 농업회사법인 ㈜나라	①-1 영문법인명(상호)	② 대표자(성명) 김 유 민	③ 사업자등록번호 203-81-63108
	④ 주민(법인)등록번호 110111-*******	⑤ 소재지 또는 주소 강원도 횡성군 강림면 태종로 (033-2231-7027)		

구분								
소득자	⑥ 성명(상호) 김 유 민	⑦ 주민(사업자)등록번호 730412-*******	⑦-1 비거주자 생년월일		⑧ 소득자구분코드 111			
	⑨ 주 소	⑩ 거주구분		⑪ 거주지국	⑪-1 거주지국코드	⑫ 계좌번호(발행번호)	⑬ 신탁이익 여부	
		[✓] 거주자	[ ] 비거주자	대한민국	KR		[ ] 여	[✓] 부

지 급 명 세

⑭ 지급일 연	월	일	⑮ 귀속연월 연	월	⑯ 과세구분	⑰ 소득의 종류	⑱ 조세특례등	⑲ 금융상품코드	⑳ 유가증권표준코드 (유가증권 발행사업자 등록번호)	㉑ 채권이자구분	㉒ 지급대상기간	㉓ 이자율 등	㉔ 지급액 (소득금액)	㉕ 세율 (%)	원천징수세액 ㉖ 소득세	㉗ 법인세	㉘ 지방소득세	㉙ 농어촌특별세	㉚ 계
2024	4	15	2024	4	G	51	PI	A52	2138163108				5,107,726	14%	715,080		71,500		786,580

위의 원천징수세액(수입금액)을 정히 영수(지급)합니다.

2024년 4월 15일

징수(보고)의무자 농업회사법인 ㈜나라 김 유 민 (서명 또는 인)

원주 세무서장 귀하

유 의 사 항

※ ⑯ 과세구분란의 코드가 "E, L, H, R, O, B, N"인 경우 종합소득과세표준을 계산할 때 합산하지 않으며, "G"인 경우 「소득세법」 제17조제3항 단서(Gross-up)의 적용대상 배당소득에 해당합니다.

※ ⑰ 소득의 종류가 "11~49"인 경우 이자소득, "51~99"인 경우 배당소득입니다.

※ ⑳ 유가증권표준코드란은 유가증권표준코드가 없는 경우 소득이 발생한 유가증권을 발행한 사업자의 사업자등록번호 등을 적습니다(제3쪽의 작성방법 참고).

※ 「조세특례제한법」 제21조(국제금융거래에 따른 이자소득 등에 대한 법인세 등의 면제)제1항제1호에 따라 소득세 또는 법인세를 면제하고, 「법인세법 시행령」 제162조의2제1항제1호가목에 따라 지급명세서를 제출할 때, 국외에서 발행하는 외화표시채권의 이자 및 수수료를 외국에 소재하는 국제증권예탁결제기관 등을 통해 지급하면서 외국의 개인정보 보호 규제 등에 따라 최종적으로 소득을 지급받는 자(비거주자, 외국법인 등)의 인적사항 등을 파악할 수 없는 경우에는 이에 대한 기재를 생략하거나, 확인되는 중간 지급자를 소득자로 대신 기재하여 제출할 수 있습니다.

210mm×297mm[백상지80g/㎡ 또는 중질지80g/㎡]

[별지 제51호 서식] (2015.3.13. 개정)

세액면제신청서 (농업회사법인이 지급하는 배당소득)

접수번호	접수일	처리기간	즉시

신 청 인	① 성명	김 유 민	② 주민등록번호	730412-*******
	③ 주소 (전화번호 :)			
농업회사법인	④ 법 인 명	농업회사법인 ㈜나라	⑤ 사업자등록번호	203-81-63108
	⑥ 대표자 성명	김 유 민	⑦ 법인등록번호	110111-*******
	⑧ 주소 또는 본점 소재지 강원도 횡성군 강림면 태종로 (033-2231-7027)			

신 청 내 용		
⑨	과세기간	2024년 01월 01일부터 2024년 12월 31일까지
⑩	해당 과세기간 중 농업회사법인으로부터 지급받은 배당소득	87,500,000
⑪	배당확정일이 속하는 사업연도의 직전 사업연도의 총소득금액	1,036,077,480
⑫	배당확정일이 속하는 사업연도의 직전 사업연도의 식량작물재배업소득	571,786,190
⑬	배당확정일이 속하는 사업연도의 직전 사업연도의 식량작물재배업 외의 작물재배업에서 발생한 소득	258,041,290
⑭	배당확정일이 속하는 사업연도의 직전 사업연도의 부대사업 등에서 발생한 소득	145,770,000
⑮	식량작물재배업소득에서 발생한 배당소득(전액 면제) [⑩ × (⑫ ÷ ⑪)]	48,289,141
⑯	부대사업 등 및 식량작물재배업 외의 작물재배업에서 발생한 소득에서 발생한 배당소득(분리과세)[⑩ × (⑬ + ⑭) ÷ ⑪]	34,103,133

「조세특례제한법 시행령」 제65조 제6항에 따라 위와 같이 농업회사법인이 지급하는 배당소득에 대한 소득세 세액면제신청서를 제출합니다.

2024년 4월 15일

신청인 농업회사법인 ㈜나라 (서명 또는 인)

원주 세 무 서 장 귀하

210mm×297mm[백상지 80g/㎡ 또는 중질지 80g/㎡]

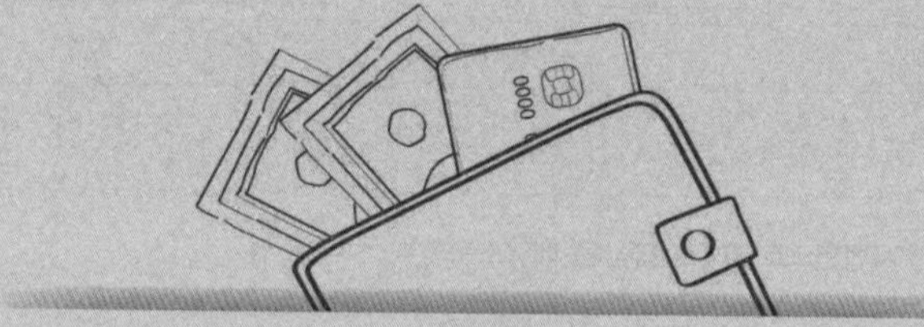

세액공제감면 서식작성실무

2024 세액공제감면 서식작성 실무

저 자 **김수종**
발 행 인 **서원진**
책임편집 **방영미**
책임교정 **황자애**
편집·교정 **류현수, 김영림, 박가온**
편집디자인 **방영미, 이은희, 황자애**
발 행 처 **㈜조세통람**
펴 낸 날 **2024년 7월 5일 초판 발행**
주 소 서울특별시 중구 동호로 14길 5-6(신당동)
등 록 1976. 11. 5. 제9-81호
대표전화 02) 2231-7027
F A X 02) 2234-1754
구입문의 02) 2231-7027~9
I S B N 979-11-6064-315-2 13320
정 가 **55,000원**

저자와의
협의하에
인지생략

(주)조세통람은 좋은 책을 만들기 위해 독자 여러분의 의견을 기다립니다.
• 독자 의견 및 도서 문의 메일 josetop@inaus.co.kr